中国外贸进出口年度报告

YEARLY REPORT ON CHINA'S FOREIGN TRADE

海关总署统计分析司·编著

2019

中国海关出版社有限公司
中国·北京

图书在版编目（CIP）数据

中国外贸进出口年度报告．2019/海关总署统计分析司编著．
—北京：中国海关出版社有限公司，2019.11
ISBN 978－7－5175－0374－3

Ⅰ.①中… Ⅱ.①海… Ⅲ.①进出口贸易—研究报告—中国—2019 Ⅳ.①F752.6

中国版本图书馆 CIP 数据核字（2019）第 165980 号

中国外贸进出口年度报告（2019）

ZHONGGUO WAIMAO JINCHUKOU NIANDU BAOGAO（2019）

作　　者：海关总署统计分析司

责任编辑：史　娜　夏淑婷　吴　婷　刘白雪

出版发行：中国海关出版社有限公司

社　　址：北京市朝阳区东四环南路甲 1 号　　邮政编码：100023

网　　址：www.hgcbs.com.cn

编 辑 部：01065194242-7539（电话）　　01065194231（传真）

发 行 部：01065194221/4227/4238/4246（电话）　　01065194233（传真）

社办书店：01065195616（电话）　　01065195127（传真）
http://www.customskb.com/book（网址）

印　　刷：北京鑫益晖印刷有限公司　　经　　销：新华书店

开　　本：889mm×1194mm　1/16

印　　张：46.25　　字　　数：1310 千字

版　　次：2019 年 11 月第 1 版

印　　次：2019 年 11 月第 1 次印刷

书　　号：ISBN 978－7－5175－0374－3

定　　价：280.00 元

编写组

顾问	邹志武
主编	李魁文
副主编	黄国华　张炳政
编审组组长	蔡俊伟　彭莉
编审组成员	张辉　孙丹　汪沛洋　张欣　张京宪　李垚　周浩　林素娜　陈家骥　刘颖　肖晓文　苏炜　张靖　付喜明　林巍　吴鹏　仲筱莉　付朋
编写组成员	彭筱　林超越　汤兵　吕美锦　丁玲璘　朱明源　黄一凡　虞清清　狄萌　马川　蔚平英　杨建业　白苏勒　冀新红　王琳　王璐璐　白家源　邓斯萍　陈乃斌　姜华　王晶　宗晓丹　姜辛茹　姚伟凌　吴溶溶　周贤　朱玮姣　周建民　高阳　李丹　吴琼　王莹洁　王昕　万梦龙　王海涛　顾勇蓉　骆琳　岑洁　王宝珠　兰晓琴　林荫　叶莉萍　张露　周毅　魏宏　王晶　李帅　李晓飞　夏凡　郭谦　欧阳静子　曹剑辞　丘蕊　江丹丹　周慕茜　石磊　苏春玲　邓美玲　万健　龙梅　王鹏　金国懿　李宇　林佳珣　罗路　王剑锋　李纯芳　乐雨豪　郑晓阳　梁旭　刘锦堂　程超颖　戚方　粟端　王冰雪　詹晨　诸川　刘强　罗杨　杨珺轶　王铭　王俊涛　琼达　刘香龙　何卫　徐莲　兰增辉　陈建伸　赵雅　单景　林舜水　吉小峰　汤沛　凌微子　等

序　言

纷繁世事多元应，击鼓催征稳驭舟。2018年，国际形势风起云涌。保护主义、单边主义抬头，引发一系列剧烈变动与深刻调整，给现行国际体系带来冲击。世界面临百年未有之大变局，全球化遭遇波折，各类风险加快积聚。风雨同舟，兼济天下，中国经济不畏风急浪高，在国际迷雾中中流击楫、破浪前行。

望远能知风浪小，凌空始觉海波平。2018年，世界经济深刻调整，国内经济转型阵痛凸显，面对“船到中流浪更急，人到半山路更陡”的形势，我们攻坚克难、砥砺奋进。在以习近平同志为核心的党中央坚强领导下，我国共建“一带一路”取得重要进展、对外开放全方位扩大，供给侧结构性改革继续深化、实体经济活力不断释放，精准发力打好“三大攻坚战”、人民生活得到持续改善，多种力量汇聚，推进经济发展在高基数上总体平稳、稳中有进，向建设经贸强国又迈出坚实的一步，在贯彻落实党的十九大精神上实现良好开局。2018年，我国进出口规模再创历史新高，全球货物贸易第一大国地位更加巩固，全年外贸进出口总值超过30.51万亿元人民币，比2017年增长9.7%。其中，出口16.42万亿元，增长7.1%；进口14.09万亿元，增长12.9%。

玉经琢磨多成器，剑拔沉埋便倚天。全国海关深入学习贯彻习近平新时代中国特色社会主义思想和党的十九大精神，牢固树立“四个意识”，坚定“四个自信”，坚决做到“两个维护”，认真落实中央各项决策部署，化共识为共为，多措并举、狠抓落实，确保国家重大战略落地生根，千方百计稳住外贸基本面。这一年，我们强化政治担当，不折不扣、旗帜分明，推动党的建设再上新台阶；这一年，我们着力推进机构改革，有序部署、蹄疾步稳，充分展现新时代新海关新形象；这一年，我们坚决落实总体国家安全观，举一反三、标本兼治，筑牢口岸防线，把好国门、维护国家利益更加有效；这一年，我们扩大服务供给，聚焦改善营商环境，服务经济社会发展更加全面深入；这一年，我们着力提升综合软实力，法治基础、科技实力、国际合作能力进一步增强，为促进外贸稳中有进发挥了积极作用。

千淘万漉虽辛苦，吹尽狂沙始到金。海关总署作为国家货物贸易进出口统计的法定部门，始终坚持依法依规、科学准确地做好货物贸易统计工作，在浩瀚的数据海洋中把准外贸脉搏，提炼真知灼见，服务国家宏观经济决策，促进经济发展。2018年是改革开放40周年，是贯彻党的十九大精神的开局之年，更是决胜全面建成小康、实施“十三五”规划承上启下的关键一年。在此背景下，海关总署组织编撰《中国外贸进出口年度报告（2019）》，全面回顾2018年我国对外贸易进出口运行状况，客观反映我国贸易主体、重要贸易方式、重点进出口商品，以及与主要贸易伙伴的进出口动态，并预测今后一段时间的贸易发展趋势。此报告的出版，将为国家实施宏观经济调控、完善外贸进出口政策，以及广大进出口企业科学决策、增强国际竞争力，提供有益的参考。

雄关漫道真如铁，而今迈步从头越。如今我国迎来新一轮改革开放，面对新形势、新机遇、新挑战，全国海关将进一步解放思想、锐意进取，勇于担当、迎难而上，坚持以习近平新时代中国特色社会主义思想武装头脑、指导实践、推动工作；深入贯彻落实中央经济工作会议精神和《政府工作报告》部署，围绕“稳就业、稳金融、稳外贸、稳外资、稳投资、稳预期”，以供给侧结构性改革为主线，在“巩固、增强、提升、畅通”上下功夫，不断强化监管、优化服务、深化改革，切实维护国门安全，进一步优化口岸营商环境，更好服务对外开放大局；坚持稳中求进工作总基调，全面贯彻落实海关总署党委提出的“五关”建设要求，建设准军事化纪律部队，马上就办、真抓实干，锲而不舍、一以贯之，奋力建设新时代中国特色社会主义新海关，以优异成绩迎接中华人民共和国成立70周年！

编者

2019年6月

目 录

总 论

商品篇

贸易伙伴篇

地方篇

贸易方式篇

贸易主体篇

联合调研篇

专题篇

附　录

中国外贸进出口年度报告（2019）

PANDECT

总 论

2018年，我国外贸发展迎来了金融危机以来空前复杂严峻的形势，美国特朗普政府贸易保护主义大行其道，中美经贸摩擦加剧，英国“脱欧”一波三折，国际社会对经济全球化的前景担忧加重，全球贸易艰难前行。这一年，我国迎来改革开放40周年，站在这一重要里程碑上，我国继续坚定不移地走改革开放的强国之路，全面深化改革，大力推动“一带一路”倡议、自贸试验区建设，加快自身经济结构调整，加强与世界的互联互通，加快新一轮高水平对外开放步伐，出台一系列促进外贸稳定增长的政策措施，有效应对外部环境的深刻变化，对外贸易总体平稳，稳中有进。据海关统计，2018年，我国货物贸易进出口30.51万亿元人民币（元人民币以下均简称为“元”），同比增长9.7%，进出口值创历史新高；其中，出口16.42万亿元，同比增长7.1%；进口14.09万亿元，同比增长12.9%；贸易顺差2.33万亿元，收窄18.3%。按美元计价，外贸进出口4.62万亿美元，同比增长12.6%；其中，出口2.49万亿美元，同比增长9.9%；进口2.13万亿美元，同比增长15.8%；贸易顺差3 517.6亿美元，收窄16.1%。世界贸易组织（WTO）数据显示，2018年我国货物贸易约占全球的11.8%，占比较2017年提升0.3个百分点，全球货物贸易第一大国的地位进一步巩固。

一、2018年我国外贸发展总体情况回顾

（一）外贸回稳：向好态势明显，进出口值逐季攀升

2018年，我国外贸进出口值呈现逐季攀升态势，一、二季度分别进出口6.76万亿元、7.36万亿元，进入下半年后进出口增长明显提速，7~10月连续4个月增速保持在10%以上，第三季度进出口增速达到14%，其中9月进出口值创下我国外贸进出口单月历史新高；在此带动下，三、四季度进出口值分别攀升至8.18万亿元和8.21万亿元。出口方面，除3月下降10%以外，其余几个月同比均增长，11月份达到1.55万亿元的历史新高。进口方面，上半年保持平稳增长；第三季度明显提速，进口值达到3.82万亿，同比增长19.1%；第四季度高位回落，12月进口下降3.1%，为全年唯一下降的月份（见图1）。

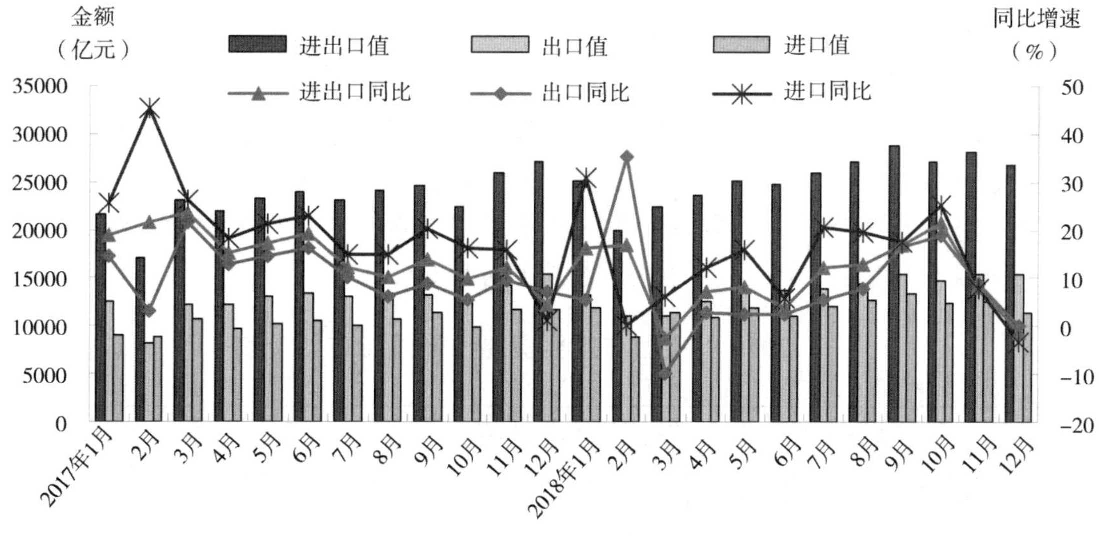

图1 2017年1月~2018年12月我国外贸进出口月度走势统计图

（二）贸易方式结构优化：一般贸易进出口快速增长，比重上升

2018 年，我国一般贸易进出口 17.64 万亿元，增长 12.5%，占当年我国进出口总值的 57.8%，比 2017 年提升 1.4 个百分点，贸易方式结构继续优化。同期，加工贸易进出口 8.38 万亿元，增长 4%，占进出口总值的 27.5%；海关特殊监管区域物流货物进出口 2.09 万亿元，增长 14.3%；保税监管场所进出境货物进出口 1.27 万亿元，增长 20.1%（见图 2）。

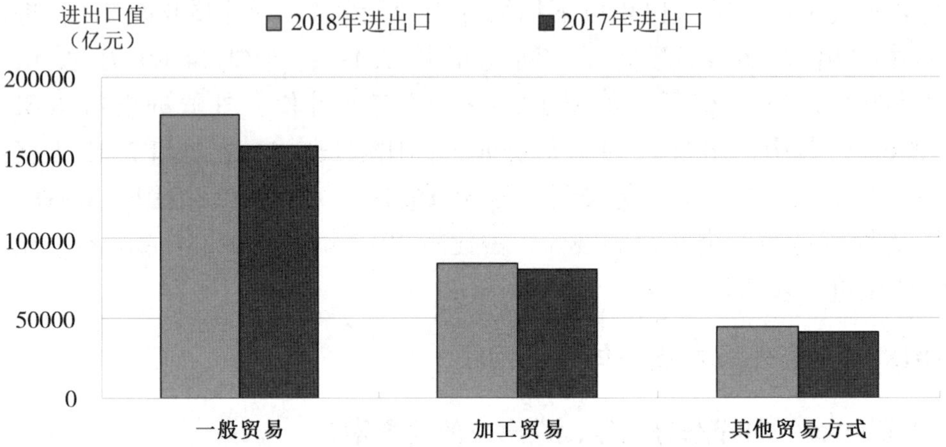

图 2　2017—2018 年我国各贸易方式进出口值统计图

（三）贸易伙伴全面平稳发展：对前 10 大贸易伙伴进出口均保持增长态势，与“一带一路”沿线国家进出口增势良好

2018 年，我国对外贸进出口前 10 大贸易伙伴进出口保持相对平稳的发展态势。欧盟和美国同比继续保持前两大贸易伙伴地位，我国对其进出口贸易额分别为 4.5 万亿元和 4.18 万亿元，分别增长 7.9%和 5.7%；对东盟进出口 3.88 万亿元，同比增长 11.2%，东盟继续保持我国第三大贸易伙伴地位；对日本、韩国分别进出口 2.16 万亿元、2.07 万亿元，同比分别增长 5.4%、8.9%；内地对香港地区进出口 2.05 万亿元，同比增长 5.9%；我国大陆对台湾地区进出口 1.49 万亿元，同比增长 10.3%。此外，对澳大利亚进出口 1.01 万亿元，同比增长 8.9%。值得关注的是，我国对“一带一路”沿线国家合计进出口 8.37 万亿元，同比增长 13.3%，高出同期整体增速 3.6 个百分点，与“一带一路”沿线国家的贸易合作潜力正在持续释放，成为拉动我国外贸发展的新动力；其中，对俄罗斯、沙特和希腊进出口同比分别增长 24%、23.2%和 33%（见表 1）。

表 1　2018 年我国与主要贸易伙伴进出口统计表

贸易伙伴	进出口合计		出口		进口	
	金额（亿元）	同比（%）	金额（亿元）	同比（%）	金额（亿元）	同比（%）
欧盟	45 040.7	7.9	26 973.8	7.0	18 066.9	9.2
美国	41 797.9	5.7	31 602.7	8.6	10 195.2	-2.3

表1 续

贸易伙伴	进出口合计		出口		进口	
	金额（亿元）	同比（%）	金额（亿元）	同比（%）	金额（亿元）	同比（%）
东盟	38 787.9	11.2	21 065.7	11.3	17 722.2	11.0
日本	21 615.5	5.4	9 709.2	4.4	11 906.3	6.2
韩国	20 669.4	8.9	7 174.0	3.1	13 495.4	12.3
中国香港	20 529.6	5.9	19 966.1	5.7	563.5	13.8
中国台湾	14 926.2	10.3	3 212.1	7.9	11 714.1	11.0
澳大利亚	10 071.2	8.9	3 126.4	11.4	6 944.8	7.8
巴西	7 332.8	23.2	2 214.1	12.9	5 118.7	28.2
俄罗斯	7 075.5	24.0	3 166.6	9.1	3 908.9	39.4

（四）外贸发展内生动力增强：民营企业占比不断提升，国有企业增长势头良好

2018 年，我国民营企业进出口 12.1 万亿元，同比增长 12.9%，占当年我国进出口总值的 39.7%，比 2017 年提升 1.1 个百分点。其中，出口 7.87 万亿元，同比增长 10.4%，占出口总值的 48%，比重提升 1.4 个百分点，进一步巩固第一大出口的主体地位；进口 4.23 万亿元，同比增长 18.1%。2018 年，我国民营企业对外贸进出口增长的贡献度超过 50%，成为我国外贸发展的一大亮点。同期，外商投资企业进出口 12.99 万亿元，同比增长 4.3%，占 2018 年我国外贸进出口总值的 42.6%；国有企业进出口 5.3 万亿元，同比增长 16.8%，占 2018 年我国外贸进出口总值的 17.4%。

（五）贸易区域发展更趋均衡：主要外贸省市进出口均实现增长，中西部地区外贸增长速度更快

2018 年，广东、江苏、上海、浙江、北京、山东、福建的进出口规模均超过 1 万亿元，其中广东以 7.16 万亿元稳居榜首。2018 年，上述 7 省市合计进出口 23.68 万亿元，占当年我国外贸进出口总值的 77.6%。全国仅新疆、贵州、宁夏和西藏外贸出现下降，其余省市均实现增长，其中黑龙江、四川和陕西分别以 36.4%、29.2%、29.2%的增速列全国增速前 3 位。从区域来看，2018 年西部 12 省市外贸增速为 16.1%，超过全国增速 6.4 个百分点；中部 6 省市外贸增速为 11.4%，超过全国增速 1.7 个百分点；东北三省外贸增速为 14.8%，超过全国增速 5.1 个百分点；东部 10 省市外贸增速为 8.8%（见表 2）。

表 2　2018 年我国外贸进出口前 10 大省市统计表

省市	进出口合计		出口		进口	
	金额（亿元）	同比（%）	金额（亿元）	同比（%）	金额（亿元）	同比（%）
广东省	71 618.3	5.1	42 718.3	1.2	28 900.0	11.3
江苏省	43 802.4	9.5	26 657.7	8.4	17 144.7	11.3
上海市	34 009.4	5.5	13 666.9	4.2	20 342.5	6.4

表2 续

省市	进出口合计		出口		进口	
	金额（亿元）	同比（%）	金额（亿元）	同比（%）	金额（亿元）	同比（%）
浙江省	28 519.2	11.4	21 182.1	9.0	7 337.1	19.0
北京市	27 180.7	23.9	4 878.5	23.0	22 302.2	24.1
山东省	19 302.5	7.7	10 569.6	6.1	8 732.9	9.7
福建省	12 354.3	6.6	7 615.6	7.1	4 738.7	5.8
天津市	8 078.8	5.7	3 208.5	8.7	4 870.3	3.8
辽宁省	7 545.9	11.8	3 214.9	5.7	4 331.0	16.8
四川省	5 947.8	29.2	3 334.8	31.4	2 613.0	26.5

（六）出口商品结构优化：机电产品出口占比提升，劳动密集型产品出口保持增长

2018 年，我国机电产品出口 9.65 万亿元，同比增长 7.9%，占我国出口总值的 58.8%，比 2017 年提升 0.4 个百分点；其中，手机出口增长 9.8%，汽车出口增长 8.3%。同期，服装、纺织纱线、鞋类、箱包、家具、玩具、塑料制品等 7 大类劳动密集型产品合计出口 3.12 万亿元，增长 1.2%，占出口总值的 19%。此外，农产品出口 5 237.9 亿元，增长 3%；钢材出口 3 984.5 亿元，增长 7.7%；汽车零配件出口 3 627.7 亿元，增长 7.9%（见表 3）。

表 3　2018 年我国主要商品出口统计表

出口商品	出口量			出口值（亿元）	
	计量单位	数量	同比（%）	金额（亿元）	同比（%）
* 机电产品	—	—	—	96 457.2	7.9
其中：* 电器及电子产品	—	—	—	43 922.7	8.5
* 机械设备	—	—	—	28 315.9	9.1
自动数据处理设备及其部件	万台	147 296.0	-4.4	11 354.8	6.0
服装及衣着附件	—	—	—	10 412.9	-2.3
手持或车载无线电话机	万台	111 918.0	-7.8	9 342.9	9.8
纺织纱线、织物及制品	—	—	—	7 850.8	5.1
集成电路	百万个	217 096.0	6.2	5 591.0	23.5
* 农产品	—	—	—	5 237.9	3.0
钢材	万吨	6 934.0	-8.1	3 984.5	7.7
汽车零配件	—	—	—	3 627.7	7.9
家具及其零件	—	—	—	3 544.4	4.8
鞋类	—	448.0	—	3 095.0	-5.4
塑料制品	万吨	1 312.0	12.3	2 870.2	9.3
成品油	万吨	5 864.0	12.4	2 362.8	36.9
灯具、照明装置及零件	—	—	—	1 988.7	3.0

表3 续

出口商品	出口量			出口值（亿元）	
	计量单位	数量	同比（%）	金额（亿元）	同比（%）
通断保护电路装置及零件	—	—	—	1 972.9	7.8
箱包及类似容器	—	—	—	1 787.2	-1.0

注：“＊机电产品”“＊农产品”“＊电器及电子产品”“＊机械设备”表示本商品包括本表中已列明的有关商品。

（七）进口商品亮点纷呈：机电产品进口保持稳步增长，消费品进口快速增长

2018年，机电产品依然是我国第一大进口商品，进口值达到6.37万亿元，同比增长10.3%，占当年我国进口总值的45.2%。其中，集成电路进口2.06万亿元，增长16.9%；进口原油4.62亿吨，增加10.1%，进口均价每吨3 438.3元，上涨30%；进口大豆8 803万吨，减少7.9%，进口均价每吨2 841.7元，上涨1.1%；进口天然气9 039万吨，增加31.9%，进口均价每吨2 823.1元，上涨22.9%；进口铁矿砂10.64亿吨，减少1%，进口均价每吨468.3元，下跌3%（见表4）。此外，在多轮进口关税下调的政策利好条件下，2018年我国消费品进口快速增长，进口值达1.22万亿元，同比增长10.8%；其中，水海产品进口同比增长39.9%，化妆品进口同比增长67.5%，水果进口同比增长31.1%。

表4　2018年我国进口主要商品情况表

进口商品	进口量			进口值（亿元）	
	计量单位	数量	同比（%）	金额（亿元）	同比（%）
＊机电产品	—	—	—	63 727.0	10.3
其中：	—	—	—	—	—
＊电器及电子产品	—	—	—	34 437.3	11.2
＊机械设备	—	—	—	13 310.1	16.1
集成电路	百万个	417 567.0	10.8	20 584.1	16.9
原油	万吨	46 190.0	10.1	15 881.7	43.1
＊农产品	—	—	—	9 005.6	6.6
其中：	—	—	—	—	—
大豆	万吨	8 803.0	-7.9	2 501.5	-6.9
铁矿砂及其精矿	万吨	106 447.0	-1.0	4 984.5	-4.0
初级形状的塑料	万吨	3 284.0	14.5	3 717.6	13.2
汽车	万辆	113.0	-8.5	3 331.4	-2.7
天然气	万吨	9 039.0	31.9	2 551.8	62.1
计量检测分析自控仪器及器具	—	—	—	2 530.7	14.0
未锻轧铜及铜材	万吨	530.0	12.9	2 468.7	16.5
汽车零配件	—	—	—	2 309.5	7.1

表4　续

进口商品	进口量			进口值（亿元）	
	计量单位	数量	同比（%）	金额（亿元）	同比（%）
自动数据处理设备及其部件	万台	46 919.0	-7.2	2 168.7	16.3
铜矿砂及其精矿	万吨	1 972.0	13.7	2 128.2	17.0
医药品	吨	152 703.0	10.1	1 957.2	7.8
飞机及其他航空器	架	1 238.0	-91.3	1 841.4	18.5

注："*机电产品""*农产品""*电器及电子产品""*机械设备"表示本商品包括本表中已列明的有关商品。

二、2018年我国外贸进出口实现稳定增长并创新高的主要原因

（一）主要经济体经济复苏，国内经济稳中有进，支撑外贸进出口增长

2018年，尽管世界经济中的不确定、不稳定因素上升，但主要经济体经济仍然延续2017年的复苏走势。其中，美国经济持续向好，消费和企业支出强劲、固定投资增长等因素，拉动美国2018年GDP增速达到2.9%，创近3年新高；欧盟在德国经济快速增长的带动下也实现稳步增长，2018年GDP增速达到1.9%。此外，日本经济温和增长，新兴市场的印度、俄罗斯、东南亚各国也呈现良好的增长势头，这些都为我国外贸出口增长奠定了良好的外部发展环境。国内方面，随着供给侧结构性改革的稳步推进，2018年我国国内经济总体平稳、稳中有进，全年GDP首次突破90万亿元，达90.03万亿元，增长6.6%①；同时，我国经济结构持续优化，工业利润率保持在较高水平，高技术制造业快速发展，消费市场稳步增长，为我国进口增长提供坚实的保障。

（二）营商环境持续改善，稳外贸政策释放效应，带动进出口增长

2018年，我国陆续出台了一系列减税降费、优化口岸营商环境的政策措施，贸易便利化水平显著提升。2018年10月，世界银行发布的《2019年营商环境报告》显示，我国营商环境整体排名提升了32位，其中跨境贸易排名由97位跃升到65位，也提升了32位。同时，2018年我国两次提高部分产品出口退税率，并出台措施加快退税，对相关产品出口起到了明显推动作用。比如9月15日，我国对第一批机电和文化等397项商品提高出口退税率，2018年全年出口第一批上调退税率商品7 451亿元，同比增长8%，比出口整体增速高0.9个百分点。11月1日，我国对第二批1 172项商品提高出口退税率，政策实施后的11月、12月，第二批上调退税率商品合计出口增速达到13.3%，比前10个月高7.1个百分点。进口方面，2018年，我国多次降低进口关税，先后下调了药品、汽车及其零部件、日用消费品等进口关税，关税总水平由2017年的9.8%降至7.5%，平均降幅达23%，有效促进了进口增长。同时，2018年我国成功举办首届中国国际进口博览会，共有172个国家、地区和国际组织参会，3 600多家企业参展，带来了大量优质商品和服务，为丰富国内

① 数据来源：国家统计局网站。

市场供应、满足进口需求创造了良好条件。

（三）新一轮高水平对外开放政策逐步实施，极大拓展了外贸增长空间

2018 年是我国改革开放 40 周年，40 年来我国始终坚持对外开放的基本国策，推动“一带一路”建设和区域贸易协定谈判，加快国内自贸试验区建设，全面推进新一轮高水平对外开放，为我国外贸增长提供了更为广阔的空间。在“一带一路”建设方面，目前我国已与 130 多个国家和国际组织签署了共建“一带一路”合作协议。随着“一带一路”建设深入推进，我国与沿线国家贸易往来日益频繁，2018 年我国对“一带一路”沿线国家进出口 8.37 万亿元，增长 13.3%，比整体外贸增速高 3.6 个百分点，成为拉动我国外贸增长的重要力量。同时，我国自贸“朋友圈”不断扩大，截至 2018 年 9 月我国已与 25 个国家和地区达成了 17 个自贸协定，自贸伙伴遍及欧洲、亚洲、大洋洲、南美洲和非洲，正在与 27 个国家进行 12 个自贸协定谈判或者升级谈判。此外，我国积极培育外贸新业态新模式，截至 2018 年底跨境电商综合试验区总数达到 35 个，市场采购贸易方式试点达到 14 个，外贸综合服务企业发展政策不断完善，为外贸进出口打造新增长点创造有利的环境。

三、2019 年我国外贸发展面临的问题和挑战

（一）世界经济复苏放缓，风险增大

近几年全球经济的持续增长，一方面是周期性复苏的结果，另一方面也得益于主要经济体宽松财政货币政策的提振作用。但从 2018 年下半年全球经济表现来看，工业生产、制造业采购经理人指数等主要经济指标纷纷出现减速趋势，经济增长趋势由较快转为平稳。进入 2019 年，美国减税刺激政策影响逐渐衰退，新兴经济体面临的经济和金融风险加大，一些国际经济组织纷纷下调全球经济增长预期。2019 年 1 月，世界银行预测 2019 年和 2020 年全球经济增速将分别放缓至 2.9%和 2.8%，较 2018 年 6 月预测值均下调 0.1 个百分点[①]。4 月，国际货币基金组织（IMF）连续第三次调降 2019 年全球增长预期，较 2018 年 10 月的预测值下调 0.4 个百分点。在全球经济复苏放缓的压力下，我国外贸进出口将不可避免地受到冲击。

（二）“逆全球化”阴云笼罩，我国外贸稳增长不确定因素增多

近年来，在美国特朗普政府“美国优先”的政策导向下，一些国家“逆全球化”思潮涌动，贸易保护主义抬头，各国贸易限制措施明显增多，制约了全球贸易发展。2018 年 11 月，世界贸易组织（WTO）公布的监测报告显示，由全球最大经济体组成的二十国集团（G20）在 2018 年 5 月中旬至 10 月中旬之间采取了 40 项新的贸易限制措施，涉及贸易额约为 4 810 亿美元，新的贸易限制措施覆盖的贸易规模是之前一个监测期的 6 倍，达到该组织 2012 年开始监测 G20 贸易以来的最高水平[②]。此外，作为全球排名前二的货物贸易大国，中国和美国的经贸摩擦仍在持续，也加重了各方对全球贸易下滑的担忧。2019 年 2 月 WTO

---

① 《2019 年全球经济增长预期下调至 2.9%》，新浪财经，2019 年 1 月 10 日。

② 《外媒：世贸组织报告称 G20 国家贸易限制措施激增》，参考消息，2018 年 11 月 24 日。

发布的季度性全球贸易景气指数为96.3，创2010年3月以来的最低值[①]。2019年4月，WTO大幅调低了全球贸易预期，预计2019年全球贸易增速将回落至2.6%，较2018年9月的预测值下调1.1个百分点[②]。我国作为全球货物贸易第一大国，日益增多的贸易限制措施，将不可避免地对我国外贸发展构成不利影响。

（三）国际贸易规则面临重塑，多边贸易体制经受挑战

过去几十年，我国依靠改革开放和加入WTO，深度融入经济全球化的浪潮，国内经济和对外贸易稳步发展，成长为全球货物贸易第一大国和第二大经济体。但是近年来，世界经济格局加速调整，以WTO主导的多边贸易体制和贸易规则面临着挑战和重塑，区域与双边贸易谈判影响力日益提升，尤其是美国、欧盟、日本等发达经济体在多项区域贸易谈判中将我国排除在外。2018年7月，美国、欧盟同意开展“零关税、零非关税壁垒、非汽车工业零补贴”的贸易谈判，美国、日本也就启动货物贸易协定谈判达成协议，如果上述双边协议达成，将与已经达成的欧日自贸区重叠，美欧日三大经济体将有望形成超过WTO融合程度的更深层次贸易一体化；2018年9月，美韩签署了重新修订的美韩自贸协定；欧盟与新加坡签署自贸协定；美墨加三国之间的北美自由贸易协定，距离正式签署仅一步之遥。主要经济体之间的区域贸易协定，都将我国排除在外，一定程度上将削弱我国对这些区域的贸易优势，将给我国构建开放型经济新格局带来不利影响。

四、2019年我国对外贸易发展趋势和展望

展望2019年，我国外贸发展面临的环境更加复杂、不确定性更强、风险挑战更多。世界经济增长放缓，贸易保护主义持续升温，“逆全球化”思潮不减甚至有愈演愈烈之势，尤其当前中美经贸谈判持续反复、前景难料，国内经济也面临着产业结构转型阵痛、生产成本上升等不利因素，下行压力犹存。但总体来看，我国对外贸易发展稳中向好的基本面没有变，供给侧结构性改革稳步推进，外贸发展内生动力不断增强，国内自贸试验区、粤港澳大湾区建设等新一轮扩大开放的措施陆续落地，跨境电商、市场采购等新兴贸易业态蓬勃发展，“一带一路”倡议得到广泛认可，自由贸易协定谈判扎实开展，外贸“朋友圈”日益扩大，一系列支持外贸稳规模、提质量、转动力的政策举措不断落地，有力提振企业参与国际竞争的信心，对外贸易高质量发展的趋势日趋明显。当前，我国坚持改革开放基本国策，打开国门搞建设，经济发展韧性十足，在以习近平同志为核心的党中央坚强领导下，宏观调控政策更具智慧，应对各项困难和挑战更加及时有力。我国对外贸易实现稳步发展的信心和底气十足，必将在贸易大国向贸易强国的发展之路上继续稳步迈进，必将以更加优异的成绩迎接中华人民共和国成立70周年。

---

① 《WTO发布季度性全球贸易景气指数》，商务部网站，2019年3月4日。

② 《世界贸易组织再次下调2019年全球贸易增速预期》，商务部网站，2019年4月3日。

中国外贸进出口年度报告（2019）

MERCHANDISES 商品篇

2018 年我国粮食进出口年度报告

“国以民为本，民以食为天。”粮食既是关系国计民生和国家经济安全的重要战略物资，也是人民群众最基本的生活资料。粮食安全与社会的和谐、政治的稳定、经济的持续发展息息相关。党的十九大报告指出，农业、农村、农民问题是关系国计民生的根本性问题，要确保国家粮食安全，把中国人的饭碗牢牢端在自己手中。当前，我国农业的主要矛盾由总量不足转变为结构性矛盾，突出表现为阶段性供过于求和供给不足并存，矛盾的主要方面在供给侧。近几年，我国大力推进农业供给侧结构性改革，稳定粮食产量，优化品种结构，在促进供求总量平衡的同时，注重提升质量效益，促进可持续发展。2018 年，我国粮食产量 6.58 亿吨，连续 4 年保持在 6.5 亿吨以上①。

随着我国粮食结构的不断优化，粮食外贸呈现出口增加、进口减少的态势。据海关统计，2018 年我国出口粮食（包括谷物及谷物粉、豆类、淀粉块茎及薯类）365.9 万吨，同比增加 31.4%；价值 144.6 亿元，同比增长 10.7%。同期，我国进口粮食 1.16 亿吨，同比减少 11.5%；价值 3 011.4 亿元，同比下降 7.6%。2018 年我国粮食净进口量为 1.12 亿吨，同比减少 12.5%（见图 1）。

图 1　2009—2018 年我国粮食进出口年度统计图

一、2018 年我国粮食进出口主要特点

（一）月度出口量震荡上行，进口量冲高回落

出口方面，2018 年我国粮食月度出口量呈现震荡上行态势，9 月以来逐月递增，12 月当月出口 44.4 万吨，同比增加 66.5%，环比增加 12.6%。进口方面，2018 年 5 月我国粮食进口量达到 1 336.3 万吨，是 2017 年 8 月以来的高点，之后明显回落；12 月当月进口 728.2 万吨，同比减少 40.9%，环比增加 10.4%（见图 2）。

① 《2018 年国民经济和社会发展统计公报》，国家统计局，2019 年 2 月 28 日。

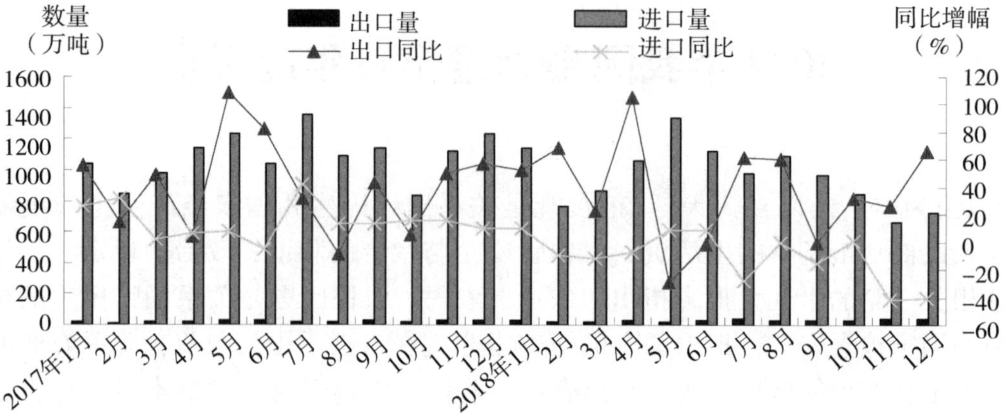

图 2　2017 年 1 月~2018 年 12 月我国粮食进出口月度统计图

（二）一般贸易方式主导进出口，边境小额贸易出口逆势减少，加工贸易进口大幅增加

2018 年，我国以一般贸易方式出口粮食 308.6 万吨，同比增加 40.7%，占当年我国粮食出口总量的 84.4%。此外，以边境小额贸易方式出口 25 万吨，同比减少 9.8%，占当年我国粮食出口总量的 6.8%（见图 3）。

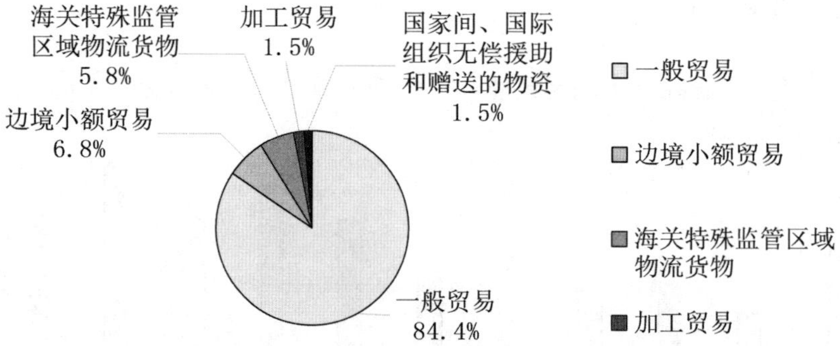

图 3　2018 年我国粮食出口贸易方式统计图

2018 年，我国以一般贸易方式进口粮食 1.07 亿吨，同比减少 13.2%，占当年我国粮食进口总量的 93%。此外，以加工贸易方式进口 360.9 万吨，同比增加 73.9%，占当年我国粮食进口总量的 3.1%（见图 4）。

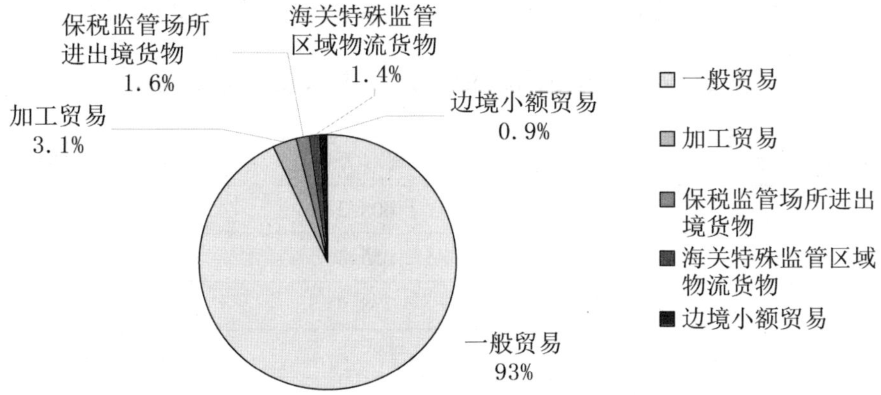

图4　2018年我国粮食进口贸易方式统计图

（三）东盟为第一大出口市场，对部分非洲国家出口激增；巴西为进口主要来源地，自美国进口明显减少

2018年，我国对东盟出口粮食51.8万吨，同比增加10.6%，占当年我国粮食出口总量的14.2%；对科特迪瓦出口45.1万吨，同比增加45.7%，占当年我国粮食出口总量的12.3%；对韩国出口26.5万吨，同比增加2.2%，占当年我国粮食出口总量的7.2%；对日本出口24.9万吨，同比增加24.9%，占当年我国粮食出口总量的6.8%。此外，对几内亚、埃及和贝宁分别出口18.4万吨、17万吨和8万吨，同比分别增加12.4倍、253倍、15.4倍（见表1）。

表1　2018年我国粮食出口主要市场统计表

出口市场	出口量（万吨）	同比（%）
东盟	51.8	10.6
科特迪瓦	45.1	45.7
韩国	26.5	2.2
日本	24.9	24.9
中国香港	20.7	7.9
几内亚	18.4	1 239.9
土耳其	17.1	115.4
埃及	17.0	25 296.4
欧盟	12.3	13.0
贝宁	8.0	1 543.2

2018年，我国自巴西进口粮食6 608.2万吨，同比增加29.8%，占当年我国粮食进口总量的57.2%；自美国进口2 055.2万吨，同比减少48.6%，占当年我国粮食进口总量的17.8%。此外，自东盟进口778.9万吨，同比减少35.9%，占当年我国粮食进口总量的6.7%；自加拿大进口688.3万吨，同比增加34%，占当年我国粮食进口总量的6%；自澳

大利亚进口 542.1 万吨，同比减少 40.4%，占当年我国粮食进口总量的 4.7%（见表 2）。

表 2 2018 年我国粮食进口主要来源地统计表

进口来源地	进口量（万吨）	同比（%）
巴西	6 608.2	29.8
美国	2 055.2	-48.6
东盟	778.9	-35.9
加拿大	688.3	34.0
澳大利亚	542.1	-40.4
乌克兰	341.3	26.8
阿根廷	146.5	-77.7
乌拉圭	119.9	-53.4
俄罗斯	106.1	88.4
欧盟	61.4	152.5

（四）外商投资企业出口大幅增加，民营企业和外商投资企业为进口主力

2018 年，我国外商投资企业出口粮食 215 万吨，同比增加 82.4%，占当年我国粮食出口总量的 58.8%；民营企业出口 123 万吨，同比增加 1.4%，占当年我国粮食出口总量的 33.6%；国有企业出口 27.9 万吨，同比减少 29%，占当年我国粮食出口总量的 7.6%（见图 5）。

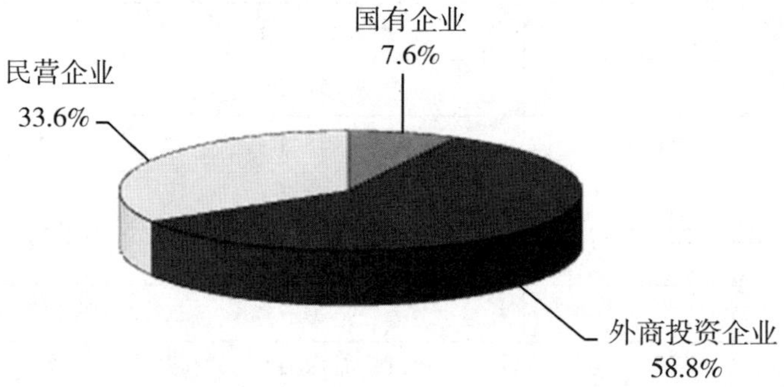

图 5 2018 年我国粮食出口企业性质统计图

2018 年，我国民营企业进口粮食 4 824.7 万吨，同比减少 14.3%，占当年我国粮食进口总量的 41.8%；外商投资企业进口 4 279.7 万吨，同比减少 8.1%，占当年我国粮食进口总量的 37%；国有企业进口 2 450.4 万吨，同比减少 11.8%，占当年我国粮食进口总量的 21.2%（见图 6）。

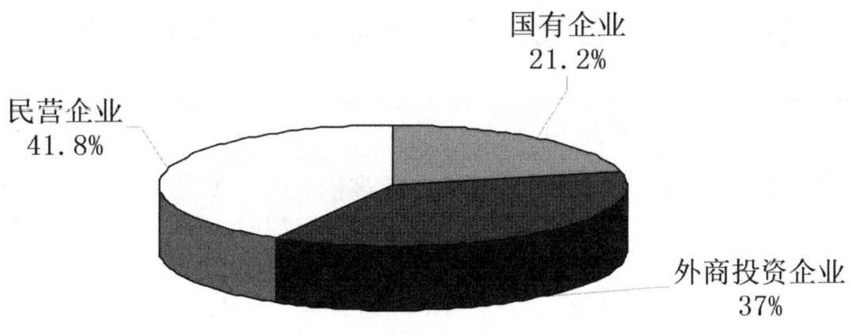

图 6　2018 年我国粮食进口企业性质统计图

（五）稻米出口大幅增加，大豆进口小幅减少，主要品种进口均价普涨

2018 年，我国出口稻谷和大米 208.9 万吨，同比增加 74.7%；出口均价为每吨 2 815.7 元，同比下跌 16.6%。出口薯类及含有淀粉的块茎 61.9 万吨，同比减少 7.9%；均价为每吨 5 028.1 元，同比上涨 4.5%。出口豆类 55.4 万吨，同比减少 3.2%；均价为每吨 7 742.8 元，同比下跌 6.5%。出口高粱 4.8 万吨，同比增加 17%；均价为每吨 3 099.3 元，同比下跌 0.4%。出口玉米 1.2 万吨，同比减少 82.5%；均价为每吨 3 297.7 元，同比上涨 80.9%（见表 3）。

表 3　2018 年我国主要粮食品种出口统计表

商品名称	2018 年出口			同比（%）		
	数量（万吨）	金额（亿元）	均价（元/吨）	数量	金额	均价
稻谷和大米	208.9	58.8	2 815.7	74.7	45.7	-16.6
薯类及含有淀粉的块茎	61.9	31.1	5 028.1	-7.9	-3.8	4.5
豆类	55.4	42.9	7 742.8	-3.2	-9.5	-6.5
高粱	4.8	1.5	3 099.3	17.0	16.5	-0.4
玉米	1.2	0.4	3 297.7	-82.5	-68.3	80.9

2018 年，我国进口大豆 8 803 万吨，同比减少 7.9%；进口均价为每吨 2 841.6 元，同比上涨 1%。此外，进口大麦 681.5 万吨，同比减少 23.1%；均价为每吨 1 611.9 元，同比上涨 16%。进口木薯 479.8 万吨，同比减少 41%；均价为每吨 1 542.2 元，同比上涨 27.6%。进口高粱 365 万吨，同比减少 27.8%；均价为每吨 1 512.5 元，同比上涨 9.6%。进口玉米 352.4 万吨，同比增加 24.7%；均价为每吨 1 457.3 元，同比上涨 0.9%。进口小麦 309.9 万吨，同比减少 29.9%；均价为每吨 1 806.8 元，同比上涨 8.7%。进口稻谷和大米 307.7 万吨，同比减少 23.6%；均价为每吨 3 506.4 元，同比上涨 11.9%（见表 4）。

表 4　2018 年我国主要粮食品种进口统计表

商品名称	2018 年进口			同比（%）		
	数量（万吨）	金额（亿元）	均价（元/吨）	数量	金额	均价
大豆	8 803.0	2 501.5	2 841.6	-7.9	-6.9	1.0
大麦	681.5	109.9	1 611.9	-23.1	-10.8	16.0
木薯	479.8	74.0	1 542.2	-41.0	-24.7	27.6
高粱	365.0	55.2	1 512.5	-27.8	-20.9	9.6
玉米	352.4	51.4	1 457.3	24.7	25.7	0.9
小麦	309.9	56.0	1 806.8	-29.9	-23.8	8.7
稻谷和大米	307.7	107.9	3 506.4	-23.6	-14.4	11.9

（六）北京为出口主力，江苏进口居首位

2018 年，北京出口粮食 203.7 万吨，同比增加 81.9%，占当年我国粮食出口总量的 55.7%。此外，辽宁出口 48.5 万吨，同比增加 23.2%，占当年我国粮食出口总量的 13.3%；山东出口 26.6 万吨，同比减少 5.4%，占当年我国粮食出口总量的 7.3%；广东出口 13.9 万吨，同比减少 11.8%，占当年我国粮食出口总量的 3.8%（见表 5）。

表 5　2018 年我国粮食出口主要省市统计表

省市	出口量（万吨）	同比（%）
北京	203.7	81.9
辽宁	48.5	23.2
山东	26.6	-5.4
广东	13.9	-11.8
广西	13.1	4.9
云南	12.9	-9.3
吉林	10.6	-22.5
黑龙江	7.1	-17.6
河北	5.8	-15.5
天津	4.6	-13.4

2018 年，江苏进口粮食 2 014.7 万吨，同比增加 2.7%，占同期我国粮食进口总量的 17.4%；北京进口 1 552.6 万吨，同比减少 6.5%，占同期我国粮食进口总量的 13.4%；山东进口 1 548.8 万吨，同比减少 17.3%，占同期我国粮食进口总量的 13.4%；上海进口 1 236.7万吨，同比减少 11.4%，占同期我国粮食进口总量的 10.7%（见表 6）。

表 6　2018 年我国粮食进口主要省市统计表

省市	进口量（万吨）	同比（%）
江苏	2 014. 7	2. 7
北京	1 552. 6	-6. 5
山东	1 548. 8	-17. 3
上海	1 236. 7	-11. 4
广东	894. 6	-28. 1
福建	876. 5	-13. 7
广西	765. 0	-27. 6
河北	518. 7	-13. 3
浙江	410. 7	-17. 9
天津	292. 6	44. 0

二、2018 年我国粮食出口增加、进口减少的主要原因

（一）我国粮食连年丰产，国内供给相对充足

近几年，我国大力推进农业供给侧结构性改革，稳定粮食产量，优化品种结构，在促进供求总量平衡的同时，注重提升质量效益，促进可持续发展。在此背景下，我国粮食连年丰产，2018 年我国粮食产量为 6. 58 亿吨，连续 4 年保持在 6. 5 亿吨以上；全年谷物产量 6. 1 亿吨，连续 4 年保持在 6 亿吨以上。其中，稻谷产量 2. 12 亿吨，小麦产量 1. 31 亿吨，玉米产量 2. 57 亿吨[①]。我国粮食产量保持高位，品种结构不断优化，国内供给相对充足，对进口的需求有所降低，推动我国粮食外贸出口增加，进口减少。

（二）国内稻米库存高企，推动出口大幅增加

自 2011 年起，我国稻谷年产量始终保持在 2 亿吨以上，2017 年达到 2. 13 亿吨的历史最高纪录，2018 年小幅回落至 2. 12 亿吨，但仍为历史第三高[②]。随着我国稻谷产量保持高位，我国的稻谷库存不断攀升。世界粮农组织（FAO）发布的《粮食展望》显示，2009/2010 年度我国稻米库存不足 6 000 万吨，之后一路攀升，2018/2019 年度达到 1. 07 亿吨的历史最高纪录，占世界稻米库存的 59. 6%[③]。库存压力下，我国稻米出口需求提升，2018 年出口稻米 208. 9 万吨，大幅增加 74. 7%，提升同期我国粮食出口整体增幅 32. 1 个百分点。

（三）受中美经贸摩擦影响，自美进口大豆锐减

2018 年 6 月 15 日，美国政府发布了加征关税的商品清单，对从中国进口的约 500 亿美

① 《2018 年国民经济和社会发展统计公报》，国家统计局，2019 年 2 月 28 日。

② 《数据库：年度数据》，国家统计局，2019 年。

③ 《粮食展望》，世界粮农组织，2019 年 5 月。

元商品加征25%的关税。作为反制措施，我国决定对原产于美国的约500亿美元进口商品加征25%的关税，其中，包括大豆在内的340亿美元商品自2018年7月6日起加征关税。由于大豆的进口关税仅为3%，加征25%的关税对大豆进口影响极大。据统计，2018年我国自美国进口大豆1 664万吨，减少49.4%，拉低同期我国粮食进口整体增速12.4个百分点。其中，下半年仅进口84.2万吨，同比大幅减少93.9%。

三、我国粮食进出口的影响因素分析

（一）国内粮食产量将继续稳定高产

2019年1月3日，中共中央、国务院下发了《关于坚持农业农村优先发展做好“三农”工作的若干意见》，要求毫不放松抓好粮食生产，推动“藏粮于地、藏粮于技”落实落地，确保粮食播种面积稳定在16.5亿亩；巩固和提高粮食生产能力，到2020年确保建成8亿亩高标准农田；大力发展紧缺和绿色优质农产品生产，推进农业由增产导向转向提质导向；实施大豆振兴计划，多途径扩大种植面积，合理调整粮经饲结构，发展青贮玉米、苜蓿等优质饲草料生产。在多项措施的保障下，2019年我国粮食产量有望继续稳定高产，供需结构将进一步优化，或将推动粮食出口进一步增加。

（二）全球谷物产量或将再创新高

FAO公布的《谷物供求简报》显示，2017/2018年度全球谷物产量达到创纪录的27.03亿吨，2018/2019年度小幅回落，根据田中作物的长势和未播作物的栽种意向，预计2019/2020年度世界谷物产量将创下27.22亿吨的新纪录，比上一年度增加7 100万吨[①]。在主要谷物中，小麦、玉米和大麦在增加的谷物产量中占比最大，预计分别同比增产5%、2.3%和5.4%，全球大米产量将继续接近2018年历史最高水平。全球谷物产量再创新高，供应充足，为未来我国谷物进口提供了保障。

（三）食品价格指数仍保持低位运行

2018年世界粮农组织食品价格指数平均为168.4点，同比下跌了6.2点[②]。其中，谷物价格指数平均为165.3点，同比上涨了13.7点，但仍远低于2014年的191.9点。2019年4月，食品价格指数涨至170点左右，较3月上涨2.5点，为2018年6月以来最高点，同比仍下跌3.9点。其中，4月谷物价格指数平均为160点，较3月下跌4.7点，同比下跌8.4点。在出口大量供应和贸易放缓的压力下，谷物价格指数连跌4个月。2019年全球谷物产量继续攀高，对谷物价格形成进一步压制，未来谷物价格或将继续保持低位运行。

（四）世界大豆供给格局或将改变

我国是世界主要的大豆消费国，年消费量超过1.1亿吨，大豆进口量约占全球贸易总量的60%。受中美经贸摩擦影响，我国自美国进口大豆大幅减少，自巴西进口明显增加，进而影响了世界大豆贸易格局。全球贸易信息系统（GTA）数据显示，2018年巴西大豆出

---

① 《谷物供求简报》，世界粮农组织，2019年5月9日。

② 《食品价格指数和农产品价格指数》，世界粮农组织，2019年5月9日。

口量达到创纪录的 8 360 万吨，同比增加 22.7%，占当年全球大豆出口总量的 54.9%，比重较 2017 年提升了 9.8 个百分点；美国出口 4 663.2 万吨，同比减少 15.7%，占 30.6%，比重下降了 6 个百分点；加拿大、荷兰、俄罗斯、比利时等国的出口量也不同程度地增加。此外，2018 年 12 月 19 日，中国与玻利维亚签署的大豆贸易协定正式生效，标志着南美主要大豆生产国之一——玻利维亚的大豆可以正式向我国出口[①]。未来，各大豆出口国将进一步抢占美国在我国乃至全球的市场份额，世界大豆供给格局或将改变。

四、粮食进出口形势展望及对策建议

国内方面，随着农业供给侧结构性改革的深入推进，国内粮食生产有望得到进一步巩固和提高，供需结构进一步优化。稻谷、小麦保持稳定高产，在确保国家粮食安全和基本主食高自给率的基础上，适度进口加以补充。同时，通过实施大豆振兴计划，大豆种植面积将进一步扩大，粮经饲结构得到合理调整，未来我国大豆进口量或将进一步减少，对外依存度有望得到缓解。国际方面，2019 年全球谷物产量有望再创新高，谷物价格保持低位运行，或将推动我国谷物进口量稳步增加。若中美经贸摩擦持续，巴西等国将进一步挤占美国的大豆市场份额，或将进而影响世界大豆供给格局。

为此建议：一是优化产品产业结构，着力推进农业提质增效，统筹调整粮经饲种植结构，做大、做强优势特色产业，进一步优化农业区域布局，积极发展适度规模经营，建设现代农业产业园；二是推行绿色生产方式，增强农业可持续发展能力，推进农业清洁生产，促进农业节本增效，大规模实施农业节水工程，集中治理农业环境突出问题，加强重大生态工程建设；三是壮大新产业、新业态，拓展农业产业链、价值链，加快发展现代食品产业，在优势农产品产地打造食品加工产业集群，完善农产品产地初加工补助政策；四是强化科技创新驱动，引领现代农业加快发展，加强农业科技研发，强化农业科技推广，完善农业科技创新激励机制，支持农业科技创新。

① 《多国瞄准中国大豆商机 美国空出的市场逐渐被竞争者替代》，参考消息，2018 年 12 月 25 日。

2018 年我国大豆进口年度报告

作为油料作物，大豆是世界上最主要的植物油和蛋白饼粕的提供者。加入世界贸易组织之后，国内下游旺盛需求带动我国大豆进口量逐年攀升，短短十几年，我国完成由大豆净出口国到稳坐世界大豆进口国头把交椅的角色转变①，2017 年我国大豆进口量突破 9 000 万吨，再度刷新历史纪录。但受中美贸易摩擦、非洲猪瘟疫情及养殖业饲料需求下滑等因素影响，2018 年我国大豆进口量出现自 2012 年以来首次减少，共进口大豆 8 803 万吨，同比减少 7.9%；价值 2 501.5 亿元人民币，同比下降 6.9%；进口平均价格为每吨 2 841.6 元，同比上涨 1%。

一、2018 年我国大豆进口的主要特点

（一）月度进口量震荡回落，进口均价持续上扬

2018 年，我国大豆月度进口量波动较大，继 2 月份降至 542.6 万吨低位后，3 月份起逐步反弹，至 5 月份突破 900 万吨达到 915 万吨的年内新高，随后震荡回落。由于受中美贸易摩擦影响，我国自美大豆进口锐减，带动 11 月份整体进口量降至 538.4 万吨，创 2016 年 11 月以来新低，12 月份当月小幅回升至 572.3 万吨，环比增加 6.3%，但同比仍大幅减少 40%。同时，我国大豆进口平均价格先抑后扬，前 5 个月同比持续下跌，6 月份止跌反弹，此后连续 7 个月保持同比上涨态势，12 月份当月进口均价达到每吨 3 088.4 元，同比上涨 11.5%，环比上涨 2.9%（见图 1）。

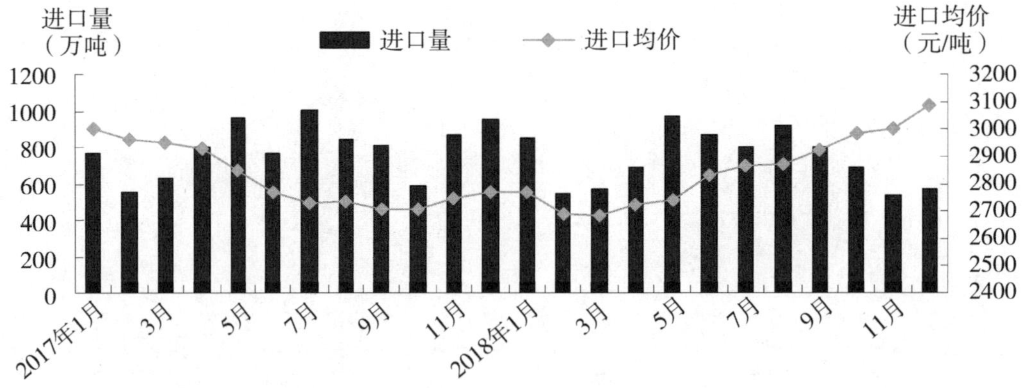

图 1　2017 年 1 月~2018 年 12 月我国大豆月度进口量价走势图

（二）一般贸易进口占比超 9 成，加工贸易进口倍增

2018 年，我国以一般贸易方式进口大豆 8 205.4 万吨，同比减少 9.7%，占当年我国大

① 《2018 年中国进口大豆七年来首降背后，全球大豆贸易格局待重塑》，第一财经，2019 年 2 月 15 日。

豆进口总量的93.2%。同期，加工贸易进口230.6万吨，同比增加1.2倍，占当年我国大豆进口总量的2.6%。

（三）巴西进口量占7成以上，自美国进口量锐减近半

长期以来，巴西、美国和阿根廷是我国大豆进口的主要来源地。2018年，我国自巴西进口大豆6 608.2万吨，同比增加29.8%，占当年我国大豆进口总量的75.1%。同期，受中美贸易摩擦影响，自美国进口大豆明显下滑，2018年共进口1 664万吨，同比减少49.4%。此外，自加拿大进口179.2万吨，同比减少12.5%。另外，受阿根廷产量下滑影响，当年自阿根廷仅进口146.4万吨，同比大幅减少77.8%（见表1）。

表1　2018年我国大豆进口主要来源地分布情况表

进口来源地	进口量（万吨）	同比（%）	金额（亿元）	同比（%）
巴西	6 608.2	29.8	1 900.0	33.8
美国	1 664.0	-49.4	457.0	-51.7
加拿大	179.2	-12.5	51.7	-13.9
阿根廷	146.4	-77.8	41.4	-77.1
乌拉圭	119.9	-53.4	34.4	-50.3
俄罗斯	82.3	62.0	17.4	57.0

（四）江苏位列进口首位，北京、山东不同程度下滑

2018年，全国共有22个省（自治区、直辖市）的企业具有大豆进口记录。其中，江苏为我国大豆进口最大省份，进口量为1 785.5万吨，同比增加13.2%；同期，北京、山东分列第2、第3位，分别进口1 182.5万吨和1 090万吨，同比分别减少1.4%和19.6%。上述三地合计占当年我国大豆进口总量的46.1%（见表2）。

表2　2018年我国大豆主要进口省市统计表

省市	进口量（万吨）	同比（%）	金额（亿元）	同比（%）
江苏	1 785.5	13.2	511.2	15.8
北京	1 182.5	-1.4	335.1	-1.6
山东	1 090.0	-19.6	315.8	-18.8
上海	1 087.9	-7.6	309.7	-5.3
广西壮族自治区	732.6	-25.5	209.7	-23.8
河北	484.7	-15.2	140.3	-13.6
福建	478.9	-14.4	133.1	-14.9
广东	359.6	-24.0	102.4	-23.0
浙江	324.4	-15.7	90.3	-15.9
天津	258.5	44.2	73.8	48.3

（五）外商投资企业进口量居首，民营企业比重持续回落

继2017年后，2018年外商投资企业再度成为我国大豆最大进口主力，共进口大豆3 755.9万吨，同比减少5.1%，占当年我国大豆进口总量的42.7%。同期，民营企业进口3 494.3万吨，同比减少9.6%，占当年我国大豆进口总量的39.7%，占比较上年下滑0.8个百分点，较2014年的高点回落5.9个百分点（见图2）。

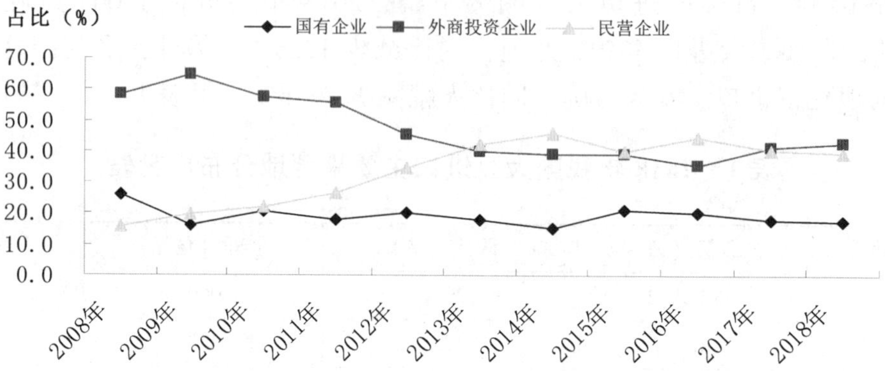

图2　2008年以来我国大豆进口主要企业类型比重图

（六）进口企业数量增加，前20位企业进口量集中度连续3年回升

2018年，全国有大豆进口实绩的企业共241家，较上年增加4家。其中，进口量居前20位的企业合计进口大豆5 844.4万吨，占当年我国大豆进口总量的66.4%，前20位企业进口量集中度较上年提升3.6个百分点（见图3）。

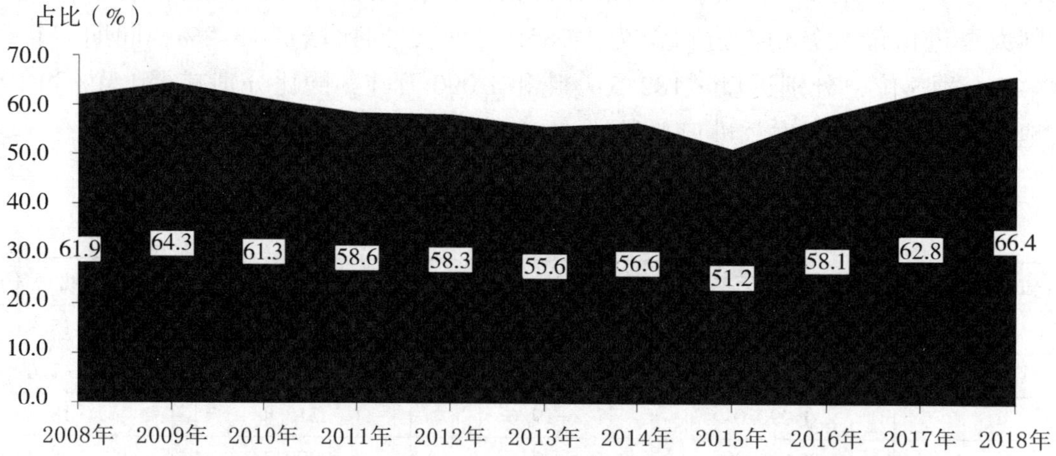

图3　2008—2018年我国大豆进口量前20位企业占比走势图

二、2018年我国大豆进口量减价扬的主要原因

（一）中美贸易摩擦影响美豆进口，阿根廷大豆减产进一步拖累进口

2018年，受中美贸易摩擦加征关税影响，美国大豆进口成本每吨增加700~800元，价

格失去竞争优势致使国内企业大幅减少美国大豆的采购[①]。据美国农业部出口销售报告显示，截至2018年12月13日，2018/2019年度（始于9月1日）美国对中国大豆出口装船量为4.1万吨，远低于上年同期的1 798.1万吨[②]。海关数据显示，在美国大豆传统进口旺季的第四季度，我国自美国大豆月度进口量均不足10万吨，全年自美国大豆进口锐减近半。除此之外，阿根廷大豆作物遭受50年来最严重的干旱，导致2017/2018年度阿根廷大豆产量预计为3 700万吨，比上年减少36%[③]。受此影响，我国自阿根廷大豆进口也出现严重萎缩。总体来看，尽管2018年我国扩大从巴西、俄罗斯等国进口，但其增幅不足以弥补自美国、阿根廷进口骤减带来的缺口，进而全年进口规模出现2012年以来的同比首次下滑。

（二）国内大豆下游需求有所减弱，影响进口步伐

自2018年8月3日爆发第一起非洲猪瘟疫情，截至2018年12月21日，我国已发生非洲猪瘟疫情95起，生猪养殖行业效益受到严重影响[④]。根据农业农村部监测，2018年12月份全国生猪存栏同比下降4.8%，能繁母猪存栏同比下降8.3%，连续3个月跌幅超过5%的预警线[⑤]。随着国内生猪存栏、补栏量的不断下滑，养猪业饲料豆粕需求下滑。同时，2018年11月，国内开始执行新版畜禽团体标准，积极引导饲料企业合理配方，降低动物饲料中的豆粕等蛋白质原料用量，养殖业豆粕年消耗量有望降低约1 100万吨，带动减少大豆需求约1 400万吨[⑥]，下游市场需求不振制约了我国大豆进口。

（三）巴西大豆价格连续上涨，拉高进口平均价格

2018年，在中美贸易摩擦影响下，我国转而加大巴西大豆采购，使得巴西大豆价格不断上扬，其中每袋60千克大豆价格自4月份起由每袋60巴西雷亚尔上涨至80巴西雷亚尔[⑦]。另外，由于采购订单的增多，2018年从巴西巴拉纳瓜港出口大豆溢价金也同步上涨，10月上半月溢价金达到1蒲式耳约270美分，进一步推高进口巴西大豆成本[⑧]。海关数据显示，2018年我国自巴西进口大豆的平均价格为每吨2 875.2元，比美国大豆每吨要高出约128.8元。由于当年我国自巴西进口大豆占同期我国大豆进口总量的75.1%，在巴西大豆价格上涨的带动下，我国大豆进口平均价格上涨。

三、我国大豆进口的影响因素分析

（一）进口渠道多元化，保障国内大豆稳定供应

为满足国内大豆需求，增加进口渠道，我国自2018年7月1日起将印度、韩国、孟加

---

① 《我国已累计取消了61.5万吨美国大豆订单》，人民日报，2018年7月11日。
② 《美国对华大豆出口最新统计：对华销售总量同比减少91.3%》，上海钢联农产品网，2018年12月21日。
③ 《长江期货：贸易战背景下粕类震荡抬升》，新浪财经，2018年7月30日。
④ 《非洲猪瘟疫情得到有效处置》，信息时报，2018年12月24日。
⑤ 《2018年我国农产品市场整体供应较为充裕》，农业农村部，2019年1月16日。
⑥ 《“减少大豆需求约1 400万吨”，中国这个动作引起外媒关注》，中国经济网，2018年12月5日。
⑦ 《半年来数据显示，美国对华大豆出口市场份额逐渐被巴西等国取代》，文汇报，2018年12月26日。
⑧ 《大豆价格要降！巴西对中国出口热情撼动行情》，参考消息网，2018年12月25日。

拉国、老挝和斯里兰卡大豆进口关税税率从3%调降至零[①]，并积极开拓其他进口来源地[②]。此前俄罗斯已经与中国达成贸易协定，有望进一步提高俄罗斯粮食出口竞争力[③]。2018年12月19日，中国和玻利维亚双方签署的大豆贸易协定正式生效，标志着南美主要大豆生产国之一的玻利维亚生产的大豆可以正式向我国出口[④]。随着新兴来源地的开拓，或将丰富我国进口大豆来源地，以保障国内产业需求。

（二）国际市场大豆丰产预期，货源充足或利于进口

美国农业部（USDA）4月供需报告显示，2018/2019年度巴西大豆总产量预计为1.17亿吨；阿根廷总产量预计达到5 500万吨以上，较上年恢复性增加1 800万吨左右；美国2018/2019年度大豆产量预计为1.23亿吨[⑤]，高于上年度的1.2亿吨[⑥]。另外，截至2019年3月1日，美国大豆库存7 400万吨，比上年同期增加28.9%[⑦]。全球大豆供应较宽裕，进口大豆的货源充足或有利于我国大豆进口。与此同时，4月1日开始我国大豆进口环节增值税税率下调1个百分点，预计将带动大豆进口成本每吨下降30~35元[⑧]，或进一步加大进口大豆价格优势。

（三）种植结构调整继续推行，国产大豆自给率有望提升

由于气候、大豆品种、种植技术等原因，我国大豆平均亩产仅120千克左右，而美国大豆亩产达304千克。2000—2018年，我国大豆单产年均增长率仅为0.69%，低于同期世界年均1.28%的增长水平，远低于美国1.86%的年均增速[⑨]。总体来看，我国大豆对进口的依赖程度仍然较高，亟待通过扩面、增产、提质等举措，提升国产大豆自给率。2019年的中央一号文件再次聚焦农业，其中提出启动实施大豆振兴计划，加快国内大豆产业发展，东北地区2019年大豆生产者补贴陆续公布，其中黑龙江省大豆生产者补贴每亩高于玉米生产者补贴200元以上[⑩]，国家继续鼓励增加大豆种植面积，“减玉米，增大豆”的种植结构调整继续推行。统计局数据显示，2019年一季度我国大豆意向种植面积同比增长16.4%[⑪]，国内大豆种植面积的增加，或能够在一定程度上缓解目前我国大豆的产需缺口。

四、2019年我国大豆进口形势展望及对策建议

2019年，预计全球大豆将保持丰产态势，大豆供需格局仍显宽松，国际大豆价格区间

---

① 《中国对部分亚太贸易协定国家下调进口关税，大豆零关税》，新浪网，2018年6月26日。

② 《于旭波：“一带一路”沿线或将种大豆》，中国饲料行业信息网，2018年11月13日。

③ 《远东地区农业合作备受关注——中俄大豆贸易前景可期》，中国粮油信息网，2018年9月19日。

④ 《多国瞄准中国大豆商机 美国空出的市场逐渐被竞争者替代》，参考消息，2018年12月25日。

⑤ 《4月份美国农业大豆豆粕供需报告》，中国饲料行业信息网，2019年4月10日。

⑥ 《USDA报告：美国2017年大豆产量预估修正为44.11亿蒲式耳》，中国饲料行业信息网，2018年9月29日。

⑦ 《一季度农产品价格呈季节性上涨走势》，农业农村部网站，2019年4月17日。

⑧ 《增值税税率下调 进口豆价格能否走低》，新浪财经，2019年4月10日。

⑨ 《今年春耕大豆种植面积扩大国产大豆能否解决自给难题》，东方财富网，2019年4月10日。

⑩ 《黑龙江大豆生产者补贴已经明确》，中国新闻网，2019年4月15日。

⑪ 《国民经济开局平稳 一季度GDP增长6.4%》，北京日报，2019年4月17日。

存在下行压力。但值得注意的是，继 2018 年 12 月 1 日中美贸易摩擦缓和后，我国缓慢重启美国大豆进口，然而，2019 年 5 月 10 日美国已将 2 000 亿美元中国输美商品加征的关税从 10%上调至 25%，我方不得不采取反制措施①。美国作为全球大豆主要供应国之一，中美贸易摩擦前景不明成为影响我国大豆进口的重要不确定因素。与此同时，国内需求方面，受猪瘟疫情及饲料结构调整影响，中国饲料工业协会预计 2019 年我国饲料产量将下降1%~2%，预计 2018/2019 年度国内豆粕消费减少 400 万~600 万吨②，其对我国大豆进口需求的抑制作用仍将持续一段时间。加上国内大豆振兴计划的启动，提高补贴等措施一定程度上提升国内大豆种植积极性，有利于我国大豆生产。多重因素影响下，2019 年我国大豆进口或将继续小幅下滑。

为此建议：一是调整完善国产大豆产业政策，提高国产自给率。继续加强对大豆补贴政策调整后国内大豆种植面积、产量等指标的跟踪观察，及时调整配套扶持政策，引导标准化、规模化和集约化种植，推动国内大豆实现“扩面、增产、提质、绿色”的目标。二是积极拓展进口渠道，保障国内大豆稳定供应。在稳定巴西、阿根廷等主要南美进口来源地的基础上，进一步开拓新的大豆进口供应市场，鼓励并支持有条件的企业在境外投资开发大豆资源，构建更为稳定的大豆进口来源。三是加强对大豆进口量价的监测预警。持续关注中美经贸磋商对大豆进口的影响，引导企业及时掌握市场动态和调整进口节奏及布局，降低相关风险损失。

① 《商务部新闻发言人就美方正式实施加征关税发表谈话》，商务部新闻办公室，2019 年 5 月 10 日。

② 《需求不振 一季度大豆进口下滑》，中华油脂网，2019 年 4 月 17 日。

2018 年我国棉花进口年度报告

棉花是应用广泛的基础性纺织原料，也是我国重要的进口农产品。2018 年我国棉花种植面积 3 352.3 千公顷，比 2017 年增加 4.9%，棉花产量为 609.6 万吨，比 2017 年增加 7.8%，是仅次于印度的全球第二大棉花生产国；棉花消费量在 800 万～900 万吨之间，国内棉花供求水平相对平稳。2018 年，我国进口棉花 157.4 万吨，同比增加 36.2%；价值 210.3 亿元人民币，同比增长 41.5%；进口平均价格为每吨 1.3 万元，同比上涨 3.9%。

一、2018 年我国棉花进口的主要特点

（一）月度进口量波动走高，进口均价高位震荡

2018 年，我国棉花月度进口量呈现震荡攀升态势，5 月份起同比连续 8 个月增加，12 月份当月进口量增至 21.9 万吨，同比增加 1.2 倍，环比增加 65.5%，创 2014 年 8 月以来新高。价格方面，我国棉花月度进口均价在前 7 个月保持在每吨 1.2 万元至 1.3 万元区间小幅波动，9 月快速上涨至每吨 1.5 万元，创 2012 年 10 月以来新高，之后逐月小幅回落，12 月当月进口均价为每吨 1.4 万元，同比上涨 9.8%，环比下跌 0.2%（见图 1）。

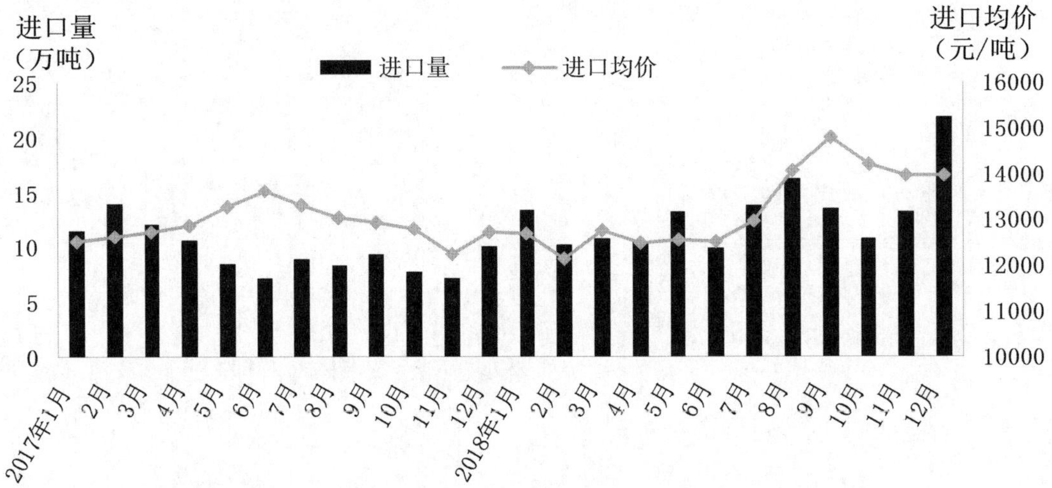

图 1　2017 年 1 月～2018 年 12 月我国棉花进口月度统计图

（二）以海关特殊监管区域物流货物方式进口为主且大幅增加

2018 年，我国以海关特殊监管区域物流货物方式进口棉花 53.5 万吨，同比增加 61.7%，占当年我国棉花进口总量的 34%；以加工贸易方式进口 41.1 万吨，同比减少 5%，占当年我国棉花进口总量的 26.1%；以保税监管场所进出境货物方式进口 36.8 万吨，同比增加 1.4 倍，占当年我国棉花进口总量的 23.3%；以一般贸易方式进口 26.1 万吨，同比增加 9%（见图 2）。

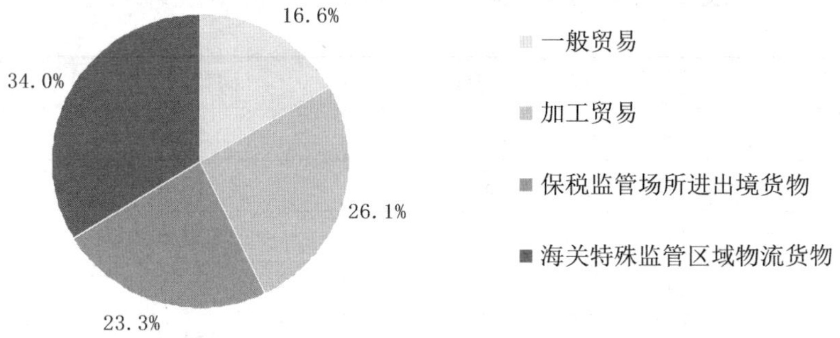

图 2　2018 年我国棉花进口贸易方式统计图

（三）美国是最大进口来源国，自澳大利亚、巴西和印度进口大幅增加

2018 年，我国自美国进口棉花 52.9 万吨，同比增加 4.4%，占当年我国棉花进口总量的 33.6%；自澳大利亚进口 42.4 万吨，同比增加 64.2%，占当年我国棉花进口总量的 26.9%；自巴西进口 18.6 万吨，同比增加 1.8 倍，占当年我国棉花进口总量的 11.8%；自印度进口 17.2 万吨，同比增加 53.5%，占当年我国棉花进口总量的 10.9%。此外，自乌兹别克斯坦进口 6.2 万吨，同比减少 33.8%（见表 1）。

表 1　2018 年我国棉花进口主要来源地统计表

进口来源地	进口量（万吨）	同比（%）	占比（%）
美国	52.9	4.4	33.6
澳大利亚	42.4	64.2	26.9
巴西	18.6	178.5	11.8
印度	17.2	53.5	10.9
乌兹别克斯坦	6.2	-33.8	3.9

（四）民营企业进口占比近 6 成，国有企业进口显著增加

2018 年，我国民营企业进口棉花 87.9 万吨，同比增加 27.6%，占当年我国棉花进口总量的 55.8%；国有企业进口 42 万吨，同比增加 74.5%；外商投资企业进口 27.5 万吨，同比增加 21.5%。

（五）山东、江苏和北京进口量合计占比逾 8 成

2018 年，山东进口棉花 68.8 万吨，同比增加 50.2%，占当年我国棉花进口总量的 43.7%；江苏进口 34.3 万吨，同比增加 23.4%，占当年我国棉花进口总量的 21.8%；北京进口 22.9 万吨，同比增加 36.6%，占当年我国棉花进口总量的 14.6%（见表 2）。

表2　2018年我国棉花进口主要省市统计表

省市	进口量（万吨）	同比（%）	占比（%）
山东	68.8	50.2	43.7
江苏	34.3	23.4	21.8
北京	22.9	36.6	14.6
新疆维吾尔自治区	9.5	58.7	6.1
河南	3.6	154.5	2.3

（六）进口企业数量减少，进口企业集中度进一步降低

2018年，我国有棉花进口记录的企业共276家，比2017年减少9家，进口量前20位的企业合计进口棉花81.5万吨，占当年我国棉花进口总量的51.8%，比2017年下滑2.7个百分点。

二、2018年我国棉花进口量增加的主要原因

（一）国储棉轮出导致棉花库存大幅减少，推高贸易商进口积极性

从2016年开始，国家储备棉花开始执行轮出机制，截至2018年9月底，连续三年的储备棉轮出结束，累计成交量超过870万吨，国储棉剩余库存约275万吨，因质量结构和超允差问题能够形成的有效供应约为200万吨，远低于300万吨的安全数值①。据美国农业农村部报告显示，2018/2019年度中国棉花产需缺口达316万吨②，棉花作为重要的战略储备物资，需要保持合理库存，巨大产需缺口刺激贸易商增加棉花进口。

（二）滑准税配额发放明显拉升进口

在国储棉轮出结束后，为保证纺织企业用棉需求，2018年6月12日国家发展改革委员会发布了“关于发放80万吨非国营贸易滑准税配额”的公告，此批滑准税配额使用截止时间为2019年2月底。数据显示，2018年10月份起，开始重现按滑准税征收的一般贸易进口棉花，2018年滑准税一般贸易累计进口棉花9.1万吨，对棉花总体进口增加的贡献度达21.8%。

（三）国内高品质棉花短缺、棉花替代品生产受限等因素拉动进口增加

当前，国内纺织企业普遍要求原棉用料要达到美国、澳大利亚棉花一样的高端品质水平，而国内高品质棉产量较少，不能满足需求。同时，棉花的主要替代品黏胶短纤和涤胶短纤受国内环保政策趋紧影响，至今产能扩张趋缓，难以实现对棉花的大规模替代③。以上因素均对我国棉花进口起到一定的推动作用。

---

① 《国联期货：2019年棉花展望：回落将夯实上涨的基础》，新浪财经，2019年2月11日。

② 《滑准税下调有利棉花进口》，东方财富网网，2019年1月9日。

③ 《2018年中国棉花行业进口量及消费情况在配额限制下增量受限》，中国报告网，2018年7月14日。

三、2018 年棉花进口的影响因素分析

（一）中美经贸摩擦增加，棉花进口不确定性

2018 年 7 月 6 日，作为应对美国经贸摩擦的反制措施，我国对原产于美国的棉花加征 25%进口关税正式实施。加征关税后，相当于每吨美棉进口成本增加 3 400 元左右[①]。此外，2018 年 9 月 24 日，美国开始对我国输美 2 000 亿美元清单商品加征 10%的关税。其中，根据海关统计数据，2 000 亿征税清单中纺织服装对美出口金额占据我国纺织服装出口总金额的 2. 7%；根据全球贸易信息系统（GTA）数据，美国纺织服装进口来自中国的占 36%。虽然美国加征关税尚不足以对纺织行业造成全面冲击，但是对我国纺织企业的相关国际采购订单及接单、原料采购等产生了负面影响。2018 年 11 月以来，棉纺产业链显著疲弱，新单成交不佳，外贸订单缩水，纱线库存增加，企业开工不高，部分企业观望心态浓厚。长期来看，受中美经贸摩擦影响，我国纺织服装出口竞争力将会受到一定的打击，出口增速存在下滑压力，或将对后续棉花进口产生一定影响。

（二）国储棉库存临近警戒线，补库进口对棉价的影响值得关注

我国国储棉经过 2016—2018 年的拍卖，棉花累计成交总量 839 万吨。当前国储棉库存已降至 270 万吨左右，低于 300 万吨安全线之下[②]，我国棉花去库存的任务基本完成。在国储棉进一步轮出空间不大的情况下，进口棉对于弥补国内缺口的意义变得更为重要，国家对进口配额等政策也已经开始向有利于合理扩大进口的方向调整，我国棉花进口规模进入上升周期的可能性较大，对棉花价格的影响值得关注。

（三）我国棉花结构性产能不足，供需结构性矛盾未得到缓解

我国年产原棉 600 万吨左右，产量占全球的 29%，但每年棉花产需缺口高达 300 万吨，仍要大量进口美棉、澳棉。据国家棉花产业联盟反映，棉花缺口较大，既有产能不够的问题，更有品质结构的问题。当前，国内纺织企业原棉用料要达到美国、澳大利亚棉花具有的高度清洁、高度一致、加工损害最小的高端品质水平，即业界统称的“双 29”“双 30”以上高端品质类型。而国内纤维长度、强度能够达标的棉花，每年总产只有几十万吨，总量上短缺 7 成多[③]；同时，生产方混种、加工方质量重视不够进一步损害棉花品质。棉花生产、流通、纺织等各环节难以形成利益联盟，多市场主体各自为战，造成了我国棉花供需之间的长期不平衡。

四、棉花进口形势展望及对策建议

从国际棉花市场来看，全球棉花库存继续增加，全球经济增速放缓，下游需求不振，预计全球棉价或将延续低位震荡走势。一方面，从国内棉花市场来看，随着国储棉抛储的结束，国储棉库存处于低位，国内棉花补库需求强烈，国家对进口配额政策的调整也随之

---

① 《中美贸易争端对抗棉花将何去何从》，金融界，2018 年 7 月 10 日。

② 《国联期货：2019 年棉花展望：回落将夯实上涨的基础》，新浪财经，2019 年 2 月 11 日。

③ 《我农业大国：棉花却还要大量进口，这背后有什么玄机》，搜狐财经，2018 年 10 月 18 日。

而来。2019 年 1 月 28 日，1%关税进口棉配额开始下发；2019 年 4 月 12 日，80 万吨进口滑准税配额政策公布，全部为非国营贸易配额，且配额发放时间较 2018 年提前两个月左右，企业申领条件略有放宽。此外，自 2019 年 1 月 1 日起，棉花进口滑准税适当下调，有利于降低企业进口成本，以及棉花进口。另一方面，当前中美贸易谈判再起波澜，美国自 2019 年 5 月 10 日起对我国输美的 2 000 亿美元清单商品加征关税税率，由 10%提高到 25%；同年 4 月 1 日起，日本取消我国普惠制待遇，我国纺织品及原材料在日本的进口关税税率将比越南、柬埔寨等国高 1.06~14.2 个百分点①。全球贸易增势放缓，叠加部分主要市场贸易政策转向保守，使得 2019 年外部市场环境趋于复杂，给我国纺织品出口带来了一定压力，对后期棉花进口走势将产生较大影响。

为此建议：一是跟踪关注中美经贸摩擦局势，实时监测美棉进口量价变化情况，引导企业合理安排棉花进口计划，积极拓宽进口来源，打造多元化的进口格局，保障国内棉花市场供应；二是密切监测国储棉库存及轮入情况，充分利用国内利好政策，适时补充库存，定期关注国际棉花主产国产销情况，及时发布监测预警信息，减少国际棉价波动给我国用棉企业造成的影响；三是进一步提升规模化经营水平，充分发挥主产区的优势，增加高品质棉花供应，有效改善国内棉花供应结构性矛盾问题，减少对高品质外棉的依赖。

① 《4 月月报（预测篇）：季节性窗口来临 市场波动频率放大》，中国棉花网，2019 年 4 月 16 日。

2018 年我国食糖进口年度报告

近年来，受人口规模增加、城镇化快速推进等因素影响，我国食糖消费量呈现稳中趋增态势。食糖是天然甜味剂，是人们日常生活的必需品，虽然果糖等其他替代品消费量增长迅猛，但食糖仍是最主要的甜味剂来源。据海关统计，2018 年，我国累计进口食糖 280 万吨，同比增加 22. 1%；价值 67. 5 亿元，同比下降 8. 1%；进口均价为每吨 2 414 元，同比下跌 24. 7%。

一、2018 年我国食糖进口的主要特点

（一）月度进口量呈现“M 型”走势，进口均价持续低位运行

2018 年 1 月、2 月，我国食糖月度进口量仅 3. 1 万吨和 2. 3 万吨，连创 2011 年 3 月以来新低，4 月大幅回升至 46. 5 万吨，达到年内峰值，之后各月进口量波动运行，12 月进口 16. 7 万吨，同比增加 25. 8%，环比减少 51%。与此同时，进口平均价格持续低位运行，自 2017 年 10 月起连续 15 个月同比下跌，2018 年 10 月达到年内最低值每吨 2 241. 1 元，12 月进口均价为每吨 2 321. 1 元，同比下跌 20. 4%，环比上涨 2. 7%（见图 1）。

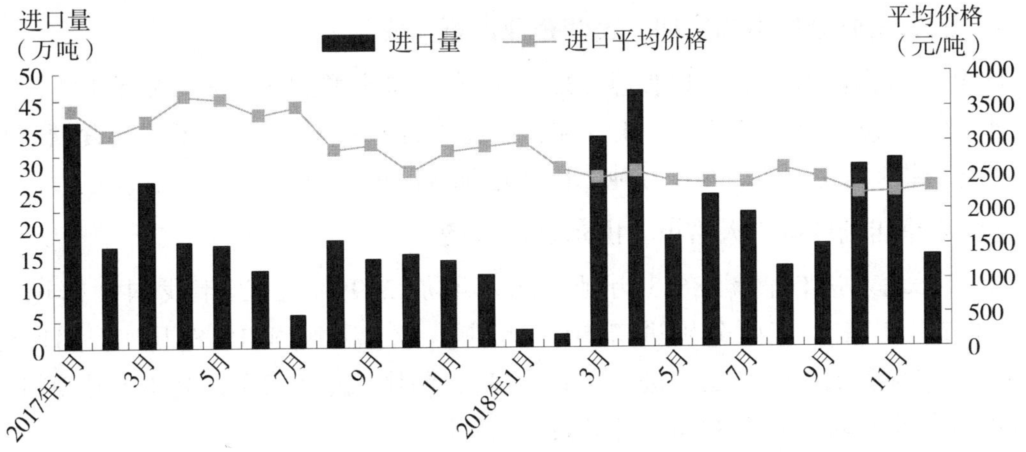

图 1　2017 年 1 月~2018 年 12 月我国食糖进口量价统计图

（二）一般贸易方式进口占据主导，且增速较快

2018 年，我国以一般贸易方式进口食糖 183. 7 万吨，同比增加 47. 6%，占同期我国食糖进口总量的 65. 7%；以加工贸易方式进口 20 万吨，同比增加 20. 3%。

（三）自巴西进口小幅减少，上半年自新兴市场进口量激增

2018 年，我国自巴西进口食糖 73. 2 万吨，同比减少 7. 3%，占当年我国食糖进口总量的 26. 2%；自东盟进口 49. 9 万吨，同比增加 17. 3%；自古巴进口 37. 3 万吨，同比减少

7.3%。此外，自萨尔瓦多和尼加拉瓜分别进口 21.3 万吨和 17.6 万吨，同比分别劲增 90.9%和 14.8 倍，进口均集中在上半年。商务部自 2018 年 8 月 1 日起，取消《不适用保障措施的发展中国家（地区）名单》，对所有配额外食糖进口统一适用保障措施，自“小产糖国”进口激增的态势得到遏制，下半年自萨尔瓦多、尼加拉瓜、南非等国进口食糖骤减为零（见表 1）。

表 1　2018 年我国食糖进口前 10 位来源地统计表

主要来源地	进口量（万吨）	同比（%）	比重（%）
巴西	73.2	-7.3	26.2
东盟	49.9	17.3	17.9
古巴	37.3	-7.3	13.3
萨尔瓦多	21.3	90.9	7.6
韩国	18.4	1.4	6.6
尼加拉瓜	17.6	1 483.4	6.3
澳大利亚	14.6	-19.4	5.2
南非	12.4	98.6	4.4
哥斯达黎加	8.5	54.7	3.0
斯威士兰	7.4	—	2.6

（四）国有企业进口小幅增加，民营企业占近 4 成

2018 年，我国国有企业进口食糖 132.3 万吨，同比增加 1.2%，占当年我国食糖进口总量的 47.3%；民营企业进口 110.4 万吨，同比增加 55.5%，占当年我国食糖进口总量的 39.5%；外商投资企业进口 36.8 万吨，同比增加 34.9%。

（五）北京居进口第 1 大省市，山东进口激增

2018 年，北京进口食糖 86.3 万吨，同比增加 2.9%，占当年我国食糖进口总量的 30.9%；山东、广东和广西分别进口 50.1 万吨、48.1 万吨和 19.8 万吨，同比分别增加 196.7%、49.2%和 15.9%；辽宁进口 46.3 万吨，同比减少 6.2%。上述 5 省市进口量合计占当年我国食糖进口总量的 89.6%（见表 2）。

表 2　2018 年我国食糖进口前 10 位省市统计表

省市	进口量（万吨）	同比（%）	比重（%）
北京	86.3	2.9	30.9
山东	50.1	196.7	17.9
广东	48.1	49.2	17.2
辽宁	46.3	-6.2	16.6
广西	19.8	15.9	7.1

表2 续

省市	进口量（万吨）	同比（%）	比重（%）
福建	10.7	34.0	3.8
天津	6.2	62.9	2.2
云南	4.4	47.2	1.6
河北	1.6	63.8	0.6
江苏	1.4	-79.9	0.5

（六）进口企业数量增加，企业进口集中度下降

2018 年，我国有进口食糖记录的企业共有 344 家，同比增加 7.8%。其中，进口量前 20 位企业合计进口 234 万吨，占当年我国食糖进口总量的 83.7%，企业集中度较 2017 年下降 2.7 个百分点（见图 2）。

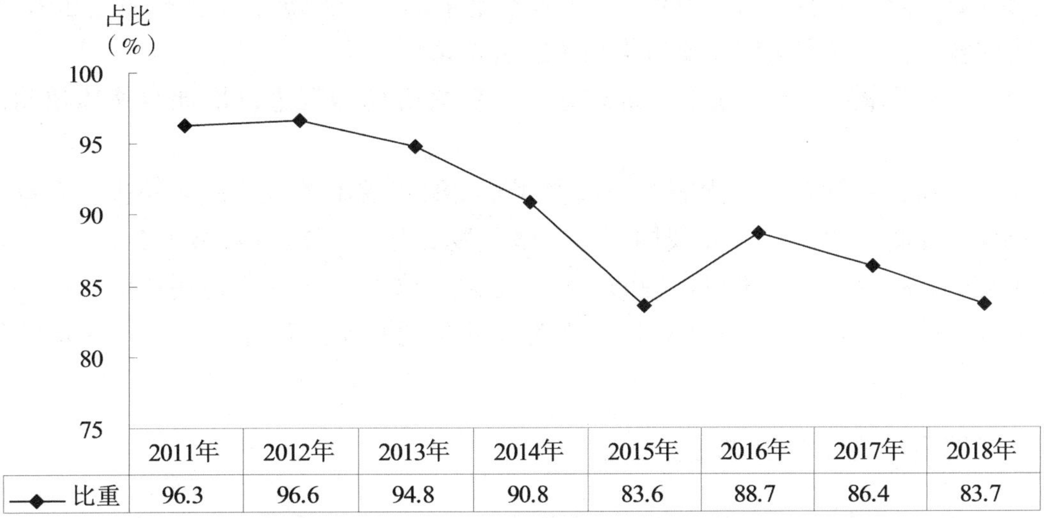

图 2　2011—2018 年我国食糖进口前 20 位企业集中度统计图

（七）甘蔗原糖为最大进口品种

2018 年，我国进口甘蔗原糖 226.1 万吨，同比增加 24.1%，占当年我国食糖进口总量的 80.9%；进口砂糖 51.6 万吨，同比增加 12.8%；进口精制糖 1.1 万吨，同比增加 1.3 倍。

二、2018 年我国食糖进口量快速增加的主要原因

（一）内外糖价存在一定利润空间刺激进口

2018 年，因印度、泰国和欧盟食糖丰产导致供应过剩，国际市场糖价前三季度持续震荡下跌，纽约商品交易所 11 号糖期货从 2018 年 1 月 4 日的 15.95 美分/磅跌至 9 月 27 日的

10.91 美分/磅，跌幅约为 30%[①]。2018 年 12 月 31 日洲际交易所（ICE）3 月原糖期货收跌 0.36 美分，报每磅 12.03 美分，伦敦 3 月白糖期货收跌 6.5 美元，报每吨 332.5 美元[②]，白糖和原糖期货均创 2008 年以来最低年底收盘水平。纵观 2018 年全年国内外糖价，在前三季度，配额外进口糖相较于国产糖整体上具有一定的价格优势，以 9 月 28 日为例，综合考虑当日升贴水、运费、汇率等因素后，巴西配额外食糖进口估算价为 4 834 元/吨，比柳糖现价低 361 元，比郑糖期价低 167 元。泰国配额外食糖进口估算价为 4 724 元/吨，比柳糖现价低 471 元，比郑糖期价低 277 元[③]。四季度后，进口价格优势整体有所减弱，但仍然有利于进口。

（二）连续两个榨季国内产销情况良好，对进口糖存在实际需求

据中国糖业协会数据显示，截至 2018 年 12 月底，2018/2019 榨季全国已累计产糖 240.08 万吨，比 2017/2018 榨季同期增加 7.72 万吨；累计销糖 130.81 万吨，比 2017/2018 榨季同期增加 26.98 万吨；累计销糖率 54.49%，比 2017/2018 榨季同期提高 9.81 个百分点[④]。连续两个榨季国内糖市产销两旺，且销糖增量均高于产糖增量，再加上 2018 年内国储糖未进行抛售，国内市场供需缺口推高食糖进口量。

（三）2018 年保障措施关税下降促进进口，新兴市场国家进口增加对整体拉动作用显著

2017 年 5 月，我国对关税配额外进口食糖征收保障措施关税，配额外进口食糖的关税税率为 95%。受此影响，2017 年我国进口食糖明显下滑，比 2016 年减少 25.2%。2018 年，保障措施关税下降为 90%，进口食糖的成本也随之下降，加上《不适用保障措施的发展中国家（地区）名单》中的一些国家上半年进口量大幅增加，对进口产生了一定的促进作用。

三、我国食糖进口的影响因素分析

（一）国际食糖产能步入牛市末期，新榨季食糖供应或许会出现一定下滑

由于糖料生产的惯性，市场普遍预估 2018/2019 榨季全球食糖市场仍将呈现过剩格局，但将在 2019/2020 榨季重新出现缺口。造成这种潜在缺口的主要因素是巴西中南部、印度、泰国、欧洲和巴基斯坦的糖产量预计将有所下降。巴西中南部地区 2018 年 3 月至 9 月的干旱天气以及 10 月至 11 月的暴雨天气导致甘蔗单产大幅下降，2018 年 12 月 20 日，巴西国家商品供应公司将巴西 2018/2019 榨季全国预估糖产量从 3 420 万吨下调至 3 170 万吨[⑤]。同时，由于降雨量大幅减少和虫害影响，预计印度第二大产糖州马哈拉施特拉邦本榨季的糖产量将比上一榨季显著下降，印度 2018/2019 榨季预计糖产量将从 2017/2018 榨季的

---

① 《机构展望 2019 全球糖市：产量与贸易流面临结构性变化》，广西糖网，2019 年 1 月 7 日。

② 《12 月 31 日原糖期货创十年最低年底收盘水平》，广西糖网，2019 年 1 月 2 日。

③ 《9 月 28 日巴西泰国原糖升贴水、运费及加工成本》，广西糖网，2018 年 9 月 29 日。

④ 《18/19 榨季截至 12 月底全国食糖产销进度》，广西糖网，2019 年 1 月 7 日。

⑤ 《Conab：下调 18/19 榨季巴西糖产量预估至 2 910 万吨》，广西糖网，2018 年 12 月 21 日。

3 320万吨降至 3 120 万吨①。此外，市场预计泰国 2018/2019 榨季的甘蔗产量和糖产量将比上一榨季分别下降 2.2%和 2.7%②。另外，欧盟禁止使用新烟碱类杀虫剂的新规定也将导致未来甜菜生产成本上升、产量回落③。目前，荷兰合作银行已将 2018/2019 榨季全球糖供应过剩预估从 450 万吨大幅缩减至 50 万吨；咨询公司 Datagro 甚至预计全球糖供应将出现少量缺口④。

（二）进口食糖保障措施配额外关税将由 90%降为 85%，或将进一步促进进口

2019 年 5 月 22 日后，我国进口食糖配额外关税将由 90%下调至 85%，配额外进口成本继续回落，或将有利于食糖进口。但是，一旦保障措施关税结束，国内市场面临的压力将进一步加剧，进口糖给国内糖业带来的价格冲击影响需持续关注。在 2018 年 11 月召开的海南糖会上，糖业企业和协会多次提出了包括直补、工业临储在内的补贴政策需求，但从时间上来看，在保障措施关税失效前实施的可能性相对较小。

（三）国内糖料种植收益低，生产成本居高不下

2018 年 11 月 21 日，我国最大的蔗糖产区广西公布了 2018/2019 榨季甘蔗收购价，普通糖料蔗收购首付价格 490 元/吨，比上一榨季下降 10 元/吨。横向对比其他农作物的种植收益，桑蚕茧（7 282 元/亩）、露地西红柿（12 812 元/亩）、柑橘（6 078 元/亩）等作物收入明显高于糖料蔗种植（2 929 元/亩）。由于甘蔗种植成本增加，特别是化肥、农药、人工费的增加，蔗农种蔗意愿受到较大冲击，原料蔗供应面临较大风险。目前，广西“双高”基地机收率仅为 15.11%，全区的机收率不足 2%，生产成本高出巴西、泰国、印度等 1 倍以上⑤。2018 年 12 月 4 日，广西新糖上市销售价为 5 100~5 170 元/吨（厂内提货价），比上榨季同期下跌 1 000 余元⑥。国内糖料种植成本居高不下，而食糖销售价格走低，不利于制糖产业的持续健康发展。

四、我国食糖进口形势展望及对策建议

基于对 2018/2019 榨季全球食糖市场仍将呈现过剩格局，国内外食糖仍存在差价的判断，2019 年我国对进口食糖仍有一定的需求。但在 2018 年底国内糖厂陆续开机生产，国内甘蔗糖厂已进入生产旺季。截至 2019 年 1 月底，2018/2019 榨季全国已累计销售食糖 252.27 万吨，比上榨季同期多销 12.41 万吨，累计销糖率 50.12%，比上榨季同期高出 3.33 个百分点⑦，国内糖市销售形势较好，国内食糖市场供应充足，加上商务部取消不适用保障措施名单，对所有配额外食糖进口统一适用保障措施，“小产糖国”进口骤降，预计 2019 年我国食糖进口步伐或将放缓。同时，随着国际糖价出现反弹，预计食糖进口价格

---

① 《印度：截至 12 月 31 日产糖 1 105 万吨，同比微增》，广西糖网，2019 年 1 月 4 日。
② 《泰国：截至 12 月 31 日产糖 280 万吨，同比增加 46%》，广西糖网，2019 年 1 月 4 日。
③ 《ISO 伦敦糖会热点摘要：关于欧盟减产，关于印度补贴》，广西糖网，2018 年 12 月 14 日。
④ 《Rabobank：2018/19 年度全球糖市供应过剩量大幅下调 400 万吨》，广西糖网，2018 年 12 月 20 日。
⑤ 《广西新榨季糖料蔗收购价小幅回落》，华储网，2018 年 11 月 22 日。
⑥ 《广西累计开榨 38 家糖厂》，广西糖网，2018 年 12 月 7 日。
⑦ 《18/19 榨季截至 1 月底全国食糖产销进度》，广西糖网，2019 年 2 月 13 日。

也将有所回升。

为此建议：一是密切关注国际糖价的走势及其对国内糖价的影响，及时收集国内主产区天气变化对产量的影响情况，加强对食糖进口量价的监测预警，引导企业合理把握进口节奏，维护国内食糖产业安全；二是继续跟踪贸易保障措施的实施效果，重点关注配额外关税下调后进口量变化情况，及时发布预警信息；三是深入推进农业科技成果的推广应用，尽快研究出台甘蔗补贴政策，做好糖料蔗价款兑付工作，稳定原料供应，促进制糖产业可持续化发展。

2018 年我国猪肉进口年度报告

猪肉是我国肉类消费的重要品种，作为全球最大的猪肉消费市场，2018 年我国消费量占全球的 50%左右①。然而，近年来，随着消费需求触顶、肉类消费结构的改变以及非洲猪瘟传播范围的扩大，我国猪肉消费总量连续下滑。2018 年，我国猪肉消费量约 5 595 万吨，较 2014 年 5 719 万吨的峰值下降 2. 2%②。

“十三五”以来，我国猪肉年进口量持续超百万吨运行，但随着消费需求的回落，进口量也呈现高位下滑态势。2018 年，我国累计进口猪肉 119. 3 万吨，同比减少 2%，降幅较上年收窄 22. 9%；价值 136. 1 亿元，同比下降 9. 6%；进口均价为每千克 11. 4 元，同比下跌 7. 8%。

一、2018 年我国猪肉进口的主要特点

（一）月度进口量震荡回落，进口均价先抑后扬

2018 年，我国猪肉月度进口量在 3 月份攀升至 13. 6 万吨高点后震荡下滑，并于 6 月份开始保持在每月 10 万吨下方运行。其中，第四季度各月进口量连续同比收缩，且降幅逐月扩大。与此同时，猪肉进口均价先抑后扬，从 1 月份的每千克 12. 3 元下跌后，在 9 月跌至每千克 10. 5 元，虽然自 10 月份开始连续上涨，但总体进口均价仍低于上年水平（见图 1）。

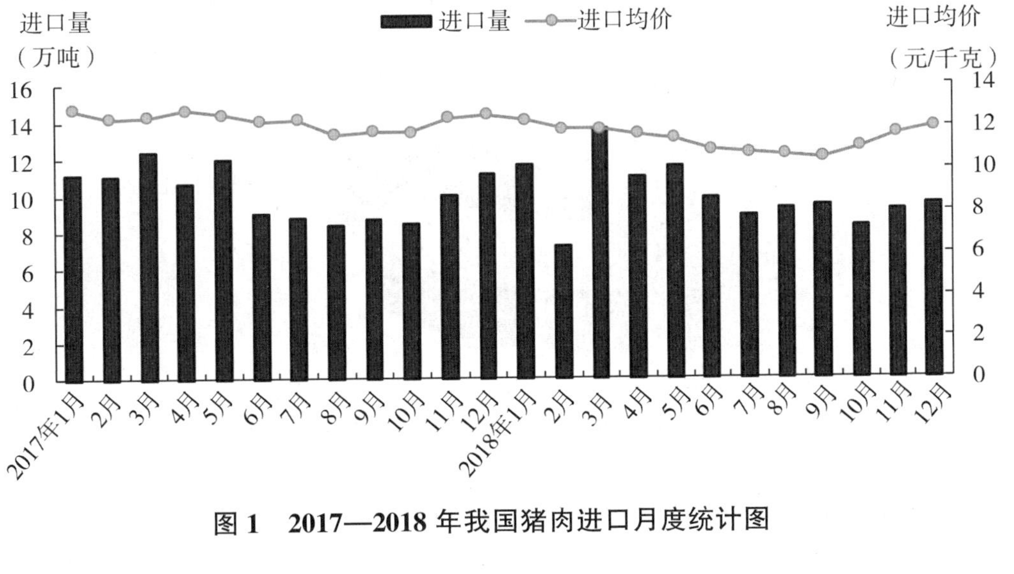

图 1　2017—2018 年我国猪肉进口月度统计图

---

① 《“猪周期”影响下的 CPI 走势与货币政策选择》，中国经济时报，2019 年 4 月 6 日。

② 《非洲猪瘟影响下，中国人吃猪肉将更少了》，2019 年 4 月 24 日。

（二）绝大多数以一般贸易方式进口

2018 年，我国以一般贸易方式进口猪肉 114.7 万吨，同比增加 0.7%，占当年我国猪肉进口总量的 96.2%。

（三）半数以上进口自欧盟，自巴西进口倍增，自美进口大幅减少

2018 年，我国自欧盟进口猪肉 75.1 万吨，同比减少 5.4%，占当年我国猪肉进口总量的 63%。同期，自加拿大和美国分别进口 16 万吨和 8.6 万吨，同比分别减少 3.9% 和 48.3%。此外，自巴西进口 15 万吨，同比增加 2.1 倍（见表 1）。

表 1　2018 年我国猪肉主要进口来源地统计表

产终国	进口量（万吨）	进口量同比（%）	占比（%）	进口值（亿元）	进口值同比（%）	进口均价（元/千克）	进口均价同比（%）
欧盟（28 国）	75.1	-5.4	63.0	86.6	-13.9	11.5	-9.0
其中：德国	22.8	7.8	19.1	25.8	-2.9	11.3	-9.9
西班牙	22.0	-7.5	18.4	25.3	-15.4	11.5	-8.5
加拿大	16.0	-3.9	13.4	16.3	-12.2	10.2	-8.6
巴西	15.0	208.1	12.6	20.9	172.5	13.9	-11.5
美国	8.6	-48.3	7.2	8.3	-57.1	9.7	-16.9

（四）民营企业为进口主力，外商投资企业进口降幅明显

2018 年，我国民营企业进口猪肉 98 万吨，同比增加 1.1%，占当年我国猪肉进口总量的 82.2%。同期，外商投资企业进口 16.2 万吨，同比减少 19.6%，占当年我国猪肉进口总量的 13.5%。此外，国有企业进口 5.1 万吨，同比增加 10.6%（见图 2）。

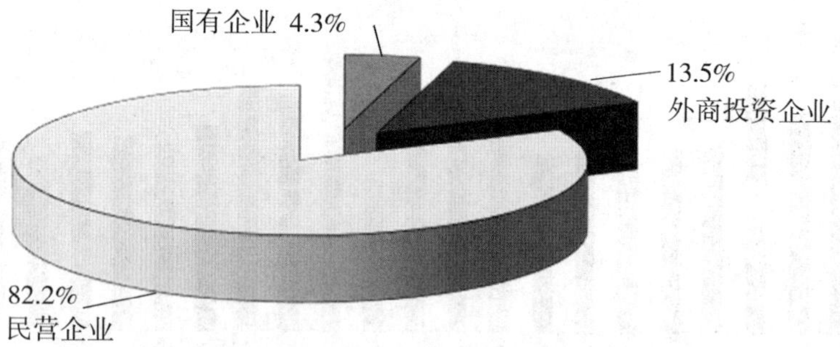

图 2　2018 年我国猪肉进口各类企业占比统计图

（五）广东、上海、山东居进口前三，5 省市进口规模超 10 万吨

2018 年，我国共有 11 个省市猪肉进口量超过 1 万吨，其中 5 省市进口规模在 10 万吨以上，广东、上海、山东进口量位居前三。其中，广东进口猪肉 30.2 万吨，同比减少 17.8%，占当年我国猪肉进口总量的 25.3%；上海和山东分别进口 22.5 万吨和 15.5 万吨，同比增加 11.3% 和 30.5%。此外，安徽进口 13.3 万吨，同比增加 18.6%；天津进口 12.5

万吨，同比减少 8.2%（见表 2）。

表 2　2018 年我国猪肉进口规模超万吨省市统计表

省市	进口量（万吨）	进口量同比（%）	占比（%）	进口值（亿元）	进口值同比（%）
广东	30.2	-17.8	25.3	34.8	-23.8
上海	22.5	11.3	18.8	26.3	0.8
山东	15.5	30.5	13.0	16.8	18.9
安徽	13.3	18.6	11.2	16.1	21.3
天津	12.5	-8.2	10.5	13.0	-20.8
北京	7.7	-10.1	6.5	8.2	-22.3
江苏	6.0	-21.0	5.1	7.6	-24.4
辽宁	4.2	-25.3	3.5	4.3	-32.4
湖南	2.1	65.1	1.8	2.4	73.9
浙江	2.1	21.6	1.8	2.7	4.0
河南	1.6	45.0	1.3	2.0	34.0

（六）进口企业数量明显减少，前 20 位企业进口集中度有所提升

2018 年，我国有猪肉进口记录的企业为 430 家，比 2017 年减少 68 家。其中，进口量前 20 位的企业合计进口猪肉 60 万吨，占当年我国猪肉进口总量的 50.3%，进口集中度比 2017 年提升 3.2 个百分点。此外，进口量超万吨的企业有 28 家，与 2017 年持平，较 2016 年的 45 家减少近 4 成，该 28 家企业合计进口量 69.6 万吨，占当年我国进口总量的 58.4%。

二、2018 年我国猪肉进口减少的主要原因

（一）国内市场猪肉供应总体宽松，减弱进口需求

2018 年，受环保政策持续收紧、生猪产能调整的影响，在 8 月份非洲猪瘟多点爆发前，国内养殖户出栏积极，国内猪肉供应趋于宽松。据国家统计局统计，2018 年前三季度我国生猪累计出栏 49 579 万头，增长 2.8%；猪肉产量累计 3 843 万吨，增长 3.4%①；另据农业部的定点屠宰监测数据显示，1 月至 11 月我国生猪定点屠宰量为 2.2 亿头，同比增长 10.6%②。

（二）全球非洲猪瘟传播活跃，供求双降限制进口贸易量

2018 年以来，非洲猪瘟在全球传播活跃，先后有 25 个国家发现了 6 500 多起疫情，数

① 《疫情助推结构调整 生猪有望提前迎春——2018 年生猪市场回顾与 2019 年展望》，搜狐网，2018 年 12 月 26 日。

② 《年末我国生猪市场开启“静默模式”憋劲上涨 OR 承压下行（2018 年第 52 周）》，同花顺，2018 年 12 月 29 日。

量增加25%，其中匈牙利、保加利亚、比利时等欧洲国家呈现爆发性流行[①]，我国相继暂停自以上国家进口，2018年，我国自匈牙利和比利时猪肉进口分别下降了71.4%和38.2%。同时，2018年非洲猪瘟在全国范围多点爆发后，对食品质量的担忧也加剧了我国猪肉市场消费下滑，2018年，我国猪肉家庭消费或下降2~3个百分点，带动总需求量减少约50~80万吨[②]。供求双降限制了我国猪肉进口贸易增长。

三、我国猪肉进口的影响因素分析

（一）国内生猪产能加速下坡，或推动未来进口量增

2018年下半年，受产能调整、猪瘟疫情的影响，养殖户补栏意愿大幅降低，2019年以来，虽然猪瘟疫情发展可控，但前期爆发产生的滞后效应持续放大，国内生猪产能加速下滑。据农业农村部对400个监测县生猪存栏信息统计，2019年1月、2月和3月，我国生猪存栏量分别同比减少12.6%、16.6%[③]和18.8%[④]；能繁母猪存栏量降幅也从14.8%逐步加深至19.1%[⑤]和21%[⑥]。预计2019年国内猪肉产量或下降6.7%[⑦]，猪肉供应呈现偏紧格局，未来进口增长空间较大。

（二）猪瘟蔓延推动海外肉价，进口成本上升空间加大

2019年以来，欧洲疫情持续高发，仅3月份波兰、比利时、罗马尼亚、保加利亚和拉脱维亚等国即向世界卫生组织通报疫情142起[⑧]。非洲猪瘟的持续蔓延导致我国猪肉供应和进口来源同步收紧，推动肉价走高。2019年2月至4月初，芝加哥商品交易所瘦肉猪期货活跃合约较年内低点涨幅高达34.3%[⑨]；3月份德国生猪每头均价也上升了近20欧元[⑩]。随着我国猪肉进口需求的逐步释放，未来进口成本上涨空间较大。

（三）中美贸易摩擦升级将影响我国自美猪肉进口

截至2019年4月，美国尚未通报非洲猪瘟疫情，作为全球第一大猪肉出口国，2018年美国约占全球猪肉出口总量的15.4%[⑪]，且从进口均价看，我国自美猪肉进口均价相对较低，2019年4月份自美猪肉进口每千克7.7元，明显低于同期自欧盟、巴西进口的12元和14.5元。但从双边贸易形势来看，虽然我方宣布的2019年6月1日加征关税的600亿美元

---

① 《我国非洲猪瘟疫情防控政策存在漏洞？官方回应》，新浪网，2019年3月1日。

② 《疫情助推结构调整 生猪有望提前迎春——2018年生猪市场回顾与2019年展望》，搜狐网，2018年12月26日。

③ 《2019年第一季度生猪行情回顾与分析》，搜狐网，2019年4月4日。

④ 《中国农业农村部：3月份生猪存栏环比减1.2%，同比减18.8%》，期货日报，2019年4月15日。

⑤ 《2019年第一季度生猪行情回顾与分析》，搜狐网，2019年4月4日。

⑥ 《中国农业农村部：3月份生猪存栏环比减1.2%，同比减18.8%》，期货日报，2019年4月15日。

⑦ 《猪肉产量或降7%，市场肉慌？看专家怎么说》，猪场动力网，2019年4月8日。

⑧ 《全球：非洲猪瘟肆虐情况概览》，猪场动力网，2019年4月9日。

⑨ 《芝商所瘦肉猪期货交易量攀升》，金投网，2019年4月11日。

⑩ 《中国从德国进口猪肉量增加》，商务部网站，2019年4月15日。

⑪ 全球贸易信息系统。

商品暂未涉及猪肉[①]，但如果中美贸易争端继续升级，可能对猪肉进口贸易产生不利影响。美国农业部发布的数据显示，2019 年 5 月份，中国买家取消了 3 247 吨美国猪肉进口订单，这是逾一年来最大规模的订单取消[②]。

四、我国猪肉进口形势展望及对策建议

2019 年 3 月份，国内猪价快速上涨，当月毛猪出栏价格累计涨幅达 27.2%，同比涨幅更高达 56.2%，接近 2014 年 4 月份的水平[③]。随着产能的出清和价格的回升，我国猪市新一轮上涨周期日趋明朗，市场供应趋紧的特征也将随之突显，预计 2019 年我国生猪产量或下降 6.7%，后期进口猪肉的补充作用也将持续增强。据《中国农业展望报告（2019—2028）》分析预测：2019 年和 2020 年猪肉进口量将分别达 170 万吨和 200 万吨[④]。在非洲猪瘟防治常态化的背景下，如何推动养殖补栏、进口增加与规模管理、疫情防控协调并进，如何发挥规范进口、产能调整政策对稳定供应的最大效能将成为未来我国猪肉产业面对的首要问题。

为此建议：一是加大猪肉市场监控力度，关注出口国猪肉市场动态信息，加强猪肉进口安全质量监管，有效发挥进口猪肉对国内市场的补充调节作用；二是发挥好规模化养殖的集成效应，积极推动屠宰业跟进规模化发展步伐，全面提升生猪供应能力，增强国内养殖竞争力；三是加强疫情长效防控，有序开展疫区清理工作，同时避免非疫区无序退出或大规模扩张，引导养殖户合理出栏。

---

① 2019 年 5 月 10 日，美方对价值 2 000 亿美元的中国商品的关税加征幅度从 10%提升至 25%，中方宣布 6 月 1 日起对 600 多亿美元的美国商品加征关税。

② 《中国买家取消进口美国猪肉 订单总额近 90 亿元》，联合早报网，2019 年 5 月 18 日。

③ 《今年 3 月我国猪市持续震荡上行 猪价已回 2017 年同期水平》，搜猪网，2019 年 3 月 26 日。

④ 《未来十年我国猪肉供给偏紧 进口将保持较高水平》，中国经济网，2019 年 4 月 21 日。

2018年我国化肥进出口年度报告

化肥是农业生产的重要物质基础之一，对我国粮食保持高产增收起到了显著作用。近年来，在国内供给侧改革持续推进的大背景下，化肥到2020年使用量零增长的目标提前实现，国内化肥产能下降较快，伴随着相关优惠政策的取消和原材料价格提升，国内化肥生产成本增加，价格上涨较快，对我国化肥进出口造成一定的影响。据海关统计，2018年，我国共出口化肥2 393.6万吨，同比减少0.4%；出口值为461.6亿元，同比增长13%；出口均价为每吨1 928.5元，同比上涨13.5%。同期，我国进口化肥950万吨，同比增长4.9%；进口值为179.2亿元，同比增长14.6%；进口均价为每吨1 886.4元，同比上涨9.3%。

一、2018年我国化肥进出口主要特点

（一）出口略有减少，9月份以来进口量逐渐回升

2018年，我国化肥出口整体表现偏弱，进口量有所回升。出口方面，2月份我国仅出口化肥87.5万吨，为全年最低，此后出口量逐渐回升，到了11月份开始呈现下降趋势。12月当月出口210.8万吨，同比减少2.6%，环比减少21.8%。月度出口均价除了4月份和5月份外均为涨势，12月当月出口均价为每吨1 923.8元，同比上涨9.5%，环比下跌7.8%。

进口方面，进口态势与2017年基本相同，年中回落，年末反弹回升。由于2018年我国化肥产能下降，进口需求增加，虽然从7月份开始月度进口量连续5个月同比减少，但12月份进口量大幅回升，同比大幅反弹。12月当月进口113万吨，同比增加42%，环比增加49.1%；进口均价呈现震荡走高态势，从年初每吨1 750.6元涨至年末每吨2 164.4元，12月当月进口均价为每吨2 164.4元，同比上涨27.6%，环比上涨2.1%（见图1）。

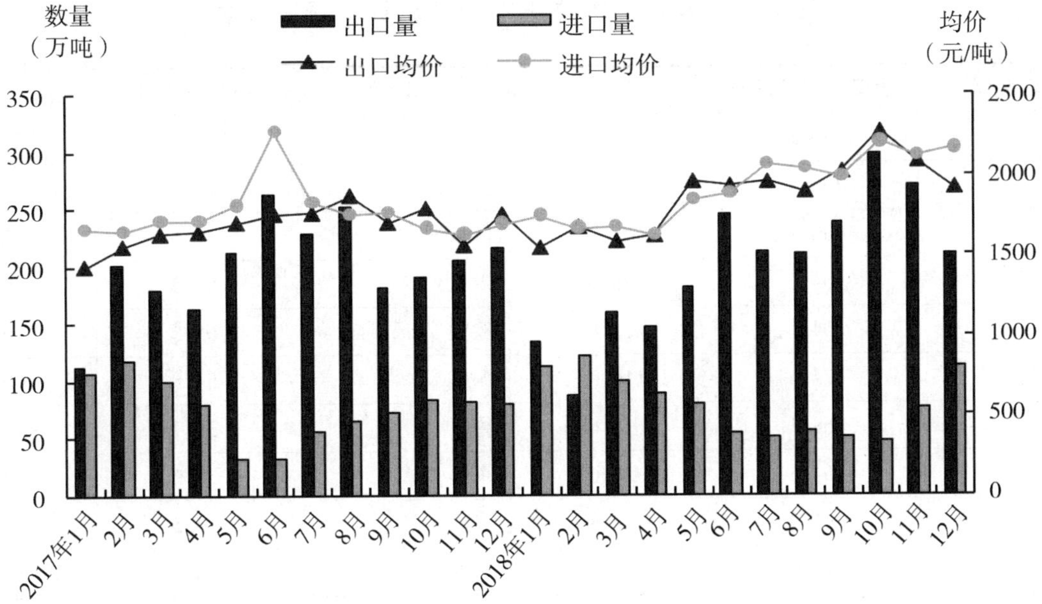

图 1　2017 年 1 月～2018 年 12 月我国化肥进出口量价月度统计图

（二）进出口均以一般贸易方式为主

2018 年，我国以一般贸易方式出口化肥 2 291. 4 万吨，同比减少 0. 5%，占当年我国化肥出口总量的 95. 7%；以边境小额贸易方式出口 55. 5 万吨，同比减少 18. 8%，占当年我国化肥出口总量的 2. 3%。

2018 年，我国以一般贸易方式进口化肥 791 万吨，同比增加 3. 2%，占当年我国化肥进口总量的 83. 3%；以边境小额贸易方式进口 105. 5 万吨，同比增加 12. 2%，占当年我国化肥进口总量的 11. 1%。

（三）东盟、拉丁美洲和印度居出口市场前 3 位，加拿大、俄罗斯、白俄罗斯和以色列为主要进口来源地

2018 年，我国对东盟出口化肥 742. 3 万吨，同比减少 3. 6%；对拉丁美洲出口 496. 3 万吨，同比减少 4. 5%；对印度出口 400. 7 万吨，同比增加 23. 2%。对上述 3 大市场出口量合计占当年我国化肥出口总量的 68. 5%。

2018 年，我国自加拿大和俄罗斯分别进口化肥 299. 8 万吨和 203 万吨，同比分别增加 27. 9%和 4. 4%；自白俄罗斯和以色列分别进口 140. 9 万吨和 87. 3 万吨，同比分别减少 17%和 8. 6%。自上述 4 大市场进口量合计占当年我国化肥进口总量的 76. 9%（见表 1）。

表 1　2018 年我国化肥主要进出口市场统计表

出口市场	出口量（万吨）	同比（%）	进口市场	进口量（万吨）	同比（%）
东盟	742.3	-3.6	加拿大	299.8	27.9
拉丁美洲	496.3	-4.5	俄罗斯	203.0	4.4
印度	400.7	23.2	白俄罗斯	140.9	-17.0
巴基斯坦	164.1	28.0	以色列	87.3	-8.6
澳大利亚	104.1	-21.8	欧盟	65.0	-9.2
孟加拉国	74.6	116.0	挪威	54.8	60.5
日本	68.3	6.6	约旦	34.7	-48.0
非洲	64.5	-26.6	东盟	27.2	112.4
韩国	62.9	-29.8	美国	9.5	-33.8
土耳其	45.9	6.2	非洲	6.5	10 252.9

（四）民营企业和国有企业为进出口主力

2018 年，我国民营企业出口化肥 1 352.1 万吨，同比减少 5%，占当年我国化肥出口总量的 56.5%；国有企业出口 934.6 万吨，同比增加 5.2%，占当年我国化肥出口总量的 39%；外商投资企业出口 106.9 万吨，同比增加 15.3%。

2018 年，我国国有企业进口化肥 442.9 万吨，同比增加 2.6%，占当年我国化肥进口总量的 46.6%；民营企业进口 417.9 万吨，同比增加 10.5%，占当年我国化肥进口总量的 44%；外商投资企业进口 89.2 万吨，同比减少 7.2%。

（五）云南、山东、湖北和江苏领跑出口主要省（市），北京进口量一枝独秀

2018 年，云南出口化肥 517.2 万吨，同比增加 26.8%，列我国化肥出口省市首位；湖北出口 281.4 万吨，同比减少 12.8%；江苏出口 267.9 万吨，同比增加 3%；山东出口 234.3 万吨，同比减少 6%。上述 4 省化肥出口量合计占当年我国化肥出口总量的 54.3%。

2018 年，北京进口化肥 678.8 万吨，同比增加 4.5%，占当年我国化肥进口总量的 71.5%；内蒙古自治区进口 57.5 万吨，同比增加 22.8%；黑龙江进口 47.6 万吨，同比增加 10.9%（见表 2）。

表 2　2018 年我国主要省市化肥进出口统计表

出口省市	出口量（万吨）	同比（%）	进口省市	进口量（万吨）	同比（%）
云南	517.2	26.8	北京	678.8	4.5
湖北	281.4	-12.8	内蒙古自治区	57.5	22.8
江苏	267.9	3.0	黑龙江	47.6	10.9
山东	234.3	-6.0	山东	43.5	3.9
贵州	191.3	-14.0	江苏	35.6	38.2

表2 续

出口省市	出口量（万吨）	同比（%）	进口省市	进口量（万吨）	同比（%）
福建	172.0	53.3	广东	32.6	-21.7
北京	129.5	-30.7	湖北	28.0	-6.7
浙江	85.2	15.4	辽宁	18.3	20.9
上海	81.5	27.8	河北	4.7	-32.0
安徽	67.1	-8.5	广西壮族自治区	2.7	14 040.4

（六）磷酸氢二铵为第一大出口品种，进口大部分为氯化钾

2018 年，我国出口磷酸氢二铵 746.8 万吨，同比增加 16.7%，占当年我国化肥出口总量的 31.2%；出口硫酸铵 681.7 万吨，同比增长 17.2%，占当年我国化肥出口总量的 28.5%；出口尿素 244.3 万吨，同比减少 46.3%，占当年我国化肥出口总量的 10.2%。

2018 年，我国进口氯化钾 745.6 万吨，同比减少 1%，占当年我国化肥进口总量的 78.5%；进口氮磷钾复合肥 146.4 万吨，同比增加 32.5%，占当年我国化肥进口总量的 15.4%。

（七）出口企业集中度较低，进口企业集中度较高

2018 年，我国有化肥出口记录的企业达到 2 980 家，比 2017 年增加 1 107 家，其中出口量前 20 位企业合计出口 1 098.5 万吨，占当年我国化肥出口总量的 45.9%。

2018 年，我国有化肥进口记录的企业 267 家，比 2017 年增加 104 家，其中进口量前 20 位的企业合计进口 917 万吨，占当年我国化肥进口总量的 96.5%。

二、2018 年我国化肥进口增加、出口减少的原因

（一）国内外化肥价格倒挂，企业出口积极性降低

受环保政策影响，2018 年尿素产量不断下降，市场由过去的供大于求变为供需紧平衡，是支撑尿素价格的重要原因之一。2018 年尿素价格全年都在高位运行，最低时价格仍达每吨 1 800 元，最高价达到每吨 2 200 元，创近 5 年来最高价格。全年尿素均价在每吨 2 000元左右，比 2017 年高出 300 元以上①。而 2018 年上半年，由于美元下跌等因素，国际化肥价格疲软，国内价格大大高于国际市场价格，使得企业出口积极性降低。尿素是我国化肥出口的主要种类，尿素出口量减少，在一定程度上影响我国化肥整体出口水平。

（二）化肥产量连续下降，国内市场基本消化

2018 年，由于供给侧改革推进，业内淘汰落后产能较多，且环保政策严格，企业开工率不高，使得化肥产量继续下降。据行业统计数据，2018 年 1 月至 10 月，全国累计生产合成氨 4 553.3 万吨，同比降低 4.3%；氮肥产量折纯 3 042.9 万吨，同比降低 7%；尿素产量

① 《2018 年尿素市场分析及 2019 年展望》，煤化工，2019 年 1 期。

4 237. 3万吨，同比降低 7. 4%[①]。随着尿素产量的连年下降，现在依靠国内市场即可基本消化掉产量，无须像过去要通过大量出口才能消化掉多余产量，因此出口量有所下降。

（三）国内钾肥产量下降与大合同涨价预期叠加刺激进口

2018 年国内化肥产量 5 460 万吨，同比下降 5. 2%，其中钾肥产量出现零增长[②]。另外，资料显示青海氯化钾因为矿源的问题，产量明显减少，上半年产量同比减少约 16%[③]。同时，部分钾肥进口大合同签订时间延期，加上库存水平普遍较低，市场涨价预期愈加强烈，氯化钾销售价格也持续上扬，从 2017 年 1 月至 2018 年 9 月，青海盐湖 60%氯化钾到站价格由 1 970 元涨至 2 350 元（吨价，下同）；港口 62%俄白钾肥报价由 2 050 元上涨至2 400 元[④]。由于国内供应有所放缓和价格看涨预期刺激，国内企业进口氯化钾积极性较高，推动我国化肥进口持续增长。

三、我国化肥进出口的影响因素分析

（一）行业整合提速，竞争愈加激烈

近年来，随着环保标准的提升、环境保护税的出台，加上用户结构的改变，倒逼中小落后企业逐渐退出市场。在环保高压下，从 2017 年化工产业安全生产转型行动开展到 2018 年 8 月，山东就关闭转产化工企业 620 家，停产整顿 2 614 家，占全省化工生产企业的 42. 5%[⑤]。随着落后企业的退出，整个行业集中度迅速提高。以氮肥为例，我国氮肥生产企业高峰时达 200 多家，产能 6 000 多万吨，到如今氮肥生产企业缩减为 60 多家，产能 5 000 多万吨[⑥]，集中度明显提升。今后，随着化肥使用量零增长目标的贯彻落实和测土配方施肥等方案的实施，未来国内传统肥料需求量将进一步降低，国内化肥行业将面临行业集中度变高、竞争愈加激烈的局面。

（二）国内化肥企业将发力角逐东南亚市场

目前，马来西亚、菲律宾、泰国、越南等东南亚国家对肥料的需求巨大。以泰国为例，每年有 600 万吨左右的化肥需求；而越南每年需进口尿素 150 万 ~ 180 万吨、磷酸二铵 70 万吨、复合肥 20 万吨；菲律宾潜在化肥需求量近 470 万吨[⑦]。虽然这些国家农业发展速度较快，但化肥工业起步晚，生产企业技术不足，内部化肥供不应求，在国家“一带一路”倡议影响下，越来越多中国肥料产品进入东南亚市场。随着化肥出口零关税的实施，对东南亚的出口将进一步扩大。目前，国内已有十来家企业正加大进军东南亚市场的力度，如拉多美、瑞丰生态、金正大等企业。未来，东南亚市场将成为国内化肥企业的竞争地。

---

① 《2018 年尿素市场分析及 2019 年展望》，煤化工，2019 年 1 期。

② 《2018 年化工行业运行情况》，中华人民共和国国家发展和改革委员会经济运行调节局网站，2019 年 1 月 30 日。

③ 《为什么 2018 年氯化钾进口大合同迟迟不确定?》，悦戈农资网，2018 年 7 月 21 日。

④ 《2018 年中国钾肥大合同每吨上涨 60 美元》，农化头条，2018 年 9 月 18 日。

⑤ 《山东一年关闭化工企业 620 家 停产整顿 2 614 家》，央广网，2018 年 8 月 14 日。

⑥ 《2019 年肥料行业十大预测》，东方财富网，2019 年 1 月 24 日。

⑦ 《2019 年肥料行业十大预测》，东方财富网，2019 年 1 月 24 日。

（三）国内出口面临冲击

随着化肥生产优惠政策取消，成本提升，国内化肥市场竞争力下降，加之国际新增化肥产能建成投产，对传统出口市场形成冲击。近几年包括美国、伊朗、尼日利亚、俄罗斯等国家新增化肥产能达到近千万吨，未来还将继续扩大①，国际化肥竞争力将不断提升。以印度招标为例，随着伊朗加入竞争，由于印度采用最低价中标方式，在我国国内化肥成本上升，价格上涨的情况下，在和伊朗的竞争中优势不足，从2017年下半年开始，我国中标率几乎为零，大部分被伊朗中标②。此后，国际产能进一步释放，对我国化肥出口带来的冲击将会加大。

四、我国化肥进出口形势展望及对策建议

2019年，我国正式取消了含钾肥料在内的化肥品种出口关税，国产硫酸钾的国际竞争力有所提升，国内企业开始通过进口钾肥再加工成硫酸钾的方式出口，因此2019年年初硫酸钾出口速度快速增长。据国际化肥工业协会预测，2016年至2020年全球化肥需求量将以年均1.6%的速度增长，有利于我国出口③。预计2019年我国化肥出口量将呈现复苏局面，其中硫酸钾出口快速增加。进口方面，2019年中央一号文件提振了国内农业发展，对钾肥需求或有所上升。随着国内种植结构逐渐改变，施肥结构也相应改变，除了对传统钾肥需求增加外，对新型复合肥需求也将快速增加。复合肥中钾元素主要来源于氯化钾等单质钾肥，而我国属于严重缺钾国家，当前钾肥自给率不足60%，对外依存度高④。预计2019年我国化肥进口量将呈现稳中有升的局面，复合肥进口将保持快速增长。

为此建议：一是继续推进供给侧改革，鼓励企业通过技术创新提高传统化肥肥效，加快研发附加值较高的新型肥料，实现错位竞争优势；二是加强进出口监测预警，密切跟踪主要进出口市场形势变化，引导企业优化海外资源布局，在新市场点或资源产地投资设厂，加强国际产业合作，缩减中间成本，提高产品国际竞争力；三是鼓励企业“走出去”，利用好“一带一路”倡议提供的合作框架，充分挖掘沿线潜在市场，扩大我国化肥出口市场，分散国际竞争对国内出口的冲击影响。

---

① 《2018年尿素市场回顾：政策变迁、产业调整、供需形势，都有了》，中国化肥信息网，2018年12月10日。

② 《2018年尿素市场回顾：政策变迁、产业调整、供需形势，都有了》，中国化肥信息网，2018年12月10日。

③ 《2019年中国化肥行业分析报告——行业规模现状与发展潜力评估》，中国报告网，2018年12月8日。

④ 《2019年中国化肥行业分析报告——行业规模现状与发展潜力评估》，中国报告网，2018年12月8日。

2018 年我国天然气进口年度报告

天然气是优质高效、绿色清洁的低碳能源。加快天然气开发利用，促进协调稳定发展，是我国推进能源生产和消费革命，构建清洁低碳、安全高效的现代能源体系的重要途径。在国内能源消费结构调整、升级，以及大气污染防治环保措施加大等因素综合影响下，我国天然气消费呈现快速增长态势，并成为世界增长快速的天然气消费市场之一。2018 年，我国天然气产量 1 610 亿立方米，同比增长 7. 5%[①]；天然气表观消费量 2 803 亿立方米，同比增长 18. 1%[②]。在当前国产天然气增量较为有限的情况下，进口成为弥补我国天然气供需缺口的重要途径之一，带动了天然气进口的大幅增加。据海关统计，2018 年，我国进口天然气 9 038. 5 万吨，同比增加 31. 9%，全年进口量创年度进口量历史新高；价值2 551. 8 亿元，同比增长 62. 1%；进口平均价格为每吨 2 823. 2 元，同比上涨 22. 9%。

一、2018 年我国天然气进口的主要特点

（一）月度进口量两度刷新历史纪录，进口均价同比持续攀升

2018 年，我国天然气进口量保持快速增加态势，月度进口量同比增速均保持两位数增长，其中，有 9 个月月度进口量超过 700 万吨，11 月、12 月进口量连续创出月度进口量历史新高。与此同时，天然气进口平均价格自 2016 年 12 月以来已连续 25 个月同比上涨，12 月当月进口平均价格为每吨 3 473. 4 元，创 2014 年 4 月以来新高，同比上涨 38%，环比上涨 5. 6%（见图 1）。

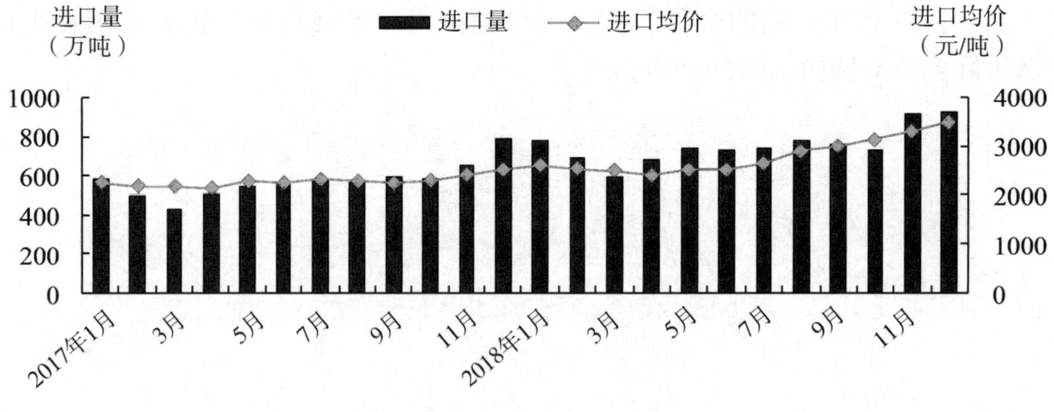

图 1　2017 年 1 月~2018 年 12 月我国天然气进口量价统计图

① 《2018 年 12 月能源生产情况》，国家统计局网站，2019 年 1 月 21 日。

② 《2018 年天然气运行简况》，国家发改委网站，2019 年 1 月 31 日。

（二）绝大部分以一般贸易方式进口

2018 年，我国以一般贸易方式进口天然气 8 815.1 万吨，同比增加 31%，占当年我国天然气进口总量的 97.5%。此外，以加工贸易方式进口 97.4 万吨，同比增加 6.1%，占当年我国天然气进口总量的 1.1%。

（三）液化天然气（LNG）主要自澳大利亚、东盟和卡塔尔进口，自美国进口大幅增加；气态天然气主要自土库曼斯坦、乌兹别克斯坦和哈萨克斯坦进口，自哈萨克斯坦进口倍增

2018 年，我国进口液化天然气 5 377.6 万吨，同比增加 41.2%，占当年我国天然气进口总量的 59.5%；进口平均价格为每吨 3 316.7 元，同比上涨 26.8%。其中，自澳大利亚进口 2 347.4 万吨，同比增加 35.9%，占当年我国液化天然气进口总量的 43.7%；自东盟进口 1 103.5 万吨，同比增加 44.5%，占当年我国液化天然气进口总量的 20.5%；自卡塔尔进口 924 万吨，同比增加 23.5%，占当年我国液化天然气进口总量的 17.2%。此外，自美国进口 214.8 万吨，同比增加 42.1%，占当年我国液化天然气进口总量的 4%（见图 2）。

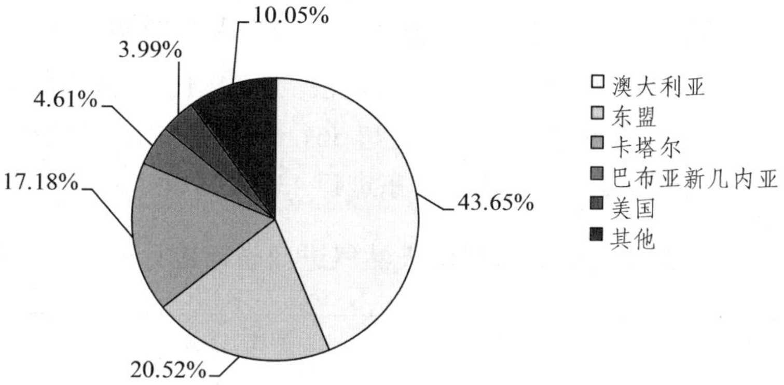

图 2　2018 年我国液化天然气进口主要来源地统计图

2018 年，我国进口气态天然气 3 660.9 万吨，同比增加 20.3%，占当年我国天然气进口总量的 40.5%；进口平均价格为每吨 2 098.4 元，同比上涨 10.6%。其中，自土库曼斯坦进口 2 532.9 万吨，同比增加 3.3%，占当年我国气态天然气进口总量的 69.2%；自乌兹别克斯坦进口 479.9 万吨，同比增加 85.1%，占当年我国气态天然气进口总量的 13.1%；自哈萨克斯坦进口 426.1 万吨，同比增加 4.3 倍，占当年我国气态天然气进口总量的 11.6%（见图 3）。

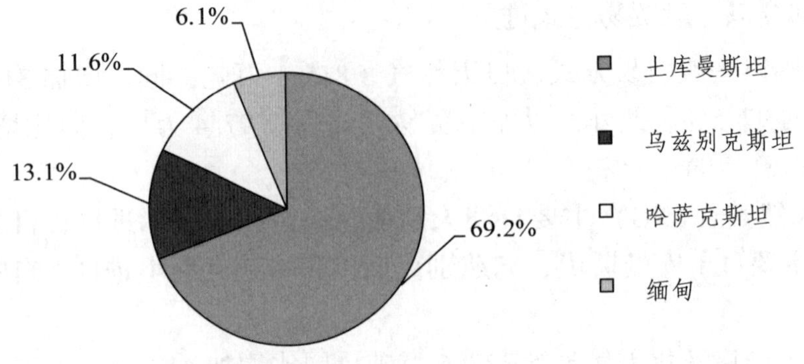

图 3　2018 年我国气态天然气进口主要来源地统计图

（四）国有企业进口占主导，外商投资企业进口减少

2018 年，我国国有企业进口天然气 8 466.2 万吨，同比增加 34.4%，占当年我国天然气进口总量的 93.7%。此外，外商投资企业进口 363.9 万吨，同比减少 5.5%；民营企业进口 202 万吨，同比增加 20.8%。

（五）北京进口量遥遥领先，辽宁、江苏和上海进口大幅增加

2018 年，北京进口天然气 5 928.3 万吨，同比增加 31.1%，占当年我国天然气进口总量的 65.6%。同期，辽宁、江苏和上海分别进口 861.6 万吨、716 万吨和 421.6 万吨，同比分别增加 48.2%、52.9 和 39.2%。此外，广东进口 436.3 万吨，同比减少 2.7%（见表 1）。

表 1　2018 年我国天然气进口省市统计表

省市	进口量（万吨）	同比（%）	比重（%）
北京	5 928.3	31.1	65.6
辽宁	861.6	48.2	9.5
江苏	716.0	52.9	7.9
广东	436.3	-2.7	4.8
上海	421.6	39.2	4.7
福建	268.1	19.5	3.0
云南	221.9	-11.8	2.5
新疆维吾尔自治区	78.2	133.6	0.9
海南	62.2	190.2	0.7
浙江	31.8	—	0.4

（六）进口企业数量增加，龙头企业进口集中度提升

2018 年，我国有天然气进口记录的企业共 33 家，比 2017 年增加 10 家。其中前 5 家企业合计进口 7 431 万吨，占当年我国天然气进口总量的 82.3%，提升 2.1 个百分点。

二、2018 年我国天然气进口量价齐增的原因分析

（一）国内消费需求持续增长，带动天然气进口大幅增加

2018 年，国内天然气消费显著增长，呈现淡季不淡的特征。4 到 7 月，我国天然气月均消耗 200 亿立方米，较 2017 年同期每月多 30 亿立方米①。特别是进入冬季供暖季，我国天然气消费呈现“起点高、增速快、持续高位运行”的特点。发改委数据显示，2018 年 11 月 21 日，国内天然气消费量突破上一年冬季日消费量 8.62 亿立方米的最高值，自 12 月 5 日至年底，日消费量一直保持在 9 亿立方米以上②。面对严峻的供需形势，国内企业纷纷采取措施加大进口，推动我国天然气进口量大幅增加。

（二）亚洲市场需求强劲，以及运费飙升、油价上涨共同推高进口天然气价格上扬

彭博新能源财经（BNEF）研究报告显示，2018 年全球液化天然气（LNG）需求创历史新高，增速将达到 8.5%，新增需求中有一半来自中国，其余的一半中大部分来自日本、韩国、印度等国家③。与此同时，不断增长的 LNG 需求推高了国际 LNG 现货运价，据标普全球普氏评估，2018 年液化天然气亚太平均现货运价为每天 80 771 美元，而 2017 年为每天 39 800 美元④。此外，2018 年国际原油价格震荡上扬，2017 年国际油价主要在 40～55 美元/桶的价格区间，而 2018 年 1～11 月上涨到 55～75 美元/桶⑤。在强劲需求和运价、油价上涨等因素的共同影响下，天然气进口价格持续上涨。

三、我国天然气进口的影响因素分析

（一）天然气对外依存度持续攀升，构建多元化的高质量供气体系迫在眉睫

近年来，我国天然气消费市场步入发展的快车道，由于需求增量主要通过进口方式弥补，天然气对外依存度不断攀升。数据显示，2013 年至 2015 年天然气对外依存度以不到 1%的速度低速增长，2016 年则从上一年的 32.7%猛增到 36.6%，2017 年进一步攀升至 39.9%⑥。2018 年我国超过日本，成为世界最大的天然气进口国，对外依存度进一步提升至 45.3%⑦。当前我国天然气占一次性能源消费量的比例仅约 6.6%，按照国家天然气“十三五”规划，到 2020 年，我国天然气占一次性能源消费比例要提升至 8.3%～10%，城镇人口天然气气化率由 2015 年的 42.8%提升至 57%⑧。增强天然气安全稳定进口能力，建立多元化的供气体系和格局，将有助于提升供给弹性，进而保障能源供应安全。

---

① 《能源“半年报”：消费亮点天然气 投资重点补短板》，中国经济导报，2018 年 7 月 31 日。
② 《进入供暖季以来 中国天然气用量增长 15%》，中央广电总台国际在线，2019 年 1 月 23 日。
③ 《报告：亚洲将成为未来全球 LNG 需求增长主动力 中国需求强劲》，中国新闻网，2018 年 9 月 14 日。
④ 《不断增长的 LNG 市场价格推动国际 LNG 现货运价》，中国石油新闻网，2019 年 1 月 9 日。
⑤ 《生意社：11 月 30 日国际原油价格下跌》，生意社，2018 年 12 月 3 日。
⑥ 《气紧或景气：如何打造高质量天然气供应新格局》，中国能源网，2018 年 2 月 26 日。
⑦ 《中国超越日本新晋全球第一大天然气进口国 天然气对外依存度达到45%》，经济观察报，2019 年 3 月 24 日。
⑧ 《中国 LNG 进口量位居世界首位 未来市场需求可期》，中国经济网，2019 年 4 月 2 日。

（二）自主化液化天然气（LNG）船舶需求迫切，能源运输安全不容忽视

当前，全球大型LNG船建造市场处于“半垄断”状态，其中，韩国企业占据约70%的市场份额，日本企业约占20%的市场份额，而我国船企约占10%的市场份额。除了研发技术能力外，韩国造船业还具备非常完善的产业配套体系，因此形成了强大的行业竞争合力。数据显示，截至2017年年末，我国已建成LNG总接收能力为5 040万吨/年，预计2020年左右总接收能力将达到7 700万吨/年，2030年总接收能力将超过1亿吨/年，未来10年需要新增LNG运力5 000万吨/年左右[①]。当前我国进口LNG依然严重依赖国外建造的LNG船，对外运力依存度超过6成，存在巨大的运输安全保障隐患[②]。

（三）衍生品交易量飙升，或将推动国际液化天然气（LNG）定价模式转变

随着LNG产品在供需两端的大幅增长，不断有新的期权产品产生，衍生品市场也越来越转向现货交易，更加反映市场供求关系，或将推动国际天然气价格进一步市场化。数据显示，整体的衍生品交易在2017年初占据全球液化天然气产量的2%左右，但到2018年底，衍生品交易量已经涨至产量的近23%，增长迅猛。特别是亚洲地区，相关衍生品合约交易量正在飙升，例如基于标普全球普氏能源（S&P Global Platts）每日估价的亚洲现货LNG日韩标杆，2018年12月上述合约的交易量超过1.7万手，是2017年1月时（即两年前）的10倍[③]。

（四）美国有望成为全球第三大液化天然气（LNG）出口国，世界天然气能源版图或将重塑

随着优先能源计划的实施及天然气产量的不断增长，美国天然气出口量大幅增加。据美国能源情报署（EIA）预计，到2019年底，美国LNG出口能力将达到89亿立方英尺/日,成为世界第三大LNG出口国[④]。美国LNG出口将会大幅增强全球天然气的流动性，改变LNG国际贸易流向，削弱常规天然气供应国的优势，同时，原本面向美国市场的中东LNG开始流向欧洲和亚太市场。美国天然气出口的增加不但改变了全球区域市场格局，而且打破了管道天然气出口与LNG出口之间的平衡，或改变传统上与高油价相互联系的天然气定价机制，最终形成全球一体的天然气市场[⑤]。

四、我国天然气进口形势展望及对策建议

进入21世纪以来，我国能源生产的增长速度显著落后于能源消费的增长速度，不断增长的能源需求和资源稀缺性之间的矛盾正日益凸显，进口已然成为解决供需缺口的重要手段。随着现代化深入推进和人民生活不断改善，未来一个时期能源消费将持续增长。预计我国天然气消费增速有望进一步提升，进口量仍将保持强劲增长。

---

① 《韩国船企一骑绝尘 中国LNG船建造领域急需“增兵”》，中国水运报，2019年1月8日。

② 《大型LNG船中国今年还是0订单!》，中国船舶报，2018年9月7日。

③ 《衍生品交易量飙升 液化天然气成为下一个大宗商品明星》，华尔街见闻，2019年1月23日。

④ 《EIA：到2019年底美国LNG出口能力将翻一番》，中国石油新闻中心，2019年1月3日。

⑤ 《全球能源安全新格局》，中国石油报，2019年1月15日。

为此建议：一是加强天然气领域的国际合作，不断拓宽进口渠道，构筑多层次、多来源、多通道、全方位的海外能源资源开发利用的战略格局；二是进一步完善促进我国 LNG 运输船研发创新的体制和机制，鼓励企业加大研发投入，提升产品设计和建造能力，抢占行业发展制高点，保障天然气运输安全；三是加强与亚洲各国之间在天然气领域的交流与合作，推进区域交易市场建设合作，建立被各国认可的天然气定价机制，依托集体话语权，减少甚至消除天然气“亚洲溢价”，维护市场稳定和各国天然气安全供应，实现共赢；四是密切关注世界天然气贸易格局变化，加强监测预警力度，加大对国际天然气市场的跟踪研判分析，建立风险防控应对机制，保障我国能源供应安全。

2018 年我国原油进口年度报告

再创新高，是 2018 年我国原油进口最显著的代名词。一方面，我国原油进口量达到新的高度。据海关统计，2018 年我国共进口原油 4.6 亿吨，同比增加 10.1%，年进口量自 2002 年起已连续 17 年增加；进口总值 1.59 万亿元，同比增长 43.1%；进口平均价格为每吨 3 440.6 元，上涨 30%，进口均价连续 2 年上涨。另一方面，我国原油对外依存度也达到历史高点。全年原油净进口量达 4.6 亿吨，同比增长 10.9%，石油对外依存度升至 69.8%[①]。在 2017 年首次超越美国后，连续第 2 年成为全球最大原油进口国，这既是基于我国的能源结构和供求关系的必然选择，也是我国深化全球能源合作下的重要成果。

一、2018 年我国原油进口的主要特点

（一）月度进口量连续创历史新高，月进口均价同比均呈两位数上涨

2018 年，我国原油月度进口量均保持在 3 000 万吨以上，并在 2 月份达到 3 225.4 万吨的低位后波动上行，且 11 月份和 12 月份进口量连续创下我国单月进口量历史新高，其中 12 月份进口 4 377.9 万吨，同比、环比分别增加 30%和 2.1%。进口均价方面，在当年 3 月份达到每吨 3 060.7 元的低位后快速上扬，在 2018 年 10 月份创每吨 3 901.2 元的历史新高之后开始回落，并连续两个月环比下跌，但相较 2017 年各月，2018 年各月进口均价均呈现两位数上涨态势，其中 7 月至 10 月间同比涨幅超过 40%（见图 1）。

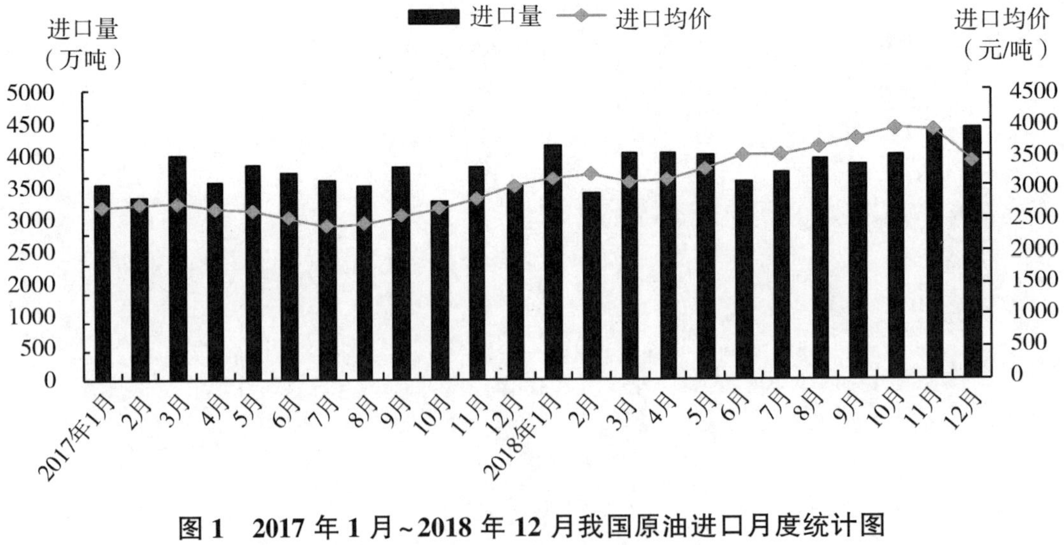

图 1　2017 年 1 月~2018 年 12 月我国原油进口月度统计图

① 数据来源：《中国油气产业发展分析与展望报告蓝皮书（2018—2019）》，2019 年 3 月 23 日。

（二）一般贸易方式进口比重提升，以加工贸易方式进口大幅减少

2018 年，我国以一般贸易方式进口原油 3.6 亿吨，同比增加 16.3%，占当年我国原油进口总量的 78.1%，所占比重较 2017 年提升 4.2 个百分点。同期，以加工贸易方式进口原油 3 301.2 万吨，同比减少 41%，所占比重由 2017 年的 13.3%回落至 7.1%（见图 2）。

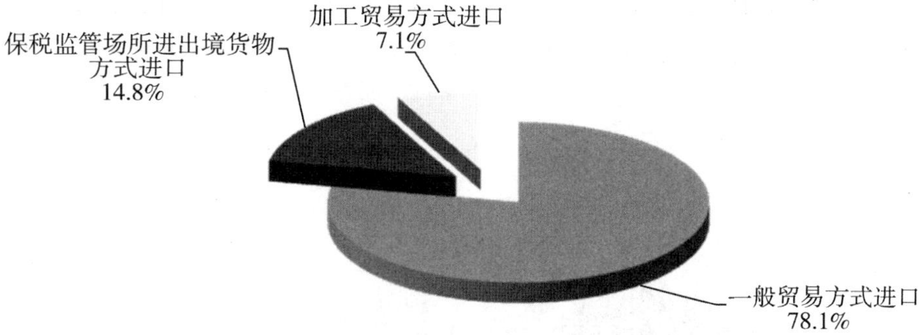

图 2　2018 年我国原油进口贸易方式比例统计图

（三）俄罗斯连续 3 年成为我国原油进口最大来源地且进口量逐年递增，进口来源地集中度降低

2018 年，我国原油进口量超过万吨的进口来源地由 2017 年的 44 个降至 42 个，自前 10 大来源地合计进口比重也较 2017 年的 79.7%下降了 0.3 个百分点。自俄罗斯进口原油 7 149.2万吨，同比增加 20.1%，占当年我国原油进口总量的 15.5%，俄罗斯已经连续 3 年成为我国原油第一大货源地。沙特阿拉伯和安哥拉分列第二位和第三位，自沙特阿拉伯进口 5 673.4 万吨，同比增加 8.7%，占当年我国原油进口总量的 12.3%；自安哥拉进口4 738 万吨，同比减少 6%，占当年我国原油进口总量的 10.3%。前 10 大来源地中，除从安哥拉、伊朗和委内瑞拉进口量减少外，其余均呈增加态势，其中增幅最大的为刚果共和国，同比增加 39.7%（见表 1）。

表 1　2018 年我国原油主要进口来源地统计表

进口来源地	进口量（万吨）	同比（%）	比重（%）
俄罗斯	7 149.2	20.1	15.5
沙特阿拉伯	5 673.4	8.7	12.3
安哥拉	4 738.0	-6.0	10.3
伊拉克	4 505.1	22.4	9.8
阿曼	3 290.2	6.1	7.1
巴西	3 162.4	37.0	6.8
伊朗	2 927.4	-6.0	6.3
科威特	2 321.2	27.2	5.0
委内瑞拉	1 663.2	-23.6	3.6
刚果共和国	1 258.0	39.7	2.7

（四）国有企业和民营企业所占比重此消彼长，三大类型企业进口皆增加

2018年，国有企业在我国原油进口贸易中仍占据绝对主导地位但比重开始持续下滑，进口原油3.6亿吨，同比增加8.4%，占当年我国原油进口总量的77.8%，比重较2017年下降1.3个百分点。民营企业原油进口参与热情愈发高涨，2018年进口7 795.2万吨，同比增加21.3%，占当年我国原油进口总量的16.9%，比重较2017年提升1.6个百分点。其余2 447.9万吨为外商投资企业进口，同比增加4.1%，占当年我国原油进口总量的5.3%（见图3）。

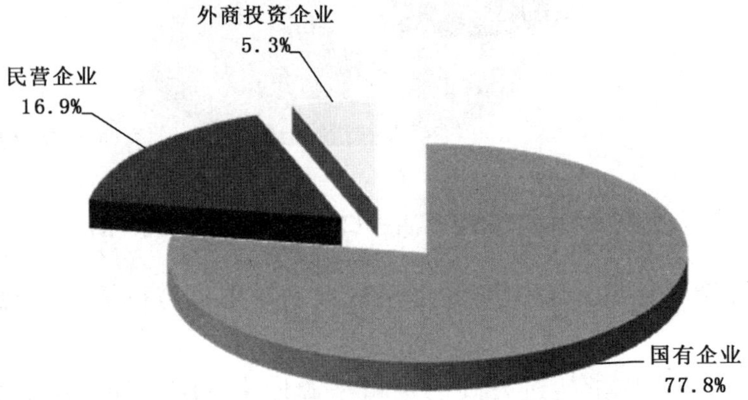

图3　2018年我国原油进口企业类型比例统计图

（五）北京进口主导地位不可撼动，中缅原油管道投产拉动云南省进口量成倍增加

2018年，北京仍位列我国原油进口量省市第一位，进口原油约2.9亿吨，同比增加10.2%，占当年我国原油进口总量的62.5%。随着原油进口权和使用权的继续开放，山东成为原油进口第二大省，2018年进口原油7 808.3万吨，同比增加9.5%；辽宁则居第三位，进口原油3 289.4万吨，同比减少6.6%。而随着中缅原油管道在2017年6月全线投产，原油入境后在中石油云南石化有限公司进行加工生产，拉动了云南石油进口量成倍增加，云南替代2017年福建的位置，一跃成为第五大进口省（见表2）。

表2　2018年我国原油前5大进口省市统计表

省市	进口量（万吨）	同比（%）	比重（%）	比重同比（百分点）
北京	28 848.1	10.2	62.5	0.1
山东	7 808.3	9.5	16.9	-0.1
辽宁	3 289.4	-6.6	7.1	-1.3
黑龙江	2 951.7	49.2	6.4	1.7
云南	1 016.0	162.7	2.2	1.3

（六）进口企业数量增加18家，前20位企业集中度下降

2018年，我国有原油进口记录的企业共113家，相较2017年的95家增加了18家企

业。中国国际石油化工联合有限责任公司、中国联合石油有限责任公司和中化石油有限公司等国有企业仍然保持进口主导企业地位，而中国化工油气股份有限公司和中石油云南石化有限公司进口量都呈现成倍增加态势。从前 20 位企业进口集中度看，2018 年该指标为 84.1%，相比 2017 年的 86.3%下降 2.2 个百分点，表明原油进口途径多元化趋势得到不断强化。

二、2018 年我国原油进口量增价扬的原因分析

（一）国内供需缺口较大，进口原油补充作用显著

随着我国经济平稳发展，我国原油使用量与消费量与日俱增。数据显示，2018 年，我国石油表观消费量达 6.48 亿吨，同比增长 6.95%；而国内原油产量连续第 3 年下滑，降至 1.89 亿吨，同比下降 1.3%[①]。与此同时，随着大型国有炼油企业开足马力运行和民营大型炼化项目相继投产，我国原油加工量首破 6 亿吨大关，达到 6.06 亿吨，同比增长 6.7%；成品油产量 3.6 亿吨，同比增长 3.6%[②]。此外，根据我国提出的国家石油储备计划，第三期于 2020 年前后完成，建成后三期设施总储备能力提高至 8 600 万吨左右（625 000 万桶）[③]。原油多方需求增加，产量与使用量及消费量之间的巨大缺口依靠进口原油予以填补，拉动了进口量再攀新高。

（二）国际能源合作多元化和深入化，助力进口量来源多元化

随着我国国际能源合作的多元化和深入化，特别是“一带一路”倡议下的油气合作全面稳步推进，为我国原油进口提供了更多的便利途径。除了前述中缅原油管道投产外，2018 年 1 月，中俄原油管道二线工程正式投入使用，设计产能为每年 1 500 万吨，随着中俄原油管道一线、二线全部投产，俄罗斯每年可向我国输入的原油量也增至 3 000 万吨[④]，俄罗斯已经连续 3 年成为我国最大的原油进口货源地。据统计，截至 2018 年，我国已有包括中缅、中哈、中俄、中俄二期等跨境原油管道 4 条，总输送能力 7 200 万吨/年。此外，我国石油企业继续深化“一带一路”倡议下的油气合作，在哈萨克斯坦的卡沙甘油田、巴西的里贝拉油田等大型项目进展顺利，成功收购阿联酋阿布扎比石油资产，中标伊拉克、巴西等国的油田项目，并完成哈萨克斯坦 2 座炼厂现代化升级改造[⑤]，海外石油权益的不断增加也成为原油进口的一大动力。

（三）年内国际原油价格总体上涨，进口价格随之上扬

2018 年初以来，在主要产油国减产及地缘政治局势持续紧张的影响下，国际油价加速上涨，欧美原油期货从每桶 60 多美元分别升至每桶 76 美元和 85 美元附近，年内最高涨幅达到 40%左右，同时由于北美页岩油产量持续攀升及运输瓶颈的限制，美原油相对于布伦

① 数据来源：《中国油气产业发展分析与展望报告蓝皮书（2018—2019）》，2019 年 3 月 23 日。

② 数据来源：《中国油气产业发展分析与展望报告蓝皮书（2018—2019）》，2019 年 3 月 23 日。

③ 《中国原油储备情况测算》，和讯网，2018 年 8 月 11 日。

④ 《中俄原油管道 2 线工程贯通 张国宝：这线足足谈 15 年》，人民日报海外版，2018 年 1 月 16 日。

⑤ 《〈中国油气产业发展分析与展望报告蓝皮书（2018—2019）〉发布》，经济日报，2019 年 3 月 24 日。

特原油价格持续偏弱，两者价差一度达到 11 美元，创近 4 年半来新高[①]。但第四季度，由于美国制裁伊朗效果不及预期，同时沙特阿拉伯、俄罗斯等主要产油国又积极恢复增产，全球原油供给过剩忧虑再现，导致油价下跌，但与 2017 年相比仍处于高位。国际油价的上涨，促使进口原油价格上扬。

三、我国原油进口的影响因素分析

（一）全球原油秩序重构，进口来源格局或面临调整

受世界石油市场供需变化、地缘政治局势紧张等因素影响，全球石油秩序重构博弈进入新阶段，特别是美国对全球油气市场的影响力明显增强，对我国原油进口格局带来影响。在页岩油生产的带动下，美国能源信息署（EIA）报告显示，2018 年美国原油产量比 2017 年增加 17%，日平均产量为 1 095 万桶，在时隔 45 年后再次跃居世界首位[②]，产量的提升使得美国在全球原油市场话语权不断增加。2018 年 5 月，美国单方面宣布退出伊核协议，重启对伊朗的经济制裁；同年 11 月，美国又宣布加码制裁伊朗，仅允许包括我国在内的 8 个最大进口方继续从伊朗进口限量的原油；而 2019 年 5 月 2 日起，美国正式中止对伊朗的原油出口豁免，试图全面禁止伊朗原油出口，此举给全球石油市场带来风险。同时，俄罗斯政府在 2018 年 7 月和 8 月先后两次通过法令，对本国石油行业税费进行改革，新方案规定自 2019 年 1 月 1 日起实行，在原油和油品出口税征收时引入常系数，2019 年为 0.833，之后逐年降低，到 2024 年降为零[③]，将在扩大俄罗斯石油成本优势的同时提高其国内炼油行业整体水平和企业竞争力。而曾经牢牢把握石油市场掌控权的石油输出国组织（OPEC）在过去两年通过限制石油产量以缓解全球市场的供应过量并支撑油价，但受到美国和俄罗斯等非 OPEC 产油国的挤压，地位逐渐弱化，其成员国之一的卡塔尔于 2019 年 1 月起“退群”，反映出 OPEC 内部已发生割裂。我国作为全球原油市场上最大的“买家”，受国际市场影响较大，在日益深刻的国际能源格局变化中面临的贸易风险也在同步增加。

（二）下游市场趋于饱和，或影响上游进口市场

原油需求的强劲局面的背后，则是国内成品油产能过剩问题凸显。受近两年石油和化工产品价格连续走高的影响，我国石化产能不断增加。继 2017 年中国石油云南石化每年 1 300万吨产能和中海油惠州二期每年 1 000 万吨产能投产以后，大连恒力石化一期每年 2 000万吨于 2018 年 12 月 15 日投料，浙江石化一期每年 2 000 万吨将于 2019 年上半年投产。目前国内成品油市场已趋饱和，尤其是柴油，2018 年表观消费量比 2017 年下降 3.3%[④]。据预测，2019 年全国原油一次加工能力将净增 3 200 万吨/年，全国炼油总能力将达到 8.63 亿吨/年，过剩产能将升至约 1.2 亿吨/年，同比增长约三分之一[⑤]。下游成品油

---

① 《原油结束上涨迎来大调整 2018 年原油市场回顾与展望》，新浪财经综合，2018 年 12 月 27 日。

② 《美原油产量重回世界首位》，中国化工报，2019 年 4 月 8 日。

③ 《俄罗斯欲把原油和石油产品出口税降至零》，生意社，2019 年 4 月 1 日。

④ 《石油和化工行业：稳中有进 稳中有变》，中国石油新闻中心，2019 年 2 月 13 日。

⑤ 数据来源：《2018 年国内外油气行业发展报告》，2019 年 1 月 16 日。

市场趋于饱和或将传导至上游市场，降低我国原油进口的增长。

（三）“中国版”原油期货运行满周年交易活跃，提升国际定价影响力任重道远

2019 年 3 月 26 日是我国首个对境外投资者开放的期货品种——原油期货，运行届满一周年的日子，原油期货总开户数已超过 4 万户，其中半数以上的客户参与了交易，包括境内外大型石油、化工企业，大型贸易商及各类投资公司和个人客户，市场各方参与踊跃。数据显示，截至 2019 年 3 月 26 日，按单边计算，原油期货累计成交量 3 682.3 万手，累计成交额 17.2 万亿元，期间单日最大成交量达 35.98 万手①，市场成交异常活跃。我国的原油期货更客观反映亚洲地区的原油供需情况，完善了亚洲地区特别是远东地区的原油价格体系，目前成交量和持仓量超过迪拜原油，成为全球第三大原油期货品种，为推动国内石油体制改革、促进全球石油贸易发展注入新动力。但要使我国原油期货真正具有全球影响力，还要大力推进以原油期货计价的实物交割。可喜的是，上海原油价格作为定价基准的接受程度在逐渐上升，2018 年 3 月和 10 月份，中国国际石油化工联合有限责任公司分别与壳牌和京博石化签订了以上海原油期货价格为基准的长期合同和现货合同②，我国原油期货争夺全球定价权的作用正在逐步发挥。

四、我国原油进口形势展望及对策建议

在相当长的一段时间内，石油在我国能源消费结构中的地位将基本保持稳定，进口原油仍将是我国能源重要来源，如未发生重大地缘政治事件，2019 年我国原油进口量将有较大概率再创新高。但随着我国经济增速放稳、原油产量回升以及对液化天然气（LNG）等清洁能源的需求日趋增加，原油进口增速或随国内原油的需求量同步放缓。

为此建议：一是引导石化企业由传统生产与管理向精益化生产与管理转变，由投资拉动向创新驱动转变，利用部分国际油气生产商的战略转型，为海外油气资产收并购与资产结构调整创造合作空间；二是引导企业加强勘探开发技术的推进，多措并举扩收增效，降低成本费用，拓展增效渠道，合理控制化工产业产能规模；三是鼓励可再生资源的推广应用，推动新能源技术不断进步，加强替代效应以减少对原油进口的依赖度，提高自给率；四是及时关注国际市场的供给变动，通过资源共享平台及时发布相关消息，以便及时调整原油进口节奏和进口市场。

---

① 《原油期货“周岁”成绩单超市场预期》，经济参考报，2019 年 3 月 28 日。

② 《原油期货“周岁”成绩单超市场预期》，经济参考报，2019 年 3 月 28 日。

2018 年我国铁矿砂进口年度报告

2018 年全国粗钢产量达 9.3 亿吨，占全球粗钢总产量的 51.3%，我国粗钢产量已连续第 23 年保持世界首位①。钢铁行业产能迅速扩张的背后是对铁矿砂的旺盛需求，然而，我国有限的铁矿储量、较低的产品品质和较高的开采成本不足以支撑飞速发展的钢铁行业，大量铁矿砂供需缺口需要依赖进口填补。据海关统计，2018 年，我国进口铁矿砂及其精矿（以下简称“铁矿砂”）10.6 亿吨，同比减少 1%，这是 2011 年以来首次出现年度同比减少；价值 4 984.5 亿元，同比下降 4%；进口均价为每吨 468.3 元，同比下跌 3%。

一、2018 年我国铁矿砂进口的主要特点

（一）单月进口增速波动较大，12 月份进口同比由减转增

2018 年，我国铁矿砂进口月度波动较大，同比增加和减少几乎交替出现。其中，12 月份进口铁矿砂 8 661.9 万吨，环比增加 0.5%，同比由上月的减少 8.8%转为增加 3%（见图 1）。

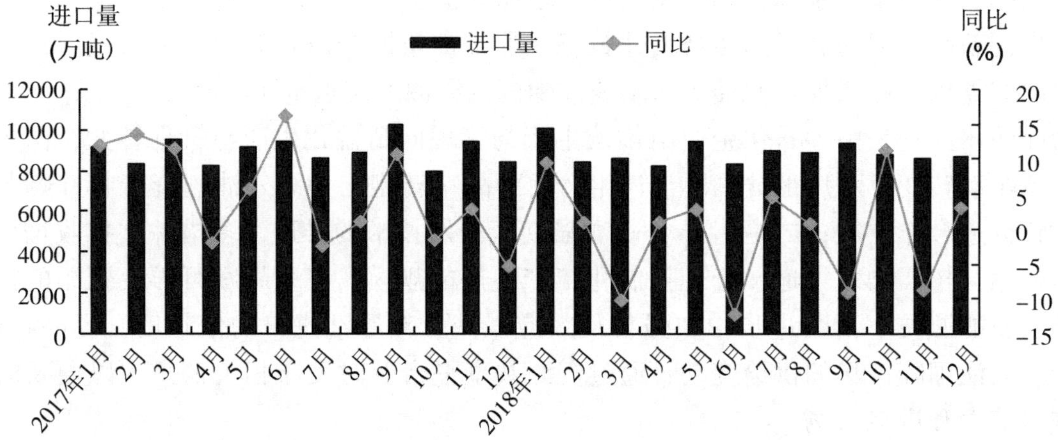

图 1　2017 年 1 月~2018 年 12 月我国铁矿砂进口量月度统计图

（二）自 6 月份起，进口平均价格持续同比上涨

2018 年，我国铁矿砂进口均价先跌后涨，其中 1 月至 5 月份各月均同比 2 位数下跌，6 月份以后持续保持同比上涨态势，至 12 月份达到每吨 522.1 元，环比下跌 0.7%，同比上涨 17.9%（见图 2）。

---

① 《2018 年全球粗钢产量为 18 亿吨》，新浪财经，2019 年 1 月 28 日。

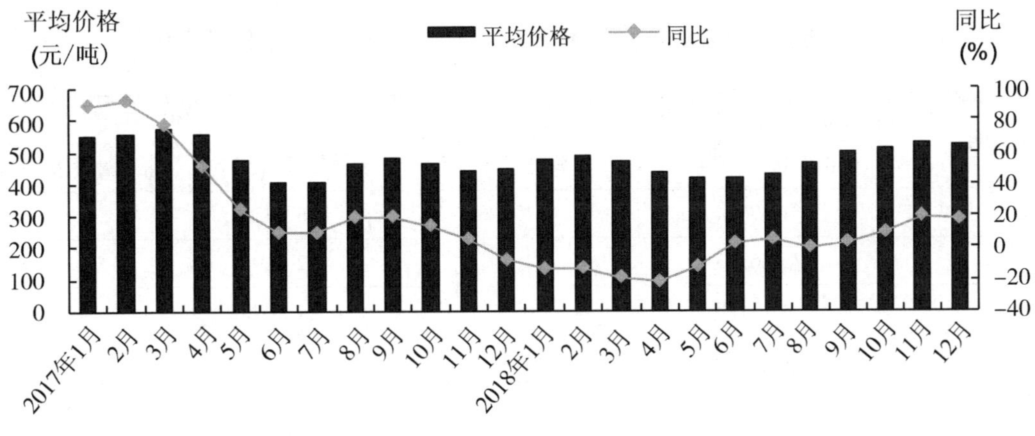

图 2　2017 年 1 月~2018 年 12 月我国铁矿砂进口平均价格月度统计图

(三) 一般贸易方式进口占主导，边境小额贸易方式进口显著减少

2018 年，我国以一般贸易方式进口铁矿砂 9.7 亿吨，同比减少 2.9%，占同期我国铁矿砂进口总量的 90.9%。同期，以边境小额贸易方式进口 1 077.8 万吨，同比减少 25.4%；以加工贸易方式进口 25.1 万吨，2017 年无进口记录（见图 3）。

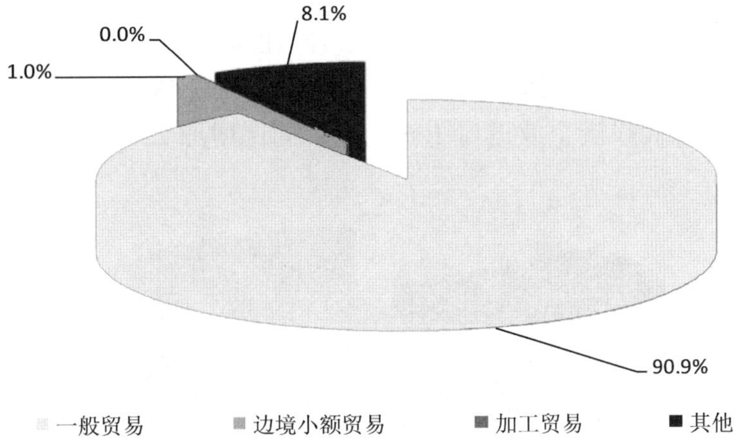

图 3　2018 年我国铁矿砂进口各贸易方式所占比重统计图

(四) 自澳大利亚和巴西进口比重提高，自南非、印度和伊朗进口减少

2018 年，我国自澳大利亚进口铁矿砂约 6.8 亿吨，同比增加 1.7%，占同期我国铁矿砂进口总量的 63.9%，比重较 2017 年提高 1.7 个百分点；自巴西进口约 2.3 亿吨，同比增加 1.9%，占同期我国铁矿砂进口总量的 22%，比重较 2017 年提高 0.6 个百分点。同期，自南非进口 4 111.3 万吨，同比减少 8.8%；自印度和伊朗分别进口 1 475.4 万吨和 1 472.8 万吨，同比分别减少 41.1%和 24.6%（见表 1）。

表 1　2017—2018 年我国铁矿砂进口来源地前 10 位统计表

来源地	2018 年		2017 年	
	进口量（万吨）	同比（%）	进口量（万吨）	同比（%）
澳大利亚	67 996. 4	1. 7	66 842. 1	4. 5
巴西	23 365. 3	1. 9	22 919. 4	6. 8
南非	4 111. 3	−8. 8	4 509. 2	0. 5
印度	1 475. 4	−41. 1	2 506. 1	61. 1
伊朗	1 472. 8	−24. 6	1 953. 5	33. 6
秘鲁	1 412. 5	23. 0	1 148. 1	5. 5
智利	1 012. 2	7. 9	938. 1	−16. 8
乌克兰	819. 0	−24. 7	1 087. 2	−26. 5
毛里塔尼亚	812. 8	−0. 5	817. 1	−14. 4
加拿大	781. 9	16. 9	668. 8	−26. 0

（五）国有企业和外商投资企业进口增加，民营企业进口减少

2018 年，我国国有企业进口铁矿砂 6 亿吨，同比增加 0. 6%，占同期我国铁矿砂进口总量的 56. 6%。同期，民营企业进口 3 亿吨，同比减少 12. 4%，占同期我国铁矿砂进口总量的 28. 5%。此外，外商投资企业进口 1. 6 亿吨，同比增加 22. 8%（见图 4）。

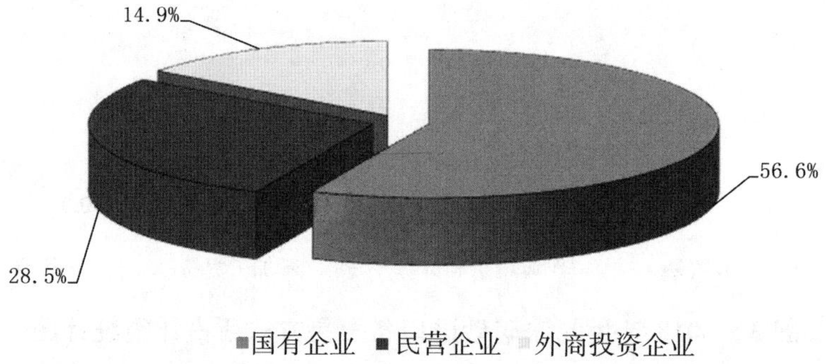

图 4　2018 年我国铁矿砂进口各类企业所占比重统计图

（六）进口企业数量有所减少，前 20 位企业进口集中度提升

2018 年，我国有铁矿砂进口记录的企业共 615 家，企业数较 2017 年减少 23 家。其中，进口量前 20 位企业合计进口铁矿砂 4. 4 亿吨，占同期我国铁矿砂进口总量的 41. 3%，进口集中度较 2017 年提升 1. 7 个百分点。

（七）上海和北京进口量居前 2 位，河北和福建进口量明显减少

2018 年，上海进口铁矿砂约 1. 5 亿吨，同比增加 16. 9%，占同期我国铁矿砂进口总量的 14%，比重提升 2. 1 个百分点；北京进口约 1. 5 亿吨，同比减少 2. 4%，占同期我国铁矿砂进口总量的 13. 9%。同期，江苏进口约 1. 1 亿吨，同比增加 1. 9%，占同期我国铁矿砂进

口总量的10.3%。此外，河北和福建分别进口9 471.4万吨和6 157.3万吨，同比分别减少11%和11.1%（见表2）。

表2 2017—2018年我国铁矿砂进口前10位省市情况统计表

省市	2018年		2017年	
	进口量（万吨）	同比（%）	进口量（万吨）	同比（%）
上海	14 939.1	16.9	12 775.0	34.4
北京	14 830.4	-2.4	15 193.4	11.3
江苏	11 011.6	1.9	10 803.0	-0.1
山东	9 977.4	-3.7	10 363.1	-4.8
浙江	9 732.6	8.6	8 963.8	14.9
河北	9 471.4	-11.0	10 643.5	-21.3
福建	6 157.3	-11.1	6 929.7	11.6
辽宁	5 258.3	20.8	4 352.1	18.0
天津	3 855.5	-22.9	5 000.8	-37.7
广东	3 604.3	5.6	3 412.7	34.6

（八）0.8mm≤平均粒度<6.3mm未烧结的铁矿砂进口为主，进口平均价格小幅下跌

2018年，我国进口0.8mm≤平均粒度<6.3mm未烧结的铁矿砂约7.7亿吨，同比增加0.2%，占同期我国铁矿砂进口总量的72.5%；进口平均价格为每吨434.3元，同比下跌4.9%。同期，平均粒度≥6.3mm未烧结的铁矿砂进口约1.9亿吨，同比减少3.5%，占同期我国铁矿砂进口总量的17.5%；进口平均价格为每吨529.3元，同比微涨0.3%。平均粒度<0.8mm未烧结的铁矿砂进口8 733.6万吨，同比减少6.7%，占8.2%；进口平均价格为每吨582.6元，同比上涨4.3%。此外，已烧结的铁矿砂进口1 866.4万吨，增加6.4%，进口平均价格为每吨839.1元，上涨14.6%（见表3）。

表3 2018年我国铁矿砂进口分8位商品统计表

商品编码	商品名称	进口量（万吨）	同比（%）	平均价格（元/吨）	同比（%）
26011120	0.8mm≤平均粒度，<6.3mm未烧结的铁矿砂及精矿	77 199.8	0.2	434.3	-4.9
26011190	平均粒度≥6.3mm未烧结的铁矿砂及其精矿	18 633.4	-3.5	529.3	0.3
26011110	平均粒度<0.8mm未烧结的铁矿砂及其精矿	8 733.6	-6.7	582.6	4.3
26011200	已烧结的铁矿砂及其精矿	1 866.4	6.4	839.1	14.6

二、2018 年我国铁矿砂进口量减价跌的主要原因

（一）国内加大铁矿砂库存消化力度，企业放缓进口节奏

近年来，我国铁矿砂港口平均库存逐年攀升，由 2015 年的 8 660 万吨升至 2017 年的 1.3 亿吨[①]。国内铁矿砂库存高企，下游企业转向消耗库存，放缓进口节奏，导致进口量出现减少。截至 2018 年底，国内港口铁矿砂库存已较 2017 年末减少 3.4%[②]。

（二）钢铁生产原料废钢替代能力增强，削弱铁矿砂进口需求

废钢是钢铁工业的绿色原料，也是唯一可大量替代铁矿砂的铁素原料。近年来，随着我国供给侧结构性改革的推进，特别是彻底取缔“地条钢”，国内钢厂废钢利用率明显攀升。数据显示，2018 年全国废钢消耗总量达 1.87 亿吨、废钢比约为 20%，高于 2017 年的 1.48 亿吨和 17.8%，废钢使用量增加替代铁矿砂消费约为 6 000 万吨[③]。

（三）矿业巨头不断增加产能，压低铁矿砂进口价格

近年来，高利润刺激国际矿业巨头不断新增产能投产，铁矿砂供应增势强劲。据统计，2018 年全球前 5 大矿山合计增产约 5 300 万吨，推动澳洲、巴西全年铁矿砂发运量同比增加 2 650 万吨[④]。市场供应相对充足，铁矿砂价格下行压力较大。

三、我国铁矿砂进口的影响因素分析

（一）国产矿竞争力明显不足，铁矿砂进口依存度仍然较高

据统计，国内 30 家重点矿山铁精矿制造成本为每吨 47.03 美元，明显高于海外 4 大矿山单季平均开采至装船成本每湿公吨 13.33 美元[⑤]。与海外传统优质矿山相比，国产铁矿普遍品位较低、生产成本高，竞争力明显不足。2018 年，我国铁矿砂产量为 7.6 亿吨，同比下降 3.1%[⑥]；钢厂烧结矿中进口矿配比达 91.37%，较上年提升 2.65 个百分点[⑦]。铁矿砂进口依存度较高，不利于我国钢铁行业的发展安全。

（二）部分矿业巨头发力抢占市场，我国铁矿砂进口来源更趋集中

2018 年以来，随着环保要求趋严，国内钢厂纷纷提升高品质进口矿石入炉配比，以优化高炉产能利用率。为抢占我国市场，力拓、必和必拓、FMG、淡水河谷等澳洲和巴西矿业巨头纷纷扩充产能，提升产量[⑧]。数据显示，来自澳大利亚和巴西的铁矿砂合计已占我国

---

① 《中国铁矿石少买了超千万吨，进口量 9 年来首次下滑信号：全球铁矿石供需开启新格局》，华夏时报，2019 年 1 月 16 日。

② 《九年来中国铁矿石进口首次出现下降》，界面新闻，2019 年 1 月 15 日。

③ 《废钢替代铁矿石消费约 6 000 万吨》，中国钢铁新闻网，2018 年 12 月 27 日。

④ 《2018 年铁矿价格整体窄幅震荡 2019 年铁矿石市场将如何变化?》，中商情报网，2018 年 12 月 26 日。

⑤ 《2019 年黑色系仍是明星板块 铁矿石料拔得头筹》，汇通网，2019 年 1 月 5 日。

⑥ 《2018 年 1-12 月全国铁矿石产量为 76 337.4 万吨 同比下降 3.1%》，中商情报网，2019 年 1 月 28 日。

⑦ 《供应持续增加 明年铁矿石价格或下移》，中国产业经济信息网，2018 年 12 月 25 日。

⑧ 《2018 年钢铁盘点之铁矿石行业大事件》，生意社，2018 年 12 月 29 日。

铁矿砂到港总量的 89.5%[①]。2018 年，在总体进口减少的情况下，我国自澳大利亚和巴西进口铁矿砂均有所增加，合计占我国铁矿砂进口总量的比重已由 2017 年的 83.5%上升至 85.8%。过度倚重少数进口来源地，不利于国内进口企业掌握定价话语权，也将威胁我国铁矿砂供应安全。

（三）我国力推新定价方式，有助于铁矿砂贸易健康发展

自 2010 年开始，我国与国际矿山公司的铁矿砂贸易定价主要参照普氏价格指数，但包括国内的钢厂以及中钢协在内的行业机构，对仅采用单一指数定价的公平性质疑不断。为改变这一现状，自 2018 年初，国内小部分钢厂和相关矿山公司的铁矿砂采购已经开始使用“混合指数定价”的方式[②]。同时，中钢协也已经和包括淡水河谷、力拓、必和必拓等在内的几大主流国际矿山公司达成采用混合指数定价的基本共识，接下来该定价方式的大面积推广将更能体现市场公平，有助于铁矿砂贸易健康发展[③]。

四、我国铁矿砂进口形势展望及对策建议

2018 年，国内钢企的吨钢利润一度突破千元大关，在此驱动下，钢铁行业进入新一轮扩张期，未来 2~3 年新增炼钢产能达 2 亿吨以上。2019 年一季度，我国粗钢产量 2.3 亿吨，同比增长 9.9%，创历史同期产量新高[④]。国内钢铁行业产量不断攀升，对铁矿砂等上游原材料的需求旺盛，预计后期我国铁矿砂进口将恢复增加。

2019 年 1 月份，巴西淡水河谷公司发生严重溃坝事故，引发重大人员伤亡，已有 9 280 万吨铁矿石生产因此暂停，超过其总产能的 23%，占全球海运铁矿石供应量的近 6%[⑤]；3 月份，Veronica 飓风侵袭澳大利亚皮尔巴拉地区，对当地三大铁矿石发运港造成不同程度影响，预计实际影响澳大利亚铁矿石发运量共计 1 048.2 万吨[⑥]。国际市场铁矿砂供应趋紧，市场价格快速飙升，截至 2019 年 4 月 12 日，普氏 62%品位铁矿石指数收报 95.8 美元，创 2014 年 8 月以来新高，较年初上涨 32.4%[⑦]。受此影响，预计 2019 年铁矿砂进口价格仍将保持上涨态势。

为此建议：一是加强铁矿砂进口量价走势、进口来源地结构和港口库存量的跟踪监测，及时发布预警信息；二是加强国内铁矿企业税费负担的调研和改革，支持鼓励其技术革新，提高经营管理水平和成本控制能力，提升国产矿竞争力；三是加大对企业投资海外铁矿的支持力度，扩展我国铁矿砂进口来源地和海外权益矿比重；四是促进与铁矿砂主要来源国和企业建立协商共建共享机制，为我国铁矿砂进口创造良好的国际环境，推动铁矿砂市场的平稳运行。

---

① 《2018 年中国进口铁矿石到港量 10.38 亿吨》，煤炭网，2019 年 1 月 9 日。

② 《铁矿石价格谁说了算？中国力推新定价方式》，经济观察报，2018 年 9 月 20 日。

③ 《推动铁矿石贸易健康发展》，中国商务新闻网，2018 年 10 月 8 日。

④ 《新一轮钢铁产能过剩即将到来？一季度粗钢产量增长 9.9%》，澎湃新闻网，2019 年 4 月 18 日。

⑤ 《受巴西矿难影响，淡水河谷超两成铁矿石产能已暂停》，铁矿网，2019 年 3 月 28 日。

⑥ 《澳洲飓风影响还再发酵、Vale 又有新问题 铁矿石期货一路向北》，金投网，2019 年 4 月 4 日。

⑦ 《62%铁矿石指数》，西本新干线，2019 年 4 月 12 日。

2018 年我国铝进出口年度报告

未锻造铝及铝材（以下简称“铝”）具有诸多优良特性，被广泛应用于建筑、航空、国防军工等部门，交通运输工具、电力、集装箱、日常用品、家用电器、机械设备等都需要大量的铝。我国是铝的生产和贸易大国，根据国际铝业协会数据显示，自 2013 年起我国铝产量连续 6 年均占全球份额的 50%以上，2018 年中国原铝产量占全球原铝产量的 56. 7%[①]，较 2017 年提升 0. 1 个百分点，继续保持全球第一的地位。据海关统计，2018 年，我国出口铝 580 万吨，同比增加 20. 9%，创历史新高；价值 1 085. 9 亿元，同比增长 22. 3%。同期，我国进口铝 59. 6 万吨，同比增加 2. 3%，略高于 2017 年，但仍是近几年来的较低水平；价值 208. 1 亿元，同比增长 7. 2%。2018 年，我国净出口铝 520. 4 万吨，同比增长 23. 6%。在全球铝贸易体系中，近年来我国铝进出口规模均居世界前列。根据全球贸易信息系统（GTA）数据，2018 年我国出口铝 579. 8 万吨，位居全球第一，比排名第二的俄罗斯多出口达 238. 8 万吨；铝进口量 59. 6 万吨，排在全球进口市场第 12 位。

一、2018 年我国铝进出口的主要特点

（一）下半年出口量比上半年明显提升，年末两个月份出口量进入月度出口量历史前三，进口量持续低迷

2018 年，我国铝月度出口量有 6 个月维持在 50 万吨以上，总体表现非常抢眼。2018 年 11 月和 12 月的出口量分别为 53. 5 万吨和 52. 7 万吨，同比分别增加 41. 9%和 20. 1%，月度出口量分列历史第二、第三；全年月度出口均价低位波动，12 月当月为每吨 1. 9 万元，同比下跌 2. 8%，环比下跌 0. 4%。

2018 年前 7 个月的铝月度进口量均在 5 万吨以下，8 到 12 月份进口量略有起色。12 月份，我国进口铝 6. 4 万吨，同比增加 28. 7%，环比增加 1. 4%，是 2017 年以来最高月度进口量；同期进口均价为每吨 2. 9 万元，同比下跌 15. 7%，环比上涨 0. 4%（见图 1）。

① 《全球原铝产量查询》，国际铝业协会，2019 年 5 月 5 日。

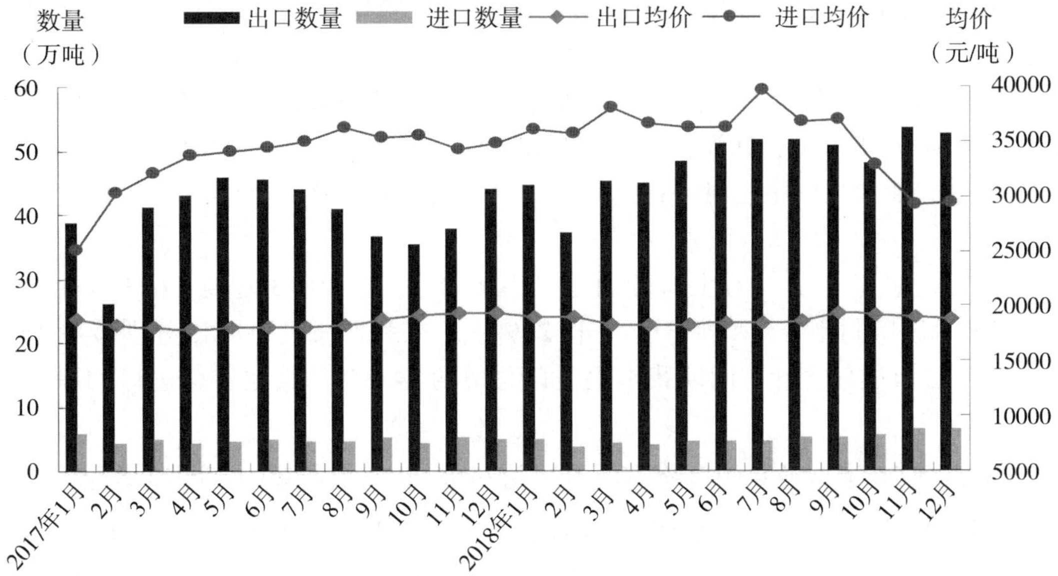

图 1　2017 年 1 月~2018 年 12 月我国铝进出口量价月度走势统计图

（二）一般贸易方式出口所占比重接近 9 成，加工贸易方式出口和进口均表现不佳

2018 年，我国以一般贸易方式出口铝 508.7 万吨，同比增加 24.8%，占同期我国铝出口总量的 87.8%；以加工贸易方式出口 56.2 万吨，同比减少 9.9%。

2018 年，我国以一般贸易方式进口铝 28.5 万吨，同比增加 2.6%，占同期我国铝进口总量的 47.8%；以加工贸易方式进口 21.3 万吨，同比减少 19.2%。

（三）东盟、欧盟、非洲、韩国和日本是主要出口市场，日本、韩国、俄罗斯、欧盟和我国台湾地区是主要进口来源地

2018 年，我国对东盟、欧盟、非洲、韩国和日本分别出口铝 126.9 万吨、72.2 万吨、48.9 万吨、41.7 万吨和 41.3 万吨，除对日本出口同比下降 2.7%之外，对东盟、欧盟、非洲和韩国出口同比分别增加 40.1%、58.6%、15.9%和 55.4%，对上述市场出口合计 331 万吨，占同期我国铝出口总量的 57.1%。

2018 年，我国自日本、韩国、俄罗斯、欧盟和我国台湾地区分别进口 14 万吨、11.8 万吨、7.5 万吨、5.8 万吨和 4.7 万吨，除自台湾地区进口同比减少 26.3%之外，自日本、韩国、俄罗斯和欧盟进口同比分别增加 3.5%、12.2%、2.2 倍和 3.4%，自上述 5 大来源地合计进口 43.8 万吨，占同期我铝进口总量的 73.4%。

（四）民营企业出口量最大，外商投资企业是进口主力

2018 年，我国民营企业出口铝 391 万吨，同比增加 24%，占同期我国铝出口总量的 67.5%；外商投资企业出口 120.8 万吨，同比增加 4.5%，占同期我国铝出口总量的 20.8%；国有企业出口 67.7 万吨，同比增加 40.4%。

2018 年，我国外商投资企业进口铝 41.1 万吨，同比增加 0.5%，占同期我国铝进口总量的 68.9%；民营企业进口 14.8 万吨，同比增加 16.7%，占同期我国铝进口总量的 24.8%；国有企业进口 3.7 万吨，同比减少 21.9%。

（五）广东、山东、江苏、浙江和河南是主要出口省份，江苏、广东、天津和上海为进口主力

2018 年，广东、山东、江苏、浙江和河南分别出口铝 110.8 万吨、91.5 万吨、78.4 万吨、60.3 万吨和 59.1 万吨，除浙江出口同比减少 4.4%之外，广东、山东、江苏和河南出口同比分别增加 10.6%、40%、14.1%和 28.3%。上述 5 省出口合计占同期我国铝出口总量的 69%。

同期，江苏、广东、天津和上海分别进口铝 21.8 万吨、10.3 万吨、6.3 万吨和 6.2 万吨，江苏和天津进口同比分别增加 31.7%和 26%，广东和上海进口同比分别减少 17.6%和 6.2%。上述 4 省市进口合计占同期我国铝进口总量的 74.8%。其他省市进口均在 3 万吨以下。

（六）出口前 20 家企业集中度略有上升，进口前 20 家企业集中度明显提升

2018 年我国有铝出口记录的企业共 14 084 家，比上年增加 929 家。铝出口量排在前 20 家的企业合计出口 200.7 万吨，占同期我国铝出口总量的 34.6%，比上年增加 0.1 个百分点。

2018 年我国有铝进口记录的企业共 6 197 家，比上年减少 113 家。进口量排在前 20 家的企业合计进口 30.9 万吨，占同期我国铝进口总量的 51.9%，比上年增加 7.2 个百分点。

（七）铝材出口所占比重超 9 成，进口所占比重达到三分之二，除铝材出口均价略微下跌之外，其他品种均价有所上涨

2018 年，我国出口铝材 523.3 万吨，同比增加 23.4%，占同期我国铝出口总量的 90.3%；每吨均价 1.9 万元，同比下跌 0.1%。出口未锻造的铝 56.3 万吨，同比增加 2.1%，占同期我国铝出口总量的 9.7%；每吨均价 1.4 万元，同比上涨 9%。

2018 年，我国进口铝材 39.7 万吨，同比增加 0.1%，占同期我国铝进口总量的 66.6%，每吨均价 4.5 万元，同比上涨 6.4%。进口未锻造的铝 19.9 万吨，同比增加 7%，占同期我国铝进口总量的 33.4%，每吨均价 1.5 万元，同比上涨 4.3%。

二、2018 年我国铝出口量大幅增加的原因分析

（一）全球铝供给出现缺口，外部市场需求增加推动出口量增加

2018 年，海德鲁公司由于环境问题被巴西政府勒令减产 50%，8~9 月美铝旗下西澳洲氧化铝精炼厂工人罢工，随着氧化铝产量减少，欧美电解铝企业生产原料无法得到保障，海外供给紧缺局面愈加严重[①]。2018 年 4 月，杰里帕斯卡旗下的俄铝公司、En+公司、Euro Sib Energo 公司被美国列入制裁黑名单[②]。2018 年，美国对俄铝的制裁减少了国际市场铝供给。2019 年 2 月 20 日，世界金属统计局（WBMS）报告显示，2018 年全年全球原铝市场供应短缺 85.9 万吨[③]。截至 2018 年 12 月底，伦敦、上海、美国和东京四大交易所的总库

① 《海德鲁 Alunorte 事件的市场影响分析》，新浪财经，2018 年 12 月 29 日。

② 《俄铝公司已恢复对美国供应原铝》，商务部网站，2019 年 4 月 11 日。

③ 《世界金属统计局：2018 年全球原铝市场供应短缺 85.9 万吨》，新浪财经，2019 年 2 月 21 日。

存为195.1万吨，尽管较2017年12月底增加0.9万吨[①]，但是相对于四大交易所总库存历史峰值超540万吨及2016年超230万吨的量来相比，2018年铝库存仍处于历史较低水平。由于2018年全球铝供给出现缺口，叠加国内外铝材价差、人民币汇率等因素，推动了我国铝出口量的增加。

（二）中美贸易摩擦促使企业抢单出口和大力拓展新兴市场

2018年，美国对我国铝的“双反”终裁陆续执行，导致我国相关铝产品对美国出口渠道基本被封锁。2017年3月，美国铝业协会申请对自华出口铝箔进行“双反”调查，2018年3月美国国际贸易委员会对自华出口的铝箔作出“双反”终裁，美国商务部对涉案产品征收反倾销税，幅度为48%~106%。2017年11月，美国对华出口的铝合金板进行“双反”调查，2018年6月宣布对华出口铝合金板征收167%的反倾销税。2018年3月8日，美国总统特朗普签署公告，认定进口铝产品威胁美国国家安全，决定于3月23日起，对进口铝产品加征10%的关税（亦称232措施）[②]。为短期内应对“双反”调查，国内出口企业抢在2018年3月以前发货至美国，此后出口至美国的相关铝产品订单出现断崖式减少。中国海关统计数据显示：2018年4到12月的月度平均出口量从加征关税前的5万吨减至2万吨左右，月度出口降幅一度高达73.9%；2018年全年对美国铝出口量同比减少48.3%，与2017年增长21.7%形成鲜明对比。从整体上看，全球原铝消费依然呈现小幅增长的态势。2018年欧盟原铝需求较2017年增加36万吨[③]，GTA数据显示2018年欧盟进口铝865.5万吨[④]，同比增加7.6%。新兴发展中国家铝消费成为全球消费亮点，GTA数据显示2018年马来西亚、印度和巴西的铝进口量同比分别增加38.1%、16.8%和26.7%。在WBMS的全球铝供需平衡统计中，从2016至2018年，全球原铝整体供应依然处于短缺状态。抢单出口和对新兴市场的大力拓展，也是推动2018年铝出口增加的重要因素。

三、影响我国铝行业发展的因素分析

（一）供给侧改革的效果显现，电解铝产能呈现减少态势

2018年，我国铝行业供给侧结构性改革的效应得到了充分体现，前期一些未关停的违规产能被全部叫停，一批新建、预建项目由于受指标限制而减缓进度，电解铝产能快速扩张得到了有效控制，供应端一反往年高速增长的态势，出现了近十年来首次产量下降的局面。工信部的数据显示：2018年，铝材产量为4 554万吨，增长2.6%，同比回落7个百分点[⑤]。据统计，2018年，我国电解铝关停产能近250万吨，其中，上半年减产占比5%，下半年减产占比95%，四季度减产最为密集，减量约每年160万吨[⑥]。据统计，截至2018年年底，我国电解铝建成产能每年4 051万吨（剔除违规产能），产能天花板已经形成。据上

① 《世界金属统计局：2018年全球原铝市场供应短缺85.9万吨》，新浪财经，2019年2月21日。

② 《中美贸易战下铝加工“众生相”》，搜狐财经，2018年9月5日。

③ 《世界金属统计局：2018年全球原铝市场供应短缺85.9万吨》，新浪财经，2019年2月21日。

④ 全球贸易信息系统，2019年5月5日查询。

⑤ 《2018年铝行业运行情况》，工业和信息化部网站，2019年3月5日。

⑥ 《工信部：2019年将继续严控电解铝新增产能》，新浪财经，2019年1月22日。

海有色金属网（SMM）调研：截至2019年2月末国内电解铝运行产能规模为3 590万吨，较去年同期减少约13万吨[①]；截至3月末国内电解铝预计运行产能为3 605万吨，较2018年3月同期减少约35万吨运行产能。电解铝产能出现持续减少趋势，有助于在供给侧方面逐步化解产期存在的产能过剩问题。

（二）随着产能置换，铝产业结构不断优化，但铝行业利润显著下滑

2018年1月，工信部印发了《关于电解铝企业通过兼并重组等方式实施产能置换有关事项的通知》，全年共有400多万吨电解铝产能完成了跨省置换，其中，300多万吨产能转移至内蒙、云南等能源丰富地区[②]。从中国电解铝有效产能变化看，2017年国家启动清理整顿电解铝产能行动后，中国电解铝合规产能确定为4 543万吨。在此基础上，2018年底中国电解铝有效产能达到4 030万吨，较整顿行动前显著下降。随着产能置换步伐不断加快，电解铝产业结构不断优化，但是铝行业利润却出现了较大幅度下滑。2018年国内电解铝现货均价每吨14 262元，同比下跌1.8%。受环保整顿，铝土矿价格持续走高，煤炭价格上涨，企业节能减排成本提升，去杠杆造成民营企业现金流紧张，财务费用大幅增加等因素影响，电解铝综合生产成本同比大幅提升。2018年，铝行业实现利润372亿元，同比下降40%。其中，铝冶炼、铝加工行业实现利润112亿元、254亿元，同比分别下降54.6%、31.4%[③]。当前，中国铝产业扩张阶段已经基本结束，随着行业存在的固有矛盾和深层次问题陆续暴露，转变发展方式，提高发展质量是中国铝工业的必然选择。

（三）减税降费利好实体经济，但由于定价权缺失，国家减税红利暂未增加企业利润

2019年4月1日起，原增值税税率16%调整为13%、10%调整为9%；同时出口退税率分别对应调整为13%和9%[④]。经过调整，铝出口相关产品可以实现全额退税。对比过去6年的4.3万亿元减税降费规模，2019年计划减税降费近2万亿元，力度空前[⑤]。2019年减税降费政策能让市场主体切实体会到税负降低的成效，减轻企业负担，可进一步优化中国的营商环境。但是海关调研显示：部分铝加工企业表示出口定价话语权掌握在外方手中，在签订出口订单时已经将原来15%的出口退税全部让利给外方，但是退税率统一降为13%之后，企业仍需要按照原来约定的15%返利给外方，由于定价权的缺失导致企业的成本不但没有降低，反而增加2%的成本。中方出口企业难以提高现有产品出口价格，很难将本来属于企业的红利留在企业，定价权缺失导致企业暂未享受到降税红利。

（四）贸易摩擦频发，国际贸易环境不容乐观

2018年以来，仅涉铝行业我国就遭遇了10次反倾销调查[⑥]，涵盖多种铝材产品，美国、欧盟、墨西哥、越南等贸易摩擦连锁反应凸显。2019年3月8日，阿根廷生产与就业

---

① 《沪铝小幅收涨 区间操作》，上海有色金属网，2019年3月11日。

② 《〈关于电解铝企业通过兼并重组等方式实施产能置换有关事项的通知〉解读》，工业和信息化部网站，2018年1月19日。

③ 《2018年铝行业运行情况》，工业和信息化部网站，2019年3月5日。

④ 《三部门关于深化增值税改革有关政策的公告》，中国政府网，2019年3月21日。

⑤ 《今年减税降费近2万亿元 给企业吃一颗定心丸》，证券日报，2019年3月6日。

⑥ 《2018年中国铝加工行业大事记》，中国铝业协会，2019年2月15日。

部发布2019年第17号决议，应阿根廷企业的申请，决定对原产于中国的铝箔发起反倾销立案调查，决议自发布次日起生效。本案倾销调查期为2018年3月至2019年2月，损害调查期为2016年1月至2019年2月[①]。海关调研显示：即使中美贸易摩擦结束达成和解，由于美国反倾销措施，我国铝材也难以出口到美国市场。目前，企业前往美国参与的应对反倾销的诉讼均以失败告终。外部贸易环境日趋紧张，铝材未来出口形势不容乐观。

四、我国铝进出口形势展望及对策建议

2019年4月，国际货币基金组织发布的《世界经济展望》预测2019年70%的全球经济体增速将会下降。2018年，全球增长放缓至3.6%，预计2019年进一步降至3.3%[②]。在宏观经济走弱的背景下，虽然从2018年开始铝材出口呈现爆发式增长，但是以房地产、汽车等行业为主的铝消费能力表现疲软，使铝需求将在一定程度上出现消费增速回落的趋势。国内铝消费在短期内难以出现较大的增量，国内市场或将由供应短缺向供需平衡转变。2019年，美国、欧盟、墨西哥、越南等贸易摩擦连锁反应凸显，国内外环境日趋复杂，贸易摩擦深层次影响即将显现，下游消费形势不容乐观，铝行业下行压力依然较大，未来铝出口将面临严峻形势，铝进口或将持续低迷。为促进国内铝行业的健康发展，建议继续深化供给侧结构性改革，严控新增产能、抑制产能过剩，从严执行电解铝产能置换政策，逐步建立化解产能过剩的长效机制，促进供需平衡，提升行业盈利能力，扩大铝应用广度和深度，提高产品定价的话语权，持续推动减税降费落到实处，不断提升营商环境，增强企业的实际获得感，以创新协调绿色开放共享的理念，引导铝行业健康、有序、高质量发展。

---

① 《阿根廷对华铝箔启动反倾销立案调查》，铝道网，2019年3月13日。

② 《世界经济展望：增长减缓，复苏不稳》，国际货币基金组织官网，2019年5月。

2018 年我国煤炭进出口年度报告

煤炭被人们誉为黑色的金子、工业的食粮，是 18 世纪以来人类世界使用的主要能源之一。煤炭工业是关系国家经济命脉和能源安全的重要基础产业，在我国一次性能源生产和消费中占据主导地位且长期不变。随着经济快速发展，我国对能源需求大幅上升，从抑制两高一资产品大量出口，到鼓励进口能源资源产品，再到直接投资海外资源产地及并购国外能源企业，无不彰显着我国对外生能源的渴求。在出口减少与进口增加的双重助推下，2009 年起我国已悄然从煤炭净出口国转为净进口国，并于 2011 年超越日本为全球煤炭进口第一大国。据海关统计，2018 年我国出口煤及褐煤（以下简称“煤炭”）493. 4 万吨，同比减少 39%；价值 51. 5 亿元，同比下降 30. 6%；出口平均价格为每吨 1 042. 8 元，上涨 13. 6%。同期，我国进口煤炭 2. 8 亿吨，同比增加 3. 9%；价值 1 612. 6 亿元，同比增长 4. 9%；进口平均价格为每吨 573. 4 元，同比上涨 1%。

一、2018 年我国煤炭进出口贸易的主要特点

（一）月度出口量波动剧烈，进口先扬后抑，进出口平均价格稳中有涨

2018 年以来，我国煤炭月度出口量除 8 月份和 10 月份以外，各月同比均减少，其中 9 月份为年内最低点，仅出口 17. 7 万吨，同、环比分别减少 74. 3%和 63. 6%，而在 11 月份攀升至 68. 9 万吨创年内最高点后，于 12 月份迅速回落至 31 万吨。与此同时，出口平均价格在每吨 1 000 元上下波动，最低点为 2 月份的每吨 851 元，最高点为 3 月份的每吨 1 415. 2元（见图 1）。

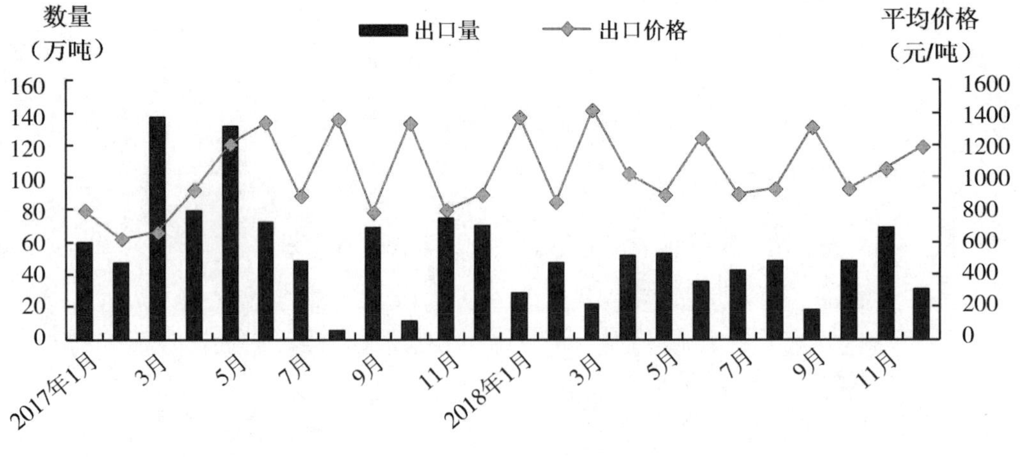

图 1　2017 年 1 月~2018 年 12 月我国煤炭出口月度走势统计图

进口方面，2018 年我国煤炭月度进口量呈现先增后减态势，7 月份进口量达到 2 900. 7 万吨的年内峰值，此后进口量逐月回落，至 12 月份降至 1 023 万吨的年内低点，同、环比

分别大幅减少 54.7%和 46.1%。从进口价格看，全年呈现先涨后跌态势，其中 8 月份达到每吨 618.4 元的年内峰值，12 月份进口价格同、环比双双下跌至每吨 497.8 元，为年内最低点。全年净进口量同比增长 5.2%，为近 4 年来最高（见图 2）。

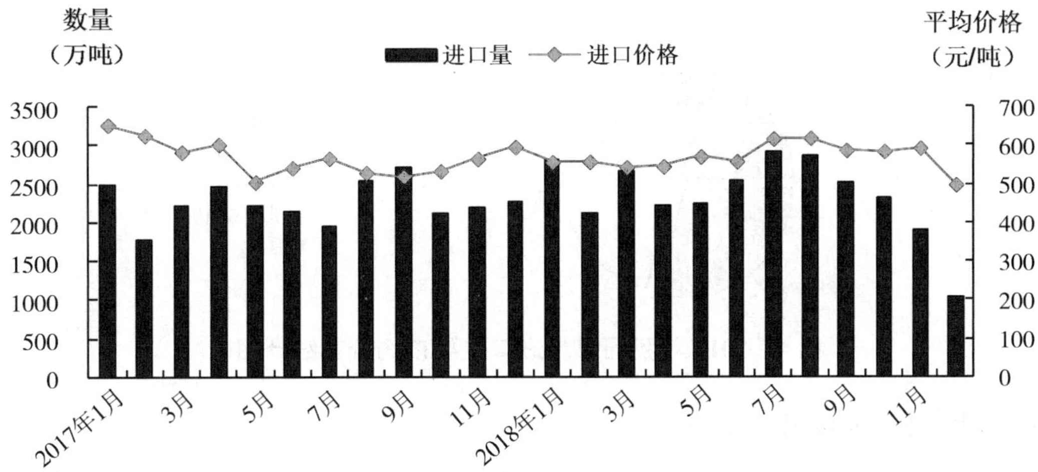

图 2　2017 年 1 月~2018 年 12 月我国煤炭进口月度走势统计图

（二）进出口均以一般贸易方式为主

2018 年我国以一般贸易方式出口煤炭 460 万吨，同比减少 31.9%，占同期我国煤炭出口总量的 93.2%。同期，以一般贸易方式进口煤炭 2.5 亿吨，同比增加 4.5%，占同期我国煤炭进口总量的 89%。

（三）主要出口至韩国、日本和东盟，主要进口自东盟、澳大利亚、蒙古国和俄罗斯

我国煤出口市场相对集中，由于与国际市场煤相比并不具备价格竞争力，因此主要出口市场集中在邻近的国家或地区。2018 年我国对韩国、日本和东盟出口合计超过总体出口量 9 成，其中对韩国出口煤炭 226.8 万吨，同比减少 34%；对日本出口 190.3 万吨，同比减少 40.2%；对东盟出口 46 万吨，同比增加 51.9%。上述 3 者合计占同期我国煤炭出口总量的 93.9%（见图 3）。

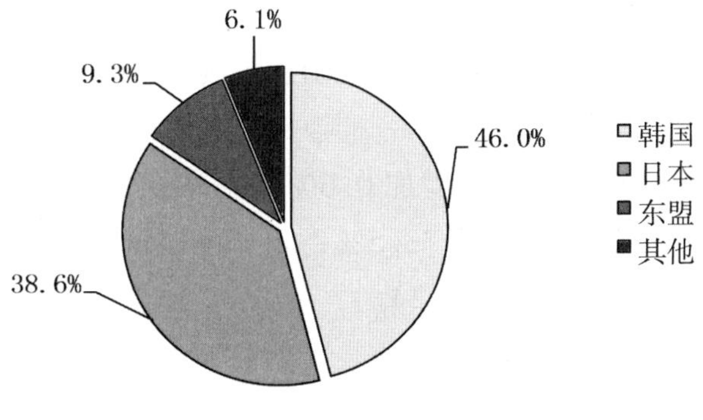

图 3　2018 年我国煤炭出口主要市场分布统计图

东盟是 2018 年我国煤炭进口第一大来源地，进口量达 1.31 亿吨，同比增加 13.4%，占同期我国煤炭进口总量的 46.5%。同期，自澳大利亚进口 8 094.5 万吨，同比增加

1.6%，占同期我国煤炭进口总量的28.8%；自蒙古国进口3 624.2万吨，同比增加6.6%，占同期我国煤炭进口总量的12.9%；自俄罗斯进口2 735.2万吨，同比减少2.7%，占同期我国煤炭进口总量的9.7%（见图4）。

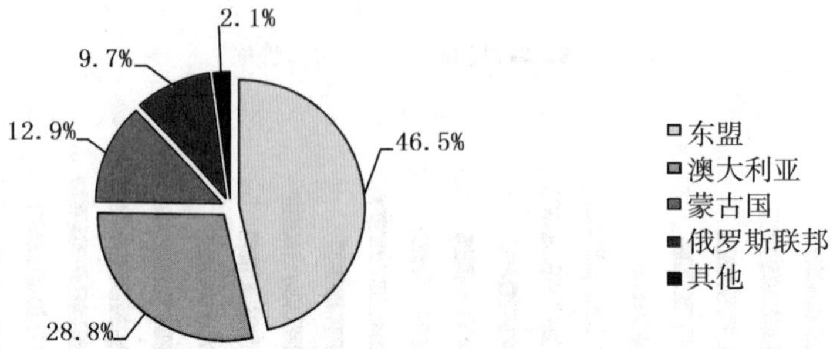

图4　2018年我国煤炭进口主要市场分布统计图

（四）烟煤是主要进出口品种

出口方面，2018年，我国共出口烟煤313.3万吨，同比减少45.1%，占同期我国煤炭出口总量的63.5%。其中，炼焦煤出口107.8万吨，同比减少51.2%；其他烟煤出口205.5万吨，同比减少41.4%。主要出口至韩国和日本市场，2018年我国对二者出口合计占同期我国烟煤出口总量的80%。此外，出口无烟煤174.8万吨，同比减少24.1%，占同期我国煤炭出口总量的35.4%（见表1）。

表1　2018年我国主要品种煤出口情况表

商品名称	2018年累计出口			累计同比		
	数量（万吨）	金额（亿元）	均价（元/吨）	数量（%）	金额（%）	均价（%）
烟煤	313.3	28.7	914.3	-45.1	-43.8	2.5
其中：炼焦煤	107.8	15.3	1 416.3	-51.2	-52.5	-2.7
其他烟煤	205.5	13.4	650.9	-41.4	-28.9	21.3
无烟煤	174.8	21.5	1 228.5	-24.1	-2.5	28.4

进口方面，烟煤仍是我国进口最大煤种。2018年我国进口烟煤约1.4亿吨，同比减少2.7%，占同期我国烟煤进口总量的50.3%。其中，炼焦煤进口6 489.9万吨，同比减少6.4%；其他烟煤进口7 650万吨，同比增加0.6%。此外，进口褐煤9 428.1万吨，同比增加14.1%，占同期我国煤炭进口总量的33.5%；进口无烟煤889万吨，同比减少33.9%，占同期我国煤炭进口总量的3.2%（见表2）。

表 2　2018 年我国主要品种煤炭进口情况表

商品名称	2018 年累计进口			累计同比		
	数量（万吨）	金额（亿元）	均价（元/吨）	数量（%）	金额（%）	均价（%）
烟煤	14 139.9	1 061.5	750.7	-2.7	1.2	4.0
其中：炼焦煤	6 489.9	622.4	959.0	-6.4	-1.9	4.8
其他烟煤	7 650.0	439.1	574.0	0.6	5.8	5.2
褐煤	9 428.1	322.9	342.5	14.1	17.3	2.8
无烟煤	889.0	72.4	814.7	-33.9	-22.2	17.7
其他煤	3 666.2	155.8	424.8	25.2	30.1	3.9

二、2018 年我国煤炭进口增加、价格稳定的原因分析

（一）国内优质煤炭供给保障有力但仍有缺口，进口煤需求平稳增长

随着供给侧改革持续推进，煤炭行业改革取得明显成效，低效、落后产能逐渐退出市场，供给保障有力、有序、有效，规模以上工业原煤生产增速回升。国家统计局数据显示，2018 年全国原煤产量完成 36.8 亿吨，同比增长 4.5%；全国工业产能利用率为 76.5%，全年能源消费总量 46.4 亿吨标准煤，比上年增长 3.3%；煤炭消费量同比增长 1%，占能源消费总量的 59%①。全国铁路煤炭发运量 23.8 亿吨，同比增长 10.3%②。但与此同时，火力发电以及焦炭、钢材、水泥等下游行业对于煤炭需求也在加大，我国煤炭供应仍存在一定缺口。国家能源局公布数据显示，2018 年全国煤炭消费增速回升，电力、钢铁、化工、建材四大行业的用煤量均为正增长③，其中火力发电行业尤为突出。2018 年，全社会用电量 68 449 亿千瓦时，同比增长 8.5%④。火电是电力生产的第一主力，而煤炭作为火电的重要生产原料，社会用电量消费加大带动煤炭消费，当年全国火电行业总装机容量同比增长 5.1%，火电设备平均利用小时数 4 361 小时，同比提高 143 小时⑤。随着国内需求增加，拉动煤炭进口稳定增加。

（二）国外部分煤炭品种优价廉，弥补国内煤炭结构性空缺

国内多家火电厂锅炉是根据低质的 4 000~4 500 大卡煤种来设计的，低品位、低价格的进口煤炭对其具有较强的吸引力。近年来褐煤成为我国煤炭进口的主要煤种之一，其主要用途便是与其他煤种掺拌后进行发电使用，而印度尼西亚产褐煤具有燃烧彻底、低硫、清洁、成本低等特点，优势显著。2018 年，我国自印度尼西亚进口煤炭 1.3 亿吨，同比增

---

① 《2018 年国民经济和社会发展统计公报》，国家统计局，2019 年 2 月 28 日。

② 《2018 年 1~12 月全国铁路煤炭发运量同比增长 10.3%》，国际煤炭网，2019 年 1 月 30 日。

③ 《前三季度煤炭消费增速回升》，我的煤炭，2018 年 10 月 31 日。

④ 《能源局：2018 年全社会用电量同比增长 8.5%》，光明网，2019 年 1 月 21 日。

⑤ 《2018 中国火电行业发展报告：装机容量增速持续放缓 设备平均利用小时数提升》，北极星电力网，2019 年 3 月 12 日。

加 15.3%。此外，我国钢铁行业发展回升，据国家统计局数据显示，2018 年全国粗钢产量为 92 826 万吨，同比增长 6.6%[①]。钢市需求旺盛带动了炼焦煤需求增加。据调研企业[②]介绍，澳煤与国内炼焦煤相比价格和环保方面均有优势，其中价格较国内同品质炼焦煤价格每吨低 200 元左右，且含硫量、灰分等方面都有一定的优势。

（三）国际煤炭价在合理区间波动，煤炭进口价格基本保持稳定

2018 年，世界煤炭市场继续保持了周期性复苏上升的态势。全球煤炭产量继续增加，国际煤炭贸易量继续增长，俄罗斯当年煤炭产量超过了前苏联时期的最高产量水平，印度、印度尼西亚、蒙古国等国家的煤炭产量也创出历史新高，同时俄罗斯和蒙古国煤炭出口量创历史新高，但德国、西班牙等西欧国家陆续关闭所有本土煤矿[③]。需求方面，东亚煤炭消费市场稳定，东南亚、南亚地区煤炭需求快速增加，抵消美国煤炭消费量降至近 40 年来新低的影响。从供需两方面的比较来看，供求关系稳定使得国际煤炭价格总体平稳，2018 年进口煤价格也较上年仅有 1%的涨幅。

三、影响我国煤炭进出口的因素分析

（一）区域性结构性煤炭供应短缺凸显

2018 年全国煤炭总体供需平稳，但气候因素、煤炭转运能力及市场预期对短时供需平衡的影响越来越大，国内产能过剩与进口依赖并存，区域性煤炭短缺现象依然存在。我国煤炭储量主要在西部、北部地区，产量逐渐向晋陕蒙宁四省区集中，东北、华东、中南、西南等地煤炭产能持续减少[④]。而近年来我国煤炭实际需求增长与消费重地则集中在经济较为发达的东部沿海地区和南方地区，尤以环渤海经济圈、长江三角洲和珠江三角洲地区最为突出。煤炭产需的逆向分布，形成了“北煤南运、西煤东调”的格局。随着行业集中度提升，区域性的供应格局出现变化，而供需矛盾进一步加剧，汽运煤受限、国内铁路运力不足等煤炭运输瓶颈问题亟待解决。南方沿海省市特别是华南、西南地区，进口外煤比直接采购国产煤炭更加具有价格和运输优势。此外，我国虽然煤炭储备丰富，但总体来看品质较低，部分特种煤化工企业对高品质外煤的依赖仍然严重。

（二）煤炭企业负债水平居高不下，火电企业仍处亏损

2018 年，我国煤炭行业效益持续好转。数据显示，2018 年全国规模以上煤炭企业主营业务收入 2.27 万亿元，同比增长 5.5%，但全国规模以上煤炭企业资产负债率依然高达 65.7%，其中，煤炭企业负债 1 000 亿元以上的企业 14 家，负债 2 000 亿元的企业 8 家。另据中煤协统计，2003 年到 2017 年 15 年间，规模以上煤炭企业累计投资 4.46 万亿，收益却仅 2.67 万亿元[⑤]。2018 年上半年，全社会用电量中，火电发电占比达 74.3%，在电力供

---

① 《2018 年 1~12 月份全国粗钢产量 92 826 万吨 同比增长 6.6%》，上海有色网，2019 年 1 月 21 日。

② 调研企业：广西盛隆冶金有限公司。

③ 《2018 年世界煤炭市场保持周期性复苏上升态势》，中国煤炭经济研究会，2019 年 2 月 1 日。

④ 《结构性供应短缺凸显 煤炭供需全年或呈紧平衡状态》，中国矿业报，2018 年 2 月 2 日。

⑤ 《煤炭行业连续第三年保持盈利增长 但资产负债率仍高达 65%》，经济观察报，2019 年 3 月 3 日。

给中承担着其他类型电力发挥不了的“主动调峰”和“兜底保供”的作用。但由于煤价上涨、电价调整滞后、利息压力加大、产能利用率低等原因，火电企业亏损面接近50%[①]。

（三）“一带一路”倡议下煤炭国际产能合作渐成趋势

近年来，一批以煤炭生产为主、多元化发展的综合能源企业集团响应国家号召纷纷“走出去”，国内国际煤炭市场一体化越来越明显，我国煤炭企业的生产经营规模、资金运作能力、技术研发能力等都取得了明显进步。例如，2017年，兖州煤业在澳洲基地莫拉本煤矿三期工程已建成投产，公司完成了对澳洲联合煤炭公司100%股权并购，成为澳大利亚最大的专营煤炭生产商，2018年上半年，兖煤澳洲收购的煤矿带来3.65亿澳元税后利润[②]。与此同时，“一带一路”倡议为煤炭企业“走出去”带来巨大空间，我国与“一带一路”沿线国家在煤炭领域开展了广泛合作，仅2017年我国企业在“一带一路”沿线国家实施的煤炭项目、工程建设投资就近50亿美元[③]。如俄罗斯拥有丰富的煤炭资源，俄煤发热量高，杂质含量相对较少，我国通过煤炭合作领域工作组、能源商务论坛等形式促进与俄罗斯在煤炭领域的进一步合作，使其较好满足我国市场需求。

（四）煤炭行业化解过剩产能工作持续强化，谨防进口煤炭对去产能成果带来的影响

随着供给侧结构性改革的稳步推进，2018年国内煤炭行业去产能计划实施稳健，已经取得了阶段性成果。年底全国煤矿数量减少至5 800处左右，平均产能提高到92万吨/年左右；退出落后煤炭产能2.7亿吨，提前两年完成“十三五”目标任务，行业供给质量和效率大幅提升[④]。但是要完成整个行业的供给侧结构性改革，去产能只是初步，接下来还要面临去库存、去杠杆、降成本、补短板等一系列艰巨任务。在“十三五”煤炭行业8亿吨煤炭去产能目标基本完成后，煤炭行业供给侧改革已经进入“不断提高煤炭供给体系质量”的新阶段，2019年市场将更加关注优质新增产能的释放。需要重点关注进口煤炭对国内市场和企业的影响，创造有利于改善国内行业利润的环境，确保国内煤企在改革后有足够空间吸收改革红利，巩固现有改革成果。

四、我国煤炭进出口形势展望及对策建议

从需求看，我国宏观经济将继续保持稳中向好发展态势，意味着对煤炭的需求短期内趋于平稳，加上我国大力推动新能源发展，由电煤替代以及非化石能源对煤炭的替代不断增强，煤炭消费增速或将有所下降。从供应看，随着结构化去产能深入推进与新增产能逐步释放，产能利用率提高，煤炭有效供给质量不断提升，2019年国内煤炭供需格局将趋于稳定宽松。而进口煤炭作为“平衡器”和“润滑剂”的功能将愈加显著，进口量价逐步企稳。

为此建议：一是密切关注供给侧改革进程，推进煤炭产业高质量发展，合理确定生产

---

① 《电力煤炭要闻回顾（2018-12-10）》，中国能源网，2018年12月13日。

② 《兖煤澳洲进入“无敌模式”！外媒为何这么说?》，国家煤炭工业网，2018年9月12日。

③ 《煤电过剩产能的背景下 煤炭行业如何“走出去”?》，中国能源报，2018年10月12日。

④ 《2019年钢铁煤炭结构性去产能加码兼并重组》，中国钢铁新闻网，2019年3月20日。

规模和资源开发强度，对于煤炭进口政策进行分地域、分品种、分行业细化，加强资源优化整合，巩固供给侧改革成果；二是解决运输瓶颈难题，提升对于气候等客观原因造成的突发事件应急处置能力，整合港区铁路、港口、航运等资源，确保煤炭资源的市场供应；三是完善国家产能、价格、环保政策，形成多层次调控链条，构建多层次的煤炭市场储备体系，强化对煤炭市场价格波动的监测预警，严格监控煤炭库存、消耗情况，引导企业科学把握进口节奏；四是合理引导国内钢铁、电力等用煤产业的提质增效，严控低价劣质煤炭进口，逐步淘汰高污染、高能耗、低效能企业，并加快洁净煤市场培育，推广燃煤发电技术，提高燃煤发电效率，实现煤炭的清洁高效利用。

2018 年我国铜进出口年度报告

铜是人类发现很早的金属之一，稍硬、极坚韧、耐磨损，导热和导电性能好，可塑性好、易加工。作为全球最大的铜消费市场，我国消费了全球约 50%的铜资源，被广泛地应用于电气、轻工、机械制造、建筑工业、国防工业等领域，在有色金属材料的消费中仅次于铝。据海关统计，2018 年我国出口未锻轧铜及铜材（以下简称“铜”）79.2 万吨，同比减少 3%；价值 404.8 亿元，同比增长 3.8%；出口平均价格为每吨 5.1 万元，同比上涨 6.9%。同期，进口铜 529.7 万吨，同比增加 12.9%；价值 2 468.7 亿元，同比增长 16.5%；进口平均价格为每吨 4.7 万元，同比上涨 3.1%。

一、2018 年我国铜进出口的主要特点

（一）月度进出口量震荡波动，进出口平均价格稳定

出口方面，2018 年我国铜出口量呈宽幅震荡态势，其中 1 月份出口量达到峰值 8.1 万吨，10 月份为年度最低值 5.5 万吨，12 月份出口 6.9 万吨，同、环比分别减少 19.2%和 0.5%。进口方面，1~10 月我国铜进口连续 10 个月同比增长，其中，2 月份进口铜 35.2 万吨，为年内低点；此后震荡上行至 9 月份 52.1 万吨的年内高点；12 月份进口 42.9 万吨，同比减少 5.5%，环比减少 6.1%。

价格方面，2018 年铜出口平均价格各月同比均保持上涨，2 月份出口平均价格为每吨 5.3 万元，为年内最高值；3 月份出口平均价格为每吨 5 万元，为年内最低值。与此同时 2018 年铜进口平均价格呈下降趋势，1 月份进口平均价格为每吨 4.9 万元，同比上涨 15.3%，创 2017 年 1 月份以来最高值，此后价格环比波动下跌，其中 9 月份进口平均价格为每吨 4.6 万元，为年内最低值（见图 1）。

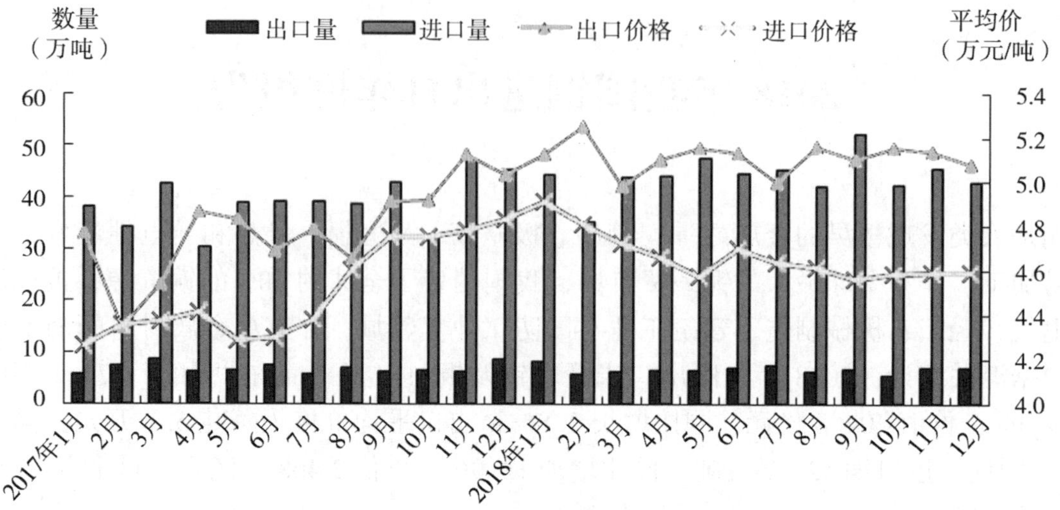

图 1　2017 年 1 月~2018 年 12 月我国铜进出口月度走势统计图

（二）逾 7 成以加工贸易方式出口，以一般贸易方式进口占比超 6 成

2018 年，我国以加工贸易方式出口铜 57. 7 万吨，同比减少 0. 3%，占同期我国铜出口总量的 72. 9%；以一般贸易方式出口 18. 4 万吨，同比增加 6. 6%，占同期我国铜出口总量的 23. 2%。同期，以一般贸易方式进口铜 345. 4 万吨，同比增加 15. 8%，占同期我国铜进口总量的 65. 2%；以加工贸易方式进口 99. 8 万吨，同比增加 14. 1%，占同期我国铜进口总量的 18. 8%。

（三）东盟为最大出口目的地，智利为最大进口来源地

2018 年，我国对东盟出口铜 28. 9 万吨，同比增加 27. 5%，占同期我国铜出口总量的 36. 5%。同期，大陆对台湾地区出口 13. 4 万吨，同比减少 8. 4%，占同期我国铜出口总量的 16. 9%。此外，对欧盟出口 6. 5 万吨，同比增加 4. 6%，占同期我国铜出口总量的 8. 2%。进口方面，2018 年我国自智利进口铜 150. 4 万吨，同比增加 12. 6%，占同期我国铜进口总量的 28. 4%；自赞比亚进口 59. 6 万吨，同比增加 29. 5%，占同期我国铜进口总量的 11. 3%；自欧盟进口 35 万吨，同比减少 14. 7%，占同期我国铜进口总量的 6. 6%。

（四）民营企业出口占比近 5 成，国有企业进口量增幅最大

2018 年，我国民营企业出口铜 36. 5 万吨，同比减少 11%，占同期我国铜出口总量的 46%，比重较上年降低 4. 1 个百分点；外商投资企业出口 34. 7 万吨，同比减少 3. 8%，占同期我国铜出口总量的 43. 8%；其余为国有企业出口，同比增加 73. 7%，占同期我国铜出口总量的 10. 2%。进口方面，2018 年我国外商投资企业进口铜 202 万吨，同比增加 8. 1%，占同期我国铜进口总量的 38. 1%；同年，国有企业进口 191. 7 万吨，同比增加 20. 3%，占同期我国铜进口总量的 36. 2%；其余为民营企业进口，同比增加 10. 7%。

（五）山东出口量大幅减少并跌出前三，上海占进口份额约 2 成

2018 年，浙江出口铜 18. 9 万吨，同比增加 9. 9%，占同期我国铜出口总量的 23. 9%，超过山东位居出口首位。同期，广东出口 10. 9 万吨，同比增加 7%，占同期我国铜出口总

量的 13.8%；江西出口 9.5 万吨，同比增加 14.1%，占同期我国铜出口总量的 12%；山东出口 8.8 万吨，同比减少 50.7%，占同期我国铜出口总量的 11.1%。进口方面，上海仍稳居进口首位，2018 年进口铜 106 万吨，同比增加 8.1%，占同期我国铜进口总量的 20%，比重较上年降低 1 个百分点；此外，北京进口 67.2 万吨，同比增加 3.5%，占同期我国铜进口总量的 12.7%；天津进口 66.1 万吨，同比增加 33.6%，占同期我国铜进口总量的 12.5%。

（六）进出口企业集中度相对较高

2018 年，我国铜出口企业共计 7 982 家，其中出口规模在万吨以上企业 14 家，出口前 20 位企业共出口铜 44.1 万吨，占同期我国铜出口总量的 55.7%。

2018 年，我国铜进口企业合计 8 265 家，其中进口量在万吨以上企业 95 家，前 20 位企业合计进口铜 228.4 万吨，占当年我国铜进口总量的 43.1%。

二、2018 年我国铜进出口呈现上述特点的原因分析

（一）国内经济平稳增长对铜材需求旺盛助力进口，全球经济增速回落抑制铜需求致出口减少

随着国内经济的高质量平稳增长，房屋装修、住宅电器线路、电机制造等保持增长态势，对铜需求旺盛。2018 年房地产开发投资额累计增长 9.5%，全国电网工程完成投资 5 373亿元，同比增长 0.6%,；2018 年空调产量同比增长 10%，电冰箱产量同比增加 2.5%，此外新能源汽车保持高速增长态势，全年产销量同比增长 59.9%和 61.7%，成为铜材消费新的增长点[①]。与此同时，受美国预期加息速度放缓、中美贸易摩擦不确定性加剧以及缓慢浮现的全球流动性下降等因素影响，世界经济增长动能开始减弱，制造业和贸易增速放缓导致铜需求减少及流动性降低。受国内、国际两方面因素影响，我国铜进口增加、出口减少。

（二）增值税税率降低促进铜进口增加

2018 年 5 月 1 日起，我国铜进口增值税税率由 17%下调至 16%，铜进口盈利窗口开始打开，受此影响，保税区库存下降明显，2016 年至 2017 年保税区库存平均在 53 万吨左右，而 2018 年保税区库存平均水平仅为 45 万吨[②]。税率下调，导致进口铜盈利契机增加，特别是二、三季度铜进口增加明显。

（三）铜加工精炼费长期协议下跌叠加冶炼企业产能下降，铜出口相应减少

2018 年 11 月 15 日，江西铜业公司代表国内主要铜企与智利矿业公司安托法加斯塔达成协议，2019 年的铜精矿长单 TC/RC 为 80.8 美元/吨，每吨较 2018 年下降 1.45 美元。这是铜加工精炼费长期协议价的连续第四年下跌，2015 年相关价格曾达到每吨 107 美元的高位[③]。此外，2018 年各冶炼厂检修频繁，据统计，截至 2018 年 12 月 1 日，国内 2018 年全

---

① 《中国铜市场月度报告（2019 年 2 月）》，我的有色网，2019 年 2 月 1 日。

② 《Mymetal：铜行业 2018 年市场回顾及 2019 年展望》，我的有色网，2018 年 12 月 27 日。

③ 《铜圈 2018 年十大影响力事件》，上海有色网，2018 年 12 月 29 日。

年冶炼厂检修影响产能15.76万吨，检修主要集中在6月及9月，产出受影响明显[①]。铜加工费下降，企业利润下滑，加之产能利用率所限，2018年国内铜冶炼企业产量累计874.8万吨，铜材产量下降至1 763.5万吨，同比减少15.62%[②]，导致我国铜出口量减少。

三、我国铜进出口的影响因素分析

（一）国内外铜冶炼厂均迎来大范围检修，铜供应增速预计再度下滑

国际方面，全球至少有9家主要铜冶炼厂计划在2019年上半年进行工厂检修[③]。国内方面，东北某电解铜冶炼厂于2018年11月检修，本次检修预计会影响50%的产量；另华北某中型冶炼厂因环保等原因，于2018年9月底永久性关停部分产能[④]。部分大型铜冶炼厂已经着手安排2019年检修时间，且多集中于上半年，铜供应增速将呈下滑态势。

（二）我国铜期权正式上市，促进我国铜定价权的提升

2018年9月21日，国内铜期权正式上市，成为继白糖、豆粕后我国期货市场第3个成功上市交易的商品期权，同时也是国内诞生的首个工业品期权。铜期权相对期货来说具有独特的功能，其在度量及管理波动风险方面有其特有的优势，与期货相互配合、相互促进，为投资者提供更为多样化的资产配置方案，相较于传统的铜期货市场是一种成本更低、操作更简便、风险易控的金融工具，铜期货期权的推出不但为铜相关企业提供更多元化、精细化的避险工具，同时也将有利于提升我国在世界金融市场中铜的定价权。上市铜期权对于促进我国有色行业风险管理水平、提升期货市场服务实体经济发展具有重要意义。

（三）“七类”废铜禁止进口，“六类”废铜转为限制进口，精废替代或将带来精铜消费增长

2018年进口废金属中，废电线、废电机马达、散装废五金等所谓的“七类”废铜量占比由2017年的52%减少至16%，而废黄杂铜（黄铜屑）、聚氨酯铜线废碎料等“六类”废铜占比大幅提升至84%[⑤]。2018全年限制类进口批文公布了26批次，较2017年全年的11批次同比增加136.36%；但批文总数量为99.97万吨，较2017年全年的300.58万吨同比减少66.74%[⑥]。2019年1月1日起，我国全面禁止“七类”废铜进口，同时自7月1日起将“六类”废铜由非限制进口类固废调整为限制进口类固废。对进口废铜的管理政策趋严将导致进口废铜进一步减少，或在一定程度上增加精炼铜的需求。

四、我国铜进出口形势展望及对策建议

从供给方面来看，2018年至2019年国内新增精炼产能达到210万吨，主要集中在

---

① 《中国铜市场月度报告》，我的有色网，2019年2月5日。
② 《Mymetal：铜材终端需求增速放缓 未来增长关注电网需求》，我的有色网，2019年1月31日。
③ 《2019年上半年全球铜冶炼厂大范围检修》，搜狐网，2018年11月22日。
④ 《电解铜供应收缩LME库存续降 2019年上半年或迎冶炼厂集中检修》，上海有色网，2018年11月28日。
⑤ 《铜圈2018年十大影响力事件》，上海有色网，2018年12月29日。
⑥ 《Mymetal：宏观利好节后价格回升 三月需求回暖涨势望续》，我的有色网，2019年3月6日。

2018 年年末及 2019 年二季度①。但未来铜精矿的供应增速难以匹配冶炼厂新增产能投放速率，且铜精矿的品位下降越来越明显，预计未来铜精矿供应将逐渐趋于紧张。

从需求方面来看，自 2018 年下半年中央提出“加大基础设施领域补短板的力度”之后，新一轮基建投资需求增加。2019 年前 2 个月，国家发改委等部委以及地方投资项目的审批节奏明显加快，2 月 26 日国家发改委发布《2018 年全国固定资产投资发展趋势监测报告及 2019 年投资形势展望》。2018 年，全国拟建项目（指已经办理审批、核准或备案手续的项目）数量增势较好，同比增长 15.5%，其中基建项目数量增长 5.3%，房地产业项目数量增长 32.8%②，为 2019 年投资平稳运行提供坚实的项目储备基础，同时固定资产投资增速保持稳定刺激了铜消费增长。此外，电网投资在 2018 年第四季度开始有所回暖，预计 2019 年在基建投资带动下会逐步回升，家电、汽车方面可能会在国家刺激消费的政策指引下走出低迷状态，国内铜消费很大可能会维持平稳扩张状态。

为此建议：一是加强对铜国际市场供求状况和进出口量价走势的跟踪监测力度，特别是充分关注铜价承压与供应商、中美贸易摩擦及人民币汇率走势的影响，把握进口节奏，及时发布预警信息，合理布局国内铜加工生产，引导企业把握价格变动风险，保障国内精炼铜供需平衡，切实防范风险。二是继续重点关注废铜进口监管，预防废铜走私的风险，注重引导原进口废钢企业的生产结构转变；完善国内废物回收机制，提高废旧金属的利用率，加快培育再生铜生产企业，促进国内再生行业发展。三是提高科技创新能力，鼓励我国铜加工产业自主创新，进一步淘汰落后产能，推进兼并整合，优化产品结构，全面提高生产技术水平；加大可替代能源的开发，确保铜市场的稳定发展；加大创新力度，降低铜的对外依赖度，确保铜产业的可持续健康发展。

---

① 《Mymetal：铜行业 2018 年市场回顾及 2019 年展望》，我的有色网，2018 年 12 月 27 日。

② 《新基建投资万亿级加码》，搜狐网，2019 年 4 月 9 日。

2018 年我国稀土出口年度报告

稀土是一种极其重要的战略资源，有“工业维生素”之称。我国作为全球最大的稀土生产国和消费国，以 23%的稀土资源供应着全球约 80%的贸易量①。据海关统计，2018 年，我国稀土出口 5.3 万吨，同比增加 3.6%；价值 33.9 亿元，同比增长 20.2%；出口均价为每吨 6.4 万元，同比上涨② 13.7%。

一、2018 年我国稀土出口的主要特点

（一）12 月出口量创近 9 年来单月新高，当月出口价格连续第 3 个月同比上涨

2018 年 12 月份，我国出口稀土 5 421.4 吨，环比增加 19.7%，同比增加 5.1%，创 2010 年 2 月份以来单月出口量历史新高；当月出口平均价格为每吨 5.7 万元，环比下跌 10%，同比连续第 3 个月保持上涨，涨幅为 16.9%（见图 1）。

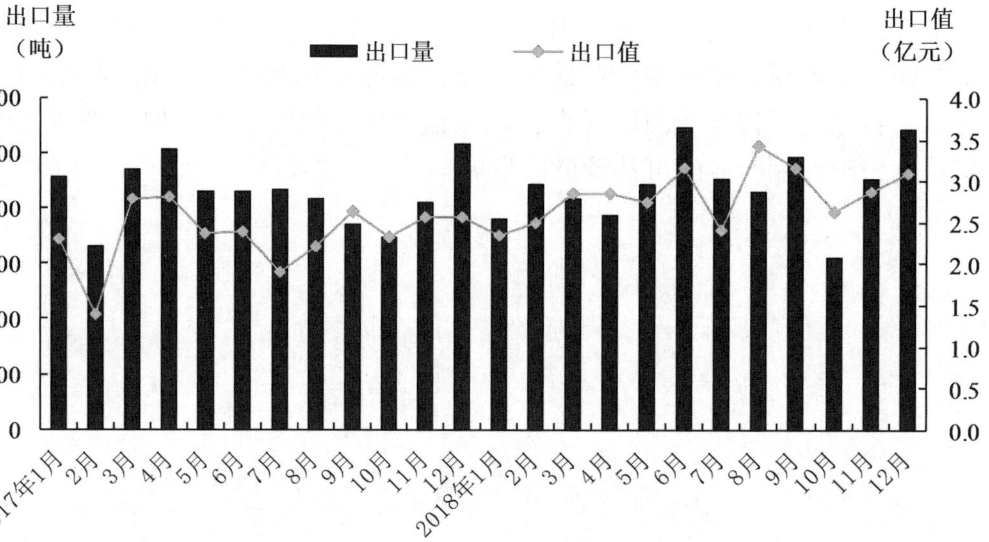

图 1　2017 年 1 月~2018 年 12 月我国稀土出口量值走势统计图

---

① 《未来我国稀土需求将保持持续增长》，中国投资咨询网，2018 年 4 月 20 日。

② 由于稀土出口产品种类较多，价格差异较大，简单的算术平均价格难以反映价格的变化趋势，因此本文采用费氏价格指数来反映稀土出口整体价格趋势。计算过程：A. 数据准备：稀土出口商品 HS8 位报告期、基期（同比指数为上年同期，环比指数为上月）的出口量、出口平均价格；B. 样本处理：分别删除报告期和基期中没有出口量的商品；C. 指数运算：首先分别计算派氏指数（$P = \frac{\sum q1p1}{\sum q1p0}$）和拉氏指数（$L = \frac{\sum q0p1}{\sum q0p0}$），然后计算费氏指数($F = \sqrt{P * L}$)。

（二）除少量以保税物流方式出口外，其余均以一般贸易方式出口

2018 年，除 550 吨稀土以保税物流方式出口外，其余均以一般贸易方式出口，占同期我国稀土出口总量的 99%。

（三）对日美欧前 3 大出口市场均保持增加，对韩国出口大幅减少

2018 年，我国对日本出口稀土 1.7 万吨，同比增加 6.7%，占同期我国稀土出口总量的 32.9%，为我国稀土最大出口市场。同期，对美国出口 1.5 万吨，同比增加 2.1%，占同期我国稀土出口总量的 27.6%；对欧盟出口 1.3 万吨，同比增加 13.4%，占同期我国稀土出口总量的 24.8%。此外，对韩国出口 2 721.4 吨，同比减少 44.6%（见表 1）。

表 1　2018 年我国稀土出口市场前 5 位统计表

目的地	2018 年		2017 年	
	出口量（万吨）	同比（%）	出口量（万吨）	同比（%）
日本	1.7	6.7	1.6	17.6
美国	1.5	2.1	1.4	1.1
欧盟	1.3	13.4	1.2	6.6
其中：荷兰	0.8	75.7	0.5	19.0
意大利	0.2	6.9	0.2	37.1
德国	0.1	-70.1	0.3	-13.8
韩国	0.3	-44.6	0.5	88.6
巴西	0.2	187.9	0.1	-51.4

（四）民营企业出口占近 6 成，外商投资企业出口出现减少

2018 年，我国民营企业出口稀土 3 万吨，同比增加 7.8%，占同期我国稀土出口总量的 57%。同期，国有企业出口 1.8 万吨，同比增加 4.3%，占同期我国稀土出口总量的 33.6%；外商投资企业出口 4 975.8 吨，同比减少 17.9%，占同期我国稀土出口总量的 9.4%（见图 2）。

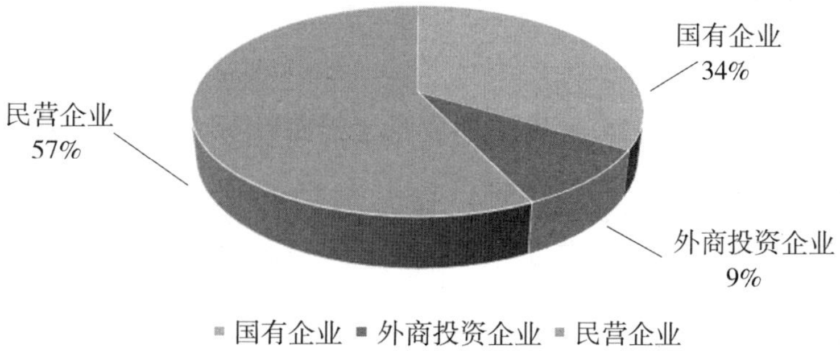

图 2　2018 年我国稀土出口企业性质比重统计图

（五）出口企业数量有所增加，前20位企业出口集中度提升

2018年，我国有稀土出口记录的企业共197家，企业数较2017年增加9家。其中，出口量前20位企业合计出口稀土3.9万吨，占同期我国稀土出口总量的74.1%，出口集中度较2017年提升1.2个百分点。

（六）内蒙古出口居首位，浙江出口明显增加

2018年，内蒙古出口稀土约1.3万吨，同比增加33.5%，占同期我国稀土出口总量的24.1%，比重提升5.4个百分点；广东出口5 203.6吨，同比增加15.6%，占同期我国稀土出口总量的9.8%。同期，浙江出口5 048.7吨，同比增长约1.3倍。此外，四川和江苏分别出口5 042.1吨和4 705.1吨，同比分别减少32.3%和33%（见表2）。

表2　2018年我国稀土出口前10位省市情况统计表

省市	2018年		2017年	
	出口量（吨）	同比（%）	出口量（吨）	同比（%）
内蒙古自治区	12 796.7	33.5	9 584.9	87.5
广东	5 203.6	15.6	4 500.9	-33.8
浙江	5 048.7	131.7	2 179.0	-27.6
四川	5 042.1	-32.3	7 451.2	42.5
江苏	4 705.1	-33.0	7 023.2	-10.5
上海	4 002.9	-6.5	4 280.4	46.2
北京	3 109.1	-2.0	3 171.8	37.3
湖南	3 044.0	11.9	2 720.6	14.0
山东	2 998.9	-23.4	3 913.3	-14.0
江西	2 579.4	-6.6	2 762.1	37.4

（七）氧化镧出口量减价涨，碳酸镧出口量增价涨

2018年，我国氧化镧出口约1.1万吨，同比减少15.6%，出口均价为每吨1.6万元，同比上涨2.9%；碳酸镧出口8 694.3吨，同比增加53.4%，出口均价为每吨1.1万元，上涨12.7%。同期，碳酸铈出口7 212.3吨，同比增加15.2%，出口均价为每吨1.2万元，同比上涨23.6%（见表3）。

表3　2018年我国主要稀土产品出口量价统计表

商品名称	出口量（吨）	同比（%）	平均价格（万元/吨）	同比（%）
氧化镧	10 632.8	-15.6	1.6	2.9
碳酸镧	8 694.3	53.4	1.1	12.7

表3 续

商品名称	出口量（吨）	同比（%）	平均价格（万元/吨）	同比（%）
碳酸铈	7 212.3	15.2	1.2	23.6
其他稀土金属、钪及钇，已相互混合或相互熔合	3 161.9	85.2	7.7	34.5
氧化铈	3 129.7	-2.7	4.2	-11.8
氧化钇	2 749.4	26.6	4.1	32.5
镧，未相互混合或相互熔合	2 154.1	-9.1	4.0	9.6
氯化镧	1 406.9	-28.5	0.7	4.7
其他氯化稀土	1 080.0	75.3	0.9	37.1
钕，未相互混合或相互熔合	912.3	140.0	41.1	-8.4

二、2018 年我国稀土出口量增价涨的主要原因

（一）稀土行业整顿和环保督察稳步推进，推动出口价格上涨

2018 年以来，国家持续整顿稀土行业的秩序[①]，加强环境督察，整治关停部分违规稀土企业和矿山[②]。8 月份，国家在下发的 2018 年第二批稀土开采、冶炼分离总量控制计划的通知中，要求任何单位和个人不得无计划和超计划生产[③]；10 月份，工信部等八部门组织开展稀土行业秩序整顿专项督查[④]；11 月份，第二批中央生态环境保护督察“回头看”全部实现督察进驻[⑤]，并完成下沉阶段督察任务[⑥]。违规稀土开采行为被明显遏止，稀土出口秩序有效规范，出口价格持续上涨。

（二）市场需求持续复苏，带动稀土出口价格上扬

近年来，新能源汽车、动力发电等领域快速发展，对稀土原材料的需求明显增加。据预计，2018 年全球风电新增装机容量将超过 60GW，并且在未来 4 年内稳定增长[⑦]；全球电动汽车数量有望在 2020 年前增至 1 300 万辆，较 2017 年的 370 万辆增加 2.5 倍，其对于钴的需求有望提升 10 倍[⑧]。据预测，2018 年全球稀土产品消费量（REO）约为 15.5 万吨[⑨]，较 2017 年稀土冶炼分离产品消费量 14.4 万吨[⑩]增加 7.6%。下游行业市场需求增长，带动了我国稀土出口量增价扬。

---

① 《稀有金属部际协调机制工作会在京召开》，工业和信息化部，2018 年 1 月 17 日。
② 《稀土机遇几何？科技联动+贸易摩擦》，搜狐网，2018 年 4 月 20 日。
③ 《两部委下达 2018 年第二批稀土开采、冶炼分离总量控制计划》，工业和信息化部，2018 年 8 月 28 日。
④ 《八部门关于组织开展稀土行业秩序整顿专项督查的通知》，工业和信息化部，2018 年 10 月 30 日。
⑤ 《第二批中央生态环境保护督察“回头看”全部实现督察进驻》，生态环境部，2018 年 11 月 6 日。
⑥ 《第二批中央生态环境保护督察“回头看”全面进入下沉督察阶段》，生态环境部，2018 年 11 月 19 日。
⑦ 《风电装机容量发展空间巨大 到 2020 年容量有望达到 260GW》，北极星电力网，2018 年 5 月 17 日。
⑧ 《2018 年中国稀土行业大事记盘点》，生意社，2018 年 12 月 22 日。
⑨ 《国内外稀土消费状况分析》，上海市稀土协会，2018 年 11 月 21 日。
⑩ 《厦门钨业 2017 年年度报告摘要》，新浪财经，2018 年 3 月 30 日。

三、我国稀土出口的影响因素分析

（一）中重稀土冶炼分离对进口矿依赖逐步扩大，我国由稀土净出口国转变为净进口国

由于环保核查、开采技术等原因，国内部分中重稀土矿山关闭，我国对离子型中重稀土矿产的开采量在短期内难以突破，其分离冶炼和下游产业对进口矿产的依存度将逐步放大。2018 年，我国自缅甸进口混合碳酸稀土 2.58 万吨（折合氧化物约 2 万吨），与我国中重稀土配额相当[①]；缅甸进口的离子型土矿几乎占据了国内中重稀土矿消费量的 50%[②]。据海关统计，2018 年，我国进口 9.8 万吨稀土，同比激增 1.8 倍，首次从稀土净出口国转为净进口国。据全球贸易预警组织（GTA）数据显示，2018 年我国超越东盟、日本和美国成为最大稀土进口国。2019 年前 4 个月，我国进口稀土 2.9 万吨，同比增加 14.5%，进口量已远高于同期 1.6 万吨的出口量，净进口量达到 1.3 万吨，同比扩大 50.3%。

（二）海外矿业巨头纷纷复产增产，国际稀土市场供应趋于多元化

我国是全球稀土主要供应国，2018 年约占全球稀土总产量的 63.2%[③]。近期，海外矿企巨头逐步复产、扩产稀土矿，如美国芒廷帕斯矿自 2018 年年初复产，全年产量约为 2 万吨；澳大利亚 2018 年维持 2 万吨左右产量；缅甸 2018 年产量略超过 2 万吨；全球其他各国或地区的稀土产量大约为 1 万吨[④]。据预测，到 2020 年，全球稀土矿产量有望达到 25 万吨，年增速近 12%，我国的稀土供应占比或将进一步降低[⑤]。海外稀土矿的增产，将促使国际稀土市场供应趋于多元化，我国稀土产品出口或将面临更为激烈的竞争局面。

（三）高端核心技术缺乏叠加，低端产能过剩，国内稀土行业发展遭遇瓶颈

长期以来，国外企业垄断高端核心技术，我国企业难以引进深加工尖端技术，导致我国稀土深加工产业与国际水平有着较大差距。目前，我国多数稀土企业掌握的仍是中低端技术，大部分企业靠出口初级原料为生。由于稀土低端产品同质产能扩张偏快，部分领域的产品已有过剩迹象。据统计，我国稀土永磁材料占全国稀土新材料产量的 80%以上，但高品质永磁材料仅占其产量的 10%[⑥]；我国稀土永磁材料产能达 30 万吨以上，而年产量仅在 8~9 万吨，产能利用率不及 30%[⑦]。

---

① 《18 年底缅甸稀土进口下滑，国内供给受限》，上海市稀土协会，2019 年 4 月 18 日。

② 《稀土价格暴涨恐难持续 行业仍将深入整合》，证券日报，2019 年 5 月 27 日。

③ 《2018 年稀土产量预测：全球约 19 万吨、中国 12 万吨、美澳都约为 2 万吨》，稀土在线，2018 年 11 月 23 日。

④ 《2018 年稀土产量预测：全球约 19 万吨、中国 12 万吨、美澳都约为 2 万吨》，稀土在线，2018 年 11 月 23 日。

⑤ 《2018 年稀土市场供需格局分析、稀土价格走势分析及中国稀土产业发展面临的问题与建议分析》，中国产业信息网，2019 年 3 月 1 日。

⑥ 《我国稀土产业发展面临的瓶颈问题》，中国选矿技术网，2018 年 12 月 23 日。

⑦ 《我国稀土产业发展面临的瓶颈问题》，中国选矿技术网，2018 年 12 月 23 日。

四、我国稀土出口形势展望及对策建议

随着近年来我国国内下游产业需求快速增长，新能源汽车、节能家电、电动工具、工业机器人等行业的快速发展为稀土永磁材料行业发展提供了重要支撑，带动国内对稀土原材料的需求明显增加。2018 年，我国新能源汽车市场表现出强劲的发展动力，当年累计产量为 127 万辆，同比增长 60%[①]。作为全球最大的稀土生产国和消费国，国内下游产业市场需求快速增长，在供应量总体减少的背景下，稀土出口也将受到一定影响。

同时，2019 年以来，美国、澳大利亚等国纷纷加强对稀土项目的开发研究力度。比如，2 月美国能源部划拨了 1 500 万美元的预算，新建国家回收研究基地，研究从锂电池中提取钴和锂等稀有金属的技术用于实际生产[②]；4 月澳大利亚发布《澳大利亚关键矿产战略 2019》，提出要发展对包含稀土在内的多种关键矿产的勘查、开发、生产和加工能力[③]。2019 年一季度，澳大利亚莱纳斯（Lynas）公司生产稀土氧化物 5 444 吨，同比增加 32. 5%[④]；北方矿业（Northern Minerals）提高试点工厂稀土产量[⑤]；Yangibana 稀土项目地面基础设施的建设也将于 2019 年下半年开始[⑥]。在全球稀土供应逐步增加的局面下，我国稀土产业正面临海外各国对市场与话语权的挑战，预计后期我国稀土出口量价将承受一定的压力。

为此建议：一是加强对稀土出口量价的跟踪和监测，及时发布预警信息，防止低价争夺出口市场的现象出现；二是把控好稀土供应自主权，以维护合法企业的权益、保护本国的环境与资源为前提，按总量控制计划稳定供应稀土产品，满足国际市场对稀土的合理需求；三是深入研究全球稀土贸易结构，构建稀土贸易双方的磋商机制，共享贸易成果，推动稀土市场的平稳运行。

① 《2018 年汽车工业经济运行情况》，中国汽车工业协会，2019 年 1 月 14 日。
② 《日媒：美将推进稀有金属回收 欲摆脱对华稀土依赖》，参考消息，2019 年 4 月 9 日。
③ 《澳大利亚推〈关键矿产战略 2019〉欲打造多元矿产大国》，中国经济网，2019 年 4 月 17 日。
④ 《莱纳斯 2019 年 1~3 月稀土氧化物产量 5 444 吨增长 33%》，中国稀土行业协会，2019 年 4 月 29 日。
⑤ 《澳大利亚北方矿业提高试点工厂稀土产量》，中国稀土行业协会，2019 年 4 月 17 日。
⑥ 《Yangibana 稀土项目资本成本增加 27% 预计 2021 年上半年完工》，中国稀土行业协会，2019 年 4 月 17 日。

2018年我国钢材出口年度报告

自2016年开始，随着供给侧结构性改革的稳步推进，我国钢铁产能严重过剩的状况得到有效缓解，钢铁产品价格回升，钢铁行业逐渐走出低谷，内生动力增强。2018年，钢铁行业提前完成了“十三五”时期化解过剩产能的目标，“蓝天保卫战”、环保督查、专项大检查等项目的持续开展，有效防范了“地条钢”的死灰复燃和已化解的过剩产能复产。同时，严禁违规新增产能确保供给侧改革成效得到了较好的维护和巩固，钢铁企业效益继续改善。当年我国粗钢产量92 826万吨，同比增长6.6%[①]。钢铁行业主营业务收入7.65万亿元，同比增长13.8%；实现利润4 704亿元，同比增长39.3%[②]。

但与此同时，全球钢材市场供大于求的矛盾依然突出，钢铁企业出口动力明显减弱。2018年，我国出口钢材6 933.6万吨，同比减少8.1%；价值3 984.5亿元，同比增长7.7%；出口均价为每吨5 746.7元，上涨17.1%。

一、2018年我国钢材出口的主要特点

（一）出口量先扬后抑，出口均价震荡上行

2018年上半年，我国钢材月度出口量呈逐月回升态势，但7月起震荡下行。与此同时，钢材月度出口均价在一季度快速下跌后，4月份起震荡上扬，11月份创2012年2月来历史新高，12月当月小幅回落至每吨6 147.9元，同比上涨6.7%，环比下跌1.6%，年内均保持同比上涨（下图）。

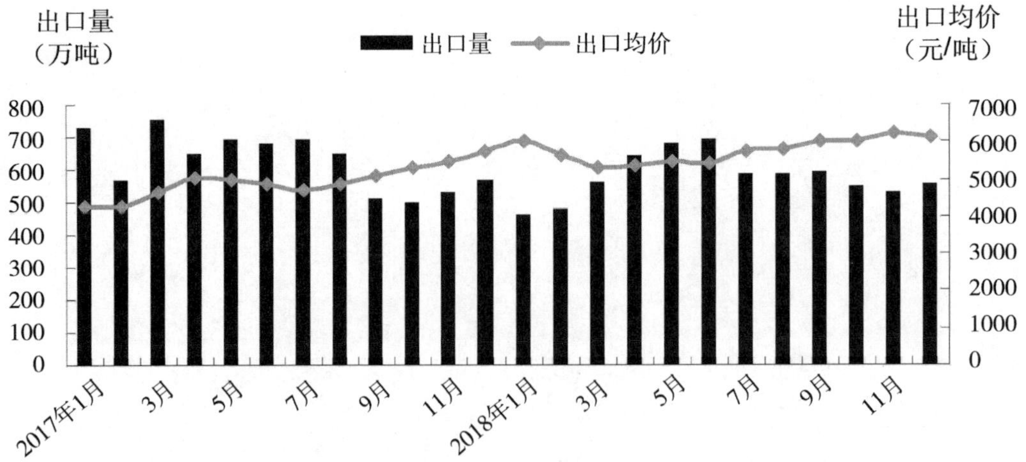

图1　2017年1月~2018年12月我国钢材出口量价月度统计图

---

① 国家统计局数据。

② 《期现融合助力钢铁业利润改善 2018年行业实现利润4 704亿元》，中国经济网，2019年5月8日。

（二）绝大部分为一般贸易出口

2018 年，我国以一般贸易方式出口钢材 6 613. 3 万吨，同比减少 8. 1%，占同期我国钢材出口总量的 95. 4%。同期，以加工贸易方式出口 129. 3 万吨，同比减少 14. 6%；以对外承包工程出口货物方式出口 91 万吨，同比减少 8. 6%（见表 1）。

表 1　2018 年我国钢材出口主要贸易方式统计表

贸易方式	出口			同比（%）		
	数量（万吨）	金额（亿元）	均价（元/吨）	数量	金额	均价
一般贸易	6 613. 3	3 619. 5	5 473. 0	−8. 1	8. 0	17. 5
加工贸易	129. 3	172. 3	13 321. 4	−14. 6	−7. 8	7. 9
对外承包工程出口货物	91. 0	81. 8	8 986. 9	−8. 6	1. 5	11. 1
其他贸易	41. 7	67. 8	16 235. 0	110. 6	76. 2	−16. 3
边境小额贸易	30. 8	21. 6	7 015. 4	−0. 7	11. 1	11. 9

（三）民营企业出口占半壁江山，国有企业出口降幅较深

2018 年，我国民营企业出口钢材 3 574. 3 万吨，同比减少 3. 7%，占同期我国钢材出口总量的 51. 6%；国有企业出口 2 545. 4 万吨，同比减少 13%，占同期我国钢材出口总量的 36. 7%。同期，外商投资企业出口 804. 5 万吨，同比减少 11. 1%，占同期我国钢材出口总量的 11. 6%（见表 2）。

表 2　2018 年我国钢材出口主要企业类型统计表

企业性质	出口			同比（%）		
	数量（万吨）	金额（亿元）	均价（元/吨）	数量	金额	均价
民营企业	3 574. 3	2 082. 2	5 825. 5	−3. 7	12. 2	16. 5
国有企业	2 545. 4	1 296. 7	5 094. 0	−13. 0	2. 2	17. 5
外商投资企业	804. 5	600. 2	7 461. 1	−11. 1	4. 5	17. 5

（四）东盟、拉丁美洲、韩国和非洲是前 4 大出口地

2018 年，我国对东盟出口钢材 2 400. 3 万吨，同比增加 3. 2%；对拉丁美洲出口 746. 7 万吨，同比增加 4%；对韩国出口 721 万吨，同比减少 36. 7%；对非洲出口 613. 1 万吨，同比增加 9. 1%；对上述 4 者出口合计占同期我国钢材出口总量的 64. 6%。同期，我国对欧盟出口 404 万吨，同比减少 3. 2%；对印度出口 210. 7 万吨，同比减少 17. 3%；对美国出口 115. 7 万吨，同比减少 2. 1%（见表 3）。

表 3　2018 年我国钢材出口前 10 位市场统计表

国家（地区）	出口			同比（%）		
	数量（万吨）	金额（亿元）	均价（元/吨）	数量	金额	均价
东盟	2 400. 3	1 192. 0	4 966. 3	3. 2	19. 6	15. 9
拉丁美洲	746. 7	384. 3	5 146. 9	4. 0	20. 0	15. 4
韩国	721. 0	380. 0	5 270. 2	-36. 7	-22. 6	22. 4
非洲	613. 1	349. 6	5 702. 5	9. 1	25. 3	14. 9
欧盟	404. 0	306. 1	7 576. 5	-3. 2	13. 8	17. 7
印度	210. 7	148. 2	7 034. 9	-17. 3	5. 5	27. 6
巴基斯坦	174. 4	85. 4	4 896. 0	-22. 7	-8. 0	19. 0
沙特阿拉伯	150. 1	78. 2	5 208. 4	-2. 7	16. 9	20. 2
阿联酋	135. 3	76. 0	5 618. 6	-4. 2	16. 2	21. 3
中国台湾	129. 8	105. 6	8 135. 7	-20. 4	-18. 5	2. 4

（五）江苏、山东、辽宁和河北出口位居前四

2018 年，江苏出口钢材 1 268. 2 万吨，同比减少 10. 4%；山东出口 1 050. 4 万吨，同比增加 9. 6%；辽宁出口 860. 8 万吨，同比减少 15. 2%；河北出口 676. 8 万吨，同比减少 33. 5%；上述四者合计占同期我国钢材出口总量的 55. 6%。同期，上海出口 445. 6 万吨，同比增加 20. 3%；广东出口 398. 5 万吨，同比增加 10. 2%（见表 4）。

表 4　2018 年我国钢材出口前 10 位省市统计表

省市	出口			同比（%）		
	数量（万吨）	金额（亿元）	均价（元/吨）	数量	金额	均价
江苏	1 268. 2	735. 8	5 801. 8	-10. 4	8. 8	21. 5
山东	1 050. 4	532. 8	5 072. 0	9. 6	20. 7	10. 1
辽宁	860. 8	384. 7	4 469. 7	-15. 2	0. 9	19. 0
河北	676. 8	331. 2	4 894. 0	-33. 5	-14. 3	28. 8
上海	445. 6	274. 4	6 158. 0	20. 3	26. 1	4. 8
广东	398. 5	260. 7	6 540. 8	10. 2	0. 6	-8. 7
浙江	394. 8	326. 6	8 272. 0	-14. 1	9. 5	27. 6
天津	310. 6	173. 2	5 577. 5	-22. 9	-6. 1	21. 8
北京	306. 8	190. 1	6 196. 0	-8. 5	6. 4	16. 3
内蒙古自治区	188. 1	77. 2	4 105. 3	25. 9	45. 2	15. 3

（六）出口近6成是钢铁板材，钢铁棒材出口降幅较深

2018年，我国出口钢铁板材4 022.7万吨，同比减少6.9%，占同期我国钢材出口总量的58%。同期，出口钢铁棒材1 275.2万吨，同比减少20.7%，占同期我国钢材出口总量的18.4%；出口角钢及型钢351.7万吨，同比增加2.4%，占同期我国钢材出口总量的5.1%（见表5）。

表5　2018年我国钢材出口主要品种统计表

商品名称	出口			同比（%）		
	数量（万吨）	金额（亿元）	均价（元/吨）	数量	金额	均价
钢铁板材	4 022.7	2 098.5	5 216.7	-6.9	5.1	12.9
钢铁棒材	1 275.2	560.5	4 395.3	-20.7	-2.2	23.3
角钢及型钢	351.7	159.8	4 543.0	2.4	19.4	16.6
钢铁线材	206.9	157.4	7 607.3	1.3	16.8	15.3
钢铁管配件	174.2	323.9	18 594.5	8.1	18.1	9.3

（七）出口企业集中度小幅下降

2018年，我国共有钢材出口记录的企业30 446家，比2017年增加1 802家，同比增长6.3%；其中前20家出口企业出口量合计占同期我国钢材出口总量的39.6%，出口企业集中度比2017年下降1个百分点。

二、2018年我国钢材出口量减少的主要原因

（一）国内钢铁需求增加，企业出口意愿不强

2018年，国内基建、房地产、制造业等领域用钢需求保持增长态势。2018年，全国固定资产投资63.6万亿，增长5.9%。其中，制造业投资增长9.5%；基础设施投资增长3.8%[①]。同期，全国房地产开发投资12.03万亿，增长9.5%[②]。2018年我国钢材需求量预计为8.2亿吨，同比增长12.6%[③]。下游需求旺盛带动钢价长期保持高位。以螺纹钢为例，2018年，中国钢铁行业吨钢毛利平均水平663元/吨，远高于2017年380元/吨的水平[④]。在丰厚的利润支撑下，钢铁生产企业倾向优先供应国内市场，出口意愿较低。

---

① 《2018年1~12月全国固定资产投资增长5.9%》，国家统计局，2019年1月21日。

② 《2018年1~12月全国房地产开发投资和销售情况》，国家统计局，2019年1月21日。

③ 《2018年我国钢铁行业分析：2019年我国钢材产需可能出现小幅双降》，前瞻产业研究院，2018年12月11日。

④ 《2018年中国钢铁行业发展现状与前景分析预测2019年三方面因素继续推动高质量前行》，前瞻网，2019年1月8日。

（二）美国征收钢铝特别关税引发连锁反应，抑制我国钢材出口

在美国对进口钢铝产品征收关税后，欧盟[①]、加拿大[②]、土耳其[③]等多个国家或地区陆续对进口钢铁制品出台限制措施。尤其是受对美出口配额限制影响，韩国部分原本出口美国的钢材转为在其国内销售，也对我国钢材出口韩国产生不利影响。此外，美国还对来自越南的使用中国基材的耐蚀钢产品和冷轧钢产品采取“双反”措施，阻碍我国钢材自越南转口贸易[④]。受上述因素影响，2018 年，我国对欧盟、韩国和越南出口钢材同比分别减少 3.2%、36.7%和 8.5%，从而拖累整体出口。

三、我国钢材出口的影响因素分析

（一）海外贸易摩擦频发，我国钢材出口贸易环境持续恶化

2018 年，钢铁行业仍是我国出口遭受贸易摩擦的“重灾区”。据不完全统计，2018 年全年，我国出口的钢材产品共遭受海外贸易调查、保障措施十多起，涉及产品包括耐腐蚀钢板、冷轧钢卷/板、不锈钢管、非钴制高速钢等，涉及美国、欧盟、加拿大、印度、土耳其等多个地区或国家[⑤]。同时，美国征收钢铝特别关税的影响仍在持续扩散。欧盟将自 2019 年 2 月开始，继续对超出 2015—2017 年平均进口量 105%的进口钢铁加征 25%的关税[⑥]。海外贸易壁垒层出不穷，导致我国钢材出口贸易环境持续恶化，加上近年来越南、印度等国钢铁产业快速崛起，我国钢铁企业出口空间不断被挤压，一定程度上减缓了我国企业开拓国际市场的步伐。

（二）国内钢铁市场转冷，钢材行业景气度有所下降

2018 年 10 月底以来，随着钢铁消费进入淡季，受环保限产力度不及预期及汽车等行业需求萎缩等因素影响，国内钢材产品价格快速走低。截至 2018 年 12 月 29 日，西本钢材价格指数为 4 020 点，为 2018 年 4 月 19 日以来的最低点，较 10 月末时的高点已下跌 18.3%[⑦]。2019 年，我国制造业和房地产等行业仍面临下行压力，用钢需求或有所放缓。冶金工业规划研究院预测 2019 年我国钢材需求量为 8 亿吨，同比下降 2.4%[⑧]。随着钢铁需求和钢价回落，钢铁生产企业利润下滑，行业景气度也明显下降。2018 年 12 月份，中国钢铁行业 PMI 为 42.4，钢铁生产连续两个月处于收缩状态[⑨]。

（三）钢材价格竞争力上升或将助推出口回暖

2018 年 11 月份开始国内整体钢价大幅下挫，钢铁企业出口 FOB 报价也随之出现大幅

---

① 《欧盟宣布对 23 类进口钢铁产品实施临时保障措施》，我的钢铁网，2018 年 7 月 19 日。
② 《加拿大政府针对钢铁产业发布新的保护性措施》，生意社，2018 年 10 月 12 日。
③ 《全球钢市继续调整弱行态势》，中国钢铁新闻网，2018 年 10 月 16 日。
④ 《美商务部封堵中国钢材越南转口贸易，影响量或不达 93 万吨》，我的钢铁网，2018 年 5 月 23 日。
⑤ 数据来源于中国贸易救济信息网。
⑥ 《欧盟将从 2 月开始对超出配额部分的进口钢铁产品征收 25%的关税》，钢之家，2019 年 1 月 7 日。
⑦ 《钢材指数》，西本新干线，2018 年 12 月 24 日。
⑧ 《2019 年我国钢材产需可能出现小幅双降》，中国产业经济信息网，2018 年 12 月 31 日。
⑨ 《Mysteel：12 月全国钢铁行业 PMI 小幅回升 终值 42.4%》，我的钢铁网，2019 年 1 月 1 日。

下跌。2019 年 1 月初，国内螺纹钢出口 FOB 报价在 475 美元/吨左右，热卷 FOB 报价在 490 美元/吨左右，Q235 方钢 FOB 报价在 466 美元/吨左右①。随着钢铁产品出口报价回落，在国际市场价格竞争力增强，外贸订单也出现回暖趋势。在国内下游需求放缓的背景下，钢厂出口意愿进一步加强。

（四）我国钢材在东盟市场面临激烈竞争

东盟是我国钢材第一大出口市场，2018 年我国出口东盟十国钢材达 2 400.3 万吨，占同期我国钢材出口总量的 34.6%。近年来，东盟各国不断增加钢铁产能，仅 2019 年马来西亚、越南和印度尼西亚就计划重启及新增约 1 910 万吨产能②。以越南为例，2018 年越南钢材产量同比增长 14.9%，达到 2 419 万吨，不仅提高了钢材自给率，而且加大了出口力度，同期进口减少 10%，出口增加 33%③。另一方面，俄罗斯、印度等国家也加大了对东盟市场的出口力度。2018 年俄罗斯对东南亚仅出口热轧卷板就达 159 万吨，同比增加 1.7 倍④。我国钢材在东盟市场面临的竞争压力日益增大。

四、我国钢材出口形势展望及对策建议

国内需求方面，2019 年我国经济仍处于新旧动能转换的重要阶段，从宏观经济运行和下游行业需求综合来看，我国的基建投资或将继续拉动钢材消费，但制造业对钢材的需求可能趋弱，总体预计 2019 年国内市场需求基本持平⑤。国际市场方面，全球经济增长面临下行风险，国际货币基金组织（IMF）将 2019 年全球经济增速预期下调至 3.5%，为 3 年来的最低点⑥；中美贸易摩擦形势趋于严峻；海外各国对钢铁产品的贸易调查和保护措施仍持续不断，我国钢材出口的外部环境较为复杂。《Mysteel 参考》作出的 2019 年全球主要地区的钢材需求预估显示，受全球经济增长速率减慢，以及各地区政策变化等影响，全球钢铁需求呈稳步上升趋势，但上升速率有所下降⑦。

为此建议：一是加强对钢材出口的监测预警，关注国际贸易摩擦及各国贸易政策动向，引导企业依照世界贸易组织规则，积极通过对话磋商妥善处理贸易争端，维护正当利益；二是继续深化供给侧结构性改革，采用市场化、法治化手段，从金融扶持、完善标准、引导消费等多维度出发，清理整顿违法、违规钢铁产能，坚决控制新增产能。

---

① 《Mysteel：12 月全国钢铁行业 PMI 小幅回升 终值 42.4%》，我的钢铁网，2019 年 1 月 1 日。
② 《东南亚钢市出现新竞争者，中国钢厂的定价权正面临挑战》，界面新闻，2019 年 3 月 21 日。
③ 《产量大幅上涨 越南钢铁业或将影响全球市场》，新浪财经，2019 年 3 月 12 日。
④ 《东南亚钢市出现新竞争者，中国钢厂的定价权正面临挑战》，界面新闻，2019 年 3 月 21 日。
⑤ 《2019 年钢铁供求与产业格局展望》，我的钢铁网，2019 年 3 月 5 日。
⑥ 《IMF 预计今年全球经济增速为 3 年最低 因欧洲经济放缓》，新浪财经，2019 年 1 月 21 日。
⑦ 《国际钢材市场需求增长减缓 价格弱势震荡运行》，我的钢铁网，2019 年 5 月 28 日。

2018 年我国太阳能电池出口年度报告

2018 年全球光伏市场呈现稳定发展态势，全年新增装机容量为 99. 8GW（吉瓦）。国内光伏市场受到“531”政策的影响，新增装机量由 2017 年的 53GW 降至 45GW，但仍为全球最大的光伏市场①。国际市场方面，受到印度市场需求放缓及美国市场贸易壁垒持续发酵等因素的影响，我国光伏产品的出口难度加大，但在拉丁美洲、东盟等新兴市场的带动下，再加上欧盟对我国光伏产品的“双反”和最低限价措施到期取消②，2018 年我国太阳能电池出口整体仍保持迅速增长态势，出口值达到 894. 5 亿元，同比增长 16. 6%。

一、2018 年我国太阳能电池出口的主要特点

（一）月度出口规模持续震荡攀升

2018 年，我国太阳能电池月度出口保持震荡上扬态势，8、9 两月突破 80 亿元关口后，11 月再度攀升至 2015 年 10 月以来的最高点即 84 亿元，12 月份出口值小幅回调至 81. 9 亿元，同比增长 12. 9%，环比下降 2. 6%（见图 1）。

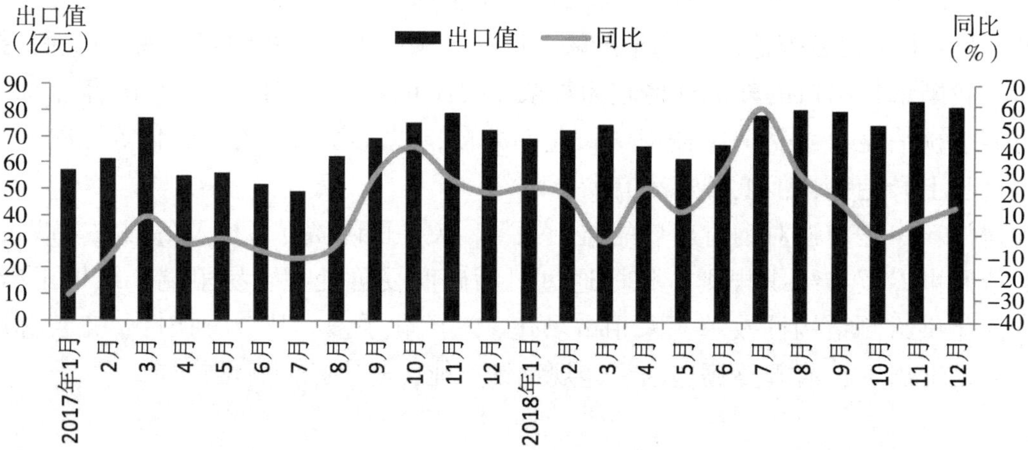

图 1　2017 年 1 月～2018 年 12 月我国太阳能电池出口月度趋势统计图

（二）近 9 成以一般贸易方式出口，对外承包工程出口货物方式出口大幅增长

2018 年，我国以一般贸易方式出口太阳能电池 783. 2 亿元，同比增长 26. 1%，占当年我国太阳能电池出口总值的 87. 6%；以加工贸易方式出口 73. 4 亿元，同比下降 43. 6%；以对外承包工程出口货物方式出口 27. 7 亿元，同比增长 6. 9 倍。

---

① 《深度：全球光伏市场报告 2019》，太阳能光伏网，2019 年 4 月 29 日。

② 《生意社：2018 年多晶硅光伏产业反倾销政策盘点》，生意社，2018 年 12 月 24 日。

（三）对拉丁美洲、澳大利亚和欧盟出口增长明显，对印度和日本出口下降

2018 年，我国对拉丁美洲、澳大利亚和欧盟分别出口太阳能电池 160.9 亿元、84.1 亿元和 81.6 亿元，同比分别增长 68.2%、86.3%和 99.7%；对印度和日本分别出口 143.9 亿元和 119.7 亿元，同比分别下降 37%和 14.5%；上述五者合计出口量占当年我国太阳能电池出口总值的 66%（见表 1）。

表 1　2018 年我国太阳能电池主要出口市场统计表

主要出口市场	出口值（亿元）	同比（%）	占比（%）
拉丁美洲	160.9	68.2	18.0
其中：墨西哥	81.0	115.6	9.1
印度	143.9	-37.0	16.1
日本	119.7	-14.5	13.4
澳大利亚	84.1	86.3	9.4
欧盟（28 国）	81.6	99.7	9.1
东盟（10 国）	67.6	175.0	7.6
其中：越南	31.9	604.8	3.6

（四）近 5 成是外商投资企业出口，民营企业出口保持较快速度增长

2018 年，我国外商投资企业出口太阳能电池 445.4 亿元，同比增长 0.7%，占当年我国太阳能电池出口总值的 49.8%；民营企业出口 385.8 亿元，同比增长 31.1%，占当年我国太阳能电池出口总值的 43.1%；国有企业出口 63.1 亿元，同比增长 1.1 倍。

（五）江苏、浙江的出口合计占比超过 5 成

2018 年，江苏出口太阳能电池 313.5 亿元，同比微增 1%；浙江出口 194.9 亿元，同比增长 38%；两者合计占当年我国太阳能电池出口总值的 56.8%。同期，江西出口 81.6 亿元，同比增长 14.3%；上海出口 62.1 亿元，同比下降 12.2%（见图 2）。

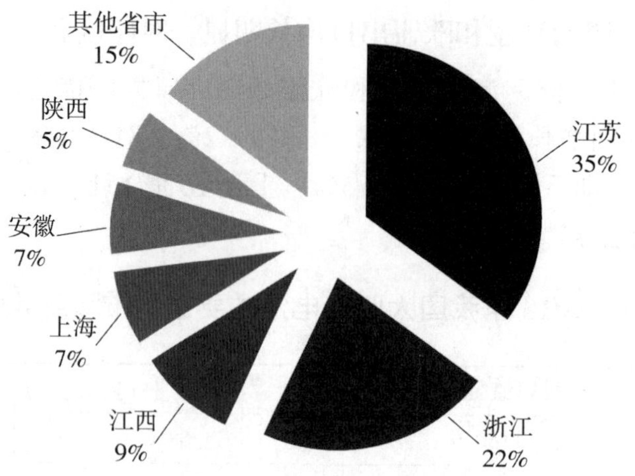

图 2　2018 年我国太阳能电池出口省市占比统计图

（六）出口企业数量明显增加，集中度有所下降

2018 年，我国有太阳能电池出口记录的企业共有 3 748 家，比 2017 年增加 538 家。其中，出口值排名前 20 位的企业合计出口太阳能电池 559. 8 亿元，占当年我国太阳能电池出口总值的 62. 6%，出口集中度比 2017 年下降 4. 1 个百分点。

二、2018 年我国电池出口保持增长的主要原因

（一）新兴市场需求扩张及对欧光伏贸易恢复正常，带动出口增长

近年来，各新兴市场纷纷制定光伏发展目标，带动光伏市场加速发展。其中，墨西哥确立了新能源发展的目标，并于 2018 年 6 月取消了 15%光伏组件进口关税①；澳大利亚新增光伏装机量也将在 2017 年 1 336MW（兆瓦）的基础上升至 2018 年的 3 880MW，且目前尚有共计 22. 6GW 的项目处于规划之中。与此同时，欧盟对华光伏产品“双反”措施于 2018 年 9 月 3 日到期终止②。受此影响，欧洲市场组件的价格快速下降 30%，高性价比中国产品刺激需求复苏③，2018 年欧盟新增光伏装机容量同比增长 36%④。国内企业对上述市场出口光伏产品大幅升温，带动我国太阳能电池出口整体增长。

（二）太阳能组件价格持续走低，拉动光伏市场迅速发展

2018 年以来光伏供应链产品价格持续下降，尤其是“531”政策发布后，光伏产品价格均快速下跌。其中，多晶电池从 1. 42 元/瓦降到 0. 89 元/瓦，单晶电池从 1. 68 元/瓦降到 0. 98 元/瓦，降幅分别为 37. 3%和 41. 7%；常规多晶组件从 2. 61 元/瓦降到 1. 86 元/瓦，常规单晶组件从 2. 64 元/瓦降到 1. 93 元/瓦，降幅分别为 28. 7%和 26. 9%⑤。国内市场太阳

---

① 《5 大权威机构预测+七大政策、市场分析：海外市场将成光伏新增长极》，新能源网，2018 年 12 月 12 日。

② 《40 国光伏装机量预测：2019 第一季度，全球累计光伏装机将超 500GW》，能源新闻网，2018 年 12 月 28 日。

③ 《【国金海外】光伏海外装机的短期需求》，搜狐网，2019 年 1 月 19 日。

④ 《2018 增长 36%，装机容量 11GW，欧洲光伏市场引起新热潮》，索比光伏网，2019 年 2 月 26 日。

⑤ 《2018 年光伏行业的“加减法”——这一年，光伏，值得》，世纪新能源网，2019 年 1 月 2 日。

能电池价格的下跌也带动全球市场价格的走低，70%左右的国家和地区，光伏发电的成本已经低于传统能源的发电[①]，拉动全球光伏市场的快速扩大。

（三）对东盟承包工程出口猛增，助推出口增长

“531”政策落地后，国内市场规模萎缩，我国光伏对外承包工程进入快速发展阶段，特别是在“一带一路”倡议的带动下，东盟成为我国光伏产能的重要承接地。2018年我国以对外承包工程出口货物方式出口太阳能电池同比增长6.9倍，对我国太阳能电池出口的增长贡献率达到19%。

三、我国太阳能电池出口的影响因素分析

（一）多元化的市场布局是拉动我国太阳能电池出口增长的重要动力

在政策鼓励与供应链价格持续下降的影响下，2018年新增装机容量为99.8 GW，其中10个国家成为GW级光伏市场[②]。美国和印度以外的南美洲、非洲、亚欧大陆及中东地区等新兴市场表现出较大发展潜力。2018年，南美洲光伏装机量从3.4GW增长至5.4GW，非洲地区从3.7GW增长至5.1GW，欧亚大陆从3.6GW增长至5.6GW，中东地区从2.1GW增长至3GW，累计新增6.4GW，增长率达到50%。其中，墨西哥和巴西的光伏装机量则实现倍增[③]。再加上欧盟对我国光伏的“双反”和最低限价措施到期取消[④]，欧盟市场需求快速增加，2018年新增光伏装机量同比增长36%[⑤]。新兴市场发展和欧洲市场的复苏，在加上我国光伏企业多元化市场的布局，成为拉动我国太阳能电池出口保持增长的重要动力。

（二）受贸易壁垒及政策的影响，对印度出口进一步缩减

2018年，印度市场受招标和拍卖活动放缓，保护性关税、消费税税率不明确，土地以及电力输送等问题影响，印度的太阳能电池需求开始下降。2018年，印度太阳能行业的投资总额约为98亿美元，较2017年下降近15%[⑥]。另外，2018年12月11日，印度新能源和可再生能源部（MNRE）印发备忘录，要求在可再生能源领域实施政府采购和公共采购时，应优先考虑“印度制造”产品[⑦]。印度大部分的光伏装机项目都由中央或各邦政府所规划，此项政策或对我国光伏组件对印度的出口形成负面冲击。

（三）关税政策不断变化，对美国出口难度增加

2018年1月22日，美国确认通过“201法案”，将对光伏电池片组件在既有反倾销与反补贴税率基础上增加30%的关税，未来4年每年递减5%。6月15日，美国在已经批准了的“301案”下818条产品线清单中，又加入了另外284条产品线，这意味着将有更大

① 《隆基股份刘晓东：全球七成地区光伏发电成本已低于当地传统能源发电》，世纪新能源网，2019年3月29日。

② 《深度：全球光伏市场报告2019》，太阳能光伏网，2019年4月29日。

③ 《2018光伏市场分析：亚洲地区成装机王者》，北极星太阳能光伏网，2019年4月3日。

④ 《生意社：2018年多晶硅光伏产业反倾销政策盘点》，生意社，2018年12月24日。

⑤ 《2018增长36%，装机容量11GW，欧洲光伏市场引起新热潮》，太阳能光伏网，2019年2月26日。

⑥ 《2018年印度太阳能投资同比下降15%至98亿美元》，北极星太阳能光伏网，2019年4月22日。

⑦ 《光伏新政！无印度本土产能的中国公司都将受影响》，北极星太阳能光伏网，2018年12月17日。

范围的太阳能电池和组件可能被加征25%的关税[①]。2019年2月8日，美国国际贸易委员会对进口自中国的晶体硅光伏电池作出第一次“双反”日落复审，裁定“双反”措施继续有效[②]。2019年4月4日，美国国际贸易委员会决定对中国部分企业的光伏电池片及其下游产品发起“337调查”[③]。频发的贸易壁垒和关税，直接增加了我国对美太阳能电池出口的难度和成本。与此同时，美国本土的太阳能组件的产量不断提高，2019年，First Solar的组件出货量将增长1倍大约至5.4GW~5.6GW[④]。出口成本的提高以及美国本土企业产量的提高，不断加大我国光伏产品对美出口难度。

（四）国家政策加快光伏行业转型升级

伴随着“531”政策的落地，光伏产业经历了一轮“洗牌”，部分中小光伏企业关停，大型光伏企业则继续扩张。以江苏为例，2018年江苏有200家以上的光伏相关企业停业，但具有高效电池产能的厂家则在第四季度出现供不应求景象[⑤]。政策落地加快光伏行业的整合，同时提升行业发展效益，2018年我国光伏发电新增装机量有所减少，但太阳能发电量同比增长50.8%，弃光率下降2.8个百分点[⑥]，光伏产业正在迈向高质量发展。此外，中国光伏企业还加快了海外布局。已经有超过20家光伏企业通过合资、并购、投资等方式在海外布局产能，配套产品在海外布局也开始增多，海外基地的产业配套能力在逐渐增强[⑦]。

四、我国太阳能电池出口形势展望及相关对策建议

在政策鼓励的影响下，2019年全球光伏市场需求预计仍将保持增长，预计新增并网量将达到111.3GW，增速为7.7%，GW级市场将增加至15个，东南亚、北非、中东、拉丁美洲等新兴市场将继续保持较快增长[⑧]。以越南为例，2019年越南的新增装机量将达到900MW[⑨]，特别是在“一带一路”倡议的带动下，越南已经成为我国光伏产能的重要承接地。另外，欧盟的光伏市场将继续保持快速增长态势，2019年欧洲光伏市场将成为支撑太阳能电池出口的重要市场，到2022年欧洲光伏累计装机量将达到182 GW[⑩]。值得关注的是，2019年4月4日，美国国际贸易委员决定对我国部分企业的光伏电池片及其下游产品发起337调查[⑪]。虽然此次涉及的专利——太阳能电池背面钝化技术，在业内并非垄断性技术，但如果337调查最终采用了普遍排除令，将影响所有上马钝化发射极背面接触电池

---

① 《经历那么多波动，风电、光伏，2018年你过得如何》，中国经济新闻网，2019年1月2日。

② 《美国国际贸易委员会对华晶体硅光伏电池作出第一次“双反”日落复审产业损害终裁》，北极星太阳能光伏网，2019年2月13日。

③ 《美将对华光伏电池发起337调查 中方回应望客观公平公正》，电缆网，2019年4月12日。

④ 《First Solar展开全球扩张 2019组件出货量预计5.4~5.6GW》，北极星太阳能光伏网，2019年2月26日。

⑤ 《2019年的中国光伏，更残酷，也更值得期待》，华润光伏网，2019年1月2日。

⑥ 《<2018中国能源发展报告>发布，光伏消纳有了新目标》，索比光伏网，2019年4月30日。

⑦ 《政策一发威光伏行业抖三抖“一束光”的蛰伏》，新浪财经网，2018年12月28日。

⑧ 《2019年光伏五大趋势：需求再创新高 GW级市场将达15个》，北极星太阳能光伏网，2018年12月28日。

⑨ 《不畏浮云遮望眼 2019年全球太阳能光伏行业发展十大趋势》，索比光伏网，2019年2月24日。

⑩ 《欧洲光伏市场回暖 但是其光伏制造业能否复兴?》，世纪新能源网，2019年3月27日。

⑪ 《美将对华光伏电池发起“337调查”中方回应望客观公平公正》，电缆网，2019年4月12日。

（PERC）产能的中国光伏企业，同时还可能直接影响相关产品在其他市场的销售[①]。

为此建议：一是加强对重点市场贸易摩擦的监测预警，及时提示风险，并积极鼓励企业应诉，减少贸易摩擦对进出口的影响；二是支持并引导企业加快在全球市场的布局，针对中东、北非等起步较晚的光伏市场，通过对外合作项目、金融机构定制产品，降低企业市场开拓难度，同时充分发挥“一带一路”倡议的利好措施，加快对新兴市场的开拓；三是进一步加大对企业技术研发的政策、资金及技术支持，在核心技术方面积累自主知识产权，鼓励企业进行全球专利申请，确保参与市场竞争所必须的知识产权，提高产品市场竞争力的同时，规避知识产权诉讼的风险。

① 《隆基股份净利润下滑 28% 又将遭美国“337 调查”》，东方财富网，2019 年 4 月 9 日。

2018 年我国汽车进出口年度报告

据海关统计，2018 年，我国累计进出口汽车 228.1 万辆，同比微增 0.5%；价值 4 303.1亿元人民币，同比微降 0.4%，但进口、出口走势出现分化。其中，进口汽车 113.5 万辆，同比由 2017 年的增加 15.7%逆转为减少 8.5%，价值 3 331.4 亿元，同比下降 2.7%；出口量继 2017 年之后再创历史新高，达 114.6 万辆，同比增加 11.3%，价值 971.7 亿元，同比增长 8.3%（见图 1）。

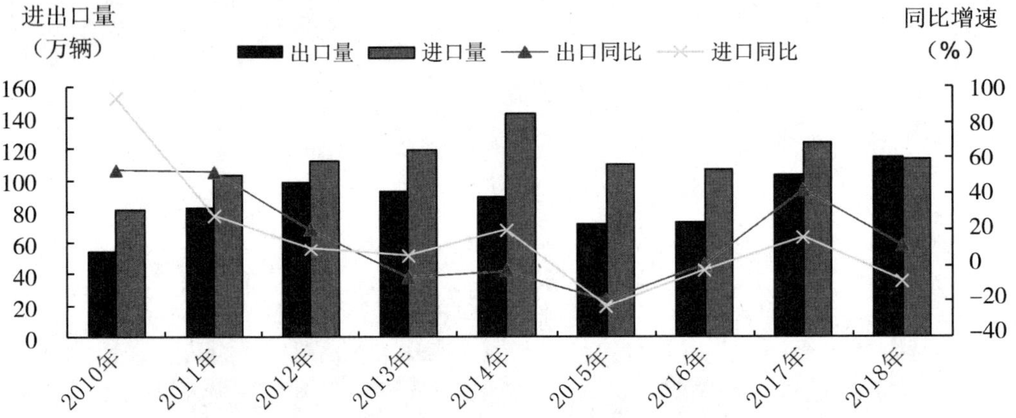

图 1　2010—2018 年我国汽车进出口年度统计图

一、2018 年我国汽车进出口的主要特点

（一）单月出口量呈先扬后抑走势，进口全年仅 4 个单月实现正增长

2018 年，我国汽车单月出口量总体呈现先扬后抑走势，前 10 个月出口量连续保持同比增加，11 月份起由增转减，12 月份出口 9.2 万辆，同比减少 12.7%，环比增加 8.7%。汽车进口全年保持同比增加的月份仅 4 个，其中 7 月份受我国下调汽车整车进口关税政策的影响，前期累积的进口需求集中释放，单月进口量创下 16.5 万辆的历史新高，9 月份起单月进口量连续 4 个月呈同比 2 位数减少，至 12 月份进口 7.9 万辆，同比减少 25.8%，环比减少 19.9%（见图 2）。

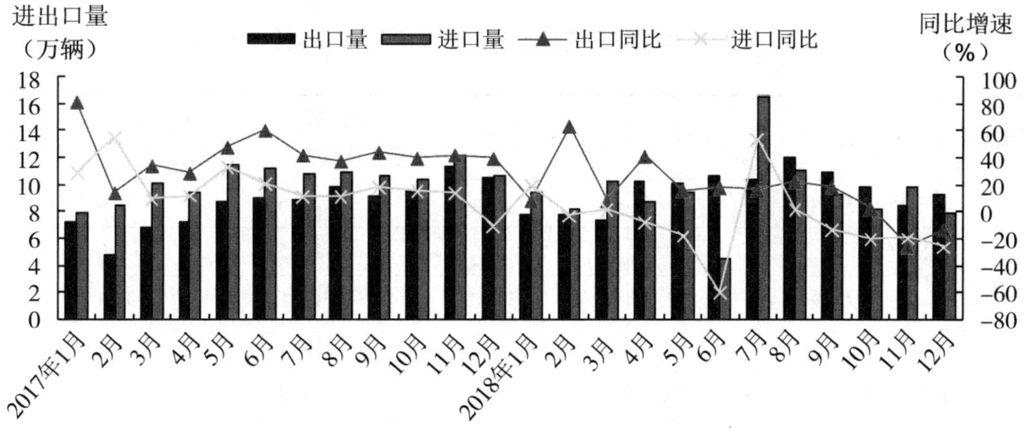

图 2　2017—2018 年我国汽车单月进出口量及同比统计图

（二）一般贸易方式进出口占主导地位，海关特殊监管区域物流货物方式进口增加

2018 年，我国以一般贸易方式进出口汽车 197. 8 万辆，同比由 2017 年的增加 21. 3%转为减少 0. 7%，占当年我国汽车进出口总量的 86. 7%。其中，以一般贸易方式进口 99. 3 万辆，同比减少 11. 1%，占当年我国汽车进口总量的 87. 5%；以一般贸易方式出口 98. 5 万辆，同比增加 12. 6%，占当年我国汽车出口总量的 85. 9%。同期，以加工贸易方式出口 14. 9 万辆，同比增加 14. 4%；以海关特殊监管区域物流货物方式进口 13. 9 万辆，同比增加 15. 4%（见表 1）。

表 1　2018 年我国汽车进出口主要贸易方式统计表

主要贸易方式	出口			进口		
	数量（万辆）	同比（%）	比重（%）	数量（万辆）	同比（%）	比重（%）
一般贸易	98. 5	12. 6	85. 9	99. 3	-11. 1	87. 5
加工贸易	14. 9	14. 4	13. 0	0. 0	6. 0	0. 0
边境小额贸易	0. 1	-79. 4	0. 1	0. 0	-76. 9	0. 0
对外承包工程出口货物	0. 4	-7. 3	0. 3	—	—	—
海关特殊监管区域物流货物	0. 2	-81. 9	0. 2	13. 9	15. 4	12. 3

（三）自美国进口大幅减少，伊朗继续保持我国汽车最大出口市场地位

2018 年，我国自欧盟进口汽车 56. 5 万辆，同比增加 0. 4%；其中，自欧盟进口小轿车 34. 4 万辆，同比增加 6. 5%。同期，自日本进口汽车 32. 7 万辆，同比减少 5. 4%，其中，小轿车和小客车进口量同比分别增加 3. 5%和 21. 7%；自美国进口汽车 20 万辆，同比减少 28. 7%，其中，进口越野车 13. 2 万辆，同比减少 14. 2%。自上述 3 大来源地合计进口量占我国汽车进口总量的比重由 2017 年的 95. 9%上升至 96. 3%。此外，自墨西哥和加拿大同比分别进口 1. 9 万辆和 1. 3 万辆，分别减少 4. 9%和 4. 6%（见表 2）。

表 2　2018 年我国主要进口市场汽车车型统计表

主要进口市场	单位	总计	小轿车	四轮驱动轻型越野车	小客车（9 座及以下）	货车
欧盟	进口量（万辆）	56.5	34.4	15.6	5.4	0.7
	同比（%）	0.4	6.5	-10.5	-12.0	119.5
日本	进口量（万辆）	32.7	9.2	15.1	8.4	0.0
	同比（%）	-5.4	3.5	-19.1	21.7	-81.7
美国	进口量（万辆）	20.0	3.0	13.2	3.0	0.6
	同比（%）	-28.7	-26.0	-14.2	-61.1	2.0

同期，我国对伊朗出口汽车 19.2 万辆，同比减少 22.7%，占当年我国汽车出口总量的 16.8%，比重下滑 7.4 个百分点，继续保持我国汽车最大出口市场地位。同期，对非洲出口 12.3 万辆，同比由 2017 年的减少 19.6%转为增加 72.8%，占当年我国汽车出口总量的 10.8%；对墨西哥、美国和欧盟分别出口 11 万辆、6.7 万辆和 3.6 万辆，同比分别增加 83%、26.7%和 56.9%。此外，对孟加拉国和印度分别出口 10.5 万辆和 4.5 万辆，同比分别增加 24%和 23.7%；对东盟出口 9.2 万辆，同比减少 17.9%（见表 3）。

表 3　2018 年我国汽车主要出口市场统计表

主要出口市场	2018 年		2017 年	
	出口量（万辆）	同比（%）	出口量（万辆）	同比（%）
伊朗	19.2	-22.7	24.9	59.2
非洲	12.3	72.8	7.1	-19.6
其中：埃及	4.4	112.8	2.1	-53.3
墨西哥	11.0	83.0	6.0	694.3
孟加拉国	10.5	24.0	8.4	867.4
东盟	9.2	-17.9	11.2	6.4
其中：越南	3.7	-30.3	5.3	1.1
智利	7.5	21.2	6.2	54.4
美国	6.7	26.7	5.3	-1.2
印度	4.5	23.7	3.7	55.4
厄瓜多尔	3.7	52.8	2.4	235.8
欧盟	3.6	56.9	2.3	85.7
其中：英国	1.4	144.1	0.6	15.4

（四）外商投资企业进口占逾 8 成，民营企业出口量居首位

2018 年，我国外商投资企业进出口汽车 122.4 万辆，同比减少 5.1%，占当年我国汽车进出口总量的53.7%。其中，进口91.5万辆，同比减少10.6%，占当年我国汽车进口总量的80.6%；出口30.9万辆，同比增加15.9%。同期，民营企业进出口53.5万辆，同比增加13.9%，占当年我国汽车进出口总量的23.5%。其中，进口10.3万辆，同比增加6.2%；出口43.2万辆，同比增加15.9%，占当年我国汽车出口总量的37.7%。此外，国有企业进出口汽车51.9万辆，同比增加2.2%。其中，进口11.5万辆，同比减少2.2%；出口40.4万辆，同比增加3.5%（见图3）。

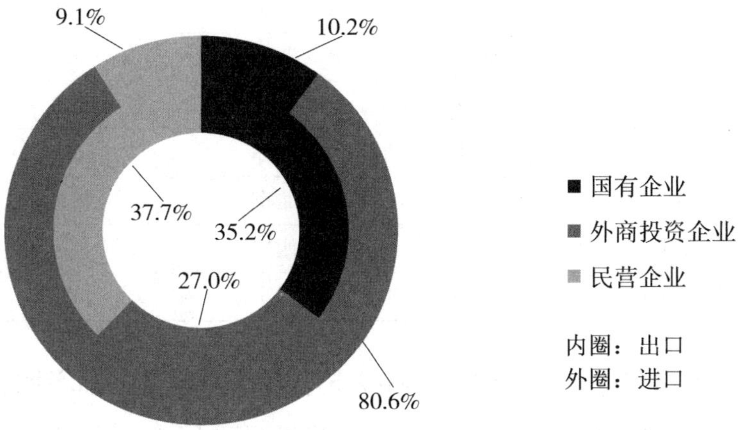

图3　2018年我国汽车进出口主要企业类型统计图

（五）进口企业集中度达近9成，出口企业数量增加集中度下滑

2018年，我国有汽车进口记录的企业共923家，减少61家，进口企业高度集中，前20位企业合计进口量占我国汽车进口总量的比重由2017年的86.7%提升至87.7%。

同期，我国有汽车出口记录的企业共1 980家，增加151家。其中，出口量前20位企业合计出口73万辆，占我国汽车出口总量的比重由2017年的65.1%下滑至63.7%；出口量少于百辆的企业数量为1 722家，增加178家，占我国汽车出口企业总数量的比重由2017年的84.4%上升至87%，合计出口1.8万辆，仅占当年我国汽车出口总量的1.6%。

（六）北京进口占据半壁江山，山东超越安徽成最大出口省

2018年，北京进口汽车59.8万辆，同比减少4.5%，占当年我国汽车进口总量的52.7%，继续保持我国汽车最大进口省市地位；上海进口22.6万辆，同比减少16%；天津进口16.9万辆，同比减少4.7%；上述3省市合计占我国汽车进口总量的比重由2017年的86.5%提升至87.4%。

同期，山东出口汽车16.3万辆，同比增加31.3%，占我国汽车出口总量的比重由2017年的12.1%提升至14.2%，超越安徽成为我国汽车最大出口省市；安徽出口14.8万辆，同比增加7.1%；上海出口10.3万辆，同比增加43.6%；上述3省市合计占我国汽车出口总量的比重由2017年的32.4%提升至36.1%。此外，重庆出口8.6万辆，同比增加10.3%；浙江出口8万辆，同比增加26.1%（见表4）。

表 4　2018 年我国汽车进出口前 10 大省市统计表

主要进口省市	进口量（万辆）	同比（%）	主要出口省市	出口量（万辆）	同比（%）
北京	59.8	-4.5	山东	16.3	31.3
上海	22.6	-16.0	安徽	14.8	7.1
天津	16.9	-4.7	上海	10.3	43.6
吉林	6.1	32.1	重庆	8.6	10.3
四川	2.4	-56.5	浙江	8.0	26.1
辽宁	1.1	-0.8	河北	6.9	22.5
浙江	1.0	46.0	江苏	6.5	4.4
福建	0.8	-39.0	北京	6.4	27.8
广东	0.6	-20.4	四川	4.4	281.6
江苏	0.6	-20.5	辽宁	4.2	-27.6

（七）中等排量乘用车进口超 7 成，9 座以下小客车出口量大幅增加

2018 年，我国进口排量在 1.5 升~3 升的中等排量乘用车（包括小轿车、越野车、小客车和其他主要用于载人的机动车，下同）86 万辆，同比减少 11.8%，占当年我国汽车进口总量的比重由 2017 年的 78.7%下滑至 75.8%。同期，进口排量在 3 升以上的大排量乘用车 15.7 万辆，同比增加 15.6%，占当年我国汽车进口总量的 13.8%，比重提升 2.8 个百分点。此外，进口排量 1.5 升及以下的小排量乘用车 7.9 万辆，同比减少 13.4%，占当年我国汽车进口总量的 6.9%。

同期，我国出口小轿车 65.2 万辆，同比增加 6.4%，占当年我国汽车出口总量的 56.9%，为最主要出口车型，出口平均价格为每辆 4.8 万元，同比下跌 13.9%。其中，出口排量在 1 升~1.5 升的汽油小轿车 30.8 万辆，同比增加 10%，出口平均价格为每辆 5.3 万元，同比上涨 4.2%；出口排量在 1.5 升~2 升的汽油小轿车 18 万辆，同比减少 10.9%，出口平均价格为每辆 6 万元，同比下跌 23.6%。出口货车 20 万辆，同比减少 2.4%，占我国汽车出口总量的比重由 2017 年的 19.9%下滑至 17.5%。其中，出口 5 吨以下汽油货车 8.3 万辆，同比增加 60.8%，出口平均价格为每辆 3.7 万元，同比下跌 8%。此外，出口 9 座以下的小客车 14.6 万辆，同比大幅增加 51.9%。其中，排量在 1 升~1.5 升和 1.5 升~2 升的汽油小客车分别出口 5.9 万辆和 4.8 万辆，同比分别增加 86.3%和 62.4%（见图 4）。

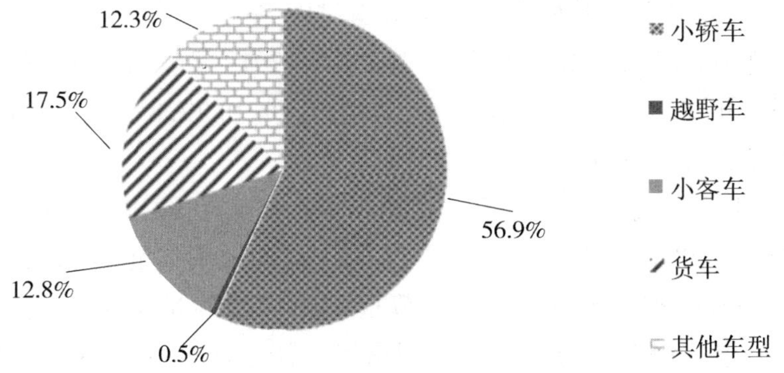

图 4　2018 年我国汽车出口主要车型统计图

二、2018 年我国汽车进口减少、出口增加的主要原因

（一）进口量同比减少的主要原因

1. 我国对原产自美国的汽车加征进口关税，自美进口大幅减少。作为对美方挑起贸易战的必要反击，我国在 2018 年 7 月 6 日、8 月 9 日和 9 月 24 日，先后 3 次对原产于美国的 340 亿美元、160 亿美元和 600 亿美元进口商品加征关税，涵盖了我国自美进口的全部汽车税号。截至 2018 年底，原产于美国的乘用车进口关税高达 40%，而 7 月 1 日关税下调后我国自欧盟、日本等其他主要来源地进口乘用车的关税仅为 15%。关税增加直接推高进口成本，与欧盟、日本同等车型相比美产车已无价格竞争优势，自美汽车进口出现明显减少。2018 年我国自美进口汽车 20 万辆，同比减少 28. 7%，对当年我国汽车进口总量减少的贡献率高达 76. 6%。

2. 国内车市销售低迷，库存压力加大致进口需求减缓。据中国汽车工业协会统计，2018 年我国汽车产销量分别完成 2 780. 9 万辆和 2 808. 1 万辆，虽连续 10 年蝉联全球第一，但与 2017 年比分别下降 4. 2%和 2. 8%[①]，这是 1990 年以来我国汽车产销量首次出现年度负增长，其中 7 月份以来我国汽车销售连续出现下降[②]。12 月，我国汽车消费依旧低迷，消费指数为 65. 9[③]，当月我国汽车经销商库存预警指数为 66. 1%，同比上升 18. 3 个百分点，位于警戒线之上[④]。2018 年国内车市整体低迷，消费者观望情绪浓厚，库存高企致使企业进口动力不足。

（二）出口量保持同比增加的主要原因

1. 自主品牌加速全球布局，开拓拉美、非洲市场成效显著。近年来国内车市竞争激烈，自主品牌车企加快了对非洲、拉美等海外市场的开拓布局，在当地市场份额逐步提升。例如，奇瑞已在北非建立了 100 多家销售及服务网点，客户保有量近 20 万[⑤]；智利汽车协

① 《2018 年汽车工业经济运行情况》，中国汽车工业协会官网，2019 年 1 月 14 日。
② 《汽车月产销量四连跌，自主汽车品牌谁将成为第一个淘汰者》，盖世汽车网，2018 年 11 月 12 日。
③ 《消费需求低迷 2018 年 12 月份汽车消费指数为 65. 9》，汽车经济网，2019 年 1 月 4 日。
④ 《2018 年全年汽车经销商库存预警指数在警戒线之上》，新京报，2019 年 1 月 3 日。
⑤ 《深耕一带一路 奇瑞在突尼斯表现获央视关注》，车讯网，2018 年 2 月 28 日。

会数据显示，2018 年上半年中国制造汽车首次超过韩系、日系车位居智利车市销量榜首[①]；前 8 个月，中国汽车在厄瓜多尔销量增长了 103%[②]。2018 年，我国对拉丁美洲和非洲分别出口汽车 34.8 万辆和 12.3 万辆，同比分别增加 29.9%和 72.8%，二者合计对当年我国汽车出口总量增加的贡献率达 1.1 倍。

2. 国内汽车工业日趋成熟，合资产品批量出口。随着我国汽车制造业成熟度的提升和综合比较优势的凸显，2018 年国产合资品牌汽车开始批量销往北美和欧洲市场。例如，国内生产的雪佛兰系列赛欧和科沃兹、本田锋范批量出口墨西哥市场；上汽通用别克昂科威和凯迪拉克 CT-6 插电式混合动力车出口美国市场；沃尔沃 S60、S90、XC60 出口欧洲、美国市场；华晨宝马返销欧洲。2018 年，我国对墨西哥、美国和欧盟分别出口汽车 11 万辆、6.7 万辆和 3.6 万辆，同比分别增加 83%、26.7%和 56.9%，三者合计对当年我国汽车出口总量增加的贡献率为 66.3%。

3. 孟加拉国、印度等南亚市场电动载人车需求旺盛，相关产品出口较快增加。受经济发展水平和落后道路交通建设限制，身形小巧、操作方便的电动载人车在孟加拉国、印度等南亚国家广泛普及，孟加拉国首都达卡更被称为“三轮车之都”。2018 年，我国对孟加拉国和印度分别出口汽车 10.5 万辆和 4.5 万辆（其中 90%以上为均价 5 000 元以下的电动载人车），同比分别增加 24%和 23.7%，二者合计对当年我国汽车出口总量增加的贡献率为 24.9%。

三、我国汽车进出口的影响因素分析

（一）研发支出与跨国车企仍有较大差距，自主品牌创新能力亟待增强

根据普华永道发布的《2018 全球创新 1 000 强研究》显示，2018 财年我国汽车企业研发支出最多的为上汽集团，投入资金 17 亿美元，但研发强度（销售收入用于研发支出的百分比）仅为 1.3%，远低于同期国际主要车企水平。例如，2018 财年大众的研发支出与研发强度分别达到了 158 亿美元和 5.7%，主要投资领域为人工智能、车联网；丰田为 100 亿美元和 3.9%；福特为 80 亿美元和 5.1%[③]。研发投入不足极大制约我国汽车产业自主创新能力的有效提升，不利于自主品牌汽车对海外市场的开拓。

（二）中美贸易摩擦持续升级，对外资企业在华增资设厂规划带来长远影响

从 2018 年美方发布的对我国“340 亿”“160 亿”及“2 000 亿”征税清单来看，传统汽车、混合动力汽车、电动汽车及汽车零配件均在清单之列，贸易战对我国汽车及零配件对美出口以及外资企业在华增资设厂规划带来长远影响。为规避中美贸易摩擦带来的额外关税影响，沃尔沃汽车表示将调整生产计划，将目前在华生产并销往美国的 XC60 车型转移至欧洲，在美国的生产线预计于 2019 年投产[④]。通用汽车原计划 2018 年下半年新增创酷

---

① 《2018 年长安汽车出口量达 4.4 万辆》，渝北时报，2019 年 1 月 21 日。

② 《2018 年 1~8 月中国汽车在厄瓜多尔销售量增长 103%》，商务部，2018 年 10 月 16 日。

③ 《The 2018 Global Innovation 1 000 study》，普华永道，2018 年 11 月 1 日。

④ 《为降低进口关税影响 沃尔沃继续调整生产计划》，盖世汽车网，2018 年 11 月 9 日。

及昂科拉出口美国市场，福特汽车原计划在2019年将在华生产的福克斯返销美国市场，现已基本放弃该计划。2019年国产合资汽车批量返销发达市场趋势或将受到影响。

（三）进博会“6天+365天”常设交易平台，展会辐射效应有望提振汽车进口

2018年11月5日，首届中国国际进口博览会（以下简称“进博会”）在上海国家会展中心正式开幕，共有来自全球17个国家和地区的近70家汽车前来参展，其中包括进口整车公司约20余家，进口零部件公司40多家①。按1年计，进博会汽车展区累计成交119.9亿美元②。此后，上海特别搭建进博会“6天+365天”常年展示交易平台。作为中国扩大对外开放重要举措之一，首届进博会提供了一个广阔、开放、高效的交流合作平台，意在推动更高水平开放，其辐射效应有望促使市场对进口汽车的消费潜力进一步释放，提振我国汽车进口。

四、我国汽车进出口形势展望及对策建议

（一）进口方面

补贴新政实施和外资股比放开，或将导致新能源汽车行业洗牌。针对我国新能源汽车产业存在依赖补贴、低水平产能盲目扩张的现象，2018年6月12日起，财政部等三部委联合发布的《关于调整完善新能源汽车推广应用财政补贴政策的通知》全面落地，其中续航里程在300公里以上的电动车补贴上升，300公里以下的补贴大幅减少，150公里以下的不再享有补贴，低速、低续航电动车直面补贴退坡的重压。加上7月1日起进口车关税下调、汽车合资股比放开，跨国车企纷纷发力抢占我国新能源汽车市场。如特斯拉宣布在中国境内独资建厂，预计2019年底试产，2020年量产；宝马宣布2020年首款纯电动汽车BMW iX3在沈阳投产，国内自主品牌新能源车将面临更大的竞争压力。2018年，在汽车进口量总体减少8.5%的情况下，我国进口电动载人车7.8万辆，同比逆势增加13.3%，拉动汽车进口总体减幅收窄1.3个百分点。预计2019年在特斯拉等国产车型尚未正式量产之前，我国新能源车进口速度或进一步加快。

（二）出口方面

出口澳大利亚汽车进入零关税时代，中国车企迎来发展新机遇。2017年底，澳大利亚唯一的汽车制造商霍顿汽车宣布正式停产，自此澳大利亚本土没有汽车制造业，汽车市场主要依赖进口。与澳大利亚未签贸易协议国家的非豪华车关税为5%，有贸易协议国家的非豪华车享受零关税政策。根据《中澳自贸协定》，2015年起中澳双方已进行过四次关税减让，2019年1月1日起将进行第五轮减让，届时所有进入澳大利亚的中国商品将免征关税③。出口澳大利亚汽车进入零关税时代，中国品牌车型将与泰国、日本等零关税地区生产的汽车公平竞争，这对正处于占领市场初期的中国汽车企业来说无疑是一大利好条件。在当前美国对我国汽车产品加征关税、新兴市场需求疲弱的背景下，澳大利亚汽车市场或将

---

① 《近70家汽车相关企业参展进博会 新能源汽车成重头戏》，盖世汽车网，2018年11月5日。

② 《首届进博会累计意向成交578.3亿美元》，新京报，2018年11月11日。

③ 《2019年1月1日起，所有进入澳大利亚的中国商品将免征关税》，凤凰网，2018年11月7日。

成为我国汽车出口新的增长点。

为此建议：一是加强对汽车进出口量价的监测预警，及时跟踪评估对美反制措施、平行进口等系列政策实际效应，为完善宏观调控提供参考；加强对主要出口市场汽车产业、贸易保护、技术限制等政策的研究，为我国汽车企业“走出去”提供指导；二是鼓励自主品牌车企加大自主创新投入，引导企业提升品牌、品质及加强售后服务，完善品牌和渠道建设，提升形象和市场认可度，提高产品的国际市场竞争力和开拓市场能力；三是进一步优化我国汽车产业规划，合理控制新能源汽车新增产能投资，防范低水平重复建设；制定科学的补贴政策，严格补贴政策的执行，防止新能源车对补贴的路径依赖。

2018年我国手机出口年度报告

我国是全球手机生产和出口大国。著名研究机构国际数据公司（IDC）发布的2018年智能手机出货数据显示，2018年全球智能手机出货量为14.049亿台，其中我国仅华为、小米和OPPO等3个品牌的出货量比重就超过3成[①]。据海关统计，2018年，我国出口手机11.2亿台，同比减少7.8%；价值9 342.9亿元，同比增长9.8%；出口平均价格为每台834.8元，同比上涨19.1%。

一、2018年我国手机出口的主要特点

（一）月出口量连续10个月同比减少，出口平均价格震荡走高

2018年，我国月度手机出口量均在8 000万台以上，并在11月份达到年内最高的1.1亿台，但自3月份起连续10个月同比减少，其中12月当月出口9 742.5万台，同、环比分别减少25.8%、10.6%。与此同时，出口平均价格由1月的每台767.1元震荡上行至10月份每台1 159.3元的年内高点，12月份回落至每台909.8元，同、环比分别下跌4.9%、14%，但仍维持在相对高位（见图1）。

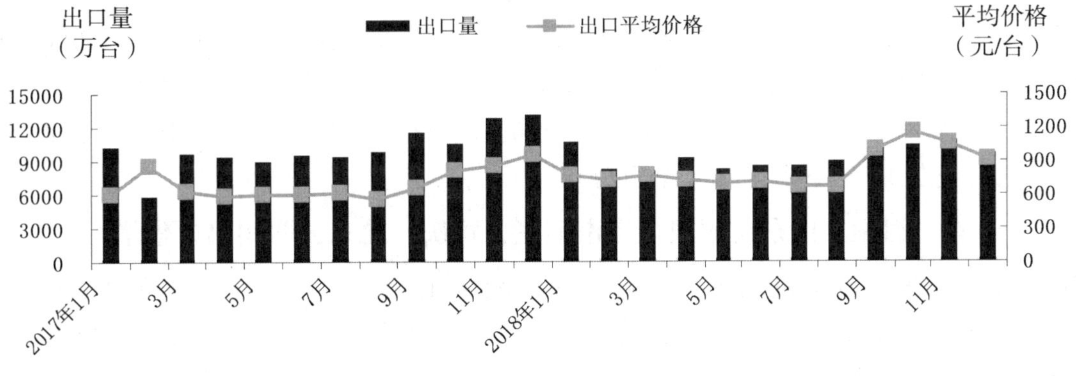

图1　2017年1月~2018年12月我国手机出口量价月度走势图

（二）一般贸易方式出口占比逾6成，加工贸易方式出口减幅深于总体水平

2018年，我国以一般贸易方式出口手机7.5亿台，同比减少6.9%，占当年我国手机出口总量的67.1%。同期，以加工贸易方式出口3.5亿台，同比减少10.9%，减幅深于总体水平3.1个百分点，占当年我国手机出口总量的31.4%。

（三）我国香港地区、美国和欧盟位列出口市场前3位，对东盟、印度出口逆势增加

2018年，内地对香港出口手机约5亿台，同比减少18.9%，占当年我国手机出口总量

① 《IDC公布2018年智能手机出货量排行榜》，IT之家，2019年1月31日。

的 44. 8%。同期，我国对美国出口约 1. 1 亿台，同比减少 13. 5%，占当年我国手机出口总量的 10. 2%；对欧盟出口 9 135. 7 万台，同比减少 1%，占当年我国手机出口总量的 8. 2%。此外，在其他前 10 大出口市场中，对东盟、印度分别出口 7 158. 1 万台、5 556. 4 万台，同比分别增加 19. 9%、45. 9%（见表 1）。

表 1　2018 年我国手机出口前 10 大市场统计表

出口市场	出口量（万台）	同比（%）	比重（%）
中国香港	50 129. 3	-18. 9	44. 8
美国	11 359. 8	-13. 5	10. 2
欧盟	9 135. 7	-1. 0	8. 2
东盟	7 158. 1	19. 9	6. 4
韩国	5 570. 7	-2. 5	5. 0
印度	5 556. 4	45. 9	5. 0
阿联酋	4 219. 7	-2. 5	3. 8
俄罗斯	2 769. 4	14. 9	2. 5
日本	2 459. 8	4. 1	2. 2
墨西哥	1 202. 5	-2. 0	1. 1

（四）民营企业为最大出口主体且比重提升

2018 年，我国民营企业出口手机 6. 8 亿台，同比减少 4%，占当年我国手机出口总量的 60. 5%，比重较 2017 年提升 2. 4 个百分点。同期，外商投资企业出口 4 亿台，同比减少 7. 6%，占当年我手机出口总量的 36. 2%。此外，国有企业出口 3 716. 2 万台，同比减少 46. 7%，比重较 2017 年下滑了 2. 4 个百分点。

（五）广东、河南、山东位居出口省市前三，重庆、北京、四川出口倍增

2018 年，广东出口手机约 5. 7 亿台，同比减少 12. 5%，占当年我国手机出口总量的 50. 8%；河南出口约 1. 3 亿台，同比增加 7. 9%，占当年我手机出口总量的 11. 2%；山东出口 5 295. 1 万台，同比减少 11. 6%，占当年我手机出口总量的 4. 7%。同期，上海和湖北分别出口 4 241. 9 万台和 3 997 万台，同比分别小幅增加 3. 5%和 5. 9%。此外，重庆、北京和四川各出口 3 595. 1 万台、3 338. 6 万台和 2 729. 6 万台，同比分别激增约 1 倍、1 倍和 7. 5 倍（见表 2）。

表 2　2018 年我国手机出口前 10 位省市统计表

省市	出口量（万台）	同比（%）	比重（%）
广东	56 819. 0	-12. 5	50. 8
河南	12 555. 6	7. 9	11. 2
山东	5 295. 1	-11. 6	4. 7

表2 续

省市	出口量（万台）	同比（%）	比重（%）
上海	4 241.9	3.5	3.8
湖北	3 997.0	5.9	3.6
江苏	3 925.3	-34.9	3.5
重庆	3 595.1	102.1	3.2
北京	3 338.6	103.3	3.0
四川	2 729.6	750.2	2.4
天津	2 702.2	-39.2	2.4

（六）出口企业数量明显增加，前20位企业出口集中度下降

2018年，我国有手机出口记录的企业数量为1 181家，比2017年增加559家，其中有29家企业出口量在1 000万台以上。出口量前20位企业合计出口手机6.7亿台，占当年我国手机出口总量的60.1%，较2017年下降0.9个百分点。

（七）含4G手机在内的其他手机出口占近6成且比重提升，GSM、CDMA手机出口均不同程度减少

2018年，我国出口含4G手机在内的其他手机6.4亿台，同比增加4.3%，占当年我手机出口总量的57.2%，比重较2017年提升6.6个百分点；出口GSM数字式手机4.7亿台，同比减少18.5%，占当年我国手机出口总量的42.2%，比重较2017年下滑5.6个百分点。此外，出口CDMA数字式手机615.2万台，同比大幅减少68.5%。

二、2018年我国手机出口量减价扬的主要原因

（一）全球市场需求低迷，叠加用户换机计划延迟，拖慢我国手机出口步伐

经历多年发展，全球智能手机市场渐趋饱和。IDC数据显示，2018年全球智能手机出货量减少4.1%，这是全球智能手机市场有史以来首次出现全年下滑[①]，国际市场需求疲软抑制我国手机出口。此外，手机质量提升及功能多元化导致使用周期逐步延长，加之第五代移动通信网络（5G）开始崭露头角，全球各大手机厂商正紧锣密鼓地研发5G手机，不少用户为此延迟更换计划，对2018年全年我国手机出口造成一定压力。

（二）国际品牌手机销量下滑，国内代工企业出口量明显减少

随着手机行业竞争加剧，苹果、三星等国际品牌手机销量下滑。2018年全球智能手机出货量前2名的三星、苹果手机同比分别减少8%、3.2%[②]，其在我国的代工企业出口量也相应减少。海关数据显示，2018年，苹果手机的主要代工企业鸿富锦精密电子（郑州）有限公司，三星手机的主要代工企业惠州三星电子有限公司和天津三星通信技术有限公司，这3家企业以加工贸易方式合计手机出口量减少14.5%，对当年全国手机整体出口量造成

① 《"世移"大会将至 巨头各就位抢揭5G手机盖头》，21世纪经济报道，2019年2月14日。
② 《IDC公布2018年智能手机出货量排行榜》，IT之家，2019年1月31日。

2 个百分点的负拉动。

（三）中美经贸摩擦对我国手机出口形成较大阻碍

2018 年 4 月份，美国商务部下令禁止美国公司向中兴通讯出口电讯零部件产品，为期 7 年，同时对中兴通讯处以 3 亿美元的罚款，尽管禁令在同年 7 月份解除，但美国制裁中兴事件对我国手机出口仍然产生了较深的影响。海关数据显示，2018 年 5 月份，中兴通讯股份有限公司对美出口手机由上月的 68 万台骤降为零；2018 年全年，我国对美国手机出口量快速减少 13.5%，其中中兴通讯减少幅度超过 6 成，给我国对美手机出口带来 9.1 个百分点的负拉动，对我国手机整体出口造成 1.5 个百分点的负拉动。

（四）产品结构持续优化叠加成本上升，推高手机出口平均价格

我国手机出口结构优化，高附加值产品比重提升，推动手机整体出口平均价格上涨。海关数据显示，2018 年，我国含 4G 手机在内的其他手机出口平均价格为每台 1 316.1 元，快速上涨 14%，出口占比近 6 成。此外，国产智能手机部分关键元器件仍依赖进口，且技术专利费用水涨船高，一定程度造成手机成本上升。

三、影响我国手机出口的因素分析

（一）国产品牌手机全球竞争力持续提升，有利于增强出口动力

近年来，我国自主品牌手机生产企业持续加大科技投入和研发力度，加快手机产品和服务升级，提升国产品牌价值，竞争优势进一步凸显。数据显示，2018 年全球智能手机出货量排名第三的华为出货量突破 2 亿台，同比增加 33.2%，且其在全球的市场份额与苹果仅有 0.2%的差距，同期排名第五、第六的小米手机、OPPO 手机出货量同比分别也增加 32.2%、1.3%[①]。2019 年一季度，三星、苹果出货量分列全球第一和第三，同比减少 8%、20%，延续 2018 年的减少势头，而华为则取代苹果成为全球第二的智能手机品牌，出货量同比增加近 5 成，全球市场份额达到了 17%，为历史最高。同期，排名第五、第六的OPPO 和 vivo 同比分别增加 10%、27%，市场份额分别从 2017 年的 7%、5%提升至 8%、7%[②]。2018 年和 2019 年一季度，全球智能手机市场出货量前 6 强中，我国手机厂商占据 4 席。国产智能手机的全球市场竞争力正在持续增强。

（二）自主品牌手机企业积极开拓新兴市场，弥补传统市场缺口取得成效

2018 年以来，我国手机出口面临较大的下行压力，对我国香港地区以及美国、欧盟等传统市场的出口多呈减少态势，但我国自主品牌手机企业凭借强大的研发和创新能力，积极开拓新兴市场取得明显成效，弥补了传统市场缺口。2018 年小米以 28.9%的市场份额领跑印度智能手机市场[③]，2018 年第四季度，OPPO 跃居泰国智能手机市场份额第一[④]。海关

---

① 《IDC 公布 2018 年智能手机出货量排行榜》，IT 之家，2019 年 1 月 31 日。

② 《华为市场份额终超苹果！vivo 也逆势增长 27%，外媒惊呼中国手机脱离地心引力！》，新浪网，2019 年 5 月 5 日。

③ 《小米 2018 年印度市场份额排名第一，出货量达 4 100 万》，凤凰网，2019 年 2 月 13 日。

④ 《OPPO 积极拓宽海外市场，已跃居泰国市场份额 TOP1》，中关村在线，2019 年 2 月 15 日。

数据显示，2019 年一季度，华为对菲律宾、新加坡和俄罗斯出口量分别激增 4 倍、2.7 倍和 1.5 倍；OPPO 对菲律宾出口量增加 7 成；小米对新加坡出口量增加 13.9 倍；2018 年深圳传音集团的 4G 手机在非洲市场份额排名第一[①]，2019 年一季度该公司手机出口也实现快速增长。

（三）5G 技术领先优势将有利于我国抢占中高端手机市场份额，增强出口竞争力

2019 年，面向消费者的 5G 终端将陆续上市，年初华为、中兴、小米、OPPO 等已发布了 5G 手机[②]。目前我国 5G 技术在全球处于领先地位，全球发布 5G 基带芯片的 6 家企业中，我国大陆和台湾地区占据 3 家[③]，且华为的“巴龙 5 000 ”被业界认为是最成熟的 5G 基带方案[④]，截至 4 月 15 日，华为已签订了 40 个 5G 商用合同[⑤]。在 5G 技术上的领先优势将助力我国企业抢占中高端手机市场份额，逐步缩小国产品牌与国际先进品牌的差距甚至反超，提升我国手机的国际竞争力和影响力。

（四）高端市场竞争力仍有较大差距，品牌发展空间亟待进一步拓宽

国外权威调研机构 Counterpoint 发布的最新高端手机（售价 400 美元以上的手机）市场份额排行榜显示，2018 年，尽管华为、OPPO、一加等 3 个我国品牌跻身前 5，但全球智能手机高端市场几乎仍由苹果和三星占领，其中苹果占据了整个行业一半以上的市场份额，三星紧随其后为 22%，均高于上述我国 3 个品牌的总和[⑥]。利润方面，2018 年苹果手机占全球手机利润的 73%，高居榜首，三星手机占 13%，我国手机品牌合计占 13%，排名第三[⑦]。尽管近年来我国自主品牌手机在全球的市场份额稳步提升，竞争力不断增强，但行业整体利润率与国际先进品牌仍有较大差距，利润增长空间亟待进一步拓展。

（五）部分非洲国家外汇储备不足、外汇管制严格，制约自主品牌企业开拓市场步伐

据海关调研了解，我国手机生产厂商目前面临多数欠发达国家的外汇管制、外汇储备不足、汇路不通等问题且愈加突出，导致与当地经销商外汇结算不畅，影响开拓新兴市场的步伐，人民币跨境结算的难题亟待解决。具体表现在：一是外汇储备不足。尼日利亚、埃塞俄比亚等非洲人口大国，有手机消费需求，但国力不足，分别处于美元储备不足、外汇缺乏的状态，限制了企业市场开拓步伐。二是外汇管制严格。目前，人民币仅能在个别国家结算，且仅能在这些国家的官方银行兑换，相对于民间市场兑换，官方银行汇率不具备价格优势，且兑换时需要提供较多的支持文件，影响了人民币的广泛使用。

五、我国手机出口形势展望及对策建议

经历了多年的发展，我国自主品牌手机行业实现了飞跃式发展，国际知名度和市场竞

---

① 《2018 年非洲手机市场：传音称雄，华为第三》，观察者网，2019 年 3 月 18 日。
② 《通信业专家：2019 年是全球 5G 商用冲刺期》，中国新闻网，2019 年 4 月 16 日。
③ 《紫光展锐高调入局，5G 基带芯片进入“战国时代”》，21 世纪经济报道，2019 年 3 月 1 日。
④ 《华为“开放”销售 5G 芯片，但仅限于苹果!》，搜狐网，2019 年 4 月 9 日。
⑤ 《华为：已经签订 40 个 5G 商用合同》，金融界，2019 年 4 月 16 日。
⑥ 《中国智能手机新突破：占领中高端市场》，环球网，2019 年 4 月 19 日。
⑦ 《报告：苹果拿下 73%全球手机市场利润，华为仅为 5%左右》，新浪财经，2019 年 4 月 17 日。

争力较之以往有大幅度提升，其中华为手机更是与三星、苹果等国际手机巨头形成了“三足鼎立”的局面，成为国产品牌的骄傲。但我国手机产业在全球竞争中仍然面临较多的挑战。

为促进我国手机产业长期稳定发展，建议：一是鼓励民营企业继续加大科技投入，增强技术创新和关键零部件自主研发生产能力，提升国际竞争力。二是引导企业用好用足国家2019年减税降费相关政策，加快产业转型升级步伐，加大自主品牌建设力度，提高行业整体利润率。三是加强对新兴市场的调研和政策跟踪，加快推进“一带一路”倡议与非洲国家发展计划的对接，推动人民币跨境结算更加顺畅，助力我国手机企业更好地开拓新兴市场，进一步提升国际市场份额。四是巩固我国5G技术领先优势，引导行业继续深耕5G芯片的研发与创新，加快全球布局，积极抢占5G手机市场，增强国产品牌溢价能力。

2018 年我国船舶出口年度报告

随着我国船舶工业的迅猛发展，我国已经居于全球顶尖的造船大国之列。以修正总吨计，2018 年，我国造船完工量、新接订单量、手持订单量分别占国际市场份额的 36. 3%、35. 4%和 35. 8%，其中新接订单居第二位，完工量和手持订单量均位居第一①。中国与韩国、日本构成了世界造船业三足鼎立的竞争格局，国际新造船市场的竞争日益激烈。

据海关统计，2018 年，我国出口各类船舶 6 890 艘，同比减少 14%；价值 1 420. 1 亿元，同比增长 0. 7%；出口均价为每艘 2 061. 1 万元，同比上涨 17. 1%。

一、2018 年我国船舶出口的主要特点

（一）月度出口值低位震荡

2018 年以来，除了 1 月份、5 月份我国船舶出口值呈低位震荡态势外，12 月份当月出口值为 94. 8 亿元，同比下降 12%，环比增长 17. 7%（见图 1）。

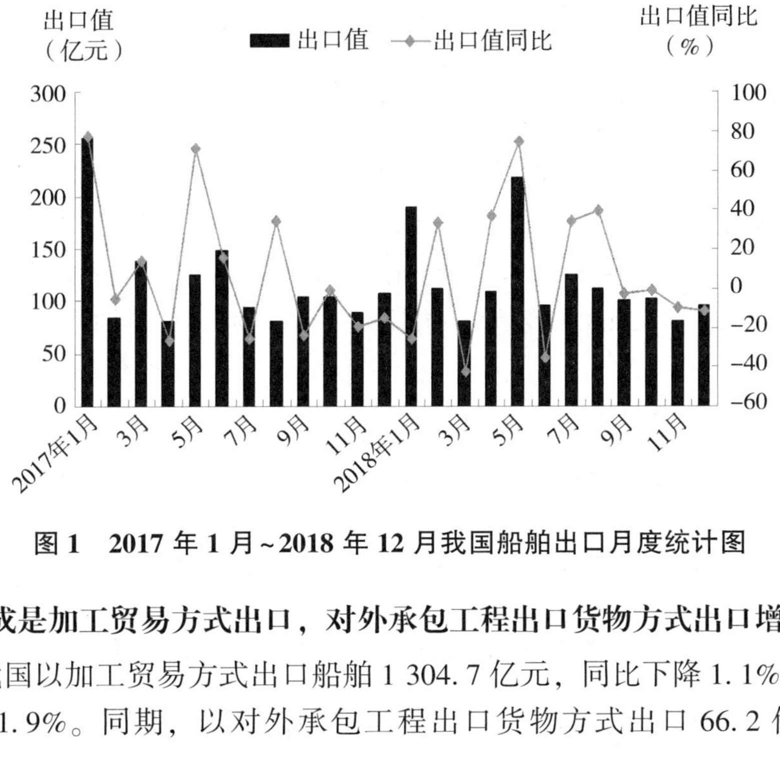

图 1　2017 年 1 月~2018 年 12 月我国船舶出口月度统计图

（二）超 9 成是加工贸易方式出口，对外承包工程出口货物方式出口增长较快

2018 年，我国以加工贸易方式出口船舶 1 304. 7 亿元，同比下降 1. 1%，占同期我国船舶出口总值的 91. 9%。同期，以对外承包工程出口货物方式出口 66. 2 亿元，同比增长 12. 5%。

① 《2018 年我国造船三大指标保持世界领先，产业集中度不断提高》，工业和信息化部，2019 年 1 月 15 日。

（三）对我国香港和东盟出口增长，对欧盟和马绍尔群岛出口大幅下降

2018 年，内地对香港出口船舶 506.6 亿元，同比增长 25.8%；我国对东盟出口 256.6 亿元，同比增长 3.6%；对欧盟出口 175.5 亿元，同比下降 30.6%；对马绍尔群岛出口 104.1 亿元，同比下降 43%。对上述 4 者出口合计占同期我船舶出口总值的 73.4%（见表 1）。

表 1　2018 年我国船舶出口主要市场统计表

主要市场	出口值（亿元）	同比（%）	占比（%）
中国香港	506.6	25.8	35.7
东盟	256.6	3.6	18.1
欧盟	175.5	-30.6	12.4
马绍尔群岛	104.1	-43.0	7.3
巴西	102.2	482.0	7.2
利比里亚	47.3	-44.3	3.3
巴拿马	34.6	-21.2	2.4
韩国	26.3	-14.5	1.9
澳大利亚	19.2	19.8	1.4
沙特阿拉伯	15.9	11.7	1.1

（四）国有企业出口过半，外商投资企业和民营企业出口增长

2018 年，我国国有企业出口船舶 764.3 亿元，同比下降 9.6%，占同期我国船舶出口总值的 53.8%；外商投资企业出口 343.7 亿元，同比增长 7.9%，占同期我国船舶出口总值的 24.2%；民营企业出口 263.1 亿元，同比增长 6.6%，占同期我国船舶出口总值的 18.5%。

（五）江苏、上海、广东和辽宁出口居前 4 位

2018 年，江苏出口船舶 377.4 亿元，同比下降 8.7%；上海出口 280.6 亿元，同比下降 19.3%；广东出口 163.2 亿元，同比增长 4.4%；辽宁出口 131.3 亿元，同比增长 8.6 亿元。上述 4 者出口合计占同期我国船舶出口总值的 67.1%（见表 2）。

表 2　2018 年我国船舶出口主要省市统计表

省市	出口值（亿元）	同比（%）	占比（%）
江苏	377.4	-8.7	26.6
上海	280.6	-19.3	19.8
广东	163.2	4.4	11.5
辽宁	131.3	8.6	9.2

表2 续

省市	出口值（亿元）	同比（%）	占比（%）
浙江	114.6	-18.2	8.1
天津	114.2	424.2	8.0
北京	85.8	-3.2	6.0
福建	62.1	116.1	4.4
山东	43.1	31.6	3.0
湖北	36.9	-21.8	2.6

（六）液货船、集装箱船和散货船为主要出口品种

2018年，我国出口液货船373.4亿元，同比下降19.3%；出口集装箱船324.1亿元，同比增长63.6%；出口散货船314.1亿元，同比下降33.9%。上述3者出口合计占同期我国船舶出口总值的71.2%。

（七）出口企业数量增加，出口企业集中度有所下降

随着全球航运市场回暖，越来越多的企业活跃在船舶出口市场。2018年，我国有船舶出口记录的企业为581家，比2017年增加42家。在企业数量增加的同时，出口订单也更加分散。2018年，前20位船舶出口企业出口集中度为65.1%，比2017年下降1.2个百分点。

二、2018年我国船舶出口增长放缓的原因分析

（一）全球经济增长乏力，船舶市场需求低迷

2018年全球经济增长乏力，贸易虽有所回暖，但基础仍不牢固。根据2019年1月国际货币基金组织《世界经济展望》预测，2018年全球经济增长率估计为3.7%。预计全球经济2019年和2020年将分别增长3.5%和3.6%，比2018年10月预测分别低0.2和0.1个百分点[①]。世界贸易组织（WTO）公布的2018年全球贸易量较上年增加3.0%，增幅较2017年回落1.6个百分点[②]。全球经济和贸易增长乏力抑制了航运市场需求。

（二）前期承接订单数低迷拖累整体交付量，出口规模相应萎缩

受船舶行业建造周期影响，大量2016年承接的造船订单陆续于2018年交付。2016年，我国承接新船订单量2 107万载重吨，同比下降32.6%[③]。2016年承接新订单数大幅下滑拖累了2018年我国船企完工量，船舶出口规模相应萎缩。中国船舶工业协会数据显示，2018年，我国造船完工3 458万载重吨，同比下降14%；其中，完工出口船3 164万载重吨，同比下降13.6%[④]。

① 数据来源于国际货币基金组织网站。

② 《2018年全球贸易量增速放缓至3.0%》，中华人民共和国商务部，2019年4月3日。

③ 《2016年船舶工业经济运行分析》，中国船舶工业行业协会，2017年1月20日。

④ 《2018年船舶工业经济运行分析》，中国船舶工业行业协会，2019年1月19日。

三、我国船舶出口的影响因素分析

（一）韩国船企接单量重回全球首位，海工装备韩国标准国际化亟待关注

凭借在大型液化天然气船（LNG）、超大型油轮（VLCC）、超大型集装箱船领域的绝对优势，韩国船企接单量超过中国重回全球第一。2018 年，韩国船企接单量占全球新船订单量的 42.7%，远超中国的 32.2%。与此同时，中韩两国手持订单量的差距正在大幅缩小，2018 年年底已缩小为 718 万修正总吨（CGT）[①]。此外，目前韩国正拟定海工装备配套物资设备的“准国际标准”方案，并试图将这些“准国际标准”最终转换升级为正式的国际通用标准[②]。一旦其成为国际标准，必将进一步促进其产品出口，我国造船业将面临更大的竞争压力。

（二）LNG 船建造短板凸显，我国船企急需加快转型升级

随着全球 LNG 运输需求的增加，全球 LNG 船订单量剧增。2018 年全球 LNG 船新船订单量共计 76 艘，其中 65 艘运量超过 17 万立方米的超大型 LNG 船订单全部由韩国船企获得[③]。此外，俄罗斯能源巨头 Novatek 将在俄罗斯红星造船厂建造 14 艘冰级 LNG 船订单，总价值 44.5 亿美元[④]，红星造船厂或将成为继韩国大宇造船之后第二家有能力建造破冰型 LNG 船的船企。而目前国内仅沪东中华能够建造 10 万立方米以上大型 LNG 船。我国急需加大技术研发投入，进快补齐技术短板，提升高端市场竞争力，抢占船舶高端市场份额。

（三）外资准入限制取消，有助于提升我国在船舶高端市场的竞争力

2018 年 6 月 28 日，国家发改委和商务部发布《外商投资准入特别管理措施（负面清单）（2018 年版）》，在船舶行业取消包括设计、制造、修理各环节的外资限制[⑤]。当前全球船舶行业呈现中日韩三足鼎立、并驱争先格局。我国船企在常规船型设计建造领域有较强的技术和制造能力，但在高端船舶设计建造领域的能力仍显不足。此次外资准入限制的取消，或将加快我国船企引进国外先进技术，补齐我国船企在高端船舶设计建造领域的短板，从而提升我国船舶在高端市场的竞争力。

四、我国船舶出口形势展望及对策建议

从航运市场需求来看，2019 年世界经济环境挑战加剧，全球贸易增速预计整体放缓。世界贸易组织预计，2019 年全球贸易量增长 3.7%，较 2018 年降低 0.2 个百分点。主要发达经济体货币政策收紧、全球贸易环境紧张、地缘政治风险等不确定、不稳定因素仍将对全球贸易产生冲击。上海国际航运研究中心预计 2019 年国际干散货海运贸易量将小幅增

---

① 《中国完败！韩国造船业重回世界第一》，国际船舶网，2019 年 1 月 10 日。
② 《韩国船企吸取海工巨亏教训推动韩标国际化》，国际船舶网，2019 年 1 月 8 日。
③ 《韩国船企包揽大型 LNG 船订单》，国际船舶网，2019 年 1 月 3 日。
④ 《红星造船厂将获 14 艘冰级 LNG 船大单》，国际船舶网，2019 年 1 月 15 日。
⑤ 《国际航运造船业对外资全面放开》，航运交易公报，2018 年 7 月 11 日。

长，预计2019年全球集装箱海运量增速为4.1%，达到2.09亿标准箱（TEU）[①]。总体来看，航运市场需求增长相对乏力。从船舶订单结构来看，与韩国相比，我国船企在散货船和支线集装箱船市场优势较大，但在超大型集装箱船、超大型油轮和液化天然气船等高附加值船舶建造领域的市场份额和技术水平仍有较大差距。预计2019年国际新船订单争夺将愈加激烈。

为此建议：一是加快完善造船行业创新研发体系和机制，以自主创新推进造船设计和本土配套能力建设，加强共性技术和前沿技术研究，提升企业核心竞争力；二是加大引资力度，进一步推进兼并重组，提升行业集中度，强化我国造船业的竞争优势；三是在防范金融风险的前提下，不断创新融资模式，加大对优质船企的融资支持力度。

① 《2019年国际航运市场的四个展望》，中国经济时报，2019年2月25日。

2018 年我国成品油进出口年度报告

2018 年，我国经济运行总体平稳，经济结构转型升级继续推进，传统高耗油行业柴油需求下降，而我国成品油产量不减反增。数据显示，2018 年我国成品油产量 3.7 亿吨，同比增长 6.3%；成品油消费量 3.3 亿吨，同比增长 6%①，呈现供大于求态势，竞逐海外市场成为成品油生产企业纾解产能的重要途径。据海关统计，2018 年我国出口成品油 5 864 万吨，同比增加 12.4%，价值 2 362.8 亿元，同比增长 36.9%；进口成品油 3 348 万吨，同比增加 13%，价值 1 332.9 亿元，同比增长 35.6%，连续第 4 年成为成品油净出口国。当年成品油出口平均价格为每吨 4 020.2 元，同比上涨 21.5%；进口平均价格为每吨 3 973.3 元，同比上涨 19.8%。

一、2018 年我国成品油进出口的主要特点

（一）3 月份出口量创单月历史新高，各月进出口均价同比均上涨

2018 年，我国成品油进出口整体表现积极，月度进出口均价同比均呈上涨态势。出口方面，我国成品油月度出口量基本保持在 400 万吨上下波动，2 月份出口 348.4 万吨，为年内低点，而 3 月份开始迅速攀升至 668.8 万吨，创历史月度新高，此后震荡回落但于年末再度上行，12 月份出口量 586.3 万吨，同比减少 5%，环比增加 31.5%。与此同时，月度出口均价自 1 月份每吨 3 565.4 元的年内低点稳步上升，10 月份达到每吨 4 561.8 元，创 2015 年 1 月以来历史新高，此后稍有回落，12 月份出口均价为每吨 4 198.3 元，同比上涨 20%，环比下跌 7%。

进口方面，我国成品油进口量平稳上升，除 6 月份和 8 月份外，其他各月同比均呈增加态势，在 3 月份进口 223 万吨成为年内最低后进口量逐月增加，11 月份达到年内峰值 309.7 万吨，12 月份小幅回落至 301.2 万吨，同比增加 9.9%，环比减少 2.7%。同期，进口均价总体先扬后抑，10 月份攀升至每吨 4 523.5 元的高点后震荡下滑，12 月份均价为每吨 4 031.9 元，同比上涨 11.9%，环比下跌 8.4%（见图 1）。

---

① 《2018 年成品油运行简况》，国家发改委经济运行调节局，2019 年 1 月 31 日。

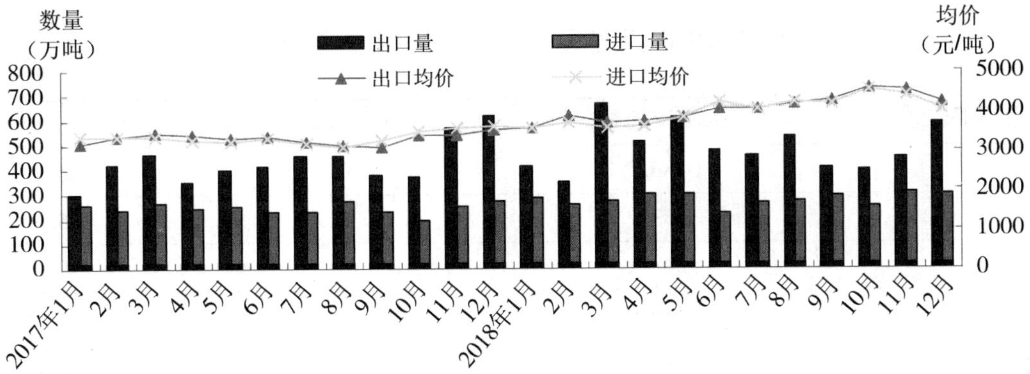

图1　2017 年 1 月~2018 年 12 月我国成品油进出口月度走势图

（二）东盟为最大进出口市场，对欧盟出口大幅增加

2018 年，我国对东盟出口成品油 2 321.4 万吨，同比增加 6.2%，占同期我国成品油出口总量的 39.6%，是我国成品油最大出口市场。同期，内地对香港地区出口 1 068.5 万吨，同比增加 10.2%，占同期我国成品油出口总量的 18.2%；我国对欧盟出口 431.4 万吨，同比增加 47.2%，占同期我国成品油出口总量的 7.4%。前 10 大出口市场中 7 位呈现增加态势，增幅最大的为墨西哥，达 2.9 倍；而对巴拿马、韩国和美国出口同比分别减少 3%、17%和 23.2%（见表 1）。

表 1　2018 年我国成品油主要出口市场统计表

出口市场	出口量（万吨）	同比（%）	比重（%）
东盟	2 321.4	6.2	39.6
我国香港地区	1 068.5	10.2	18.2
欧盟	431.4	47.2	7.4
巴拿马	322.4	-3.0	5.5
澳大利亚	272.5	62.8	4.6
韩国	267.8	-17.0	4.6
孟加拉国	179.8	0.6	3.1
美国	147.4	-23.2	2.5
利比里亚	146.6	27.5	2.5
墨西哥	108.8	291.9	1.9

同期，我国自东盟进口成品油 1 186.5 万吨，同比增加 0.5%，是我国成品油最大进口来源地；自韩国进口 853.7 万吨，同比增加 3.7%；自阿联酋进口 243.2 万吨，同比增加 1.2 倍。自上述 3 者进口合计占同期我国成品油进口总量的 68.2%。此外，自日本进口 186 万吨，同比增加 62.9%，自印度和阿尔及利亚进口增幅同比分别达 1.9 倍和 1.6 倍（见表 2）。

表 2　2018 年我国成品油主要进口来源地统计表

进口来源地	进口量（万吨）	同比（%）	比重（%）
东盟	1 186. 5	0. 5	35. 4
韩国	853. 7	3. 7	25. 5
阿联酋	243. 2	120. 6	7. 3
日本	186. 0	62. 9	5. 6
俄罗斯	173. 7	-2. 6	5. 2
印度	156. 2	193. 3	4. 7
欧盟	113. 2	70. 7	3. 4
美国	100. 0	41. 6	3. 0
阿尔及利亚	91. 4	160. 5	2. 7
我国台湾地区	53. 0	-1. 1	1. 6

（三）国有企业进出口比重优势显著，主导地位稳固

2018 年，我国国有企业出口成品油 5 118 万吨，同比增加 24. 3%，占同期我国成品油出口总量的 87. 3%，比重较 2017 年提升 8. 3 个百分点；外商投资企业出口 672 万吨，同比大幅减少 33. 9%，占同期我国成品油出口总量的 11. 5%，比重较 2017 年下降 8 个百分点；其余为民营企业出口，同比减少 9. 3%（见图 2）。

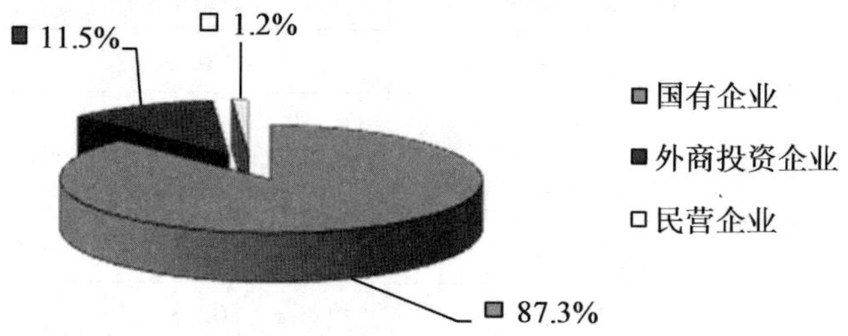

图 2　2018 年我国成品油出口企业性质比重统计图

同期，我国国有企业进口成品油 2 008 万吨，同比增加 2. 9%，占同期我国成品油进口总量的 60%，比重较 2017 年下降 5. 9 个百分点；外商投资企业进口 760. 4 万吨，同比增加 19. 3%，占同期我国成品油进口总量的 22. 7%，比重较 2017 年提升 1. 2 个百分点；其余为民营企业进口，同比增加 54. 7%（见图 3）。

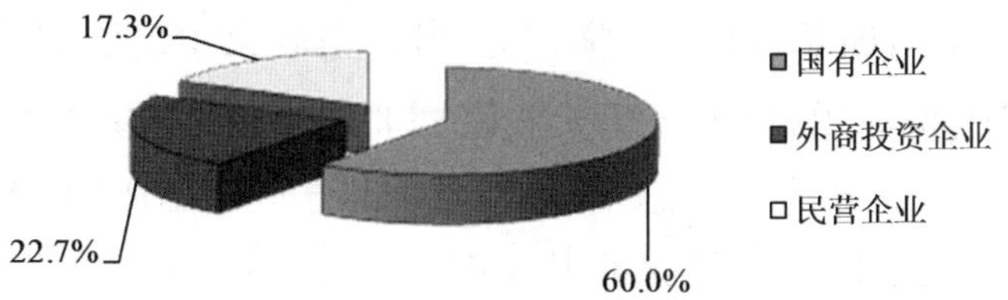

图 3　2018 年我国成品油进口企业性质比重统计图

（四）北京和浙江分别领跑全国出口和进口省市，海南跻身出口前三

2018 年，北京位列我国各省市成品油出口榜首，出口成品油 4 319. 7 万吨，同比增加 46. 9%，所占比重由 2017 年的 56. 4%提高至 73. 7%；浙江排名第二，出口成品油 560. 8 万吨，同比增加 46. 1%，排名从 2017 年的第三位升至第二位，比重也由上年的 7. 4%提升至 9. 6%；海南尽管受年初相关炼厂停产检修等因素影响，全年出口成品油 283. 9 万吨，同比减少 26%，但由于辽宁出口量大幅减少 84. 8%，海南仍跻身出口前三行列。此外，出口量超百万吨的还有广东和上海，出口量分别为 237. 3 万吨和 209 万吨，同比分别减少 33. 2%和 10. 2%（见表 3）。

表 3　2018 年我国成品油前 5 大出口省市统计表

出口省市	出口量（万吨）	同比（%）	比重（%）
北京	4 319. 7	46. 9	73. 7
浙江	560. 8	46. 1	9. 6
海南	283. 9	−26. 0	4. 8
广东	237. 3	−33. 2	4. 0
上海	209. 0	−10. 2	3. 6

同期，浙江、北京、上海、广东和天津分列我国成品油进口省市前五位，其中，浙江和北京分别进口 1 384. 5 万吨、946. 5 万吨，同比各增加 45. 1%和 0. 8%，分别占同期我国成品油进口总量的 41. 4%和 28. 3%；上海、广东和天津分别进口 305. 2 万吨、175. 5 万吨和 147. 8 万吨，同比各减少 2. 5%、34. 7%和 6. 2%。上述 5 者进口合计占当年我国成品油进口总量的 88. 4%（见表 4）。

表 4　2018 年我国成品油前 5 大进口省市统计表

进口省市	进口量（万吨）	同比（%）	比重（%）
浙江	1 384. 5	45. 1	41. 4
北京	946. 5	0. 8	28. 3
上海	305. 2	−2. 5	9. 1
广东	175. 5	−34. 7	5. 2
天津	147. 8	−6. 2	4. 4

（五）出口企业数量增加而进口企业减少，出口企业集中度明显高于进口企业

2018 年，我国有成品油出口记录的企业共 544 家，相较 2017 年增加 8 家，其中前 20 位企业出口量合计占我国成品油出口总量的 97.1%，比重较 2017 年上升 2.6 个百分点。

同期，我国有成品油进口记录的企业共 4 067 家，相较 2017 年减少 128 家，其中前 20 位企业进口量合计占我国成品油进口总量的 81.7%，比重较 2017 年上升 3.5 个百分点。

（六）出口品种相对均衡，进口以燃料油为主

2018 年，我国出口柴油 1 853.2 万吨，同比增加 7.8%，是我国出口成品油的第一大品种，占当年我国成品油出口总量的 31.6%；出口航空煤油 1 467 万吨，同比增加 11.7%，占同期我国成品油出口总量的 25%。此外，出口汽油 1 287.9 万吨，同比增加 22.5%；出口其他燃料油 1 234 万吨，同比增加 11.3%。

同期，我国进口其他燃料油 1 665.6 万吨，同比增加 22.8%，占当年我国成品油进口总量的 49.8%；进口航空煤油 406.2 万吨，同比增加 9.4%，占同期我国成品油进口总量的 12.1%；进口柴油 71.1 万吨，同比减少 4.8%；进口汽油 44.5 万吨，2017 年仅进口 1.6 万吨（见表 5）。

表 5　2018 年我国成品油进出口品种统计表

商品种类	出口量（万吨）	出口额（亿元）	出口均价（元/吨）	进口量（万吨）	进口额（亿元）	进口均价（元/吨）
柴油	1 853.2	756.6	4 082.7	71.1	31.5	4 432.5
航空煤油	1 467.0	670.0	4 567.0	406.2	185.1	4 557.5
汽油	1 287.9	551.1	4 278.8	44.5	21.4	4 796.7
其他燃料油	1 234.0	359.4	2 912.9	1 665.6	500.8	3 006.5

二、2018 年我国成品油进出口呈上述特征的主要原因

（一）国内炼油产能扩张而需求受抑制，推动成品油出口大幅增加

2018 年，我国原油一次加工能力净增 2 225 万吨/年，超过全球净增能力的 50%，总炼能增至 8.3 亿吨/年，全国炼厂平均开工率 72.9%[①]。国内炼化能力的提升叠加全年原油进口量再创新高，成品油产量不断增加，而需求端受国内经济转型以及结构调整的制约有所回落，扩增出口成为成品油行业的必然选择。2018 年，成品油一般贸易和加工贸易出口配额合计达到 4 800 万吨，同比增加 11.6%[②]，推动我国成品油出口大幅增加。

（二）国际油价震荡上行促使成品油价格上涨

2017 年 11 月 30 日，为了维持石油市场平衡，石油输出国组织（欧佩克）发布声明

① 《中国油气产业蓝皮书昨天发布 我国海外油气权益产量突破 2 亿吨》，新民晚报，2019 年 3 月 24 日。

② 《2018 年中国成品油出口配额 4 800 万吨收官，同比增长 11.6%》，搜狐网，2018 年 11 月 28 日。

称，将此前于2016年11月欧佩克与非欧佩克产油国首次达成的原油减产协议延长至2018年全年，决定从2018年1月开始日均减产原油120万桶，期限为12个月[①]。此外，美国宣布对伊朗重启经济制裁，主要产油国沙特阿拉伯、伊朗等国家出现原油供应缺口，导致2018年国际油价整体呈现震荡上涨走势，1月2日至10月3日，北海布伦特原油期货价格上涨19.72美元/桶，涨幅为29.62%，10月3日86.29美元/桶的价格更是创4年以来的最高水平[②]。成品油价格与国际原油价格息息相关，国际油价的总体上涨推动成品油价格整体维持在高位。

三、我国成品油进出口的影响因素分析

（一）非国有企业参与度继续提升，国内炼化主体多元化竞争加剧

国内石化行业一直以来由国有企业占主导地位，但随着我国石化产业对外开放步伐的不断加快，非国有企业的行业地位不断提升。2018年全国分别有11家[③]和14家[④]企业新获批原油和成品油非国营贸易进口资质。2019年全国原油非国营贸易进口允许量增加到2.02亿吨，同比增加41.8%[⑤]，成品油非国营贸易进口允许量继续维持1 620万吨[⑥]。同时随着地方民营大型炼化项目相继投产，2019年全国原油一次加工能力将净增3 200万吨/年，全国炼油总能力将达到8.63亿吨/年[⑦]，国内炼化产能进一步增加，石化产业竞争继续加剧，市场主体的多元化以及外部市场的竞争共同促使国内炼化行业迎来全新的市场环境和竞争态势。

（二）多重因素支撑国际油价稳中走高，成品油价格或将继续水涨船高

2018年12月初，欧佩克与非欧佩克产油国再次达成减产协议，决定从2019年1月开始日均减产原油120万桶，初步设定期限为6个月[⑧]。与此同时，美国对伊朗、委内瑞拉等产油大国持续打压，经济制裁力度不断加大。受供应减少、中东地区石油安全和地缘政治风险攀升的影响，进入2019年以来，国际油价一改2018年第四季度的“颓势”而走高。受国际油价走势影响，2019年以来，我国已7次上调成品油价格，并在5月13日降价后于5月27日24时起迎来“第八涨”。

（三）“一带一路”能源合作为国内成品油行业发展提供良好契机

能源合作是共建“一带一路”的重点领域。继2018年10月18日首届“一带一路”能源部长会议在苏州成功举办后，2019年4月25日“一带一路”能源合作伙伴关系（以下

---

① 《OPEC延长原油减产协议至2018年全年》，搜狐网，2017年12月3日。

② 《2018国际油价“跌跌不休”或将长期保持低位》，金融界，2018年12月28日。

③ 《关于辽宁、陕西、山东、河南和湖北等省11家加工企业申请原油非国营贸易进口资格的公示》，商务部，2018年5月23日。

④ 根据商务部网站关于2018年第一批和第二批燃料油非国营贸易进口申请企业情况汇总。

⑤ 根据商务部公告2018年第72号和商务部公告2017年第76号整理。

⑥ 数据来源于商务部公告2018年第92号。

⑦ 《2018年国内外油气行业发展报告》，中国石油集团经济技术研究院，2019年1月16日。

⑧ 《欧佩克与非欧佩克产油国决定日均减产原油120万桶》，新华网，2018年12月8日。

简称“伙伴关系”）成立仪式在北京举行，来自30个伙伴关系成员国及5个观察国的能源部长、驻华大使、能源主管部门高级代表出席成立仪式。会议期间，伙伴关系成员国共同对外发布了《“一带一路”能源合作伙伴关系合作原则与务实行动》。根据该文件，伙伴关系成员国未来将按照“开放包容、互利共赢”的原则，共同在提供政策支持、提升能源资源贸易便利化水平、减少投资壁垒和改善投资环境等方面为推进能源务实合作提供支持[①]，这将为我国开展对外能源合作和成品油贸易提供良好的契机。例如，由中国石油工程建设有限公司承建、位于哈萨克斯坦奇姆肯特市的中油国际中亚公司哈萨克斯坦奇姆肯特炼油厂二期改造工程投料试车顺利完成，使该国加工生产欧Ⅳ、Ⅴ标准成品油能力显著增强[②]，为保障当地成品油供应、创造就业和促进当地经济发展发挥重要作用。

四、我国成品油进出口形势展望及对策建议

随着国内石化产业的进一步扩大开放及新增炼油产能的持续释放，拓展海外市场将成为国内成品油行业发展的趋势。2019年，我国成品油前两批出口配额共计下发5 000万吨，同比上涨16%，已经远超上年全年4 800万吨的总量[③]。预计2019年我国成品油进出口规模将继续扩大，全球第六大成品油贸易国和第五大成品油净出口国地位[④]有望进一步提升。与此同时，在我国经济转型升级稳步推进及绿色发展理念不断得到落实的大背景下，加工贸易在成品油贸易中所占的比重将进一步缩小，柴油、汽油出口所占比重或将有所上升。

为此建议：一是密切关注影响油价变动的国际政治格局变化和经济因素等相关信息，通过合理方式对冲国际油价震荡风险，增强风险防范与应对能力；二是持续推进能源行业的供给侧结构性改革，加快与国际市场的接轨，不断提高成品油出口竞争优势，推动成品油市场健康、有序发展；三是深入落实绿色发展理念，积极推进成品油品质升级，提高在国际贸易中的议价能力；四是深化我国与“一带一路”沿线国家能源合作，加大市场开拓力度，拓宽成品油出口渠道。

---

① 《“一带一路”能源合作伙伴关系合作原则与务实行动》，国家能源局，2019年4月25日。

② 《我驻哈大使：共建“一带一路”是惠及各方的阳光工程》，人民日报海外版，2019年4月23日。

③ 《成品油加工贸易出口配额增加》，商务部，2019年5月28日。

④ 据全球贸易信息系统（GTA）数据，2018年我国成品油进出口量仅次于美国、新加坡、俄罗斯、荷兰和韩国，位居全球第六；净出口量仅次于俄罗斯、美国、印度和韩国，位居全球第五（缺沙特阿拉伯数据）。

2018 年我国集成电路进口年度报告

目前，我国是全球最大的电子产品制造基地和芯片需求市场，各类新兴电子产品、智能化家电、智能化汽车，都需要大量的半导体，我国集成电路市场需求量占据全球市场的三分之一。根据中国半导体行业协会统计，我国集成电路产业规模复合增长率是全球的近3倍。2018 年，我国集成电路产业销售额 6 532 亿元，2012 年到 2018 年的复合增长率为 20. 3%①。据海关统计，2018 年，我国进口集成电路 4 175. 7 亿个，同比增加 10. 8%；价值 2. 06 万亿元，同比增长 16. 9%；进口均价为每个 4. 9 元，同比上涨 5. 5%（见图 1）。

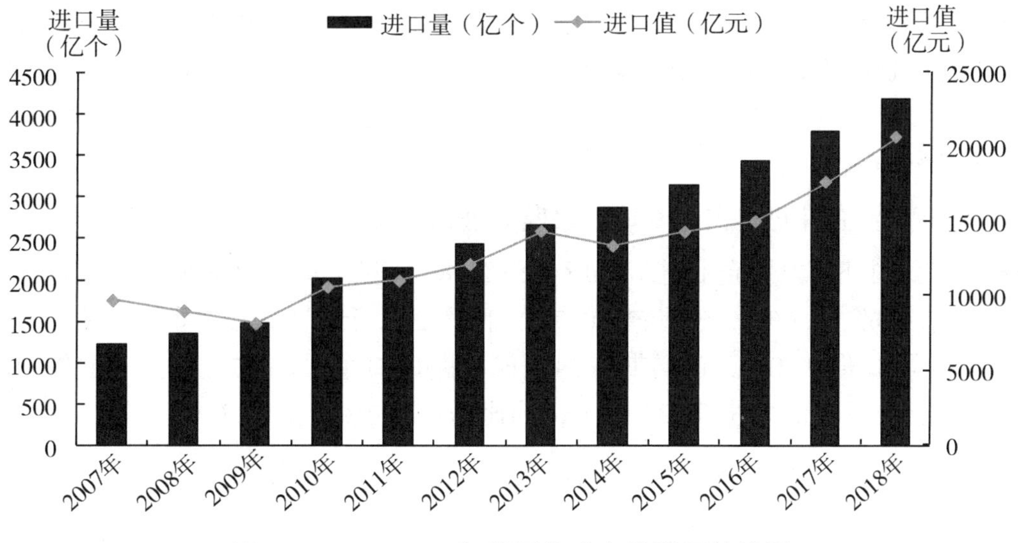

图 1　2007—2018 年我国集成电路进口统计图

一、2018 年我国集成电路进口的主要特点

（一）12 月份进口量出现年内首次同比减少，进口均价仅 11 月份出现下跌

2018 年 1~11 月，我国进口集成电路保持同比增加态势，至 12 月份，我国进口集成电路 278. 6 亿个，同比减少 16. 9%，环比减少 17. 1%，为年内首次出现同比减少；2018 年全年除 11 月份外，其他月份集成电路进口均价同比上涨且保持高位运行，11 月份进口均价为每个 5. 2 元，同比下跌 4. 6%，环比下跌 12. 6%（见图 2）。

① 《2018 年我国集成电路产业销售额 6 532 亿元》，中国半导体行业协会，2019 年 4 月 11 日。

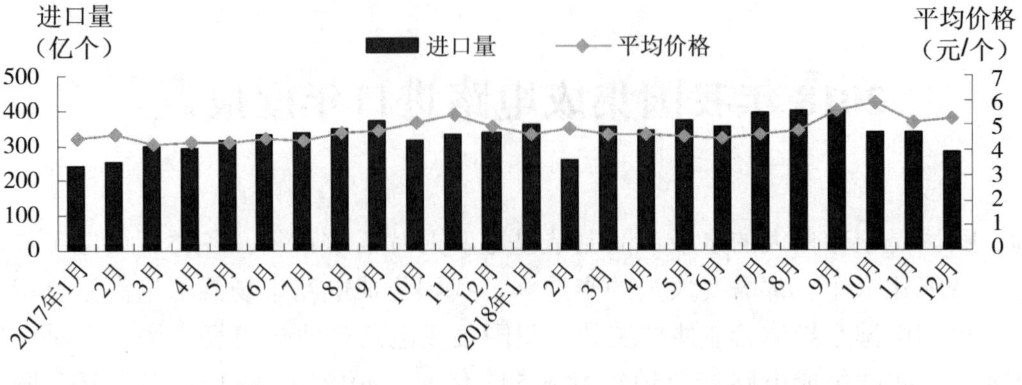

图2　2017年1月~2018年12月我国集成电路进口月度量价统计图

（二）加工贸易方式进口比重下滑，一般贸易方式进口呈2位数增长

2018年，我国以加工贸易方式进口集成电路2 112.4亿个，同比增加4.3%，占同期我国集成电路进口总量的50.6%，比重较2017年下滑3.1个百分点。同期，以一般贸易方式进口1 398.3亿个，同比增加19.4%，占同期我国集成电路进口总量的33.5%，比重较2017年上升2.4个百分点。

（三）外商投资企业进口占近6成，民营企业进口比重上升

2018年，我国外商投资企业进口集成电路2 486.9亿个，同比增加6%，占同期我国集成电路进口总量的59.6%，比重较2017年下滑2.7个百分点。同期，民营企业进口1 553.8亿个，同比增加20%，占同期我国集成电路进口总量的37.2%，比重较2017年上升2.9个百分点；国有企业进口135亿个，同比增加4.7%（见图3）。

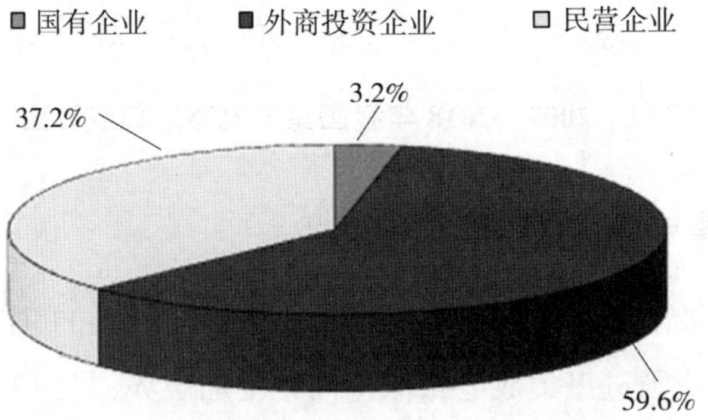

图3　2018年我国集成电路进口企业类型占比统计图

（四）自最大来源地我国台湾地区进口增加，自美国进口减少

2018年，大陆自台湾地区进口集成电路1 254.7亿个，同比增加14.3%，占同期大陆集成电路进口总量的30%。同期，自东盟、韩国和日本分别进口697.5亿个、390.1亿个和344.6亿个，同比分别增加2.7%、25.3%和10%。此外，自美国进口317.6亿个，同比减少5.6%；自欧盟进口250.8亿个，同比增加14.2%（见表1）。

表 1　2018 年我国集成电路主要进口来源地统计表

来源地	进口量（亿个）	进口量同比（%）	进口值（亿元）	进口值同比（%）	进口均价（元/个）	进口均价同比（%）
中国台湾	1254.7	14.3	6422.8	17.2	5.1	2.5
东盟	697.5	2.7	3355.7	5.6	4.8	2.9
韩国	390.1	25.3	5416.4	22.0	13.9	-2.7
日本	344.6	10.0	1032.7	11.0	3.0	0.9
美国	317.6	-5.6	794.4	14.9	2.5	21.7
欧盟	250.8	14.2	477.9	19.4	1.9	4.6
墨西哥	38.1	1.1	173.7	1.0	4.6	-0.1
以色列	14.9	22.4	85.6	-14.3	5.7	-29.9
摩洛哥	10.4	-2.0	9.9	2.9	1.0	5.1

（五）广东、江苏和上海居进口前 3 位，6 省份进口量超百亿个

2018 年，我国共有 6 个省市集成电路进口量超百亿个，广东、江苏和上海进口量居前 3 位。其中，广东进口集成电路 1 581.5 亿个，同比增加 9.6%，占同期我国集成电路进口总量的 37.9%；江苏进口 1 089.7 亿个，同比增加 15.2%，占同期我国集成电路进口总量的 26.1%；上海进口 627.5 亿个，同比增加 2.7%，占同期我国集成电路进口总量的 15%。此外，北京、四川和重庆分别进口 121.1 亿个、103.7 亿个和 71.8 亿个，同比分别增加 24.6%、29.3%和 26%（见表 2）。

表 2　2018 年我国集成电路进口量前 10 大省市统计表

省市	进口量（亿个）	进口量同比（%）	进口值（亿元）	进口值同比（%）	进口均价（元/个）	进口均价同比（%）
广东	1581.5	9.6	8384.9	22.6	5.3	11.8
江苏	1089.7	15.2	4130.1	26.5	3.8	9.8
上海	627.5	2.7	2290.2	-6.7	3.6	-9.1
山东	137.6	4.5	393.7	-4.7	2.9	-8.8
北京	121.1	24.6	189.0	17.1	1.6	-6.0
四川	103.7	29.3	1351.3	19.6	13.0	-7.5
重庆	71.8	26.0	511.4	13.1	7.1	-10.2
浙江	67.0	10.9	256.1	15.1	3.8	3.8
陕西	59.3	2.4	873.4	45.6	14.7	42.3
甘肃	50.0	40.7	12.9	11.5	0.3	-20.8

（六）进口企业数量小幅增加，前 20 位企业进口集中度微升

2018 年，我国有集成电路进口记录的企业共 9 387 家，比 2017 年增加 221 家。其中，进口量排名前100位的企业合计进口集成电路2 642亿个，占同期我国集成电路进口总量的63.3%，比重较2017年提升0.2个百分点。

二、2018年我国集成电路进口量增加的主要原因

（一）国内市场需求增长，推动集成电路进口量增加

中国半导体行业协会统计，2018年中国集成电路产业销售额6 532亿元，同比增长20.7%。其中，设计业同比增长21.5%，销售额为2 519.3亿元；制造业继续保持快速增长，同比增长25.6%，销售额为1 818.2亿元；封装测试业销售额2 193.9亿元，同比增长16.1%①；2018年全年全国规模以上计算机、通信和其他电子设备制造业增加值同比增长13.1%，比同期规模以上工业增加值总体增速快6.9个百分点②。国内市场对集成电路的需求不断攀升，拉动集成电路进口量保持增加。

（二）我国中高端集成电路与国际先进水平有显著差距，对进口存在依赖性

工业和信息化部对全国30多家大型企业130多种关键基础材料的调研结果显示，绝大多数计算机和服务器通用处理器95%的高端专用芯片、70%以上的智能终端处理器以及绝大多数存储芯片依赖进口③。我国集成电路设计业产业规模不断壮大，先进设计水平达到7纳米，但仍以中低端产品为主；集成电路制造业、存储器工艺突破，14纳米逻辑工艺即将量产，但与国外仍有两代差距④；在存储芯片、服务器、个人电脑、可编程逻辑设备等领域，我们国产芯片自给率几乎为零。国产芯片供给率不到10%⑤，使得我国芯片严重依赖进口，推动我国集成电路进口增加。

三、我国集成电路进口的影响因素分析

（一）2019年智能手机和汽车产销量双双下滑，集成电路进口需求可能放缓

智能手机是集成电路重要的下游消费行业，大量使用半导体存储器和中央存储器等电子元器件，如智能手机占半导体存储器消费总量的4成⑥。根据Trend Force的报告，2019年全球智能手机产量预计为14.1亿台，比2018年下降3.3%⑦。2019年一季度，我国智能手机产量为2.7亿部，同比减少13.8%⑧。2019年1~4月，我国汽车产销分别完成838.9万辆和835.3万辆，同比分别下降11和12.1%⑨。集成电路下游主要行业产销量下滑，2019年，我国集成电路进口需求可能有所放缓。

---

① 《2018年中国集成电路产业第四季度运行情况》，中国半导体行业协会，2019年3月9日。
② 《2018年国民经济和社会发展统计公报》，国家统计局，2019年2月8日。
③ 《工信部副部长：制造业核心技术短缺局面尚未根本改变》，中国新闻网，2018年7月13日。
④ 《2018年中国集成电路产业销售额6 532亿元》，新华社深圳，2019年4月9日。
⑤ 《集成电路保卫战：芯片自给率不到10%，人才缺口40万》，新浪科技，2018年6月26日。
⑥ 《日媒：半导体产业面临乖点 中国"国产化"并非关键因素》，搜狐科技，2018年12月3日。
⑦ 《2019年全球智能手机市场观察：产量回落》，网易网，2019年3月8日。
⑧ 《2019年3月份规模以上工业增加值增长8.5%》，国家统计局，2019年4月17日。
⑨ 《2019年4月汽车工业经济运行情况》，搜狐网，2019年5月16日。

（二）我国集成电路产业存在低水平重复建设，出口产品结构显著低于国际先进水平

近年来随着地方政府的政策和资金支持，我国各地密集推动多条集成电路生产线，产业出现投资过热倾向。同时，由于先进制程研发、生产成本更高，我国多数新建生产线集中在工艺成熟、门槛较低的特色工艺，造成资源浪费和低水平重复建设[①]。投资芯片生产线一头大，设备、材料的资本投入较少，我国产业所使用的材料和设备高度依赖进口[②]。据全球贸易信息系统（GTA）统计，2018 年，我国集成电路出口量 2 112.2 亿个，位列全球出口份额第一；出口均价为每个 0.4 美元，远低于美国出口均价每个 3.2 美元和韩国每个 2.4 美元的水平。投资方向过于集中造成了产业的重叠浪费，制约我国集成电路产业的全面发展。

（三）美国“封杀”华为将对我国集成电路进口产生深远影响

2019 年 5 月 16 日，美国商务部以国家安全为由，将华为公司及其 70 家附属公司列入管制“实体名单”。此举禁止电信巨头华为公司在未经美国政府批准的情况下从美国公司购买零部件。截止到目前，除谷歌外，还有 ARM、高通、英特尔等美国公司相继被爆出与华为终止合作[③]。华为曾披露，2018 年核心供应商共 92 家，美国供应商占最多，达 33 家。在华为 2018 年的 700 亿美元采购中，大约有 110 亿美元来自高通、英特尔和美光科技公司等美国公司[④]。美国动用国家行政力量“封杀”华为公司及其 70 家附属公司，主要是因为华为是世界上少数拥有核心技术的企业之一，5G 技术全球领先，有很大可能成为中国突破美国技术壁垒的一个突破点，与其说是在制裁华为不如说是限制中国的发展。5 月 22 日，财政部、国家税务总局发布《关于集成电路设计和软件企业所得税政策的公告》，提出依法成立且符合条件的集成电路设计企业和软件企业，在 2018 年 12 月 31 日前自获利年度期计算优惠期，第一年至第二年免征企业所得税，第三年至第五年按照 25%的法定税率减半征收企业所得税[⑤]。美国“封杀”华为以及我国一系列政策扶持集成电路产业，集成电路自主研发和生产变得愈发重要，我国自美国厂商进口集成电路必将减少，对我国集成电路进口局面产生深远影响。

四、我国集成电路进口形势展望及对策建议

2018 年 7 月 3 日，国家集成电路创新中心启动会在上海举行，正式落户上海。国家集成电路创新中心由复旦大学、中芯国际和华虹集团三家单位共同发起，逐步吸收更多龙头企业和研究机构，打造国家集成电路共性技术研究平台，着力解决我国集成电路主流技术方向选择和可靠技术来源问题，为产业升级提供技术支撑和知识产权保护[⑥]。国家集成电路

---

① 《2019 年中国集成电路产业发展形势展望》，中国电子信息产业发展研究院，2019 年 1 月 3 日。

② 《中微尹志尧：我国集成电路产业发展的“主要矛盾”和“七大问题”有待解决》，IC-china，2018 年 11 月 10 日。

③ 《从容应对美国封杀令的底气何在？论华为事件带给我们的启发》，中国日报网，2019 年 5 月 30 日。

④ 《华为被禁，这些美国半导体厂商会好吗？》，新浪网，2019 年 5 月 17 日。

⑤ 《两部门明确集成电路设计和软件产业企业所得税政策》，中国税务网，2019 年 5 月 23 日。

⑥ 《国家集成电路创新中心、国家智能传感器创新中心落户上海》，新华社，2018 年 7 月 4 日。

创新中心将围绕5nm及以下集成电路，聚焦四大共性技术，支持国产高端芯片在国内制造企业实现生产[①]。长远来看，该中心对我国集成电路产业是一个重大利好，促进我国集成电路产业加速向全球一流靠拢。如果能实现5nm及以下高端芯片在国内制造企业生产的目标，未来我国集成电路进口的需求将萎缩。此外，随着中美贸易摩擦愈演愈烈，美国加税和发布“实体名单”制裁我国高科技企业，我国商务部于2019年5月31日宣布建立“不可靠实体清单”制度，针对一些外国实体出于非商业目的，针对中国企业采取封锁、断供和其他歧视性措施的行为[②]。2019年，我国集成电路进口增速将大概率放缓。

为此建议：一是研究建立我国集成电路产业体系建设与产业优化布局的指标体系，从国家层面进行统筹协调，各地区根据实际需求布局，避免重复建设、造成资源浪费；二是推进地方政府的产业基金、各地区的风险投资基金、国有和民营资本投资的联动，通过资金、人才、技术、政策的有效布局，促进创新资源的市场化有序流动，提升集成电路整体创新能力；三是在新一轮科技革命和产业变革中，集成电路企业要抓住机遇，在5G、人工智能、工业互联网、物联网等领域谋篇布局，抢夺集成电路创新增长点。

---

① 《国家集成电路创新中心启动，强力支持国产高端芯片制造》，搜狐网，2018年7月5日。

② 《谁会列入“不可靠实体清单”》，新华网，2019年6月2日。

2018年我国机电产品进出口年度报告

我国是全球最大的机电产品制造业生产基地，近年来制造实力显著提升，逐步向着自主创新和高质量发展方向迈进。作为占据我国外贸半壁江山的“霸主”，机电产品在提高国际竞争力、开拓“一带一路”沿线市场和扩大高技术装备制造进口等方面的进步，将对转变我国经济结构及促进对外贸易提质增效具有极其重要的作用。

据海关统计，2018年我国机电产品进出口16.02万亿元，同比增长8.8%，慢于当年全国9.7%的外贸整体进出口增幅，占当年我国外贸进出口总值的52.5%，较2017年下滑0.4个百分点。其中，出口9.65万亿元，同比增长7.9%，占当年我国外贸出口总值的58.8%；进口6.37万亿元，同比增长10.3%，占当年我国外贸进口总值的45.2%。

一、2018年我国机电产品进出口的主要特点

（一）月度出口规模整体上升，进口先扬后抑，12月份进出口同比双双下降

2018年上半年，我国机电产品月度出口规模在7 000亿元上下波动，而下半年开始呈现快速上升态势，11月份达到9 310.7亿元的月度历史新高后，12月份回落至9 008.7亿元，同、环比分别下降2.1%和3.2%；与此同时，机电产品月度进口规模呈现先扬后抑态势，自2月份3 836.9亿元的低位震荡上行，在9月份达到6 435.9亿元的峰值后逐月下滑，12月份进口值为4 939亿元，同、环比分别下降12%和12.3%（见图1）。

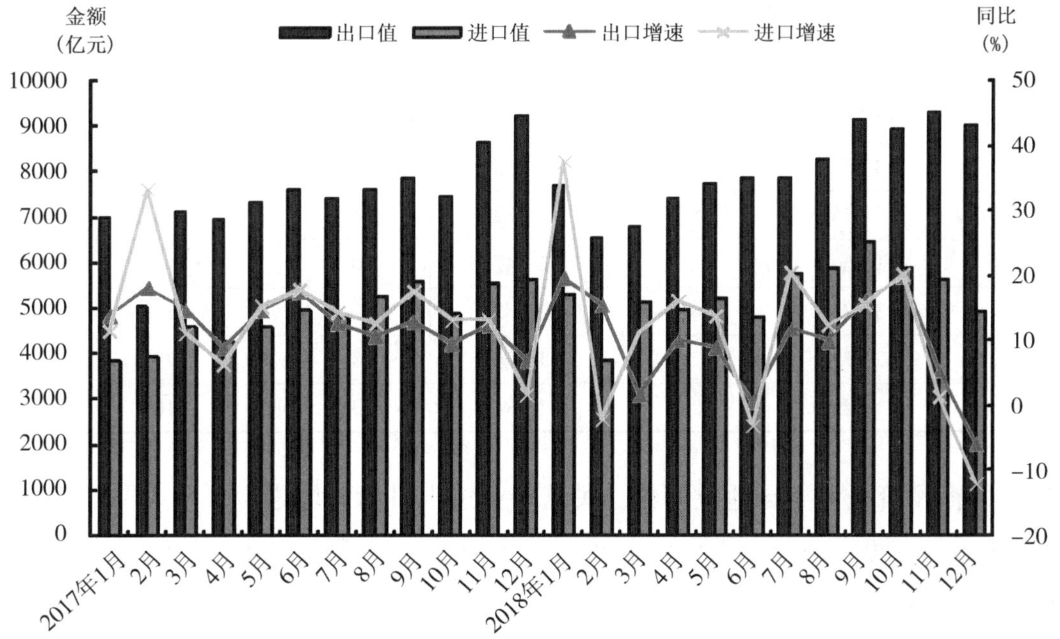

图1　2017年1月~2018年12月我国机电产品进出口月度走势统计图

（二）一般贸易进出口比重提升，加工贸易进出口增速慢于整体

随着“中国制造”向着高质量方向迈进，我国机电产品自主创新能力不断增强，带动了贸易方式结构的持续优化。2018 年，我国以一般贸易方式进出口机电产品 6.97 万亿元，同比增长 11.2%，快于同期机电产品整体进出口增速 2.4 个百分点，所占我国机电产品进出口的比重由 2017 年的 42.7%提升至 2018 年的 43.5%。同期，以加工贸易方式进出口 6.54 万亿元，同比增长 6%，慢于同期机电产品整体进出口增速 2.8 个百分点，占同期我国机电产品进出口总值 40.9%，比重较 2017 年下滑 1.1 个百分点。

（三）对欧盟、美国和东盟进出口增长较快，对“一带一路”沿线国家进出口增速快于整体

受全球经济增速稳定、国际市场需求回暖等因素的影响，2018 年，我国对机电产品前 3 大贸易伙伴欧盟、美国和东盟分别进出口约 2.74 万亿元、2.53 万亿元和 1.94 万亿元，同比分别增长 9.5%、8.9%和 13.2%，上述 3 者合计进出口值占当年我国机电产品进出口总值的 45%。同时，我国企业开拓“一带一路”沿线市场取得了明显成效，2018 年我国对“一带一路”沿线国家（与上述前 3 大贸易伙伴统计口径有部分交叉）进出口机电产品 3.45 万亿元，同比增长 10.7%，快于机电产品整体进出口增速 1.9 个百分点，所占我国机电产品进出口的比重由 2017 年的 21.2%提升至 21.6%（见表 1）。

表 1　2018 年我国机电产品进出口主要市场统计表

主要市场	进出口		出口		进口	
	金额（亿元）	同比（%）	金额（亿元）	同比（%）	金额（亿元）	同比（%）
欧盟	27 428.3	9.5	16 371.3	8.3	11 057.0	11.4
美国	25 350.0	8.9	19 868.8	10.0	5 481.2	4.9
东盟	19 360.9	13.2	10 459.9	12.2	8 901.0	14.3
中国香港	15 785.5	7.0	15 707.8	7.1	77.7	-18.7
韩国	13 524.7	10.1	4 035.7	4.2	9 489.0	12.9
日本	13 425.5	5.5	5 232.2	4.2	8 193.3	6.3
中国台湾	11 660.1	12.0	2 047.0	10.8	9 613.1	12.3
印度	3 074.5	6.6	2 962.5	6.5	112.0	8.1
墨西哥	2 575.6	17.6	1 996.5	18.5	579.1	14.4
俄罗斯	1 725.1	12.2	1 684.1	13.5	410.0	-23.1

（四）外商投资企业主导地位弱化，民营企业进出口活力增强

2018 年，外商投资企业进出口机电产品 9.25 万亿元，同比增长 4.7%，占当年我国机电产品进出口总值的 57.8%，比重较 2017 年下滑 2.4 个百分点，已连续两年下滑，主导地位有所弱化。同期，随着自主创新发展能力的提升，民营企业进出口活力明显增强，全年进出口机电产品 5.46 万亿元，同比增长 18.4%，快于机电产品整体进出口增速 9.6 个百分点，占机电产品进出口的比重由2017年的31.3%提升至34.1%。此外，国有企业进出口1.29万亿元，同比增长2.8%，占同期我国机电进出口总值的8%。

（五）东部地区仍为主要进出口区域，四川、重庆等西部省市进出口增速较快

东部地区仍是我国机电产品进出口的主要区域，进出口值达到13万亿元，同比增长7.2%，其中广东进出口约4.95万亿元，同比增长7.9%；江苏进出口约2.78万亿元，同比增长9.9%；上海进出口约1.9万亿元，同比增长2.5%；浙江进出口约1.05万亿元，同比增长10.7%，上述4者合计占当年我国机电产品进出口总值的66.7%。得益于承接东部地区电子信息等产业转移步伐的不断加快，西部地区机电产品进出口实现快速增长。2018年西部地区进出口机电产品1.48万亿元，同比增长23.2%，明显快于机电产品整体进出口增速，其中四川、重庆同比增幅分别达到32.1%和16.8%（见表2）。

表2　2018年我国机电产品主要进出口省市统计表

省市	进出口值（亿元）	同比（%）	比重（%）
广东	49 491.2	7.9	30.9
江苏	27 830.5	9.9	17.4
上海	19 019.5	2.5	11.9
浙江	10 483.3	10.7	6.5
北京	6 682.0	4.7	4.2
山东	5 725.8	1.2	3.6
天津	5 259.9	5.0	3.3
四川	5 039.1	32.1	3.1
重庆	4 233.8	16.8	2.6
福建	4 167.8	4.8	2.6

（六）进出口均以电器及电子产品为主，机械设备进口增长较快

2018年，我国出口电器及电子产品4.39万亿元，同比增长8.5%，占当年我国机电产品出口总值中的45.5%，其中出口手机9 342.9亿元，同比增长9.8%；同期，在国际产能和装备制造合作的推动下，我国出口机械设备2.83万亿元，同比增长9.1%，占当年我国机电产品出口总值中的29.4%；出口运输工具7 774亿元，同比增长9.4%。2018年，我国进口电器及电子产品3.44万亿元，同比增长11.2%，占当年我国机电产品进口总值的54%；同期，进口机械设备1.33万亿元，同比增长16.1%，占当年我国机电产品进口总值中的20.9%（见表3）。

表 3　2018 年我国机电产品进出口主要品种统计表

商品品种	出口值（亿元）	出口同比（%）	进口值（亿元）	进口同比（%）
电器及电子产品	43 922.7	8.5	34 437.3	11.2
机械设备	28 315.9	9.1	13 310.1	16.1
运输工具	7 774.0	9.4	7 601.9	4.8
金属制品	6 757.8	8.3	1 156.6	5.1
其他	4 973.1	2.2	448.9	9.1
仪器仪表	4 713.7	-1.5	6 772.3	2.7

二、2018 年我国机电产品进出口增长的主要原因

（一）全球经济平稳增长，国际市场需求回暖

2018 年，全球经济虽然面临着贸易保护主义和单边主义抬头等诸多因素的挑战，但基本延续了 2017 年的复苏态势继续保持平稳增长。国际货币基金组织预测，2018 年全球 GDP 增长率与 2017 年基本持平，其中，发达经济体增速为 2.4%，新兴市场与发展中经济体增速为 4.7%[①]；同时，全球经济持续稳步增长也带动了国际贸易继续保持上升态势，据联合国发布的《2018 统计手册》预计，2018 年全球商品出口额将同比增长 10.4%，达到 19.6 万亿美元[②]。全球经济平稳增长，国际市场需求回暖是导致我国机电产品进出口增长的主要原因。

（二）"一带一路"建设下合作不断深化，带动机电产品贸易快速发展

随着"一带一路"建设的推进，截至 2019 年 3 月底，我国政府已与 125 个国家和 29 个国际组织签署 173 份共建"一带一路"政府间合作文件[③]，内容涵盖基础设施、产能、投资、经贸、金融、科技、社会等合作领域，其中基础设施互联互通是"一带一路"建设的优先领域，提升了沿线国家对装备制造和成套设备等机电产品的需求。数据显示，"一带一路"已成为我国工程机械的重要组成部分，部分工程机械企业海外出口的 70%以上来自"一带一路"沿线市场[④]。2018 年，我国机电产品对"一带一路"沿线国家进出口值同比增长 10.7%，高于机电产品整体 8.8%的进出口增速。

（三）手机、便携式电脑等产品附加值提升，带动出口值增长

2018 年，我国机电产品制造业快速发展，产品质量不断提高、结构进一步优化，部分机电企业更加注重产品性能和品牌价值的提升，大力发展中高端产品，叠加零部件价格上涨等因素，推动产品出口价格的不断上扬。例如，2018 年，受手机性能和品牌价值提升等

---

① 《2019 全球经济面临哪些挑战？社科院预计全球 GDP 增长 3.5%》，经济日报，2018 年 12 月 29 日。

② 《联合国贸发会议：2018 年全球商品出口额或同比增长 10.4%》，中国证券网，2018 年 12 月 6 日。

③ 《共建"一带一路"倡议：进展、贡献与展望》，中国一带一路网，2019 年 4 月 22 日。

④ 《"一带一路"上中国工程机械企业布局大盘点》，中国工程机械信息网，2019 年 1 月 8 日。

因素影响，12 款中国品牌手机被列入全球最受欢迎的 20 款手机[①]，中高端手机出口比例快速提升，整体出口均价上涨 19.1%；又如便携式电脑，2018 年虽然出口量与上年基本持平，但出口均价上涨 10.5%，从而带动出口值较快增长。

三、我国机电产品进出口的影响因素分析

（一）中美经贸摩擦以及美国对伊朗恢复制裁，对我国机电产品出口及企业信心影响较大

2018 年，美国对我国“301 调查”提出的加征关税清单中，涵盖信息通信设备、家用电器、电工器材、仪器仪表、机械等广泛领域，其中机电产品贸易额占清单总额的 66.5%，占我国机电产品出口总额约 10%，成为受影响突出的产业品类[②]。加征关税使我国企业普遍面临与客户重新商定价格、分摊关税损失等商业问题[③]，企业经营成本上升，所涉及的机电产品对美国出口或将丧失竞争优势。美国国际贸易委员会（USITC）数据显示，2018 年 7 月 6 日生效的 340 亿美元清单和 8 月 23 日生效的 160 亿美元清单相关商品，自征税生效月之后，美国自华进口呈现连续同比下降[④]。与此同时，我国机电产品进出口商会测算的 2018 年秋季广交会机电外贸企业信心指数也创近年新低，对北美市场看好的企业比重同比大幅下降 16.7%[⑤]。此外，美国退出“伊核协议”并恢复对伊朗的全面经济制裁，已经造成伊进口商违约比例上升，导致我国企业出现回款困难、运输成本飙升、结算汇路受限等问题。中美经贸摩擦以及美国对伊朗恢复制裁所带来不稳定因素增加，我国机电产品出口风险增大。

（二）机电产品出口质量不断提高，结构不断优化，为机电产品贸易可持续发展创造条件

随着我国供给侧结构性改革取得新成效，机电产品出口商品结构继续优化，国产手机、无人机、汽车等高附加值产品快速增长。我国已经成为全球电子信息类产品等第一大生产国和出口国，手机出货量已经占全球的三分之一，日用机械、家用电器、电动机和电工器材出口均处于全球前列[⑥]。与此同时，机电企业转型升级步伐加快，从贸易结构看，2018 年，我国机电产品一般贸易出口比重上升至 43.6%，较 2017 年增加 1.5 个百分点。未来，传统制造业的转型升级和新技术、新模式、新业态与传统贸易方式的融合、渗透将使得机电产品对外贸易不断衍生出新的动能，不仅可以实现对外贸易新一轮的增长，更为可持续稳定发展创造条件。

（三）贸易摩擦和技术壁垒频繁，机电产品出口压力增大

作为机电产品出口第一大国，在制造业回流和贸易保护主义抬头的大背景下，我国正

---

① 《中端机更赢得青睐，外媒 gsmarena 评选出 2018 年最受欢迎的 20 款手机》，半导体投资联盟，2019 年 1 月 2 日。

② 《总额创历史新高，但隐忧凸显》，机电产品进出口商会，2019 年 2 月 14 日。

③ 《第 124 届广交会：信心与风险的较量》，进出口经理人，2018 年 11 月 10 日。

④ 《总额创历史新高，但隐忧凸显》，机电产品进出口商会，2019 年 2 月 14 日。

⑤ 《总额创历史新高，但隐忧凸显》，机电产品进出口商会，2019 年 2 月 14 日。

⑥ 《机电商会张钰晶会长：我国机电产品与发达国家的产业互补优势没有改变》，和讯网，2018 年 8 月 30 日。

面临发达国家与发展中国家双重挤压。在低端领域，印度、土耳其、阿根廷等国家加速发展，为保护其国内产业，对我国采取贸易保护措施；在高端领域，随着我国产业转型升级，和美国、欧盟等发达经济体的产品结构正从互补变为交叉，遭遇的贸易壁垒更趋频繁。据机电产品进出口商会统计，2018 年，我国机电产品在全球范围内遭遇 28 起贸易救济调查，其中新立案件 16 起，复审 12 起，涉及汽车轮毂、钢制货架、铝线缆、六角钢螺钉等广泛领域的多种产品。另外还遭遇美国“337 调查”17 起，“232 调查”1 起[①]。此外，全球技术性贸易措施通报数量上升势头明显，且发展中国家的通报数量增长明显。2018 年，我国机电产品进出口企业反映了越南、沙特阿拉伯等新兴国家的实验室认证、家电能效、汽车进口登检审查等领域的技术性贸易措施问题，正在持续增加企业出口成本和难度。

四、我国机电产品进出口形势展望及对策建议

当前，国际经贸形势将更加复杂严峻，全球金融市场紧缩正在对新兴市场流动性造成冲击，中美贸易摩擦依然存在着不确定性，逆全球化的贸易保护主义依然持续抬头，国际货币基金组织、世界银行等主要机构纷纷下调了 2019 年经济增长预期，我国机电产品出口面临的外部压力还在加大。不过，从内生动力看，我国作为全球制造中心和贸易大国的地位，并未因外部环境的变化而发生实质的改变，机电产品进出口正在从量的增长转变为附加值的提升和技术、质量、品牌、服务等方面的提质增效，由产品国际化迈入企业国际化，由货物出口为主向货物、服务、技术、资本输出相结合转变，以及由价格竞争优势向综合竞争优势转化的新发展阶段。同时，我国围绕稳外资、稳外贸的一系列政策措施和效果继续落实显现，如降低增值税税率，降低进口汽车及零部件关税税率等措施将进一步促进我国机电产品相关行业的发展，有利于我国机电产品外贸进出口的持续健康发展。

为此建议：一是发挥企业主体优势，加快人工智能、新一代通信技术、新能源等高附加值机电产品产业化进程，积极推广应用智能制造产业模式，努力向价值链两端延伸，提升贸易质量和效益；二是引导行业树立国际化视野，依托“一带一路”国际合作倡议，构建以客户为中心、以市场为导向、以科技为引领的发展体系，优化全球资源配置能力，整合内外部资源实现竞争力的提升；三是深化机电产品传统贸易方式与新业态新模式的融合发展，持续优化金融、物流、电商平台等供应链模式，缩短流通时间、提高外贸企业效率，培育外贸竞争新优势；四是加强对国际贸易摩擦的监测预警，充分运用法律救济渠道和世界贸易组织争端解决机制积极应对贸易摩擦，充分发挥行业协会的联合作用，形成合力维护国内企业合法权益。

---

① 《总额创历史新高，但隐忧凸显》，机电产品进出口商会，2019 年 2 月 14 日。

2018年我国劳动密集型产品出口年度报告

“入世”以来，我国纺织纱线织物及制品、服装及衣着附件、家具及其零件、箱包及类似容器、鞋类、塑料制品、玩具等7大类劳动密集型产品在国际市场上已逐步具备明显竞争优势，也是我国出口创汇的支柱性产业，出口值约占全国外贸出口总值的2成，在繁荣市场、吸纳就业、推进城乡发展等方面发挥重要作用。但近年来，上述产业发展普遍面临生产要素成本上涨、国际竞争加剧等突出问题，劳动密集型产品出口运行承压，2015年开始出口规模不再逐年扩大，而是维持高位波动。2018年，我国出口劳动密集型产品3.12万亿元，同比增长1.2%，低于当年全国出口整体增速5.9个百分点，占同期我国外贸出口总值的19%。

一、2018年我国劳动密集型产品出口的主要特点

（一）月度出口规模在二、三季度逐月扩大并创新高

2018年前3个月，受春节因素影响，我国劳动密集型产品出口逐月下降；4月份起连续6个月出口值逐步回增，月度同比情况逐月向好，其中9月份出口值突破3 000亿元，创“入世”以来新高。10月份高位回落后，年末2个月出口值环比回升，12月份我国出口劳动密集型产品2 880.9亿元，同比增长2.7%，环比增长2.8%（见图1）。

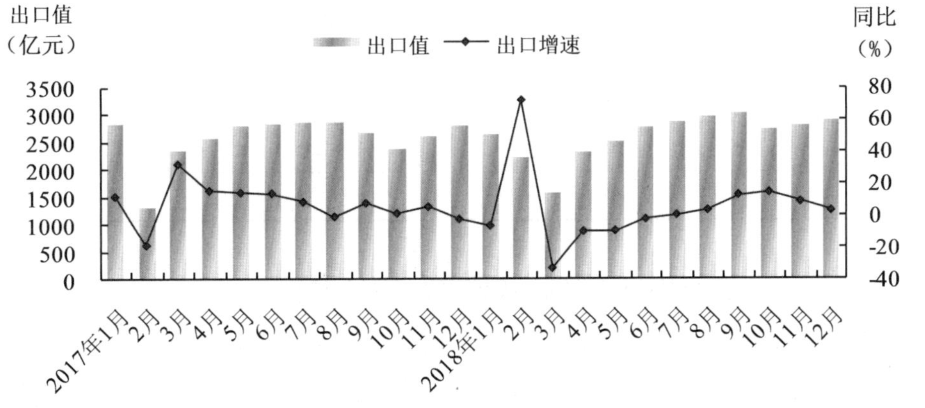

图1　2017年1月~2018年12月我国劳动密集型产品出口月度统计图

（二）一般贸易出口方式增幅高于总体，出口内生动力继续增强

2018年，我国以一般贸易方式出口劳动密集型产品2.35万亿元，同比增长5%，占同期我国劳动密集型产品出口总值的75.3%，比重较上年提升2.7个百分点，反映出该领域产品出口主要由内生动力驱动。此外，以加工贸易方式出口3 613.6亿元，同比下降4.9%，占同期我国劳动密集型产品出口总值的11.6%；以边境小额贸易方式出口1 139.8亿元，同比下降2.1%，占同期我国劳动密集型产品出口总值的3.7%。

（三）民营企业引领增长，出口主导地位进一步提高

2018 年，我国民营企业出口劳动密集型产品 2.21 万亿元，同比增长 2.9%，占同期我国劳动密集型产品出口总值的 70.7%，“入世”以来该比重首次突破 7 成。此外，外商投资企业出口 6 676.1 亿元，同比下降 1.9%，占同期我国劳动密集型产品出口总值的 21.4%；国有企业出口 2 488.8 亿元，同比下降 3.9%。

（四）对美国、东盟出口增速快于整体，对欧盟、非洲出口增长乏力

2018 年，我国对美国出口劳动密集型产品 7 211.8 亿元，同比增长 6.4%，占同期我国劳动密集型产品出口总值的 23.1%；对欧盟出口 5 949.2 亿元，同比增长 0.1%；对东盟出口 3 597.5 亿元，同比增长 5.3%；对日本出口 2 077.9 亿元，同比增长 1.1%；上述 4 者合计约占同期我国劳动密集型产品出口总值的 60.4%。此外，对非洲出口同比仅增长 0.5%；内地对香港出口同比下降 11.3%（见表 1）。

表 1　2018 年我劳动密集型产品主要出口市场统计表

出口市场	出口值（亿元）	同比（%）	占比（%）
美国	7 211.8	6.4	23.1
欧盟	5 949.2	0.1	19.1
东盟	3 597.5	5.3	11.5
日本	2 077.9	1.1	6.7
拉丁美洲	1 861.2	4.8	6.0
非洲	1 827.4	0.5	5.9
中国香港	1 268.2	-11.3	4.1
俄罗斯	870.8	1.8	2.8
韩国	862.3	-2.5	2.8
澳大利亚	698.4	4.6	2.2

（五）服装、鞋类、箱包出口下降，其他产品出口增长

2018 年，我国出口服装及衣着附件 1.04 万亿元，同比下降 2.3%，占同期我国劳动密集型产品出口总值的 33.4%；出口纺织纱线、织物及制品 7 850.8 亿元，同比增长 5.1%，占同期我国劳动密集型产品出口总值的 25.1%。同期，家具及其零件、塑料制品、玩具出口小幅增长，鞋类、箱包及类似容器出口下降（见表 2）。

表 2　2018 年我国劳动密集型产品出口统计表

商品品种	出口值（亿元）	同比（%）	占比（%）
服装及衣着附件	10 412.9	-2.3	33.4
纺织纱线、织物及制品	7 850.8	5.1	25.1

表2 续

商品品种	出口值（亿元）	同比（%）	占比（%）
家具及其零件	3 544.4	4.8	11.4
鞋类	3 095.0	-5.4	9.9
塑料制品	2 870.2	9.3	9.2
箱包及类似容器	1 787.2	-1.0	5.7
玩具	1 662.1	2.3	5.3

（六）浙江出口值跃居各省市第一，广东出口逆势下降

2018 年，广东出口劳动密集型产品 7 502.7 亿元，同比下降 7.6%，失去持续多年的全国劳动密集型产品出口第一的位置；取而代之的浙江出口 7 542.5 亿元，同比增长 7.4%。此外，江苏出口 4 391.1 亿元，同比增长 5.2%；福建出口 2 703.4 亿元，同比增长 3.3%；上述 4 者合计占 71%（见表 3）。

表 3　2018 年我国劳动密集型产品主要出口省市统计表

省市	出口值（亿元）	同比（%）	占比（%）
浙江	7 542.5	7.4	24.2
广东	7 502.7	-7.6	24.0
江苏	4 391.1	5.2	14.1
福建	2 703.4	3.3	8.7
山东	2 047.5	4.8	6.6
上海	1 842.3	3.2	5.9
广西壮族自治区	642.8	19.6	2.1
江西	589.4	-11.9	1.9

（七）出口企业数量增加，企业集中度和平均出口规模下降

2018 年，我国有劳动密集型产品出口记录的企业达到 17.3 万家，较 2017 年增加 1.2 万家。从事劳动密集型产品出口的外贸主体队伍扩张显著，但出口平均规模有所缩减，2018 年我国企业出口劳动密集型产品平均规模为 1 797.5 万元，同比下降 5.6%。其中 231 家企业出口值超过 10 亿元，数量比 2017 年减少 9 家。由于出口竞争激烈，行业集中度出现下滑，2018 年出口值排名前 20 位的企业合计出口 1 001.3 亿元，占当年我国劳动密集型产品出口总值的 3.2%，比重较 2017 年下滑 0.3 个百分点。

二、2018 年我国劳动密集型产品出口小幅增长的原因分析

（一）人民币汇率整体走弱，利好劳动密集型产品出口

2018 年全年，人民币对美元汇率中间价贬值 1.99%，其中月平均汇率从 4 月份开始连

续7个月走高，4月份至11月份人民币对美元贬值幅度超过10%[①]。更全面反映人民币对一篮子货币价值变化的CFETS汇率指数在6月中旬开始急跌，1个半月内贬值超过5.8%，此后虽有波动上升，但仍维持在历史低位，全年贬值1.66%[②]。对比2018年年初汇率宽幅双向波动，全年大部分时间人民币贬值趋势明显，汇率因素带来的出口优势相对放大，劳动密集型企业出口意愿增强。

（二）受中美贸易摩擦影响，企业“抢出口”助推增长

2018年年中，中美贸易摩擦升级，7月份美国公布针对中国输美产品的加税建议清单中包括纺织品、服装、家具、塑料制品、箱包等5类劳动密集型产品，9月24日开始对该批清单商品加征10%关税，并拟于2019年起继续提高关税税率。为避免被加征更高额的关税，我国企业加快出口及美国进口商加速备货相关产品的意愿均增强，对美出口出现应激式增长。2018年下半年，我国对美国出口劳动密集型产品同比增长11.9%，不但扭转上半年对美出口劳动密集型产品同比下降0.1%的态势，且远高于下半年劳动密集型产品整体6.5%的出口增速，对全年整体增长的贡献度在所有出口市场中高居首位。

三、我国劳动密集型产品出口的影响因素分析

（一）与新兴经济体劳动密集型产业发展的竞争愈发激烈

近年来，东南亚及南亚地区加快推进工业化进程，凭借低成本优势逐步发展劳动密集型产业，吸引来自发达国家大批量、中低附加值的订单，与我国相关行业形成竞争关系。据企业反映，东南亚国家人力资源、土地成本等较我国沿海地区有较大优势，同时越南、柬埔寨等国享受欧美发达国家给予的额外关税减免等特殊贸易优惠政策，因此部分海外客户采购劳动密集型中低端产品更倾向于报价较低的东南亚国家企业。数据显示，过去5年，越南对美国的服装出口量累计激增57%，而我国的累计增幅仅为10%[③]；越南每年出口到美国的木制家具金额在30亿美元左右，已达我国出口美国金额的70%[④]。国际贸易数据显示，2018年越南劳动密集型产品在美国、日本的市场份额同比分别提升0.18、1.13个百分点，同期我国产品的市场份额同比则分别降低0.29、2.3个百分点，我国劳动密集型产品在美国、日本市场的份额已经连续8年下滑。

（二）出口市场贸易壁垒增多，特别是中美贸易摩擦加征关税压力大

一方面，技术性贸易措施、劳工权利保障等多类别非关税贸易壁垒间接筑高出口成本。近年来欧美发达国家对添加化学品的监管持续收紧，绿色壁垒日益严苛并成为趋势。例如欧盟平均不到2个月就更新一版“绿色贸易壁垒”法规，至2017年已禁用和限用纺织染料与助剂共25类2 000多个品种；2018年，欧盟非食品类快速预警系统（RAPEX）发布的通报中，涉及我国大陆产品的通报达1 090项，占比过半；其中玩具类、纺织服装与时尚

---

① 《人民币汇率中间价-历史查询》，中国货币网，2019年1月19日。

② 《人民币汇率指数》，中国货币网，2019年1月19日。

③ 《美国采购方向转移 上半年中国服装市场份额下降至30%以下》，全球纺织网，2018年8月30日。

④ 《进口增长远超出口 传统家具急需突围》，中研网，2017年12月20日。

物品被通报数同比增加2.2%，占比合计约6成[①]；同时劳动密集型制造业比其他行业更易受到欧美国家号称关心劳工身心健康和权益的社会责任标准SA8 000等“蓝色贸易壁垒”的捆缚。另一方面，多形式关税贸易壁垒直接考验相关出口企业运营能力。2018年中美贸易摩擦升级，调研中企业反映贸易摩擦引发美国客户顾虑，大单、长单数量明显减少。由于贸易摩擦形势不明朗，市场的不稳定及恐慌情绪影响了企业的相关外贸运营计划。此外，2018年年末哥伦比亚、土耳其加强对原产于我国的相关纺织品的反倾销措施[②]；2017年10月至2018年年底，印度6次调整纺织服装产品关税，包括大规模上调税号50章至63章的纺织品服装进口关税等[③]。

（三）综合生产成本提升带来更多挑战

除了工人工资上涨已逐渐削弱行业以往依靠低成本劳动力的出口比较优势外，调研中企业反映的突出问题是“招工难”。近年来随着我国内陆地区发展，许多在广东等沿海地区务工的内陆籍人员回流，加上新生代农民工择业期望更高，从事制造业流水线的意愿低，造成劳动密集型产业用工缺口。部分企业反映，由于工人数量未能满足生产规模与交货时间，企业接单及扩张能力受限，直接限制了出口规模的扩大。与此同时，2017年下半年以来国际原油价格上涨，带动石油下游产品PTA、塑料等劳动密集型产业主要原材料的价格攀升，也间接抬高制造成本。例如2018年中期，聚酯原料PTA领衔化纤材料价格快速冲高后回落，价格重心抬升、大幅度波动对下游相关企业的生产经营带来较大冲击。

四、我国劳动密集型产品出口形势展望及对策建议

一方面，2019年1月14日，《全面与进步跨太平洋伙伴关系协定》（CPTPP）在越南正式生效。据越南媒体报道，CPTPP生效后，预计越南出口增速将加快4个百分点，其中纺织成衣与鞋类受惠最大，出口增速将加快8.3~10.8个百分点[④]。2019年4月1日起，日本不再给予中国输日货物普惠制关税优惠，但仍保留对越南、孟加拉国等国家的普惠制待遇。据业内估算，日本对华取消普惠制后，我国原产纺织品及原料在日本的进口关税税率将比越南、印度尼西亚、孟加拉国及柬埔寨高出1.06~14.2个百分点[⑤]。此外，中美贸易摩擦互相加征关税，增强了东南亚国家劳动密集型产品对美国出口的比较优势，也加速我国劳动密集型产业向越南等国家转移。上述因素将进一步削弱我国劳动密集型产品在国际市场的价格竞争力。

另一方面，2019年4月1日起，国内制造业等行业原适用增值税税率下降，工业企业和商业企业小规模纳税人的年销售额标准由50万元和80万元统一上调至500万元，出口退税率也进行调整。据分析，征税率与退税率原本一致但同时下降的情况，虽然都是彻底退税，但税率下降减少了企业资金的占用，减轻企业实际税负成本。上述政策为广大劳动

---

① 《2018年TBT通报和欧美召回情况》，广东省应对技术性贸易壁垒信息平台，2019年1月18日。

② 《土耳其对华合成聚酯短纤作出第二次反倾销日落复审终裁》，中国贸易救济信息网，2018年12月4日。

③ 《印度拟继续扩大纺织服装进口关税调整范围》，中国化纤网，2018年8月16日。

④ 《CPTPP将助越南GDP增约1.3%》，全球纺织网，2019年1月18日。

⑤ 《日取消对华普惠制待遇，纺企的心情还好吗?》，中国纺织报，2019年4月3日。

密集型生产企业尤其是资金周转空间不大的中小企业带来切实利好，有助于企业扩大生产规模，提高生产技术和产出能力，利好于劳动密集型产品出口。

为此建议：一是在东南亚国家同类产品出口竞争优势愈发明显的背景下，支持国内龙头企业延伸产业链，提高国际化经营水平，支持中小微企业走“专、精、特、新”的错位发展道路。引导企业充分发挥在劳动力素质、产业集群、配套能力等方面的优势，不断优化产品结构，提升产品质量和品牌价值，加快产业升级、科技开发和自主品牌建设，将低成本优势转变为产业链齐全、人才集聚、市场巨大等要素的综合优势，逐步摆脱劳动密集型产品出口对价格优势的依赖。二是继续关注中美经贸磋商进展，加强出口风险预警分析，做到反应迅速、应对及时；同时以中美贸易摩擦负面影响为鉴，继续支持劳动密集型企业加大力度布局“一带一路”沿线等市场，促进出口市场多元化发展，减少对单一市场依赖度过高形成的贸易风险。三是进一步推进“放管服”改革，注重政策的平稳与连续性；支持与培育外贸综合服务平台，继续降低出口企业综合成本，完善社会信用体系建设；加快落实系列扶持政策，多方位助力企业减负增效。

2018 年我国消费品进口年度报告

我国经济发展稳中向好，居民收入水平不断提高，对高品质消费品的需求也持续增强，带动我国消费品进口规模扩大。据海关统计，2018 年，我国进口消费品①约 1.22 万亿元，同比增长 10.8%，占同期我国进口总值的 8.6%（见表 1）。

表 1　2011—2018 年我国消费品进口情况统计表

年度	进口值（亿元）	同比（%）	占进口总值的比重（%）
2011 年	6 638.5	30.0	5.9
2012 年	7 231.6	8.9	6.3
2013 年	7 806.6	8.0	6.4
2014 年	9 061.0	16.1	7.5
2015 年	8 551.7	-5.6	8.2
2016 年	9 533.9	11.5	9.1
2017 年	10 993.1	15.3	8.8
2018 年	12 178.1	10.8	8.6

一、2018 年我国消费品进口的主要特点

（一）年内有 8 个月进口值超千亿元，12 月份进口值连续第 6 个月同比增长

2018 年，我国消费品单月进口值共有 8 个月超千亿元。其中，在 7 月份创下 1 207.7 亿元的历史最高纪录后，单月进口值均保持在千亿元以上，12 月当月进口 1 024.6 亿元，环比下降 7.5%，同比增长 0.6%，连续第 6 个月同比增长（见图 1）。

① 本文中的“消费品”范围为 SNA（国民账户体系）核算体系中界定的“消费品”概念，主要包括食品、衣着鞋帽、日化用品、电子电器、家具、交通工具、文化娱乐产品等 7 大类产品。

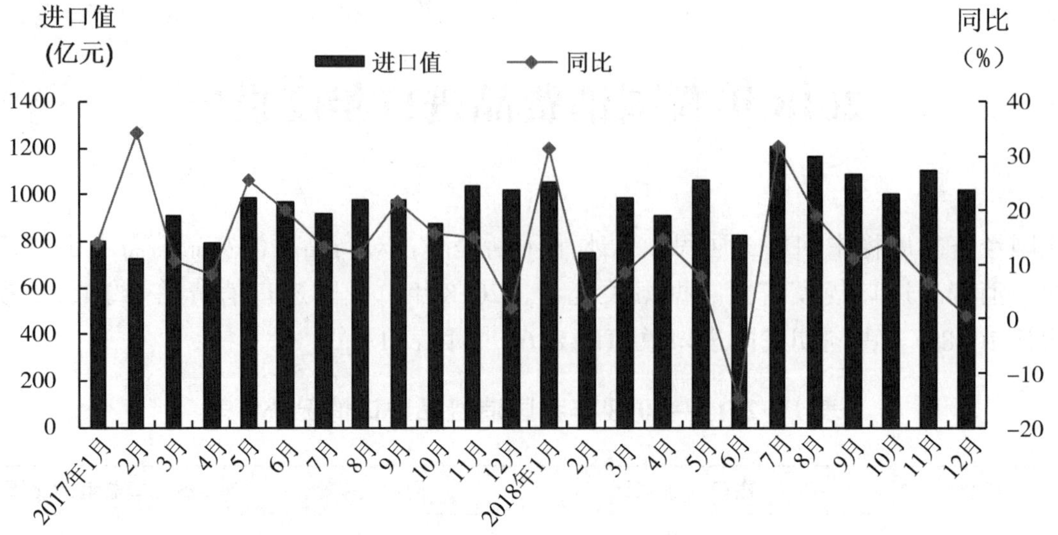

图 1　2017 年 1 月~2018 年 12 月我国消费品进口月度走势统计图

（二）一般贸易方式进口为主，加工贸易方式进口增速较缓

2018 年，我国以一般贸易方式进口消费品 9 005.2 亿元，同比增长 13.4%，占同期我国消费品进口总值的 73.9%，比重较 2017 年提升 1.7 个百分点。同期，以加工贸易方式进口 616.2 亿元，同比增长 1.4%。

（三）欧盟是最大进口来源地，自美国进口明显下降

2018 年，我国自欧盟进口消费品 4 686.8 亿元，同比增长 7.2%，占同期我国消费品进口总值的 38.5%。同期，自东盟进口 1 383.6 亿元，同比增长 20.2%；自美国进口 1 379.8 亿元，同比下降 10.8%。此外，自日本进口 1 218 亿元，同比增长 17.1%；自新西兰和澳大利亚分别进口 413.2 亿元和 384.9 亿元，同比分别增长 17.2%和 32%（见图 2）。

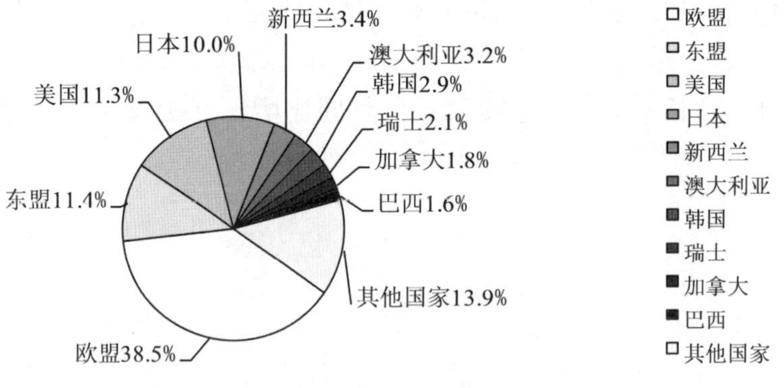

图 2　2018 年我国消费品进口主要来源地占比统计图

（四）外商投资企业进口占比过半，民营企业对消费品进口增长贡献居首位

2018 年，我国外商投资企业进口消费品 6 428.5 亿元，同比增长 3.2%，占同期我国消费品进口总值的 52.8%。同期，民营企业进口 4 170.2 亿元，同比增长 21.7%，占同期我国消费品进口总值的 34.2%，对同期我国消费品进口增长的贡献率达 62.6%。此外，国有企业进口 1 458. 6 亿元，同比增长 9. 6%。

（五）上海进口占 3 成以上，浙江进口快速增长

2018 年，我国消费品进口超过千亿元的省市为上海、北京和广东。其中，上海进口消费品 3 718 亿元，同比增长 9. 3%，占同期我国消费品进口总值的 30. 5%；北京和广东分别进口 2 563. 2 亿元和 1 831. 5 亿元，同比分别增长 5. 5%和 18. 9%；3 者合计占同期我国消费品进口总值的 66. 6%。同期，天津进口 743. 3 亿元，同比增长 2. 2%；江苏和浙江分别进口 650. 7 亿元和 562. 1 亿元，同比分别增长 12. 9%和 26. 9%（见表 2）。

表 2　2018 年我国消费品进口前 10 位省市情况统计表

省市	2018 年		2017 年	
	进口值（亿元）	同比（%）	进口值（亿元）	同比（%）
上海	3 718. 0	9. 3	3 401. 9	20. 5
北京	2 563. 2	5. 5	2 429. 4	6. 5
广东	1 831. 5	18. 9	1 540. 8	9. 6
天津	743. 3	2. 2	727. 5	40. 0
江苏	650. 7	12. 9	576. 5	16. 2
浙江	562. 1	26. 9	442. 8	44. 1
山东	464. 3	15. 0	403. 6	5. 7
辽宁	339. 2	-9. 4	374. 5	21. 7
福建	245. 9	9. 8	224. 0	26. 1
吉林	224. 5	21. 0	185. 6	-12. 5

（六）前 20 位企业进口集中度小幅下滑，其中汽车进口企业占一半

2018 年，消费品进口前 20 位企业合计进口 3 281. 8 亿元，占同期我国消费品进口总值的 26. 9%，比重较 2017 年下滑 1 个百分点。其中，主营汽车进口的企业共 10 家，较 2017 年减少 2 家；主营医药进口的企业 4 家，较 2017 年减少 1 家；其余 6 家企业主要从事体育用品、钟表进口和综合物流等业务。

（七）最大类商品乘用车进口下降，化妆品和部分食品进口增长较快

2018 年，我国进口乘用车 3 270. 7 亿元，同比下降 3. 3%，占同期我国消费品进口总值的 26. 9%，比重下滑 3. 9 个百分点。同期，进口医疗保健品 1 495. 3 亿元，同比增长 5. 2%；水海产品，肉类和鲜、干水果及坚果分别进口 794. 5 亿元、749. 8 亿元和 555. 1 亿元，同比分别增长 39. 9%、13%和 31. 1%。此外，化妆品进口 719. 6 亿元，同比增长 65. 9%；服装进口 467. 7 亿元，同比增长 10. 3%（见表 3）。

表3　2018年我国主要消费品进口情况统计表

商品品种	2018年		2017年	
	进口值（亿元）	同比（%）	进口值（亿元）	同比（%）
食品烟酒类	3 870.8	21.1	3 195.1	14.0
其中：水海产品	794.5	39.9	567.8	19.5
肉类	749.8	13.0	663.6	-3.8
鲜、干水果及坚果	555.1	31.1	423.4	12.4
交通运输类	3 304.2	-3.1	3 411.2	16.0
其中：乘用车	3 270.7	-3.3	3 382.2	16.2
其他商品类	1 961.3	6.4	1 843.2	20.7
其中：医疗保健	1 495.3	5.2	1 421.7	23.1
钟表	174.4	16.8	149.3	20.5
首饰	108.6	32.6	81.8	10.3
衣着鞋帽类	1 017.9	17.4	866.7	18.4
其中：服装	467.7	10.3	424.0	14.3
鞋帽伞	319.4	25.5	254.5	22.1
箱包	192.8	24.8	154.5	24.0
日化用品类	956.0	49.2	640.9	37.4
其中：化妆品（香水、护肤、护发）	719.6	65.9	433.7	47.4
洗剂用品（肥皂、洗涤剂等）	131.0	11.2	117.9	21.6
文化娱乐类	586.8	2.1	575.0	3.0
其中：媒体（磁带、光盘等）	329.9	-4.4	345.3	1.3
家庭设备类	481.2	4.4	460.8	-9.1
其中：电子电器（包括通讯）	257.6	3.4	249.1	-23.1
其他（家具、灯具、餐具等）	223.6	5.6	211.7	15.8

二、2018年我国消费品进口快速增长的主要原因

（一）我国居民消费水平不断提升，对进口消费品的需求旺盛

2018年全国社会消费品零售总额达到38.1万亿元，同比增长9%，消费连续5年成为经济增长最大动力，对经济增长贡献率为76.2%，比上年提高18.6个百分点①。2018年，全国居民人均可支配收入28 228元，扣除价格因素实际增长6.5%②；12月份“新华·银

① 《2018年我国消费品零售总额超38万亿元，消费连续5年成增长第一动力》，中国经济网，2019年2月13日。
② 《2018年居民收入和消费支出情况》，国家统计局，2019年1月21日。

联中国银行卡消费信心指数”为 90.29，同比提升 2.08[①]。随着收入水平的提高，我国居民消费结构不断优化，对进口消费品的需求也愈加旺盛。2018 年，我国水海产品、化妆品和鲜、干水果及坚果进口同比分别增长 39.9%、65.9%和 31.1%。

（二）自贸协定红利持续释放，助力消费品进口增长

近年来，我国不断推动多边和双边合作深入发展，截至 2018 年底已与 25 个国家和地区达成 17 个自贸协定[②]。随着自贸协定范围的扩大，协定税率按计划逐年降低，进口成本不断下降，促使消费品自相关国家进口快速增长。2018 年，我国自新西兰、澳大利亚、韩国、瑞士等自贸协定国进口消费品均较快增长，增速分别为 17.2%、32%、29.5%、13.9%，比同期我国消费品进口整体增速分别高出 6.5 个、21.2 个、18.8 个、3.1 个百分点。

（三）关税下调进一步增强进口动力，下半年消费品进口增速明显加快

自 2017 年 12 月消费品降税之后，2018 年 7 月 1 日起我国又降低汽车及部分日用消费品进口关税[③]，11 月 1 日起，降低 1 585 个税目的进口关税，涵盖人民生产和生活所需的众多工业品[④]。进口关税下调，刺激消费品来华步伐加快。2018 年下半年，我国消费品进口同比增长 13.5%，增速较上半年加快 5.8 个百分点；其中乘用车进口由上半年的同比下降 9.6%转为增长 2.4%。

三、我国消费品进口的影响因素分析

（一）增收降税红利密集释放，居民消费潜力不断增强

2019 年，我国增收降税等政策红利将密集释放，消费提档升级的新空间将不断拓展。1 月份起，不少地方上调最低工资标准和基础养老金；居民个人所得税专项附加扣除政策全面实施，进一步减轻个人税负，增加了居民可支配收入。预计 2019 年全年社会消费品零售总额增长 9%左右[⑤]。中澳自贸协定 1 月开始实施第 5 轮产品降税，几乎所有澳大利亚出口到我国的产品都是零关税，包括葡萄酒、水海等深受国内消费者欢迎的产品[⑥]。居民消费潜力增强，将进一步促进消费品进口增长。

（二）跨境电商政策再度调整，为消费品进口增加新动力

我国消费者购买中高端进口商品走向常态化，跨境电商逐渐成为众多国外商品进入我国市场的首选方式。据统计，2018 年跨境电商进出口商品总额 1 347 亿元，同比增长 50%[⑦]。2019 年，我国将第 3 次延长实施跨境电商零售进口现行监管政策。同时，监管政

---

① 《12 月份新华银联消费信心指数公布》，中国银联，2019 年 1 月 14 日。

② 《中国已与 25 个国家和地区达成 17 个自贸协定》，央广网，2018 年 11 月 5 日。

③ 《一大波日用消费品关税降了，价格为何迟迟不动》，人民日报，2018 年 7 月 3 日。

④ 《年内第四次自主降税 11 月开启》，中国质量新闻网，2018 年 10 月 11 日。

⑤ 《2019 促进消费新政在途 预计全年社会消费品零售总额增长 9%作用》，新华网，2019 年 1 月 3 日。

⑥ 《进口量增长快 消费者受惠多》，中国国门时报，2019 年 2 月 12 日。

⑦ 《去年实现电子商务交易额 31.63 万亿，同比增 8.5%》，新京报，2019 年 5 月 29 日。

策适用城市增加到 22 个；单次交易限值提高至 5 000 元，年度交易限值提高至 2. 6 万元；并将部分消费需求旺盛的商品纳入清单，增加了葡萄汽酒、麦芽酿造啤酒、健身器材等 63 个项目商品[①]。跨境电商新政的出台，将促进跨境电商新业态的健康发展，有助于境外优质消费品的进口进一步增加。

（三）中美贸易摩擦波折不断，自美消费品进口大幅下降拖累整体增速

2018 年 9 月 24 日，美国对自我国进口的约 2 000 亿美元商品实施加税措施，随后我国对自美国进口的约 600 亿美元商品同步实施加征关税[②]。原产于美国的乘用车、肉类、水海产品和鲜、干水果及坚果制品等消费品先后列入我国对美加征反制关税清单。受此影响，2018 年我国自美国进口消费品 1 379. 8 亿元，同比下降 10. 8%，拖累 2018 年我国消费品进口整体增速下滑 1. 5 个百分点。2019 年 5 月 10 日起，美国对从我国进口的 2 000 亿美元清单商品加征的关税税率由 10%提高到 25%。美方的举措导致中美经贸摩擦再次升级，我国不得不调整加征关税措施，自 2019 年 6 月 1 日起对已实施加征关税的 600 亿美元清单商品中的部分，分别实施 25%、20%或 10%的加征关税，包括化妆品、部分食品和日用品等[③]。中美贸易摩擦波折不断，后期消费品进口整体增速将受到拖累。

四、我国消费品进口形势展望及对策建议

2018 年 11 月，我国成功举办首届中国国际进口博览会，172 个国家、地区和国际组织参会，3 600 多家境外企业参展，40 多万采购商到会洽谈采购，成交金额达到近 600 亿美元[④]。首届中国国际进口博览会为我国企业提供了新平台，中国国际进口博览会“6 天+365 天”常年展示交易平台也陆续上线，通过全渠道、常态化的进口交易服务平台，为国外优质消费品进入国内市场提供全新渠道，助推消费品进口规模持续扩大。

2019 年，第 2 届进口博览会规划展览面积将达 33 万平方米，其中国家展的规划面积 3 万平方米，企业商业展的规划总面积 30 万平方米，比 2018 年首届进博会扩展了 3 万平方米，将新增高端消费品、AR/VR、养老康复等题材，以及增设室外展场，设立无人驾驶体验区[⑤]。截至 5 月上旬，第 2 届进博会招展规模已超过首届展会，共吸引 250 家以上的世界 500 强和龙头企业参展[⑥]。2019 年，我国经济继续平稳增长，国内居民收入水平提升增强对中高端产品的消费能力，消费结构将进一步升级。同时，随着国家支持消费品进口的力度不断加大，如降低行邮税、增值税，鼓励跨境电商发展，建设进口商品直销中心等，消费品进口渠道不断优化、进口成本持续降低，有利于培育中高端消费新增长点，持续释放国内市场潜力，增加境外优质消费品进口，促进消费品整体进口增长。预计 2019 年我国消费

---

① 《跨境电商政策调整 年度交易限值提高至 26 000 元》，中华网，2018 年 11 月 30 日。

② 《国务院关税税则委员会关于对原产于美国的约 600 亿美元进口商品实施加征关税的公告》，财政部，2018 年 9 月 18 日。

③ 《中方反制来了！对 600 亿美元美国商品加征关税》，金融界，2019 年 5 月 14 日。

④ 《首届中国国际进口博览会成果丰硕——访商务部部长钟山》，人民日报，2018 年 11 月 19 日。

⑤ 《第二届进博会企业展招展近尾声 规模超首届》，中国新闻网，2019 年 5 月 9 日。

⑥ 《超过 250 家世界 500 强和龙头企业将参展第二届进博会》，界面新闻，2019 年 5 月 9 日。

品进口将保持较快增速，在我国进口总值中的比重保持稳定。

为此建议：一是加强对跨境电商进口情况的监控分析，保持对相关政策实施效果的跟踪评估，确保政策取得预期效果；二是加快消费品行业的供给侧结构性改革，提供更优质的产品和服务，满足国内日益升级的消费需求；三是以举办进口博览会为契机，拓宽消费品进口来源和渠道，减少中美贸易摩擦带来的不利影响。

2018 年我国医药品进口年度报告

2000 年我国就已进入老年型社会，此后，我国老龄化现象加速，加上人们生活水平的提高，医疗支出随之不断提高，我国逐步成长为全球医药消费第二大市场。我国制药企业以生产仿制药为主，而且技术水平较低，产品质量和疗效不理想；加上此前我国对药品上市的审批流程用时较长，药品销售渠道复杂，导致我国制药企业普遍存在“重销售而轻研发”的特点，国内医药品与国外医药品的质量差距被进一步拉大，也因此导致我国医药品进口连年走高。据海关统计，2018 年，我国共进口医药品 1 957. 2 亿元，同比增长 7. 8%（见图 1）。

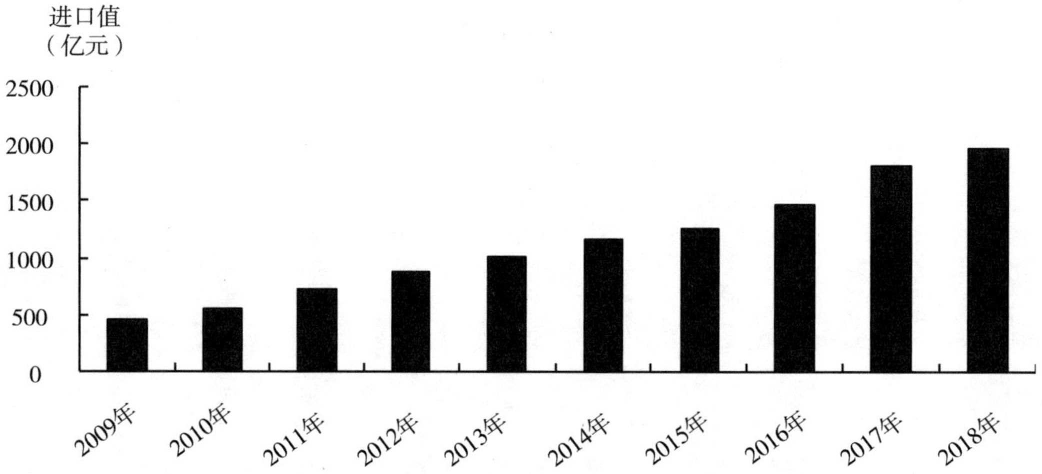

图 1　2009—2018 年我国医药品进口统计图

一、2018 年我国医药品进口的主要特点

（一）月度进口值保持高位运行

2018 年，除 2 月份外，我国医药品月度进口值整体维持较高规模，至 11 月份单月进口值创出 198. 5 亿元的历史新高，12 月份小幅回落，当月进口 192. 9 亿元，同比增长 12. 1%，环比下降 2. 3%（见图 2）。

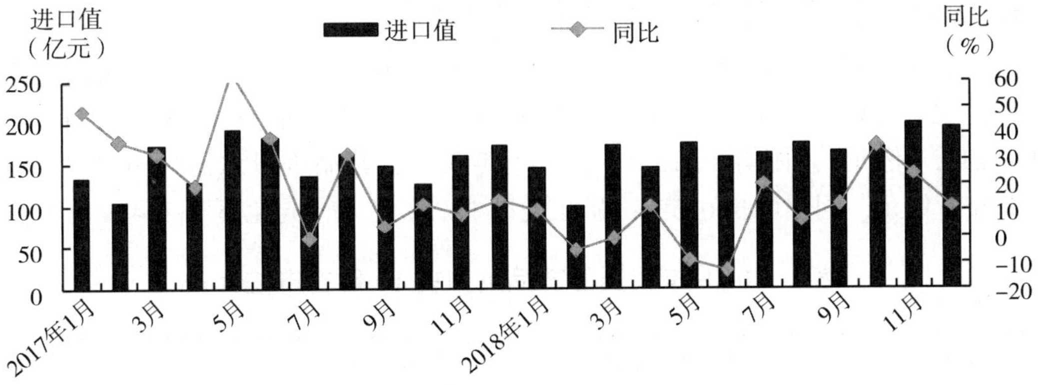

图 2　2017 年 1 月~2018 年 12 月我国医药品进口统计图

（二）一般贸易为主要进口方式

2018 年，我国以一般贸易方式进口医药品 951. 2 亿元，同比增长 12. 9%，占当年我国医药品进口总值的 48. 6%；以加工贸易方式进口 80. 2 亿元，同比增长 13. 1%，占当年我国医药品进口总值的 4. 1%。

（三）外商投资企业进口占比逾 6 成，民营企业进口快速增长

2018 年，我国外商投资企业进口医药品 1 257. 4 亿元，同比增长 3. 9%，占当年我国医药品进口总值的 64. 2%；民营企业进口 419. 5 亿元，同比增长 32. 3%，占当年我国医药品进口总值的 21. 4%；国有企业进口 278. 2 亿元，同比下降 3. 4%，占当年我国医药品进口总值的 14. 2%。

（四）欧盟为主要进口来源地，自美国进口增长较快

2018 年，我国自欧盟进口医药品 1 276. 4 亿元，同比增长 4. 4%，占当年我国医药品进口总值的 65. 2%，其中，自德国进口 457. 7 亿元，同比下降 3. 3%；自法国进口 152. 8 亿元，同比下降 5%。当年，自美国进口 272. 3 亿元，同比增长 14. 7%，占当年我国医药品进口总值的 13. 9%；自瑞士进口 110. 1 亿元，同比增长 4. 1%，占当年我国医药品进口总值的 5. 6%。此外，自日本进口 83. 8 亿元，同比增长 17. 4%。

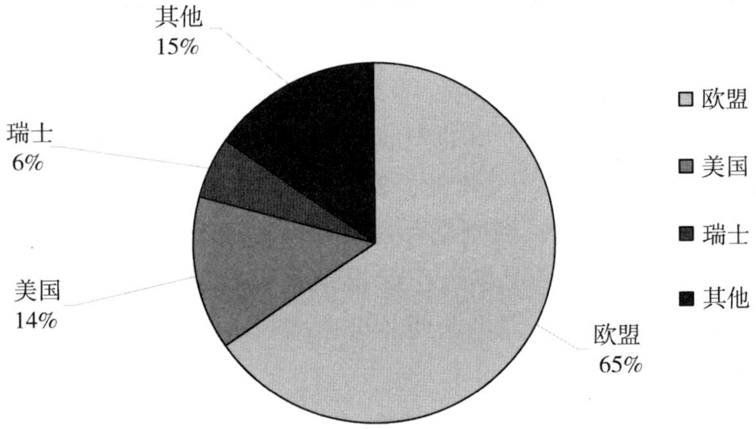

图 3　2018 年我国医药品进口主要来源地统计图

（五）上海为进口值最大省市，浙江进口出现下降

2018 年，上海进口医药品 769. 5 亿元，同比增长 6. 5%，占当年我国医药品进口总值的 39. 3%；北京进口 443. 4 亿元，同比增长 11. 4%，占当年我国医药品进口总值的 22. 6%；江苏进口 212. 7 亿元，同比增长 13. 1%，占当年我国医药品进口总值的 10. 9%；此外，广东进口 180. 4 亿元，同比增长 0. 5%；浙江进口 126. 8 亿元，同比下降 3. 4%（见表 1）。

表 1　2018 年我国医药品进口前 10 位省市统计表

省市	进口值（亿元）	同比（%）	占比（%）
上海	769. 5	6. 5	39. 3
北京	443. 4	11. 4	22. 6
江苏	212. 7	13. 1	10. 9
广东	180. 4	0. 5	9. 2
浙江	126. 8	-3. 4	6. 5
天津	91. 2	16. 3	4. 7
辽宁	58. 4	13. 8	3. 0
陕西	25. 8	29. 4	1. 3
海南	12. 2	-6. 1	0. 6
重庆	6. 3	227. 9	0. 3

（六）进口企业数量明显增加，集中度有所下降

2018 年，我国有医药品进口记录的企业共 2 870 家，比 2017 年增加 332 家，其中，进口值排名前 20 位的企业合计进口医药品 1 108. 9 亿元，占当年我国医药品进口总值的 56. 7%，比重较 2017 年降低 4 个百分点。

二、2018 年我国医药品进口保持增长的原因分析

（一）进口关税和增值税下调以及一部分药品纳入医保目录，医药品进口和使用成本下降刺激进口增长

自 2018 年 5 月 1 日起，我国以暂定税率方式将包括抗癌药在内的所有普通药品、具有抗癌作用的生物碱类药品及有实际进口的中成药进口关税降为零①；同日起，对进口抗癌药品，减按 3%征收进口环节增值税②。此外，2018 年，多部门联合通过价格谈判成功将 17 种进口抗癌药纳入医保报销目录，谈判药品平均降幅达到 56. 7%③。进口医药品关税和增值税同时下调，加上一部分进口药品纳入医保报销目录，患者使用进口医药品的成本明显下降，刺激进口医药品用量增加，促进医药品进口增长。

① 《仅 11 天！降税药品目录新鲜出炉》，中国制药网，2018 年 4 月 24 日。
② 《财政部调整抗癌药品增值税：减按 3%征收进口环节增值税》，东方财富网，2018 年 4 月 27 日。
③ 《17 种国家谈判抗癌药品陆续落地：救命药吃得上也吃得起》，人民日报，2019 年 1 月 11 日。

（二）进口医药品审批效率和上市速度明显提高，推动进口规模扩大

2018 年 7 月 10 日，国家药品监督管理局发布《接受药品境外临床试验数据的技术指导原则》，对接受境外临床试验数据的适用范围、基本原则、完整性要求、数据提交的技术要求以及接受程度均给予明确①，只要符合相关规定，国外已经上市的新药进入我国市场将不必重新进行临床试验。同时，国家药品监督管理局也加快了进口药品的审批步伐，并为人民群众急需的药品设置优先审评通道。据统计，2018 年国家食品药品监督管理局药品审评中心（CDE）纳入优先审评的记录有 700 多条，最终有 50 余个进口药获批上市，抗癌药占约 1/4②。进口医药品在我国上市的速度加快，有力推动医药品进口规模扩大。

（三）人口老龄化程度加深，慢性病长期服药需求带动医药品进口增长

2018 年，我国 60 周岁及以上人口 2.49 亿人，占总人口的 17.9%，其中 65 周岁及以上人口 1.67 亿人，占总人口的 11.9%③。2018 年，全球预计有 1 810 万癌症新发病例，我国占 380.4 万例④。我国心血管病患病人数为 2.9 亿，心脑血管病住院总费用快速增加，自 2004 年至今，年均增速远高于国民生产总值增速⑤。我国人口老龄化程度逐渐加深，心脑血管疾病和癌症发病率不断提高，而且大多数慢性病需要长期服药，国内患者对国外高端药品的需求不断增长，成为医药品进口增长的重要因素。

三、我国医药品进口的影响因素分析

（一）研发费用投入规模和比例均偏低，国内医药企业创新力度不足

2017 年，284 家 A 股上市药企的研发费用合计为 309.39 亿元，销售费用高达 1 801.36 亿元，是同期研发费用的 5.82 倍，而 2017 年美国辉瑞制药研发费用约合 520 亿元，中国 284 家 A 股上市药企的研发费用总和仅为辉瑞研发费用的 59.5%。从研发投入比例上看，全球排名前 50 名的制药巨头平均每年研发费用占营收的比例为 20%，而国内 284 家上市药企的研发费用占营收的比重却仅为 2.57%⑥。我国医药企业研发投入过低，自主研发的具有突破性疗效的创新药品种过少，我国高端药品需要靠进口满足需求，民众也因此需要付出更高昂的费用。

（二）仿制药行业整合加速，进口替代空间巨大

我国制药行业低水平重复建设、产品同质化问题长期存在。2016 年，我国药品批文超过 18 万条；截至 2018 年 6 月，我国药品批文仍有 17 万条，而且批文重复程度较高，阿莫西林仅国产药就高达 634 个批文，而葡萄糖类仅口服葡萄糖就有 153 个产品批文⑦。由于质

---

① 《国务院总理和副总理先后调研后 多部委围攻天价药》，北京青年报，2018 年 7 月 13 日。

② 《降税利好，原料药进口春天来了》，中国医药保健品进出口商会，2019 年 1 月 11 日。

③ 《中国出生率创历史最低 60 岁及以上人口占比创新高》，华尔街见闻，2019 年 1 月 21 日。

④ 《2018 全球癌症数据出炉 7 大致癌因素大部分可避免》，新浪网，2019 年 1 月 10 日。

⑤ 《中国心血管病报告 2018：农村心血管病死亡率高于城市》，健康报，2019 年 4 月 24 日。

⑥ 《假疫苗事件背后：监管部门曾一年审核超万种新药 上市药企销售费用是研发费用五倍》，财联社，2018 年 7 月 24 日。

⑦ 《上万个药品批文已“消失”今年年底或再淘汰一大波》，羊城晚报，2018 年 6 月 7 日。

量控制和生产工艺水平较低，部分国产仿制药与进口原研药的疗效存在较大差异，无法对原研药形成替代，大部分市场份额仍由价格较高的、已过专利期的原研药占有①。目前，我国正在大力推进仿制药一致性评价，倒逼仿制药企业提高产品质量，我国仿制药行业也将迎来淘汰洗牌和整合的过程，仿制药对原研药的替代效应有望得到加强。

（三）医药品及相关原材料进口通关便利化程度不断提高，进口模式仍有创新空间

疫苗、抗体和一些生物制药的原材料对运输和储存的条件要求均比较高，目前全国多个海关均针对医药品进口推出优化服务政策，如广州海关将药品监管纳入 24 小时通关保障的正面清单；确定生物医药企业重点培育名单，助力高资信生物医药企业享受 AEO 通关便利；北京海关隶属中关村海关与企业建立对口沟通和联系机制，定期进行政策宣讲和税政调研，着力推动生物医药材料通关便利化；上海科创中心海关为药企量身定制到港快速查验计划和风险预案，缩短研发周期。在通关便利化程度不断提高的同时，医药品进口模式仍存在创新空间，李克强总理 2018 年 4 月 12 日主持召开国务院常务会议时指出，要研究利用跨境电商渠道，多措并举消除流通环节不合理加价，让群众感受到急需抗癌药价格有明显降低②。目前我国药品进口模式中，常规渠道进口审批上市耗时相对较长；代购、海淘药品不属于正常监管范围，可能违法违规的同时质量安全也需要购买者自担风险；跨境电商进口将是下一步可以探索创新的医药品进口渠道。

四、我国医药品进口形势展望及相关对策建议

一方面，我国医药行业改革走向深化，2018 年开展的药品集中采购试点政策和大力推进的一致性评价标准对企业提出了提质降价的要求，未来企业利润空间将被大幅压缩，也将促使仿制药行业转型升级，我国仿制药对进口原研药的替代将出现加速。另一方面，随着社会老龄化趋势加快，民众对慢性病和肿瘤的药品需求日益增长。而我国创新药研发投入与其他制药强国仍存在较大差距，短期内一些疗效显著的高端医药品和制药原材料仍需要依赖进口。因此，预计未来我国医药品进口将逐渐向高端品种集中，整体将继续保持平稳增长势头。

为此建议：一是推进医药行业供给侧结构性改革，清理过剩产能，严格把控一致性评价标准，提升我国药品质量，加快仿制药进口替代进程，减轻医保和民众负担；二是鼓励医药行业加大自主研发投入，整合高校和企业资源，大力引进国际先进人才，合力提高我国医药创新水平；三是鼓励企业在全球范围内进行收购整合和兼并重组，提升我国医药行业集中度，培育国际化医药企业，借助全球产业链资源实现跨越式发展；四是研究试行新型医药品进口监管通关模式，简化通关流程，压缩医药品进口通关时限，优化通关服务，降低医药品进口成本。

---

① 《国产仿制药尴尬现状：没到患者手中就倒在医院门口》，经济观察报，2018 年 7 月 14 日。

② 《国务院：鼓励用跨境电商解决抗癌药进口痛点》，亿邦动力网，2018 年 4 月 12 日。

2018 年我国医疗器械进口年度报告

医疗器械产业发展程度是衡量一个国家科技进步和国民经济现代化发展水平的重要指标之一。随着我国居民生活水平的日益提高和医疗保健意识的不断增强，医疗器械产品的需求持续增长。我国医疗器械市场销售规模由 2001 年的 179 亿元到 2018 年的 5 304 亿元，累计增长 28.6 倍。我国已成为全球第二大医疗器械市场。

医疗器械市场规模的迅速扩大，刺激了进口需求。据海关统计，2018 年，我国进口医疗仪器及器械（以下简称“医疗器械”）742.7 亿元，同比增长 13.2%，创年度进口历史新高。

一、2018 年我国医疗器械进口的主要特点

（一）除 2 月份外，各月进口同比均增长，12 月份创月度进口历史新高

2018 年，我国医疗器械进口呈现震荡上行态势，除 2 月份外，各月进口均增长。全年有 7 个月份，进口值超过 60 亿元，其中，9 月和 12 月破 70 亿元大关。12 月份进口 74.1 亿元，同比增长 14.5%，环比增长 11.2%，创我国医疗器械单月进口历史新高（见图 1）。

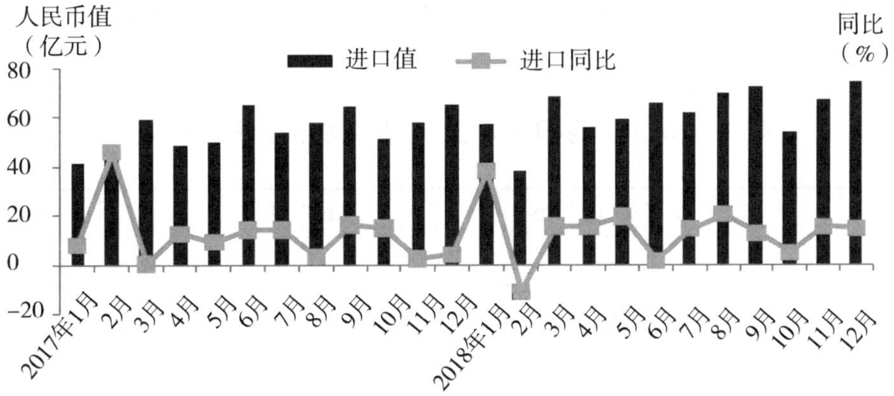

图 1　2017 年 1 月~2018 年 12 月我国医疗器械进口月度统计图

（二）以一般贸易方式为主

2018 年，我国以一般贸易方式进口医疗器械 437.8 亿元，同比增长 10.2%，占当年我国医疗器械进口总值的 59%。

（三）外商投资企业、民营企业和国有企业进口均增长

2018 年，外商投资企业进口医疗器械 311.2 亿元，同比增长 15.1%，占当年我国医疗器械进口总值的 41.9%；民营企业进口 281.8 亿元，同比增长 18.2%，占当年我国医疗器械进口总值的 37.9%；国有企业进口 148.4 亿元，同比增长 0.5%，占当年我国医疗器械进

口总值的20%。

（四）欧盟、美国和日本为主要进口来源地

2018年，我国自欧盟进口医疗器械251.1亿元，同比增长12.7%，占当年我国医疗器械进口总值的33.8%；自美国进口230.1亿元，同比增长8%，占当年我国医疗器械进口总值的31%；自日本进口81.5亿元，同比增长6.4%，占当年我国医疗器械进口总值的11%（见表1）。

表1　2018年我国医疗器械进口主要来源地统计表

主要来源地	进口值（亿元）	同比（%）	占比（%）
欧盟	251.1	12.7	33.8
美国	230.1	8.0	31.0
日本	81.5	6.4	11.0
墨西哥	54.8	27.0	7.4
东盟	29.5	28.7	4.0

（五）上海领衔进口省市，除天津外，主要省市进口均增长

2018年，上海进口医疗器械334.5亿元，同比增长17.3%，占当年我国医疗器械进口总值的45%；北京进口155亿元，同比增长11.2%，占当年我国医疗器械进口总值的20.9%；广东进口79.1亿元，同比增长18.1%，占当年我国医疗器械进口总值的10.7%（见表2）。

表2　2018年我国医疗器械进口主要省市统计表

省市	进口值（亿元）	同比（%）	占比（%）
上海	334.5	17.3	45.0
北京	155.0	11.2	20.9
广东	79.1	18.1	10.7
江苏	46.2	0.9	6.2
山东	26.0	27.9	3.5
安徽	15.0	14.8	2.0
浙江	14.7	12.5	2.0
河南	11.9	13.4	1.6
天津	10.6	-5.1	1.4
福建	8.4	35.7	1.1

（六）经营单位数量明显增加，前20位企业进口集中度小幅提升

2018年，我国医疗器械有进口记录的企业共有4 242家，比2017年增加212家。其中，强生（上海）医疗器材有限公司、上海东松国际贸易有限公司和柯惠医疗器材国际贸易（上海）有限公司进口值分别列前三甲。

2018 年，进口值排名前 20 位的企业合计进口医疗器械 252.4 亿元，同比增长 30.5%，占当年我国医疗器械进口总值的 34%，比重较 2017 年提高了 1.3 个百分点。

（七）彩色超声波诊断仪、X 射线断层检测仪和内窥镜为前三大进口产品

2018 年，我国进口彩色超声波诊断仪 76.4 亿元，同比增长 10.1%，占当年我国医疗器械进口总值的 10.3%；进口 X 射线断层检测仪 52 亿元，同比增长 11.3%，占当年我国医疗器械进口总值的 7%；进口内窥镜 45.2 亿元，同比增长 6.3%，占当年我国医疗器械进口总值的 6.1%（见表 3）。

表 3　2018 年我国医疗器械进口主要商品统计表

商品名称	进口值（亿元）	同比（%）
彩色超声波诊断仪	76.4	10.1
X 射线断层检测仪	52.0	11.3
内窥镜	45.2	6.3
眼科用其他仪器及器具	41.1	14.4
成套的核磁共振成像装置	31.2	-0.1
肾脏透析设备（人工肾）	19.3	31.7
（臭氧、氧气、喷雾）治疗器、人工呼吸器等	19.1	8.4
核磁共振成像装置的零件	16.1	7.5
缝合用针	15.7	18.8
注射器，不论是否装有针头	14.2	7.0

二、2018 年我国医疗器械进口增长的原因分析

（一）市场规模快速增长的需要

前瞻产业研究院发布的《中国医疗器械行业市场需求预测与投资战略规划分析报告》预计，2019 年我国医疗器械市场规模将突破 6 000 亿元，未来五年年均复合增长率约为 14.4%，预计在 2023 年我国医疗器械市场规模将突破万亿元①。市场规模快速发展刺激进口。

（二）国内基层医疗卫生机构发展壮大的需要

我国基层卫生医疗机构尤其是县级医院，普遍存在医疗器械配置不齐全问题，影像设备、超声、体外诊断产品、心血管、骨科耗材等配套设备需求量巨大。我国卫健委于 2018 年 11 月发布的《全面提升县级医院综合能力工作方案》指出：到 2020 年，500 家县医院

① 《2019 年我国医疗器械市场规模将超 6 000 亿》，企业观察报，2019 年 2 月 12 日。

和县中医医院需分别达到“三级医院”和“三级中医医院”服务能力要求，在当前2 439家三级医院的基础上相当于增加21%。国家扶持政策客观上拉动医疗器械的进口。

（三）人口老龄化严重带动需求增长

截至2017年，我国65岁以上人口比重为11.4%，同比增长0.6%，相关机构预测到2020年我国老年人口总量超过2.5亿，占总人口比重接近20%[①]。我国人口结构已逐步进入老龄化。与此同时，随着人均可支配收入提高，医疗保险的覆盖率和报销比例提升，居民保健意识增强，医疗支出也在不断提升，直接拉动医疗器械进口的需求。

（四）生活方式改变提升宠物医疗器械需求

随着人们生活水平的提高，宠物喂养热兴起，动物医疗需求异常火热。但由于目前国内的医疗器械生产尚不能满足宠物治疗的需求，导致兽医用诊疗设备进口快速增长。据统计，2018年，我国进口其他医疗、外科或兽医用仪器及器具118.6亿元，2017年无进口记录。

三、我国医疗器械进口的影响因素分析

（一）高端医疗器械市场被进口产品占据

目前国内医疗器械制造企业主要集中在中低端、具有价格优势的常规产品，包括中小型器械及耗材类产品，对于大型及高端医疗设备，例如CT、核磁、数字造影机等，95%以上使用国外进口产品。化学发光、血液分析、内窥镜、超声、骨科关节、起搏器等领域进口占比也超过50%。此外，在设备操作、安全系数、耐用程度、诊疗效果等方面多数进口医疗器械优于国内的医疗器械。

（二）中美贸易摩擦或将影响医疗器械行业发展

根据2018年全球医疗器械公司百强榜，全球前十的医疗器械巨头中有七家公司来自美国。其中美敦力公司更是以299.53亿美元的营业收入位居榜首。而中美贸易摩擦仍在持续升级中，除了直接影响医疗器械进口之外，国内生产的部分医疗器械产品其关键零部件很多也是原产自美国，行业的生产经营也可能受到影响。

（三）国内医疗器械行业发展面临机遇

一方面，国产化进程加快，工业和信息化部提出2020年、2025年和2030年县级医院国产中高端医疗器械占有率分别达50%、70%和95%的产业发展目标[②]。随着政策具体方案的出台和各省市相应政策的切实落地，国产医疗器械发展将迎来重大利好；另一方面，智能医疗器械领域迎来发展机遇，2019年3月，腾讯与飞利浦（中国）投资有限公司达成战略合作，致力于在智能医疗领域的研发合作，又与诺华制药达成战略合作，旨在整合创新药物、人工智能和社交平台，为慢性病患者提供服务[③]；华为公司3月21日变更公司经营

① 《健康老龄化是中国应对人口老龄化的必由之路》，中国经济网，2019年1月27日。

② 《中国医疗器械政策分析：分级诊疗+国产替代进口+特别审批通道》，中商情报网，2018年11月8日。

③ 《腾讯与飞利浦达成战略合作 进军医疗器械》，医疗器械网，2019年3月27日。

范围，新增医疗器械销售等业务。随着互联网巨头相继入局，未来我国医疗器械行业将在智能化发展上迎来重大发展机遇。

四、我国医疗器械进口形势展望及对策建议

从我国医疗器械行业发展面临的形势来看，一方面，国内市场规模持续扩大，对于进口医疗器械产品需求较高，是拉动进口增长的刺激因素；但另一方面，医疗器械行业致力于提高国产化率，也可能在未来一段时期逐渐增加进口替代，在一定程度上可能抑制未来的进口需求。但从行业特点和发展规律来看，高端医疗器械的国产化进程不可能一蹴而就，需要一个较长的发展过程，因此在高端医疗器械领域，将保持一定的进口规模。

为此建议：一是鼓励创新。进一步鼓励和引导企业加大研发投入，推动行业优化整合，提高行业集中度，提高国产产品核心竞争力，鼓励企业自主创新和差异化竞争，加快高端医疗器械的国产化进程，逐步实现进口替代。二是拓宽市场。鼓励和支持企业把握市场机遇，进口或生产符合国情的家用医疗器械产品，作为对公共医疗资源的补充，推动我国全民健康战略深入实施；三是加强监管。对存在质量问题的产品依法查处，并加强对同类产品共性问题的跟踪抽查。完善监督管理机制，加大行业监管力度，促进产业良性发展，保护消费者安全。

2018 年我国轨道交通装备出口年度报告

轨道交通装备制造业是创新驱动、智能转型、强化基础、绿色发展的典型代表，是我国高端装备制造领域自主创新程度高、国际创新竞争力强、产业带动效应明显的行业之一，作为我国的战略性新兴产业，已经形成较为成熟的制造体系。国务院《“十三五”国家战略性新兴产业发展规划》明确提出强化轨道交通装备领先地位，打造具有国际竞争力的轨道交通装备产业链[①]。随着国际化经营战略的深入实施，我国轨道交通装备凭借综合比较优势，正获得越来越多的国家和地区认可，出口形式也实现了“产品、技术、资本、管理、服务”全要素组合输出，成为我国高端装备“走出去”的重要代表。据海关统计，2018 年，我国出口轨道交通装备 218 亿元，同比增长 7.4%。

一、2018 年我国轨道交通装备出口的主要特点

（一）月度出口值同比震荡上扬

2018 年，我国轨道交通装备月度出口值呈震荡增长态势，除 1 月、3 月、4 月和 10 月外，其他月份同比均增长。其中，12 月当月出口 21.9 亿元，创 20 个月以来新高，同比增长 71.9%，环比增长 25.7%（见图 1）。

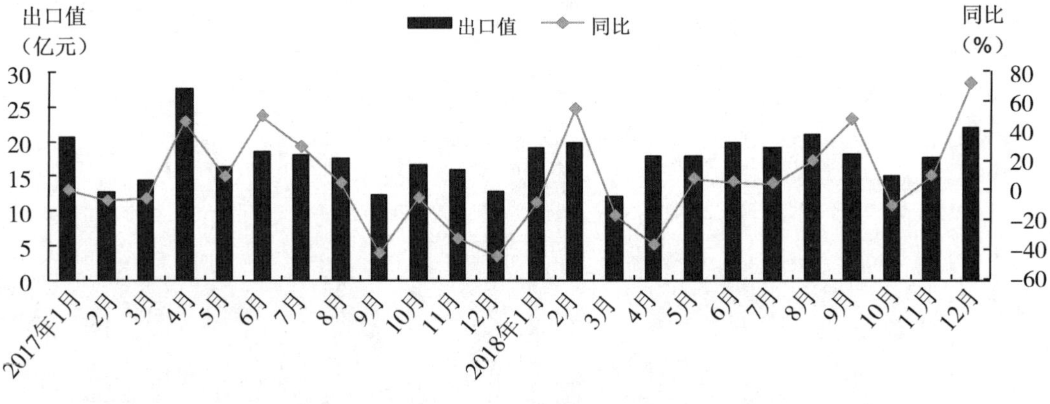

图 1　2017 年 1 月~2018 年 12 月我国轨道交通装备月度出口统计图

（二）一般贸易方式出口占比超 5 成，加工贸易方式出口大幅增长

2018 年，我国以一般贸易方式出口轨道交通装备 116.7 亿元，同比增长 17.7%，占当年我国轨道交通装备出口总值的 53.5%；以加工贸易方式出口 74.5 亿元，同比增长 36.5%，占当年我国轨道交通装备出口总值的 34.2%；以对外承包工程出口货物方式出口 25.1 亿元，同比下降 47.4%，占当年我国轨道交通装备出口总值的 11.5%。

---

① 《国务院关于印发“十三五”国家战略性新兴产业规划的通知》，中国政府网，2016 年 12 月 19 日。

（三）东盟、澳大利亚、美国位列出口市场前3位

2018年，我国对东盟出口轨道交通装备40.1亿元，同比增长1.1倍，占当年我国轨道交通装备出口总值的18.4%；对澳大利亚出口32亿元，同比增长4.2倍，占当年我国轨道交通装备出口总值的14.7%；对美国出口26亿元，同比增长35.1%，占当年我国轨道交通装备出口总值的11.9%。此外，在其他前10大出口市场中，对欧盟、印度和土耳其出口快速增长（见表1）。

表1　2018年我国轨道交通装备出口前10大市场统计表

出口市场	出口值（亿元）	同比（%）	占比（%）
东盟	40.1	106.5	18.4
澳大利亚	32.0	424.4	14.7
美国	26.0	35.1	11.9
欧盟	18.8	29.2	8.6
印度	11.8	54.9	5.4
阿根廷	9.2	-62.9	4.2
伊朗	9.1	-47.4	4.2
土耳其	9.0	29.1	4.1
巴基斯坦	7.9	-33.0	3.6
中国香港	7.5	-67.0	3.4

（四）民营企业和外商投资企业出口比重提升

2018年，我国国有企业出口轨道交通装备142.6亿元，同比下降2%，占当年我国轨道交通装备出口总值的65.4%，比重较2017年下滑6.3个百分点；民营企业出口44.2亿元，同比增长32%，占当年我国轨道交通装备出口总值的20.3%，比重提升3.8个百分点；外商投资企业出口31.2亿元，同比增长29.8%，占当年我国轨道交通装备出口总值的14.3%，比重较2017年提升2.5个百分点。

（五）北京、吉林和山东居出口地区前3位

2018年，我国有5个省市轨道交通装备出口超过10亿元，其中北京出口52.9亿元，同比下降32.8%，占当年我国轨道交通装备出口总值的24.3%，比重较2017年下滑14.5个百分点；吉林出口27.9亿元，同比增长1.4倍，占当年我国轨道交通装备出口总值的12.8%，比重提升7个百分点；山东出口25.6亿元，同比下降13.5%，占当年我国轨道交通装备出口总值的11.8%，比重下滑2.8个百分点（见表2）。

表 2　2018 年我国轨道交通装备出口前 10 位省市统计表

省市	出口值（亿元）	同比（%）	占比（%）
北京	52.9	-32.8	24.3
吉林	27.9	138.5	12.8
山东	25.6	-13.5	11.8
湖南	22.3	88.3	10.2
江苏	18.3	5.2	8.4
上海	8.5	56.0	3.9
湖北	7.7	149.8	3.5
辽宁	7.3	-34.7	3.4
黑龙江	6.7	194.7	3.1
山西	6.6	46.0	3.0

（六）出口企业数量增加，前 20 位企业出口集中度下降

2018 年，我国有轨道交通装备出口记录的企业 2 556 家，较 2017 年增加 95 家。其中 3 家企业年度出口值超过 10 亿元，33 家企业出口值超过 1 亿元。出口值位居前 20 位的企业合计出口 136.5 亿元，占当年我国轨道交通装备出口总值的 62.6%，集中度较 2017 年下滑 3.1 个百分点。

（七）以铁道及电车道机车、车辆出口为主

2018 年，我国出口铁道及电车道机车、车辆 102.7 亿元，同比下降 6.7%，占当年我国轨道交通装备出口总值的 47.1%；出口铁道及电车道机车、车辆的零件 77.4 亿元，同比增长 35.4%，占当年我国轨道交通装备出口总值的 35.5%；出口铺轨用钢铁材料 26 亿元，同比增长 49.8%，占当年我国轨道交通装备出口总值的 11.9%；出口铁道及电车道轨道固定装置及配件 6.8 亿元，同比增长 2.4%，占当年我国轨道交通装备出口总值的 3.1%。

二、2018 年我国轨道交通装备出口增长的主要原因

（一）境外铁路项目建设有序推进

2018 年，国内轨道交通企业积极推进境外项目建设，海外业务稳步发展，成效显著。例如，雅万高铁逐步进入全面施工阶段，中老铁路稳步推进，中泰铁路一期工程、巴基斯坦拉合尔橙线轻轨工程进展顺利，匈塞铁路塞尔维亚境内段开工建设，莫喀高铁前期工作有序推进[①]。境外铁路项目顺利实施促进我国轨道交通装备出口增长。

（二）重大项目集中交付

根据订单项目进度安排，国内主要的轨道交通装备企业集中在 2018 年交付订单。据海

① 《2019 年中国铁路推进境外重点铁路项目建设》，中国新闻网，2019 年 1 月 3 日。

关调研，中车长春轨道客车股份有限公司的澳大利亚悉尼双层客车项目订单为 24 辆，2018 年已交付 20 辆，合同执行率为 83.3%；中车株洲电力机车有限公司的土耳其安卡拉项目，停滞两年后于 2017 年开始重新启动，2018 年为该项目的交付高峰期。仅上述两家企业 2018 年轨道交通装备合计出口就达 40.6 亿元，同比增长 1.5 倍，拉动同期我国轨道交通设备出口增长 11.9 个百分点。

三、我国轨道交通装备出口的影响因素分析

（一）国际市场竞争加剧，中国中车 2018 年海外业务占比下降

近年来，全球轨道交通装备市场竞争日趋激烈，中国企业同时面临来自欧洲和日本企业的竞争压力。中国中车 2018 年业绩报告显示，海外业务占比 8.8%，增速仅为 0.76%。2017 年中车海外业务略高于 2018 年，比例为 9.11%。在海外，中车近几年来业务推广并不顺利。据《中国经营报》报道，中车 2018 年的海外业务目标额为 70 亿美元（约合人民币 471 亿元），但实际上只完成了 193.66 亿元人民币，与目标差距较大①。

（二）核心技术领域仍存较大差距，我国企业开拓欧洲市场任重而道远

经过多年的创新发展，我国已全面掌握了高铁核心技术，形成了完整的高铁技术标准体系。但与欧美日等发达国家相比，我国在高铁核心技术领域仍有较大差距，例如，信号系统技术和高速列车的供应。据新华社报道，欧盟委员会于 2019 年 2 月 6 日否决了德国西门子公司和法国阿尔斯通公司合并铁路业务的计划。欧盟委员会对该计划主要提出了两点担忧，即信号系统技术以及高速列车的供应。但是，欧盟委员会经过调查后认为，在信号系统市场，中国竞争者还需要很长时间才能成为欧洲基础设施领域可靠的供应商；至于超高速列车领域，在可预见的未来，中国供应商不会对合并各方构成竞争约束②。

（三）国际政治经济环境复杂多变，海外投资风险增大

近年来，全球地缘政治关系复杂多变，传统和非传统安全威胁交织，我国轨道交通装备出口面临的国际环境更趋复杂，市场风险加大。例如，2018 年，美国重启对伊朗施行更加严厉的制裁政策，外国企业特别是中国企业在伊朗开展相关业务面临政治、经济等多重压力。据媒体报道，价值 3 亿多欧元（约合人民币 26 亿元）的通号国际控股有限公司（以下简称“通号国际”）伊朗马什哈德地铁 3 号线项目（以下简称“马三项目”），在经过多次合同延期之后，目前仍没有任何进展。通号国际是中国通号全资子公司。马三项目于 2017 年底签订，为中国通号当年海外签约额最大的项目，合同金额占当年中国通号海外签约额的 96.3%③。复杂的国际政治经济环境对我企业开拓海外市场形成挑战。

四、我国轨道交通装备出口形势展望及对策建议

21 世纪初，世界高铁总公里数尚不足 3 000 公里。在短短不到 20 年的时间内，根据

① 《中国中车 2018 财报：营收利润均增长，海外业务占比下降》，界面新闻，2019 年 3 月 29 日。

② 《两大巨头想要联姻挑战中国中车 结果被“棒打鸳鸯”》，每日经济新闻，2019 年 2 月 9 日。

③ 《中国通号 26 亿海外项目一年无进展》，中国经营网，2019 年 1 月 17 日。

UIC 数据，截至 2017 年 4 月，全球投入运营和在建高铁总里程已达 5. 32 万公里，欧、亚国家高铁里程占比超 98. 1%，其中在建里程达 1. 59 万公里；截至 2017 年年底，全球已投入运营的高速铁路里程达 3. 77 万公里，较 2016 年增长 10. 9%。近年来，世界各国对高速铁路的需求不断提升。印度、俄罗斯等国纷纷制订了规模空前的高速铁路发展计划。按照目前各国公布的规划，2020 年前，海外高铁投资将超过 8 000 亿美元，其中欧美发达国家的投资额为 1 650 亿美元，带动其他产业创造的市场规模达 7 万亿美元①。在此背景下，随着“一带一路”倡议全球深入推进，兼有政策支持和市场需求的支撑，我国轨道交通装备在国际市场的发展空间值得期待。

为此建议：一是引导企业加强自主研发和创新，提高基础工艺和材料领域的制造水平，补齐技术短板，以优化技术体系和满足全球需求为创新目标，巩固扩大海外市场规模；二是加强对轨道交通装备出口的监测预警，密切关注国际市场新动向，帮助企业积极实施本地化生产制造战略，实现经营方式由产品出口向国际化跨国经营转变；三是适度强化海外投资，加强以获得技术、品牌、销售渠道或者资质条件为目的的兼并重组，有效规避技术壁垒，快速开拓部分新兴市场；四是引导企业牢固树立风险意识，在前期考察项目时，对所在地区的政治环境、商业环境、技术设施条件等做充分翔实的了解和调查，规避投资风险，维护好自身利益。

---

① 《世界高铁竞合版图》，新华网，2019 年 3 月 5 日。

2018年我国轮胎出口年度报告

近年来，我国轮胎产业发展迅猛，轮胎产量稳居世界首位。与此同时，重复建设和无序扩张所造成的轮胎产能过剩问题也日益凸显，加之国内汽车产销量增速回落，2018年更是出现28年来首次年度下滑①，国内轮胎市场需求疲软，更加剧了轮胎供需矛盾。因此，越来越多的轮胎企业开始重视国际市场的开拓，在改进生产技术、进行转型升级的同时，通过扩大出口来化解供需矛盾，并凭借产品的高性价比在国际市场上拥有不俗的竞争优势，出口稳步提高。2018年，我国轮胎产量为8.2亿条，同比减少1.1亿条，降幅高达11.9%②，在产量大幅下滑的情况下，我国轮胎出口依然稳中有升，扩大出口已成为企业谋求自身发展和缓解轮胎产能过剩压力的重要方式。2018年，我国出口新的充气橡胶轮胎（以下简称“轮胎”）4.86亿条，同比增加0.6%，创历史新高；价值995.7亿元，同比增长3.8%；出口平均价格为每条204.8元，同比上涨3.2%。

一、2018年我国轮胎出口的主要特点

（一）出口量止跌回升，出口均价冲高回落

受春节等因素影响，2018年前3个月我国轮胎月度出口量呈明显波动态势，4~9月保持相对稳定，出口量在4 000万条左右上下浮动，10月略有回落，但随后逐月走高，12月当月出口轮胎4 320.2万条，同比减少5.9%，环比增加3.1%，创年内次高值。价格方面，自2017年我国轮胎月度出口均价稳定在200元每条左右，2018年3月份达到每条218.6元，创2014年7月以来单月出口均价峰值，此后连续回落，6月起保持震荡上扬态势，12月有所回落，当月出口均价为每条202.3元，同比上涨0.8%，环比下跌8.1%（见图1）。

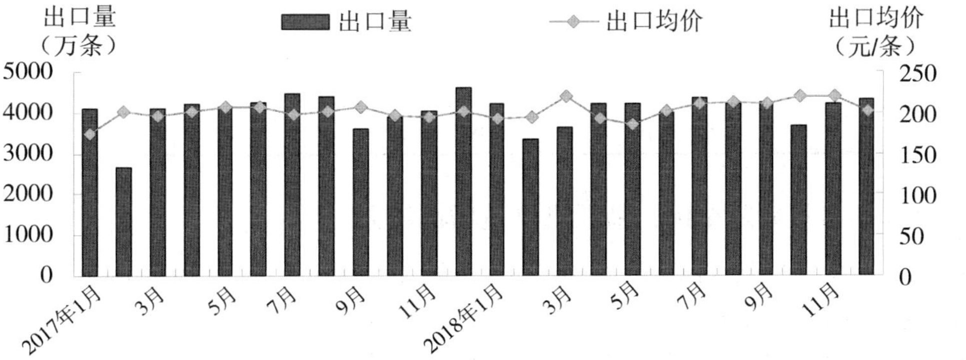

图1 2017年1月~2018年12月我国轮胎出口月度量价统计图

① 《中国轮胎行业境况为何越来越困难》，轮胎世界网，2019年3月26日。

② 《2018年中国轮胎出口保持微增长》，中国天然橡胶协会，2019年1月28日。

（二）加工贸易方式出口占比过半，一般贸易方式出口明显增加

2018 年，我国以加工贸易方式出口轮胎 2.73 亿条，同比减少 8.1%，占当年我国轮胎出口总量的 56.2%，比重较 2017 年下滑 5.3 个百分点；以一般贸易方式出口 1.99 亿条，同比增加 16%，占当年我国轮胎出口总量的 40.9%，比重较 2017 年提升 5.4 个百分点，显示我国轮胎出口贸易自主性有所提高。

（三）民营企业出口占比过半，外商投资企业出口减少

2018 年，我国民营企业出口轮胎 2.51 亿条，同比增加 1.5%，占当年我国轮胎出口总量的 51.6%；外商投资企业出口 1.79 亿条，同比减少 2.4%，占当年我国轮胎出口总量的 36.8%；国有企业出口 5 597.8 万条，同比增加 6.7%，占当年我国轮胎出口总量的 11.5%。

（四）欧盟、拉丁美洲、非洲和美国为主要出口市场

2018 年，我国对欧盟出口轮胎约 1.07 亿条，同比增加 0.9%；对拉丁美洲出口 9 762.9 万条，同比减少 1.3%；对非洲出口 6 507.2 万条，同比增加 4.4%；对美国出口 5 674.5 万条，同比减少 1.5%，对上述 4 大市场出口量合计占当年我国轮胎出口总量的 67.2%（见表 1）。

表 1　2018 年我国轮胎出口量前 10 位市场统计表

出口市场	出口量（万条）	同比（%）	出口值（亿元）	同比（%）
欧盟	10 734.1	0.9	176.3	-8.9
拉丁美洲	9 762.9	-1.3	146.8	2.4
非洲	6 507.2	4.4	129.8	11.1
美国	5 674.5	-1.5	149.7	11.9
东盟	2 732.2	5.2	71.3	18.6
日本	1 321.1	5.4	20.1	16.3
加拿大	1 179.6	10.9	32.4	4.1
俄罗斯	1 053.9	19.9	22.7	21
澳大利亚	1 025.8	1.7	35.4	4.9
沙特阿拉伯	933.6	6.1	28.6	1.3

（五）山东出口量领跑全国，浙江出口量增幅较大

2018 年，山东出口轮胎 2.35 亿条，同比增加 2.5%，占当年我国轮胎出口总量的 48.2%，比重较 2017 年提升 0.9 个百分点，稳居各省市首位；浙江出口 4 723 万条，同比增加 10.6%，占当年我国轮胎出口总量的 9.7%；广东出口 4 283.3 万条，同比增加 1.9%，占当年我国轮胎出口总量的 8.8%。此外，天津、江苏分别出口 4 186.7 万条、3 283.2 万条，同比分别减少 10.6%、1.4%（见表 2）。

表 2　2018 年我国轮胎出口量前 10 位省市统计表

省市	出口量（万条）	同比（%）	出口值（亿元）	同比（%）
山东	23 455. 5	2. 5	582. 6	6. 4
浙江	4 723. 0	10. 6	76. 7	12. 2
广东	4 283. 3	1. 9	36. 2	1. 0
天津	4 186. 7	-10. 6	26. 3	-0. 3
江苏	3 283. 2	-1. 4	74. 7	-6. 1
福建	2 796. 7	-8. 8	32. 9	8. 1
安徽	1 264. 8	-0. 4	18. 2	7. 0
辽宁	956. 9	-3. 7	37. 3	7. 5
四川	556. 8	20. 1	8. 4	21. 2
上海	478. 1	-12. 8	14. 3	-20. 5

（六）机动小客车轮胎出口占比超 4 成

2018 年，我国出口机动小客车轮胎约 2. 1 亿条，同比增加 4. 1%，占当年我国轮胎出口总量的 43. 1%；出口自行车轮胎 1. 01 亿条，同比减少 2. 6%，占当年我国轮胎出口总量的 20. 8%；出口客车或货车轮胎 9 130. 5 万条，同比增加 3. 6%；出口摩托车轮胎 4 065. 3 万条，同比减少 9. 7%（见表 3）。

表 3　2018 年我国主要轮胎品种出口情况统计表

商品类别	出口量（万条）	同比（%）	出口值（亿元）	同比（%）
机动小客车用的新充气橡胶轮胎	20 958. 1	4. 1	357. 7	4. 9
自行车用的新充气橡胶轮胎	10 089. 8	-2. 6	14. 6	-0. 4
客车或货运机动车辆用的新充气橡胶轮胎	9 130. 5	3. 6	514. 6	2. 8
摩托车用的新充气橡胶轮胎	4 065. 3	-9. 7	22. 5	-6. 2
未列名的新充气橡胶轮胎	2 691. 6	1. 8	22. 3	6. 0
农业或林业车辆及机器用其他新充气橡胶轮胎	1 008. 1	-0. 0	7. 8	-1. 7
建筑业、采矿业或工业搬运车辆及机器用其他新充气橡胶轮胎，辋圈尺寸≤61cm	379. 4	-22. 2	8. 0	2. 3

二、2018 年我国轮胎出口量增价扬的主要原因

（一）欧洲市场需求稳定、新兴市场开拓成效显著，是拉动出口的重要因素

欧洲是我国轮胎出口最大市场，欧洲轮胎和橡胶制造商协会公布的数据显示，2018 年

欧洲轮胎替换市场需求强劲，助推当年欧洲轮胎整体销量超越2017年[①]。在需求拉动下，2018年我国对欧盟出口轮胎1.07亿条，同比增加0.9%。与此同时，由于我国轮胎在美国等传统市场频繁遭受贸易摩擦，企业对新兴市场开拓力度明显加大。非洲、东盟等市场人口数量多，汽车消费潜力大，且其基础设施建设不断加强，工业化和机械化稳步推进，对轮胎有旺盛需求。我国轮胎产品质量和性能不断提升，凭借高性价比在上述市场受到青睐。2018年，我国对非洲出口轮胎6 507.2万条，同比增加4.4%；对东盟出口轮胎2 732.2万条，同比增加5.2%。上述两大市场对整体出口增长的贡献度达到150.3%，有力拉动了我国轮胎出口，非洲也跃升为我国轮胎出口第三大市场。

（二）原材料价格上涨和出口结构变化是轮胎出口价格上扬的主要因素

2018年天然橡胶价格基本平稳，上海市场平均价格在每吨9 500~11 500元区间波动[②]。但环保政策日趋严格，主要橡胶助剂被定为“高污染、高环境风险”的“双高”产品，国内炭黑、橡胶助剂生产受到明显限制，市场价格上涨明显，拉高轮胎产品价格。此外，随着我国轮胎企业的兼并重组日趋活跃，行业集中度不断提高，出口轮胎结构也逐渐向高附加值的客车、货车轮胎倾斜，自行车胎、摩托车胎逐渐减少。2018年，我国出口客车或货车轮胎9 130.5万条，同比增加3.6%，平均价格达每条563.6元；而出口自行车轮胎1亿条，同比减少2.5%，平均价格仅为每条14.5元；出口摩托车轮胎4 065.3万条，同比减少9.7%，平均价格为每条55.4元。高价值轮胎出口量增加，低价值轮胎出口量减少也推动了我国轮胎出口平均价格上涨。

三、我国轮胎出口的影响因素分析

（一）贸易摩擦是制约我国轮胎出口的重要因素

2018年，我国轮胎出口贸易摩擦频发。3月，印度商工部发布公告，决定应印度企业轮胎制造商协会申请，对进口自中国的卡客车轮胎发起反补贴调查[③]；9月起，美国对2 000亿美元中国输美商品加征10%关税，商品清单包括乘用车轮胎、卡客车轮胎等所有常见轮胎产品[④]；欧盟委员会分别于10月22日和11月12日正式公布对华卡客车胎的反倾销和反补贴最终裁决，对中国出口欧盟的卡客车轮胎每条征收42.73~61.76欧元的固定税[⑤]。纵观全年，我国轮胎出口不仅与欧美传统轮胎市场发生贸易摩擦，还有印度等新兴市场对我国轮胎发起的“双反”调查。贸易摩擦频发不仅严重阻碍了我国轮胎出口，还会造成不良的示范效应，易引发其他国家效仿，进一步压缩我国轮胎出口空间。

（二）国内轮胎企业海外建厂全球化布局加快

面对愈演愈烈的“双反”调查和国内不断上升的土地、用工、运输成本，越来越多大

① 《需求强劲：拉动欧洲轮胎销量》，新浪网，2019年2月12日。
② 《2018年12月天然橡胶市场动态》，农业农村部农垦局网站，2019年1月11日。
③ 《印度对中国卡客车轮胎发起反补贴调查》，搜狐网，2018年4月3日。
④ 《2 000亿美元关税来了！几乎所有中国轮胎都中招了！》，中国轮胎商务网，2018年9月19日。
⑤ 《2018年中国橡胶工业十大新闻》，中国橡胶网，2018年12月26日。

型轮胎企业着力实现全球化产业布局，海外投资建厂热情更加高涨。2017 年 12 月，三角轮胎股份有限公司正式启动其位于美国北卡罗来纳州的海外工厂建设，项目总投资 5.8 亿美元，计划最迟于 2023 年投入运行，可年产 600 万条高性能车胎[①]；2018 年 8 月，玲珑轮胎宣布将在塞尔维亚建设第二个海外轮胎生产基地，总投资 9.9 亿美元，建成后可达年产各类高性能子午线轮胎 1 362 万套，实现年销售收入 6 亿美元[②]；2018 年 11 月，江苏通用科技股份有限公司泰国新工厂项目注册完成并投入建设，项目建成后将带来 700 万条子午胎的新增年产能，预计新增年均营业收入 21.8 亿元[③]。虽然产能外迁的不断扩大或许会削弱我国轮胎出口规模，但是海外生产基地的建设能够帮助轮胎企业规避贸易摩擦和贸易壁垒，进一步拓展境外生产和海外销售业务，提升品牌国际影响力，利于产业的长远发展。

（三）轮胎企业跨国并购、兼并重组更趋活跃

2018 年，轮胎行业大洗牌格局仍在持续，企业间跨国并购迈出新步伐，兼并重组也成为轮胎行业成长的重要途径之一。7 月，青岛双星集团约以 39 亿元收购韩国锦湖轮胎 45% 股权，正式成为其控股股东，从而也成为中国最大的轮胎企业并跃入全球轮胎前十强[④]。此外，经营管理不善、生产技术落后的轮胎企业顶不住激烈的行业竞争相继被淘汰出局，多家企业进行了合并、收购或托管，如华盛橡胶租赁国风橡塑、华东橡胶收购龙跃轮胎；还有部分企业面临破产清算和整体拍卖，如山东恒宇、山东永泰等。企业间的强强联合和兼并重组能够助力企业实现生产集中和经营规模化，助推优势企业做大做强，改变我国轮胎产业“大而不强”的局面，进一步提升中国轮胎产业的全球竞争力。同时，落后产能的加速出清能够改变轮胎出口压价竞销、产品质量参差不齐的现状，提升我国轮胎在国际市场上的品牌形象和影响力，助力轮胎出口。

四、我国轮胎出口形势展望及对策建议

2018 年，面对不断加剧的国际贸易摩擦和持续加大的国内环保、安全压力，我国轮胎出口仍然能够实现量价齐升，说明我国轮胎生产技术日臻成熟，经营策略更加灵活，产品也凭借高性价比获得国际市场青睐。今后，随着我国轮胎行业转型升级的稳步推进，产业集中度、品牌价值、质效水平的不断提升，相信我国轮胎产业能进一步提高国际影响力，出口仍能保持在较高规模。然而，我国轮胎行业低价竞销现象仍然存在，在品牌影响力、产品技术含量、企业研发投入、售后服务维修等方面与国际知名轮胎企业仍有较大差距。尤其是，在欧盟、美国两大传统市场遭遇“双反”后，我国轮胎企业开始涌入非洲、拉美、东南亚等新兴市场，新兴市场需求已经成为拉动我国轮胎出口的主要因素，但上述地区的部分国家也已经开始为我国轮胎进入设置贸易壁垒，一旦形成蔓延态势，将进一步压缩我国轮胎出口空间。

为此建议：一是密切关注贸易摩擦进展情况，充分发挥相关部门和行业协会的作用，

---

① 《三角轮胎正式启动美国工厂建设》，搜狐网，2017 年 12 月 21 日。

② 《中国轮胎首个欧洲工厂——玲珑轮胎欧洲工厂项目成功启动》，人民网，2019 年 4 月 1 日。

③ 《通用股份，泰国新工厂将正式起航!》，中国橡胶网，2018 年 11 月 8 日。

④ 《双星集团董事长柴永森：锦湖轮胎股权完成交割 整合协同发挥乘数效应》，中证网，2018 年 7 月 11 日。

加强对国际贸易法律法规的研究，组织企业积极应诉，避免不公正待遇，维护企业合法权益；二是鼓励我国轮胎企业实施多元化市场战略，积极开拓非洲、拉美、东盟等新兴市场，降低轮胎出口市场过于集中的风险，同时加快境内外产能布局，充分利用当地资源，有效规避贸易壁垒，妥善应对国际贸易局势变化；三是支持轮胎行业通过市场运作整合优势资源、淘汰落后产能，引导企业培育品牌意识、加大科研投入、提高产品附加值，改变压价竞销的现状，推动我国轮胎行业长远健康发展。

中国外贸进出口年度报告（2019）

PARTNERS 贸易伙伴篇

2018年我国对欧盟贸易进出口年度报告

据中国海关统计，2018年，我国对欧盟进出口4.5万亿元，同比增长7.9%，占当年我国进出口总值的14.8%，较2017年下降0.2个百分点。其中，对欧盟出口2.7万亿元，同比增长7%，占当年我国出口总值的16.4%，比重与2017年持平；自欧盟进口1.8万亿元，同比增长9.2%，占当年我国进口总值的12.8%，较2017年下降了0.5个百分点。欧盟继续保持我国最大贸易伙伴、最大进口来源地和第二大出口市场地位。

据全球贸易信息系统（GTA）欧盟方面统计，2018年，欧盟对我国进出口7 098.6亿美元，同比增长10%，占当年欧盟进出口总值的15.3%。其中，对我国出口2 452.4亿美元，同比增长10.8%，占当年欧盟出口总值的10.6%；自我国进口4 646.2亿美元，同比增长9.6%，占当年欧盟进口总值的19.9%。我国为欧盟第二大贸易伙伴、第二大出口市场和最大进口来源地。

一、2018年中欧贸易进出口的主要特点

（一）单月进出口规模前低后高震荡上扬，9月份进出口创历史新高

2018年2月份我国对欧盟进出口降至3 000亿元以下，3月份起逐月攀升，9月份达到4 212亿元的历史峰值，10月份一度下滑，11、12月份再度攀至4 000亿元以上高位，其中12月份出口值创2 607.2亿元的历史新高（见图1）。

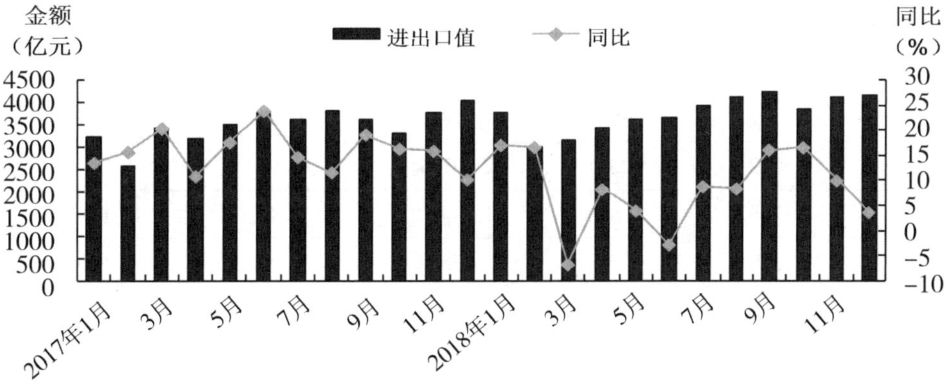

图1　2017年1月~2018年12月我国对欧盟进出口月度走势统计图

（二）一般贸易方式进出口地位继续强化，加工贸易方式进出口增速不及总体

2018年，我国以一般贸易方式对欧盟进出口2.93万亿元，同比增长9.8%，占当年我国对欧盟进出口总值的65%，比2017年提升了1.2个百分点；以加工贸易方式进出口1.03万亿元，同比增长1.7%，占当年我国对欧盟进出口总值的22.9%（见表1）。

表 1　2018 年我国对欧盟进出口主要贸易方式统计表

贸易方式	金额（亿元）			同比（%）		
	进出口	出口	进口	进出口	出口	进口
总计	45 040.7	26 973.7	18 067.0	7.9	7.0	9.2
其中：一般贸易	29 280.6	16 325.2	12 955.4	9.8	10.9	8.5
加工贸易	10 320.1	8 534.6	1 785.5	1.7	-0.3	12.7

（三）对德、荷、英、法、意 5 国进出口占近 7 成，对“一带一路”沿线欧盟国家进出口增长较快

德国、荷兰、英国、法国和意大利是我国在欧盟中的主要贸易伙伴，5 者合计占中欧贸易总值近 7 成。其中，德国为我国在欧盟中最大贸易国，2018 年，我国对德国进出口 1.21 万亿元，同比增长 6.8%；荷兰则超越英国成为我国在欧盟中第二大贸易伙伴，对荷兰进出口 5 625.5 亿元，同比增长 6%；对英国进出口 5 317.3 亿元，同比微降 0.7%；对法国、意大利分别进出口 4 160.2 亿元、3 577.6 亿元，同比增长 12.9%、6.4%。同期，对“一带一路”沿线欧盟国家进出口 5 286.2 亿元，同比增长 18.2%，增速快于总体 10.3 个百分点，其中，对捷克、斯洛伐克等国增幅明显（见表 2）。

表 2　2018 年我国对欧盟成员进出口统计表

贸易伙伴	金额（亿元）			同比（%）		
	进出口	出口	进口	进出口	出口	进口
德国	12 137.9	5 119.1	7 018.8	6.8	6.3	7.3
荷兰	5 625.5	4 811.3	814.2	6.0	5.9	6.8
英国	5 317.3	3 738.7	1 578.6	-0.7	-2.7	4.5
法国	4 160.2	2 023.1	2 137.1	12.9	8.0	18.1
意大利	3 577.6	2 188.4	1 389.2	6.4	10.6	0.4
西班牙	2 223.9	1 645.7	578.2	6.1	6.0	6.7
波兰	1 620.1	1 379.3	240.8	12.8	14.0	6.4
比利时	1 583.1	1 123.6	459.5	0.4	5.4	-10.0
瑞典	1 130.4	541.2	589.2	12.0	13.6	10.5
捷克	1 080.4	790.5	289.9	28.0	32.9	16.3
爱尔兰	959.8	240.7	719.1	28.4	22.2	30.6
丹麦	770.9	480.9	290.0	6.2	9.0	1.9
匈牙利	715.9	430.1	285.8	4.4	4.9	3.7
奥地利	643.8	186.9	456.9	13.6	9.3	15.5
芬兰	518.6	203.5	315.1	7.8	5.5	9.4

表2 续

贸易伙伴	金额（亿元）			同比（%）		
	进出口	出口	进口	进出口	出口	进口
斯洛伐克	515.5	167.6	347.9	43.3	-9.4	98.9
希腊	466.0	428.7	37.3	33.0	33.4	28.7
罗马尼亚	440.0	297.0	143.0	16.1	16.1	16.1
葡萄牙	395.8	247.5	148.3	4.7	5.9	2.7
斯洛文尼亚	329.3	290.3	39.0	44.0	48.7	16.6
保加利亚	170.8	95.0	75.8	18.0	20.0	15.6
立陶宛	138.0	116.2	21.8	9.8	7.2	26.5
马耳他	116.5	93.4	23.1	-31.5	-34.3	-17.3
克罗地亚	101.4	87.4	14.0	11.4	11.2	13.3
拉脱维亚	91.0	76.9	14.1	1.4	-1.1	17.7
爱沙尼亚	84.1	68.0	16.1	-1.9	-0.3	-8.1
卢森堡	74.2	53.6	20.6	8.9	13.4	-1.2
塞浦路斯	52.5	49.0	3.5	34.1	37.7	-1.3

（四）外商投资企业进出口占近5成，民营企业活力进一步激发

2018年，我国外商投资企业对欧盟进出口2.24万亿元，同比增长5.4%，占当年我国对欧盟进出口总值的49.7%，比重较2017年下降1.2个百分点。同时，作为我国外贸发展中的新生力量，民营企业的活力逐渐被激发，外贸进出口呈现较快增势，进出口1.78万亿元，同比增长11.8%，比重从2017年的38.1%提升至39.5%。此外，国有企业对欧盟进出口同比增长5%，增速低于中欧贸易总体增速2.9个百分点，所占比重也比2017年下降了0.3个百分点，在中欧贸易中的地位有所弱化（见表3）。

表3　2018年我国对欧盟进出口企业性质统计表

企业性质	金额（亿元）			同比（%）		
	进出口	出口	进口	进出口	出口	进口
总计	45 040.7	26 973.7	18 067.0	7.9	7.0	9.2
其中：外商投资企业	22 398.0	11 705.5	10 692.5	5.4	3.3	7.8
民营企业	17 774.4	13 219.0	4 555.4	11.8	11.9	11.6
国有企业	4 784.8	2 039.6	2 745.2	5.0	-0.5	9.4

（五）主要省市对欧盟进出口均保持增长，对欧盟贸易区域结构分布更趋均衡

我国对欧盟进出口的主要省市集中在东部地区，其中，广东、上海、江苏、浙江、北京和山东6省市长期在对欧盟贸易中位居前列。2018年，上述6省市对欧盟进出口均超2 000亿元，合计占同期我国对欧盟进出口总值的73.7%。其中，广东占据首位，进出口

7 998亿元，同比增长 3.9%；上海、江苏、浙江、北京和山东对欧盟进出口同比分别增长 3.6%、7.3%、9.3%、14%和 4.8%。同期，我国西部、东北和西北地区对欧盟进出口取得新进展，同比分别增长 18.8%、14%和 12.2%，均高于同期我国对欧盟进出口总体增速，占中欧贸易总值的比重也分别上升了 0.6 个、0.3 个和 0.1 个百分点，显示我国外贸区域结构分布更趋均衡（见表 4）。

表 4　2018 年我国各省市对欧盟进出口值统计表

省市	金额（亿元）			同比（%）		
	进出口	出口	进口	进出口	出口	进口
广东	7 998.0	6 157.1	1 840.9	3.9	3.9	3.9
上海	7 068.4	2 432.9	4 635.5	3.6	4.5	3.2
江苏	7 011.4	4 973.1	2 038.3	7.3	6.9	8.3
浙江	5 567.8	4 662.3	905.5	9.3	7.8	18.1
北京	3 354.5	428.5	2 926.0	14.0	24.0	12.6
山东	2 186.8	1 610.9	575.9	4.8	5.0	4.3
天津	1 730.9	463.4	1 267.5	9.8	2.1	12.9
福建	1 705.7	1 364.0	341.7	5.8	8.0	-2.3
辽宁	1 342.7	450.1	892.6	23.0	12.1	29.4
四川	995.8	530.1	465.7	27.7	21.3	35.7
重庆	984.5	823.7	160.8	16.7	16.5	17.6
吉林	751.4	64.7	686.7	5.3	1.3	5.7
河南	647.4	539.2	108.2	2.0	5.5	-12.3
安徽	587.3	418.3	169.0	15.8	17.6	11.5
湖北	508.9	332.4	176.5	15.7	10.2	27.6
河北	498.7	334.8	163.9	7.0	5.5	10.2
湖南	394.4	262.3	132.1	27.8	28.7	26.2
江西	368.3	307.1	61.2	-3.7	-3.0	-7.1
陕西	332.7	233.0	99.7	23.7	32.5	7.1
山西	216.1	188.4	27.7	-6.6	-7.3	-1.7
广西	149.8	105.8	44.0	4.4	1.9	11.2
海南	137.5	17.4	120.1	66.1	-20.5	97.2
黑龙江	115.2	55.8	59.4	-13.8	-1.6	-22.8
云南	94.8	57.1	37.7	42.8	34.1	58.2
内蒙古	86.8	43.5	43.3	5.7	24.1	-8.0
新疆	62.8	30.5	32.3	14.5	49.5	-6.2
甘肃	45.1	19.5	25.6	46.4	41.0	50.7

表4 续

省市	金额（亿元）			同比（%）		
	进出口	出口	进口	进出口	出口	进口
宁夏	38.3	31.3	7.0	-33.3	-34.3	-28.4
贵州	36.1	29.7	6.4	-11.0	-8.8	-20.1
西藏	15.2	0.6	14.6	-37.0	150.2	-38.7
青海	3.6	1.8	1.8	31.2	-2.7	96.7

（六）对欧盟出口商品结构继续优化，手机、医药品等出口增长较快

随着我国制造业不断转型升级，对欧盟出口商品结构呈不断优化势头。2018 年，我国对欧盟出口机电产品 1.64 万亿元，同比增长 8.3%，占同期我国对欧盟出口总值的 60.7%，比重提升了 0.7 个百分点。其中，手机同比增长 13.8%，便携式电脑同比增长 5%。同时，我国具有传统优势的劳动密集型产品仍是对欧盟出口的重点品种，出口5 949.2亿元，同比微增 0.1%，占同期我国对欧盟出口总值的 22.1%。此外，汽车零配件、医药品和钢材出口同比分别增长 7.5%、17.8%和 13.8%（见表 5）。

表 5　2018 年我国对欧盟主要出口商品统计表

出口主要商品	出口值（亿元）	同比（%）
机电产品	16 371.3	8.3
其中：手机	1 535.7	13.8
便携式电脑	1 349.2	5.0
平板电脑	305.7	8.6
液晶显示板	253.8	-17.6
灯具、照明装置及零件	529.0	3.4
劳动密集型产品	5 949.2	0.1
其中：服装及衣着附件	2 377.3	-3.2
纺织纱线、织物及制品	885.2	4.2
家具及其零件	699.6	5.3
鞋类	679.4	-3.5
塑料制品	505.6	8.0
箱包及类似容器	426.2	0.0
玩具	376.0	1.0
汽车零配件	651.4	7.5
医药品	311.3	17.8
钢材	306.1	13.8

（七）自欧盟进口以高精尖产品和消费类商品为主

欧盟具备技术优势的高端机械设备、电子零器件等一直是我国工业生产所需要的重要产品。2018 年，我国自欧盟进口机电产品 1.11 万亿元，同比增长 11.4%，占同期我国自欧盟进口总值的 61.2%；其中，汽车、飞机及其他航空器、集成电路、制造半导体器件或集成电路用的机器及装置同比分别增长 4.8%、27.8%、19.4%和 80.6%。同时，随着我国消费市场不断升级，对欧盟各类消费品需求明显增加。其中，进口乳品同比增长 17.2%；医疗仪器及器械同比增长 12.7%；美容化妆品及护肤品同比增长 47.3%。此外，自欧盟进口工业原材料和半制成品也稳步增长，其中初级形状的塑料、原油、钢材进口同比分别增长 6.7%、20.5%和 6.6%（见表 6）。

表 6　2018 年我国自欧盟主要进口商品统计表

进口主要商品	金额（亿元）	同比（%）
机电产品	11 056.9	11.4
其中：汽车	1 901.1	4.8
飞机及其他航空器	762.3	27.8
集成电路	477.9	19.4
通断保护电路装置及零件	473.0	7.2
农产品	1 052.8	5.7
其中：乳品	338.3	17.2
酒类	213.6	1.9
肉及杂碎	162.0	-11.8
医药品	1 276.4	4.4
汽车零配件	1 101.3	6.0
初级形状的塑料	305.2	6.7
原油	292.3	20.5
医疗仪器及器械	251.1	12.7
钢材	219.0	6.6
美容化妆品及护肤品	212.2	47.3

二、促进中欧贸易发展的有利因素

（一）中欧高层互访频繁、“一带一路”倡议得到积极响应，为双边贸易提供强大助力

2018 年，法、英、荷、奥、德等多个欧盟主要成员国领导人访华，对参与“一带一路”建设表达了积极态度，将加强与我国在“一带一路”框架下的互利合作，并就多领域合作项目签约，对于改善双边贸易环境具有重要意义。习近平主席也先后对西班牙和葡萄牙进行国事访问，一致同意密切高层往来、深化政治互信、提升合作水平、巩固传统友谊，

推动双边关系在新时代迈上新台阶[①]。据统计，截至2018年底，已有18个欧洲国家与我国签订了“一带一路”合作谅解备忘录[②]；2018年中欧班列开行6 300列，同比增长72%，其中返程班列同比增长111%[③]。2018年，我国对欧盟贸易额创历史新高，其中，对“一带一路”沿线欧盟国家进出口拉动同期我国对欧盟整体进出口2个百分点。

（二）我国制造业转型升级稳步推进、国家一系列扩大进口政策刺激作用显现推动自欧进口

2018年，中国制造业采购经理指数（PMI）均值为50.9%，全年制造业总体保持在扩张区间[④]。在此推动下，自欧盟进口延续较快增势，其中集成电路、制造半导体器件或集成电路用的机器及装置等均保持较快增速。此外，2018年，国家实施一系列调降关税措施，如：5月1日起，取消包括抗癌药在内的28项药品进口关税[⑤]；7月1日起将汽车整车进口关税由原来的20%~25%降至15%[⑥]；降低部分进口日用消费品的最惠国税率，涉及1 449个税目，平均税率由15.7%降为6.9%[⑦]。关税的大幅度下调进一步刺激相关产品进口，海关数据显示，2018年我国自欧盟进口汽车、医药品稳步增长；乳品、美容化妆品及护肤品等均快速增长。

（三）欧洲就业稳定使得消费市场保持较强需求，支撑我国对欧盟出口延续较好增势

欧盟统计局数据显示，欧元区失业率自2016年9月跌破10%后，开始稳步下降，2018年11月进一步降至7.9%，为10年来最低[⑧]。在就业稳定的支撑下，欧洲市场消费需求有所增强，带动我国对欧盟出口持续增长。

三、当前影响中欧贸易发展的主要问题

（一）全球经济和贸易增长预期趋缓、英国“脱欧”悬而未决等多因素叠加，给中欧贸易带来不确定性

世界银行将2019年的全球经济增长预期从3%下调到2.9%，预计2019年世界贸易增速将从2018年的3.8%放缓至3.6%[⑨]。同时，部分欧盟成员国国内政治经济局势不稳，法国“黄背心”抗议运动仍在持续[⑩]；英国“脱欧”协议先后3次遭到议会否决陷入僵局[⑪]。在欧债危机影响尚存、经济复苏依然低迷的形势下，上述不确定性影响欧盟经济的稳定发

---

① 《国务委员兼外交部长王毅谈习近平主席访问西班牙、阿根廷、巴拿马、葡萄牙并出席二十国集团领导人第十三次峰会》，新华网，2018年12月6日。

② 《2019年：中欧合作仍将大有可为》，中国网，2019年1月15日。

③ 《2018年中欧班列开行6 300列同比增长72%》，中国一带一路网，2019年1月4日。

④ 《解读2018年12月中国采购经理指数》，国家统计局，2018年12月31日。

⑤ 《扩进口将迎政策密集红利期 食品药品等关税有望降低》，经济日报，2018年5月7日。

⑥ 《国务院关税税则委员会关于降低汽车整车及零部件进口关税的公告》，财政部网站，2018年5月22日。

⑦ 《7月1日起我国将降低1 449个税目的日用消费品进口关税》，新华网，2018年5月31日。

⑧ 《数据：欧元区失业率创10年新低 近金融危机前水准》，中国新闻网，2019年1月10日。

⑨ 《世行下调今明两年增长预测：全球经济“阴云堆积”》，新浪网，2019年1月10日。

⑩ 《法国“黄背心”运动进入第9周 8千人再上巴黎街头》，网易网，2019年1月13日。

⑪ 《英首相吁尽快达成跨党谈判 以打破“脱欧”僵局》，中国新闻社，2019年5月6日。

展，从而拖累中欧贸易。

（二）欧盟加强对我国投资的审查，影响双边经贸关系的进一步深化

近年来，由于欧洲经济整体竞争力下滑，而我国在“一带一路”倡议框架下加深与东欧国家的经贸合作，引起德国、法国等西欧国家的警惕，部分欧盟国家借口国家安全、产业保护，加强对我国投资项目审查，限制开放高新技术领域投资。如，德国政府以安全为由，否决了中国烟台台海集团对德国机械工具制造商莱菲尔德的收购提议；德国政府宣布由国有银行德国复兴信贷银行收购德国电网运营商50赫兹20%的股份，以阻止中国国家电网公司的入股①。2019年2月份，欧洲议会通过了一项新的投资审查框架立法，鼓励成员国单独审核包括关键技术、基础设施和国有企业或国家背景的敏感领域交易，这些均指向中国在欧盟的投资②。我国在欧盟投资面临更加严格的审查，可能影响中欧经贸合作的进一步深入。

（三）中美经贸摩擦背景下，欧盟在国际组织和多个场合对我国防范、限制，或制约中欧双边贸易长期发展

中欧贸易深入发展的同时，欧盟在经贸领域对我国的提防、限制持续。如，2018年9月份，欧盟与美国、日本就世界贸易组织（WTO）改革联合提案达成一致，要求我国兑现在WTO谈判中的“全部承诺”，提出在WTO改革中制定针对工业补贴和国有企业的新规则③；2019年3月份，欧盟委员会发布了《欧中关系战略展望》，称中国在诸多政策领域是欧盟“天然”合作伙伴和谈判合作伙伴，但同时也是欧盟“经济竞争对手”和“体制竞争对手”④。欧盟为我国最大贸易伙伴，如果欧盟将我国视为“竞争对手”，或将不利于未来中欧双边贸易，特别是在当前中美经贸摩擦的大背景下，虽然美国与欧盟在经贸、安全、外交等领域也屡现龃龉，为中欧接近提供了机遇，但也存在美欧共同向中国施压的风险，可能对我国国际贸易整体带来更长远的负面影响。

四、中欧经贸前景展望

当前国际政治经济形势复杂多变，“逆全球化”因素增多。在此背景下，中欧在支持构建开放型世界经济、反对保护主义、应对全球性挑战方面进一步走近。2019年4月，习近平主席、李克强总理相继访问欧洲并取得丰硕成果：与意大利、卢森堡签署共建“一带一路”谅解备忘录；与奥地利签署“一带一路”合作文件；希腊加入中国—中东欧合作使得“16+1合作”升级为“17+1合作”；中欧发布《第二十一次中国—欧盟领导人会晤联合声明》，涉及双方在战略层面的共同关切，也触及非歧视性市场准入、保护知识产权以及5G技术合作等贸易领域的诸多热点，反映了双方的广泛共识⑤。随着双方合作的深入，中欧的共同利益、共同立场、共同目标在增多。

---

① 《德国以国家安全为由，首次对中资收购“说不”》，凤凰网，2018年7月30日。

② 《研究报告：中国对欧盟直接投资大幅下降，将面临更严格审查》，新华丝路网，2019年3月7日。

③ 《美国欧盟日本就WTO改革方案达成一致 中欧将谈判》，观察者网，2018年9月28日。

④ 《欧盟委员会评估欧中关系提“十点行动建议”》，光明网，2019年3月13日。

⑤ 《中欧联合声明传递强烈信号：合作是大势，“一带一路”是抓手》，中国一带一路网，2019年4月11日。

中欧历史、文化、国情、发展水平不同，但合作远大于竞争，共识也多于分歧。双方在支持多边主义、维护自由贸易、倡导可持续发展等方面拥有共同语言，应继续携手改善全球治理，在世界贸易组织改革、应对气候变化、防核扩散等全球与地区热点问题上保持机制性磋商与协调。在政治互信的基础上，在理念共享和经济互补性长期存在的大前提下，秉持相互尊重、合作共赢的精神，中欧关系将取得更大的发展，中欧贸易将具有更大的拓展空间。

2018 年我国对美国贸易进出口年度报告

据中国海关统计，2018 年，我国对美国进出口总值 4.18 万亿元，同比增长 5.7%，增速比我国外贸总体水平慢 3.9 个百分点，占当年我国外贸进出口总值的 13.7%，比重较 2017 年下滑 0.5 个百分点。其中，对美国出口 3.16 万亿元，同比增长 8.6%，增速比全国总体水平快 1.5 个百分点，占当年我国出口总值的 19.3%，比重较 2017 年上升 0.3 个百分点；自美国进口 1.02 万亿元，同比下降 2.3%，占当年我国进口总值的 7.2%，比重较 2017 年下滑 1.1 个百分点；贸易顺差 2.14 万亿元，同比扩大 14.6%。2018 年，美国仅次于欧盟继续保持我国第二大贸易伙伴地位；从出口看，美国连续 5 年成为我国最大出口市场；从进口看，美国位列欧盟、东盟、韩国、日本和台湾之后，是我第六大进口来源地。

据全球贸易信息系统（GTA）美方统计，2018 年美国对我国进出口 6 598.5 亿美元，同比增长 3.9%，占当年美国外贸进出口总值的 15.7%。其中，美国自我国进口 5 395.1 亿美元，同比增长 6.7%，占当年美国外贸进口总值的 21.2%，比重较 2017 年下滑 0.4 个百分点；美国对我国出口 1 203.4 亿美元，同比下降 7.4%，占当年美国外贸出口总值的 7.2%，比重较 2017 年下滑 1.2 个百分点；美国对我国贸易逆差 4 191.7 亿美元，同比扩大 11.6%。2018 年，我国分别是美国的第二大贸易伙伴（仅次于欧盟）、最大进口来源地和第四大出口市场（位列欧盟、加拿大、墨西哥之后）。

一、2018 年我国对美国进出口的主要特点

（一）12 月份出口增幅明显收窄，进口同比创近 10 年来最大降幅

2018 年，我国对美国进出口除 3 月份和 12 月份下降外，其余月份均保持同比增长。其中，4 月份起出口增速逐月提高，到 10 月份达到 18.1%，但 11 月份回落至 15.6%，12 月单月出口 2 794.2 亿元，环比下降 12.4%，同比增速进一步回落至 1.1%；12 月份当月进口 722.9 亿元，环比下降 2%，同比降幅由上月的 21.5%扩大至 32.6%，为 2009 年 1 月份以来单月最大降幅（见图 1）。

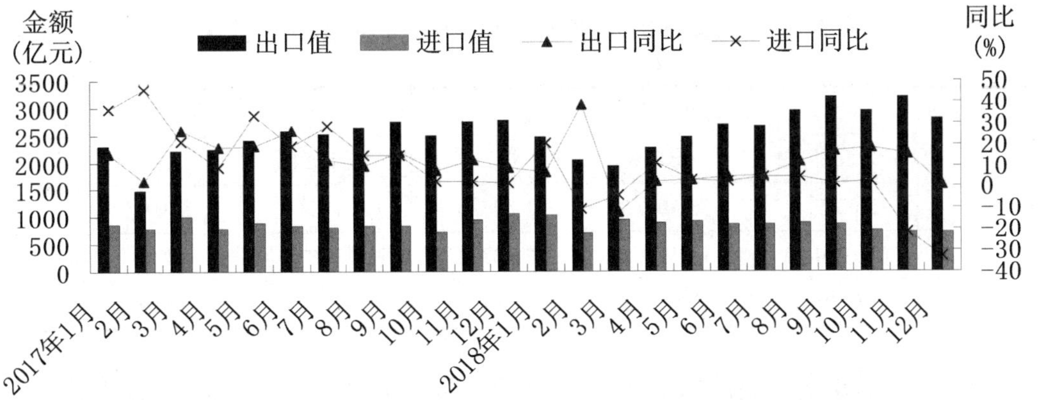

图 1　2017 年 1 月~2018 年 12 月我国对美国进出口月度走势统计图

(二) 逾 5 成以一般贸易方式进出口，加工贸易方式进出口均保持增长

2018 年，我国以一般贸易方式对美国进出口 2.23 万亿元，同比增长 5.7%，占当年我国对美国进出口总值的 53.4%；其中，出口 1.64 万亿元，同比增长 12.1%；进口 5 917.3 亿元，同比下降 8.8%。同期，以加工贸易方式进出口 1.47 万亿元，同比增长 4.7%，占当年我国对美国进出口总值的 35.1%；其中，出口 1.3 万亿元，同比增长 3.6%；进口 1 682.2亿元，同比增长 13.7%（见表 1）。

表 1　2018 年我国对美国进出口主要贸易方式统计表

贸易方式	金额（亿元）			同比（%）		
	进出口	出口	进口	进出口	出口	进口
一般贸易	22 331.8	16 414.5	5 917.3	5.7	12.1	-8.8
加工贸易	14 655.0	12 972.8	1 682.2	4.7	3.6	13.7

(三) 外商投资企业进出口比重下滑，民营企业进出口 2 位数增长

2018 年，我国外商投资企业对美国进出口 2.12 万亿元，同比增长 1.8%，占当年我国对美国进出口总值的 50.8%，比重较 2017 年下滑 2 个百分点；其中，出口 1.64 万亿元，同比增长 3.9%；进口 4 823.3 亿元，同比下降 4.9%。同期，民营企业进出口 1.63 万亿元，同比增长 13.6%，占当年我国对美国进出口总值的 39%。此外，国有企业进出口 4 206.7亿元，同比下降 1.4%，占当年我国对美国进出口总值的 10.1%（见表 2）。

表2　2018年我国各类企业对美国进出口统计表

企业性质	金额（亿元）			同比（%）		
	进出口	出口	进口	进出口	出口	进口
外商投资企业	21 227.8	16 404.5	4 823.3	1.8	3.9	-4.9
民营企业	16 304.4	13 171.2	3 133.2	13.6	17.0	1.0
国有企业	4 206.7	2 019.3	2 187.4	-1.4	-1.9	-1.0

（四）广东、江苏和上海位居对美进出口前3位，浙江进出口呈2位数增长

2018年，我国对美国进出口排名前3位的省市分别是广东、江苏和上海。其中，广东进出口8 732.1亿元，同比增长1.2%；江苏进出口7 098.6亿元，同比增长4.1%；上海进出口5 069.4亿元，同比下降2.9%；三者合计占当年我国对美国进出口总值的50%。同期，浙江进出口4 618.9亿元，同比增长10.1%（见表3）。

表3　2018年我国对美国进出口主要省市统计表

省市	金额（亿元）			同比（%）		
	进出口	出口	进口	进出口	出口	进口
广东	8 732.1	7 403.5	1 328.6	1.2	1.1	1.9
江苏	7 098.6	6 143.2	955.4	4.1	6.0	-6.8
上海	5 069.4	3 134.3	1 935.1	-2.9	-0.4	-6.6
浙江	4 618.9	4 148.6	470.3	10.1	12.2	-5.5
山东	2 342.4	1 914.5	427.9	1.5	8.6	-21.3

（五）机电产品出口占6成以上，劳动密集型产品出口比重下滑

2018年，我国对美国出口机电产品1.99万亿元，同比增长10%，占当年我国对美国出口总值的62.9%，比重较2017年上升0.8个百分点。其中，出口电脑及其部件3 522.3亿元，同比增长5.5%；出口手机2 314.5亿元，同比增长10.1%。同期，出口劳动密集型产品22.8亿元，同比增长6.4%，占当年我国对美国出口总值的22.8%，比重较2017年下滑0.5个百分点，在对美出口前10大商品中占5席。其中，出口服装及衣着附件2 328.9亿元，同比增长4.3%；出口家具及其零件1 361.2亿元，同比增长9.6%；出口塑料制品928.9亿元，同比增长18.9%（见表4）。

表 4　2018 年我国对美国出口主要商品统计表

出口商品	金额（亿元）	同比（%）
电脑及其部件	3 522. 3	5. 5
服装及衣着附件	2 328. 9	4. 3
手机	2 314. 5	10. 1
家具及其零件	1 361. 2	9. 6
汽车零配件	984. 2	12. 6
塑料制品	928. 9	18. 9
纺织纱线、织物及制品	903. 4	7. 8
鞋类	798. 6	-1. 8
电脑的零件	792. 6	23. 7
灯具、照明装置及零件	571. 0	13. 8

（六）农产品和汽车进口大幅下降，原油进口成倍增长

2018 年，我国自美国进口农产品 1 054. 8 亿元，同比下降 35. 4%，占当年我国自美国进口总值的 10. 3%，比重较 2017 年下滑 5. 3 个百分点。其中，进口大豆 457 亿元，同比下降 51. 7%。同期，进口飞机 1 040. 7 亿元，同比增长 15. 3%；进口集成电路 794. 4 亿元，同比增长 14. 9%；进口汽车 682. 6 亿元，同比下降 22. 9%。此外，进口原油 441. 1 亿元，同比增长 1 倍；进口制造半导体器件或集成电路用的机器及装置 193. 2 亿元，同比增长 61. 1%（见表 5）。

表 5　2018 年我国自美国进口主要商品统计表

进口商品	金额（亿元）	同比（%）
飞机及其他航空器	1 040. 7	15. 3
集成电路	794. 4	14. 9
汽车	682. 6	-22. 9
计量检测分析自控仪器及器具	458. 5	11. 1
大豆	457. 0	-51. 7
原油	441. 1	104. 8
初级形状的塑料	301. 1	1. 9
医药品	272. 3	14. 7
医疗仪器及器械	230. 1	8. 0
制造半导体器件或集成电路用的机器及装置	193. 2	61. 1

二、2018 年我国对美国出口增长、进口下降的主要原因

（一）美国经济良好、就业增长，拉动对我国商品需求的增长

2018 年美国经济增长 2.9%，高于 2017 年的 2.2%[①]。2018 年美国个人消费开支连续 4 个季度上升；12 月份，美国密歇根大学消费者信心指数终值为 98.3，高于预期的 97.4 和初值的 97.5，消费者信心保持在与全年相同的创纪录水平[②]；当月美国新增非农就业 31.2 万人，远超市场预期的 18.4 万人，创 1999 年以来历史同期最高[③]。美国经济总体表现较好，消费者消费信心提升，对我国出口商品的需求有所增长。

（二）担忧美方进一步扩大中美贸易争端，“抢出口”较为明显

自 2018 年 3 月份起，美国不断升级贸易摩擦，先后对我国钢铝制品及 3 批合计约2 500 亿美元商品加征关税。由于担忧美方进一步扩大贸易摩擦争端，国内部分企业加速抢闸出口。4~10 月我国对美出口增速逐月提升，但 11 月开始，中美贸易摩擦出现缓和迹象，“抢出口”因素减弱，出口增速有所回落。

（三）我国反制措施效果显著，抑制自美进口增长

作为对美国挑起贸易摩擦的必要回应，我国也采取了对等的反制措施，对美国合计约 1 100 亿美元商品加征关税，如对美国大豆加征 25%的关税，汽车进口关税一度升至 40%。进口关税大幅提高，对自美进口形成抑制。2018 年下半年，我国自美进口大豆 24.7 亿元，同比大幅下降 93.5%；进口汽车 314.5 亿元，同比下降 26.8%。

三、当前对美贸易值得关注的问题

（一）美方多次出尔反尔，中美经贸摩擦进一步升级

中美贸易磋商期间，美国采取霸凌主义态度和极限施压手段，坚持不合理的高要价，导致双方迟迟未能弥合分歧。此外，美国多次出尔反尔，致使中美经贸磋商严重受挫。2019 年 5 月 10 日起，美国将 2 000 亿美元中国输美商品加征关税税率由 10%提升至 25%；5 月 13 日，宣布启动对剩余约 3 000 亿美元中国输美商品加征关税的程序[④]。作为必要反制，我国自 2019 年 6 月 1 日起，上调已对美实施加税的约 600 亿美元商品税率。中美经贸摩擦进一步升级，不利于双边进出口贸易稳定健康发展。

（二）美国频繁通过行政等手段，遏制我国高科技产业发展

长期以来，美国把高科技领域的领先地位视为重要的战略资产，频繁通过专利审查、行政干预等手段限制我国战略新兴产业发展。2018 年上半年，美国对中兴实施出口禁令，并对我国其他 44 家企业实施出口管制措施，下半年又将晋华列入出口管制名单[⑤]。11 月 19

---

① 《2018 年美国国内生产总值增长 2.9% 未达特朗普目标》，网易新闻，2019 年 3 月 1 日。
② 《美 12 月密歇根大学消费者信心终值超预期》，华尔街见闻，2018 年 12 月 22 日。
③ 《非农就业强劲，美股美元齐拉升》，第一财经，2019 年 1 月 5 日。
④ 《关于中美经贸磋商的中方立场》白皮书，新华网，2019 年 6 月 2 日。
⑤ 《2019 年中国集成电路产业发展形势展望》，中国电子信息产业发展研究院，2019 年 1 月 3 日。

日，美国商务部提出一份针对关键技术和相关产品的出口管制体系框架，限制人工智能、芯片、机器人等14个核心前沿技术的对华出口[①]。2019年4月10日，美国商务部将37家中国公司和学校列入“未经验证实体”名单，美国供应商向名单中的实体供货将受到限制[②]。美国泛化国家安全概念，滥用出口管制措施，通过行政甚至司法手段干预市场，不利于我国高科技产业正常发展。

（三）美国加快推动多边贸易谈判，构建国际经贸新规则

2018年以来，美国在贸易协定上进展捷报频频，大力巩固以美国为主导的国际贸易体系，进而掌握国际经贸规则主导权。2018年11月30日，美国、加拿大、墨西哥3国首脑签署了“美国—墨西哥—加拿大协议”（USMCA），取代了此前的北美自由贸易协定（NAFTA）。新贸易协议中规定，“任何缔约方与非市场经济国家签署自由贸易协定后，应允许其他缔约方在6个月告知期后终止本协定并以新协定取代”[③]。同时，美国启动了美日、美欧贸易谈判，在美国发布的对日本和欧盟的贸易谈判目标摘要中，均加入了限制同非市场经济国家签署贸易协定的条款[④]。未来这一条款可能被推广到美国与更多其他贸易伙伴的双边谈判中。目前，美国尚未承认我国的市场经济地位，美国通过此项条款将我国排除在其主导的国际贸易体系之外，将阻碍我国进一步推进自由贸易区建设，不利于我国与相关国家开展经贸合作。

四、2019年中美贸易展望

中美是世界两个贸易大国，作为2018年全球贸易的关键词，中美贸易摩擦不仅决定中美之间的贸易走向，同时也影响着全球贸易的稳定发展。中美贸易摩擦一方面源于中美巨额贸易逆差及其结构性、体制性问题和分歧，另一方面源于新冷战思维下霸权国家对新兴崛起大国的遏制。可以看到，美国列出的加征关税清单明确指向“中国制造2025”重点发展领域，而这些高端产业领域直接挑战美国等发达国家的利益，直接表露了美国试图精确打击我国高科技创新能力，遏制我国发展的目的。同时，中美贸易摩擦的形式和内容方面也在不断变化。美国一方面频繁以“安全问题”“反不正当竞争”等理由调查我国高科技企业，阻挠我国高科技企业对美投资，将我国企业和机构纳入“实体清单”，限制“敏感”零部件和技术对华出口；另一方面通过“长臂管辖”制度，对我国企业与其他国家的投资、贸易作出干涉和指控，扩大了中美贸易摩擦的影响范围。加拿大应美方要求逮捕华为高管、联邦快递将华为的包裹转运美国等事件的发生，我国发布《关于中美经贸磋商的中方立场》白皮书、建立“不可靠实体清单”制度，也说明中美贸易摩擦呈现长期化、复杂化趋势。

---

① 《美媒：美国商务部出台最严技术出口管制方案》，环球网，2018年11月20日。

② 《多家中国机构被美列入“未经验证”名单 商务部回应》，环球网，2019年4月12日。

③ 《美加墨新贸易协议达成：或有三个“变”》，中国网财经，2018年10月6日。

④ 数据来源于美国贸易代表办公室网站。

2018 年我国对东盟贸易进出口年度报告

2018 年，随着“一带一路”倡议的有力推动，我国同东盟国家的贸易联系越发紧密，东盟连续第八年成为我国第三大贸易伙伴，对东盟贸易值占我国对外贸易总值的 12.7%。在贸易单边主义抬头的背景下，东盟对我国贸易增长的支持作用逐渐凸显，对东盟贸易增速高出我国外贸总体增速 1.5 个百分点。据中国海关统计，2018 年，我国对东盟双边贸易总值为 3.88 万亿元，同比增长 11.2%。其中对东盟出口 2.11 万亿元，同比增长 11.3%；进口 1.77 万亿元，同比增长 11%。

一、2018 年我国对东盟国家进出口的主要特点

（一）月度进出口值平稳上升，增速波动较大

2018 年我国对东盟国家月度进出口值整体保持较快增长态势，其中 2 月单月进出口 2 404.6亿元，为年内谷值；此后平稳上升，9 月攀升至年内峰值，进出口 3 644 亿元。从增速来看，1 月增速达 26.1%，为年内峰值；随后出现了先放缓再拉升的趋势，10 月增速达 20.5%，为年内次高，之后增速逐月回落（见图 1）。

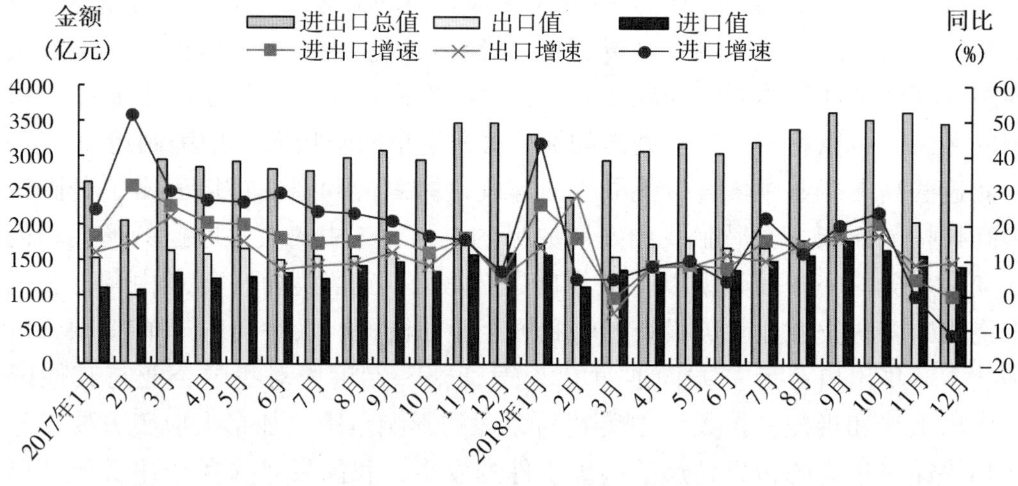

图 1　2017 年 1 月~2018 年 12 月我国对东盟进出口月度统计图

（二）以一般贸易方式进出口占主导地位，比重进一步上升

2018 年，我国以一般贸易方式对东盟国家进出口 2.2 万亿元，同比增长 15.5%，占同期我国对东盟进出口总值的 56.6%，比重较 2017 年提升 2.1 个百分点。同期，以加工贸易方式进出口 9 333.2 亿元，同比增长 11%，占同期我国对东盟进出口总值的 24.1%；以边境小额贸易方式进出口 1 310.9 亿元，同比增长 16.6%（见表 1）。

表 1　2018 年我国对东盟国家进出口贸易方式统计表

贸易方式	金额（亿元）			同比（%）		
	进出口	出口	进口	进出口	出口	进口
一般贸易	21 958.8	12 969.1	8 989.7	15.5	16.8	13.7
加工贸易	9 333.2	4 692.3	4 640.9	11.0	2.1	21.7
边境小额贸易	1 310.9	1 159.5	151.4	16.6	19.7	-2.3

（三）民营企业占比超 4 成，外商投资企业增长较慢

2018 年，我国民营企业对东盟国家进出口 1.71 万亿，同比增长 13.7%，占同期我国对东盟进出口总值的 44.1%。同期，外商投资企业进出口 1.5 万亿，同比增长 7.2%；国有企业进出口 5 879.3 亿元，同比增长 17.4%（见表 2）。

表 2　2018 年我国对东盟国家进出口企业性质统计表

企业性质	金额（亿元）			同比（%）		
	进出口	出口	进口	进出口	出口	进口
民营企业	17 087.0	11 174.4	5 912.6	13.7	11.8	17.4
外商投资企业	14 999.9	6 808.5	8 191.4	7.2	7.8	6.7
国有企业	5 879.3	2 994.3	2 885.0	17.4	17.6	17.3

（四）广东进出口规模居首，浙江、北京增长较快

2018 年，广东对东盟进出口 9 532.8 亿元，同比增长 9.9%，对东盟进出口规模列我国各省市首位，占同期我国对东盟进出口总值的 24.6%；江苏以 5 165.5 亿元位列第二，同比增长 12%；上海进出口 4 222.9 亿元，同比下降 0.4%；浙江、北京分别进出口 3 159 亿元和 2 577.3 亿元，同比分别增长 22.5%和 40.3%。同期，广西、云南分别进出口 2 060.9 亿元、908.8 亿元，同比分别增长 6.3%、2.8%；重庆进出口 759 亿元，同比下降 4.4%（见表 3）。

表 3　2018 年我国对东盟国家进出口前 10 位省市统计表

省市	金额（亿元）			同比（%）		
	进出口	出口	进口	进出口	出口	进口
广东	9 532.8	4 306.0	5 226.8	9.9	0.3	19.3
江苏	5 165.5	2 995.6	2 169.9	12.0	13.0	10.5
上海	4 222.9	1 695.2	2 527.7	-0.4	6.3	-4.4
浙江	3 159.0	2 022.1	1 136.9	22.5	16.1	35.8
北京	2 577.3	1 242.6	1 334.7	40.3	40.5	40.1

表3　续

省市	金额（亿元）			同比（%）		
	进出口	出口	进口	进出口	出口	进口
福建	2 115. 1	1 295. 9	819. 2	9. 8	7. 2	14. 3
山东	2 092. 8	1 209. 4	883. 4	-3. 1	15. 8	-20. 8
广西	2 060. 9	1 259. 6	801. 3	6. 3	13. 9	-3. 8
四川	1 121. 9	861. 4	260. 5	24. 9	28. 6	14. 0
天津	928. 8	571. 5	357. 3	17. 8	23. 0	10. 3

（五）对东盟10国进出口全部实现增长，越南为最大贸易伙伴

2018年，我国对越南进出口9 774. 5亿元，同比增长18. 6%，进出口规模位列东盟各国首位。同期，对马来西亚进出口7 166. 6亿元，同比增长10. 1%；对泰国进出口5 770. 2亿元，同比增长6. 3%；对新加坡进出口5 460. 2亿元，同比增长1. 7%。此外，对印度尼西亚和菲律宾分别进出口5 102. 3亿元和3 671. 1亿元，同比分别增长19%和5. 7%（见表4）。

表4　2018年我国与东盟国家进出口统计表

贸易伙伴	进出口		出口		进口	
	金额（亿元）	同比（%）	金额（亿元）	同比（%）	金额（亿元）	同比（%）
越南	9 774. 5	18. 6	5 544. 0	14. 4	4 230. 5	24. 6
马来西亚	7 166. 6	10. 1	2 995. 8	6. 0	4 170. 8	13. 2
泰国	5 770. 2	6. 3	2 827. 9	8. 3	2 942. 3	4. 5
新加坡	5 460. 2	1. 7	3 239. 5	6. 2	2 220. 7	-4. 2
印度尼西亚	5 102. 3	19. 0	2 853. 3	21. 2	2 249. 0	16. 3
菲律宾	3 671. 1	5. 7	2 311. 9	6. 4	1 359. 2	4. 4
缅甸	1 003. 9	10. 0	695. 6	14. 8	308. 3	0. 6
柬埔寨	487. 9	24. 3	396. 5	22. 3	91. 4	33. 8
老挝	229. 8	12. 2	96. 4	0. 3	133. 4	22. 7
文莱	121. 5	81. 4	104. 8	143. 4	16. 7	-30. 1

（六）出口以机电产品为主，劳动密集型产品出口小幅增长

2018年，我国对东盟出口机电产品1. 05万亿元，同比增长12. 3%，占同期我国对东盟出口总值的49. 7%；其中出口集成电路1 101. 8亿元，同比增长28. 8%。同期，出口劳动密集型产品3 599. 6亿元，同比增长5. 3%，占同期我国对东盟出口总值的18. 8%；其中出口纺织纱线、织物及制品1 845亿元，同比增长6. 3%。此外，出口钢材1 192亿元，同比增长19. 6%；出口成品油977. 4亿元，同比增长27. 8%（见表5）。

表 5　2018 年我国对东盟国家进出口主要商品统计表

出口			进口		
商品名称	金额（亿元）	同比（%）	商品名称	金额（亿元）	同比（%）
纺织纱线、织物及制品	1 845.0	6.3	集成电路	3 355.6	5.6
钢材	1 192.0	19.6	电脑及其部件	821.9	16.0
集成电路	1 101.8	28.8	初级形状的塑料	655.9	29.3
成品油	977.4	27.8	煤及褐煤	502.3	15.1
服装及衣着附件	679.4	11.2	天然气	411.5	52.6
电脑及其部件	623.7	12.4	原油	408.0	22.9
电话机	541.5	29.0	成品油	395.3	21.3
陶瓷产品	292.3	8.5	二极管及类似半导体器件	325.3	8.2
蔬菜	284.6	-1.1	电视、收音机及无线电讯设备的零附件	325.0	40.7
鞋类	277.4	1.3	合成橡胶（包括胶乳）	305.2	-14.6

（七）机电产品进口占比过半，资源性产品进口增长较快

2018 年，我国自东盟进口机电产品 8 901.2 亿元，同比增长 14.3%，占同期我国对东盟进口总值的 50.2%；其中进口集成电路 3 355.6 亿元，同比增长 5.6%；进口电脑及其部件 821.9 亿元，同比增长 16%。同期，进口初级形状的塑料 655.9 亿元，同比增长 29.3%；分别进口煤及褐煤、天然气、原油和成品油 502.3 亿元、411.5 亿元、408 亿元和 395.3 亿元，同比分别增长 15.1%、52.6%、22.9%和 21.3%（见表 5）。

二、2018 年我国对东盟贸易快速增长的原因

（一）我国与东盟各国经济整体发展态势良好，助推双边贸易增长

2018 年我国制造业 PMI 均值为 50.9%，全年制造业总体保持增长①，对东盟国家的煤炭、天然气、原油、成品油等能源产品需求旺盛。同时，东盟多国经济整体也保持良好增长态势。2018 年，越南 GDP 增长 7.08%，创下 11 年以来新高；印度尼西亚经济增长 5.15%，高于 2017 年 5.07%的增速；柬埔寨经济增长 7.3%，创近 6 年以来的最高纪录；新加坡 GDP 增长 3.3%②。东盟国家的经济潜力日益显现，各国国内基础设施建设加快，为我国机电产品、钢材、陶瓷产品等出口带来了商机。

（二）中国—东盟双边合作不断深化，双边贸易展现新活力

2018 年是中国—东盟建立战略伙伴关系 15 周年，15 年来，双方合作发展迅速。近年

① 《2018 年 12 月中国制造业采购经理指数和非制造业商务活动指数一降一升》，国家统计局网站，2018 年 12 月 31 日。

② 《2018 年东盟有关国家经济增长情况》，中国—东盟自由贸易区网站，2019 年 1 月 15 日。

来，在“一带一路”倡议、中国—东盟自贸区建设、西部陆海新通道以及澜湄合作快速推进的背景下，中国—东盟双方合作更加全面深入地展开，在经贸、文化、旅游、金融等多领域合作的不断落实推动了双边贸易快速发展。同时，随着互联网技术迅速发展，跨境电子商务逐渐成为中国与东盟贸易的新亮点。2018 年，我国企业通过跨境电子商务对东盟进出口 71.6 亿元，同比增长 3 倍。

三、当前影响中国—东盟贸易发展的主要问题

（一）中美贸易摩擦导致我国相关产业向东盟转移

受中美贸易摩擦影响，我国相关制造业转移到东南亚等国家的趋势愈加明显。据调研，富士康集团下属的广西生产企业反映，美国 2 000 亿美元加税政策涉及该企业的大部分出口商品，集团已将部分订单甚至部分生产线转移到设在越南、马来西亚等东盟国家的生产企业，以降低中美贸易摩擦的冲击。这一情况在富士康集团下属企业乃至相关制造业中具有一定的代表性。中美贸易摩擦可能促使富士康等跨国制造企业加速在东盟国家的投资布局，对我国的制造业产生一定冲击。不论中美贸易摩擦走向如何，由于产业转移本身存在成本，且东南亚国家具有劳动力成本优势，相关产业转移回国内的可能性较低，预计会对我国制造业产生持续影响。

（二）CPTPP 正式生效，或对中国—东盟双边贸易带来一定的影响

由 11 个国家签署的《全面与进步跨太平洋伙伴关系协定》（CPTPP）于 2018 年 12 月 30 日正式生效，这一协定是美国退出《跨太平洋伙伴关系协定》（TPP）后，参与 TPP 谈判的其他国家对原协定修改形成的，协定覆盖 4.98 亿人口，签署国的国内生产总值之和占全球经济总量的 13%①。东盟国家中越南和新加坡都是 CPTPP 成员国，此外，泰国和印度尼西亚也表达了积极加入 CPTPP 的意愿。以上 4 国都是我国在东盟国家中的重要贸易伙伴，2018 年我国对以上 4 国贸易值合计占我国与东盟双边贸易总值的 67.3%。CPTPP 的生效以及后续发展对中国—东盟双边贸易带来的影响应持续关注。

（三）全球多国看好东盟市场，我国企业在同东盟合作中面临更大竞争

近年来，随着东盟地区一体化日益深化，东盟各成员国经济持续向好，交通互联互通逐渐增强，吸引了全球多国进入东盟市场。2018 年 11 月 16 日，欧亚经济委员会执委会称，欧亚经济联盟与新加坡自贸协定谈判即将结束，委员会希望于 2019 年结束谈判，该协定将成为欧亚和东盟国家一体化新路径。据悉，2018 年 11 月 14 日东盟已与欧亚经济联盟签署合作备忘录，旨在促进双方长效联系和合作②；2018 年 12 月 17 日，印度尼西亚与欧洲自由贸易联盟在雅加达签署了全面经济伙伴关系协议，在货物贸易方面为双方产品提供更广泛的市场准入③。此外韩国力推的“新南方政策”将东盟视为核心，韩国希望加强与东盟各国的经贸合作关系，实现双边贸易值从 2018 年的 1 600 亿美元增至 2020 年的 2 000 亿美

① 《商务部回应 CPTPP：支持建设符合 WTO 原则的区域自由贸易安排》，新华网，2019 年 1 月 10 日。

② 《欧亚经济委员会称将于 2019 年结束与新加坡自贸协定谈判》，商务部网站，2018 年 11 月 25 日。

③ 《印尼与欧洲自由贸易联盟签署全面合作经济伙伴关系协议》，商务部网站，2018 年 12 月 20 日。

元的目标[①]。加强多边贸易合作有助于东盟实现更大发展，形成更广阔市场，但在一段时间内，相关企业在东盟市场面临的竞争可能将更为激烈，需要建立更突出的优势和特色。

四、中国—东盟贸易展望

随着中国—东盟自贸区建设不断升级、跨境电子商务市场的拓展以及人民币在东盟国家的国际化步伐加快，2019 年，中国与东盟的经贸合作将在共同应对单边主义、贸易保护主义挑战的背景下稳定发展，前景依然广阔。2018 年 11 月 12 日，我国与新加坡签署《自由贸易协定升级议定书》。此后，中国—东盟自由贸易协定“升级版”正式对所有成员全面生效[②]。中国—东盟自由贸易区的建成和升级发展提供了更加自由便利化的贸易环境，对推动中国—东盟双边深化经贸合作意义重大。此外，继越南央行宣布自 2018 年 10 月 12 日起在越中边境的 7 省内可使用人民币结算之后，11 月 20 日中国人民银行与印度尼西亚央行续签了双边本币互换协议，协议规模达 2 000 亿元人民币/440 万亿印尼盾[③]。11 月 29 日，中国银行马尼拉分行和 13 家菲律宾当地主要银行签署备忘录拟成立菲律宾人民币交易商协会，实现人民币和菲律宾比索的直接交易兑换[④]。在国际局势复杂因素增加、金融风险系数上升的背景下，人民币东盟化的速度进一步加快，将为双边贸易关系日益紧密提供助力。

---

① 《韩国希望进一步加强与东盟各国的合作关系》，越通社网站，2019 年 3 月 7 日。

② 《中新自贸协定前脚升级，中国—东盟自贸协定“升级版”跟着全面生效》，中国政府网，2018 年 11 月 14 日。

③ 《中印尼续签双边本币互换协议 规模为 2 000 亿元人民币》，商务部网站，2018 年 12 月 4 日。

④ 《菲律宾人民币交易商协会拟成立》，搜狐网，2018 年 11 月 29 日。

2018 年我国对日本贸易进出口年度报告

据中国海关统计，2018 年，我国对日本进出口 2. 16 万亿元，同比增长 5. 4%，增幅低于当年全国外贸平均水平（增长 9. 7%），占当年我国外贸进出口总值的 7. 1%，较 2017 年下降 0. 3 个百分点，保持中国第 4 大贸易伙伴国地位。其中，对日本出口 9 709. 2 亿元，同比增长 4. 4%，为我国第 5 大出口市场；自日本进口 1. 19 万亿元，同比增长 6. 2%，为我国第 4 大进口来源地；对日贸易逆差2 197. 1亿元，同比扩大 15%。

据全球贸易信息系统（GTA）日方统计，2018 年，日本对我国贸易进出口 3 175. 6 亿美元，同比增长 6. 8%，占当年日本外贸进出口总值的 21. 4%，比上年回落 0. 3 个百分点。其中，对我国出口 1 439. 6 亿美元，同比增长 8. 37%，占当年日本外贸出口总值的 19. 5%，比上年提升 0. 5 个百分点，我国在日本出口市场的排名从上年的第二位上升到第一位；自我国进口 1 736 亿美元，同比增长 5. 5%，占当年日本外贸进口总值的 23. 2%，比上年回落 1. 3 个百分点。我国是日本第一大贸易伙伴、第一大进口来源地和第一大出口市场。

一、2018 年我国对日本进出口的主要特点

（一）对日本贸易整体呈现增长态势，单月进出口值两破 2 000 亿

2018 年，我国对日本月度进出口总体呈现震荡上升，上半年月度进出口总值未超过 1 800亿元，但下半年开始月度进出口总值超过 1 800 亿元。其中 9 月份进出口总值 2 037. 5 亿元，创 2012 年以来新高；10 月份有所回落，11 月份再次突破 2 000 亿元，达到 2 021. 3 亿元。12 月份，我国对日本进出口 1 865. 5 亿元，同比下降 2%，是下半年的首次下降；出口 889. 7 亿元，同比增长 4. 2%，连续 6 个月增长；进口 975. 8 亿元，同比下降 6. 9%（见图 1）。

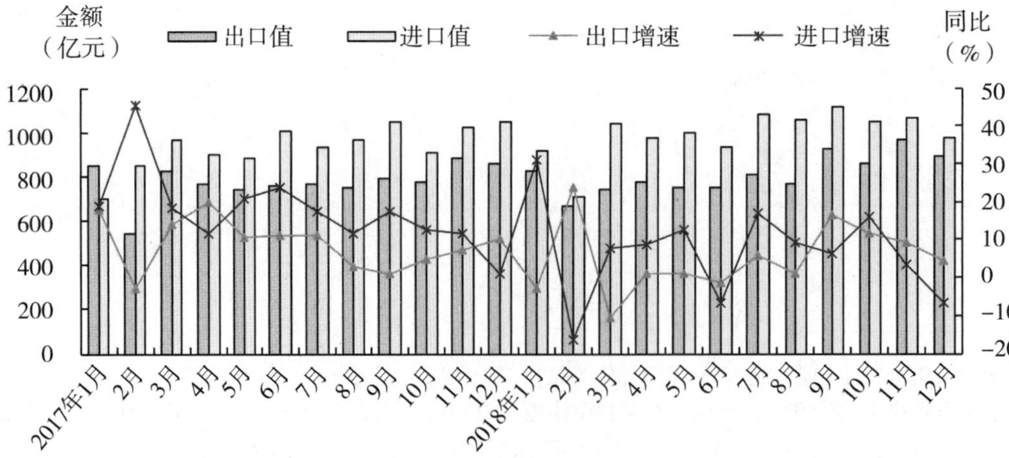

图 1　2017 年 1 月~2018 年 12 月我国对日本进出口月度走势统计图

（二）以一般贸易方式进出口增长明显，加工贸易方式进出口小幅下降

2018 年，我国对日本一般贸易进出口 1.21 万亿元，同比增长 10%，增速较上年放缓 6.9 个百分点，占当年我国对日本进出口总值的 55.7%，较上年提高 2.3 个百分点；其中，出口 4 931.8 亿元，同比增长 9.1%；进口 7 118.7 亿元，同比增长 10.6%。同期，以加工贸易方式进出口 7 157 亿元，同比下降 2.3%，占当年我国对日本进出口总值的 33.1%；其中，出口 4 168.1 亿元，同比下降 1.7%；进口 2 988.9 亿元，同比下降 3.2%（见表 1）。

表 1　2018 年我国对日本进出口主要贸易方式统计表

贸易方式	金额（亿元）			同比（%）		
	进出口	出口	进口	进出口	出口	进口
一般贸易	12 050.5	4 931.8	7 118.7	10.0	9.1	10.6
加工贸易	7 157.0	4 168.1	2 988.9	-2.3	-1.7	-3.2

（三）外商投资企业进出口占主导地位，民营企业进出口增速较快

2018 年，我国外商投资企业对日本进出口 1.36 万亿元，同比增长 0.5%，占当年我国对日本进出口总值的 62.7%。同期，民营企业对日本进出口 6 109.3 亿元，同比增长 15.9%，占 28.3%。此外，国有企业对日本进出口 1 881.4 亿元，同比增长 8.3%（见表 2）。

表 2　2018 年我国对日本进出口主要企业性质统计表

企业性质	金额（亿元）			同比（%）		
	进出口	出口	进口	进出口	出口	进口
外商投资企业	13 550.5	5 796.8	7 753.7	0.5	0.0	0.8
民营企业	6 109.3	3 243.0	2 866.3	15.9	13.5	18.7
国有企业	1 881.4	666.9	1 214.5	8.3	3.5	11.1

（四）广东、江苏、上海继续领跑，四川增势迅猛

2018 年，前十位省市对日本进出口均呈现增长态势，广东、江苏、上海继续保持我国对日本贸易前 3 大省市的地位。其中广东进出口 4 466.2 亿元，同比增长 4.8%；江苏、上海分别进出口 3 949.7 亿元和 3 794.6 亿元，同比分别增长 4.1%和 7.5%；上述 3 地合计占当年我国对日本进出口总值的 56.5%。同期，四川对日本进出口快速增长，同比增幅达到 28.5%（见表 3）。

表 3　2018 年我国对日本进出口主要省市统计表

省市	金额（亿元）			同比（%）		
	进出口	出口	进口	进出口	出口	进口
广东	4 466.2	1 715.1	2 751.1	4.8	2.0	6.7
江苏	3 949.7	1 950.9	1 998.8	4.1	5.5	2.7
上海	3 794.6	1 417.6	2 377.0	7.5	8.3	7.0
浙江	1 581.5	837.4	744.1	8.1	4.1	13.0
山东	1 469.8	1 134.4	335.4	1.6	4.8	-7.9
辽宁	1 077.0	641.0	430.0	9.3	7.8	11.6
北京	1 074.8	201.4	873.4	3.7	-11.3	7.9
天津	838.3	221.4	616.9	4.8	-0.1	6.7
福建	665.7	427.9	237.8	0.1	10.3	-14.2
四川	435.1	152.9	282.2	28.5	29.4	28.0

（五）手机和汽车零配件出口增长明显，太阳能电池出口快速下降

2018 年，我国对日本出口机电产品 5 232.2 亿元，同比增长 4.2%，占当年我国对日本出口总值的 53.9%，比重较 2017 年下滑 0.2 个百分点。服装是最大的出口产品，出口 1 074.6亿元，同比下降 0.5%；分别出口农产品和自动数据处理设备及其部件 708.2 亿元、645 亿元，同比分别增长 2.3%、7.5%。同期，分别出口手机和汽车零配件 569.9 亿元、288.9 亿元，同比分别增长 12.6%、10.4%。此外，出口太阳能电池 119.7 亿元，同比下降 14.5%（见表 4）。

表 4　2018 年我国对日本出口主要商品统计表

商品名称	金额（亿元）	同比（%）
服装及衣着附件	1 074.6	-0.5
农产品	708.2	2.3
自动数据处理设备及其部件	645.0	7.5
手机	569.9	12.6
纺织纱线、织物及制品	303.8	2.8
汽车零配件	288.9	10.4
家具及其零件	194.3	1.6
塑料制品	176.1	6.4
鞋类	150.0	-1.8
太阳能电池	119.7	-14.5

（六）集成电路进口突破千亿元，通断保护电路装置及零件进口出现下降

日本是关键中间投入品和生产设备的主要供应国，相关产品也是我国自日本进口的主要商品。2018 年，我国自日本进口集成电路 1 032.7 亿元，首次突破千亿元，同比增长 11%。同期，分别进口汽车、汽车零配件和计量检测分析自控仪器及器具 665.5 亿元、648.5 亿元、437.1 亿元，同比分别增长 7.1%、12.6%和 6.3%；进口通断保护电路装置及零件 376.3 亿元，同比下降 7.8%（见表 5）。

表 5　2018 年我国自日本进口主要商品统计表

商品名称	金额（亿元）	同比（%）
集成电路	1 032.7	11.0
汽车	665.5	7.1
汽车零配件	648.5	12.6
计量检测分析自控仪器及器具	437.1	6.3
通断保护电路装置及零件	376.3	-7.8
钢材	370.5	1.6
制造平板显示器用的机器及装置	334.5	34.8
初级形状的塑料	299.3	1.7
电容器	232.5	18.1
金属加工机床	213.1	12.8

二、促进中日贸易发展的有利因素

（一）中日双边贸易的互补性较强

中日两国经济互补性很强，我国能够供应充足、廉价的农产品、轻工产品，满足日本民众的需求，而我国需要日本的关键零部件和重要原材料，同时日本在节能环保、高新科技和汽车等领域的技术优势也能够弥补我国相关市场的缺口。同时，国内消费品市场的平稳快速增长和升级换代，以及日本产品的良好口碑，拉动了日本相关产品的进口，如汽车、手机带动了我国自日本进口汽车及其零配件、集成电路的快速增加。

（二）日本经济的温和持续复苏将对中日贸易带来正面影响

日本经济自 2012 年 12 月份至 2019 年 1 月份持续维持正增长，创下该国二战后连续增长时间最久纪录。目前日本经济已经摆脱了通缩边缘，劳动力市场持续改善，民众工资收入的增长，并进一步推动国内消费回暖，对经济增长形成有利支撑。特别在全球经济总体向好的背景下，日本企业设备投资不断增加，这将带动日本经济稳步增长①。此外，日本将于 2020 年举办夏季奥运会，不仅促使相关基础设施投资的增加，也将带动旅游消费的增

① 《2019 年主要经济体经济形势分析》，中国宏观经济信息，2019 年 1 月 2 日。

长。随之而来的基建项目和奥运产品需求将大增，我国在此方面有较大的服务和生产方面优势，可更多参与日本奥运建设相关计划。

（三）中日政治关系逐渐转暖将促进双边贸易增长

自美国宣布退出《跨太平洋伙伴关系协定》（TPP）后，日本加强了与中国的政治联系和贸易往来。2018 年 4 月，双方时隔 8 年重启中日经济高层对话；5 月，习近平主席同安倍晋三首相通电话，就推动中日关系改善发展达成重要共识；10 月安倍晋三时隔 7 年再度访华，两国随即重启货币互换协议，规模达 2 000 亿元；G20 峰会上，双方领导人再次强调要争取早日谈成《区域全面经济伙伴关系协定》（RCEP）和《中日韩自由贸易协定》。2018 年，日本在华新设企业 828 家，比上年增长了 40. 3%[①]。中日关系出现改善势头，带动双边外贸恢复增长。

三、当前影响中日贸易发展的主要问题

（一）中日产业竞争性逐渐增强，过度竞争损害两国利益

随着我国经济结构、产业结构调整步伐加快，以及“中国制造 2025”规划的实施，国内制造业实力明显提升，中日两国的产业发展差距正在不断缩小。我国部分高端技术产品逐步具备走出国门、参与国际市场竞争的实力，如在先进轨道交通装备、工业机器人等领域，中日两国的同业竞争将日趋激烈。中日高铁企业在东盟多个国家展开了正面争夺，过度竞争将给中日双方带来负面影响。

（二）中日政治关系的不确定性仍将影响两国贸易的发展

2018 年，由于高层关系逐渐回暖，中日两国在不少问题上都有所克制，并加强沟通交流。虽然中日关系出现了令人欣喜的企稳向好势头，但导致两国间对立的结构性原因依然存在，中日政治互信基础目前并不牢固，双方战略互信尚未恢复，中日关系回暖的基础尚比较薄弱。中日双方在不少敏感和争议问题上仍争锋相对，这将对中日经贸往来产生重要影响。此外，日本虽然在应对美国的单边主义、保护主义压力上与中国有共同利益，但日本毕竟是美国在亚洲的最大盟友，随着中美两国贸易摩擦的急剧升级，日本难以抽身事外，未来可能导致一些重大的经济合作项目无法正常开展，双边投资受到影响甚至出现降温。

（三）CPTPP 将对中日双边贸易带来更多的变数

自 2017 年 1 月美国宣布退出 TPP 之后，日本成为 TPP 新“旗手”。2018 年 12 月 30 日，日本、加拿大、澳大利亚、智利、新西兰、新加坡、文莱、马来西亚、越南、墨西哥和秘鲁等 11 个国家签署的《全面与进步跨太平洋伙伴关系协定》（CPTPP）正式生效。该协议保留了 TPP 超过 95%的内容，其新的经贸规则或将对我国外贸产生深远影响。以传统劳动密集型产业为例，随着 CPTPP 生效，大量日资或其他外资企业可能选择从我国撤资，转而投向越南等参加这一协定的发展中国家。此外，同为亚太经贸合作方案，CPTPP 的迅速达成给我国力推的包括东盟、日本在内的 16 国《区域全面经济伙伴关系协定》（RCEP）

---

① 《日本国际贸易促进会第 45 次访华 中日迎合作发展新契机》，人民网，2019 年 4 月 19 日。

带来竞争压力[1]，或影响 RCEP 谈判进程。

四、中日贸易展望

作为全球第二和第三大单一经济体，中日两国的经贸关系，不仅主导着亚洲的经济动向，还对全球经济发展起着举足轻重的作用。2018 年，习近平主席同安倍晋三首相在各种场合多次会晤，为中日关系改善发展指明方向。虽然中日两国产业发展差距缩小，作为两国主导产业的制造业也存在部分重合和竞争，但双方发展阶段和总体水平仍有差异，作为制造业大国，两国将继续在产业链层面展开合作，尤其是强化高端制造、电子电器产品等新兴产业方面的贸易往来，通过各种方式实现共赢。同时，作为具有地缘关系的国家，对于日本来说，中国的“一带一路”倡议孕育着巨大的投资和贸易机会，中国同样也需要日本的深度参与。

当前，贸易保护主义抬头、美联储加息、英国“脱欧”、新兴市场债务问题凸显等因素使世界经济前景面临不确定性。我国“一带一路”倡议将为全球化经济合作带来新机遇，日本作为对外投资和对外贸易大国，参与“亚投行”“一带一路”倡议符合日本利益。同时，中日在共同推动 RCEP、中日韩自由贸易协定谈判，以及维护 WTO 贸易机制等方面有更多共同利益和合作空间。

中日经贸关系是中日关系的“压舱石”和“稳定剂”，经贸合作是中日关系向前发展的重要基础和引擎，中日之间的贸易和投资合作有利于推动区域经济一体化，有利于推动全球经济治理体系改革沿着正确方向发展，有利于世界的和平与稳定。因此，共同努力构建符合新时代需要的中日经济关系，不仅造福两国人民，也造福世界。目前中日两国处在回归正常轨道的磨合期，双方合作基础依然良好，两国可以通过不断努力，迅速从“政冷经热”状态提升至“政热经热”状态。有理由相信，进入新时代的中日关系能够行稳致远，更上一层楼。

---

① 《日本 TPP 战略及其对中日经贸关系的影响》，现代日本经济，2017 年第 6 期。

2018 年我国对韩国贸易进出口年度报告

2018 年，对中国、对中韩关系而言都是极不平凡的一年。中国改革开放走过波澜壮阔的 40 周年，中韩关系也大步迈向更加成熟稳健的时代。过去一年，在保护主义、单边主义抬头，经济全球化和自由贸易体制受到冲击的不利条件下，中韩双方加强合作，积极开展自由贸易协定谈判，促进双方贸易质量稳步提升。据中国海关统计，2018 年，中韩贸易总值 2.07 万亿元，同比增长 8.9%，占当年我国对外贸易总值的 6.8%。其中，对韩国出口 7 174亿元，同比增长 3.1%，占当年我国对外贸易出口总值的 4.4%；自韩国进口 1.35 万亿元，同比增长 12.3%，占当年我国对外贸易进口总值的 9.6%。韩国是我国第五大贸易伙伴，是我国第六大出口市场和第三大进口来源地。

据全球贸易信息系统（GTA）韩方统计，2018 年，韩国对我国进出口双边贸易规模达 2 686.1 亿美元，同比增长 11.9%，占当年韩国进出口总值的 23.6%。其中，韩国对我国出口 1 621.3 亿美元，同比增长 14.1%，占当年韩国出口总值的 26.8%；韩国自我国进口 1 064.8亿美元，同比增长 8.8%，占当年韩国进口总值的 19.9%；韩方顺差 556.5 亿美元，同比扩大 25.7%。2018 年，我国依然是韩国第一大贸易伙伴，并且连续 16 年位居韩国第一大出口市场、连续 12 年成为韩国第一大进口来源地。

一、2018 年中韩贸易进出口的主要特点

（一）中韩双边贸易月度进出口总体比较平稳，年末进口乏力

2018 年，经济全球化遭遇波折，国际金融市场震荡，但中韩双边贸易总值高于 2017 年，全年月度进出口值除 11 月份同比和 12 月份同比外，均呈增势，10 月份同比实现 17.6%的增长，是全年月度进出口最高增速。其中，我国对韩国出口增长缓慢，有 3 个月呈下降趋势，8 个月增速小于 5%，12 月份出口实现同比 18.5%的增长；前三季度自韩国进口形势较好，除 2 月份短暂下降外增速均大于 10%，11 月份、12 月份连续下降，同比降幅分别为 3.9%和 14.2%（见图 1）。

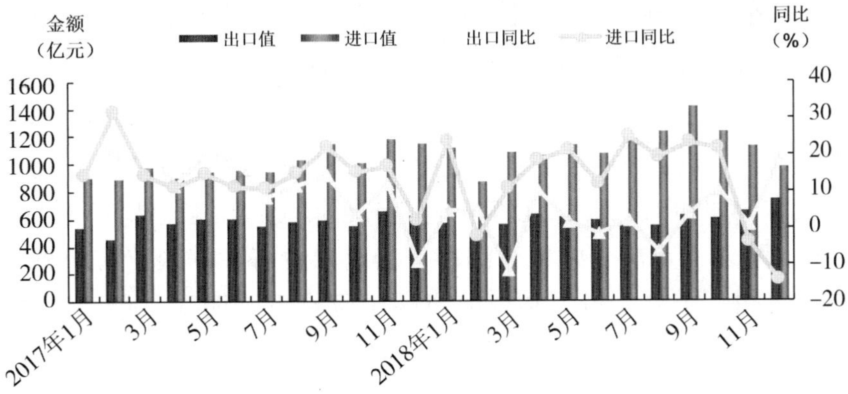

图1　2017 年 1 月~2018 年 12 月中韩贸易月度走势统计图

（二）一般贸易方式超过加工贸易方式，成为第一大贸易方式

2018 年，我国以一般贸易方式对韩国进出口 8 872.9 亿元，同比增长 7.2%，占当年我国对韩国贸易总值的 42.9%，超过加工贸易方式成为第一大贸易方式；以加工贸易方式进出口 8 687.9 亿元，同比增长 4.2%，占当年我国对韩国贸易总值的 42%，较 2017 年下滑 2 个百分点（见表 1）。

表 1　2018 年我国对韩国进出口主要贸易方式统计表

贸易方式	进出口		出口		进口	
	金额（亿元）	同比（%）	金额（亿元）	同比（%）	金额（亿元）	同比（%）
一般贸易	8 872.9	7.2	3 722.9	7.6	5 150.0	6.9
加工贸易	8 687.9	4.2	2 910.1	−2.2	5 777.8	7.7

（三）外商投资企业进出口占比小幅回落，民营企业进出口增速领先

2018 年，我国外商投资企业对韩国进出口 1.2 万亿元，同比增长 5%，占当年我国对韩国贸易总值的 58.1%，较 2017 年下滑 2.1 个百分点；民营企业进出口 6 914.6 亿元，同比增长 16.8%，占当年我国对韩国贸易总值的 33.5%，较 2017 年提升 2.3 个百分点；国有企业进出口 1 719.5 亿元，同比增长 6.5%，占当年我国对韩国贸易总值的 8.3%（见表 2）。

表 2　2018 年我国对韩国进出口企业性质统计表

企业性质	进出口		出口		进口	
	金额（亿元）	同比（%）	金额（亿元）	同比（%）	金额（亿元）	同比（%）
外商投资企业	12 007.4	5.0	3 600.4	−1.6	8 407.0	8.1
民营企业	6 914.6	16.8	2 840.8	9.0	4 073.8	23.0
国有企业	1 719.5	6.5	730.4	4.8	989.0	7.8

（四）江苏、广东对韩国贸易领先优势明显，江苏取代广东居首位

2018 年，长三角和泛珠三角地区依然保持对韩国贸易优势，进出口总值排名前 5 位的省市依次为江苏、广东、山东、上海和浙江，其中江苏、广东、上海和浙江进出口实现增长，进出口值分别为 5 200. 3 亿元、4 930 亿元、1 762. 9 亿元和 1 206. 5 亿元，同比增幅分别为 19. 7%、9%、4. 4%和 16. 5%，江苏取代广东居首位；山东进出口 1 934. 3 亿元，同比下降 0. 8%。同期，陕西、重庆、四川、湖南、云南和青海对韩国贸易增势较好，增速均在 30%以上；河南、贵州、宁夏、新疆和西藏对韩国贸易下降明显，最高降幅达 64. 8%（见表 3）。

表 3　2018 年我国各省市对韩国进出口统计表

省市	进出口		出口		进口	
	金额（亿元）	同比（%）	金额（亿元）	同比（%）	金额（亿元）	同比（%）
江苏	5 200. 3	19. 7	1 483. 7	18. 7	3 716. 6	20. 1
广东	4 930. 0	9. 0	1 383. 8	-8. 0	3 546. 2	17. 5
山东	1 934. 3	-0. 8	1 050. 0	1. 0	884. 3	-2. 8
上海	1 762. 9	4. 4	453. 8	5. 6	1 309. 1	4. 0
浙江	1 206. 5	16. 5	551. 2	9. 8	655. 3	22. 9
天津	784. 7	-5. 6	204. 2	-2. 4	580. 5	-6. 7
陕西	673. 3	34. 7	326. 7	7. 0	346. 6	78. 0
辽宁	639. 3	-6. 0	315. 1	-8. 0	324. 2	-3. 9
北京	593. 6	-9. 8	203. 1	-17. 5	390. 5	-5. 2
重庆	488. 1	34. 0	176. 8	28. 7	311. 3	37. 2
福建	450. 9	5. 0	222. 2	8. 7	228. 7	1. 6
四川	371. 2	32. 4	63. 0	1. 2	308. 2	41. 3
河南	326. 9	-25. 3	79. 7	2. 9	247. 2	-31. 4
河北	240. 1	17. 1	132. 6	-8. 6	107. 5	79. 0
安徽	202. 8	8. 8	63. 7	-7. 1	139. 1	18. 0
江西	191. 1	-6. 6	119. 1	-12. 2	72. 0	4. 6
湖北	176. 5	-4. 9	74. 3	21. 4	102. 2	-17. 9
湖南	165. 7	48. 7	92. 7	60. 1	73. 0	36. 4
山西	83. 1	-19. 0	34. 1	1. 4	49. 0	-29. 0
吉林	50. 6	-7. 2	30. 0	-14. 7	20. 6	6. 5
广西	48. 1	16. 9	21. 2	16. 2	26. 9	17. 5
内蒙古	36. 5	6. 5	30. 3	0. 1	6. 2	55. 9
海南	31. 4	-3. 9	11. 3	-0. 6	20. 1	-5. 6
贵州	20. 8	-22. 0	6. 1	-18. 6	14. 7	-23. 3

表3 续

省市	进出口		出口		进口	
	金额（亿元）	同比（%）	金额（亿元）	同比（%）	金额（亿元）	同比（%）
黑龙江	15.7	19.2	10.8	35.2	4.7	-6.5
云南	12.5	32.1	9.4	7.4	3.1	344.7
甘肃	12.5	17.4	9.2	27.8	3.3	-4.4
宁夏	10.5	-64.8	7.7	-50.6	2.8	-80.2
新疆	4.4	-28.4	4.2	-25.5	0.2	-62.3
青海	3.3	89.3	1.7	69.4	1.6	117.7
西藏	0.3	-46.7	0.0	-59.9	0.3	-46.1

（五）机电产品出口比重上升，劳动密集型产品出口同比下降

2018 年，我国对韩国出口机电产品 4 035.7 亿元，同比增长 4.2%，占当年我国对韩国出口总值的 56.3%，比重较 2017 年提升 0.6 个百分点；对韩国出口劳动密集型产品 862.3 亿元，同比下降 2.5%，占当年我国对韩国出口总值的 12%，比重较 2017 年下降 0.7 个百分点；对韩国出口农产品 346.1 亿元，同比增长 7.4%，占 4.8%，比重较 2017 年下降 0.2 个百分点。此外，我国对韩国出口成品油同比增长 1.9%；出口汽车零配件同比下降 1.1%（见表 4）。

表 4　2017 年和 2018 年我国对韩国主要出口商品统计表

2018 年				2017 年			
商品名称	金额（亿元）	同比（%）	占比（%）	商品名称	金额（亿元）	同比（%）	占比（%）
大类商品：				大类商品：			
机电产品	4 035.7	4.2	56.3	机电产品	3 874.1	10.1	55.7
劳动密集型产品	862.3	-2.5	12.0	劳动密集型产品	884.0	8.4	12.7
农产品	346.1	7.4	4.8	农产品	322.1	4.6	4.6
具体商品：				具体商品：			
集成电路	781.9	25.9	10.9	手机	636.9	21.3	9.1
手机	550.9	-13.5	7.7	集成电路	621.0	15.9	8.9
钢材	380.0	-22.6	5.3	钢材	490.8	14.2	7.1
自动数据处理设备及其部件	360.1	3.2	5.0	服装及衣着附件	359.6	10.2	5.2
服装及衣着附件	337.6	-6.1	4.7	自动数据处理设备及其部件	348.8	34.3	5.0
纺织纱线、织物及制品	193.7	0.3	2.7	纺织纱线、织物及制品	193.2	1.6	2.8
液晶显示板	139.1	-0.5	1.9	液晶显示板	139.8	0.9	2.0

表4 续

2018年				2017年			
商品名称	金额（亿元）	同比（%）	占比（%）	商品名称	金额（亿元）	同比（%）	占比（%）
水海产品	125.6	17.6	1.8	电线和电缆	122.1	8.5	1.8
电线和电缆	118.7	-2.8	1.7	家具及其零件	108.9	12.4	1.6
家具及其零件	113.1	3.9	1.6	成品油	108.3	94.5	1.6

（六）自韩国进口仍以机电产品、化工产品为主，化妆品进口保持快速增长

2018年，我国自韩国进口机电产品9 489亿元，同比增长12.9%，占当年我国自韩国进口总值的70.3%。具体商品中，集成电路仍是我国自韩国进口最多商品，进口5 416.4亿元，同比增长22%，占当年我国自韩国进口总值的40.1%，比重较2017年提升3.1个百分点；进口初级形状的塑料同比增长5%；进口二甲苯同比增长21.4%；进口成品油同比增长23.6%，其中二甲苯、成品油进口比重较上年均有增加。此外，化妆品及护肤品进口也保持强劲增长（见表5）。

表5 2017年和2018年我国自韩国进口主要商品统计表

2018年				2017年			
商品名称	金额（亿元）	同比（%）	占比（%）	商品名称	金额（亿元）	同比（%）	占比（%）
大类商品：				大类商品：			
机电产品	9 489.0	12.9	70.3	机电产品	8 406.5	12.6	70.0
具体商品：				具体商品：			
集成电路	5 416.4	22.0	40.1	集成电路	4 441.2	28.6	37.0
初级形状的塑料	567.7	5.0	4.2	液晶显示板	610.8	-26.4	5.1
液晶显示板	513.0	-16.0	3.8	初级形状的塑料	540.4	18.6	4.5
二甲苯	462.1	21.4	3.4	二甲苯	380.7	25.9	3.2
成品油	381.7	23.6	2.8	成品油	308.9	19.8	2.6
制造平板显示器用的及其及装置	247.1	69.0	1.8	钢材	356.5	11.6	2.1
自动数据处理设备的零件	245.7	54.9	1.8	电视、收音机及无线电讯设备的零配件	215.2	51.6	1.8
钢材	245.2	-4.4	1.8	汽车零配件	199.3	-33.4	1.7
自动数据处理设备及其部件	194.4	34.0	1.4	自动数据处理设备的零件	158.6	0.9	1.3
美容化妆品及护肤品	174.5	71.6	1.3	制造平板显示器用的及其及装置	146.2	78.9	1.2

二、促进中韩贸易发展的有利因素

（一）中韩自贸协定落实有力，促进我国对韩国进出口增长

截至2018年底，按照中韩自贸协定安排，双方已经实现了4次削减关税，目前双方零关税的产品已经覆盖双边贸易额的50%①。中韩自贸协定降低了两国在日用化工、服装鞋帽、家电、农产品等领域商品的关税。进出口成本的降低，促进了我国机电产品、纺织纱线、织物及制品和水海产品等商品对韩国的出口，以及化工品、电子产品、化妆品等商品自韩国进口的增长。

（二）中日韩自贸区谈判进入新阶段

在日前举行的中日韩自贸区第十四轮谈判首席谈判代表会议上，中日韩三方均认为随着《区域全面经济伙伴关系协定》（RCEP）谈判取得实质性进展，中日韩自贸区谈判提速基础已经具备。从全球来看，当前贸易保护主义、单边主义势力抬头，经济全球化和自由贸易体制受到冲击，作为亚洲地区重要经济体，中日韩三国加快自贸区谈判的重要意义比以往更加凸显。

三、当前影响中韩贸易发展的主要问题

（一）韩国政府着手研究是否加入日本主导的CPTPP，或对中日韩三国自贸协定产生不利影响

2019年1月24日，韩国经济事务副总理兼财长洪南基日前表示，要推动出口市场多元化，积极考虑RCEP和《全面与进步跨太平洋伙伴关系协定》（CPTPP）等多边贸易协定，并在是否加入CPTPP的讨论会上表示赞成②。目前的全球经贸环境使得韩国加入CPTPP的可能性加大。一旦韩国加入该协定，再加上中韩已签订自贸协定，预计韩国极有可能首先对中日韩三国自贸协定谈判失去兴趣，同时也将对中国力推的RCEP及亚太自贸区（FTA-AP）产生不利影响③。

（二）韩国经济整体运行情况不佳，或影响中韩贸易发展

根据韩国银行消息，2018年12月韩国企业景气实查指数（BSI）为72点，为2016年10月以来最低。BSI反映的是企业对当前经济的感受，如果数值低于100，则说明对当前经济情况持悲观态度的企业多于持乐观态度的企业④。另根据韩国统计厅发布的数据显示，2018年韩国新增就业人数持续走低，失业人数创历史新高，就业形势严峻。2018年韩国就业率为60.7%，同比下滑0.1个百分点。这是自2009年以来全年就业率首次出现负增长⑤。全球经济在主要发达国家加息、中美贸易战尚未妥善解决、英国脱欧引发混乱等因素的影

① 《中韩自贸协定实施两年多 零关税产品覆盖双边贸易额50%》，中国网，2018年5月24日。

② 《韩国政府着手研究是否加入日本主导的CPTPP》，商务部，2019年1月28日。

③ 《樊莹：CPTPP的特点、影响及中国的应对之策》，新浪网，2018年9月14日。

④ 《12月韩企景气实查指数BSI创近两年最低值》，亚洲日报，2018年12月28日。

⑤ 《韩去年新增就业人数再创新低》，亚洲日报，2019年1月9日。

响下面临增长压力，在此背景下韩国2019年的经济也将遭遇更大考验。

（三）韩国政府拟限制向中国出口OLED制造设备，两国经贸合作或受影响

2018年12月30日，韩国贸易、工业与能源部（MOTIE）表示，在与韩国的相关显示公司进行技术指定、变更与取消等议题的会议之后，决定将OLED生产设备纳为国家核心产业，管制相关的产品出口。这是继面板与显示器中，包括相关设计、制程、生产与驱动科技纳为管制技术与产品之后，又一项相关面板与显示的项目被列入管制。日前，韩国面板大厂三星的零件供应商Toptec的相关高层就被指控，将三星最新的OLED显示技术出售给中国京东方。韩国政府持续加强技术、设备对华出口管制，将影响未来中韩经贸合作发展。

四、中韩贸易展望

自1992年中韩建交以来，两国关系总体保持平稳快速发展，对双方经贸合作的稳定发展形成有效保障。特别是中韩自贸协定正式实施以来，中韩关系前所未有的和谐紧密，双边投资增加，金融领域合作加深，文化交流更加频繁。虽然受美国强势要求部署“萨德”的影响，导致双边经贸合作受到一定冲击，但在文在寅就任总统之后，中韩领导人开诚布公的讨论双方共同关心的问题，并达成多项共识，双方经贸合作开始复苏。中韩在投资、金融、环保、能源、医药、传媒等领域具有较为紧密的合作，发展潜力巨大。2018年3月，中韩正式启动旨在进一步降低投资门槛，扩大服务业领域合作的FTA服务投资后续谈判。双方积极推进第二阶段FTA谈判，为两国企业营造更加自由和便利的服务贸易和投资环境，中韩两国经贸发展前景将十分广阔。

2018年我国内地对港澳地区贸易进出口年度报告

据内地海关统计，2018年，内地对香港地区进出口2.05万亿元，同比增长5.9%，占当年内地外贸总值的6.7%，香港是内地第6大贸易伙伴。其中，对香港地区出口2万亿元，同比增长5.7%，占当年内地出口总值的12.2%，香港是内地第4大出口市场；自香港地区进口563.5亿元，同比增长13.8%。2018年，内地对澳门地区进出口208.3亿元，由2017年的增长1.8%转为下降5.7%，占当年内地外贸总值的0.1%。其中，对澳门地区出口204.1亿元，由2017年的增长3%转为下降4.5%；自澳门地区进口4.2亿元，同比下降40.2%，降幅较2017年加深16.5个百分点。

据全球贸易信息系统（GTA）数据统计，2018年，香港地区与内地贸易总值为5 886.9亿美元，同比增长6.2%，占香港地区贸易总值的49.2%，比重较2017年增加0.6个百分点，内地仍稳居香港地区最大贸易伙伴地位。其中，香港地区对内地出口3 143.3亿美元，增长5.5%，占香港地区出口总值的55.2%，比重较2017年增长1.1个百分点；香港地区自内地进口2 743.6亿美元，同比增长6.9%，占香港地区进口总值的43.7%，比重较2017年增长0.2个百分点。同期，澳门地区与内地贸易总值为41.3亿美元，同比增长21.8%，占澳门地区贸易总值的32.8%，比重较2017年增长0.9个百分点，内地仍稳居澳门地区最大贸易伙伴地位。其中，澳门地区对内地出口2.4亿美元，同比下降4.1%，占澳门地区出口总值的16.5%，比重较2017年减少2.3个百分点；澳门地区自内地进口38.9亿美元，同比增长23.9%，占澳门地区进口总值的35%，比重较2017年增加1个百分点。

一、2018年内地对港澳地区进出口的主要特点

（一）内地对香港地区贸易情况

1. 月度进出口规模低位缓慢回升

内地对香港月度进出口值在2017年12月份达近3年月度最高值，进入2018年后快速回落，2月份降至1 182.8亿元，随后基本呈现缓慢回升状态，11月份进出口2 023亿元，为全年最高点，12月份进出口1 952.2亿元，未能延续近几年来对港贸易在12月份创下当年月度新高的势头（见图1）。

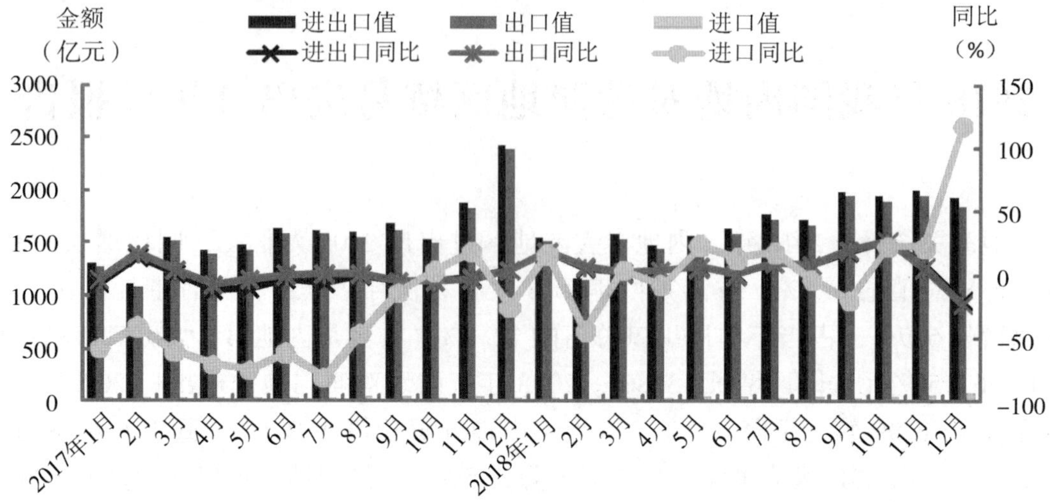

图1　2017年1月~2018年12月内地对香港地区进出口月度统计图

2. 加工贸易方式进出口占比过半，一般贸易方式进出口微增

2018年，内地以加工贸易方式对香港地区进出口1.08万亿元，同比增长8.5%，占当年内地对香港地区进出口总值的52.4%，为最大贸易方式；以一般贸易方式进出口6 196.3亿元，同比微增0.3%，占当年内地对香港地区进出口总值的30.2%（见表1）。

表1　2018年内地对香港地区进出口主要贸易方式统计表

贸易方式	金额（亿元）			同比（%）		
	进出口	出口	进口	进出口	出口	进口
其中：加工贸易	10 756.8	10 601.7	155.1	8.5	8.3	29.0
一般贸易	6 196.3	5 914.9	281.8	0.3	1.1	-13.4

3. 外商投资企业进出口占比超5成，国有企业增速较快

2018年，内地外商投资企业对香港地区进出口1.11万亿元，同比增长1.8%，占当年内地对香港地区进出口总值的54.4%；民营企业和国有企业分别进出口6 968.3亿元和2 334.3亿元，同比增长7.7%和20.9%（见表2）。

表2　2018年内地对香港地区进出口主要企业类型统计表

企业性质	金额（亿元）			同比（%）		
	进出口	出口	进口	进出口	出口	进口
外商投资企业	11 175.8	11 052.0	123.8	1.8	1.9	-3.3
民营企业	6 968.3	6 679.2	289.1	7.7	7.8	5.0
国有企业	2 334.3	2 195.9	138.4	20.9	18.9	64.9

4. 广东与香港进出口贸易占逾5成，广西、北京、陕西增速领跑，山东、湖北进出口下降

2018年，广东对香港地区进出口1.17万亿元，同比微增0.4%，占当年内地对香港地区进出口总值的56.9%；广西、北京、陕西分别对香港进出口410.1亿元、518.8亿元和614.9亿元，同比增长56.9%、48.6%和45.5%。同期，山东、湖北对香港进出口同比分别下降4.9%、19.5%（见表3）。

表3　2018年内地对香港地区进出口主要省市统计表

省市	金额（亿元）			同比（%）		
	进出口	出口	进口	进出口	出口	进口
广东	11 674.9	11 450.5	224.4	0.4	0.9	-21.0
江苏	2 427.5	2 405.4	22.1	16.2	17.6	-50.0
上海	1 433.9	1 321.1	112.8	15.2	8.5	319.3
陕西	614.9	614.4	0.5	45.5	45.5	233.3
北京	518.8	502.8	16.0	48.6	53.2	-23.6
福建	501.7	495.2	6.5	4.7	4.2	48.8
广西	410.1	360.9	49.2	56.9	43.9	366.1
山东	292.6	277.9	14.7	-4.9	-4.1	-17.1
湖北	285.6	284.5	1.1	-19.5	-19.6	9.0
浙江	276.5	248.7	27.8	11.5	4.0	214.0

5. 机电产品为主要出口商品，劳动密集型产品出口下降，农产品微增

2018年，内地对香港出口机电产品1.57万亿元，同比增长7.1%，占当年内地对香港地区出口总值78.7%；出口劳动密集型产品1 268.2亿元，同比下降11.3%；出口农产品667.7亿元，同比增长0.6%。从具体品种看，集成电路、手机、自动数据处理设备及其部件为前3大出口品种，分别占内地对香港出口总值的12.4%、10.8%和9.1%（见表4）。

表4　2018年内地对香港地区出口主要商品统计表

出口主要商品	金额（亿元）	同比（%）
商品大类：		
机电产品	15 707.8	7.1
劳动密集型产品	1 268.2	-11.3
农产品	667.7	0.6
主要出口品种：		
集成电路	2 483.4	18.8
手持或车载无线电话机	2 163.0	6.9

表4 续

出口主要商品	金额（亿元）	同比（%）
自动数据处理设备及其部件	1 822.1	3.5
自动数据处理设备的零件	984.3	43.7
纺织服装	816.0	-7.4
贵金属或包贵金属的首饰	656.7	36.0
印刷电路	586.5	4.7
船舶	506.6	25.8
二极管及类似半导体器件	480.9	-3.6
液晶显示板	418.9	-14.3

6. 机电产品进口明显下降，医药品、农产品进口增长

2018 年，内地自香港进口机电产品 77.7 亿元，同比下降 18.7%；医药品和农产品分别进口 27.8 亿元和 27.2 亿元，同比增长 9.3%和 23.8%。从具体品种看，废金属、初级形状的塑料和废纸等工业原材料产品居进口商品前列，电视、收音机及无线电讯设备的零附件进口同比增长 1.5 倍，集成电路进口同比降幅近 6 成（见表 5）。

表 5　2018 年内地对香港地区进口主要商品统计表

进口主要商品	金额（亿元）	同比（%）
商品大类：		
机电产品	77.7	-18.7
医药品	27.8	9.3
农产品	27.2	23.8
主要进口品种：		
废金属	111.2	-15.5
初级形状的塑料	35.3	55.1
废纸	13.2	8.5
电视、收音机及无线电讯设备的零附件	10.6	154.7
纺织纱线、织物及制品	7.4	8.4
成品油	7.1	36.8
集成电路	5.7	-57.1
计量检测分析自控仪器及器具	5.2	2.0
电力	4.3	-47.2
纸烟	4.2	-2.8

（二）内地对澳门地区贸易情况

1. 月度进出口值低位震荡

2018年，内地对澳门月度进出口值维持低位震荡态势，除7、12月份高出20亿元外，其余月份均在20亿元以下。12月份进出口24.3亿元，虽为2018年月度最高值，但受上年同期基数过大影响，同比降幅超5成（见图2）。

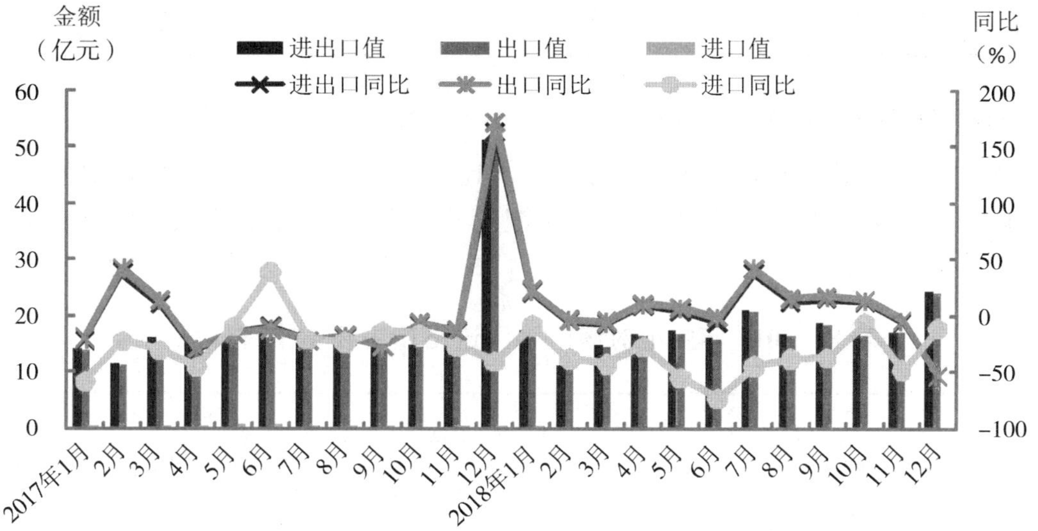

图2 2017年1月~2018年12月内地对澳门地区进出口月度统计图

2. 一般贸易方式进出口占主导地位，加工贸易方式快速下降

2018年，内地以一般贸易方式对澳门进出口170.1亿元，同比增长0.8%，占当年内地对澳门进出口总值的81.7%；以加工贸易方式进出口25.3亿元，同比下降27.3%，占当年内地对澳门进出口总值的12.2%（见表6）。

表6 2018年内地对澳门地区进出口主要贸易方式统计表

贸易方式	金额（亿元）			同比（%）		
	进出口	出口	进口	进出口	出口	进口
一般贸易	170.1	169.1	1.0	0.8	2.3	-72.7
加工贸易	25.3	23.6	1.7	-27.3	-27.6	-24.2

3. 民营企业进出口占逾4成，国有企业大幅增长

2018年，民营企业在内地对澳门贸易中居首位，共进出口92.7亿元，同比下降26.2%，占当年内地对澳门进出口总值的44.5%；国有企业进出口62.7亿元，同比增长49.7%；外商投资企业52.8亿元，同比下降1.1%（见表7）。

表 7　2018 年内地对澳门地区进出口主要企业类型统计表

企业性质	金额（亿元）			同比（%）		
	进出口	出口	进口	进出口	出口	进口
民营企业	92.7	92.4	0.3	-26.2	-24.9	-88.9
国有企业	62.7	61.2	1.5	49.7	51.4	4.8
外商投资企业	52.8	50.4	2.4	-1.1	0.3	-23.4

4. 广东对澳门贸易遥遥领先，北京、上海、浙江大幅增长

2018 年，广东对澳门进出口 134.6 亿元，同比下降 12.9%，占当年内地对澳门进出口总值的 64.6%；同期，北京、上海和浙江对澳门进出口同比分别增长 87.9%、48.8% 和 31.3%（见表 8）。

表 8　2018 年内地对澳门地区进出口主要省市统计表

省市	金额（亿元）			同比（%）		
	进出口	出口	进口	进出口	出口	进口
广东	134.6	131.5	3.1	-12.9	-11.4	-49.0
北京	28.4	27.8	0.6	87.9	90.3	18.2
上海	5.7	5.5	0.2	48.8	52.4	-12.5
浙江	5.0	5.0	0.0	31.3	32.0	-45.0
江苏	4.3	4.1	0.2	-29.1	-30.2	4.5
江西	4.2	4.2	0.0	-66.5	-66.5	—
福建	3.7	3.7	0.0	99.1	99.1	-43.6
湖北	3.4	3.4	0.0	45.6	45.7	-10.8
湖南	3.2	3.2	—	18.9	18.9	—
广西	2.7	2.7	—	333.5	333.5	—

5. 机电产品出口略降，农产品、主要传统劳动密集型产品增长

2018 年，内地对澳门出口机电产品 56.6 亿元，同比下降 2.6%，占当年内地对澳门出口总值的 27.7%；对澳门分别出口农产品和劳动密集型产品 28 亿元和 27.1 亿元，同比增长 3.3%和 9.1%。从具体品种看，电流出口居首位，成品油、手机、印刷品出口大幅增长，液晶显示板和钢材出口大幅下降（见表 9）。

表 9　2018 年内地对澳门地区出口主要商品统计表

出口主要商品	金额（亿元）	同比（%）
商品大类：		
机电产品	56.6	-2.6
农产品	28.0	3.3
劳动密集型产品	27.1	9.1
主要出口品种：		
电流	31.4	29.4
成品油	18.6	51.0
纺织服装	14.4	21.4
手机	4.7	124.0
肉及杂碎	4.4	18.0
水海产品	4.0	11.7
印刷品	2.9	467.8
塑料制品	2.7	-28.1
液晶显示板	2.6	-48.7
钢材	2.1	-82.0

6. 未锻造的铜及铜材、纸烟为主要进口品种

2018 年，内地自澳门进口未锻造的铜及铜材、纸烟合计 3.1 亿元，占当年内地自澳门进口总值的 73.3%；同期，收藏品、医药品进口大幅增长（见表 10）。

表 10　2018 年内地对澳门地区进口主要商品统计表

进口主要商品	金额（亿元）	同比（%）
未锻轧的铜及铜材	1.8	-28.0
纸烟	1.3	47.4
收藏品	0.2	72.0
服装及衣着附件	0.1	-50.4
医药品	0.1	39.2

二、促进内地对港澳地区贸易发展的有利因素

中国香港作为国际金融、航运、贸易中心和国际航空枢纽，拥有高度国际化、法治化的营商环境以及遍布全球的商业网络，是全球最自由经济体之一；而中国澳门作为世界旅游休闲中心和中国与葡语国家商贸合作服务平台的作用也在不断强化。

（一）港澳发挥独特作用，把握内地扩大开放机遇

在2018年4月博鳌亚洲论坛2018年年会开幕式上，习近平主席指出，改革开放是中国和世界共同发展进步的伟大历程，中国开放的大门不会关闭，只会越开越大。中国香港充分发挥其自由港和国际金融、国际航运、国际贸易中心的作用，成为中国内地对外经济联系的主要通道和海外资本投资中国、内地企业海外融资的主要中介地，继续推动内地向市场经济转型，成为内地融入全球体系的重要支撑力量。截至2018年12月底，内地累计批准港资项目45.69万个，实际使用港资1.1万亿美元。港资占内地累计吸收境外投资总额的54.03%。截至2018年12月底，内地对香港非金融类累计直接投资6 223.7亿美元，占投资存量总额的52.7%[①]。中国澳门充分发挥世界旅游休闲中心和中国与葡语国家商贸合作服务平台的作用，强化澳门"精准联系"功能，从"+澳门"角度与区域伙伴深化合作[②]，在中国与葡语国家的经贸合作中扮演着"引进来"和"走出去"的角色。2018年中国与葡语国家进出口商品总值1 473.5亿美元，同比增长25.3%。其中中国自葡语国家进口1 055.1亿美元，同比增长30.2%；对葡语国家出口418.5亿美元，同比增长14.4%[③]。

（二）"一带一路"建设为港澳经济发展注入新的动力

中央支持中国香港与"一带一路"沿线国家开展自贸谈判，参与亚太自贸区建设等区域经济合作，支持中国香港发挥自身专业优势和经验。香港特区政府致力把握"一带一路"倡议带来的机遇，2017年底与国家发改委签署《国家发展和改革委员会与香港特别行政区政府关于支持香港全面参与和助力"一带一路"建设的安排》，涵盖中国香港拥有独特优势和地位的六大重点领域，分别是金融与投资、基础设施与航运服务、经贸交流与合作、民心相通、粤港澳大湾区建设，以及对接合作与争议解决服务[④]。中国澳门组织召开第九届"国际基础设施投资与建设高峰论坛"（IIICF），为推动"一带一路"沿线各国在设施联通、对接合作等方面搭建桥梁；加强推广葡语国家产品，推进"葡语国家食品集散中心"建设；丰富澳门及内地举办会展活动的葡语国家元素，促进双向经贸交流；组织"第23届澳门国际贸易投资展览会"（MIF），组展组团参加首届"中国国际进口博览会"，凸显中国澳门作为中葡商贸合作服务平台的优势和作用[⑤]。

（三）粤港澳大湾区建设促进内地与港澳间经贸深度融合

党的十九大报告提出："要支持香港、澳门融入国家发展大局，以粤港澳大湾区建设、粤港澳合作、泛珠三角区域合作等为重点，全面推进内地同香港、澳门互利合作，制定完善便利香港、澳门居民在内地发展的政策措施。"2018年11月，《中共中央国务院关于建立更加有效的区域协调发展新机制的意见》明确指出，以我国香港、澳门、广州、深圳为中心引领粤港澳大湾区建设，带动珠江—西江经济带创新绿色发展。一年来，随着广深港

---

① 《2018年1~12月内地与香港经贸交流情况》，商务部网站，2019年2月28日。
② 《中华人民共和国澳门特别行政区2019年财政年度施政报告》，澳门特别行政区网站，2018年11月15日。
③ 《2018年1~12月中国与葡语国家经贸交流情况》，商务部网站，2019年3月1日。
④ 《香港特别行政区行政长官2018年施政报告》，香港特别行政区网站，2018年10月10日。
⑤ 《中华人民共和国澳门特别行政区2019年财政年度施政报告》，澳门特别行政区网站，2018年11月15日。

高铁香港段、港珠澳大桥相继开通，粤港澳“一小时生活圈”布局已基本完备，为内地与港澳间经贸深度融合创造了良好条件。2018 年 12 月，内地与澳门、香港分别签署《CEPA 货物贸易协议》，与之前签署的服务贸易、投资、经济合作协议一起，将 CEPA 构建成了具备“一国两制”特色，符合世界贸易组织规则，涵盖内地与港澳经贸交流各领域高水平的自由贸易协议。《CEPA 货物贸易协议》在内澳、内港货物贸易已全面实现自由化的基础上，进一步提升贸易便利化水平，为内澳、内港货物贸易往来提供更全面的制度安排。值得关注的是，协议还设立粤港澳大湾区便利化措施专章，提出一系列推动货物贸易便利化的合作措施，提升口岸货物通关能力和效率，便利大湾区内货物更加自由流动。2019 年 2 月 18 日，《粤港澳大湾区发展规划纲要》正式公布，大湾区建设进入加速推进阶段，当前粤港澳三地和国家有关部门抓紧落实做好各项任务，推动规划蓝图中的各项美好愿景落到实处。

三、当前影响内地与港澳地区贸易发展的主要问题

2018 年，世界经济继续下行。美国特朗普政府减税政策刺激效应逐渐减退，美欧等发达经济体收紧货币政策，全球宏观经济政策支撑经济增长力度减弱，抑制作用明显增强。特别是一些新兴经济体自身经济结构性矛盾突出，又受到发达经济体收紧货币政策外溢效应影响，经济金融形势严峻，这成为威胁世界经济稳定增长的重要风险。部分国家“逆全球化”思潮涌动，贸易保护主义抬头，对外贸易政策更加保守，贸易限制措施增多。

（一）内地经济发展模式改变是内地与港澳贸易的重要影响因素

内地经济结构出现重大变革，2013 年至 2017 年，消费贡献率由 54.9%提高到 58.8%，服务业比重从 45.3%上升到 51.6%，成为经济增长主动力①。一方面，内地经济增长方式由出口导向型转向内需拉动型的转变愈发明显，过往进出口增速远高于本国 GDP 和全球贸易水平的超高增长模式难以复制。另一方面，内地大规模扩大外资准入，供给侧结构性改革深化调整，“一带一路”建设成效显著，对外贸易和利用外资结构优化、规模稳居世界前列。设立自贸试验区和跨境电商综合试验区，增设对外开放口岸，内陆地区开通中欧班列，香港转口枢纽港影响力逐步下降，进出口和转口贸易受到一定程度影响。

（二）港澳自身面临制约发展的产业结构问题

香港、澳门回归以来社会经济保持稳定，但同时也积累了一些制约香港、澳门发展的深层次问题。香港多年经济增长并未转化为优质多元的就业岗位、同步的收入增长、有效控制的贫富差距、强有力的社会保障。服务业占经济比重 90%以上的产业结构，在“香港制造”和“由香港制造”（港资在珠三角投资制造）相继式微的趋势下，需要寻找新的可持续发展的市场支撑②。香港近年来创新科技发展落后于先进经济体甚至内地，已日益成为制约香港经济产业结构调整的重要因素。澳门资源禀赋差，市场空间小，产业结构高度依赖博彩业，近年来虽然大力发展综合旅游休闲产业与以“会议优先”的会展业、中医药产

① 《2018 年国务院政府工作报告》，中国政府网，2018 年 3 月 11 日。
② 《香港经济需跨越“三重门”》，中国网，2017 年 6 月 28 日。

业、特殊金融业等新兴产业，但在整体经济中占比仍然较低，经济适度多元化进程缓慢。

（三）全球贸易保护主义抬头，不利于内地与港澳贸易发展

世界贸易组织监测，从2017年10月中旬至2018年5月中旬，世界贸易组织成员实施了75项新的贸易限制措施，包括提高关税、数量限制、增加进口环节税收、加严海关监管等，平均每个月实施11项，高于前一个报告期（2016年10月中旬至2017年5月中旬）平均每个月9项的水平①。在主要经济体中，美国的贸易保护主义行为最为突出。全球贸易信息系统（GTA）数据显示，2018年1～7月，美国出台的保护主义措施占全球比重达到33%②。其他一些经济体贸易保护主义也趋于上升，全球贸易面临的政策环境出现不利变化，保持稳定增长难度较大。香港作为开放和多功能的自由港，扮演着内地进出口贸易中转站的角色，针对内地为主要对象的贸易保护主义抬头，将直接影响内地与香港贸易整体表现。

四、内地对港澳地区贸易展望

2018年11月12日国家主席习近平会见香港澳门各界庆祝国家改革开放40周年访问团时强调，在新时代国家改革开放进程中，香港、澳门仍然具有特殊地位和独特优势，仍然可以发挥不可替代的作用③。对香港、澳门来说，“一国两制”是最大的优势，国家改革开放是最大的舞台，共建“一带一路”、粤港澳大湾区建设是新的重大机遇。香港、澳门可以发挥自身国际联系广泛、专业服务发达等优势，同内地市场广阔、产业体系完整、科技实力较强等优势结合起来，提升香港国际金融、航运、贸易中心地位，加快建设香港国际创新科技中心，加强澳门世界旅游休闲中心、中国与葡语国家商贸合作服务平台建设，努力把香港、澳门打造成国家双向开放的重要桥头堡。

---

① 《中国对外贸易形势报告（2018年秋季）》，商务部网站，2018年11月12日。

② 《中国对外贸易形势报告（2018年秋季）》，商务部网站，2018年11月12日。

③ 《习近平：在国家改革开放中实现香港澳门更好发展　共同谱写中华民族伟大复兴时代篇章》，人民网，2018年11月13日。

2018 年我国大陆对台湾地区贸易进出口年度报告

2018 年，国际政治经济环境复杂多变，在中美贸易摩擦不断、贸易保护主义抬头形势下，两岸经贸关系稳中有进，经济合作广度和深度明显加深，两岸经济社会融合发展呈现新的态势。据大陆海关统计，2018 年，大陆对台湾地区进出口 1. 49 万亿元，同比增长 10. 3%，占当年大陆外贸进出口总值的 4. 9%，与上年基本持平。其中，大陆对台湾地区出口 3 212. 1 亿元，同比增长 7. 9%；自台湾地区进口 1. 17 万亿元，同比增长 11%；贸易逆差 8 502 亿元，同比扩大 12. 3%。2018 年，台湾地区为大陆第七大贸易伙伴、第八大出口市场和第五大进口来源地。

据台湾地区统计，2018 年，台湾地区对大陆进出口 1 418. 7 亿美元，同比增长 8. 3%，占当年台湾地区进出口总值的 23. 9%，较 2017 年提升 0. 1 个百分点。其中，台湾地区自大陆进口 537. 9 亿美元，同比增长 7. 3%，占当年台湾地区进口总值的 18. 8%，较 2017 年回落 0. 6 个百分点；台湾地区对大陆出口 880. 8 亿美元，同比增长 8. 9%，占当年台湾地区出口总值的 28. 6%，较 2017 年提升 0. 9 个百分点。台湾地区对大陆贸易顺差 342. 9 亿美元，同比扩大 11. 6%。2018 年，大陆分别是台湾地区最大贸易伙伴、最大出口市场和最大进口来源地。

一、2018 年大陆对台湾地区进出口的主要特点

（一）月度进出口值先扬后抑

2018 年 1 月份，大陆对台湾地区进出口实现开门红，同比大幅增长 32. 5%，2 月份受春节因素影响小幅下降，3 月份开始连续 9 个月保持增长，并且除 6 月份和 11 月份外，其余月份增速均保持 2 位数。其中 9 月份进出口 1 447. 6 亿元，创历史新高，之后进出口值持续回落（见图 1）。

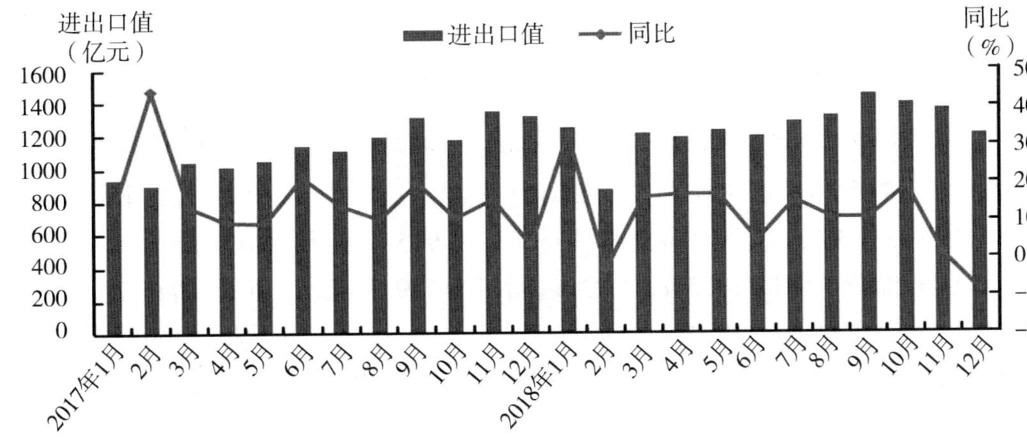

图 1　2017 年 1 月~2018 年 12 月大陆对台湾地区月度进出口统计图

（二）加工贸易与一般贸易两种贸易方式平分秋色

2018 年，大陆以加工贸易方式对台湾地区进出口 6 719.9 亿元，同比增长 8%，占当年大陆对台湾地区进出口总值的 45%，比重较上年降低 1 个百分点。同期，以一般贸易方式进出口 5 984.2 亿元，同比增长 11%，占当年大陆对台湾地区进出口总值的 40.1%，比重较上年提升 0.2 个百分点（见表 1）。

表 1　2018 年大陆对台湾地区进出口主要贸易方式统计表

贸易方式	金额（亿元）			同比（%）		
	进出口	出口	进口	进出口	出口	进口
总计	14 925.6	3 211.9	11 713.7	10.3	7.8	11.0
其中：加工贸易	6 719.9	1 238.2	5 481.7	8.0	7.4	8.1
一般贸易	5 984.2	1 556.7	4 427.5	11.0	9.3	11.6

（三）外商投资企业进出口占逾 6 成，民营企业快速增长，国有企业保持稳定

2018 年，大陆外商投资企业对台湾地区进出口 9 003.3 亿元，同比增长 5.1%，占当年大陆对台湾地区进出口总值的 60.3%，比重较上年下降 3 个百分点。同期，民营企业进出口 5 044.8 亿元，同比增长 22.7%，占当年大陆对台湾地区进出口总值的 33.8%，比重较上年提升 3.4 个百分点。此外，国有企业进出口 858.8 亿元，同比增长 0.7%，占当年大陆对台湾地区进出口总值的 5.8%，比重较上年下降 0.5 个百分点（见表 2）。

表 2　2018 年大陆对台湾地区进出口企业性质统计表

企业性质	金额（亿元）			同比（%）		
	进出口	出口	进口	进出口	出口	进口
总计	14 925.6	3 211.9	11 713.7	10.3	7.8	11.0
其中：外商投资企业	9 003.3	1 868.6	7 134.7	5.1	6.0	4.9
民营企业	5 044.8	1 029.9	4 014.9	22.7	9.6	26.6
国有企业	858.8	313.3	545.5	0.7	13.7	-5.5

（四）广东、江苏、上海位居对台湾地区进出口总值前三，陕西、四川表现突出

2018 年，广东对台湾地区进出口 4 972.6 亿元，同比增长 12.7%，占当年大陆对台湾地区进出口总值的 33.3%；江苏对台湾地区进出口 2 915.2 亿元，同比增长 7.7%，占当年大陆对台湾地区进出口总值的 19.5%；上海进出口 1 799.3 亿元，同比增长 7.1%，占当年大陆对台湾地区进出口总值的 12.1%。值得一提的是，陕西、四川对台湾地区贸易表现突出，分别进出口 674.9 亿元和 309 亿元，同比增长 34.5%和 53.5%（见表 3）。

表 3　2018 年大陆主要省市对台湾地区进出口统计表

省市	金额（亿元）			同比（%）		
	进出口	出口	进口	进出口	出口	进口
广东	4 972.6	526.2	4 446.4	12.7	2.6	14.0
江苏	2 915.2	759.8	2 155.4	7.7	7.4	7.8
上海	1 799.3	509.9	1 289.4	7.1	8.8	6.4
福建	785.9	318.4	467.5	1.5	7.9	-2.5
浙江	783.0	211.8	571.2	8.5	9.8	8.1
陕西	674.9	94.4	580.5	34.5	24.1	36.4
河南	460.6	25.4	435.2	-11.7	2.3	-12.4
山东	361.2	117.6	243.6	1.9	-0.5	3.1
四川	309.0	32.0	277.0	53.5	23.2	57.9

（五）机电产品出口占逾 6 成，劳动密集型产品和农产品出口均保持增长

2018 年，大陆对台湾地区出口机电产品 2 047 亿元，同比增长 10.8%，占当年大陆对台湾地区出口总值的 63.7%；其中，出口集成电路 708.2 亿元，同比增长 20.6%，高出同期大陆对台湾出口整体增速 12.8 个百分点；出口自动数据处理设备及其部件 166.4 亿元，同比增长 2.4%。同期，出口劳动密集型产品 235.6 亿元，同比增长 14.6%，其中出口服装 90 亿元，同比增长 28.7%。此外，出口农产品 179.6 亿元，同比增长 7.2%；出口钢材 105.6 亿元，同比下降 18.5%。

（六）进口以机电产品为主，其中集成电路进口快速增长

2018 年，大陆自台湾地区进口机电产品 9 613.1 亿元，同比增长 12.3%，占当年大陆自台湾地区进口总值的 82.1%；其中进口集成电路 6 422.8 亿元，同比增长 17.2%；进口液晶显示板 641.5 亿元，同比下降 8.8%。此外，进口初级形状的塑料 522.2 亿元，同比增长 7.3%；进口纺织纱线、织物及制品 156 亿元，同比下降 6.1%（见表 4）。

表 4　2018 年大陆对台湾地区进出口主要商品统计表

出口商品	金额（亿元）	同比（%）	进口商品	金额（亿元）	同比（%）
集成电路	708.2	20.6	集成电路	6 422.8	17.2
农产品	179.6	7.2	液晶显示板	641.5	-8.8
自动数据处理设备及其部件	166.4	2.4	初级形状的塑料	522.2	7.3
钢材	105.6	-18.5	自动数据处理设备及其部件	236.1	48.2
服装及衣着附件	90.0	28.7	印刷电路	210.4	4.6
自动数据处理设备的零件	84.3	12.1	二极管及类似半导体器件	209.7	-11.1

表4 续

出口商品	金额（亿元）	同比（%）	进口商品	金额（亿元）	同比（%）
电话机	71.5	8.3	自动数据处理设备的零件	159.3	56.1
未锻造的铜及铜材	62.9	-3.2	纺织纱线、织物及制品	156.0	-6.1
通断保护电路装置及零件	53.3	13.1	未锻造的铜及铜材	148.9	-6.6
印刷电路	52.0	15.4	二甲苯	112.0	17.6

二、促进大陆对台湾地区贸易发展的有利因素

（一）两岸各界交流往来密切，经贸合作持续升温

2018年3月21日，中国国民党前主席、台湾新北市长朱立伦率团访问江苏和上海；6月25日，中国国民党前主席吴伯雄到访银川；7月7日，洪秀柱率领的台湾青年参访团抵达杭州；7月13日，习近平总书记会见中国国民党前主席、两岸和平发展基金会董事长连战，并强调了“四个坚定不移”。2018年大陆与台湾地区在经贸交流合作上日益加强，经贸展览会如“首届进博会”“海峡两岸（厦门）文化产业博览交易会”等成功举办，为加强两岸产业合作及融入“一带一路”建设发挥积极作用；两岸各类论坛如“海峡论坛”“两岸企业家峰会”“两岸新经济论坛”“中国西部海峡两岸经贸合作交流会”等，在两岸经贸交流与合作中扮演重要角色；两岸经济园区如四川海峡两岸产业合作区、福建自贸区、昆山两岸产业合作实验区等加大开放力度，在创新两岸合作模式、吸引台商、台干、台青融入大陆发展等方面发挥了关键作用。

（二）惠台举措陆续落地，台资纷纷来陆发展成为促进两岸经贸的重要力量

2018年2月份，大陆发布实施《关于促进两岸经济文化交流合作的若干措施》，明确台资企业参与“中国制造2025”，享受税收优惠政策，参与国家重点研发计划项目、基础设施建设，为台湾同胞在大陆学习、创业、就业、生活提供与大陆同胞同等待遇。随后福建出台35条新举措推进自贸区建设；北京出台惠台55条细则；温州出台90条惠台措施。据国台办统计，一年来，共有24个省区市及所辖市县共65个地方推出具体落实举措，2 000多家台资企业享受高新技术企业等各类税收优惠，100多家台企获得工业转型升级、绿色制造、智能制造等专项资金的支持，海峡两岸青年就业创业基地和示范点新增23个、累计达76个，共入驻或服务台企及团队约2 000个[①]。惠台举措陆续出台，为台胞来陆发展释放巨大红利，吸引更多台资、台企到大陆投资建厂。据商务部统计，2018年大陆共批准台商投资项目4 911个，同比增长41.8%；实际使用台资金额13.9亿美元，同比下降21.5%。若加上台商经第三地的转投资，2018年大陆实际使用台商投资项目5 191个，同比增长39.4%，实际使用台资金额50.3亿美元，同比增长6.4%。

（三）新经济领域投资加快，高新技术产业合作愈加紧密

人工智能、物联网、大数据等关键技术领域是两岸贸易和投资的重点。以集成电路为

① 《马晓光介绍2018年两岸关系发展和对台工作情况》，人民网，2019年1月16日。

例，台湾地区已成为大陆集成电路进口的重要来源地，2018 年大陆自台湾地区进口集成电路占大陆集成电路进口总值的 31.2%。大陆企业赴台投资也多集中在精密机械、生物医药等领域，如天津医药集团投资 3.6 亿元新台币于主营医疗器材制造的微邦科技公司；昆山新莱洁净公司增资台子公司 1.4 亿元新台币，用于制造专业运输气流体零件等。在电子通讯技术领域，台资代工厂、通讯零组件厂商纷纷调整大陆客户比重，如华为 92 家核心供应商台商已占 10 家；台积电 2018 年第二季度来自大陆地区的营业收入占比达 23%；联发科与阿里巴巴策略合作，进军人工智能、物联网芯片等①。海关数据显示，2018 年，大陆高新技术产品对台湾地区出口 1 424.1 亿元，增长 9.3%，自台湾地区进口 8 681.1 亿元，同比增长 13.3%。

（四）台资企业纷纷赴大陆上市，有助于深化两岸经贸交流和融合

据统计，2013 年以来已有约 30 家台资企业在 A 股上市。随着大陆资本市场的逐步开放，台资企业赴大陆上市渐成潮流，哈森股份、元祖股份、亚翔集成、艾艾精工等台企先后登陆 A 股；“史上最快 IPO”鸿海集团子公司工业富联在上海证交所上市，并以 3 906 亿元的市值成为 A 股市值最高的科技公司；台湾联华电子子公司和舰科技也宣布赴 A 股上市。研究报告指出，在大陆投资的台商，回台 IPO 募资的平均金额为 7.78 亿元新台币，而在大陆 IPO 可达 27.81 亿元新台币②。台资企业在大陆 A 股上市，不仅可以获得融资平台，开拓大陆市场，还有助于推动两岸经贸关系更深层次的交流和融合。

三、当前影响大陆对台湾地区贸易发展的主要问题

（一）民进党当局管控制约两岸经贸交流互进

2018 年以民进党为主的台湾当局为摆脱对大陆的依赖实行“新南向”政策，借由中美博弈之机“经济去中”，打压两岸经贸合作。一是排查销美钢铁产品中含陆成分，同时大额采购美国大豆，以缓解美出口压力；表态以“第三方”身份参与美国就知识产权相关问题对中国的申诉；推动《台商回台投资法案》，修改《经济移民法案》，吸引台商回流。二是加大对陆客、陆资入岛的管控，对大陆赴台人员进行严审，限缩申请大陆居住证的台胞在台湾的权力。三是对陆资、外资采取“双轨分流审查机制”，修订《两岸人民关系条例》，将陆资未经许可来台投资的罚款由现行的 60 万元新台币提高到 2 500 万元新台币，修订《外国人投资条例》，提高对陆资认定标准，严格限制陆资通过第三地赴台等③。四是追随美国将中兴列为“战略性高科技货品出口管制”对象，限制联发科等企业向中兴出口芯片。

（二）台湾投资环境日益恶化，经济增长低迷，竞争力下滑制约两岸贸易空间的拓展

2018 年，台湾地区投资环境继续恶化，缺水、缺电、缺工、缺地、缺人才的“五缺”问题，以及台当局失能、社会失序、“立法院”失职、经济失调、世代失落、台湾失去总

① 《2018 年两岸经贸稳步前进》，华夏经纬网，2019 年 3 月 15 日。

② 《台资企业为何扎堆赴大陆上市》，人民日报海外版，2018 年 7 月 18 日。

③ 《2018 年两岸经贸稳步前进》，华夏经纬网，2019 年 3 月 15 日。

体目标的“六失”问题依然没有解决。2018 年，台湾地区经济增速 2.6%，略低于国际货币基金组织预测的 2.7%。预计 2019 年台湾地区制造业依旧低迷，全年经济增长率可能下降到 2.1%或 2.2%。根据瑞士洛桑管理学院公布的 2018 年 IMD 世界竞争力排名，台湾竞争力位列 17，是 2010 年以来最低水平；大陆超越台湾地区位列 13 位[①]。

四、大陆对台湾地区贸易前景展望

当前，国际社会风云变幻，外贸形势愈加严峻复杂，经济结构转型升级步伐逐步加快，信息化建设带来的机遇和挑战并存。以大数据、跨境电商、绿色发展为代表的新产业、新业态发展需求不断释放，催生出巨大合作发展潜力。两岸已形成密不可分、互惠互利的合作格局，深化两岸经贸合作不仅具有得天独厚的优势，更是两岸同胞的心之所系、利之所在。2019 年正值《告台湾同胞书》发表 40 周年，40 年来两岸互信合作取得瞩目成果。在中华民族开创新时代的征途上，两岸经贸合作有着更加广阔的空间。只有在“九二共识”基础上，紧紧抓住“一带一路”倡议新发展机遇，着眼于两岸同胞共同发展，才能进一步加强交流合作、互相借鉴、携手发展，才能应对国际形势的不断变化，共创两岸融合发展的光明前景。

① 《2018 世界竞争力最新出炉，大陆又往前进了一步，香港台湾被甩开》，环球时报，2018 年 5 月 25 日。

2018年我国对澳大利亚贸易进出口年度报告

据中国海关统计，2018年，我国对澳大利亚进出口1.01万亿元，同比增长8.9%，占我国外贸进出口总值的3.3%，与2017年占比持平。其中，对澳出口3 126.4亿元，同比增长11.4%，增速慢于2017年的13.9%，占当年我国出口总值的1.9%，较2017年提高0.1个百分点；自澳进口6 944.8亿元，同比增长7.8%，增速慢于2017年的37.2%，占当年我国进口总值的4.9%，较2017年下滑0.2个百分点；贸易逆差3 818.4亿元，同比扩大5.4%。2018年澳大利亚依然保持我国第八大贸易伙伴地位，为我国第十大出口市场和第七大进口来源地。

据全球贸易信息系统（GTA）澳方统计，2018年中澳双边贸易额为1 432.8亿美元，同比增长14.2%。其中，澳大利亚对我国出口877.7亿美元，同比增长14.9%，占澳大利亚出口总额的34.2%，交2017年提高1.1个百分点；澳大利亚自我国进口555.1亿美元，同比增长13.1%，占澳大利亚进口总额的24.4%，较2017年提高2.3个百分点。澳大利亚与我国的贸易顺差322.6亿美元，同比增长18.2%。我国继续保持澳大利亚第一大贸易伙伴国地位、为澳大利亚第一大出口目的地和第一大进口来源地。

一、2018年我国对澳大利亚进出口的主要特点

（一）月度进出口先抑后扬，其中11月份进出口值创历史新高

2018年，我国对澳大利亚进出口除3、4和12月份下降外，其余月份均保持同比增长。月度进出口值先抑后扬，从2月份的不足700亿元攀至11月份的983.4亿元，达到历史峰值，其中进口668.9亿元，出口314.5亿元，均创历史新高；12月份高位回落至783.6亿元（见图1）。

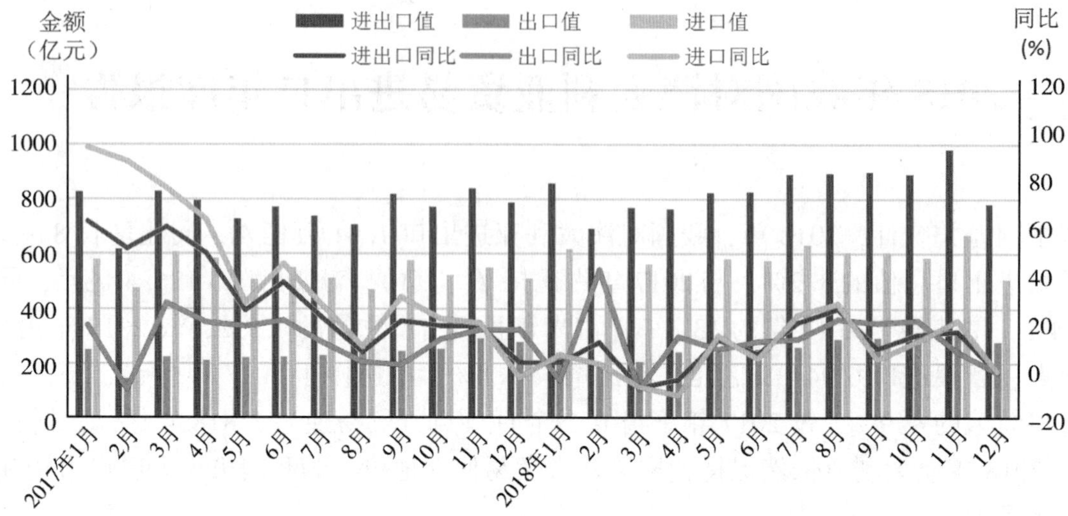

图1　2017年1月~2018年12月我国对澳大利亚进出口月度走势统计图

（二）一般贸易方式进出口占逾8成，加工贸易方式进出口微幅增长

2018年，一般贸易方式在中澳双边贸易中占据主导，我国以一般贸易方式对澳大利亚进出口8 223.1亿元，同比增长9%，占同期我国对澳大利亚进出口总值的81.5%。其中，一般贸易方式进口6 251.8亿元，同比增长6.7%；一般贸易方式出口1 971.3亿元，同比增长17%。同期，以加工贸易方式对澳大利亚进出口998.5亿元，同比增长0.9%（见表1）。

表1　2018年我国对澳大利亚进出口主要贸易方式统计表

贸易方式	进出口		出口		进口	
	金额（亿元）	同比（%）	金额（亿元）	同比（%）	金额（亿元）	同比（%）
一般贸易	8 223.1	9.0	1 971.3	17.0	6 251.8	6.7
加工贸易	998.5	0.9	888.5	3.2	110.0	−14.7

（三）国有企业为最大进出口主体，民营企业进出口占逾3成

2018年，我国国有企业对澳大利亚进出口4 261.4亿元，同比增长13.1%，占同期我国对澳大利亚进出口总值的42.2%，比重提升1.5个百分点；民营企业进出口3 494.4亿元，同比增长4.8%，占同期我国对澳大利亚进出口总值的34.6%；外商投资企业进出口2 267.8亿元，同比增长7.4%，占同期我国对澳大利亚进出口总值的22.5%（见表2）。

表 2　2018 年我国对澳大利亚进出口主要企业类型统计表

企业性质	进出口		出口		进口	
	金额（亿元）	同比（%）	金额（亿元）	同比（%）	金额（亿元）	同比（%）
国有企业	4 261.4	13.1	376.2	32.0	3 885.2	11.6
民营企业	3 494.4	4.8	1 440.0	12.4	2 054.4	0.0
外商投资企业	2 267.8	7.4	1 309.7	5.7	958.1	9.8

（四）我国对澳大利亚贸易高度集中于前 10 个省市，其中北京进出口规模、增速均居首位

2018 年，北京、上海、江苏、广东等对澳大利亚进出口排名前 10 位的省市合计进出口 8 645.9 亿元，占当年我国对澳大利亚进出口总值的 85.7%。其中，北京对澳大利亚进出口同比增长 22.6%，增幅居 10 强之首（见表 3）。

表 3　2018 年我国对澳大利亚进出口主要省市统计表

省市	进出口		出口		进口	
	金额（亿元）	同比（%）	金额（亿元）	同比（%）	金额（亿元）	同比（%）
北京	1 498.7	22.6	140.2	87.2	1 358.5	18.3
上海	1 461.6	17.4	356.4	-0.6	1 105.2	24.6
江苏	1 248.9	10.0	569.9	10.8	678.9	9.4
广东	1 090.5	-1.4	642.3	1.2	448.2	-4.9
浙江	940.7	12.7	437.2	12.6	503.5	12.7
山东	782.8	0.7	211.9	7.3	570.9	-1.6
福建	490.1	0.5	133.7	9.1	356.4	-2.4
河北	404.5	-9.1	39.7	11.8	364.8	-10.9
辽宁	399.4	10.8	47.9	28.0	351.5	8.8
天津	328.8	-11.0	65.6	15.4	263.2	-15.8

（五）机电产品出口占比过半，劳动密集型产品出口保持增长

2018 年，我国对澳大利亚出口机电产品 1 644.2 亿元，同比增长 13.9%，占同期我国对澳大利亚出口总值的 52.6%。其中，便携式电脑 129.9 亿元，同比增长 11.7%；电话机 100.5 亿元，同比下降 17.7%；太阳能电池 84.1 亿元，同比增长 86.3%。同期，出口劳动密集型产品 698.4 亿元，同比增长 4.6%；出口成品油 115.7 亿元，同比增长 94%。

表 4　2018 年我国对澳大利亚出口主要商品统计表

商品名称	金额（亿元）	同比（%）	占比（%）
纺织服装	349.5	2.9	11.2
家具及其零件	138.5	7.2	4.4
便携式电脑	129.9	11.7	4.2
成品油	115.7	94.0	3.7
电话机	100.5	-17.7	3.2
塑料制品	96.5	12.1	3.1
二极管及类似半导体器件	84.3	85.6	2.7
太阳能电池	84.1	86.3	2.7
家电	66.9	-1.6	2.1
汽车零配件	64.5	3.3	2.1

（六）自澳进口以矿产、能源和农产品为主，其中天然气进口大幅增长

2018 年，我国自澳大利亚进口铁矿砂及其精矿 3 007.5 亿元，同比下降 4.7%；进口液化天然气 748 亿元，同比增长 78.4%；进口煤及褐煤 699.4 亿元，同比增长 4.4%。同期，进口农产品 687.5 亿元，增长 12.8%。

表 5　2018 年我国自澳大利亚进口主要商品统计表

商品名称	金额（亿元）	同比（%）	占比（%）
铁矿砂及其精矿	3 007.5	-4.7	43.2
液化天然气	748.0	78.4	10.7
煤及褐煤	699.4	4.4	10.0
黄金（吨）	687.5	21.6	9.9
农产品	687.5	12.8	9.9
其中：羊毛	149.4	8.5	2.1
肉及杂碎	101.7	46.9	1.5
谷物及谷物粉	86.9	-31.5	1.2
棉花	60.6	81.2	0.9
葡萄酒	51.5	4.6	0.8
水海产品	41.7	117.9	0.6
乳品	41.1	-0.6	0.6
铜矿砂及其精矿	117.6	30.0	1.7
锰矿砂及其精矿	104.0	47.5	1.5
铝矿砂及其精矿	92.2	17.6	1.3
未锻轧铜及铜材	58.4	-1.4	0.8

二、促进中澳贸易发展的有利因素

（一）两国产业结构互补，支撑双边贸易稳定发展

澳大利亚地广人稀，拥有丰富的自然资源，矿业、农业发达，矿产品、能源产品、农产品可长期供应我国；而我国人口众多，工业门类齐全、规模巨大，在生产机电产品、劳动密集型产品方面比较有优势，同时我国人均资源占有量较少，资源类产品进口需求旺盛；这种天然的互补性构成了中澳两国贸易的基础。自1972年中澳两国建交以来，双边经贸合作持续蓬勃发展，双方的进出口贸易规模也逐渐扩大，从1972年的8 600万美元，攀至2018年的1 431亿美元，规模扩大了上千倍。目前，我国已经成为澳大利亚第七大投资来源地和第五大对外投资目的地，两国在对方市场的投资存量均超过了800亿澳元①。海关数据显示，2018年我国自澳大利亚进口的铁矿砂、液化天然气、煤及褐煤、铜矿砂、锰矿石量均呈增加态势。

（二）中澳自贸协定红利持续稳定释放，促进双边贸易稳定向好发展

《中国—澳大利亚自贸协定》是我国迄今已商签的贸易投资自由化整体水平最高的自贸协定之一，内容涵盖货物、服务、投资等十几个领域。截至2018年，《中国—澳大利亚自贸协定》已进行过4次关税减让，从澳大利亚进口的商品大多数已实现零关税。自贸协定红利持续稳定释放，对中澳双边贸易形成利好，我国部分优势产品对澳大利亚出口增长较快。海关数据显示，2018年我国对澳大利亚出口机电产品同比明显增长13.9%，出口劳动密集型产品同比平稳增长4.6%；自澳大利亚进口农产品快速增长，其中水海产品同比增长1.2倍，牛羊肉同比增长46.9%，鲜、干水果及坚果同比增长35.6%，葡萄酒同比增长4.6%，我国成为澳大利亚葡萄酒出口的第一大市场。

三、当前影响中澳贸易发展的主要问题

（一）中澳关系一度降至冰点，影响双方经贸合作

2017年以来，中澳关系持续下滑，澳大利亚无端干涉我国南海事务、推出《反外国干预法》时捕风捉影指控“中国对澳进行渗透”，大肆渲染“中国渗透”，在澳大利亚国内掀起“中国威胁论”，将致力于中澳友好的人士打上“亲华”标签等，使中澳关系一步步滑向低谷。2018年8月底，澳大利亚未给出正当理由就禁止华为等企业向该国提供5G网络建设服务，将两国关系推至冰点。澳方行为影响了两国间的经贸合作，不利于两国外贸持续稳定发展。

（二）澳大利亚经济增速放缓，我国对澳投资下滑影响双边贸易

据澳大利亚官方发布的数据，2018年澳大利亚的经济增速只有2.7%。其中，四季度GDP环比增长0.2%，低于三季度的0.3%和预期的0.4%，为2016年9月份以来最低纪

① 《中澳投资存量超过800亿澳元》，界面新闻，2018年1月19日。

录；同比增速 2.3%，为 2017 年 6 月份以来最低记录，同样低于三季度的 2.8%和预期的 2.6%[①]。2018 年，我国对澳大利亚投资额为 62 亿美元（约合人民币 416.35 亿元），较 2017 年的 100 亿美元下降 37.6%，为 2011 年以来的新低，其中采矿业投资下降 90%，可再生能源下降 48%[②]。我国对澳投资下滑，将影响相关行业对澳进出口的持续增长。海关数据显示，2019 年一季度，我国太阳能电池对澳出口同比增速由 2018 年同期的增长 2.1 倍转为下降 0.2%。

（三）我国铁矿砂进口对澳大利亚依赖性高，不利于国内产业发展

我国铁矿石储量虽高，但是品位较低，铁矿石只能依靠进口满足国内需求。我国是全球最大的铁矿石进口国，进口量约占全球铁矿石贸易量的 8 成。澳大利亚是我国铁矿砂进口最主要来源地，2018 年我国自澳大利亚进口铁矿砂占我国铁矿砂进口总值的 60.3%，我国对澳大利亚铁矿砂存在较高的依赖性。但由于对铁矿石定价缺乏话语权，我国钢企利润被侵蚀。据中国钢铁工业协会统计，2019 年一季度，会员钢铁企业的销售利润率为 3.87%，低于我国工业行业平均水平[③]。利润在产业链间分配严重失衡，不利于矿山企业和钢铁产业的持续健康发展。

四、2019 年中澳贸易进出口形势展望

受中澳双方紧张关系的影响，2018 年中澳贸易虽遭到一定的冲击，然而自建交以来，两国关系始终保持平稳发展，特别是《中国—澳大利亚自贸协定》实施以来，双边贸易投资加深，往来密切，在全球经济复苏乏力的背景下，双边贸易保持了稳定增长，中澳贸易未来仍然可期。

一是自贸协定红利全面释放。《中国—澳大利亚自贸协定》自 2015 年实施以来，对促进中澳双边贸易效果显著。2019 年 1 月 1 日，中澳自贸协定进行第 5 轮减让，其红利全面释放，所有我国出口到澳大利亚的产品享受零关税待遇；而澳大利亚对我国出口的葡萄酒、三文鱼、龙虾、螃蟹、牡蛎和蜂蜜等产品也实现零关税；澳洲出口我国的零关税产品增加至 5 418 种，新鲜和冷冻牛肉的关税从 7%~15%降至 6%~12%，为中澳贸易再添助力。

二是两国关系近期有所缓和。我国是澳大利亚最大贸易伙伴国以及最大出口市场，两国关系变冷对澳大利亚经济冲击较大，澳方重新审视对华态度，积极修好双方关系。2018 年 11 月 17 日中澳两国企业签署了跨越 5 年、总价值达 758 亿元的 11 项协议，两国在健康、金融科技、城市和环境服务、旅游服务等方面的合作正在不断深入。2019 年 3 月 29 日，为解冻中澳关系，澳大利亚更换了驻华大使，任命对华态度更为亲和的驻华大使，同时成立“澳中关系国家基金会”，确立了一个总值 4 400 万澳元（约合 2 亿元）的基金会项目[④]。

三是澳方积极响应“一带一路”倡议。“一带一路”倡议自 2013 年提出以来，得到了

---

① 《刚刚，澳大利亚公布 2018 年经济数据！赶不上中国一个省?》，中油网，2019 年 3 月 6 日。
② 《中国在澳大利亚的投资首选已经不是房地产了》，世界说，2019 年 4 月 9 日。
③ 《铁矿石价格大幅上涨不可持续》，中国冶金报社，2019 年 4 月 29 日。
④ 《为解冻中澳关系 澳宣布两项重大改变》，观察者网，2019 年 3 月 29 日。

国际社会的积极支持和热烈响应，至今已有 126 个国家和 29 个国际组织同我国签署了合作文件[①]。2015 年，澳方作为创始成员加入亚投行。2017 年，中澳双方签署了第三方市场合作谅解备忘录。2018 年 10 月，维多利亚州政府加入共建“一带一路”。澳大利亚众多工商界人士对参与“一带一路”合作充满兴趣。2019 年 4 月 25 日，澳联邦政府代表和维州州长再次出席“一带一路”国际合作高峰论坛，促进两国经贸关系良性发展。

① 《驻澳大利亚大使成竞业在澳主流媒体发文〈“一带一路”造福世界〉》，外交部网站，2019 年 4 月 24 日。

2018 年我国对俄罗斯贸易进出口年度报告

据中国海关统计，2018 年，我国对俄罗斯进出口总值 7 075.5 亿元，同比增长 24%，高于当年我国进出口整体增速 14.3 个百分点，占当年我国外贸进出口总值的 2.3%。其中，对俄罗斯出口 3 166.6 亿元，同比增长 9.1%；自俄罗斯进口 3 908.9 亿元，同比增长 39.4%；贸易逆差 742.3 亿元。2018 年，俄罗斯为我国第十大贸易伙伴、第九大出口贸易市场、第九大进口来源地。

据全球贸易信息系统（GTA）俄方统计，2018 年俄罗斯对我国进出口贸易总值1 082.8 亿美元，同比增长 24.5%，占当年俄罗斯外贸进出口总值的 15.8%。其中，俄罗斯对我国出口 560.8 亿美元，同比增长 44.1%，占当年俄罗斯出口总值的 12.5%，较 2017 年提高 1.6 个百分点；俄罗斯自我国进口 522 亿美元，同比增长 8.6%，占当年俄罗斯进口总值的 22%，较 2017 年提高 0.9 个百分点。俄罗斯对中国贸易顺差 38.8 亿美元，同比扩大 1.4 倍。2018 年，我国为俄罗斯第一大贸易国。

一、2018 年中俄贸易的主要特点

（一）对俄罗斯贸易趋势向好，月度进出口同比均增长

2018 年，我国对俄罗斯贸易总体呈高位运行态势，单月进出口同比均保持增长，且有 10 个月实现 2 位数增长。从出口看，3、6、8 月份同比下降，其中 3 月份出口 180.6 亿元，同比下降 11.5%，为当年最大降幅；12 月份出口 315.4 亿元，同比增长 17.8%；从进口看，月度进口总体震荡上行，进口同比均保持 2 位数增长，其中 10 月份进口 410.7 亿元，同比增长 97.1%（见图 1）。

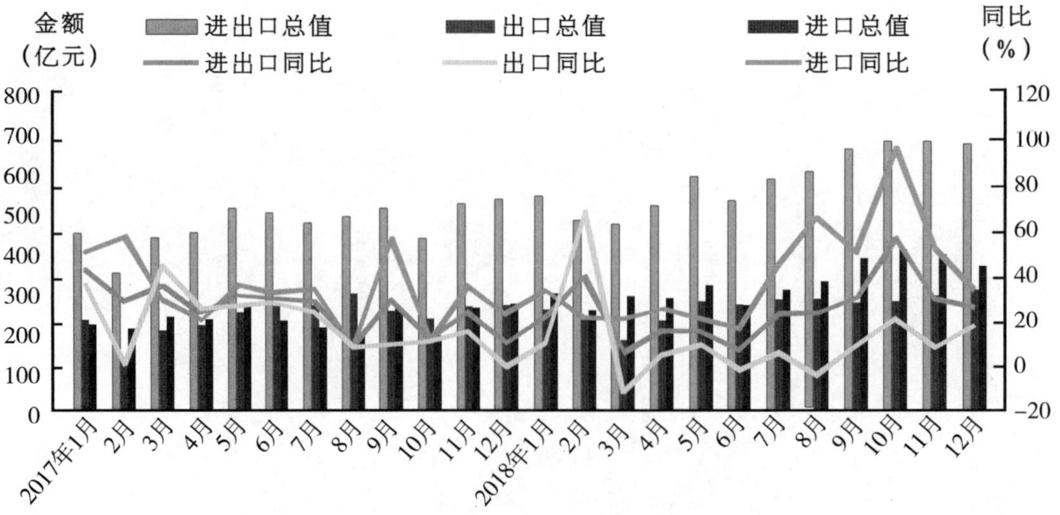

图 1　2017 年 1 月~2018 年 12 月我国对俄罗斯进出口月度统计图

（二）以一般贸易方式进出口保持增长，加工贸易方式进出口下降

2018 年我国对俄罗斯以一般贸易方式进出口总值 5 216.1 亿元，同比增长 32.3%，占当年我国对俄罗斯进出口总值的 73.7%。其中，对俄罗斯出口 2 319.1 亿元，同比增长 11.1%；自俄罗斯进口 2 897 亿元，同比增长 56.2%。同期，以加工贸易方式进出口 714 亿元，同比下降 6.8%；以边境小额贸易方式进出口 442.6 亿元，同比下降 0.9%（见表 1）。

表 1　2018 年我国对俄罗斯进出口贸易方式统计表

贸易方式	金额（亿元）			同比（%）		
	进出口	出口	进口	进出口	出口	进口
一般贸易	5 216.1	2 319.1	2 897.0	32.3	11.1	56.2
加工贸易	714.0	521.3	192.7	-6.8	0.2	-21.7
边境小额贸易	442.6	165.7	276.9	-0.9	9.3	-6.1

（三）民营企业出口领先，国有企业进口居首

2018 年，我国民营企业对俄罗斯进出口 3 369.5 亿元，同比增长 17.9%，占当年我国对俄罗斯进出口总值的 47.6%。其中，对俄罗斯出口 2 079.9 亿元，同比增长 9.3%；自俄罗斯进口 1 289.6 亿元，同比增长 34.9%。同期，国有企业对俄罗斯进出口 2 665.1 亿元，同比增长 40.2%，占当年我国对俄罗斯进出口总值的 37.7%。其中，对俄罗斯出口 312.8 亿元，同比下降 1.2%；自俄罗斯进口 2 352.3 亿元，同比增长 48.5%。此外，外商投资企业对俄罗斯进出口 1 024.1 亿元，同比增长 9.7%，占当年我国对俄罗斯进出口总值的 14.5%（见表 2）。

表 2　2018 年我国对俄罗斯进出口企业性质统计表

企业性质	金额（亿元）			同比（%）		
	进出口	出口	进口	进出口	出口	进口
民营企业	3 369.5	2 079.9	1 289.6	17.9	9.3	34.9
国有企业	2 665.1	312.8	2 352.3	40.2	-1.2	48.5
外商投资企业	1 024.1	767.2	257.0	9.7	12.4	2.3

（四）机电产品出口占比过半，劳动密集型产品等重点出口产品实现不同程度增长

2018 年，我国对俄罗斯出口机电产品 1 684.1 亿元，同比增长 13.5%，占当年我国对俄罗斯出口总值的 53.2%。同期，出口劳动密集型产品总值 870.8 亿元，同比增长 1.8%，占当年我国对俄罗斯出口总值的 27.5%。其中，服装及衣着附件 491.6 亿元，同比增长 2.5%；鞋类出口略显低迷，同比下降 7.2%。此外，农产品、钢材等出口实现不同程度增长（见表 3）。

表 3　2018 年我国对俄罗斯出口主要商品情况表

商品名称	金额（亿元）	同比（%）
商品大类：		
机电产品	1 684. 1	13. 5
劳动密集产品	870. 8	1. 8
农产品	132. 9	0. 5
具体商品：	211. 4	27. 9
服装及衣着附件	491. 6	2. 5
电话机	211. 4	27. 9
自动数据处理设备及其部件	158. 7	28. 3
鞋类	132. 8	-7. 2
纺织纱线、织物及制品	123. 4	1. 4
汽车零配件	113. 4	5. 8
钢材	65. 2	6. 5
玩具	45. 2	6. 6
液晶显示板	37. 8	55. 0
灯具、照明装置及零件	34. 6	1. 2

（五）进口以能源资源类商品为主，原油进口占 6 成以上

2018 年，我国自俄罗斯进口原油 2 525. 1 亿元，同比增长 56. 1%，占当年我国自俄罗斯进口总值的 64. 6%；锯材、煤及褐煤、矿物肥料及化肥进口小幅增长，同比分别增长 6. 9%、5. 3%、8. 3%；水海产品、未锻轧铜及铜材、纸浆、成品油、液化天然气进口均实现 2 位数及以上增长，同比分别增长 42. 9%、2. 9 倍、25. 2%、20. 9%、1. 3 倍（见表 4）。

表 4　2018 年我国对俄罗斯进口主要商品情况表

商品名称	金额（亿元）	同比（%）
原油	2 525. 1	56. 1
锯材	215. 4	6. 9
煤及褐煤	168. 6	5. 3
水海产品	140. 1	42. 9
未锻轧铜及铜材	107. 5	292. 2
原木	85. 1	-10. 3
纸浆	74. 7	25. 2
成品油	67. 5	20. 9
矿物肥料及化肥	33. 7	8. 3
液化天然气	27. 1	128. 8

二、促进中俄贸易发展的有利因素

（一）中俄双方务实合作发展促进双边贸易增长

2018年，中俄贸易额实现较大幅度增长得益于两国关系的全面发展。中俄政治关系不断提升，文化、艺术、体育等各方面交流日益密切，各领域合作的推进都会给两国经济合作带来新的动力。同时，在两国企业的共同努力下，多种因素综合发力，助推中俄贸易额达到新的高度①。除此之外，在两国高层领导大力推动下，中俄双方合力加快大项目的实施，带动了双边贸易增长。因此，尽管当前世界经济复苏乏力、市场能源价格波动，但中俄贸易却能够实现逆势增长。

（二）能源、航天等战略性大项目的合作成效显著

2018年1月1日，中俄原油管道二线正式投入运营，管道输油量从每年1 500万吨增至3 000万吨②。7月份，中俄特大型能源合作项目——亚马尔液化天然气项目向中国供应的第一船液化天然气到岸，该项目是中国提出“一带一路”倡议后在俄罗斯实施的首个特大型能源合作项目，开启了项目向中国供应液化天然气的新篇章③。11月份，中俄能源商务论坛在北京成功举办，双方签署14项合作协议，涉及油气、煤炭、信息技术等多个领域，将进一步推动中俄能源合作走宽、走深、走实④。2018年，自俄罗斯进口原油占我国总进口量的15.5%，俄罗斯已连续3年成为我国最大的原油供应国。

（三）中俄积极举办和参与高级别展会，提升影响力达到良好效果

2018年7月份，第5届中俄博览会在俄罗斯叶卡捷琳堡成功举办。中方15个省市的近200家企业参展，俄方23个州区的180余家企业参展，共签署地方和企业间合作协议近80项，累计金额约12.8亿美元⑤。2018年11月份，首届中国国际进口博览会在上海举办，俄罗斯作为主宾国参加会议，俄罗斯总理梅德韦杰夫亲自率团出席。俄方40多个地区共计百余家企业参展⑥。中俄积极举办并参与高级别展会，促进两国地方和企业深入合作，推动中俄双边贸易进一步发展。

（四）中俄签署多项电子商务和服务贸易领域合作文件

近年来，中俄跨境电子商务和服务贸易发展势头迅猛，成为双边贸易新的增长点。2018年6月和11月，中国商务部和俄罗斯经济发展部分别签署电子商务和服务贸易合作备忘录，商定在中俄经贸合作分委会框架下成立相应工作组，加强政策法规和信息交流，推动地方合作、联合研究、电商平台等方面的合作⑦。上述协议的签署顺应了中俄经贸关系发

---

① 《中俄贸易额突破1 000亿美元 经贸合作创历史最好水平》，新华社新媒体，2019年1月10日。
② 《中俄原油管道二线正式投入商业运营》，中国石油新闻中心，2018年1月2日。
③ 《中俄特大型能源合作项目首船亚马尔液化天然气运抵中国》，人民网，2018年7月20日。
④ 《中俄能源商务论坛签署14项协议》，中国石油新闻中心，2018年12月4日。
⑤ 《你不能错过的2018中俄经贸合作那些事》，中国商务新闻网，2019年2月27日。
⑥ 《习近平主席出席首届中国国际进口博览会纪实》，新华网，2018年11月6日。
⑦ 《你不能错过的2018中俄经贸合作那些事》，中国商务新闻网，2019年2月27日。

展的新趋势和要求，将为两国电子商务和服务贸易领域合作创造有利条件。

三、当前影响中俄贸易发展的主要问题

（一）欧盟延长对俄经济制裁，中俄贸易或迎新机遇

2018年1月底，美国财政部以干涉“美国2016总统大选”为由，再次扩大对俄制裁，将包括总理梅德韦杰夫、外长拉夫罗夫在内的114名俄政要和96名富商列入制裁名单；美国还因“斯克里帕尔事件”、叙利亚化武、乌克兰等问题对俄施加了多轮制裁。截至2018年底，美国已经对俄罗斯700多个实体和个人施加了制裁[①]。欧盟理事会于2018年12月21日决定将对俄罗斯个别经济领域经济制裁的有效期延长至2019年7月31日[②]。西方对俄罗斯制裁不断扩大，俄罗斯的经济前景仍有诸多不确定因素。

（二）卢布持续贬值，风险与机遇并存

近年来，国际石油价格波动、世界经济下行风险逐步加大，加上俄罗斯面临巨大外部压力，导致俄罗斯货币卢布震荡下跌。根据莫斯科交易所的数据，2018年卢布对美元贬值17.5%，对欧元贬值6.8%[③]。2018年12月，美联储年内第四次加息，美元指数走势持续强势，进一步加剧卢布下行压力。卢布持续贬值，将提高俄罗斯出口的价格竞争优势，我国自俄罗斯进口将从中受益，但对俄罗斯出口将产生负面影响。

四、中俄贸易展望

中俄两国经济互补性强，全方位合作存在很大空间。2018年，中俄贸易额历史性突破1 000亿美元大关，增速在中国主要贸易伙伴中位列榜首。俄罗斯总统普京评价道，中俄贸易额已突破1 000亿美元大关，这是一个重要的指标和成就，反映了两国政府在解决两国间问题方面所取得的成绩。

2019年是中俄建交70周年，也是中俄务实合作的丰收之年，中俄东线天然气管道将于年内通气，中俄首座边境公路桥——黑河公路桥将于近期合龙通车，首座铁路桥——同江铁路桥也将很快建成[④]。“一管两桥”项目的落成，将推动两国全面战略协作伙伴关系迈上新的台阶。双方需继续挖掘双向贸易与投资潜力，继续推动“一带一路”与欧亚经济联盟深入对接，激发中俄务实合作的内生动力，在巩固能源等传统领域合作的同时，不断开拓高科技、农业、电子商务、金融等新的增长点；推动两国合作提质升级，中俄贸易未来发展大有可为。

---

① 《俄罗斯与西方已成“有限对手”》，光明网，2018年12月26日。

② 《欧盟理事会将对俄罗斯制裁时间延长半年》，环球网，2018年12月23日。

③ 《俄罗斯卢布对美元一年贬值17.5% 超过三成俄游客空手回家》，腾讯网，2018年12月30日。

④ 《王毅谈中俄建交70周年》，中国青年网，2019年3月8日。

2018 年我国对印度贸易进出口年度报告

中国和印度作为全球主要经济体中经济增长最快的国家，已成为全球经济增长的重要驱动力。据中国海关统计，2018 年，我国对印度进出口 6 295.7 亿元，同比增长 10.1%，优于当年我国外贸总体增长 9.7%的表现，占当年我国外贸进出口总值的 2.1%，与上年基本持平。其中，对印度出口 5 053.6 亿元，同比增长 9.5%，占当年我国外贸出口总值的 3.1%；自印度进口 1 242.1 亿元，同比增长 12.2%，占当年我国外贸进口总值的 0.9%；贸易顺差 3 811.5 亿元，同比扩大 8.6%。2018 年，印度居我国第 11 大贸易伙伴、第 7 大出口市场的地位。

据全球贸易信息系统（GTA）印方统计，2018 年，印度对我国贸易进出口 902.3 亿美元，同比增长 6.5%，占当年印度外贸进出口总值的 10.8%，比上年回落 0.6 个百分点。其中，印度对我国出口 164.8 亿美元，同比增长 29.8%，占当年印度外贸出口总值的 5.1%，比上年提升 0.8 个百分点；自我国进口 737.5 亿美元，同比增长 2.3%，占当年印度外贸进口总值的 14.3%，比上年回落 1.7 个百分点。我国是印度第 3 大贸易伙伴国（次于欧盟、东盟）、最大进口来源地和第 5 大出口市场。

一、2018 年我国对印度进出口的主要特点

(一) 出口呈震荡增长态势，进口保持平稳

出口方面，除 3、4 月外，2018 年我国对印度月度出口同比均呈增长态势，9 月创下 471 亿元历史新高后有所回落。进口方面，除 2 月受春节因素影响下降以外，其余 11 个月同比增长，12 月进口达 119.2 亿元，同比增长 8.9%，为自 2014 年 2 月以来月度进口最高（见图 1）。

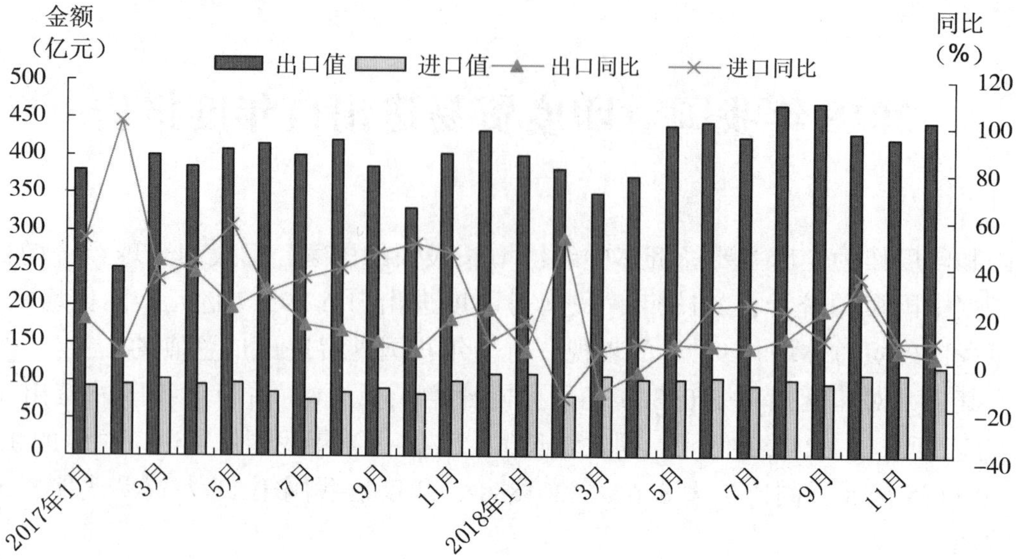

图 1　2017 年 1 月～2018 年 12 月我国对印度进出口月度走势统计图

（二）以一般贸易方式进出口占逾 7 成，加工贸易方式进出口微幅增长

2018 年，我国以一般贸易方式对印度进出口 4 659.3 亿元，同比增长 14.9%，占当年我国对印度进出口总值的 74%；其中，出口 3 818.6 亿元，同比增长 15.4%；进口 840.7 亿元，增长 12.5%。同期，以加工贸易方式进出口 956.9 亿元，同比增长 0.8%，占当年我国对印度进出口总值的 15.2%（见表 1）。

表 1　2018 年我国对印度进出口主要贸易方式统计表

贸易方式	金额（亿元）			同比（%）		
	进出口	出口	进口	进出口	出口	进口
总计	6 295.7	5 053.6	1 242.1	10.1	9.5	12.2
其中：一般贸易	4 659.3	3 818.6	840.7	14.9	15.4	12.5
加工贸易	956.9	730.5	226.4	0.8	-1.7	9.6

（三）民营企业进出口占比过半，外商投资企业和国有企业进出口均实现增长

2018 年，我国民营企业对印度进出口 3 575.9 亿元，同比增长 13.6%，占当年我国对印度进出口总值的 56.8%，所占比重较 2017 年提升 1.8 个百分点。同期，外商投资企业对印度进出口 1 832.2 亿元，同比增长 3.1%，占当年我国对印度进出口总值的 29.1%；国有企业对印度进出口 884.2 亿元，同比增长 11.2%，占当年我国对印度进出口总值的 14%（见表 2）。

表 2　2018 年我国对印度进出口主要企业性质统计表

企业性质	金额（亿元）			同比（%）		
	进出口	出口	进口	进出口	出口	进口
总计	6 295.7	5 053.6	1 242.1	10.1	9.5	12.2
其中：民营企业	3 575.9	3 108.0	467.9	13.6	12.9	17.9
外商投资企业	1 832.2	1 412.6	419.6	3.1	2.8	4.2
国有企业	884.2	531.0	353.2	11.2	8.9	14.9

（四）前 10 大省市对印度进出口均实现增长，其中广东、江苏和浙江稳居前三

2018 年，我国对印度进出口前 10 大省市均保持增长。其中，广东、江苏和浙江依然保持前 3 大省份地位，进出口分别为 1 539.7 亿元、975.7 亿元和 959 亿元，同比增长 7.8%、6.5%和 14.9%。上述 3 省合计占我国对印度进出口的比重由 2017 年的 55.6%略微下降至 55.2%。此外，福建对印度进出口增长较快（见表 3）。

表 3　2018 年我国对印度进出口主要省市情况统计表

省市	金额（亿元）			同比（%）		
	进出口	出口	进口	进出口	出口	进口
总计	6 295.7	5 053.6	1 242.1	10.1	9.5	12.2
其中：广东	1 539.7	1 368.6	171.1	7.8	7.7	8.6
江苏	975.7	846.8	128.9	6.5	4.3	23.9
浙江	959.0	833.9	125.1	14.9	13.2	27.2
上海	614.6	348.4	266.2	4.1	3.5	4.9
山东	354.5	271.0	83.5	15.7	13.8	22.1
福建	267.6	155.8	111.8	26.3	24.7	28.6
北京	235.8	91.8	144.0	2.8	6.9	0.3
天津	140.1	104.1	36.0	7.4	9.0	3.0
湖北	136.2	123.5	12.7	4.0	2.8	17.9
安徽	130.4	105.4	25.0	6.8	1.6	36.7

（五）机电产品出口占近 6 成，劳动密集型产品出口小幅增长

2018 年，我国对印度出口机电产品 2 962.5 亿元，同比增长 6.5%，占当年我国对印度出口总值的 58.6%。其中，出口电脑及其部件 264.8 亿元，增长 9%；出口二极管及类似半导体器件 161.5 亿元，同比下降 33.9%；出口太阳能电池 143.9 亿元，同比下降 37%；出口手机 124.2 亿元，同比下降 9.1%；出口集成电路 121.4 亿元，同比增长 3.7 倍；出口家电 101.8 亿元，同比增长 19%。同期，出口劳动密集型产品 532.4 亿元，同比增长 3.4%，

占当年我国对印度进出口总值的 10.5%。其中，出口纺织纱线、织物及制品 223.3 亿元，同比增长 3%。此外，出口钢材 148.2 亿元，同比增长 5.5%（见表 4）。

表 4　2018 年我国对印度出口主要商品统计表

商品名称	数量			价值		
	单位	数量	同比（%）	金额（亿元）	同比（%）	占比（%）
电脑及其部件	—	—	—	264.8	9.0	5.2
纺织纱线、织物及制品	—	—	—	223.3	3.0	4.4
二极管及类似半导体器件	亿个	282.3	11.2	161.5	-33.9	3.2
钢材	—	—	—	148.2	5.5	2.9
太阳能电池	亿个	3.6	15.4	143.9	-37.0	2.9
手机	万台	5 556.4	45.9	124.2	-9.1	2.5
集成电路	亿个	21.9	34.2	121.4	368.3	2.4
医药品	—	—	—	105.8	9.5	2.1
肥料	万吨	402.2	23.2	103.8	50.9	2.1
家电	—	—	—	101.8	19.0	2.0

（六）进口以工业原料和能源资源类产品为主，农产品进口大幅增长

2018 年，我国自印度进口钻石 188.3 亿元，同比增长 7.7%，占当年我国自印度进口总值的 15.2%。同期，进口未锻轧铜 100 亿元，同比下降 31.5%；进口棉纱线 83.7 亿元，进口同比增长 15.5%；进口成品油 66.2 亿元，同比增长 2.6 倍；进口初级形状的塑料 63.7 亿元，进口同比增长 1.6 倍。此外，进口农产品 94.9 亿元，同比增长 40%，其中，水海产品进口同比增长 2.3 倍；棉花进口同比增长 60%（见表 5）。

表 5　2018 年我国自印度进口主要商品统计表

商品名称	数量			价值		
	单位	数量	同比（%）	金额（亿元）	同比（%）	占比（%）
钻石	万克拉	424.3	8.3	188.3	7.7	15.2
未锻轧铜（包括铜合金）	万吨	22.4	-35.3	100.0	-31.3	8.1
农产品	—	—	—	94.9	40.0	7.6
棉纱线	万吨	44.4	13.7	83.7	15.5	6.7
二甲苯	万吨	117.0	36.8	81.7	70.3	6.6
铁矿砂及其精矿	万吨	1 475.4	-41.1	79.7	-33.2	6.4
成品油	万吨	156.2	193.3	66.2	260.3	5.3
初级形状的塑料	万吨	78.5	168.8	63.7	155.2	5.1
变压、整流、电感器及零件	—	—	—	15.9	33.2	1.3
服装及衣着附件	—	—	—	13.2	7.7	1.1

二、促进中印贸易发展的有利因素

（一）中印关系持续改善，全方位合作愿望凸显，有利于营造良好经贸合作环境

2017 年“洞朗对峙”一度使中印关系跌至低谷，进入 2018 年，中印关系持续改善，高层频繁互动，年内习近平总书记与莫迪总理进行了 4 次会晤，反映出双方在加强沟通、扩大共识方面所作出的努力和取得的成果[①]。2018 年底中印两国还举行了高级别人文交流机制首次会议。第六届中印贸易博览会在印度孟买举行，近千家中国企业和上万名印度采购商参会。此外，王毅部长与印方特别代表、国家安全顾问多瓦尔就边界问题深入交换了意见，取得重要共识。中印多层次交流顺利开展，有助于双方外贸领域的合作交流。

（二）印度推行经济刺激政策，大量吸引外资，增强经济活力，助推中印双边贸易发展

莫迪政府执政以来，一改以往对外国直接投资（FDI）的限制，宣布撤销或放松涉及国防、零售业、传媒、民航交通等多个领域的 FDI 限制，实施一系列措施吸引海外资本，重振印度经济。在过去 4 个财政年度，印度吸引的 FDI 金额达到 2 410 亿美元，占过去 40 年里印度吸引 FDI 金额的 40%[②]。在全球经济发展普遍缓慢的背景下，印度经济保持高速发展，2018 年 GDP 增速达 7. 3%。2019 年，印度继续推行刺激经济政策，通过扩张性预算，其中包括大选前 130 亿美元的消费者刺激计划[③]；同时在 2019 年 1 月，时隔 17 个月后首次下调利率[④]。印度国内经济趋好、居民消费意愿强烈进一步推动我对印度出口的增长。

（三）“印度制造”计划鼓励本土化生产，刺激我国企业到印度投资建厂，推动我相关产品对印度出口

自 2014 年 9 月莫迪政府提出“印度制造”计划以来[⑤]，印度通过放宽外商进入门槛、加大基础设施投资投入、出台保护性关税政策和修订消费税等一系列措施，推动印度工厂扩建，拉动工业消费及生产。中国企业抓住契机，加快布局印度市场，在印度创办工厂以实现本土制造。印度创投媒体公司 Your Story 数据显示，2018 年，中国风投公司对 21 家印度初创企业注资，而 2017 年只投资了 12 家[⑥]。印度制造业的迅速发展，对我国机械设备及零部件的集成电路、机械设备、钢材、铝材等产品需求增加。2018 年，我国对印度出口集成电路、机械设备、钢材、铝材同比分别增长 3. 7 倍、10. 7%、5. 5%、52. 7%。

（四）印度人口众多且消费能力不断提升，促进我国相关产品出口稳步增长

随着印度经济水平的高速发展，民众消费能力不断提高，对日用消费、文化娱乐、医药品等的需求稳定增长。2018 年，我国对印度出口便携式电脑、医药品、玩具、广播电视

---

① 《据 IMF 预测：2018 年全球 GDP 前十个国家中，中国、日本和印度上榜》，百家号，2018 年 11 月 14 日。
② 《就像“十多年前的中国”：投资印度时机到了，中国企业卡位经济爆发点》，第一财经，2019 年 4 月 1 日。
③ 《印度央行意外降息！刺激经济政策再加码》，华尔街见闻，2019 年 2 月 7 日。
④ 《为大选再拉一把经济，印度央行打响新年降息第一枪》，第一财经，2019 年 2 月 8 日。
⑤ 《让中印合作红利加速释放》，中国经济导报，2016 年 10 月 8 日。
⑥ 《走，去印度投资！》，搜狐科技，2018 年 12 月 1 日。

节目制作设备分别为 166.8 亿元、105.8 亿元、52.4 亿元、47.5 亿元，同比增长 9%、9.5%、72.9%、1.1 倍。与此同时，印度也是我国家电企业战略布局的重点市场。据预测，2019 年印度家电市场规模约为 7 000 亿卢比（合 658.5 亿元）①。2018 年我国对印度出口家电 101.8 亿元，同比增长 19%。此外，印度汽车行业发展迅猛，据市场研究咨询机构 Lmc Automotive 数据，2018 年，印度汽车销量达 399 万辆，超过德国跻身全球第四大汽车市场。麦肯锡公司预计，到 2021 年，印度将超过日本跃升至全球第三大汽车市场②。印度政府近年来越发重视环境保护和绿色发展问题，也为我国新能源汽车进军印度市场带来机遇。2018 年我国对印度出口汽车 4.5 万辆，同比增加 23.7%。

（五）我国推行扩大进口政策，内需增长强劲，印度优势产品迅速进入我国市场

我国扩大进口政策逐步落地，关税、增值税、消费税多次下调，首届中国国际进口博览会顺利召开，国内营商环境不断改善，进口需求不断扩大。同时，印度凭借其资源禀赋，以及发达的钻石加工业、石油产品加工业、棉纺织业，相关产品加快进入我国市场。2018 年，我国自印度进口钻石 424.3 万克拉、成品油 156.2 万吨、初级形状的塑料 78.5 万吨、棉纱线 44.4 万吨，同比分别增加 8.3%、1.9 倍、1.7 倍和 13.7%。此外，中美贸易摩擦持续升温亦为印度优势农产品进入我国市场带来机遇。2018 年我国自印度进口农产品同比增长 40%，其中水海产品、棉花、粮食增势较好。

三、当前影响中印贸易发展的主要问题

（一）印度国内社会矛盾激化，边界摩擦冲突时有发生，影响贸易营商环境的稳定性

印度是全球经济增长最快的经济体之一，但贫富差距过大、就业率低迷、种族问题等社会矛盾不断积累，影响社会稳定。2018 年 4 月 3 日，印度至少有 10 个邦爆发了暴力抗议活动，致使多地交通瘫痪，商店停业③。2019 年 1 月 8 日，印度全国总工会发起为期 2 天包括银行业、农业、通讯业等 10 个全国性行业在内的全国大罢工，上街游行示威的民众多达 2 亿人，相当于印度全国总人口的 16%④。此外，印度与巴基斯坦冲突时有发生。这些冲突事件，对印度外贸产生不利影响。

（二）印度对我国的“一带一路”倡议和“中巴经济走廊”建设存有疑虑

一方面，印度近年来经济快速增长，对参与“一带一路”倡议没有迫切需求；另一方面，印度担心“一带一路”倡议实施对印度形成威胁；此外，印度也对巴基斯坦从“一带一路”倡议下的“中巴经济走廊”建设项目中获利感到不满。在 2018 年 7 月 8 日召开的印度驻邻国大使会议上，印度外长斯瓦拉吉表示，印度要“三管齐下”抗衡中国“一带一路”倡议的影响力：一是继续紧盯中国的一举一动，二是继续确立印度自己的合作项目和

---

① 《印度成中国家电巨头投资热土，美的投 12.7 亿印度建科技园》，第一财经，2018 年 11 月 4 日。
② 《奇瑞与塔塔汽车再传“绯闻”，欲进军印度市场?》，国际金融报，2019 年 5 月 9 日。
③ 《印度多邦爆发大规模暴力骚乱 至少 8 人死亡》，海外网，2018 年 4 月 3 日。
④ 《印度爆发史上最大规模罢工！2 亿人游行抗议，社会矛盾激化》，华尔街见闻，2019 年 1 月 15 日。

援助承诺，三是提醒邻国，与中国接触可能面临严重后果[①]。这些误解影响我国同印度开展深度贸易合作。

（三）印度贸易保护主义升温，频设贸易壁垒，削弱我国产品在印度市场的竞争力

一方面，印度频繁使用加征关税手段。自 2017 年 10 月以来，印度 6 次调整纺织服装产品关税[②]。2018 年，我国纺织服装对印度出口值增速比 2017 年下降了 8.4 个百分点；2018 年 4 月份，印度开始对智能手机核心零部件征收 10%的关税[③]，将部分手机配件税率从 10%提升至 15%[④]；2018 年后三季度，我国手机零件（天线除外）对印度出口值下降 28.5%；2018 年 7 月 30 日，印度正式决定对原产于中国的太阳能电池（无论是否封装为组件）征收 25%的保障性关税[⑤]；2018 年 8~12 月，我国太阳能电池对印度出口值下降 45%；2018 年 9 月底，印度宣布上调包括空调、冰箱、洗衣机等 19 类产品进口关税[⑥]；2018 年第四季度，我国空调和冰箱对印度出口值分别由前三季度的增长 56.9%和 15.5%转为下降 45.5%和 12.3%，洗衣机对印度出口增速由前三季度的 54.8%收窄至 7.3%。另一方面，印度也频繁使用反倾销和反补贴等贸易救济措施。据商务部统计，2018 年，全球发起的 106 起涉华贸易救济案件中，印度为 16 起，仅次于美国的 26 起[⑦]。贸易摩擦频发，对中印贸易的稳定性造成一定冲击，削弱我国产品在印度市场的开拓力度，也不利于双方经贸合作的进一步深化。

四、中印双边贸易展望

中国与印度是世界上经济发展最快、经济体量最大、人口最多的两个发展中国家和新兴经济体。两国都具有广阔的国内市场，在不同领域各具优势。中国在“硬”方面优势突出，基础设施建设、工业设备生产等方面经验丰富，可以为“印度制造”计划提供重要支持。印度在“软”方面更有经验，可以为中国“智造”和“质造”提供信息技术、软件设计等方面的帮助。中印双方在区域合作方面也有很大的合作空间，近期我国积极推进与印度等国的《区域全面经济伙伴关于协定》（RCEP）磋商[⑧]。该协定内容包含税率削减、知识产权保护、电子商务的规则等约 20 个领域，参与的国家覆盖逾 35 亿人口，GDP 之和占全球三分之一以上，外贸总额占全球也近三分之一[⑨]。在区域经济一体化受到冲击、发达经济体贸易保护抬头的国际环境下，RCEP 若能顺利达成并生效，将发挥“稳定器”作用，

---

① 《印度对“一带一路”倡议的看法及中国之应对》，搜狐网，2018 年 9 月 5 日。

② 《印度拟继续扩大纺织服装进口关税调整范围》，中国化纤网，2018 年 8 月 16 日。

③ 《印度征收手机零部件 10%关税 刺激本土就业》，和讯网，2018 年 4 月 3 日。

④ 《印度将大幅提高进口关税，波及 LED 等多行业》，中国科技网，2018 年 3 月 21 日。

⑤ 《印度征收 25%光伏关税 全球光伏市场正在“去中心化”》，中国能源报，2018 年 8 月 8 日。

⑥ 《外贸人注意：“全球税改潮”来袭》，雨果网，2018 年 9 月 30 日。

⑦ 案件统计，中国贸易救济信息网。

⑧ 由东盟 10 国发起的，加上中、日、韩、印、澳、新，共 16 国构成的《区域全面经济伙伴关于协定》（RCEP）仍在筹划之中，中国希望在 2019 年底前完成该协议的签署工作，目前中国正积极推进与印度举行会谈。

⑨ 《积极帮助印度商品出口，中国拉其入伙经济联盟！印度却以怨报德?》，今日头条，2018 年 11 月 27 日。

并为自由贸易注入活力。当今世界正处于贸易摩擦多发、贸易秩序重建过程中，中印双方受地缘政治、历史遗留问题及贸易不平衡等问题的影响，经贸发展难以一帆风顺，双方应本着求同存异、合作共赢的原则，深入对接发展战略，优势互补，全面提升合作水平，进一步提升全球影响力与号召力，共同为维护世界贸易秩序作出更大贡献。

2018 年我国对加拿大贸易进出口年度报告

据中国海关统计，2018 年，中国对加拿大进出口 4 194.4 亿元，同比增长 19.5%，占当年我国进出口总值的 1.4%，比 2017 年增加 0.1 个百分点。其中对加拿大出口 2 323.4 亿元，同比增长 9.3%；自加拿大进口 1 871 亿元，同比增长 35.1%，实现贸易顺差 452.4 亿元，同比缩小 38.9%。2018 年加拿大为我国第十大贸易伙伴，比上年上升一位，其中出口与上年持平为第十位，进口上升三位为第十一大进口来源地。

据全球贸易信息系统（GTA）加方统计，2018 年，加拿大对我国进出口 795.3 亿美元，同比增长 9%，占当年加拿大对外贸易总值的 8.7%，较 2017 年提升 0.2 个百分点，我国也继续保持加拿大第二大贸易伙伴地位，仅次于美国。其中加拿大自我国进口 582.5 亿美元，同比增长 6.4%，占当年加拿大进口总值的 12.7%，同比微增 0.01 个百分点；对我国出口 212.8 亿美元，同比增长 16.9%，占当年加拿大出口总值的 4.7%，较 2017 年提升 0.4 个百分点。中国已成为加拿大第二大进口来源地和第二大出口市场。

一、2018 年我国对加拿大进出口的主要特点

（一）全年月度进出口值整体上扬，9 月份进出口总值创历史新高

2018 年，我国对加拿大进出口除 2、3 月份受春节因素影响较低外，其余各月进出口值都在 300 亿元以上，增速除 3 月份下降外，其余各月进出口总值均保持正增长。其中，9 月份我国对加拿大进出口 423.8 亿元，同比增长 40.5%，环比增长 6.4%；其中对加出口 234.8 亿元，同比增长 19.6%，环比增长 7.2%；自加拿大进口 189 亿元，同比增长 79.7%，环比增长 5.3%；月度进出口值、出口值和进口值均创历史新高（见图 1）。

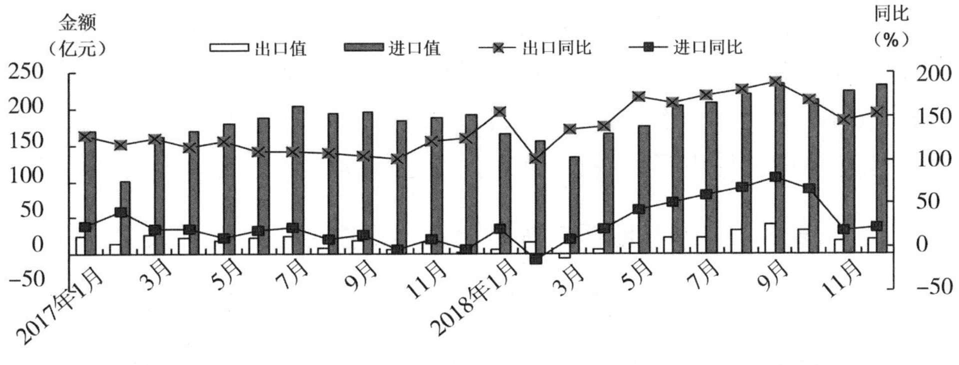

图 1　2017 年 1 月~2018 年 12 月我国对加拿大进出口月度统计图

（二）以一般贸易方式进出口占近 7 成，以加工贸易方式进出口增幅小于总体

2018 年，我国以一般贸易方式对加拿大进出口 3 030.9 亿元，同比增长 24.3%，占当年我国对加拿大进出口总值的 72.3%。其中，出口 1 463.9 亿元，同比增长 12.1%；进口

1 567亿元，同比增长 38.3%。同期，以加工贸易方式进出口 802.8 亿元，同比增长 3.1%，占当年我国对加拿大进出口总值的 19.1%。其中出口 679.3 亿元，同比增长 2.4%；进口 123.5 亿元，同比增长 7%（见表 1）。

表 1　2018 年我国对加拿大进出口主要贸易方式统计表

贸易方式	金额（亿元）			同比（%）		
	进出口	出口	进口	进出口	出口	进口
一般贸易	3 030.9	1 463.9	1 567.0	24.3	12.1	38.3
加工贸易	802.8	679.3	123.5	3.1	2.4	7.0

（三）民营企业进出口占 4 成以上，国有企业进出口大幅增长

2018 年，民营企业对加拿大进出口 1 825.9 亿元，同比增长 17.8%，占当年我国对加拿大进出口总值的 43.5%。同期，外商投资企业进出口 1 388.6 亿元，同比增长 4%，占当年我国对加拿大进出口总值的 33.1%；国有企业进出口 975.4 亿元，同比增长 56.3%，占当年我国对加拿大进出口总值的 23.3%（见表 2）。

表 2　2018 年我国对加拿大进出口主要企业性质统计表

企业性质	金额（亿元）			同比（%）		
	进出口	出口	进口	进出口	出口	进口
民营企业	1 825.9	1 225.2	600.7	17.8	17.2	19.1
外商投资企业	1 388.6	899.0	489.6	4.0	2.8	6.3
国有企业	975.4	198.6	776.8	56.3	-3.6	85.9

（四）广东居首位，北京进出口倍增

2018 年，广东对加拿大进出口 767.1 亿元，同比增长 11.7%；江苏进出口 573 亿元，同比增长 4%；北京进出口 503.9 亿元，同比增长 1.2 倍；浙江进出口 498.1 亿元，同比增长 11.4%；上海进出口 456.1 亿元，同比增长 27.7%；山东进出口 348.5 亿元，同比增长 9.6%。上述 6 地进出口合计占当年我国对加拿大进出口总值的 75%（见表 3）。

表 3　2018 年我国对加拿大进出口主要省市统计表

省市	金额（亿元）			同比（%）		
	进出口	出口	进口	进出口	出口	进口
广东	767.1	583.2	183.9	11.7	10.1	17.1
江苏	573.0	392.5	180.5	4.0	3.3	5.4
北京	503.9	25.7	478.2	121.5	-32.3	152.4
浙江	498.1	358.6	139.5	11.4	7.4	23.3

表3 续

省市	金额（亿元）			同比（%）		
	进出口	出口	进口	进出口	出口	进口
上海	456.1	179.2	277.0	27.7	3.1	51.0
山东	348.5	194.9	153.6	9.6	11.5	7.3
福建	207.0	102.9	104.1	6.4	4.9	7.9
辽宁	94.0	45.6	48.4	-16.4	-5.1	-24.8
河南	91.6	78.1	13.5	38.8	38.9	37.8
安徽	89.3	46.0	43.3	37.1	27.2	49.5

（五）出口商品中机电产品占一半

2018 年，我国对加拿大出口机电产品 1 202.2 亿元，同比增长 10.4%，占当年我国对加拿大出口总值的 51.8%；其中出口电器及电子产品 421.7 亿元，同比增长 14%；出口机械设备 329.3 亿元，增长 9%。同期，出口劳动密集型产品 612.8 亿元，同比增长 6.8%；其中出口服装及衣着附件 224.8 亿元，同比增长 4.6%；出口玩具 33.1 亿元，同比增长 91.8%。此外，出口农产品 78 亿元，同比增长 2.4%（见表4）。

（六）农产品依然为主要进口商品，资源型产品进口除煤和原木以外均 2 位数增长

2018 年，我国自加拿大进口农产品 524.4 亿元，同比增长 16.5%，占当年自加拿大进口总值的 28%；其中进口粮食 147.5 亿元，同比增长 22.7%；水海产品进口 66.9 亿元，同比增长 31.5%。同期，进口资源型产品中，分别进口纸浆、铜矿砂、铁矿砂和原油 222.6 亿元、50.4 亿元、49.7 亿元和 36.8 亿元，同比分别增长 20.9%、35.9%、26.3%和 1.2 倍；煤及褐煤、原木分别进口 35.6 亿元和 31.8 亿元，同比分别下降 40%和 17.8%（见表4）。

表 4　2018 年我国对加拿大进出口主要商品统计表

出口			进口		
商品	金额（亿元）	同比（%）	商品	金额（亿元）	同比（%）
服装及衣着附件	224.8	4.6	纸浆	222.6	20.9
电话机	136.3	21.0	粮食	147.5	22.7
自动数据处理设备及其部件	119.5	17.2	水海产品	66.9	31.5
家具及其零件	112.4	5.8	锯材	63.2	-9.5
汽车零配件	100.3	5.8	食用植物油	61.8	65.5
塑料制品	85.1	17.2	乙二醇	54.3	1.9
纺织纱线、织物及制品	79.0	8.1	铜矿砂及其精矿	50.4	35.9
灯具、照明装置及零件	58.2	15.9	铁矿砂及其精矿	49.7	26.3
鞋类	46.9	-2.5	原油	36.8	116.1
玩具	33.1	14.9	煤及褐煤	35.6	-40.0

二、促进中加贸易发展的有利因素

（一）中加两国政经领域互动频繁，稳定良好的环境提升企业信心

2018 年以来，现任中共中央政治局委员、全国人大常委会副委员长王晨，中央对外联络部部长宋涛、文化和旅游部部长雒树刚等分别访加；加拿大财政部长比尔·莫诺、遗产部长麦勒尼·乔利、农业与农产品部长劳伦斯·麦考利、政府驻众议院领袖兼小企业和旅游部长楚萱歌等分别访华。2018 年 11 月 5 日至 10 日在我国上海举行首届“中国国际进口博览会”，加拿大作为中国重要的贸易合作伙伴参展；同时，主题为促进加中经贸发展，拥抱“一带一路”新机遇的第二届“今日加拿大论坛”也在上海举办。中加两国高层互访达成新共识，稳定良好的环境提升企业信心。

（二）中美贸易摩擦背景下，加拿大扩大优势产品出口

2018 年 3 月份以来，美国不断升级中美贸易摩擦，我国采取反制措施限制部分产品进口并提高关税。利用中美贸易摩擦契机，加拿大凭借农产品和海产品领域的优势，积极扩大对华优势产品出口。加拿大谷物委员会数据显示，中美贸易摩擦期间，加拿大小麦和大豆在我国市场份额也进一步扩大。2018 年 8 至 10 月加拿大大豆出口量翻了一番，达到 100 万吨[①]；由于大豆海上运输存在一定时间差，据我国海关统计，2019 年 1 至 3 月我国自加拿大进口大豆 208.4 万吨，比 2018 年同期增加 2.1 倍；小麦出口量同比增加 97%，高达 39.7 万吨。

三、当前影响中加贸易发展的主要问题

（一）“孟晚舟事件”严重损害中加关系，冲击中加正常经贸往来，中加关系进入敏感时期

中加经贸关系一直发展顺利，双边贸易规模保持良好发展势头，但 2018 年 12 月突发的“孟晚舟事件”，给两国长期友好合作蒙上阴影。2018 年 12 月 1 日，加拿大应美国要求非法逮捕了孟晚舟，2019 年 1 月 29 日美国正式向加拿大提出引渡孟晚舟的请求[②]。“孟晚舟事件”是一起通过不正当手段威胁他国企业、打压竞争对手、干扰市场环境、阻挠科技产业合作的极为恶劣的政治事件[③]。“孟晚舟事件”发生后，中加自由贸易协定谈判已陷入停滞，中加贸易影响或从“加拿大鹅”，扩展到农业、石油、汽车行业。中加关系陡生波折对双方经贸交往与合作造成冲击，也势必对中加自贸进程产生不利影响，前四轮探索性洽谈的成果或将流失，中加关系进入敏感时期。

（二）加方不断挑起贸易争端，恐拖累双边贸易增长

为维护我国消费者安全利益，保护我国农业生产和生态安全，近期我国撤销加拿大部

---

① 《2018 加拿大中国旅游年正式开幕》，中国时报网，2018 年 3 月 23 日。

② 《美国正式提出引渡孟晚舟 中方再次回应》，央视网，2019 年 1 月 30 日。

③ 《外交部：孟晚舟事件是极为恶劣的政治事件》，中新网，2019 年 3 月 12 日。

分企业的注册登记，暂停其油菜籽进口，并多次主动向加联邦政府负责检验检疫的职能部门通报在自加拿大进口的油菜籽中发现检疫性有害生物的情况，并提供了详细资料。但加方称我国还未就限制性举措提供证据，无端指责我国违反良好商业与贸易惯例①。同时，加拿大重提华为 5G 设备，认为华为的 5G 设备存在重大的安全信息隐患②。加方枉顾事实不断挑起争端，恐给双边贸易增长蒙上阴影。

（三）加拿大签订多项贸易协定，或将影响中加自由贸易协定谈判

2018 年 10 月 1 日，加拿大与美国、墨西哥完成了对北美自贸协定的更新谈判，达成美墨加协定，协定对成员国与非市场经济体签订自贸协定作出严格限制，被认为美国将对中加自贸协定拥有否决权③。2018 年 12 月 30 日，加拿大参与签署的《全面与进步跨太平洋伙伴关系协定》生效，该协定被认为是应对中国贸易影响力形成的贸易联盟④。加拿大先后签署的这两项贸易协定使得中加自由贸易协定谈判一度陷入停滞，或将导致该协定谈判中止。

（四）加拿大港口新规恐影响货主货代和海外代理的货物控制权

2018 年 11 月，加拿大港口出台新规定：如果海运出口整箱的提单是出 EBL（Express Bill of Lading 快速放单）或者 SWB（Sea Waybill 海运单），那么一旦集装箱被海关和船公司放行后，即使在没有货主或者加拿大代理的授权下，加拿大码头也将有权将集装箱交给提单上任一货权方。这项看似普通的新规，对于中国出口企业或者货代企业而言暗藏巨大风险。一旦出现这种情况，货柜运抵加拿大港口后，无单放货将是合规合法的，而中国出口企业、货代企业以及加拿大的代理都将失去对货物的控制权。据了解，一些加拿大代理商已被告知，托运给他们的整箱货物现在应该尽量出船公司正本提单，并将提单原件发送给目的港代理，以便代理在加拿大提交给船公司，以获得集装箱在目的港的控货和放行权⑤。

四、中加贸易展望

中加两国自 1970 年 10 月建交并于 1973 年签订政府间贸易协定以来，双边经贸合作保持良好发展势头。中加两国资源禀赋和经济结构的高互补性为两国扩大贸易往来奠定了良好的基础。中加务实合作有互补的优势、互利的基础、共赢的前景。加拿大拥有丰富的自然资源，农产品、木浆、矿产品等可长期供应我国市场；而我国轻工、纺织品等产品的全产业链供应能力在全球处于领先地位，机电产品也在源源不断的向加方市场输出。中资企业可以充分挖掘创新合作潜力，拓展清洁技术、航空航天、民用核能、农业科技等新兴合作领域。

---

① 《中国取消两公司油菜籽进口许可 加政府：提供科学证据》，中国经济网，2019 年 3 月 30 日。

② 《吃相太难看！油菜籽遭拒绝后，加拿大再次“威胁”华为 5G 的事情?》，凤凰网，2019 年 3 月 29 日。

③ 《美国的“毒丸”条款不会破坏中国与加拿大的贸易谈判》，和讯网，2018 年 11 月 13 日。

④ 《日媒：“无美国版 TPP”今日生效 人口超 5 亿经济圈诞生》，参考消息，2018 年 12 月 30 日。

⑤ 《外贸关注丨加拿大新规，或让货主货代和海外代理都失去货物控制权》，搜航网，2018 年 11 月 16 日。

2018 年我国对“一带一路”沿线国家贸易进出口年度报告

“丝绸之路经济带”和“21 世纪海上丝绸之路”沿线国家（以下简称“‘一带一路’沿线国家”）是我国拓展经贸合作、实现外贸高质量发展的重要合作伙伴。据中国海关统计，2018 年，我国对“一带一路”沿线国家进出口 8.37 万亿元，创“一带一路”倡议提出以来的年度新高，同比增长 13.3%，高出全国整体增速 3.6 个百分点，占当年我国外贸进出口总值的 27.4%。其中，对“一带一路”沿线国家出口 4.65 万亿元，同比增长 7.9%，占当年我国外贸出口总值的 28.3%；自“一带一路”沿线国家进口 3.72 万亿元，同比增长 20.9%，占当年我国外贸进口总值的 26.4%；贸易顺差 9 299.2 亿元，同比收窄 24.5%。

一、2018 年我国对“一带一路”沿线国家进出口的主要特点

（一）8 月份以来各月进出口规模保持高位水平

2018 年以来，我国对“一带一路”沿线国家月度进出口规模总体保持平稳。其中，8 月份以来，各月进出口规模均保持在 7 000 亿元以上水平，11 月份进出口 7 767.3 亿元，创“一带一路”倡议提出以来的单月新高，12 月份回落至 7 613.7 亿元，同比增长 6%，环比下降 2%（见图 1）。

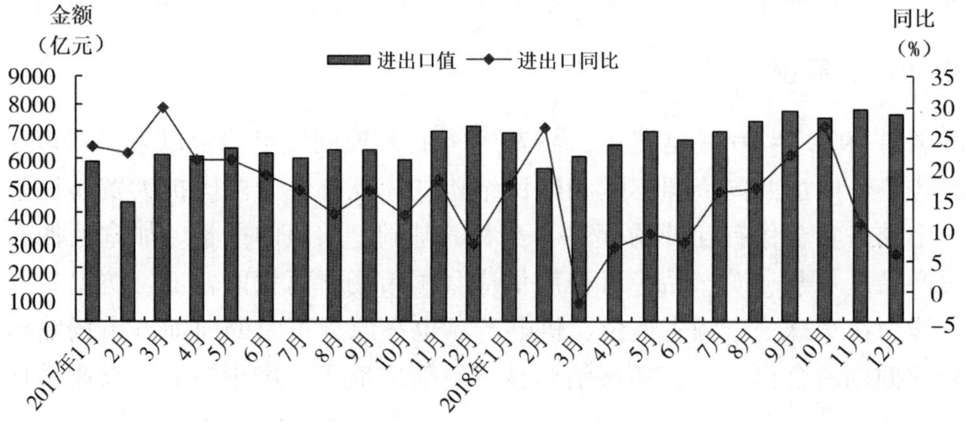

图 1　2017 年 1 月~2018 年 12 月我国对“一带一路”沿线国家进出口月度统计图

（二）占主导的一般贸易方式进出口快速增长

2018 年，我国以一般贸易方式对“一带一路”沿线国家进出口 5.41 万亿元，同比增长 19%，占同期我国对“一带一路”沿线国家进出口总值的 64.7%。同期，以加工贸易方式进出口 1.54 万亿元，同比增长 5.5%，占同期我国对“一带一路”沿线国家进出口总值的 18.4%。此外，以边境小额贸易方式进出口 2 647.5 亿元，同比增长 2.2%（见表 1）。

表 1　2018 年我国对“一带一路”沿线国家进出口贸易方式统计表

贸易方式	金额（亿元）			同比（%）		
	进出口	出口	进口	进出口	出口	进口
一般贸易	54 139.4	30 580.4	23 559.1	19.0	13.1	27.6
加工贸易	15 354.4	8 844.8	6 509.6	5.5	1.4	11.5
边境小额贸易	2 647.5	2 043.7	603.8	2.2	1.9	3.0

（三）民营企业进出口保持增长，国有企业进出口增幅高于整体

2018 年，我国民营企业对“一带一路”沿线国家进出口 3.78 万亿元，同比增长 12.1%，占同期我国对“一带一路”沿线国家进出口总值的 45.2%。同期，外商投资企业进出口 2.48 万亿元，同比增长 8.3%，占同期我国对“一带一路”沿线国家进出口总值的 29.7%；国有企业进出口 2.01 万亿元，同比增长 23.8%，增速高于整体 10.5 个百分点（见表 2）。

表 2　2018 年我国对“一带一路”沿线国家进出口企业性质统计表

企业性质	金额（亿元）			同比（%）		
	进出口	出口	进口	进出口	出口	进口
民营企业	37 846.2	27 301.1	10 545.1	12.1	8.3	23.1
外商投资企业	24 819.9	13 001.3	11 818.6	8.3	6.4	10.5
国有企业	20 128.2	6 070.5	14 057.7	23.8	8.9	31.5

（四）广东规模领先，北京进出口比重上升

2018 年，我国对“一带一路”沿线国家进出口规模前 10 大省市均实现增长。其中，广东名列第一，占同期我国对“一带一路”沿线国家进出口总值的 19.3%，比重较上年下降 1.1 个百分点；北京位居第二，占同期我国对“一带一路”沿线国家进出口总值的 13.7%，比重较上年上升 2.1 个百分点；江苏、浙江、上海等长三角地区省市进出口保持增长但比重均小幅下降；广西增幅最小，同比仅增长 4.6%（见表 3）。

表 3　2018 年我国前 10 大省市对“一带一路”沿线国家进出口统计表

省市	金额（亿元）			同比（%）		
	进出口	出口	进口	进出口	出口	进口
广东	16 138.4	9 796.1	6 342.3	7.3	1.5	17.9
北京	11 422.3	2 245.2	9 177.1	33.9	31.1	34.6
江苏	9 737.5	6 459.6	3 277.9	11.4	9.0	16.7
浙江	8 966.6	6 821.7	2 144.9	12.3	8.3	27.0

表3 续

省市	金额（亿元）			同比（%）		
	进出口	出口	进口	进出口	出口	进口
上海	6 993.2	3 144.9	3 848.3	6.0	6.7	5.4
山东	5 196.0	2 822.5	2 373.5	7.3	5.7	9.3
福建	3 914.7	2 347.9	1 566.8	9.8	6.3	15.6
广西	2 244.4	1 363.5	880.9	4.6	14.4	-7.6
辽宁	2 006.7	716.7	1 290.0	14.9	-5.5	30.6
天津	1 790.9	1 153.4	637.5	12.9	12.7	13.4

（五）对东南亚进出口占半壁江山，对部分中东国家进出口增势明显

2018年，我国对东南亚11国进出口3.88万亿元，同比增长11.2%，占同期我国对“一带一路”沿线国家进出口总值的46.4%。同期，对俄罗斯进出口7 075.5亿元，同比增长24%；对印度进出口6 295.7亿元，同比增长10.1%。此外，对部分中东国家进出口增势明显。其中，对沙特阿拉伯、伊拉克分别进出口4 187.6亿元、2 011.9亿元，同比增长23.2%、34%。

（六）手机、集成电路出口增长较快，纺织品出口小幅增长

2018年，我国对“一带一路”沿线国家出口机电产品2.41万亿元，同比增长8.9%，占同期我国对“一带一路”沿线国家出口总值的51.9%，其中手机、集成电路出口增速较快。同期，出口劳动密集型产品9 203.9亿元，同比增长0.9%，占同期我国对“一带一路”沿线国家进出口总值的19.8%，其中纺织品规模最大且呈小幅增长（见表4）。

表4　2018年我国对“一带一路”沿线国家出口主要商品统计表

商品	金额（亿元）	同比（%）	占比（%）
商品大类：			
机电产品	24 111.1	8.9	51.9
劳动密集型产品	9 203.9	0.9	19.8
农产品	1 625.2	2.9	3.5
具体商品：			
纺织纱线、织物及制品	3 868.9	5.7	8.3
服装及衣着附件	2 414.3	-2.9	5.2
钢材	2 125.4	14.0	4.6
手机	1 710.7	27.0	3.7
集成电路	1 234.6	38.1	2.7
成品油	1 135.7	29.5	2.4
电脑	902.0	9.8	1.9

表4 续

商品	金额（亿元）	同比（%）	占比（%）
鞋类	895. 1	-7. 6	1. 9
汽车零配件	894. 4	3. 8	1. 9
塑料制品	608. 1	3. 6	1. 3

（七）能源资源产品为主要进口品种且增长较快，机电产品进口快速增长

2018 年，我国自“一带一路”沿线国家进口以能源资源类产品为主。其中，进口原油 1 万亿元，同比增长 44. 8%；进口初级形状的塑料 1 555. 4 亿元，同比增长 26. 9%；进口天然气 1 500. 7 亿元，同比增长 47. 9%。同期，进口机电产品 1. 05 万亿元，同比增长 15. 2%，占同期我国自“一带一路”沿线国家进口总值的 28. 1%；其中进口集成电路 3 447. 7 亿元，同比增长 5%。此外，进口农产品 1 779. 2 亿元，同比增长 16. 5%（见表 5）。

表 5　2018 年我国自“一带一路”沿线国家进口主要商品统计表

商品品种	金额（亿元）	同比（%）	占比（%）
商品大类：			
机电产品	10 452. 2	15. 2	28. 1
农产品	1 779. 2	16. 5	4. 8
具体商品：			
原油	10 041. 7	44. 8	27. 0
集成电路	3 447. 7	5. 0	9. 3
初级形状的塑料	1 555. 4	26. 9	4. 2
天然气	1 500. 7	47. 9	4. 0
煤及褐煤	857. 7	14. 8	2. 3
电脑等设备的存储部件	840. 0	16. 2	2. 3
成品油	666. 2	35. 1	1. 8
未锻轧铜及铜材	598. 0	26. 7	1. 6
纺织纱线、织物及制品	477. 4	6. 7	1. 3
铜矿砂及其精矿	413. 8	16. 2	1. 1

二、促进中国与“一带一路”沿线国家贸易发展的有利因素

（一）我国与“一带一路”沿线国家政策沟通、投资合作不断加强，带动货物贸易增长

2018 年，我国与“一带一路”沿线国家投资合作不断加强。截至 2018 年底，我国已累计同 122 个国家、29 个国际组织签署了 170 份政府间合作文件①，遍布亚洲、非洲、大

① 《2018“一带一路”大事记：共建“一带一路”发生了这些重大变化》，中国一带一路网，2019 年 1 月 9 日。

洋洲、拉丁美洲。商务部数据显示，2018 年我国企业对“一带一路”沿线 56 个国家实现非金融类直接投资 156.4 亿美元，同比增长 8.9%，占同期总额的 13%；在沿线 63 个国家的对外承包工程完成营业额 893.3 亿美元，占同期总额的 52%①。同时，“一带一路”沿线国家对华实际投资同比增长 13.2%②。我国与“一带一路”沿线国家政策沟通、投资合作持续活跃，有力提振了双边货物贸易。

（二）我国经济形势向好、大宗商品需求增加，拉动自“一带一路”沿线国家进口增长

2018 年我国经济形势向好，制造业 PMI 均值为 50.9%③，原油、天然气等大宗商品进口需求增强。同期，国际原油价格整体上涨，布伦特、WTI 原油期货年均价分别上涨 31%、27.6%④，国际大宗商品价格上涨也拉动了我国自“一带一路”沿线国家进口规模的扩大。海关数据显示，2018 年，我国自“一带一路”沿线国家原油、天然气进口量同比分别增加 11.5%、25.9%，进口平均价格同比分别上涨 29.8%、17.5%，拉动我国自“一带一路”沿线国家进口增长 11.7 个百分点。

（三）民营企业开拓“一带一路”沿线市场力度加大

商务部数据显示，我国在 2018 年全行业的 1 298 亿美元的对外投资中，非公有经济控股主体对外投资 554.2 亿美元，占同期总额的 42.7%，民营经济的地位稳步上升，不久有望取代国有经济成为“一带一路”的投资主体⑤。海关数据显示，2018 年，我国民营企业对“一带一路”沿线国家进出口同比增长 12.1%，占同期我国对“一带一路”沿线国家进出口总值的 45.2%，比重较“一带一路”倡议提出当年（2013 年）提升 4.9 个百分点，拉动 2018 年我国自“一带一路”国家进出口增长 5.5 个百分点。随着我国加大支持民营企业发展的各项措施陆续落地，民营企业将为我国开拓“一带一路”市场增添更多动力。

三、当前影响我国与“一带一路”沿线国家贸易发展的主要问题

（一）东盟等“一带一路”沿线国家对全球制造业吸引力进一步增强，分流我国对其出口

近年来，凭借廉价劳动力等优势，越南等沿线东盟国家吸引国际制造业转移的能力持续增强，涉及领域从成衣、鞋类到液晶面板、手机、芯片等高附加值产品。2018 年，越南的 4 家三星工厂销量均增长，销售额占三星销售额的 30%，为越南创造了 600 亿美元的出口额，成为三星最大的海外生产基地⑥。海关数据显示，2018 年，我国对沿线国家出口手机用零件（天线除外，商品编码 8517.7030）占同期全国手机用零件出口总值的 39%，比

---

① 《张文春：“一带一路”倡议 5 年取得实质性进展》，中国一带一路网，2019 年 2 月 11 日。

② 《2018 年 1-12 月“一带一路”沿线国家对华投资增长 13.2%》，商务部，2019 年 1 月 16 日。

③ 《解读 2018 年 12 月中国采购经理指数》，统计局官网，2018 年 12 月 31 日。

④ 《国际石油市场 2018 年回顾及 2019 年展望》，中国石油新闻中心，2019 年 1 月 8 日。

⑤ 《张文春：“一带一路”倡议 5 年取得实质性进展》，中国一带一路网，2019 年 2 月 11 日。

⑥ 《三星海外最大生产基地竟然不是中国，为什么东南亚的这个国家对三星如此重要?》，与非网，2019 年 3 月 14 日。

重较 2017 年下降 1.7 个百分点，拖累我国对沿线国家出口下降 0.2 个百分点。沿线国家制造业竞争力提升，一定程度上分流了我国对其出口。

（二）CPTPP 陆续在“一带一路”沿线的东南亚国家正式生效，一定程度上将增加我国相关行业产品出口压力

2019 年 1 月 14 日，《全面与进步跨太平洋伙伴关系协定》（CPTPP）在越南正式生效①，印度尼西亚、泰国等“一带一路”沿线东南亚国家也表达了加入该协定的意愿②。CPTPP 将逐步取消 98%的农业和工业产品关税，放宽投资法规并加强知识产权保护，给越南等加入协定的沿线国家带来空前的市场，提升东南亚国家制造业竞争力，对我国纺织、鞋等行业带来挑战③。据越南计划投资部国家社会经济信息与预测中心预测，该协定生效后越南劳力密集轻工业出口将增长 8.7%~9.6%④，一定程度将加大我国相关产品出口压力。

（三）贸易壁垒日趋隐蔽复杂，拓展“一带一路”市场难度增大

近年来，“一带一路”沿线部分新兴市场不断加强技术性贸易措施，以保护其国内产业发展，对我国拓展沿线市场的影响不容忽视。2018 年，“一带一路”沿线国家中，共有 36 个国家或地区提交了 871 件通报，通报数量同比增加 8.2%，占 WTO 成员总通报数的 28.5%⑤。在海关 2018 年调研的 72 家企业中，约 3 成企业反映贸易保护主义是开拓沿线国家市场时遇到的主要困难之一。如比亚迪精密制造有限公司反映，沿线一些国家目前针对汽车的认证标准十分苛刻，造成企业难以进入当地市场。

四、我国与“一带一路”沿线国家贸易展望

5 年多来，“一带一路”建设成绩斐然，已成为当今世界广泛参与国际合作的平台和普受欢迎的国际公共产品。六廊、六路、多国、多港合作格局基本形成。一大批互联互通项目成功落地，为我国与沿线国家加强经贸往来奠定了坚实的基础。当前，世界经济格局的深度调整，发达经济体和广大发展中国家合作愿望、区域合作动力的增强，以及我国经济发展稳中有进等因素，为“一带一路”向高质量发展转变提供了历史性新机遇。在新阶段，“一带一路”向高质量发展转变，是推动世界经济发展和包容性增长的一个现实需要，是我国经济进入高质量发展阶段由内向外的自然延伸，也是“一带一路”建设从“大写意”转向“工笔画”的必然选择⑥。2019 年 4 月召开的第二届“一带一路”国际合作高峰论坛，共达成 283 项务实成果、640 多亿美元合作项目，成果数量之多、覆盖面之广、质量之高，是“一带一路”建设稳步推进取得的一份亮眼成绩单，也是“一带一路”未来向高质量和可持续发展的冲锋号⑦。随着时间的推移和各方共同的努力，共建“一带一路”

① 《越南加入 CPTPP 中国纺织迎来新挑战》，中国纺织网，2019 年 2 月 12 日。

② 《CPTPP 的生效对中国的意义》，21 世纪经济报道，2019 年 1 月 12 日。

③ 《越南加入 CPTPP 中国纺织迎来新挑战》，中国纺织网，2019 年 2 月 12 日。

④ 《CPTPP 将助力越南 GDP 增约 1.3%》，全球纺织网，2019 年 1 月 18 日。

⑤ 《2018 年 TBT 通报和欧美召回情况》，广东省应对技术性贸易壁垒信息平台，2019 年 1 月 8 日。

⑥ 《“一带一路”高质量发展的新机遇》，中国社会科学报，2019 年 5 月 5 日。

⑦ 《“一带一路”为开放型世界经济创造新历史》，中央广电总台国际在线，2019 年 4 月 28 日。

一定会走深走实，行稳致远，成为和平之路、繁荣之路、开放之路、绿色之路、创新之路、文明之路、廉洁之路，推动经济全球化朝着更加开放、包容、普惠、平衡、共赢的方向发展[①]，我国与“一带一路”沿线国家经贸合作也必将从中受惠、获得更大范围、更高层次、更高质量的发展空间。

① 《受权发布：〈共建“一带一路”倡议：进展、贡献与展望〉（八语种）》，中国一带一路网，2019 年 4 月 22 日。

2018 年我国对拉丁美洲贸易进出口年度报告

拉丁美洲（以下简称“拉美”）是指美国以南的美洲地区，包括墨西哥、巴拿马、古巴等 34 个国家和地区。拉美地区幅员辽阔，资源丰富，人口众多。我国与拉美各国同为发展中国家，在资源禀赋、产业结构上各具特色，经济贸易结构上具有很强的互补性。

2018 年，习近平主席在任内第 4 次访问拉美，我国与多米尼加共和国、萨尔瓦多共和国建立外交关系，与智利达成自贸协定升级协议，中拉双方就加强各领域合作提出一系列重大倡议和举措，开创中拉关系新局面。据中国海关统计，2018 年，我国对拉美国家进出口 2.03 万亿元，首次突破 2 万亿元大关，同比增长 15.7%，占当年我国对外贸易总值的 6.6%，比重较 2017 年提升 0.3 个百分点；其中，对拉美出口 9 804.7 亿元，同比增长 10.6%；自拉美进口 1.05 万亿元，同比增长 21%；贸易逆差 667.3 亿元，自 2010 年以来再次出现逆差；进口、出口金额均创历史新高。

一、2018 年我国对拉美国家贸易进出口的主要特点

（一）月度进出口整体呈现增长趋势，9 月份进出口值均创历史新高

2018 年，我国对拉美国家月度进出口值呈震荡走高趋势，除 3 月份出现小幅下降外，其他月份均实现同比增长，其中有 9 个月保持 2 位数高速增长。9 月份进出口 1 931.7 亿元，创历史新高，其中进口首次突破千亿元大关，出口 893.9 亿元，均为历史峰值（见图 1）。

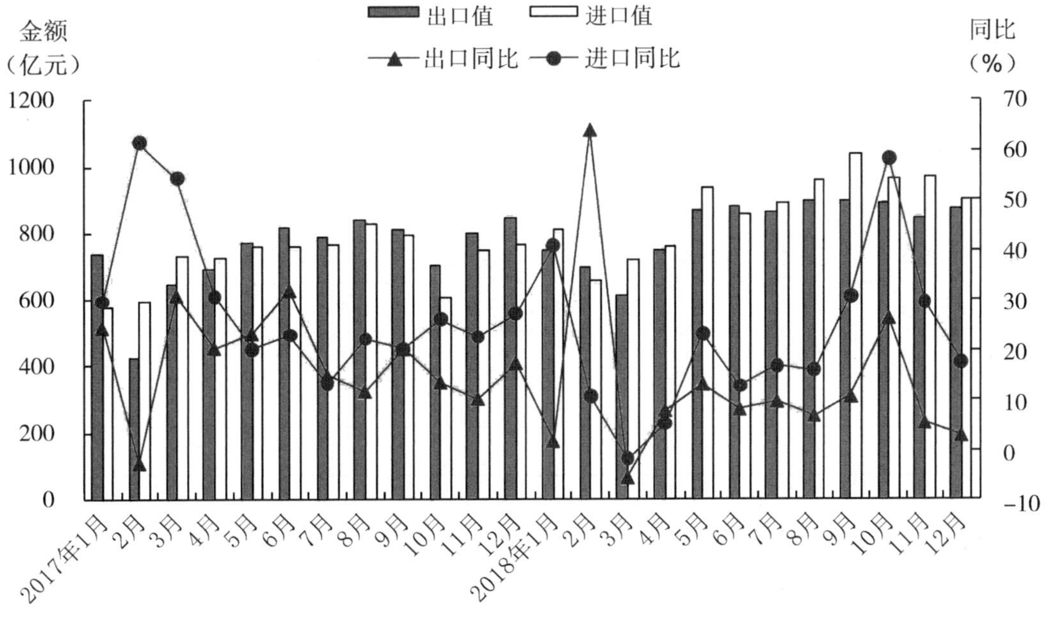

图 1　2017 年 1 月~2018 年 12 月我国对拉美国家进出口月度统计图

（二）逾7成是一般贸易方式进出口，加工贸易方式进出口小幅增长

2018年，我国一般贸易方式对拉美国家进出口约1.47万亿元，同比增长17.2%，占当年我国对拉美国家进出口总值的72.6%，其中，进口7 928.8亿元，同比增长21.8%，出口6 794.9亿元，同比增长12.3%。同期，以加工贸易方式进出口3 074.1亿元，同比增长2.9%，占当年我国对拉美国家进出口总值的15.2%（见表1）。

表1　2018年我国对拉美国家进出口主要贸易方式统计表

贸易方式	金额（亿元）			同比（%）		
	进出口	出口	进口	进出口	出口	进口
一般贸易	14 723.7	6 794.9	7 928.8	17.2	12.3	21.8
加工贸易	3 074.1	2 111.3	962.8	2.9	4.8	-0.9

（三）巴西、墨西哥、智利和秘鲁位列前四，对阿根廷进出口下降较快

2018年，我国对巴西、墨西哥、智利和秘鲁进出口均超千亿元，对上述4国进出口合计占当年我国对拉美国家进出口总值的76.5%。此外，对阿根廷进出口降幅达16%，使得阿根廷位次从2017年的第5位下滑至第6位；对厄瓜多尔进出口增长较快，厄瓜多尔超越乌拉圭升至第9位（见表2）。

表2　2018年我国对拉美国家进出口主要贸易伙伴统计表

贸易伙伴	金额（亿元）			同比（%）			占比（%）		
	进出口	出口	进口	进出口	出口	进口	进出口	出口	进口
巴西	7 332.8	2 214.1	5 118.7	23.2	12.9	28.2	36.2	22.6	48.9
墨西哥	3 834.1	2 905.4	928.7	18.7	19.5	16.2	18.9	29.6	8.9
智利	2 819.4	1 046.8	1 772.6	17.0	7.1	23.7	13.9	10.7	16.9
秘鲁	1 523.1	531.9	991.2	10.6	12.8	9.4	7.5	5.4	9.5
哥伦比亚	964.1	574.9	389.2	25.7	14.0	48.1	4.8	5.9	3.7
阿根廷	785.4	552.2	233.2	-16.0	-10.1	-27.3	3.9	5.6	2.2
委内瑞拉	563.4	75.8	487.6	-7.4	-36.1	-0.5	2.8	0.8	4.7
巴拿马	463.1	457.6	5.5	2.1	1.8	29.8	2.3	4.7	0.1
厄瓜多尔	377.4	245.0	132.4	36.1	22.0	73.3	1.9	2.5	1.3
乌拉圭	304.6	135.8	168.8	-6.2	-6.8	-5.7	1.5	1.4	1.6

（四）民营企业进出口快速增长且占比提升

2018年，我国民营企业对拉美国家进出口8 981.5亿元，同比增长18.5%，占当年我国对拉美国家进出口总值的44.3%，比重较2017年提升1个百分点；其中，进口3 528.2亿元，同比快速增长28.2%。同期，外商投资企业对拉美国家进出口5 948.2亿元，同比

增长 9.5%，占 29.3%，比重下滑 1.7 个百分点；国有企业对拉美进出口 5 333.6 亿元，同比增长 18.2%，占当年我国对拉美国家进出口总值的 26.3%，比重较 2017 年提升 0.6 个百分点（见表 3）。

表 3　2018 年我国对拉美国家进出口主要企业性质统计表

企业性质	金额（亿元）			同比（%）		
	进出口	出口	进口	进出口	出口	进口
民营企业	8 981.5	5 453.3	3 528.2	18.5	13.0	28.2
外商投资企业	5 948.2	3 000.5	2 947.7	9.5	4.0	15.7
国有企业	5 333.6	1 346.4	3 987.2	18.2	16.6	18.8

（五）广东是对拉美国家进出口最大的省份，山东增长较快

2018 年，广东、浙江、山东、江苏和北京 5 省市对拉美国家进出口均超过 2 000 亿元，同比均实现增长，5 地进出口值合计占当年我国对拉美进出口总值的 61.2%。其中，广东进出口 2 767.8 亿元，位列第一，同比增长 7.9%；山东进出口增速最快，同比增长达到 28.4%（见表 4）。

表 4　2018 年我国对拉美国家进出口主要省市统计表

省市	金额（亿元）			同比（%）			占比（%）		
	进出口	出口	进口	进出口	出口	进口	进出口	出口	进口
广东	2 767.8	2 053.1	714.7	7.9	4.4	19.4	13.7	20.9	6.8
浙江	2 623.5	1 986.6	636.9	17.5	13.3	33.0	12.8	20.3	6.1
山东	2 533.1	756.5	1 776.6	28.4	12.4	36.6	12.5	7.7	17.0
江苏	2 301.9	1 419.3	882.6	13.3	9.7	19.7	11.4	14.5	8.4
北京	2 184.6	354.9	1 829.7	20.7	35.1	18.2	10.8	3.6	17.5
上海	1 844.6	615.9	1 228.7	12.1	−1.1	20.2	9.1	6.3	11.7
福建	937.4	465.6	471.8	9.0	−5.6	28.7	4.6	4.7	4.5
天津	663.4	335.6	327.8	27.3	41.4	15.4	3.3	3.4	3.1
安徽	635.4	234.7	400.7	24.2	31.2	20.4	3.1	2.4	3.8
辽宁	634.4	201.3	433.1	27.4	31.4	25.6	3.1	2.1	4.1

（六）机电产品出口占逾 5 成，劳动密集型产品小幅增长

2018 年，我国对拉美国家出口机电产品 5 492.1 亿元，同比增长 11.3%，占当年我国对拉美国家出口总值的 56%。其中，电话机出口 333.7 亿元，同比增长 20.1%；液晶显示板出口 243.4 亿元，同比下降 12.2%；汽车出口 223 亿元，同比增长 32.5%。出口劳动密集型产品 1 861.2 亿元，同比增长 4.8%，占当年我国对拉美国家出口总值的 19%。其中，服装、纺织品分别出口 568.9 亿元、568.1 亿元，同比增长 0.4%、5.6%。此外，钢材出口 384.3 亿元，同比增长 20%；汽车零配件出口 382.5 亿元，同比增长 10.9%；成品油出口 167.1 亿元，同比增长 70.1%（见表 5）。

表 5　2018 年我国对拉美国家出口主要商品统计表

出口商品	金额（亿元）	同比（%）	占比（%）
服装及衣着附件	568.9	0.4	5.8
纺织纱线、织物及制品	568.1	5.6	5.8
钢材	384.3	20.0	3.9
汽车零配件	382.5	10.9	3.9
电话机	333.7	20.1	3.4
液晶显示板	243.4	-12.2	2.5
汽车	223.0	32.5	2.3
成品油	167.1	70.1	1.7
二极管及类似半导体器件	167.1	66.6	1.7
农产品	162.4	-1.9	1.7

（七）主要进口农产品和资源性产品，其中原油进口大幅增长

2018 年，我国自拉美国家进口农产品 2 878.9 亿元，同比增长 22.5%，占当年我国自拉美国家进口总值的 27.5%；其中，大豆进口 1 975.8 亿元，同比增长 18.3%。同期，原油进口 2 007.1 亿元，同比大幅增长 43.6%；铜矿砂进口 1 368.4 亿元，同比增长 17.5%；铁矿砂进口 1 359.6 亿元，同比增长 3.6%（见表 6）。

表 6　2018 年我国自拉美国家进口主要商品统计表

进口商品	金额（亿元）	同比（%）	占比（%）
原油	2 007.1	43.6	19.2
大豆	1 975.8	18.3	18.9
铜矿砂及其精矿	1 368.4	17.5	13.1
铁矿砂及其精矿	1 359.6	3.6	13.0
未锻轧铜及铜材	814.8	18.8	7.8
纸浆	515.3	40.7	4.9
肉及杂碎	309.9	42.0	3.0
集成电路	174.6	0.4	1.7
鲜、干水果及坚果	142.3	51.5	1.4
水海产品	112.0	104.2	1.1

二、促进我国与拉美国家贸易发展的有利因素

（一）我国与拉美国家关系更加紧密，开创中拉关系新局面

2018 年，我国与多米尼加共和国、萨尔瓦多共和国建立外交关系。我国是多米尼加共和国的第三大进口来源国，而多米尼加共和国主要出口蔗糖、咖啡、烟草等农产品以及金、银、镍铁合金等商品，符合我国消费和工业发展需求。多米尼加共和国官方数据显示，2018 年中多两国双边贸易额达 26.92 亿美元，创历史纪录①。2018 年 11 月 27 日至 12 月 5 日，习近平主席出访阿根廷和巴拿马，这是习近平主席就任以来第 4 次访问拉美国家。期间我国与阿根廷和巴拿马分别签署多项双边合作文件，与阿根廷签署了《中华人民共和国政府与阿根廷共和国政府共同行动计划（2019~2023）》。我国与拉美各国政治经济往来更加密切，有利于促进双方各层次、各领域交流合作，深化“南南合作”，开创中拉经贸合作新局面。

（二）拉美国家积极响应“一带一路”倡议，全面合作成果丰硕

2018 年 1 月在智利召开的中拉论坛第二届部长级会议通过了《关于“一带一路”倡议的特别声明》，标志着“一带一路”建设正式延伸至拉美国家。“一带一路”建设有助于促进拉美贸易畅通、设施联通，已成为中拉合作的重要抓手，目前已有 15 个拉美和加勒比国家签署“一带一路”合作文件，双边务实合作不断取得新成果。2018 年达成的中智自贸协定升级协议，已于 2019 年 3 月 1 日正式实施，这是迄今我国实施的货物开放水平最高的自贸协定。根据协定，智利对我国家电、纺织服装等 54 个产品的关税税率由 6%降为零，总体零关税产品比例达到约 98%。此外，我国与巴拿马自贸协定完成第四轮谈判，数百家拉美企业参与上海“进博会”，中拉贸促机构发布“珠海宣言”，推动中拉经贸合作迈上更高水平。中国目前已成为拉美第三大贸易伙伴国，中国对拉美国家直接投资存量超过 2 000 亿美元，在拉美国家设立境外企业超过 2 000 家，拉美国家成为中国企业海外投资第二大目的地②。

（三）中拉产业结构互补性强，为双边贸易持续发展注入动力

一方面，拉美国家能源、矿产和农产品资源丰富，而我国正处于供给侧结构性改革关键期和消费全面升级的重要时期，对资源性产品、农产品和优质消费品的需求快速增加。据海关数据显示，2018 年，我国自拉美国家进口能源及矿产品③ 5 007.1 亿元，占我国进口同类商品的 16.5%；自拉美进口农产品 2 878.9 亿元，占我国进口同类商品的 32%，其中自巴西进口大豆 6 608.2 万吨，占我国大豆进口总量的 75.1%，较 2017 年提升 21.8 个百分点；自拉美国家进口消费品（与农产品部分重合）755.1 亿元，同比大幅增长 48.1%。另一方面，我国在生产要素成本、资源加工能力和制造业实力方面优势明显，纺织服装、家

---

① 《中国与多米尼加建交一周年：双边贸易额创纪录》，参考消息，2019 年 5 月 3 日。

② 《财经观察：2019 年拉美地区经济前景可期》，中国金融信息网，2018 年 12 月 28 日。

③ 此处能源与矿产产品是指金属矿砂（税号为 2601~2617）、煤及褐煤、原油、成品油和天然气。

电等出口商品在拉美国家备受青睐。2018 年，我国对拉美国家出口纺织服装 1 137 亿元，出口家电 312.2 亿元，均为拉美国家进口同类产品的最大来源地，且占比均达到 4 成以上。此外，拉美国家对基础建设投资需求巨大，而我国具备支持拉美国家开展基础设施建设的技术和资金。中拉产业优势互补，将进一步拉动双边贸易持续良性发展。

三、当前影响我国与拉美国家贸易发展的主要情况

（一）双边贸易规模相对较小，经贸合作领域需进一步开拓

我国和拉美各国同属发展中国家，中拉双边贸易虽然增速较快，但整体规模仍然较小，在我国对外贸易总额中的比重始终在 7%以下。2018 年我国与拉美国家的双边贸易创历史新高，在同期我国对外贸易总额中占 6.6%，仅相当于当年中美贸易额的 48.5%、中欧贸易额的 45%、中国与东盟贸易的 52.3%。中拉经济合作存在较大的潜力亟待双方共同挖掘，应充分发挥双方各自产业结构优势，进一步扩展双方投资合作领域，推动双边货物贸易持续快速健康发展。

（二）拉美国家政治经济大多较为脆弱，制约双边贸易进一步扩大

目前，大多数拉美国家并未摆脱依赖原材料出口赚取外汇的发展模式，经济发展受国际大宗商品价格波动及美元汇率波动影响较大。2018 年，主要拉美国家经济复苏放缓，巴西、墨西哥两大“龙头”增长不及预期，分别增长 1.1%[①]和 1.4%[②]，对地区经济带动有限；阿根廷遭遇“汇兑风暴”，本币比索汇率剧烈波动，经济衰退幅度超过 2%[③]；委内瑞拉仍未走出衰退阴霾，经济大幅萎缩。国际货币基金组织预测，2019 年秘鲁、墨西哥和智利经济增长将大幅放缓，阿根廷和委内瑞拉经济将分别下降 1%和 11.5%[④]。地区经济不稳定掣肘拉美国家外贸的正常运行，成为制约中拉双边贸易上行发展的不利因素。

（三）部分拉美国家高筑贸易壁垒冲击双边贸易

我国对拉美国家的出口集中在工业制成品，价格相对低廉，在当地具有较强的市场竞争力。由于近年来全球经济持续低迷，国际竞争日趋激烈，加上拉美经济不景气，出于稳定就业和保护国内产业的双重考虑，拉美国家加大了对进口商品的反倾销力度。据初步统计，2018 年，阿根廷、巴西、墨西哥、哥伦比亚和智利等拉美国家合计对我国发起反倾销、反补贴调查 31 起，占全球对我国发起“双反”调查总数的 22.1%[⑤]。

四、中拉贸易进出口形势展望

中拉经贸合作互补性强，相互依存度高、共同利益多、合作潜力大，经贸合作有着广阔的发展前景。中国持续扩大的市场空间，较低的生产要素成本，较强的资源加工能力和

① 《经合组织下调今年巴西经济增长预期》，中国国际贸易促进委员会驻巴西代表处官网，2019 年 3 月 7 日。
② 《2018 年墨西哥经济增长率为五年来最低》，中国国际贸易促进委员会驻墨西哥代表处官网，2019 年 3 月 2 日。
③ 《新华社：2018 年拉美经济持续复苏但不及预期》，新浪财经网，2018 年 12 月 30 日。
④ 《全球贸易疲软冲击世界经济 2019 各国齐心协力渡难关》，人民日报海外版，2019 年 1 月 21 日。
⑤ 数据统计自中国贸易救济信息网。

制造业实力，与拉美地区丰富的资源和广阔的市场优势互补，相得益彰。改革开放 40 年来，合作、发展始终是中拉经贸关系的主基调，随着中拉双方经济增长方式转型和结构改革深化，中拉经贸合作将进入新阶段。

2018 年我国对非洲贸易进出口年度报告

面对当今世界单边主义、贸易保护主义逆流的冲击，中非命运共同体的构筑和巩固，对于维护多边主义和自由贸易体系、构建新型国际关系、构建人类命运共同体具有重要意义。中非合作互惠共赢，务实高效，已成为发展中国家合作的典范。2018 年，在“一带一路”倡议、非盟《2063 年议程》等推进背景下，以“合作共赢、携手构建更加紧密的中非命运共同体”为主题的中非合作论坛北京峰会召开，开启了新时代中非合作新的宏伟篇章。

据中国海关统计，2018 年，我国对非洲贸易总值 1.35 万亿元，同比增长 16.4%，增幅缩小 0.9 个百分点，占当年我国进出口总值的比重由 2017 年的 4.1%增至 4.4%。其中，出口 6 919.5 亿元，同比增长 7.7%，比 2017 年增幅扩大 2 个百分点；进口 6 549.3 亿元，同比增长 27.3%，比 2017 年进口增幅降低 8.8 个百分点；贸易顺差 370.2 亿元，同比缩窄 72.1%。

一、2018 年我国对非洲贸易的主要特点

（一）月度进出口稳步提升，12 月份进出口为 2015 年以来最高值

2018 年，我国对非洲月度进出口值规模稳步提升。自 2018 年 4 月起，各月进出口规模均在 1 000 亿元以上，下半年各月同比均保持 2 位数增速，12 月份进出口规模达 1 267.8 亿元，为 2015 年以来月度最高值。其中，对非洲出口 662.7 亿元，同比增长 7.7%；自非洲进口 605.1 亿元，同比增长 27.3%（见图 1）。

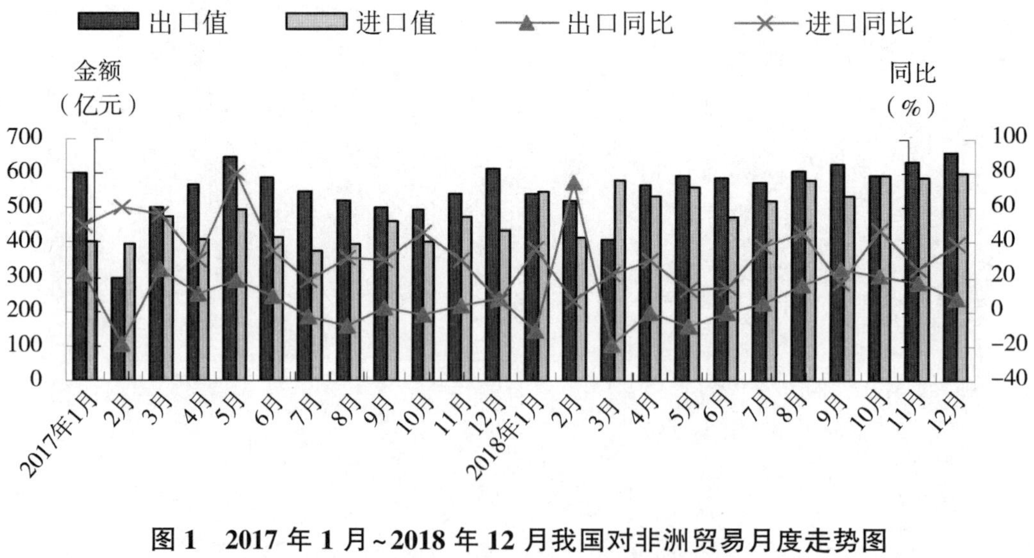

图 1　2017 年 1 月~2018 年 12 月我国对非洲贸易月度走势图

（二）一般贸易方式进出口占近 7 成，加工贸易方式进出口下降

2018 年，我国以一般贸易方式对非洲进出口 9 351.3 亿元，同比增长 20.2%，占当年

我国对非洲进出口总值的 69.4%。其中，出口 4 696.2 亿元，同比增长 14.2%；进口 4 655.1亿元，同比增长 26.9%。以加工贸易方式对非洲进出口 1 735.6 亿元，同比增长 7.8%，占当年我国对非洲进出口总值的 12.9%；其中，出口 650.7 亿元，同比增长 2.9%；进口 1 084.9 亿元，同比增长 11%（见表 1）。

表 1　2018 年我国对非洲进出口主要贸易方式统计表

贸易方式	金额（亿元）			同比（%）		
	进出口	出口	进口	进出口	出口	进口
一般贸易	9 351.3	4 696.2	4 655.1	20.2	14.2	26.9
加工贸易	1 735.6	650.7	1 084.9	7.8	2.9	11.0
对外承包工程出口货物	248.7	248.7	—	-14.9	-14.9	—

（三）民营企业进出口占比过半，国有企业和外商投资企业进出口均快速增长

2018 年，我国民营企业对非洲进出口 6 990.8 亿元，同比增长 10.9%，占当年我国对非洲进出口总值的 51.9%。同期，国有企业对非洲进出口 4 412.7 亿元，同比增长 25.8%，占当年我国对非洲进出口总值的 32.8%；外商投资企业对非洲进出口 2 049.4 亿元，同比增长 16.7%，占当年我国对非洲进出口总值的 15.2%（见表 2）。

表 2　2018 年我国对非洲进出口主要企业性质统计表

企业性质	金额（亿元）			同比（%）		
	进出口	出口	进口	进出口	出口	进口
民营企业	6 990.8	4 917.1	2 073.7	10.9	7.6	19.5
国有企业	4 412.7	1 035.5	3 377.2	25.8	2.0	35.5
外商投资企业	2 049.4	954.5	1 094.9	16.7	13.5	19.7

（四）南非为我国在非洲最大贸易伙伴国，对安哥拉、尼日利亚和埃及等主要非洲国家进出口呈不同程度增长

2018 年，我国对南非进出口 2 870.4 亿元，同比增长 8.1%；对安哥拉和尼日利亚分别进出口 1 851.7 亿元和 1 008.3 亿元，同比增长 18.9%和 8%，上述 3 国分列我国对非洲贸易前 3 位，合计占当年我国对非洲进出口总值的 42.5%。此外，我国对埃及进出口 912.8 亿元，同比增长 24.4%（见表 3）。

表 3　2018 年我国对非洲主要国家进出口总值统计表

贸易伙伴	金额（亿元）			同比（%）		
	进出口	出口	进口	进出口	出口	进口
南非	2 870.4	1 071.7	1 798.7	8.1	6.9	8.9
安哥拉	1 851.7	148.8	1 702.9	18.9	-2.7	21.3
尼日利亚	1 008.3	884.5	123.8	8.0	7.3	12.7
埃及	912.8	791.6	121.2	24.4	23.2	33.3
阿尔及利亚	601.1	522.8	78.3	22.2	13.2	160.0
刚果（金）	489.3	117.1	372.2	69.8	77.8	67.4
加纳	478.9	317.4	161.5	5.8	-2.9	28.5
刚果（布）	477.4	29.3	448.1	58.5	-13.1	67.6
利比亚	411.7	94.5	317.2	154.1	35.7	243.4
肯尼亚	353.9	342.4	11.5	0.2	0.1	1.8

（五）北京为对非洲进出口最大省市，广东进出口增速不及整体

2018 年，北京、广东、浙江和山东对非洲合计进出口 9 148 亿元，占当年我国对非洲进出口总值的 67.9%。其中，北京进出口 2 820.9 亿元，同比增长 34.9%，占当年我国对非洲进出口总值的 20.9%；广东进出口 2 566.6 亿元，同比增长 2.9%，占当年我国对非洲进出口总值的 19.1%；浙江进出口 1 985.3 亿元，同比增长 13.8%，占当年我国对非洲进出口总值的 14.7%（见表 4）。

表 4　2018 年我国对非洲进出口主要省市统计表

省市	金额（亿元）			同比（%）		
	进出口	出口	进口	进出口	出口	进口
北京	2 820.9	378.9	2 442.0	34.9	7.4	40.5
广东	2 566.6	1 706.6	860.0	2.9	-1.3	12.4
浙江	1 985.3	1 659.9	325.4	13.8	12.6	20.5
山东	1 775.3	622.8	1 152.5	23.6	11.8	31.0
江苏	869.9	654.0	215.9	19.7	11.5	54.0
上海	652.8	286.5	366.3	17.6	10.8	23.5
福建	548.4	332.1	216.3	11.4	13.1	8.8
江西	243.7	132.0	111.7	27.8	6.9	66.2
辽宁	233.6	64.1	169.5	-7.1	7.2	-11.5
河北	202.3	161.4	40.9	-0.4	8.2	-24.2

（六）机电产品出口占逾4成，劳动密集型产品出口微幅增长

2018年，我国对非洲出口机电产品3 120.6亿元，同比增长7.9%，占当年我国对非洲出口总值的45.1%；出口劳动密集型产品1 827.4亿元，同比增长0.5%，占当年我国对非洲出口总值的26.4%。从具体品种来看，纺织纱线、织物及物品保持增长，服装、鞋类出口下降，钢材、汽车和电话机出口增长较快（见表5）。

表5 2018年我国对非洲进出口主要商品统计表

出口			进口		
商品	金额（亿元）	同比（%）	商品	金额（亿元）	同比（%）
纺织纱线、织物及制品	752.4	9.6	原油	3 060.4	35.7
服装及衣着附件	467.5	-11.1	未锻轧铜及铜材	372.5	40.7
钢材	349.5	25.3	钻石	320.2	14.9
鞋类	227.2	-6.7	铁矿砂及其精矿	257.7	-11.0
汽车零配件	215.5	12.5	锰矿砂及其精矿	237.5	44.8
家具及其零件	139.7	7.2	铬矿砂及其精矿	147.7	-12.0
新的充气橡胶轮胎	129.8	11.1	原木	112.2	-7.1
陶瓷产品	129.6	4.5	天然气	94.4	336.8
汽车	123.5	30.9	成品油	45.5	222.4
电话机	122.5	31.9	锯材	37.9	29.9

（七）进口以能源、资源类产品和钻石为主，其中原油进口居首位

2018年，我国自非洲进口以原油等能源类、未锻轧铜及铜材等资源类和钻石为主。其中，原油3 060.4亿元，同比增长35.7%，占当年我国自非洲进口总值的46.7%；未锻轧铜及铜材372.5亿元，同比增长40.7%；铁矿砂257.7亿元，同比下降11%。同期，进口钻石320.2亿元，同比增长14.9%（见表5）。

二、促进中非贸易发展的有利因素

（一）中非合作机制平台更加完善，为深化经贸合作创造良好条件

目前，我国正在将共建"一带一路"同非盟《2063年议程》和非洲各国发展战略紧密对接。《2063年议程》提出了地区一体化与和平繁荣新非洲的远景目标，而共建"一带一路"则为实现这一目标提供了一条现实路径。中非合作论坛机制日益高效，已成为中非共建"一带一路"的主要平台。2015年约翰内斯堡峰会提出的中非"十大合作计划"后续行动落地成果丰硕，落实北京峰会成果的举措也将陆续落到实地，其中包括设立中国—非洲经贸博览会、成立中国非洲研究院、实施"头雁计划"等在内的一系列经济、社会发展、人文、和平安全等领域的行动计划。在此基础上，中国与非洲通过开展国际产能合作、推动基础设施互联互通、建设集聚程度高的境外工业园区等，实现了双方互利共赢的新格局，

带动双方经贸额大幅提升。

（二）非洲大陆自由贸易协定即将生效，将有力推动贸易发展

目前非洲已有49个国家签署了《非洲大陆自由贸易协定》（AfCFTA），其中22个国家得到了议会的批准。预计非洲大陆自贸区将于2019年7月初第二届非盟首脑会议期间正式建立，届时，非洲将形成一个覆盖55个国家的12亿人口、拥有3万亿美元GDP的单一市场。AfCFTA将逐步取消针对90%的商品关税，并进一步促进服务贸易自由化，域内贸易比重将从当前的14%提高到2022年的52%[①]。协定若生效，将助长非洲内部贸易量，推动贸易出口多样化和增加中小企业进入贸易市场的机会，鼓励制造商和服务提供商创造规模经济效益[②]，同时激发中国企业到非洲投资热情，推动中非经贸合作。

（三）非洲迎来数字化转型的关键时期，中企布局非洲移动互联产业共筑信息桥梁

当前非洲国家接连出台系列促进数字化技术发展的策略，如卢旺达的“愿景2050”和“七年政府计划（2017—2024）”[③]；同时，非洲互联网普及率持续上升。2018年，非洲大陆互联网网民数量占比由2015年的2.1%飞速增长至24%，使用计算机家庭数量占比从2005年的3.6%增长到2018年的9.2%[④]。这为我国移动终端制造和移动互联网企业布局非洲市场提供了广阔空间。海关数据显示，2018年，我国对非洲出口手机货值同比增长33.1%。IDC数据显示，2018年第三季度，在非洲功能手机领域，传音占据58.2%市场份额；在智能手机领域，传音和华为分别占据34.9%和10.2%市场份额。此外，尼尔森的行业报告预计，到2023年，撒哈拉以南非洲的35个国家将有超过5 000万人接入流媒体视频服务，市场规模将超过7亿美元，我国企业加速进行互联网视频平台建设和业务布局取得良好效果[⑤]。中企加快布局非洲移动互联产业，有利于中非深入合作，有助建立非洲商品进入中国的“数字通道”[⑥]。

（四）中非跨境电商快速发展，或将助推中非贸易

近年来，移动互联网已在非洲各国推广普及，据麦肯锡全球研究所数据，预计到2025年，网络将覆盖非洲50%的人群，当地线上销售额将突破750亿美元[⑦]，电子商务在非洲主要市场零售总额中将占据10%的比例，约合3 000亿美元，在接下来的10年，非洲网络零售额会以每年40%的速度增长[⑧]。作为提升中非经贸往来投资便利化的重要手段，未来几年将是非洲跨境电子商务的快速发展期。国内首家中非跨境B2B电商平台已经正式上线，将为进出口贸易双方提供在线签约、在线支付、在线报关、在线外汇审结等服务。2018年，我国承诺向南非投资147亿美元，并向其国家电力公司和物流公司提供贷款。跨境电

---

① 《AfCFTA若生效，将点燃中国企业到非洲的投资热情》，新时区平台，2019年2月20日。
② 《南非市场重大利好——非洲有望成为全球最大自由贸易区》，搜狐网，2019年1月11日。
③ 《智能技术成为卢旺达发展的重中之重》，搜狐网，2019年1月21日。
④ 《超过一般的世界人口已可以使用互联网，非洲近十年来全球增速最快》，畅读杂谈，2018年12月15日。
⑤ 《中企助非洲搭上移动互联网快车》，新浪网，2019年2月25日。
⑥ 《搭建绿色通道 京东企业将非洲食品引进海囤全球》，亿邦动力网，2019年1月31日。
⑦ 《金砖会议聚焦南非 $750亿的电商市场来了》，亿恩网，2018年7月31日。
⑧ 《2019非洲电子商务发展现状及问题，非洲电商的发展前景怎么样》，跨境知道，2019年3月6日。

商的快速发展，将进一步为中非两国之间的贸易提供服务便利，吸引更多的中国企业前往非洲投资。

三、当前影响中非贸易发展的主要问题

（一）非洲各国经济复苏形势分化明显

据非洲开发银行数据，2019 年非洲经济总体仍将延续复苏态势，国内生产总值（GDP）增长率预计将从 2018 年的 3.5%提高到 4%。但各国形势分化明显，其中埃塞俄比亚经济增长率预计将高达 8.2%[①]；而最大的两个经济体尼日利亚和南非经济增长预期却分别仅为 2.3%和 1.7%[②]。观察者指数显示，全球青年失业率最高的 5 个国家中，南非和尼日利亚分别占第一、第四位，为 52.8%和 33.1%。据国际货币基金组织（IMF）预测，南非 2019 年和 2020 年经济增长率预测值分别从此前的 1.4%和 1.7%下调至 1.2%和 1.4%[③]。部分非洲国家经济复苏乏力，制约了与我国贸易的进一步增长。海关数据显示，2019 年一季度，我国与南非的贸易额下降 3.5%。此外，全球经济增速放缓、金融风险压力较大等给中非贸易带来较大挑战。

（二）部分非洲国家债务脆弱性仍存，中非贸易发展不确定性增加

在 2018 年全球发展融资格局发生变化、大宗商品价格下跌的大背景下，部分非洲国家债务危机再露端倪。2019 年 4 月 8 日世界银行在《非洲脉动》报告中指出，撒哈拉以南非洲地区的负债率正在逐年上升，且外债类型由传统的主权担保债务转向市场债务，债务成本高企，风险不断增加。截至 2018 年底，低收入国家债务可持续性框架所覆盖的撒哈拉以南非洲近半数国家面临债务问题或债务风险较高，是 2013 年的 2 倍多[④]。数据显示，我国主要的非洲贸易伙伴尼日利亚债务总额由 2015 年底的 12.6 万亿奈拉增至 2018 年一季度末的 22.7 万亿奈拉，仅在 2018 年一季度，债务总额就增加近 1 万亿奈拉[⑤]。此外，与中国进行产能合作的重点国家[⑥]的债务有所加重，而且将在 2020—2025 年间进行大量还款，给中非合作带来新的风险[⑦]。

（三）欧美日等国家和地区加强对非洲投资布局，我国企业在非洲或将面临更激烈竞争

第五次非盟—欧盟峰会前夕，欧盟委员会确立了“欧盟外部投资计划”，通过该计划到 2020 年欧盟将调动至少 440 亿欧元投资用于非洲及睦邻国家发展[⑧]。同时，非洲开发银行与法国签署一项 2.53 亿美元的优惠捐助贷款协议，日本与印度也分别同意提供 7 亿美元

---

① 《非洲开发银行发布非洲区域经济展望报告》，新浪财经，2019 年 4 月 12 日。

② 《非洲开发银行发布非洲区域经济展望报告》，新浪财经，2019 年 4 月 12 日。

③ 《国际货币基金组织下调南非今明两年经济增长率预测值》，中华人民共和国商务部，2019 年 4 月 10 日。

④ 《世界银行报告下调 2019 年撒哈拉以南非洲地区经济增长预期》，中华人民共和国商务部，2019 年 4 月 9 日。

⑤ 《尼日利亚不断上涨的债务未能有效推动经济增长》，中华人民共和国商务部，2018 年 6 月 27 日。

⑥ 包括莫桑比克、埃塞俄比亚、尼日利亚、安哥拉、赞比亚、加纳。

⑦ 《世界银行报告下调 2019 年撒哈拉以南非洲地区经济增长》，中华人民共和国商务部，2019 年 4 月 10 日。

⑧ 《欧盟外部投资计划聚焦五大投资领域》，中华人民共和国商务部，2017 年 11 月 28 日。

和1 500万美元的贷款支持[①]。法国总统2018年2月初访问非洲时作出多项援助承诺，包括对突尼斯追加5亿欧元金融支持、通过预算支持方式向塞内加尔援助260亿西非法郎等，意在强化与非洲国家的传统关系[②]。美国也正在调整其非洲政策，从援助为主转为商业接触。我国企业在非洲市场或将面临更激烈竞争。

四、中非贸易展望

根据世界银行《全球经济展望》报告，在世界经济疲软的背景下，预计2019年撒哈拉以南非洲地区经济增速为3.4%，为全球经济增速最快的地区之一。国际货币基金组织预测，2018年至2023年，非洲将是世界上经济增速最快的地区，特别是非资源密集型国家自2013年以来一直保持6%以上的增长率，这些国家的经济增长将对非洲经济增长起到拉动作用[③]。在非洲经济总体向好的前景下，中国对非洲投资领域越来越广泛，未来中非经贸合作前景广阔。

① 《非洲开发银行与法国签署捐赠贷款协议》，中华人民共和国商务部，2018年1月4日。
② 《国际综述：马克龙访问非洲两国 欲在非展示新形象》，新华网，2018年2月5日。
③ 《“非洲大陆充满机遇”》，人民网，2019年4月16日。

中国外贸进出口年度报告（2019）

AREAS

地方篇

广东省

广东省位于南岭以南，南海之滨，与香港、澳门、广西、湖南、江西及福建接壤，与海南隔海相望。作为南海航运枢纽，广东是海上丝绸之路最早的发源地，也是我国改革开放的最前沿阵地。自 1989 年起，广东地区生产总值连续居于全国第一位，是中国第一经济和外贸大省，外向型经济特征明显。2018 年，广东省地区生产总值（GDP）9.7 万亿元，外贸依存度高达 73.6%①。

据海关统计，2018 年广东省地区进出口总值 7.16 万亿元，外贸规模首破 7 万亿元，创历史新高，同比增长 5.1%，占全国外贸总值的 23.5%，继续保持全国第一；其中，出口 4.27 万亿元，同比增长 1.2%；进口 2.89 万亿元，同比增长 11.3%；实现贸易顺差 1.38 万亿元，同比收窄 14.8%。

一、2018 年广东省外贸进出口的主要特点

（一）前三季度进出口规模逐季提升，第四季度有所回落

2018 年的前三季度，广东省进出口规模逐月提升，进出口值由 2 月最低的 4 506.7 亿元逐月攀升至 9 月的 6 890 亿元。第四季度，广东省外贸规模连续 3 个月环比回落，主要是受进口下滑影响，出口依旧表现良好，并于 12 月创下单月出口 4 142.9 亿元的年内高点（见图 1）。

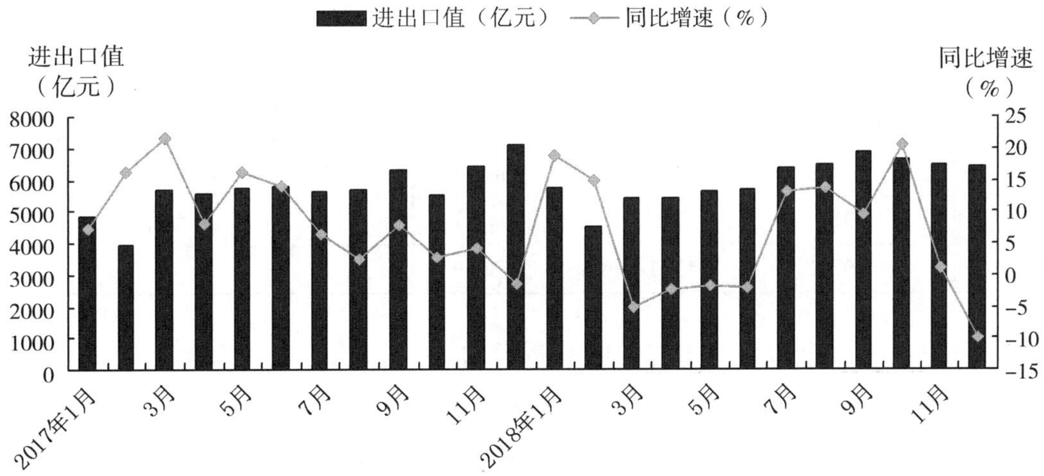

图 1　2017 年 1 月~2018 年 12 月广东省外贸进出口月度走势统计图

① 《2018 年广东国民经济和社会发展统计公报》，广东统计信息网，2019 年 2 月 27 日。

（二）一般贸易比重不断提升，新型业态快速发展

2018 年，广东省一般贸易进出口 3.37 万亿元，同比增长 7.2%，占广东省外贸进出口总值的 47.1%，比重较 2017 年提升 0.9 个百分点；加工贸易进出口 2.63 万亿元，同比增长 4%，占 36.7%。此外，新型贸易业态快速发展，市场采购出口 2 446.2 亿元、同比增长 2 倍，跨境电商进出口 759.7 亿元、同比增长 71.9%。

（三）对主要贸易伙伴的进出口值均增长，贸易市场均衡发展

2018 年，广东省前 7 位贸易伙伴分别为中国香港地区（1.17 万亿元）、东盟（9 542.4 亿元）、美国（8 732.1 亿元）、欧盟（8 006.1 亿元）、中国台湾地区（4 972.7 亿元）、韩国（4 931 亿元）及日本（4 467.2 亿元），进出口值同比分别增长 0.4%、10%、1.2%、4%、12.7%、9%和 4.8%，合计占广东省进出口总值的 73%。此外，2018 年，广东对"一带一路"沿线国家的进出口值同比增长 7.4%，快于广东省整体增速 2.3 个百分点，对新兴市场的开拓继续保持加速态势，其中对"一带一路"沿线的越南、俄罗斯、印度尼西亚等国的贸易增速居前。同期，对拉丁美洲进出口 2 770.1 亿元，同比增长 8%；对非洲进出口 2 567.2亿元，同比增长 2.9%；对大洋洲进出口 1 314.1 亿元，同比增长 0.2%（见表 1）。

表 1　2018 年广东省与主要贸易伙伴的进出口统计表

国家或地区	进出口值（亿元）	同比（%）	出口值（亿元）	同比（%）	进口值（亿元）	同比（%）
中国香港	11 675.3	0.4	11 450.9	0.9	224.4	-21.0
东盟	9 542.4	10.0	4 315.7	0.5	5 226.7	19.3
美国	8 732.1	1.2	7 403.5	1.1	1 328.6	1.9
欧盟	8 006.1	4.0	6 165.2	4.1	1 840.9	3.9
中国台湾	4 972.7	12.7	526.3	2.6	4 446.4	14.0
韩国	4 931.0	9.0	1 384.8	-8.0	3 546.2	17.5
日本	4 467.2	4.8	1 716.2	2.0	2 751.0	6.7
印度	1 540.6	7.8	1 369.5	7.7	171.1	8.6
澳大利亚	1 091.2	-1.3	643.1	1.4	448.1	-4.9
墨西哥	907.2	15.5	730.9	13.8	176.3	23.0

（四）民营企业快速增长，经营主体不断增加

2018 年，广东省民营企业进出口 3.5 万亿元，同比增长 11.5%，占广东省进出口总值的 48.9%，较去年同期提升 2.8 个百分点；外商投资企业进出口 3.24 万亿元，同比增长 1.5%，占广东省进出口总值的 45.3%；国有企业进出口 4 057.3 亿元，同比下降 13.9%，占广东省进出口总值的 5.7%。2018 年，广东省有实际进出口记录的企业 8.7 万家，较上年增加 5 000 家，其中民营企业 6.3 万家，增加 5 200 家，市场主体活力进一步提升。

（五）深圳、东莞贸易规模居前，清远增速省内第一

2018 年，广东省内深圳、东莞、广州等 12 城市进出口实现正增长。其中，深圳进出口3万亿元，同比增长7%，占广东省进出口总值的41.9%；东莞1.34亿元，同比增长9.5%，占广东省进出口总值的18.7%。此外，广州、佛山、惠州、珠海、中山、江门外贸规模均超过千亿元。2018年清远外贸进出口总值412.5亿元，同比增长25%，增速位居省内第一（见表2）。

表2　2018年广东省主要城市进出口统计表

城市	进出口值（亿元）	同比（%）	出口值（亿元）	同比（%）	进口值（亿元）	同比（%）
深圳市	29 997.3	7.0	16 295.2	-1.5	13 702.1	19.3
东莞市	13 420.0	9.5	7 955.7	13.3	5 464.3	4.4
广州市	9 811.5	1.0	5 607.5	-3.2	4 204.0	7.2
佛山市	4 599.1	5.5	3 527.3	11.8	1 071.8	-11.0
惠州市	3 334.7	-2.4	2 208.8	-1.1	1 125.9	-4.8
珠海市	3 247.6	8.5	1 887.0	0.2	1 360.6	22.6
中山市	2 341.6	-9.3	1 801.7	-12.3	539.9	2.6
江门市	1 472.4	6.3	1 123.0	4.4	349.4	12.9
汕头市	555.6	-6.8	408.7	-10.0	146.9	3.4
清远市	412.5	25.0	200.2	8.3	212.3	46.2

（六）机电产品出口保持良好增势，出口商品结构持续优化

2018年，广东省出口机电产品2.95万亿元，同比增长3.8%；出口劳动密集型产品7 516.3亿元，同比下降7.4%，出口商品结构持续优化。高新技术产品（与机电产品有交叉）出口1.55万亿元，同比增长5.8%，增速高于整体水平4.6个百分点。其中出口手机3 604.8亿元，同比增长18.3%；出口自动数据处理设备及其部件2 422.7亿元，同比下降1.9%；出口集成电路864.1亿元，同比增长31.4%。劳动密集型产品中，出口服装及衣着附件2 139.2亿元，同比下降14%；出口家具及其零件1 282.9亿元，同比下降4.3%；出口玩具913亿元，同比增长3.5%。

（七）电子产品关键零部件和优质消费品进口取得较快增长

2018年，广东省进口机电产品2万亿元，同比增长14.8%，占广东省进口总值的69.2%。其中，进口集成电路8 384.9亿元，同比增长22.6%；自动数据处理设备及其部件849.6亿元，同比增长21%；二极管及类似半导体器件801.4亿元，同比增长4.2%。此外，进口消费品1 831.5亿元，同比增长18.9%，其中食品和烟酒同比增长17.9%，水果同比增长23.4%，日化用品同比增长1倍（见表3）。

表 3　2018 年广东省主要进出口商品统计表

出口			进口		
商品名称	金额（亿元）	同比（%）	商品名称	金额（亿元）	同比（%）
手机	3 604.8	18.3	集成电路	8 384.9	22.6
自动数据处理设备及其部件	2 422.7	-1.9	初级形状的塑料	1 112.2	9.6
服装及衣着附件	2 139.2	-14.0	自动数据处理设备及其部件	849.6	21.0
家具及其零件	1 282.9	-4.3	二极管及类似半导体器件	801.4	4.2
玩具	913.0	3.5	液晶显示板	742.4	-14.7
灯具、照明装置及零件	892.4	-9.9	通断保护电路装置及零件	536.0	1.1
鞋类	876.1	-11.8	自动数据处理设备的零件	525.7	12.9
集成电路	864.1	31.4	电容器	459.5	58.0
塑料制品	829.2	1.1	计量检测分析自控仪器及器具	379.9	12.9
纺织纱线、织物及制品	827.4	-2.4	钻石	357.2	7.1

二、2018 年广东省外贸进出口增长的主要原因

（一）各项稳外贸政策陆续出台，省内经济稳中向好，外贸发展基础稳固

2018 年以来，国家采取了一系列支持外贸稳定发展的措施，如降低药品、汽车和消费品等商品的进口关税、两次提高了出口退税率等，有效地促进广东外贸保持稳中有进的态势。同时，广东省经济运行良好，2018 年，广东省地区生产总值同比增长 6.8%，快于全国整体水平，其中第二、三产业对经济增长拉动作用显著，经济结构持续优化，为广东省对外贸易发展奠定了稳定基础。此外，民营经济增加值超过 5.23 万亿元，同比增长 7.3%，占地区生产总值的 54.1%，民营经济活力释放为广东省外贸注入持续动力。

（二）手机新品上市拉动作用明显

电子制造业是广东省的重要产业，其中手机进出口对广东省外贸具有举足轻重的作用。2018 年第三季度，苹果、华为、OPPO 等手机厂商都相继发布新品，对广东省外贸拉动作用明显。海关数据显示，2018 年，苹果供应链企业（富泰华、嘉泓永业）、OPPO 物流配送公司（东莞新宁仓储）和华为等公司进口值合计 3 895.6 亿元，同比增长 38.6%，拉动广东省进口增长 4.2 个百分点；同期，广东省出口手机 3 604.8 亿元，同比增长 18.3%，拉动广东省出口增长 1.3 个百分点。

（三）外部需求稳步提升，开拓新兴市场取得积极进展

2018 年，美国、欧盟和日本等主要经济体制造业 PMI 均保持在 50 以上的扩张区间，国际市场制造业发展良好，外部需求不断提升，在一定程度上拉动了广东省外贸出口。海关数据显示，2018 年，广东省对前 8 大贸易伙伴的进出口值均保持不同程度的增长。此外，广东省积极开拓新兴市场，对拉丁美洲和“一带一路”沿线国家进出口值的同比增速

分别达到8%和7.4%，均高于广东省整体增速。

三、影响2019年广东省进出口的主要因素

（一）大型外贸企业集中度偏高，中小型企业及外贸综合服务企业进出口下滑

2018年，广东省外贸规模前100位企业进出口值合计2.56万亿元，同比增长21.7%，占同期广东省外贸总值的35.8%，拉动全省外贸进出口值同比增长6.7个百分点，外贸优质资源愈发向大型企业集中。与此同时，进出口规模低于1亿的中小型企业进出口值合计9 347.9亿元，同比下降16.9%，出现较大程度下滑，外贸活力有衰减趋势。此外，38家外贸综合服务企业进出口值合计2 457.6亿元，同比下降9%。

（二）抢出口因素导致年尾进出口连续回落，中美贸易影响将持续显现

美国是广东省第3大贸易伙伴。受中美贸易摩擦预期影响，2018年下半年，广东省外贸企业加速生产已签订单，出现一定的抢进抢出现象。2018年9月份，广东省外贸进出口值达年内月度峰值6 890亿元，之后连续3个月环比出现下降，其中12月份环比下降1%，同比下降9.8%。受中美经贸摩擦影响，广东省出口应激式增长后的衰退效应已逐步显现，或将继续影响2019年的外贸表现。

（三）粤港澳大湾区建设的逐步推进，将持续激发外贸活力

2019年2月18日，中共中央、国务院印发了《粤港澳大湾区发展规划纲要》，为香港特别行政区、澳门特别行政区和珠三角九市的合作发展作出指导。推进粤港澳大湾区建设将进一步促进落实内地与香港、澳门《关于建立更紧密经贸关系的安排》（CEPA）及其系列协议，促进要素便捷流动，提高通关便利化水平，促进人员、货物往来便利化，打造具有全球竞争力的营商环境；有利于充分发挥粤港澳大湾区的独特优势，深化与“一带一路”沿线国家在基础设施互联互通，在经贸、金融、生态环保及人文交流领域的合作，携手打造推进“一带一路”建设的重要支撑区；进一步支持粤港澳大湾区共同开展国际产能合作和联手“走出去”，完善对外开放平台，推动大湾区在国家高水平参与国际合作中发挥示范带头作用。

四、形势展望和政策建议

目前，国际贸易领域不确定、不稳定的因素依然较多，贸易保护主义抬头，特别是中美经贸摩擦的不确定性、反复性和长期性，未来对我国乃至全球贸易都会带来一定挑战。同时，2019年，广东省经济发展存在一定的下行压力，也可能对外贸造成负面影响。但是，我国相继出台了增值税率、社保费率下调等系列稳增长的措施，以及扩大进口等拉动外贸的政策。随着政策效果的逐渐释放，结合广东省加速深化推进经济结构改革，未来广东省外贸将继续保持稳中向好局面。为此，建议：

（一）紧抓粤港澳大湾区建设机遇，携手港澳全面提升广东参与“一带一路”建设的质量和成效

当前，粤港澳大湾区建设正不断深入，这将有利于发挥港澳在对接国际市场方面的重

要的桥梁和纽带作用，推动广东制造业、能源资源行业与港澳专业服务业“拼船出海”，共同走出去承接订单、开拓国际市场，携手打造“一带一路”建设重要支撑区。

（二）推动跨境电商、市场采购等快速发展，加快培育外贸新业态

继续加大跨境电子商务综合试验区的建设力度，引导“海外仓”内移，实现品牌化、规模化的可持续性发展。充分发挥市场采购试点城市的产业优势，大胆探索、创新发展、精准施策，以贸易引领产业提升，为广东外贸稳增长和转型升级提供可复制、可推广经验模式。

（三）积极扩大进口，为广东省高质量发展增添新动能

随着国家一系列减税降费政策的落地实施，积极扩大进口将为广东省经济发展注入新动力、增添新活力、拓展新空间，特别是扩大转型升级需要的技术、设备及零部件进口，不仅有助于广东填补国内短缺、优化供给结构，还有利于推动产业结构调整和转型升级，形成积极对外开放新优势。

江苏省

江苏省地处我国长江下游地区，拥有得天独厚的沿海沿江优势，是我国发达地区长三角地区的代表，其综合经济实力在全国一直处于前列。2018 年，江苏省经济总量（GDP）达 9.26 万亿元，比上年增长 6.7%。同时，江苏省贯彻落实一系列促进外贸稳增长的政策措施，积极应对外部环境变化，在 2017 年进出口增势良好且规模基数较大的基础上，2018 年外贸保持总体平稳，且稳中有进，年度进出口规模创历史新高，在全国连续 16 年保持第 2 的位置，外贸依存度为 47.3%。

据海关统计，2018 年，江苏省实现外贸进出口 4.38 万亿元，同比增长 9.5%，占同期我国进出口总值的 14.4%；其中，出口 2.67 万亿元，同比增长 8.4%，占同期我国出口总值的 16.2%；进口 1.71 万亿元，同比增长 11.3%，占同期我国进口总值的 12.2%。

一、2018 年江苏外贸进出口的主要特点

（一）8 月份之后的月度进出口值持续高位运行

2017 年月度进出口值整体表现平稳，2018 年呈前稳后升态势，其中，前 8 个月的月度进出口值保持在 3 500 亿元左右稳定运行，8 月份之后迅速攀升至 3 800 亿元以上的高位，9 月份一度扩张至 4 188.8 亿元的历史新高（见图 1）。

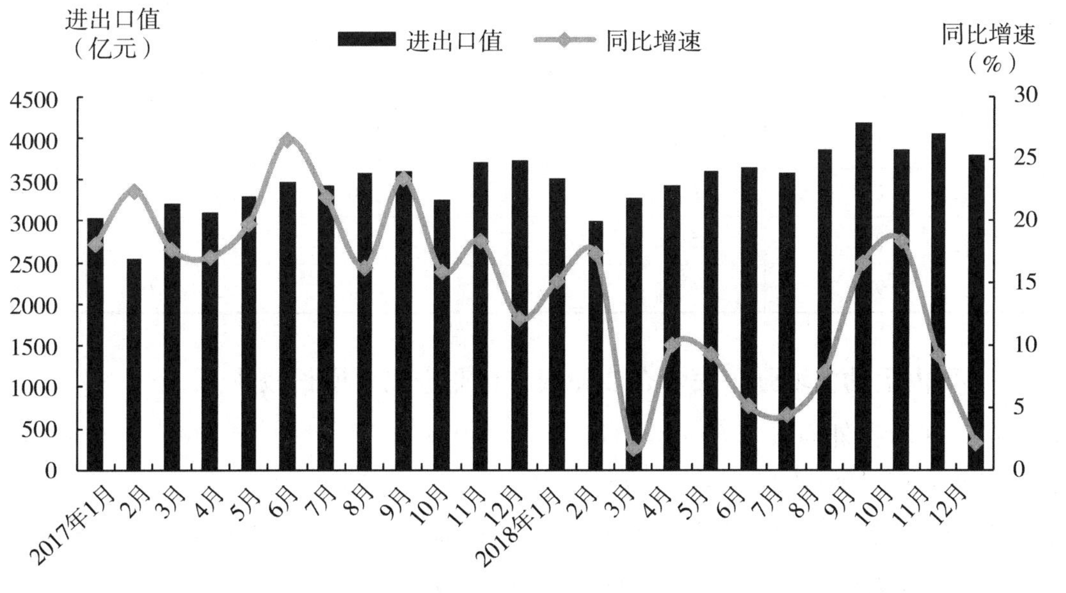

图 1　2017 年 1 月~2018 年 12 月江苏省外贸进出口月度统计图

（二）外贸自主性提高，一般贸易进出口比重增加

2018 年，江苏省一般贸易进出口 2.13 万亿元，同比增长 10.9%，占同期江苏省进出口值（下同）的 48.7%，相比较 2017 年提升 0.6 个百分点。同期，加工贸易进出口 1.72 万亿元，同比增长 4.4%，占比 39.3%。

（三）贸易伙伴更趋多元，与“一带一路”沿线国家进出口值增势良好

2018 年，江苏省对前 5 大贸易伙伴美国、欧盟、韩国、东盟和日本分别进出口 7 098.6 亿元、7 012 亿元、5 200.7 亿元、5 166.3 亿元和 3 951.7 亿元，分别同比增长 4.1%、7.3%、19.7%、12%和 4.1%，合计占比 64.9%。同期，江苏省对“一带一路”沿线国家进出口 9 737.5 亿元，同比增长 11.4%，高于总体进出口增速 1.9 个百分点，其中，对沿线的沙特阿拉伯、孟加拉国和卡塔尔分别进出口 396.8 亿元、249.7 亿元和 159.2 亿元，分别同比增长 33.1%、19.5% 和 57.5%。与此同时，对拉丁美洲和非洲等新兴市场的开拓取得成效，2018 年，江苏对拉丁美洲和非洲分别进出口 2 302.1 亿元和 869.7 亿元，分别同比增长 13.2%和 19.7%（见表 1）。

表 1　2018 年江苏省与主要贸易伙伴进出口统计表

国家或地区	进出口值（亿元）	同比（%）	出口值（亿元）	同比（%）	进口值（亿元）	同比（%）
美国	7 098.6	4.1	6 143.4	6.0	955.2	-6.8
欧盟	7 012.0	7.3	4 973.6	6.9	2 038.4	8.3
韩国	5 200.7	19.7	1 483.9	18.7	3 716.8	20.1
东盟	5 166.3	12.0	2 996.2	13.0	2 170.1	10.6
日本	3 951.7	4.1	1 951.5	5.5	2 000.2	2.8
中国台湾	2 915.4	7.6	759.8	7.4	2 155.6	7.7
中国香港	2 427.4	16.2	2 405.4	17.6	22.0	-50.0
澳大利亚	1 248.8	10.1	570.0	10.8	678.8	9.5
巴西	991.9	25.9	351.5	8.8	640.4	37.8
印度	976.7	6.7	847.7	4.5	129.0	23.8

（四）外贸内生动力增强，民营企业和国有企业进出口增长较快

2018 年，江苏省外商投资企业进出口 2.69 万亿元，同比增长 5.7%，占比 61.4%。同期，民营企业和国有企业进出口值分别为 1.25 万亿元和 4 325.7 亿元，分别同比增长 15.2%和 19.3%，分别占 28.5%和 9.9%，占比分别较 2017 年提升 1.3 个和 0.8 个百分点。

（五）苏南地区占比逾 8 成，苏北地区进出口较快增长

2018 年，苏南地区进出口 3.69 万亿元，同比增长 9%，占比 84.2%。苏中地区进出口 4 301.1 亿元，同比增长 8.4%；苏北地区进出口 2 601.2 亿元，同比增长 19.2%，高于全省增速 9.7 个百分点。

（六）部分机电产品和装备制造产品出口保持良好增势

2018 年，江苏省出口机电产品 1.76 万亿元，同比增长 9%。部分机电产品和装备制造产品呈现良好的增长，其中，集成电路 1 556.6 亿元，同比增长 34.5%；电脑产品的零件 1 063.1亿元，同比增长 40.7%；金属加工机床 65 亿元，同比增长 25.2%。此外，出口便携式电脑 1 408.1 亿元，同比增长 3%；出口手机 811.3 亿元，同比下降 10.5%；出口钢材 735.8 亿元，同比增长 8.8%。此外，出口劳动密集型产品 4 391.8 亿元，同比增长 5.2%。

（七）能源资源性产品及化工产品进口值稳定增长

2018 年，江苏省分别进口大豆、初级形状的塑料、二甲苯和乙二醇 511.1 亿元、435.8 亿元、272 亿元和 250.4 亿元，分别同比增长 15.7%、10.6%、44.6%和 25.8%；液化天然气进口值翻番，达到 258 亿元。部分重要设备和关键零部件、消费品进口值较快增长，其中进口集成电路4 130.2 亿元，同比增长 26.5%；进口金属加工机床 198.1 亿元，同比增长 16.1%；进口牛肉 28.3 亿元，同比增长 76.1%；进口美容化妆品及护肤品 10.6 亿元，同比增长 45%（见表 2）。

表 2　2018 年江苏省主要进出口商品统计表

出口			进口		
商品名称	金额（亿元）	同比（%）	商品名称	金额（亿元）	同比（%）
服装及衣着附件	1 747.9	0.8	集成电路	4 130.2	26.5
纺织纱线、织物及制品	1 561.3	7.9	铁矿砂及其精矿	575.1	1.9
集成电路	1 556.6	34.5	大豆	511.1	15.7
便携式电脑（平板电脑除外）	1 408.1	3.0	初级形状的塑料	435.8	10.6
电脑产品的零件	1 063.1	40.7	液晶显示板	409.2	-20.8
手持或车载无线电话机	811.3	-10.5	计量检测分析自控仪器及器具	378.2	11.2
钢材	735.8	8.8	二极管及类似半导体器件	280.1	1.8
汽车零配件	543.8	8.9	二甲苯	272.0	44.6
二极管及类似半导体器件	440.2	-3.5	通断保护电路装置及零件	264.8	13.5
塑料制品	427.2	18.0	天然气	258.0	102.6

二、2018 年江苏省进出口增长的主要原因

（一）省内经济稳中向好，稳外资、稳外贸政策效果释放，为外贸增长奠定基础

2018 年以来我国经济稳中向好，制造业延续扩张势头，江苏经济也实现稳中提质，产业结构加快调整，2018 年全省制造业投资同比增长 11.2%，消费增长 7.9%[①]，规模以上工业增加值同比增长 5.1%，尤其是高技术产业、装备制造业表现尤为突出，分别同比增长

① 数据来源于江苏省统计局统计数据。

11.1%和8%，高于规模以上工业增加值6个和2.9个百分点。代表智能制造、新型材料、新型交通运输设备和高端电子信息产品的新产品产量实现较快增长。江苏省工业尤其是先进制造业快速发展，加之系列稳外资、稳外贸政策措施陆续出台，扩大进口、减税降费等政策效果逐步释放，制造所需的部分重要设备和关键部件进口量也实现快速增长，为江苏省外贸增长奠定了基础。

（二）全省居民消费水平稳步提升，带动相关产品进口量快速增长

2018年，全省社会消费品零售总额同比增长7.9%，其中，基本生活类消费增长平稳，部分消费升级类商品零售额增长较快①。同时，居民消费水平也在不断提升，带动大量优质消费品进口的增长，全年江苏省对牛肉、美容化妆品及护肤品的进口增势迅猛，在一定程度上带动江苏进口的增长。

（三）传统市场运行平稳的同时，新兴市场开拓有力，为江苏省外贸增长提供动力

除12月份之外，2018年美国制造业PMI基本保持在58左右的高位运行，同期，欧元区和日本的制造业PMI也均保持在50以上②。在全球主要市场制造业向好的同时，消费市场也呈现出复苏迹象，全年美国咨商会消费者信心指数始终保持高位运行，同期日本失业率也保持在2.5%以下的低位③。同时，江苏省企业开拓新兴市场表现良好，2018年，对“一带一路”沿线国家及非洲、拉丁美洲的进出口值增速均快于同期全省外贸增长水平，为江苏外贸增长提供有力支撑。

三、影响2019年江苏省进出口的主要因素

（一）全球经济出现放缓迹象，或将制约未来贸易增长空间

2019年初，世界银行下调全年全球经济增速0.1个百分点至2.9%④。美国经济见顶迹象逐渐显现，2019年2月份制造业PMI指数跌至两年来的最低点⑤，3月份虽有所回升，但企业对2019年经济放缓的担忧仍在加剧。欧元区经济呈现较为明显的增长放缓迹象，2019年3月份制造业PMI跌至71个月以来新低的47.6⑥，且德、法两国经济下行趋势日趋明显。

（二）江苏省制造业在外贸领域仍存在下行压力

当前部分中高端制造业从我国向发达国家回流的同时，新兴市场国家也在推动中低端制造业崛起，对我国传统优势产品形成竞争。2019年初，江苏制造业增速也明显放缓，一季度，全省规模以上工业企业增加值同比增长5.3%⑦，低于去年同期的7.8%⑧，其中，外

① 《2018年江苏省国民经济和社会发展统计公报》，江苏省统计局，2019年3月8日。
② 《2018年全球制造业PMI回顾》，国际海事信息网，2019年1月17日。
③ 《全球主要地区经济数据一览》，东方财富网，2018年5月18日。
④ 《世界银行因贸易摩擦将2019年经济增长预期下调至2.9%》，搜狐网，2019年1月9日。
⑤ 《美国2月ISM制造业PMI跌至逾两年来最低》，同花顺财经，2019年3月3日。
⑥ 《〈欧洲经济〉欧元区3月制造业PMI恶化》，阿思达克财经，2019年3月22日。
⑦ 《2019年一季度全省经济发展情况新闻发布稿》，江苏省统计局，2019年4月24日。
⑧ 数据来源于江苏省统计局统计数据。

商及港澳台商投资企业工业增加值同比仅增长 1.4%[①]，而外商投资企业一直是江苏的最大贸易主体，其生产发展乏力，或将制约未来全省外贸的增长空间。此外，2019 年一季度，江苏制造业固定资产投资仅同比小幅增长 4.3%[②]，低于去年同期的 6.7% 和全年的 11.2%[③]，制造业在外贸领域仍然存在较大下行压力。

（三）国际环境错综复杂，贸易保护主义持续升温

部分地区政治形势不稳，意大利民粹党派上台执政、英国退欧谈判、意大利和西班牙的债务状态持续恶化、法国爆发社会危机等给欧元区经济复苏和欧洲一体化发展带来挑战。同时，新兴市场面临的资本外流、汇率贬值、资产价格波动等风险大增，且增长前景分化较为严重。此外，在全球制造业产能过剩、市场竞争激烈的情况下，全球贸易保护主义仍在升温，中美经贸摩擦虽有缓和迹象，但具有复杂性、反复性和长期性。

四、形势展望和政策建议

2019 年全球经济复苏势头出现放缓迹象，民粹主义、地缘政治风险等不确定因素依然较多，加上美国单边主义、贸易保护主义盛行，中美贸易摩擦的反复性和长期性给江苏外贸带来较大的不确定性。但前期我国、稳外贸稳外资、积极扩大进口、减税降费等政策效果将逐步释放，在江苏省大力推进开放型经济高质量发展的大背景下，2019 年全省外贸发展有望继续稳中向好。

（一）抓住机遇加快发展，培育外贸竞争新优势

抓住国家倡议机遇，以“一带一路”交汇点建设为总揽，以高水平开放推动外贸高质量发展，统筹各项政策、资源，鼓励企业积极培育技术、标准、品牌、质量和服务为核心的竞争力，形成面向全球的贸易、投融资、生产和服务网络，进一步向全球产业链、价值链的上游迈进。

（二）加强资源整合，促进中欧班列成为推进“一带一路”建设的重要载体

进一步发挥新亚欧陆海联运交通枢纽和国际物流基地作用，整合全省班列资源，打造中欧班列统一品牌和整体形象。同时，依托国际班列和电子商务平台，扩大化妆品、红酒等消费品通过中欧班列渠道回程进口。此外，将市场采购等新兴贸易业态与中欧班列的优势叠加，进一步促进江苏传统产业开拓国际市场。

---

① 《2019 年一季度全省经济发展情况新闻发布稿》，江苏省统计局，2019 年 4 月 24 日。

② 《2019 年一季度全省经济发展情况新闻发布稿》，江苏省统计局，2019 年 4 月 24 日。

③ 数据来源于江苏省统计局统计数据。

上海市

上海坐落于我国东海岸和长江经济带的T形结合部，集“黄金海岸”与“黄金水道”的优越自然条件和独特区位优势于一身，凭借成熟的产业配套、良好的基础设施、高效的政府服务以及政策的东风，上海对外贸易实现了多年较高水平的可持续发展。据海关统计，2018年，上海实现外贸进出口3.4万亿元，同比增长5.5%，占当年我国进出口总值的11.1%；其中，出口1.37万亿元，同比增长4.2%，占当年我国出口总值的8.3%；进口2.03万亿元，同比增长6.4%，占当年我国进口总值的14.4%。2018年，上海经济总量（GDP）3.27万亿元，同比增长6.6%①，外贸依存度为104.1%。

一、2018年上海外贸进出口的主要特点

（一）月度进出口规模前低后高，但年末显著下滑

2018年，上海进出口月度值总体呈现逐级爬升态势，但进出口增速于年末显著放缓。当年2月份，上海进出口值为2 384.1亿元，同比增长8.4%，增速较当月全国进出口总体增速低8.5个百分点，进出口值创下最近12个月以来的最低记录。但此后缓慢攀升，至当年11月份，上海进出口值达到3 169.6亿元，同比增长8.6%，进出口月度值创历史新高。12月份上海进出口规模和增速再次显著下降，当月同比增速低至4.9%，为最近12个月以来的最低（见图1）。

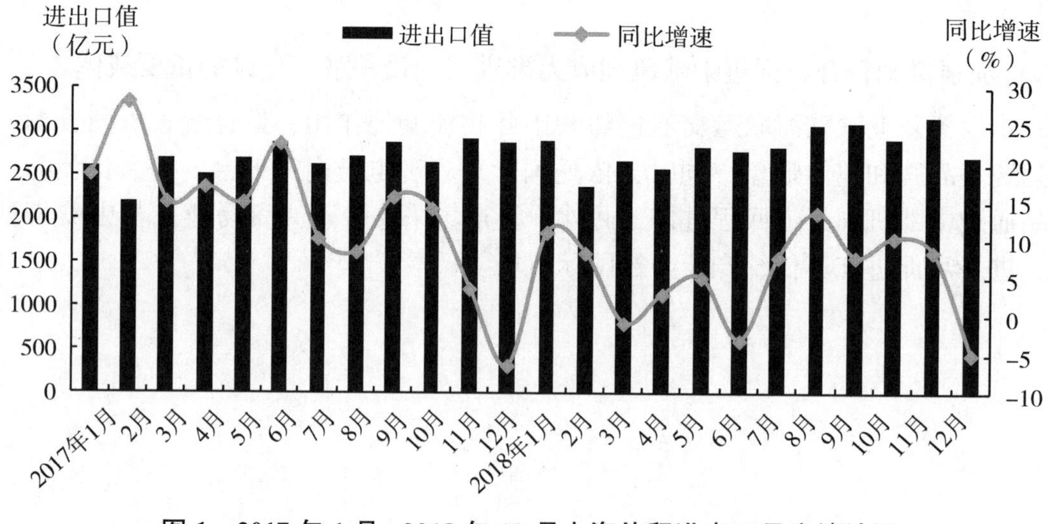

图1　2017年1月~2018年12月上海外贸进出口月度统计图

① 《2018年上海地区生产总值》，上海统计网，2019年1月22日。

（二）一般贸易方式进出口占据半壁江山，加工贸易方式占比下降

2018 年，上海以一般贸易方式进出口 1.8 万亿元，同比增长 8%，占当年上海进出口总值的51.8%，比重提升 1.1 个百分点。此外，以加工贸易方式进出口 7 504.6 亿元，同比微增 0.1%，占当年上海进出口总值的 22.1%，比重下滑 1.2 个百分点。

（三）欧盟、美国和东盟为前 3 大贸易伙伴，主要贸易伙伴中仅日本占比上升

2018 年，上海对欧盟进出口 7 068.4 亿元，同比增长 3.6%，占当年上海进出口总值的 20.8%，比重下滑了 0.4 个百分点；对美国进出口 5 069.4 亿元，同比下降 2.9%，占 14.9%，比重下滑了 1.3 个百分点。自 2015 年东盟超越日本跻身前 3，已经连续第 4 年占据上海第 3 大进出口市场地位。2018 年，上海对东盟进出口总值 4 222.9 亿元，同比下降 0.4%，占 12.4%，比重下滑了 0.7 个百分点。此外，当年上海对日本进出口 3 794.6 亿元，同比增长 7.5%，比重由 2017 年的 10.9%增至 11.2%（见表 1）。

表 1　2018 年上海与主要贸易伙伴进出口统计表

国家或地区	进出口值（亿元）	同比（%）	出口值（亿元）	同比（%）	进口值（亿元）	同比（%）
欧盟	7 068.4	3.6	2 432.8	4.5	4 635.6	3.2
美国	5 069.4	-2.9	3 134.3	-0.4	1 935.1	-6.6
东盟	4 222.9	-0.4	1 695.2	6.3	2 527.7	-4.4
日本	3 794.6	7.5	1 417.6	8.3	2 377.0	7.0
中国台湾	1 799.3	7.1	509.9	8.8	1 289.4	6.4
韩国	1 762.9	4.4	453.8	5.6	1 309.1	4.0
澳大利亚	1 462.4	17.4	356.4	-0.6	1 106.0	24.7
中国香港	1 433.9	15.2	1 321.1	8.5	112.8	319.3
瑞士	1 254.6	13.8	33.0	32.1	1 221.6	13.4
巴西	737.9	17.9	138.5	1.7	599.4	22.5

（四）外商投资企业进出口占 6 成以上，民营企业和国有企业较快增长

2018 年，外商投资企业进出口 2.19 万亿元，同比增长 2.1%，占当年上海进出口总值的 64.4%，所占比重同比下滑 2.2 个百分点。同年，民营企业和国有企业进出口值分别为 6 856 亿元和 5 129.9 亿元，同比分别增长 12.7%和 11.2%，增速较当年上海进出口总体增速分别快 7.2 和 5.7 个百分点，所占比重分别为 20.2%和 15.1%，同比分别上升 1.3 个和 0.8 个百分点。

（五）机电产品出口占近 7 成，高新技术产品出口占比下滑

2018 年，上海出口机电产品 9 480.1 亿元，同比增长 2.1%，占当年上海出口总值的 69.4%。其中，自动数据处理设备及其部件出口 1 515.6 亿元，同比下降 16.9%；集成电路出口 1 056.3 亿元，同比增长 3.8%；手持或车载无线电话机出口 1 033.8 亿元，同比增长 5.3%。上海出口高新技术产品 5 742.3 亿元，同比增长 0.8%，较当年上海出口总体增速低

3.4个百分点，占上海出口总值的42%，比重同比下滑1.4个百分点。

（六）集成电路和汽车进口下降，资源性商品进口较快增长

2018年，上海分别进口集成电路和汽车2 290.2亿元和836.9亿元，分别同比下降6.7%和5.3%，分别占当年上海进口总值的11.3%和4.1%。上海进口农产品1 430.2亿元，同比增长8.7%，占上海进口总值的7%。此外，上海分别进口初级形状的塑料、铁矿砂及其精矿和未锻轧铜及铜材746.1亿元、706.9亿元和484.5亿元，同比分别增长13.2%、19.2%和11.6%，较当年上海进口总体增速分别高出6.8个、12.8个和5.2个百分点（见表2）。

表2　2018年上海主要进出口商品统计表

出口			进口		
商品名称	金额（亿元）	同比（%）	商品名称	金额（亿元）	同比（%）
自动数据处理设备及其部件	1 515.6	-16.9	集成电路	2 290.2	-6.7
集成电路	1 056.3	3.8	农产品	1 430.2	8.7
手持或车载无线电话机	1 033.8	5.3	汽车	836.9	-5.3
数字式自动数据处理设备	885.8	-21.8	医药品	769.5	6.5
服装及衣着附件	736.2	-1.3	初级形状的塑料	746.1	13.2
纺织纱线、织物及制品	502.1	8.0	铁矿砂及其精矿	706.9	19.2
自动数据处理设备的零件	463.2	47.2	计量检测分析自控仪器及器具	593.5	9.4
汽车零配件	355.8	5.0	未锻轧铜及铜材	484.5	11.6
船舶	280.6	-19.3	通断保护电路装置及零件	381.4	2.1
钢材	274.4	26.1	服装及衣着附件	354.7	20.2

二、2018年上海外贸进出口保持增长的主要原因

（一）外贸政策综合效应显现，推动进出口值稳步增长

为助力外贸稳步增长，上海制定实施外贸“稳预期、稳企业、稳订单”20条措施，成效明显。上海组建“走出去”综合服务平台，中方对外直接投资额达到168.7亿美元，对外承包工程合同额达到119亿美元①。以承办首届中国国际进口博览会为契机，打造“6天+365天”一站式交易服务平台，进一步提升对外贸易发展质量和效益，增强外贸自主发展能力。上海以构筑更便捷、更高效的营商环境为着力点，对稳外贸增长综合施策，推动进出口值稳步攀升。

（二）资源性商品进口值快速增长，对进口值拉升作用明显

作为资源稀缺型城市，上海对进口塑料、铁矿砂、铜、成品油、煤、天然气等资源性

① 《应勇：2018年上海货物进出口总额增长5.5%》，东方网，2019年1月27日。

商品的依赖程度较高。2018 年，上海对上述 6 类大宗资源性商品合计进口 2 314.9 亿元，同比增长 15.1%，较当年上海总体进口增速高 8.7 个百分点，对当年上海进口值增长的贡献度达 24.8%。

三、影响 2019 年上海外贸进出口的主要因素

（一）上海综合生产成本高企，制造业外移效应始终存在

上海是全国最重要的经济中心之一，劳动力、土地等要素成本明显高于中西部地区。2018 年，上海的月最低工资标准为 2 420 元，排名全国第一，比云南省的 1 670 元高出 44.9%[①]。在 2018 年 12 月底对上海 280 家外贸企业的问卷调查中，有 162 家企业反映出口综合成本持续上升，占受访企业总数的 57.9%，较上月上升 1.1 个百分点。由于要素成本居高不下，上海制造业的相对优势削弱，以大型外商投资企业为主的电子产品制造业整体搬迁趋势较为明显。上海进出口基数较高，在此基础上再实现增长压力较大，城市亟待加快转型发展。

（二）对美贸易摩擦升级，对进出口稳步增长产生负面效应

2018 年 3 月份以来，美国与我国的贸易摩擦不断升级，我国也相应采取了对等的反制措施对部分美国产品加征关税。此后双方经贸摩擦虽略有缓和，但美国仍维持对我国 2 000 亿美元出口产品加征 10%关税的措施，并在我国对美投资等领域不断设置新的限制措施。美国是上海第 2 大进出口市场，我国对美贸易摩擦不断，对上海进出口值稳步增长不利。2018 年，上海对美国进出口 5 069.4 亿元，进出口总体增速由 2017 年的同比增长 9.7%逆转为同比下降 2.9%，占上海进出口值的比重下滑了 1.3 个百分点。

（三）自贸区为上海外贸发展增添动力，但其他地区自贸区陆续增设也带来挑战

2013 年 9 月 29 日，中国第一个自贸区——上海自由贸易试验区在上海外高桥挂牌成立。5 年来，金融、贸易等系列制度创新不断推出，迄今上海自贸区已经累计有 127 个创新事项以及“证照分离”改革试点创新成果在全国复制推广，发挥了改革开放“试验田”的作用，也为上海外贸发展注入充沛活力。如今，随着海南省建设全国最大自贸试验区，全国已经有 12 个自贸区落地。随着上海自贸区经验在其他省市复制推广以及更多自贸区陆续获批，自贸区建设激发的进出口增长活力将惠及更多省市，上海领先优势也将面临挑战。

四、形势展望和政策建议

国际货币基金组织最新预测 2019 年全球经济增速为 3.3%，低于 2019 年 1 月作出的 3.5%的预测值，创下金融危机以来的最低水平[②]；2018 年 12 月底，上海海关对全市 280 家出口企业的问卷调查显示，反映新增出口订单同比增加的企业比重由上月的 27.9%下滑至 23.8%；对未来出口形势表示乐观的企业比重由上月的 24.3%下滑至 20.4%，仍处低位。

---

① 《2018 年最低工资排行发布，13 个省份提高，上海成全国最高标准》，百度新闻，2018 年 8 月 6 日。

② 《IMF 发布最新〈世界经济展望报告〉》，同花顺财经，2019 年 4 月 11 日。

在外需持续低迷、对美贸易摩擦前景不明的形势下，预计 2019 年上海实现外贸进出口正增长的压力依然较大，而出口面临的困难将大于进口。

为此建议：一是以自贸区建设为契机，进一步推进贸易便利化水平，降低企业进出口通关时间和成本，为企业开展对外贸易提供良好的政策环境；二是发挥上海作为全国部分消费品进口集散地的优势，培育新的进口消费热点，激发消费品进口动力，同时积极扩大对先进技术设备、关键零部件、能源原材料的进口；三是深化推进贸易伙伴多元化战略，优化对外贸易布局，在深耕美、欧、日等发达市场的同时，加强对拉美、非洲等新兴市场的研究和开拓力度；四是加快推进战略性新兴产业的发展，引导企业增加研发投入，加强自主创新和自有品牌建设，提高产品的附加值，培育核心竞争力和形成新的国际竞争优势；五是加强对国际贸易保护新动向的研究，组织并引导企业合理维护自身权益，为企业创造良好的外贸环境。

北京市

北京是我国的政治中心、文化中心、国际交往中心、科技创新中心。近年来，北京坚持稳中求进工作总基调，坚持新发展理念，紧密围绕京津冀协同发展和首都城市的战略定位，不断提高发展质量和效益，经济运行总体平稳，高质量发展稳步推进。2018 年，北京地区生产总值（GDP）3.03 万亿元，同比增长 6.6%[①]。同时，北京积极推进外向型经济发展，外贸依存度为 89.8%，对外贸易整体保持高速、优质、稳定发展，外贸规模和增速都位居全国前列。

据海关统计，2018 年北京实现进出口 2.72 万亿元，比 2017 年增长 23.9%，占同期我国进出口总值的 8.9%；其中，出口 4 878.5 亿元，同比增长 23%，占同期我国出口总值的 3%；进口 2.23 万亿元，同比增长 24.1%，占同期我国进口总值的 15.8%；贸易逆差 1.74 万亿元，同比扩大 24.4%。

一、2018 年北京外贸进出口的主要特点

（一）年度进出口总值创历史新高，月度进出口全年保持增长态势

2017 年至 2018 年，北京进出口值连续两年保持同比两位数增长；在 2017 年进出口值 2.19 万亿元的基础上，2018 年进出口值达 2.72 万亿元，创历史最高水平。从月度数据来看，2018 年月度进出口值始终保持同比增长态势，其中仅 12 月份同比增幅低于 10%；单月进出口值除 2 月份为 1 723.8 亿元外，其余月度均超过 2 000 亿元，其中 11 月份为 2 482.2亿元，创年内高点（见图 1）。

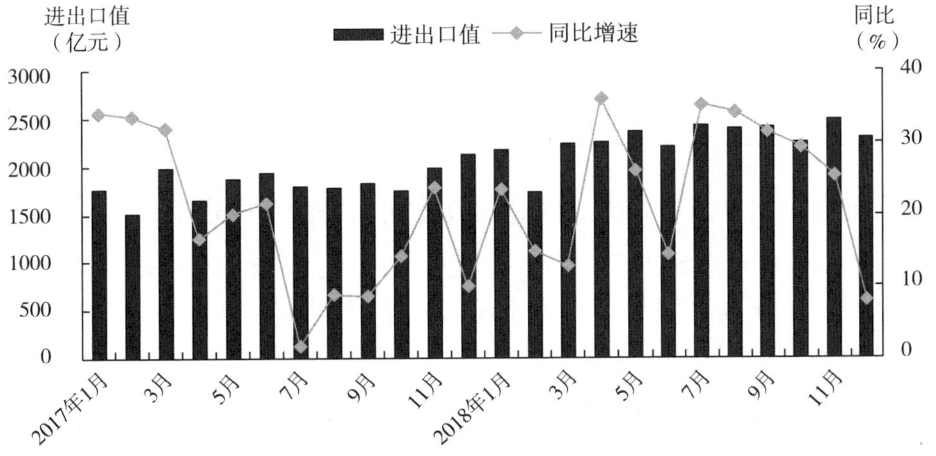

图 1　2017 年 1 月~2018 年 12 月北京外贸进出口月度走势统计图

① 《去年北京 GDP 同比增长 6.6%，新经济增加占比约三分之一》，中国新闻网，2019 年 1 月 23 日。

（二）一般贸易方式占主导地位

2018 年，北京以一般贸易方式进出口 2. 33 万亿元，同比增长 30. 3%，占同期北京进出口总值的 85. 7%，所占比重较 2017 年提升 4. 1 个百分点。同期，以加工贸易方式进出口 1 528. 9 亿元，同比大幅下降 30. 1%，占同期北京进出口总值的 5. 6%，比重较 2017 年下滑 4. 4 个百分点。

（三）对主要贸易伙伴进出口全面增长，贸易伙伴更趋多元，与“一带一路”沿线国家贸易愈发活跃

2018 年，北京对主要贸易伙伴进出口均呈现快速增长势头，其中对欧盟进出口3 354. 5 亿元，同比增长 14%；东盟 2 577. 3 亿元，同比增长 40. 3%；美国 2 242 亿元，同比增长 4. 9%；澳大利亚 1 498. 9 亿元，同比增长 22. 6%；伊拉克 1 322. 3 亿元，同比增长 56. 8%。北京对前 5 大贸易伙伴进出口值合计占北京进出口总值的 40. 4%。同期，北京对“一带一路”沿线国家进出口值合计 1. 14 万亿元，同比增长 33. 8%，占同期北京进出口总值的 41. 9%（见表 1）。

表 1　2018 年北京与主要贸易伙伴进出口统计表

国家或地区	进出口值（亿元）	同比（%）	出口值（亿元）	同比（%）	进口值（亿元）	同比（%）
欧盟	3 354. 5	14. 0	428. 5	24. 0	2 926. 0	12. 6
东盟	2 577. 3	40. 3	1 242. 6	40. 5	1 334. 7	40. 1
美国	2 242. 0	4. 9	346. 7	8. 0	1 895. 3	4. 4
澳大利亚	1 498. 9	22. 6	140. 1	87. 1	1 358. 8	18. 4
伊拉克	1 322. 3	56. 8	25. 5	155. 9	1 296. 8	55. 6
沙特阿拉伯	1 293. 4	34. 9	17. 5	−2. 3	1 275. 9	35. 6
俄罗斯	1 164. 9	35. 2	106. 1	28. 6	1 058. 8	35. 9
安哥拉	1 144. 0	22. 0	12. 8	−38. 5	1 131. 2	23. 4
日本	1 074. 8	3. 7	201. 4	−11. 3	873. 4	7. 9
巴西	890. 8	24. 1	49. 0	69. 4	841. 8	22. 2

（四）国有企业进出口占近 8 成，外商投资企业和民营企业进出口小幅增长

2018 年，北京国有企业进出口 2. 02 万亿元，同比增长 29. 9%，占 74. 3%，占比较 2017 年提升 3. 3 个百分点。同期，外商投资企业、民营企业分别进出口 4 785 亿元和 1 933. 2亿元，分别同比增长 7. 3%和 2. 2%。

（五）出口商品结构持续优化，劳动密集型产品出口下滑

2018 年，北京前 5 大出口商品分别为成品油、手机、钢材、集成电路和汽车零配件，合计占同期北京出口值的 50. 5%。其中，成品油和手机分别出口 1 758. 9 亿元和 300. 3 亿元，同比分别大幅增长 75. 1%和 88. 4%。同期，出口劳动密集型产品 188. 2 亿元，同比下降 32. 6%。

（六）能源类资源性商品进口占据重要地位，原油、天然气进口大幅增长

2018 年，北京大宗资源类商品进口占据重要地位。其中，进口原油 9 855.7 亿元，同比增长 43.5%，占同期北京进口总值的（下同）44.2%；进口天然气 1 612.9 亿元，同比增长 61.2%，占 7.2%；进口铁矿砂 653.3 亿元，同比下降 11.1，占 2.9%。此外，进口汽车 1 595.6 亿元，同比下降 0.1%，占 7.2%；进口医药品 443.4 亿元，同比增长 11.4%，占 2%（见表 2）。

表 2　2018 年北京外贸进出口主要商品统计表

出口			进口		
商品名称	金额（亿元）	同比（%）	商品名称	金额（亿元）	同比（%）
成品油	1 758.9	75.1	原油	9 855.7	43.5
手机	299.9	88.9	天然气	1 612.9	61.2
钢材	190.1	6.4	汽车	1 595.6	-0.1
集成电路	112.9	-13.1	铁矿砂及其精矿	653.3	-11.1
汽车零配件	100.8	4.9	医药品	443.4	11.4
船舶	85.8	-3.2	成品油	366.5	25.5
服装及衣着附件	78.3	-38.1	计量检测分析自控仪器及器具	362.2	8.2
通断保护电路装置及零件	75.2	-3.1	大豆	335.1	-1.6
汽车	66.9	2.8	汽车零配件	308.9	7.2
液晶显示板	60.4	67.6	未锻轧铜及铜材	297.3	8.5

二、2018 年北京外贸进出口增长的主要原因

（一）原油、天然气进口量价齐升带动整体进口增长

北京有大量央企驻扎，承担着我国能源、资源、农产品等关乎国计民生的大宗商品国际采购的重要职责，其中原油和天然气是北京最重要的传统进口商品。2018 年北京进口原油 2.88 亿吨，同比增加 10.2%，占同期全国进口总量的 6 成以上；进口平均价格为每吨 3 416.4元，同比上涨 30.2%；同期，进口天然气 5 928.3 万吨，同比增加 31.1%，进口平均价格为每吨 2 720.7 元，上涨 22.9%。原油与天然气进口量价齐升成为拉动北京 2018 年进口增长的重要因素，两者合计对北京进口增长贡献率达到 83%。

（二）“一带一路”倡议有力助推北京外贸进出口进一步发展

依托国家“一带一路”倡议，北京与全球 50 多个城市缔结友好城市，为北京外贸发展带来了更多选择和机会[①]。2018 年 10 月，北京印发《北京市推进共建“一带一路”三年行动计划（2018—2020 年）》，目标是到 2020 年进一步强化“四个中心”功能，进一步提高

① 《“一带一路”，北京这五年》，北京商报，2019 年 4 月 25 日。

“四个服务”能力，努力将北京打造成为国际交往活跃、国际化服务完善、国际影响力凸显的重大国际活动聚集之都，成为展示中华文化的重要窗口和荟萃世界文化的重要舞台，初步建成具有全球影响力的科技创新中心和全球领先的服务贸易枢纽城市①。全面深度融入国家“一带一路”建设，有力助推了北京外贸进出口的进一步发展。

（三）关税税率进一步降低，政策红利逐步显现

2018 年，我国关税税率进一步降低，关税总水平由 2017 年的 9.8%降至 7.5%，降税商品涉及与民生相关的多个领域②。其中，2018 年 5 月 1 日起，取消包括抗癌药在内的所有普通药品、具有抗癌作用的生物碱类药品及有实际进口的中成药等 28 项药品的进口关税；7 月 1 日起，降低部分进口日用消费品的最惠国税率；11 月 1 日起，降低 1 585 个税目工业品等商品进口关税税率。受政策利好拉动，2018 年北京进口消费品 2 563.2 亿元，同比增长 5.5%；进口医药品 443.4 亿元，同比增长 11.4%。关税税率降低的政策红利逐渐显现，消费升级的需求逐步得到满足，为北京外贸进口打开更多市场空间。

三、影响 2019 年北京外贸进出口的主要因素

（一）营商环境改善，有助于提升北京贸易便利化水平

2018 年 11 月，北京发布《北京市进一步优化营商环境行动计划（2018 年—2020 年）》，争取开展新一轮服务业扩大开放综合试点，不断缩减服务业负面清单、放宽市场准入条件；加快推进关检深度融合，有效减少进出口环节的审批监管事项，持续提升贸易便利化水平，使投资贸易环境更加开放③。营商环境的改善，为未来北京外贸进出口的高质量发展起到重要推动作用。

（二）借力跨境电商试点政策，为外贸发展增添新动力

2018 年 7 月，北京获批成为第 3 批跨境电子商务综合试验区④。11 月底，商务部、发改委等部门陆续出台了跨境电商零售进口的相关政策，明确了跨境电商零售进口商品的监管要求，提高了单次和年度交易限值。虽然相比于国内先行先试的杭州、天津、上海等城市，北京跨境电商起步较晚，但是相关政策的密集出台和叠加效应，为北京地区跨境电商的发展打开了新的窗口期，创造了新的机遇。

（三）京津冀协同发展有利于带动北京的经贸水平向更高层次发展

近年来，我国在推进京津冀协同发展上谋篇布局，“轨道上的京津冀”加快推进，生态环保合作不断深化，产业升级转移持续加强⑤。京津冀协同发展以坚持改革创新打造新的经济增

---

① 《解读〈北京市推进共建“一带一路”三年行动计划（2018—2020 年）〉》，北京市发展改革委员会，2018 年 11 月 23 日。

② 《李克强：我国关税总水平由 9.8%降至 7.5%》，新华网，2019 年 3 月 5 日。

③ 《北京市 2018 年进出口整体通关时间将压缩三分之一》，千龙网，2018 年 11 月 19 日。

④ 《国务院关于同意在北京等 22 个城市设立跨境电子商务综合试验区的批复》，中国政府网，2018 年 8 月 7 日。

⑤ 《海外版望海楼：京津冀协同发展 5 年了》，人民网，2019 年 1 月 19 日。

长极，形成新的经济发展方式，有助于北京在交通口岸体系建设、出口产业的产业链延伸、国际化人才资源共享、服务贸易发展等领域建立有效的合作机制和平台，全面推进北京与周边省市的经济贸易发展。

四、形势展望和政策建议

2019 年，北京外贸发展仍然面临外部形势复杂多变等不稳定因素，加之外贸基数较高，地区进出口保持同比快速增长的难度较大。特别是原油、天然气、汽车、农产品等商品进口比重较高，使北京在应对地缘政治突变、贸易保护频发等外部市场变化上面临着风险与挑战。为实现外贸进出口稳中求进、稳中提质，建议：一是加强统筹规划，服务京津冀对外贸易协同发展。继续深入贯彻落实协同发展战略，实现京津冀 3 地外贸“链式发展”；统筹优化区域产业结构，加快形成新型“总部外贸”特色；注重区域外贸发展的环境、社会效益，降低高污染、高耗能商品贸易比重，增强区域“绿色外贸”发展水平。二是进一步改善营商环境，提高北京外贸发展质量。深入落实优化营商环境三年行动计划，实现地区营商环境持续改善；高质量开展促进跨境贸易便利化专项行动，进一步简化单证，切实降低进出口环节合规成本。三是促进新模式、新业态发展，以北京服务业扩大开放综合试点为契机，推进跨境电商、服务贸易等新模式、新业态发展，提升外贸综合竞争力。

浙江省

浙江省地处中国东南沿海、长江三角洲南翼，是拥有世界第一大港、市场遍及全球、享有“世界商品超市”美誉的贸易大省。2018 年，浙江省经济总量（GDP）达 5.62 万亿元，比上年增长 7.1%，增速比全国高 0.5 个百分点，占全国 GDP 的 6.2%。对外贸易是浙江经济稳定、持续发展的重要支柱。2018 年，浙江省坚定不移推动“八八战略”再深化、改革开放再出发，主动参与“一带一路”和长江经济带建设，积极融入长三角区域一体化，全年进出口规模迈上新台阶，贸易结构持续优化，整体表现好于预期，走在全国前列。

据海关统计，2018 年，浙江省实现外贸进出口 2.85 万亿元，比 2017 年增长 11.4%，增速高于全国平均水平 1.7 个百分点，连续两年实现两位数增长，外贸依存度达 50.7%。其中，出口 2.12 万亿元，同比增长 9%；进口 0.73 万亿元，同比增长 19%。进出口、出口和进口占全国比重分别为 9.3 %、12.9%和 5.2%，较 2017 年分别提升 0.1、0.2 和 0.3 个百分点。

一、2018 年浙江省外贸进出口的主要特点

（一）月度进出口稳中有进，9 月份进出口值创历史新高

2018 年，浙江省月度进出口走势总体稳中有进，除 2 月份、12 月份外，各月均同比增长，其中自 6 月份起月度同比增速呈加速态势，9 月份同比增长 30.7%，达到年内月度进出口增速的最高点，之后逐月回落，12 月份增幅由正转负，同比下降 0.5%。从月度进出口规模看，除 2~4 月外，其余月份均维持在 2 300 亿元以上，其中 9 月份进出口 2 695.9 亿元创月度进出口历史新高（见图 1）。

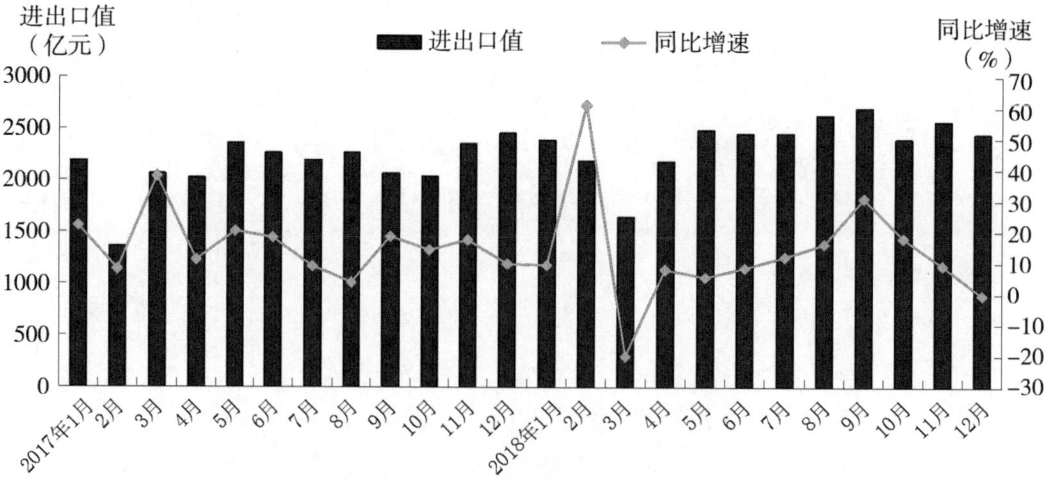

图 1　2017 年 1 月~2018 年 12 月浙江省外贸进出口月度走势图

（二）一般贸易占主体地位，贸易结构趋向多元化

2018 年，浙江省以一般贸易方式进出口 2.25 万亿元，同比增长 10.9%，占同期浙江省进出口总值的 79%，比 2017 年下降 0.3 个百分点；以加工贸易方式进出口 2 686.6 亿元，同比增长 5.2%，占同期浙江省进出口总值的 9.4%，比 2017 年下降 0.5 个百分点。同期，以市场采购方式出口 2 039.4 亿元，同比增长 7.7%，占同期浙江省出口总值的 9.6%；通过海关跨境电子商务管理平台零售进出口 275.5 亿元，同比增长 44.2%。贸易结构趋向多元化发展。

（三）前 3 大市场进出口稳定增长，“一带一路”建设带动效应持续显现

2018 年，浙江对前 3 大市场（欧盟、美国和东盟）进出口分别为 5 567.8 亿元、4 618.9亿元和 3 158.9 亿元，分别同比增长 9.3%、10.1%和 22.5%，3 者合计占同期浙江省进出口总值的 46.8%。同期，浙江省对“一带一路”沿线国家（地区）进出口 8 958.4 亿元，同比增长 12.2%，占浙江省进出口总值的 31.4%，拉动浙江省进出口增长 3.8 个百分点（见表 1）。

表 1　2018 年浙江省与主要贸易伙伴进出口统计表

国家或地区	进出口值（亿元）	同比（%）	出口值（亿元）	同比（%）	进口值（亿元）	同比（%）
欧盟	5 567.8	9.3	4 662.3	7.8	905.5	18.1
美国	4 618.9	10.1	4 148.6	12.2	470.3	-5.5
东盟	3 158.9	22.5	2 022.1	16.1	1 136.8	35.8
日本	1 581.5	8.1	837.4	4.1	744.1	13.0
韩国	1 206.5	16.5	551.2	9.8	655.3	22.9
印度	959.0	14.9	833.9	13.2	125.1	27.2
澳大利亚	942.4	12.9	437.2	12.6	505.2	13.1
中国台湾	783.0	8.5	211.8	9.8	571.2	8.1
巴西	748.2	20.3	463.4	13.5	284.8	33.2
俄罗斯	718.7	10.0	589.9	8.3	128.8	18.5

（四）参与外贸主体数量持续扩大，民营企业进出口保持较快增长

2018 年，浙江省有进出口记录的企业 7.7 万家，同比增加 8.4%。其中民营企业进出口 2 万亿元，同比增长 12.6%，占浙江省进出口总值的 71.6%，比重比 2017 年提升 0.8 个百分点；外商投资企业进出口 5 732.5 亿元，同比增长 4.6 %，占浙江省进出口总值的 20.1 %，比重下降 1.3 个百分点；国有企业进出口 2 344.2 亿元，同比增长 18.7%，占浙江省进出口总值的 8.2 %。

（五）甬杭金进出口规模稳居前三，外贸区域集中度高

2018 年，在浙江省 11 个地级市中，宁波、杭州和金华进出口规模稳居前 3，分别为 8 573.6亿元、5 245.2 亿元和 3 769.1 亿元，分别同比增长 12.8%、3.1%和 10.7%，3 市合计占同期浙江省进出口总值的61.7%。此外，舟山进出口增速45%居各地级市之首（见表2）。

表2　2018年浙江11个地级市进出口统计表

地级市	进出口值（亿元）	同比（%）	出口值（亿元）	同比（%）	进口值（亿元）	同比（%）
宁波地区	8 573.6	12.8	5 549.5	11.4	3 024.1	15.6
杭州地区	5 245.2	3.1	3 417.1	-1.0	1 828.1	11.8
金华地区	3 769.1	10.7	3 658.4	10.5	110.7	18.0
嘉兴地区	2 820.4	14.2	2 016.9	13.6	803.5	15.8
绍兴地区	2 240.1	12.1	2 046.0	10.5	194.1	33.3
台州地区	1 737.2	10.1	1 531.8	11.1	205.4	3.1
温州地区	1 506.9	13.6	1 302.2	12.5	204.7	20.9
舟山地区	1 136.1	45.0	425.4	10.7	710.7	78.0
湖州地区	884.7	14.6	770.9	13.1	113.8	25.4
衢州地区	349.5	-4.0	230.9	-10.9	118.6	12.8
丽水地区	247.1	10.8	225.9	10.2	21.2	17.2

（六）机电产品出口占比进一步提升，出口商品结构趋优

2018年，浙江省机电产品出口9 207.8亿元，同比增长9.6%，占同期浙江省出口总值的43.5%，比重较2017年提升0.3个百分点。其中，机械设备类和电器电子类产品出口同比分别增长10.3%和8%。同期，纺织服装、家具等7大类劳动密集型产品合计出口7 542.5亿元，同比增长7.4%，占浙江省出口总值的35.6%，比重同比下降0.5个百分点。此外，太阳能电池、成品油出口分别同比增长38%和84.8%。

（七）进口以资源性产品为主，成品油、二甲苯等进口增长较快，医药品、粮食进口下降

2018年，浙江省初级形状的塑料、成品油、铁矿砂和二甲苯分别进口588.7亿元、454.4亿元、443.3亿元和309.4亿元，分别同比增长17.6%、80%、5.4%和62.4%。同期，进口机电产品1 275.4亿元，同比增长19.6%，占同期浙江进口总值的17.4%。此外，医药品和粮食进口分别同比下降3.4%和16.8%（见表3）。

表3　2018年浙江省主要进出口商品统计表

出口			进口		
商品名称	金额（亿元）	同比（%）	商品名称	金额（亿元）	同比（%）
纺织纱线、织物及制品	2 686.1	9.1	初级形状的塑料	588.7	17.6
服装及衣着附件	2 040.7	4.1	农产品	484.4	9.6
家具及其零件	867.1	10.8	成品油	454.4	80.0

表3 续

出口			进口		
商品名称	金额（亿元）	同比（%）	商品名称	金额（亿元）	同比（%）
塑料制品	746.9	11.2	铁矿砂及其精矿	443.3	5.4
鞋类	588.8	1.7	废金属	428.4	17.1
汽车零配件	565.7	10.4	二甲苯	309.4	62.4
灯具、照明装置及零件	382.3	4.5	未锻轧铜及铜材	266.1	41.8
农产品	375.1	8.0	集成电路	256.1	15.1
箱包及类似容器	356.7	9.2	乙二醇	173.6	38.0
钢材	326.6	9.5	纸浆	163.6	24.2

二、2018 年浙江省外贸进出口增长的主要原因

（一）多元化市场战略进一步实施，新兴市场开拓有力扩大进出口空间

2018 年，浙江省与 229 个国家（地区）有进出口贸易记录，几乎遍布世界各地，其中对 177 个国家（地区）进出口实现增长，占贸易国家（地区）总数的 77.3%。对欧、美、日韩等传统市场进出口均保持稳定增长，4 者合计拉动浙江省进出口增长 4.6 个百分点。同时，东盟、拉美、非洲、印度等新兴市场也开拓有力，进出口值分别同比增长 22.5%、17.5%、13.8%和 14.9%，4 者合计拉动浙江省进出口值增长 5.2 个百分点。

（二）内需持续扩大，加上消费层次提升，带动浙江进口增长

2018 年，浙江省经济稳定增长，供给侧结构性改革深入推进，内需持续扩大，拉动进口快速增长。2018 年浙江前 20 种大宗商品进口值增长 23.2%，占全省进口总值的 48%，对浙江进口增长贡献率达 56.7%，主要受进口量增加影响。此外，居民消费水平不断提升，带动大量优质消费品进口增长，2018 年，浙江省消费品进口 562.1 亿元，增长 26.9%，其中食品烟酒类、日化用品类和交通运输类产品进口分别同比增长 27.4%、1.1 倍和 33.2%。

（三）降低关税、支持民营企业发展等稳增长政策效应显现

2018 年，中央经济工作会议提出“六稳”，推出一系列稳增长政策措施，政策效应逐步显现，提振了信心，稳定了预期，外贸运行整体保持稳中有进。海关数据显示，自 2018 年 7 月 1 日降低关税以来，7~12 月份浙江省降税清单内的汽车整车及零部件和日用消费品进口值分别同比增长 58.4%和 23.9%。降低关税政策效应显现，相关产品进口快速增长。同时，浙江民营企业占比高、增速快、贡献大，我国加大对民营企业支持力度，也为浙江外贸注入动力。2018 年，浙江省进出口民营企业数量 6.9 万家，占全省进出口企业总数的 89%；进出口值占浙江省进出口总值的 7 成以上，进出口值增速高于全省平均水平 1.3 个百分点，对浙江省外贸出口、进口的贡献度分别高达 90.6%和 61.3%。

三、影响2019年浙江省进出口的主要因素

（一）全球经济复苏放缓，形势复杂多变，制约浙江省外贸发展空间

当前世界经济增长动能有所减弱，不确定、不稳定因素增加，经济面临下行风险。一方面，美欧等发达经济体增长动能减弱，工业生产、制造业经理人指数等重要指标纷纷出现减速趋势。美国2018年12月制造业PMI为53.8，创2017年9月份以来的新低；欧元区制造业PMI为51.4，创2016年以来的新低。另一方面，新兴经济体由于自身经济结构亟待改革、债务高企，受美国加息、减税、缩表影响，货币贬值和资本外流严重，面临的金融风险显著加大。从浙江省内情况看，2019年形势稳中有变、变中有忧，企业生产经营成本持续上升、工业技改投资和部分重点领域投资不理想[①]等问题仍然存在，实体经济仍会面临不少困难，在外部市场复杂多变的大背景下，浙江省外贸发展空间会受到制约。

（二）部分国家贸易保护主义、单边主义抬头，抬高浙江省产品出口门槛

国际贸易规则改革、国际贸易体系和秩序调整成为近年新趋势。2018年，日欧、美墨加协议签署，《全面与进步跨太平洋伙伴关系协定》（CPTPP）正式生效。其中美墨加协议原产地规则进一步趋严，技贸措施进一步细化，对我国纺织品原料向其协约国出口形成壁垒。受此影响，省内部分纺织服装出口企业订单锐减，产业链呈现向越南等地加速转移的趋势。浙江省作为全国范围内技贸措施、双反调查涉案企业最多的省份，贸易保护主义、单边主义抬头将对浙江省出口产生较大影响。

（三）中美经贸关系存在较大变数，增强了浙江外贸发展的不确定性

2018年初以来，中美经贸摩擦不断升级，浙江省企业存在对美抢单出口的现象，8~11月对美国出口值连续4个月单月同比呈现2位数增长。进入2019年，由于美国进口商透支了部分进口需求，预计对美出口的高增速将难以为继。美国为浙江第2大出口市场，对美出口占浙江省出口近五分之一。近期中美经贸摩擦呈现继续升级的趋势，将对浙江省出口产生不利影响。

四、形势展望和政策建议

2019年，世界经济复苏放缓，外部需求减弱，全球贸易规则面临重塑，贸易保护主义抬头，外贸发展的外部环境更加复杂多变，浙江省外贸发展面临较大的不确定性。为此，建议：

（一）加强对外贸进出口的动态监测分析和分类指导

切实落实已出台的稳增长政策措施，进一步加强储备政策措施研究，为有效应对严峻外贸形势做好更加充分的准备。加强对市场、行业、企业等的精准分析，加强分类指导，处理好拓展市场、产能转移与省内稳增长、稳就业的关系。

---

① 《一季度浙江经济运行开局良好》，浙江统计局网站。

（二）坚持高质量发展方向，促进产业升级

立足浙江省实际，充分发挥浙江省特色优势，坚持高质量发展方向，坚定稳增长信心。着力补短板，练好内功，创新驱动，加快自贸区等功能区建设，推动外贸新业态持续发展，促进产业和消费升级，提升高新技术、高附加值商品的出口规模和比重。

（三）加强对新的贸易规则的研究，及时做好风险预判

引导企业主动适应规则的调整和竞争。用足用好规则，趋利避害，主动适应，鼓励行业领军企业不仅争做行业规则制定的积极参与者，更要争做引领者。

山东省

山东省地处我国东部沿海，矿产、海洋资源丰富，良港众多，具备便利的海陆空交通运输条件，农业发达，工业基础雄厚，经济实力位居全国前列，2018 年，山东省经济总量（GDP）达 7.65 万亿元，比 2017 年增长 6.4%。山东省积极贯彻落实国家系列促进外贸增长的政策措施，克服发展阻力，不断激发外贸活力，使外贸保持平稳较快发展，在全国各省、直辖市排名中位居第 6 位，外贸依存度为 25.2%。

据海关统计，2018 年山东省进出口 1.93 万亿元，比 2017 年增长 7.7%，占同期我国进出口总值的 6.3%，年度进出口规模创历史新高。其中，出口 1.06 万亿元，历史首次突破 1 万亿元，同比增长 6.1%，占同期我国出口总值的 6.4%；进口 0.87 万亿元，同比增长 9.7%，占同期我国进口总值的 6.2%。

一、2018 年山东省外贸进出口的主要特点

（一）月度进出口值下半年快速增长，12 月份创月度进出口值历史新高

2018 年上半年，山东省月度进出口较为低迷，有 3 个月出现同比下降；下半年形势明显好转，7 月份终结下降走势实现大幅反弹，此后维持上升势头，其中，继 9 月份进出口值达到 1 818.7 亿元的高位后，12 月份攀升至 1 832.1 亿元，创山东省月度进出口值的历史新高（见图 1）。

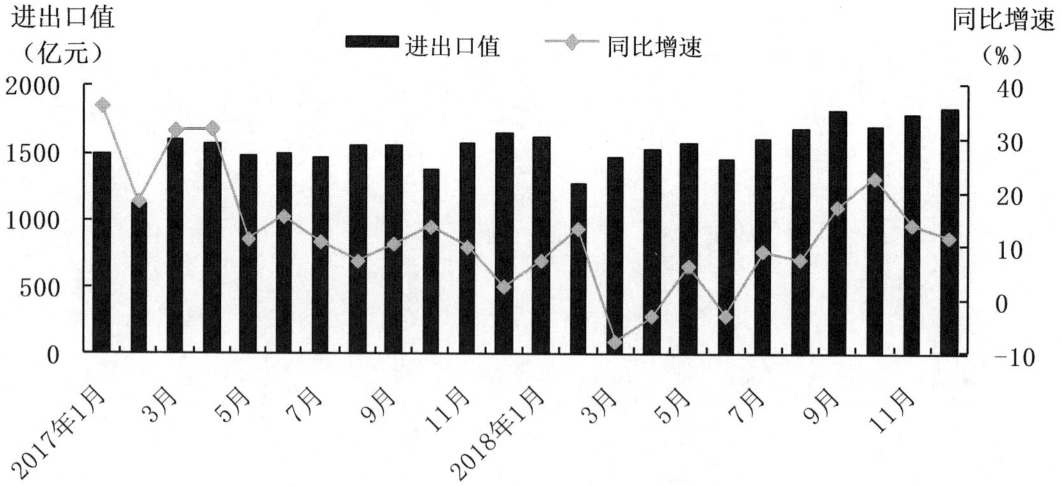

图 1　2017 年 1 月~2018 年 12 月山东外贸进出口月度统计图

（二）一般贸易进出口较快增长，加工贸易进出口明显下降

2018 年，山东省以一般贸易方式进出口 1.3 万亿元，同比增长 11.9%，占同期山东省进出口总值的 67.4%，占比较 2017 年提高 2.5 个百分点；以加工贸易方式进出口 4 338.8

亿元，同比下降8.4%，占同期山东省进出口总值的22.5%。

（三）美国、欧盟为前两大进出口市场且保持平稳运行

2018年，山东省对美国进出口2 342.4亿元，同比增长1.6%；对欧盟进出口2 187.3亿元，同比增长4.9%；对东盟和韩国分别进出口2 094.8亿元和1 934.5亿元，分别同比下降3%和0.8%。同期，山东对“一带一路”沿线国家进出口5 204.8亿元，同比增长7.5%（见表1）。

表1　2018年山东省与主要贸易伙伴进出口统计表

国家或地区	进出口值（亿元）	同比（%）	出口值（亿元）	同比（%）	进口值（亿元）	同比（%）
美国	2 342.4	1.6	1 914.5	8.6	427.9	-21.3
欧盟	2 187.3	4.9	1 611.4	5.1	575.9	4.3
东盟	2 094.8	-3.0	1 211.0	16.0	883.8	-20.8
韩国	1 934.5	-0.8	1 050.2	1.0	884.3	-2.8
日本	1 470.3	1.6	1 134.9	4.8	335.4	-7.9
巴西	1 209.0	62.0	149.4	17.8	1 059.6	71.1
俄罗斯	917.9	24.7	232.0	-25.3	685.9	61.1
澳大利亚	783.1	0.7	212.0	7.4	571.1	-1.6
安哥拉	475.7	32.4	10.3	21.2	465.4	32.7
中国台湾	361.2	1.9	117.6	-0.6	243.6	3.1

（四）外贸内生动力增强，民营企业和国有企业进出口增长

2018年，山东省民营企业进出口1.19万亿元，同比增长12.4%，占同期山东省进出口总值的61.7%；国有企业进出口1 731.6亿元，同比增长7.2%；外商投资企业进出口5 656.6亿元，同比下降0.8%，占同期山东省进出口总值的29.3%。

（五）青岛、烟台进出口稳居前列，淄博、菏泽、滨州、东营增速较快

2018年，青岛、烟台进出口值位居山东各地级市前列，其中青岛进出口5 321.8亿元，同比增长5.9%；烟台进出口3 047亿元，同比下降1.3%；以上2地合计占同期全省进出口总值的43.4%。此外，淄博、菏泽、滨州、东营增长较快，增速同比分别为35.7%、26.2%、21.3%和20.9%。

（六）机电产品、劳动密集型产品出口小幅增长

2018年，山东省出口机电产品3 982.2亿元，同比增长2.8%，其中，汽车构配件出口840亿元，同比增长9%；出口劳动密集型产品2 049.2亿元，同比增长5%，其中出口纺织服装1 521.3亿元，同比增长5.4%；出口农产品1 150.2亿元，同比下降0.2%；出口钢材532.7亿元，同比增长20.7%，高于出口总体增速14.6个百分点。

（七）原油领跑能源资源类大宗商品进口，机电产品进口小幅下降

2018年，山东进口原油2 699.2亿元，同比增长40.3%，为山东进口规模最大的商品种类；进口铜矿砂及其精矿364.4亿元，同比增长19.3%；进口铁矿砂及其精矿465.4亿元，同比下降6%；进口大豆315.8亿元，同比下降18.8%。此外，进口机电产品1 745.7亿元，同比下降2%（见表2）。

表2　2018年山东省主要进出口商品统计表

出口			进口		
商品名称	金额（亿元）	同比（%）	商品名称	金额（亿元）	同比（%）
原油	2 699.2	40.3	汽车零配件	840.0	9.0
铁矿砂及其精矿	465.4	-6.0	服装及衣着附件	829.9	5.7
集成电路	393.7	-4.7	纺织纱线、织物及制品	691.4	4.9
铜矿砂及其精矿	364.4	19.3	新的充气橡胶轮胎	582.6	6.4
大豆	315.8	-18.8	钢材	532.7	20.7
纸浆	255.4	29.5	水海产品	336.9	3.0
初级形状的塑料	229.3	10.3	游戏机及零附件	319.0	-10.9
水海产品	198.8	16.8	电话机	292.7	-2.0
未锻轧铜及铜材	175.7	-20.2	蔬菜	250.4	-17.8
合成橡胶（包括胶乳）	128.8	-18.4	家具及其零件	180.1	-1.3

二、2018年山东省进出口值创历史新高的主要原因

（一）人民币汇率呈贬值趋势，一定程度上增强山东优势产业的出口价格竞争力

2018年12月份全球制造业PMI从年初的54.4%滑落至51.5%，从全年看，全球经济虽有困难但制造业仍然处于扩张区间①，为山东省出口增长创造较好的外部条件。同时，2018年人民币对美元汇率持续贬值，从年初的6.28到10月31日跌破6.97关口，创10年来新低②，虽12月份末有所回升，但仍维持在较低汇率水平。人民币贬值对出口具有一定的提振作用，出口产品价格竞争力增强，有利于山东优势产业出口快速增加，如劳动密集型产品、汽车零配件、钢材、铝材、汽车和集装箱等出口值均增长明显。

（二）山东省积极开拓新兴市场，一定程度上弥补传统市场增长乏力造成的缺口

当前我国与广大新兴市场国家存在广泛的产业合作基础，特别是随着“一带一路”建设的稳步推进，加上中非友好合作论坛、阿根廷G20峰会、中俄互访等加深战略合作伙伴关系活动，促进我国与更多的新兴市场国家的政治、经贸合作关系日益紧密。在此背景下，山东省积极开拓新兴市场，与拉丁美洲、非洲以及俄罗斯等市场不断融合，2018年山东对以上3地的进出口额分别达到2 533.2亿元、1 775.5亿元、917.9亿元，同比分别猛增28.4%、23.6%、24.7%，对传统发达国家市场的贸易增长动力不足，增速出现不同程度的

---

① 《12月全球制造业PMI创两年多新低，预示全球增长或放缓》，金融界，2019年1月3日。

② 《跌破6.97!》，券商中国，2018年11月1日。

回落甚至下滑。新兴市场进出口规模快速扩大，成为山东省外贸发展的重要推动力量，一定程度上弥补了传统市场乏力出现的缺口。

（三）下游制造业所需的资源能源类大宗商品进口明显增加，推动整体进口值创历史新高

2018年以来，山东省经济运行稳中向好，深化供给侧结构性改革，聚焦新旧动能转换等重点任务有力有序有效推进，尤其工业稳中有升，2018年山东省规模以上工业增加值同比增长5.2%，规模以上工业实现利润同比增长10.3%，继续保持两位数增长①。工业生产稳健增长有效拉动对大宗资源能源类商品的需求，2018年原油、铜矿砂、铝矿砂、纸浆、初级形状的塑料、煤及褐煤和棉花等主要大宗商品的进口量均实现增加，对全省进口值增长的贡献不断提升。

（四）民营经济蓬勃发展，内生动力增强对外贸发展的拉动作用不断提升

山东省深入贯彻党中央支持民营企业发展的精神，鼓励民营经济发展，不断优化发展环境，民营经济活力得到不断的增强，2018年前11个月全省新登记民营企业147.2万户，同比增长11.0%，占新设企业总数的98.4%；规模以上民营工业增加值同比增长4.5%；民营投资同比增长5.7%，高于固定资产投资同比增速0.7个百分点②。民营企业在各类对外贸易主体中地位不断提升，2018年山东民营企业实现进出口增长12.4%，对山东省进出口增长贡献率达到95.4%，进出口占全省比重达61.7%，带动全省外贸快速发展。

三、影响2019年山东进出口的主要因素

（一）国内多次下调进口税率，有利于促进贸易进口规模的逐步扩大

近年来，我国不断扩大对外开放，降低进口关税水平，促进对外贸易发展，继2017年降低部分消费品进口关税后，2018年降税范围和力度进一步加大，5月1日降低了部分药品关税，7月1日降低了汽车及其零部件、部分日用消费品关税，对扩大进口起到促进作用。2018年11月1日起，对人民生产或生活所需的众多工业品实施降税，涉及1 585个税目，关税总水平从9.8%降至7.5%，平均降幅约26%。降低部分资源性商品及初级加工品进口关税，有助于进一步缓解制约山东省经济、社会发展的资源瓶颈，在降低企业成本、提高进口效益、加快产业转型升级等方面将发挥积极作用。

（二）外贸增长对传统产业的依赖作用依然较大，外贸领域新旧动能转换步伐急需加快

2018年，山东省外贸继续增长并创下历史新高，但主要拉动力量来自于山东省的传统行业，如钢铁、有色冶炼等“两高一资”行业产品的出口，劳动密集型行业产品出口，石化、有色冶炼的原油、煤炭、矿砂等大宗原料、燃料产品进口等。同时，高端装备制造业的相关产品进出口仍没有起色，2018年，山东机电产品出口仅同比增加2.8%，比山东出口同比增速低3.3个百分点，进口则同比下降2%。此外，随着省内“两高一资”行业产

① 《2018年全省工业运行平稳，质效提升》，山东省统计局网站，2019年1月29日。

② 《前十一月山东经济运行总体平稳》，大众日报，2018年12月20日。

能的不断压缩、地方炼企面临的大型石化产业项目竞争压力的不断加大，将对未来大宗商品的进口产生直接影响，进而增加山东省外贸稳增长的压力。山东省外贸领域急需加快对外贸新兴产业的培育，加快新旧动能转换步伐。

四、形势展望和政策建议

2019年，国际政治经济形势依然复杂多变，山东省外贸平稳增长面临的外部环境仍存在较强的不确定性。但同时外贸基础稳固、产业竞争力强、发展韧性大仍是山东省的优势。随着切实落实减税降费、促进贸易便利化各项措施，改善营商环境，加大扶持民营企业发展力度，持续推进新旧动能转换等重大工程实施，未来山东省外贸增长弹性依然较强，实现外贸高质量发展值得期待。为此，建议：

（一）加快传统产业的转型升级

鼓励出口企业增加研发投入，提高出口产品品质和附加值，注重自主品牌和知识产权产品体系建设，提高出口竞争力。加快打造高端装备和高新技术产业龙头和生产基地，推动高端产业集群化、园区化发展。

（二）加大国际市场开拓力度

大力提高“一带一路”沿线国家市场份额，推动进出口市场向多元化市场转变，拓展进口和出口市场渠道，抵御市场突发风险。

（三）加快培育外贸新业态发展

加快推进自由贸易区建设的准备工作，扩大市场采购等新业态的发展规模，提升新动能对外贸增长的带动作用，加快培育跨境电商、市场采购等新兴贸易业态，以新模式推动外贸领域新旧动能转换。

福建省

福建省地处我国东南沿海，毗邻浙江省、江西省、广东省，与中国台湾地区隔海相望，是两岸交流合作的重要载体和面向“海上丝绸之路”沿线国家（地区）开放合作的新高地。近年来，福建省推动区域先行先试，发挥平潭综合实验区、中国（福建省）自由贸易试验区、“21世纪海上丝绸之路”核心区、福州新区、福厦泉国家自主创新示范区、国家生态文明试验区“六区”叠加优势，有效应对外部环境新变化，全面推进对外开放、开发。2018年，全省各级深入学习贯彻习近平新时代中国特色社会主义思想和党的十九大精神，坚持稳中求进工作总基调，推动对外贸易高质量发展。据海关统计，2018年，福建省实现进出口1.24万亿元，比上年增长6.6%，占当年我国进出口总值的4%。其中，出口7 615.6亿元，同比增长7.1%，占当年我国出口总值的4.6%；进口4 738.7亿元，同比增长5.8%，占当年我国进口总值的3.4%。

一、2018年福建省外贸进出口的主要特点

（一）月度表现平稳，各月进出口值小幅震荡

2018年，福建省外贸月度进出口值呈小幅震荡态势。首月进出口1 112.7亿元、同比增速15.7%，取得开门红，单月进出口值首次突破1 100亿元。2月份受春节因素影响，进出口值显著回落，但自3月份开始一路走高，至8月份，创下1 134.7亿元的历史月度进出口峰值。此后的10~12月，进出口值有所回落，但仍保持在千亿元左右小幅震荡（见图1）。

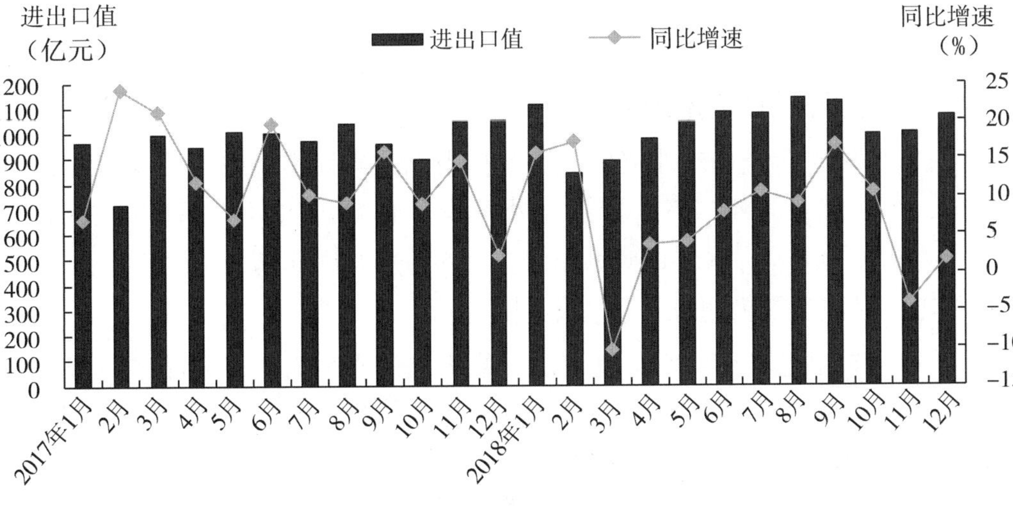

图1　2017年1月~2018年12月福建省外贸进出口月度统计图

（二）一般贸易占逾7成比重

2018年，福建省以一般贸易方式进出口8 921亿元，同比增长6.5%，占当年福建省进出口值的72.2%，比重与2017年基本持平，高于同期全国比重14.4个百分点；同期，加工贸易进出口2 479.2亿元，同比增长3.2%，占当年福建省进出口值的20.1%。

（三）进出口市场呈多元化布局，对“一带一路”沿线国家和地区进出口快速增长

2018年，福建省有进出口记录的市场数量达189个；其中，对前10位贸易伙伴进出口均保持增长，合计为福建省进出口贡献76.7%的贸易额。位居前5位的贸易伙伴分别是东盟、美国、欧盟、中国台湾地区和日本，贸易规模分别达2 115.2亿元、2 033.5亿元、1 705.7亿元、785.9亿元和665.7亿元，同比分别增长9.8%、5.9%、5.8%、1.5%和0.1%（见表1）。此外，对“一带一路”沿线国家和地区进出口3 913亿元，同比增长9.7%，占当年福建省进出口值的31.7%，比重提升0.9个百分点。

表1　2018年福建省与主要贸易伙伴进出口统计表

国家或地区	进出口值（亿元）	同比（%）	出口值（亿元）	同比（%）	进口值（亿元）	同比（%）
东盟	2 115.2	9.8	1 296.0	7.2	819.2	14.3
美国	2 033.5	5.9	1 600.4	11.0	433.1	-9.6
欧盟	1 705.7	5.8	1 364.1	8.0	341.6	-2.3
中国台湾	785.9	1.5	318.4	7.9	467.5	-2.5
日本	665.7	0.1	427.9	10.3	237.8	-14.2
中国香港	501.7	4.7	495.2	4.2	6.5	48.8
澳大利亚	489.8	0.5	133.7	9.1	356.1	-2.4
韩国	450.9	5.0	222.2	8.7	228.7	1.6
沙特阿拉伯	402.9	14.2	63.5	-23.8	339.4	26.0
巴西	315.4	0.4	92.3	-29.1	223.1	21.4

（四）各类型企业进出口均保持增长

2018年，福建省民营企业对外贸易继续一马当先，累计实现进出口总值5 714.2亿元，同比增长6%，所占比重为46.3%；同期，外商投资企业进出口4 482.9亿元，同比增长2.6%，所占比重为36.3%。国有企业进出口2 148亿元，同比增长17.4%。

（五）机电产品出口规模超过劳动密集型产品

2018年，机电产品超越劳动密集型产品，成为福建省最大出口商品，共计出口2 786.3亿元，同比增长7.9%，占当年福建省外贸出口总值的36.6%。出口劳动密集型产品2 703.4亿元，同比增长3.3%，所占比重为35.5%，比重较2017年降低1.3个百分点；其中，出口服装853.4亿元，同比下降2.8%；鞋类711.6亿元，同比增长2.5%；纺织纱线、织物及制品487.9亿元，同比增长4.3%。此外，出口农产品661.1亿元，同比增长9.7%，快于2017年的同比增速9.3个百分点，所占比重为8.7%。

（六）主要进口机电产品和农产品，原油进口显著增长

2018 年，福建省进口机电产品 1 381.5 亿元，同比减少 1.1%，占当年福建省进口总额的 29.2%，占比较 2017 年降低 2 个百分点；进口农产品 518.2 亿元，同比增长 1%，占比为 10.9%。原油超过铁矿砂成为进口最多的资源性产品，共计进口 311 亿元，大幅同比增长 28.1%，占比较 2017 年提升 1.2 个百分点。进口铁矿砂 294.9 亿元，同比下降 9.6%。初级形状的塑料、铜矿砂和纸浆进口均超过 100 亿元，且均保持快速增长（见表 2）。

表 2　2018 年福建省主要进出口商品统计表

出口			进口		
商品名称	金额（亿元）	同比（%）	商品名称	金额（亿元）	同比（%）
服装及衣着附件	853.4	-2.8	农产品	518.2	1.0
鞋类	711.6	2.5	原油	311.0	28.1
农产品	661.1	9.7	铁矿砂及其精矿	294.9	-9.6
纺织纱线、织物及制品	487.9	4.3	集成电路	270.6	26.2
自动数据处理设备及其部件	283.1	15.5	煤及褐煤	172.3	-6.6
家具及其零件	266.2	13.8	液晶显示板	171.8	-19.8
文化产品	261.2	34.7	初级形状的塑料	170.6	19.6
液晶显示板	174.6	-17.3	铜矿砂及其精矿	131.4	28.7
塑料制品	169.7	11.3	纸浆	128.1	43.5
箱包及类似容器	167.6	13.9	飞机及其他航空器	97.9	19.6

二、2018 年福建省外贸进出口增长的主要原因

（一）营商环境明显向好，市场主体活力激活，为福建省外贸发展注入动力

2018 年，中央陆续出台了一系列减税降费、优化口岸营商环境的政策措施，福建省也相应制定出台《增强外贸发展后劲实施方案》《稳定和促进外经贸发展的三十六条措施》等细化举措，贸易便利化水平显著提升。营商环境向好，有利于减轻企业负担、促进外贸稳定增长。2018 年，福建省加强外贸主体培育，在融资、出口信保、采购、对接等方面给予重点扶持，特别是密集出台对民营企业降费减负、拓宽融资渠道等政策的扶持，海关数据显示，福建省有进出口实绩企业由 2017 年的 2.17 万家增至 2018 年的 2.35 万家，其中民营企业由 2017 年的 1.79 万家上升至 2018 年的 1.98 万家，2018 年进出口对全省进出口增长的贡献度达 42.9%。

（三）消费、投资需求均稳步提升，提振相关产品进口

2018 年，福建省实体经济发展稳健，带动进口贸易蓬勃发展。如，随着联芯、三安、紫光、通富微电、士兰微等一批半导体行业龙头企业相继入驻，福建省集成电路全产业链不断发展，对半导体制造装备进口需求更加旺盛。同期，全省居民消费水平稳步提升，持

续激发内生动力，全年实现社会消费品零售总额 14 317.4 亿元，同比增长 10.8%[①]，其中，部分消费升级类商品如烟酒、化妆品等需求增长迅猛，在一定程度上带动了福建省进口保持增长。

三、影响 2019 年福建省外贸进出口的主要因素

（一）产能外迁趋势渐显，福建省外贸将面临一定程度的流失

当前受比较优势弱化等因素影响，部分产业出现向东南亚、南亚等地转移的趋势。以福建省鼎信科技有限公司为例，该公司主营不锈钢生产，目前已经将大部分钢坯加工产能转移到印尼工厂。以 2018 年的贸易规模估算，预计 2019 年该公司加工贸易全年将减少约 20 亿元。另外，受东南亚国家仍能享受到欧盟、日本等地区的普惠制待遇等因素驱动，福建省部分出口产品相对价格优势也在持续弱化，订单流失加剧，增大了企业出口压力。

（二）福建省积极参与"一带一路"建设，有利于进一步拓展海外市场空间

自"一带一路"倡议实施以来，福建省结合自身优势，充分发挥历史、区位、港口、人文等独特优势，积极推动与沿线国家或地区的互联互通，深化经贸合作与人文交流。截止 2019 年 2 月底，"丝路海运"首批 16 条航线共开行 142 个航次，完成集装箱吞吐量超过 10 万标箱。2019 年 3 月，福建省"丝路海运"首开双向班列，新添 18 条航线，涵盖马尼拉、胡志明、丹戎帕拉帕斯、杰拜阿里等"一带一路"沿线重要港口[②]，进一步提升与"一带一路"沿线国家或地区的贸易便利化水平。2019 年 1 季度，福建省与沿线国家外贸进出口额已超过 1 000 亿元，双边合作潜力还将继续释放，进一步开拓市场空间。

（三）打造优势产业集群将给外贸发展带来强大助力

近年来，福建省合理布局，有针对性地推出创新驱动发展系列措施、百亿龙头成长计划、千亿集群培育计划等，有效推动形成产业集群。2018 年 9 月，福建省发布了《建设现代产业体系培育千亿产业集群推进计划（2018—2020 年）》，目标到 2020 年，力争培育形成 20 个以上产值超千亿元的重大产业集群，基本形成产业布局合理、区域特色突出、结构明显优化的产业集群发展格局。以纺织产业为例，福建省纺织产业规模超 7 000 亿元，居我国第 5 位，已形成化纤、纺纱、织造、染整、服装、纺机等产业集群[③]。未来，产业集群规模效应的持续扩大，将给福建省外贸发展带来强大助力。

四、形势展望和政策建议

2018 年，福建省外贸稳定增长，为实现高质量发展的战略目标奠定了坚实基础，但也应看到外贸发展仍存在隐忧：一是外部环境复杂严峻，不稳定因素依然较多，贸易保护主义、单边主义抬头，国际贸易竞争愈发激烈；二是全球经济复苏放缓可能性较大，跨国贸易和投资可能受到拖累；三是外贸基数抬高，增长速度可能有所放缓。

---

① 《2018 年福建省国民经济和社会发展统计公报》，福建省统计局，2019 年 2 月 25 日。

② 《福建省"丝路海运"首开双向班列新添 18 条航线》，中国新闻网，2019 年 3 月 7 日。

③ 《我省纺织产业规模超 7 000 亿元》，福建省日报，2019 年 3 月 18 日。

2019年，随着进一步扩大开放及供给侧结构性改革的深入推进，福建省外贸发展有望稳中提质，质量和效益将进一步提升。为此，建议：一是积极落实《外商投资法》，进一步促进外商投资，继续提高对外开放水平；二是继续降低进出口环节合规成本，深化国际贸易“单一窗口”建设，营造更加便利、高效的通关环境；三是着力缓解中小微企业融资难、融资贵问题，加大对民营企业的扶持力度，持续强化内生动力；四是引导行业龙头企业加快转型步伐，加大产品研发和生产力度，继续优化进出口商品结构；五是支持跨境电商做大做强，推动闽台打通跨境贸易通道，共享发展红利。

天津市

天津是我国四大直辖市之一，也是我国北方最大的沿海开放城市和工商业城市，地处“环渤海经济圈”内，毗邻首都，辐射华北、东北、西北等地区，是连接亚欧大陆桥距离最近的东部起点，同时是华北地区最大的外贸港口。天津拥有国家级综合改革配套试验区——天津滨海新区及我国北方第一个自贸区——中国（天津）自由贸易试验区，是全国先进制造研发基地、北方国际航运核心区、金融创新运营示范区、改革开放先行区，2018 年实现地区生产总值（GDP）18 809.6 亿元。作为我国外向型经济发展最快的区域之一，天津在京津冀协同发展和“一带一路”建设中不断取得新突破。

据海关统计，2018 年天津外贸进出口 8 078.8 亿元，比 2017 年增长 5.7%，占同期我国进出口总值的 2.6%；其中，出口 3 208.5 亿元，同比增长 8.7%，占同期我国出口总值的 2%；进口 4 870.3 亿元，同比增长 3.8%，占同期我国进口总值的 3.5%。2018 年天津外贸依存度为 43%。

一、2018 年天津市外贸进出口的主要特点

（一）月度进出口规模波动较大，下半年高企

2018 年天津月度外贸进出口规模波动幅度较大，2 月份进出口值一度跌至 500 亿元以下，此后进出口规模迅速攀升，5 月份达到 810.2 亿元的高点，同比增速也升至 30.2%，此后 7 个月虽有一定程度上的回落，但仍保持在 700 亿元左右的较高位运行（见图 1）。

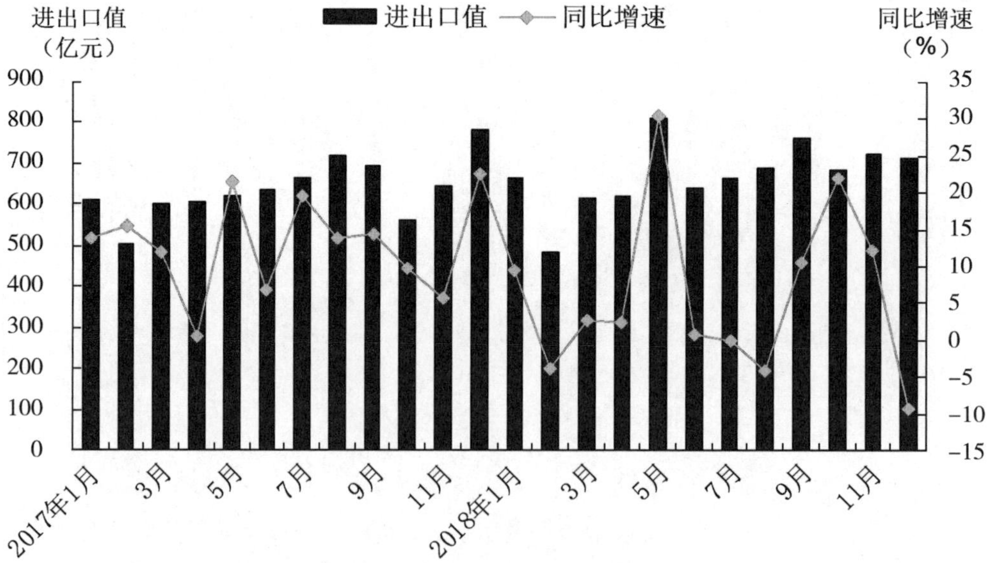

图 1　2017 年 1 月~2018 年 12 月天津市外贸进出口月度统计图

（二）一般贸易占据半壁江山

2018 年，天津以一般贸易方式进出口 3 845.4 亿元，同比增长 5.5%，占同期天津进出口值的 47.6%，与 2017 年占比持平。同期，以加工贸易方式进出口 2 353.9 亿元，同比增长 4.8%，占同期天津市进出口值的 29.1%。

（三）欧盟、美国和东盟为前 3 大进出口市场，与巴西、“一带一路”沿线国家进出口增势良好

2018 年，天津对欧盟进出口 1 730.8 亿元，同比增长 9.8%；对美国进出口 1 254.3 亿元，同比下降 4.3%；对东盟进出口 928.8 亿元，同比增长 17.8%。同期，天津对巴西、“一带一路”沿线国家分别进出口 243.8 亿元和 1 791.1 亿元，同比分别增长 48.4% 和 12.9%（见表 1）。

表 1　2018 年天津市与主要贸易伙伴进出口统计表

国家或地区	进出口值（亿元）	同比（%）	出口值（亿元）	同比（%）	进口值（亿元）	同比（%）
欧盟	1 730.8	9.8	463.4	2.1	1 267.4	12.9
美国	1 254.3	-4.3	474.0	7.2	780.3	-10.1
东盟	928.8	17.8	571.5	23.0	357.3	10.3
日本	838.4	4.8	221.4	-0.1	617.0	6.7
韩国	784.7	-5.6	204.2	-2.4	580.5	-6.7
澳大利亚	328.8	-11.0	65.6	15.4	263.2	-15.8
巴西	243.8	48.4	127.3	238.5	116.5	-8.0
中国香港	179.6	5.3	172.9	5.5	6.7	1.8
中国台湾	161.5	-12.2	42.1	-22.9	119.4	-7.7

（四）外贸内生动力增强，民营企业和国有企业增幅居前

2018 年，天津外商投资企业进出口 3 918.8 亿元，同比下降 3.4%，占同期天津市进出口值的 48.5%，仍为最大外贸主体。同期，民营企业和国有企业分别进出口 2 587.8 亿元和 1 569.8 亿元，同比分别增长 17.1% 和 14.1%，分别占同期天津市进出口值的 32% 和 19.4%，占比分别较 2017 年提升 3.1 个和 1.4 个百分点。

（五）机电产品出口保持增长，船舶出口倍增

2018 年，天津出口机电产品 2 239.6 亿元，同比增长 9.4%，其中出口船舶 114.2 亿元，同比增长 4.2 倍；出口电话机 114 亿元，同比下降 37.1%；出口二极管及类似半导体器件 100.7 亿元，同比下降 13.1%；出口集成电路 92.3 亿元，同比下降 17.2%。此外，出口钢材 173.2 亿元，同比下降 6.1%。

（六）飞机、汽车、农产品位居进口商品前 3 位

2018 年，天津进口机电产品 3 020.4 亿元，同比增长 2%，其中进口飞机 949.3 亿元，同比增长 7.1%；进口汽车 493.9 亿元，同比下降 7.5%；进口集成电路 220 亿元，同比下降10%；进口汽车零配件104.4亿元，同比增长17.2%。此外，进口农产品328.8亿元，同比增长23.7%；未锻轧铜及铜材295.5亿元，同比增长38.3%（见表2）。

表2　2018年天津市主要进出口商品统计表

出口			进口		
商品名称	金额（亿元）	同比（%）	商品名称	金额（亿元）	同比（%）
钢材	173.2	-6.1	飞机及其他航空器	949.3	7.1
自动数据处理设备及其部件	165.9	18.4	汽车	493.9	-7.5
船舶	114.2	424.2	农产品	328.8	23.7
电话机	114.0	-37.1	未锻轧铜及铜材	295.5	38.3
二极管及类似半导体器件	100.7	-13.1	集成电路	220.0	-10.0
集成电路	92.3	-17.2	铁矿砂及其精矿	185.8	-25.5
自行车	79.7	1.0	汽车零配件	104.4	17.2
自动数据处理设备的零件	79.2	18.0	医药品	91.2	16.3
服装及衣着附件	79.1	10.9	航空器零件	83.5	20.0
纺织纱线、织物及制品	78.4	-2.1	计量检测分析自控仪器及器具	81.9	22.0

二、2018年天津市进出口增长的主要原因

（一）先进制造业快速发展，促进外贸稳步发展

2018年以来天津经济运行平稳，部分制造业延续扩张势头，电气机械和器材制造业同比增长18.5%，专用设备制造业同比增长12.6%，汽车制造业同比增长7.1%，规模以上工业增加值同比增长2.4%①。天津工业尤其是先进制造业快速发展，加之系列稳外资、稳外贸政策措施陆续出台，扩大进口、减税降费等政策效果逐步释放，促进天津外贸发展。

（二）招商引资扎实推进，对外开放取得积极成效

近年来，天津成为京津冀协同发展、自由贸易试验区、自主创新示范区、“一带一路”、滨海新区开发开放等五大国家战略聚集地。突出的政策优势、良好的营商环境以及完备的产业结构为天津招商引资创造了优越的竞争力，2018年天津共引进内资项目3 339个，实际利用内资2 657.1亿元；新批外商投资企业1 088家，同比增长14.4%，合同外资额246.5亿美元，实际直接利用外资48.5亿美元。大批优质企业落户天津，加上已有企业的不断增资扩容，为天津对外贸易持续稳定发展奠定了坚实基础。

（三）自贸试验区改革创新持续深化，京津冀协同发展稳步推进

天津加快推进自贸区改革试验创新，2018年自贸试验区实际直接利用外资15.51亿美元，占全市实际直接利用外贸的32%，自贸试验区90项改革任务和两批175项制度创新基

① 《2018年综合进度信息》，天津统计局。

本完成，融资租赁、平行进口企业业务继续保持全国领先水平。此外，天津积极融入京津冀协同发展大战略，积极承接北京非首都功能疏解，滨海—中关村科技园累计注册企业已达 941 家；全年京冀企业来津投资到位资金 1 233.88 亿元，占全市实际利用内资的 46.4%。

（四）营商环境不断提升，为外贸增长提供有力支撑

2017 年以来，天津出台了包括“津八条”在内的一系列优化营商环境的措施，其中包括降低用地成本、税费成本等 5 批减低企业成本的措施，2018 年共为企业减负约 600 亿元[①]；简化审批手续，出台“承诺制、标准化、智能化、便利化”的“一制三化”改革措施，优化营商环境，推动高质量发展。《中国城市营商环境报告 2018》显示，天津营商环境整体评价在全国城市中排名第 7，其中政务环境评价排名第 3，金融服务评价排名第 4[②]。同时，天津积极推动港口降费提效，在全国率先建立港口收费清单公示和明码标价制度，发布港口价格行为规则，规范企业经营行为[③]。

三、影响 2019 年天津市进出口的主要因素

（一）加工贸易处于价值链低端，一般贸易发展模式粗放，不利于外贸高质量、可持续发展

加工贸易目前仍占据天津外贸出口的近半壁江山，但相关产业大多集中在加工组装环节，处于价值链的较低端，生产过程中所需的资本或技术含量高的料件主要依赖进口，产业利润微薄。此外，外商投资企业占天津加工贸易进出口总值的九成以上，核心技术掌握在外商手中，技术外溢效果未能有效发挥。近年来天津对外贸易中一般贸易占比有较大提升，但大部分企业以订单贸易、贴牌生产方式为主，偏重低成本、低价格竞争的路线，发展模式较为粗放，不利于外贸高质量、可持续发展。

（二）天津进出口对外商投资企业依赖度过高，受市场波动的风险加大

虽然外商投资企业在天津外贸进出口中的占比逐年下降，但所占比重仍远高于全国平均水平。外商投资企业起步早，基础好，其发展对本土中小企业的对外贸易发展有一定的挤出效应，但由于天津的外商投资企业多为跨国公司在华子公司，其经营往往服从于母公司的全球战略，在一定程度上加剧了天津外贸发展的市场风险，增加外贸不稳定性。

（三）本地企业出口比重过小，缺少核心技术和知名品牌，国际竞争力急需提升

天津民营企业外贸蓬勃发展势头不减，最近 10 年来，年均保持 2 位数增长，但由于基础薄弱规模较小，对全市外贸的整体带动作用仍显不足。同时，国有企业受供给侧改革等政策影响，仍处于调整期，对外贸易自 2015 年起连续 3 年下降。由于核心技术缺失，品牌效应弱，天津民营企业和国有企业的出口产品结构多以资源性产品和劳动密集型产品为主，在技术和资本密集型为主的机电产品出口领域，天津国有企业和民营企业合计仅占 20.5%，竞争力明显偏弱。

---

① 《优化营商环境 天津打出“组合拳”》，天津人民政府，2019 年 1 月 6 日。

② 《一份重量级报告发布！天津跻身全国十强》，天津日报，2018 年 12 月 12 日。

③ 《天津优化口岸营商环境成效显著》，海关总署，2019 年 1 月 11 日。

四、形势展望和政策建议

随着世界经济稳步复苏和我国经济平稳增长，天津对外贸易面临的需求环境和发展条件总体向好，但外部风险和不确定因素依然较多，经济因素和非经济因素相互交织，贸易保护主义不断抬头，要素成本继续上升，企业经营压力增大，天津对外贸易发展仍面临不少困难和挑战。为此，建议：

（一）发挥本地产业优势，推进集群化发展

发挥本地产业优势，促进智能制造与装备制造业深度融合，重点发展航空航天、海洋工程装备、高性能医疗器械、机器人、3D打印设备等高端装备，打造高端装备制造产业基地，推进产业链条化、集群化发展。

（二）发挥自贸区引领作用，提升国际化水平

发挥港口区位优势和自贸区制度创新优势，加快建设自由贸易试验区，以制度创新为核心内容，推动自贸试验区成为京津冀和“三北”地区扩大对外开放的通道，在更大范围推广复制改革成果和经验，在更大范围、更广领域、更高层次上参与全球经济合作。

（三）实现由价格竞争到核心技术竞争的转变，提高外贸技术溢出和产业带动效应

加大知识产权保护力度，营造有利于技术创新的良好环境，保护企业创新积极性，培育天津出口名牌企业和名牌产品，提高天津本土企业在国际分工产业链中的地位，尽快实现由依赖低价格、重数量的规模扩张，向更加突出自主知识产权、自主品牌和自主营销渠道以及高技术含量、高附加价值、高效益产品出口的转变。

（四）进一步优化营商环境，推动贸易便利化

围绕压时、降费、提效、透明，进一步推进天津港口作业规范，推行“一站式”服务，制定全流程一站式服务清单，实现“一单到底、全程无忧”；深化国际贸易“单一窗口”建设，畅通进出口货物运输绿色通道，推动天津外贸稳定增长。

辽宁省

辽宁位于我国东北地区的南部，是东北经济区和环渤海经济区的重要结合部，是东北地区对外开放的门户，也是东北地区进行对外贸易和国际交往的重要通道。作为“共和国长子”，辽宁以独特的区位优势和工业龙头地位，正成为东北亚经济圈的中心。近年来，随着改革开放的深入特别是东北振兴规划实施以来，辽宁作为老工业基地，对外贸易取得了快速发展。2018 年，辽宁实现地区生产总值（GDP）2.53 万亿元，比 2017 年（下同）增长 5.7%。

据海关统计，2018 年，辽宁进出口贸易总值达到 7 545.9 亿元人民币，增长 11.8%，占同期我国进出口总值的 2.5%；其中，出口 3 214.9 亿元，增长 5.7%，占同期我国出口总值的 2%；进口 4 331 亿元，增长 16.8%，占同期我国进口总值的 3.1%。辽宁外贸依存度由 2017 年的 28.1%提升至 2018 年的 29.8%，外贸已成为推动辽宁经济发展的重要力量。

一、2018 年辽宁省外贸进出口的主要特点

（一）11 月份进出口值创历史新高

2018 年辽宁外贸月度进出口值呈现先升后稳态势，其中，3 月份、4 月份进出口环比呈 2 位数增长，4~10 月进出口值保持在 600 亿元以上平稳运行，11 月份一度攀升至 717.2 亿元的历史高位，12 月份小幅回落，但仍保持较高规模（见图 1）。

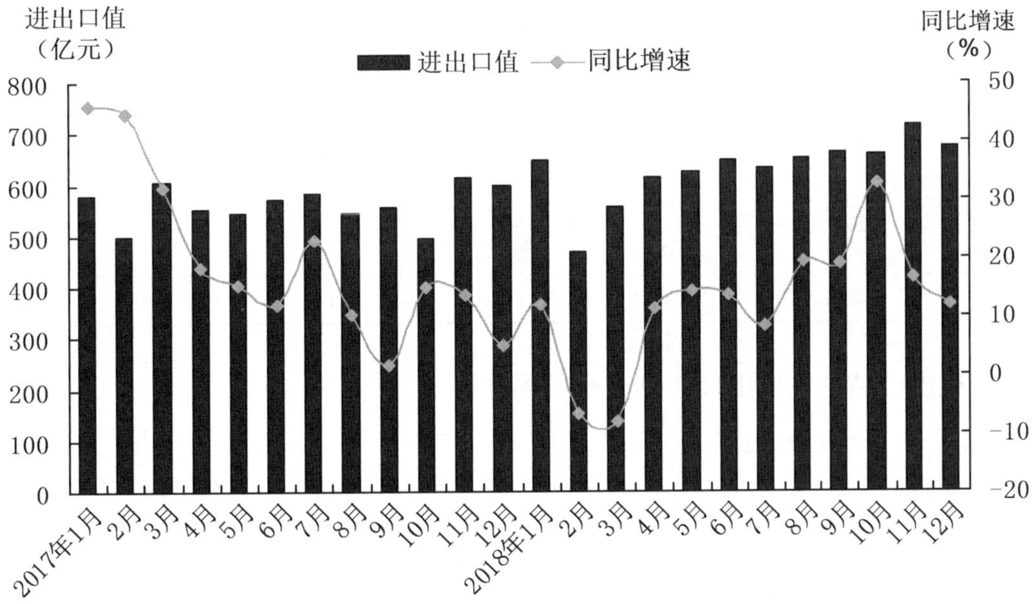

图 1　2017 年 1 月~2018 年 12 月辽宁进出口月度统计图

（二）一般贸易进出口占近6成，加工贸易进出口略有下降

2018年，辽宁以一般贸易方式进出口4 324.1亿元，同比增长17.5%，占同期辽宁进出口总值的57.3%；同期，加工贸易进出口1 783.5亿元，同比下降1%，占同期辽宁进出口总值的23.6%。

（三）民营企业进出口快速增长，比重提升

2018年，辽宁外商投资企业进出口3 274.2亿元，同比增长13.7%，占同期辽宁进出口总值的43.4%。同期，民营企业进出口2 329.4亿元，同比增长19.9%，占同期辽宁进出口总值的30.9%，比重提升2.1个百分点；国有企业进出口1 947.3亿元，同比增长1.2%。

（四）欧盟为辽宁第1大贸易伙伴，辽宁对“一带一路”沿线国家进出口增势良好

2018年，辽宁对欧盟进出口1 342.7亿元，同比增长23%，占同期辽宁进出口总值的17.8%；对日本进出口1 077亿元，同比增长9.3%；对美国进出口735.2亿元，同比增长19.6%；对韩国进出口639.3亿元，同比下降6%；对东盟进出口553.7亿元，同比下降5.8%。同期，辽宁对“一带一路”沿线国家进出口2 007.8亿元，同比增长14.9%（见表1）。

表1　2018年辽宁对主要贸易伙伴进出口统计表

国家或地区	进出口值（亿元）	同比（%）	出口值（亿元）	同比（%）	进口值（亿元）	同比（%）
欧盟	1 342.7	23.0	450.1	12.1	892.6	29.4
日本	1 077.0	9.3	646.9	7.8	430.1	11.6
美国	735.2	19.6	385.2	8.4	350.0	35.0
韩国	639.3	-6.0	315.1	-8.0	324.2	-3.9
东盟	553.7	-5.8	357.9	-16.1	195.8	21.4
澳大利亚	399.7	10.9	47.9	28.0	351.8	8.9
巴西	327.3	34.0	70.9	95.0	256.4	23.4
俄罗斯	269.9	-4.0	72.3	12.4	197.6	-8.9
沙特阿拉伯	214.5	58.0	12.0	20.1	202.5	61.0
中国台湾	213.9	40.9	171.5	46.7	42.4	21.4

（五）机电产品是主要出口产品，比重提升

2018年，辽宁出口机电产品1 433.3亿元，同比增长18.1%，占同期辽宁出口总值的44.6%，比重同比提升4.7个百分点。同期，分别出口钢材、农产品和陶瓷产品384.7亿元、339.2亿元和71亿元，同比分别增长0.9%、2.2%和40.4%。此外，出口服装及衣着附件223.2亿元，同比下降0.1%。

（六）资源类产品是主要进口商品，原油、天然气、铁矿砂等进口快速增长

2018年，辽宁进口原油1 130.6亿元，同比增长21.6%，占同期辽宁进口总值的

26.1%；进口天然气 304.1 亿元，同比增长 88.3%；进口铁矿砂 250.1 亿元，同比增长 16.2%。同期，进口机电产品 1 166.6 亿元，同比增长 24.4%；此外，进口农产品 344 亿元，同比下降 7.1%（见表 2）。

表 2　2018 年辽宁省主要进出口商品统计表

出口			进口		
商品名称	金额（亿元）	同比（%）	商品名称	金额（亿元）	同比（%）
钢材	384.7	0.9	原油	1 130.6	21.6
农产品	339.2	2.2	农产品	344.0	−7.1
服装及衣着附件	223.2	−0.1	天然气	304.1	88.3
集成电路	220.2	107.3	汽车零配件	295.4	23.5
水海产品	201.8	1.9	二甲苯	292.8	−1.2
船舶	131.3	8.6	铁矿砂及其精矿	250.1	16.2
汽车零配件	86.9	14.0	水海产品	133.3	0.5
陶瓷产品	71.0	40.4	制造半导体器件或集成电路用的机器及装置	131.4	92.1
粘土及其他耐火矿物	52.2	54.0	煤及褐煤	96.3	−22.2
纺织纱线、织物及制品	49.6	−6.6	粮食	72.3	12.6

二、2018 年辽宁省外贸进出口增长的主要原因

（一）辽宁经济筑底企稳，为外贸增长奠定基础

2018 年，辽宁深入贯彻落实习近平总书记在辽宁考察时和在深入推进东北振兴座谈会上的重要讲话精神，坚持稳中求进工作总基调，经济步入平稳健康发展轨道。2018 年，全省规模以上工业增加值同比增长 9.8%，尤其是装备制造业增加值同比增长 9.4%，占规模以上工业增加值的 27.4%①。从主要经济指标看，辽宁经济筑底企稳，结构持续优化，增长动能加快聚集，质量效益明显改善，为辽宁外贸增长奠定了基础。

（二）民营企业活力释放，成为推动外贸发展的新引擎

辽宁持续调整产业结构，积极引导民营企业树立先进理念，在东北振兴全局中找准定位，积极融入辽宁自贸试验区建设，不断释放振兴发展动力和活力，民营企业进出口规模持续扩大。2018 年，辽宁民营企业进出口对全省外贸增长的贡献率高达 48.5%；全省进出口规模超 10 亿元的民营企业 19 家，比 2017 年多 6 家，其中进出口规模超百亿元的民营企业 3 家，比 2017 年多 1 家。

（三）积极响应“一带一路”倡议，对沿线国家进出两旺

2018 年，辽宁对“一带一路”沿线国家进出口贸易日渐活跃。从“一带一路”沿线国

① 《二〇一八年辽宁省国民经济和社会发展统计公报》，辽宁省统计局，2019 年 2 月 25 日。

家进口原油691.2亿元，同比增长31.2%，占同期辽宁进口原油的61.1%；进口液化天然气154.5亿元，同比增长69.9%；进口成品油18.7亿元，同比增长2.2倍，“一带一路”沿线国家成为辽宁能源型商品的主要来源地。同时，随着以沈阳、大连、营口、锦州、盘锦为起点，经满洲里或二连浩特口岸到俄罗斯及欧洲其他地区的中欧班列运行线的开行，辽宁与“一带一路”国家之间的铁路运输呈现了倍增的态势。

三、影响2019年辽宁省外贸进出口的主要因素

（一）对外贸易对经济发展的促进作用有待增强

近年来，辽宁对外贸易规模不断扩大，但辽宁外贸依存度仍低于全国平均水平。2018年全国外贸依存度为33.9%，辽宁仅为28.9%，低于全国总体水平5个百分点。与沿海发达地区省份相比，2019年1季度，辽宁外贸依存度为32%[①]，广东为64.8%[②]，浙江为50.7%[③]，江苏为43.5%[④]，辽宁外贸依存度远低于沿海发达地区，辽宁外贸对经济增长的促进作用有待进一步加强。

（二）出口产品结构单一，产业竞争力不强

辽宁外贸出口产品结构单一，主要是初级产品和部分附加值不高的机电产品，出口产品多数为劳动密集型产品，主要通过简单的组装将国外进口的商品零部件、半成品加工成制成品出口，产业链条较短，产品附加值不高。辽宁大部分加工贸易企业属于中小型企业，企业实力弱、群体小，缺乏自主研发的核心技术，处于国际产业链的中低端加工位置，因此在国际高新技术产业链中竞争力不强，经济辐射作用不大，急需进行产业结构调整和技术升级改造。

（三）出口市场相对集中，抗贸易风险能力弱

目前，辽宁主要的出口市场是欧盟、美国、日本、韩国、东盟等国家或地区，对上述5者出口值合计占辽宁出口总值的67%。出口市场的相对集中，容易与特定贸易对象国产生贸易摩擦，加大出口的市场波动风险。比如中美贸易摩擦、中韩关系低迷、中日关系等，都对辽宁对外贸易产生了严重的影响，相关产业发展放缓，且短时间内难以找到贸易替代国。

四、形势展望和政策建议

2018年，随着世界经济稳步复苏、中国经济平稳增长，辽宁经济形势呈现出积极向好的发展态势，国民经济运行总体平稳、稳中有进。但是当前外部风险和不确定因素依然较多，贸易保护主义不断抬头，部分发达国家货币政策趋紧，在日益复杂的国际政治经济环境下，辽宁外贸发展仍面临不少困难和挑战。2019年辽宁对外贸易还需继续加码，坚持全

---

① 数据来源于辽宁省统计局统计数据。
② 数据来源于广东省统计局统计数据。
③ 数据来源于浙江省统计局统计数据。
④ 数据来源于江苏省统计局统计数据。

面深化改革、加快产业转型升级，深度融入“一带一路”建设，推进辽宁全面振兴、全方位振兴。为此，建议：

（一）全面深化改革开放，建设开放合作高地

一是以优化营商环境为基础，用制度创新推动全面深化改革，以改革新突破形成发展新动力。二是构建辽宁乃至东北对外开放的大通道、大平台、大布局。三是高水平建设辽宁自由贸易试验区，创造更多具有辽宁特色的制度创新成果，推动东北老工业基地振兴。

（二）加快产业转型升级，助力辽宁外贸发展

一是发挥企业创新能力，推进智能制造降低企业成本，推动实现互联网、大数据、人工智能与制造业的深度融合。二是大力发展新兴贸易业态，发展新医药、节能环保等七大战略性产业，在新兴领域取得一席之地以增强竞争力。三是优化进出口产品结构，加强重点行业出口分类指导，提高出口产品科技含量和国际竞争力，优化进口商品结构，积极推动高新技术产品进口多样化。

（三）积极融入“一带一路”发展，打造多元对外格局

一是利用地缘优势，进一步畅通辽宁与“一带一路”沿线国家的经贸联系，打造辽宁融入“丝绸之路经济带”新通道。二是凭借自身工业和产业优势，积极在“一带一路”沿线加速辽宁境外装备工业园区的建设，进而带动辽宁电力、冶金、钢铁、建材、石化等行业的大型成套设备和技术的输出，促进辽宁相关产业的转移。三是主动融入“一带一路”建设，引导和鼓励辽宁企业“走出去”，承包沿线的境外工程。鼓励和支持辽宁骨干企业开展高附加值的大型总承包、总集成项目，促进上下游产业链的共同发展。

重庆市

重庆是中西部地区唯一的直辖市，是西部大开发的重要战略支点，处于“一带一路”和“长江经济带”的连接点。重庆充分发挥在国家区域发展和对外开放格局中的独特区位优势，紧紧围绕习近平总书记视察重庆提出的“两点”定位和“两地”“两高”发展要求，积极融入“一带一路”建设和长江经济带发展，打造内陆开放高地，经济规模不断攀升。2018 年，重庆经济总量（GDP）首次突破 2 万亿元，达到 2.04 万亿元，比上年增长 6%；外贸进出口值保持两位数以上增长，进出口总值重返 5 000 亿规模，进出口总值在全国各省、直辖市排名第 12 位，在中西部地区排名第 3 位，外贸依存度为 25.7%。

据海关统计，2018 年，重庆外贸进出口总值 5 222.6 亿元，占同期我国进出口总值的 1.7%，较 2017 年增长 15.9%，快于同期我国进出口增速 6.2 个百分点。其中，出口 3 395.3亿元，占同期我国出口总值的 2.1%，同比增长 17.8%，快于同期我国出口同比增速 10.7 个百分点；进口 1 827.3 亿元，占同期我国进口总值的 1.3%，同比增长 12.5%，慢于同期我国进口同比增速 0.4 个百分点。

一、2018 年重庆市进出口的主要特点

（一）月度进出口规模持续走高，年底冲高回落

2018 年，重庆月度进出口值均维持了正增长，但上半年进出口规模处于相对低位，除 1 月份和 6 月份外都在 400 亿元以下，从 6 月份开始月度进出口规模逐步扩大，且增速也持续加快。10 月份达到 547.4 亿元的高点，当月同比增速高达 42.1%，但此后迅速下滑，至年底 12 月份降至 486.8 亿元，同比增速也萎缩至 9.9%（见图 1）。

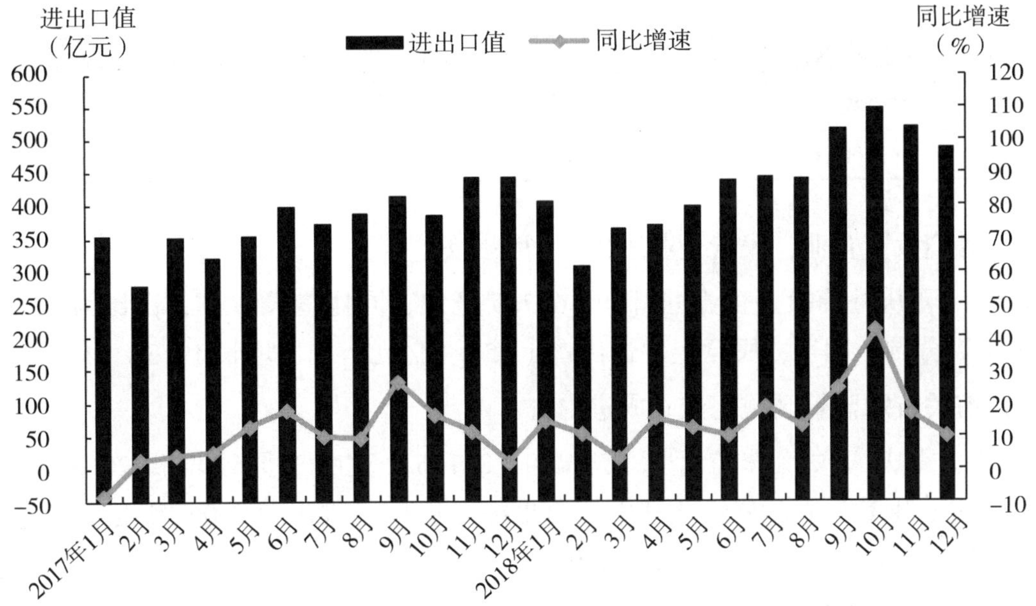

图 1　2017 年 1 月～2018 年 12 月重庆外贸进出口月度统计图

（二）加工贸易占据半壁江山，且地位进一步稳固

2018 年，重庆以加工贸易方式进出口 2 632.4 亿元，同比增长 26.9%，占同期重庆外贸总值的 50.4%，比重较 2017 年提升 4.4 个百分点。同期，一般贸易进出口 1 946 亿元，同比增长 6.3%，占比 37.3%。

（三）对美国、欧盟等进出口保持较快增长

2018 年，重庆对美国、欧盟分别进出口 1 063.5 亿、990.7 亿元，同比分别增长 23.2%、17.4%，占比分别为 20.4%、19%。对第 3 大贸易伙伴东盟进出口呈现小幅下降，进出口总值 763.2 亿元，同比下降 3.9%，占比为 14.6%。此外，对韩国、中国香港地区、印度、墨西哥、加拿大等贸易伙伴进出口均呈增速为 2 位数的较快增长。对“一带一路”沿线国家合计进出口 1 216 亿元，同比增长 2%（见表 1）。

表 1　2018 年重庆市与主要贸易伙伴进出口统计表

国家或地区	进出口值（亿元）	同比（%）	出口值（亿元）	同比（%）	进口值（亿元）	同比（%）
美国	1 063.5	23.2	997.6	27.6	65.9	−19.2
欧盟	990.7	17.4	830.0	17.4	160.7	17.6
东盟	763.2	−3.9	333.0	4.5	430.2	−9.6
韩国	488.5	34.1	177.1	28.9	311.4	37.2
中国台湾	267.8	19.3	55.4	−3.7	212.4	27.3
日本	223.9	8.5	94.5	7.9	129.4	9.0
中国香港	143.2	30.1	142.2	30.5	1.0	−8.9
澳大利亚	127.8	5.9	65.5	24.7	62.3	−8.5

表1 续

国家或地区	进出口值（亿元）	同比（%）	出口值（亿元）	同比（%）	进口值（亿元）	同比（%）
印度	114.1	36.9	103.3	33.7	10.8	78.0
墨西哥	100.9	23.4	75.3	21.4	25.6	29.3

（四）外商投资企业、民营企业进出口增势良好

2018 年，重庆外商投资企业进出口 3 187.5 亿元，同比增长 20%，占比为 61%，比重提升 2.1 个百分点。同期，民营企业进出口 1 458.4 亿元，同比增长 19.3%。

（五）海关特殊监管区域汇聚 6 成进出口

2018 年，重庆海关特殊监管区域进出口 3 136.2 亿元，同比增长 20.5%，占比为 60.1%，比重上升 2.3 个百分点。其中，西永综合保税区进出口 2 067.2 亿元，同比增长 20.6%；两路寸滩保税港区进出口 1 069 亿元，同比增长 20.4%。

（六）机电产品领跑出口

2018 年，重庆机电产品出口 2 999.7 亿元，同比增长 18.4%，快于同期重庆出口整体同比增速 0.6 个百分点，占同期重庆出口总值的 88.3%。其中，集成电路出口快速增长，出口值 139.1 亿元，同比增长 30%；而出口最大宗商品便携式电脑增长乏力，当年出口 1 337.7亿元，仅同比增长 4.1%。同期，重庆摩托车及其零部件、汽车及其零部件分别出口 129.4 亿元、105.2 亿元，同比分别增长 5.1%、5%；劳动密集型产品出口 153.5 亿元，同比增长 10.8%；农产品出口 12.3 亿元，同比下降 13%。

（七）集成电路、存储部件进口持续增长，部分资源性产品进口下降

2018 年，重庆分别进口集成电路、存储部件 511.4 亿、209.4 亿元，同比分别增长 13.1%、8.6%，两者合计占同期重庆进口总值的 39.4%。同期，进口汽车零配件 68.8 亿元，同比增长 4.7%。但部分资源性产品进口下降，2018 年重庆进口矿砂类产品（铁、锰、铜、铬、铅等矿砂）67.5 亿元，同比下降 19.3%；进口合成橡胶 44 亿元，同比下降 28.4%；进口大豆 15.4 亿元，同比下降 42.6%（见表 2）。

表 2　2018 年重庆市主要进出口商品统计表

出口			进口		
商品名称	金额（亿元）	同比（%）	商品名称	金额（亿元）	同比（%）
便携式电脑（平板电脑除外）	1 337.7	4.1	集成电路	511.4	13.1
平板电脑	154.0	157.9	存储部件	209.4	8.6
中央处理部件	149.6	108.3	未锻轧铜（包括铜合金）	83.3	30.1
集成电路	139.1	30.0	汽车零配件	68.8	4.7
摩托车	110.2	3.6	自动数据处理设备的零件	51.9	44.5
微型电脑	74.5	27.4	合成橡胶（包括胶乳）	44.0	-28.4

表2 续

出口			进口		
商品名称	金额（亿元）	同比（%）	商品名称	金额（亿元）	同比（%）
手持或车载无线电话机	73.2	84.2	计量检测分析自控仪器及器具	41.0	17.4
打印机（包括多功能一体机）	63.2	16.7	初级形状的塑料	36.6	108.0
汽车零配件	60.1	1.1	铁矿砂及其精矿	29.9	-49.9
汽车	45.1	10.7	二甲苯	25.9	-4.0

二、2018 年重庆市外贸增长的主要原因

（一）笔记本电脑加工产业稳定发展，为外贸增长提供有力支撑

经过多年培育，重庆加工贸易产业发展的物流环境和上下游产业链已较为成熟完整，规模集聚能力不断增强，笔记本电脑行业加工订单稳定，代工品牌拓展，产品种类增多，推动电子信息产品加工出口持续增长。虽然全球 PC 市场整体需求持续低迷，但由于一体机、游戏本等高价值机型订单增多，便携式电脑平均出口价格上涨，带动全年出口值增长，对出口整体增长形成支撑。

（二）国家稳外贸关税政策实施，一定程度上刺激外贸增长

2018 年，国家降低日用消费品、医药和康复、养老护理进口税率，鼓励资源性产品进口，两次提高出口商品退税税率。在政策刺激下，2018 年重庆相关降税商品如食品、烟酒、日化用品、衣着鞋帽类和医疗保健品等，合计进口 61.6 亿元，同比增长 48.5%；煤炭、纸浆等资源性产品合计进口 36.6 亿元，同比增长 1 倍，上述进口商品合计拉动进口值增长 2.4 个百分点。第 1 批提高出口退税商品清单在 9 月中旬生效后至年底，重庆受惠出口商品，如集成电路、书籍类商品，出口均实现快速增长，第 2 批提高出口退税商品清单在 11 月 1 日生效后，重庆受惠商品，如灯具类，出口业出现迅猛增势。

三、影响 2019 年重庆市外贸的主要因素

（一）重庆电子产业发展良好，巩固传统优势的同时不断拓展新兴领域，增强当地外贸发展动力

2019 年一季度，重庆规模以上工业增加值同比增长 4.3%，比 2018 年全年和一季度分别回升 3.8 和 1.8 个百分点，其中，电子产业增加值同比增长 8.8%[①]。2019 年一季度，重庆电脑出口保持量、值同增的良好发展态势，量、值同比增幅分别为 8.1%和 24.3%，远高于 2018 年一季度 0.4%和 5.2%的出口量、值增幅水平，显示出外贸支柱产业对重庆工业经济的回升拉动作用显著。同时，从 2018 年下半年开始，重庆的可穿戴设备出口增长较快、并开始具备了一定的规模，据市场研究公司 Gartner 预测，2019 年全球可穿戴设备出货量将

① 《2019 年一季度重庆经济运行情况》，重庆统计局，2019 年 4 月 19 日。

达到2.25亿部，较2018年增长25.8%[①]，智能穿戴设备有望在2019年延续此前的增势，将为重庆外贸发展注入新的活力。

（二）开放通道，平台建设不断完善，为开放型经济拓宽发展空间

目前重庆已形成1个自贸试验区+4个开放口岸+4个特殊监管区+4个保税物流中心+8个指定口岸的开放平台，在内陆地区位居前列。中欧班列（重庆）2019年一季度已开行476班，在促进重庆外贸发展的同时，对包括江苏、广东、浙江、上海等地的企业的吸引力也在不断增强。"陆海贸易新通道"是中新（重庆）战略性互联互通示范项目的重要组成部分，由重庆始发的东盟班车已打通以重庆为起点及中转口岸、西连欧洲、南接东盟的国际物流大通道，形成重庆—东盟国家的"点对点"运输，多个中西部省份的陆续加入，将持续推动西部地区形成"陆海内外联动、东西双向互济"的开放新格局。重庆中新示范项目管理局数据显示，截至2018年底，"陆海贸易新通道"进出口货物已涵盖汽车和摩托车配件、建筑材料、农副产品等8大货类、240多个品种[②]。

四、形势展望和政策建议

2019年4月16日，习近平总书记在重庆考察时提出，希望重庆更加注重从全局谋划一域、以一域服务全局，努力在推进新时代西部大开发中发挥支撑作用，在推进共建"一带一路"中发挥带动作用，在推进"长江经济带"绿色发展中发挥示范作用。

为此建议：一是积极促进各类开放平台高质量发展。对海关特殊监管区域产业定位进行统筹，实现错位发展、优势互补，避免同质化竞争。充分利用国家促进综合保税区高水平开放、高质量发展的政策红利，加快培育飞机融资租赁、进口汽车保税存储及展示交易、跨境电商等新动能、新优势，不断拓展大平台、大通道的承载力、辐射力和吸引力。二是积极开拓新市场、寻找新伙伴。依托国家"一带一路"倡议及"陆海贸易新通道"框架协议，发挥"两点"优势，在与欧盟、东盟、日韩等传统市场不断深化合作的同时，拓展与"一带一路"沿线新兴市场的开放合作力度。三是加大招商引资力度。2019年是国家实施"外资促进行动计划"关键之年，重庆也应抓住发展机遇，加强对"西部大开发""国家支持发展的重大技术装备和产品目录"等政策的研究，借鉴其他省市扶持外贸企业发展的先进经验，引入龙头企业在渝投资发展，加快产业结构优化升级步伐，通过技术创新提高附加值，通过品牌培育提升竞争力，为外贸可持续发展提供后劲。

---

① 《Gartner：全球可穿戴设备出货量明年将增长25.8%》，搜狐网，2018年12月1日。

② 《"一带一路"建设 让中国西部内陆地区更开放》，经济参考报，2019年4月12日。

四川省

四川是我国西部地区重要的金融中心、物流中心和信息中心，具有辐射西南、西北地区的区位优势和经济优势。2018 年，四川坚持稳中求进工作总基调，坚持以供给侧结构性改革为主线，坚持高质量发展新要求，深入推进以做强成都“主干”和打造各具特色、竞相发展的区域经济板块的“一干多支，五区协同”“四向拓展、全域开放”等重大部署，着力构建“5+1”（即以建设 5 个万亿级支柱产业和数字经济为主体）现代产业体系，全省实现地区生产总值（GDP）4.07 万亿元，比上年增长 8%①，外贸规模创历史新高，外贸依存度为 14.6%。

据海关统计，2018 年四川外贸进出口 5 947.8 亿元，与 2017 年相比增长 29.2%，占同期我国进出口总值的 1.9%。其中，出口 3 334.8 亿元，同比增长 31.4%；进口 2 613 亿元，同比增长 26.5%。

一、2018 年四川省外贸进出口的主要特点

（一）7 月份以来月度进出口值持续高位运行

2018 年，月度进出口值呈前稳后升态势，其中，除 2 月受春节影响外，前 6 个月的月度进出口值保持在 400 亿元左右，7 月份之后迅速攀升至 500 亿元以上的高位，11 月份一度扩张至 618.7 亿元的历史新高（见图 1）。

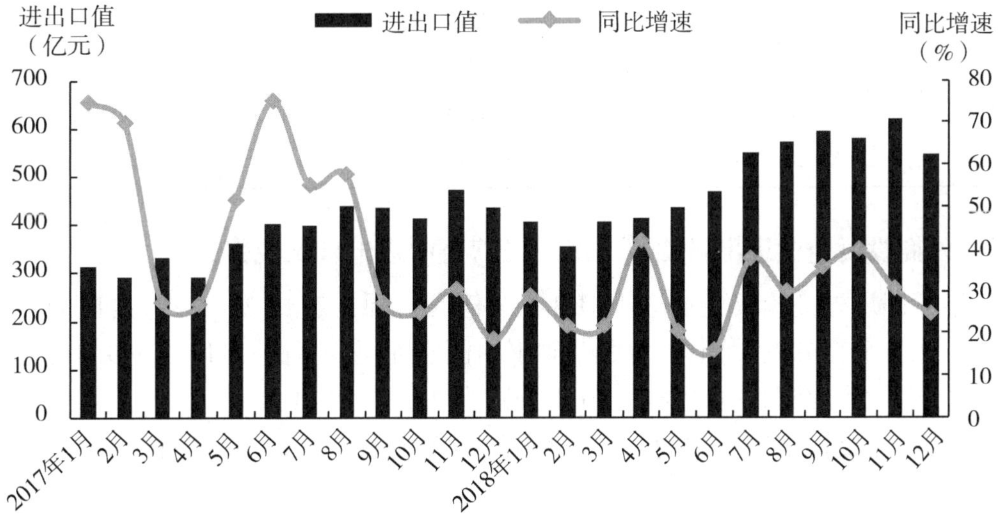

图 1　2017 年 1 月~2018 年 12 月四川外贸进出口月度统计图

---

① 数据来源于四川统计局网站。

（二）贸易方式更趋优化，加工贸易和一般贸易快速增长

2018 年，四川以加工贸易方式进出口 3 351 亿元，同比增长 29.5%，占同期四川外贸进出口总值的 56.3%；同期，以一般贸易方式进出口 1 816.5 亿元，同比增长 30.1%，占比为 30.5%。

（三）外贸市场更趋多元，对“一带一路”沿线国家（地区）进出口增势良好

2018 年，四川对前 4 大贸易伙伴美国、东盟、欧盟和日本分别进出口 1 498 亿元、1 121.9亿元、995.8 亿元和 435.1 亿元，同比分别增长 33.9%、24.9%、27.7%和 28.5%，合计占比为 68.1%。同期，四川对“一带一路”沿线国家（地区）进出口 1 650.3 亿元，增长 24.3%，占比为 27.8%，其中，对沿线的越南、马来西亚和新加坡分别进出口 487.2 亿元、342.3 亿元和 95.5 亿元，同比分别增长 37.7%、14.9%和 40.2%。此外，对拉丁美洲等新兴市场的开拓成效明显。2018 年，四川对拉丁美洲进出口 145.8 亿元，同比增长 34.4%（见表 1）。

表 1　2018 年四川与主要贸易伙伴进出口统计表

国家或地区	进出口值（亿元）	同比（%）	出口值（亿元）	同比（%）	进口值（亿元）	同比（%）
美国	1 498.0	33.9	869.6	52.1	628.4	14.9
东盟	1 121.9	24.9	861.4	28.6	260.5	14.0
欧盟	995.8	27.7	530.2	21.3	465.6	35.7
日本	435.1	28.5	152.9	29.4	282.2	28.0
韩国	371.2	32.4	63.0	1.2	308.2	41.3
中国台湾	309.0	53.5	32.0	23.2	277.0	57.9
中国香港	231.4	19.2	229.7	19.7	1.7	-27.1
澳大利亚	130.4	49.7	77.7	61.9	52.7	34.8
印度	94.8	22.4	90.2	20.0	4.6	99.2
以色列	91.4	-11.7	9.8	20.4	81.6	-14.5

（四）外商投资企业进出口比重下滑，民营企业进出口表现强劲

2018 年，四川外商投资企业进出口 3 893 亿元，同比增长 24.1%，占比为 65.5%，较 2017 年减少 2.6 个百分点。同期，民营企业和国有企业分别进出口 1 349.8 亿元和 699.7 亿元，同比分别增长 45.4%和 30%，占比分别为 22.7%和 11.8%。

（五）区域发展新格局正加速形成，成都继续保持“领头羊”地位，绵阳、宜宾快速增长

2018 年，成都实现进出口值 4 973.2 亿元，同比增长 26.4%，占比为 83.6%。绵阳、宜宾快速增长，绵阳进出口值达 258.8 亿元，同比增长 1.3 倍；宜宾进出口 96.9 亿元，同比增长 68.2%。

（六）出口产品结构进一步优化，机电产品出口快于劳动密集型产品

2018 年，四川出口机电产品 2 714.4 亿元，同比增长 36.1%，占四川外贸出口的比重由 2017 年的 78.6%提升至 81.4%。其中，出口便携式电脑 748.7 亿元，同比增长 65.9%；集成电路 621.5 亿元，同比增长 35.8%；汽车 88 亿元，同比激增 3.9 倍；手机 26.4 亿元，同比激增 5.9 倍。此外，四川出口 7 大类劳动密集型产品 200 亿元，同比增长 12%，占同期四川出口总值的 6%。

（七）进口产品结构更趋优化，机电产品进口比重提升，金属矿砂等资源性产品进口保持较快增长

2018 年，四川进口机电产品 2 324.7 亿元，同比增长 27.7%，占全省进口总值的 89%，较上年增加 0.9 个百分点。此外，进口农产品 46.7 亿元，同比增长 3.1%，其中进口大豆 14.9 亿元，同比下降 2.1%。进口铁矿砂及其精矿 29.6 亿元，同比增长 47.3%；进口纸浆 33.5 亿元，增长 29.8%（见表 2）。

表 2　2018 年四川主要进出口商品统计表

出口			进口		
商品名称	金额（亿元）	同比（%）	商品名称	金额（亿元）	同比（%）
便携式电脑（平板电脑除外）	748.7	65.9	集成电路	1 351.3	19.6
集成电路	621.5	35.8	制造平板显示器用的机器及装置	203.4	119.0
平板电脑	415.1	5.5	计量检测分析自控仪器及器具	85.7	47.1
汽车	88.0	391.9	电脑及其部件	83.8	53.6
纺织纱线、织物及制品	57.4	7.7	汽车零配件	53.6	90.6
通断保护电路装置及零件	57.2	17.6	农产品	46.7	3.1
农产品	50.1	12.3	自动数据处理设备的零件	38.9	13.1
灯具、照明装置及零件	46.3	96.6	纸浆	33.5	29.8
鞋类	43.8	-1.2	铁矿砂及其精矿	29.6	47.3
二极管及类似半导体器件	27.4	47.9	印刷电路	29.2	16.6

二、2018 年四川省外贸进出口增长的主要原因

（一）稳外贸政策效应逐步显现，为四川外贸发展营造良好氛围

2018 年以来，四川认真贯彻落实国家系列减税降费、优化营商环境、促进跨境贸易便利化的措施，经济呈现良好发展势头。2018 年全省工业平稳运行，全年规模以上工业增加值比去年增长 8.3%，比全国平均水平高 2.1 个百分点，其中计算机、通信和其他电子设备制造业同比增长 14.4%，汽车制造业同比增长 3.6%[①]。同时，四川出台了加快构建“5+1”

① 《2018 年四川经济形势新闻发布会》，四川人民政府网，2019 年 1 月 23 日。

现代产业体系推动工业高质量发展的意见及系列配套文件，旨在培育壮大电子信息、装备制造、食品饮料、先进材料、能源化工等支柱产业和数字经济。此外，我国两次提高部分产品出口退税率，并主动降低药品、汽车及其零部件、日用消费品等的进口关税，各项政策改革深入推进释放出巨大红利，促进四川外贸快速增长。

（二）产业转型升级步伐加快，为四川外贸增长提供动力

随着产业转型升级步伐加快、电子信息和汽车等产业集聚效应进一步凸显，四川高端设备及关键零部件等高新技术产品进出口实现快速增长。同时，四川部分企业承接的重大项目纷纷落地，部分龙头企业转移柔性面板生产线，四川东北地区承接摩托车、汽车等配套产能转移等，龙头企业产能继续释放，带动外贸进出口快速增长。

（三）四川企业开拓全球市场步伐加快，有利于拓展外贸发展空间

随着四川开放型经济进一步快速发展，进出口企业特别是本土民营企业和国有企业积极开拓多元化出口市场。在国家推进“一带一路”建设的大背景下，四川着力引进相关优势产业，如农产品加工、电力、建筑、轻工、电子等企业“走出去”，有力带动了大型成套设备及零部件等产品的出口，进一步促进外向型经济发展。

三、影响2019年四川省外贸进出口的主要因素

（一）制造业尤其是高端装备制造业水平仍然与国外存在差距，面临激烈竞争

当前全球经济发展进入深度调整期，制造业重新成为全球经济竞争的焦点。金融危机后，主要发达国家重新聚焦实体经济，纷纷实施“再工业化”战略，集中发力高端制造领域，力图重振制造业并不断扩大竞争优势。同时，我国国内要素成本持续攀升，劳动力成本大幅增长，制造业传统竞争优势不断削弱，出口订单和产业向外转移不断增加。如在机械装备等产业领域，我国竞争力虽不断上升，但与发达国家相比，在质量、服务、标准等方面还存在一定的差距，仍面临着来自国际市场的竞争。

（二）贸易保护主义抬头，来自外部市场的风险加大

全球范围内贸易保护主义倾向日益凸显，一些国家试图采取贸易限制措施解决国内经济面临的问题，我国的贸易摩擦明显增多，且短期内难有缓解。2018年全年数据显示，四川与美国贸易的部分商品已出现明显下滑，如齿轮及链轮等传动元件对美出口由上半年的同比增长23.8%转为7~12月的同比下降23.1%，而7~12月全省出口此类商品整体同比增长33.3%；又如7~12月全省出口彩色电视机3.6亿元，同比增长9.1%，其中对美出口由上半年的1.5亿元降至0。

（三）加工贸易本地配套不足制约承接产业转移步伐，传统优势产业对外贸支撑不足

目前，承接加工贸易产业转移仍然是四川外贸快速增长的“稳定器”，但加工贸易本地配套率依然不高，本地民营企业和国有企业参与加工贸易的程度依然不足。2018年，四川本土民营企业和国有企业参与加工贸易的进出口值仅占同期四川加工贸易进出口值的8.3%。四川虽然拥有较齐全的工业门类，但工业产业对外贸的支撑并不显著。装备制造、

生物医药、航空制造和维修等传统优势产业由于自主创新能力不足、缺乏核心竞争力，在外贸领域建树甚少；同时，传统优势产业，如白酒、茶叶等本地特色产品受专业外贸人才缺乏、产品差异化不够、市场开拓不足等因素影响，国内品牌优势并未转化为外贸出口优势。

四、形势展望和政策建议

面对当前严峻复杂的外贸环境，我国一系列减税降费、优化营商环境、促进跨境贸易便利化等措施将进一步促进四川外贸发展，同时，大项目、大企业的产能释放和跨境电商、市场采购贸易等新业态、新贸易方式也将对四川外贸起到积极的促进作用，四川外贸仍有望保持稳中有进的良好态势。为此，建议：

（一）加快推进制造业转型升级，夯实加工贸易发展的产业基础

大力推进工业化与信息化的深度融合，建立更具竞争力的新型生产模式、组织体系和产业形态，不断增强信息化带动工业化发展的内生动力，加快推进制造业转型升级。同时，增强企业自主创新能力，推动企业积极融入全球垂直专业化分工，从传统的来料加工等中低端产业链，朝着高端装备制造、智能制造、战略新兴产业等中高端产业链迈进。

（二）推动全域开放合作，打造高水平开放平台

对接西部陆海新通道建设，深入推进南向通道建设，持续扩大中欧班列（成都）影响力，着力打造陆海联运枢纽。通过“海铁联运”方式，深化与“一带一路”沿线国家（地区）交流合作。积极培育外贸新业态，支持跨境电商、市场采购贸易、外贸综合服务等健康发展，打造外贸新的增长点。

河南省

河南是全国农产品主产区和重要的矿产资源大省；人口众多，是全国人口大省，劳动力资源丰富，消费市场巨大；区位优越，是全国重要的综合交通枢纽和人流、物流信息中心。2018 年，河南实现地区生产总值 4.81 万亿，比 2017 年同比增长 7.6%，经济总量稳居全国第 5 位①，正处于蓄势崛起、攻坚转型的关键阶段，发展活力和后劲不断增强。

据海关统计，2018 年，河南进出口总值 5 513 亿元，同比增长 5.3%。其中出口 3 579.5亿元，同比增长 12.8%；进口 1 933.5 亿元，同比下降 6.2%。外贸依存度为 11.4%。

一、2018 年河南省外贸进出口的主要特点

（一）前期低位运行，9 月份冲高后有所回落

除 1 月份进出口规模在 500 亿元以上，2018 年前 8 个月河南月度进出口值均在 300 亿元左右低位徘徊。进入 9 月份后，受外贸龙头企业新品出货量大幅增长的带动，进出口值在 9 月份达到 770.6 亿元的高点，此后 3 个月虽有所下滑，但仍维持在较高水平（见图 1）。

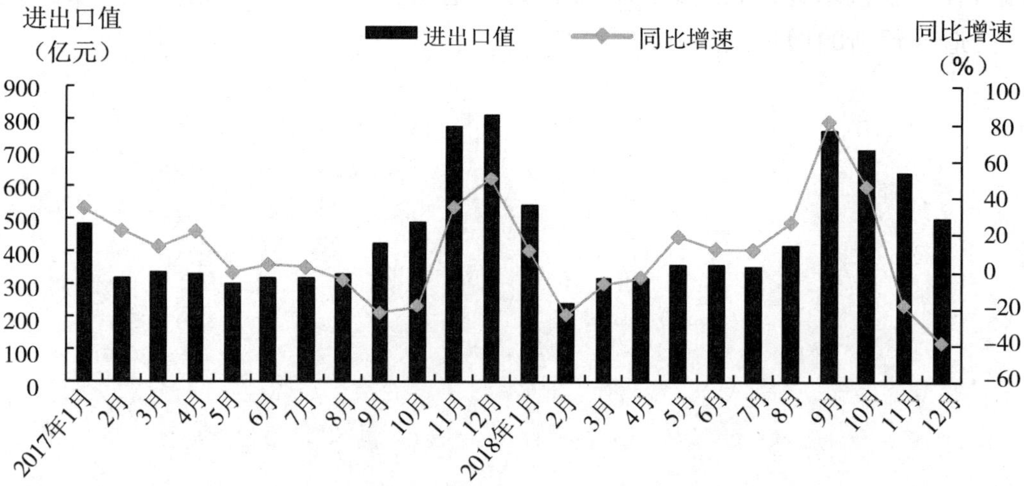

图 1　2017 年 1 月~2018 年 12 月河南外贸进出口月度统计图

（二）加工贸易增长缓慢，一般贸易占比显著提升

2018 年，河南以加工贸易方式进出口 3 563.1 亿元，同比增长 1.8%，占全省进出口总值的 64.6%；以一般贸易方式进出口 1 857.6 亿元，同比增长 16.4%，比整体进出口增速

① 数据来源于河南统计局统计数据。

高 11.1 个百分点，占进出口总值的 33.7%，比 2017 年提升 3.2 个百分点。

（三）对美国、东盟等主要市场增长态势良好，对中国台湾地区、日本、韩国下滑

2018 年，河南对美国进出口 1 382.5 亿元，同比增长 27.6%，占同期全省进出口总值的 25.1%，美国居全省第一大贸易伙伴地位。对欧盟、东盟分别进出口 647.8 亿元、639.1 亿元，同比分别增长 2.1%、38.9%。同期，对中国台湾地区、日本分别进出口 460.5 亿元、357.5 亿元，同比下降 11.7%和 24.8%（见表 1）。

表 1　2018 年河南省与主要贸易伙伴进出口统计表

国家或地区	进出口值（亿元）	同比（%）	出口值（亿元）	同比（%）	进口值（亿元）	同比（%）
美国	1 382.5	27.6	1 325.9	31.4	56.6	-24.2
欧盟	647.8	2.1	539.6	5.6	108.2	-12.3
东盟	639.1	38.9	276.5	17.2	362.6	61.6
中国台湾	460.5	-11.7	25.3	2.0	435.2	-12.4
日本	357.5	-24.8	247.0	-22.4	110.5	-29.8
韩国	326.9	-25.3	79.7	2.9	247.2	-31.4
中国香港	185.8	4.2	185.7	4.1	0.1	86.3
澳大利亚	163.5	4.8	82.4	10.2	81.1	-0.2
墨西哥	114.0	17.4	46.6	39.9	67.4	5.6
巴西	102.0	15.2	39.8	-5.4	62.2	34.0

（四）6 成以上为外商投资企业进出口，民营企业增势明显

2018 年，河南外商投资企业进出口 3 562.3 亿元，同比下降 0.8%，占同期全省外贸总值的 64.6%；民营企业进出口 1 503.4 亿元，同比快速增长 23.4%；国有企业进出口 446.8 亿元，同比增长 6%。

（五）机电产品出口保持稳定增长，劳动密集型产品增长较快

2018 年，河南机电产品出口 2 607.5 亿元，同比增长 11.2%，其中手机出口 2 115.1 亿元，同比增长 9.4%；汽车出口 51.3 亿元，同比增长 22.8%。同期，服装、箱包、家具等劳动密集型产品出口 213 亿元，同比增长 22.6%；农产品出口 169.1 亿元，同比增长 13.3%。此外，铝材出口 101.2 亿元，同比增长 31.8%；汽车零配件出口 43.3 亿元，同比下降 5%。

（六）集成电路、农产品进口有所下降，铜矿砂进口大幅增长

2018 年，河南进口集成电路 710.8 亿元，同比下降 9.1%；同期，进口电视、收音机及无线电讯设备的零附件 192.4 亿元，同比下降 14.7%；进口铜矿砂及其精矿 104.6 亿元，同比增长 54.1%；进口农产品 86 亿元，同比下降 18.6%；进口美容化妆品及护肤品 62.3 亿元，同比下降 3.9%（见表 2）。

表 2　2018 年河南省主要进出口商品统计表

出口商品	出口值（亿元）	同比（%）	进口商品	进口值（亿元）	同比（%）
手机	2 115. 1	9. 4	集成电路	710. 8	-9. 1
农产品	169. 1	13. 3	电视、收音机及无线电讯设备的零附件	192. 4	-14. 7
未锻轧铝及铝材	101. 2	31. 8	铜矿砂及其精矿	104. 6	54. 1
服装及衣着附件	74. 7	29. 8	农产品	86. 0	-18. 6
纺织纱线、织物及制品	70. 9	11. 8	美容化妆品及护肤品	62. 3	-3. 9
汽车	51. 3	22. 8	铁矿砂及其精矿	53. 2	-15. 3
汽车零配件	43. 3	-5. 0	计量检测分析自控仪器	34. 3	19. 2
家具及其零件	29. 5	35. 5	纸浆	25. 1	5. 8
陶瓷产品	27. 3	19. 6	印刷电路	22. 4	-16. 0
新的充气橡胶轮胎	27. 0	-13. 2	煤及褐煤	20. 1	44. 8

二、2018 年河南省外贸进出口稳步增长的有利因素

（一）“空中丝绸之路”为河南对外开放提供新动能

2018 年 6 月，《郑州国际航空货运枢纽战略规划》发布并逐步实施，规划将郑州机场定位为全球航空货运枢纽、现代国际综合交通枢纽、航空物流改革创新试验区以及中部崛起的新动力源。2018 年，郑州机场客货运规模继续保持中部地区“双第一”，货邮吞吐量 51. 5 万吨，货运规模稳居全国第 7 位；周计划航班量超过 110 班，在全球前 20 位货运枢纽机场中已开通 15 个航点，货运航空公司数量、货运航线、通航城市、全货机运力及航班量均居全国第 5 位[①]；基本形成了横跨欧亚美三大经济区、覆盖全球主要经济体的航线网络，货运航线网络的通达性和便利性持续提升，集疏能力显著增强。

（二）河南进一步推进物流运输建设、加大基础设施服务力度，提升对外开放水平

凭借着交通区位优势，中欧班列（郑州）自 2013 年 7 月 18 日运行以来，截至 2018 年底已累计开行近 1 760 班，载货量以每年 20%～30%的速度递增，境内覆盖以郑州为中心、以 1 500 公里为半径、数量占国内省份数量四分之三的省份，拥有境内外合作伙伴 3 000 多家，是国内唯一一家实行高频往返常态化开行的中欧班列，在国内所有的中欧班列中综合实力保持领先。2018 年 12 月 7 日，中欧班列（郑州—东盟越南）国际货运线路正式开通，是经过广西凭祥对接东盟的南向通道。同时，全省大力提升基础设施服务水平，通过新郑综合保税区承接东部产业转移，区内企业进出口值逐年扩大，是推动全省外贸保持快速增长的重要力量。

① 《郑州机场跃至国内“最高等级”可起降世界最大民航客机 A380》，大河网，2018 年 4 月 21 日。

（三）国际市场布局进一步优化，“一带一路”贸易合作取得丰硕成果

“一带一路”倡议提出以来，河南紧跟中央步伐，抓紧有利时机，争取战略主动，依托中欧班列，着力打造贯通欧亚、通江达海的交通走廊，取得丰硕成果。近年来，河南与“一带一路”沿线国家贸易保持良好发展态势，2018 年进出口 1 188.9 亿元，同比增长 23.1%，高出同期全省外贸整体同比增速 17.8 个百分点，占全省进出口总值的 21.6%，较 2017 年提升 3.1 个百分点。

三、当前河南省外贸发展面临的问题和不利因素

（一）出口商品结构有待继续优化，处于全球价值链低端环节的格局仍未根本改变

近年来，河南出口商品结构得到很大程度的优化和提升，但总体上处于全球价值链分工体系低端环节的格局没有得到根本改观。特别是出口竞争力较强的劳动密集型产品，更多仍是以廉价劳动力为核心竞争要素，随着劳动力成本上升，相关行业及产品赖以生存的“人口红利”必须要从低成本的数量红利，加快向素质红利转换，在全球价值链分工中获得新的比较优势。而对于出口占比最高的技术密集型产品，其核心技术和产品定价权仍主要被发达国家的跨国公司所掌握，迫切需要通过自主创新，力争在关键核心技术上取得突破，避免受制于人。

（二）最大出口商品（手机）的全球销量低迷，将给河南外贸未来发展带来一定的阻力

河南外贸出口商品结构较为单一，近 6 成为手机，主要为苹果代工。据摩根大通最新报告显示，受更换周期延长、全球市场需求疲软以及苹果手机在中国市场销量下滑等因素影响，2019 年部分国外手机巨头销量将同比下降 2 位数，全行业手机销量也将下降 4.8% 至 5.5%[①]。手机全行业的预期不佳将给河南外贸带来较大的风险，一定程度上将影响河南外贸的持续健康发展。

四、形势展望及相关建议

当前全球主要经济体工业生产、制造业采购经理人指数等主要经济指标持续走低，美欧等发达经济体持续收紧货币政策，特别是一些新兴经济体自身经济脆弱性凸显，又受发达经济体收紧货币政策外溢效应影响，经济金融形势严峻，成为威胁世界经济增长的重要风险。全球经济形势复杂多变，将对 2019 年河南外贸进出口带来更多不确定因素。

为此，建议：一是坚持驱动创新，更深、更广地参与全球价值链竞争，进一步加大承接产业转移力度，有效改善出口商品结构较为单一的局面；二是优化进口结构，扩大进口规模，促进贸易平衡和消费升级；三是进一步提高外贸公共服务水平，减税降费，切实降低企业负担，进一步缩小与国内先进省份的差距。

---

① 《摩根大通：预计 2019 年 iPhone 销量将下滑两位数》，腾讯科技，2019 年 1 月 17 日。

河北省

河北背靠太行山，环抱渤海，既有得天独厚的煤、铁资源优势，又可近距离承接京津都市圈的经济辐射，近年来在京津冀协同发展战略指引下，经济始终保持健康稳定发展。2018 年，河北经济总量（GDP）达 3.6 万亿元，比上年增长 6.6%，排名全国第 9 位。为有效应对错综复杂的国际贸易形势，河北出台了稳定和促进外贸增长的系列措施，实现外贸总体平稳发展，2018 年，河北省年度进出口规模创历史新高，在全国各省、直辖市排名中，位居第 15 位，外贸依存度为 9.9%。

据海关统计，2018 年，河北实现外贸进出口 3 551.6 亿元，比 2017 年增长 5.1%，占同期我国进出口总值的 1.2%；其中，出口 2 243 亿元，同比增长 5.5%，占同期我国出口总值的 1.4%；进口 1 308.6 亿元，同比增长 4.5%，占同期我国进口总值的 0.9%。

一、2018 年河北省外贸进出口的主要特点

（一）2018 年下半年单月进出口值同比增幅震荡走高

2018 年 1~7 月的月度进出口值在 300 亿元上下波动，增速相对较慢；8 月以后的月度进出口规模和增速均高位震荡，其中，12 月创下 328.8 亿元的单月进出口值历史新高（见图 1）。

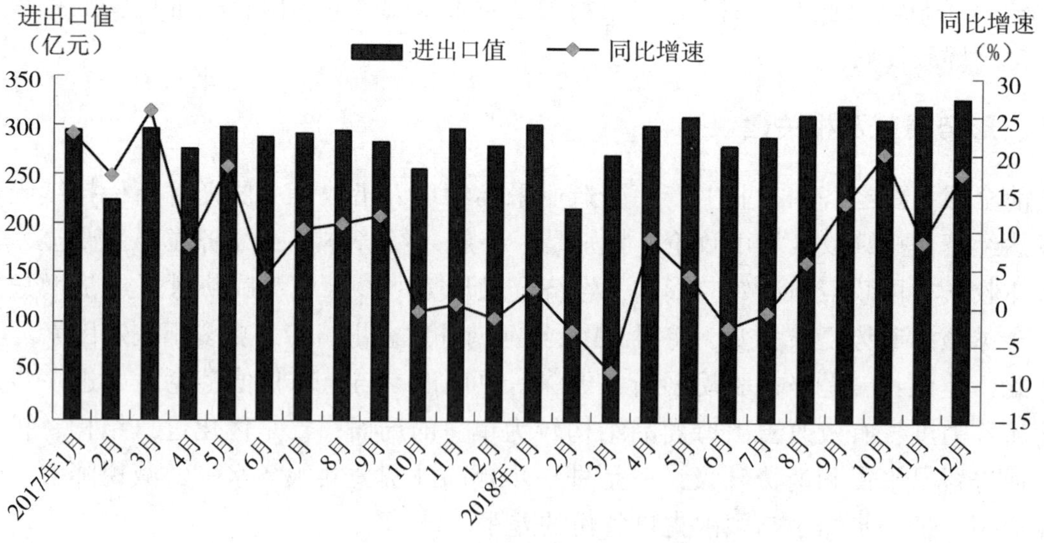

图 1　2017 年 1 月~2018 年 12 月河北省外贸进出口月度统计图

（二）一般贸易仍占主导地位，加工贸易增速较快

2018 年，河北以一般贸易方式进出口 3 155.9 亿元，同比增长 4.7%，占同期河北进出

口总值的88.9%。以加工贸易方式进出口257.1亿元，同比增长8.5%，占比为7.2%。

（三）主要进出口至欧盟、美国、澳大利亚、东盟和韩国，其中自美国、澳大利亚进口降幅较大，对“一带一路”沿线国家进出口增势良好

2018年，欧盟是河北最大进出口市场，为502亿元，同比增长7.7%；对美国和澳大利亚分别进出口422.5亿元和405.6亿元，同比分别下降0.6%和8.8%，其中进口同比分别大幅下降34.6%和10.7%；对东盟和韩国分别进出口329.6亿元和240.3亿元，同比分别增长11.3%和17.2%；对上述5地合计进出口占比为53.5%。此外，河北对“一带一路”沿线国家进出口1 084.1亿元，同比增长9.9%，高于总体进出口增速4.8个百分点（见表1）。

表1　2018年河北省与主要贸易伙伴进出口统计表

国家或地区	进出口值（亿元）	同比（%）	出口值（亿元）	同比（%）	进口值（亿元）	同比（%）
欧盟	502.0	7.7	338.1	6.6	163.9	10.2
美国	422.5	-0.6	338.3	14.2	84.2	-34.6
澳大利亚	405.6	-8.8	39.9	12.4	365.7	-10.7
东盟	329.6	11.3	281.8	9.9	47.8	19.9
韩国	240.3	17.2	132.8	-8.4	107.5	79
巴西	228.3	2.5	36.4	9.3	191.9	1.3
俄罗斯	221.8	-3.6	199.7	-4.6	22.1	6.2
日本	188.8	27.5	110.2	2.8	78.6	92.2
印度	121.0	7.0	97.5	20.8	23.5	-27.5
阿联酋	91.0	62.7	33.6	6.9	57.4	134.7

（四）民营企业进出口占比超6成，且在各类企业中增速最快

2018年，河北民营企业进出口2 230.4亿元，同比增长10.6%，占比为62.8%，拉动全省进出口增长6.3个百分点；国有企业进出口677.9亿元，同比增长4.8%；外商投资企业进出口652.3亿元，同比下降8.8%。

（五）机电产品出口增长较快，钢材出口降幅明显

2018年，河北出口机电产品759.5亿元，同比增长17.1%，其中汽车零配件出口128亿元，同比增长19.8%；汽车出口31.3亿元，同比增长14.6%。同期，劳动密集型产品出口536.5亿元，同比增长0.5%；钢材出口331.3亿元，同比下降14.3%。

（六）部分资源性产品占据进口主要品种的前列，机电产品进口增长迅猛

在2018年河北前5大进口品种中，除制造平板显示器用的机器及装置外，其余均为资源性产品，其中进口铁矿砂及其精矿9 471.4万吨，同比减少11%，价值451.5亿元，同比下降14.4%；煤及褐煤进口499.7万吨，同比减少3.3%，价值50.1亿元，同比增长5.3%；大豆进口484.7万吨，同比减少15.2%，价值140.3亿元，同比下降13.6%；原油进口 191.6 万吨，同比增长 59.1%，价值 69 亿元，同比增长 103.5%。同期，进口机电产品 289.2 亿元，同比增长 45.4%，其中，制造平板显示器用的机器及装置进口由 2017 年的 1.1 亿元攀升至 66.2 亿元（见表 2）。

表 2　2018 年河北省主要进出口商品统计表

出口			进口		
商品名称	金额（亿元）	同比（%）	商品名称	金额（亿元）	同比（%）
钢材	331.3	-14.3	铁矿砂及其精矿	451.5	-14.4
服装及衣着附件	283.4	0.3	大豆	140.3	-13.6
纺织纱线、织物及制品	129.2	0.6	原油	69.0	103.5
汽车零配件	128.0	19.8	制造平板显示器用的机器及装置	66.2	5 803.7
农产品	105.8	4.2	煤及褐煤	50.1	5.3
医药品	76.8	12.2	初级形状的塑料	37.8	18.7
家具及其零件	62.8	2.5	计量检测分析自控仪器及器具	21.5	54.4
陶瓷产品	47.3	2.2	汽车零配件	16.3	-21.8
汽车	31.3	14.6	纸浆	16.0	32.5
太阳能电池	26.3	-0.1	通断保护电路装置及零件	14.9	5.0

二、2018 年河北省进出口增长的主要原因

（一）供给侧结构性改革，促进工业经济结构不断优化，新旧动能同时发力，为河北外贸发展奠定基础

经过前期的供给侧结构性改革，河北落后产能与“僵尸企业”逐步得到出清，供给侧与需求侧逐渐平衡，2018 年河北工业企业成本下降，效益明显回升，当年河北规模以上工业企业实现利润 2 211.7 亿元，比 2017 年增长 12%，规模以上工业增加值同比增长 5.2%，工业企业显现较好的复苏增长态势。落后产能的退出为新兴产业成长腾出空间，为经济发展带来新动能，2018 年河北规模以上工业战略性新兴产业增加值比 2017 年增长 10%，高新技术产业增加值同比增长 15.3%，其中高端技术装备制造领域、新材料领域和生物领域同比分别增长 23.1%、17.7%和 16.0%[①]。供给侧结构性改革为河北经济稳住了支柱产业，发展了新兴产业，新旧动能同时发力，为外贸成长提供了稳固的产业和经济基础。

（二）稳外贸、稳外资系列政策措施持续发力，高新产业发展带动设备进口明显增长

2018 年以来，河北认真贯彻落实中央“稳外贸、稳外资”的工作部署，深化自贸试验区改革创新等重大稳外贸举措，大力实施产业链精准招商，推进外贸稳中提质，实施市场拓展行动，壮大龙头企业，打造外贸出口基地。在相关政策的推动下，自 2018 年 8 月起，月度进出口值和同比增速均实现回升；2018 年机电产品进口同比增长超过 4 成，如河北电

① 《河北省 2018 年国民经济和社会发展统计公报》，河北省统计局，2019 年 3 月 1 日。

子信息产业发展良好，部分企业布局的 AMOLED 生产线 2018 年进入设备安装阶段，带动当年制造平板显示器用的机器及装置进口激增，有效缓解部分主要资源性产品回落造成的进口缺口。

三、影响 2019 年河北省进出口的主要因素

（一）去产能任务仍然艰巨，对矿石类商品的进口需求或将有所减弱

以钢铁行业去产能为例，根据京津冀及周边地区深化大气污染控制中长期规划研究，京津冀 3 地钢铁产能远期需控制在 2 亿吨[①]，同时河北 2018 年印发的《河北省钢铁行业去产能工作方案（2018—2020）》中指出，2019 年河北仍需压减退出 1 400 万吨左右钢铁产能，到 2020 年底全省钢铁产能控制在 2 亿吨以内。钢铁产业是河北支柱产业，对全省外贸发展影响举足轻重。海关数据显示，2018 年铁矿砂与煤炭合计进口约占河北进口总值的近 4 成，钢铁产能消减或将直接导致河北铁矿砂与煤炭进口量下滑。

（二）中美贸易摩擦不断升级，或将继续缩减主要商品（大豆）的进口规模，下游相关产业也将受到影响

大豆是河北主要进口商品，海关数据显示，2018 年大豆进口在全省进口总值中占比达到 10.7%，其中 1 季度从美国进口的大豆就占同期全省进口大豆 76.2%的比重。大豆作为我国对美国加征关税的主要商品之一，随着中美贸易摩擦不断升级，大豆进口规模会相应下滑，若从其他国家进口的大豆暂时无法完全替代美国大豆，大豆下游的相关产业也会受到一定影响。

四、形势展望和政策建议

2019 年，河北外贸发展迎来诸多利好。随着坐落于北京与河北交界的北京大兴国际机场即将正式通航，河北外贸再添重要进出口口岸，对外贸易更加便捷。雄安新区建设也即将全面展开，其对国际物流、人流的集聚能力将对河北外贸发展产生明显辐射带动作用。但当前河北外贸发展仍面临国际贸易摩擦加剧，去产能、调结构、转方式工作任务较重，劳动密集产品、钢材等传统外贸优势产业遭遇后发国家日渐增强的竞争压力等诸多困难，机遇与挑战并存。为此，建议：

（一）以去产能为契机，优化产业结构，加快实现转型升级

作为全国最大的钢铁生产基地，河北面临的去产能任务最为艰巨。需以此为契机，转压力为动力，全力提升产业集中度，增强龙头企业的科研创新能力，加强钢铁等传统产业的国际竞争力，并积极引导从落后产能中退出的企业和资金进入新兴产业和高新技术领域，改善河北以重化工业为主的产业结构，打造全新外贸竞争优势。

（二）主动对接北京大兴国际机场建设，更好地利用临空区位优势

北京大兴国际机场定位为国际大型枢纽机场，规划远期货邮吞吐量达到 200 万吨，将

---

① “京津冀及周边地区深化大气污染控制中长期规划研究项目”成果发布，北京市环保局，2018 年 5 月 4 日。

是河北空运货物的重要进出口岸。以该机场为核心，主动规划河北物流疏解路径，建设包含公路、铁路等物流方式的快捷货运基础设施，为河北外贸货物营造快进快出的物流条件，更好促进外贸产业发展。同时应积极发挥临空区位优势，引导适宜产业进驻北京大兴国际机场周边地区，并着力建设临空产业园区，做大做强临空产业经济，为河北外贸快速健康发展打造新引擎。

安徽省

安徽位居长江、淮河中下游，长江三角洲腹地，襟江带淮，通江达海，在中东部地区具有得天独厚的区位优势，经济、文化、社会发展位居全国中上游。2018 年，安徽经济总量（GDP）达 3 万亿元人民币，比 2017 年增长 8%，排名全国第 13 位。近年来，为贯彻落实习近平总书记考察安徽的重要指示和要求，安徽加快打造内陆开放新高地，外贸进出口实现跨越式发展，2017 年外贸进出口值首次突破 500 亿美元大关。2018 年外贸进出口值继续保持高速增长，突破 600 亿美元大关，再创历史新高，全国排名跃居第 13 位，比 2017 年提高 1 位，外贸依存度提高至 13.8%。

据海关统计，2018 年，安徽实现外贸进出口总值 4 150.8 亿元，比 2017 年增长 13.5%，占同期我国进出口总值的 1.4%。其中，出口 2 386.6 亿元，同比增长 15.1%，占同期我国出口总值的 1.5%；进口 1 764.2 亿元，同比增长 11.3%，占同期我国进口总值的 1.3%。

一、2018 年安徽省外贸进出口的主要特点

（一）月度进出口值高位运行，年末增速下滑

相较于 2017 年月度进出口值的较大幅度波动，2018 年，安徽月度进出口规模持续高位运行，整体平稳。其中，除 2 月受春节因素影响外，其他月份进出口值均超 300 亿元，11 月冲高至 377.6 亿元的年内最高位。同时，1 月、2 月同比增速超 4 成，3 月份之后增速回稳，年末增速出现明显下滑，12 月份同比下降 6%（见图 1）。

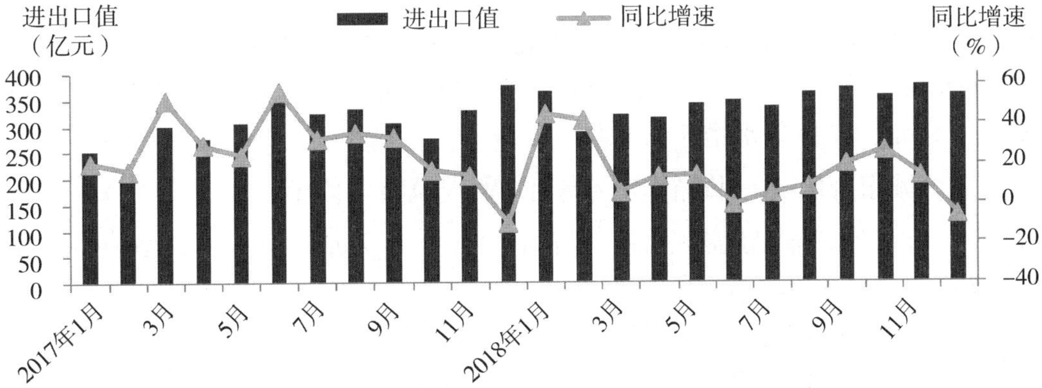

图 1　2017 年 1 月~2018 年 12 月安徽外贸进出口月度统计图

（二）外贸自主性提高，一般贸易进出口比重增加

2018 年，安徽以一般贸易方式进出口 2 953.1 亿元，同比增长 14.4%，占同期安徽进

出口总值的 71.1%，占比较 2017 年提高 0.2 个百分点。同期，以加工贸易方式进出口 891.6 亿元，同比增长 7.8%，占比为 21.5%。

（三）贸易伙伴更趋多元，对“一带一路”沿线国家进出口增势较缓

2018 年，安徽对前 5 大贸易伙伴美国、欧盟、东盟、日本和智利分别进出口 644.8 亿元、587.5 亿元、412.2 亿元、326.7 亿元和 218.5 亿元，分别增长 21.2%、15.8%、2.2%、5.2%和 14.6%，合计占比为 52.8%。同期，安徽对“一带一路”沿线国家进出口 969.8 亿元，同比增长 3.2%，低于总体进出口增速 10.3 个百分点。与此同时，对拉丁美洲和非洲等新兴市场的开拓取得成效，增速明显快于整体。其中，对拉丁美洲和非洲分别进出口 640.8 亿元和 198.8 亿元，同比分别增长 25.2%和 15.3%（见表 1）。

表 1　2018 年安徽省与主要贸易伙伴进出口统计表

国家或地区	进出口值（亿元）	同比（%）	出口值（亿元）	同比（%）	进口值（亿元）	同比（%）
美国	644.8	21.2	506.2	32.3	138.6	-7.4
欧盟	587.5	15.8	418.3	17.6	169.2	11.6
东盟	412.2	2.2	260.0	2.9	152.2	1.1
日本	326.7	5.2	117.3	19.4	209.4	-1.4
智利	218.5	14.6	35.2	22.1	183.3	13.2
韩国	204.2	9.5	63.8	-7.0	140.4	19.1
澳大利亚	202.7	16.1	44.5	23.6	158.2	14.2
中国台湾	170.1	15.6	35.8	15.7	134.3	15.6
秘鲁	142.0	27.2	15.0	31.2	127.0	26.7
印度	130.5	6.9	105.4	1.6	25.1	36.7

（四）市场主体活力增强，民营企业进出口增长较快

2018 年，安徽民营企业进出口 1 772.6 亿元，同比增长 24.9%，增速高于整体同比增速 11.4 个百分点，占比为 42.7%。同期，外商投资企业、国有企业分别进出口 1 283.8 亿元和 1 094.4 亿元，同比分别增长 9.6%和 2.7%。

（五）省会城市合肥“一骑绝尘”，皖北外贸规模整体偏小

2018 年，合肥外贸体量领跑全省，进出口 2 030.6 亿元，同比增长 20.3%，增速高于全省同比增速 6.8 个百分点，占比为 48.9%，对全省外贸增长贡献率高达 69.4%。传统外贸强市中，芜湖、铜陵同比分别增长 0.5%和 6.5%，增速分别低于全省同比增速 13 个、7 个百分点；皖北 6 市合计进出口 372.1 亿元，同比增长 9.2%，增速低于全省同比增速 4.3 个百分点，比重不及 1 成。

（六）机电产品为最大出口商品且比重有所提升

2018 年，安徽出口机电产品 1 377.4 亿元，同比增长 19.6%，增速高于出口整体同比增速 4.5 个百分点，占同期全省出口总值的 57.7%，比重提高 2.3 个百分点。其中，便携式电脑、家电、太阳能电池分别出口 313.4 亿元、172.7 亿元、59.8 亿元，同比分别增长 59.4%、27.2%和 37.5%。同期，劳动密集型产品出口 399.2 亿元，同比增长 6.2%，占同期全省出口总值的 16.7%，同比下滑 1.5 个百分点。

（七）进口商品以机电产品和能源资源性产品为主

2018 年，安徽集成电路、制造半导体器件或集成电路用的机器及装置进口增势迅猛。此外，铜矿砂及其精矿进口 384.9 亿元，同比增长 19.7%；铁矿砂及其精矿进口 108.4 亿元，同比下降 3.1%。此外，农产品进口 192.2 亿元，同比增长 17.8%；消费品进口 96.2 亿元，同比增长 51.4%（见表 2）。

表 2　2018 年安徽主要进出口商品统计表

出口			进口		
商品名称	金额（亿元）	同比（%）	商品名称	金额（亿元）	同比（%）
便携式电脑（平板电脑除外）	313.4	59.4	铜矿砂及其精矿	384.9	19.7
服装及衣着附件	134.8	-1.4	集成电路	118.2	39.1
纺织纱线、织物及制品	99.9	6.0	铁矿砂及其精矿	108.4	-3.1
汽车	90.6	-3.7	制造平板显示器用的机器及装置	76.6	28.2
农产品	90.0	6.7	肉及杂碎	63.3	53.7
钢材	83.5	19.3	制造半导体器件或集成电路用的机器及装置	55.3	40.6
冰箱	70.4	7.4	计量检测分析自控仪器及器具	44.1	11.9
空气调节器（车用除外）	65.7	18.9	液晶显示板	40.4	3.4
太阳能电池	59.8	37.5	初级形状的塑料	39.5	12.9
汽车零配件	57.0	14.8	粮食	38.9	-21.0

二、2018 年安徽省进出口增长的主要原因

（一）省内经济稳中向好，尤其是高新技术、新兴产业快速发展，为外贸增长奠定基础

2018 年，安徽坚定不移贯彻发展新理念，深入推进供给侧结构性改革，持续加强创新驱动，培育高质量发展新动能，经济发展质量和效益不断提升。其中，地区生产总值迈上 3 万亿元台阶，按可比价格计算，同比增长 8%，增速全国靠前；固定资产投资增长 11.5%以上；规模以上工业增加值同比增长 9.2%，高新技术产业增加值、战略性新兴产业产值分别同比增长 13.9%和 16.3%[①]。制造业尤其是高新技术、新兴产业的快速发展以及各项稳外贸政策的落实到位，夯实了安徽开放型经济发展的基础。

① 《2019 年安徽省政府工作报告》，2019 年 1 月 14 日。

（二）全省加大对外投资、开拓海外市场、打造内陆开放新高地，有利于拓展外贸发展空间

2018 年，安徽全面扩大开放，迈出新步伐，其中，成功举办世界制造业大会，构建了世界制造业发展的高端交流平台，共签约合同类项目 436 个，投资总额 4 471 亿元；积极参加首届中国国际进口博览会，组织 2 463 家企业采购，成交额居全国前列；积极参与“一带一路”倡议，对沿线国家投资同比增长 1 倍以上；与德国、俄罗斯等国以及非洲的开放合作持续深入，侨务、对中国台港澳地区工作取得新进展。全年安徽实际利用外商直接投资 170 亿美元、同比增长 7%①。

（三）外贸基础设施建设不断完善，为安徽进出口营造更加便利畅顺的贸易环境

安徽着力推进开放大通道、大平台、大通关建设，如合肥中欧国际货运班列加密延伸，对省级及以上开发区进行优化整合，实现马鞍山综保区和合肥空港、安庆（皖西南）、皖东南保税物流中心封关运行。2018 年，全省有外贸实绩的国家级园区增加至 21 个，合计进出口 1 549. 4 亿元，同比增长 21. 5%，同比增速比全省平均同比增速高 8 个百分点。

三、影响 2019 年安徽省进出口的主要因素

（一）中美贸易摩擦升级，外部环境挑战加剧

美国是安徽最大贸易伙伴。特别是正值安徽高新技术产业和战略性新兴产业快速发展的时期，不少商品的核心部件和技术都高度依赖美国，加上 2018 年以来中美之间加征关税的一系列行为，均会对安徽外贸产生一定的负面影响。

（二）外贸发展结构性问题依然存在

引进先进技术、发展加工贸易仍是扩大外贸规模、提升本土产业实力的有效途径。而安徽的加工贸易发展偏慢，同比增速低于整体同比增速 5. 7 个百分点，占比为 21. 5%，占比低于全国平均占比 6 个百分点。随着长三角区域一体化发展上升为国家战略，长三角城市群融合成为发展方向。安徽亟待把握机会、提早布局，选择性地承接沿海地区产业转移，充分带动省内要素资源，扩大皖北、皖西等欠发达地区开放。由于缺少新项目引进落地，机械设备进口步伐放缓，将制约制造业未来的持续发展。

四、形势展望和政策建议

今后几年，是安徽打造内陆开放新高地的重要攻坚期，也是深度融入长三角一体化的战略机遇期。虽然当前全球贸易保护主义有所抬头，影响外贸发展的不确定性因素持续上升，世界经济复苏进程曲折前行，但随着近年来安徽一系列稳外贸改革举措相继落实，区域协调发展不断深入，战略性新兴产业快速发展，外贸高质量发展的重要动力源不断激活，安徽外贸有望持续稳中向好。为此，建议：

（一）坚持均衡协调发展，科学定位增强新合力

实施全省区域外贸协调发展战略，降低贸易成本，提升贸易便利化程度，以创新引领

---

① 《2019 年安徽省政府工作报告》，2019 年 1 月 14 日。

皖江示范区率先转型发展，因地制宜加大对皖北、皖西、皖南开放支持力度。合理制订外贸发展目标和进度计划，注重优化结构、促进平衡、防范风险、稳中提质，更好促进产业创新，提升打造内陆开放新高地的合力。

（二）坚持以质为先发展，打造对外贸易新的增长点

实施创新、品牌和质量三大发展战略，积极推进产业结构从全要素成本优势向质量优势转型，从规模效应向质量效益转变，推进产业布局向全国、全球价值链高端延伸。加快电子、汽车、家电等主导产业优化升级步伐，推进设备更新、智能化和绿色低碳改造，提高出口产品质量效益，打造国内特色产业龙头基地。加快跨境电商、市场采购、外贸综合服务平台等新兴贸易业态发展，促进服务贸易创新发展，大力发展生产性服务业和服务外包。

（三）坚持对接国家战略，建设对外开放大平台

主动融入“长江经济带”“一带一路”建设，促进东西要素流动，开辟多式联运走廊，加强创新能力，开放合作，推进贸易强省建设。做大做强综合保税区、出口加工区、保税物流中心等海关特殊监管区，着力打造对外开放“孵化器”和“试验田”。

（四）坚持科技创新驱动，培育国际竞争新优势

依托合肥国家综合性科学中心，大力推进重大新兴产业基地、重大新兴产业工程、重大新兴产业专项建设，构建创新型现代产业体系，拓展实施国家重大科技项目，促进科技成果转化，提高自主创新能力。顺应“新经济”迅猛发展趋势，积极运用“互联网+”、大数据、云计算、人工智能等手段改造传统产业、优化发展模式、提高产品的国际核心竞争力。

黑龙江省

黑龙江地处东北亚腹地，同俄罗斯远东的滨海边疆地区、哈巴罗夫斯克边疆区、犹太自治州、阿穆尔州和外贝加尔边疆区相邻。依托得天独厚的地缘优势及积极落实稳增长外贸措施和营商环境不断改善，黑龙江外贸规模和质量呈现出良好的发展态势。

据海关统计，2018 年，黑龙江实现外贸进出口 1 747.7 亿元人民币，比 2017 年增长 36.4%，高于同期全国整体同比增速 26.7 个百分点。其中，出口 294 亿元，同比下降 16.7%；进口 1 453.7 亿元，同比增长 56.5%；贸易逆差 1 159.7 亿元，同比扩大 1 倍。2018 年，黑龙江实现地区生产总值 1.64 万亿元①，同比增长 4.7%，外贸依存度为 10.7%，地区经济的稳步增长为全省外贸发展提供了有力支撑。

一、2018 年黑龙江省外贸进出口的主要特点

（一）月度进出口值震荡攀升

2018 年，黑龙江进出口整体表现良好，全年月度进出口值均保持两位数增幅，并有 5 个月增速超过 40%。其中，4 月黑龙江进出口 121.7 亿元，为年内最低值。此后逐月震荡走高，至 11 月创下 186.1 亿元的年内高点（见图 1）。

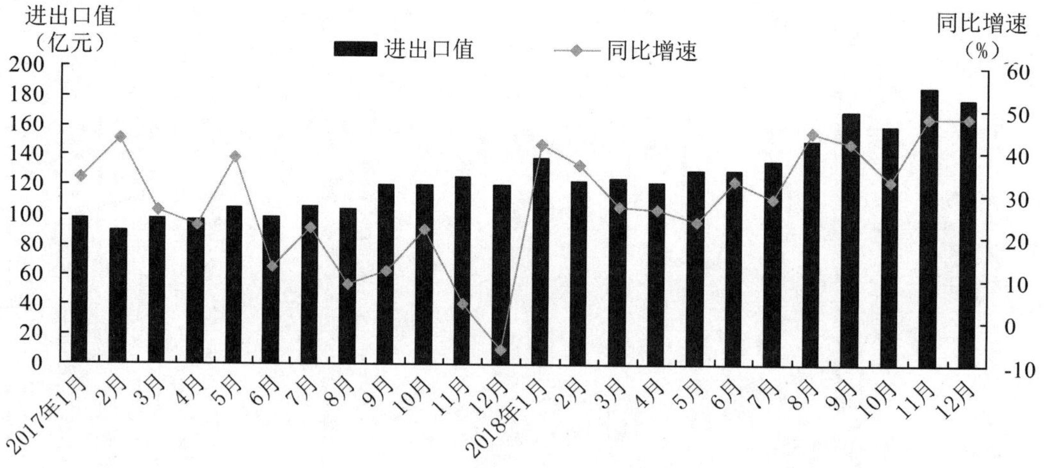

图 1　2017 年 1 月~2018 年 12 月黑龙江省外贸进出口月度统计图

（二）一般贸易进出口占比近 8 成，边境小额贸易进出口下降

2018 年，黑龙江以一般贸易方式进出口 1 390.4 亿元，同比增长 61.6%，占同期黑龙

① 《2018 年黑龙江省经济效益和民生水平持续改善 实现地区生产总值 16 361.6 亿元》，人民网，2019 年 4 月 15 日。

江进出口总值的79.6%，比重较2017年提升12.4个百分点。同期，以边境小额贸易方式进出口187.4亿元，同比下降9.6%，占比为10.7%，比重下降5.5个百分点。

（三）对“一带一路”沿线国家进出口保持高速增长，其中对俄罗斯贸易占居首位

2018年，黑龙江对“一带一路”沿线国家进出口1 420.8亿元，同比增长59.1%，占比为81.3%。其中，对俄罗斯进出口1 221.4亿元，同比增长64.8%，俄罗斯是黑龙江第一大贸易伙伴。此外，对欧盟进出口115.2亿元，同比下降13.8%，占比为6.6%；对美国进出口51.2亿元，同比下降46.8%，占比为2.9%（见表1）。

表1　2018年黑龙江省与主要贸易伙伴进出口统计表

国家或地区	进出口值（亿元）	同比（%）	出口值（亿元）	同比（%）	进口值（亿元）	同比（%）
俄罗斯	1 221.4	64.8	74.6	−29.5	1 146.8	80.5
欧盟	115.2	−13.8	55.8	−1.6	59.4	−22.8
美国	51.2	−46.8	25.6	−51.6	25.6	−41.0
沙特阿拉伯	36.5	559.7	0.4	−7.8	36.1	612.0
巴西	31.6	−41.3	2.4	34.9	29.2	−43.8
伊拉克	31.4	42.9	3.7	71.8	27.7	39.7
东盟	26.2	−26.6	14.5	−21.8	11.7	−31.8
澳大利亚	26.1	279.5	6.8	101.2	19.3	454.1
日本	24.2	−17.4	11.3	5.3	12.9	−30.5
新西兰	22.2	212.4	0.3	7.8	21.9	220.5

（四）国有企业进口增势强劲，民营企业出口下降

2018年，黑龙江国有企业进出口总值1 028.4亿元，同比增长75.2%，占比为58.8%，比重较2017年提升13个百分点。其中，出口52.5亿元，同比下降10.4%；进口975.9亿元，同比增长84.7%。民营企业进出口580.8亿元，同比增长12.1%，占比为33.2%。其中，出口168.7亿元，同比下降14.2%；进口412.1亿元，同比增长28.2%。

（五）机电产品、劳动密集型产品出口下降，农产品出口增长

2018年，黑龙江出口机电产品125.1亿元，同比下降18.5%，占同期黑龙江出口总值的42.6%。其中，出口汽车28.4亿元，同比下降54.6%；出口蓄电池8.3亿元，同比增长2.2倍。此外，出口农产品60.5亿元，同比增长3.8%，占同期黑龙江出口总值的20.6%；出口劳动密集型产品49.2亿元，同比下降32.9%，占同期黑龙江出口总值的16.7%。

（六）进口以原油占主导

2018年，黑龙江进口资源性产品1 116.3亿元，同比增长94.2%，占同期黑龙江进口总值的76.8%。其中，进口原油1 050.4亿元，同比增长95.5%，是黑龙江的最大进口商品。此外，进口原木52.8亿元，同比下降12.8%；锯材48.7亿元，同比增长5.4%；煤46.9亿元，同比增长94.7%（见表2）。

表2　2018年黑龙江省主要进出口商品统计表

出口			进口		
商品名称	金额（亿元）	同比（%）	商品名称	金额（亿元）	同比（%）
汽车	28.4	-54.6	原油	1 050.4	95.5
鞋类	14.5	-42.9	原木	52.8	-12.8
蔬菜	13.9	-2.4	锯材	48.7	5.4
纺织纱线、织物及制品	13.7	2.1	煤及褐煤	46.9	94.7
钢材	11.0	140.7	粮食	40.8	-22.5
鲜、干水果及坚果	9.6	3.3	肉及杂碎	28.7	519.8
家具及其零件	9.0	5.8	纸浆	23.1	100.0
蓄电池	8.3	215.2	汽车零配件	22.3	-25.6
服装及衣着附件	7.5	-59.3	铁矿砂及其精矿	20.1	22.1
肥料	6.4	-17.8	电力	9.2	-2.5

二、2018年影响黑龙江省外贸进出口的主要原因

（一）原油进口量增价扬，推动黑龙江外贸稳步增长

黑龙江石化工业基础雄厚，是振兴东北老工业基地的重要抓手，对全省经济发展起着重要的支柱作用。2018年，黑龙江进口原油2 951.7万吨，同比增长49.2%，价值1 050.4亿元，同比增长95.5%；进口平均价格为每吨3 558.7元，同比上涨31%。原油进口值已占到同期黑龙江进口总值的72.3%，对全省进口总值增长的贡献率高达97.7%，对黑龙江外贸的支撑作用愈发突出。

（二）农业发展带动农产品出口保持良好增势

黑龙江是农业大省，农业资源丰富，利用相邻俄罗斯、日本、韩国的地缘优势，在蔬菜、坚果等农产品出口方面走出了一条特色之路。2018年，黑龙江出口农产品60.5亿元，同比增长3.8%，占全省出口总值比重由2017年的16.4%提高至20.6%。其中，对第一大出口市场俄罗斯出口22.6亿元；对韩国、日本分别出口3.4亿元、3.3亿元，均实现两位数增长。

三、影响2019年黑龙江省外贸进出口的主要因素

（一）"一带一路"倡议不断深入推进，为黑龙江实现外贸高质量发展提供契机

2019年4月，第二届"一带一路"国际合作高峰论坛在北京举办，取得丰硕成果，形成了一份283项的成果清单，体现了"一带一路"合作共赢的特色①。自"一带一路"倡议提出以来，黑龙江与"一带一路"沿线国家进出口始终保持良好的增长势头，2018年贸

① 《第二届"一带一路"国际合作高峰论坛成果丰硕》，央视网，2019年4月29日。

易总值达1 420.8亿元，同比增长59.1%，高于同期全省外贸整体同比增速22.7个百分点。黑龙江紧抓“一带一路”建设契机，加速与沿线国家的经贸融合，将推动全省外贸发展量质并举，迈上新台阶。

（二）对俄贸易发展前景向好，能源产品合作持续深化

2018年，黑龙江对俄罗斯进出口同比增长64.8%，高于同期全省整体同比增速28.3个百分点，占同期全省进出口总值的69.9%，比重较2017年提高11.8个百分点，对俄贸易在全省外贸中的基础地位进一步巩固。2018年9月14日，黑龙江出台《关于深化对俄务实合作意见》，要求进一步明确定位，依托区位、文化和传统优势，发挥好排头兵作用，积极推动科技、教育、文化、旅游等人文交流，扩大民间交往①。深化对俄务实合作，为中俄外贸发展提供了更大的舞台，特别是中俄原油管道二线工程投入商业运行，极大助推了俄罗斯原油进口。同时，中俄东线天然气管道工程也在加紧建设，未来俄罗斯天然气进口值得期待。借助地缘优势，在中俄两国良好合作的框架下，黑龙江对俄全方位合作正在有序推进并不断深化。

四、形势展望和政策建议

从全球经济形势来看，贸易紧张局势日趋加剧，正在削弱世界经济增长前景，制约外贸企业市场开拓与发展。从我国经济形势来看，对外开放态度依然坚决和积极，一系列国家新政策密集出台将助力稳增长、稳预期，但经济下行风险依然较大。从黑龙江地缘优势来看，中俄两国得天独厚的地理位置和贸易双方较强的互补性，成为中俄双方长久合作的重要基础，是黑龙江外贸发展的重要支撑。深化对俄能源合作，不仅对于保障国家能源供应安全意义重大，也是实现黑龙江外贸增长最有力的支撑点。为此，建议：

（一）深化与俄罗斯经贸合作，稳步提升能源进口规模

借助中俄两国良好合作的框架，深化黑龙江对俄经贸、科技、文化等方面的交流。特别是围绕国家能源发展战略，稳步深化中俄能源合作，加快推进原油、天然气运输管道项目建设，在做好保障国家能源供给的同时，进一步提升黑龙江对俄贸易规模。

（二）依托农业资源优势，加大农产品出口力度

发挥农业大省的产业优势，挖掘和培育黑龙江特色农产品，提高黑龙江绿色农产品的知名度；继续推动农业供给侧结构性改革，优化农产品结构，加快农业科技进步，不断提高农产品质量，提升国际市场竞争；积极推进优质农产品品牌建设工程，打造更多国内国际知名农产品品牌，提升出口产品附加值。

（三）积极参与“一带一路”建设项目

依托地缘优势和产业优势，积极开拓俄罗斯、蒙古国及中亚地区国家的外贸市场，更多开展面向未来的战略性大项目合作，如投资、金融、交通、基础设施建设、文化、旅游、高新技术等，为黑龙江外贸发展不断增添新内涵、注入新动力。

---

① 《王文涛：发挥排头兵桥头堡作用，加强对俄务实合作》，黑龙江日报，2018年9月15日。

江西省

江西地处长江三角洲、珠江三角洲和闽南三角地区的腹地，是华东、华南、华中3大区域的联结点，具有承东启西的独特区位条件，是我国“长江经济带”和“中部崛起”国家战略的重要组成部分。改革开放以来，江西坚定不移实施全面开放战略，着力打造内陆双向开放新高地，加快推进开放型经济发展，为决胜全面小康、建设富饶美丽幸福江西提供强有力支撑。2018年，江西经济总量（GDP）为21 984.8亿元，比2017年增长8.7%。

据海关统计，2018年江西实现外贸进出口3 164.9亿元，比2017年增长5.1%，占同期我国进出口总值的1%；其中出口2 224.1亿元，同比增长0.7%；进口940.8亿元，同比增长17.3%，外贸依存度为14.4%。

一、2018年江西省外贸进出口的主要特点

（一）月度进出口先扬后抑，四季度开始出口企稳回升

2018年上半年江西月度进出口震荡上扬，其中1月份、5月份和6月份的单月规模均在300亿元以上。进入下半年，出口、进口走势明显分化，出口一度下行，8~9月降幅达两位数；进口值连续4个月大幅增长，9月份进口值创历史新高，4季度开始，出口形势逐步好转，其中12月份出口167.8亿元，同比增长20%，环比增长7.2%，扭转了前11个月累计出口同比下降的局面（见图1）。

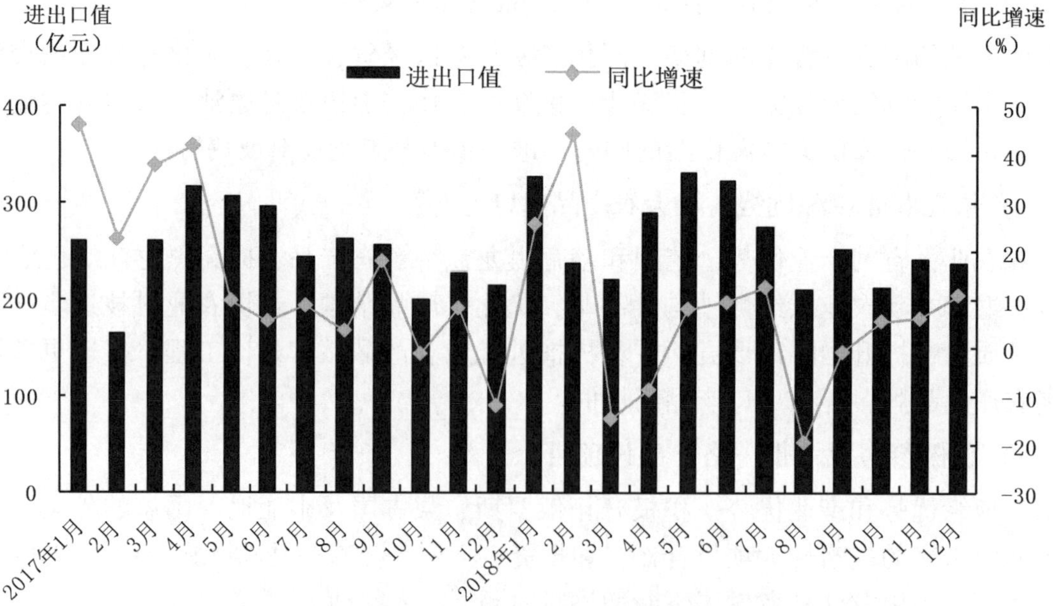

图1　2017年1月~2018年12月江西外贸进出口月度统计图

（二）加工贸易比重提升，“走出去”步伐进一步加快

2018 年，江西以一般贸易方式进出口 2 535.6 亿元，同比增长 3.2%，占全省进出口总值的 80.1%；以加工贸易方式进出口 601.4 亿元，同比增长 12.7%，占全省进出口总值的 19%，所占比重比 2017 年提升 1.3 个百分点。此外，企业“走出去”成效明显，对外承包工程出口 18.6 亿元，同比迅猛增长 70.7%。

（三）与东盟、日本贸易增长较快，对欧美进出口均小幅下滑

2018 年，江西对东盟、日本分别进出口 496.1 亿元、225.7 亿元，同比分别增长 20.3%和 47.9%，其中东盟稳居第 1 大贸易伙伴地位。同期，对美国和欧盟进出口均出现小幅下滑，分别为 386.9 亿元和 368.1 亿元，分别下降 3.2%和 3.7%。此外，江西对非洲进出口 243.7 亿元，同比增长 27.8%；对印度、阿联酋、哈萨克斯坦等“一带一路”沿线国家贸易也呈现较快增速，同比分别增长 10.7%、20.2%和 69.6%，吉尔吉斯斯坦更是同比激增 5.9 倍（见表 1）。

表 1　2018 年江西省与主要贸易伙伴进出口统计表

国家或地区	进出口值（亿元）	同比（%）	出口值（亿元）	同比（%）	进口值（亿元）	同比（%）
东盟	496.1	20.3	404.3	16.8	91.8	38.7
美国	386.9	-3.2	369.9	-3.6	17.0	5.9
欧盟	368.1	-3.7	307.0	-3.0	61.1	-7.3
日本	225.7	47.9	91.7	15.0	134.0	83.9
中国香港	212.5	-1.2	206.9	-2.3	5.6	77.0
韩国	191.1	-6.6	119.1	-12.2	72.0	4.6
智利	143.2	0.9	19.0	7.8	124.2	-0.1
中国台湾	142.0	-1.7	40.5	-3.7	101.5	-0.8
澳大利亚	114.2	-2.5	32.9	14.0	81.3	-7.9
印度	81.1	10.7	79.2	12.2	1.9	-28.4

（四）民营企业是最大进出口主体，国有企业增速较快

2018 年，江西有进出口记录的企业数量由 2017 年的 4 368 家增至 4 676 家。其中民营企业涉及进出口 2 070.8 亿元，同比增长 3.1%，占当年全省进出口总值的 65.4%。同期，外商投资企业进出口 943.1 亿元，同比增长 7.3%，占当年全省进出口总值的 29.8%；国有企业进出口 161 亿元，同比增长 29.9%。

（五）出口以机电产品为主且增长较快，劳动密集型产品出口下降

2018 年，江西机电产品出口 927.2 亿元，同比增长 11.1%，占当年全省出口总值的 41.7%，比 2017 年提升 3.9 个百分点，其中太阳能电池出口 81.6 亿元，同比增长 14.3%；电话机出口 60.5 亿元，同比增长 1.2 倍。同期，劳动密集型产品出口 589.4 亿元，同比下降 11.9%。

（六）以机电产品和资源性产品进口为主，其中最大进口品种（集成电路）增势明显

2018 年，江西机电产品进口 402.4 亿元，同比增长 28.3%，占当年全省进口总值的 42.8%，其中集成电路进口 180.1 亿元，同比增长 37.4%。同期，资源性产品进口呈多元化趋势，铜矿砂进口 128.1 亿元，同比下降 5.2%；未锻轧铜及铜材进口 114.8 亿元，同比大幅增长 38.8%；新能源产业所需的锂、钴等金属资源进口同比分别迅猛增长 73.5% 和 82.4%。此外，消费品进口 17.2 亿元，同比增长 1.6 倍（见表 2）。

表 2　2018 年江西省进出口主要商品统计表

出口			进口		
商品名称	金额（亿元）	同比（%）	商品名称	金额（亿元）	同比（%）
服装及衣着附件	194.2	-10.9	集成电路	180.1	37.4
鞋类	98.6	-8.4	铜矿砂及其精矿	128.1	-5.2
太阳能电池	81.6	14.3	未锻轧铜及铜材	114.8	38.8
家具及其零件	76.5	15.5	铁矿砂及其精矿	47.5	-31.5
灯具、照明装置及零件	71.6	12.3	纸浆	32.8	52.2
纺织纱线、织物及制品	64.6	-21.2	计量检测分析自控仪器及器具	21.3	109.3
电话机	60.5	119.8	通断保护电路装置及零件	19.5	11.3
陶瓷产品	59.0	-2.4	废金属	18.7	43.8
钢材	59.0	3.6	汽车零配件	17.9	1.1
箱包及类似容器	53.5	0.3	液晶显示板	14.6	-22.8

二、2018 年江西省外贸进出口增长的主要原因

（一）稳增长、促转型的系列政策措施有序推进，为江西经贸发展提供有力支持

2018 年，面对经济下行与转型升级的双重压力，江西出台系列措施稳增长、促转型，如坚持问题导向，摸排出 449 个制约高质量跨越式发展的瓶颈问题；狠抓项目投资，完成省大中型项目投资 6 075 亿元，完成省重点工程投资 2 270 亿元；强化企业帮扶，出台了降成本、优环境政策和支持民营经济健康发展的 30 条措施；扎实推进新兴产业发展、传统产业优化升级、服务业发展提速等行动计划，电子信息、新能源汽车等新兴产业和有色、钢铁等传统产业主营业务收入同比均实现 2 位数增长①。

（二）在“一带一路”建设推动下，江西本土企业“走出去”步伐加快，对外开放水平提升和拓宽贸易空间

2018 年，江西坚持以开放促改革、促发展，出台进一步扩大开放的 30 条举措，稳妥应对中美经贸摩擦，实施“优商优品”培育工程，自营出口同比增长 19%②。同时，积极

① 来源于《2019 年江西省政府工作报告》。

② 来源于《2019 年江西省政府工作报告》。

融入“一带一路”建设，支持江西制造、产品、技术和品牌“走出去”，全年开行赣欧班列 202 列，同比增加 8.2 倍；据海关数据显示，2018 年，江西对“一带一路”国家进出口 903.8 亿元，同比增长 15.4%，高出总体同比增速 10.1 个百分点，占当年全省进出口总值的 28.6%，所占比重比 2017 年提升 2.6 个百分点。

三、影响 2019 年江西省外贸进出口的主要因素

（一）未来江西面临经济下行压力加大的挑战与加快转型升级的机遇并存

当今世界面临百年未有之大变局，国际货币基金组织预计 2019 年全球经济进一步放缓至 3.3%[①]，我国经济下行压力加大，江西也难以独善其身。当前江西产业链尚处于中低端环节，附加值相对较低，外贸生产型企业比重较低、劳动密集型和中低端机电产品出口比重较高等结构性矛盾依然突出，在发展不充分的情况下，更加复杂的国际国内形势使本土厂商将面临更多的不确定性，影响企业决策，而自身转型发展也会带来一定阵痛。

（二）新业态发展将促进江西外贸基础设施不断完善，为地方外贸增长提供新的支撑

近年来江西重点发展的电子信息、新能源、新材料等产业已在产业链中占据一定地位，但是其中很大部分是通过外省企业出口，本地外贸企业在物流、金融、退税及专业服务等方面与其他地区还存在一定差距，据海关数据显示，2018 年，江西产品被省外企业代理出口规模，占当年全省出口总值的近 1/4。江西在新型业态发展上起步晚、基础薄，国际物流和外贸综合服务水平相对偏低，在构建外贸竞争新优势的进程中处于落后位置。随着南昌跨境电商综合试验区、九江综合保税区、赣州进境肉类和汽车整车功能性口岸等对外开放平台体系逐步完善，进一步提升江西开放程度和开放水平，为积极推动地区经济企稳向好、深度挖掘外贸新的增长点提供有力支撑。

四、形势展望和政策建议

2019 年，外部环境复杂严峻，不确定因素依然较多。中美贸易摩擦仍在持续，各种变数依然较大。加之 2018 年上半年基数较高等客观因素，预计 2019 年“稳外贸”的困难不容小觑。为此，建议：

（一）完善外贸基础设施建设，促进口岸开放，建立全方面的立体开放格局

加快创建国家级中部内陆（江西）双向开放先行试验区，推动南昌航空铁路口岸、九江港区、赣州黄金机场对外开放，积极申请进口粮食、水果、冰鲜水产品等指定商品进口口岸，加快建成国际邮快件监管中心，推动昌北机场离境退税落地运营。加快推进综保区开展跨境电商网购保税进口业务，支持开展保税物流、保税维修等，促进综保区发挥功能、创新发展。此外，优化和支持本地外贸综合服务企业发展措施，促进更多外省代理的进出口产品回流。

---

① 《IMF：预计 2019 全球经济增长 3.3%，创金融危机以来新低》，新浪财经，2019 年 4 月 9 日。

（二）出台措施持续推进“一带一路”建设，积极拓展外贸进出口空间

在深耕传统市场、开拓新兴市场的同时，鼓励优势企业开展国际产能合作，从而带动外贸进出口的增长。支持先进技术设备、关键零部件进口，扩大促进消费升级的民生产品进口，加大对国际国内两个市场、两种资源的借力和开拓，促进外贸均衡发展。

湖北省

湖北是我国中部重要的工业和农业生产基地之一，也是中部崛起战略和长江经济带发展战略实施的重要节点。2018 年，湖北经济总量（GDP）达 3.94 万亿元，比 2017 年增长 7.8%，居全国第 7 位。近年来，湖北不断深化供给侧结构性改革，加快布局发展新兴产业，推动新旧动能转换，开放型经济的发展质量和规模不断提升，外贸依存度较 2017 年提高 0.1 个百分点至 8.9%。

据海关统计，2018 年，湖北外贸进出口总值 3 487.2 亿元人民币，比 2017 年增长 11.2%，进出口规模创历史新高；其中，出口 2 253.2 亿元，同比增长 9.2%；进口 1 234 亿元，同比增长 15%。贸易顺差 1 019.2 亿元，同比扩大 2.5%。

一、2018 年湖北省外贸进出口的主要特点

（一）全年进出口值稳中有升，11 月份出口值创历史新高

2018 年，湖北外贸进出口规模基本平稳运行，下半年略有上升。除 2 月份外的前 5 个月的进出口值均维持在 200 亿元以上，6 月份开始发力，连续 5 个月的进出口值维持在 300 亿元以上，至 11 月份进出口值达到 407.8 亿元的高点，其中出口值创历史新高。12 月进出口值略有回落，但仍保持在 300 亿元以上的高位（见图 1）。

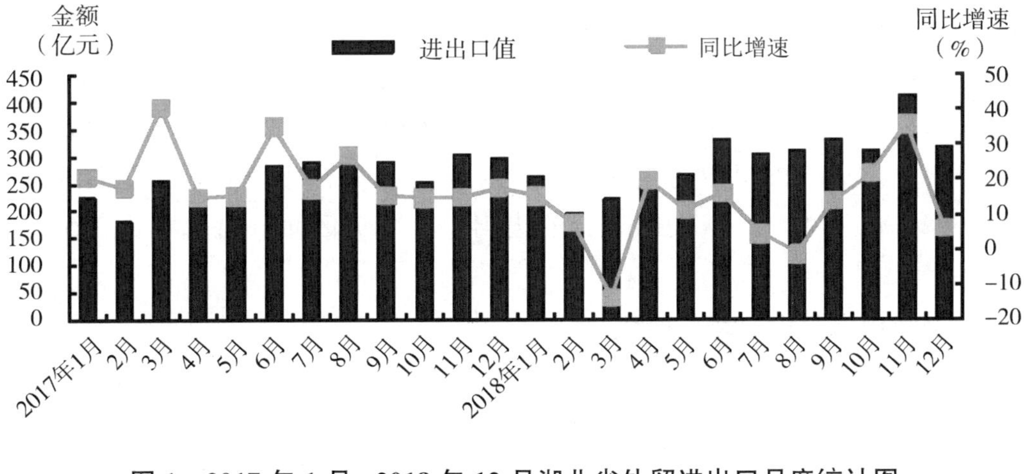

图 1　2017 年 1 月~2018 年 12 月湖北省外贸进出口月度统计图

（二）一般贸易进出口较快增长，比重进一步上升

2018 年，湖北以一般贸易方式进出口 2 681.5 亿元，同比增长 15.6%，占同期全省进出口总值的 76.9%，所占比重比 2017 年提高 2.9 个百分点。同期，湖北以加工贸易方式进出口 577 亿元，同比下降 7%，占比为 16.5%。

（三）对主要贸易伙伴进出口全面增长，对“一带一路”沿线国家进出口增速高于整体，国际布局更趋多元化

2018 年，湖北对前 3 大贸易伙伴欧盟、美国和东盟进出口值分别为 510. 8 亿元、468. 5 亿元和 427. 3 亿元，同比分别增长 16. 1%、24. 3%和 28. 5%，3 者合计占比为 40. 3%。同期，对“一带一路”沿线国家合计进出口 971 亿元，同比增长 17. 9%，高出全省整体同比增速 6. 7 个百分点（见表 1）。

表 1　2018 年湖北省与主要贸易伙伴进出口统计表

国家或地区	进出口总值（亿元）	同比（%）	出口值（亿元）	同比（%）	进口值（亿元）	同比（%）
欧盟	510. 8	16. 1	334. 3	10. 8	176. 5	27. 6
美国	468. 5	24. 3	356. 3	18. 5	112. 2	47. 2
东盟	427. 3	28. 5	303. 7	30. 4	123. 6	24. 1
中国香港	285. 6	-19. 5	284. 6	-19. 5	1	9. 0
日本	274. 0	20. 3	70. 8	3. 9	203. 2	27. 2
韩国	176. 7	-4. 8	74. 5	21. 6	102. 2	-17. 9
中国台湾	141. 6	14. 4	51. 7	14. 2	89. 9	14. 6
巴西	138. 8	8. 3	91. 9	1. 9	46. 9	23. 5
印度	136. 2	4. 0	123. 5	2. 8	12. 7	17. 9
澳大利亚	110. 8	2. 2	30. 9	48. 1	79. 9	-8. 7

（四）民营企业进出口占据半壁江山，是推动全省外贸增长的主要力量

2018 年，湖北民营企业进出口 1 816. 2 亿元，同比增长 13. 4%，占比为 52. 1%，比 2017 年提升 1 个百分点，继续保持第 1 大进出口主体地位，对全省外贸进出口增长的贡献度高达 61. 2%，成为拉动湖北外贸增长的主力。同期，外商投资企业进出口 896. 8 亿元，同比增长 8. 9%，占比为 25. 7%；国有企业进出口 778. 7 亿元，同比增长 9. 5%，占比为 22. 3%。

（五）部分机电产品出口增长较快

2018 年，湖北出口机电产品 1 223. 2 亿元，同比增长 4. 8%，占同期全省出口值的 54. 3%，其中部分高附加值机电产品出口保持良好增势，其中集成电路同比增长 46. 7%；液晶显示板同比增长 32. 1%；汽车同比增长 10. 5%；轨道交通装备同比增长 1. 5 倍。同期，出口劳动密集型产品 347. 3 亿元，同比增长 18%，占比为 15. 4%；其中出口服装及衣着附件 170. 6 亿元，同比增长 12. 3%，出口纺织纱线、织物及制品 63. 1 亿元，同比增长 26. 5%。此外，钢材出口 81 亿元，同比增长 18. 2%。

（六）逾 6 成进口为机电产品，铁矿砂进口大幅萎缩

2018 年，湖北进口机电产品 755. 3 亿元，同比增长 21. 4%，占同期全省进口总值的

61.2%；其中，机械设备进口增长 70.5%，对全省进口增长的贡献率达 85.5%。此外，进口铜矿砂及其精矿 84.9 亿元，同比增长 9.3%；进口铁矿砂及其精矿 82.3 亿元，同比下降 36.2%（见表 2）。

表 2　2018 年湖北省主要进出口商品统计表

出口			进口		
商品名称	金额（亿元）	同比（%）	商品名称	金额（亿元）	同比（%）
手持或车载无线电话机	220.6	-11.4	集成电路	137.0	-18.1
服装及衣着附件	170.6	12.3	铜矿砂及其精矿	84.9	9.3
农产品	123.2	-4.2	铁矿砂及其精矿	82.3	-36.2
自动数据处理设备及其部件	97.1	-3.2	制造半导体器件或集成电路用的机器及装置	81.2	676.5
钢材	81.0	18.2	计量检测分析自控仪器及器具	66.1	61.0
自动数据处理设备的零件	73.5	-8.2	制造平板显示器用的机器及装置	49.7	6.9
汽车零配件	71.0	33.8	汽车零配件	35.5	9.7
肥料	65.0	-2.5	农产品	27.7	-20.7
纺织纱线、织物及制品	63.1	26.5	未锻轧铜及铜材	27.2	19.5
集成电路	59.4	46.7	原油	24.2	/

二、2018 年湖北省进出口增长的主要原因

（一）省内经济稳中有进，有力支撑外贸增长

2018 年，湖北以稳中求进为总基调，加速产业转型升级，全省固定资产投资增速及规模以上工业增加值同比增速分别为 11% 和 7.1%，其中高技术产业同比增长 13.2%，装备制造业同比增长 7.3%，41 个工业行业大类中，35 个实现增长，增长面达 85.4%，消费品零售总额增长 10.9%①。稳健的经济发展叠加一系列减税降费措施提振了市场信心，大型投资纷纷落地、扩产，为外贸增长提供了有力支撑。

（二）中美贸易摩擦引发外贸企业“抢出口”效应

美国是湖北的第 2 大贸易伙伴，2018 年以来，中美贸易摩擦对湖北影响较大。为规避高额关税和贸易壁垒，企业纷纷提前兑现和增加订单，导致短期内湖北对美进出口激增。2018 年 1~5 月，湖北对美国出口总体保持平稳，同比增长 4.5%，但随着中美贸易摩擦升级，6 月对美进出口值同比暴增 53.6%，随后一直保持两位数增长至年底，在 11 月份对美进出口值创下历史新高，同比增幅达 70.1%。2018 年湖北对美进出口值增长 24.3%，占比为 13.4%，比 2017 年提高了 1.4 个百分点，对全省进出口增长贡献度达 25.8%。

---

① 《湖北发布 2018 年经济运行情况》，光明日报，2019 年 1 月 22 日。

（三）战略性新兴产业加快发展，大型项目建设带动设备进口大幅增长

湖北加快推进以“芯屏端网”为重点的战略性新兴产业建设，一批重点大型项目建设如长江存储、华星光电等进入设备采购密集期，进口设备需求带动湖北进口整体增长。2018 年，湖北进口机械设备同比增长 70.5%，其中进口制造半导体器件或集成电路用的机器及装置同比增长 6.8 倍，有力拉动了全省进口增长。

三、影响 2019 年湖北省进出口的主要因素

（一）世界经贸局势复杂多变，外贸增长不确定因素增加

全球主要经济体增速趋缓、世界经济和政治不确定性增大、贸易保护主义影响扩大、贸易全球化形势发生改变等因素导致全球贸易面临诸多变数，世界贸易组织、国际货币基金组织等多家国际组织数次下调 2019 年全球贸易增长预期，加之 2019 年 5 月以来，中美贸易摩擦再度升级，湖北外贸增长将面临较多困难和挑战。

（二）中部崛起开创高质量发展新局面

2019 年 5 月 21 日，习近平总书记在江西南昌主持召开推动中部地区崛起工作座谈会，就做好中部地区崛起工作提出了推动制造业高质量发展、优化营商环境、积极承接新兴产业布局和转移、扩大高水平开放等 8 点意见。在新一轮政策红利和发展契机带动下，湖北正在实施的以国家中心城市武汉为引领，推动制造业高质量发展，有效对接“长江经济带”和“一带一路”倡议，以鄂西绿色发展示范区、江汉平原振兴发展示范区、鄂东转型发展示范区等区域发展布局中形成产业联动优势的“一芯、两带、三区”为重点的高质量发展战略也有望加快推进。随着湖北新旧产能加快转换和产业链升级改造，营商环境的持续向好，全省经济高质量发展有望保持稳中向好，将有力保障对外贸易的稳定发展。

四、形势展望和政策建议

随着中美贸易摩擦进一步升级，或将对湖北外贸造成不利影响。在 2017 年对美“抢出口”抬高基数的同时作用下，预计 2019 年下半年湖北外贸出口增长将面临较大压力。但在我国坚持对外开放不动摇、坚决推动高水平开放的决心以及各项应对措施的支持下，市场仍将保持较强信心。湖北借助中部地区崛起、“长江经济带”发展和“一带一路”建设政策叠加优势，在承接新兴产业布局、扩大高水平开放等方面将迎来新一轮机遇，外贸新动能正在加速形成，2019 年全省进出口仍有望保持总体稳定。

为此建议：一是继续深化改革开放，加强对外交流合作，深度参与共建“一带一路”，发挥中欧班列（武汉）等优势，进一步优化外贸结构，提升湖北经济外向度；二是着力完善区域和产业布局，推动区域协调发展，发展壮大更多新的区域增长极，加快传统产业改造升级和新兴产业培育壮大，推动通信电子、生物医药、新能源与新材料等重点产业发展，构建面向未来的经济结构；三是加快创新发展，推动湖北自贸试验区、综合保税区、跨境电商综合试验区联动发展，大力推进制度创新，改善营商环境，鼓励和支持新型贸易业态发展，激发市场活力，形成新的增长动力。

广西壮族自治区

广西壮族自治区（以下简称“广西”）地处我国西南地区，邻海且与越南相接。“一带一路”倡议提出以来，广西全力推进战略实施，以打造国际陆海新通道为契机带动西南出海大通道升级，加快构建“南向、北联、东融、西合”的全方位开放发展新格局，成为中国—东盟开放的前沿和窗口。2018 年，广西经济运行总体平稳，经济总量（GDP）为 2.04 万亿元，比 2017 年增长 6.8%。同期，广西外贸进出口规模创历史新高，外贸依存度为 20.2%。

据海关统计，2018 年，广西实现外贸进出口 4 106.7 亿元，同比增长 5%，占同期我国进出口总值的 1.3%。其中，出口 2 176.1 亿元，同比增长 14.6%，占同期我国出口总值的 1.3%；进口 1 930.6 亿元，同比下降 4.1%，占同期我国进口总值的 1.4%；贸易顺差 245.5 亿元，而 2017 年贸易逆差 114.3 亿元。

一、2018 年广西外贸进出口的主要特点

（一）下半年回暖迹象明显

2018 年上半年，广西外贸进出口除 1 月份保持高速增长以外，其余各月表现均较为乏力，2~5 月的月度进出口值同比连续 4 个月出现下滑态势，6 月短暂回升后 7 月份同比再次回落；8 月以来外贸回暖迹象明显，其中，10 月份创月度进出口值历史新高，达 473 亿元（见图 1）。

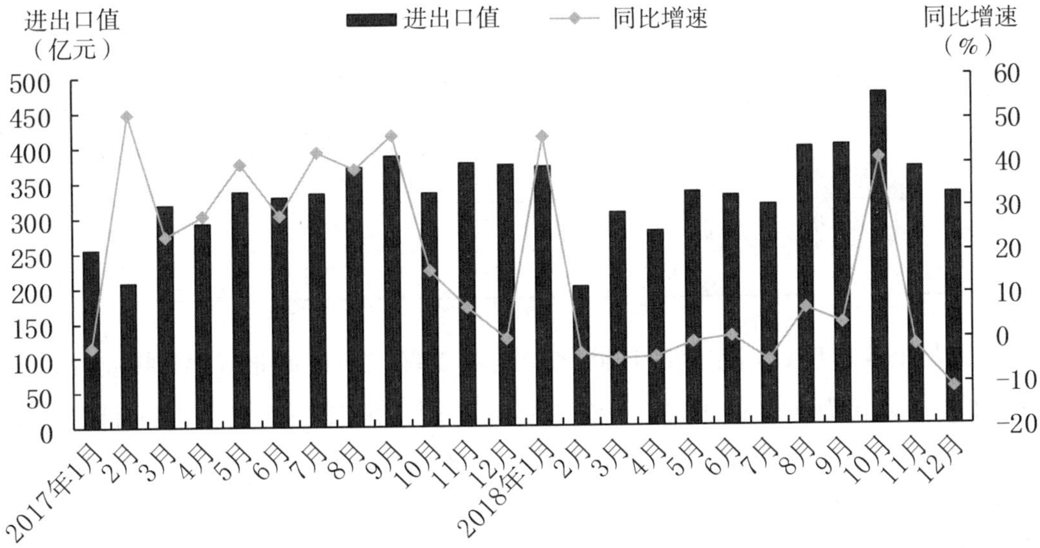

图 1　2017 年 1 月~2018 年 12 月广西外贸进出口月度统计图

（二）充分发挥地缘优势，边境贸易和加工贸易进出口实现增长

广西依托地缘优势大力发展边境贸易，推动在中越边境地区形成加工贸易产业链和产业集群，边境地区活力不断增强。2018 年，广西边境贸易进出口 1 617.7 亿元，同比增长 6.9%，占同期广西外贸进出口总值的 39.4%，其中，边境小额贸易进出口 1 076.2 亿元，同比快速增长 22.2%；边民互市贸易进出口 541.5 亿元，同比下降 14.5%。同期，一般贸易进出口 1 379.6 亿元，同比下降 3.2%。随着《广西第二轮加工贸易倍增计划实施方案》的深入推进，广西加工贸易产业创新发展，2018 年加工贸易进出口 916.7 亿元，同比增长 14%。

（三）东盟连续 19 年成为广西最大贸易伙伴，对我国香港地区进出口大幅增长

2018 年，广西对东盟进出口 2 061.2 亿元，同比增长 6.3%，占比为 50.2%，其中对越南进出口 1 749.2 亿元，同比增长 4.7%。广西主动对接和融入粤港澳大湾区发展，充分发挥自身独特的区位优势和资源优势，依托粤桂合作特别试验区密切与港澳的贸易往来，2018 年，广西对我国香港地区进出口 410.1 亿元，同比增长 56.9%。而受中美贸易摩擦的影响，对美国进出口小幅下降，进出口值为 248.3 亿元，同比下降 13.1%；对巴西进出口 213.6 亿元，同比增长 6.7%。2018 年，广西对“一带一路”沿线国家和地区进出口 2 244 亿元，同比增长 4.6%（见表 1）。

表 1　2018 年广西与主要贸易伙伴进出口统计表

国家或地区	进出口值（亿元）	同比（%）	出口值（亿元）	同比（%）	进口值（亿元）	同比（%）
东盟	2 061.2	6.3	1 259.6	13.9	801.6	-3.7
中国香港	410.1	56.9	360.9	43.9	49.2	366.1
美国	248.3	-13.1	182.6	1.2	65.7	-37.6
巴西	213.6	6.7	7.0	2.8	206.6	6.9
欧盟	149.8	4.4	105.8	1.9	44.0.0	11.2
澳大利亚	127.0	-11.4	24.8	-27.2	102.2	-6.5
中国台湾	102.5	-15.6	16.3	25.4	86.2	-20.5
加拿大	90.4	8.6	11.8	22.0	78.6	6.9
南非	69.0	12.4	5.2	60.8	63.8	9.7
日本	49.6	0.8	25.1	7.8	24.5	-5.4

（四）民营企业进出口占比近半且同比增速超 2 成，国有企业进出口明显下降

2018 年，广西民营企业进出口 2 011.3 亿元，同比增长 20.2%，占同期广西进出口总值的 49%。同期，外商投资企业进出口 1 049.3 亿元，同比增长 9.7%；国有企业进出口 503.2 亿元，同比下降 22.4%。

（五）机电产品和劳动密集型产品为出口主力，均保持快速增长

2018 年，广西机电产品出口 964.8 亿元，同比增长 22%，占同期广西出口总值的

44.3%。同期，劳动密集型产品出口642.8亿元，同比增长19.6%，占同期广西出口总值的29.5%，其中，服装及衣着附件出口272.4亿元，同比增长47.2%；纺织纱线、织物及制品出口180.9亿元，同比下降8.7%。此外，农产品出口139.6亿元，同比增长3.1%。

（六）进口以机电产品、农产品和资源性商品为主，机电产品平稳增长

2018年，广西机电产品进口379.6亿元，同比增长7.3%，占同期广西进口总值的19.7%。同期，农产品进口358亿元，同比下降8.1%，占同期广西进口总值的18.6%，其中，进口大豆209.7亿元，同比下降23.8%。此外，进口铜矿砂及其精矿169.4亿元、煤及褐煤70.6亿元、原油24.9亿元，同比分别下降8.9%、13.3%和67.4%；进口铁矿砂及其精矿105.3亿元、锰矿砂及其精矿30.5亿元、纸浆26.6亿元，同比分别增长1.7%、10.8%和51.7%（见表2）。

表2 2018年广西主要进出口商品统计表

出口			进口		
商品名称	金额（亿元）	同比（%）	商品名称	金额（亿元）	同比（%）
服装及衣着附件	272.4	47.2	大豆	209.7	-23.8
纺织纱线、织物及制品	180.9	-8.7	铜矿砂及其精矿	169.4	-8.9
便携式电脑（平板电脑除外）	74.3	107.7	集成电路	157.7	17.9
灯具、照明装置及零件	59.8	53.0	铁矿砂及其精矿	105.3	1.7
鞋	59.1	23.2	煤及褐煤	70.6	-13.3
陶瓷产品	58.9	-1.2	鲜、干水果及坚果	62.2	104.0
中央处理部件	51.3	161.4	存储部件	47.4	175.8
蔬菜	46.4	-1.4	锰矿砂及其精矿	30.5	10.8
珠宝首饰及有关物品	37.9	9 458.5	纸浆	26.6	51.7
塑料制品	36.4	30.2	原油	24.9	-67.4

二、2018年广西外贸进出口增长的主要原因

（一）与“一带一路”沿线国家贸易合作潜力持续释放，有效拓宽进出口空间

广西充分抓住机遇主动融入“一带一路”建设，形成衔接“一带一路”的南北大通道。2018年是中国与东盟建立战略伙伴关系15周年，加上毗邻越南的地理优势，促使广西进一步扩大与东盟各国以及其他沿线国家的开放发展，经贸合作得到深化。2018年，广西对沿线国家进出口规模创新高，占同期广西外贸总值的54.6%，合作潜力不断释放，其中对东盟外贸保持6.3%的同比增速，高于广西外贸整体同比增速，对东盟外的部分沿线国家进出口也呈现明显增势，如，对印度、乌克兰和伊朗分别进出口27.9亿元、10.3亿元和7.3亿元，同比分别增长36%、19.1%和63.1%。

（二）民营企业活力得到有效激发，为广西进出口增长提供内生动力

2018年，广西大力支持民营企业发展，出台《广西非公有制强优企业培育和非公有制

经济代表人士培养计划（2018~2020年）》等一系列政策举措，有效激发民营企业市场活力，增强企业内生动力。作为广西外贸的主力军，2018年，有进出口实绩的民营企业较2017年增加282家，涉及进出口值合计占同期全区进出口值的49%，较2017年提高6.2个百分点，市场主体活力进一步提升。

（三）产业聚集效能凸显，政策红利刺激机电产品出口，助力商品结构持续优化

2018年7月，广西出台了关于推动工业高质量发展的决定和行动计划，实施产业集聚发展行动，着力打造工程机械和内燃机、计算机通信等10个高质量的产业集群，推动产业链向中高端延伸，实现特色产业集聚壮大，培育发展新动能。加之9月15日起，我国提高机电产品出口退税率，进一步提高了机电产品出口的竞争力。2018年，广西机电产品出口增速，明显高于同期广西整体外贸出口的同比增速，其中，计算机与通信技术、机械设备表现尤为抢眼，出口值同比分别增长45.7%和55.7%。

三、影响2019年广西外贸发展的主要因素

（一）陆海新通道建设提速，互联互通使贸易往来更加便利

近年来，广西加快打造连接“一带一路”的国际陆海贸易新通道，北部湾港口与世界近百个国家和地区的200多个港口建立贸易往来。2017年以来，中越北仑河二桥开通，中越友谊关—友谊国际口岸货运专用通道正式通车，中越（南宁—河内）跨境集装箱班列均实现常态化运营。截至2018年底，钦州港开通至新加坡、越南、泰国等国际班轮航线22条。与此同时，广西毗邻东盟的主要边境城市均已通达高速公路。新通道建设海陆并举，推动物流体系更加畅通，贸易往来更加便利，吸引越来越多的项目落地、要素聚集，运输通道变经济走廊。

（二）中美贸易摩擦不断升级，对产业及外贸发展将产生不利影响

中美贸易摩擦加征关税的措施对广西对美国贸易已产生较大的影响。大豆是广西自美国进口的主要商品之一，受加征关税的影响，2018年，广西自美进口大豆同比大幅减少68.9%。此外，随着美国对我国加征关税的影响逐步显现，加速了部分企业向东南亚国家进行产能转移的步伐。富士康、建兴光电科技（北海）有限公司等企业已将部分生产线转移至越南、菲律宾等国家。区内企业生产线转移将影响广西产业发展及外贸稳步增长。

（三）物流效率短板明显，制约广西外贸未来的持续发展空间

广西北部湾港的自然条件及物流综合效率，与邻近的广东各港口相比仍存在较大差距，由于北部湾港水深无法满足大吨位船舶的需求，常需要减载或者等待潮水方可靠泊，造成滞期。物流短板导致企业综合成本上升，削弱了该地区企业的市场竞争力。

四、形势展望和相关建议

（一）持续优化营商环境，进一步激发市场活力

及时跟进落实国家和地方出台的一系列支持优化营商环境、提效降费等稳外贸政策措

施，制订科学合理、切实可行的实施方案，扩大减税降费规模，切实降低企业负担，有效激发市场活力和社会创造力。解决好民营企业和微小企业融资难等问题，加大对实体经济的支持力度，提高创新能力和国际竞争力。

（二）加强口岸建设，提高物流效率

推动口岸基础设施升级完善，提高航道通航能力。通过增强码头专业化、自动化程度及装卸作业能力，补齐短板，构建高效畅通的多式联运体系。积极引入国际大型货代、物流公司，培育远洋海运班轮和国际货运航班，提升口岸物流资源和保障能力。

（三）将通道建设和产业发展相结合，促进产业与贸易持续健康发展

依托国际陆海贸易新通道建设，充分发挥互联互通重要节点的区位优势，积极探索产业通道发展模式。与此同时，以通道聚产业，引导对物流成本和时效敏感的产业集聚，有效促进产业融合，以产业支撑贸易的健康发展。

新疆维吾尔自治区

新疆维吾尔自治区（以下简称“新疆”）地处我国西北边陲，是我国陆地面积最大的省级行政区，约占我国国土总面积的六分之一。新疆陆地边境线5 600多公里，与俄罗斯、哈萨克斯坦、吉尔吉斯斯坦、塔吉克斯坦、巴基斯坦、蒙古国、印度、阿富汗等国接壤，是我国拥有陆路口岸最多的省区，也是我国对外贸易向西发展的桥头堡。尤其在2013年“一带一路”倡议提出后，新疆作为核心区的沿边优势更加突显。得益于独特的地缘优势、资源优势和政策优势，近年来新疆对外贸易发展迅猛，2017年更是创下1 392.3亿元的历史高位。2018年，受主要出口商品需求下滑等因素影响，新疆外贸规模小幅下滑，但仍保持较高水平。据海关统计，2018年新疆外贸进出口总值1 326.2亿元，比2017年下降4.8%，占同期我国进出口总值的0.4%；其中，出口1 089.3亿元，同比下降8.8%，占同期我国出口总值的0.7%；进口236.9亿元，同比增长19.5%，占同期我国进口总值的0.2%。

一、2018年新疆外贸进出口的主要特点

（一）月度进出口值震荡走高，12月份创单月历史峰值

2018年以来新疆外贸月度进出口值呈现震荡走高态势，12月份当月，进出口191.5亿元，同比增长74.9%、环比增长73.6%，进出口值创历史峰值（见图1）。

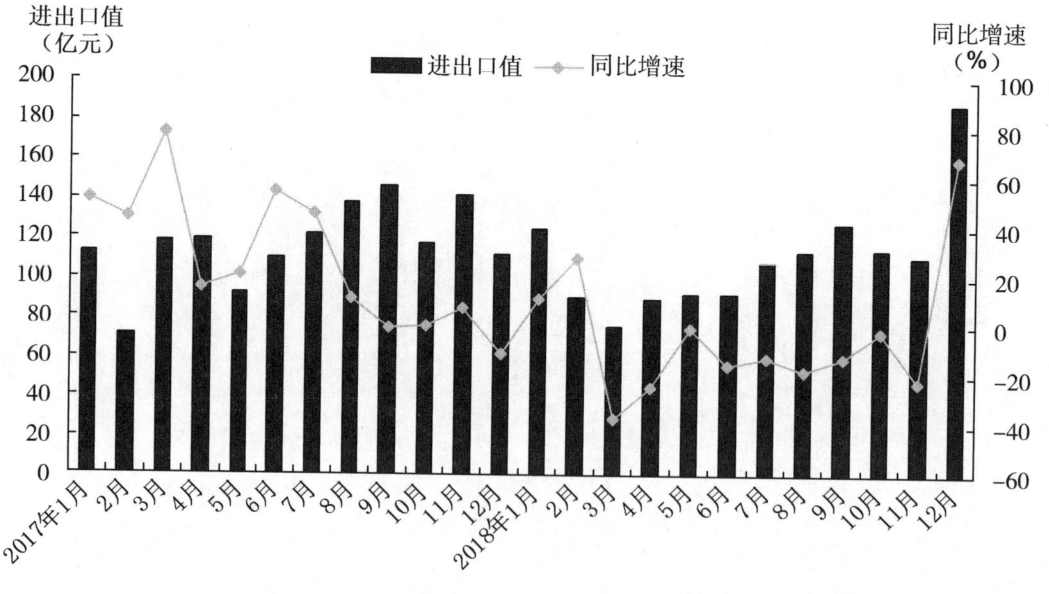

图1　2017年1月~2018年12月新疆外贸进出口月度统计图

（二）贸易结构有所优化，一般贸易进出口快速增长

2018 年，新疆以边境小额贸易方式进出口 798.9 亿元，同比下降 14%，占同期新疆进出口总值的 60.2%，比重较 2017 年下降 6.5 个百分点；同期，一般贸易进出口 467.7 亿元，同比增长 22.2%，占比为 35.3%，占比提升 7.8 个百分点。

（三）贸易伙伴集中度较高，对哈萨克斯坦贸易稳居首位

2018 年，新疆对哈萨克斯坦进出口 562.9 亿元，同比下降 11.2%，占比为 42.4%；同期，对吉尔吉斯斯坦进出口 190 亿元，同比下降 33.1%；对俄罗斯进出口 115.2 亿元，同比增长 41.7%（见表 1）。

表 1　2018 年新疆与主要贸易伙伴进出口统计表

国家或地区	进出口值（亿元）	同比（%）	出口值（亿元）	同比（%）	进口值（亿元）	同比（%）
哈萨克斯坦	562.9	-11.2	463.8	-17.9	99.1	43.1
吉尔吉斯斯坦	190.0	-33.1	187.1	-32.9	2.9	-45.5
俄罗斯	115.2	41.7	106.5	46.1	8.7	3.6
欧盟	63.4	15.5	31.0	52.1	32.4	-6.2
塔吉克斯坦	61.2	-14.6	60.4	-15.4	0.8	157.2
美国	55.0	73.5	39.3	90.7	15.7	41.7
乌兹别克斯坦	51.1	28.0	38.4	33.1	12.7	14.5
东盟	45.1	69.5	29.1	61.9	16.0	85.3
印度	21.6	6.7	14.9	16.6	6.7	-10.3
蒙古	19.5	94.4	6.6	361.7	12.9	49.9

（四）民营企业进出口稳居首位，国有企业进出口大幅增长

2018 年，新疆民营企业进出口 1 059.8 亿元，同比下降 11.9%，占比为 79.9%，比重回落 6.5 个百分点；同期，国有企业进出口 257.6 亿元，同比增长 44%，占比为 19.4%，占比提升 6.6 个百分点。

（五）劳动密集型产品出口显著下降，机电产品出口占比提升

2018 年，新疆出口 7 大类劳动密集型产品 565.5 亿元，同比下降 21.6%，占当年新疆出口总值的 51.9%，占比下滑 8.5 个百分点；其中，出口服装及衣着附件 273.1 亿元，同比下降 17.8%；出口鞋类 129.7 亿元，同比下降 34%；出口纺织纱线、织物及制品 68.9 亿元，同比下降 30.2%。同期，出口机电产品 278.9 亿元，同比增长 11.1%，占比为 25.6%，占比提升 4.6 个百分点。此外，出口农产品 60.7 亿元，同比增长 2.9%。

（六）进口农产品补充供给，资源性产品显著增长

2018 年，新疆进口农产品 37.9 亿元，同比增长 16.8%，占当年新疆进口总值的 16%；同期，分别进口铜矿砂及期精矿、铁矿砂及其精矿、未锻轧铜及铜材 19.9 亿元、18.7 亿元、18.2亿元，同比分别增长25.8%、123.9%和23.9%（见表2）。

表2　2018年新疆主要进出口商品统计表

出口			进口		
商品名称	金额（亿元）	同比（%）	商品名称	金额（亿元）	同比（%）
服装及衣着附件	273.1	-17.8	农产品	37.9	16.8
鞋类	129.7	-34.0	铜矿砂及其精矿	19.9	25.8
纺织纱线、织物及制品	68.9	-30.2	铁矿砂及其精矿	18.7	123.9
农产品	60.7	2.9	未锻轧铜及铜材	18.2	23.9
文化产品	54.8	12.9	纺织机械及零件	13.6	-6.8
玩具	41.7	5.6	天然气	13.1	242.7
高新技术产品	36.2	34.5	棉花	12.4	67.7
箱包及类似容器	35.2	-10.0	纸浆	9.7	-42.4
番茄酱	25.0	5.0	高新技术产品	6.8	43.7
汽车零配件	24.8	-22.9	锯材	6.0	25.0

二、2018年新疆外贸进出口小幅下降的主要原因

（一）比较优势弱化，服装等劳动密集型产品出口显著回落

随着劳动力成本等比较优势的渐趋弱化，服装等劳动密集型产能出现向东南亚、南亚等劳动力成本更低的地区转移的迹象，导致相关产品出口萎缩，拉低新疆整体出口额。数据显示，2018年，占新疆出口总值近1/4的服装及衣着附件出口同比下降17.8%，出口排名第2的鞋类的同比降幅更是高达34%，纺织纱线、织物及制品出口也同比下降了30.2%。

（二）民营经济抗风险能力弱，外贸增长内生动力不足

民营企业历来是新疆外贸进出口的主力军。近年来，在政策扶持下，新疆民营经济取得了快速发展，但受制于起步较晚及经济体制转型缓慢、投资环境竞争力低、民间资本活跃度欠佳等因素影响，新疆民营经济存在企业数量多，单一企业规模小，缺乏专业化、集团化经营能力，抵御市场风险能力较弱，对政府和政策支持的依赖度较高等问题，一旦外部环境发生变化，企业经营极易陷入困境。2018年，进出口值占新疆外贸进出口值近8成的民营企业进出口同比下降11.9%，民营企业表现不佳对新疆整体外贸会产生较大的负拉动作用。

三、影响2019年新疆外贸进出口的主要因素

（一）政策红利不断释放，将为新疆外贸发展提供支撑

2018年以来，新疆维吾尔自治区党委、政府先后出台多项政策措施，促进外贸稳定增长。2019年，自治区将继续深入贯彻党的十九大精神，按照“1+3+3+改革开放”工作部

署，以“丝绸之路经济带”核心区建设统领“引进来”和“走出去”；坚持深化改革创新，搭建新服务平台，深度融入“一带一路”建设，以制度、模式、业态、服务创新提高贸易便利化水平；坚持统筹规划发展，推动货物贸易与服务贸易、利用外资、对外投资、对外援助互动协同发展；加快推进“一港、两区、五大中心、口岸经济带”建设，推动外贸转型升级，有望助推对外贸易实现稳定增长。

（二）产业外迁速度加快，新疆劳动密集型产品出口难度或将进一步加大

随着中美贸易摩擦的逐渐升级，部分企业为规避美国高额关税，把加工厂转移到了以越南为代表的东南亚国家；同时，2019 年“全面与进步跨太平洋伙伴关系协定”（CPTPP）先后在越南、马来西亚、文莱等国家正式生效执行，进一步提升了东南亚国家相关产品的竞争力，将给新疆服装、纺织品、鞋等产品出口带来巨大的挑战，或将加大新疆外贸出口压力。

四、形势展望和政策建议

随着“逆全球化”趋势加剧，全球经济复苏态势不明朗，预计外需难有显著改善。新疆应加强科学研判，坚持问题导向，精准施策、精准调度、精准发力，尤其 2019 年新疆将深入推进“丝绸之路经济带”核心区建设，有望为进一步促进新疆外贸稳中提质、深化地区合作打造更坚实的发展基础，创造更便利的联通条件，对优化新疆外贸结构，促进对外贸易平衡发展也将起到重要推动作用。

为此建议：一是充分发挥新疆与“一带一路”沿线国家接壤的地理区位优势，通过大力发展陆、空、铁全方位开放通道建设，与“一带一路”沿线国家的交流合作向纵深发展；二是加强区域合作，推动中吉、中塔、中哈农产品“绿色通道”运行机制建设，农产品随到随验，快速放行，建立从存放、装卸、运输到跨境环节的“快捷通道”；三是推动各项“稳外贸”政策落地生根，持续优化营商环境，降低企业成本，进一步激发新疆特色优势产品和企业活力，为外贸新业态发展提供有利的政策环境；四是密切关注当前国际形势的发展和变化，强化对国际政治和经济发展趋势的分析研判，加强进出口跟踪监测预警，助力企业防控经营风险。

吉林省

吉林地处东北地区中部，位于由中国东北地区、朝鲜、韩国、日本、蒙古国和俄罗斯构成的东北亚地理中心位置，与俄罗斯、朝鲜陆路相连，与韩国、日本隔海相望，边境贸易活跃。吉林拥有丰富的自然资源，是我国重要的商品粮生产基地。同时，吉林也具备雄厚的工业基础，是我国重要的工业基地之一，汽车、石化、农产品加工为三大支柱产业。2018 年吉林经济总量（GDP）1.51 万亿元，比 2017 年增长 4.5%，外贸依存度为 9%。

据海关统计，2018 年吉林实现外贸进出口总值 1 362.8 亿元，比 2017 年增长 8.6%，占同期我国进出口总值的 0.5%；其中出口 325.8 亿元，同比增长 8.8%；进口 1 037 亿元，同比增长 8.5%。

一、2018 年吉林省外贸发展的主要特点

（一）月度进出口值总体平稳，全年有 8 个月同比实现增长

2018 年吉林月度进出口值在 2 月份和 6 月份出现两个低谷，其他月份总体平稳，全年有 8 个月实现同比增长。其中，受 2018 年 7 月 1 日国家降低汽车整车及零部件进口关税政策的影响，7 月份汽车及汽车零部件进口需求增强，拉动当月全省整体进出口规模显著增长（见图 1）。

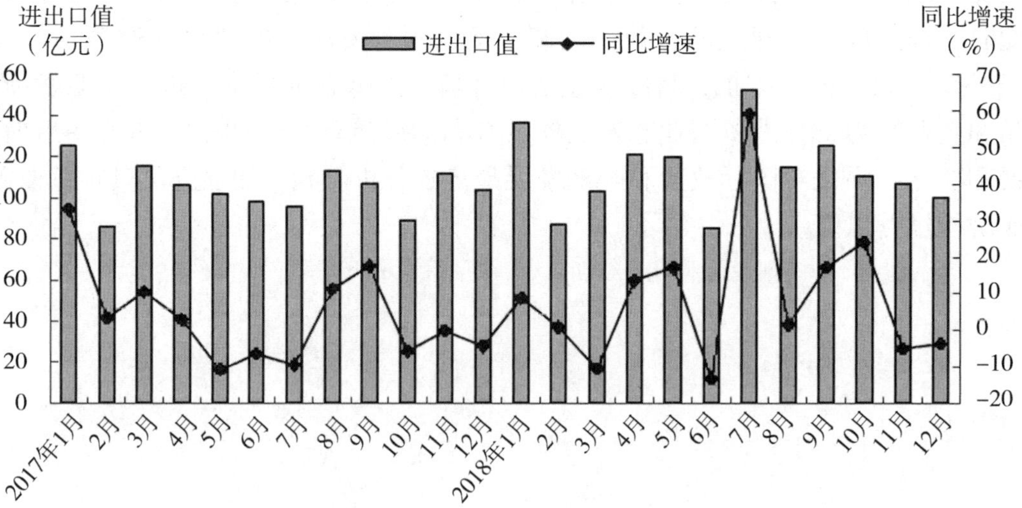

图 1　2017 年 1 月~2018 年 12 月吉林省外贸进出口月度走势统计图

（二）一般贸易进出口占比近 9 成，加工贸易增速较慢

2018 年，吉林以一般贸易方式进出口 1 192.8 亿元，同比增长 12.6%，占同期吉林进出口总值的 87.5%。同期，以加工贸易方式进出口 112.1 亿元，同比增长 4.2%。

（三）欧盟为最大贸易伙伴，对拉丁美洲进出口倍增

2018 年，吉林对欧盟进出口 751. 4 亿元，同比增长 5. 3%，占同期吉林进出口总值的 55. 1%。同期，对日本进出口 119. 4 亿元，同比下降 0. 8%；对东盟进出口 75. 6 亿元，同比增长 14. 4%；对俄罗斯进出口 62. 4 亿元，同比增长 61. 9%；对美国进出口 55. 1 亿元，同比增长 24. 7%。此外，对拉丁美洲进出口 77. 7 亿元，同比增长 1. 3 倍，其中对巴西同比激增 4. 2 倍（见表 1）。

表 1　2018 年吉林省与主要贸易伙伴进出口统计表

国家或地区	进出口值（亿元）	同比（%）	出口值（亿元）	同比（%）	进口值（亿元）	同比（%）
欧盟	751. 4	5. 3	64. 7	1. 3	686. 7	5. 7
日本	119. 4	-0. 8	26. 2	4. 8	93. 2	-2. 2
东盟	75. 6	14. 4	38. 2	11. 2	37. 4	17. 9
俄罗斯	62. 4	61. 9	12. 7	11. 2	49. 7	83. 2
美国	55. 1	24. 7	31. 7	18. 3	23. 4	34. 5
韩国	50. 6	-7. 2	30. 0	-14. 7	20. 6	6. 5
澳大利亚	35. 5	140. 5	19. 6	771. 2	15. 9	27. 1
墨西哥	33. 8	258. 7	9. 2	87. 9	24. 7	442
巴西	23. 2	421. 8	2. 6	51. 4	20. 7	649. 1
印度	14. 0	12. 4	12. 2	24. 6	1. 8	-32. 9

（四）外商投资企业占据半壁江山，国有企业进出口大幅增长

2018 年，吉林外商投资企业进出口 682. 7 亿元，同比增长 0. 8%，占同期吉林进出口总值的 50. 1%。同期，国有企业进出口 447. 4 亿元，同比增长 30. 2%，占同期吉林进出口总值的 32. 8%；民营企业进出口 221. 1 亿元，同比下降 0. 3%。

（五）机电产品出口快速增长且占逾 4 成比重，农产品出口下降

2018 年，吉林机电产品出口 131 亿元，同比增长 36. 9%，占同期吉林出口总值的 40. 2%。其中，出口铁道及电车道机动客车 17. 2 亿元，同比增长 44. 3 倍；出口汽车零配件 15. 8 亿元，同比增长 8. 9%。同期，出口农产品 72. 4 亿元，同比下降 9. 2%；出口胶合板及类似多层板 23. 5 亿元，同比增长 4. 2%；出口医药品 13. 3 亿元，同比增长 17. 1%（见表 2）。

表 2　2018 年吉林省主要进出口商品统计表

出口商品	出口值（亿元）	同比（%）	进口商品	进口值（亿元）	同比（%）
胶合板及类似多层板	23.5	4.2	汽车零配件	344.3	-1.4
碳电极	20.9	116.6	汽车	176.4	29.6
铁道及电车道机动客车	17.2	4 432.8	通断保护电路装置及零件	43.3	22.5
汽车零配件	15.8	8.9	电视、收音机及电讯设备零附件	29.3	26.0
汽车	15.1	2.3	粮食	24.5	613.8
医药品	13.3	17.1	食用油籽	22.1	661.8
纺织纱线、织物及制品	12.4	-4.8	水海产品	20.1	30.7
鲜、干水果及坚果	10.6	-21.9	煤及褐煤	15.7	46.4
服装及衣着附件	10.3	-35.5	钢铁或铜制标准紧固件	13.6	17.1
水海产品	8.3	-20.3	钢材	13.5	20.3

（六）机电产品进口占比逾 8 成，农产品进口大幅增长

2018 年，吉林进口机电产品 841.3 亿元，同比增长 7.2%，占同期吉林进口总值的 81.1%。其中，进口汽车零配件 344.3 亿元，同比下降 1.4%；进口汽车 176.4 亿元，同比增长 29.6%。同期，进口农产品 55.1 亿元，同比增长 54.8%，其中，进口粮食 24.5 亿元，同比增长 6.1 倍，主要是大豆进口；进口水海产品 20.1 亿元，同比增长 30.7%。此外，部分资源性产品进口形势较好，进口煤及褐煤 15.7 亿元，同比增长 46.4%；进口钢材 13.5 亿元，同比增长 20.3%（见表 2）。

二、2018 年吉林省外贸进出口增长的主要原因

（一）轨道客车等出口猛增，成为吉林出口增长的主要动力

2018 年，吉林出口轨道客车同比猛增 44.3 倍、碳电极出口同比增长 1.2 倍，成为吉林出口增长的主要动力。其中，中车集团对澳大利亚轨道客车项目集中交货，是轨道客车出口猛增的主要原因。此外，全省开拓俄罗斯、拉丁美洲等新兴市场成效明显，为出口整体增长提供了有力支撑。

（二）产业转型升级的稳步推进，带动部分工业所需的资源性产品进口快速增长

吉林以深化改革创新为抓手，推动产业的转型升级，实现全方位的工业振兴，带动部分资源型产品进口较快增长，相关数据显示，全年全省工业增加值 5 437.11 亿元，比 2017 年增长 5%，其中，轻工业同比增长 0.3%，重工业增加值同比增长 6.1%。同时，受汽车整车及汽车零部件降税政策利好的推动，2018 年吉林汽车进口同比快速增长 7.2%，为全省进口增长提供动力。

三、影响2019年吉林省外贸进出口的主要因素

（一）中欧班列平稳运行有利于继续开拓海外市场，为促进吉林经贸发展提供政策支持

吉林外经贸发展充分享受到了“一带一路”倡议带来的政策红利。2018年吉林对“一带一路”沿线国家进出口380亿元，同比增长13.6%，占同期吉林进出口总值的27.9%。“长满欧”班列自2015年9月开通以来运行平稳，由吉林长春出发、经满洲里铁路口岸出境、终点到达德国的施瓦茨海德，为吉林与沿线国家的经贸往来提供了运输上的保障，更是促进东北振兴的有效手段。未来依托“长满欧”班列，吉林将继续开拓与“一带一路”沿线国家的经贸合作，支持外贸持续向好发展。

（二）加强与传统贸易伙伴合作的同时，拉丁美洲等新兴市场拓展也为未来贸易发展提供新的动力

近年来，中俄双方高层频繁互访，推动中俄两国经贸关系继续升温，吉林积极参与对俄合作，对俄进出口贸易呈扩大趋势，为未来吉林外贸发展提供重要支撑。2018年吉林对俄进出口同比增速高达61.9%，使其超越美国、韩国成为吉林第四大贸易伙伴。此外，随着近年吉林对外开放水平的提高，市场分布更趋多元化，2018年拉丁美洲国家进出口异军突起，同比增长1.3倍，如自巴西进口的大豆弥补了因中美贸易摩擦带来的美国大豆进口缺口。2019年，进一步提高对外开发开放水平，继续拓展外贸市场，将为吉林适应复杂多变的外贸进出口外部环境提供保障。

（三）外贸形势复杂严峻，吉林对外贸易经济发展仍存在掣肘

一是外部环境复杂严峻、充满变数，中美贸易摩擦不断升级、部分国家政局不稳等，都给未来吉林外贸进出口带来不确定性；二是吉林外贸商品结构单一，对汽车及其相关产品的依赖性过高，全省进出口形势受单一行业影响较深，存在一定的市场风险；三是贸易不平衡问题仍然突出，出口规模比进口规模相对较小，进出口结构有待进一步优化。

四、形势展望及相关建议

2018年，吉林深入贯彻落实习近平总书记对东北振兴工作的重要指示精神，实施“长吉图”战略，坚持沿边开放与内陆开放并举，坚持向东与向南开放两翼并进，致力于打造新时代开放型经济格局，实现进出口平稳增长，也不乏亮点，但我们仍要清醒认识到本地产业发展和贸易结构中的短板，密切关注中美贸易动向，积极应对未来可能面临的风险和不确定因素，促进全省经贸的良性健康发展。

（一）引导企业加大研发投入，持续提升产业在国际市场的核心竞争力，培育外贸发展新动能

继续做大做强汽车、石化、农产品加工三大支柱产业，正确评估装备制造、医药、电子信息等优势产业出口面临的新形势，引导企业加强研发、升级产品、开拓市场、提高产品附加值及本土品牌价值、提升国际竞争力。

（二）加快政策落实，进一步提升对外开放水平

加快交通运输、通信、公共服务等基础设施建设；推进“长吉图区域”“长满欧”铁

路建设，拓展沿线国家市场空间、多元化市场格局；充分发挥保税区的功能优势，将更多的相关外贸优惠政策措施落到实处，进一步提升对外开放水平。

（三）加大对突发事件的监测力度，提高防范风险的能力

加强对重点行业、重要市场及主要商品的进出口监测，做好对影响外贸进出口国内外重大事件的及时反应、分析预判，未雨绸缪，提高抵御市场风险的能力。

云南省

云南地处中国西南内陆边陲，拥有面向三亚（南亚、东南亚、西亚）、紧靠两湾（北部湾、孟加拉湾）、肩挑两洋（太平洋、印度洋）、通江达海沿边的独特区位优势，中国—中南半岛、孟中印缅两大经济走廊交汇于此，自古就是连接东南亚各国的陆路通道，是“南方丝绸之路”的重要节点。近年来，云南主动服务和融入“一带一路”建设，积极构建面向南亚、东南亚的辐射中心，2018 年云南省实现地区生产总值（GDP）1.79 万亿元，外贸依存度为 11%。

据海关统计，2018 年，云南进出口 1 973 亿元人民币，比 2017 年增长 24.7%，占同期全国外贸进出口总值的 0.6%。其中，出口 847.7 亿元，同比增长 9.4%；进口 1 125.3 亿元，同比增长 39.3%，贸易逆差由 2017 年的 33.3 亿元扩大至 277.6 亿元，扩大了 7.4 倍。

一、2018 年云南省外贸进出口的主要特点

（一）月度进出口值波动明显，同比增幅高位回落

2018 年上半年，云南外贸进出口值月度同比增幅超 40%，7 月份进出口值同比减少 5.3%，随后 4 个月同比增长，12 月份进出口值同比再次减少（见图 1）。

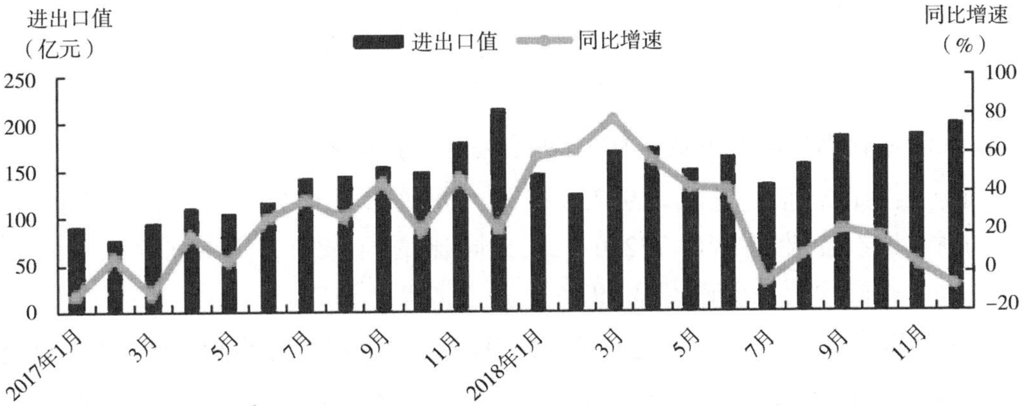

图 1　2017 年 1 月~2018 年 12 月云南省外贸进出口月度统计图

（二）以一般贸易为主且比重提升，边境小额贸易小幅下降

2018 年，云南以一般贸易方式进出口 1 284.4 亿元，同比增长 40.1%，占同期云南进出口值的 65.1%，上升 7.2 个百分点。同期，边民互市进出口 241.2 亿元，同比增长 20.9%；边境小额贸易进出口 216.1 亿元，同比下降 4.8%，占比为 23.2%。同期，加工贸易进出口 183.9 亿元，同比下降 7.7%。

（三）近半数为与东盟进出口，与沙特贸易倍增

2018 年，云南对东盟进出口 908.8 亿元，同比增长 2.8%，占比为 46.1%，其中与缅甸、越南、老挝贸易依次居东盟成员国的前 3 位。同期，云南对我国香港地区进出口 116.7 亿元，同比下降 8.9%；对欧盟进出口 94.8 亿元，同比增长 42.8%；对美国进出口 49.6 亿元，同比增长 15%；对印度进出口 47.9 亿元，同比增长 61.5%。此外，云南对拉丁美洲进出口 144.9 亿元，同比增长 26.1%，其中巴西、秘鲁、智利是主要市场；对“一带一路”沿线国家（地区）进出口 1 417 亿元，同比增长 31.4%，占同期云南进出口值的 71.8%。（见表 1）。

表 1　2018 年云南省与主要贸易伙伴进出口统计表

国家或地区	进出口值（亿元）	同比（%）	出口值（亿元）	同比（%）	进口值（亿元）	同比（%）
东盟	908.8	2.8	467.3	3.1	441.5	2.5
沙特阿拉伯	212.1	237.9	1.0	-74.5	211.1	257.6
中国香港	116.7	-8.9	116.3	-9.3	0.4	1 468.6
欧盟	94.8	42.8	57.1	34.1	37.7	58.2
伊朗	61.0	178.1	3.5	549.6	57.5	168.6
美国	49.6	15.0	39. 0	27.1	10.6	-14.8
印度	47.9	61.5	45.4	75.5	2.5	-33.7
阿曼	46.6	264.7	0.1	-58.5	46.5	269.5
中国台湾	45.6	6.0	6.0	-1.0	39.6	7.1
巴西	45.0	19.9	9.2	45.3	35.8	14.7

（四）民营企业仍是最大外贸主体，国有企业增速最快

2018 年，云南民营企业进出口 917.8 亿元，同比增长 4.7%，占同期云南进出口值的 46.5%。同时，国有企业进出口 772.6 亿元，同比增长 62.1%，占同期云南进出口值的 39.2%。此外，外商投资企业进出口 39 亿元，同比增长 31%。

（五）出口以农产品为主且快速下降，机电产品、化肥、劳动密集型产品实现增长

农产品是云南重要的出口商品，2018 年出口 256.7 亿元，同比下降 11.5%。同期，出口机电产品 228 亿元，同比增长 7%；出口化肥 117.2 亿元，同比增长 50.9%；出口劳动密集型产品 68.1 亿元，同比增长 18.1%，其中纺织品服装、玩具、塑料制品、箱包、家具及鞋类出口均实现增长。此外，分别出口钢材、焦炭、电力和陶瓷产品 15.3 亿元、9.8 亿元、8.6 亿元和 8.4 亿元，同比增长 24.6%、55.9%、23.8%和 89.1%。

（六）进口以资源性产品为主，机电产品、农产品进口保持增长

2018 年，云南进口原油 362.2 亿元，同比增长 2.3 倍；进口天然气 69.5 亿元，同比下降 12.5%；进口铜矿砂及其精矿 131.1 亿元，同比增长 21%；进口锡矿砂及其精矿 48.3 亿元，同比下降 21.9%；进口铁矿砂及其精矿 27.9 亿元，同比下降 25.7%。同时，进口硫磺

23.9 亿元，同比增长 61.8%；进口天然橡胶 23.7 亿元，同比下降 11.5%。此外，云南进口机电产品 92.9 亿元，同比增长 28.8%，其中进口飞机激增；进口各类农产品 88.1 亿元，增长 28.8%，主要品种为大豆、水果（见表 2）。

表 2　2018 年云南省主要进出口商品统计表

出口			进口		
商品名称	金额（亿元）	同比（%）	商品名称	金额（亿元）	同比（%）
肥料	118.2	50.6	原油	362.2	229.5
蔬菜	92.0	-1.8	铜矿砂及其精矿	131.1	21.0
电话机	91.6	18.7	天然气	69.5	-12.5
鲜、干水果及坚果	81.5	-24.4	锡矿砂及其精矿	48.3	-21.9
纺织纱线、织物及制品	30.8	6.8	大豆	37.4	30.2
钢材	15.3	24.6	铁矿砂及其精矿	27.9	-25.7
烤烟	11.4	-23.5	硫磺	23.9	61.8
粮食	10.9	6.8	天然橡胶	23.7	-11.5
灯具、照明装置及零件	9.8	64.0	鲜、干水果及坚果	19.6	70.8
焦炭及半焦炭	9.8	55.9	飞机及其他航空器	16.7	1 295.5

二、2018 年云南省进出口增长的主要原因

（一）能源进口大幅扩张，原油成为进口增长的主要推动力

中缅油气管道是继中亚油气管道、中俄原油管道、海上通道之后的我国第四大能源进口通道①。2017 年 5 月原油管道正式输送投产，当年计划进口 640 万吨，实际进口 286.8 万吨，未达到目标。2018 年随着管道运维能力不断增强，原油进口量大幅增长，全年进口突破千万吨，达 1 016 万吨，超出 850 万吨计划数的 19.5%。据海关数据显示，2018 年，原油占同期云南进口值的 32.2%，对进口增长贡献率达 79.5%。

（二）部分行业生产经营改善，对资源性原材料进口需求增强

云南大力推进深化供给侧结构性改革，传统行业如铜冶炼、磷化工前期去产能明显，补库存对原材料进口需求明显增强。2018 年，云南铜矿砂及其精矿进口量达到历史新高的 118.8 万吨，进口均价也较 2016 年的低点上涨 9%。同时云南出口形势改善，印度等消费大国增加进口化肥补贴利好云南化肥出口②，带动了化肥行业增加产能，这也进一步加大了对上游原料硫磺的进口需求，形成化肥、硫磺进出两旺的局面。

（三）全省经济社会发展、居民消费水平稳步提升，带动机电、消费品进口快速增长

2018 年云南经济发展稳中向好，产业结构调整稳中提质，全年全省规模以上工业增加

---

① 《中缅油气管道打造“一带一路”示范项目》，人民日报，2019 年 4 月 26 日。

② 《印度 2018 年化肥补贴预算增加 8%》，新浪财经，2018 年 2 月 28 日。

值同比增长 11.8%，增速较上年提高 1.2 个百分点，排名全国第二，其中石油加工业同比增长 1.5 倍，电子制造业同比增长 75.5%。省内制造业投资同比增长 14.3%，加大对机电产品、高技术装备的需求，全年机电产品进口 92.9 亿元，同比增长 28.8%；加大区域航空枢纽建设力度，省内民航企业新增飞机进口。同时，稳外贸政策措施促进扩大进口、减税降费政策效果显现，云南消费同比增长 11.1%，高于全国 2.1 个百分点，排名全国第 3，进口水果成为带动消费增长的主要品种。

三、影响 2019 年云南省进出口的主要因素

（一）国际贸易增长放缓，国内经济增长压力加大影响外贸发展

2019 年，全球经济贸易形势依然严峻，国内经济也面临较大的增长压力，云南将全年经济增长预期目标下调至 8.5%左右①，全省深化供给侧结构性改革正在进入深水区、步入攻坚期，多个传统行业面临着去产能、去杠杆的多重压力，中小企业民营经济融资难、高成本的困境依然存在，多数进出口企业对 2019 年外贸市场前景持不容乐观的态度，贸易增长不确定因素增多。

（二）外贸市场集中度高，毗邻国家政治、经济不稳定性制约外贸增长空间

云南外贸市场依赖度高，尽管近年来在贸易伙伴多元化上成效明显，但对缅甸、越南、老挝三个邻国的贸易比重仍然高达 4 成左右，对全省外贸影响度较大，缅甸全国民主联盟提出修宪、军方反对修宪给国内政局带来动荡阴影；加之 2020 年缅甸国内大选、民族地方武装与缅甸中央国防军之间的斗争较为激烈，一定程度影响云南边境贸易发展。同时，越南通过加强同美国的战略与经济关系降低对中国贸易的依赖②，如发展国内制造业，加大发电站建设，减少对云南工业制成品和电力进口。

（三）省内外贸产业结构单一、竞争力弱，出口增长遭遇瓶颈

云南产业发展起步晚、基础薄弱，初级制品原材料出口比重高，处于全球价值链低端，易受到成本要素上升和国际大宗商品价格波动影响，在产业、产品上的“硬实力”不强，在物流、服务、品牌上的“软实力”也不够，产业结构相对落后和不足在短期内难以改善。同时，汇率波动、市场竞争加剧、“逆全球化”和贸易保护主义势力抬头，云南传统产品出口优势逐步丧失，外贸出口增长动力不足。

四、形势展望和政策建议

2019 年，尽管国内外经济增长出现放缓迹象、影响因素增多，但云南将继续坚持扩大对外开放、发展外向型经济，以“一带一路”为契机，建立和完善国际多双边合作机制，推进基础设施互联互通，打造南亚、东南亚辐射中心。同时，云南出台了关于扩大进出口贸易、促进贸易平衡发展、稳定外贸增长、提高贸易便利化、培育自主国际品牌等一系列

---

① 《2018 年云南省经济运行情况分析》，云南省统计局，2019 年 1 月 27 日。

② 《中越双边贸易额达 1 067 亿美元》，搜狐财经，2019 年 1 月 21 日。

措施[①]，将极大促进外贸转型升级并优化外贸营商环境，2019 年全省外贸发展有望继续保持稳步增长。

为此建议：一是继续优化外贸产业结构，加大培育优势支柱产业，积极促进加工贸易向产业链两端延伸，推动形成“优进优出”格局，实现“绿色”外贸发展；二是构建云南网络化口岸战略布局，完善口岸基础设施功能，营造法制化、国际化、便利化的营商环境，增强商流、物流、人流聚集，提升经贸辐射带动效应；三是加强与周边国家开展矿产、水利资源的合作利用和开发，实现对外设备、物资出口和收获产品进口增长“双赢”；四是大力推动服务贸易发展，以提升服务贸易带动货物贸易增长，有效实现外贸增长方式转变和多元化发展；五是积极推动云南跨境电子商务园区尽快投入运行，积极探索“市场采购”等贸易新业态、新模式在本省的落地及发展；六是加大财政资金的精准扶持，引导企业树立重实绩的经营观，切实让相关政策措施惠及创造价值、解决就业的外贸企业。

① 《云南出台 2019 年稳增长 22 条措施，为经济发展保驾护航》，新浪网，2019 年 1 月 18 日。

湖南省

湖南地处长江中游地区，北枕长江，南邻两广，西连贵州、重庆，东接江西，处于中国东部沿海与西部腹地的过渡地带，是中国沿海开放经济带和长江流域开放经济带的结合部，具有承东接西、南联北进的枢纽地位。近年来，湖南按照“创新引领、开放崛起”的战略部署，持续推进供给侧结构性改革，经济发展质量和效益提升，带动全省高端装备制造等产业转型升级，逐渐形成以中联重科、三一重工等为代表的中高端工程机械装备及关键零部件和以中车株机为代表的高端电力牵引轨道交通装备及关键部件两大发展重点领域，推动全省外贸高质量发展。2018 年，湖南实现地区生产总值（GDP）3. 64 万亿元，比 2017 年增长 7. 8%。

据海关统计，2018 年，湖南进出口总值 3 079. 5 亿元，同比增长 26. 5%，占同期全国进出口总值的 1%。其中，出口 2 026. 7 亿元，同比增长 29. 5%；进口 1 052. 8 亿元，同比增长 21. 2%。

一、2018 年湖南省对外贸易的主要特点

（一）进出口值前低后高、逐季提升，11 月、12 月连续创单月历史新高

总体看 2018 年，湖南外贸进出口值呈现“前低后高、逐季提升”的走势：1 季度进出口总值 566. 2 亿元，同比增长 35. 4%；2~4 季度进出口值分别为 734. 8 亿元、784. 6 亿元和 993. 9 亿元，同比分别增长 28. 3%、17. 3% 和 28. 4%。其中，11 月份、12 月份的月度进出口值连续创单月历史新高（见图 1）。

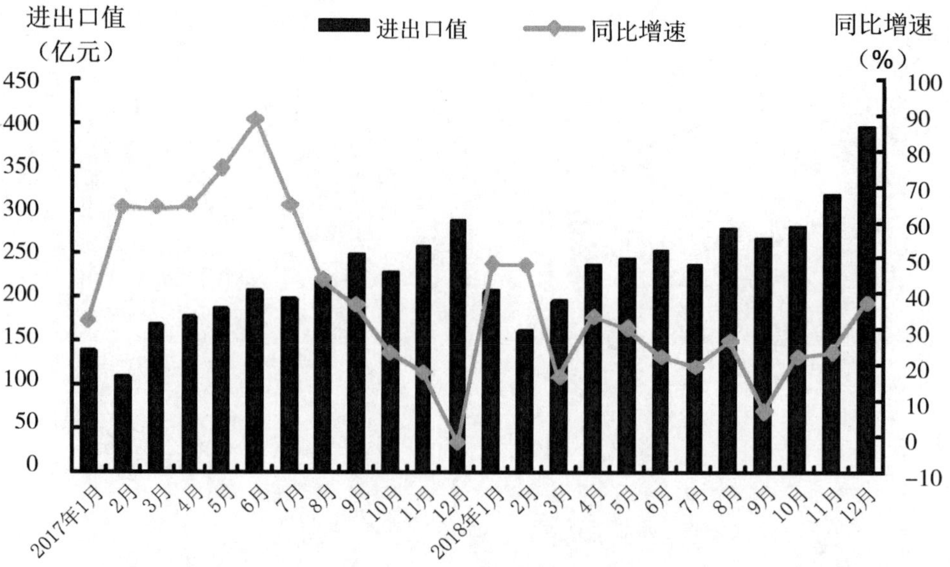

图 1　2017 年 1 月~2018 年 12 月湖南外贸进出口月度统计图

（二）一般贸易进出口占7成以上，且比重提升

2018年，湖南以一般贸易方式进出口2 270.9亿元，同比增长33.8%，占同期湖南进出口总值的73.7%，较2017年提升4个百分点；其中，出口1 561.8亿元，同比增长38.7%，进口709.1亿元，同比增长24.1%。同期，以加工贸易方式进出口749.7亿元，同比增长7%，占同期湖南进出口总值的24.3%；其中，出口450.2亿元，同比增长4.3%；进口299.5亿元，同比增长11.3%。

（三）民营企业占近7成比重，且有所提升

2018年，湖南民营企业进出口2 126.3亿元，同比增长37.5%，占同期湖南进出口总值的69%，比重提升5.5个百分点；同期，外商投资企业进出口602.4亿元，同比增长8.1%，占同期湖南进出口总值的19.6%；国有企业进出口350.4亿元，同比增长6.4%。

（四）与"一带一路"沿线国家进出口增势良好

2018年，湖南对我国香港地区进出口441.6亿元，同比增长15.3%；同期，对欧盟进出口395.3亿元，同比增长28.1%；对东盟进出口381.5亿元，同比增长40.3%；对美国进出口357.2亿元，同比增长22%。此外，对"一带一路"沿线国家或地区进出口802.6亿元，同比增长36.5%，占同期湖南进出口总值的26.1%，比重提升2个百分点（见表1）。

表1　2018年湖南省对主要贸易伙伴进出口统计表

国家或地区	进出口值（亿元）	同比（%）	出口值（亿元）	同比（%）	进口值（亿元）	同比（%）
中国香港	441.6	15.3	410.1	11.6	31.5	100.1
欧盟	395.3	28.1	263.2	29.1	132.1	26.2
东盟	381.5	40.3	303.3	38.4	78.2	48.0
美国	357.2	22.0	291.3	28.1	65.9	0.7
韩国	165.8	48.8	92.8	60.2	73.0	36.4
日本	137.0	13.6	44.2	34.5	92.8	5.8
澳大利亚	113.9	17.1	23.3	30.7	90.6	14.1
中国台湾	106.5	57.5	26.6	67.7	79.9	54.3
俄罗斯	98.0	77.6	82.8	87.4	15.2	38.3
南非	90.5	11.7	25.6	-8.4	64.9	22.3

（五）机电产品出口占逾4成比重，劳动密集型产品出口显著增长

2018年，湖南出口机电产品874.6亿元，同比增长18.9%，占同期湖南出口总值的43.2%。同期，出口劳动密集型产品436.1亿元，同比增长41.8%，从具体商品来看，出口服装及衣着附件156.3亿元，同比增长57.4%；出口鞋类84.6亿元，同比增长22.1%；出口箱包及类似容器54.5亿元，同比增长17.1%。此外，出口钢材126.8万吨，同比增加23.8%，总值76.4亿元，同比增长41.9%。

（六）机电产品进口占逾4成比重，其中集成电路、汽车等进口大幅增长

2018年，湖南进口机电产品452.2亿元，同比增长15.9%，占同期湖南进口总值的43%，从具体商品来看，进口集成电路132.1亿元，同比增长80.5%；进口汽车27.9亿元，同比增长187.6%。此外，进口铁矿砂及其精矿2 489.2万吨，同比减少2.2%，价值111.6亿元，同比下降5.3%；进口汽车零配件50.2亿元，同比下降5.1%（见表2）。

表2　2018年湖南省主要进出口商品统计表

出口			进口		
商品名称	金额（亿元）	同比（%）	商品名称	金额（亿元）	同比（%）
服装及衣着附件	156.3	57.4	集成电路	132.1	80.5
鞋类	84.6	22.1	铁矿砂及其精矿	111.6	-5.3
钢材	76.4	41.9	汽车零配件	50.2	-5.1
陶瓷产品	67.4	69.1	汽车	27.9	187.6
箱包及类似容器	54.5	17.1	煤及褐煤	27.7	44.9
扬声器	53.3	-13.0	乳品	27.0	62.7
灯具、照明装置及零件	50.9	50.6	纸浆	26.6	33.5
塑料制品	45.2	77.6	计量检测分析自控仪器及器具	25.9	32.6
贵金属或包贵金属的首饰	40.2	45.3	铜矿砂及其精矿	24.6	15.1
纺织纱线、织物及制品	40.2	57.3	粮食	22.8	90.1

二、2018年湖南省外贸进出口增长的主要原因

（一）营商环境显著改善，政策利好不断释放

2018年，湖南大力改善营商环境，出台《促进开放型经济发展的若干政策措施》，支持外贸综合服务平台发展，带动更多中小外贸企业开展全流程外贸综合服务；推动全国通关一体化、无纸化、电子支付、“提前申报、运抵验放”等改革措施落地，口岸提效降费收效显著。同时，大力支持跨境电商、市场采购等新型贸易业态发展，推动湘南湘西承接产业转移示范区建设有力推进，带动全省加速形成全面开放新格局。

（二）与“一带一路”沿线国家合作潜力持续释放，为本地企业注入活力

随着与“一带一路”沿线国家投资和经贸合作不断取得进展，合作领域不断扩大，增长点逐渐显现。湖南与“一带一路”沿线很多国家的产业互补性强，沿线国家加快工业化进程、加强基础设施建设的需求强烈。2018年，湖南省对“一带一路”沿线国家贸易额802.6亿元，同比增长36.5%，同比增幅超过湖南同期总体同比增幅10个百分点。其中，对俄罗斯、马来西亚、越南、印度、印度尼西亚、泰国等主要沿线国家进出口额均在50亿元以上，且同比均大幅增长。

（三）传统优势产业继续做大做强，装备制造业出口增长为整体外贸提供动力

2018 年，湖南继续发挥机电产品、装备制造等方面的传统优势，实现更宽领域的国际产能合作，全年机电产品出口同比增长 18.9%，其中轨道交通装备出口 22.2 亿元，同比增长 89%；以中联重科股份有限公司、三一汽车制造有限公司为首的工程机械制造企业保持高增长，出口增幅同比分别达到 34.9%和 64%。

三、影响 2019 年湖南省外贸进出口的主要因素

（一）搭平台、引项目等多手段实施，对湖南外贸发展提供有力支撑

目前湖南有 5 个综合保税区、2 个保税物流中心，特殊监管区域平台作用发挥显著，2018 年新金宝集团的喷墨打印机项目正式签约岳阳城陵矶综合保税区，项目投产后预计年产值 100 亿元。同时，跨境电子商务、市场采购和外贸综合服务体等新型贸易业态也处于快速发展阶段，汽车平行进口、市场采购、跨境电商试点先后获批，且正在顺利推进，以上因素对湖南外贸发展提供了强有力的支撑。

（二）进一步优化贸易结构，推动湖南外贸高质量发展

湖南着力加大技术研发投入和人才引进，推动省内以三一重工、中联重科等工程机械制造企业的高质量发展，以先进制造业发展为支撑，促进新技术、新组织形式、新产业集群的形成，解决低端产品过剩而高端产品不足的深层次矛盾，提升产业链整体水平。同时，在需求侧通过减税、提效、降费等多种措施，削减进口环节的制度性成本，优化营商环境，合理提振内需。

（三）重点企业积极布局，为湖南外贸发展提供后续动力

2018 年 11 月，中国中车在土耳其成立轨道交通技术联合研发中心，依托中车株洲电力机车有限公司的数个轨道交通项目，预计 2020 年订单有 10%的增长；蓝思科技除三星、苹果等国外订单外，还承担了国内 VIVO、OPPO、华为、小米等手机屏幕订单业务；华菱钢铁拟引入市场化债转股实施机构，对华菱湘钢、华菱涟钢和华菱钢管进行增资，此次重组将进一步提升华菱钢铁在钢铁行业的话语权；五矿铜业（湖南）有限公司整合产能，年底落地开工铜铅锌产业基地，预计年收入可达 200 亿元。

四、形势展望和政策建议

2019 年，湖南将继续围绕“创新引领、开放崛起”战略和建设“开放强省”的要求，以全面深化改革为引领，推动跨境电商、市场采购等新型贸易业态发展，逐步实现外贸的高质量发展，服务湖南对接融入“一带一路”和长江经济带建设，助力全省更高水平的开放型经济发展。但当前外部风险和不确定因素增多，经济因素和非经济因素相互交织，预计将给对外贸易的持续稳定发展带来较大挑战。为此，建议：

（一）提升招商引资质量

以产业集聚区为载体，引进一批产业链较长、附加值较高的优质大企业入湘，促进湘

南湘西承接产业转移示范区建设。

（二）持续推进供给侧结构性改革

带动湖南钢铁行业、装备制造等产业转型升级，激发优势产业新活力。打造本土特色品牌和行业优势。积极推动产业合作、深化人文交流、加强知识产权保护，推动以文化为载体的湘企“走出去”。

（三）充分发挥平台功能和新兴业态优势

加快跨境电子商务、外贸综合服务平台建设，引导错层竞争与差异化发展。优化进出口结构，全面加强质量建设，拓展新兴市场合作，防范单一市场结构带来的不确定风险。

陕西省

陕西是我国重要的内陆省份，具有承东启西、联结南北的区位优势。陕西煤炭、石油、天然气等矿产资源丰富，省内科教实力雄厚，工业基础较好，能源化工、装备制造、有色冶金等八大支柱产业发展迅猛，重型货车、输变电设备、飞机和苹果汁四项商品的出口值均位居全国前列。2018 年，陕西经济总量（GDP）2.44 万亿元人民币，比 2017 年增长 8.3%，外贸依存度为 14.4%。

据海关统计，2018 年，陕西实现外贸进出口 3 513.8 亿元，首次突破 3 000 亿元，创历史新高，比 2017 年增长 29.2%，占同期我国进出口总值的 1.2%，其中出口 2 078.7 亿元，同比增长 25.3%，占同期我国出口总值的 1.3%；进口 1 435.1 亿元，同比增长 35.4%，占同期我国进口总值的 1%。

一、2018 年陕西省外贸进出口的主要特点

(一) 5 月份进出口值创月度历史新高，下半年进出口同比增速明显回落

陕西 2018 年前 5 个月的单月进出口同比增速均超过 30%，此后震荡回落。其中，1 月份进出口规模首次突破 300 亿元大关，达 309.6 亿元，随后有所回落，5 月份升至 344.9 亿元，创月度历史最高值；下半年的单月进出口值除 8 月份和 11 月份超过 300 亿外，其余月份均在 300 亿元以下波动，12 月份进出口 298.4 亿元，同比增长 10.6%，环比下降 13.2%（见图 1）。

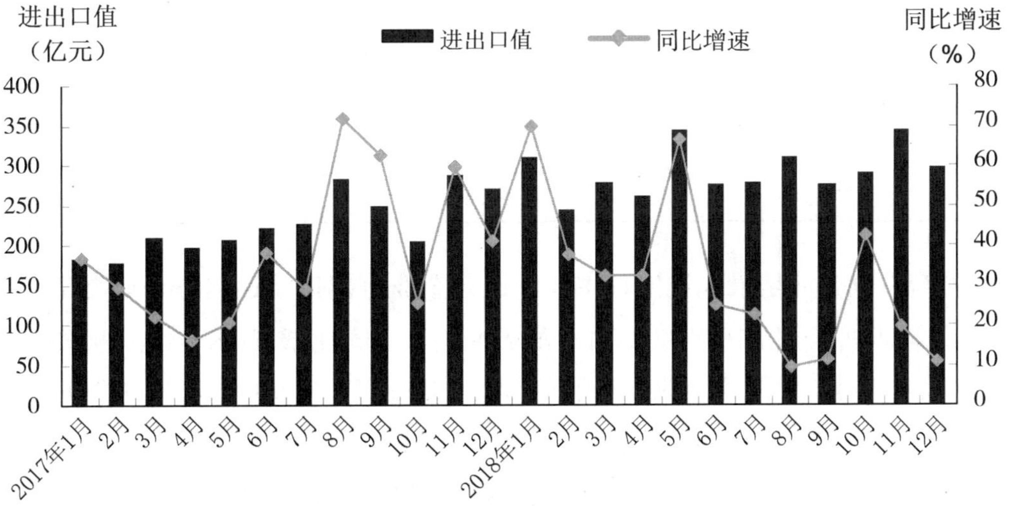

图 1　2017 年 1 月~2018 年 12 月陕西省外贸进出口月度统计图

（二）加工贸易进出口占比逾6成，且增速快于一般贸易

2018年，陕西以加工贸易方式进出口2 226.3亿元，同比增长28.3%，占同期陕西进出口值的63.4%。同期，以一般贸易方式进出口773.3亿元，同比增长14.7%，占同期陕西进出口值的22%，比重较2017年下降2.8个百分点。

（三）前5大进出口市场合计占近8成比重，对非洲、拉丁美洲及部分“一带一路”沿线国家进出口增势显著

我国台湾地区、韩国、我国香港地区、美国和欧盟是2018年陕西前5大进出口市场，进出口值分别为674.9亿元、673.3亿元、614.9亿元、420.7亿元和332.5亿元，同比分别增长34.5%、34.7%、45.5%、15.5%和23.7%，以上5地合计占同期陕西进出口总值的77.3%。同期，陕西对“一带一路”沿线国家进出口389.2亿元，同比增长20.4%，其中，对沿线的东盟地区和中亚五国分别进出口213.8亿元和11亿元，同比分别增长35.2%和59.5% 。此外，对拉丁美洲和非洲等新兴市场进出口大幅增长，分别为58.4亿元和110亿元，同比分别增长52.3%和41.2%，分别快出同期全省总体同比增速23.1个百分点和12个百分点（见表1）。

表1　2018年陕西省与主要贸易伙伴进出口统计表

国家或地区	进出口值（亿元）	同比（%）	出口值（亿元）	同比（%）	进口值（亿元）	同比（%）
中国台湾	674.9	34.5	94.4	24.2	580.5	36.4
韩国	673.3	34.7	326.6	7.1	346.7	78.0
中国香港	614.9	45.5	614.4	45.5	0.5	232.4
美国	420.7	15.5	327.5	17.1	93.2	9.9
欧盟	332.5	23.7	232.8	32.5	99.7	7.1
东盟	213.8	35.2	188.2	36.9	25.6	23.4
日本	156.0	-1.7	53.1	-13.3	102.9	5.6
澳大利亚	72.1	25.9	15.9	95.3	56.2	14.4
印度	34.3	15.1	29.3	23.9	5.0	-18.8
墨西哥	28.8	83.1	26.6	84.4	2.2	68.6

（四）外商投资企业是最大进出口主体，民营企业进出口增速居各企业类型之首

2018年，陕西外商投资企业进出口2 419.4亿元，同比增长28.5%，占同期陕西进出口总值的68.9%。同期，民营企业和国有企业分别进出口790.4亿元和302.7亿元，同比分别增长43%和7%，分别占同期陕西进出口总值的22.5%和8.6%。

（五）机电产品出口占比提升至近9成，农产品出口小幅下降

2018年，陕西机电产品出口1 856.5亿元，同比增长28.8%，占同期陕西出口总值的89.3%，比重较2017年提高2.5个百分点，其中集成电路出口742.4亿元，同比增长19.8%；太阳能电池49.6亿元，同比增长123.9%；汽车22.5亿元，同比增长8.2%。同期，农产品出口41.7亿元，同比下降1.3%，其中苹果汁出口19.3亿元，同比下降6.8%；植物提取物8.8亿元，同比增长19.8%；鲜苹果及梨5亿元，同比下降25.8%。此外，出口纺织服装27亿元，同比增长6.1%。

（六）进口以机电产品为主，未锻轧铜、锌矿砂及其精矿、多晶硅等工业原料进口增长

2018年，陕西机电产品进口1 117.7亿元，同比增长36.7%，占同期陕西进口总值的77.9%，其中集成电路进口874.4亿元，同比增长45.6%；专用于制造半导体的机器及装置进口46.4亿元，同比增长13.7%。此外，未锻轧铜进口56.5亿元，同比增长144.2%；铁矿砂及其精矿39.6亿元，同比下降18.5%；锌矿砂及其精矿34.7亿元，同比增长60.2%；药品25.8亿元，同比增长29.5%；多晶硅21.8亿元，同比增长54.9%（见表2）。

表2　2018年陕西省前10大主要进出口商品统计表

出口			进口		
商品名称	金额（亿元）	同比（%）	商品名称	金额（亿元）	同比（%）
集成电路	742.4	19.8	集成电路	874.4	45.6
自动数据处理设备的零件	439.6	53.4	未锻轧铜	56.5	144.2
存储部件	318.9	22.8	专用于制造半导体的机器及装置	46.4	13.7
太阳能电池	49.6	123.9	铁矿砂及其精矿	39.6	-18.5
蓄电池	41.8	258.9	锌矿砂及其精矿	34.7	60.2
汽车	22.5	8.2	药品	25.8	29.5
苹果汁	19.3	-6.8	多晶硅	21.8	54.9
纺织纱线、织物及制品	17.0	7.0	大豆	15.0	-25.0
通断保护电路装置及零件	15.6	18.8	通断保护电路装置及零件	13.8	78.1
汽车零配件	12.6	7.8	变压、整流、电感器及零件	9.3	40.0

二、2018年陕西省进出口增长的主要原因

（一）引进外资步伐加快，龙头制造企业进出口表现活跃，为陕西外贸增长提供主要动力

2018年，陕西继续加快工业调结构的转型进程，吸引外资力度进一步增强，装备制造业和高新技术制造业保持稳定发展势头，陕西实际利用外商直接投资金额68.48亿美元，同比增长16.2%，据海关数据显示，美光半导体（西安）有限责任公司、三星（中国）半导体有限公司两家外贸龙头企业进出口均保持高速增长，进出口值合计占同期陕西进出口总值的64%，是拉动全省进出口增长的主要因素。由于能耗低、产业链长，装备制造业和高新技术制造业行业带动经济增长作用明显，有效缓解了高耗能产业转型升级过程中面临的下行压力局面。

（二）实施降税政策，一定程度上刺激相关商品进口增长

2018年，我国先后对部分药品、日用消费品等数千个税目商品的进口关税进行了大幅

度下调，一系列减税降费举措有利于刺激国内市场需求，进而扩大进口、改善外贸结构、更好满足群众多样化的消费需求。据海关数据显示，2018 年陕西医药品进口值同比快速增长 29.5%；消费品中，冻牛肉、水果、小麦和橙汁的进口值分别迅猛增长 90%、1.7 倍、1.1 倍和 4.8 倍。

（三）口岸功能不断完善，中欧班列对外贸增长的贡献明显

西安港务区进口粮食、肉类、汽车指定口岸功能已先后获批并正式运营，2018 年“长安号”中欧国际货运班列累计开行 1 235 列，同比增加 6.4 倍；监管货运量 66.4 万吨，货值 17.2 亿美元，同比分别增加 10 倍和增长 7.7 倍，班列“货运量、重载率、实际开行量”三项指标均居全国第一，且先后开行了进口乌兹别克斯坦绿豆专列、京东物流中欧精品专列和沃尔沃整车专列等，使进出口结构更加均衡，促进全省对外贸易水平的提升。

三、影响 2019 年陕西省进出口的主要因素

（一）中欧班列提供畅通的国际物流通道，将成为全省外贸增长的重要推动力量

“长安号”中欧班列可以弥补陕西地处内陆的区位劣势，缩短运输周期，降低进出口产品的物流成本，提升陕西外贸发展的软、硬件环境，为陕西企业沿着“一带一路”走出去提供了稳定的国际物流通道保障。2018 年西安中欧班列开行共已超千列，呈成倍增长态势，对带动陕西与中亚及欧洲地区贸易、加深与沿线国家的经贸合作提供了快捷畅通的物流通道。

（二）中美贸易摩擦导致部分商品对美进出口明显下滑，未来贸易形势充满不确定因素

2018 年 7 月份以来，由于中美双方互相加征关税，贸易摩擦不断升级，涉及加税的商品不断增多，对美部分商品贸易明显下滑。以陕西主要出口商品之一的苹果汁为例，受 9 月份起美国加征关税影响，2018 年下半年陕西对美苹果汁出口 5.7 万吨，同比减少 33.8%，而上半年对美苹果汁出口 8.2 万吨，同比增加 66.2%。此外，陕西对美贸易的主要商品中，电子信息产品、有色金属、汽车轮胎等商品对美出口，铅矿砂、大豆等商品自美进口也都受到一定影响，若美国加强先进技术的出口管制，甚至会影响电子制造产业的发展以及产业链的布局。

四、形势展望和政策建议

2019 年全球经济复苏势头出现放缓迹象，中美贸易摩擦的反复性和长期性给陕西外贸带来较大的不确定性。但我国稳外贸、稳外资、积极扩大进口、减税降费等政策效应将继续释放，陕西也大力推进开放型经济高质量发展，为 2019 年陕西外贸发展打下良好的基础。为此，建议：

（一）继续主动投身“一带一路”建设，提高与沿线国家经贸合作的深度和广度，扩大贸易规模的同时，进一步扩大进口贸易，推动进出口平衡协调发展

引导陕西优势产能在“一带一路”沿线国家布局设点，结合各国资源优势，完善产业

链分工，优化关联产业布局，提高区域经济深度融合。深化与“一带一路”沿线国家的农业合作，立足农业生产互补特点，提高与沿线国家农产品贸易的便利化水平。加大自沿线国家的进口，发挥进口对地区经济结构调整的积极作用，利用好国际、国内两个市场，扩大省内短缺能源、矿产资源和一般消费品的进口，满足本地居民消费需求，推动陕西进出口贸易平衡、协调、健康发展。

（二）发挥区位及产业优势，吸引东部加工贸易产业转移

充分考虑本地比较优势，利用现有的产业基础和劳动力资源，积极参与国际分工，承接东部地区加工贸易向中西部地区的梯度转移，实现与东部地区的差异化发展，增强加工贸易整体实力，助推加工贸易产业结构优化和转型升级。同时，引进国内外知名企业，支持企业进入高层次加工贸易领域，提高产品附加值，不断提高陕西加工贸易的层次和水平。

山西省

山西省地处黄河中游东岸，华北平原西面的黄土高原上，历史悠久，矿产资源极为丰富，是我国重要的能源重化工基地之一。近年来，山西省实施“东融南承西联北拓”战略，积极参与“一带一路”建设，主动融入京津冀和环渤海经济圈，营造优质的营商环境。社会经济快速发展，2018 年，山西省实现地区生产总值（GDP）1.68 万亿元，同比增长 6.7%。虽然受限于地处内陆的地理区位，山西省对外贸易发展起步较晚、规模较小，但近年来山西省多措并举，搭建促进外贸发展的优质服务平台，支持传统优势产业做大做强，积极培育外贸新业态，促进外向型经济多面开花，对外贸易规模自 2016 年以来连续3 年突破千亿元大关。

据海关统计，2018 年，山西省进出口总值 1 369.9 亿元，同比增长 17.8%，占当年全国进出口总值的 0.4%；其中，出口 810.4 亿元，同比增长 17.4%；进口 559.5 亿元，同比增长 18.4%。

一、2018 年山西省外贸进出口的主要特点

（一）月度进出口规模先升后落，8 月份进出口值创年内单月的最高值

2018 年，山西省外贸月度进出口值除 2 月份外都保持在百亿元以上规模，2 月份为全年最低值 83.6 亿元，此后震荡上升，至 8 月份达到全年最高值的 155 亿元，9 月份开始震荡走低（见图 1）。

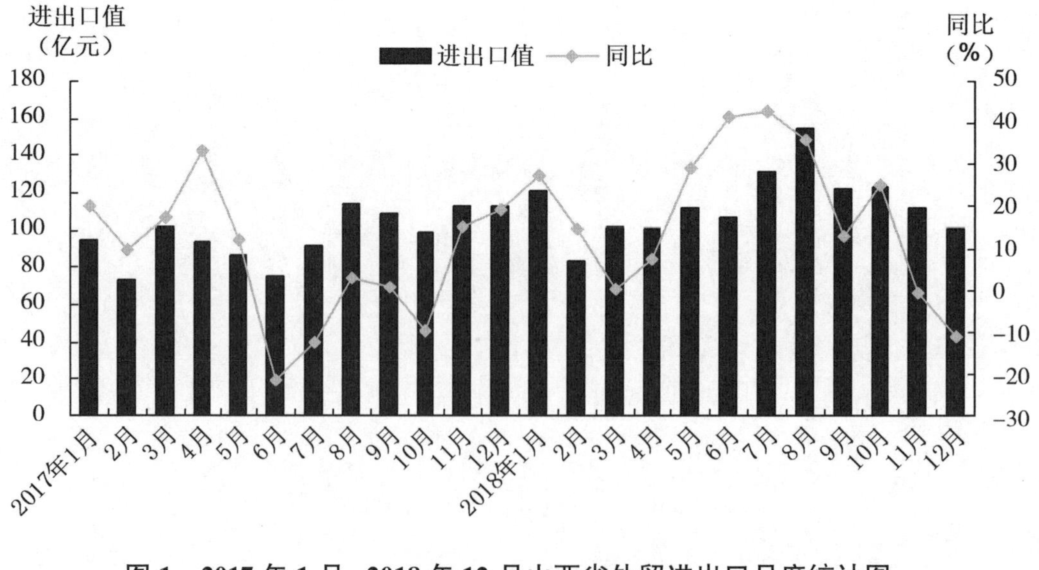

图 1　2017 年 1 月~2018 年 12 月山西省外贸进出口月度统计图

（二）加工贸易进出口超6成，一般贸易进出口增长较快

2018年，山西省以加工贸易方式进出口928.6亿元，同比增长14.9%，占当年山西省进出口总值的67.8%；同期，一般贸易进出口425.2亿元，同比增长22.2%，占当年山西省进出口总值的31%。

（三）美国、欧盟是主要贸易伙伴，对“一带一路”沿线国家进出口快速增长

2018年，山西省对美国进出口250.1亿元，同比增长55.9%；对欧盟进出口216.1亿元，同比下降6.6%；上述两者合计占当年山西省进出口总值的34%。同期，对“一带一路”沿线国家进出口305.7亿元，同比增长26.4%；对俄罗斯、巴西、印度和南非等金砖国家进出口133.4亿元，同比增长10.2%（见表1）。

表1　2018年山西省与主要贸易伙伴进出口统计表

国家或地区	进出口值（亿元）	同比（%）	出口值（亿元）	同比（%）	进口值（亿元）	同比（%）
美国	250.1	55.9	243.2	60.7	6.9	-23.7
欧盟	216.1	-6.6	188.4	-7.3	27.7	-1.7
中国台湾	130.7	40.3	37.6	4.9	93.1	62.5
东盟	130.3	39.9	61.7	32.8	68.6	47.0
韩国	83.1	-19.0	34.1	1.4	49.0	-29.0
日本	68.2	-7.2	36.4	-0.7	31.8	-13.8
澳大利亚	50.9	62.5	8.5	-34.8	42.4	132.6
南非	39.2	97.2	3.1	26.1	36.1	107.4
俄罗斯	37.1	0.2	36.8	1.2	0.3	-52.0
印度	36.6	-2.3	34.8	4.4	1.8	-56.3

（四）外商投资企业为最大进出口主体，民营企业进出口增长较快

2018年，山西省外商投资企业进出口807.1亿元，同比增长17.4%，占当年山西省进出口总值的58.9%；同期，国有企业进出口342.2亿元，同比增长15.4%，占当年山西省进出口总值的25%；民营企业进出口220亿元，同比增长23.3%。

（五）手机出口占据半壁江山，大宗商品出口大幅萎缩

2018年，山西省出口机电产品584.8亿元；同比增长24.8%；其中，出口手机456.3亿元，同比增长22.4%，占同期山西省出口总值的56.3%。大宗商品中的镁、焦炭和煤炭出口则有所萎缩，其中出口镁及其制品（包括废碎料）4.1万吨，同比减少4.5%，价值7.6亿元，同比增长8.1%；出口焦炭10万吨，同比减少51.2%，价值2.3亿元，同比下降45.3%；出口煤8 898吨，同比减少70.2%，价值1 435万元，同比下降63%。

（六）集成电路是主要进口商品，矿产品等冶金原料进口大幅增长

2018年，山西省进口机电产品314.3亿元，同比增长11.2%，占同期山西省进口总值的 56.2%；其中，进口集成电路 145.4 亿元，同比增长 24.5%。同期，进口铁合金 45.1 万吨，同比增加 34.9%，货值 73.2 亿元，同比增长 43.2%；进口铁矿砂及其精矿 881 万吨，同比增加 74.7%，价值 37.9 亿元，同比增长 85.5%（见表 2）。

表 2　2018 年山西省主要进出口商品统计表

出口			进口		
商品名称	金额（亿元）	同比（%）	商品名称	金额（亿元）	同比（%）
手持或车载无线电话机	456.3	22.4	集成电路	145.4	24.5
钢材	138.0	0.7	铁合金	73.2	43.2
医药品	13.5	4.5	铁矿砂及其精矿	37.9	85.5
工程机械零件（用于品目 84.25～84.30 所列机械的零件）	12.5	58.0	铜矿砂及其精矿	28.8	-28.9
活性炭	8.2	45.1	铬矿砂及其精矿	23.8	35.2
农产品	8.1	16.2	镍及其制品	20.9	84.1
镁及其制品（包括废碎料）	7.6	8.1	锰矿砂及其精矿	20.7	61.8
肥料	6.7	8.1	未锻轧的铜及铜材	6.7	-6.8
铁道及电车道机车等车辆的零件	6.6	46.3	计量检测分析自控仪器及器具	6.3	-16.4
玻璃制品	6.4	3.3	金属加工机床	4.9	11.4

二、2018 年山西省外贸进出口增长的主要原因

（一）iPhone 手机的代工和维修业发展迅猛，相关产品对全省外贸增长的拉动作用显著

2018 年，富士康在山西省加工和维修 iPhone 手机的产业得到快速发展，成为推动山西省外贸增长的主动力。其中，手机出口拉动当年山西省出口增长 12.1 个百分点；集成电路进口拉动当年山西省进口增长 6.1 个百分点。

（二）贸易便利化水平提升，为山西省外向型经济发展创造条件

2018 年山西省主动融入国家开放大战略，积极推广落地国家自贸试验区改革试点经验，开行中欧（中亚）班列，正式运营太原国际邮件互换局（交换站），大同、运城、五台山机场临时开放，太原铁路口岸国际货物作业区获批，大同进口肉类指定查验场正式运营，国际互联网数据专用通道在综改示范区落地。持续深化“放管服效”改革，不断改善营商环境，提升了贸易便利化水平，拓展了对外开放空间，为山西省外向型经济发展创造有利条件。

三、影响 2019 年山西省外贸进出口的主要因素

（一）外贸发展面临的国际环境严峻复杂

当前国际贸易面临的不确定性、不稳定因素依然较多，贸易保护主义威胁全球贸易稳

定增长，世界经济下行风险增大，世界贸易组织大幅下调了2019年全球货物贸易增长预期。山西省传统的进出口商品以资源型产能为主，其对外部市场的依赖度比较高，一旦国际市场大宗资源性商品价格出现动荡，将会对山西省外贸产生较大的影响。

（二）转型发展依然艰巨，外贸结构有待进一步优化

近年来，山西省充分利用国务院赋予的资源型地区转型发展试点政策，加大经济结构调整力度，转型发展迈开新的步伐。但经济调整是一个相对较长的过程，新旧动能的转换也需要一个较长的周期。2019年，山西省外贸在依赖现有优势产业的同时，必须加快转型发展的力度，大力培育新兴外贸主体，提高防控市场风险能力，确保外贸增长保持一定规模和速度。目前山西省外贸过于依赖富士康苹果手机代加工产业，一旦市场环境发生变化，将给山西省外贸增长带来较大风险。

四、形势展望和政策建议

2019年，山西省处于经济转型的窗口期、攻坚期，随着各项经济政策实施效果的逐渐显现，山西省经济稳步向好的基础面不断巩固和发展，外贸相应也迎来新的发展契机。但同时也要充分认识到国际国内各种复杂因素对山西省外贸的影响。预计经过持续努力，2019年山西省进出口有望延续稳步向好的发展势头。

为此建议：一是狠抓外贸主体培育。按照山西省外贸的基础条件、特色优势，强化招商引资，狠抓外贸主体培育，注重外贸产业多元发展，不断改善现有“一枝独秀”的外贸主体结构。二是促进外贸转型升级。紧紧围绕供给侧结构性改革和转型综改试验区建设这条主线，淘汰落后产能，推进转型项目建设，促进传统产业改造升级，培育新兴产业，加快新旧动能转换，形成新的外贸增长点，增强外贸高质量发展的后劲。三是优化外贸发展的软硬环境。发挥综合保税区政策叠加作用，拓展开放型平台功能，助推开发区改革创新，转变政府职能，营造良好的外贸发展环境。

海南省

海南省位于中国最南端，北以琼州海峡与广东划界，西临北部湾与越南相对，东濒南海与我国台湾地区相望，东南和南边在南海与菲律宾、文莱和马来西亚为邻。2018 年 10 月 16 日，国务院批复同意设立中国（海南）自由贸易试验区并印发《中国（海南）自由贸易试验区总体方案》，支持海南省全岛建设自由贸易试验区，以推动海南省外贸呈现向好趋势。

据海关统计，2018 年海南省外贸进出口总值 849 亿元，同比增长 20.8%，比同期全国外贸增速快 11.1 个百分点。其中，出口 297.7 亿元，同比增长 0.7%；进口 551.3 亿元，同比增长 35.4%。2018 年海南省地区生产总值 4 832 亿元①，外贸依存度为 17.6%。

一、2018 年海南省外贸进出口的主要特点

（一）全年进出口规模呈现震荡上升态势

2018 年，海南省外贸月度进出口先抑后扬，一季度连续 3 个月同比下降，4 月份开始震荡反弹，二季度和三季度稳步回升，四季度加速增长，10 月份升至 158.6 亿元，同比增长 2.5 倍，环比增长 81.1%（见图 1）。

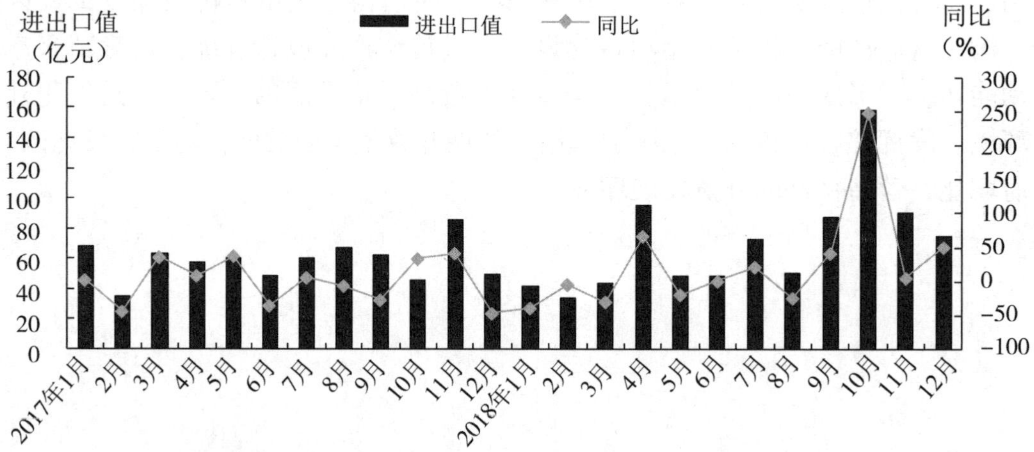

图 1　2017 年 1 月~2018 年 12 月海南省对外贸易月度统计图

（二）一般贸易比重继续下滑，租赁贸易成倍增长

2018 年，海南省以一般贸易方式进出口 262.3 亿元，同比增长 4.5%，在海南省进出口总值中所占的比重连续第 7 年下降，跌至 30.9%。同期，以租赁贸易方式进出口 152.6 亿元，同比增长 1.9 倍，占当年海南省进出口总值的 18%；以加工贸易方式进出口 125.3 亿元，同比增长 24%，占当年海南省进出口总值的 14.8%；以免税品方式进口 69.9 亿元，

① 《2018 年海南各市县 GDP 统计》，中国产业信息网，2019 年 1 月 29 日。

同比增长 21.7%，占当年海南省进出口总值的 8.2%。

（三）对美国、欧盟进出口大幅增长，对东盟、韩国、日本贸易不同程度地下降

2018 年，海南省与 161 个国家及地区有贸易往来。美国是海南省最大贸易市场，进出口总值 197.2 亿元，同比增长 52.3%，占当年海南省进出口总值的 23.2%；对东盟进出口 196.2 亿元，同比下降 8.7%，占当年海南省进出口总值的 23.1%；对欧盟进出口 137.5 亿元，同比增长 66.1%，占当年海南省进出口总值的 16.2%。此外，分别对韩国、日本进出口 31.4 亿元和 21.8 亿元，同比分别下降 3.9%和 1.7%（见表 1）。

表 1　2018 年海南省与主要贸易伙伴进出口统计表

国家或地区	进出口值（亿元）	同比（%）	出口值（亿元）	同比（%）	进口值（亿元）	同比（%）
美国	197.2	52.3	16.7	-3.5	180.5	60.9
东盟	196.2	-8.7	100.4	-17.5	94.8	3.0
欧盟	137.5	66.1	17.4	-20.5	120.1	97.2
中国香港	45.9	21.8	38.6	30.1	7.3	-8.8
印度	33.1	51.5	12.1	15.0	21.0	85.5
韩国	31.4	-3.9	11.3	-0.6	20.1	-5.6
澳大利亚	29.0	25.0	14.2	1.9	14.8	59.7
阿联酋	23.6	5.3	1.7	-7.7	21.9	6.4
日本	21.8	-1.7	12.7	-10.4	9.1	13.6
伊朗	15.6	-6.8	15.6	-6.4	—	—

（四）外商投资企业为外贸主力军且增速最快，民营企业小幅下降

2018 年，海南省外商投资企业进出口 589.4 亿元，同比增长 27.8%，占当年海南省进出口总值的 69.4%。同期，民营企业进出口 160.2 亿元，同比下降 1%，占当年海南省进出口总值的 18.9%；国有企业进出口 99.6 亿元，同比增长 24.7%，占当年海南省进出口总值的 11.7%。

（五）成品油为最主要出口商品，初级形状的塑料出口成倍增长

2018 年，海南省出口成品油 123.6 亿元，同比下降 2.6%，占当年海南省出口总值的 41.5%，是最大出口商品。同期，出口初级形状的塑料 40.1 亿元，同比增长 1.2 倍，占当年海南省出口总值的 13.5%；水海产品 30.2 亿元，同比下降 7.6%，占当年海南省出口总值的 10.1%；原油 20.4 亿元，同比下降 51.6%；纸与纸板 18.4 亿元，同比下降 12.8%；汽车 13.8 亿元，同比增长 0.2%。

（六）飞机进口成倍增长，美容化妆品、二甲苯、成品油等主要进口商品均有不同程度增长

2018 年，海南省进口飞机 201.5 亿元，同比增长 1.5 倍，占当年海南省外贸进口总值的 36.5%。其他主要进口商品大多保持增长态势，其中进口美容化妆品及护肤品 34.6 亿元，同比增长 33.3%；二甲苯 34.2 亿元，同比增长 4.3%；成品油 30.3 亿元，同比增长 21.2%；原油 21.9 亿元，同比下降 41.6%；天然气 21.4 亿元，同比增长 3.4 倍（见表 2）。

表 2　2018 年海南省进出口主要商品统计表

出口			进口		
商品名称	金额（亿元）	同比（%）	商品名称	金额（亿元）	同比（%）
成品油	122.5	-3.4	飞机及其他航空器	201.5	148.7
初级形状的塑料	40.1	124.9	美容化妆品及护肤品	34.6	33.3
水海产品	30.2	-7.6	二甲苯	34.2	4.3
原油	20.4	-51.6	成品油	30.3	21.2
纸及纸板	18.4	-12.8	原油	21.9	-41.6
汽车	13.8	0.2	天然气	21.4	337.9
飞机	7.8	—	纸浆	20.3	16.9
天然气	5.6	-13.9	乙二醇	13.2	7.6
肥料	3.5	-56.6	医药品	12.2	-6.1
纺织纱线、织物及制品	2.8	-11.5	涡轮喷气发动机	10.5	77.0

二、2018 年海南省进出口增长的主要原因

（一）飞机租赁贸易对海南省外贸拉动作用显著

近年来，海南省通过减税降费等措施，持续培育发展飞机租赁产业，致力于将海南省打造成为飞机租赁产业高地。2018 年，海南省进口飞机 201.5 亿元，同比增长 1.5 倍，占当年海南省外贸进口总值 36.5%，拉动海南省外贸增长 17.1 个百分点。其中，以租赁贸易方式进口飞机 140.4 亿元，同比增长 1.8 倍，占当年海南省飞机进口总值的 69.7%，拉动海南省外贸增长 12.8 个百分点。

（二）离岛免税政策效应显现，免税品进口连续 7 年保持 2 位数增长

自 2011 年离岛免税政策实施以来，该政策给海南省外贸带来积极效应，从政策实施第 2 年至今，海南省免税品进口连续 7 年保持 2 位数增长，其中 2018 年海南省离岛免税购物金额为 97.4 亿元，同比增长 21.5%，带动海南省免税品进口同比增长 21.7%，成为拉动海南省外贸增长的主要因素之一。

（三）海南省各地坚持差异化发展，多个市县进出口实现增长拉动全省整体外贸规模扩大

海南省土地、海洋、生态等资源优势突出，但受制于区域发展不平衡等问题的制约，全省资源价值潜力远未释放。2018 年以来，海南省以“全省一盘棋、全岛同城化”的思路鼓励各市县根据资源禀赋，因地制宜，在特色上下功夫，形成差异化发展格局，促进区域间分工协同和功能互补，有效解决重复建设、无序竞争、资源利用效益低下等问题。海关数据显示，2018 年，海南省 19 个市县中有 10 个市县进出口均实现增长，其中海口进出口值 341.2 亿元，同比增长 62.3%，拉动海南省外贸进出口增长 18.6 个百分点。

三、影响2019年海南省外贸进出口的主要因素

（一）海南省外贸新业态未完全释放动能，跨境电商依旧处于起步阶段

目前跨境电商已成为部分省市拉动外贸增长的“驱动器”。然而，海南省跨境电商起步较晚，2018年7月海口纳入第3批跨境电商综合试验区，整体发展较全国水平依然处在低位。2018年海南省跨境电商进口355.1万元，同比下降62.6%，主要商品为葡萄酒、表面活性剂、鞋类、奶粉等，其作为外贸发展新业态对于推动进出口贸易发展的作用依然不明显。同时，海南省跨境电商出口尚未开展，对全省外贸出口的推动作用仍未得到发挥。

（二）外贸主体和出口市场高度集中，抵御外部风险能力有待加强

2018年，海南省外贸值排名前10位企业进出口值的合计占全省外贸总值比重达79.7%；同时，海南省对前10大出口市场出口值合计占同期全省出口总值比重达82.8%。当前全球贸易市场充满变数，单边主义和贸易保护主义抬头，海南省外贸主体集中度和出口市场集中度过高，抵御外来风险的能力较弱。如海南省汽车九成以上出口至伊朗，受美国对伊朗制裁影响，目前已陷入停滞状态，而尝试开拓新市场尚需一定时间，对汽车整体出口带来不利影响。

（三）开拓国际市场手段仍较传统，缺少海外经营人才和商务信息成为主要制约因素

从对企业的调查情况来看，参加展览、依托国外大型经销商和境外营销网络等传统方式仍是海南省企业开拓国际市场的主要渠道。其中，有超过一半的企业选择通过参加展览来开拓海外市场，仅有两成左右的企业尝试通过新型电子商务平台来开拓市场。而被调查企业普遍反映，缺乏海外经营人才和商务信息已成为制约其开拓新市场的最主要原因。

四、形势展望及相关建议

总体来看，当前国际环境不确定因素仍然较多，特别是近期国际货币基金组织和世界贸易组织分别下调了2019年全球经济增长预期和国际贸易增长预期。但2019年是海南省推进全面深化改革开放“政策落实年”，目前海南在重点项目和产业上持续发力，加速夯实产业基础，贸易便利化水平不断提升。随着海南省自贸区（港）建设的稳步推进，2019年海南省外贸仍能保持相对较高速度的增长。

为此建议：一是立足海南现有产业基础，结合洋浦保税港区监管模式创新，推动海南省洋浦纳入我国大宗商品期货交割试点，并在国际中转、离岸业务、期货交割、航运金融保险等方面积极探索，持续发挥海南现有的区位、平台、资源和政策优势，将海南省打造成为我国面向太平洋和印度洋的重要对外窗口，为建设中国特色自由贸易港奠定坚实基础；二是进一步加大海南省经济社会管理体制创新力度，大力推进口岸提效降费工作，持续深入推进海南自贸区（港）建设，充分激发市场活力，不断培育海南省外贸新增长点；三是密切关注中美贸易摩擦等外部环境变化对本地外贸企业的影响，加强对海南省特色产业的扶持力度，加快推动商品结构调整，鼓励和支持企业不断开拓新市场，提高抵御结构性风险能力，助推海南省外贸转型升级和创新发展。

内蒙古自治区

内蒙古自治区（以下简称“内蒙古”）位于我国的北部边疆，东北部与黑龙江、吉林、辽宁、河北交界，南部与山西、陕西、宁夏相邻，西南部与甘肃毗连，北部与俄罗斯、蒙古接壤，地域总面积118.3万平方公里，是中国第三大省区，幅员辽阔，资源丰富。内蒙古拥有4 200多公里的国境线，与俄罗斯、蒙古国接壤的北部国境被誉为国家向北开放的桥头堡，在国家“一带一路”倡议、“中蒙俄经济走廊”建设中具有重要地位。2018年内蒙古实现地区生产总值（GDP）1.73万亿元①，同比增长5.3%，全国各省、直辖市排名第21位，占同期全国GDP的1.9%。全年外贸进出口增势良好，进出口值首次突破千亿元大关，创历史新高，外贸依存度为6%。

据海关统计，2018年，内蒙古实现外贸进出口1 034.4亿元，比2017年增长9.9%，占同期我国进出口总值的0.3%；其中，出口378.7亿元，同比增长14.4%，占同期我国出口总值的0.2%；进口655.7亿元，同比增长7.5%，占同期我国进口总值的0.5%。

一、2018年内蒙古外贸进出口的主要特点

（一）月度进出口值小幅波动

2018年，内蒙古月度进出口在2月份达到年内低点的68.7亿元后稳步回升，5月份至96.6亿元，为2015年1月份以来的月度最高值，下半年各月小幅波动。同时，4月份同比增速下降10.1%，为年内增速最低；此后月度增速震荡攀升，10月份同比增速升至38.2%，为年内单月增速最高水平（见图1）。

① 《内蒙古自治区2018年国民经济和社会发展统计公报》内蒙古自治区统计局，2019年2月28日。

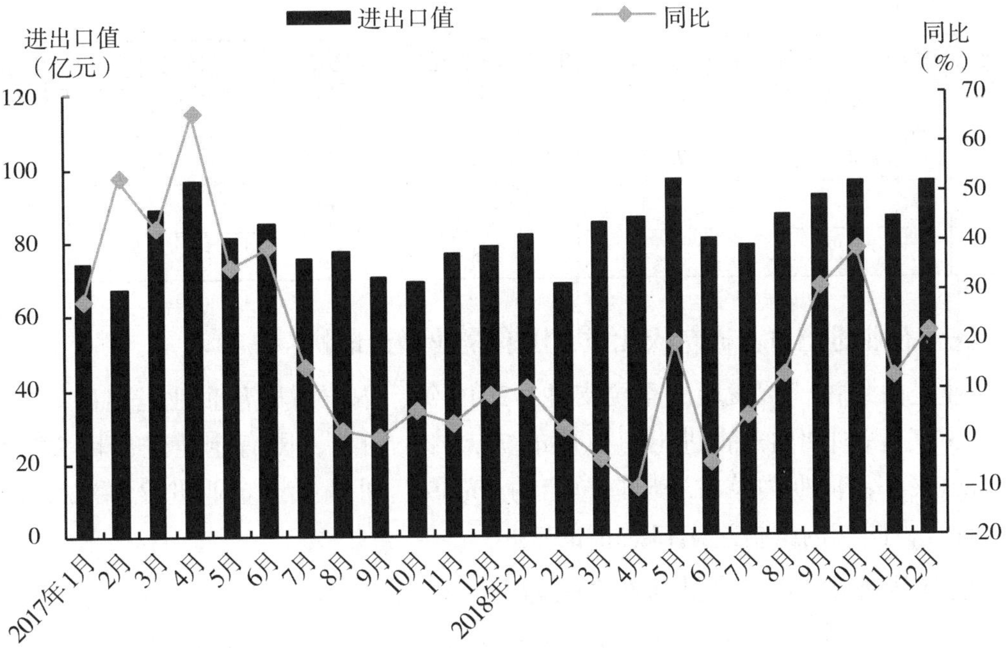

图1　2017 年 1 月~2018 年 12 月内蒙古外贸进出口月度走势统计图

（二）以一般贸易进出口为主，边境小额贸易小幅增长

2018 年，内蒙古一般贸易进出口 582. 5 亿元，同比增长 8. 4%，占同期内蒙古进出口总值的 56. 3%，边境小额贸易进出口 317. 5 亿元，同比增长 6. 1%，占同期内蒙古进出口总值的 30. 7%。

（三）蒙古国和俄罗斯为前两大进出口市场，对“一带一路”沿线国家外贸增势良好

2018 年，内蒙古对蒙古国进出口 327. 9 亿元，同比增长 24. 2%；对俄罗斯进出口 197. 4 亿元，同比下降 4%；对澳大利亚进出口 57. 3 亿元，同比增长 43. 7%，上述三者合计占同期内蒙古进出口总值 56. 3%。此外，对“一带一路”沿线国家进出口 699. 6 亿元，同比增长 14. 6%，占同期内蒙古进出口总值的 67. 6%，其中出口 216. 7 亿元，同比增长 15. 7%；进口 482. 9 亿元，同比增长 14. 2%（见表 1）。

表 1　2018 年内蒙古与主要贸易伙伴进出口统计表

国家或地区	进出口值（亿元）	同比（%）	出口值（亿元）	同比（%）	进口值（亿元）	同比（%）
蒙古国	327. 9	24. 2	30. 8	13. 1	297. 1	25. 5
俄罗斯	197. 4	-4. 0	26. 7	-20. 9	170. 7	-0. 7
东盟	92. 2	51. 1	86. 5	58. 8	5. 7	-13. 2
欧盟	87. 4	6. 7	44. 1	26. 5	43. 3	-8. 0
澳大利亚	57. 3	43. 8	2. 4	13. 6	54. 9	45. 5
美国	40. 9	12. 0	20. 8	13. 3	20. 1	10. 3

表1 续

国家或地区	进出口值（亿元）	同比（%）	出口值（亿元）	同比（%）	进口值（亿元）	同比（%）
韩国	36.5	6.6	30.4	0.2	6.1	55.9
日本	21.6	25.6	17.5	28.6	4.1	14.4
印度	18.2	8.3	13.5	-6.8	4.7	101.8
中国台湾	16.0	-0.1	4.3	-20.8	11.7	10.5

（四）民营企业进出口占逾7成比重，国有企业增速最快

民营企业是内蒙古外贸发展的重要支柱，2018年，内蒙古民营企业进出口746.2亿元，同比增长4.5%，占同期内蒙古进出口总值的72.1%。同期，国有企业进出口212.5亿元，同比增长38.8%，占同期内蒙古进出口总值的20.5%；外商投资企业进出口72.8亿元，同比增长2.7%，占同期内蒙古进出口总值的7%。

（五）出口以钢材、机电产品和农产品为主

2018年，内蒙古出口钢材77.2亿元，同比增长45.2%；出口机电产品65.3亿元，同比增长12.1%；出口农产品61.4亿元，同比增长10.3%；上述三者合计占同期内蒙古出口值的53.8%。

（六）进口以资源性产品为主

2018年，内蒙古进口煤181.3亿元，同比增长26%；锯材94.3亿元，同比下降5.2%；铜矿砂90.5亿元，同比增长19.4%；进口铁矿砂62.6亿元，同比增长28.3%；进口锌矿砂24亿元，同比增长28.3%。上述五者合计占同期内蒙古进口值的69%（见表2）。

表2　2018年内蒙古前10大主要进出口商品统计表

出口			进口		
商品名称	金额（亿元）	同比（%）	商品名称	金额（亿元）	同比（%）
钢材	77.2	45.2	煤及褐煤	181.3	26
农产品	61.4	10.3	锯材	94.3	-5.2
服装及衣着附件	19.4	-4.2	铜矿砂及其精矿	90.5	19.4
汽车	14.9	-27.4	铁矿砂及其精矿	62.8	28.3
医药品	12.8	58.4	锌矿砂及其精矿	24.0	47.6
稀土及其制品	7.8	39.3	铅矿砂及其精矿	21.4	16.1
电流	7.6	1.8	乳品	12.7	-4.5
纺织纱线、织物及制品	7. 6	-10.3	塑料制品	6.5	-5.0
汽车零配件	2.7	-9.9	纸浆	4.4	-57.0
鞋类	1.6	25.4	石油	4.4	-86.7

二、2018 年内蒙古进出口增长的主要原因

（一）主要大宗商品进口价格上涨，一定程度上拉动整体进口规模增长

2018 年下半年，受汇率波动影响，特别是美元升值导致大宗商品进口价格出现明显上涨，海关数据显示，2018 年，内蒙古煤炭进口均价每吨 521 元，上涨 18.2%；铁矿砂进口均价每吨 378 元，上涨 2.7%，在进口数量增加的情况下，价格上涨进一步推动进口规模的扩大。同时，在国家鼓励资源性产品进口政策的刺激下，煤炭、铜矿砂、铁矿砂等合计进口 334.4 亿元，同比增长 24.6%，上述三项商品合计对内蒙古外贸进出口贡献率达到 70.7%。

（二）我国与“一带一路”沿线国家贸易不断深化，互利合作带动内蒙古外贸稳步发展

我国的经济发展、贸易增长为“一带一路”沿线国家提供了广大的市场和丰富的产品，“一带一路”沿线国家地域广阔、资源丰富，与我国互为重要贸易伙伴且存在较大的资源互补性，我国是“一带一路”沿线国家的主要进出口市场[①]。内蒙古是我国向北开放的“桥头堡”，对沿线国家劳动密集型产品、初级产品的出口和以煤炭等大宗资源性商品为主的进口呈现扩大趋势，进出口贸易伙伴的范围也在不断扩大。内蒙古与“一带一路”沿线国家的贸易合作潜力正在持续释放，成为拉动外贸发展的新动力。

三、影响 2019 年内蒙古外贸进出口的主要因素

（一）营商环境不佳，将使内蒙古经济贸易发展受到限制

当前内蒙古在营商环境方面存在瓶颈[②]，政策执行性仍有待进一步加强，企业尤其是中小企业融资困难问题依旧突出，基础设施建设与国内其他地区相比仍然落后，铁路、公路、航空运输网没有形成有效链接，导致企业物流成本高，诸多不利因素制约内蒙古外贸可持续发展[③]。

（二）内蒙古外贸结构单一，抵御外部市场变化能力较弱

当前内蒙古出口主要以劳动密集型和资源加工型产品为主，技术密集型和资本密集型产品不占优势，而资源性产品进口受宏观政策、美元汇率等因素的波动较大，内蒙古外贸结构单一，应对外部市场变化的能力较弱。

（三）企业竞争力较弱，缺少具备行业引领作用的大企业，短期内难以形成有力的产业集聚

内蒙古国有企业和外商投资企业在自治区外贸中占比较低，外贸企业以民营企业为主，但缺乏有竞争力的龙头型民营企业，进出口产品大多数是附加值较低的初级产品[④]，企业实

---

① 《2018“一带一路”国家基础设施合作五大特点》，中国东盟报道，2018 年 6 月 7 日。

② 《2018 年内蒙古经济运行情况》，内蒙古日报，2019 年 1 月 23 日。

③ 《内蒙古自治区优化营商环境工作实施方案》，内蒙古自治区人民政府，2018 年 8 月 4 日。

④ 《内蒙古自治区人民政府办公厅关于扩大进口促进进口结构优化发展的实施意见》，内蒙古自治区人民政府，2018 年 12 月 27 日。

力弱，难以形成强有力的产业集聚。

四、形势展望和政策建议

结构性问题持续影响着内蒙古外贸的发展，表现在商品结构上的不合理、贸易对象面窄、外贸企业结构不合理等情况导致无法形成产业聚集，成为内蒙古外贸发展最主要的瓶颈问题。

为此建议：一是完善政府部门间的协作配合机制，不断改善营商环境，加大招商引资力度，促进外贸发展壮大，为自治区经济发展增添活力；二是加强对“一带一路”沿线国家的政策和贸易、服务规划研究，密切关注沿线国家的外贸政策变化，做好进出口、跨境投资融资的跟踪评估，及时发布风险预警，深入挖掘“一带一路”沿线新兴市场，拓宽开放合作力度；三是围绕边民互市等沿边特色贸易形态，打造一批新兴业态下创新发展型企业，形成区域性产业集群，培育特色产业品牌，提升内蒙古乳业、羊绒等特色产品的国际竞争力；四是加强对口岸建设的投入，有计划、有组织地开展满洲里、二连浩特、黑山头、甘其毛道、策克等口岸与对岸相应城镇之间的边民互市贸易，使更多的边疆居民从中受益；五是以海关特殊监管区域为载体，充分利用国家惠企兴边优惠政策，打造对外开放政策高地和财富洼地，优化地区产业结构，尤其是不断提高内蒙古资源优势产品稀土、羊绒、生物制药等的深加工，提升附加价值，巩固和提升发展优势。

甘肃省

甘肃省地处我国西北内陆腹地，位于黄河上游，古丝绸之路和新亚欧大陆桥贯穿全境，是丝绸之路上的“黄金驿站”。长期以来，甘肃省外贸发展不足，外贸依存度较低。近年来，随着“一带一路”倡议深度实施，国际陆海贸易新通道建设稳步推进，甘肃省对外开放步伐不断加大，外贸进出口迎来难得的历史机遇。

据海关统计，2018 年甘肃省进出口总值 394. 7 亿元，同比增长 21%，增速高于全国整体 11. 3 个百分点；其中出口 145. 9 亿元，同比增长 26. 4%，进口 248. 8 亿元，同比增长 18. 1%。2018 年甘肃省经济总量为 8 246. 1 亿元[①]，同比增长 6. 3%，外贸依存度为 4. 8%。

一、2018 年甘肃省外贸进出口的主要特点

（一）月度进出口增幅先扬后抑，四季度增速回落明显

2018 年 1~7 月甘肃月度进出口同比增速保持高位，其中 3 个月同比增速超过 50%。8 月起增速开始下滑，至 10 月同比增速已降至 3. 4%，11 月落至 3. 2%的负增长区间，12 月降幅进一步扩大至 24. 7%（见图 1）。

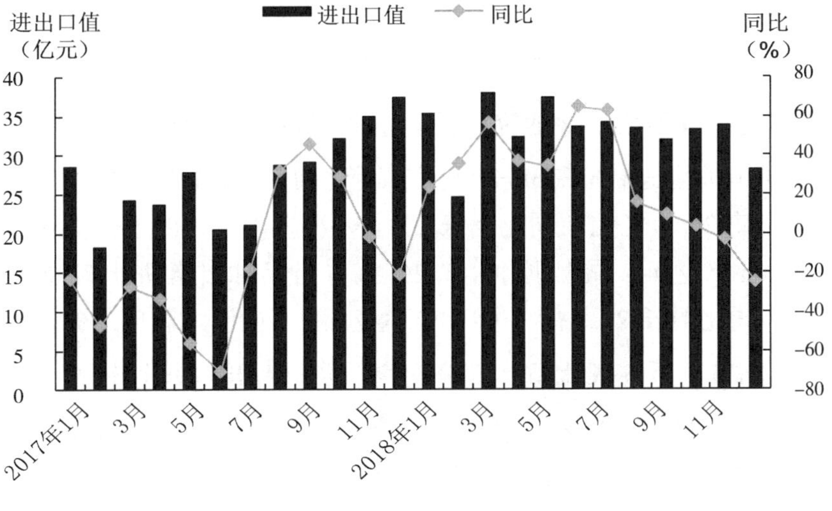

图 1　2017 年 1 月~2018 年 12 月甘肃省外贸进出口月度统计图

（二）一般贸易进出口增幅较大，加工贸易减少逾 2 成

2018 年甘肃一般贸易进出口 278. 1 亿元，同比增长 49. 6%，占同期甘肃省进出口总值的 70. 5%；其中出口 104. 1 亿元，同比增长 37%；进口 174 亿元，同比增长 58. 4%。此外，

① 《2018 年甘肃省国民经济和社会发展统计公报》，甘肃省统计局，2019 年 3 月 28 日。

加工贸易进出口 108 亿元，同比下降 20.4%，占同期甘肃省进出口总值的 27.3%。

（三）哈萨克斯坦稳居甘肃贸易伙伴首位，对“一带一路”沿线国家贸易额占总值 4 成以上

2018 年哈萨克斯坦、欧盟和刚果（金）为甘肃前三大贸易伙伴，进出口值分别为 72.8 亿元、45 亿元和 42.5 亿元，同比分别增长 9.7%、46.2%和 1.3 倍，分别占当年甘肃省进出口总值的 18.4%、11.4%和 10.8%。同期，甘肃省对“一带一路”沿线国家进出口 173 亿元，同比增长 18.2%，占当年甘肃省进出口总值的 43.8%（见表 1）。

表 1　2018 年甘肃省与主要贸易伙伴进出口统计表

国家或地区	进出口值（亿元）	同比（%）	出口值（亿元）	同比（%）	进口值（亿元）	同比（%）
哈萨克斯坦	72.8	9.7	0.8	-17.0	72.0	10.1
欧盟	45.0	46.2	19.4	41.0	25.6	50.4
刚果（金）	42.5	128.1	0.0	-13.6	42.5	128.3
蒙古	31.4	25.1	0.3	-37.6	31.1	26.3
东盟	29.9	23.2	25.9	122.0	4.0	-68.5
中国香港	22.5	-25.7	22.0	-18.0	0.5	-86.5
中国台湾	17.0	13.5	7.2	101.0	9.8	-13.9
美国	15.7	3.9	13.5	1.1	2.2	24.6
韩国	12.5	17.4	9.2	27.8	3.3	-4.4
俄罗斯	11.2	59.0	8.0	28.2	3.2	294.7

（四）国有企业进出口延续主导地位，民营企业出口表现抢眼

2018 年甘肃省国有企业进出口 238.2 亿元，同比增长 25.7%，占当年甘肃省进出口总值的 60.3%；其中出口 26.4 亿元，同比增长 23.4%；进口 211.8 亿元，同比增长 26%。同期，民营企业进出口 155 亿元，同比增长 15.2%，占当年甘肃省进出口总值的 39.3%；其中出口 118.7 亿元，同比增长 27.4%；进口 36.3 亿元，同比下降 12.3%。

（五）机电产品出口占近 6 成比重，部分两高一资产品出口增速较快

2018 年，甘肃出口机电产品 83.5 亿元，同比增长 34.5%，占同期甘肃出口总值的 57.3%，其中出口石墨电极 41.5 亿元，同比增长 1.3 倍；出口集成电路 19.3 亿元，同比增长 11.4%。此外，未锻轧铝及铝材出口激增；钢材 6.8 亿元，同比下降 8.1%；铁合金 2.2 亿元，小幅增长 6.4%。

（六）进口以资源性产品为主

2018 年，甘肃省进口铜矿砂及其精矿 97 亿元，同比增长 8.2%，占同期甘肃省进口总值的 39%，为最大类进口商品。此外，进口机电产品 26.8 亿元，同比下降 6.7%，占当年甘肃省进口总值的 10.8%；未锻轧铜及铜材 7.4 亿元，同比增长 1.3 倍，占当年甘肃省进口总值的 3%（见表 2）。

表 2　2018 年甘肃省主要进出口商品统计表

出口			进口		
商品名称	金额（亿元）	同比（%）	商品名称	金额（亿元）	同比（%）
石墨电极	41.5	130.1	铜矿砂及其精矿	97.0	8.2
集成电路	19.3	11.4	集成电路	12.9	11.5
未锻轧铝及铝材	11.7	15 186.9	未锻轧铜及铜材	7.4	129.6
钢材	6.8	-8.1	计量检测分析自控仪器及器具	2.3	-3.5
鲜、干水果及坚果	6.4	35.3	二极管及类似半导体器件	2.1	67.3
轴承	2.3	2.5	粮食	2.0	55.6
铁合金	2.2	6.4	自动数据处理设备及其部件	1.6	49 864.5
果蔬汁	2.1	8.2	铁矿砂及其精矿	0.9	—
蔬菜	1.9	-24.6	制造半导体器件或集成电路用的机器及装置	0.8	47.5
医药品	1.6	-3.7	氧化铝	0.8	-27.0

二、2018 年甘肃省外贸进出口增长的主要原因

（一）甘肃省经济稳中向好，为全省外贸增长奠定良好基础

2018 年甘肃省出台了一系列稳增长措施，政策效应持续显现，全年全省经济运行呈现总体平稳、稳中向好、稳中有进的发展态势。主要经济指标增速明显回升，2018 年全省地区生产总值同比增长 6.3%，其中规模以上工业增加值同比增长 4.6%，增速比上年提高 6.3 个百分点；社会消费品零售额同比增长 7.4%；新动能加快培育，全年十大生态产业同比增长 6.7%①。甘肃省经济的稳定发展，为全省外贸增长奠定了良好的基础。

（二）实施市场多元化战略取得成效，为甘肃省外贸提供新的增长点

2018 年，甘肃省在与哈萨克斯坦、欧盟、蒙古等传统贸易伙伴保持外贸增长基础上，与全球其他国家和地区的经贸往来也更加密切。依托外贸龙头企业，甘肃省加大了与非洲、北美洲国家在基础设施建设、矿产资源开发等方面的合作，积极拓展海外市场。全年全省与非洲、北美洲贸易增速分别为 82.4%和 35.9%，高出全省整体增速 61.4 和 14.9 个百分点。同时，对“一带一路”沿线国家进出口 173 亿元，同比增长 18.2%。通道优势得到进一步扩展，2018 年共计发运中欧班列 93 列，货运量 6.1 万吨，货值 1.6 亿美元。

（三）重点进出口商品增长对甘肃省整体外贸的拉动作用显著

甘肃省是全国重要的有色金属工业基地，其中铜产品加工生产在全国具有一定的规模和竞争优势。随着国内铜产品需求量不断提高及铜矿资源的逐渐枯竭，甘肃省铜矿产业对

① 《甘肃举行 2018 年经济运行情况新闻发布会》，国务院新闻办，2019 年 1 月 26 日。

进口铜矿砂的需求越来越大，海关数据显示，2018 年甘肃省进口铜矿砂及其精矿 97 亿元，同比增长 8.2%，占同期全省进口总值的 39%。出口方面，由于美国、意大利、韩国等主要消费国需求增加，2018 年国际市场上石墨电极价格前期持续处于高位[①]，相应推高甘肃省石墨电极的出口规模，海关数据显示，全年甘肃省出口石墨电极 4.1 万吨，平均价格为每吨 101.5 元，上涨 1.2 倍，价值 41.5 亿元，同比增长 1.3 倍，占同期全省出口总值的 28.5%，对全省出口增长贡献率达到 96.3%。

三、影响 2019 年甘肃省外贸进出口的主要因素

（一）大宗产品价格持续回落，对外贸支撑作用将在一定程度上减弱

受全球经济增速放缓影响，国际市场大宗商品价格延续 2018 年第 4 季度以来的下滑态势，价格持续走低且短期内难以改变。甘肃省矿产资源丰富，钢铁、有色金属等产业基础完备，国有大型矿产企业在甘肃省外贸中长期居于主导地位。海关数据显示，2019 年 1 季度，甘肃省进出口优势产品如铜精矿及其精矿、镍矿砂及其精矿等价格均有不同程度的下跌，对甘肃省进出口带来较大影响。

（二）民营企业产业结构单一，抵御风险能力不足，外贸增长内生动力有待提升

2018 年，甘肃省民营企业进出口增长 15.5%，占全省进出口总值的 39.2%，比重较上年下降 2 个百分点。甘肃省民营企业主要进出口商品集中在石墨电极、农产品等少数商品上，产业结构相对单一。其中，石墨电极产品极易受环保政策和价格调整的影响；而农产品输出时多依靠价格抢占市场，企业创新原动力不足，同质化竞争加剧，利润空间较低。外贸产品结构单一，进出口市场相应集中，导致甘肃省民营企业较易受外部市场波动冲击，抵御风险能力较弱。

四、形势展望和政策建议

受外部环境和上年基数较大等因素影响，2019 年甘肃省外贸将面临一定下行压力。但随着“一带一路”倡议的深入推进，甘肃省区位优势、资源优势将会得到进一步发挥，与“一带一路”沿线国家贸易合作潜力也会持续释放。加上国际陆海贸易新通道功能不断拓展，辐射范围日益扩大，甘肃省与东盟等沿线国家之间的经贸往来、物流合作将会继续加深。

为此建议：一是落实好国家支持西北地区经济发展的优惠政策，主动转变观念，凝心聚力谋划发展，助推甘肃省通道经济开发开放水平实现新跨越；二是加强对国际资源类产品市场的分析研判，围绕国家新材料和新能源发展战略，实现甘肃省有色和新能源产业可持续发展；三是发挥自身优势，积极融入“一带一路”建设，加强与沿线国家在投资、金融、交通、基础设施建设、文化、旅游、高新技术等方面开展高质量战略合作；四是全力支持综保区高水平开放，加大招商引资的力度，扶植推广自贸试验区创新举措，全方位助推兰州新区综保区建设成为甘肃省对外开放新高地，为全省外贸发展不断增添新内涵、注入新动力。

---

① 《2018 年中国主要石墨电极企业出口情况概述》，搜狐网，2019 年 3 月 19 日。

贵州省

贵州省地处我国西南内陆腹地，是西南交通枢纽、长江经济带重要组成部分。2018年，贵州省经济总量（GDP）为1.48万亿元，同比增长9.1%，增速高于全国2.5个百分点。同时，贵州省贯彻落实一系列促进外贸稳增长的政策措施，开放型经济发展呈现出结构进一步优化、开放程度进一步提升、通关时效进一步加快等特点。2018年，贵州省外贸依存度为3.4%。

据海关统计，2018年，贵州省实现外贸进出口500.8亿元，与2017年相比下降9.2%，占同期我国进出口总值的0.2%。其中，出口337.5亿元，同比下降13.8%，占同期我国出口总值的0.2%，进口163.3亿元，同比增长2.1%，占同期我国进口总值的0.1%。

一、2018年贵州外贸进出口的主要特点

（一）月度进出口值整体低位平稳运行

2018年贵州省月度进出口值未能延续上年底的攀升态势，整体低位运行，除2月份因春节因素低至22.8亿元外，其余月份基本维持在40亿元至47亿元区间内，全年各月份均未超过50亿元。进出口增速持续下滑，有6个月出现了负增长，年底增速更是出现了40.2%的大幅下滑（见图1）。

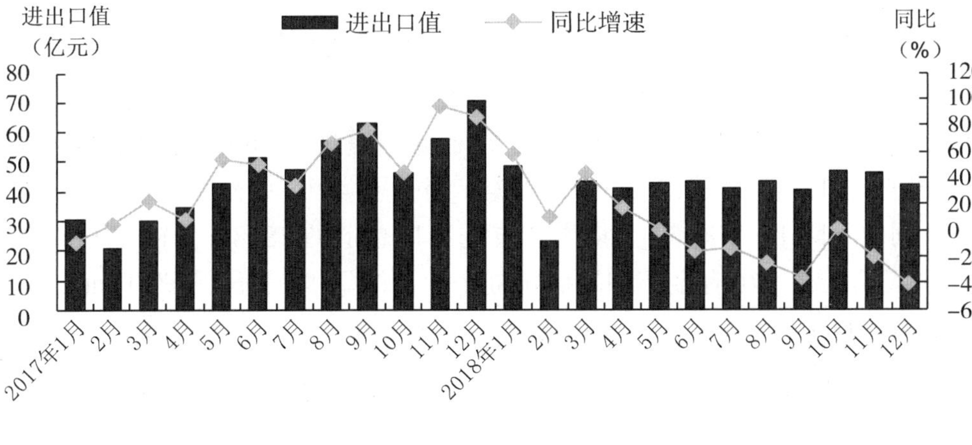

图1　2017年1月~2018年12月贵州省外贸进出口月度统计图

（二）一般贸易显著下降，加工贸易比重提升

2018年，贵州省以一般贸易进出口267.2亿元，同比下降20.6%，占同期贵州进出口值的53.3%，较2017年减少12.4个百分点。以加工贸易方式进出口210.7亿元，同比增长9.6%，占同期贵州省进出口值的42.1%，较2017年增加11.6个百分点。

（三）前5大贸易伙伴占据半壁江山

2018年，贵州前五大贸易伙伴分别为我国香港地区、东盟、我国台湾地区、欧盟和美国，分别进出口129.8亿元、58.4亿元、41亿元、36.1亿元、27.5亿元，合计占同期贵州省进出口总值的58.5%。其中，除对我国台湾地区进出口快速增长50.2%以外，对前五位中的其他贸易伙伴均呈下降态势。同期，对“一带一路”沿线国家（地区）进出口119.7亿元，同比下降9.8%，低于总体进出口增速0.7个百分点，但对巴基斯坦进出口8.7亿元，激增97.2%（见表1）。

表1　2018年贵州与主要贸易伙伴进出口统计表

国家或地区	进出口值（亿元）	同比（%）	出口值（亿元）	同比（%）	进口值（亿元）	同比（%）
中国香港	129.8	-25.0	128.4	-25.8	1.4	2 597.3
东盟	58.4	-13.9	43.0	-15.0	15.4	-10.4
中国台湾	41.0	50.2	2.2	-20.1	38.8	58.2
欧盟	36.1	-11.0	29.7	-8.8	6.4	-18.5
美国	27.5	-4.7	22.7	-4.8	4.8	-3.8
澳大利亚	23.0	9.0	11.2	15.0	11.8	3.8
韩国	20.8	-22.0	6.1	-18.6	14.7	-23.3
日本	16.6	-7.6	7.4	19.3	9.2	-21.8
印度	15.1	-13.7	14.9	-13.5	0.2	-26.9
巴基斯坦	8.7	97.2	8.7	98.7	0.0	-99.8

（四）民营企业、国有企业和外商投资企业进出口不同程度下降

2018年，贵州省民营企业进出口190.2亿元，同比下降8.8%，占同期贵州省进出口总值的38%，较2017年提升0.4个百分点；国有企业进出口166.3亿元，同比下降1.6%，占同期贵州省进出口总值的33.2%，较2017年提升2.4个百分点；外商投资企业进出口144.4亿元，同比下降16.9%，占同期贵州省进出口总值的28.8%，较2017年减少2.8个百分点。全省民营企业、国有企业和外商投资企业总体呈“三分天下”局面。

（五）机电产品出口降幅较大，农产品出口增势良好

2018年，贵州省出口机电产品172.5亿元，同比下降20.8%，占同期贵州省出口总值的51.1%。其中，出口手持或车载无线电话机68.6亿元，同比下降40.7%。同期，“两高一资”产品、劳动密集型产品、烤烟、新的充气橡胶轮胎等传统大宗商品出口下降。其中，“两高一资”产品出口66.1亿元，同比下降2.3%，占同期贵州省出口总值的19.6%；劳动密集型产品16.9亿元，同比下降14.8%，占同期贵州省出口总值的5%。此外，农产品出口实现较快增长，全年出口39.9亿元，同比增长8.3%（见表2）。

（六）机电产品进口稳步增长，传统大宗商品进口不同程度下降

2018年，贵州省进口机电产品118.3亿元，同比增长9.4%，占同期贵州进口总值的

72.4%；其中，进口集成电路56.1亿元，同比增长2.4%。同期，进口锰矿砂9.2亿元，同比增长21.9%，铁矿砂、合成橡胶、硫磺等传统大宗商品进口均有不同程度下降（见表2）。

表2　2018年贵州省主要进出口商品统计表

出口			进口		
商品名称	金额（亿元）	同比（%）	商品名称	金额（亿元）	同比（%）
手持或车载无线电话机	68.6	-40.7	集成电路	56.1	2.4
肥料	45.6	-3.1	硫磺	12.4	-14.7
白酒	30.2	35.4	锰矿砂及其精矿	9.2	21.9
新的充气橡胶轮胎	12.4	-9.2	液晶显示板	7.4	472.8
汽车零配件	10.2	-5.4	铁矿砂及其精矿	6.4	-59.7
二极管及类似半导体器件	8.2	160.0	合成橡胶（包括胶乳）	9.1	-17.1
液晶显示板	7.1	296.4	电视、收音机及无线电讯设备的零附件	4.0	13.6
服装及衣着附件	6.0	3.5	计量检测分析自控仪器及器具	1.8	-33.1
未锻轧铝及铝材	5.5	26.6	印刷电路	1.8	-6.7
烤烟	5.2	-35.4	天然橡胶（包括胶乳）	1.7	8.4

二、2018年贵州省进出口下滑的主要原因

（一）高基数效应导致同比增速下滑明显

2017年贵州省外贸提质增速态势良好，特别是下半年，以手机及其零件为主的机电产品进出口大幅增长，推高了同期全省进出口总值基数，2017年进出口大幅增长近五成。然而，2018年全球经济疲软，外需不振，加之贵州省本地企业开拓国际市场乏力，2018年下半年以来贵州省外贸进出口总值累计增速逐月下滑，全年增速由年初增长61.3%转为下降9.2%；增速全国排名也由年初的第2位下降至第29位。

（二）中美贸易摩擦对贵州省外贸发展的影响逐渐显现

随着中美贸易争端逐步升级，双方加征关税商品范围扩大，对贵州省外贸进出口的影响逐渐显现。以贵州省部分传统进出口商品为例，受美国对进口钢材加征关税影响，企业大幅调低预期，2018年贵州省铁矿砂进口锐减59.7%；轮胎近年来本就频繁遭遇贸易摩擦，随着中美贸易争端升级，对轮胎出口影响加深，贵州省轮胎出口下降9.2%。2018年贵州对美进出口增速从1月份的增长59%，到12月份下降至49.5%，单月增速由正转负，全年累计下降4.7%；同时，全年对美贸易占全省外贸总值的比重也由年初的10.8%下滑至5.5%。此外，贵州省产业外向度不高，进出口商品和贸易伙伴多元化程度不及沿海省份，抗风险能力较弱。

三、影响 2019 年贵州省进出口的主要因素

（一）工业基础薄弱，外贸对部分行业依赖度过高

贵州省外贸过度集中于手机、矿产、轮胎等行业，容易受到国内外市场环境波动、企业经营状况调整等因素的影响，通过政策措施、补贴等优惠手段引来的“趋利型”企业容易因为更好的政策、更高的补贴而转移他处。面对复杂的外贸环境和严峻的发展形势，贵州省外贸结构抵御风险的能力不足，一旦支柱行业受到影响，保持外贸稳定健康发展的难度就会加大。

（二）地区发展不均衡问题突出，制约贵州省外贸发展

2019 年一季度贵阳市、贵安新区进出口值合计占全省近八成，其余地区合计仅占两成。在海关总署城市外贸竞争力评价中，2018 年贵州省纳入考核的 6 个市州只有贵阳市城市外贸竞争力入围全国百强，列第 93 位，比 2017 年提高了 37 位。其中，潜力竞争力指标高居全国第 22 位，显示贵阳外贸竞争潜力大。然而，除贵阳市外，其余市州均未入围百强，遵义、铜仁、毕节、安顺排名均在 200 开外。城市外贸发展不均衡问题突出，严重制约贵州省外贸发展。

（三）综合保税区业务体量偏小，发展亟待提速

贵州省目前在运行的贵阳、贵安、遵义 3 个综合保税区对全省开放型经济发展作出了积极的贡献，但综合保税区作用的发挥与预期目标差距较大，缺乏大型企业入驻，已投产企业规模较小，区内企业多数未在周边配套部署上下游相关产业，区内外产业关联度不高，辐射带动作用有限。2019 年一季度，贵州省 3 个综合保税区合计进出口 9.2 亿元，同比增长 1.9%，占同期贵州省进出口总值的 10.4%。其中，出口 4.7 亿元，同比增长 5.7%；进口 4.5 亿元，同比下降 1.7%。

（四）区位优势相对较弱，政策吸引力不足

近年来，周边省（区、市）利用自身区位优势展开政策和战略竞争。广西不断深入对接与东盟国家创新发展战略，云南积极参与中国—中南半岛和孟中印缅两大经济走廊建设，湖南处于“一带一路”和长江经济带的重点节点，四川、重庆自贸区为两地外贸发展注入强劲动力，广西、云南自贸区也即将获批。2019 年一季度，湖南、广西、重庆、四川、云南的进出口增速依次为 41.3%、16.1%、21.9%、25.1%、13.4%。与周边省市相比，贵州省区位优势相对较弱，外贸政策没有突出吸引力，因地制宜创新不足，制约了贵州省在新一轮开放发展中的竞争力。

四、形势展望和政策建议

2019 年，国际政治经济形势依然复杂多变，国内经济增速出现下滑明显，宏观经济平稳增长的压力大，外贸发展面临困难多。

为此建议：一是做大做强实体经济，以供给侧结构性改革为突破口，优化招商引资策略，加快培育战略性新兴产业，转型升级传统产业，加快技术进步，提高投资效率，实现

做大总量和优化结构的有机统一。二是充分激发综合保税区潜力，以国务院出台促进综合保税区高水平开放高质量发展的若干意见为契机，鼓励市州进出口企业进驻综保区，充分挖掘政策优势、平台优势，深度融入“一带一路”“长江经济带”建设，构建内陆开放新高地。三是保持优势产业出口良好势头，对肥料、白酒、茶叶、中药材等优势出口产业给予政策倾斜，充分激发企业活力和创造力，鼓励使用跨境电商海外仓等新兴仓储物流方式，将大旅游、大扶贫与贵州省特色产品推介深度结合，实现贵州省优势特色产业扩大出口。四是加快培育外贸新业态，大力发展现代物流、金融、信息技术等现代外贸服务业，培育引进外贸开放型人才，发展高速互联网、物联网等新兴基础设施建设，推动跨境电商、服务贸易与加工贸易创新发展。

西藏自治区

西藏自治区（以下简称“西藏”）位于祖国西南边疆，分别与印度、尼泊尔、不丹、缅甸等国家接壤，边境线全长近4 000公里，占我国陆疆总里程的17%。目前，西藏有吉隆、普兰、亚东、樟木等口岸，是我国商品出口南亚地区的主要陆路桥头堡之一。但是，地处边陲的西藏板块在我国经济和外贸发展中相对落后，外贸企业底子薄、规模有限、辐射带动能力较弱，加之2018年国内外经济增速放缓，西藏对外贸易出现一定下滑，外贸总值震荡走低。

据海关统计，2018年西藏外贸进出口总值47.5亿元，同比下降19%。其中，出口28.6亿元，同比下降2.5%；进口18.9亿元，同比下降35.4%。2018年，西藏地区生产总值（GDP）1 477.6亿元人民币，同比增长9.1%[①]，外贸依存度为3.2%，外贸对地区经济发展贡献较小。

一、2018年西藏外贸进出口的主要特点

（一）全年月度进出口值低位运行

2018年，西藏对外贸易值月度波动较大，其中4月份进出口8.5亿元，为年内高点，之后大幅回落，至8月份降至年内低点，仅1.8亿元。全年进出口低位运行，共9个月的月度进出口值出现同比下降，其中7个月降幅超过40%（见图1）。

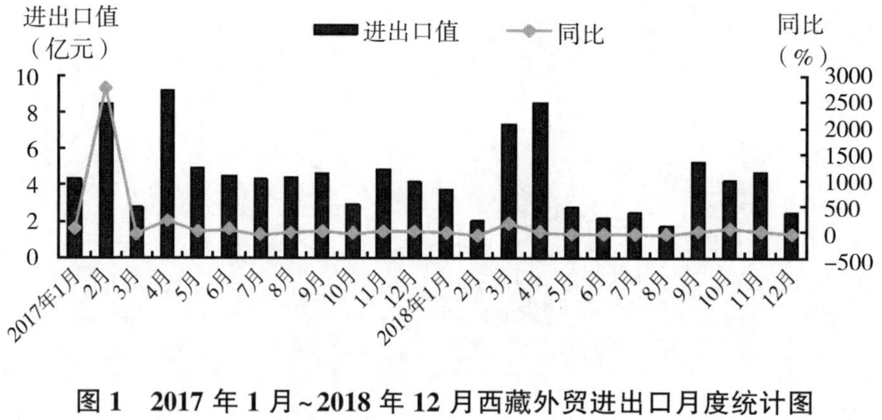

图1　2017年1月~2018年12月西藏外贸进出口月度统计图

（二）边境小额贸易进出口占据半壁江山且小幅增长，一般贸易下降幅度较大

2018年，西藏以边境小额贸易方式进出口24.1亿元，同比增长4%，占同期西藏进出口总值的50.7%，比重较2017年提升11.2个百分点。同期，以一般贸易方式进出口22亿

① 《2018年西藏自治区国民经济和社会发展统计公报》，西藏主要新闻，2019年5月28日。

元，同比下降 36.7%，占同期西藏进出口总值的 46.3%，比重下滑 13 个百分点。

（三）尼泊尔和欧盟为前两大贸易伙伴

2018 年，西藏对尼泊尔进出口 25 亿元，同比增长 4.6%；对欧盟进出口 15.2 亿元，同比下降 37%；二者合计占西藏当年进出口总值的 84.6%。同期，对美国、我国香港地区、印度、南非等市场进出口均保持增长态势，但对东盟、韩国、以色列等市场降幅较大。此外，西藏对“一带一路”沿线国家进出口 26.7 亿元，同比下降 7.5%，占西藏当年进出口总值的 56.2%（见表 1）。

表 1　2018 年西藏与主要贸易伙伴进出口统计表

国家或地区	进出口值（亿元）	同比（%）	出口值（亿元）	同比（%）	进口值（亿元）	同比（%）
尼泊尔	25.0	4.6	24.5	4.3	0.5	25.5
欧盟	15.2	-37.0	0.6	150.2	14.6	-38.7
美国	3.0	13.4	0.5	119.5	2.5	4.0
中国香港	1.1	8.3	1.1	7.2	0.0	29.4
印度	0.7	273.7	0.1	9.4	0.6	819.4
南非	0.4	1 730.5	0.1	584.4	0.3	—
东盟	0.3	-89.5	0.3	-90.3	0.0	325.6
韩国	0.3	-46.7	0.0	-59.9	0.3	-46.1
以色列	0.2	-86.9	0.2	583.2	0.0	-98.0
巴拿马	0.1	623.7	0.1	623.7	—	—

（四）民营企业与国有企业进出口此消彼长

2018 年，西藏民营企业进出口 25.7 亿元，同比下降 38.8%，占同期西藏进出口总值的 54.1%，比重较 2017 年下滑 17.5 个百分点。同期，国有企业进出口 20.6 亿元，同比增长 27.4%，占西藏进出口总值的 43.4%，比重提升 15.8 个百分点。

（五）8 成以上为劳动密集型产品出口，机电产品、农产品出口大幅下降

2018 年，西藏出口劳动密集型产品 23.2 亿元，同比增长 17%，占同期西藏出口总值的 81.1%。其中，出口服装及衣着附件 13.8 亿元，同比增长 24.5%；鞋类 4.7 亿元，同比增长 1.3%；家具及其零件 1.7 亿元，同比增长 21.4%。此外，出口机电产品 2.9 亿元，同比下降 38.6%，占同期西藏进出口总值的 10.1%；出口农产品 6 776.2 万元，同比下降 74.1%，占同期西藏进出口总值的 2.4%。

（六）飞机为最大进口商品，医药品进口值大幅下降

2018 年，西藏进口飞机 11.5 亿元，同比下降 2.4%，占同期西藏进口总值的 60.8%，是西藏最大进口商品。此外，进口医药品 3.9 亿元，同比下降 72%，占同期西藏进口总值的 20.6%；进口农产品 5 276.8 万元，同比下降 10.3%，占同期西藏进口总值的 2.8%；进口铬矿砂及其精矿 2 798.6 万元，去年同期无进口，占同期西藏进口总值的 1.5%（见表 2）。

表 2　2018 年西藏主要进出口商品统计表

出口			进口		
商品名称	金额（亿元）	同比（%）	商品名称	金额（亿元）	同比（%）
服装及衣着附件	13.8	24.5	飞机及其他航空器	11.5	-2.4
鞋类	4.7	1.3	医药品	3.9	-72.0
纺织纱线、织物及制品	2.1	20.3	铬矿砂及其精矿	0.3	—
家具及其零件	1.7	21.4	服装及衣着附件	0.2	-10.6
蓄电池	0.7	-3.0	酒类	0.1	187.4
箱包及类似容器	0.6	-12.0	机械提升搬运装卸设备及零件	0.1	35 213.1
床垫、寝具及类似品	0.4	103.9	计量检测分析自控仪器及器具	0.1	160.0
眼镜及其零件	0.3	161.8	航空器零件	0.1	-30.3
鲜、干水果及坚果	0.2	-89.7	橡胶或塑料加工机械及零件	0.1	—
蔬菜	0.2	23.6	初级形状的塑料	0.1	-2.0

（七）拉萨是西藏外贸的绝对主力，那曲外贸大幅下降

2018 年，拉萨市企业进出口 41 亿元，同比下降 7.1%，占西藏企业进出口总值的 86.3%，所占比重较 2017 年提升 11.4 个百分点。同期，那曲市进出口 3.9 亿元，同比大幅下降 68.2%，占西藏企业进出口总值的 8.2%；日喀则市进出口 1.7 亿元，同比增长 99%，占西藏企业进出口总值的 3.6%；其余地市全年进出口额均不足亿元。

二、2018 年西藏外贸进出口下降的主要原因

（一）部分重点行业贸易额降幅显著，拉低整体外贸规模

2018 年西藏降幅最大的前 5 位企业进出口值合计下降 16.9 亿元，比全区进出口总值的降幅还深，其中医药类和投资建设类企业降幅居前。近年来，医药卫生一直是西藏地区民生工作的重中之重，一批优质医药品企业脱颖而出，拉动医药品进口在地区外贸商品结构中占比逐年上升。但是，受销售代理权变更、税务补贴政策调整、物流成本上涨的因素影响，部分企业进口药品数量大幅下滑，对那曲、林芝等市的地区外贸造成较大冲击。2018 年西藏进口医药品同比下降 72%，仅此一类商品就拉动地区外贸进口总值下降 34.1 个百分点。此外，投资建设类企业进出口以工程项目为依托，波动性较大，容易出现大起大落，可持续性较低，也是 2018 年西藏外贸下降的重要因素之一。

（二）西藏外贸基础薄弱，难以形成具备竞争力的产业集群，抵御市场变化的能力不足

西藏地区制造业水平偏低，缺乏生产型外贸企业和集群化外贸优势，部分帮扶、促进政策实施效果不理想，外贸内生发展动力不足，自主能力不足导致抗风险能力较差。此外，除拉萨市、日喀则市外贸结构相对完整外，其余地市外贸发展均衡性较差，出口或进口单

一流向明显且过分倚重龙头企业，抵御外部市场变化能力弱，易受毗邻国家内需缩小等因素的影响。此外，邻国基础设施建设落后，也一定程度地影响西藏外贸表现，如尼泊尔正处于灾后重建时期，水、电、网、道路交通等基础设施建设滞后，且多次发生泥石流导致道路受损严重，从吉隆到加德满都路况较差，货物运输速度慢，严重制约了吉隆口岸的外贸发展。

三、影响2019年西藏外贸进出口的主要因素

（一）西藏主动投身"一带一路"建设，将继续助力外贸发展提速

西藏有近4 000公里国境线，与印度、尼泊尔、缅甸、不丹等南亚国家接壤。"一带一路"倡议赋予了西藏更加重要的战略位置，也迎来全新的发展机遇。近年来，西藏围绕"面向南亚开放重要通道"等建设工作，积极响应和推进构建环喜马拉雅经济合作带、孟中印缅经济走廊，稳步推进中尼边境经济合作区建设，营造良好的软硬件环境，以开放促发展、促稳定，在诸多领域取得了显著成果，目前对"一带一路"沿线国家进出口额已占西藏地区外贸总值的一半以上。随着政策红利的进一步释放，未来西藏与"一带一路"沿线国家的经贸往来将进一步提质增速。

（二）边贸交易等系列政策出台，有利于完善外贸基础设施建设，助力西藏外贸平稳发展

在国家"一带一路"建设中，作为"面向南亚开放重要通道"，西藏与接壤国家的边境贸易积极推进。同时，西藏将继续深入推进"兴边富民"战略，加强边贸市场、边民互市贸易点建设，支持沿边国家和地区的公路、桥梁等基础设施建设，吉隆、普兰等口岸基础设施建设不断得到加强，进一步提升了与尼泊尔等周边国家基础设施互联互通水平。此外，2018年以来，西藏积极应对外贸严峻形势，研究出台出口信用保险和增强边贸企业能力建设等惠企政策，加快培育外贸经营主体综合竞争新优势，着力促进外贸回稳向好。

四、形势展望和政策建议

2019年，面临"一带一路"倡议、国家支持沿边重点地区开发和"面向南亚开放重要通道"战略等发展机遇，以及拉萨市综合保税区、"吉隆+樟木"中尼贸易双通道格局恢复等相关工作的稳步推进，西藏外贸持续增长的外在优越条件已经形成，西藏外贸进出口有望回稳向好。

为此建议：一是加大政策支持和引导，营造良好的营商环境。引导地方和企业用足用好国家各项优惠政策，针对有订单、有业绩、有潜力、有资质的外贸企业，加大政策引领和扶持力度，营造公平良好的营商环境。二是强化口岸经济的辐射能力。以口岸基础设施互联互通为基础，以打造综合交通仓储、信息能源、产业集聚的口岸通道为抓手，通过政府引导和市场主体对经济要素的优化配置，促进边境口岸沿线地区的产业集聚、扩散及其结构的提升，特别是继续加强与尼泊尔的对话与交流，探索推进中尼跨境运输合作，降低中尼跨境物流成本，为西藏与边境周边国家的经济、文化交往提供支撑。三是积极参加"一带一路"建设。准确把握国内外形势和自治区实际情况，进一步丰富和完善西藏在

“一带一路”倡议中的定位，重视与南亚各国经贸联系，尽快恢复“吉隆+樟木”中尼贸易双通道格局，推进拉萨市综合保税区筹建深入，构建更加完善的外贸格局，切实为自治区外贸良性可持续发展搭建好“软环境和硬设施”，实现外贸回稳向好。

宁夏回族自治区

宁夏回族自治区（以下简称“宁夏”），东邻陕西，西、北接内蒙古，南连甘肃，是“丝绸之路”经济带的重要组成部分，在我国与中东、中亚及阿拉伯国家的联系中具有独特的区位优势。2018 年，宁夏实现地区生产总值（GDP）3 705. 2 亿元。全年外贸进出口总值 249. 2 亿元，较 2017 年下降 27%，占全国进出口总值 0. 08%，其中进口 68. 7 亿元，同比下降 26. 8%，出口 180. 5 亿元，同比下降 27. 2%，外贸依存度为 6. 7%。

一、2018 年宁夏外贸进出口的主要特点

（一）月度进出口规模整体低位运行，部分月份有所反弹

2018 年，宁夏月度进出口规模整体在上年基础上有所下滑，开年即大幅下降，2 月份跌至 11. 3 亿元，但在随后的 3 月份和 4 月份迅速冲高至 26. 6 亿元和 25. 7 亿元，同比增速分别为 22. 5%、10. 5%，但这一势头并未持久，此后 6 个月的进出口规模均在 20 亿元以下，直到年底再次出现反弹，其中 12 月份进出口值达到 28. 2 亿元，是最近 12 个月以来的新高（见图 1）。

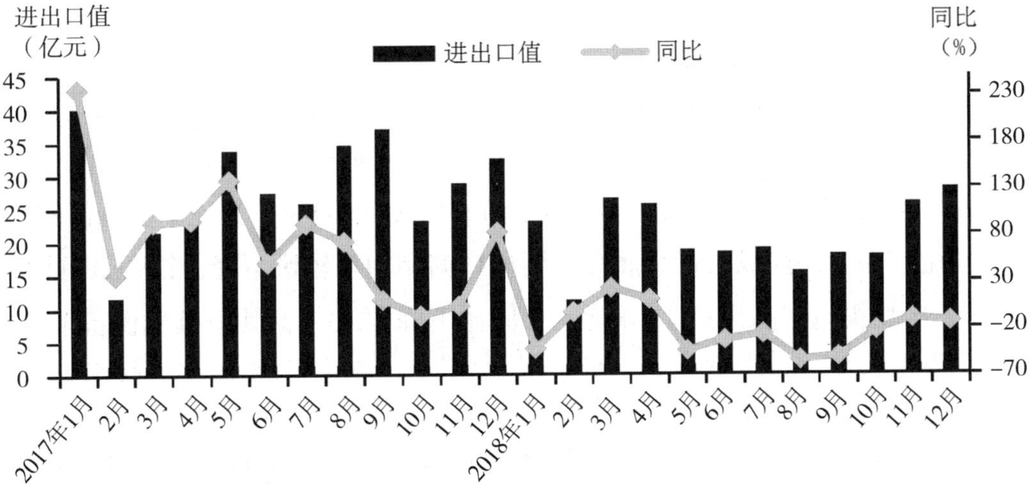

图 1　2017 年 1 月~2018 年 12 月宁夏外贸进出口月度统计表

（二）一般贸易占比超 8 成，加工贸易迅速下滑

2018 年，宁夏以一般贸易方式进出口 214. 1 亿元，同比下降 26. 9%，占全区同期进出口总值的 85. 9%；加工贸易进出口 30. 6 亿元，同比下降 33. 2%，占同期全区进出口总值的 12. 3%，比重较 2017 年下降 1. 1 个百分点。

（三）对欧美进出口下降，对东盟、日本贸易增长，对部分新兴市场快速增长

2018 年，宁夏对欧盟、美国分别进出口 35. 6 亿元和 32. 1 亿元，同比分别下降 19. 3%

和 32.1%，二者合计占同期宁夏外贸进出口总值的 27.2%。同期，对东盟和日本实现了小幅增长，进出口值分别为 28.2 亿元和 22 亿元，同比分别增长 7.8% 和 8.1%；与我国香港地区进出口出现大幅下跌，进出口降幅达到 55.3%。此外，宁夏对“一带一路”沿线国家进出口 73.4 亿元，同比下降 2.3%，降幅小于同期总体进出口增速 24.7 个百分点（见表 1）。

表 1　2018 年宁夏与主要贸易伙伴进出口统计表

国家或地区	进出口值（亿元）	同比（%）	出口值（亿元）	同比（%）	进口值（亿元）	同比（%）
欧盟	35.6	-19.3	6.9	-15.6	28.7	-20.1
美国	32.1	-32.1	2.3	13.4	29.8	-34.2
东盟	28.2	7.8	3.3	-20.4	24.9	13.2
日本	22.0	8.1	6.7	-9.6	15.3	18.1
中国香港	21.3	-55.3	9.9	-48.3	11.4	-59.9
印度	12.6	5.4	0.2	-1.6	12.4	5.5
韩国	10.5	-64.8	2.8	-80.2	7.7	-50.6
加纳	10.0	98.5	9.7	119.6	0.3	-54.6
阿联酋	8.4	129.0	1.9	423.5	6.5	95.9
南非	8.3	16.0	7.6	25.5	0.7	-34.4

（四）7 成以上为民营企业进出口，外商投资企业进出口增长

2018 年，宁夏民营企业进出口 177.5 亿元，同比下降 34.1%，占同期全区进出口总值的 71.2%；外商投资企业进出口 46.6 亿元，同比增长 8.2%，占同期宁夏进出口总值的 18.7%；国有企业进出口 25.1 亿元，同比下降 13.5%，占同期宁夏进出口总值的 10.1%。

（五）机电产品、医药品、贵金属等主要出口商品均呈较快下降，铁合金迅猛增长

2018 年，宁夏机电产品出口 32.4 亿元，同比下降 42.3%，其中机械设备下降 39.2%；医药品出口 12.9 亿元，同比下降 29.3%；贵金属制品出口 11.8 亿元，同比下降 38.1%。此外，汽车零配件出口 8.8 亿元，同比增长 11.9%；铁合金迅猛增长 88.1%。

（六）进口以资源性产品为主、其中锰矿进口规模最大且大幅增长，机电产品、原油进口下降明显

2018 年，宁夏锰矿砂进口 19.9 亿元，同比增长 74.8%；农产品进口 5.7 亿元，同比增长 42.1%。同期，机电产品进口 14.6 亿元，同比下降 17.6%；原油进口 7.9 亿元，同比下降 64.4%（见表 2）。

表 2　2018 年宁夏主要进出口商品统计表

出口			进口		
商品名称	金额（亿元）	同比（%）	商品名称	金额（亿元）	同比（%）
医药品	12.9	-29.3	锰矿砂及其精矿	19.9	74.8
贵金属或包贵金属的首饰	11.8	-38.1	原油	7.9	-64.4
汽车零配件	8.8	11.9	农产品	5.7	42.1
未锻轧锰	8.8	-10.0	合成橡胶（包括胶乳）	3.4	-35.8
农产品	8.6	-8.5	铌、钽、钒矿砂及其精矿	3.2	19.4
铁合金	8.2	88.1	铬矿砂及其精矿	1.5	35.1
双氰胺	8.0	46.1	塑料造粒机	1.2	—
灯具、照明装置及零件	6.5	-15.7	可控气氛热处理炉	1.0	—
纺织纱线、织物及制品	6.5	1.7	硅	0.9	-92.4
服装及衣着附件	5.0	-69.2	焊接链	0.9	26.9

二、2018 年宁夏外贸进出口下降的主要原因

（一）环保压力、信贷受限等因素压缩传统产品外贸空间，导致整体进出口出现下降

2018 年，宁夏政府先后出台一系列促进外贸稳定增长举措，如发展保税加工、支持企业对外投资、加快跨境电商公共服务平台建设等，深入企业开展帮扶工作，矿砂等部分工业原料进口和汽车零配件、铁合金、双氰胺等传统商品出口大幅增长。但由于环保压力加大导致部分医药企业停限产，银行压缩信贷规模导致纺织服装行业资金压力增大，原油进口配额执行进度缓慢等原因，宁夏医药产品、服装、原油等商品进出口规模明显萎缩，使全区进出口值出现明显下滑。

（二）宁夏经济发展滞后、吸引外资能力弱，缺少具备核心竞争优势的产业集群，外贸增长动力不足

宁夏经济起步晚，发展慢，又因地处内陆，交通物流等外贸基础设施发展滞后，营商环境亟待改善，吸引外资水平也相应受到影响，相关数据显示，2018 年全区实际使用外商直接投资 2.14 亿美元，同比下降 31.1%；全区新批准外商直接投资项目 32 个，合同外资金额 1.59 亿美元，同比下降 93.7%。宁夏产业规模小，难以实现聚集效应和规模效应，且外贸结构较为单一，对外部市场变化的适应能力弱，2018 年国内经济下行压力增大，部分宁夏外贸企业资金周转困难，生产经营成本增加，价格优势被进一步削弱，开拓国际市场难度进一步加大，外贸的可持续发展受到制约。

三、影响 2019 年宁夏外贸进出口的主要因素

（一）内陆开放型经济试验区建设，将有利于促进宁夏对外开放的水平

2019 年，宁夏将用好国务院、自治区促进外贸回稳向好政策，积极推进内陆开放型经

济试验区建设，有力促进经济的对外开放水平，增强进出口贸易的发展活力。包括实施国际市场开拓计划，组织纺织服装、农产品、生物医药等特色产品出国参展，积极拓展“一带一路”沿线国家新兴市场，优化外贸市场布局；推动与沿海地区建立产业转移承接机制，促进加工贸易转型升级；借力“一带一路”倡议政策红利，发挥低成本物流通道优势，聚集贸易资源；扩大先进技术设备及紧缺资源进口，促进贸易平衡发展；提升贸易便利化水平，完善外贸公共服务平台功能，营造良好营商环境；聚焦经贸技术合作，深入开展对接洽谈，推进一批合作项目落地。

（二）短期内产业规模小、层次低的短板难以改变，仍将制约外贸发展空间

短期内，宁夏仍难以克服贸易结构单一、产业层次较低的短板，进出口产品仍以资源性、低附加值产品为主。民族特色产品、纺织服饰、生物医药、装备制造类等缺乏核心竞争力，转型升级压力较大。当前外贸进出口规模不增反降，未来宁夏要实现传统产业优势提升、培育新兴产业增长点，打牢经济基础，实现外贸规模扩大等良性发展仍有很长的路要走。

四、形势展望和政策建议

当前全球经济复苏乏力，各国贸易保护主义抬头，贸易摩擦频发，国内经济下行压力持续存在，产业结构转型升级方兴未艾，宁夏面对经济增长放缓大趋势，需将对外贸易保本稳增与整体经济提质增效有机结合。

为此建议：一是持续强化与“一带一路”沿线国家在经贸、能源等各领域的往来，构建紧密务实的合作关系；二是继续优化基础建设、交通互联等硬件条件，为双边贸易的便利畅通提供坚实基础；三是引导区内企业积极应对政策、市场变化带来的压力和挑战，加快转型升级、提质增效，以创新发展迎接挑战，不断提高自身的竞争力。

青海省

青海省地处我国西部青藏高原，深居内陆腹地，自然资源丰富，经济发展以能源、原材料的开发生产为基础，重化工和高耗能产业在工业经济中占有较大比重。由于地理区位等诸多因素的限制，青海省对外贸易起步晚、起点低，对外开放总体水平不高、经济外向度低。2018 年，青海省经济总量（GDP）为 2 865.2 亿元，同比增长 7.2%，占我国的 0.3%。

据海关统计，2018 年，青海省外贸进出口 48.2 亿元，同比增长 8.4%，仅占同期我国进出口总值的 0.02%；其中，出口 31.1 亿元，同比增长 8.1%；进口 17.1 亿元，同比增长 8.9%。2018 年青海省外贸依存度仅 1.6%，是我国外贸规模较小、外贸依存度较低的省份之一。

一、2018 年青海省外贸进出口的主要特点

（一）各月进出口值波动较大

2018 年青海省外贸月度进出口规模波动较大，3 月份进出口 1.9 亿元，为年内的单月最低值，随后各月进出口值震荡走高，11 月份进出口 7.2 亿元，达到年内的单月峰值，同比增长 9%（见图 1）。

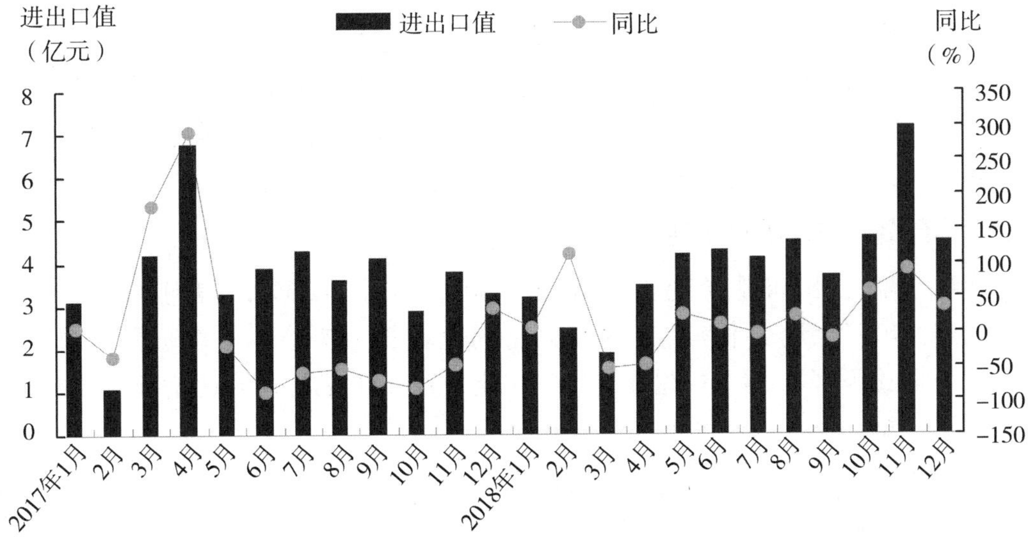

图 1　2017 年 1 月~2018 年 12 月青海省外贸进出口月度统计表

（二）近 9 成为一般贸易进出口

2018 年，青海省以一般贸易方式进出口 42.4 亿元，同比下降 3.9%，占同期青海省进

出口总值的 88%；其中，出口 31 亿元，同比增长 8.2%；进口 11.4 亿元，同比下降 26.3%。同期，加工贸易进出口 0.2 亿元，同比下降 44.3%。

（三）对南非进出口大幅增长，对日本进出口下降

2018 年，青海省前 5 大贸易伙伴是南非、日本、美国、欧盟和澳大利亚，其中对南非、欧盟和澳大利亚分别进出口 7.4 亿元、3.6 亿元和 3.5 亿元，同比分别增长 1.7 倍、31.2%和 22.6%，对日本和美国进出口均为 4.9 亿元，同比分别下降 41.4%和 8.1%；对上述 5 地进出口合计占同期青海进出口总值的 50.4%（见表 1）。

表 1　2018 年青海省与主要贸易伙伴进出口统计表

国家或地区	进出口值（亿元）	同比（%）	出口值（亿元）	同比（%）	进口值（亿元）	同比（%）
南非	7.4	165	7.4	165.2	0.0	113.0
日本	4.9	-41.4	2.5	-13.9	2.4	-56.1
美国	4.9	-8.1	2.5	-45.3	2.4	221
欧盟	3.6	31.2	1.8	-2.7	1.8	96.7
澳大利亚	3.5	22.6	0.2	-58.4	3.3	42.1
韩国	3.3	89.3	1.7	69.4	1.6	117.7
巴基斯坦	3.2	-4.7	3.2	-4.7	0.0	-28.4
东盟	2.8	-38.1	2.8	30.6	0.0	-99.6
中国台湾	2.8	50.7	2.8	50.7	0.0	841.2
印度	1.9	-31.6	1.1	314.0	0.8	-68.8

（四）民营企业进出口占 7 成以上，国有企业进出口增长较快

2018 年，青海省民营企业进出口 35.4 亿元，同比增长 6.8%，占同期青海省进出口总值的 73.5%；国有企业进出口 12.5 亿元，同比增长 20.3%，占同期青海省进出口总值的 25.9%。此外，外商投资企业进出口 0.3 亿元，同比下降 67.4%。

（五）铁合金、焦炭出口快速增长

2018 年，青海省出口铁合金 10.3 亿元，同比增长 38.6%，占同期青海出口总值的 33.1%；同期，出口焦炭、半焦炭 7.8 亿元，同比增长 1.7 倍；出口纺织纱线、织物及制品 4.2 亿元，同比下降 23.4%；此外，出口机电产品 1.1 亿元，同比增长 2.8%。

（六）进口以铜矿砂等资源性产品为主

2018 年，青海省进口铜矿砂及其精矿 7.2 亿元，2017 年无进口记录；同期，进口机电产品 7.1 亿元，同比下降 1.3%（见表 2）。

表 2 2018 年青海省主要进出口商品统计表

出口			进口		
商品名称	金额（亿元）	同比（%）	商品名称	金额（亿元）	同比（%）
铁合金	10.3	38.6	铜矿砂及其精矿	7.2	—
焦炭、半焦炭	7.8	165.7	计量检测分析自控仪器及器具	0.9	339.4
纺织纱线、织物及制品	4.2	-23.4	氧化铝	0.7	-88.9
未锻轧铝及铝材	2.0	-41.1	橡胶或塑料加工机械及零件	0.4	-87.1
服装及衣着附件	1.1	-58.1	农产品	0.4	-59.8
碳酸钠（纯碱）	0.7	163.3	铅矿砂及其精矿	0.3	263.5
山羊绒	0.7	-10.7	塑料制品	0.2	91.3
中药材及中式成药	0.5	-60.6	非泡沫塑料的板、片、膜、箔	0.1	-33.6
陶瓷产品	0.3	17.1	医药品	0.1	8.9
自动数据处理设备及其部件	0.2	469.5	成品油	0.1	147.3

二、2018 年青海省进出口增长的主要原因

（一）聚焦优势产业发展，推动出口快速增长

近年来，青海省逐步淘汰落后产能，同时结合本地实际，发展铁合金等优势产业。经过多年的技术创新、转型升级，铁合金已经成为青海省经济发展的基础性产业之一，也是主要的出口行业，形成了一批具有较强比较优势的铁合金企业。2018 年，青海省出口铁合金同比增长 38.6%，销往国家和地区由 2017 年的 49 个拓展至 2018 年的 51 个，带动青海省出口快速增长。

（二）铜冶炼项目正式投产，刺激原料进口增长

2018 年，作为青海省重点工程项目的 10 万吨阴极铜工程建成投产，填补了青藏地区铜冶炼市场的空白，创造了青海省首个 10 万吨级阴极铜规模化生产的新时代。在此带动下，青海省铜矿砂及其精矿进口急剧扩张，海关数据显示，2018 年全省进口铜矿砂及其精矿 7.2 万吨，而 2017 年尚无此类商品进口记录。

三、影响 2019 年青海省进出口的主要因素

（一）青海省主动融入“丝绸之路经济带”建设，为全省外贸发展提供契机

自“一带一路”倡议提出以来，青海省积极融入中巴、孟中印缅两个经济走廊，着力推进贸易平台、国际营销网络和外贸转型升级示范基地“三项建设”，探索建立“出口产品质量安全示范区”，有力地促进藏毯、民族服饰、“三绒”制品、高原特色农畜产品等地方特色产业发展，促进青海外贸发展。

（二）深入推进“南向通道”建设工作，为青海进出口发展提供动力

青海与重庆、广西、贵州、甘肃四省区市签署《青海加入共建中新互联互通项目南向通道工作机制备忘录》，融入“南向通道”建设的体制机制基本确立。该通道利用铁路、公路、水运、航空等运输方式，由重庆向南经贵州等地，通过广西北部湾等沿海沿边口岸，通达新加坡及东盟主要物流节点，比经东部地区出海节约15天左右，已成为西部地区便捷的出海通道。“南向通道”的建设，将助力青海省外贸快速发展。

（三）关税政策利好铁合金等主要商品出口，一定程度上刺激青海进出口增长

2019年1月1日起我国继续以暂定税率对铁合金等出口商品征收出口关税，青海省主要出口商品铁合金出口税率仍维持在20%的水平，这将利好铁合金商品的出口。

四、形势展望和政策建议

2019年，尽管面临贸易摩擦等带来的外部风险有所增加，但是青海省中欧班列的开通、曹家堡保税物流中心（B）型的运营，以及西宁机场口岸的开放，都为青海省对外贸易发展带来了战略机遇。

为此建议：一是坚持有机产品标准，促进高原特色产业升级。立足创新，组织实施高原特色农畜产品的有机认证、绿色认证等无公害行动计划，积极促进青海高原特色农畜产品通过欧盟、日本等国家或地区的有机认证，拿到“国际通行证”；探索标准化、规模化的示范基地生产管理模式，以点带面推动青海特色产品质量管理水平的全面提高；重点培育藏毯、特色纺织、高原特色农畜产品、高原特色林业产品、民族文化以及医药、新能源等出口企业，不断提升特色优势产业产业集群水平。二是大力推进出口市场多元化格局建设。在巩固和深度开发传统市场的同时，借助“一带一路”倡议和“南向通道”建设等契机，分步骤、有针对性地开拓具有前景的新兴市场，逐步形成多元化的出口市场格局，增强风险应变能力；同时，在融入国家战略中更要加快步伐，大力挖掘自身优势，抢抓重大战略机遇，提升合作水平，努力提升开放水平。

中国外贸进出口年度报告（2019）

CUSTOMS REGIMES 贸易方式篇

2018年我国一般贸易进出口年度报告

一般贸易作为直接进出口的贸易方式，相比其他贸易方式更能反映一个国家或地区制造业的真实水平及外贸发展的内生动力。据海关统计，2018年我国一般贸易进出口17.64万亿元人民币，比上年增长12.5%，占当年我国进出口总值的57.8%，比重较上年提升1.4个百分点。其中，出口9.24万亿元，同比增长10.9%，占当年我国出口总值的56.3%，比重较上年提升1.9个百分点；进口8.4万亿元，同比增长14.3%，占当年我国进口总值的59.6%，比重较上年提升0.7个百分点。贸易顺差8 457.5亿元，同比收窄14.4%。

一、2018年我国一般贸易进出口的主要特点

（一）月度进出口值波动攀升，屡创历史新高

2018年，我国一般贸易月度进出口值在1.17万亿元~1.61万亿元区间波动攀升，除3月份外同比均为增长，其中9个月同比增速达2位数，7月、8月、9月、11月的月度进出口值分别创下当时的历史新高（见图1）。

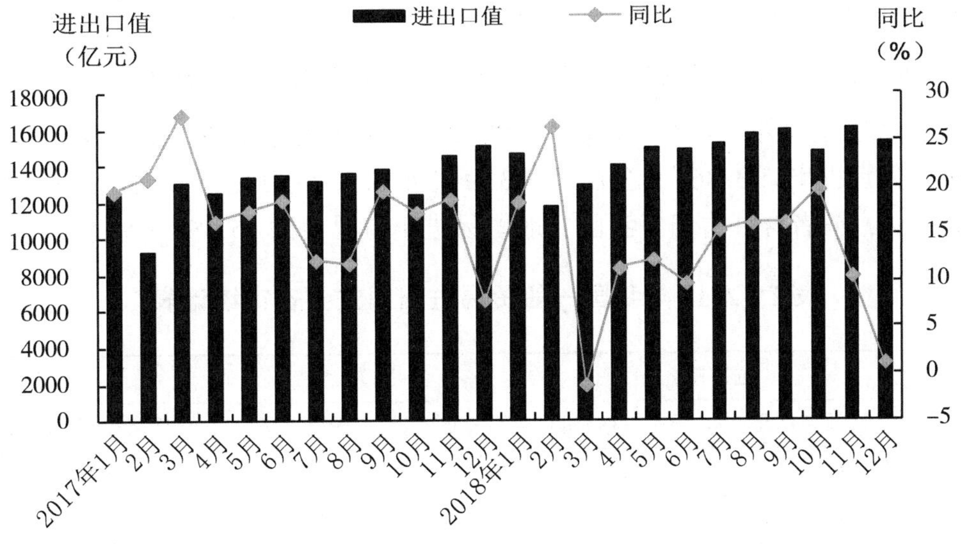

图1　2017年1月~2018年12月我国一般贸易进出口月度走势统计图

（二）民营企业进出口占比过半，国有企业进出口增速高于整体

2018年，我国民营企业以一般贸易方式进出口8.84万亿元，同比增长12.4%，占当年我国一般贸易进出口总值的50.2%；外商投资企业进出口4.83万亿元，同比增长6.1%；国有企业进出口3.92万亿元，同比增长21%。

（三）欧盟、美国、东盟是前 3 大贸易伙伴，其中对东盟进出口增速较快

2018 年，我国一般贸易对欧盟进出口 2.93 万亿元，同比增长 9.8%；对美国进出口 2.23 万亿元，同比增长 5.7%；对东盟进出口 2.19 万亿元，同比增长 15.4%。上述三者合计占当年我国一般贸易进出口总值的 41.7%。此外，前十大贸易伙伴中，对巴西和俄罗斯进出口增长显著，同比增幅分别达 21.4% 和 32.3%（见表 1）。

表 1　2018 年我国一般贸易进出口主要贸易伙伴统计表

主要贸易伙伴	进出口		出口		进口	
	金额（亿元）	同比（%）	金额（亿元）	同比（%）	金额（亿元）	同比（%）
欧盟	29 280.6	9.8	16 325.2	10.9	12 955.4	8.5
美国	22 331.8	5.7	16 414.5	12.1	5 917.3	-8.8
东盟	21 947.0	15.4	12 957.9	16.7	8 989.1	13.7
日本	12 050.5	10.0	4 931.8	9.1	7 118.7	10.6
韩国	8 872.9	7.2	3 722.9	7.6	5 150.0	6.9
澳大利亚	8 227.2	9.1	1 971.3	17.0	6 255.9	6.8
中国香港	6 196.3	0.3	5 914.5	1.1	281.8	-13.4
中国台湾	5 984.2	11.0	1 556.7	9.3	4 427.5	11.6
巴西	5 716.0	21.4	1 564.3	8.9	4 151.7	26.8
俄罗斯	5 216.1	32.3	2 319.1	11.1	2 897.0	56.2

（四）广东、北京、浙江位列前 3 位，前 10 位省市进出口均实现正增长

2018 年，我国主要外贸省份均实现一般贸易进出口正增长。其中，广东、北京和浙江位列前三位，分别进出口 3.36 万亿元、2.33 万亿元和 2.25 万亿元，同比分别增长 7.1%、30.3% 和 10.9%，三者合计占当年我国一般贸易进出口总值的 45.1%（见表 2）。

表 2　2018 年我国一般贸易进出口主要省市统计表

省市	进出口		出口		进口	
	金额（亿元）	同比（%）	金额（亿元）	同比（%）	金额（亿元）	同比（%）
广东	33 643.0	7.1	20 325.4	5.3	13 317.6	9.9
北京	23 320.2	30.3	3 657.2	54.6	19 663.0	26.6
浙江	22 516.9	10.9	16 960.4	9.4	5 556.5	15.9
江苏	21 338.6	10.9	13 398.1	12.6	7 940.5	8.0
上海	17 645.9	8.0	6 335.3	9.7	11 310.6	7.0
山东	13 013.9	11.8	7 288.1	14.1	5 725.8	9.1
福建	8 921.0	6.5	5 505.9	7.2	3 415.1	5.3

表2 续

省市	进出口		出口		进口	
	金额（亿元）	同比（%）	金额（亿元）	同比（%）	金额（亿元）	同比（%）
辽宁	4 324.1	17.5	1 809.2	10.3	2 514.9	23.3
天津	3 846.0	5.5	1 556.8	8.3	2 289.2	3.7
河北	3 147.9	4.4	1 969.2	5.1	1 178.7	3.3

（五）进出口最大商品品种均为机电产品，原油、天然气等能源进口大幅增长

2018 年，我国一般贸易出口机电产品 4.21 万亿元，同比增长 12%，占当年我国一般贸易出口总值的 45.5%；其中，手机 2 745.5 亿元，同比增长 14.9%。出口劳动密集型产品 2.35 万亿元，同比增长 5%；其中，纺织服装 1.45 万亿元，同比增长 4.6%。出口农产品 4 332.2 亿元，同比增长 3.2%。同期，进口机电产品 2.77 万亿元，同比增长 9.9%，占当年我国一般贸易进口总值的 33%；其中，集成电路 5 156.9 亿元，同比增长 15.5%。进口原油 1.24 万亿元，同比大幅增长 51.9%；天然气 2 498.5 亿元，同比大幅增长 60.9%（见表 3）。

表 3　2018 年我国一般贸易进出口主要商品统计表

出口			进口		
商品名称	金额（亿元）	同比（%）	商品名称	金额（亿元）	同比（%）
* 机电产品	42 059.5	12.0	* 机电产品	27 676.6	9.9
手机	2 745.5	14.9	集成电路	5 156.9	15.5
* 劳动密集型产品	23 510.7	5.0	汽车	2 866.9	-4.9
纺织服装	14 488.5	4.6	原油	12 409.3	51.9
家具	2 916.6	6.2	* 农产品	7 498.0	6.7
鞋类	2 000.9	0.8	大豆	2 339.7	8.7
农产品	4 332.2	3.2	铁矿砂及其精矿	4 567.4	-5.6
钢材	3 619.1	8.0	天然气	2 498.5	60.9
汽车零配件	2 328.7	14.9	初级形状的塑料	2 496.2	18.5
成品油	1 505.3	270.9	汽车零配件	2 102.6	5.7

注：* 机电产品、劳动密集型产品、农产品表示与表中已列名商品有交叉。

二、2018 年我国一般贸易进出口增长的主要原因

（一）我国经济发展总体平稳、对外开放力度加大、营商环境改善等有利因素，带动外贸结构进一步优化

2018 年，我国坚持稳中求进工作总基调，三大攻坚战开局良好，供给侧结构性改革深入推进，改革开放力度加大，人民生活持续改善，国民经济运行保持在合理区间，总体平

稳、稳中有进态势持续显现。

一是经济平稳增长，制造业向高新产业转型升级加快。初步核算，2018 年全国国内生产总值 90.03 万亿元，同比增长 6.6%。全国规模以上工业增加值增长 6.2%，增速缓中趋稳；高技术制造业、战略性新兴产业和装备制造业增加值，同比分别增长 11.7%、8.9%和 8.1%，增速分别比规模以上工业快 5.5、2.7 和 1.9 个百分点。全国固定资产投资（不含农户）同比增长 5.9%；高技术制造业和装备制造业投资，同比分别增长 16.1%和 11.1%，分别比制造业投资快 6.6 和 1.6 个百分点①。海关数据显示，2018 年我国一般贸易占整体进出口值比重较上年提升 1.4 个百分点，其中机电产品出口占一般贸易出口值的比重提升了 0.5 个百分点，劳动密集型产品出口比重则下滑 1.4 个百分点。

二是多项开放政策落地，对外开放力度加大。通过扩大外资银行、保险、证券、基金，以及期货等行业的市场准入开放和业务范围，金融市场进一步放开；两次大范围下调进口关税后关税总水平由上年的 9.8%降至 7.5%，进一步降低了进口成本；首届中国国际进口博览会的成功召开，对拉动进口起到重要的作用。

三是营商环境进一步优化。世界银行营商环境报告显示，我国营商环境总体评价较上年跃升 32 位至第 46 位，并且我国在开办企业、办理施工许可证、获得电力、纳税、跨境贸易等 7 个类别的改革中取得了突出进展②。营商环境的优化有力地促进了跨境贸易便利化，助力外贸进出口稳步增长。

（二）“一带一路”倡议联通世界，为一般贸易稳定发展构建更广阔平台，创造了更便利的条件

“一带一路”倡议提出 5 年多来，我国已与 125 个国家和 29 个国际组织签署了 173 份共建“一带一路”合作文件，“一带一路”成功对接欧盟的“容克计划”、俄罗斯的欧亚经济联盟、越南的“两廊一圈”、哈萨克斯坦的“光明之路”等；与沿线国家的互联互通水平持续提升，中欧班列从 2011 年仅开行 17 列增至 2018 年的 6 363 列，年运送货值从 2011 年的不足 6 亿美元增至 2018 年的 120 亿美元，海运服务已覆盖“一带一路”沿线所有沿海国家，航空方面与“一带一路”沿线 62 个国家签订了双边政府间航空运输协定，与 45 个沿线国家实现直航③。2018 年，我国企业在 56 个共建“一带一路”国家非金融类投资 156.4 亿美元，同比增长 8.9%，亚洲基础设施投资银行迎来 3 次扩容，新纳入 9 个成员国，成员国总数达到 93 个④。我国与“一带一路”共建国家交流日益频繁，为企业开展进出口业务提供了更广阔的平台和更便利的条件。2018 年，我国对“一带一路”沿线国家一般贸易进出口 5.41 万亿元，同比增长 18.9%，较当年一般贸易整体增速快 6.5 个百分点，占当年我国一般贸易进出口总值的比重为 30.7%，较上年提升 1.7 个百分点。

---

① 《国家统计局：2018 年中国经济数据正式发布!》，搜狐网，2019 年 1 月 21 日。

② 《回望 2018 丨十大关键词给 2018 年中国经济划重点》，界面新闻，2018 年 12 月 21 日。

③ 《对“一带一路”的误解和偏见终究会被事实打脸》，央广网，2019 年 4 月 28 日。

④ 《“一带一路”倡议提出近六年 数说建设成果》，环球网，2019 年 4 月 10 日。

三、当前影响我国一般贸易进出口的主要因素

（一）外部经济下行压力增大，外贸面临的形势不容乐观

经济合作与发展组织 2019 年 3 月初发布经济展望报告，将 2019 年全球经济增长预期从 3.5%下调至 3.3%，认为欧洲等地的经济放缓，以及全球贸易增长的疲弱是影响世界经济的主要因素[①]。2019 年年初，国际货币基金组织预测，全球经济增长触顶，下行风险增大；世界银行认为，全球经济面临的主要风险点包括金融市场无序性、贸易保护主义升级、政策不确定性以及地缘政治紧张局势加剧等；瑞士联合银行、日本野村证券等均预测 2019 年全球经济增长放缓[②]。全球经济预期增长放缓，需求增速下滑，进出口成本或将上涨，我国外贸面临的宏观经济形势不容乐观。

（二）贸易摩擦是影响我国外贸的主要消极因素

国际货币基金组织预测，2019 年我国经济来自贸易摩擦的下行风险提升；瑞士联合银行集团认为，我国经济 2019 年最大的经济下行压力将来自美国加征关税和与贸易摩擦相关的不确定性[③]。以我国大豆进口为例，2018 年 7 月起，我国对自美国进口的大豆加征 25%的关税，2018 年我国大豆一般贸易进口占同期农产品一般贸易进口值的 31.2%，是我国农产品主要进口品种，同比逆势下降 8.7%，其中自美国进口大豆大幅下降 53.1%，拖累我国大豆一般贸易进口值下降 18.8 个百分点，自美国一般贸易进口值下降 7.4 个百分点。贸易摩擦对我国进出口的直接影响较为突出。

（三）我国能源类产品进口依存度提升，受国际大宗商品供应和价格波动影响的风险加大

《中国能源发展报告 2018》指出，2018 年，我国能源供需总体宽松与能源个别品种时段性、区域性紧张矛盾并存，能源消费增速延续反弹态势，全年能源消费总量同比增长 3.3%，增速创 2014 年以来新高，比上年提高 0.4 个百分点，天然气、水电、核电、风电等清洁能源消费量占能源消费总量的比重提高约 1.3 个百分点。其中，消费量同比增长 17.7%，年增 422 亿立方米，增量创历史新高[④]。随着我国能源消费需求增长，对进口的依赖度提升。2018 年我国进口原油、铁矿砂、天然气、煤和铜矿砂等能源和基础原材料类产品 2.23 万亿元，同比增长 30.9%，占当年我国一般贸易进口总值的比重较上年提升 3.4 个百分点，其中天然气进口增速高达 60.9%。2019 年，我国供给侧结构性改革、“蓝天保卫战”继续深入推进，能源消费将延续清洁化、高效化趋势，清洁能源比例继续提高，对进口的依赖将进一步提升。然而，国际大宗商品受经济增长预期、汇率、地缘政治等多重因素影响，而且我国缺乏定价话语权，过高的对外依赖使我国经济运行的不确定风险性加大。

---

① 《经合组织将 2019 年世界经济增长预期下调至 3.3%》，中国新闻网，2019 年 3 月 6 日。

② 《2019：贸易摩擦和货币政策收紧是全球经济下行主要诱因》，中国经济时报，2019 年 1 月 9 日。

③ 《2019：贸易摩擦和货币政策收紧是全球经济下行主要诱因》，中国经济时报，2019 年 1 月 9 日。

④ 《能源消费增速创 5 年来新高 非化石占比上升 0.5 个百分点》，新浪南方能源，2019 年 5 月 5 日。

四、我国一般贸易进出口形势展望及对策建议

总体来说，我国经济发展前景向好。国际货币基金组织认为，贸易摩擦对我国经济的影响会被财政政策部分抵消；世界银行认为，虽然增长放缓，但我国经济仍然具有韧性[①]。2019 年一季度，我国经济平稳增长，经济新动能加速提升，发展协调性持续增强，吸引外资保持稳定增长[②]，“一带一路”倡议合作伙伴不断增多。但是面对日益严峻的国际贸易形势，我国一般贸易进出口仍然存在着国际贸易环境不稳定、外贸结构有待优化等问题。

为此建议：一是稳步扩大对外开放，营造良好营商环境，鼓励各省市立足本区域特色，抓好重点产业发展，发挥好投资稳增长作用，加快培育外贸新动能。

二是深入推进供给侧结构性改革，提高资源利用效率；加强对大宗商品监测分析预警，着力防范国际大宗商品价格异常波动，推动大宗商品现货和期货市场发展，提升定价话语权；加强战略性资源储备，加大对境外自然资源的开发性投资。

三是推进外贸市场多元化，积极开拓新兴市场，加强与欧洲发达国家第三方市场的合作，加大“一带一路”市场拓展力度。

---

① 《2019：贸易摩擦和货币政策收紧是全球经济下行主要诱因》，中国经济时报，2019 年 1 月 9 日。

② 《中国经济发展韧性十足》，人民日报，2019 年 5 月 7 日。

2018年我国加工贸易进出口年度报告

加工贸易作为一种贸易方式，是我国深度融入国际产业分工体系，实现价值链跃升，提高就业水平的重要载体。近年来，加工贸易发展面临着成本上升、全球竞争加剧、贸易保护主义抬头等挑战，增长速度有所放缓。但与此同时，加工贸易增长结构持续改善，增长质量有所提高，内生动力进一步增强。

据海关统计，2018年我国加工贸易进出口8.38万亿元人民币，同比增长4%，占当年我国进出口总值的27.5%。其中，出口5.27万亿元，同比增长2.5%；进口3.11万亿元，同比增长6.5%。贸易顺差2.16万亿元，收窄2.7%。

一、2018年我国加工贸易进出口的主要特点

（一）月度进出口规模起伏较大，9月份创出新高

2018年1月份，我国加工贸易月度进出口值自上年年末的高位回落，2月份跌至年内最低值。3月份起一路波动上行，9月份创2015年1月以来新高，当月进出口值达1 561.3亿元，同比增长16.3%。随后又逐月回落，12月份进出口规模缩小至1 286.9亿元，增速逆转为负增长，同比下降3.1%（见图1）。

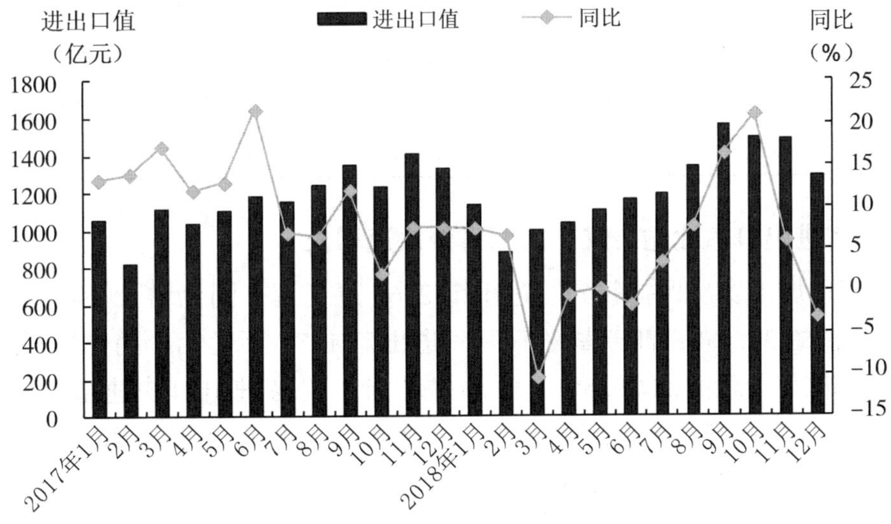

图1　2017年1月~2018年12月我国加工贸易进出口月度走势统计图

（二）外商投资企业主导进出口，民营企业比重提升

2018年，我国外商投资企业以加工贸易方式进出口6.81万亿元，同比增长2.4%，占当年我国加工贸易进出口总值的81.3%。同期，民营企业进出口1.16万亿元，同比增长30.3%，占当年我国加工贸易进出口总值的13.8%，所占比重较上年提升2.8个百分点。

此外，国有企业进出口 4 075. 4 亿元，同比下降 20. 9%。

（三）美国位居贸易伙伴首位，对东盟进出口稳步增长

2018 年，美国保持我国加工贸易最大贸易市场地位，全年进出口 1. 47 万亿元，同比增长 4. 7%，占当年我国加工贸易进出口总值的 17. 5%。同期，与我国香港地区进出口 1. 08 万亿元，同比增长 8. 5%，占当年我国加工贸易进出口总值的 12. 8%；与欧盟进出口 1. 03 万亿元，同比增长 1. 7%，占当年我国加工贸易进出口总值的 12. 3%；与东盟进出口 9 332. 7亿元，同比增长 11%。其中，美国是我国加工贸易出口最大市场；韩国是我国加工贸易进口最大来源地，自美国、我国香港地区、欧盟和东盟进口增速同比分别达到 13. 7%、29%、12. 7%和 21. 7%，明显快于进口整体增速（见表 1）。

表 1　2018 年我国加工贸易进出口主要贸易伙伴统计表

主要贸易伙伴	进出口		出口		进口	
	金额（亿元）	同比（%）	金额（亿元）	同比（%）	金额（亿元）	同比（%）
美国	14 655. 0	4. 7	12 972. 8	3. 6	1 682. 2	13. 7
中国香港	10 756. 8	8. 5	10 601. 7	8. 3	155. 1	29. 0
欧盟	10 320. 1	1. 7	8 534. 5	-0. 3	1 785. 6	12. 7
东盟	9 332. 7	11. 0	4 691. 1	2. 1	4 641. 6	21. 7
韩国	8 687. 9	4. 2	2 910. 1	-2. 2	5 777. 8	7. 7
日本	7 157. 0	-2. 3	4 168. 1	-1. 7	2 988. 9	-3. 2
中国台湾	6 719. 9	8. 0	1 238. 2	7. 4	5 481. 7	8. 1
墨西哥	1 120. 2	4. 9	922. 6	4. 2	197. 6	7. 8
澳大利亚	998. 4	0. 8	888. 5	3. 2	109. 9	-14. 8
印度	956. 9	0. 8	730. 6	-1. 7	226. 3	9. 6

（四）广东省进出口占比逾 3 成，西部省份快速增长

2018 年，广东加工贸易保持领先，进出口 2. 63 万亿元，同比增长 4%，占当年我国加工贸易进出口总值的 31. 4%；江苏紧随其后，进出口 1. 72 万亿元，同比增长 4. 4%，占当年我国加工贸易进出口总值的 20. 5%。西部省份加工贸易进出口快速增长，四川进出口 3 351亿元，同比增长 29. 5%；重庆进出口 2 632. 4 亿元，同比增长 26. 9%；陕西进出口 2 226. 3亿元，同比增长 28. 3%（见表 2）。

表 2　2018 年我国加工贸易进出口主要省市统计表

省市	进出口		出口		进口	
	金额（亿元）	同比（%）	金额（亿元）	同比（%）	金额（亿元）	同比（%）
广东	26 284.6	4.0	16 523.7	2.4	9 760.9	7.0
江苏	17 199.8	4.4	10 234.5	-0.1	6 965.3	11.9
上海	7 504.6	0.1	5 241.1	-2.2	2 263.5	5.8
山东	4 338.8	-8.4	2 984.2	-8.3	1 354.6	-8.6
河南	3 563.1	1.8	2 268.0	9.3	1 295.1	-9.2
四川	3 351.0	29.5	1 813.1	38.9	1 537.9	19.9
浙江	2 686.6	5.2	1 874.1	2.2	812.5	13.1
重庆	2 632.4	26.9	2 258.5	24.5	373.9	43.8
福建	2 479.2	3.2	1 656.4	1.9	822.8	5.8
天津	2 353.9	4.8	1 426.3	6.9	927.6	1.7

（五）机电产品为主要进出口产品，集成电路进出口明显增长，飞机及其他航空器进口倍增

2018 年，我国以加工贸易方式出口机电产品 4.29 万亿元，同比增长 4.4%，占当年我国加工贸易出口总值的 81.4%。其中，手机 6 500.3 亿元，同比增长 7.5%；集成电路 3 273.1亿元，同比增长 25%。此外，以加工贸易方式出口服装、纺织纱线、鞋类、塑料制品、家具、玩具、箱包等 7 大类劳动密集型产品合计 3 613.6 亿元，同比下降 4.9%。

同期，我国以加工贸易方式进口机电产品 2.26 万亿元，同比增长 9.2%，占当年我国加工贸易进口总值的 72.5%。其中，集成电路 1.1 万亿元，同比增长 16.7%；液晶显示板 1 281.3 亿元，同比下降 11.8%。同期，进口原油 1 140.1 亿元，同比下降 25.2%（见表 3）。

表 3　2018 年我国加工贸易进出口主要商品统计表

出口			进口		
商品名称	金额（亿元）	同比（%）	商品名称	金额（亿元）	同比（%）
*机电产品	42 896.7	4.4	*机电产品	22 552.4	9.2
自动数据处理设备及其部件	8 286.6	1.4	集成电路	10 969.4	16.7
手持或车载无线电话机	6 500.3	7.5	液晶显示板	1 281.3	-11.8
自动数据处理设备	5 205.4	0.0	电视、收音机及无线电讯设备的零附件	642.4	-0.5

表3 续

出口			进口		
商品名称	金额（亿元）	同比（%）	商品名称	金额（亿元）	同比（%）
便携式电脑（平板电脑除外）	3 583.8	-1.8	印刷电路	594.2	-1.9
集成电路	3 273.1	25.0	自动数据处理设备的零件	592.4	26.1
存储器	1 759.6	37.9	通断保护电路装置及零件	578.3	-4.2
自动数据处理设备的零件	1 758.2	24.8	二极管及类似半导体器件	546.5	-1.1
* 劳动密集型产品	3 613.6	-4.9	原油	1 140.1	-25.2
纺织服装	1 743.1	-4.8	初级形状的塑料	887.8	2.0

注：* 机电产品、劳动密集型产品表示与表中已列名商品有交叉。

二、2018 年我国加工贸易进出口小幅增长的主要原因

（一）加工贸易内生动力增强，叠加国内营商环境持续改善，贸易基础较好

近年来，国家大力推动加工贸易转型升级及创新发展，特别是 2016 年国务院发布《关于促进加工贸易创新发展的若干意见》以来，加工贸易发展思路逐渐清晰，转移路径也更为明确，内生动力进一步增强。从经营主体来看，加工贸易经营主体更趋多元化；从产品结构来看，机电产品主导出口，部分战略性新兴产业产品出口增长较快；从产业链条来看，加工贸易产业链逐步向研发设计、品牌创建等上游延伸；从企业素质来看，加工贸易企业进出口规模不断扩大，利用境内境外“两个市场、两种资源”的能力不断增强；从产业转移的情况来看，随着中西部地区承接产业转移的推进，国内产业链条得以延长。此外，我国的营商环境也在不断改善，根据世行发布的最新全球营商环境报告，我国 2017 年以来为中小企业改善营商环境实施的改革数量创纪录，全球排名从上期的第 78 位跃升至第 46 位，一次性跃升 32 位①。

（二）贸易摩擦导致对美加工贸易增速放缓，拉低了我国加工贸易进出口增速

美国是我国加工贸易最大的贸易伙伴，2018 年对美加工贸易占当年我国加工贸易进出口总值的近 2 成。2018 年 3 月开始的中美贸易摩擦直接影响了对美加工贸易。从时间轴来看，2018 年 6 月 15 日美国宣布对我国 500 亿美元商品征收 25%关税，随后我国发起等额征税反击，当月对美加工贸易和全国加工贸易均降为负增长。7 月美国政府宣布拟对 2 000 亿美元中国商品加征 10%的关税，8 月声明拟将加征税率由 10%提高至 25%，并在 9 月宣布自 2019 年 1 月 1 日起执行 25%的税率；我国随即提出将不得不同步进行反制。双方贸易冲突白热化，直接导致企业的抢闸进出口潮，7 月–11 月中美加工贸易恢复增长，9 月、10 月进出口同比增速更是达到了 16.3%和 21%；与此同时，7 月–11 月我国加工贸易进出口同

① 《营商环境排名一次性提升 32 位，世行赞赏中国改革执行力强》，央广网，2018 年 11 月 1 日。

比增速均超过了 5%，9 月、10 月进出口同比增速更是达到了 14.4% 和 18%。12 月初，中美经贸关系缓和，双方达成共识，停止加征新的关税，企业对磋商持观望态度暂缓进出口，当月中美加工贸易同比下降 3.1%，全国加工贸易同比下降 9.7%。2018 年中美贸易摩擦是导致加工贸易增速大幅波动，整体放缓的直接因素，也在一定程度上使得 2017 年以来我国加工贸易良好的增长势头未能延续，2018 年我国加工贸易仅小幅增长 4 个百分点，比 2017 年下滑 5.7 个百分点。

三、当前影响我国加工贸易进出口的主要因素

（一）逆全球化背景下贸易保护主义抬头，深刻影响加工贸易生产及投资

2016 年英国公投脱欧，拉开逆全球化序幕，2017 年特朗普就任美国总统，主张“美国优先”，力推贸易保护主义。2018 年美国单方面挑起贸易争端，贸易紧张局势显著升级，逆全球化风险明显增加，对我国加工贸易发展造成了深远的影响。数据显示，2018 年中美贸易摩擦影响国际供应链所带来的原材料、零部件价格上涨幅度达到 30%-70%[①]，使得国内加工贸易企业面临较高的供应链成本，影响企业的供应周期。对企业的调研结果显示，贸易摩擦还进一步影响跨国企业的生产经营及投资决策，如东莞某电子有限公司，90% 产品均在美国涉税名单内，中美贸易冲突爆发后企业表示订单客户直接要求订单转移到海外基地生产；又如香港某集团本计划 2018 年在东莞投资 4 亿美元设厂生产苹果手机配件，也因中美贸易摩擦影响而搁置。由于加工贸易两头在外，逆全球化背景下贸易保护主义的抬头正进一步对加工贸易的生产和投资产生深刻影响。

（二）劳动密集型和技术密集型制造业双双流出，加工制造业空心化风险加剧

近年来，伴随着国内生产综合成本的变化，越来越多的劳动密集型国际投资从我国转向东南亚等劳动力成本相对低廉、有进口减免税政策的国家和地区。全球贸易信息系统数据显示，2018 年我国劳动密集型产品在欧盟和日本的市场份额分别为 40% 和 52.25%，同比分别下滑 0.9 个和 2.84 个百分点，下降的市场份额逐渐被东南亚国家抢占。与此同时，发达国家提出“再工业化”或“制造业回归”战略吸引制造业回流，进一步削减我国加工贸易份额。如美国特朗普政府 2018 年企图用削减对通用汽车的所有补贴威胁通用关闭中国工厂[②]；威胁对从海外输入美国的部分苹果 iPhone 及苹果笔记本电脑征收关税以敦促苹果将生产工厂迁回到美国[③]等。《2018 中国先进制造业产业发展白皮书》指出，劳动力密集型和技术密集型制造业的双双流出，打破了以往产业迁移的固有模式，面临的制造业空心化风险正在加剧[④]。

（三）加工贸易仍集中在生产制造环节，在全球产业链中的核心竞争力有待提升

产业链的全球一体化已经成为现代国际贸易的重要特征，产业链、供应链、价值链的

---

① 《中美贸易战的根源、影响、趋势及对策》，海关总署研究中心《领导参阅》，第 50 期

② 《特朗普疯了！用 20 亿补贴来威胁通用关闭中国工厂》，凤凰网，2018 年 11 月 30 日。

③ 《特朗普威胁对苹果收税 苹果股价盘后应声下跌 2%》，华尔街见闻百家号，2018 年 11 月 27 日。

④ 《2018 年先进制造业产业发展白皮书》，众诚智库，2018 年 5 月 26 日发布于“2018 中国国际大数据产业博览会”。

全球运作能力已经成为衡量各国产业核心竞争力的重要指标。研究认为，以生产为核心的产业链模式已经落伍，加快传统制造业升级必须打造先进制造业产业集群，构建全产业生态系统[①]。从总体看，我国加工贸易仍是集中在生产制造环节，产业链两端的研发设计及服务高端制造的生产性服务业仍比较薄弱，在代表未来产业发展方向的人工智能、物联网、3D打印、区块链及其他技术运用方面仍远远落后于先进工业国家，柔性化生产及机器换人过程中软件的柔性化水平有待提高；此外，从国内产业转移来看，调研显示，中西部地区承接能力不足，目前多数中西部地区承接地关联产业本地配套率不高，与珠三角、长三角地区相比物流环境较差，承接的产业过于集中，出口市场、品种单一，制约加工贸易梯度转移进程[②]；从境外布局来看，我国企业在装备、技术、标准、服务“走出去”方面尚嫌不足，深度融入全球产业链、价值链、物流链方面的跨国企业不多，在全球产业链中的核心竞争力有待提高。

四、我国加工贸易进出口形势展望及相关建议

总体来说，我国加工贸易转型升级成效初显，落后产能被逐步淘汰，产业链条向研发设计、品牌创建等高端延伸，内生动力增强。但面临的国际贸易形势更趋复杂，全球竞争压力加大，贸易发展不确定性因素增加。展望未来加工贸易的发展方向，一方面仍需内部加强自身素质，不断提升加工贸易技术水平与核心竞争能力；另一方面也需高度关注国际经贸关系的发展变化，提前布局应对。

为此建议：一是积极进行经贸磋商，进一步扩大开放，继续营造良好的营商环境。继续推进中美高层经贸磋商，争取早日达成共识，消除消极影响；进一步扩大开放，持续做好进口博览会等招商引资工作，稳定外商投资预期；引导企业用足用好各项减税降费政策，加强政府各部门间的协同配合，为企业减负，营造良好的营商环境。

二是鼓励企业积极参与全球价值链，寻求更高附加值的加工贸易循环。加强顶层设计，支持战略性新兴产业发展，抢占先进产业制高点；大力推进智能制造，支持企业进入关键零部件和系统集成制造领域，打造高附加值产业集群；以“一带一路”倡议为指引，鼓励企业到“一带一路”沿线国家设立开发区和生产基地，寻求更高附加值的加工贸易循环，培养以我国为主的全球价值链，提升我国对全球价值链的影响力。

三是大力发展生产性服务行业，促进加工贸易产业链在国内延伸。着力培育创新能力强、投入强度高、具有发展潜力的信息服务、科技服务、设计服务、检测维修、现代供应链等生产性服务业；完善保税物流政策，加快推进自贸区、综合保税港区的设立，加快自贸区创新制度的复制推广，促进“保税+”新型贸易业态发展，在巩固“中国制造”的同时，鼓励和推进“中国服务”。

四是继续支持内陆沿边地区承接产业梯度转移，推动区域协调发展。加大对加工贸易

---

① 《2018年先进制造业产业发展白皮书》，众诚智库，2018年5月26日发布于“2018中国国际大数据产业博览会”。

② 《2018年我国加工贸易梯度转移及转型升级课题调研报告》、黄埔、济南、湛江、长春海关联合课题调研组，2019年1月。

梯度转移重点承接地的基础设施建设支持力度，完善交通、水电、通讯网络等基础设施；完善公共服务平台建设、员工技能培训、招商引资、就业促进等相关工作，改善承接加工贸易产业转移的软环境；培育和建设一批加工贸易梯度转移重点承接地和示范地，深入推动加工贸易梯度转移。

2018 年我国边境小额贸易进出口年度报告

我国陆地边境线绵长，毗邻国众多。边境小额贸易作为在我国陆地边境口岸与毗邻国开展的对外贸易方式，对促进边境沿线地区经济繁荣、维护边疆稳定、增强民族团结、巩固与毗邻国的睦邻友好关系起到了不可替代的作用。

据海关统计，2018 年我国边境小额贸易（以下简称“边贸”）进出口 2 667.5 亿元，比上年微增 0.8%，占当年我国进出口总值的 0.9%。其中，出口 2 060.2 亿元，同比微增 0.8%；进口 607.3 亿元，同比微增 0.8%。贸易顺差 1 452.9 亿元，同比扩大 2.3%。

一、2018 年我国边贸的主要特点

（一）月度进出口值震荡攀升，单月增速正负参半

2018 年，我国边贸月度进出口值呈现震荡态势。除 2 月份、6 月份外，其余各月进出口值均在 200 亿元以上，12 月份进出口值达 271.7 亿元，为年内最高。同时，月度进出口增速振幅较大，呈现增长、下降态势各 6 个月，最高值为 1 月份增长 43.8%，最低值为 6 月份下降 13.2%（见图 1）。

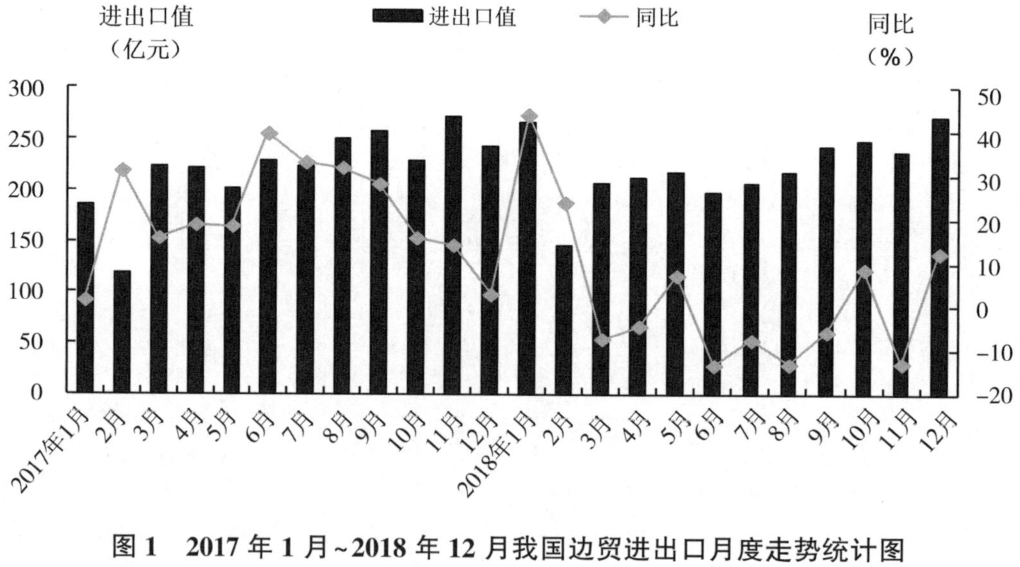

图 1　2017 年 1 月~2018 年 12 月我国边贸进出口月度走势统计图

（二）民营企业主导进出口，国有企业进出口规模缩小

2018 年，民营企业以边贸方式进出口 2 588.5 亿元，同比增长 1%，占当年我国边贸进出口总值的 97%；国有企业进出口 79 亿元，同比下降 5.8%，占当年我国边贸进出口总值的 3%。

(三) 越南为我国边贸最大出口市场，俄罗斯为主要进口来源地

2018 年，与我国开展边贸的毗邻国中，对越南贸易额超千亿元，对哈萨克斯坦、俄罗斯、缅甸、吉尔吉斯斯坦和蒙古等 5 国贸易规模超百亿，上述 6 国合计进出口 2 543.8 亿元，占当年我国边贸进出口总值的 95.4%。

其中，越南占据我国边贸出口首位，出口值达 1 041.8 亿元，同比增长 21.5%，占当年我国边贸出口总值的 50.6%；哈萨克斯坦紧随其后，出口值为 428.5 亿元，同比下降 14.2%，占当年我国边贸出口总值的 20.8%。同期，俄罗斯居我国边贸进口首位，进口值 276.9 亿元，同比下降 6.1%，占当年我国边贸进口总值的 45.6%；蒙古居进口第 2 位，进口值为 154.3 亿元，同比增长 27.8%，占当年我国边贸进口总值的 25.4%（见表 1）。

表 1　2018 年我国边贸进出口主要贸易伙伴统计表

主要贸易伙伴	进出口合计		出口		进口	
	金额（亿元）	同比（%）	金额（亿元）	同比（%）	金额（亿元）	同比（%）
越南	1 114.8	19.7	1 041.8	21.5	73.0	-1.1
哈萨克斯坦	447.9	-12.1	428.5	-14.2	19.4	85.8
俄罗斯	442.6	-0.9	165.7	9.3	276.9	-6.1
缅甸	189.9	4.4	116.3	6.3	73.6	1.6
吉尔吉斯斯坦	181.0	-32.2	179.3	-32.1	1.7	-37.8
蒙古	167.5	27.8	13.2	27.2	154.3	27.8
塔吉克斯坦	52.3	-16.6	52.1	-16.6	0.2	-29.1
尼泊尔	24.1	4.0	23.8	3.8	0.3	26.4
朝鲜	19.9	-64.3	16.5	-58.5	3.4	-78.8
巴基斯坦	11.4	-53.0	11.1	-49.9	0.3	-85.8

(四) 广西边贸一枝独秀，进出口两位数增长

2018 年，广西边贸规模达千亿元以上，为 1 076.2 亿元，首次超过新疆成为我国边贸总值最大的省份，占当年我国边贸进出口总值的 40.3%。其中，出口 1 032.5 亿元，同比增长 22.5%，占当年我国边贸出口总值的 50.1%；进口 43.7 亿元，同比增长 16.6%。

除广西外，新疆、内蒙古、云南和黑龙江等 4 个省份边贸规模也均在百亿元以上，上述 4 个省份进出口总值合计占当年我国边贸进出口总值的 57%。其中，新疆、云南和黑龙江边贸进出口总值呈现下降态势，同比分别下降 14%、4.8%和 9.6%；内蒙古进出口同比增长 6.1%（见表 2）。

表2　2018年我国边贸进出口主要省市统计表

省市	进出口		出口		进口	
	金额（亿元）	同比（%）	金额（亿元）	同比（%）	金额（亿元）	同比（%）
广西	1 076.2	22.2	1 032.5	22.5	43.7	16.6
新疆	798.9	-14.0	773.6	-15.0	25.3	29.5
内蒙古	317.5	6.1	31.2	13.4	286.3	5.4
云南	216.1	-4.8	127.0	0.6	89.1	-11.6
黑龙江	187.4	-9.6	55.4	-26.3	132.0	-0.1

（五）我国边贸进出口商品互补性强

我国边贸出口以劳动密集型产品、机电产品和农产品等传统优势商品为主；进口以国内稀缺的大宗资源、能源型产品为主，显示出我国与毗邻国资源禀赋、产业结构方面有较强的互补性。

劳动密集型产品和机电产品继续主导出口，农产品出口乏力。2018年，我国以边贸方式出口劳动密集型产品[①] 1 139.8亿元，同比下降2.1%，占当年我国边贸出口总值55.3%；其中，出口纺织服装800.7亿元，同比增长0.6%；鞋类197.8亿元，同比下降16.3%。机电产品出口532.1亿元，同比增长7.9%，占当年我国边贸出口总值的25.8%；其中，电器及电子产品和机械设备分别出口178.9亿元和131.9亿元，同比增长16.8%和30.5%，增长幅度较大。此外，农产品出口157.6亿元，同比下降3.6%，占当年我国边贸出口总值的7.6%；其中，蔬菜、水果出口同比分别下降8.7%、5.8%。

进口商品以资源型商品为主，天然气进口激增。我国边贸方式项下进口前10位的商品中，除农产品外，其余均为资源型商品，合计进口421.7亿元，占当年我国边贸方式进口总值的69.4%。其中，进口煤137.3亿元，同比增长27.5%；进口天然气13.1亿元，激增2.4倍；锯材和原木合计进口183.8亿元，同比下降12.4%；铁矿砂和铅矿砂进口分别下降31%和7.9%。此外，农产品进口79.7亿元，同比增长17.5%，占当年我国边贸进口总值的13.1%（见表3）。

表3　2018年我国边贸进出口主要商品统计表

出口			进口		
商品名称	金额（亿元）	同比（%）	商品名称	金额（亿元）	同比（%）
* 劳动密集型产品	1 139.8	-2.1	煤	137.3	27.5
纺织服装	800.7	0.6	锯材	120.1	-11.6
鞋类	197.8	-16.3	农产品	79.7	17.5

① 包括服装、纺织纱线织物及制品、家具、箱包、鞋类、塑料制品和玩具等7类商品。

表3 续

出口			进口		
商品名称	金额（亿元）	同比（%）	商品名称	金额（亿元）	同比（%）
*机电产品	532.1	7.9	原木	63.7	-13.8
电器及电子产品	178.9	16.8	铁矿砂	33.2	-31.0
机械设备	131.9	30.5	肥料	16.3	16.6
*农产品	157.6	-3.6	纸浆	14.5	11.0
蔬菜	64.4	-8.7	天然气	13.1	242.7
水果	55.8	-5.8	铅矿砂	12.7	-7.9
陶瓷产品	44.4	-13.8	天然橡胶	10.8	-15.0

注：*劳动密集型产品、机电产品、农产品表示与表中已列名商品有交叉。

二、2018 年我国边贸微增的主要原因

（一）地缘优势叠加资源禀赋，助力边贸稳定发展

我国共有 9 个省份与 14 个国家陆地接壤，毗邻国的资源、产业发展各有优势，地缘优势和资源为我国边贸的稳定发展奠定了基础。从地理区域来看，我国自东北边境主要贸易伙伴俄罗斯、蒙古进口木材、铁矿砂、铅矿砂和煤等资源型商品；自西北边境主要贸易伙伴哈萨克斯坦进口天然气和农产品等商品；自西南边境主要贸易伙伴越南和缅甸等进口农产品、天然橡胶、铁矿砂和铅矿砂等商品。以边贸方式进口上述商品，具有运输周期短、运费低廉等优势。同时，我国传统优势产品，如纺织服装、鞋类等劳动密集型产品和机电产品等，出口至越南、哈萨克斯坦、俄罗斯等国家，为这些国家相关行业弥补了发展短板。此外，近年来我国边境口岸城市根据各自外贸经济优势，大力发展国际物流中心、互市贸易区及跨境经济合作区等各类互联互通软、硬件设施建设，进一步促进了边贸发展升级，带动边境地区与毗邻区域全面形成互利互惠、合作共赢的局面。

（二）与毗邻国经贸合作持续深化，边贸发展迎来良机

在“一带一路”倡议下，我国与毗邻国在经贸、边境地区基础设施等各方面的合作发展不断深入推进。2018 年，第五届中俄博览会、首届中俄能源商务论坛、第十四届中俄蒙经贸展洽会、第四届东方经济论坛、第十五届中国—东盟博览会和中国—东盟投资峰会等大型商会先后举办；《中国与欧亚经济联盟经贸合作协议》《中俄远东地区合作规划（2018—2024 年）》《中国东北和俄远东及贝加尔地区农业发展规划》正式签署；中巴经济走廊、中缅经济走廊、中哈能源合作及中老铁路等项目建设的不断推进，9 月中蒙启动了首个农产品快速通关绿色通道，10 月中俄首座跨黑龙江的公路桥中方段建设完工①。我国与周边国家在基础设施建设、货物贸易、金融投资等方面的合作愈加深化，既为双边经贸合作持续注入动力，也为边贸发展不断打造了新的亮点。

---

① 《中俄跨江大桥中方段完工 远东迎来新发展动力》，参考消息报，2018 年 10 月 18 日。

（三）毗邻国经济形势向好，利好边贸出口

2018年，越南GDP增长率达7.08%，创下2008年以来新高[①]；俄罗斯GDP增长2.3%，创6年来最高纪录[②]；哈萨克斯坦经济增长率超过4%[③]；吉尔吉斯斯坦国内生产总值同比增长3.5%[④]。周边国家经济的快速发展带动其国内需求的持续旺盛，有利于我国更多机电设备、原材料及消费品通过边贸渠道向周边国家出口，从而利好边贸增长。

（四）营商环境不断改善，助推边贸向好

2018年，国家发布《优化口岸营商环境促进跨境贸易便利化工作方案》，要求各口岸按照国际先进水平，创新监管方式，优化通关流程，提高通关效率，降低通关成本，营造稳定、公平、透明、可预期的口岸营商环境。随着该工作方案的稳步推进，“单一窗口”覆盖面不断增大，全国通关一体化顺利推行，2018年12月全国进口、出口整体通关时间比2017年分别压缩56.36%、61.19%以上，世界银行跨境贸易便利度排名上升至46位。各口岸营商环境均有所改善，助推与口岸营商环境密切相关的边贸进一步向好。

三、我国边贸面临的主要问题

（一）与周边国家同行业竞争进一步加剧，增加边贸出口难度

近年来，东南亚等新兴市场的劳动密集型产品与我国同行业竞争愈加激烈。受此影响，国内传统劳动密集型行业国际订单减少、利润下滑。自2018年6月开始，我国边贸方式项下劳动密集型产品出口形势低迷，2018年我国纺织品和鞋类以边贸方式出口降幅较为明显，同比分别下降13%和16.3%。需要特别注意的是，“全面与进步跨太平洋伙伴关系协定”（CPTPP）于2019年1月14日在越南正式生效，该协定下将逐步取消98%的农业和工业产品关税，放宽投资法规并加强对知识产权的保护[⑤]，加上原有的劳动力成本等优势，越南制造或对我国服装、纺织品、农产品等边贸出口产生冲击。

（二）中美贸易摩擦对边贸的影响需持续关注

自中美贸易摩擦发生以来，我国边贸不可避免地受到波及。部分企业为规避美国市场壁垒，把原先设在我国的加工厂转移到了以越南为代表的东南亚国家，2018年越南新批外资项目3 046个[⑥]，协议金额近180亿美元，其中主要投资领域为加工制造业，从而助推了我国边贸项下的钢材、机电产品零部件等产品向越南等国的出口增长。此外，受中美贸易摩擦影响，中美之间重要的进口商品大豆受到严重冲击，为弥补市场空缺，中国加大了从俄罗斯进口大豆的力度[⑦]，2018年我国以边贸方式进口大豆79.5万吨，同比增加60.5%，全部来自俄罗斯。

---

① 《2018年越南GDP增长创11年新高》，中国—东盟自贸区网站，2019年3月12日。
② 《俄罗斯去年GDP增长2.3%创6年来最高纪录》，参考消息网，2019年2月6日。
③ 《总统：哈萨克斯坦经济呈现增长趋势》，哈通社，2019年1月30日。
④ 《2018年吉尔吉斯斯坦GDP同比增长3.5%》，中国日报网，2019年1月21日。
⑤ 《越南加入CPTPP中国纺织迎来新挑战》，中国棉花网，2019年2月12日。
⑥ 《2018年越南利用外资平稳增长》，中国—东盟自贸区网站，2018年12月28日。
⑦ 《俄罗斯大豆进口量翻了一倍！中国市场未来将有更多俄豆进入》，新浪网，2019年1月4日。

（三）俄罗斯等国家政策变化影响边贸进出口

俄罗斯《原木法案》要求，所有的木材采伐记录都必须登记，且只允许持有官方出具运输文件的木材运输，以期降低非法采伐及相关贸易风险；俄罗斯将对桦树原木出口实行配额管理，2019 年 1 月 1 日至 6 月 30 日限定规格的桦树原木最多可向非欧亚联盟成员国出口 56.7 万立方米[①]。此外，2019 年缅甸资源与自然环境保护部将继续减少木材生产量，只砍伐 61 万棵左右的树[②]。与此同时，2018 年 4 月 28 日，俄罗斯出台政策从 2019 年起将陆续对烟草、服装，以及鞋靴等 10 大类商品要求强制粘贴电子标签，在俄罗斯境内流通、销售没有粘贴电子标签的上述商品，轻者将被处以罚款并没收货物，重者将追究刑事责任。其中，鞋类电子标签试行时间从 2018 年 6 月 30 日至 2019 年 6 月 30 日，2019 年 7 月 1 日起正式实施；服装类电子标签试行从 2018 年 12 月起开始试行，2019 年 12 月起正式执行。受此政策影响，边贸主要出口商品服装、鞋靴等出口成本增加，原通过“灰色清关”出口到俄罗斯的服装、鞋靴等商品由于无法粘贴电子标签，难以在其市场上销售。2018 年，我国以边贸方式出口至俄罗斯的鞋类同比下降 26.1%。

（四）区域发展不均衡，从事边贸企业规模小

2018 年，我国西南边贸呈现规模大发展迅速态势，东北边贸规模偏小且增长乏力，西北边贸规模居中但呈现下降态势。同时，各省份边贸占当地外贸比重各不相同，广西边贸进出口值占同年当地外贸总值的 26.2%，而新疆边贸进出口值所占同年当地外贸比重达到了 60.3%，黑龙江边贸进出口值占比同年当地外贸仅为 10.7%。此外，各边境城市、口岸从事边贸企业规模偏小，2018 年经营边贸的企业共 4 808 家，其中进出口值在亿元以上的企业 411 家，其边贸进出口值合计占当年全国边贸总值的 80.2%。

四、我国边贸进出口形势展望及对策建议

在当前我国与“一带一路”沿线国家共商、共建、共享的力度不断加大的背景下，有着地利优势的边贸，将在更大的范围和更广的程度上实现互联互通，贸易便利化程度有望进一步提升，贸易规模将进一步扩大，继续为促进与毗邻国双方沿边地区经济繁荣、睦邻友好作出贡献。

为此建议：一是加强沟通，持续关注周边国家相关经贸政策动态，加强市场研究，及时通达边贸企业，引导其调整进出口商品结构，有效规避风险，促进边贸商品结构优化。

二是合力共建，继续加强与毗邻国沿边地区之间的交流与合作，在沿边口岸推动双方在基础建设、物流、金融等多方面的互联互通建设，继续营造宽松便利的营商环境，充分用好“一带一路”倡议释放红利，促进边贸可持续健康发展。

三是合作共赢，着力加强与毗邻国的产业合作，理顺产业上下游关系，避免同质化低水平竞争，同时引导走出去企业尊重毗邻国政策方向，发展所在国家支持鼓励行业，减低原材料、初级产品进口比例，增加中间产品进口量，以减少贸易摩擦，实现边贸持续、绿色双边共赢发展。

---

① 《俄海关将于 2019 年上半年对桦树原木出口实施配额制管理》，商务部，2018 年 11 月 7 日。

② 《2019 年缅甸仍将减少砍伐生产量》，搜狐网，2019 年 1 月 17 日。

2018 年我国跨境电子商务进出口年度报告

跨境电子商务（以下简称“跨境电商”）作为一种国际贸易新兴业态，近年来发展势头迅猛，对增加国内市场的有效供给、刺激消费需求、优化进口结构，推动供给侧结构改革、促进外贸转型升级、提升国际分工地位，扩大对外开放水平、培育外贸竞争新优势、形成全面开放新格局发挥了重要作用。

据海关统计，2018 年我国跨境电商①进出口 1 346.8 亿元人民币，比 2017 年增长 49.9%，占当年我国进出口总值的 0.4%，比重较上年提升 0.1 个百分点。其中，出口 561.2 亿元，同比增长 66.9%，占当年我国外贸出口总值的 0.3%；进口 785.6 亿元，同比增长 39.7%，占当年我国进口总值的 0.6%。跨境电商项下贸易逆差 224.4 亿元，同比收窄 0.7%。

一、2018 年我国跨境电商进出口的主要特点

（一）月度出口值起伏较大，进口受“购物节”影响明显

2018 年，我国跨境电商月度出口值呈现高位大幅波动，在现行的电子商务出口清单汇总申报模式下，3 月、7 月、8 月、9 月、12 月出口值均达到 50 亿元以上，三季度出现较为明显的出口高峰。进口方面，整体呈现高速增长态势，受“618”“双 11”“双 12”等电商平台购物活动备货影响，月度进口值高峰出现在 9 月、5 月、10 月，年末 2 个月因上年基数较高，出现高值负增长（见图 1）。

① 含电子商务（监管方式代码“9610”）、保税电商 A（监管方式代码“1239”）、保税电商（监管方式代码“1210”）三种监管方式。

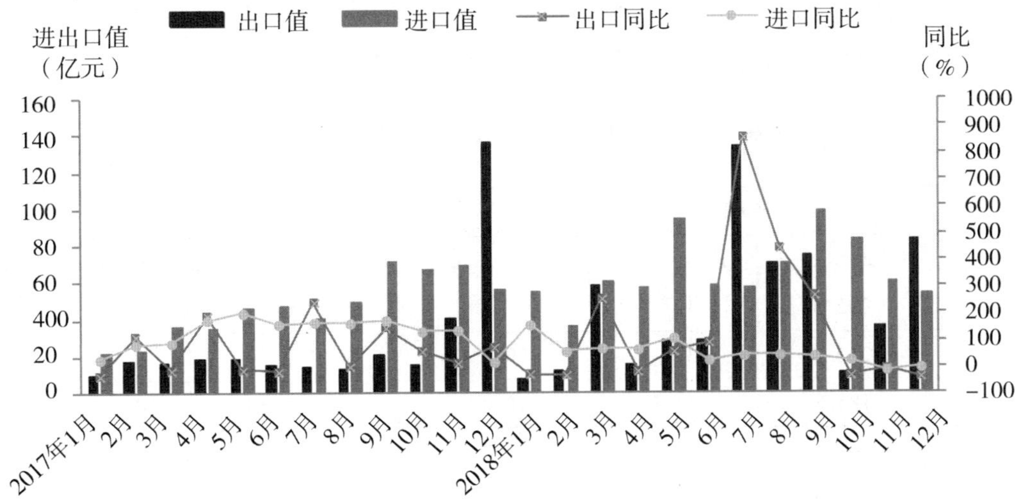

图 1 2017 年 1 月~2018 年 12 月我国跨境电商进出口月度走势统计图

（二）民营企业为主且大幅增长，外商投资企业进出口倍增

2018 年，我国民营企业跨境电商进出口 1 009 亿元，同比增长 59%，占当年我国跨境电商进出口总值的 74.9%，继续处于主导地位。其中，出口 478.8 亿元，同比增长 88.1%；进口 530.2 亿元，同比增长 39.4%。同期，国有企业进出口 90.5 亿元，同比下降 2%；外商投资企业进出口 64.6 亿元，同比增长 1.2 倍；报关企业等其他企业进出口 181.4 亿元，同比增长 27.1%。

（三）出口以电子商务方式为主，进口以保税电商方式为主

2018 年，以电子商务方式进出口 725 亿元，同比增长 53.6%；其中，出口 543.5 亿元，同比增长 65.3%，占当年我国跨境电商出口总值的 96.8%。同期，以保税电商方式进出口 617.4 亿元，同比增长 44.8%；其中，进口 599.7 亿元，同比增长 43.2%，占当年我国跨境电商进口总值的 76.3%（见表 1）。

表 1 2018 年我国跨境电商进出口贸易方式统计表

贸易方式	进出口		出口		进口	
	金额（亿元）	同比（%）	金额（亿元）	同比（%）	金额（亿元）	同比（%）
电子商务（9610）	725.0	53.6	543.5	65.3	181.5	26.8
保税电商（1210）	617.4	44.8	17.7	138.2	599.7	43.2
保税电商 A（1239）	4.4	2 091.3	—	—	4.4	2 171.9

（四）以发达国家和地区市场为主，部分新兴市场增速高于整体

2018 年，跨境电商进出口前 10 大市场中，发达国家（地区）和以发达国家（地区）为主的经济体占据主要位置。前 3 大市场为欧盟、我国香港地区和美国，分别进出口 292.5 亿元、212.3 亿元和 185.8 亿元，同比分别增长 43.5%、31.3%和 44.1%，三者合计占当年

我国跨境电商进出口总值的 51.3%。同期，对东盟、印度进出口同比分别增长 3 倍和 5.9 倍，增速显著高于当年我国跨境电商进出口平均水平（见表 2）。

表 2　2018 年我国跨境电商进出口主要贸易伙伴统计表

主要贸易伙伴	进出口		出口		进口	
	金额（亿元）	同比（%）	金额（亿元）	同比（%）	金额（亿元）	同比（%）
欧盟	292.5	43.5	98.6	56.2	193.9	37.7
中国香港	212.3	31.3	199.3	30.0	13.0	55.2
美国	185.8	44.1	76.0	79.9	109.8	26.7
日本	161.9	35.5	11.0	65.1	150.9	33.7
韩国	123.6	49.8	20.7	49.2	102.9	49.9
澳大利亚	88.9	31.2	8.0	18.9	80.9	32.5
东盟	71.6	301.8	40.4	1 632.7	31.2	101.5
新西兰	49.3	46.9	3.4	176.7	45.9	41.9
加拿大	30.2	150.9	18.4	238.7	11.8	78.4
中国台湾	17.6	235.0	12.6	1 004.4	5.0	21.1

（五）省份集中度较高，规模差异较大

2018 年，广东、浙江的跨境电商进出口规模遥遥领先于其他省份。其中，广东进出口 759.7 亿元，同比增长 71.9%，占当年我国跨境电商进出口总值的 56.4%；浙江进出口 275.5 亿元，同比增长 44.2%，占当年我国跨境电商进出口总值的 20.5%。其他省份进出口值均不足百亿。天津、福建、湖南等省份增长势头强劲，实现倍增（见表 3）。

表 3　2018 年我国跨境电商进出口主要省市统计表

省市	进出口		出口		进口	
	金额（亿元）	同比（%）	金额（亿元）	同比（%）	金额（亿元）	同比（%）
广东	759.7	71.9	457.8	88.4	301.9	51.8
浙江	275.5	44.2	39.6	40.7	235.9	44.9
河南	94.3	-10.5	6.1	0.0	88.2	-11.1
上海	46.4	32.5	1.7	88.5	44.7	31.0
重庆	36.9	17.8	—	—	36.9	17.8
北京	35.6	-20.6	16.5	-53.8	19.1	108.8
天津	30.8	157.7	0.1	438.9	30.7	157.1
山东	27.5	39.1	17.8	45.1	9.7	29.3
福建	10.5	128.9	0.7	186.6	9.8	125.5
湖南	10.3	880.8	10.2	4 784.4	0.1	-84.9

（六）出口以劳动密集型产品和机电产品为主，进口食品和化妆品比重较高

2018年，我国跨境电商出口商品中，劳动密集型产品为第一大类，合计出口214.6亿元，同比增长63.6%，占当年我国跨境电商出口总值的38.2%。同期，机电产品出口210.3亿元，同比增长74.5%，占当年我国跨境电商出口总值的37.5%。

进口方面，食品和化妆品占据主流。进口食品275.1亿元，同比增长59.1%，占当年我国跨境电商进口总值的35%；其中，乳品134.3亿元，同比增长44.6%。进口美容化妆品及护肤品232.6亿元，同比增长94.8%，占当年我国跨境电商进口总值的29.6%。此外，机电产品进口35.4亿元，同比增长1.4倍，占当年我国跨境电商进口总值的4.5%（见表4）。

表4　2018年我国跨境电商主要进出口商品统计表

出口			进口		
商品名称	金额（亿元）	同比（%）	商品名称	金额（亿元）	同比（%）
＊劳动密集型产品	214.6	63.6	＊食品	275.1	57.5
服装及衣着附件	114.9	56.9	乳品	134.3	44.6
塑料制品	36.0	84.4	美容化妆品及护肤品	232.6	94.8
箱包	26.9	73.8	＊机电产品	35.4	144.0
鞋类	15.7	100.4	医疗仪器及器械	4.1	41.4
＊机电产品	210.3	74.5	家电	5.9	292.4
电器及电子产品	82.4	66.9	服装及衣着附件	16.6	544.9
金属制品	45.2	118.9	箱包	13.9	249.6
机械设备	33.7	67.0	鞋帽伞	13.9	504.4
农产品	14.4	850.2	珠宝首饰及有关物品	6.4	262.3

注：＊劳动密集型产品、机电产品、食品表示与表中已列名商品有交叉。

二、2018年我国跨境电商进出口大幅增长的主要原因

（一）政策红利持续释放，成为跨境电商跨越式发展的有力保障

一是跨境电商综合试验区进一步铺开，北京等22个电商基础条件较好、进出口发展潜力较大的城市获批第三批跨境电商综合试验区，为跨境电商发展创造机遇。二是监管和税收政策保持平稳并继续优化，保税电商贸易方式进出口货物继续按照物品条件监管，试点范围扩大至青岛等5个跨境电商综合试验区，税收优惠政策继续执行。三是借助“一带一路”倡议、进口博览会等交流平台，国内外企业获得面对面交流合作的机会，互相开拓销售渠道实现双赢。以2018年11月首届中国国际进口博览会为例，网易考拉、京东、苏宁

三大平台累计签订采购协议达 2 400 亿元[①]。

（二）国内跨境电商消费升级扩容，成为推动其增长的内在动力

一是国内消费升级背景下，个性化、定制化消费需求快速增长，“互联网+进口品牌”的跨境电商新消费渠道兴起。艾媒咨询数据显示，2018 年中国海淘用户规模超 1 亿人，同比增长 55.4%[②]。二是国民消费能力进一步提升，2018 年全国居民人均可支配收入 28 228 元，同比增长 6.5%，同期人均消费支出 19 853 元，同比增长 6.2%[③]，成为跨境电商消费的重要基础。三是“双 11”“618”“双 12”等各类“购物节”的兴起，有效刺激了跨境电商消费，市场进一步扩容。2018 年“双 11”主要电商平台合计销售额达 3 143 亿元，同比增长 23.8%[④]。

（三）产业链布局不断完善，加速打通国内国外两个市场

2018 年，各类资本对大型跨境电商平台支持力度不减，至少有 8 个主要跨境电商平台获得超 4.4 亿美元融资，为其升级与扩张提供了有力资金保障。各大电商平台加快升级物流仓储能力，以降低物流成本和提高跨境物流时效，2018 年 10 月、12 月，网易考拉分别与马士基、万科物流达成全球运输与物流战略合作协议，推进跨境电商物流仓储布局。同时，跨境电商平台不断整合完善供应链，如 2018 年天猫国际的海外品牌入驻数同比增长 122%，其中包括德国超市奥乐齐、英国最大药妆集团沃博联等多个国外知名品牌[⑤]。此外，第三方支付适应跨境贸易高频、小额的结算需求快速发展，数据显示 2018 年国内第三方支付机构跨境互联网交易金额超过 4 900 亿元，同比增长 55.0%[⑥]，其中支付宝等多个第三方支付平台进入国外市场，跨境支付更加便捷也客观上促进了跨境电商发展。

三、当前影响我国跨境电商进出口的主要因素

（一）跨境电商发展不平衡，“网上丝绸之路”仍待深耕

当前跨境电商市场集中于欧美、日韩等发达国家，对“一带一路”沿线国家市场开拓进度显著滞后。2018 年，我国对“一带一路”沿线国家进出口，占当年外贸进出口总值的 27.4%，而同期，以跨境电商方式对“一带一路”沿线国家进出口，仅占当年全国跨境电商进出口总值的 0.7%。此外，国内跨境电商区域发展也极不平衡，广东跨境电商进出口一家独大，占全国的半数以上，紧随其后的浙江、河南分别占 20.5%和 7%，其他省份发展相对滞后，差距明显，亟待迎头赶上。

（二）品质依然是“痛点”，售后服务有待提升

进口方面，品牌真假难以保障，由于跨境电商商品来源较广，涉及多个产地、渠道和

---

① 《2018~2019 中国跨境电商市场研究报告》，艾媒网，2019 年 3 月 22 日。
② 《2018 年国民经济和社会发展统计公报》，国家统计局网站，2019 年 2 月 28 日。
③ 《2018 年国民经济和社会发展统计公报》，国家统计局网站，2019 年 2 月 28 日。
④ 《2018“双十一”全网销售额 3 143 亿元 金融基础设施主力“双十一”》，中商情报网，2018 年 11 月 13 日。
⑤ 《海外品牌入华首选天猫国际，2018 年新入驻品牌销售增长 119%》，搜狐网，2019 年 1 月 31 日。
⑥ 《牌照壁垒逐渐弱化 跨境支付市场未来 5 年有望年增 50%》，中国产业经济信息网，2019 年 4 月 16 日。

中间环节，放大了造假售假的风险，同时鉴定商品真伪又是难题，如2018年年底引起广泛关注的网易考拉平台加拿大鹅羽绒服真假事件，鉴定结论经历三次反转才最终认定为真品①。出口方面，侵权问题依然常见，部分仿冒侵权产品通过电商渠道销往国外，严重损害了“中国制造”的形象，有些甚至又通过跨境渠道回到国内消费者手中。此外，相对于内贸电商已经形成的成套完整的售后服务体系，跨境电商因地域距离远、语言障碍、文化习俗差异等因素，国内外渠道对接仍不通畅，不少售后争端以商家退步退款结束，打击了买卖双方的积极性。

（三）跨境电商新业态新特点，政府监管面临挑战

与传统的集装箱、大批量、海洋运输的贸易模式不同，跨境电商的大量商品是通过以邮政小包、快递等方式，小批量、逐件将货物直接送达消费者手中，因此在通关、税收、跨境支付等方面均对政府监管体系提出了新要求。如在传统一般贸易进出口对侵犯知识产权行为打击力不断加强的背景下，通过跨境电商小批量、多频次模式进出口侵权货物有上升趋势，2018年全国海关共扣留侵权邮包4.55万批次，同比增长156.3%②；再如现行海关统计制度和方法主要适用于集装箱运输下基于报关单信息的传统贸易，而针对跨境电商进出口的统计制度和方法起步较晚，目前只包括三种特定监管方式，大部分跨境电商数据纳入传统的一般贸易等统计当中，而有一部分则通过行邮渠道个人物品等方式进出尚未纳入海关统计，导致海关统计口径下的贸易额远远少于实际跨境电商成交量，也少于“B2C”的成交量，无法准确反映跨境电商进出口规模。

四、我国跨境电商进出口形势展望及对策建议

随着我国持续扩大对外开放，“一带一路”倡议逐步推进，供给侧结构性改革不断深化，跨境电商行业仍将处于政策红利期。2018年底，《中华人民共和国电子商务法》等多个相关规范性文件密集出台，包括扩充跨境电商商品范围、提高年度交易限值、扩大跨境电商试点地区至37个综合试验区、规范“代购”行业、强化企业信用管理等新政策陆续生效，对鼓励和支持跨境电商进出口、规范前行业乱象、促进跨境电商长期健康合规发展具有重要意义。

为此建议：一是把握“一带一路”机遇，实施品牌出海。随着中国与“一带一路”沿线国家的经贸往来不断加强，“网上丝绸之路”提供了更多机遇，跨境电商应积极布局，通过打造品牌和国际营销网络，从扩张数量向提升质量效益转变，促进形成以技术、品牌、质量、服务为核心的出口竞争新优势，推动品牌出海，抢占市场先机。

二是创新和优化经营，积极降本提效。加强与国外品牌的合作，利用进博会、广交会等各类平台积极接触国外品牌，加强对其上游供应链的整合与管理；积极布局海外仓，强化物流仓储等配套服务，降低物流运输成本与仓储成本；加强人工智能、大数据技术运用，将跨境电商数据与商业逻辑深度结合，化解供应链计划管理、业务监控、成本管控及客户

---

① 《历时3个月网易考拉“加拿大鹅”事件最终结果公布》，搜狐网，2019年3月15日。

② 《知识产权海关保护作用日益显现》，中国经济网，2019年5月5日。

服务等难题；运用先进感知技术、虚拟现实技术，提升用户体验。

三是坚持深化改革，打造制度创新新优势。在物流、仓储、通关等方面进一步简化监管流程、精简审批，提高跨境电商各环节便利化水平；推进适应跨境电商特点的海关、税收、支付结算等制度创新，推动实现信息互换、监管互认、执法互助，提高跨境电商服务和监管效能；推动建立与不同国家、地区之间跨境电商的交流合作，参与电子商务国际规则的制定，推动建立跨境电商争议解决机制。

中国外贸进出口年度报告（2019）

ENTERPRISES 贸易主体篇

2018 年我国国有企业进出口年度报告

国有企业是中国特色社会主义的重要物质基础和政治基础，是中国特色社会主义经济的“顶梁柱”，是壮大国家综合实力、保障人民共同利益的重要力量。近两年来，我国奋力推进国有企业做强做优做大，国有企业改革呈现全面推进、重点突破、亮点纷呈、成效显著的良好态势，进一步焕发了国有企业的生机与活力。在外贸领域，国有企业依然承担着我国大部分能源、矿产、粮食等关系国计民生重要产品的进出口任务，为国内经济平稳运行提供了有力支撑。

据海关统计，2018 年我国国有企业进出口 5.3 万亿元，比 2017 年增长 16.8%，占当年我国进出口总值的 17.4%，比重较上年提高 1.1 个百分点。其中，出口 1.69 万亿元，同比增长 7.8%，占当年我国出口总值的 10.3%，比重较上年提升 0.1 个百分点；进口 3.61 万亿元，同比增长 21.5%，占当年我国进口总值的 25.6%，比重较上年提升 1.8 个百分点。贸易逆差 1.92 万亿元，同比扩大 36.9%。

一、2018 年我国国有企业进出口的主要特点

（一）月度进出口规模保持高位运行

除 2 月份以外，2018 年我国国有企业月度进出口规模均在 4 100 亿元以上，全年有 10 个单月的同比增速在两位数以上。其中，8 月份进出口规模和同比增速均达年内最高点，进出口值为 4 731.5 亿元，同比增长 29.3%。随后月度进出口规模虽然有所回落，但仍保持在较高水平。12 月份以 4 507.6 亿元收官，同比增长 5.9%，环比下降 2.4%（见图 1）。

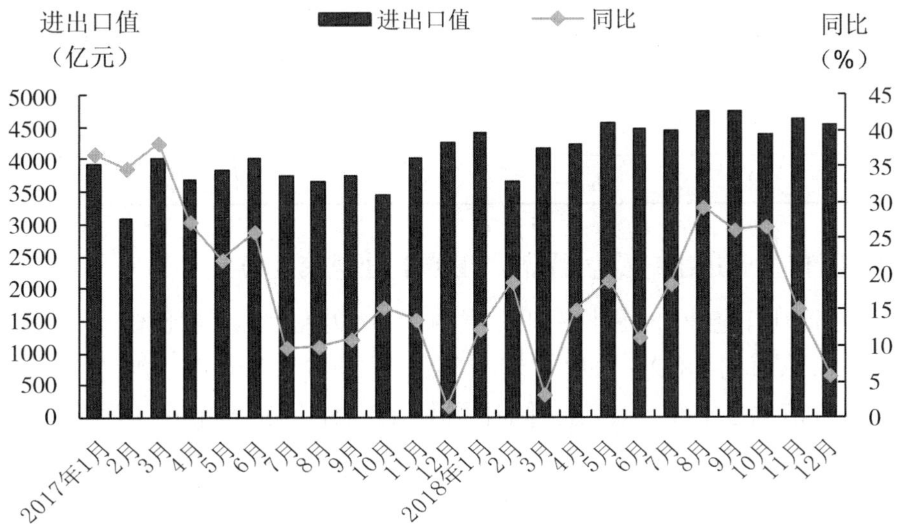

图 1　2017 年 1 月~2018 年 12 月我国国有企业进出口月度走势统计图

（二）一般贸易进出口占主导，加工贸易进出口降幅明显

2018 年，我国国有企业以一般贸易方式进出口 3.93 万亿元，同比增长 21.4%，占当年我国国有企业进出口总值的 74.2%，比重较上年提高 2.8 个百分点。同期，以加工贸易方式进出口 4 075.4 亿元，同比下降 20.9%，占当年我国国有企业进出口总值的 7.7%，比重较上年下降 3.7 个百分点。

（三）东盟稳居进出口市场榜首，澳大利亚取代美国成为第 3 大贸易伙伴

东盟自 2017 年超越欧盟跃居我国国有企业进出口市场榜首后，2018 年继续位居首席。2018 年，我国国有企业对东盟进出口 5 879.9 亿元，同比增长 17.5%，占当年我国国有企业进出口总值的 11.1%。欧盟位居第 2 位，进出口值达 4 784.8 亿元，同比增长 5%，占当年我国国有企业进出口总值的 9%。澳大利亚取代美国成为我国国有企业第三大贸易伙伴，进出口值达 4 265.2 亿元，同比增长 13.2%，占当年我国国有企业进出口总值的 8%。前十大贸易伙伴中，对美国进出口同比下降 1.4%，为唯一一个负增长的贸易伙伴；对俄罗斯进出口同比增长 40.2%，为增速最快的贸易伙伴（见表 1）。

表 1　2018 年我国有企业进出口主要贸易伙伴统计表

主要贸易伙伴	进出口		出口		进口	
	金额（亿元）	同比（%）	金额（亿元）	同比（%）	金额（亿元）	同比（%）
东盟	5 879.9	17.5	2 994.3	17.6	2 885.6	17.3
欧盟	4 784.8	5.0	2 039.6	-0.5	2 745.2	9.4
澳大利亚	4 265.2	13.2	376.2	32.0	3 889.0	11.7
美国	4 206.7	-1.4	2 019.3	-1.9	2 187.4	-1.0
俄罗斯	2 665.1	40.2	312.8	-1.2	2 352.3	48.5
中国香港	2 334.3	20.9	2 195.8	18.9	138.5	64.9
巴西	2 070.0	23.6	317.7	61.3	1 752.3	18.5
日本	1 881.4	8.3	666.9	3.5	1 214.5	11.1
沙特阿拉伯	1 733.7	34.9	109.5	-13.9	1 624.2	40.2
韩国	1 719.5	6.5	730.4	4.8	989.1	7.8

（四）北京国有企业进出口稳居首席，江苏上升至第 3 位

2018 年，北京国有企业外贸进出口总值为 2.02 万亿元，同比增长 29.9%，占当年我国国有企业进出口总值的 38.2%，比重较上年提升 3.9 个百分点，继续占据榜首。上海位列第 2 位，进出口值为 5 129.9 亿元，同比增长 11.2%，占当年我国国有企业进出口总值的 9.7%。江苏超过广东上升至第 3 位，进出口值为 4 325.5 亿元，同比增长 19.3%，占当年我国国有企业进出口总值的 8.2%。广东进出口同比下降 13.9%，为前十大省份中唯一一个下降的省份，位次由上年的第三位下滑至第四位（见表 2）。

表 2　2018 年我国国有企业进出口主要省市统计表

省市	进出口		出口		进口	
	金额（亿元）	同比（%）	金额（亿元）	同比（%）	金额（亿元）	同比（%）
北京	20 235.3	29.9	3 170.5	32.3	17 064.8	29.4
上海	5 129.9	11.2	1 532.8	-1.0	3 597.1	17.4
江苏	4 325.5	19.3	2 989.0	17.7	1 336.5	22.9
广东	4 057.3	-13.9	2 399.6	-16.3	1 657.7	-10.1
浙江	2 344.2	18.7	1 142.6	8.5	1 201.6	30.3
福建	2 148.0	17.4	643.7	28.9	1 504.3	13.0
辽宁	1 947.3	1.2	637.8	-12.4	1 309.5	9.5
山东	1 880.0	2.6	761.7	-6.2	1 118.3	9.6
天津	1 570.1	14.1	497.8	33.4	1 072.3	6.9
安徽	1 089.5	2.2	399.7	-6.2	689.8	7.8

（五）机电产品位居出口主导地位，成品油出口显著增长

2018 年，我国国有企业出口机电产品 7 942.7 亿元，同比增长 3.2%，占当年我国国有企业出口总值的 46.9%，比重较上年下降 2.1 个百分点。其中，自动数据处理设备的零件出口同比增长 45.9%，船舶出口同比下降 9.6%，集成电路出口同比增长 35.9%。同期，出口劳动密集型产品 2 488.8 亿元，同比下降 3.9%，占当年我国国有企业出口总值的 14.7%，比重较上年下降 1.8 个百分点。其中，服装出口同比下降 5%，纺织纱线出口同比下降 2.3%。此外，成品油出口 2 021.9 亿元，同比增长 50.7%，占当年我国国有企业出口总值的 11.9%，比重较上年提升 3.4 个百分点（见表 3）。

表 3　2018 年我国国有企业出口主要商品统计表

商品名称	金额（亿元）	同比（%）
*机电产品	7 942.7	3.2
其中：自动数据处理设备的零件	891.0	45.9
船舶	764.3	-9.6
集成电路	727.0	35.9
*劳动密集型产品	2 488.8	-3.9
其中：服装及衣着附件	1 164.8	-5.0
纺织纱线、织物及制品	678.1	-2.3
成品油	2 021.9	50.7

表3　续

商品名称	金额（亿元）	同比（%）
钢材	1 296.7	2.2
农产品	402.9	2.0

注：＊机电产品、劳动密集型产品表示与表中已列名商品有交叉。

（六）原油、机电产品和铁矿砂进口位居前三甲，主要大宗商品进口大幅增长

2018 年，我国国有企业进口原油 1.23 万亿元，同比增长 41.5%，占当年我国国有企业进口总值的 34.1%，比重较上年提升 4.8 个百分点，高居进口商品榜首；进口机电产品 4 937 亿元，同比增长 2.1%，占当年我国国有企业进口总值的 13.7%；进口铁矿砂 2 849.2 亿元，同比下降 3.6%，占当年我国国有企业进口总值的 7.9%。同期，天然气、铜矿砂、未锻轧铜及铜材和成品油等大宗商品进口大幅增长，同比增速分别达 64.8%、28.1%、25.5%和 30.8%（见表 4）。

表 4　2018 年我国国有企业进口主要商品统计表

商品名称	金额（亿元）	同比（%）
原油	12 305.7	41.5
＊机电产品	4 937.0	2.1
其中：集成电路	542.9	-15.5
铁矿砂及其精矿	2 849.2	-3.6
天然气	2 446.0	64.8
农产品	1 689.2	8.0
铜矿砂及其精矿	1 018.5	28.1
煤及褐煤	880.3	5.0
未锻轧铜及铜材	848.8	25.5
成品油	757.3	30.8

注：＊机电产品表示与表中已列名商品有交叉。

二、2018 年我国国有企业进出口增长的主要原因

（一）原油和天然气等大宗商品提升国有企业进口规模

国有企业是我国能源、矿产、粮食等关系国计民生产品进口和储备的重要执行者。上述产品在国有企业外贸经营活动中占据较大比重，进口规模受其影响较为明显。2018 年，我国石油表观消费量达 6.48 亿吨，同比增长 6.95%，而原油产量仅为 1.89 亿吨，同比下降 1.3%[①]；天然气表观消费量 2 803 亿立方米，同比增长 18.1%，而天然气产量仅为 1 610

① 《〈中国油气产业发展分析与展望报告蓝皮书〉发布》，经济日报，2019 年 3 月 25 日。

亿立方米，同比增长 7.5%[①]。国内产能不足和市场需求增长，促进石油和天然气进口量大幅增加。加之，国际原油价格震荡上扬，推动我国原油和天然气进口价格持续上行，进一步放大了其进口价值。2018 年，仅原油和天然气两项大宗商品进口值合计对当年我国国有企业进口增长贡献率就达到了 71.6%。

（二）成品油和机电产品引领国有企业出口增长

随着炼油产能和技术的发展，我国已成为仅次于美国的全球第二大炼油国，形成了以中国石油和中国石化两大国有集团为主、多种所有制形式并存的炼油业格局。但炼油产能的爆发式增长也带来产能过剩问题。2018 年我国净过剩炼油能力在 8 000 万吨/年左右[②]，出口成为化解产能过剩的重要途径，其中国有企业是成品油出口的绝对主力。2018 年，成品油出口对我国国有企业整体出口增长贡献率达到了 55.5%，高居首位。与此同时，经过多年培育发展，我国国有企业在航天、高铁、特高压输变电等许多领域确立了世界领先的地位，相关产品也成为引领我国国有企业出口的重要力量。2018 年，机电产品在我国国有企业出口整体中的比重达 46.9%，其中，机械设备、电器及电子产品、运输工具等三大类产品成为绝对主力，合计占国有企业机电产品整体出口的 86.4%，同比分别增长 6.4%、1%和 3.7%。

（三）“一带一路”倡议的实施加快国有企业“走出去”步伐

自“一带一路”倡议提出 6 年来，中央企业充分利用自身实力与技术，积极参与“一带一路”建设，成为践行“一带一路”倡议的重要骨干力量。根据国务院国有资产监督管理委员会披露，截至 2019 年 4 月份，我国中央企业已在“一带一路”沿线承担了 3 120 个项目，已开工和计划开工的基础设施项目中，中央企业承担的项目数占比达 60%左右，合同额占比超过 80%，并在 20 多个国家开展了 60 多个油气合作项目[③]。国有企业乘“一带一路”倡议的东风加快“走出去”步伐，进而带动了外贸进出口增长。2018 年，我国国有企业对“一带一路”沿线国家进出口 2.01 万亿元，同比增长 23.7%，高出整体增速 6.9 个百分点，占当年我国国有企业进出口总值的 38%。

三、当前影响我国国有企业进出口的主要因素

（一）国资国企改革深入推进，激发国有经济活力不断释放

2018 年是国资国企改革的深化之年，是改革质量的提升之年。中央对国资国企改革进程提出了更高要求，在更注重顶层设计的同时更锁定改革的落实。《上市公司国有股权监督管理办法》《关于进一步推进中央企业创新发展的意见》《关于完善国有金融资本管理的指导意见》《关于加强国有企业资产负债约束的指导意见》和《中央企业合规管理指引（试行）》等政策措施相继出台，为深化国有企业改革提供了政策支持。国资国企改革在国有公司制改制、“双百行动”、混合所有制改革、国有资本授权经营等方面取得重大突破，国

① 《发改委：中国 2018 年天然气表观消费量 2 803 亿立方米》，新浪财经，2019 年 2 月 1 日。
② 《中国炼油，创造世界石化史上的奇迹》，搜狐网，2019 年 1 月 8 日。
③ 《央企在一带一路沿线承担 3 120 个项目》，人民日报，2019 年 4 月 25 日。

有经济的活力、控制力和国际竞争力大大增强。

（二）国有企业负债率持续平稳下降，但仍需防范债务风险

2018年随着我国供给侧结构性改革深入推进，“三去一降一补”持续见效，国有资产负债率平稳下降，国有企业抗风险能力不断增强。2018年12月末，中央企业平均资产负债率为65.7%，较年初下降0.6个百分点，50家企业降幅超过1个百分点。其中，带息负债比率为39.4%，带息负债增速低于上年同期1.5个百分点①。然而，当前国有企业资产负债率下降更多依赖的是资产上升，其创造收入的能力仍低于民营企业。国有企业的债务收入比（债务/营业收入）达到200%，高于非金融企业的杠杆率（156%），仅从偿付能力来看，国有企业的债务风险依然不能掉以轻心②，急需加大去杠杆力度化解经营风险。

（三）外资参与国企改革，有利推动国有企业高质量发展

利用外资是我国对外开放基本国策和构建开放型经济新体制的重要内容。继2017年8月，国务院发布《关于促进外资增长若干措施的通知》，鼓励外资参与国有企业混合所有制改革后，2018年6月10日又发布了《关于积极有效利用外资推动经济高质量发展若干措施的通知》，提出为符合条件的国内外投资者参与国有企业改革提供公平机会。同年7月28日起实行的《外商投资准入特别管理措施（负面清单）（2018年版）》，全面放宽一、二、三产业的市场准入，涉及金融、交通运输、商贸流通、专业服务、制造、基础设施、能源、资源、农业等各领域，共22项开放措施，尤其是在金融、汽车领域的对外开放明确了路线图和时间表。外资参与国企改革将进一步扩大国有企业资金来源，实现国有企业股权多元化，更有利于推动国有企业治理规范与管理水平提升，提高国有企业的形象与国际知名度。

四、我国国有企业进出口形势展望及对策建议

进入2019年，虽然国内外形势日益复杂严峻，但我国发展仍处于并将长期处于重要战略机遇期，中央推进经济高质量发展的信心和力度不减，国内宏观经济仍将保持长期向好的基本面。与此同时，国有企业改革也进入关键一年。2018年12月召开的中央经济工作会议提出“要加快国资国企改革”。国家将强化国有企业改革政策落地，加快建设中国特色现代国有企业制度。宏观经济的“稳中有进”和改革红利的不断释放，为国有企业的发展提供了良好的支撑环境和巨大的成长空间。此外，随着各级政府“放管服”改革的深化推进，不同所有制、不同规模的企业将站在更为公平的环境和条件进行充分竞争。面对更为激烈的竞争环境，国有企业不仅要适应环境，还要不断自我完善、自我更新，加快解决自身在长期快速发展积累的结构性矛盾，在做强做优的过程中不断壮大国有资本。

为此建议：一是加快推进国有企业改革，以国有企业混合所有制改革为突破口，推进股权结构完善、管理体制优化，实现管理重心与资产架构重新融合，激发国有企业内生活力和发展动力，快速提升整体管理水平和竞争力，稳步提高国际竞争力；二是充分发挥国

---

① 《国资委：央企平均资产负债率为65.7%减负债成效显著》，中国网，2019年1月17日。

② 《前8月国企利润增长超20% 去产能、去杠杆成效明显》，世纪经济报道，2018年09月28日。

有企业在深化供给侧结构性改革中的带动作用，严格落实去产能、去杠杆工作任务，加快钢铁、煤炭等行业国有企业兼并重组步伐，提升行业综合竞争力；三是推动国有企业深度融入“一带一路”国家发展战略，参与互联互通建设、提升国际合作水平，使国有企业成为“一带一路”建设项目主体和支撑，进而带动全产业链企业“抱团出海”；四是加快国有企业创新驱动和转型升级，通过技术、资金、人才的引进，大力发展高端装备制造、生物能源、高精尖电子元件等高新技术产业，从而带动国有企业进出口商品结构的优化，实现外贸发展质量和效益双提升。

2018年我国外商投资企业进出口年度报告

改革开放40年以来，我国经济社会发展取得巨大成就，投资自由化和便利化水平持续提升，成为了全球投资青睐的热土。大量的外商投资企业在我国落地生根，引领并融入中国经济社会发展，已经成为扩大改革开放、构建开放型经济新体制的重要力量，极大地推动了国内经济和对外贸易的增长。2018年，随着国家全方位、多层次、宽领域的全面开放新格局的逐步形成，以及经济高质量发展的稳步迈进，外商投资企业更趋活跃，投资方式和领域不断拓展，区域布局更加优化，转型升级步伐持续加快，为我国外贸发展注入了新活力。

据海关统计，2018年我国外商投资企业进出口12.99万亿元人民币，比2017年增长4.3%，占当年我国进出口总值的42.6%，比重较上年降低2.2个百分点，继续保持第一大进出口主体地位。其中，出口6.84万亿元，同比增长3.4%，占当年我国出口总值的41.7%，比重较上年降低1.5个百分点；进口6.15万亿元，同比增长5.4%，占当年我国进口总值的43.7%，比重较上年降低3.1个百分点。贸易顺差6 903.3亿元，较上年收窄11.6%。

一、2018年我国外商投资企业进出口的主要特点

（一）月度进出口规模冲高回落，9月份创历史新高

2018年，我国外商投资企业月度进出口规模呈现冲高回落态势。2月份，受春节因素影响，外商投资企业进出口探底阶段性低点8 444.7亿元。之后逐月回升，5月份进出口值重回万亿大关，9月份刷新外商投资企业月度进出口最高纪录，进出口值达1.26万亿元，同比增长10.6%。随后月度进出口规模小幅回落，12月份以1.09万亿元收官，同比下降8.4%，环比下降10%（见图1）。

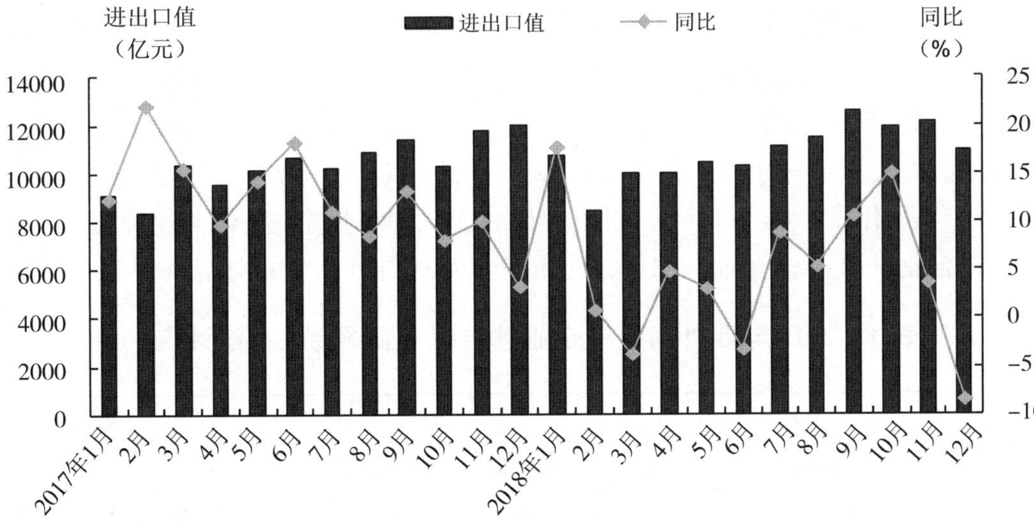

图1　2017年1月~2018年12月我国外商投资企业进出口月度走势统计图

（二）外商独资企业主导地位进一步加强，中外合资、中外合作企业比重降低

2018年，我国外商独资企业进出口9.34万亿元，同比增长4.9%，占当年我国外商投资企业进出口总值的71.9%，比重较上年提升0.4个百分点。其中，出口4.94万亿元，同比增长3.7%，占当年我国外商投资企业出口总值的72.3%；进口4.4万亿元，同比增长6.2%，占当年我国外商投资企业进口总值的71.5%。同期，中外合资企业进出口3.55万亿元，同比增长3.1%，比重较上年降低0.3个百分点；中外合作企业进出口938.1亿元，与上年持平，比重较上年降低0.1个百分点（见图2）。

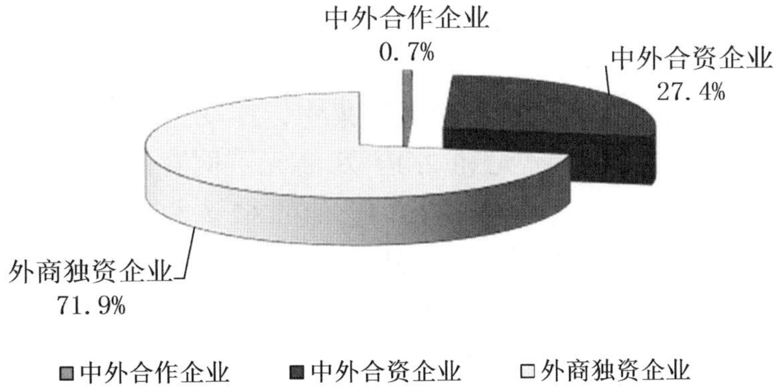

图2　2018年我国外商投资企业进出口比例统计图

（三）加工贸易进出口占比过半，一般贸易进出口增速高于整体

2018年，我国外商投资企业以加工贸易方式进出口6.81万亿元，同比增长2.4%，占当年我国外商投资企业进出口总值的52.4%，比重较上年降低1个百分点。同期，以一般贸易方式进出口4.83万亿元，同比增长6.1%，增速高出整体1.8个百分点，占当年我国外商投资企业进出口总值的37.1%，比重较上年提升0.6个百分点。

（四）欧盟、美国和东盟为前三大贸易伙伴，对“一带一路”沿线国家进出口增长显著

2018年，我国外商投资企业进出口前三大贸易伙伴为欧盟、美国和东盟，分别进出口2.24万亿元、2.12万亿元和1.5万亿元，同比分别增长5.4%、1.8%和7.2%，三者合计占当年我国外商投资企业进出口总值的45.1%。此外，对“一带一路”沿线国家进出口增势良好，2018年进出口2.48万亿元，同比增长8.3%，增速高出整体4个百分点，占当年我国外商投资企业进出口总值的19.1%，比重较上年提升0.7个百分点（见表1）。

表1 2018年我外商投资企业进出口主要贸易伙伴统计表

主要贸易伙伴	进出口		出口		进口	
	金额（亿元）	同比（%）	金额（亿元）	同比（%）	金额（亿元）	同比（%）
欧盟	22 398.0	5.4	11 705.5	3.3	10 692.5	7.8
美国	21 227.8	1.8	16 404.5	3.9	4 823.3	-4.9
东盟	15 001.6	7.2	6 809.6	7.8	8 192.0	6.7
日本	13 550.5	0.5	5 796.9	0.0	7 753.6	0.8
韩国	12 007.4	5.0	3 600.4	-1.6	8 407.0	8.1
中国香港	11 175.8	1.8	11 052.0	1.9	123.8	-3.3
中国台湾	9 003.3	5.1	1 868.6	6.0	7 134.7	4.9
澳大利亚	2 267.8	7.4	1 309.8	5.7	958.0	9.8
巴西	2 076.4	18.1	619.0	1.9	1 457.4	26.7
印度	1 832.2	3.1	1 412.6	2.8	419.6	4.2

（五）主要进出口省份相对集中，四川、陕西成为新增长点

2018年，我国外商投资企业进出口省份相对集中，广东、江苏和上海为前三大省市，分别进出口3.24万亿元、2.69万亿元和2.19万亿元，同比分别增长1.5%、5.7%和2.1%，三者合计占当年我国外商投资企业进出口总值的62.6%。与此同时，四川、陕西等西部省份成为外商投资企业进出口新增长点。其中，四川外商投资企业进出口3 893亿元，同比增长24.1%，增速高出整体19.8个百分点，占当年我国外商投资企业进出口总值的3%，比重较上年提升0.5个百分点；陕西外商投资企业进出口2 419.4亿元，同比增长28.5%，增速高出整体24.2个百分点，占当年我国外商投资企业进出口总值的1.9%，比重较上年提升0.4个百分点（见表2）。

表2 2018年我国外商投资企业进出口主要省市统计表

省市	进出口		出口		进口	
	金额（亿元）	同比（%）	金额（亿元）	同比（%）	金额（亿元）	同比（%）
广东	32 403.4	1.5	19 382.3	-0.4	13 021.1	4.5
江苏	26 934.6	5.7	14 809.1	3.6	12 125.5	8.4

表2 续

省市	进出口		出口		进口	
	金额（亿元）	同比（%）	金额（亿元）	同比（%）	金额（亿元）	同比（%）
上海	21 941.6	2.1	8 869.8	1.3	13 071.8	2.7
浙江	5 732.5	4.6	3 507.2	2.1	2 225.3	8.8
山东	5 656.6	-0.8	3 403.1	-1.1	2 253.5	-0.3
北京	4 785.0	7.3	994.2	18.7	3 790.8	4.7
福建	4 482.9	2.6	2 651.6	2.1	1 831.3	3.4
天津	3 919.1	-3.4	1 659.9	-9.8	2 259.2	1.9
四川	3 893.0	24.1	2 156.3	31.7	1 736.7	15.8
河南	3 562.3	-0.8	2 283.2	9.1	1 279.1	-14.7

（六）机电产品为主要进出口产品，且保持稳步增长

2018 年，我国外商投资企业出口机电产品 5.26 万亿元，同比增长 4.1%，占当年我国外商投资企业出口总值的 76.9%，比重较上年提升 0.6 个百分点。其中，出口自动数据处理设备及其部件 8 916.5 亿元，微降 0.9%；手机 6 695 亿元，同比增长 9.9%。同期，劳动密集型产品（包括服装、纺织纱线、鞋类、家具、塑料制品、箱包、玩具等）出口小幅下降，全年累计出口 6 676.1 亿元，同比下降 1.9%，占当年我国外商投资企业出口总值的 9.8%，比重较上年降低 0.5 个百分点。

同年，我国外商投资企业进口机电产品 3.99 万亿元，同比增长 5.5%，占当年我国外商投资企业进口总值的 64.9%，比重与上年持平。其中，进口集成电路 1.3 万亿元，同比增长 10.3%；汽车 2 593.9 亿元，同比下降 2.4%。同期，进口农产品 2 772.8 亿元，同比下降 1.9%；汽车零配件 1 883.8 亿元，同比增长 2.9%（见表 3）。

表 3　2018 年我国外商投资企业进出口主要商品统计表

出口			进口		
商品名称	金额（亿元）	同比（%）	商品名称	金额（亿元）	同比（%）
*机电产品	52 584.9	4.1	*机电产品	39 921.8	5.5
其中：自动数据处理设备及其部件	8 916.5	-0.9	其中：集成电路	12 980.1	10.3
手机	6 695.0	9.9	汽车	2 593.9	-2.4
集成电路	4 119.4	18.0	计量检测分析自控仪器及器具	1 370.1	7.6
自动数据处理设备的零件	1 773.1	20.0	液晶显示板	1 273.6	-16.0
*劳动密集型产品	6 676.1	-1.9	通断保护电路装置及零件	1 269.6	1.6
其中：服装及衣着附件	1 947.3	-3.6	*农产品	2 772.8	-1.9

表3 续

出口			进口		
商品名称	金额（亿元）	同比（%）	商品名称	金额（亿元）	同比（%）
纺织纱线、织物及制品	1 521.6	1.1	其中：粮食	1 165.8	-4.5
汽车零配件	1 692.8	5.7	汽车零配件	1 883.8	2.9
*农产品	1 226.9	-0.4	初级形状的塑料	1 759.7	4.4

注：机电产品、劳动密集型产品、农产品表示与表中已列名商品有交叉。

二、2018 年我国外商投资企业进出口增长的主要原因

（一）营商环境明显改善，外资企业投资信心不断增强

党的十八大以来，以习近平同志为核心的党中央在扩大对外开放、促进外商投资方面作出了一系列重要决策部署，强调中国开放的大门不会关闭，只会越开越大。2016 年，全国人大常务委员会对“外资三法”作出修改，以法律的形式确立了外商投资企业准入前国民待遇和负面清单管理制度。为促进内外资企业公平竞争，2017 年印发实施的《公平竞争审查制度实施细则（暂行）》进一步细化了公平竞争审查的内容和程序，从而确保外商投资企业能有效参与市场竞争。2018 年 6 月，国务院印发《关于积极有效利用外资推动经济高质量发展若干措施的通知》，从投资自由化、便利化、投资促进、投资保护、优化区域开放布局和推动国家级开发区创新等 6 个方面，出台了一系列政策措施。伴随外商投资法律法规政策的不断完善，更加国际化、法治化、透明稳定的营商环境逐步形成，外资企业开展进出口经营活动信心明显增强。2018 年，全国新设立外商投资企业 60 533 家，同比增长 69.8%；合同外资 5 000 万美元以上大项目近 1 700 个，同比增长 23.3%，显示外资企业对华投资信心不减并有所增强①。

（二）吸引外资数量与质量并举，投资结构持续优化

经过多年的改革开放与经济发展，我国制造业开始由劳动密集型向资本密集型和技术密集型转变，规模型、集成型的产业集群逐渐形成，利用外资数量与质量不断提升。2018 年，在全球利用外资持续下滑的背景下，我国利用外资逆势上行，实际使用外资达到 1 349.7亿美元（不含银行、证券、保险领域数据），位居世界第 2 位，为世界发展中国家中利用外资最多的国家②。同时，伴随国内市场和消费潜力的进一步释放，外商投资逐渐转向现代农业、先进制造业、现代服务业等价值链高端环节。2018 年，我国制造业实际使用外资同比增长 20.1%，占比 30.6%，较上年提高 4.8 个百分点。其中，高技术制造业同比增长 35.1%③。此外，外商投资企业地区总部明显增加，截止 2018 年年底，跨国公司在我

① 《2018 年我国实际使用外资创历史新高 外商对华投资信心不减》，央广网，2019 年 1 月 14 日。
② 《外商在中国投资将有新变化 外商投资法明年 1 月 1 日起施行》，券商中国，2019 年 3 月 15 日。
③ 《2018 年我国吸引外资 8 856.1 亿元》，央视财经，2019 年 1 月 14 日。

投资设立地区总部、研发中心已超过2 000家[①]。

（三）“一带一路”取得积极进展，外资来源更加多元化

“一带一路”倡议提出后，参与共建“一带一路”的众多国家政策协调不断加强，重大经贸项目加快实施，产业和金融合作稳步推进。截至2019年4月，我国已经与126个国家和29个国际组织签署176份合作协议，有关合作理念和主张被写入联合国、二十国集团、亚太经合组织、上海合作组织等重要国际机制成果文件[②]。在此背景下，外商投资企业在我国投资更加活跃，欧美日等传统外资来源地进一步巩固，“一带一路”沿线国家等新兴来源地来我国投资快速增长。数据显示，2018年“一带一路”沿线国家在我国实际投入金额同比增长13.2%，东盟国家在我国实际投入金额同比增长13.8%[③]。从进出口情况来看，2018年我国外商投资企业对“一带一路”沿线国家、拉丁美洲和非洲等新兴市场进出口增长同样明显，同比增速分别达8.3%、9.5%和16.7%。

三、我国外商投资企业进出口发展面临的问题及制约因素

（一）全球经济增长乏力，中美贸易不确定性犹存

由于国际贸易和投资疲软、贸易紧张局势持续升级、主要新兴市场金融压力上升等一系列原因，2019年全球经济增长低于预期的风险正在加大。联合国贸易和发展会议2019年1月发布的《全球投资趋势监测报告》显示，全球外国直接投资自2015年达到1.92万亿美元峰值以来，连续三年下滑，2018年全球外国直接投资为1.2万亿美元，同比下降19%，降至全球金融危机后的新低；其中，发达国家下降幅度更是高达40%。此外，由于中美贸易摩擦不确定性仍然存在，外商投资企业进出口成本或将增加，部分外商投资企业对在中国扩大业务持观望态度，甚至考虑调整投资布局，减少或暂缓投资。受此影响，2018年我国外商投资企业对美进出口同比仅增长1.8%，低于整体增幅2.5个百分点。

（二）产业处于全球价值链中低端，企业面临转型升级

目前外商投资多为传统制造业，即便在电子信息等高新技术产业领域，也多为技术含量较低、附加值较少的加工组装环节，大多数核心技术仍掌握在海外母公司手中，中方科技人员多从事具体操作而非技术研究，技术溢出效应并不明显。此外，随着我国经济结构转型升级，部分劳动密集型、“两高一资”产业进入优化期、调整期。数据显示，2018年我国外商投资企业纺织服装、家具、箱包等劳动密集型产品出口同比分别下降1.6%、2.1%和9.5%。伴随国内经济结构调整的进一步深入，外商投资企业在劳动密集型产业领域的比较优势不断下降，在我国外商投资企业亟待调整发展战略。

（三）要素成本持续上涨，引资传统优势逐渐减弱

随着国内劳动力、土地、能源等方面成本持续上升，我国吸引外资的传统成本优势逐

① 《商务部谈外商投资法：过去靠政策 现在靠改善投资环境，中国高新技术产业导报，2019年1月22日。

② 《“一带一路”促进全球共同发展繁荣的中国方案》，国际在线，2019年4月26日。

③ 《2018年1~12月“一带一路”沿线国家对华投资增长13.2%》，商务部网站，2019年1月16日。

渐减弱。目前我国尤其是东部地区，制造业平均工资上涨明显。以广东东莞为例，2019 年玩具企业普通工人工资为每月 5 000 元，而上年同期仅为每月 3 000 元[①]。与此同时，我国周边发展中国家和地区投资环境的不断改善，也相对弱化了我国传统外向型制造业在吸引外资方面的比较优势。近年来，无论是服装、鞋帽、纺织、食品等劳动密集行业，还是以苹果、微软、三星等为代表的通讯类高新技术行业，外资企业纷纷将其制造工厂、中低端零配件生产线或组装加工车间向东南亚地区转移。联合国贸发会议报告显示，2018 年东南亚地区外资流入达 1 450 亿美元，同比增长 11%，成为我国吸引外资的有力竞争者[②]。

四、我国外商投资企业进出口形势展望及对策建议

当前，全球跨国投资和产业转移呈现新趋势，我国经济深度融入世界经济，利用外资面临新形势新任务。2019 年 3 月 15 日，十三届全国人大二次会议表决通过了《中华人民共和国外商投资法》，释放出更高水平对外开放信号。《外商投资法》明确提出设立外商投诉工作机制、采用市场准入负面清单管理，并对保护外商知识产权、不得强制技术转让、平等参与标准化工作等方面都进行了明确规定，打消了已在我国投资和正在观望的外国投资者的疑虑，对“稳外资”和“稳外贸”意义重大。可以预见，未来我国利用外资的政策不会变，对外商投资企业合法权益的保障不会变，为各国企业在我国投资兴业提供更好服务的方向不会变。2019 年年底前我国还将完成《外商投资法》配套措施的制定工作，将更大地改善外商投资营商环境，为高起点承接国际产业转移提供新机遇。

为此建议：一是努力营造公平、透明、可预期的营商环境，深化外资领域的“放管服”改革，切实转变政府职能，全面落实外商投资企业国民待遇，为外商投资创造良好的营商环境；二是鼓励外商投资企业积极融入“一带一路”倡议，帮助企业找准与“一带一路”沿线国家发展需求的最佳契合点，深化经贸合作，加快传统优势产业转型升级，进一步扩大贸易规模；三是推动中西部地区积极承接外商投资企业加工贸易梯度转移，鼓励原料、零部件制造业本地化，引导沿海外商投资企业加工贸易向高端产业聚集发展，加大对高端装备制造、节能环保、新能源等产业领域的外资企业政策支持力度。

---

① 《人力成本上涨明显 制造业痛点仍待解》，中国经营报，2019 年 3 月 23 日。

② 《商务部谈外商投资法：过去靠政策 现在靠改善投资环境》，红星新闻，2019 年 1 月 30 日。

2018年我国民营企业进出口年度报告

改革开放40年来，我国民营经济在国家政策支持下，凭借着自身经营机制活、创新步伐快、市场适应强等优势，实现了从小到大、由弱变强，已经成为推动我国发展不可或缺的力量。2018年，世界经济在“大摩擦”和“大调整”中总体实现稳定增长，国内经济稳中有变、变中有忧。面对外部压力，我国民营企业加快创新发展，努力培育外贸竞争新优势，不断提升参与国际竞争的能力，在我国外贸发展中的地位进一步提升。

据海关统计，2018年我国民营企业进出口12.1万亿元人民币，比2017年增长12.9%，占当年我国进出口总值的39.7%，比重较上年提升1.2个百分点，对我国进出口增长的贡献率达51.3%。其中，出口7.87万亿元，同比增长10.4%，占当年我国出口总值的48%，比重较上年提升1.4个百分点，继续保持第一大出口主体地位；进口4.23万亿元，同比增长18.1%，占当年我国进口总值的30%，比重较上年提升1.3个百分点。贸易顺差3.64万亿元，较上年扩大2.5%。

一、2018年我国民营企业进出口的主要特点

（一）月度进出口规模总体呈上扬态势，9月份创历史新高

2018年1月份，我国民营企业进出口以9 874.2亿元的规模实现高开。在2月份受到春节因素影响，短暂下滑至7 776.5亿元后，呈现稳步攀升态势，5月份跨过1万亿大关，9月份刷新月度进出口历史纪录，达1.14万亿元。第4季度3个单月的进出口规模虽不及9月份，但均保持在1万亿以上的较高水平（见图1）。

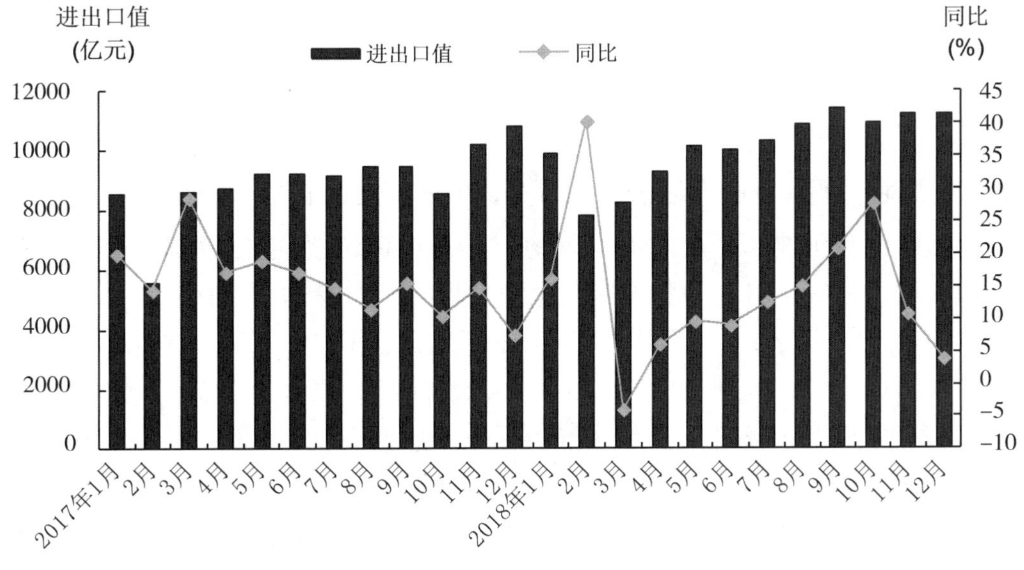

图1　2017年1月~2018年12月我国民营企业进出口月度走势统计图

（二）一般贸易进出口占7成，加工贸易进出口大幅增长

2018年，我国民营企业以一般贸易方式进出口8.84万亿元，同比增长12.4%，占当年我国民营企业进出口总值的73.1%，比重较上年降低0.4个百分点。同期，以加工贸易方式进出口1.16万亿元，同比增长30.3%，增幅高出总体17.4个百分点，占当年我国民营企业进出口总值的9.5%，比重较上年提升1.3个百分点。

（三）欧盟、东盟和美国为前三大贸易伙伴，对我国台湾地区进出口增长明显

2018年，欧盟、东盟和美国为我国民营企业前三大贸易伙伴，分别进出口1.78万亿元、1.71万亿元和1.63万亿元，同比分别增长11.8%、13.7%和13.6%，三者合计占当年我国民营企业进出口总值的42.3%。在当年民营企业前十大贸易伙伴中，与我国台湾地区外贸增速最快，实现进出口5 044.8亿元，同比增长22.7%，占当年我国民营企业进出口总值的4.2%（见表1）。

表1　2018年我民营企业进出口主要贸易伙伴统计表

主要贸易伙伴	进出口		出口		进口	
	金额（亿元）	同比（%）	金额（亿元）	同比（%）	金额（亿元）	同比（%）
欧盟	17 774.4	11.8	13 219.0	11.9	4 555.4	11.6
东盟	17 087.5	13.7	11 174.6	11.8	5 912.9	17.5
美国	16 304.4	13.6	13 171.2	17.0	3 133.2	1.0
中国香港	6 968.3	7.7	6 679.2	7.8	289.1	5.0
韩国	6 914.6	16.8	2 840.8	9.0	4 073.8	23.0
日本	6 109.3	15.9	3 243.0	13.5	2 866.3	18.7
中国台湾	5 044.8	22.7	1 029.9	9.6	4 014.9	26.6
印度	3 575.9	13.6	3 108.0	12.9	467.9	17.9
澳大利亚	3 494.5	4.8	1 440.0	12.4	2 054.5	0.0
俄罗斯	3 369.5	17.9	2 079.9	9.3	1 289.6	34.9

（四）东部地区民营企业为进出口主力军，中西部地区省份增长快

东部地区作为我国改革开放的前沿阵地，具有地理位置优越、配套设施完善、政策灵活和劳动力吸引力强等优势，是我国民营企业发展对外贸易的重点区域。在2018年我国民营企业进出口前十大省份中，八席均来自于东部地区。其中，广东、浙江和江苏民营企业进出口规模位居前三位，分别进出口3.5万亿元、2.04万亿元和1.25万亿元，同比分别增长11.4%、12.6%和15.1%，三者合计占当年我国民营企业进出口总值的56.2%。与此同时，借助“一带一路”倡议政策红利，并叠加地区生产成本和工人生活成本的比较优势，民营企业在内陆地区实现快速增长。数据显示，民营企业2018年进出口增幅超过20%的8个省份均位于中西部地区，分别是湖南、广西、安徽、重庆、河南、四川、陕西和山西（见表2）。

表 2 2018 年我国民营企业进出口主要省市统计表

省市	进出口		出口		进口	
	金额（亿元）	同比（%）	金额（亿元）	同比（%）	金额（亿元）	同比（%）
广东	35 012.5	11.4	20 923.7	5.4	14 088.8	21.7
浙江	20 426.1	12.6	16 523.7	10.5	3 902.4	22.5
江苏	12 534.5	15.1	8 855.5	14.3	3 679.0	17.3
山东	11 761.5	13.3	6 403.4	12.2	5 358.1	14.6
上海	6 856.0	12.7	3 262.8	15.9	3 593.2	10.0
福建	5 714.2	6.0	4 317.7	7.5	1 396.5	1.7
天津	2 587.8	17.1	1 050.4	42.2	1 537.4	4.5
辽宁	2 329.4	19.9	1 219.9	15.0	1 109.5	25.8
河北	2 222.5	10.2	1 548.2	9.0	674.3	13.2
湖南	2 123.9	37.4	1 564	35.3	559.9	43.3

（五）机电产品主导出口，商品结构不断优化

2018 年，我国民营企业出口机电产品 3.58 万亿元，同比增长 15.6%，占当年我国民营企业出口总值的 45.5%，比重较上年提升 2.1 个百分点。其中，手机、自动数据处理设备及其部件出口增速较快，出口值分别为 2 501.9 亿元和 2 303.1 亿元，同比分别增长 16.2%和 49.6%。同期，劳动密集型产品（包括服装、纺织纱线、鞋类、家具、塑料制品、箱包、玩具等）出口 2.21 万亿元，同比增长 2.9%，占当年我国民营企业出口总值的 28.1%，比重较上年下滑 1.9 个百分点。其中，服装、鞋类出口同比分别下降 1.4%和 5.6%，纺织纱线和家具出口同比分别增长 7.2%和 7.9%（见表 3）

表 3 2018 年我国民营企业出口主要商品统计表

商品名称	金额（亿元）	同比（%）
* 机电产品	35 816.9	15.6
其中：手机	2 501.9	16.2
自动数据处理设备及其部件	2 303.1	49.6
* 劳动密集型产品	22 060.4	2.9
其中：服装及衣着附件	7 307.2	-1.4
纺织纱线、织物及制品	5 650.1	7.2
家具及其零件	2 498.5	7.9
鞋类	2 197.3	-5.6
农产品	3 607.9	4.3
钢材	2 081.9	12.2

注：* 机电产品、劳动密集型产品表示与表中已列名商品有交叉。

（六）集成电路引领机电产品进口，多项大宗商品进口快速增长

近年来，随着我国民营企业在高新技术产业的不断投入和壮大，其对机电产品需求日益增长。2018 年，我国民营企业进口机电产品 1.87 万亿元，同比增长 24.1%，占当年我国民营企业进口总值的 44.4%，比重较上年提升 3.5 个百分点。其中，集成电路已经连续 4 年成为我国民营企业第一大单项进口商品，2018 年进口 7 062.8 亿元，同比增长 35.7%。同期，多项大宗商品紧随其后，占据民营企业主要进口商品榜单前列。其中，进口农产品 4 508.2 亿元，同比增长 11%；原油 2 742 亿元，同比增长 54%；初级形状塑料 1 652.4 亿元，同比增长 27.5%；铁矿砂 1 432.7 亿元，同比下降 11.5%（见表 4）。

表 4　2018 年我国民营企业进口主要商品统计表

商品名称	金额（亿元）	同比（%）
*机电产品	18 745.5	24.1
其中：集成电路	7 062.8	35.7
飞机及其他航空器	1 063.0	5.1
自动数据处理设备及其部件	811.6	25.0
*农产品	4 508.2	11.0
其中：粮食	1 247.7	-9.6
原油	2 742.0	54.0
初级形状的塑料	1 652.4	27.5
铁矿砂及其精矿	1 432.7	-11.5
二甲苯	745.3	30.9

注：*机电产品、农产品表示与表中已列名商品有交叉。

二、2018 年我国民营企业进出口增长的主要原因

（一）政策支持力度加大，民营经济发展空间不断拓宽

随着我国民营经济不断发展壮大，党的十五大在确定“公有制为主体、多种所有制经济共同发展”为我国基本经济制度的同时，进一步明确了非公有制经济是我国社会主义市场经济的重要组成部分。此后，民营经济的市场主体地位不断明确，党的十九大报告首次提出“要支持民营企业发展，激发各类市场主体活力，要努力实现更高质量、更有效率、更加公平、更可持续的发展”。2018 年下半年以来，习近平总书记接连发声提振民营经济信心。特别是在 11 月 1 日召开的民营企业座谈会上，习近平总书记发表重要讲话，阐明了党中央大力支持民营企业发展的坚定决心。与此相应的，国家关于支持民营经济发展的一系列政策措施相继出台：鼓励民营企业依法进入更多领域，引入非国有资本参与国有企业改革，激发非公有制经济活力和创造力；加大对实体经济发展的金融支持，成立首支国家中小企业发展实体基金，缓解融资难问题；优化民营企业发展环境，清理和规范涉企行政

事业性收费，减轻企业负担。在国家政策的支持下，民营经济的发展空间得到了进一步的拓展。

（二）民营企业加快转型升级，外贸竞争新优势正在形成

我国民营企业过去的快速发展主要得益于低成本的劳动力、后发者的模仿优势。近年来，其所面临的经济环境、竞争环境都发生了较大变化，民营企业凭借自身经营灵活、反应迅速、适应市场能力强等特点，通过科学的转型升级占据产业发展制高点，努力实现民营经济的再发展。主要表现为：第一，产品导向——以优化供给侧改革为切入点，以提升企业的创新发展能力（生产技术创新、产品品牌创新、产品营销手段创新）为核心，改变粗放型市场管理模式，着重从高效率、高质量、低成本等方面优化企业产品供给；第二，管理保障——通过“互联网+”技术升级企业内部管理，同时加快引入与采用现代企业管理制度，培育“精益管理”理念，优化企业转型升级的软环境。随着民营企业转型升级不断向纵深发展，企业核心竞争力得到有效提升，其在市场采购、跨境电子商务、外贸综合服务企业等新型外贸领域的参与度也日益加大，外贸竞争新优势正逐步形成。

（三）众多企业走向海外，民营经济发展空间持续提升

自 2000 年我国政府明确提出“走出去”战略以来，中国企业闯“世界”已成为一种新趋势。各级政府部门加强宏观指导，健全完善海外投资法律法规或规范性文件，并加大在金融、财税、投资保险等各方面的扶持力度，为我国民营企业海外发展保驾护航。在此背景下，民营企业在“国际化”趋势中崭露头角，出境投资较为活跃。从“走出去”的规模看，民营企业海外并购的交易数量已连续三年超过国有企业，成为中资出海并购的主力军。数据显示，2018 年由民营企业发起的海外并购共计 419 宗，披露交易金额合计 1 138. 9 亿美元，交易宗数占比 85. 2%，披露交易金额占比 78. 7%[①]。从“走出去”的方式看，民营企业正在逐步改变以往单打独斗、单兵作战的市场拓展模式，以国企带动民企、大企业带动中小企业、多种所有制企业联合出海等集群式发展已成为“走出去”的新趋势，进一步提高了企业抗风险能力。从“走出去”的广度看，民营企业在与传统贸易伙伴保持良好增速的同时，加快对“一带一路”沿线国家、拉丁美洲和非洲等新兴市场的开拓力度，2018 年对上述市场分别进出口 3. 78 万亿元、8 981. 5 亿元和 6 990. 8 亿元，同比分别增长 12. 1%、18. 5%和 10. 9%。

三、我国民营企业进出口发展面临的问题及制约因素

（一）民营企业融资难问题没有得到根本解决

近年来，由于表外融资下跌、表内融资竞争激烈、金融机构与民营企业缺乏互信等原因，民营企业融资难、融资贵的问题始终没有得到有效解决。特别是对于中小微企业而言，融资难问题更加凸显。由于银行等金融机构严格控制准入，为了少担风险，在向民营企业放贷时过于谨慎，90%以上中小微企业对其吸引力不大。并且，多数银行贷款品种单一，

① 《2018 中资海外并购报告：民企交易飙升至 85%》，新浪网，2019 年 1 月 4 日。

基本只开展“抵押贷款”业务，只接受土地和房屋，不认可机器设备、库存资产、无形资产等作为抵押物。而中小微企业生命周期短、管理基础薄弱，抵押物匮乏、财务制度不够规范，信息透明度低，企业信用体系不健全等自身特性，也影响了银行的信贷支持，导致其融资困难重重。

（二）民营企业整体产业层次不高，国际竞争力不强

2018 年，我国民营企业的出口产品主要集中在机电产品和劳动密集型产品。其中，机电产品虽占民营企业出口总值的 45.5%，但近年来比重未有明显提升，且出口的机电产品链较短或处于产业链终端，附加值比较低。劳动密集型产品方面，我国民营企业已利用本土劳动力成本条件培养起了自身的经营优势和技术优势，但这种优势也正是民营企业外贸出口进一步发展的局限所在，出口产品还未完全摆脱低价值、低档次、低附加值的“三低”现象。值得关注的是，我国民营企业出口遭退运情事时有发生，2018 年退运规模高达 3 892 亿元，同比增长 18.7%。

（三）全球经济不确定因素增加，给我国民营企业发展带来下行压力

2018 年以来，世界经济增长动能有所减弱，不确定性、不稳定性因素增加。2019 年 4 月，国际货币基金组织发布的《世界经济展望报告》指出，2018 年世界经济全年增长 3.6%，同时对 2019 年世界经济增长的预期调降至 3.3%，为金融危机以来最低水平，并预测全球大约有 70%经济体的经济增速在 2019 年低于 2018 年①。美欧等发达经济体不断收紧货币政策，主要经济体工业生产、制造业采购经理人指数等重要指标出现减速趋势。而部分新兴经济体受发达经济体货币政策的影响本币贬值和资本外流严重，金融风险显著加大，带来贸易风险加剧。此外，以中美贸易摩擦为代表的贸易争端加剧，国际贸易自由化、便利化发展进程明显受阻。

四、我国民营企业进出口形势展望及对策建议

（一）着力解决民营企业融资难，切实改善营商环境

针对民营企业融资难、融资贵的问题，一方面，要加大金融体制改革力度，推动银行不断创新服务模式，调整服务理念和服务方式，加大征信体系建设，完善内部考核体系，提高民营企业授信业务的考核比重；另一方面，建立民营企业特别是中小微企业融资的补偿奖励机制，用于对银行或者有关金融机构为民营企业贷款等融资行为提供风险担保和补偿奖励。

（二）增强产业联动发展效应，加快产业转型升级

完善产业政策，优化产业结构，大力发展与出口产业配套的相关产业，以增强出口产业与其他产业之间的联动发展效应，为突破“低端锁定”困境提供配套产业支持。加快推进产业园区建设，形成产业集聚效应，通过政府补贴等手段鼓励稀缺产品、高新产品、核心技术产品等的生产。

---

① 《IMF 副总裁：2019 年中国经济继续领跑全球五大经济体》，人民日报，2019 年 4 月 14 日。

（三）加强对外贸易环境监测，推动信息共享机制建设

做好进出口数据预警监测，建立由政府机构、行业协会为主的相关贸易研究平台，及时提供相关贸易预警信息，为企业及时调整出口产品结构和市场提供参考意见，引导企业合理规避风险。

中国外贸进出口年度报告（2019）

JOINT RESEARCH 联合调研篇

长三角、珠三角、京津冀外贸比较优势研究及对中西部发展启示联合调研报告

长三角、珠三角、京津冀三大经济圈①（以下简称三大经济圈）是我国经济发展的主要增长极，三大经济圈在约25%的国土面积上创造了全国60%的国内生产总值，是拉动我国经济快速增长和参与国际经济合作与竞争的主要平台。党的十九大报告指出，要“实施区域协调发展战略”“建立更加有效的区域协调发展新机制”。这是对我国区域发展的新要求，是新时代解决人民日益增长的美好生活需要和不平衡不充分的发展之间的矛盾的重要途径。三大经济圈不仅是我国高密度的经济走廊，也是外贸进出口的核心区域。据海关统计，2018 年三大经济圈进出口合计 24.9 万亿元人民币，比 2017 年（下同）增长 9.4%，占当年全国外贸进出口总值的 81.5%。其中，出口 13.4 万亿元，同比增长 6.6%；进口 11.5 万亿元，同比增长 12.8%。但是，在当前国际市场汇率波动加剧、中美贸易摩擦等背景下，三大经济圈的外贸增长进入了瓶颈期，其发展遇到的问题也是我国经济面临问题的缩影。如何探索协同发展新模式，融入新机制，进一步优化三大经济圈外贸产业布局，促进外贸进出口转方式、调结构，实现我国东中西部平衡发展，也成为当前我国经济发展的重中之重。

一、长三角、珠三角、京津冀及中西部外贸结构性分析

近年来，我国三大经济圈及中西部地区进出口情况与我国整体外贸情况一样，外贸发展虽有波折，但总体向好、连上台阶。2009 年，受金融危机影响，三大经济圈及中西部地区外贸规模出现不同程度下挫，2010 年迅速恢复正增长，2011 年—2014 年在接连突破重要关口后，受制于全球经济复苏乏力，以及国际大宗商品价格大幅下跌，2015 年三大经济圈及中西部外贸规模再次出现不同程度下滑。2018 年，随着国际市场大宗商品价格的恢复性上涨，三大经济圈及中西部对外贸易规模快速回升，并创历史新高（见图 1）。

---

① 长三角经济圈为上海、浙江、江苏；珠三角经济圈为泛珠三角概念，包括广东、福建、江西、广西、海南、湖南、四川、云南、贵州；京津冀经济圈为北京、天津、河北。

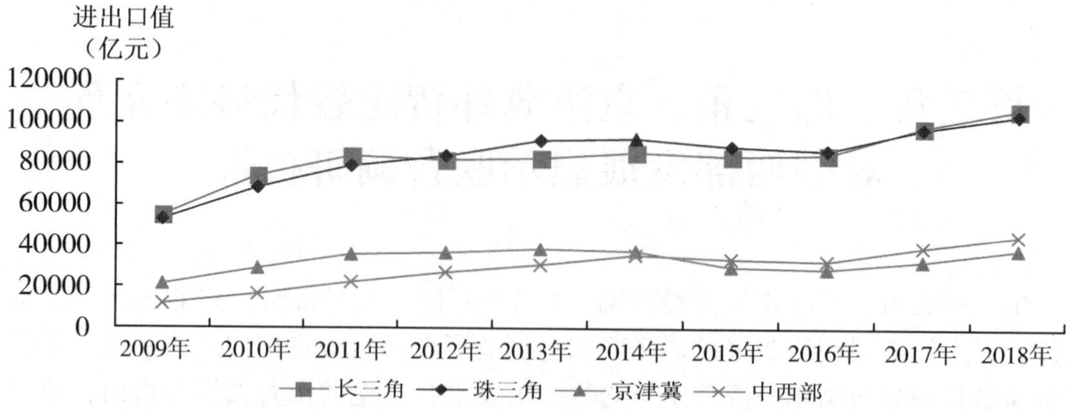

图1　2009—2018年我国三大经济圈进出口走势图

具体来看，2018年，我国长三角、珠三角、京津冀及中西部进出口贸易主要呈现以下特点：

（一）一般贸易头名地位巩固，中西部加工贸易承接能力稳步加强

随着外贸发展内生动力的持续增强和国内市场对资源性产品进口需求的不断提升，一般贸易在三大经济圈及中西部地区对外贸易中的主导地位进一步稳固。2018年，我国三大经济圈及中西部地区以一般贸易方式的进出口值分别为6.2万亿元、5.2万亿元、3万亿元和2.2万亿元，同比分别增长10.1%、8.5%、23.4%和14.3%，分别占同期我国一般贸易进出口的34.9%、29.7%、17.2%和12.4%。由于一般贸易进出口为地区带来的收益和经济实力的提升更为直接，因此一般贸易快速增长反映出三大经济圈及中西部地区外贸结构进一步提升。与此同时，长三角、京津冀加工贸易持续萎缩，所占比重由2017年同期的32.9%和5.8%分别萎缩至2018年的32.7%和4.9%。此外，中西部地区加工贸易产业承接能力稳步增强，2018年中西部地区加工贸易同比增长15%，高于全国整体增幅11个百分点，占全国加工贸易的比重由2017年同期的18.4%提升至2018年的20.3%（见图2）。

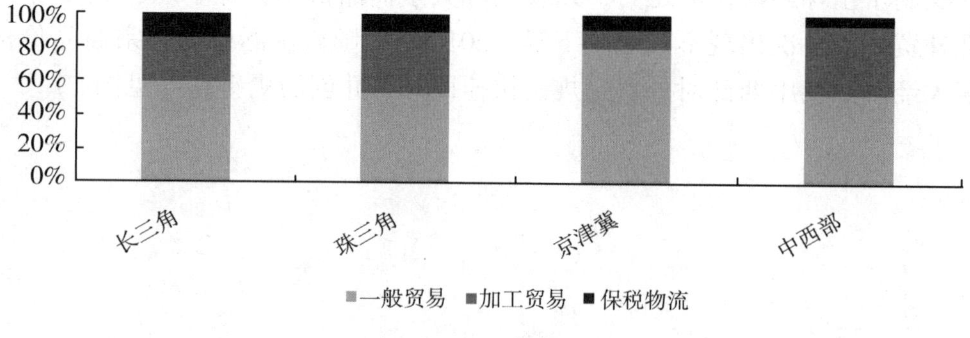

图2　2018年三大经济圈及中西部进出口值主要贸易方式结构图

（二）民营企业活力释放、增速加快，外商投资企业增速放缓

近年来，我国民营企业蓬勃发展，逐渐从外贸领域的“生力军”转为“领头羊”。2018年，我国三大经济圈及中西部地区民营企业分别进出口3.9万亿元、5万亿元、

6 744.3亿元和1.9万亿元，同比分别增长13.5%、12.1%、10.2%和17.5%，其中长三角和中西部地区民营企业进出口增速分别高于全国民营企业进出口整体水平0.5个百分点和4.6个百分点。民营企业已经逐渐成为外贸产业技术改造、增强自主发展能力的主力。与此同时，随着加工贸易发展的减速，外商投资企业对外贸易增长乏力，2018年三大经济圈外商投资企业进出口同比增速分别为4.1%、3.9%和1.4%，分别低于同期全国进出口整体增速5.6个百分点、5.8个百分点和8.3个百分点。此外，国有企业外贸增长动力显著增强，2018年，我国长三角、京津冀及中西部地区国有企业进出口同比分别增长15.5%、27.7%和11.3%（见图3）。

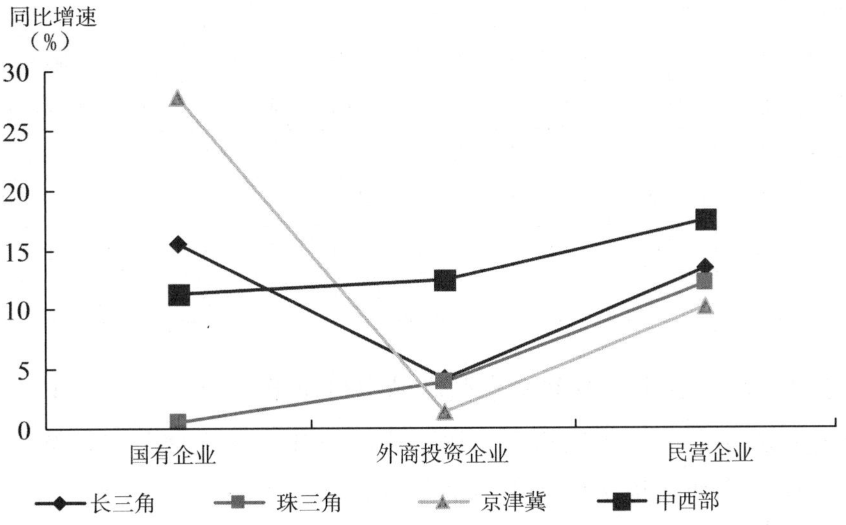

图3　2018年三大经济圈及中西部地区外贸企业类型统计图

（三）外贸市场多元化格局稳步推进，新兴市场开拓有成

随着市场多元化战略的推进，我国三大经济圈及中西部地区已形成以欧美市场为主体，东盟、拉丁美洲、非洲等新兴市场为补充的多元化格局。2018年，三大经济圈及中西部地区对欧美日传统市场分别进出口4.6万亿元、3.1万亿元、1.2万亿元和1.5万亿元，分别占同期各地区外贸总值的43%、30.4%、29.9%和32.9%。传统市场保持基本稳定，“中国—东盟”自由贸易区的启动和“一带一路”倡议的推行使得我国三大经济圈及中西部地区与新兴市场往来更加活跃。2018年，东盟为珠三角及中西部地区的最大贸易伙伴，分别进出口1.7万亿元和7 802.8亿元，同比分别增长10.4%和13.6%，占同期地区进出口的16.3%和17.3%（见表1）。

表1　2018年我国三大经济圈及中西部地区前10大贸易伙伴统计表

长三角			珠三角			京津冀			中西部		
国家（地区）	进出口值（亿元）	比重（%）	国家（地区）	进出口值（亿元）	比重（%）	国家（地区）	进出口值（亿元）	比重（%）	国家（地区）	进出口值（亿元）	比重（%）
欧盟	19 649.2	18.5	东盟	16 876.6	16.3	欧盟	5 583.3	14.4	东盟	7 802.8	17.3
美国	16 787.7	15.8	美国	13 528.3	13.1	美国	3 915.6	10.1	美国	6 948.6	15.4
东盟	12 548.1	11.8	欧盟	11 882.6	11.5	东盟	3 837.9	9.9	欧盟	5 570.0	12.3
日本	9 328.7	8.8	中国台湾	6 512.1	6.3	澳大利亚	2 230.1	5.7	中国香港	2 950.1	6.5
韩国	8 171.0	7.7	韩国	6 222.0	6.0	日本	2 102.5	5.4	韩国	2 829.0	6.3
中国台湾	5 497.8	5.2	日本	6 031.5	5.8	韩国	1 619.3	4.2	中国台湾	2 633.9	5.8
中国香港	4 137.8	3.9	印度	2 173.2	2.1	俄罗斯	1 525.5	3.9	日本	2 345.8	5.2
澳大利亚	3 649.3	3.4	澳大利亚	2 142.7	2.1	沙特阿拉伯	1 363.1	3.5	澳大利亚	1 348.6	3.0
印度	2 550.5	2.4	巴西	1 417.1	1.4	巴西	1 361.1	3.5	巴西	944.1	2.1
巴西	2 476.5	2.3	南非	1 355.7	1.3	伊拉克	1 345.5	3.5	印度	921.2	2.0

（四）机电产品出口过半，劳动密集型产品出口比重下降

随着工业化进程不断向中后期迈进，机电产品产业链在全球分工精细化程度愈发提高，在我国三大经济圈及中西部地区出口中占据半壁江山。2018年，三大经济圈及中西部地区分别出口机电产品3.6万亿元、3.8万亿元、5 120.3亿元和1.7万亿元，分别占同期各地区出口总值的59.1%、62.1%、49.6%和62.2%。与此同时，劳动密集型产品出口比重降低。2018年，珠三角和京津冀劳动密集型产品出口分别下降2.7%和6.4%，占同期各地区出口总值的比重分别下滑1.4个百分点和2.1个百分点。值得关注的是，出口产品中代表科技含量和附加值的高新技术产品（与机电产品有交叉），中西部地区增长速度大幅高于三大经济圈，实现进出口1.2万亿元，增速分别高于长三角、珠三角和京津冀14.1个百分点、11.3个百分点和8.5个百分点。

（五）集成电路领衔进口，原油、初级形状塑料等初级产品进口快速增长

随着我国电子产业规模庞大，国内市场对进口电子元件需求量日益增加。2018年，集成电路为长三角、珠三角及中西部地区最大进口商品，分别进口6 676.4亿元、1.1万亿元和4 400亿元，同比分别增长12.4%、22.8%和17.3%，分别占同期地区进口总值的14.9%，25.1%和24.7%。与此同时，由于我国对资源、能源性产品、农产品等初级产品需求不断提升，原油、农产品、初级形状塑料等初级产品成为我国三大经济圈及中西部地区主要进口商品。其中，原油为京津冀地区占比最大的进口商品，2018年，京津冀进口原油9 980.8亿元，增长44.6%，占同期地区进口总值的35%。此外，初级形状塑料进口亦增长较快。2018年，长三角、珠三角分别进口初级形状塑料1 770.4亿元和1 327.5亿元，同比分别增长14%和11.1%。

二、三大经济圈外贸发展优势比较

改革开放以来，中国经济增长态势迅猛，经济水平大幅度提高，在东部沿海相继形成了珠江三角洲、长江三角洲、京津冀三大经济圈。三大经济圈依托外贸起步早及依江靠海的区位优势，形成了独具特色的区域外贸经济。

（一）长三角："众星拱月 星月同辉"

长三角的发展史可谓源远流长，通江连海的优越位置使其自古以来就承担了国家的主要税负，扮演着"鱼米之乡"的经济重镇角色。从进出口总额上看，长三角地区由于经济体量大、产业优势互补，上海、江苏、浙江在外贸总值、人均进出口额、外贸依存度等方面"独领风骚"，整体规模优势明显。2017 年，长三角地区外贸依存度达 58.3%，分别高于珠三角及京津冀地区 22.5 个百分点和 18.4 个百分点。近年来，由于拥有良好的基础设施、发达的科技教育和日趋完善的政策环境，长三角地区成为国内外投资者关注的"热土"，外商投资企业在地区外贸发展中地位突出。2018 年，长三角地区外商投资企业进出口所占比重达 51.4%，高于同期珠三角地区（42.6%）和京津冀地区（24.1%）。相比于"一枝独秀"的中心主导型城市群，长三角整个区域的协同程度已迈入"普遍繁荣"阶段。上海以绝对优势领跑长三角，南京、杭州等副中心作用明显，有力地承接了上海的市场、资金和技术，并协同其他中小城市崛起。截至 2017 年底，长三角 GDP 万亿级城市已达 5 个，分别为上海（3.01 万亿）、苏州（1.73 万亿）、杭州（1.26 万亿）、南京（1.17 万亿）和无锡（1.05 万亿）。可以说，现阶段的长三角已是一幅"众星拱月、星月同辉"的协同发展局面。

（二）珠三角："集体出海 变中求进"

珠三角地处河海交汇之所，珠江流域还有一部分在越南境内，这里也成为连接东盟的必由之路，加上毗邻港澳市场，改革开放之初设立的四个经济特区也都在珠三角的范畴内。从进出口总额上看，珠三角外贸总值与长三角基本持平。2018 年，珠三角地区进出口总额为 10.4 万亿元，同比增长 7.3%。广东作为珠三角地区进出口总额最大的省，已经连续 20 多年位居国内进出口省市排名的第一位。其中深圳的崛起使珠三角并非以广州为唯一的发展核心，而是东莞、中山、佛山、珠海等城市与广东、香港一起勾勒出"集体出海"的态势。从贸易构成方面来看，借助临海的天然便利以及受益于香港自由港的影响，珠三角以"三来一补""大进大出"的加工贸易起步，形成了以加工业为主的外向型经济。2018 年，珠三角地区加工贸易进出口 3.5 万亿元，占同期地区进出口总值的 33.7%，分别高于长三角和京津冀地区 7.9 个百分点和 33.7 个百分点。近些年，随着产业结构不断调整和优化升级，珠三角经济圈产业逐渐由低附加值的服装、玩具、家电等劳动密集型产业向高新技术产业转变。2018 年，珠三角劳动密集型产品出口逆势同比下降 2.7%，高新技术产品出口同比增长 8.8%，高于同期地区整体增速 4.4 个百分点。

（三）京津冀："孤木难支 资源主导"

京津冀地处华北平原，缺少天然的运输河道及河流滋养，相比于长三角与珠三角天然的河海交通优势，京津冀在外贸区位上不具备比较优势。从进出口总额来看，京津冀地区处于三大经济圈末位，仅相当于长三角地区进出口总额的1/3。北京作为首都，是京津冀的绝对核心，2018年，北京进出口2.7万亿元，同比增长23.9%，占同期京津冀地区外贸总额的70%；相比于北京的高速增长，天津、河北进出口贸易增长缓慢，同比分别增长5.7%和5.1%，低于同期全国整体增速4个百分点和4.6个百分点。北京2018年位居全国社会零售总额排行榜前列，是我国主要消费市场，京津冀地区依托其广阔的腹地和首都的辐射带动作用，内资企业逐渐成为外贸产业技术改造、增强自主研发能力及提升经营管理水平的主力。2018年，京津冀地区内资企业进出口2.9万亿元，占同期地区进出口总值的75.3%，其中国有企业进出口2.2万亿元，民营企业进出口6 744.3亿元。从进出口商品结构来看，京津冀是中国重化工业、装备制造业基地，进出口商品主要以资源性商品为主，其中成品油和原油分别为出口和进口第一大商品，分别占地区同期出口总额的17.3%和同期进口总额的35%。

三、长三角、珠三角、京津冀外贸面临的问题与挑战

目前，三大经济圈外贸结构的“软肋”突出。一方面，三大经济圈中主要龙头省市经过多年外贸发展的消耗，外贸潜力已出现一定程度的边际递减效应；另一方面，区域内强弱分明的格局依然明显，资源富集区、制造业成本洼地等比较优势尚未完全挖掘，个别地区外贸进出口仍停留在相对初级阶段，外贸依存度较低。目前，中西部地区外贸产业发展逐渐加快，竞争力持续提升，如何实现三大经济圈与中西部地区协同发展或成破局关键。

（一）经济中心相互争夺，强强联合举步维艰

北京、天津作为环渤海经济圈内两个特大型中心城市，多年来，各自均按照自我完善的模式发展，加之行政地位的对峙、区域壁垒及财政、投资、金融体制等诸方面的障碍，形成彼此争做区域经济“龙头老大”的态势，但都力不从心。北京作为首都，其国家政治、经济文化中心的地位与产业结构的空间矛盾日益突出；而天津尽管具有产业发展潜力和资源、区位优势，但由于腹地萎缩、市场分割，加之产业结构的雷同，已难以形成适应区域经济一体化的产业聚集，从而导致区域内经济分散大于一体，分割排斥大于依存合作，对京津冀的经济增长造成不利影响。实践证明，在一个成熟的经济圈内，必须要形成一个经济中心来引导，并发挥中心辐射功能。因此，区域一体化机制的建立势在必行。

（二）行政壁垒分明，区域一体化进程缓慢

经济圈主要由产业和资本流动形成，与行政区划有一定的出入，区域之间甚至区域内的政策与法规不一致，其发展过程中行政分隔强于和多于政府协调，导致地方保护主义之风盛行。受传统开发格局影响，经济贸易发展水平存在“阶梯性”差异。对发达地区而言，由于其经济体量大、长期发展对资源消耗较大，因此对利用中西部地区优质资源的心理较为迫切；而资源丰富地区则在资源保护与利用和追求经济快速发展方面面临双重压力，在享受地区提供的自然资源服务的同时，又希望承接更多东部的产业，这导致经济圈内部生态思维不统一。

（三）产业结构“同质化”现象严重，产业链有待完善

尽管区域经济须一体化的发展已成共识，但在发展过程中诸多城市均从各自的利益出发，以行政区域为界，建立了“小而全”的经济体系。尽管各城市之间在区位优势和产品结构等方面存在某种差异性，但由于整个区域经济发展的松散无序及各地经济的独立运行，形成生产布局重复构建。以长三角地区为例，“产业结构趋同率高达70%”。在机器人研发制造、汽车制造、医疗设备、高分子材料、新医药、环保设备制造等战略新兴产业和高新技术产业上，长三角存在明显“撞车现象”。在比重最大的12个制造业部门中，有8个相同。由此引发了产业同构下区域内的竞争，无法形成长三角内的区域分工、产业分工体系和经济互补性的产业链。

（四）创新驱动力不足，产业全球竞争力偏低

我国三大经济圈的中低端产业比重大，核心技术对外依存度高。出口商品中的机电产品和劳动密集型产品占较大比重，2018年，长三角、珠三角和京津冀出口该两项商品分别占地区整体出口的81.5%、81.9%和59.3%。高端设备、关键零部件和元器件、关键材料等多依赖进口，重点产业在全球价值链中的整体地位不高。在成本增加的背景下，受限于科技自主创新能力不强、制度创新力度不足，主要出口商品的市场竞争力日益下降。

四、中西部区域外贸发展的启示

（一）发展边境贸易，促进商品便利流通

从地理上讲，与我国中西部接壤的南亚、中亚和西北亚国家属经济欠发达地区，双方具有很强的经济互补性，如俄罗斯的化肥、化工、钢铁、有色金属、矿产燃料、纸浆造纸产品、经济用材，中亚的矿产资源、机器设备、化肥、运输、化工等，在我国有很大需求。而我国中西部的轻工业品、食品、纺织品、家电、农产品等在毗邻国家也有相当大的市场。因此，中西部地区应突破在对外经济联系中过分强调西方经济发达国家的局限，从自身的区位特点出发，充分利用地缘优势，提升中西部地区对周边国家的辐射功能。

（二）建立互动流通机制，进一步推进产业集群

一方面，健全区域间联动合作机制，构建城市群重点产业优化布局工作机制，推动区域内重点产业协同合作一体化发展，促进区域内生产要素自由、合理流动，实现重点产业整体发展和各区域特色发展齐头并进。另一方面，综合现有产业基础、上下游承接关系、物流网络建设等因素，进行“大集群”规划布局。充分发掘中西部地区的资源优势，在中西部布局原料供给产业集群，在东部地区建立工业及第三产业集群，提高原材料深加工率，扩大行业利润空间，形成产业集群的良性连锁反应。这样既可显现集聚发展的最大效益，又可提高产业链衔接的便利度，是推进中西部经济发展的产业基础。

（三）加强东中西部合作，鼓励区域产业对接

东部沿海作为我国外向型经济最发达的地区，理应为中西部地区的对外经济发展作出应有的努力。一方面，东部地区积极引导资源加工型、劳动密集型产业和以内需为主的资金、技术密集型产业加快向中西部地区转移；另一方面，创新产业转移方式，积极探索多种形式的产业转移合作模式，鼓励三大经济圈到中西部地区共建产业园区，提高中西部的产业结构层次和产品质量以及区域经济竞争力，从而促进中西部地区的对外经济联系水平跨越新台阶。

（四）鼓励企业内挖潜、外寻源，提高企业进出口积极性

结合自身重点产业发展基础和特色，鼓励企业加大研发投入，支持企业开展基础研究和前沿技术攻关，依托行业龙头企业布局建设一批国家科研基地，深化与不同类型国家的双边及多边科技创新合作，推动建立具有国际竞争力的产业技术新体系。此外，由于中西部地区距离港口较远，企业缺乏自理进出口意识，大部分通过沿海的外贸公司代理，导致进出口成本较高；同时，从国外引进先进的生产设备和技术，也大多依靠沿海地区的搭借渠道，这在一定程度上延缓了中西部与国外经济联系的进程，造成了很多不必要的物耗和人耗。因此，提高内陆企业进出口积极性，也将在一定程度上推动中西部地区对外经贸合作向更深层次发展。

扩大农产品进出口　服务乡村振兴战略

——2018 年进出口监测预警联合调研课题

一、引言

实施乡村振兴战略，是党的十九大作出的重大决策部署，是决胜全面建成小康社会、全面建设社会主义现代化国家的重大历史任务，是新时代“三农”工作的总抓手。2018 年的中央一号文件《中共中央国务院关于实施乡村振兴战略的意见》，对实施乡村振兴战略进行了全面部署，是改革开放以来第 20 个、21 世纪以来第 15 个指导“三农”工作的中央一号文件。2018 年 9 月，中共中央、国务院印发了《乡村振兴战略规划（2018—2022 年）》，并发出通知，按照产业兴旺、生态宜居、乡风文明、治理有效、生活富裕的总要求，明确了阶段性重点任务，要求各地区各部门结合实际认真贯彻落实。

乡村振兴战略涉及经济、政治、文化、社会、生态文明等多个方面，与我国新时代“五位一体”的总体布局是有机统一的。实现乡村振兴，“产业兴旺”是基础，因此需要下大力气激发农村经济发展潜力，进一步改革制约农业发展的体制机制性因素，让农业不断做大做强。同时，也应当继续推动我国农业走向开放，充分运用国际国内两个市场优化农业资源配置。近年来，我国农村发展日新月异，农业基础不断巩固，农业相关领域的对外开放也有序推进。据海关统计，2018 年我国农产品进出口总值达到 1.42 万亿元，同比增长 5.2%，其中出口 5 237.9 亿元，同比增长 3%，进口 9 005.6 亿元，同比增长 6.6%。

纵观加入世界贸易组织以后我国第一产业增加值和农产品进出口值的发展变化趋势可以发现，从 2002 年至 2018 年，两者都呈现出明显的线性增长的特征，采用最小二乘法进行回归分析的 R^2 分别为 0.985 和 0.973，通过比较两者回归方程的系数（见图 1），可以发现两者呈现出较强的比例关系，并且变化趋势基本一致，我国农产品进出口发展和农业总体发展呈现出相互促进、同步发展的特征。因此，进一步扩大农业领域开放，积极扩大农产品进出口，对促进国内农业产业总体发展、推进乡村振兴战略具有重要意义。

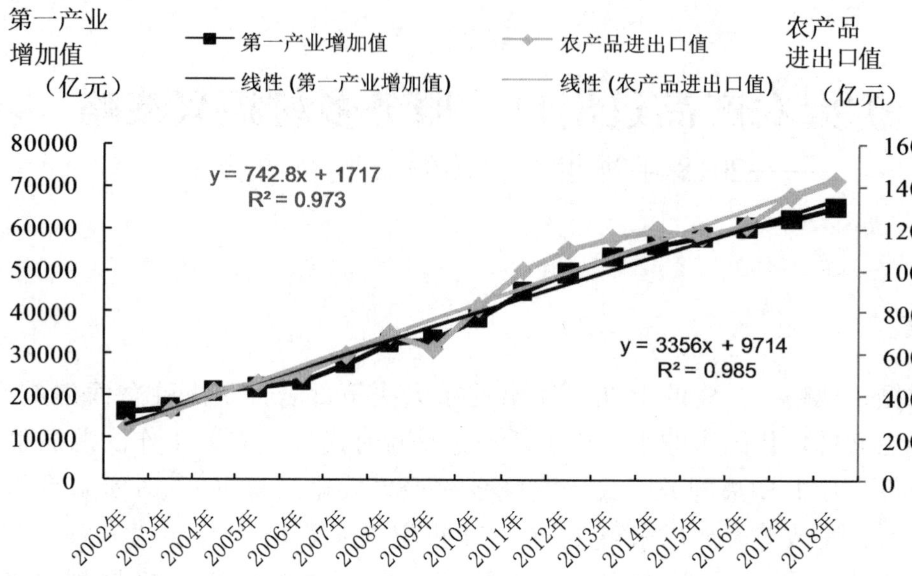

图1　2002—2018 年我国第一产业增加值及农产品进出口值统计图

二、我国农产品进出口发展的主要特点

（一）农产品进出口占外贸总体进出口的比重稳定，增速波动较为缓和，近年来逆差规模较大

经历了改革开放特别是加入世界贸易组织以来的快速发展，我国农产品外贸发展已经相对成熟，农产品进出口值占全国外贸进出口总值的比重从加入世界贸易组织以来一直在3.5%至5%之间波动，2009 年以来已经连续 10 年稳定在 4%至 5%之间，2018 年比重约为4.7%（见图 2）。

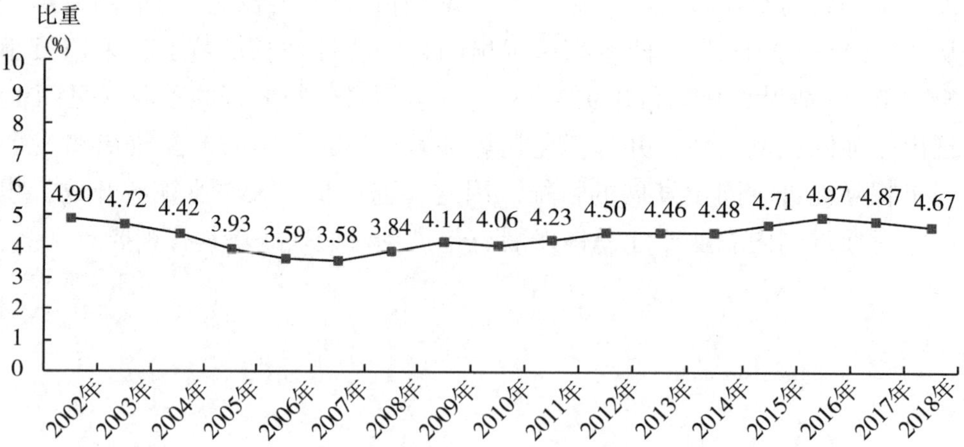

图2　2002—2018 年我国农产品进出口占外贸总体进出口比重统计图

农产品进出口贸易与各国自然禀赋、农业发展特点、饮食习惯、交通便捷程度以及有关政策密切相关，有着不同于其他商品的特点，总体而言，相比于其他商品，农产品具有一定的“生活必需性”，进出口一旦进入成熟期，发展走势相对更容易稳定，贸易额波动

相比于其他商品一般比较缓和。近十几年来，我国农产品已经进入了发展平稳期，进出口双向的市场结构和商品结构已经相对稳定，农产品外贸进出口的波动幅度明显低于外贸总体波动，如因受国际金融危机影响，2009 年我国外贸进出口总值出现了 16. 3%的降幅，而当年农产品进出口值降幅仅为 9. 8%。此后在复苏的过程中，农产品进出口增速的波动幅度小于外贸总体进出口增速的波动幅度（见图 3）。

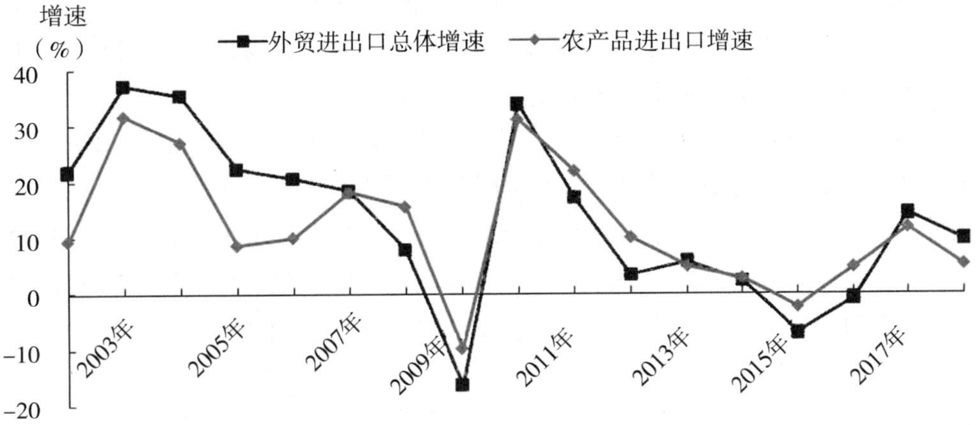

图 3　2002—2018 年我国外贸总体进出口与农产品进出口增速统计图

加入世界贸易组织以来，得益于扩大开放政策，我国农产品进出口发展兼顾了对内保障供给、对外开拓市场的作用，形成了进口以大豆、水海产品、肉类、乳品为主，出口以水海产品、蔬菜、水果为主的发展格局。农产品大进小出、整进散出的特点明显，推动逆差不断扩大。从 2004 年开始，农产品进出口逆差已经连续保持了 15 年，2010 年以后逆差值迅速扩大，虽然 2015 年和 2016 年受主要进口品种价格因素影响逆差有所收窄，但此后逆差再度扩大，到 2018 年逆差值又攀升至 3 767. 7 亿元，再创历史新高，贸易逆差扩大 11. 9%（见图 4）。

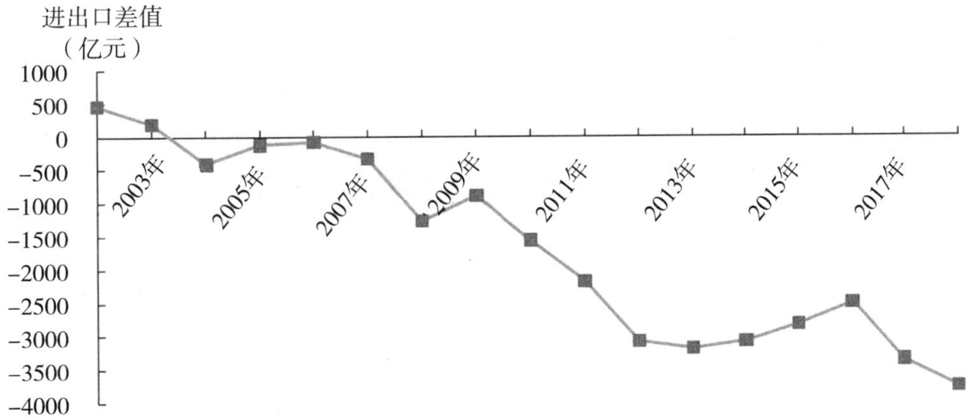

图 4　2002—2018 年我国农产品进出口差值统计图

（二）一般贸易进出口保持平稳增长势头，占比均逐步稳定在8成以上，加工贸易在2012年以后有所回落，保税物流进口、边境小额贸易出口规模可观

经过多年发展，我国农产品进出口贸易的内生动力不断增强，一般贸易的主体地位正逐年巩固，在农产品进、出口中的比重已分别连续6年和9年超过80%，并于2017年分别突破7 000亿元和4 000亿元大关。农产品加工贸易进、出口值均在2012年达到峰值后有所回落，但仍保持在较高水平波动运行。此外，保税物流进口从2010年开始已经连续9年超过加工贸易进口，成为农产品进口的重要方式；边境小额贸易出口值也从2014年开始连续5年超过100亿元，为农产品出口发展作出了积极贡献。

2018年，我国以一般贸易方式出口农产品4 332.3亿元，同比增长3.2%，占全部农产品出口的82.7%；以加工贸易方式出口617.9亿元，同比增长3.3%，占全部农产品出口的11.8%。此外，以边境小额贸易方式出口157.6亿元，同比下降3.6%；以保税物流方式出口124.6亿元，同比增长9.5%。同期，以一般贸易方式进口农产品7 497.3亿元，同比增长6.7%，占全部农产品进口的83.3%；以保税物流方式进口874.7亿元，同比下降0.6%，占全部农产品进口的9.7%；以加工贸易方式进口488亿元，同比增长15.4%，占全部农产品进口的5.4%；以边境小额贸易方式进口79.2亿元，同比增长16.8%。

（三）民营企业不断壮大，已多年领跑农产品进出口

加入世界贸易组织后，我国农产品进出口主体结构经历了从国有企业为主到外商投资企业领先再到民营企业领跑的变化。随着我国民营经济的不断壮大，民营企业已成为农产品进出口的主要力量，从2009年起，民营企业开始领跑农产品出口，2014年开始占比连续5年超过60%；从2012年起，民营企业超过外商投资企业领跑农产品进口，此后连续7年进口占比超过40%。

2018年，我国民营企业出口农产品3 607.9亿元，同比增长4.3%，占全部农产品出口的68.9%；外商投资企业出口1 227.2亿元，同比下降0.4%，占全部农产品出口的23.4%；国有企业出口402.7亿元，同比增长2%。同期，民营企业进口4 507.4亿元，同比增长11%，占全部农产品进口的50.1%；外商投资企业进口2 772.6亿元，同比下降1.9%，占全部农产品进口的30.8%；国有企业进口1 689亿元，同比增长8%。

（四）东盟、日本、香港地区、欧盟和美国为前5大出口市场，进口主要来自巴西、美国、东盟、欧盟和澳大利亚，2018年自美国进口出现明显下滑

日本曾经长时间占据我国农产品出口市场的榜首，但从2013年开始，对东盟出口借助中国—东盟自贸区政策优势一举超过对日出口，并且优势持续扩大。东盟和日本之外，香港地区、欧盟和美国也是我农产品出口的主要目的地。美国和巴西凭借大豆等土地密集型农产品的资源优势，近几年牢牢占据着我国农产品进口来源国的前两位，2017年起巴西首次超过美国跃居第一位，除美国、巴西外，东盟、欧盟和澳大利亚也是我国主要农产品进口来源地。

2018年，我国对东盟、日本、香港地区、欧盟和美国分别出口农产品1 127.3亿元、708.5亿元、667.7亿元、597.2亿元和544.6亿元，同比分别增长5.2%、2.3%、0.6%、1.6%和5%，对上述市场出口合计占出口总值的69.6%。同期，我国自巴西、东盟、欧盟和澳大利亚分别进口 2 177. 5 亿元、1 211 亿元、1 052. 9 亿元和 687. 6 亿元，同比分别增长 33. 1%、10. 8%、5. 7%和 12. 8%，自美国进口 1 054. 7 亿元，同比下降 35. 4%，自上述市场进口合计占进口总值的 68. 7%。

（五）山东、广东、福建、浙江和辽宁是农产品出口大省，上海、广东、北京、江苏和山东为主要进口省（市）

从地域分布来看，我国农产品进出口主要集中在东部地区。山东凭借良好的农业基础长期占据农产品出口首位，广东、福建、浙江和辽宁也对农产品出口有较大贡献；进口方面，上海、广东、北京、江苏和山东排名靠前，对农产品进口合计贡献超过 6 成。

2018 年，山东、广东、福建、浙江和辽宁分别出口农产品 1 150. 3 亿元、678. 6 亿元、661. 2 亿元、375. 1 亿元和 339. 2 亿元，合计占全部农产品出口总值的 61. 2%。同期，上海、广东、北京、江苏和山东分别进口农产品 1 430. 3. 亿元、1 315. 3 亿元、1 097. 6 亿元、1 028. 3 亿元和 983. 8 亿元，合计占全部农产品进口总值的 65%。

（六）出口以水海产品、蔬菜、鲜干水果及坚果、肉及杂碎和粮食为主，进口以粮食、水海产品、肉及杂碎、乳品和鲜干水果及坚果为主

我国农业产业结构很大程度上决定着农产品贸易结构，并呈现出鲜明的特点。出口方面，水海产品、蔬菜、水果、肉类和粮食是主要出口品种，占农产品出口总值的比重常年稳定在五成以上。进口方面，粮食是第一大进口品种，占农产品进口总值的比重曾在 2014 年和 2015 年超过 40%，此后略有下滑，粮食之外，水海产品、肉类、乳品和水果也是重要的进口品种。

2018 年，我国出口水海产品、蔬菜、鲜干水果及坚果、肉及杂碎和粮食合计 2 910. 5 亿元，占全部出口总值的 55. 6%（见表 1）。同期，进口粮食、水海产品、肉及杂碎、乳品、鲜干水果及坚果合计 5 815. 1 亿元，占全部进口总值的 64. 6%（见表 2），其中粮食进口量同比减少 11. 5%。

表 1　2018 年我国主要出口农产品量值统计表

商品名称	出口值（亿元）	出口值同比（%）	出口量（万吨）	出口量同比（%）
水海产品	1 453. 8	3. 0	425. 4	-0. 3
冻鱼、冻鱼片	455. 4	0. 0	198. 6	-4. 6
活鱼	42. 0	26. 9	8. 8	8. 7
冻虾仁	41. 7	-20. 7	5. 6	-17. 7
鲜、冻对虾	7. 3	-41. 4	1. 1	-34. 4
蔬菜	832. 4	-6. 6	947. 6	2. 5
鲜或冷藏蔬菜	306. 6	-14. 8	629. 5	1. 3
干的食用菌类	218. 8	13. 6	20. 1	10. 9
鲜、干水果及坚果	333. 5	-2. 2	341. 2	-0. 5

表1　续

商品名称	出口值（亿元）	出口值同比（%）	出口量（万吨）	出口量同比（%）
苹果	85.5	-13.1	111.8	-15.8
橘、橙	65.4	16.6	70.9	26.9
梨	34.9	-4.9	49.1	-5.4
松子仁	12.2	-25.9	1.3	-21.1
肉及杂碎	146.2	-4.6	38.2	-8.3
冻鸡	15.7	-3.9	10.9	-15.2
猪肉	12.9	-26.8	4.2	-18.6
羊肉	2.3	-26.0	0.3	-36.1
粮食	144.6	10.7	365.9	31.4
谷物及谷物粉	70.6	38.7	248.6	61.5
稻谷和大米	58.8	45.7	208.9	74.7
豆类	42.9	-9.5	55.4	-3.2
薯类及含有淀粉的块茎	31.1	-3.8	61.9	-7.9
高粱	1.5	16.5	4.8	17.0
茶叶	117.4	7.7	36.5	2.7
肠衣	89.0	-2.3	10.3	-2.9
食用油籽	67.7	17.7	83.8	18.6
花生、花生仁	18.4	20.6	19.9	33.5
大豆	6.5	5.7	13.4	19.4
制作或保藏的鳗鱼	60.5	18.6	3.9	9.8
填充用羽毛；羽绒	54.0	26.2	4.9	-7.5
果蔬汁	48.4	-6.0	63.1	-14.1
苹果汁	40.7	-7.0	55.9	-14.8
橙汁	0.5	-5.1	0.4	5.1
番茄酱	45.0	-1.1	92.5	5.6
蘑菇罐头	38.0	45.7	24.2	6.7

表2　2018年我国主要进口农产品量值统计表

商品名称	进口值（亿元）	进口值同比（%）	进口量（万吨）	进口量同比（%）
粮食	3 011.4	-7.6	11 554.8	-11.5
其中：大豆	2 501.5	-6.9	8 803.1	-7.9
谷物及谷物粉	385.4	-12.4	2 046.9	-20.0

表2 续

商品名称	进口值（亿元）	进口值同比（%）	进口量（万吨）	进口量同比（%）
大麦	109.9	-10.8	681.5	-23.1
稻谷和大米	107.9	-14.4	307.7	-23.6
小麦	56.0	-23.8	309.9	-29.9
玉米	51.4	25.7	352.4	24.7
木薯	74.0	-24.7	479.8	-41.0
高粱	55.2	-20.9	365.0	-27.8
水海产品	794.4	39.9	340.2	15.0
其中：冻鱼	301.4	19.9	231.3	7.9
肉及杂碎	750.4	12.7	421.7	2.9
其中：牛肉	317.6	53.0	103.9	49.5
猪肉	136.1	-9.6	119.3	-2.0
羊肉	86.0	44.3	31.9	28.1
冻鸡	74.9	7.6	50.2	11.5
乳品	703.8	12.1	274.2	7.8
其中：奶粉	476.2	14.4	112.6	11.0
鲜、干水果及坚果	555.1	31.1	564.7	25.2
其中：香蕉（包括芭蕉）	59.2	50.7	154.5	48.6
鲜龙眼	24.2	-18.4	45.7	-13.7
酒类（亿升）	369.5	15.5	23.7	51.6
其中：葡萄酒（亿升）	258.3	4.2	7.3	-7.3
啤酒（亿升）	59.6	17.9	8.2	14.7
食用植物油	312.8	2.0	629.0	9.0
其中：棕榈油	151.8	-5.5	357.2	3.1
菜子油和芥子油	71.5	67.0	129.6	71.2
豆油	29.2	-20.0	54.9	-16.0
橄榄油	12.0	-16.2	4.0	-7.0
花生油	10.2	0.8	12.8	18.6
羊毛	211.7	13.4	37.0	7.0
棉花	210.3	41.5	157.4	36.2
饲料用鱼粉	146.2	-2.9	146.1	-7.1
食糖	67.5	-8.1	279.6	22.1

三、扩大农产品进出口、服务乡村振兴所面临的主要问题

（一）农业综合竞争力与先进国家仍存在明显差距，粮食生产结构性矛盾依然突出

我国是农业大国，同时也是人口大国，历史形成的以家庭为单位的分散经营仍是农业生产的主要组织形式，与美国、巴西、澳大利亚等农业强国相比，我国的农业生产难以真正实现规模化、机械化，农业综合竞争力与先进国家存在明显差距。这种差距使得我国在大豆、棉花、食糖和部分畜产品等容易形成规模效益的领域，边际生产成本远高于世界农业强国的生产成本，难以抵挡进口农产品的直接冲击，农业生产结构性矛盾十分突出。例如，在粮食生产方面，高产量、高库存和高进口是当前我国粮食市场现状，2017 年我国大豆年进口量超过 9 500 万吨，国内产量不足 1 500 万吨，缺口巨大；而当年玉米库存曾高达 2 亿吨[①]，在 2017 年取消玉米收储制度，紧接着 2018 年玉米成功抛储过亿吨之后，库存仍有接近 8 000 万吨[②]。粮食连年丰产但进口量居高不下的现状反映出当前我国粮食供给的结构性矛盾。

（二）部分地区农村出现劳动人口流失严重、土地撂荒等现象

随着我国城市化的快速发展，农村青壮年劳动力进城务工数量剧增，但由于户籍、住房、教育等约束，打工农民要携配偶、子女在城市立足并非易事。所以，许多农民工不得不把家人留在农村，由此，农村便形成了一个以妇女、儿童和老人为主体的庞大留守群体，部分农村地区因劳动力短缺，严重拖累了乡村经济发展。作为留守家属，面临着既没有能力提升个体农业生产经营水平，又因为担心没有保障而不愿将承包土地流转集中的尴尬境地，导致当地振兴乡村经济和摆脱贫困的工作难度很大，部分地区甚至出现了严重的撂荒现象。

（三）“绿色壁垒”对农产品出口挑战严峻，对个别细分领域影响尤其明显

“绿色壁垒”已经成为许多国家保护本国农业免受外来冲击最为常用的手段。目前，我国农产品出口遭遇的限制措施主要集中在产品中农兽药残留要求、微生物指标要求、加工厂及仓库注册要求、重金属等有害物质限量要求以及食品添加剂要求等方面。受“绿色壁垒”限制的产品范围已经由水产品、禽肉等动物源性产品扩展到蔬菜、水果、花生等植物产品，几乎覆盖了我国出口的所有农产品品种。一些主要商品的出口因此受到了严重影响。例如，2017 年 6 月，因印度国家植物保护组织（NPPO）在来自中国的几批苹果和梨中发现了粉蚧和真菌，印度政府颁布了禁止进口中国苹果和梨的禁令，在禁令实施之前的 2017 年上半年，印度是我国苹果出口最大的单一市场，当时我国对印出口苹果达 13.1 万吨，同比增加 45.8%，占同期全国苹果出口量的 19.4%，禁令实施后，对印度出口苹果迅速归零，直接导致 2018 年我国苹果出口量减少 15.8%。

（四）外部竞争加剧、价格波动剧烈影响部分优势品种出口，新市场开拓面临多重挑战

水海产品是我国农产品出口第一大品类，但是近年来，环保督查日趋严厉，加之人工

---

① 《玉米库存高达两亿吨我国今年拟调减 2 000 万亩种植面积》，和讯网，2017 年 9 月 8 日。

② 《临储成交破亿吨玉米库存成功“瘦身”》，粮油市场报，2018 年 10 月 30 日。

成本和运营成本的增加，现在大连、青岛、湛江、北海等地的水产品加工企业生存压力巨大。而以越南为代表的周边国家水产加工发展迅速，出口势头迅猛，与我国水海产业形成激烈的竞争格局。越南水产加工出口协会（VASEP）统计，2018 年越南鲐鱼、鱿鱼、章鱼等水产品出口均有强势增加，预计全年水产出口达到 89 亿美元，与 2017 年相比增长 7%①，将超过我国 2017 年水海产品出口总值的 4 成。大蒜是我国最主要的蔬菜出口品种，2018 年由于国内市场价格大幅下跌，主产地山东省的出口均价跌幅一度超过 6 成，直接导致全国大蒜出口值大幅下降，其中鲜或冷藏蒜头出口值大幅下降 38.9%，干大蒜出口值大幅下降 46.8%。此外，在一些特色领域，农产品对外市场开拓也面临着多方面挑战，例如调研中发现，内蒙古巴彦淖尔作为我国葵花籽出口的主要地区，因主要出口市场土耳其和伊朗面临美国制裁，导致资金往来受到影响，对出口带来困难；因对方国家有关铁路舱单通关提货操作不规范，使得通过班列出口贸易风险较大，当地企业不得不通过天津等港口海运出口，既抬高了成本也失去了便利性。

（五）农产品品牌建设仍待加强，“互联网+农业”发展落后于其他领域

近年来，我国逐渐开始农产品品牌建设，部分企业反映从以前无品牌或为国外客户贴牌出口水果蔬菜到现在以企业自身商标的出口，平均价格涨幅超过 15%。但当前我国农业品牌建设依然存在着不少问题，与发达国家相比还有较大差距，比如法律法规不健全、缺乏顶层设计、品牌主体不强、品牌小杂乱现象突出、区域品牌理念尚未普及、诚信水平不高等。此外，新时代实现乡村振兴和农业加快开放未能充分依托先进的互联网信息技术，虽然目前我国农村电商发展不断提速，但仍存在着基础设施发展不平衡，电商平台数量较少，人员素质亟待提高等制约因素，在电商之外的农业物联网、农业信息化服务、农业大数据方面，相关领域发展步伐仍明显落后于制造业、服务业、交通物流业等。

四、对于扩大农产品进出口、服务乡村振兴战略的政策建议

（一）夯实农业基础，提高农业竞争力，加大对农业科技和基础设施的投入，保障惠农资金支持到位

一是创造条件加大对进城务工人员居家落户城市的支持力度，让农村承包土地通过承包经营权流转的方式适度集中，切实降低耕地闲置率，大力发展规模化农业生产，适当加大农机补贴力度，提高农业生产机械化水平。

二是加大农业基础设施建设力度，改善农村水利、电力、道路和信息网络布局，提高农业生产效率，保证各级基础设施的投入资金落实到位，提升扶贫开发工作水平。

三是有效利用现代科学技术推动农业生产发展升级，建立与国际接轨的农产品质量检验体系，积极应对各国“绿色壁垒”；逐步实现进口农产品来源可追溯，切实保障国内食品安全。

四是加大对农业生产的资金支持力度，扩大农业贷款总体规模，鼓励普通农户通过贷款投资改善生产条件，探索土地承包经营权抵押模式。

---

① 《2018 年越南水产出口预计达到 90 亿美元》，中国水产养殖网，2018 年 11 月 8 日。

（二）继续深化改革，提高市场资源配置能力，优化涉农物流体系和市场信息平台，加快品牌建设和“互联网+农业”发展

一是继续深入推进农业供给侧改革，总结前期改革经验，进一步优化市场调节机制；平稳消化现有储备库存，保持市场供应充足、价格稳定；保证进口配额发放规范透明，综合考虑国内产业发展调节配额分配。

二是鼓励有条件的地区积极延伸农产品产业链，通过深加工提高出口附加值；发挥比较优势，强化品牌意识，通过创立自主品牌或申领原产地标识的方式提高我国农产品国际认可度。

三是优化国内农产品流通体系，结合电子商务等新兴商业模式，大力发展农业物联网，减少农产品流通中间环节，使农产品销售和出口渠道更加畅通，农产品市场信息交流更加顺畅。

四是推动行业协会充分发挥组织、协调、服务和监管职能，通过多种媒介加强信息共享，增强企业抵御国际市场风险的能力，更好地维护农产品进出口相关行业共同利益。

（三）提高对外开放水平，培育领军企业，拓展国际市场，增强我国在农产品贸易中的话语权

一是加大金融开放力度，推动国内企业参与国际农产品期货买卖机制尽快出台，支持企业在期货市场进行套期保值操作。协调行业内企业形成合力，改变目前对我国企业不利的大宗农产品定价模式，争取国际市场话语权。

二是鼓励有条件的企业学习借鉴发达国家积淀多年的管理和营销模式，挖掘自身潜力，在某一领域做精做细，争取培育一批从事农产品生产加工和进出口贸易的领军企业。

三是推动企业在传统市场之外大力开拓新兴市场，争取抢占“一带一路”沿线农产品市场的制高点。支持企业“走出去”，通过建立种植或加工基地的方式扩大农产品进口来源，保障我国重要农产品的供给安全。

我国智能装备业进出口发展分析报告
——基于工业机器人进出口数据分析

智能制造装备[①]是具有感知、分析、推理、决策、控制功能的制造装备，主要包括工业机器人、高档数控机床、自动化成套生产线、精密和智能仪器仪表等。进入21世纪以来，随着信息技术迅速发展，实现智能制造的条件逐渐成熟。特别是在发达国家“制造业回流”及全球“机器换人”等浪潮推动下，世界各国纷纷将工业发展重点转向智能制造，带动智能装备市场迅速升温。基于提升生产力、实现经济结构转型的需求，我国亦加大对智能制造及智能装备的重视度。从《智能制造装备产业“十二五”发展规划》到《中国制造2 025》，我国发展智能装备产业的政策体系逐步完善，产业规模快速扩大。

在此背景下，南京海关统计处受海关总署委托，以智能装备的代表性产品工业机器人为切入点，对江苏、广东、辽宁等地20余家工业机器人生产企业进行专项调研，以问卷调查、实地走访等方式，结合海关进出口数据和行业相关数据，对我国智能装备产业的整体发展情况做了梳理和研究。

一、我国工业机器人进出口贸易的发展历程和主要特点

（一）发展历程：阶梯式跨越增长

1. 2001年以前：发展起步阶段。从20世纪90年代开始，在经济体制改革和技术进步热潮推动下，我国工业机器人制造业逐渐兴起。但受当时国内科研条件和基础零部件制造能力的限制，尚未实现大规模产业化生产。同时，以劳动密集型产业为主的制造业结构对自动化需求总体有限。在这一阶段，机器人年出口值不足千万元，年进口值均维持在5亿元以下的规模。

2. 2001年至2013年：快速腾飞阶段。2001年我国加入世界贸易组织后，国内机器人相关技术以及汽车、电子、家电等产业飞速发展，为我国工业机器人生产消费注入发展动能，带动工业机器人进出口快速增长，2001年—2013年间年均出口和进口增长率分别达47.5%和18.6%。2002年和2007年，我国工业机器人出口值相继突破千万元和亿元大关；进口则于2003年突破10亿元。2013年，我国国内市场销售工业机器人近3.7万台，约占全球总销量的20%，市场规模首次超过日本[②]，当年我国工业机器人出口值和进口值也分别攀升至8.6亿元和44.9亿元。

3. 2014年至今：跨越式发展阶段。近几年，由于招工难、用工贵等问题日益突出，国内制造业企业加快推进“机器换人”，工业机器人需求爆发式增长。2015年发布的《中国

① 以下简称为智能装备。

② 《中国成为全球第一大工业机器人市场》，商务部，2014年6月21日。

制造2025》将机器人产业发展提升到战略层面后，我国全面展开机器人产业领域的建设与布局，工业机器人产量和国产化率也得以快速提高。2015年—2018年，我国工业机器人产量由3.3万套猛增至14.8万套①。供需两端均保持旺盛态势，带动工业机器人进出口再上新台阶。从2014年我国工业机器人出口值突破10亿元大关到2018年26.7亿元的高点，年均增速高达23.5%；工业机器人进口规模从2014年的82.5亿元增加至2018年的112.4亿元，年均增速8%，进口增速较2013年之前有所放缓，国产替代进口趋势开始显现（见图1）。

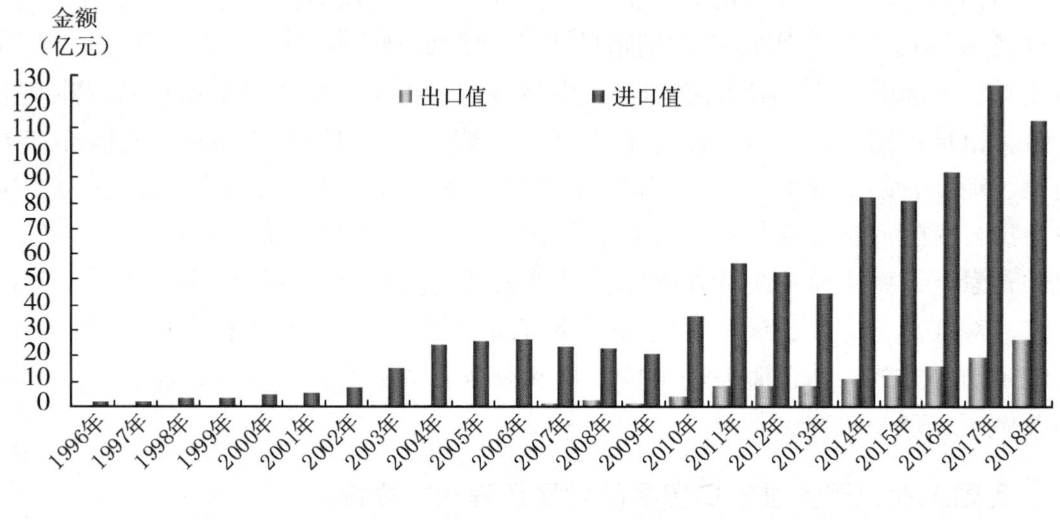

图1 1996—2018年我国工业机器人进出口年度走势图

（二）贸易结构：进口以一般贸易为主，2018年一般贸易超越加工贸易成为出口主导贸易方式

2008年开始，一般贸易取代外商投资企业投资进口设备，成为我国工业机器人进口的主要贸易方式，近几年在整体进口中的比重已突破8成。2018年，我国以一般贸易方式进口工业机器人93.2亿元，同比下降10.9%，占同期我国工业机器人进口总值的82.9%。同期，以保税物流方式进口工业机器人10.9亿元，同比下降27%，占进口总值的9.7%。

在出口领域，加工贸易所占比重一度于2014年达到77.1%。近几年，随着国内企业自主生产能力提升，加上电机、传感器、控制器等零部件配套能力取得长足进步，一般贸易出口快速增长并逐步挤占加工贸易份额。2018年，我国以一般贸易出口工业机器人14.4亿元，增长1.1倍，占出口总值的53.9%，超过加工贸易成为我国工业机器人出口第一贸易方式；加工贸易出口10.9亿元，下降4.1%，所占比重降至40.9%。

（三）市场分布：进口主要来自日本、德国和韩国，出口市场趋于多元化

日本、德国和韩国是全球机器人生产制造的传统强国，也是我国工业机器人进口的主要来源地。近几年，我国进口自上述三国的工业机器人在整体进口中的比重均维持在8成左右。2018年，我国自日本进口工业机器人57.6亿元，同比下降14.2%，占进口总值的

① 《工业主要产品产量》，国家统计局，2019年1月30日。

51.3%；自德国进口18.5亿元，同比下降22.5%，占进口总值的16.4%；自韩国进口8.4亿元，同比下降9.1%，占进口总值的7.5%。

与进口相比，我国工业机器人出口市场较为分散。其中，东盟、印度、拉丁美洲等发展中经济体日益崛起，逐渐成为我国工业机器人出口的重要目的地；我国对欧美韩日四大市场出口份额则逐步下滑，所占比重由2011年高峰期的66.2%下降至2018年的38.7%。2018年，东盟跃升为我国工业机器人出口最大市场，我国当年对东盟出口6.5亿元，同比增长89.7%，占出口总值的24.5%；对欧盟出口4.3亿元，同比增长27.5%，占出口总值的16%；对美国出口2.4亿元，同比增长5.3%，占出口总值的9%。此外，对印度和拉丁美洲分别出口1.8亿元和1亿元，同比分别增长59.9%和47.7%。

（四）贸易主体：外商投资企业主导进出口，民营企业出口逐步崛起

我国工业机器人生产及下游应用的不断升温，带动进出口贸易主体数量快速增加。2018年，我国工业机器人进口企业1 385家，较2001年增加2.2倍，年均增速为7.1%；同期，出口企业1 031家，较2001年增加56.3倍，年均增速高达26.9%。从企业类型看，我国工业机器人进、出口主要依靠外商投资企业“领跑”。2018年，外商投资企业在工业机器人进口和出口中所占比重分别为76.7%和65.3%，在进口值、出口值前10位的企业中，外商投资企业分别达8家和7家。

近几年，随着本土智能装备产业的崛起，民营企业在工业机器人出口中的比重快速提升，2015年所占比重突破10%，2018年，我国民营企业出口工业机器人8.2亿元，增长1.2倍，所占比重达到30.9%。

（五）区域分布：长三角地区领跑全国，广东、北京处于第二方阵

经过多年发展，我国已形成长三角、珠三角、京津冀等多个工业机器人产业聚集区。其中，依托区域内人才、环境、资金优势，以及汽车、大飞机、船舶、电子制造等优势产业的巨大市场需求，长三角地区在工业机器人进出口领域形成较大的领先优势。2018年，长三角地区进口工业机器人69.9亿元，同比下降0.4%，占同期我国工业机器人进口总值的62.2%。其中，上海和江苏分别进口48.5亿元和14亿元，在全国各省市中包揽前两位；浙江进口7.5亿元，居第四位。同期，长三角地区出口工业机器人16.6亿元，同比增长22.8%，占我国工业机器人出口总值的62.3%。其中，上海、江苏和浙江分别出口10.9亿元、3.7亿元和2亿元，在各省市中分列第1、3、4位。

除了长三角地区，深圳、广州、东莞等珠三角城市以及北京、天津、河北地区在工业机器人产业链中也均培育出各自优势，形成较大进出口规模。2018年，北京进口工业机器人7.8亿元，同比下降18.9%，出口1.1亿元，同比增长1.3倍；广东进口工业机器人6.3亿元，同比下降33.3%，出口5.5亿元，同比增长48.6%。

二、当前我国智能装备制造业发展形势和主要问题

（一）我国智能装备制造业的发展形势

1. 产业发展起步较晚，但产业规模已跻身全球前列。虽然我国智能装备制造业于20

世纪90年代刚刚起步，但一直保持高速增长态势。2010年以来，我国智能制造装备产业值由不足4 000亿元[①]发展到突破1.5万亿元[②]。其中，机器人产业规模保持20%的高速增长，形成包括原材料供应、核心零部件生产、机器人本体制造、系统集成、第三方服务在内的完整的产业链，工业机器人产量约占全球总产量的1/3[③]。2018年，我国工业机器人产量达到14.8万套，同比增长4.6%[④]。

2. 智能装备下游需求旺盛，应用市场发展空间巨大。智能装备被广泛应用于汽车、电脑、家电、通信、船舶及相关零部件制造等行业。近年来，在下游行业转型升级的巨大动能推动下，工业机器人等智能装备市场消费出现爆发式增长。根据中国电子学会发布的《中国机器人产业发展报告（2018）》显示，2018年我国机器人市场规模达到84.7亿美元，连续六年成为全球工业机器人第一大应用市场[⑤]。2017年，中国市场工业机器人使用密度达88台/万人，首次超过全球平均水平的69台/万人。不过，与日本相比，中国工业机器人使用密度还有4.5倍的增长空间[⑥]，下游应用市场发展潜力依旧巨大。

3. 经营主体数量快速扩张，外资企业仍占行业主导地位。在旺盛的市场需求带动下，近几年国内智能装备制造企业数量大幅增长。截至2017年底，我国机器人企业总量达到6 500家[⑦]，较2015年底时增长逾5倍[⑧]。由于本土智能装备制造产业起步较晚，下游系统集成以及汽车、电子等应用行业主要为外资企业主导。瑞士ABB、日本发那科、日本安川、德国库卡四大跨国巨头占据中国机器人产业70%以上的市场份额，几乎垄断机器人制造、焊接等高端领域[⑨]。

4. 各地纷纷推进产业布局，产业呈现集群化发展态势。近年来，国家先后出台多项政策，扶持智能制造、工业机器人等产业发展。各省市也相继出台政策，扶持以工业机器人为代表的智能装备产业发展。目前，我国已建成和在建的机器人产业园区达60多个[⑩]，大部分省市均建有机器人产业园，广东、河北、江苏、浙江、安徽等省拥有多个机器人产业园，长三角、珠三角和京津冀等地区成为产业主要集聚区[⑪]。从整体发展看，我国智能装备产业建设呈现“全面开花，区域集中”的特点。

（二）我国智能装备制造业面临的主要问题

1. 核心零部件自主配套能力不足，致使产业发展易受制于人。虽然近几年国内本土企业在控制器、伺服系统等智能装备核心零部件领域的技术水平明显增强，但在稳定性、寿

---

① 《装备制造业在智能制造背景下进行产业升级》，铁甲网，2018年10月22日。
② 《传统产业转型持续升级 智能制造装备市场规模突破1.5万亿》，前瞻网，2018年4月10日。
③ 《我国工业机器人产量占全球1/3，核心零部件自主研发能力提升》，第一财经，2018年10月12日。
④ 《工业主要产品产量》，国家统计局，2019年1月30日。
⑤ 《2019年将成中国机器人产业转型年》，新华社客户端，2019年1月11日。
⑥ 《2018世界机器人大会丨中国工业机器人使用密度首超全球平均水平》，界面新闻，2018年8月17日。
⑦ 《中国机器人企业数量超6 500家》，新战略机器人网，2018年6月28日。
⑧ 《2015年中国机器人产业回顾及未来展望》，机器人网，2015年12月28日。
⑨ 《四大机器人家族抢滩中国市场，地方政府如何发力高端制造?》，21世纪经济报道，2018年11月21日。
⑩ 《机器人产业园会是下一个风口吗?》，前瞻产业研究院，2018年9月18日。
⑪ 《机器人产业园会是下一个风口吗?》，前瞻产业研究院，2018年9月18日。

命和精度等方面与日本、欧美品牌仍存在较大差距。如安川（中国）机器人、川崎机器人（昆山）等企业反映，由于我国本土品牌伺服电机、主体铸件无法满足生产需求，企业只能自己开发生产相关产品，成本占比高、精度要求高的减速器仍大部分依赖进口。如工业机器人关节上使用的RV减速器和谐波减速器等，绝大部分被日本品牌垄断，其中纳博特斯克和哈默纳科两家企业总份额超过75%[①]。由于核心零部件技术缺乏，导致我国产业发展受制于人。

2. 重复建设和投资泡沫，可能制约行业健康发展。随着智能制造浪潮升温，各地纷纷筹建和规划建设智能装备产业基地。由于缺乏统筹协调，各园区同质化情况较为严重，一定程度上出现重复建设和低层次竞争的趋势。通过对东莞拓斯达等企业调研，我们了解到，由于对机器人概念过度炒作，风投资金大量涌入，进一步催生了行业泡沫，对部分实体企业产生冲击。据不完全统计，2017年机器人产业共有166起融资事件。2018年截止11月初已有153起融资事件[②]。在资本的推波助澜下行业恶性竞争愈演愈烈，本土品牌既面临跨国企业高质量产品的压力，又面临国内同行低价竞争的冲击。

3. 自主品牌产品占高端市场份额偏低，政策扶持效率有待提高。目前，国内本土企业生产的智能装备大部分集中在低端市场，国产六轴工业机器人占全国新装机量不足10%[③]，高档数控机床国产化率不足10%[④]。在出口领域，内资企业工业机器人出口均价仅为外资企业的10%左右。虽然《机器人产业发展规划（2016—2020年）》提出了产业高端化发展的方向，但地方政府具体扶持政策的效率有待提升。据东莞艾尔发等企业反映，部分地方出台大量不分优劣的机器人项目财政补贴，造成大量中小企业互相压价，劣币驱逐良币反而抑制了产业高端发展的步伐。此外，据芜湖埃夫特、广州数控等企业反映，国家对进口工业机器人整机给予优惠的进口税率，但进口关键零部件税率却没有享受优惠，反而变相增强了国外整机生产企业的竞争优势。

4. 应用领域有待扩展，供给端和需求端的联系仍需加强。随着智能制造技术不断进步，工业机器人等智能装备的应用领域逐渐从汽车、电脑、通讯和消费性电子行业向金属加工、塑料、化学制品和食品等行业延伸。不过，与日本和欧美等发达国家市场相比，目前我国下游应用市场发展仍相对滞后。据安川公司反映，其旗下的日本工厂已开始生产家用、医疗、生化工程等行业应用的机器人，而中国市场还在适应一般产业用机器人。下游需求集中在自动化方面，对人工智能、信息技术和互联网技术应用需求不足，制约了我国智能装备产业的发展进度。此外，我国系统集成企业多为中小规模企业，实力仍显薄弱，对工业机器人等智能装备二次开发能力有限，难以实现需求端与供给端的有效连接，导致下游应用企业与制造企业的资源浪费。

5. 产业人才存在较大缺口，限制产业服务能力和推广运用。智能装备制造业发展在设计、生产、应用、维护等多方面均需要大量高素质专业型人才。随着智能装备产业爆发式

① 《工业机器人精密减速机需求巨大 国产替代加速》，控制工程网，2018年11月23日。

② 《凛冬已至 | 中国工业机器人今年怎么了?》，机器人在线，2018年12月17日。

③ 《工业机器人数量缺口待补齐 关键技术需突破》，中国工控网，2018年12月7日。

④ 《国产高端数控机床，自给率不足10%》，中国数控机床网，2018年9月15日。

发展，国内专业人才缺口日益扩大。如果工信部规划的2020年完成100万台工业机器人的装机目标如期实现，则相关的维护、调试、系统集成等应用人才需求量将突破百万[①]。据江苏部分企业反映，由于附近上海等大城市对人才吸引力较强，导致专业型人才流动性较大，部分技术岗位人员流失后不容易补充；目前国内智能装备应用企业缺乏掌握操控技术的人才，往往需要生产厂家长期提供操控服务，大批一线操作维护、生产技术人员的短缺也限制了智能装备的推广运用。

三、促进我国智能装备制造业发展的思考和建议

（一）聚焦创新驱动，培养发展能力

1. 集中力量攻坚，突破核心技术。一是引导行业抓住市场机遇，继续大力推进关键零部件技术攻关，突破机器人核心技术，加大人工智能、传感识别、运动控制、伺服驱动等智能装备制造前沿技术的研发和产业化，形成自主知识产权；二是加强生产企业与国内外高校、研究部门的联系合作，充分挖掘社会智力，攻坚克难，为智能制造的创新发展积蓄力量。

2. 合理投资并购，开拓创新途径。建议具备资金条件的国内企业充分发挥资本优势，通过海外并购实现先进技术的快速整合。例如，美的集团继与安川电子合作成立两家机器人公司、参股安徽埃夫特智能装备有限公司17.8%股权后，2017年又斥资292亿元收购德国机器人制造商库卡[②]，并借此开始主攻智能市场。

3. 优化政策落实，实现精准扶持。一方面，加强规划引领和统筹协调，制定分省市的差别化实施指南，集中财政资金扶持智能装备关键零部件攻关项目和自主知识产权核心技术项目，提升产业发展效率；另一方面，加大运用市场政策扶持力度，推广建设以智能装备为支撑的智能化工厂或智能车间，提升传统行业自动化应用水平，助推智能装备运用市场扩大。

（二）强化公共服务，构建发展合力

1. 建立多维公共平台，完善技术服务。一是建立一批公共试验及产品检测平台，为智能装备产业新产品研发提供计量标准、检验检测、产品认证等公共技术服务；二是鼓励智能装备运用第三方服务公司或团体的设立，重点深挖行业个性化应用，开展产品定制、按需设计、众包众创、分布式协同设计等服务项目，结合各机器人产品特征，为应用企业提供多种解决方案，最大限度挖掘智能装备市场的发展潜力。

2. 加强技术人才培养，优化人才服务。首先，加大引才力度，面向海外知名高校、研究机构和重点企业，多方面引进智能装备领域的创新团队和领军人才；其次，加大人才培养力度，实施优才计划，形成完善的人才培养体系，为智能装备发展提供技术人才保障。

3. 推动制定行业标准，延伸市场服务。一是开展智能装备制造系统架构、参考模型、设备硬件、控制软件等关键技术标准的研究工作，在基础共性、关键技术、重点行业等方

---

① 《人才短缺问题是工业机器人未来发展的最大威胁》，搜狐网，2018年10月30日。
② 《美的连续收购案背后的机器人产业布局》，中国智能制造网，2017年3月7日。

面，建立健全国家智能制造标准体系；二是引导市场主体积极参与国际标准的修订，强化共性技术标准，促进创新成果市场化和国际化。

（三）挖掘增长亮点，拓展发展空间

1. 积极对接“一带一路”，深化智能装备制造国际合作。一是紧跟“一带一路”倡议，推动境外制造业合作园区落地，通过直接投资建厂等方式，引导我国智能装备制造产业走出去；二是随着我国轨道交通等装备制造业务在“一带一路”沿线国家的日益扩展，推动海外智能化运用市场，带动智能装备对“一带一路”沿线国家的出口和服务输出。

2. 推进海外专利和科研布局，树立智能装备制造国际形象。鼓励国内智能装备制造龙头企业扩大海外专利布局，对拥有自主知识产权的领先技术申请国际专利。如新松公司截至2018年7月10日通过《专利合作条约》（PCT）途径提交国际专利申请8件，其中名为“空间连杆型机械手”的专利已获得中国和美国专利授权①。此外，组织并鼓励企业、项目团队和个人积极参与国际重大科研项目，树立智能装备产业形象，塑造国产品牌。

3. 优化并动态调整产业链进口税率，有效促进国内产业发展。在对进口工业机器人整机给予优惠的进口税率的前提下，考虑对行业内同类高端产品组装需要的关键零部件进口税率给予同样或者更优越的优惠政策，鼓励国内企业涉足高端产品领域。对国内生产无法满足，而智能装备生产企业必须进口的先进设备、配件和原材料给予暂定减免关税和进口增值税优惠。同时，随着国内行业发展，持续调整相关产品的进口税率，促进并维护智能装备产业链的有序发展。

---

① 《新松机器人：科技创新助力智能制造》，中国质量新闻网，2018年7月31日。

中国外贸进出口年度报告（2019）

SPECIALS 专题篇

2017 年我国城市外贸竞争力研究报告

表 1　2017 年中国城市外贸竞争力 100 强排名

城市名称	综合得分	综合排名	城市名称	综合得分	综合排名
广东省深圳市	81.9	1	江苏省常州市	72.6	25
上海市	80.1	2	安徽省合肥市	72.5	26
广东省东莞市	79.5	3	山东省烟台市	72.2	27
江苏省苏州市	79.1	4	广西壮族自治区崇左市	72.2	28
福建省厦门市	77.8	5	浙江省舟山市	72.2	29
广东省广州市	77.0	6	浙江省嘉兴市	72.1	30
广东省珠海市	76.9	7	江苏省南通市	72.0	31
浙江省宁波市	75.8	8	福建省福州市	71.7	32
天津市	75.7	9	内蒙古自治区包头市	71.7	33
江苏省南京市	74.4	10	山西省太原市	71.7	34
北京市	74.3	11	湖南省岳阳市	71.5	35
江苏省无锡市	74.0	12	宁夏回族自治区银川市	71.5	36
辽宁省大连市	73.9	13	江西省新余市	71.4	37
重庆市	73.9	14	辽宁省沈阳市	71.4	38
山东省青岛市	73.7	15	安徽省马鞍山市	71.4	39
浙江省杭州市	73.7	16	广东省江门市	71.4	40
广东省中山市	73.6	17	江西省南昌市	71.3	41
陕西省西安市	73.5	18	山东省威海市	71.2	42
河南省郑州市	73.4	19	山东省济南市	71.2	43
湖北省武汉市	73.3	20	安徽省铜陵市	71.2	44
四川省成都市	73.2	21	安徽省蚌埠市	71.1	45
广东省佛山市	73.2	22	辽宁省鞍山市	71.1	46
广东省惠州市	73.0	23	湖南省长沙市	71.1	47
浙江省金华市	73.0	24	安徽省芜湖市	71.0	48

表1　续

城市名称	综合得分	综合排名	城市名称	综合得分	综合排名
吉林省长春市	70.9	49	福建省龙岩市	70.2	75
山东省潍坊市	70.9	50	内蒙古自治区鄂尔多斯市	70.2	76
黑龙江大庆市	70.9	51	内蒙古自治区乌兰察布盟	70.2	77
湖南省衡阳市	70.9	52	山东省滨州市	70.2	78
江苏省镇江市	70.9	53	江西省吉安市	70.2	79
辽宁省本溪市	70.8	54	辽宁省营口市	70.2	80
山东省日照市	70.8	55	辽宁省盘锦市	70.1	81
山东省东营市	70.8	56	浙江省衢州市	70.1	82
河北省石家庄市	70.8	57	湖南省株洲市	70.1	83
江苏省泰州市	70.8	58	山东省聊城市	70.1	84
湖北省黄石市	70.7	59	江苏省扬州市	70.1	85
山东省淄博市	70.7	60	甘肃省金昌市	70.1	86
河北省唐山市	70.6	61	江苏省淮安市	70.0	87
江西省鹰潭市	70.6	62	广西壮族自治区南宁市	70.0	88
福建省泉州市	70.5	63	内蒙古自治区呼和浩特	69.9	89
湖南省湘潭市	70.5	64	浙江省温州市	69.9	90
浙江省绍兴市	70.4	65	浙江省湖州市	69.9	91
安徽省池州市	70.4	66	宁夏回族自治区石嘴山市	69.9	92
河北省廊坊市	70.4	67	广西壮族自治区防城港市	69.8	93
安徽省滁州	70.4	68	河北省沧州市	69.8	94
广西壮族自治区柳州市	70.4	69	广西壮族自治区钦州市	69.8	95
江西省上饶市	70.3	70	河北省保定市	69.7	96
浙江省台州市	70.3	71	山西省运城市	69.7	97
四川省泸州市	70.3	72	四川省绵阳市	69.7	98
江苏省连云港市	70.3	73	湖北省鄂州市	69.7	99
江苏省盐城市	70.3	74	新疆维吾尔自治区乌鲁木齐市	69.7	100

表2　2017年各直辖市、副省级城市、省会城市外贸分项与综合竞争力排名表

行政级别	城市名称	水平排名	结构排名	效益排名	发展排名	潜力排名	综合排名	排名升降
直辖市	上海市	4	42	2	6	4	2	0
	天津市	23	15	57	5	12	9	-1
	北京市	8	93	60	14	25	11	-1
	重庆市	34	160	17	10	18	14	0
副省级城市	广东省深圳市	1	95	1	9	1	1	0
	福建省厦门市	5	19	62	11	3	5	2
	广东省广州市	14	4	4	30	2	6	0
	浙江省宁波市	15	3	7	49	6	8	1
	江苏省南京市	24	70	40	8	39	10	7
	辽宁省大连市	22	104	151	13	9	13	6
	山东省青岛市	32	6	29	41	16	15	-3
	浙江省杭州市	42	2	15	45	32	16	-1
	陕西省西安市	25	163	51	3	107	18	0
	湖北省武汉市	53	69	12	24	24	20	3
	四川省成都市	17	170	140	4	99	21	0
	辽宁省沈阳市	97	17	74	54	60	38	4
	山东省济南市	137	7	81	62	88	43	-12
	吉林省长春市	179	51	82	17	267	49	-10
	黑龙江省哈尔滨市	128	65	164	112	189	112	-55
其他省会城市	河南省郑州市	18	228	76	1	69	19	-8
	安徽省合肥市	45	53	54	27	40	26	7
	福建省福州市	52	72	70	71	21	32	4
	山西省太原市	39	206	21	25	62	34	0
	宁夏回族自治区银川市	78	89	65	32	58	36	40
	江西省南昌市	82	14	84	88	48	41	7
	湖南省长沙市	86	66	97	53	51	47	12
	河北省石家庄市	107	34	117	83	56	57	-5
	广西壮族自治区南宁市	43	210	196	46	97	88	-10
	内蒙古自治区呼和浩特	70	171	125	98	45	89	91
	新疆维吾尔族自治区乌鲁木齐市	154	123	147	171	26	100	39
	甘肃省兰州市	158	121	190	55	145	104	-43
	海南省海口市	150	215	203	64	43	118	-46
	贵州省贵阳市	192	182	222	91	34	130	32
	云南省昆明市	119	220	268	56	44	138	7
	青海省西宁市	181	161	149	215	156	182	-90
	西藏自治区拉萨市	101	247	131	284	181	218	34

表 3　2017 年我国各地区分项外贸竞争力进入前 100 名的城市分布统计表

地区名称（所含城市数量）	水平竞争力	结构竞争力	效益竞争力	发展竞争力	潜力竞争力	综合竞争力
东南沿海地区（55 座）	30	35	30	29	33	34
其中：长三角地区（25 座）	13	22	18	15	20	22
珠三角地区（21 座）	12	8	10	9	10	8
海峡西岸经济区（9 座）	5	5	2	5	3	4
环渤海地区（30 座）	16	19	10	16	12	17
东北地区（34 座）	9	3	6	10	9	8
中部地区（84 座）	19	33	32	22	20	23
西南地区（50 座）	15	6	14	14	12	9
西北地区（45 座）	11	4	8	9	14	9

一、总论

2017 年，世界经济复苏步伐加快，国际市场需求总体回升，我国经济延续稳中有进、稳中向好态势，对外贸易一扫此前连续两年同比下降的阴霾，再次突破 4 万亿美元，达到 41 072 亿美元，同比增长 11.4%，超越美国重新夺回全球货物贸易第一大国的桂冠，并连续 9 年蝉联全球货物贸易第一大出口国。按人民币计价，2017 年我国外贸进出口 27.81 万亿元，同比增长 14.3%，外贸规模扩大的同时各城市的外贸综合实力也在不断提升。在 2017 年参与中国城市竞争力评比的 298 座城市中，外贸百强城市的进出口平均规模高达 2 566.9亿元，较上年提升 15%，高于同期我国外贸进出口增速 0.7 个百分点；入围百强的最高和最低水平线双双提升，最高值由 2016 年广东深圳的 28 664 亿元提高至 2017 年上海的 32 235.9 亿元，最低值由 2016 年新疆克拉玛依的 8.7 亿元提高至 2017 年内蒙古乌兰察布的 16.9 亿元。整体规模提升的同时，城市间的平均差距也在相应拉大，由 2016 年的 289.4 亿元扩大至 2017 年的 325.5 亿元。

2017 年，党的十九大胜利召开，习近平新时代中国特色社会主义思想深入人心，我国对外贸易也开启了贯彻新发展理念、推动形成全面开放新格局、发展更高层次的开放型经济新征程。不仅外贸进出口重回增长通道，外贸发展动力和潜力也明显增强。2017 年，城市外贸发展、潜力对综合竞争力的解释与拉动作用全面提升，入围综合竞争力 30 强的城市，同时跻身发展竞争力前 30 强的城市高达 21 座，同时跻身潜力竞争力前 30 强的城市也达到 19 座。

2017 年，“一带一路”建设加快推进。我国成功举办首届“一带一路”国际合作高峰论坛，与沿线国家经贸往来更加密切，双边贸易成为我国对外贸易的亮点和增长点。2017 年，我国对“一带一路”沿线国家进出口 7.38 万亿元，同比增长 17.9%，高于我国整体外贸增速 3.6 个百分点，占我国外贸总值的 26.5%。

2017 年，自贸区建设再上台阶。辽宁、浙江、河南、湖北、重庆、四川、陕西作为第三批自贸区正式挂牌运营，自贸区设置由东部沿海向中西部、东北延伸，“1+3+7”的雁行阵自贸区骨架形成，东中西协调、陆海统筹的全方位和高水平自贸区战略新格局初步成型。郑州、武汉、西安、重庆、成都等自贸区所在的中心城市外贸综合竞争力均有不俗的表现。

2017 年，我国积极扩大进口；下调部分产品进口关税，对外贸易发展更趋平衡，2017 年我国外贸进口增速高于出口增速 8.1 个百分点，在 2017 年参与城市外贸竞争力评价的 298 个城市中，231 座城市的外贸平衡度有不同程度的提升，占参与评价城市数量的 77.5%。

纵观 2017 年城市外贸竞争力榜单，“四大区域板块”城市呈现“东进、北上、中坚、西变”的发展格局，东部率先有所突破、京津冀协同并进、东北实现低谷反弹、中部中心城市引领带动、西部不甘落后你追我赶，外贸区域协调发展态势良好。

（一）东进：长三角协同推进版图扩张，珠三角尖端突进提质增效

作为我国综合实力最强的经济中心之一，长三角地区工业基础雄厚、商品经济发达、水陆交通便捷、外贸积淀沉厚、劳动力素质较高，“软硬兼备”的优势较为突出，继续彰显“经济高地”的外贸发展活力。2017 年城市外贸竞争力百强榜单上，长三角地区再次以团队优势大显身手，不仅上榜城市比 2016 年增加 2 座，而且参与评价的 25 座城市中进入百强榜单的达 22 座，上榜率高达 88%。江苏淮安和浙江湖州因外贸效益和外贸潜力的明显提升，推动总排名分别提升 35 个和 16 个位次，分别位列第 87 位和第 91 位，成为该地区榜单新贵；江苏南京近年来加大外资引进力度，台积电等一批外资顺利落户，开放型经济发展明显提速，提升 7 个位次跻身总榜单前 10 强；上海以推动自贸区建设为引领，大力推进“一带一路”建设与长江经济带建设，充分发挥开放优势和集聚辐射优势，继续领跑长三角地区，稳居榜眼；江苏苏州在外贸水平和外贸效益方面都有优异的表现，继续稳居第 4；浙江宁波和江苏无锡均提升 1 个位次，分别位列第 8 和第 12 位。随着长三角区域合作办公室在上海正式挂牌成立，一体化协同发展步入加速轨道，正在朝着“贯彻落实新发展理念的引领示范区、在全球有影响力的世界级城市群、在全球配置资源的亚太门户”方向迈出坚定的步伐。

尽管珠三角地区是我国对外开放的前沿阵地和经济发展最有活力的地区之一，但是城市间外贸发展不平衡的问题依然较为突出。与长三角大部分城市集中在前 100 名不同的是，珠三角排名跨度从第 1 名横跨至第 232 名，既有排名靠前的尖端阵营，榜单排名前 10 的城市高达 4 座，也有排名靠后的掉队分子，排名 150 名之后的城市高达 8 座。2017 年中国城市外贸竞争力百强榜单中，珠三角地区上榜城市较 2016 年减少 2 座至 8 座，上榜率也由 47.6%下降至 38.1%。上年排名第 86 位和第 96 位的广东韶关和肇庆诠释了处于榜单中后段的如履薄冰，二者皆因外贸结构和外贸效益的滑坡分别下降 15 个和 70 个位次跌出榜单。尽管珠三角上榜城市个数有所下降，但深圳、东莞、广州等外贸传统强市表现依然抢眼，深圳蝉联冠军宝座，且得分较上年提升 1.1 分，囊括水平、效益和潜力三个分项竞争力榜单冠军，结构竞争力也继续改善；东莞和广州在外贸结构、效益和潜力竞争力均有不同程度提升，分别位列第 3 名和第 6 名；珠海位列第 7 名且外贸结构竞争力明显提升，中山凭借大多数指标都有提升排名提高 9 个位次至第 17 名。2017 年 7 月 1 日，《深化粤港澳合作推进大湾区建设框架协议》在香港签署，随着粤港澳大湾区发展规划的呼之欲出，珠三角地区外贸协同、均衡发展的潜力将进一步释放。

（二）北上：京津冀协同发展渐入佳境，东北低谷反弹收复失地

随着京津冀协同发展战略的深入推进，尤其是千年大计雄安新区的横空出世，为京津冀协同发展注入新的活力。2017 年城市外贸竞争力百强榜单上，环渤海地区渐入佳境，上榜城市由 2016 年的 16 座增加至 17 座，为 2009 年以来上榜城市数量最多的一年，上榜率高达 56.7%，仅次于长三角地区。京津冀的天津和北京虽然因个别指标的不如意而排名略有下降，但均以较强的综合实力分别屹立在榜单第 9 名和第 11 名；河北唐山和沧州因水平、结构和发展分项竞争力的突出表现成功上榜，分别提升 41 个和 11 个位次至第 61 名和第 94 名；石家庄、廊坊、保定等环京或者环雄安新区的城市均持续上榜，且外贸结构竞争力均明显改善；秦皇岛因发展和潜力分项竞争力的下降抱憾无缘百强。山东半岛充分发挥临近日韩、京津冀和长三角重点联动区，以及海洋经济产业集群的优势，撑起环渤海地区的半壁江山，沿海的青岛、烟台和威海更是连续多年稳定在榜单前 50 强，2017 年分别位列第 15 名、第 27 名和第 42 名；济南、潍坊、淄博、滨州、聊城等城市也都榜上有名，半岛内陆腹地的外贸竞争优势不容小觑；日照和东营分别提升 5 个和 19 个位次成功跻身晋榜单中段，位列第 55 名和 56 名。

东北地区拥有我国多座工业重镇，在钢铁、机械等重工行业和石油、煤炭等资源产业底蕴深厚，但受困于资源、结构等束缚，近年来东北地区转型压力加大，外贸发展也陷入低迷泥沼。为提振东北发展，党中央、国务院相继出台《中共中央、国务院关于全面振兴东北地区等老工业基地的若干意见》《国务院关于深入推进实施新一轮东北振兴战略加快推动东北地区经济企稳向好若干重要举措的意见》等新一轮东北振兴顶层设计的政策文件，《东北振兴“十三五”规划》《推进东北地区等老工业基地振兴三年滚动实施方案》等一系列套政策的相继出台，新一轮东北振兴全面启动。东北地区经济企稳反弹，对外贸易发展也实现低谷反弹。2017 年，东北地区外贸进出口增长 15.8%，结束了持续 3 年的下降态势，进出口增速高出全国 1.5 个百分点，近 4 年来首次超过全国增速。在 2017 年城市竞争力百强榜单上，东北地区上榜城市由 2016 年的 7 座增加至 8 座，结束了 2014 年以来上榜城市持续减少的被动局面。其中，受益于大力推进供给侧结构性改革，国内钢铁和煤炭行业景气度大幅提升，钢铁重镇辽宁本溪和东北地区重要出海口辽宁营口排名分别提升 93 个和 21 个名次，分别位列第 54 名和 80 名；而排名靠前的大连、沈阳和鞍山排名也分别提升 6 个、4 个和 23 个名次，分别位列第 13 名、38 名和 46 名；黑龙江大庆也因水平、结构和潜力分项竞争力的明显好转提升 19 个位次跻身第 51 名。

（三）中坚：中部地区稳扎稳打步步为营，中心城市领衔主演稳步提升

中部地区承东启西、连南接北、交通网络发达、生产要素密集、人力资源丰富、产业门类较为齐全。随着中部崛起战略的实施，以及依托“一带一路”建设、长江经济带发展战略的深入推进，中部地区稳扎稳打，上榜城市数量逐渐趋稳，成为中国城市外贸竞争力百强榜单的骨干力量。2017 年，中部地区入围城市保持在 23 座，成为超越长三角、连续两年保持版图最大的地区。不仅数量趋稳，而且上榜城市定力增强，“昙花一现”式的新上榜城市减少，2017年中部地区23座上榜城市中新面孔仅2座，较2016年减少3座，榜单更迭率由上年的21.7%缩减至8.7%。湖南株洲和山西运城分别以结构和效益分项竞争力的突飞猛进提升41个和40个名次至第83名和第97名，而上年入榜的河南新乡和江西九江因潜力分项竞争力有所退步滑出榜单。

2016年12月，国家发改委印发《促进中部地区崛起“十三五”规划》，以中部6个省会城市为中心逐渐形成了武汉城市群、长株潭城市群、环鄱阳湖城市群、中原城市群、皖江城市群、山西中部城市群6大城市群。在2017年城市外贸竞争力百强榜单上，中部地区也有鲜明的中心（省会）城市领跑的特征，6座省会城市均上榜且位于榜单前50强，不仅中心（省会）城市的领军地位在各地区中鲜有匹敌，而且与2016年相比，各中心城市正处于蓬勃发展的上升通道，除河南郑州外，其余5个省会城市排名位次均有不同程度提升。湖北武汉、安徽合肥、江西南昌和湖南长沙分别提升3个、7个、7个和12个位次，分别位列第20名、第26名、第41名和第47名；河南郑州依然是中部地区中心城市的领衔代表，位列第19名，但随着湖北武汉和安徽合肥的奋勇直追，其领先地位岌岌可危；山西太原则稳定在第34名，效益竞争力和潜力竞争力均有明显提升。与此同时，湖南岳阳、江西新余、安徽马鞍山、铜陵、蚌埠、芜湖、湖南衡阳等依托当地资源特点、产业特色和城市群优势稳居榜单的上中游水平，中部地区省会城市挂帅、特色城市跟跑的雁阵结构逐步成型。

（四）西变：西南基础不牢、版图变小，西北新旧面孔变换频繁

近年来，随着西部大开发战略、“一带一路”倡议、长江经济带建设等战略的实施与深入，西部的全方位开放进程加快，同时，东部产业西移更加速了其“外向”发展的步伐，西部地区对外贸易快速发展。2017年，西部地区外贸进出口同比增长23.5%，高于当年我国进出口增速9.2个百分点，为我国外贸增长最快的地区。但西部地区对外贸易仍面临总量偏小、结构单一、引资水平较低等问题，这些短板因素也决定了西部城市在结构、效益、发展分项竞争力上的劣势，即便是省会城市，对周边的辐射力也有限，除少数城市得益于承接产业转移从而实现竞争力提升外，其余均是综合竞争力榜单的后半段（后50名）成员，且稳定性也较差。在2017年城市外贸竞争力百强榜单上，西部地区痛失2城，仅18座城市上榜，尽管有4座城市稳定在前30强，但处于榜单后半段的城市高达12座，占上榜城市总数的三分之二。

西南地区版图缩减至9座，上榜城市减少2座。2016年上榜但处于榜单后半段的海南海口、贵州铜仁和四川南充因基础不牢而名落孙山；而作为成渝城市群区域中心城市之一的四川泸州依托其较好的港口条件和区位优势，外贸水平大幅提升、外贸结构明显改善，跃升102个位次至第72名。随着成渝城市群被定位为引领西部开发开放国家级城市群，成渝经济区成为内陆开放型经济战略高地，作为成渝经济区的双核，重庆和四川成都向西依托中欧班列丝绸之路经济带的西向国际贸易大通道，向东依托长江黄金水道构建东向出海大通道，稳居西南地区外贸竞争力排头兵位置，分列第14名和第21名，外贸水平和发展等分项竞争力均有不同程度提升。广西崇左因外贸结构和效益分项竞争力的明显提升跃升

62 个位次跻身前 30 强，位列第 28 名。此外，广西柳州、南宁、防城港和钦州均榜上有名，但排名均有所下滑，四川绵阳表现稳定，位列第 98 名。尽管西北地区上榜城市稳定在 9 座，但大多位于榜单后半段，且新老交替变动较为频繁，榜单更替率达 44.4%。内蒙古乌兰察布、呼和浩特、宁夏石嘴山和新疆乌鲁木齐均大幅跃升，分别位列第 77 名、89 名、92 名和 100 名，甘肃兰州、新疆克拉玛依、甘肃嘉峪关和青海西宁则名落孙山。作为西北地区唯一的国家中心城市，陕西西安是向西开放的重要战略支点，随着 2017 年 1 月西咸新区划归西安管理，西安如虎添翼，稳坐西北地区头把交椅，位列榜单第 18 名。内蒙古包头、宁夏银川、内蒙古鄂尔多斯和甘肃金昌持续上榜，分别位列第 33 名、36 名、76 名和 86 名。

国内外经济形势的风云变幻和我国新一轮对外开放战略布局，深刻影响并改变着我国城市外贸的发展。伴随着中国特色社会主义进入新时代，我国经济由高速增长阶段转向高质量发展阶段。依托国家重大战略部署，城市外贸在探索中前进，在贸易强国建设的征途上，精准定位，乘风破浪，砥砺奋进，突破自我，必将演绎新的辉煌。

二、水平篇

表 4　2017 年中国城市外贸水平竞争力 30 强排名

城市名称	外贸总值占全国比重		企业平均进出口规模		人均进出口额		外贸依存度		变差优势		外贸平衡度		分项得分	分项排名	综合排名
	得分	排名	得分	排名	得分	排名	得分	排名	得分	排名	得分	排名			
广东省深圳市	93.53	2	68.21	57	100.00	1	90.30	4	67.84	193	91.29	55	84.22	1	1
江苏省苏州市	84.22	4	68.84	48	100.00	1	88.91	5	69.08	104	91.11	57	82.89	2	4
广东省东莞市	72.87	5	70.21	33	100.00	1	100.00	1	68.03	179	92.92	40	82.85	3	3
上海市	100.00	1	66.72	80	86.00	6	83.08	7	68.15	170	91.03	60	81.62	4	2
福建省厦门市	65.79	9	64.60	117	91.97	4	92.91	3	67.81	197	94.23	32	78.39	5	5
广东省珠海市	62.91	22	69.75	37	91.51	5	87.94	6	67.73	203	87.71	86	77.08	6	7
广西壮族自治区崇左市	61.29	38	86.37	7	65.42	26	98.64	2	69.80	69	84.42	108	76.55	7	28
北京市	84.94	3	73.92	26	77.86	7	76.51	12	68.90	119	72.21	196	75.56	8	11
河南省济源市	60.13	135	92.32	4	61.95	47	64.57	56	100.00	1	75.46	175	74.25	9	103
广西壮族自治区防城港市	60.73	49	100.00	1	68.19	15	82.90	8	67.57	214	69.94	212	73.85	10	93
浙江省舟山市	60.75	47	77.11	17	68.35	14	71.80	15	66.54	248	99.16	6	73.03	11	29
广东省惠州市	63.34	19	72.37	28	69.83	13	79.77	9	68.65	137	85.55	100	72.89	12	23
黑龙江大庆市	60.54	62	100.00	1	62.02	45	63.81	66	88.24	4	69.56	214	72.65	13	51
广东省广州市	69.99	6	67.18	74	71.88	11	69.11	22	68.55	142	90.73	61	72.50	14	6
浙江省宁波市	67.68	8	63.58	152	73.88	9	76.95	11	68.77	129	85.34	102	72.36	15	8

表4 续

城市名称	外贸总值占全国比重		企业平均进出口规模		人均进出口额		外贸依存度		变差优势		外贸平衡度		分项得分	分项排名	综合排名
	得分	排名	得分	排名	得分	排名	得分	排名	得分	排名	得分	排名			
江苏省无锡市	65.47	10	65.84	97	72.06	10	71.11	17	69.20	93	89.50	70	71.78	16	12
四川省成都市	63.87	18	73.48	27	62.80	36	65.78	42	71.73	31	97.70	13	71.70	17	21
河南省郑州市	63.94	17	74.78	23	64.90	27	69.07	23	68.40	153	92.28	49	71.65	18	19
湖南省衡阳市	60.29	91	85.71	8	60.36	136	61.83	124	73.42	19	94.61	28	71.53	19	52
辽宁省本溪市	60.24	99	91.53	5	61.68	52	65.99	41	71.89	30	82.15	122	71.41	20	54
广东省中山市	62.51	23	68.33	56	77.76	8	75.46	13	69.01	109	73.93	183	70.98	21	17
辽宁省大连市	64.12	15	65.29	104	67.23	18	71.62	16	68.12	172	92.56	45	70.91	22	13
天津市	67.73	7	67.48	69	67.55	16	67.75	28	67.40	226	89.12	74	70.77	23	9
江苏省南京市	64.07	16	67.51	67	66.39	23	67.12	34	69.34	87	93.87	34	70.75	24	10
陕西省西安市	62.47	24	71.16	29	63.07	32	67.36	31	74.18	15	89.47	71	70.74	25	18
广西壮族自治区北海市	60.22	103	74.41	24	61.30	63	64.04	65	67.83	195	99.77	3	70.14	26	114
山东省东营市	61.29	37	81.39	13	67.15	20	66.95	35	68.42	152	77.43	161	70.11	27	56
山东省烟台市	62.99	21	66.44	85	64.73	28	68.06	25	67.89	191	93.68	35	69.96	28	27
广西壮族自治区钦州市	60.32	83	83.45	9	60.81	87	65.51	45	68.26	161	85.13	103	69.89	29	95
湖南省郴州市	60.25	95	75.49	20	60.47	118	62.07	116	70.53	46	95.69	23	69.76	30	117

表5 2017年各地区水平竞争力单项指标进入前30名的城市分布表

单位：座

地区名称（所含城市数量）	水平竞争力	外贸总值占全国比重	企业平均进出口规模	人均进出口额	外贸依存度	变差优势	外贸平衡度
东南沿海地区（55座）	13	20	3	20	18	3	3
其中：长三角地区（25座）	6	11	1	11	9	1	2
珠三角地区（21座）	6	7	2	8	8	2	1
海峡西岸经济区（9座）	1	2	0	1	1	0	0
环渤海地区（30座）	4	4	2	6	6	2	3
东北地区（34座）	3	1	2	1	1	2	5
中部地区（84座）	4	2	8	1	2	8	8
西南地区（50座）	5	2	9	2	2	9	9
西北地区（45座）	1	1	6	0	1	6	2

（一）水平分项竞争力评价体系构建意义：衡量城市外贸水平不等同于单纯的规模比拼，需要从企业平均实力、相对发展速度、进出平衡度、经济外向度等多维度进行综合评价

1. 外贸大城市稳居前排，中小城市更迭率高。2017 年水平分项竞争力 30 强榜单有 7 座新面孔，较 2016 年增加 1 座，榜单更迭率升至 23.3%，21 座城市同时入围水平竞争力与综合竞争力前 30 强。在经历连续两年的同比下滑之后，2017 年我国外贸止跌回升，进出口值同比增长 14.3%，超越美国重回全球货物贸易第一大国地位。水涨船高，入围当年水平竞争力 30 强的城市平均进出口规模达到 6 311.3 亿元，较上年提升 15.1%，其中 4 座城市外贸规模超过 2 万亿大关。“明星城市”依旧闪亮榜单，如广东深圳和东莞、江苏苏州、上海等城市，凭借“外贸总值占全国比重”“外贸依存度”“人均进出口规模”等多指标的绝对优势长期雄踞榜单前排。中小城市则在榜单上更替频繁，2017 年 7 座新入围城市平均进出口规模仅为 458.4 亿元，远低于 30 强的平均规模。个别指标的爆发式提升是外贸小城市登陆榜单前排的重要捷径，但综合实力的不足导致中小城市在榜单上跳跃性较强。如河南济源，2017 年出口额不足百亿，但同比大幅增长 2.6 倍，“变差优势”指标高居全国第 3 位,加之“企业平均进出口规模”指标表现优异，拉动水平竞争力由 2016 年的第 111 位快速上升至第 9 位；宁夏中卫由于“变差优势”和“外贸平衡度”指标快速下滑，水平竞争力由 2016 年的第 21 位退至 139 位；甘肃嘉峪关受“变差优势”指标拖累，水平竞争力由 2016 年第 10 位退至 83 位。

2. 东部地区优势弱化，内陆城市快速崛起。近年来，我国外贸发展逐步走入深入调整期，受土地资源有限、劳动力成本上升、环境承载力透支等因素影响，支撑东部沿海地区外贸优势的传统动能正在减弱。虽然我国外贸水平“东强西弱”的大格局并未发生根本性转变，但部分以加工贸易为载体的先进制造业产能内迁，已拉动重庆、河南郑州、四川成都、陕西西安等内陆城市展现出外贸崛起势头。内陆地区共入围 13 城，版图比 2016 年扩大 1 席，其中西南地区上年入围的 4 座城市均再次入围，加之广西钦州成功回归，5 城的上榜数量使得西南地区继续领跑内陆地区；中部地区增加 2 席，共入围 4 城，河南、湖南两省各占 2 席；东北地区除榜单常客辽宁大连外，黑龙江大庆和辽宁本溪新晋入围；西北地区的陕西西安成为该地区唯一代表。此消彼长，东部沿海地区在水平竞争力 30 强榜单上的领先优势持续弱化，在 2016 年减少 1 座的基础上，2017 年再次减少 1 座，入围城市为 17 座。其中，广东汕尾落榜使得珠三角入围城市由上年的 7 座减至 6 座，深圳再次蝉联榜首，东莞名列第 3 名；长三角上年入围的 6 座城市再次全部入围，入围数量与珠三角并驾齐驱，且其中 4 城排名有所提升；山东东营接替聊城入围，使得环渤海继续保持 4 城上榜；海西地区继续由福建厦门独自入围。

（二）外贸总值占全国比重：一段时间内某城市外贸总值与同期全国外贸总额的比重，用以描述该城市在全国外贸中所处的贡献程度

“东高西低”格局依然稳定，入围门槛大幅提升。2017 年“外贸总值占全国比重”前 30 榜单与 2016 年相比没有新面孔登场，表现稳定，入围城市平均进出口规模为 7 288.4 亿元，比 2016 年提升 13.9%；上榜门槛为 1 933.2 亿元，同比提升 23%。榜单前 30 城市外贸总值占全国比重合计由2016年的79.3%降至78.7%，外贸资源集中度有分散趋势。就地区分布来看，“东高西低”的外贸区域大格局仍然牢固，东部沿海城市共席卷榜单8成席位。其中，长三角整体集团优势仍然傲视全国，共11城入围，且有4城杀入前10强，上海更是连续数年蝉联我国外贸体量冠军宝座；珠三角共7座城市入围，继续稳坐第二集团，其中广东深圳位列全国第2名，广东东莞和广州也位居前排；环渤海由北京领衔，携手天津、山东青岛和烟台共4座城市入围；福建厦门和福州再次代表海西地区入围。相比之下，内陆地区整体实力稍显不足，即便有个别城市入围，也难以与东部地区相提并论。其中，西南地区由重庆和四川成都“双子星”入围，中部地区河南郑州和湖北武汉上榜，西北和东北地区则分别只有陕西西安和辽宁大连入围。除上榜数量偏少外，内陆城市普遍处于前30榜单中下游区域，尚未有城市进入顶尖选手行列，排名最高的重庆仅位于榜单第13位。

内陆城市加速承接产业转移，东部沿海地区外贸结构持续优化，双赢格局初现。近年来，内陆城市承接沿海地区高新技术产业转移，依靠先进制造业进驻的强势拉动，区域性外贸明星城市的示范效应已初步成型，对外贸易综合实力稳步提升。如四川成都，吸引英特尔、富士康等电子产品生产巨头进驻，拉动相关零配件、物流、封装测试等配套行业形成产业集群，2017年全年外贸进出口总值同比增长45.1%，是“外贸总值占全国比重”前30名中增幅最大的城市。相比之下，伴随着传统要素发展动力减弱，部分东部沿海区域外贸增幅有所放缓，如珠三角地区2017年外贸进出口平均增幅仅为8%，低于全国平均水平6.3个百分点。与增速放缓相伴的是外贸结构进入深度调整期并持续优化，珠三角地区2017年一般贸易方式进出口增长14.3%，远高于加工贸易3.2%的增长率，直接参与国际市场分工能力有所提升，机电产品出口增幅较传统劳动密集型产品高0.8个百分点。

（三）企业平均进出口规模：一段时间内某城市进出口总额与同期进出口企业数量的比值，用以描述该地区企业进出口实力水平

龙头企业支撑中小城市外贸发展，外贸大城企业众多资源分散。2017年“企业平均进出口规模”前30榜单有5座新城市上榜，榜单更迭率达到16.7%。上榜城市的企业平均进出口均值为2.23亿元，比上年提升9.3%，其中11座城市超过亿元，较上年增加6座。榜单更青睐于外贸小城市，“企业平均进出口规模”前30榜单中有12座在“外贸总值占全国比重”榜单位列百位之外。外贸小城市凭借较低的企业数量基数登陆榜单，2017年入围“企业平均进出口规模”前30强城市中，10座城市的外贸企业数量不足百家。龙头企业对资源禀赋型内陆城市外贸和地方经济发展支撑作用仍然显著，如连续数年占据“企业平均进出口规模”榜首的甘肃金昌，素有“镍都”之称，缘矿兴企、因企设市，金川集团不仅对地方经济发展具有举足轻重的影响力，更几乎独立撑起了金昌外贸发展。相比之下，东部沿海城市虽然外贸规模遥遥领先，但外向型经济的充分发展造就外贸经营主体呈现“百花齐放”的局面，企业数量众多拉低了平均规模水平。如外贸巨无霸上海，4.5万余家的外贸企业数量位列全国第一，其中近8 000家进出口值不足10万元，“企业平均进出口规模”被拉低至第80位。中小城市活跃使得内陆城市在榜单上占比较高，其中西南地区9城入围，继续领跑全国；中部地区上年入围的8座城市再次悉数入围，不仅入围数量领先，稳定性也有所增强；西北地区增加2席，总入围量达到6座，东北地区也有2座入围。相比之下，沿海地区表现不佳，仅有珠三角2座、环渤海2座、长三角1座城市入围。

（四）人均进出口额：一段时间内某城市进出口总额与同期该城市人口比值，用以描述该城市进出口水平

东部城市依靠规模优势主导指标，内陆城市稍显逊色。从排名来看，“人均进出口额”指标十分稳定，2017年前30名只有广东江门替代安徽铜陵入围。外贸综合体量对“人均进出口额”指标具有较强的支配力，2017年共24座城市同时入围“人均进出口额”与“外贸总值占全国比重”指标前30名。东部沿海地区在“人均进出口额”指标榜单的统治力仍然强劲，共揽得榜单26个席位，长三角、珠三角、环渤海三大经济区依靠改革开放的先发优势，不仅是我国外向型经济发展水平最高的地区，也是人口净流入的主要区域，人才聚集和对外开放实现双向良性循环发展。具体来看，长三角11城入围，第一集团整体实力牢不可破，江苏苏州高居榜单第3位；广东江门的入围拉动珠三角入围数量升至8座，继续保持对长三角的追赶之势，且广东深圳、东莞在榜单前3位中抢得2席；环渤海6城入围，北京、天津、山东青岛等外贸大城市悉数入围；福建厦门代表海西地区入围，且高居榜单第4位。内陆地区城市外贸综合实力尚有差距，特别是人口相对密集更是拉低了平均水平，如重庆虽然进出口规模位列全国第13位，但超过3 000万的人口数量位列全部参评城市第1位，“人均进出口额”指标被拉低至第62位。受此影响，内陆地区该指标处于相对劣势，其中西南地区仅有广西防城港和崇左2城入围，东北和中部地区分别只有辽宁大连和河南郑州入围，西北地区继2016年后再次无缘榜单。

（五）外贸依存度：一段时间内某城市进出口额与同期该城市生产总值的比值，用以描述当地经济发展对外贸的依赖和参与国际分工程度

外贸依存度整体上扬，内陆地区开放水平加快提升。2017年，我国外贸进出口依存度由2016年的32.7%上升至33.6%。“外贸依存度”指标榜单前30上榜城市外贸依存度平均值为81.9%，比2016年提升3.3个百分点，破百城市达到9座，比2016年增加2座。作为我国外向型经济发展水平最高、参与国际市场分工最充分的区域，东部沿海地区包揽2017年“外贸依存度”榜单前30中的24个席位，继续保持绝对领先地位，但上榜数量较2016年减少2座，领先优势有所缩小。其中，虽然浙江台州落选，但以上海为核心、辐射江浙的长三角依然是我国外贸依存度整体水平最高的区域，共9城入围，继续领跑榜单；广东东莞蝉联冠军宝座，并携手深圳、珠海等8座珠三角城市入围，与长三角差距正在缩小；由北京领衔的环渤海再次有6座城市上榜，除北京、天津以外，山东独占4席；海西地区福建福州遗憾落榜，仅有厦门独自入围，高居榜单第3位。相比之下，随着部分外贸资源与先进制造业加工贸易产能内迁，内陆地区对外开放步伐加快，新登陆“外贸依存度”榜单前30名的2座城市均被内陆地区包揽。其中，江西鹰潭上榜使得中部地区上榜数量升为2座，而甘肃金昌新晋入围使得西北地区弥补了上年无城市入围的遗憾。

（六）变差优势：一段时间内某城市对外出口增速与同期全国出口增速之间的横向比较，用以衡量当地外贸出口的后续动力

1. 指标更迭频繁跳跃性强，中小城市优势显著。“变差优势”指标瞬息万变，仅7座城市连续两年登陆榜单前30，榜单更迭率高达76.7%。倚仗低基数、高爆发的优势特征，中小城市在“变差优势”指标前30榜单优势显著，22座入围城市出口额不足百亿，9座不足10亿。个别企业或商品出口激增带动榜单成绩飞跃的外贸小城屡见不鲜，如黑龙江大庆，除石油化工等传统产业外，2017年沃尔沃等品牌汽车出口呈爆发式增长，拉动全市出口额激增1.8倍，在“变差优势”指标榜单由上年的236位迅速攀升至第4位。但是，缺乏综合实力的加持使得中小城市高增长态势难以持续保持，同时相对薄弱的外贸基础防范和抵御市场风险能力偏弱，导致“变差优势”指标不仅“变脸”频繁，指标跳跃性也很强，部分退榜城市成绩一落千丈，2016年上榜的城市中，2017年退到百位之外的有16座，更有7座出口值同比由正转负。

2. 西部地区领跑榜单，东部沿海地区无一上榜。从地区分布来看，巨大的外贸体量使得东部沿海地区在“变差优势”指标表现不佳，2016年仅存的山东济南和江苏徐州退出榜单，长三角、珠三角、环渤海、海西等地区无一城上榜。相比之下，“变差优势”指标成为内陆中小城市表演的舞台。西部地区合计入围17座城市，继续笑傲榜单，其中西北地区比上年损失一席，但仍入围10座，成为最大赢家，内蒙古乌兰察布以出口同比增长6.4倍的绝对优势领跑全国；西南地区损失1席，上榜7座。中部地区继上年后再次有8座入围，除河南济源外，其余7城均被湖南省揽入囊中。东北地区进步最快，入围数量由上年的1座迅速增加至5座，且黑龙江大庆和七台河市均以出口值倍增的傲人成绩挤入榜单前5位。

（七）外贸平衡度：一段时间内某城市外贸进、出口额平衡关系比值，用以衡量贸易平衡能力，贸易顺差、逆差过大都会对本地经济发展带来不利影响

外贸大城贸易失衡明显，内陆地区指标表现优异。2017年城市外贸平衡度波动加深，20座城市新入围“外贸平衡度”榜单前30，更迭数量比2016年增加6座。外贸大城仍然表现不佳，“外贸总值占全国比重”前30座城市仅有四川成都入围“外贸平衡度”榜单，有11座城市位列百位以后。单向依赖进口或者出口，是城市外贸发展的必经阶段，也是导致外贸失衡的直接原因。如有众多央企驻扎的北京，大量进口能源、资源等大宗商品，外贸进出口总值位列所有参评城市第3位，但贸易逆差高达1.4万亿元，极度依赖进口使得北京在“贸易平衡度”榜单只能位列第187位。而出口导向型城市，如浙江金华，大量出口服装、玩具、箱包等劳动密集型商品，超过3 200亿元的贸易顺差额位居全国第3位，大量的出口在拉动金华位居“外贸总值占全国比重”第20位的同时，外贸平衡度只能位列第280位，居全国倒数水平。相比之下，中小城市缺乏显著的贸易导向特征，贸易结构更易趋于平衡，在大量上榜的同时也使榜单重心向内陆区域倾斜。2017年仅有6座东部沿海城市登陆“贸易平衡度”榜单前30名，其中长三角2座，珠三角1座，环渤海3座。内陆地区则揽得8成席位，其中西南地区新加3座，以9座的成绩领跑全国；中部地区共8座城市入围，湖北黄石和山西朔州分列榜单前2位；东北地区虽减少1座，但仍有5城上榜；内蒙古呼和浩特和陕西咸阳代表西北地区入围。

三、结构篇

表 6 2017 年中国城市外贸结构竞争力 30 强排名

城市名称	全产品出口高度化		市场多元化				产品多元化				分项得分	分项排名	综合排名
			出口市场等价数目		出口市场离散度		出口产品等价数目		出口产品离散度				
	得分	排名	得分	排名	得分	排名	得分	排名	得分	排名			
浙江省金华市	90.98	83	100.00	1	100.00	1	88.05	4	99.36	3	94.76	1	24
浙江省杭州市	91.85	64	74.43	117	92.21	126	98.84	2	99.95	2	91.11	2	16
浙江省宁波市	92.77	52	71.24	169	89.91	181	100.00	1	100.00	1	90.55	3	8
广东省广州市	93.54	41	80.71	30	95.25	39	78.21	8	98.36	8	89.60	4	6
内蒙古自治区乌兰察布盟	86.71	183	91.00	4	98.61	3	76.35	13	98.15	13	89.26	5	77
山东省青岛市	88.67	146	75.94	93	93.10	105	88.07	3	99.34	4	88.68	6	15
山东省济南市	93.18	48	86.00	9	97.10	12	69.42	49	96.41	50	88.65	7	42
江苏省南通市	91.22	78	79.25	42	94.73	50	77.12	9	98.21	11	88.27	8	31
浙江省衢州市	87.75	166	82.23	18	95.92	24	78.52	7	98.42	7	88.16	9	82
河北省保定市	91.69	70	91.51	3	98.59	4	65.44	88	94.28	88	88.11	10	96
江苏省常州市	93.73	39	75.95	91	93.14	103	76.28	15	98.09	15	88.02	11	25
广东省佛山市	93.93	36	79.41	40	94.79	48	71.81	29	97.15	30	87.97	12	22
陕西省铜川市	89.46	129	82.62	17	96.60	14	73.25	25	97.65	22	87.76	13	102
江西省南昌市	93.09	50	76.94	75	93.68	86	74.71	18	97.81	19	87.75	14	40
天津市	94.70	28	79.24	43	94.70	51	69.24	50	96.32	52	87.50	15	9
江西省吉安市	91.39	73	78.25	54	94.31	62	73.35	24	97.52	25	87.24	16	79
辽宁省沈阳市	94.11	34	77.97	56	94.26	66	69.57	46	96.49	48	87.11	17	37
广东省中山市	94.96	25	71.84	162	90.45	175	75.92	16	98.02	16	87.08	18	17
福建省厦门市	92.64	53	73.61	128	91.71	139	76.41	12	98.09	14	87.02	19	5
江苏省无锡市	95.07	24	76.62	81	93.48	89	69.45	48	96.40	51	86.99	20	12
江西省萍乡市	90.53	95	79.87	34	95.07	42	70.91	38	96.91	38	86.80	21	131
贵州省铜仁市	88.39	148	77.53	63	94.27	65	76.30	14	98.16	12	86.80	22	148
浙江省绍兴市	89.63	119	82.70	16	96.04	21	68.88	54	96.18	56	86.63	23	64
浙江省嘉兴市	91.56	71	70.67	176	89.47	188	80.75	5	98.71	5	86.62	24	30
河北省沧州市	88.37	149	81.61	23	95.82	26	70.95	37	97.02	35	86.55	25	94
湖南省岳阳市	89.60	122	76.52	84	93.79	81	74.49	19	97.87	18	86.54	26	35
江西省抚州市	89.37	132	76.39	86	93.46	91	75.02	17	97.87	17	86.49	27	155
江西省宜春市	89.75	116	77.16	69	93.85	80	73.46	23	97.55	24	86.47	28	110
山东省淄博市	87.47	171	76.87	79	93.69	84	76.66	10	98.21	10	86.36	29	59
浙江省丽水市	91.17	79	76.99	73	93.68	85	70.54	39	96.79	40	86.17	30	165

表 7　2017 年各地区结构竞争力单项指标进入前 30 名的城市分布表

单位：座

地区名称（所含城市数量）	结构竞争力	全产品出口高度化	市场多元化		产品多元化	
			出口市场等价数目	出口市场离散度	出口产品等价数目	出口产品离散度
东南沿海地区（55 座）	14	8	4	3	13	12
其中：长三角地区（25 座）	10	3	3	3	8	8
珠三角地区（21 座）	3	5	1	0	4	3
海峡西岸经济区（9 座）	1	0	0	0	1	1
环渤海地区（30 座）	6	1	12	10	3	3
东北地区（34 座）	1	0	1	2	1	1
中部地区（84 座）	6	9	8	9	8	9
西南地区（50 座）	1	8	2	2	3	3
西北地区（45 座）	2	4	3	4	2	2

（一）结构竞争力评价体系构建意义

衡量城市的外贸发展水平，除了出口规模，出口结构是否合理也至关重要。结构分项竞争力从高度化（出口产品技术含量高低）和多元化（出口产品和市场的分布均衡性）两个方面进行评价。

外贸大城市结构优化纷纷上榜，结构竞争力与综合竞争力榜单联动趋势不断增强。2017 年，结构竞争力 30 强榜单有 7 个席位易主，榜单更替率 23. 3%。在国家供给侧结构性改革、“一带一路”建设和中央提质增效的引领下，外贸大城市不断提升产品质量，积极开发新产品和新市场，出口结构不断优化。30 强榜单中，出口值超千亿元的城市 14 座，比 2016 年、2015 年分别增加 3 座、6 座。反观中小城市，出口值低于百亿元的城市上榜数量由 2012 年的 18 座跌至 2017 年的 3 座。结构竞争力在五个二级指标中虽然与综合竞争力关联度最低，但是联动趋势不断增强。2017 年有 12 座城市同时入围两项榜单 30 强，较 2016 年、2015 年分别增加 1 座、3 座，其中广东广州连续 3 年同时入围综合竞争力与结构竞争力 10 强。

长三角稳居榜首，浙江独占 7 席。长三角新增浙江嘉兴、绍兴上榜，占有 10 席，稳居各地区首位，加上五连冠的金华以及杭州、宁波、衢州、丽水，浙江 7 座城市进入结构榜单前 30 名；中部地区 6 座城市入围，比 2016 年减少 1 座，安徽萍乡取代安徽安庆、江西九江；环渤海同样占有 6 席，山东淄博排名连续 4 年提升首次进入榜单；珠三角新增广东中山上榜，连同广州、佛山，上榜城市数量创历史新高；西北地区两进两出，陕西铜川、内蒙古乌兰察布取代榜单常客甘肃兰州、青海西宁；福建厦门、贵州铜仁分为海西和西南的唯一代表。

（二）全产品出口高度化

由当地产业特征决定，代表着某城市所有出口产品的技术含量，其变化意味着该城市输出产品在国际分工中的比较优势变化。

1. 出口高附加值产品为主[①]的城市数量再创新高，中部、西南表现抢眼。“全产品出口高度化”指标排名在结构竞争力中最为稳定，24 座城市连续 3 年入围指标前 30，2017 年指标前 30 有 4 座城市发生更替，四川资阳、湖南湘西首次上榜，山西临汾、新疆克拉玛依重回榜单，贵州毕节、河南洛阳、鹤壁、黑龙江齐齐哈尔落榜。2017 年，298 座参评城市“全产品出口高度化”平均分值 61.9，其中，高附加值产品为出口主流的城市数量连续4 年增加，达 34 座，较 2016 年、2015 年分别增加 3 座、4 座；低附加值产品为出口主流的城市 38 座，比 2016 年减少 4 座；出口产品附加值处于中间档次的城市 226 座，占所有参评城市总数的 75.8%。从城市上榜数量看，中部地区以 9 席连续 5 年居各区域首位，河南郑州重回榜首；西南地区 8 席紧随其后，贵州遵义、四川成都、重庆分列 2、3、5 位；珠三角 5 席，广东珠海连续两年位居第 31 抱憾榜单；西北 4 席，长三角 3 席，环渤海 1 席；东北、海西无缘榜单。

2. 东南沿海地区技术溢出效应明显，中西部省会城市带动力有待提升。东南沿海地处我国改革开放的前沿阵地，上海、苏州、深圳、东莞、珠海是我国最早一批引进外商投资企业从事加工贸易进出口业务的城市，借助先发优势，上述城市已经打通全产业链条，一方面在经济建设中不断壮大发展核心行业，另一方面通过分工协作对周边城市进行产业渗透，逐步转移附加值、技术含量相对较低的非核心产业。全产品高度化分值分布从中心城市开始由近及远逐级递减。长三角以上海、江苏苏州和无锡三座上榜城市为核心，周边浙江省的宁波、杭州、嘉兴以及江苏省的常州、南京、扬州高度化分值均超过 70，18 座城市在百名以内，占长三角城市数量的 72%，城市平均高度化分值 70.2，高居各区域首位。珠三角上榜城市广东东莞、深圳、中山均位于珠江出海口边上，周边的珠海、佛山、广州、江门均进入前 50，城市平均高度化分值 69.9，仅次于长三角，排名在百名以内的城市 14 座，占珠三角城市数量的 66.7%。

反观中西部地区省会城市，虽然依靠优惠的税收政策、相对沿海地区更为低廉的劳动力成本吸引了诸如富士康、三星、惠普等电子制造业落户从而跻身榜单，但省会城市对人才的虹吸效应导致周边地区对先进技术的吸收力不足，难以产生有效的技术渗透。河南 18 座参评城市，郑州通过引入富士康成为全球苹果手机最大代工厂，指标分值达 84.4 高居榜首，但河南第二名的洛阳仅排名第 43，12 座城市在百名开外；陕西 10 座参评城市，西安指标分值 81.7 排名第 6，商洛依靠比亚迪的入驻排名第 9，宝鸡则已经落到 102 名。不仅高度化分值按距离中心城市远近顺次递减，外贸规模也同样如此。长三角的上海、江苏苏州，珠三角的广东深圳出口值均超万亿，二者周边分别有 11 座和 7 座城市出口值超千亿；

---

① 指标原始值大于 75，表明该城市整体出口产品中电子产品、机械设备以上加工程度的商品出口比重较大，整体出口以高附加值产品为主；指标原始值低于 75 高于 50，表明该城市整体出口产品的加工程度，多为达到传统劳动密集型商品的水平，整体出口产品附加值处于中间档次；指标原始值低于 50，表明该城市主要出口经济作物、矿产资源等仅经过简单加工的初级产品，整体出口以低附加值产品为主。

中西部则省会城市一枝独秀，河南郑州、陕西西安分别占各自省份出口值的73.4%和97%。

3. 大城市相对稳定，小城市波动巨大，部分以高端制造企业为主导的中小城市常年占据榜单。外贸大城市体量大，产业规划明确，外贸发展通常围绕支柱产业进行技术升级，因此出口产品结构稳定，高度化分值波动小。2017 年，34 座出口值超过千亿元的城市中，仅有 4 座高度化分值较上年变动超过 1 分，23 座城市波动幅度低于 0.5 分。以出口电子产品为主的上海 2013—2017 年高度化分值分别为 77.6、77.6、77.5、77.6、77.7，五年最大波动幅度仅为 0.2；同为出口值超千亿的城市，以出口服装鞋帽等传统劳动密集型产品为主的福建泉州，近五年分值为 69、68.9、68.7、68.1、68.1，排名在 100 位上下波动。

反观小城市，由于体量小，外贸环境变化、出口政策调整、龙头企业的崛起或衰退均对城市指标分值有着明显影响，导致小城市排名波动巨大。2017 年，169 座出口值低于百亿元的参评城市，仅有 51 座城市指标分值较上年波动低于 1 分，波动超过 5 分的城市 37 座，占小城市数量的 21.9%。其中黑龙江齐齐哈尔轨道机车出口下降 3 亿元，占出口比重减少 17.9 个百分点，排名下滑 195 个位次；贵州毕节柴油货车出口下降 5 000 万元，占比减少 10.3 个百分点，排名下滑 17 个位次跌出榜单。而随着国际原油价格逐步回暖，新疆克拉玛依钻探设备出口激增 10 倍，占比提升 14.3 个百分点，时隔一年重回榜单；四川资阳柴油电力铁道机车出口增加 1.7 亿元，占比提升 23 个百分点，排名上升 81 个位次入围榜单。

4. 部分中小城市依托高端制造业龙头企业常年占据榜单。四川绵阳的长虹彩电，广西柳州的五菱汽车和柳工机械，安徽合肥的联想科技、江淮汽车和京东方，安徽芜湖的奇瑞汽车，甘肃天水的华天科技，广东汕尾的信利半导体均属于当地“巨无霸”型制造业企业，由于长期深耕专一领域，上述企业出口产品成为左右所在城市高度化分值的重要力量，6 座城市均已连续 4 年入围高度化指标前 30 榜单。

（三）多元化（包括市场和产品）

由“等价数目”和“离散度”两个 4 级指标构成，其中，“等价数目”指某城市出口同等规模的市场和产品数量，“离散度”指出口市场和产品分布形态，只有兼具“多而散”的特征，才能达到均衡合理的状态。

1. 市场多元化：环渤海量质并举，珠三角实现零的突破。2017 年，298 座参评城市“出口市场等价数目”平均值为 7.52 个，较上年减少 0.02 个，连续 5 年减少，多元化水平持续降低。从区域分布看，环渤海平均每座城市的出口市场等价数目（简称“市场数目”，下同）达到 10.8 个；长三角以 9.5 个紧随其后；中部和海西分别为 8.4 个和 8.1 个；珠三角 7.5 个，东北 6.3 个，西北 5.7 个，西南则以 5.5 个排名垫底。2017 年，市场数目指标排名前 30 的城市有 10 座发生更替，榜单更新率 33.3%，上榜门槛较上年下滑 0.5 个。

从区域分布看，环渤海占有 12 席，5 座城市进入指标前 10 名，上榜城市数量与平均每座城市的市场数目连续 7 年居各地区首位，山东临沂、日照取代河北承德、山东济宁上榜，加上东营、滨州、聊城、济南、莱芜、枣庄，山东独占 8 席居各省市首位；中部地区三进两出，以 8 席次之，江西上饶、河南安阳、安徽铜陵上榜，湖北黄石、湖南岳阳落榜；长三角 3 席，浙江金华以 19.3 个的市场数目夺得 4 连冠，浙江舟山落榜；西北地区同样占有

3席，内蒙古乌兰察布、陕西铜川异军突起，榜单常客青海西宁名落孙山；贵州铜仁、四川资阳昙花一现，西南地区仅剩2席；辽宁朝阳取代黑龙江哈尔滨为东北地区保住一席之地；广东广州排名30，为珠三角实现7年来榜单零的突破；海西再度无缘榜单。

2. 产品多元化：长三角闪耀榜单，东北、西部持续暗淡。2017年，所有参评城市的“出口产品等价数目”平均值为32.8个，比2016年减少3.3个，从甘肃平凉的1.2个到浙江宁波的233个分布不等。各区域平均每座城市的“出口产品等价数目”（简称“产品数目”，下同）均有不同程度减少，其中长三角83.3个，减少4.2个；海西53.2个，减少3.7个；环渤海、珠三角、中部分别为44.5个、38.7个、31.8个，减少1.7个、2.5个、2.6个；东北、西南、西北数量最少，分别为20.3个、19.9个、16.1个，上述三者产品数目已经连续3年减少。2017年产品数目指标排名前30座的城市中有8座城市发生更替，上榜门槛由2016年的96.7个降至2017年的81.3个。

从区域分布看，长三角8座城市继续入围榜单，6座城市跻身指标前10名，2016年亚军浙江宁波取代浙江杭州夺冠；中部地区同样占有8席，南昌、赣州的入围使得江西6座城市进入榜单，超越浙江成为上榜城市数量最多的省份，安徽安庆和蚌埠、湖北襄阳落榜；珠三角随着广东佛山的上榜，榜单席位增至4席；环渤海地区因山东济南落榜，席位由4席降至3席；西南地区占据3个席位，广西崇左、四川泸州新晋；西北地区大换血，陕西铜川、内蒙古乌兰察布取代新疆克拉玛依、甘肃兰州、青海西宁上榜；榜单常客福建厦门、辽宁丹东分别为海西、东北守住一席之地。

从近五年纵向来看，珠三角多元化步伐稳步推进，其余区域均有所放缓。2017年，珠三角城市平均市场数目较2013年增加0.9个，其中17座城市市场数目有所提升；平均产品数目增加1.7个，13座城市产品数目增加，分别占珠三角城市数量的81%和61.9%。与此同时，其余区域多元化进程均有所放缓，海西、长三角、环渤海、西南地区分别有8座、21座、21座、33座城市市场数目较2013年下滑，占所在区域城市数量的88.9%、84%、70%、66%；东北、西北地区分别有26座、31座城市产品数目较2013年减少，占所在区域城市数量的76.5%、68.9%。

从城市横向比较看，大城市结构优化端倪初显，边境城市口岸优势未充分释放。外贸大市产品多样化发展趋势显著，而且随着产能的不断扩大，开拓海外新市场的动力更大，部分大城市在保持高度化分值稳定的同时，多元化指标逐步提升，出口结构更趋合理。2017年，34座出口值超千亿元的参评城市，有14座入围结构竞争力前30榜单，较2016年、2015年分别增加3座、6座，其中24座城市结构排名较五年前有所提升，占全部参评城市的70.6%。广东深圳和惠州在高度化指标常年占据榜单的同时，市场和产品数目不断增加，结构竞争力排名较2013年分别提升63个、35个位次。反观边境城市，受地理条件限制，出口市场极为集中。2017年，仅有4座边境城市数目达到7.5个的全国平均水平，15座城市市场数目低于3个。与我国陆地接壤的大部分为发展中国家，对各种日用消费品和农产品需求量大，广西崇左、辽宁丹东出口产品数目分别多达125.1个、85个，双双入围“产品数目”指标前30。与上述两座城市相比，绝大多数边境城市仍未充分发挥口岸优势，产品数目还有较大提升空间。2017年，仅6座边境城市产品数目超过32.8个的全国平均水平，云南普洱、临沧、新疆博尔塔拉、昌吉出口产品数目均不足10个。

从指标联动看，高度化和多元化负相关性强，“高而全”目标仍难以企及。2017年，298座参评城市无一同时进入各指标前30名，仅山东济南、广东广州和佛山3座城市同时入围各项指标前50名。高度化分值高，产品主要面向消费能力较高的美日欧发达国家，而市场和产品数目多的城市，一般以出口日用消费品和农产品为主，城市外贸实现“出口产品技术高、出口市场和产品分布广”的目标仍有待时日。如，承接东南沿海电子代工行业转移的河南郑州、四川成都，高度化排名双双进入前10，但两座城市市场数目分别为5.1个、5.5个，产品数目不足5个，两项指标均在200名开外；义乌小商品全球闻名，浙江金华市场和产品数目指标长期高居前5位，但由于出口产品技术含量低，高度化指标位次一直在80名上下徘徊。

值得关注的是，这种不联动极易导致中小城市外贸高度化和多元化排名产生“跷跷板”现象。中小城市外贸结构往往由龙头企业主导，受出口规模限制，企业难以在产品技术高度、出口品种、出口市场上取得均衡。贸易型企业出口市场广，品种多，但是高度化分值通常较低；制造型企业高度化分值高，不过产品和市场通常过于集中，多元化水平不尽如人意。2016年，四川资阳鑫旺达商贸有限公司是该市最大出口企业，出口103种商品到23个国家，当年资阳产品数目79.7个，排名第40，市场数目12.7个，跻身指标前30名，但是由于出口以劳动密集型产品为主，资阳高度化分值68.4排名第99。2017年，鑫旺达商贸有限公司出口骤降94.6%，南车资阳机车有限公司成为最大出口企业，其对苏丹和孟加拉国柴油电力铁道机车出口值均超亿元，在带动高度化分值提升10.6分进入指标前30名的同时，市场和产品数目大幅减少，分别为3.6个、4.3个，排名下滑238个、224个位次。

四、效益篇

表8　2017年中国城市外贸效益竞争力30强排名

城市名称	一般贸易出口产品高度化		加工贸易增值率		净出口增长对GDP增长贡献率		出口收益率		净贸易条件指数		分项得分	分项排名	综合排名
	得分	排名	得分	排名	得分	排名	得分	排名	得分	排名			
广东省深圳市	96.00	6	62.74	177	79.45	139	100.00	1	71.30	94	80.65	1	1
上海市	92.42	41	64.30	107	76.04	274	100.00	1	71.37	92	79.75	2	2
江苏省苏州市	93.11	29	62.77	172	82.15	18	91.84	3	69.26	160	78.88	3	4
广东省广州市	92.71	34	62.69	182	79.79	90	90.27	5	70.05	144	78.24	4	6
浙江省金华市	91.90	48	64.76	84	83.84	10	84.74	6	69.16	166	78.20	5	24
广东省东莞市	96.73	3	62.77	173	80.69	35	80.69	8	72.39	70	77.86	6	3
浙江省宁波市	92.94	30	63.95	119	78.54	231	91.10	4	66.84	235	77.76	7	8
黑龙江省鸡西市	85.95	184	90.90	4	84.35	9	60.08	222	68.79	183	77.09	8	191

表8　续

城市名称	一般贸易出口产品高度化		加工贸易增值率		净出口增长对GDP增长贡献率		出口收益率		净贸易条件指数		分项得分	分项排名	综合排名
	得分	排名	得分	排名	得分	排名	得分	排名	得分	排名			
山西省运城市	85.47	195	100.00	1	78.93	207	60.15	187	66.27	251	76.90	9	97
河北省承德市	86.20	180	100.00	1	79.46	135	60.17	182	65.07	270	76.86	10	195
河南省鹤壁市	91.52	57	77.18	13	79.39	156	60.05	237	77.93	14	76.52	11	119
湖北省武汉市	96.46	4	69.71	26	80.28	50	66.37	25	72.47	69	76.36	12	20
贵州省遵义市	100.00	1	63.54	129	80.36	47	60.45	127	83.54	7	76.26	13	177
广西壮族自治区崇左市	91.19	64	61.32	244	100.00	1	65.97	27	68.44	196	75.93	14	28
浙江省杭州市	91.62	53	64.71	88	77.66	257	81.17	7	67.03	230	75.82	15	16
广东省中山市	93.67	23	63.86	121	88.30	4	67.22	22	70.40	127	75.78	16	17
重庆市	94.44	13	71.13	18	79.54	124	67.00	23	69.74	146	75.77	17	14
广东省惠州市	94.64	11	63.42	141	83.19	13	62.66	42	77.97	13	75.41	18	23
云南省曲靖市	68.03	281	100.00	1	80.09	62	60.35	140	73.85	52	75.35	19	269
山西省吕梁市	80.99	241	84.42	5	80.29	49	60.07	224	73.58	54	75.34	20	199
山西省太原市	91.35	61	62.74	176	79.65	105	61.36	66	85.17	6	75.08	21	34
贵州省六盘水市	95.41	9	60.00	262	79.05	194	60.03	253	87.67	4	75.05	22	127
广东省佛山市	94.08	16	62.82	169	77.82	251	74.68	10	69.08	172	75.00	23	22
浙江省台州市	92.57	38	67.47	35	82.41	16	68.85	16	65.95	256	74.77	24	71
四川省绵阳市	93.57	24	70.31	23	78.74	218	60.28	156	74.29	44	74.66	25	98
浙江省绍兴市	89.71	106	65.05	73	82.67	14	71.41	13	66.97	231	74.58	26	64
吉林省吉林市	86.37	176	74.29	14	81.23	27	60.27	159	73.42	57	74.57	27	107
浙江省温州市	94.10	15	65.51	57	80.22	57	67.54	19	69.00	178	74.56	28	89
山东省青岛市	87.68	156	65.43	63	77.00	266	74.83	9	69.46	154	74.51	29	15
湖南省株洲市	92.78	32	70.97	19	80.57	39	60.67	101	71.24	95	74.49	30	83

表 9　2017 年各地区效益竞争力单项指标前 30 名城市分布表

单位：座

地区名称（所含城市数量）	效益竞争力	一般贸易出口产品高度化	加工贸易增值率	净出口增长对 GDP 增长的贡献率	出口收益率	净贸易条件指数
东南沿海地区（55 座）	14	12	1	10	22	1
其中：长三角地区（25 座）	8	4	0	7	13	0
珠三角地区（21 座）	6	8	1	3	6	1
海峡西岸经济区（9 座）	0	0	0	0	3	0
环渤海地区（30 座）	2	1	4	3	4	0
东北地区（34 座）	2	1	6	3	1	2
中部地区（84 座）	6	5	10	3	1	12
西南地区（50 座）	6	8	6	4	2	8
西北地区（45 座）	0	3	3	7	0	7

（一）效益竞争力评价体系构建

近年来，发达国家大力推动“产业回归”和“再工业化”，吸引中高端制造业回流；与此同时，新兴经济体纷纷推进工业化进程，加快承接国际产业转移，中低端制造业加速崛起。双重挤压之下，我国对外贸易继续寻求规模的高位突破难度显著加大。新常态下，我国积极优化外贸结构，转换增长动力，构建“优进优出”的外贸新格局，进而实现对外贸易的高质量发展，显得十分迫切和意义重大。

1. 榜单区域分布趋于稳定，东南沿海地区一马当先。2017 年，外贸效益榜单结束频繁更迭局面，入围城市区域分布趋于稳定。东南沿海地区加紧推进创新发展，抢抓机遇修炼内功，继续扮演效益竞争力榜单中流砥柱角色，入围城市数量连续两年增长 1 座，在 30 强中斩获 14 个席位，表明东南沿海地区外贸效益持续改善，其中 12 座城市连续 2 年入围，占榜单 30 强中连续入围数量的 70.6%。中西部地区承接东南沿海地区产业再转移和发达国家产业转移，区域内各城市外贸活力逐渐释放，虽然在外贸效益竞争力榜单上暂难威胁东南沿海地区霸主地位，但 2017 年合计 12 座城市入围的优异成绩，已让东南沿海地区感受到了追兵逼近的压力。东北地区在深陷经济衰退泥潭后，经济结构调整有所起色，2 城入围打破上一年无城入围的尴尬局面。

2. 均衡的实力是持续上榜保证，单项优势难以形成持续竞争力。东南沿海地区多外贸大市，外贸发展相对均衡，综合实力强劲，效益竞争力指标表现普遍较好。2017 年效益竞争力榜单 30 强中多达 6 座来自外贸规模前 10 大城市。其中，综合实力强劲的广东深圳、上海稳居效益榜单和综合竞争力榜单冠亚军，广东广州、江苏苏州、广东东莞和浙江宁波也是效益竞争力榜单常客。同时，其他一些持续入围榜单的城市，也具备一定的外贸规模，如，连续上榜的浙江杭州、金华、绍兴以及广东佛山、惠州进出口规模均位居全国前 30

强。反观部分中小城市，依靠单项指标排名的异军突起，在榜单上偶露峥嵘，但缺乏综合实力的协调发展，难以在榜单上站稳脚跟。如，2016 年四川南充依靠“加工贸易增值率”指标排名的大幅提升，高居当年效益榜单第 4 位，2017 年指标成绩大幅下降，导致其跌出百名之外，仅位列第 158 位；2016 年宁夏固原依靠“净贸易条件指数”勇夺桂冠，效益竞争力排名飙升 68 位，入围前 30 强并一举夺得第 11 名的好成绩，但 2017 年指标成绩大幅下滑，排名后退 261 个席位，仅取得第 272 名的后排座次。

与综合竞争力榜单契合度下滑，中小城市排名背离严重。2017 年，入围我国城市外贸效益竞争力 30 强榜单的城市中，15 座城市同时跻身综合竞争力前 30 强，“双优模范生”数量比 2016 年减少 1 座，其中 11 座城市来自东南沿海地区；在 15 位“偏科生”中，有 8 座甚至未能进入综合竞争力百强行列，其中，西南地区 3 座，中部、东北地区各 2 座，环渤海地区 1 座；如，黑龙江鸡西依靠“加工贸易增值率”和“净出口增长对 GDP 增长贡献率”指标的优异表现，排名效益榜单第 9 位，但在整体竞争力中仅取得第 192 位的后排座次；云南曲靖“加工贸易增值率”指标拔得头筹，助推其勇夺效益榜单第 19 位，但综合实力不济，仅排名整体竞争力第 269 位。与此同时，在综合竞争力强劲的城市中，效益竞争力处于“短板”的现象有所减少，2017 年综合竞争力 30 强中，4 座城市效益竞争力排名却位于百位之后，比 2016 年增加 2 座。如，山东烟台虽高居综合竞争力第 27 位，但外贸效益指标表现不佳，仅位列效益竞争力榜单第 163 位。

（二）一般贸易出口产品高度化指数

一般贸易出口利用外部市场消费拉动内部经济发展，体现了一个国家或地区的基础产业水平、科技发展水平和劳动生产率水平等，其高度化指数用于衡量一般贸易出口产品的技术含量。

1. 外贸增长动能转换，一般贸易出口比重和技术含量同步提升。新常态下，我国外贸增长逐渐向内生动能转换，鼓励企业通过技术创新、品质提升、市场拓展、品牌经营等方式实现突围，彰显国内生产实力的一般贸易取得了快速发展，贸易自主性得到提升。2009 年—2017 年，我国一般贸易出口年均增长 11.1%，分别快于同期我国整体出口年均增速、加工贸易出口年均增速 2.9 个、7.8 个百分点，一般贸易出口所占比重也逐年上升，2017 年达 54.4%，分别比 2016 年和 2009 年提升 0.5 个、10.3 个百分点。与此同时，一般贸易项下高新技术产品出口由 2009 年的 3 455 亿元提高至 2017 年的 1.2 万亿元，年均增长 16.4%，比一般贸易出口总体增速快 5.4 个百分点，占一般贸易出口的比重由 2009 年的 9.6%提升至 14%，带动我国一般贸易出口产品技术含量持续提升，2017 年指标分值为 69.6，比 2008 年提升 2.2%；同时，榜单入围门槛也相应提高，浙江宁波是 2017 年该指标排名的第 30 位，分值为 73，高于 2016 年位居第 30 位江苏无锡的 72.5。

2. 榜单区域分布总体稳定，中西部地区延续领先优势。近年来，随着区域协调战略的深度推进，尤其是“一带一路”倡议将中西部推到了改革开放的前沿，中西部地区对外经贸合作空间显著加大，同时利用后发优势，带动产业快速转型升级，出口商品结构持续优化，2017 年该地区共有 16 座城市入围“一般贸易出口产品高度化”指标榜单前 30 强，比上年增加 1 座，占榜单 53.3%，在 68 座指标得分高于全国平均水平的城市中，36 城来自中西部地区。如陕西商洛，随着太阳能电池产业的快速发展，2017 年一般贸易出口太阳能电池大增 59.2%，推动其一举夺得榜眼；但中西部地区城市产业结构相对单一，支柱产业容易受到外部发展环境变迁的影响，榜单表现不够稳定，仅 11 座城市连续两年上榜，更新率达 31.3%。反观东南沿海地区城市，外贸体量相对较为庞大，产业布局齐全，短期内某一产业或项目的景气与否难以左右指标成绩，2017 年增加 1 座入围城市至 12 座，表现相对稳定。

（三）加工贸易增值率

长期处于国际产业链低端、增值空间狭窄、经济效益低下等问题困扰我国加工贸易发展。近几年来，国家通过鼓励产业梯度转移和企业深加工结转、外发加工、增加原辅材料国内采购等方式，持续改善加工贸易的增值状况。

1. 创新发展促增值状况普遍改善，榜单稳定度有所增强。近年来，随着发达国家制造业回流和发展中国家制造业兴起，加之国内劳动力成本等比较优势逐渐弱化，我国加工贸易发展显露颓势，在 2014 年达 8.7 万亿元的历史峰值后连降两年，2017 年小幅反弹，规模勉强站上 8 万亿元台阶，但较峰值仍有较大差距。总量继续突破困难重重，另辟蹊径通过促进深加工结转、外发加工、加大国内购料等方式，鼓励加工贸易逐渐从东南沿海向内陆转移，有效延长国内产业链条，推动创新发展，促进加工贸易增值状况改善。2017 年，我国加工贸易增值率为 76.3%，比 2008 年提升 15.3 个百分点。在增值水平普遍提升的背景下，“加工贸易增值率”榜单 30 强稳定度有所提升，2017 年共 17 座城市连续两年入围，比 2016 年增加 2 座。

2. 加工贸易向西看，中西部地区延续榜单领先优势。自 2007 年以来我国先后 3 批共认定了 44 个中西部、东北城市作为加工贸易梯度转移重点承接地，此后为促进政策更好落地，2016 年又相继出台《关于促进加工贸易创新发展的若干意见》和《关于促进外贸回稳向好的若干意见》，强调综合运用财政、土地、金融等政策，支持内陆沿边地区承接产业梯度转移，加快了加工贸易转型升级步伐。受益于政策扶持，中西部地区加工贸易规模快速扩张，后发优势显著利于提升增值水平，2017 年该地区多达 19 座城市入围榜单。宁夏石嘴山积极适应经济新常态，坚定不移地走产业链延伸的发展路径，投资 105 亿元建设了年产 2 010 万套子午线轮胎项目，受益于轮胎项目加工贸易的快速发展，2017 年宁夏石嘴山加工贸易进出口倍增，使石嘴山该指标排名前进 138 位，最终取得第 12 名的好成绩。东北地区 6 座城市入围，比上年增加 3 座，其中吉林白城充分利用发展现代农业契机，依托本地资源，鼓励企业因地制宜，发展调味品加工业，2017 年其加工贸易增值率快速提升，指标排名大幅提升 51 位，最终位列榜单第 21 位。东南沿海地区是我国最早发展加工贸易的区域，多年累积的庞大进出口规模难掩低端的国际分工水平，出口产品技术含量低、同质化严重，致使增值空间小，光鲜的外贸数据背后，并未带来与之相称的实际利益，2017 年继续维持广东阳江一城入围的局面。

（四）净出口增长对 GDP 增长贡献率

净出口是构成 GDP 的“三驾马车”之一，在推动国内经济增长和改善就业等方面发挥着重要作用。因此，外贸对本土经济的促进，成为衡量外贸效益高低的重要标准。

1. 贸易顺差规模显著收窄，“净出口”延续负拉动表现。2017 年，国内经济回稳向好，GDP 增速在 2016 年探底后回升至 6.9%，加之国际市场外部需求回暖，大宗商品价格上扬，我国外贸进、出口均实现正增长。但由于出口增幅显著低于进口，贸易顺差规模相应收窄，“净出口”对 GDP 增长延续名义负拉动作用，且名义贡献率由 2016 年的-7.5%扩大至-8.7%。从区域情况看，东南沿海地区外贸依存度高，对环境变化反应灵敏，外部市场需求复苏带来出口的显著回升，在参与评比的 55 座城市中，30 座城市净出口规模增长，受此影响，入围本项指标前 30 名的城市数量增加 3 座，总数增至 10 座。中西部地区受益于中部崛起、西部大开发等区域发展战略，外贸马力不断增强，2017 年 14 座城市入围榜单，虽比上年减少 1 座，但榜单占有率仍高达 46.7%。随着东北地区经济的逐渐向好，多数城市 GDP 增长已由负转正，“净出口”马力有所弱化，吉林白城、吉林，黑龙江鸡西 3 城携手上榜，比上年减少 1 座。环渤海地区表现较为稳定，山东莱芜、日照是榜单常客，临沂急进 107 个席位，最终位列第 19 位。

2. 高上榜率和高波动性并存，中小城市风光背后隐忧浮现。中小城市经济规模、外贸体量均较小，而且结构较为单一，外部环境变动极易带来发展的显著波动。2017 年，“净出口增长对 GDP 增长贡献率”榜单中多达 19 座城市外贸规模位居 50 名之后，占比高达 63.3%，其中新疆喀什、海南海口、广西百色、四川泸州等 13 座城市更是位居外贸规模百名开外。中小城市的高上榜率主要得益于这些城市内贸市场容量有限，较小的经济基数和外贸市场容量给指标结果蹿升空间的同时，也带来了稳定性欠佳的副作用，在新晋入围的 24 座城市中，21 座城市排名外贸规模 30 名之后，其中 11 座更是位居百名之后。如，内蒙古巴彦淖尔，其进、出口分别以煤炭和农产品为主，2016 年其高居“净出口增长对 GDP 增长贡献率”榜单第 10 位，但 2017 年国际市场大宗商品价格快速上涨，其主要进口商品煤炭进口值激增 2.2 倍，直接推高其整体进口同比增长 52.2%，而出口增幅相对较小，仅为 14.7%，导致贸易逆差规模同比扩大 63.7%，“净出口”马力趋弱，排名大幅后退 284 个席位，最终仅收获第 294 位的后排座次。

（五）出口收益率

长期以来，“两头在外”的贸易模式导致获利空间有限。单纯依靠吸引外资提振贸易、甚至经济的手段，已经逐渐不适应当前的社会发展阶段，培养并壮大内生动力至关重要。由内资企业创造并掌控的出口收益能力①更能体现“国民概念”，是我国进行技术改造、增强自主研发能力以及改善经营管理水平的基本保障。

1. 内生动力显著提升，外贸出口收益能力继续增强。近年来，我国加快转变外贸发展方式，推动经济发展的内生动力显著提升，彰显贸易自主性和本土生产实力的内资企业逐渐成为最具活力和潜力的经营主体，外贸出口收益能力稳步增强。2009—2017 年，我国内资企业出口规模年均增长 11.6%，比外贸整体出口年均增速快 3.5 个百分点，占外贸整体

① 出口收益指在出口额基础上，剔除其中加工贸易进口料件以及外商投资企业出口等因素，更直接体现内资企业的实际创收能力。

出口的比重由 2009 年的 44%提升至 56.8%；2017 年，我国出口收益总规模同比增长 11.4%，快于当年外贸出口增速 0.6 个百分点，单位出口额收益规模在上年增长 0.9%的基础上再提升 0.6%。

2. 外贸模式决定出口收益，东南沿海地区延续优异表现。随着转变外贸发展方式的稳步推进，东南沿海地区内资企业步入快速发展阶段，2017 年占外贸比重已达 54.4%，比 2009 年提高 15.3 个百分点，提升幅度比全国水平高 2.5 个百分点。而日渐式微的加工贸易规模缩水，占外贸出口比重由 2009 年的 53.1%下降至 2017 年的 33.1%，导致该地区 2017 年出口收益规模继续稳居全国各区域首位，占比高达 68.1%。受益于此，2017 年东南沿海地区 22 座城市上榜，并且包揽了榜单前 8 名。中西部地区在产业梯度转移等政策利好推动下，依靠大量吸引外资和承接东南沿海地区的产业转移，推动对外贸易快速发展，2009—2017 年中西部地区外贸出口年均增长 17.8%，比同期全国水平快 9.7 个百分点，但其规模扩张更多依靠“外商投资企业+加工贸易”模式，内资企业出口占比不增反降 17.9 个百分点，这种外贸发展模式并未带来与之相称的出口收益能力，2017 年中西部地区出口收益规模仅相当于东南沿海地区的 23.8%，最终仅重庆、湖北武汉和广西崇左 3 座城市入围，与东南沿海地区的差距仍然较大。东北地区外贸出口延续较为低迷表现，2017 年增长 7.3%，在各区域中增速居于末尾，使东北地区继续维持仅辽宁大连 1 座城市入围的惨淡局面。

（六）净贸易条件指数

指出口价格指数与进口价格指数之比，用于说明出口商品和进口商品的交换比率关系，是从价格方面衡量对外贸易经济效益的重要指标。净贸易条件指数大于 100，说明出口价格比进口价格相对上涨，贸易条件有利；反之，则贸易条件不利。

1. 进口价格涨幅显著高于出口价格，贸易条件总体恶化。2017 年，受全球市场需求复苏影响，国际市场大宗商品价格快速回升，全年大宗商品价格指数 BPI 上涨 102 点，涨幅达 11.8%，带动我国进口商品价格总体上涨 9.4%；进口价格上涨对出口价格存在一定的传导作用，但存在滞后效应，同时虽然近年来我国大力实施“优进优出”外贸发展战略，出口产品议价能力有所增强，但涨幅仍然有限，2017 年我国出口价格总体上涨 3.9%，明显小于同期进口价格总体涨幅，净贸易条件指数仅 94.9，意味着我国贸易条件趋向恶化。从具体城市情况看，2017 年参与评比的 298 座城市中，多达 211 座城市贸易条件处于恶化状态，比例高达 70.8%；其中，中部地区、东南沿海地区贸易条件出现恶化的城市数量最多，均为 49 座；环渤海地区城市贸易条件恶化比例最高，30 座参与评比的城市中多达 28 座贸易条件恶化，比例高达 93.3%；东南沿海地区次之，为 89.1%；东北、西北地区分别为 79.4%和 64.4%；中部、西南地区较低，分别为 58.3%和 58%。

2. 资源型城市蜂拥上榜，中西部地区狂揽榜单 9 成席位。国际市场大宗商品价格的上扬，给部分以进口资源为主的城市带来负面影响的同时，也使部分以出口资源为主的城市受益，如自然资源富庶的中、西部地区，随着 2016 年初国际市场大宗商品价格触底并步入反弹通道，入围城市数量在 2015 年 18 城的基础上，2016 年增加 5 座，总数增至 23 座，2017 年国际市场大宗商品价格进一步上扬，中西部地区入围城市继续扩军至 27 座，狂揽榜单 9 成席位，其中甘肃陇南、平凉、武威，贵州六盘水、遵义、铜仁等城市蜂拥上榜，中西部地区一时风光无限。同时，这类城市大多产业结构单一，对国际市场商品价格变动相当敏感，由这些城市把持的30强榜单动荡态势十分明显，2017年“净贸易条件指数”排名前30名的城市中，仅3座是连续2年入围的熟悉面孔，榜单更新率高达90%，榜单动荡程度在效益竞争力各子项指标中高居首位。

五、发展篇

表10　2017年中国城市外贸发展竞争力30强排名表

城市名称	外商投资设备人均进口额		人均实际利用外资额		进入外贸500强企业的进出口比重		特殊监管区进出口份额		分项得分	分项排名	综合排名
	得分	排名	得分	排名	得分	排名	得分	排名			
河南省郑州市	60.00	94	65.28	28	91.93	7	100.00	1	77.46	1	19
广东省东莞市	86.15	2	84.14	3	74.46	35	66.01	30	77.26	2	3
陕西省西安市	61.03	35	65.95	24	87.04	10	93.48	2	75.65	3	18
四川省成都市	60.70	42	66.75	22	86.13	11	91.07	3	75.08	4	21
天津市	63.60	16	100.00	1	68.50	53	72.42	13	74.95	5	9
上海市	72.40	5	74.84	5	73.21	39	76.82	10	74.30	6	2
江苏省苏州市	79.33	4	69.93	12	75.08	32	72.88	12	74.23	7	4
江苏省南京市	100.00	1	65.71	25	68.98	50	65.58	33	73.84	8	10
广东省深圳市	67.07	8	81.24	4	76.84	23	68.50	22	73.18	9	1
重庆市	61.92	27	63.57	43	80.61	16	84.80	5	72.02	10	14
福建省厦门市	82.26	3	71.44	8	68.45	55	65.81	32	71.73	11	5
广东省珠海市	66.38	9	84.80	2	71.90	43	65.02	37	71.62	12	7
辽宁省大连市	65.68	12	65.47	26	76.05	28	72.10	15	69.69	13	13
北京市	62.44	21	70.80	10	84.85	13	61.94	59	69.42	14	11
广西壮族自治区钦州市	60.00	95	60.31	186	74.17	36	83.84	6	68.87	15	95
江苏省无锡市	68.59	7	67.75	17	70.47	47	68.71	19	68.87	16	12
吉林省长春市	61.01	37	69.66	14	87.34	8	60.39	107	68.81	17	49
甘肃省金昌市	60.00	95	60.00	275	100.00	1	60.00	201	68.17	18	86
黑龙江大庆市	60.00	95	60.00	275	99.46	2	60.00	201	68.08	19	51
辽宁省本溪市	60.00	95	60.42	176	98.45	3	60.00	181	68.03	20	54
浙江省舟山市	60.07	73	62.28	72	68.88	51	82.53	9	67.91	21	29
山东省烟台市	60.66	43	63.36	47	77.82	22	71.07	16	67.90	22	27
江西省鹰潭市	60.00	95	62.18	75	93.99	4	60.00	201	67.73	23	62
湖北省武汉市	60.50	49	71.61	7	75.01	33	64.54	39	67.67	24	20
山西省太原市	60.01	85	61.31	100	93.81	5	60.01	174	67.46	25	34
安徽省铜陵市	60.00	90	61.50	92	92.97	6	60.02	160	67.36	26	44
安徽省合肥市	64.73	13	64.16	35	71.27	44	68.01	24	66.98	27	26

表10 续

城市名称	外商投资设备人均进口额		人均实际利用外资额		进入外贸500强企业的进出口比重		特殊监管区进出口份额		分项得分	分项排名	综合排名
	得分	排名	得分	排名	得分	排名	得分	排名			
广东省惠州市	64.35	14	63.35	48	79.61	18	60.13	137	66.46	28	23
安徽省马鞍山市	60.00	95	70.28	11	76.26	26	60.47	101	66.40	29	39
广东省广州市	65.97	10	67.20	20	66.71	60	65.51	34	66.35	30	6

表11 2017年各地区发展竞争力单项指标进入前30名的城市分布表

单位：座

地区名称（所含城市数量）	发展竞争力	人均实际利用外资额	外商投资设备人均进口额	进入外贸500强企业的进出口比重	特殊监管区进出口份额
东南沿海地区（55座）	11	19	14	3	7
其中：长三角地区（25座）	5	12	9	0	5
珠三角地区（21座）	5	6	4	2	2
海峡西岸经济区（9座）	1	1	1	1	0
环渤海地区（30座）	3	3	3	5	3
东北地区（34座）	4	1	2	6	2
中部地区（84座）	7	4	8	8	6
西南地区（50座）	3	1	1	5	7
西北地区（45座）	2	2	2	3	5

（一）发展竞争力评价体系构建意义

是否充分有效利用外资、带动产业升级、提高产业集聚力、发挥外贸强市辐射力，是衡量城市外贸发展活力的有效途径。发展竞争力包括“外商投资设备人均进口额”“人均实际利用外资”“进入外贸500强企业进出口比重”“特殊监管区进出口份额”4项三级指标。

1. 前30榜单基本稳定，中西部领衔东南沿海紧随。纵览2017年发展竞争力前30名榜单，前半程基本稳定，新面孔均在20名以后：辽宁本溪、浙江舟山、安徽合肥和安徽马鞍山4座城市新上榜，取代内蒙古巴彦淖尔、内蒙古鄂尔多斯、辽宁盘锦和湖南湘潭，榜单更新率13.3%，与2016年持平。从区域分布看，中西部地区有12座城市入围，东南沿海11座城市入围紧随其后，两大地区还联手斩获了前10名中的9个席位，显示出两地区在发展竞争力方面的绝对优势。其中，中部地区占据前30榜单的7个席位，比2016年增加1个，且排名变化多数在5名以内，稳定性进一步增强。其中，河南郑州以获批国家中心城市为契机，充分发挥郑洛新国家自主创新示范区、中国（河南）自贸区等国家多个战略规划和平台叠加的优势，大力加强基础设施建设，加速形成区位、劳动力和产业链等外贸综合竞争优势，近年来外贸发展稳中有进，持续占据发展竞争力榜单三甲之列，2017年更是荣登榜首。西部城市中，陕西西安凭借更均衡的发展登上季军宝座，排名比2016年提升4位。而此前连续3年稳定在榜单前列的内蒙古巴彦淖尔因各项指标下滑，特别是大企业出口值下降导致“进入外贸500强企业进出口比重”分项指标排名下滑24个位次，最终发展竞争力仅排在第36位；2016年凭借辖下企业源盛光电入围外贸500强而拉升排名一举登上榜单的内蒙古鄂尔多斯，2017年又因大企业落榜500强而导致排名大幅下滑至第66位。以上变化使西部地区痛失两座城池，榜单上的版图缩小至5座城市。东南沿海方面，长三角从4个席位增加至5个，上海、江苏苏州、江苏南京和江苏无锡继续入围，浙江舟山乘着浙江自贸区设立的东风，大力提高开放水平，促进经济发展稳步提质增效，各分项指标排名全面提升，带动发展竞争力排名大幅上升24个位次登上榜单，列第21位。珠三角继续保持5个席位，但5个城市排名均有不同程度的下滑，广东东莞失去冠军宝座位居第2，广东深圳从第6位降至第9位，广东广州亦大幅滑落19个名次，勉强保住30强榜尾席位。此外，海西地区的厦门继续占据1个席位，排名第11位，比上年下降1位。

2. 东北地区下滑势头得到遏制，环渤海地区平稳提升。在经历了2016年连失两城的低迷后，东北地区在2017年发展竞争力前30榜单中守住4个席位，与2016年持平，尽管上榜城市数量未增加，但辽宁大连和吉林长春分别比2016年有10个和4个位次的提升，辽宁本溪亦从第37位快速提升至第20位，填补了因门槛边缘的辽宁盘锦排名下跌而退出榜单的空缺。环渤海地区依然是天津、北京和山东烟台三强鼎立，北京排名保持第14位不变，天津借助“人均实际利用外资额”和“特殊监管区域进出口份额”两个分项指标的拉升，从第9位晋升至第5位；山东烟台力促工业向集群化迈进，一批大型骨干企业勇立潮头、创新发展，“进入外贸500强企业进出口比重”分项指标排名提升10个位次，带动发展竞争力整体排名亦有5个位次的提升。

（二）外商投资设备人均进口额

该指标用来衡量各城市吸引外商投资转移的能力，一定程度反映了外资引进水平。

1. 前30榜单大幅更替，东南沿海优势明显。外商投资在我国制造业发展中发挥了极其重要的推动作用。但近年来，我国制造业面临发达国家“高端回流”和发展中国家“中低端分流”的双重挤压，制造业实际利用外资金额连年下降，2017年我国制造业实际利用外资335.1亿美元，同比下降5.6%。在总体低迷的情况下，各城市“外商投资设备人均进口额”指标出现分化，排名更替幅度较大，2017年前30榜单有8座城市新上榜，其中4座城市名次提升在60个位次以上，榜单更新率达到26.7%，与2016年持平。从区域分布看，东南沿海地区重点加大战略性新兴产业引资扶持力度，积极打造先进制造产业链，吸引外资向高端产业聚集，2017年继续保持该指标的领跑者，一举夺得前30榜单中的19席，比2016年增加1席，并成功垄断榜单前10位。其中长三角共有12座城市入围前30榜单，比2016年增加2个；珠三角获得6个席位，比2016年减少1席；海西的福建厦门继续占有1席之地。环渤海地区继续保持前30榜单中的3个席位，其中天津和北京保留阵中，山东东营取代河北秦皇岛，成为榜单新秀。中部和西部地区此消彼长，分别占据4席和3席，分别比2016年减少1席和增加1席。东北地区比2016年减少1席，辽宁沈阳退至第36位，仅余辽宁大连勉力支撑。

2. 传统外贸大市制造业吸金能力不减，中小城市突出特色亮点纷呈。在制造业面临调整压力的情况下，沿海传统外贸大市加快产业转型升级，着力扶持以先进制造业为核心的实体经济发展，制造业吸引外商投资力度不减。如，江苏南京积极引导外资按照城市产业布局投资发展战略性新兴产业和先进制造业，2017 年，台积电等一批龙头项目加快建设，高世代液晶面板等一批重大项目竣工投产，带动南京外资企业投资设备进口 50. 8 亿元，大幅增长 4. 1 倍，重新占据“外商投资设备人均进口额”指标榜首位置，比 2016 年提升 11 位；广东东莞和福建厦门外资企业投资设备进口额分别增长 39. 4%和 39. 6%，稳居榜单第 2、3 位，均比 2016 年提升 1 个位次。同时，内陆地区一些中小城市努力承接国际和国内沿海制造业产业转移，大力发展特色产业，以龙头企业和重点项目作为吸引外商投资的突破口，亦取得不俗成绩。如，湖北仙桃近年来加大招商引资力度，全力打造“台资聚集新高地”，吸引了旺旺食品、宏全包装、健鼎科技、富士和机械等大批有雄厚实力的台资企业纷纷落户，成为湖北省内仅次于武汉的第二大台资投资密集区、内陆地区集聚台资企业最多的中小城市之一，被国台办授予全国首家“海峡两岸产业合作创新服务示范基地”；2017 年，总投资 12 亿元的台资健鼎电子二厂正式投入生产，带动该市外商投资企业进口设备 2. 2 亿元，同比增长 6. 7 倍，高居“外商投资设备人均进口额”榜单第 11 位，成为该榜单上内陆城市的排头兵。江西九江凭借理文纸业的包装纸二期项目工程吸收外资投资设备进口额 2. 4 亿元，跃居榜单第 18 位，比上年提升 60 个位次；内蒙古富友联合圣牧乳制品加工基地建设项目于 2017 年建成投产，带动一批乳制品加工设备进口，内蒙古呼和浩特市凭此跃居榜单第 25 位，提升幅度高达 73 个位次。除此以外，山东东营、宁夏银川等城市均凭借辖区内龙头项目实现外商投资进口设备额大幅增长，分列从榜单垫底位置提升至第 22 位和第 26 位。

（三）人均实际利用外资额

该指标用来衡量各城市投资环境的优劣，折射当地对外开放程度和经济发展水平。

1. 前 30 榜单高度稳定，中部城市深受外资青睐。2017 年，“人均利用外资额”前 30 榜单保持高度稳定，相比 2016 年仅有 1 城发生变化。天津、广东珠海、广东东莞、广东深圳和上海继续把持前 5 位，仅具体排名有微小调整。从区域分布看，东南沿海占据 14 个席位，比 2016 年减少 1 席，珠三角的广东佛山排名从上年的第 21 位滑落至第 37 位，无缘前 30 榜单。取而代之的是中部地区的河南郑州，从上年的第 34 位提升至 28 位，带动中部地区在前 30 榜单中的席位从 7 席增加至 8 席。近年来，我国中部地区利用“承东启西”的区位优势，紧抓外资梯度转移的机遇，积极改善投资软硬环境，补齐交通基础设施短板，完善产业布局，逐渐成为吸引外商投资的热土。2013 年以来，进入“人均利用外资额”前 30 榜单的中部城市逐年增加，2017 年入围城市达到 8 座，且湖北武汉、安徽马鞍山、安徽芜湖和河南郑州 4 城排名均较 2016 年前提，另有 3 城排名与 2016 年持平，仅河南济源有 2 个位次的滑落。其余地区上榜城市数量与 2016 年一致，环渤海、西部和东北地区分别保持 3 席、3 席和 2 席。

2. 东南沿海和环渤海“双优生”占绝大部分，中西部双指标分化明显。随着东南沿海城市能源、土地、人力资源的约束日益趋紧，外资加快北上西进的步伐。特别是“一带一路”建设加快推进，中西部地区逐步从开放末梢走向开放前沿，对外资的吸引力不断增强。但东南沿海和中西部地区的投资布局各有侧重，东南沿海城市利用外资转化为生产力进行扩大再生产的能力更强，而中西部地区外资主要投入在能源开采及加工等资本密集型产业，在将资源优势转化为产业优势、扩充利用外资的深度和广度方面仍有提升空间。这从“人均实际利用外资额”和“外商投资设备人均进口额”两项指标的同步性上可见端倪。2017年，东南沿海和环渤海地区上榜“人均实际利用外资额”指标的17座城市中除山东青岛外，其余均入围“外商投资设备人均进口额”指标前30强，广东珠海、广东东莞、广东深圳、上海和福建厦门稳居两项指标前10位。而中西部地区的11城仅湖南长沙两指标双双上榜，部分城市两项指标分化明显，如安徽马鞍山“人均实际利用外资额”指标排名第11位，而“外商投资设备人均进口额”指标排名第95；内蒙古鄂尔多斯2010年以来持续入围“人均实际利用外资额”指标前30，但外商投资设备进口额均为零。

（四）进入外贸500强企业进出口比重

企业是城市外贸发展的主体，提升城市外贸发展竞争力的根本是提升外贸企业的国际竞争力，该指标反映龙头企业对当地外贸发展的集聚及带动能力。

1. 500强企业驻扎城市继续增多，中西部地区大企业贡献突出。近年来，国际贸易形势日趋复杂，而大型外贸企业始终保持强大的抗风险能力，在我国外贸发展的进程中发挥了“定海神针”的作用。2017年，我国外贸500强企业合计实现进出口9.6万亿元，比2016年增长23.9%，高于同期我国外贸进出口14.3%的增幅，占当年我国外贸总值的34.6%。2017年外贸500强企业驻扎的城市范围进一步拓宽，分布在全国的84座城市，比2016年增加4座。其中，深圳、上海、北京、苏州4市包揽了超过4成的外贸500强企业，分别拥有65、59、45和44家500强企业。而中西部地区虽然500强企业数量较少，但亦有不少企业表现亮眼，如郑州、成都和西安均有企业迈入进出口值千亿俱乐部行列，对上述城市外贸增长的贡献度分别达到64.7%、51.5%和40.7%。

2. 西部和中部并驾齐驱，中小城市保持榜单主力地位。2017年，“外贸500强企业进出口比重”前30榜单中，有8家企业发生变化，榜单更新率为26.7%。从地区分布看，西部地区占据8席，比2016年减少3席。其中甘肃金昌连续第3年稳居榜单首位，内蒙古包头因包钢集团成功晋级500强而跻身前30榜单，而内蒙古鄂尔多斯和海南海口均因辖下1家大型企业退出500强而无缘榜单，广西钦州和内蒙古巴彦淖尔虽然上榜企业数量不变，但因企业进出口规模下降导致30强地位不保。中部地区同样夺得8个席位，与2016年持平。位于河南济源的豫光金铅股份因进口贵金属矿砂迅猛增长，带动城市排名提升57个位次，成功晋级前30榜单，湖北黄石排名亦有小幅提升而迈入30强门槛。湖北武汉小步后退，江西新余大幅下滑，均无缘前30。东北地区有6座城市入围，比2016年增加1座，辽宁大连排名小幅提升成功晋级。其中黑龙江大庆继续保持榜眼地位，辽宁本溪加快推进钢铁产业和产品结构性调整，加大钢铁深加工重大项目建设力度，辖下两家大型钢铁企业进出口值大幅增长，带动该市排名大踏步前进，从2016年的第14位升至第3位。环渤海地区有5城入围，比上年增加2座城市，除北京作为榜单常客外，外贸大省山东外向型经济稳定发展，2017年进出口实现15.8%的较快增长，辖下的东营、菏泽、烟台和日照4市包揽了其余4个席位。另一方面，东南沿海地区虽然大企业众多，但进出口总值的高基数拉低了指标值，仅有3座城市入围前30强，且处于榜单后半段。广东惠州和广东深圳分别位居第18位和第23位，福建龙岩排在第25位。而长三角无一城市入围，江苏苏州和上海均徘徊在门槛之外，分别位居第32位和第39位。

（五）特殊监管区进出口份额

海关特殊监管区是我国改革开放和经济发展的产物，作为经济特区、沿海开放城市和经济技术开发区之后设立的第四类深化改革、扩大开放的先导区和试验台，在连接国内外两个市场、利用两种资源中发挥着越来越重要的桥梁和纽带作用。

特殊监管区域向内陆延伸，中西部城市潜力逐渐释放。海关特殊监管区域的发展历程是我国不断深化改革、扩大开放的历程，随着我国区域开放格局的深入推进，海关特殊监管区域逐渐在内陆地区落地生根，成为内陆地区吸引国际和沿海产业转移、参与国际竞争合作的重要载体。2017年，“特殊监管区进出口份额”前30榜单有5座城市发生变化，榜单更新率为16.7%。中西部地区依旧是榜单主角，虽然比2016年减少2城，但仍有18座城市入围，并包揽榜单前8位，其中河南郑州、陕西西安和四川成都继续稳居三甲。西部地区有12个城市上榜，与2016年持平。2013年12月正式封关运作的银川综合保税区引领宁夏进一步融入“丝绸之路”经济带，加速内陆向西开发步伐，促使宁夏银川自2014年起连续4年稳居榜单前10之列，2017年更是高居第4位，较2016年提升4位，创下历年来最好排名。广西凭祥综合保税区围绕广西三大发展定位，充分利用凭祥重点开发开放试验区、凭祥边境经济合作区、友谊关公路口岸扩大开放等历史机遇，加强平台建设，发展口岸经济，2017年区内企业进出口值迅速增长，带动广西崇左排名从第38位前进至第26位，成为榜单新面孔。中部地区有6城入围，比上年减少2城，湖南湘潭、安徽芜湖和江西南昌落榜，而作为安徽省首家保税物流中心，蚌埠（皖北）保税物流中心业务辐射整个皖北地区，成为安徽蚌埠外贸发展的重要生力军，带动该市成功入围前30榜单，列第28位，较2016年提升19位。随着山东青岛成功跻身前30名，环渤海地区上榜城市由2座增至3座。东北地区保持2个席位，辽宁营口遗憾落榜，但辽宁锦州由2016年的第60名前进至第23名，与辽宁大连携手登上榜单。东南沿海地区获得7个席位，比2016年增加1个，其中长三角保持5个入围城市不变，珠三角得益于广东东莞从门槛边缘的第32位挤进前30名阵营，入围城市从1座增至2座。

六、潜力篇

表 12　2017 年中国城市外贸潜力竞争力前 30 强排名表

城市名称	区位优势指数		万人外贸企业数量		人均货运总量		特殊经济区个数比重		内资企业对外贸增长的贡献率		分项得分	分项排名	综合排名
	得分	排名	得分	排名	得分	排名	得分	排名	得分	排名			
广东省深圳市	100.00	1	100.00	1	81.40	17	72.67	8	93.03	27	88.74	1	1
广东省广州市	76.30	4	65.54	16	95.69	6	75.03	4	91.54	135	80.05	2	6
福建省厦门市	64.88	29	82.02	3	95.87	5	70.38	9	90.34	180	79.84	3	5
上海市	66.06	23	72.32	6	75.26	37	100.00	1	88.72	210	79.57	4	2
广东省珠海市	78.63	2	70.16	7	85.88	14	66.03	20	90.32	181	77.66	5	7
浙江省宁波市	64.88	29	72.64	5	79.32	20	75.03	4	91.29	150	76.15	6	8
广东省东莞市	64.10	43	85.27	2	80.36	18	61.95	50	91.41	142	75.71	7	3
江苏省苏州市	69.31	12	73.79	4	64.25	193	85.25	2	88.57	216	75.67	8	4
辽宁省大连市	74.94	6	64.57	19	77.11	27	70.38	9	90.73	168	75.06	9	13
广东省中山市	62.96	47	67.03	10	92.45	8	61.95	50	90.91	163	73.85	10	17
浙江省舟山市	62.96	47	61.78	35	100.00	1	60.00	109	92.41	42	73.58	11	29
天津市	68.07	14	63.44	22	72.03	59	75.03	4	90.37	178	73.25	12	9
内蒙古自治区包头市	60.36	128	60.32	122	99.73	4	61.95	50	91.89	117	72.96	13	33
江西省新余市	60.00	134	60.36	113	100.00	2	61.95	50	91.39	147	72.84	14	37
广东省佛山市	70.57	10	65.39	18	79.06	22	61.95	50	89.06	204	72.57	15	22
山东省青岛市	68.07	14	68.83	8	66.37	133	70.38	9	91.39	146	72.48	16	15
甘肃省嘉峪关市	60.00	134	60.15	177	100.00	3	60.00	109	92.29	66	72.47	17	160
重庆市	64.88	29	60.31	129	67.14	113	82.57	3	86.56	229	71.57	18	14
江苏省南通市	74.94	6	62.90	27	65.75	151	66.03	20	91.18	155	71.48	19	31
山东省烟台市	74.94	6	62.50	29	67.65	102	63.96	28	92.01	110	71.47	20	27
福建省福州市	68.07	14	62.21	30	68.68	83	70.38	9	91.03	159	71.46	21	32
山东省威海市	71.42	9	65.51	17	67.89	94	63.96	28	91.55	134	71.43	22	42
安徽省蚌埠市	60.00	134	60.32	124	83.97	16	61.95	50	96.45	9	71.09	23	45
湖北省武汉市	64.88	29	61.15	50	72.72	54	68.17	13	91.57	133	70.97	24	20
北京市	62.96	47	64.37	20	63.69	207	75.03	4	91.99	111	70.82	25	11
新疆维吾尔自治区乌鲁木齐市	61.83	90	61.66	36	73.84	43	68.17	13	92.34	50	70.75	26	100
陕西省铜川市	60.00	134	60.03	281	88.60	10	60.00	109	92.28	78	70.70	27	102
浙江省嘉兴市	62.96	47	66.98	11	74.19	41	61.95	50	90.77	166	70.64	28	30

续12 续

城市名称	区位优势指数		万人外贸企业数量		人均货运总量		特殊经济区个数比重		内资企业对外贸增长的贡献率		分项得分	分项排名	综合排名
	得分	排名	得分	排名	得分	排名	得分	排名	得分	排名			
四川省攀枝花	60.00	134	60.04	260	87.81	11	60.00	109	92.29	63	70.58	29	124
广东省江门市	76.30	4	61.97	31	69.13	77	60.00	109	89.20	201	70.56	30	40

表13 2017年各地区潜力竞争力单项指标进入前30名的城市分布表

单位：座

地区名称（所含城市数量）	潜力竞争力	区位优势指数	万人外贸企业数量	人均货运总量	特殊经济区个数比重	内资企业对外贸增长的贡献率
东南沿海地区（55座）	15	23	24	9	14	6
其中：长三角地区（25座）	6	12	15	2	9	1
珠三角地区（21座）	7	8	7	6	3	5
海峡西岸经济区（9座）	2	3	2	1	2	0
环渤海地区（30座）	5	5	5	0	10	4
东北地区（34座）	1	5	1	4	4	2
中部地区（84座）	3	1	0	4	11	14
西南地区（50座）	2	5	0	3	6	3
西北地区（45座）	4	2	0	10	4	1

备注：因“区域优势指数”指标和“特殊经济区个数比重”指标存在并列排名，故累计结果超过30座。

（一）潜力竞争力指标体系构建意义

资源禀赋、地理位置、政策导向、产业集群、物流规模、内生经济实力等是影响对外贸易持续发展的重要潜力要素，这些要素对厘清未来对外贸易进程中的优、劣势变化，确定城市外贸发展的后期轨迹，具有重要参考价值。

1. 榜单前半程保持稳定，后半程竞争加剧。2017年，潜力竞争力前30强榜单变动幅度较上年有所扩大，新上榜城市达到9座，较2016年增加3座，榜单更新率为30%。东部沿海外贸大市依然是榜单前半段常客，前8位均是上年的老面孔，仅有位次的小幅变动，广东中山由后半程进入前排，由2016年的第24位提升至第10位；内蒙古包头、江西新余受益于人均货运量提升带来的优势而入围潜力竞争力前15名，分列第13、14位，较2016年分别提升25位、31位。与榜单前半段呈现强者恒强的稳定表现不同，后半段竞争更加激烈，更替频繁，后15位中出现7个新面孔，更新率达到46.7%。其中，湖北武汉、北京在2016年短暂离开后，于2017年再次进入30强，分列第24、25名；作为西部对外重要枢纽城市，受益于“一带一路”倡议，新疆乌鲁木齐快速崛起，排名提升28名列第26位；此外，凭借人均货运量指标的提升，安徽蚌埠、陕西铜川、四川攀枝花成功跻身30强；浙江嘉兴凭借万人外贸企业数量指标的提高，排名由上年的第36位升至第28名。“几家欢笑几家愁”，有新晋就会有落榜，江苏常州、海南海口、内蒙古鄂尔多斯、江苏南京、河北秦皇岛、浙江台州以较小差距抱憾出局，福建漳州、河南新乡、驻马店也因整体表现不佳、后劲不足而无缘前30强。

2. 珠三角地区优势进一步巩固，西北地区快速崛起。作为我国综合实力最强的两大经济中心，长三角和珠三角地区工业基础雄厚、商品经济发达、水陆交通便捷、外贸积淀沉厚、劳动力素质较高，“软硬兼备”的优势较为突出，继续彰显“排头兵”的外贸活力。珠三角地区上榜城市数量与2016年持平，保持在7座，其中广东深圳、广州实现对冠亚军的包揽，广东珠海、东莞、中山亦进入10强。与之相对的是长三角地区的相对弱化，上榜城市由2016年的8座降至6座，虽然在10强中仍占有3席，但除浙江宁波小幅进步1名至第6名以外，上海、江苏苏州排名较2016年分别下滑2、3名，江苏南京和常州、浙江台州纷纷出局。环渤海地区上榜城市数量稳定保持在5座，天津和山东青岛、烟台、威海均是榜单常客，北京在2016年以1位之差而抱憾30强后，2017年再次入围。近年来，随着“一带一路”倡议的不断深入，我国与沿线国家经贸往来日趋活跃，中欧班列快速发展，西北地区城市货运量明显提升，入围潜力竞争力前30强城市从2座提升至4座，内蒙古包头、甘肃嘉峪关、新疆乌鲁木齐、陕西铜川均跻身榜单，内蒙古鄂尔多斯则抱憾出局。海西地区的福建厦门、福州，凭借独特的政策和区位优势，稳定保持在30强榜单中。中部地区则变动频繁，从2016年2座城市增至2017年的3座，2016年上榜的河南新乡、驻马店2017年均未上榜，取而代之的是江西新余、安徽蚌埠、湖北武汉，这显示中部地区城市虽呈现较快发展，但依靠个别指标而突飞猛进特点明显，基础仍有待夯实。西南地区继续保持2016年2座城市上榜的表现，其中重庆近年经济增长强劲，外贸潜力也不断提升，从2016年的21名提升至2017年的18名，而四川攀枝花则取代海南海口，进入前30强。东北地区2017年经济探底回暖，虽然辽宁大连仍是唯一上榜城市，但排名较2016年提升5名，位列第9名。

（二）区位优势指数

国家一类开放口岸是由国务院批准开放的对外经贸往来的门户，以城市拥有的一类开放口岸作为考量对象，结合港口、空港、铁路陆路等多种口岸的类别综合评价，可以较好地衡量城市对外贸易的区位优势、政策导向、辐射范围和外贸载体建设完善程度。

1. 东部沿海表现依然突出，沿边优势奠基东北区位特色。2017年，东部地区凭借港口便利的地理优势继续高奏凯歌，在入围“区位优势”指标前30强城市中，榜单覆盖率达80.5%，以黑龙江的黑河、佳木斯为起点，途经环渤海，划过长三角和海峡西岸，直至南端珠江流域，勾勒出一条美丽的弧线。长三角拥有独特的先行开放优势和政策优势，是我国最具区位优势的地区之一，在2017年“区位优势”前30榜单上继续独占鳌头，保持团体冠军的地位，上榜城市多达12座，除江苏南通、苏州、泰州和上海分列第6、12、14和23位外，其余城市均并列第29位。珠三角上榜城市数量比长三角稍逊一筹，为8座，但阵容豪华，指标前10强中，珠三角占据半壁江山，分别为广东深圳、珠海、广州、江门和佛山，其中珠海得益于港珠澳口岸和青茂口岸获批的利好，排名超过黑龙江佳木斯，荣升亚军。环渤海地区上榜城市皆临海，山东烟台、威海、青岛、日照和天津，分列第 6、9、14、14 和 23 位。东北地区与俄罗斯、朝鲜、蒙古、韩国、日本等国毗邻或接壤，沿边优势突出，布局的口岸数量相对较多，在榜单上稳定占据 5 个席位，分别为黑龙江佳木斯、辽宁大连、黑龙江黑河、鹤岗、哈尔滨。

2. 西部表现优于中部，对外开放新格局加速形成。随着“一带一路”倡议的稳步推进，西北地区临近俄罗斯、蒙古、中亚的区位优势渐显，2017 年西北地区入围城市为 2 座。内蒙古呼伦贝尔凭借与蒙古国、俄罗斯相接壤的优势，在榜单排第 22 名，新疆伊犁位列第 23 名。西南地区继续占据 5 个席位，凭借着部分省市的沿海沿边优势，不仅成为中西部地区的领军人物，与环渤海、东北地区相比也毫不逊色。其中，广西作为我国西部地区唯一的沿海、沿江、沿边省份，拥有西南地区最便捷的出海通道，还处于中国—东盟自由贸易区的前沿，在我国对东南亚的经贸交往中占据重要地位，截至 2017 年，广西已拥有 20 个国家一类开放口岸，其中 12 个海（河）运和航空口岸，防城港和北海分列“区位优势”指标的第 11 名和 14 名；海南以 7 个海（河）运和航空口岸的优势继续绽放“海上明珠”的光芒，海口和三亚分列第 14 名和 29 名。陆海内外联动、东西双向互济的对外开放新格局加速形成。不可忽视的是，身处内陆的中部地区，缺少海运渠道，又没有西部沿边优势，区位优势指数表现仍显黯淡，仅“九省通衢”的湖北武汉拥有 2 个开放口岸，位列第 29 名。

（三）万人外贸企业数量

外贸企业是城市发展国际贸易、参与国际经济竞争的基本单位和最重要载体。从事对外贸易的企业越多，参与生产及对外贸易的聚集效应越显著，外贸发展越有潜力。

1. 榜单格局稳定不变，东部与中西部两极继续分化。2017 年，入围“万人外贸企业数量”指标前 30 位的城市格局稳定，继续呈现两极分化、东强西弱的特征。2017 年，参与评价的 298 座城市有进出口记录的企业合计 43. 3 万家，较 2016 年增加 6. 8%。其中，东部沿海地区 38. 3 万家，增加 6. 5%，占全部参与评价企业的 88. 5%；中部和西部分别为 2. 9 万家和 2. 1 万家，同比分别增加 11. 7% 和 5. 5%。入围“万人外贸企业数量”指标前 30 强的城市格局依然稳定，仅 8 座城市排名发生微小变动。东部地区依旧包揽前 30 强的所有席位，中西部地区颗粒无收。尽管中西部地区具有代表性的中心城市初具雏形，外贸企业数量明显增加，基础配套、政策力度和成长环境不断改善，但与东部沿海地区相比，仍然存在发展起步晚、市场容量不足、缺乏辐射能力等问题，对外贸企业吸引力仍然相对较弱。西部地区排名最靠前的新疆乌鲁木齐位列第 36 名，中部地区排名最靠前的河南郑州位列第 47 名。

2. 长三角坐拥半壁江山，珠三角龙头城市优势突出。长三角地区坚实的交通物流配套、产业投资环境和资本人才积累，加上自贸区建设、长江经济带战略推进大批外资、民营外贸企业聚集于此，龙头地位稳如磐石，2017 年继续占据榜单的半壁江山，前 10 强中江苏苏州、浙江宁波、上海、浙江绍兴分列第 4、5、6、9 位，同时浙江嘉兴、江苏无锡和常州、浙江杭州和金华分列第 11 至 15 位。珠三角地区拥有众多运作成熟的优良海港以及丰富的劳动力资源优势，凭借广东自贸区启动与临近港澳的地缘优势，上榜城市 7 座，虽较长三角地区数量有所不及，但排名靠前，广东深圳、东莞更是分别占据冠亚军宝座，广东珠海、中山也位居前10位，分列第7、第10位。环渤海地区依托较为突出的港口集群和产业基础等优势，为外贸企业持续发展提供了良好的基础，山东青岛、威海、北京、天津和山东烟台均是榜单常客，其中青岛跻身第8名。随着福建自贸区、平潭综合实验区等战略推进，作为两岸经贸往来前沿阵地，海西地区吸引外贸企业的能力不断增强，福建厦门以雄厚的外贸企业基数及稳健的企业数量增加幅度，稳居榜单季军位置，福建福州位列第30名。东北地区仅辽宁大连上榜，企业数量同比增加5.8%，稳定在第19名。

（四）人均货运量

城市交通运输网络运力水平、货运畅通水平，是衡量城市工业化水平、流通效率和贸易输送潜能的重要标志。

1. 西北地区优势进一步扩大，珠三角地区取代中部地区跃居次席。在“西部大开发”“西气东输”“西电东送”“北煤南运”等国家战略资源调度下，西部地区交通基础建设大幅提升，“中欧班列”进一步促进西部交通运输建设整合，2017年西部地区公路水路交通固定资产投资1.13万亿，同比增长27.5%，规模和增速均领跑全国。交通运输业配套设施的逐步完善，使商贸、物流、服务业等外贸环境明显改善，货运水平随之提升。相较2016年，2017年西北地区“人均货运量”前30强上榜城市由9座增加至10座，居全国各区域之首，甘肃嘉峪关稳居冠军地位，内蒙古包头、新疆克拉玛依、内蒙古鄂尔多斯、陕西铜川分列第4、7、9、10名。为促进区域物流交通，解决珠三角区域内发展不平衡问题，近年来，珠三角地区交通固定资产投资尤其是公路、内河建设投资明显加快，2017年广东省公路水路交通固定资产投资同比增长4.5%。在2017年“人均货运量”前30强榜单上，珠三角地区上榜城市稳定在6座，广东广州、中山、珠海、深圳、东莞和佛山作为榜单的常胜将军，分列第6、8、14、17、18和22名，其中广州排名较2016年提升5名。

2. 中部地区优势衰减，东北地区稳中有升。2017年，中部地区公路水路交通固定资产投资同比下降2.7%，为东、中、西部地区唯一下降的区域，其人均货运量也受到影响，入围城市数量明显缩水。在2016年上榜城市减少1座的情况下，2017年上榜城市再次减少3座，仅为4座。安徽省城市为上榜主力，除江西新余居第3名以外，安徽蚌埠、马鞍山、滁州分列第16、21、30名，但除新上榜的滁州以外，2016年上榜的铜陵、宣城、淮北、芜湖纷纷抱憾出局。东北地区在近年来遭遇发展瓶颈，经济下行压力加大，面临转型阵痛，不过其矿产丰富，重工业底蕴丰厚，受益于供给侧改革与转型升级，其2017年货运水平有所回暖，上榜城市从2016年的2座提升至2017年的4座，除辽宁盘锦、辽阳的榜单常客外，位于辽东半岛中枢、东北腹地最近出海通道的辽宁营口，坐拥大连港等优良港口的辽宁大连，排名均较2016年提升8位，跻身第26、27位。与此同时，长三角地区表现稳中向好，浙江舟山和宁波依托港口优势从容上榜，2017年宁波—舟山港以全球首个超10亿吨货物吞吐量的地位稳坐全球第一的宝座，成为长三角地区重要的出海口，在此推动下，宁波的“人均货运量”指标上升10个名次，排名第20位；而作为我国两个以群岛设立的地级市之一，浙江舟山拥有首个以海洋经济为主题的国家级新区，在榜单上表现亮眼，较2016年进步1名，摘得榜眼。此外，西南地区上榜城市稳定在3座，四川攀枝花、贵州贵阳坚守阵地，分列第 11、15 名，贵州遵义取代广西防城港进入前 30 强，位列第 29 名。海西地区表现稳定，上榜城市为福建厦门，以 4.1% 的货运量增速，排名再进 1 名，升至第 5。

（五）特殊经济区个数比重

特殊经济区是继经济特区、沿海开放城市之后，我国在深化改革开放进程中设立的第 3 类先导区，作为我国对外开放的窗口与基地，先行地与试验场，其建设发展对吸引外资、参与国际分工与合作、加快国际贸易步伐、带动区域经济发挥着重要的作用。

1. 中部蝉联上榜数量冠军，环渤海地区受益京津冀协同发展位居次席。中部地区乘着国家战略以及产业转移政策的春风，相关配套政策逐步完善，在“特殊经济区个数比重”指标中，稳定占据 11 席，蝉联上榜城市最多的地区冠军，随着武汉新港空港综合保税区、南昌综合保税区的获批运作，湖北武汉、江西南昌排名稳中有进，从 2016 年的并列 17 名提升至 2017 年的并列 13 名。京津冀协同发展战略带动环渤海地区政策套逐步完善，开放型经济潜力持续提升。2017 年环渤海地区上榜城市继续保持 10 座，位居次席。其中，天津、北京并列第 4 名。作为西部地区的“政策高地”，西南地区上榜城市基本稳定，重庆、四川成都打头阵，分列第 3 和第 13 位，海南海口、云南昆明和四川绵阳并列第 17 位，贵州贵阳列第 28 位。西北地区上榜城市稳定在 4 座，均为综合实力较强的省会城市，新疆乌鲁木齐位列第 13，陕西西安、甘肃兰州和青海西宁并列第 28 位。

2. 自贸区战略凸显东部沿海优势，继续包揽榜单前列。2017 年我国自贸区战略继续深入推进，随着辽宁、浙江、河南、湖北、四川、陕西、重庆等第三批自贸区正式获批，我国基本形成以“1+3+7”自贸区为骨架、东中西协调、陆海统筹的全方位、高水平区域开放新格局。第三批自贸区包括了不少中西部省市，但仍处于起步阶段，东部沿海地区先行优势依然较为明显，2017 年包揽了该指标排名前 10 位中的 9 个席位，涉及 11 座城市。其中，上海作为首个自贸区，以 16 个特殊经济区的绝对优势继续稳居榜首，上海还属于国内最早探索自由贸易港建设的城市，在国内特殊经济区的探索和实践上处于遥遥领先的地位；江苏苏州以 11 个特殊经济区的优势紧随其后；广东广州、浙江宁波、天津、北京并列第 4 位，广东深圳位列第 8 位，福建厦门和福州、辽宁大连、山东青岛并列第 9 位。

（六）内资企业对外贸增长的贡献

内资企业指国内资产投资创办的企业，主要有国有企业、集体企业和民营企业。内资企业对外贸易的发展水平提升有利于降低市场风险，促进我国对外贸易的全面发展、内生动力和自主水平。内资企业在外贸领域的产业链水平、盈利水平和抗风险能力，是衡量各城市对外贸易发展潜力的重要因素。

1. 榜单更替加剧，中部地区占近半壁江山。2017 年，“内资企业对外贸增长的贡献率”指标排名前 30 强城市依然更迭频繁，仅 7 座城市实现连续两年上榜的荣耀，榜单更新率高达 76.7%。但从区域分布看，随着对外开放进程的明显提速，中部地区内资企业增长步伐稳中有升，延续了上一年在榜单上的强势表现，上榜城市由 11 座增至 14 座。东南沿海外向型经济起步早发展快，外资企业占外贸总量的比重较高，内资企业对外贸增长的贡献一直以来相对较低。2017 年，东南沿海地区外资企业对外贸增长贡献率进一步提升，相对而言，“内资企业对外贸增长的贡献”上榜城市较 2016 年出现下滑，从 12 座减少至 6 座。其中珠三角地区由 6 座减至 5 座，分别为广东潮州、阳江、云浮、深圳、汕头，其中潮州和云浮 2017 年再次上榜；长三角地区由 4 座减至 1 座，仅江苏盐城上榜；海西地区 2016 年上榜的福建漳州、莆田 2 座城市昙花一现，2017 年颗粒无收。

2. 西部地区内生动力有所增强，东北内资企业贡献作用小幅回升。西部地区是我国内源经济特征最为显著的地区，内资企业进出口在外贸进出口中的比重曾一度接近 70%。近年来，随着“一带一路”倡议深入推进，西部的全方位开放进程加快，内生经济的增长力度也在逐步增强。2017 年，西部地区上榜城市增加 1 座，总数增至 4 座，分别为广西贺州、四川内江、陕西渭南、云南临沧。东北地区是我国老工业基地，国有经济比重较大，且产业结构相对单一，主要集中在钢铁、机械等重工业以及石油、煤炭等资源行业。2017 年，东北经济筑底回暖，在“内资企业对外贸增长的贡献率”前 30 强排名中，结束连续 3 年上榜城市减少的情况，较 2016 年增加 1 个，达到 2 个，分别为黑龙江伊春、鸡西。

2017 年我国行业外贸竞争力研究报告

表 1　2017 年中国国民经济行业国际竞争力评价表

国民经济行业	市场占有率	显示性指数	贸易竞争指数	出口增长率优势指数	出口比重	竞争力评价指数 2017	竞争力评价指数 2016
农、林、牧、渔业	**4.68**	**0.36**	**-0.60**	**-4.98**	**0.86**	**99.39**	**99.49**
农业	3.87	0.30	-0.66	-6.10	0.48	99.52	99.54
林业	2.93	0.23	-0.84	-5.86	0.06	99.38	99.36
畜牧业	3.01	0.23	-0.68	-13.34	0.05	99.34	99.56
渔业	3.65	0.28	0.14	-20.93	0.04	100.04	99.92
农、林、牧、渔服务业	22.39	1.74	0.39	6.74	0.23	102.13	101.88
采矿业	**0.93**	**0.07**	**-0.95**	**-6.79**	**0.40**	**99.31**	**99.30**
煤炭开采和洗选业	0.94	0.07	-0.91	13.07	0.05	99.62	99.68
石油和天然气开采业	0.66	0.05	-0.96	12.33	0.16	99.44	99.44
黑色金属矿采选业	0.44	0.03	-0.99	534.74	0.02	99.98	100.21
有色金属矿采选业	0.87	0.07	-0.97	25.65	0.03	99.34	99.16
非金属矿采选业	2.34	0.18	-0.63	-15.89	0.15	99.32	99.47
制造业	**16.06**	**1.25**	**0.26**	**-2.52**	**96.04**	**102.56**	**102.69**
农副食品加工业	5.88	0.46	-0.11	-12.39	1.19	100.36	100.55
食品制造业	5.22	0.41	0.01	-9.17	0.38	100.45	100.62
饮料制造业	3.59	0.28	-0.10	-2.80	0.24	100.06	100.33
烟草制品业	4.33	0.34	-0.18	-7.45	0.05	99.94	99.85
纺织业	39.97	3.11	0.74	-0.51	5.46	104.31	103.88
纺织服装、鞋、帽制造业	41.41	3.22	0.90	-5.18	6.43	103.38	103.23
皮革、毛皮、羽毛（绒）及其制品业	37.41	2.91	0.77	-3.61	3.01	103.53	103.62
木材加工及木、竹、藤、棕、草制品业	11.97	0.93	0.01	-7.44	0.60	101.23	101.29
家具制造业	34.42	2.68	0.90	-1.51	2.63	102.85	102.64
造纸及纸制品业	8.98	0.70	-0.09	-6.42	0.73	100.96	101.20
印刷业、记录媒介的复制	13.44	1.05	0.51	-0.52	0.26	102.15	102.16
文教体育用品制造业	45.76	3.56	0.91	5.91	2.66	104.70	104.57

表1　续1

国民经济行业	市场占有率	显示性指数	贸易竞争指数	出口增长率优势指数	出口比重	竞争力评价指数 2017	竞争力评价指数 2016
石油、炼焦及核燃料加工业	4.82	0.38	−0.01	3.79	1.30	100.07	100.14
化学原料及化学制品制造业	7.97	0.62	−0.29	2.02	3.41	100.51	100.39
医药制造业	2.77	0.22	−0.25	4.66	0.70	100.02	99.86
化学纤维制造业	17.28	1.34	0.12	7.50	0.09	101.71	101.76
橡胶制品业	14.45	1.12	0.55	−0.46	0.88	101.99	101.98
塑料制品业	19.43	1.51	0.54	−1.06	2.51	102.86	102.73
非金属矿物制品业	20.32	1.58	0.47	−3.75	2.57	102.44	102.27
黑色金属冶炼业及压延加工	13.38	1.04	0.40	−22.15	2.19	101.83	102.12
有色金属冶炼业及压延加工	3.89	0.30	−0.37	2.26	0.98	99.67	99.56
金属制品业	24.69	1.92	0.75	3.49	3.96	103.10	102.98
通用设备制造业	14.54	1.13	0.25	−2.31	4.70	101.75	101.82
专用设备制造业	10.84	0.84	0.21	−1.67	3.37	101.47	101.59
交通运输设备制造业	5.26	0.41	−0.06	2.04	4.65	100.03	100.02
电气机械及器材制造业	26.22	2.04	0.56	−0.12	10.07	102.90	103.10
通信设备、计算机及其他电子设备制造业	28.78	2.24	0.16	−1.43	26.23	102.82	102.77
仪器仪表及文化、办公用机械制造业	15.94	1.24	−0.13	−4.84	3.01	101.72	101.81
工艺品及其他产品制造业	25.21	1.96	0.88	−6.23	1.75	103.06	102.89
废弃资源和废旧材料回收加工业	0.99	0.08	−0.91	40.01	0.04	98.59	98.29
电力、燃气及水的生产和供应业	**5.52**	**0.43**	**0.64**	**−13.09**	**0.06**	**100.47**	**100.57**
电力、热力的生产和供应业	5.52	0.43	0.64	−13.09	0.06	100.47	100.57
交通运输、仓储和邮政业							
邮政业							
水利、环境和公共设施管理业	**0.02**	**0.00**	**1.00**		0.00	100.82	99.74
环境管理业	0.02	0.00	1.00		0.00	100.82	99.74
文化、体育和娱乐业	**0.01**	**0.00**	**−0.91**	**11.53**	**0.00**	**98.92**	**99.37**

表1 续2

国民经济行业	市场占有率	显示性指数	贸易竞争指数	出口增长率优势指数	出口比重	竞争力评价指数 2017	竞争力评价指数 2016
广播、电影、电视和音像业	0.12	0.01	-0.91	5.48	0.00	99.27	99.37
文化艺术业	—	—	—	—	—	—	—

数据来源：全球贸易信息系统（GTA）数据（该数据库包含了63个国家和地区的数据，约占全球贸易额的93%）、海关统计数据。

注：表中空缺数据由原始数据为0而无法计算指标造成。

一、总论

2017年，世界经济温和复苏，外需回暖，美国的贸易加税大棒也尚未挥舞，新兴市场开拓也已见成效。中国当年货物贸易总额增长11.4%，再次成为世界第一货物贸易大国。出口总值一扫连续2年下降颓势，达到22 635亿美元并实现7.9%的增幅，以人民币计价更是突破15万亿元，创历史新高。

然而，规模的扩张并不总是意味着竞争力的提升。2017年，中国行业整体外贸竞争力指数继续回落，由2016年的103.79降至2017年的103.37，行业外贸竞争力延续弱化势头。从评价整体外贸竞争力的指标看，尽管2017年中国国际市场占有率得分保持100，仍保持出口第一大国地位；但出口增长率优势指数得分继续缩水，2017年得分仅有78.25，低于2015年的90.11和2016年的80.24，为近5年来最低。同时，贸易竞争指数得分也由2016年的92.49降至2017年的87.25，贸易竞争优势连续2年下滑（见图1）。

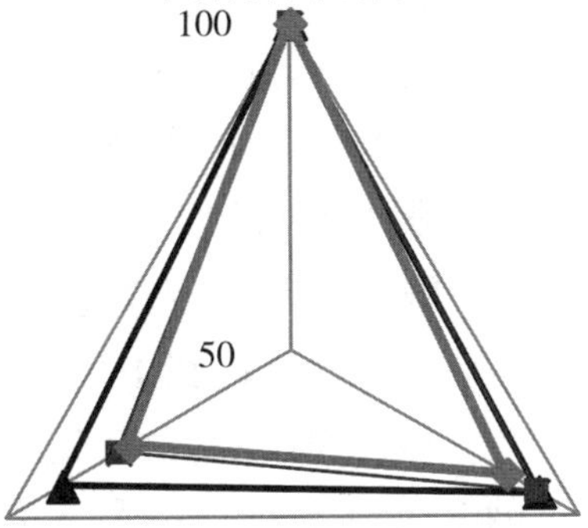

图1 2015—2017年我国国民经济行业国际竞争力总体得分比较

在全部45个二级行业（其中43个行业有对外贸易数据）中，有31个行业的外贸竞争力高于世界平均水平，渔业、医药制造业和环境管理业与2016年相比实现由低于世界平均水平向高于世界平均水平转变的历程。参与国际竞争实力最强的行业为文教体育用品制造业、纺织业、皮革、毛皮、羽毛（绒）及其制品业、纺织服装、鞋、帽制造业、金属制品业和工艺品及其他产品制造业6大行业，外贸竞争力综合评价指数分别为104.7、104.31、103.53、103.38、103.1和103.06；电气机械及器材制造业、塑料制品业等7个行业外贸竞争力综合评价指数得分也超过102，体现了较强的国际市场竞争力。但仍有12个二级行业的外贸竞争力在世界平均水平之下，其中黑色金属矿采选业外贸竞争力指数从2016年的100.21降至99.98，“不幸”落入竞争力薄弱行业之列，而废弃资源和废旧材料回收加工业的综合竞争力评价指数得分尽管较2016年上升0.3增至98.59，但仍在我国众多行业中“叨陪末座”，国际市场竞争力提升尚需时日。

制造业整体外贸综合竞争力评价指数连续2年下滑，将当今我国制造业面临的困境凸显无疑。2017年，制造业整体外贸综合竞争力评价指数仅为102.56，较上年下滑0.13，也是近年来的最低值。30个二级行业可谓“喜忧参半”：以纺织业为龙头的16个行业得分有所上升，而黑色金属冶炼业及压延加工等14个行业得分下降程度不一。在发达国家制造业回流和发展中国家成本优势的双重挤压之下，有着“世界工厂”之称的我国制造业已处于“逆水行舟，不进则退”的境遇。

技术与资本密集型行业腹背受敌。2017年，以通信设备、计算机及其他电子设备制造业和电气机械及器材制造业为首的资本密集型行业，其外贸竞争力综合评价指数得分均高于100，在国际上仍保持较强竞争力，但“前有堵截，后有追兵”之势仍让人无法乐观。以通信设备、计算机及其他电子设备制造业为例，尽管2017年102.82的得分较2016年提升，依旧排名全球第3位，但与得分第2位——我国台湾地区的分差被带开；又如电气机械及器材制造业，虽然仍守住第1的位次，但得分出现0.2的降幅，且与排名第2位、第3位的塞尔维亚和摩洛哥差距缩小至1分以内；医药制造业、交通运输设备制造业等行业得分处于优劣分界线附近，稍有不慎，微弱的竞争优势就将不复存在。

传统劳动密集型行业踯躅难行。纺织业、家具制造业、纺织服装、鞋、帽制造业以及塑料制品业2017年外贸竞争力综合评价指数得分虽均较2016年回升，其中纺织业的得分不仅领跑全球，其0.44的上升幅度也在我国制造业各二级行业中居领先地位。但以印度、土耳其和斯里兰卡为代表的发展中国家从未放弃在传统劳动密集型行业追赶的脚步，倚仗相对低廉的土地及劳动力成本进一步蚕食我国在全球市场的份额。

贸易保护推波助澜。虽然2017年中美“贸易战”尚未开打，但其拒绝根据中国加入WTO世界贸易组织议定书第15条赋予中国获得市场经济地位的要求，以及动用301、201、232等条款对我国输美产品采取更多措施等行为已让我国出口各行业感到“寒意阵阵”。欧盟也是对我国发起贸易救济的“大户”，2017年以来，其先后对从中国进口的铸铁、卡车轮胎、低碳铬铁、无缝钢铁管、无缝钢铁管等多项产品发起贸易救济。发达国家贸易保护意识抬头，不断挑起贸易争端的行为给我国产品外贸竞争力造成的负面影响显而易见：黑色金属冶炼业及压延加工业、专用设备制造业及通用设备制造业等处于贸易摩擦“重灾区”的行业外贸竞争力综合评价指数得分均不同程度下降。

除制造业外的其他行业外贸竞争力也在国际上不占优势。农、林、牧、渔业外贸竞争力综合评价指数得分在连年提升后，2017年回落至99.39，不过尚有渔业和农、林、牧、渔服务业能够“装点门面”，其中渔业的得分由2016年的99.92提升至2017年的100.04，实现从劣势行业到优势行业的逆转；农、林、牧、渔服务业得分更是提升至102.13，具备较强的国际竞争力。但采矿业参与国际竞争已举步维艰，整体得分仅较2016年提升0.01，升至99.31，各个二级行业得分也均在100以下，其中黑色金属矿采选业由上年的100.21回落至99.98，重新回到低于世界平均水平行列。作为供给侧结构性改革直面的重点行业，采矿业回暖任重道远。

二、五项指标从规模、效益和潜力的角度对行业的外贸竞争力进行剖析

（一）国际市场占有率

从某国的行业出口规模来衡量该国行业外贸竞争力的相对指标，用以描述该国行业出口竞争力情况。该指标值越大，表明该国该行业在全球越具竞争力。

计算公式：某国某行业出口/世界该行业总出口

2017年，中国制造业整体国际市场份额出现罕有的“二连降”，国际市场占有率由2016年的16.48%降至2017年的16.06%，较2015年已然下滑超过1.2个百分点。制造业30个二级行业中，9个行业国际市场占有率提升，其余21个行业国际市场份额被不同程度挤占。一向稳坐国际市场占有率“头把交椅”的纺织服装、鞋、帽制造业在2017年不仅被文教体育用品制造业拉下马来，其41.41%的占有率也创下2011年以来新低。而纺织业、皮革、毛皮、羽毛（绒）及其制品业和家具制造业等其他传统劳动密集型行业的国际市场占有率也分别从2016年的40.2%、38.83%和35.01%，降至2017年的39.97%、37.41%和34.42%。当然，昏暗的天空无法掩盖几颗明星的光芒：文教体育用品制造业的国际市场占有率实现“8连升”，以45.76%跃居制造业榜首；化学纤维制造业和石油、炼焦及核燃料加工业分别以17.28%和4.82%的国际市场占有率创下新高。

农、林、牧、渔业整体国际市场占有率从2016年的高峰有所回落，4.68%的国际市场占有率较上年下滑0.24个百分点，除农、林、牧、渔服务业国际市场占有率升至22.39%、能够在国际市场上占据一席之地以外，其余4个行业的国际市场占有率均退步至4%以下。而采矿业整体国际市场占有率在2016年降至1.05%后，2017年甚至已不到1%。

（二）显示性指数

显示性指数指标综合反映了一国某行业在国际竞争中的地位，体现该行业与世界平均出口水平比较的相对优势。该指标值大于1，表示该商品在国家中的出口比重大于在世界的出口比重，则该国的此产品在国际市场上具有比较优势，具有一定的国际竞争力；该指标值小于1，则表示在国际市场上不具有比较优势，国际竞争力相对较弱。

计算公式：一国某行业出口占世界该行业总出口比重/该国总出口占世界总出口比重

制造业整体显示性指数在连续4年下降后小幅回升至1.25，较2016年提升0.02，与2015年持平。其中，文教体育用品制造业又一次实现对纺织服装、鞋、帽制造业的超越，显示性指数由2016年的3.25提高至3.56。纺织服装、鞋、帽制造业尽管由2016年的3.26降至3.22，但仍与纺织业、皮革、毛皮、羽毛（绒）及其制品业和家具制造业等行业一齐处于优势行业地位。而通信设备、计算机及其他电子设备制造业也一改连续3年下降的颓势，显示性指数回升至2.24。同时，制造业中显示性指数低于1的行业仍有13个，与2016年持平，其中有8个行业的该项指标提升，不过提升幅度均十分有限，均在0.03及以

下。而木材加工及木、竹、藤、棕、草制品业连续2年呈下降趋势，在2016年降至0.96后，又在2017年落到0.93的新低，行业竞争优势持续衰落。

农、林、牧、渔业整体显示性指数由2016年的0.37降至2017年的0.36，仍处偏低水平。其中，除农、林、牧、渔服务业显著提升至1.74外，其余4个二级行业均有不同程度回落。而采矿业的显示性指数连续2年下跌，0.07的显示性指数在国际竞争也中毫无优势。

（三）贸易竞争指数

贸易竞争指数主要用于分析行业内部结构性国际竞争力，该指标反映了相对于全球市场上由其他国家所供应的一种产品而言，本国生产的同种产品是否处于竞争优势及其程度，是指一国某行业的净出口值与该国该行业进出口值合计的比值。该指标为0，表示竞争优势接近平均水平；大于0，表示竞争优势大；越接近1竞争力越强。

计算公式：（出口-进口）/（出口+进口）

制造业整体贸易竞争指数连续2年出现下降，由2016年的0.28降至0.26，且30个二级行业中仅有4个行业的贸易竞争指数有所上升。其中，文教体育用品制造业贸易竞争指数攀至0.91，指数数值和上升幅度居各二级行业之首。家具制造业、纺织服装、鞋、帽制造业和工艺品及其他产品制造业也在制造业各行业中贸易竞争指数名列前茅，2017年的贸易竞争指数分别达到0.9、0.9、0.88，但优势均比2016年有所减弱。与此同时，制造业30个二级行业中有11个行业的该项指标为负值，较2016年增加1个。其中，造纸及纸制品业由2016年的0.02降至-0.09；废弃资源和废旧材料回收加工业的贸易竞争指数尽管仅为-0.91，仍为制造业中得分最低的行业，但已实现连续6年上升。

农、林、牧、渔业整体贸易竞争指数为-0.6，不过渔业贸易竞争指数由上年度的-0.12转正至2017年的0.14，农、林、牧、渔服务业也上升0.03至0.39的新高位。采矿业则比2016年微幅下降，为-0.95，贸易竞争优势薄弱。

（四）出口增长率优势指数

出口增长率优势指标从发展的角度评价行业乃至国家的外贸竞争力。

计算公式：（一国某行业的出口增长率-该行业全球总体出口增长率）/（某国总体出口增长率-全球总体出口增长率）

2017年，制造业整体出口增速增长率优势指数为-2.52，较2016年的-4.47有所回升。在30个制造业二级行业中，24个行业全年出口增长，但仅有9个行业出口增速高于世界增速。饮料制造业、造纸及纸制品业和通用设备制造业由领先转为落后，而农副食品加工业和黑色金属冶炼业及压延加工出口增长率优势指数分别为-12.39和-22.15，与其他国家的增长水平差距明显拉大。化学原料及化学制品制造业、医药制造业和金属制品业等6个行业出口增长率优势指数实现由负转正。

农、林、牧、渔业整体出口增长率优势指数严重滑坡，由2016年的9跌落至-4.98，各个二级行业中也仅有农、林、牧、渔服务业高于世界平均增速，而畜牧业和渔业的落后幅度均超过10。而采矿业虽然其中4个二级行业出口增长率高于世界增速，但整体出口增长率优势指数仍为-6.79，发展潜力远低于世界水平。

（五）出口比重指数

出口比重指标从行业在国家出口中的地位来反映其竞争力，主要是直观表现某行业在该国市场上的出口份额大小，用以描述某行业在该国各行业间的出口竞争力状况。该指标值越大，表明该行业在其国内各出口行业中地位越高；指标值越小，表明该行业在其国内各出口行业中地位越低。

计算公式：一国某行业出口/该国总体出口

制造业整体出口比重指数连续3年下降来到96.04。其中，通信设备、计算机及其他电子设备制造业出口比重指数由2016年的25.72提升至26.23；纺织服装、鞋、帽制造业、纺织业、家具制造业等劳动密集型行业分别占我国整体出口的6.43%、5.46%和2.63%，较2016年均有下滑；而电气机械及器材制造业和交通运输设备制造业等技术密集型行业出口比重上升，其中电气机械及器材制造业出口比重指数已达到10.07，创历史新高。农、林、牧、渔业和采矿业在我国整体出口的比重均不足1%，其中采矿业出口比重上升而农、林、牧、渔业小幅下滑。

2017 年我国农业“潮汐涌动”

农业是我国国民经济的基础，是关系国家安全的战略性产业，改革开放 40 年来，我国农业实现了产量快速增长、供给日益丰富的目标。尤其是随着农业供给侧改革的深入推进，粮食等农业产品综合生产力、农业现代化水平显著提高，农业生产方式、农业产品供求关系发生了深刻变化，农业经济也获得了快速发展，对外输出规模逐渐扩大。2017 年，我国出口农业产品 108.5 亿美元，较 2016 年增长 1.9%，出口值再创历史新高。

一、外贸竞争力略有盘整

2017 年，我国农业国际竞争力综合得分暂时结束了连续 4 年扩张的趋势，得分 99.52，较 2016 年下降 0.02；在 GTA 有出口实绩的 70 个国家和地区中，位列第 47 名，较 2016 年下降 6 个名次；在我国 45 个国民经济二级行业中，位列第 36 名，较 2016 年提升 1 个名次。

从分项指标看，2017 年我国农业出口全球市场占有率为 3.87%，虽较上年下降 0.24 个百分点，但排名上升 1 个名次至第 6 位，为近年最佳位次，占全球市场份额与位列第 5 的印度仍有较大的差距，落后了 0.82 个百分点。出口增长率优势指数为-6.1，结束了连续 3 年保持两位数增长的态势，下降 16.31，全球排名第 44 位，较上年大幅下滑 27 个名次，出口竞争力减弱。同期，显示性指数、贸易竞争指数和出口比重 3 项指标得分排名相对靠后。其中，我国农业显示性指数为 0.3，下降 0.01，我国农业出口在国际市场上不具有比较优势，全球排名第 50 位，较上年虽提升 1 个名次，但仍大幅落后于排名前 3 位的乌克兰（12.67）、肯尼亚（12.15）、阿根廷（10.97），也落后于印度（2.78）、美国（2.16）、荷兰（2.03）等农业大国。2017 年，我国农业出口占同期我国外贸出口总值的 0.48%，较上年下滑 0.02 个百分点；出口比重在全球排名上升 1 个名次至第 50 位。而衡量行业内部结构性国际竞争力的贸易竞争指数为-0.66，较上年下滑 0.04，全球排名 55 位，较上年下滑 3 个名次。2017 年，我国农业外贸竞争力 5 项指标较 2016 年均有所下滑，但指标得分除贸易竞争指数以外其余 4 项指标得分有不同程度提高（见图 1）。

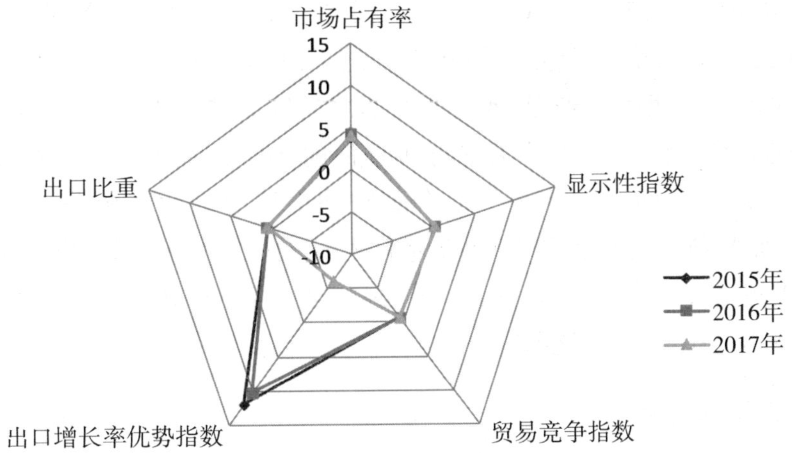

图 1　2015—2017 年我国农业国际竞争力各指标比较

二、结构性短缺带动进口

2017 年，全国粮食总产量达 1.24 万亿斤，比 2016 年增加 33 亿斤，增长 0.3%①，为历史第二高产年。我国粮食产量自 2013 年以来连续 5 年都在 1.2 万亿斤以上②，产能稳步登上新台阶。我国农业供求关系出现了新的变化，主要矛盾已经由总量不足转为结构性矛盾，主要表现为阶段性供过于求和供给不足并存。随着我国人均食用豆油年消费量大幅提高，加之民众对肉禽蛋奶的消费增加也带动了国内养殖业迅速发展，对大豆的需求愈加旺盛。为此，我国着力调整农业产品生产结构，在继续调减玉米播种面积的情况下，增加大豆种植，促进农业生产要素配置趋于合理。近两年，籽粒玉米种植面积累计调减近 5 000 万亩，大豆增加了 1 600 多万亩③。当前，我国大豆产量的增加依然无法弥补国内市场需求的短缺，从而提振了大豆进口。2017 年，我国大豆进口 9 553.4 万吨，同比增加 13.8%。此外，我国种植的小麦多以中筋小麦为主，随着消费结构升级，对强筋小麦和弱筋小麦等品种消费需求提升，受限于国内缺乏有效供给，不得不通过进口来调剂。2017 年，我国进口小麦 429.6 万吨，同比增加 27.3%。

三、基础竞争力缺乏抬高生产成本

农业是高度依赖自然资源的产业，土地规模决定了种植业的基础竞争力。我国农业户均规模只有 0.5 公顷，农业经营规模大体相当于日本的 1/6、欧盟的 1/30 和美国的 1/340④，与美国、加拿大、澳大利亚、巴西等主要农业产品出口国差距较大。我国人均耕地和水资源都比较匮乏，发展规模化种植业的条件较差，劳动投入多，劳动生产率偏低，农业集约化程度不高，导致我国主要农产品成本快速上升，全面、大幅超越同为农业大国的

① 《国家统计局关于 2017 年粮食产量的公告》，国家统计局，2017 年 12 月 8 日。

② 《去年我国粮食总产 1.2 358 万亿斤 连续 5 年破 1.2 万亿斤》，中国网财经，2018 年 8 月 3 日。

③ 《5 年来我国“三农”发展的历史性成就》，人民日报，2017 年 12 月 27 日。

④ 《正确理解我国农产品竞争力与国际的差距》，农村工作中国农村网，2018 年 5 月 29 日。

美国和部分拉美国家。2015 年，我国玉米、棉花、大豆的成本分别为每吨 2 151 元、19 928元和 4 564 元，均大幅高于美国的 993. 7 元、13 367. 3 元和 2 274. 1 元[①]。随着劳动力、土地成本快速提高，我国农业基础竞争力不足的问题进一步凸显。2017 年 9 月以来，受原材料价格大幅上涨及化肥企业开工率有所降低的影响，我国化肥价格明显走高，2017 年 12 月国产尿素、磷酸二铵、氯化钾、复合肥平均出厂价同比涨幅分别为 34%、17. 7%、6. 7%、17. 1%[②]；原材料、能源价格的上涨还将推动农药、农机作业成本上涨，我国农业生产成本或将结束近两年相对平稳的态势，在 2018 年重新回到较快上涨的通道，导致我国农业竞争力与主要出口国之间的差距进一步扩大。

四、蔬菜出口遭遇挑战

在我国，蔬菜是除粮食作物外栽培面积最广、经济地位最重要的作物，是我国农业产品出口的重要组成部分，2017 年，我国出口蔬菜 70. 5 亿美元，占同期我国农业产品出口总值的 65%。然而，我国蔬菜出口正面临着竞争对手强有力的挑战。以大蒜为例，2017 年出口 20. 2 亿美元，占同期我国蔬菜出口总值 28. 6%。2015 年至 2017 年上半年，我国大蒜价格持续上涨，达到 2017 年上半年的最高峰，产地的价格最高一斤 9. 7 元，刺激国内蒜农种蒜积极性，2018 年全国大蒜面积增幅 7. 5%～8%[③]。而巴西、西班牙等地的大蒜种植面积近两年有了大幅增加，多米尼加共和国、乌克兰等国也开始种植大蒜，部分国家在很大程度上已经可以做到自给自足，乃至出口到邻近国家。国内大蒜的大量产出需要通过出口来缓解供应压力，而国际市场供应充足，导致国内出口商只能通过不断压价的方式来保持市场份额。2017 年及 2018 年上半年，我国大蒜出口量分别增加 12. 3%和 3. 8%，而出口值却分别下降 17. 7%和 43. 3%。此外，来自荷兰、俄罗斯、哈萨克斯坦、土耳其、吉尔吉斯斯坦、阿联酋、乌兹别克斯坦等国的同业竞争，也令我国蔬菜出口面临的压力不断加大。

五、“一带一路”倡议促进市场多元化

近年来，我国农业生产由于科技含量不足，仍旧停留在劳动密集型为主的生产方式上，直接导致我国农业产品的市场竞争力较为薄弱。加之欧美等发达国家的“绿色壁垒”政策，使得我国农业产品出口发展较为缓慢。“一带一路”倡议的实施，打破了我国农业产业出口的现有格局，为我国农业产品国际贸易提供了新的发展空间。如，国家正采取各种措施消化库存，“一带一路”倡议则为我国向非洲国家出口稻谷和大米提供了更多的机会。2013—2016 年我国稻谷年末库存平均每年增加 2 600 万吨，4 年累计增加库存已超过 1 亿吨，占稻谷全年产量的 50%[④]，库存压力较大。2017 年，我国出口稻谷和大米 119. 7 万吨，增加 1. 5 倍。其中，对非洲出口了 78. 3 万吨，增加 4. 1 倍，占同期我国稻谷和大米出口总

① 《正确理解我国农产品竞争力与国际的差距》，农村工作中国农村网，2018 年 5 月 29 日。

② 《农业部就 2017 年主要农产品市场运行情况和当前农产品市场热点问题举行发布会》，中华人民共和国农业农村部，2018 年 1 月 17 日。

③ 《国际大蒜种植面积扩大 我国大蒜出口受到影响》，央广网，2018 年 7 月 2 日。

④ 《一亿吨稻谷去库存进程启动》，农产品期货网，2017 年 5 月 16 日。

值的 65.4%；西非的科特迪瓦超过韩国成为我国稻谷和大米的首选出口目的地，对其出口 30.9 万吨，同比增加 4.2 倍。同时，“一带一路”沿线国家和地区土地密集型农业产品生产和出口具有较大的增长潜力。由于我国农业生产的人工和土地成本将继续快速上涨，土地密集型农业产品的比较优势进一步削弱，在消费需求继续增长的情况下，我国土地密集型农业产品供给缺口不断扩大，部分沿线国家充分发挥优势，成为我国土地密集型农业产品进口主要来源地。2017 年，我国玉米进口前 5 位国家中 4 个为沿线国家，其中自乌克兰进口玉米 75.7 万吨，占同期我国玉米进口总量 64.4%。

表 1　2017 年全球农业主要出口国家（地区）贸易竞争力对比

排名	国家（地区）	市场占有率（%）	显示性指数	贸易竞争指数	出口增长率优势指数	出口比重（%）	竞争力综合评价
1	巴西	13.26	10.79	0.86	15.91	17.05	103.81
2	乌克兰	3.09	12.67	0.85	5.13	20.02	103.29
3	阿根廷	3.61	10.97	0.84	-13.90	17.34	102.70
4	肯尼亚	0.39	12.15	-0.04	-3.07	19.19	102.15
5	美国	18.80	2.16	0.39	-7.47	3.41	101.59
6	哥伦比亚	1.44	6.76	0.35	-3.28	10.68	101.34
7	澳大利亚	3.68	2.82	0.84	20.86	4.46	101.26
8	印度	4.69	2.78	0.59	14.55	4.39	101.08
9	加拿大	5.85	2.46	0.50	1.93	3.89	100.91
10	保加利亚	0.70	4.13	0.51	-14.18	6.53	100.74
……							
47	中国	3.87	0.30	-0.66	-6.10	0.48	99.52

随着我国农业迈入转型发展的新时期，我国着眼供给侧，以市场需求为导向，调优产品结构、调精品质结构、调高产业结构，加快推进农业由增产导向转向提质导向，农业发展走上质量兴农和绿色兴农的道路。同时，我国不断加大对外开放的步伐，积极推进战略性农业国际合作，深化与“一带一路”沿线国家和地区的农业贸易关系，着力统筹国际国内贸易资源，以推动产品国际竞争力和可持续发展能力的持续提高。

2017 年我国纺织服装、鞋、帽制造业“逆水行舟”

经过改革开放 40 年的发展，我国已形成配套门类齐全、具有较大规模和较强竞争力的传统产业体系，其中纺织服装、鞋、帽产品出口在国际市场上具备明显的竞争优势。近年来，虽然纺织服装、鞋、帽制造业发展呈现减速态势，但仍是我国出口创汇的支柱性产业，在繁荣市场、吸纳就业等方面发挥重要作用。2017 年，我国出口纺织服装、鞋、帽产品的企业超过 4.8 万家，增加了全国数以百万计的就业岗位。2017 年我国纺织服装、鞋、帽制造业外贸竞争力综合得分为 103.38，高于此前两年的 103.23，表明该行业在国际上的相对竞争力略有增强。在 GTA 有出口实绩的 70 个国家和地区中排名第 2，在我国国民经济行业的全部 45 个二级行业中排名第 4，两项位次均与 2016 年持平。

而今，在国际同行业与国内各制造业间保持竞争力相对优势的同时，我国纺织服装、鞋、帽制造业自身发展面临外部市场竞争更加激烈、成本持续上升、贸易环境恶化等诸多挑战，备受转型升级压力。2017 年，我国纺织服装、鞋、帽制造业出口 1 456.6 亿美元，同比下降 0.4%，出口值自 2015 年以来连续第 3 年下滑；构成行业竞争力的五项指标也表现疲软，延续 2016 年跌势。

一、国际竞争仍具优势，行业自身发展承压

2017 年，我国纺织服装、鞋、帽制造业的国际市场占有率为 41.41%，在所有国家和地区中排名第 1，且高出第 2 名德国 35.62 个百分点，但较 2016 年和 2015 年分别下滑 2.27 个和 4.71 个百分点，市场份额被竞争对手进一步抢摊。此前 7 年，纺织服装、鞋、帽制造业产品的国际市场占有率在国内所有出口行业中独占鳌头，但 2017 年被文教体育用品制造业强势赶超，失去“领头羊”地位。贸易竞争指数为 0.90，表明我国生产供应的纺织服装、鞋、帽产品在全球市场上具备较强竞争优势，仅略次于印度（0.91）；但对比此前三年（0.91、0.92、0.94），我国纺织服装、鞋、帽制造业出口与进口间的差距正逐步收窄。显示性指数为 3.22，排名依旧维持在第 4，但比 2016 年和 2015 年分别降低 0.04 和 0.11，相对优势有所减弱。另外，随着竞争对手的迎头赶上，2017 年我国纺织服装、鞋、帽制造业出口增长率优势指数连续 2 年为负值，从 2015 年的排名第 18 跌落至 2017 年在 70 个国家和地区中排名倒数第 18。

从国内看，2017 年纺织服装、鞋、帽制造业出口比重为 6.43%，在各出口行业中继续位居第三，仅次于产品价值高的“通信设备、计算机及其他电子设备制造业”与“电气机械及器材制造业”，但其比重较 2016 年和 2015 年分别下滑 0.56 个和 0.67 个百分点，说明行业在国内的相对优势持续减弱。

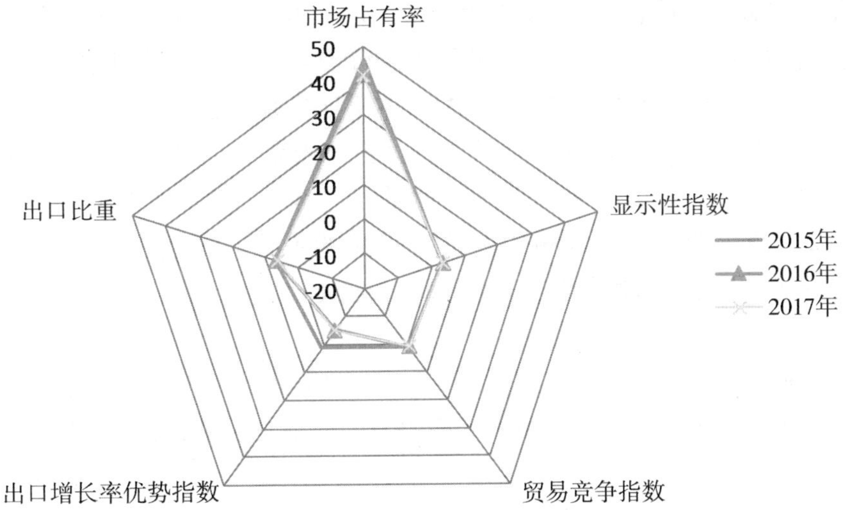

图1　2015—2017年我国纺织服装、鞋、帽制造业国际竞争力总体指标比较

二、成本优势一去不返，加工贸易6年连降

在出口迅速扩张时期，薄利多销、以价换量是支撑我国纺织服装、鞋、帽制造业在国际市场上独领风骚的制胜法宝。近年来，人民币升值、劳动力等成本上涨不断压缩企业利润空间，行业原有运行模式越来越难以为继。2017年，人民币对美元汇率中间价从年初的6.9 498到年底的6.5 342，升值幅度达到5.98%[①]。汇率波动对纺织服装、鞋、帽出口企业造成的压力日益增大。

同时，传统产业的人口红利渐行渐远。2017年全国共有20个地区调整了最低工资标准，平均增幅11%[②]。除了人工成本上升，行业还面临严峻的“招工难”问题，用工缺口使企业接单能力受限，对生产规模和出口量值形成制约。目前，行业工人流动性大、在岗工人平均年龄较高、代际更替出现断层、高端设计研发与营销管理人才“引进难、留住难”等困境亟待突破。

此外，土地、能源、运输和环境治理等生产成本也一直水涨船高，综合成本持续攀升倒逼部分企业将生产线转移到成本相对低廉、产业配套能力逐渐增强的东南亚和南亚国家。自2012年开始，我国纺织服装、鞋、帽制造业加工贸易出口金额及占比出现“六连降”。其中，2017年加工贸易出口值下降6.4%，远高于整体降幅；占行业出口总值的比重从2012年的15.9%逐年萎缩至11.3%。

三、贸易壁垒层出不穷，出口风险日益增长

显性成本节节攀升，多类隐形成本更是荆棘密布。纺织服装、鞋、帽制造业作为劳动密集型制造业，日益面临欧美号称关心劳工身心健康和权益的社会责任标准SA8 000等“蓝色贸易壁垒”的捆缚。例如，欧盟平均不到2个月就更新一版“绿色贸易壁垒”法规，

① 《人民币还会升值吗？看完你就知道了》，搜狐网，2018年1月31日。
② 《人社部举行2017年第四季度新闻发布会》，中国网，2018年1月26日。

至2017年已禁用和限用纺织染料与纺织助剂25类2 000多个品种。据欧盟测算，每一种化学物质的基本检测成本在8.5万欧元左右，我国输欧纺织产品检测成本高企。2017年，欧盟委员会非食品类快速预警系统（RAPEX）对中国纺织服装类产品共发布召回通报98起，占对全球纺织服装类通报产品总量的近4成[①]；美国消费者安全委员会（CPSC）召回中国出口消费品142例，其中纺织服装产品被召回数量位居前三[②]。与此同时，新兴市场产品准入要求也在不断抬高。如，越南发布对进口纺织品的甲醛和芳香胺含量上限将执行更严要求[③]，俄罗斯强制要求在俄销售的鞋类必须附有记录鞋履完整资料的无线射频识别技术标签[④]等。

同时，关税壁垒波澜不断。2017年10月，印度全面上调涉及海关税号50至63章的纺织品服装进口关税[⑤]；2018年7月~8月，印度宣布将300多种纺织品进口关税税率提高1倍，增至20%[⑥]。

四、行业竞争格局重塑，市场份额抢夺加剧

当前，全球制造业格局正在重塑，欧美等发达国家采取“再工业化”战略吸引高端制造业回流，而新兴经济体正加快承接中低端制造业转移，我国纺织服装、鞋、帽制造业出口腹背受敌。

发达国家在科技研发和品牌渠道方面优势明显，在高性能纤维、智能纺织品服装等领域的制造能力走在前列。2017年全球纺织服装、鞋、帽产品出口值排名前5的国家中，仅中国同比下滑，德国、意大利和西班牙等欧洲发达国家出口保持正增长，其中德国相关产品的出口同比增幅达25.1%。在我国纺织工业转型升级进程中，与欧洲发达国家的直接较量或将愈发明显。

东南亚、南亚等新兴经济体加快推进工业化进程，低成本优势更加突出，且部分享受欧美等发达国家给予的特殊贸易优惠政策，逐步替代我国成为全球劳动力“价值洼地”。近年来，越南、孟加拉国等加速承接来自发达国家的大批量、中低附加值的订单，我国出口产品的市场份额被逐步蚕食。2017年越南纺织品服装出口同比增长9.5%[⑦]，鞋类出口增长12.3%[⑧]。GTA数据显示，2017年，越南在美国、欧盟、日本纺织服装市场占有份额同比分别提升0.94、0.33、0.73个百分点，而我国在上述三大市场份额依次下滑0.91、0.87、1.07个百分点。

此外，虽然前两年备受瞩目的《跨太平洋伙伴关系协定》（TPP）因为美国的退出而搁

① 《2017年欧盟非食品类消费产品快速预警系统（RAPEX）通报情况分析》，新华丝路，2018年1月12日。
② 《2017年TBT通报和欧美召回情况》，广东省WTO/TBT通报咨询研究中心，2018年3月9日。
③ 《经贸早班车 | 2018年7月5日星期四》，凤凰网，2018年7月6日。
④ 《出口俄罗斯鞋类产品警惕新规》，中国纺织进出口商会，2017年9月4日。
⑤ 《印度上调纺织服装进口关税》，中国纺织报，2017年12月6日。
⑥ 《印度决定将300多种纺织品进口关税提升一倍》，全球纺织网，2018年8月9日。
⑦ 《2017年越南纺织品服装出口额同比增长9.5%》，中国纱线网，2018年3月16日。
⑧ 《越南鞋类出口额居世界第二》，中国皮革网，2018年4月23日。

浅，但2018年3月，由日本主导、越南等国[1]参与的《跨太平洋伙伴全面进展协定》（CPTPP）签署。CPTPP保留了TPP超过95%的内容，将降低11国之间逾98%的关税[2]，该协定将给我国纺织服装、鞋、帽制造业出口带来更强的竞争。

五、"黑天鹅"事件掀波澜，连锁反应考验发展

从单个国家来看，英国位列我国纺织服装、鞋、帽制造业出口的第三大目的国，仅次于美国与日本。自2016年年末开始，我国对英国纺织服装、鞋、帽产品出口值开始走低，此后持续下滑。2017年3月，英国启动脱欧程序，其中不确定因素陡增。2017年全年对英国出口纺织服装、鞋、帽产品同比下降13.8%，2018年上半年同比降幅扩大至37.8%，远高于同期行业出口整体降幅。

2017年1月，特朗普正式就任美国总统，此后推行新政动作频频，包括授权开展对所谓"中国不公平贸易行为"的"301调查"、向世界贸易组织（WTO）明确表态反对中国获得市场经济地位等。2018年3月以来，中美贸易摩擦加剧，拟加征关税产品范围一再扩大，对相关出口企业信心及接单难度产生负面影响。9月份，美国宣称将对2 000亿美元自中国进口产品加征10%关税，清单内涉及纺织帽类及其零件全部税号。2017年，我国对美出口该批清单内纺织帽产品9.8亿美元，占同类产品总出口值的29.6%，美加征关税措施必然对主销美国市场的相关企业造成较大影响。

六、加速布局纵深拓展，构筑竞争力新筹码

随着"一带一路"倡议的推进，政策沟通、设施联通、贸易畅通、资金融通和民心相通等"五通"不断加强，我国纺织工业在"走出去"进行全球布局、产能合作的能力不断提升。2017年，我国成立"中国纺织国际产能合作企业联盟"，这是行业融入"一带一路"倡议的重大举措，也标志着行业从产品出口驱动向出口与国际产能合作并重的重大转折。2017年我国纺织服装、鞋、帽制造业对"一带一路"沿线国家出口超过300亿美元，占行业出口总值比重约2成，其中对沿线的中东欧国家出口增长近3成，增速远高于沿线其他区域。

同时，骨干企业主动进行国际布局的意识提高，以全球视野推进产业链上下游优质资源、先进研发能力和技术、终端渠道等领域的投资与并购。2017年，20余家中国纺织企业与埃塞俄比亚签署投资合作备忘录或正式协议，部分项目已落地；天虹、百隆东方、雅戈尔、鲁泰、新大东、裕纶等企业在越南的棉纺投资合计已超过250万锭；申洲国际、即发、东渡等针织服装大型企业已基本构建国内和东南亚产能紧密配合的接单模式；江苏天源以服装智能化生产进入美国；山东如意收购英国百年品牌雅格狮丹、美国聚合物及纤维供应商英威达服饰和高级面料业务等[3]。企业到海外投资合作，不仅有助于规避贸易壁垒、降低生产成本，还能有效整合国际国内两个市场，以此构筑国际竞争新优势。

---

① 目前，《跨太平洋伙伴全面进展协定》成员国包括日本、加拿大、澳大利亚、文莱、智利、马来西亚、墨西哥、新西兰、秘鲁、新加坡和越南。

② 《11国公布TPP最终版本：20多项美国力主的规则被搁置》，华尔街见闻，2018年2月22日。

③ 《2017年纺织服装行业国际化发展呈现哪些趋势?》，中国棉花网，2017年12月28日。

表 1　2017 年全球纺织服装、鞋、帽制造业主要出口国家（地区）贸易竞争力对比

排名	国家（地区）	市场占有率（%）	显示性指数	贸易竞争指数	出口增长率优势指数	出口比重（%）	竞争力综合评价
1	斯里兰卡	1.08	16.76	0.89	-1.41	33.44	104.76
2	中国	41.41	3.22	0.90	-5.18	6.43	103.38
3	摩洛哥	0.85	5.99	0.76	1.80	11.96	101.97
4	土耳其	3.87	4.37	0.73	-3.25	8.72	101.68
5	印度	4.73	2.80	0.91	0.07	5.59	101.56
6	印度尼西亚	2.53	2.68	0.87	4.50	5.34	101.42
7	埃及	0.37	2.65	0.55	2.42	5.29	101.00
8	肯尼亚	0.09	2.72	0.48	0.11	5.42	100.92
9	保加利亚	0.44	2.57	0.45	-6.95	5.12	100.85
10	意大利	5.78	2.02	0.14	4.94	4.04	100.72

逆水行舟，不进则退。在综合成本上扬、贸易壁垒高筑、外部竞争挤压、不确定性因素冲击等重重关卡中，我国纺织服装、鞋、帽制造业维持外贸竞争力领先的难度将越来越大。与时间赛跑，与竞争对手赛跑，积聚核心竞争力，披荆斩棘，激流勇进，才能开创属于传统行业的新时代。

2017年我国黑色金属冶炼业及压延加工“战略调整”

钢铁是不可或缺的战略性基础工业品，被誉为“工业之母”。经过多年发展，我国钢铁工业筚路蓝缕，不仅成为世界钢铁生产和消费的主要“发动机”，也极大推动了我国国防、汽车、造船、建筑、装备制造等行业发展。不过，随着金融危机后全球经济增速放缓，我国钢铁行业长期运行积累的如产能过剩、无序竞争等矛盾日益凸显，行业陷入生产消费同时下降、产品价格快速下跌、经济效益大幅滑坡、贸易摩擦持续多发的泥潭。

针对国内钢铁行业面临的巨大困难，2015年底开始，国家密集出台一系列政策措施推动钢铁产业调整，以去产能、去库存、去杠杆、降成本、补短板为重点的供给侧结构性改革随之拉开大幕。在改革措施推动下，我国钢铁行业开始加快“瘦身”。2016年和2017年，全国钢铁行业化解过剩产能累计超过1.15亿吨[①]。2017年，我国钢材出口量为7 542.2万吨，连续两年减少，降幅达到30.5%。虽然缓解供需矛盾、降低出口依存度是钢铁产业调整的必由之路，但出口萎缩、市场份额下降，客观上也导致我国黑色金属冶炼业及压延加工业外贸竞争力下滑，综合得分从2016年的102.12降至2017年的101.83。

一、竞争力指标全面下挫

2017年，我国在全球黑色金属冶炼及压延加工市场的份额虽然仍一枝独秀，但比重从2016年的16.4%下滑至13.38%；黑色金属冶炼及压延加工产品出口在我国整体出口中的比重降至2.19%，连续3年下滑，在GTA有出口实绩的70个国家（地区）中的排名由2016年的第27位下滑至第32位；出口大幅下降也导致出口增长率优势指数仅为-22.15，连续两年为负值，在全球的位次也大幅退步19个位次至倒数第6位；显示性指数由1.23降至1.04，排名下滑5个位次至第32位；在进口稳定增长的背景下，黑色金属冶炼业及压延加工业外贸顺差有所收窄，贸易竞争指数由0.49降至0.4，在全球排名被哈萨克斯坦和卢森堡超越，下滑2位至第8位。

五大分项指标全面下挫，表明黑色金属冶炼业及压延加工业整体竞争力明显下滑。2017年，我国黑色金属冶炼业及压延加工业国际竞争力整体得分被委内瑞拉和卢森堡超越，在全球的排名由2016年的第2位降至第4位，与榜首乌克兰的差距从2016年的2.09提高到2.2（见图1）。

---

① 《钢铁去产能超过1.15亿吨 今年提前超额完成目标》，搜狐网，2017年12月19日。

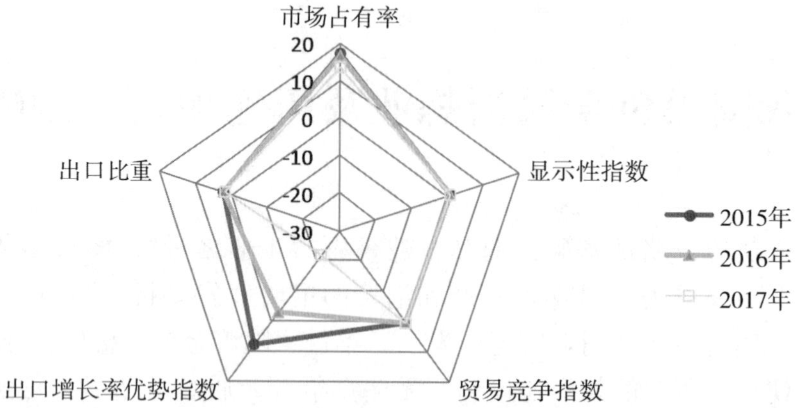

图1　2015—2017 年我国黑色金属冶炼业及压延加工业国际竞争力总体指标比较

二、国际市场“收缩战线”

2017 年，我国钢材产量为 10.5 亿吨，增速由上年的 2.3%下滑至 0.8%[①]。在国内钢铁需求保持稳定增长的背景下，钢铁市场供过于求矛盾明显缓解，钢铁产品价格大幅上扬。2017 年全年，西本钢材价格指数从 3 390 震荡上扬至 4 530，涨幅达到 33.6%[②]。由于国内钢价涨幅明显高于国际市场，钢铁企业纷纷“收缩战线”，将销售重心更多向国内市场倾斜，同步收紧了出口步伐。出口量的大幅萎缩也抵消了出口价格上涨带来的增量，导致 2017 年我国黑色金属冶炼及压延加工产品出口金额同比下降 1.13%。

三、海外竞争“烽火连天”

虽然我国在全球钢铁行业中的地位仍难以撼动，但我国企业的“战略收缩”无疑为海外各国缩小差距提供了契机。2017 年，全球 70 个有 GTA 统计数据的国家（地区）中，有 63 个出口国（地区）的黑色金属冶炼及压延加工产品出口实现增长。其中，日本、德国、韩国和俄罗斯四大传统强国黑色金属冶炼及压延加工产品出口的同比增速分别达到 12.01%、19.43%、23.44%和 39.56%。凭借较快的增速，韩国和俄罗斯黑色金属冶炼及压延加工产品在全球的市场份额分别提升 0.12 和 0.69 个百分点，在其各自出口中的比重则分别提升 0.26 和 0.56 个百分点。

在老牌出口“大户”稳步扩张的同时，各新兴钢铁生产国也纷纷在国际市场中大展拳脚、各显神通。如，印度在 2015 年提出钢铁振兴计划，在 2030 年前将粗钢年产能提升至 3 亿吨左右，并通过频繁对钢铁进口实施贸易保护措施和积极拓展出口市场相结合的方式大力发展钢铁产业。2017 年，塔塔钢铁等印度主要钢企均宣布扩产计划，在未来几年内将再增加约 1 500 万吨的钢材产量[③]。2017 年，印度黑色金属冶炼及压延加工产品出口增长率高达 73.12%，行业竞争力五大分项指标实现全面提升，整体竞争力由 2016 年的全球第 22 位

① 《工业主要产品产量—钢材》，国家统计局，2018 年 1 月 30 日。
② 《钢材指数》，西本新干线，2018 年 1 月 1 日。
③ 《印度钢企增加投资不断扩大产能》，有色网，2018 年 2 月 24 日。

跃升至第12位。此外，东盟作为我国最大的钢材出口市场，其钢铁产能提升也“一日千里”。如，越南河静钢铁项目一、二期计划年产能合计将达到2 250万吨①。随着印度、东盟、中东等新兴市场钢铁供应能力增强，全球钢铁行业“烽火连天”，竞争态势日趋白热化。

四、贸易摩擦“十面埋伏”

多年来我国钢材出口的持续增长，加上出口品种主要集中在低端领域，引发海外市场的重点关注，“中国钢铁威胁论”甚嚣尘上。虽然2016年以来，我国钢铁出口有所“退烧”，但海外贸易保护的“大棒”仍不断挥向我国。2016年和2017年，我国钢铁产品遭遇的贸易救济调查数量分别达到了49起②和20起③。2017年贸易救济调查数量有所减少，但涉及的产品范围和发起调查的国家（地区）仍在不断增多，涉及产品包括不锈钢无缝钢管、钢条、合金钢圆棒材、钢筋和热轧卷板等多个品种，发起调查的国家和地区既包括欧美等发达国家市场，也包括印度、巴基斯坦、智利、哥伦比亚等新兴市场④。贸易调查案件中，有13起为反倾销立案调查，钢铁行业与轻工行业并列为遭受反倾销立案数量最多的行业⑤。钢铁行业仍是我国出口遭受贸易摩擦的“重灾区”。

除了常规的“双反”措施，美国等还采取“337调查”“232调查”等更具变通性和杀伤力的贸易保护手段对我国钢铁产品进行“范围打击”。此外，欧美等发达国家始终不承认我国市场经济地位。如欧盟以“市场扭曲”的概念和标准替代“非市场经济”的概念和标准，变相延续原“替代国”做法。2017年12月20日，欧盟委员会发布报告，认定中国市场存在严重扭曲⑥。在此背景下，欧美可以用“市场扭曲”“低价倾销”等为借口，继续对我国钢材产品实施贸易保护措施。海外贸易摩擦“狼烟四起”，我国钢铁出口成本不断抬高、出口空间不断被挤压蚕食，在倒逼企业实施“战略转移”的同时，也在某种意义上削弱了我国钢铁产品的国际竞争力。

五、资源命门“受制于外”

值得关注的是，国内铁矿石产量无法满足钢铁行业需求，加之平均生产成本是国际铁矿石巨头的2~3倍，导致近年来钢铁企业对进口铁矿石的依赖程度与日俱增。2017年，在我国钢材出口大幅萎缩的同时，进口铁矿砂却不减反增，铁矿石进口量已达到10.75亿吨，实现“七连增”，对外依存度已超过80%⑦。

虽然中国已成为全球市场铁矿石的“最大买家”，但是中国的迅猛需求并未带来在全球采购中的真正“强势”。2010年之前，在铁矿砂定价谈判中，中国钢铁企业一次次被逼

① 《台塑河静投产会改变东南亚钢贸格局吗?》，钢联资讯，2017年7月26日。
② 《2016年中国遭遇贸易摩擦创新高 钢铁轻纺化工是重灾区》，21世纪经济报道，2017年1月6日。
③ 《2017年钢铁贸易摩擦情况汇总》，我的钢铁网，2018年1月17日。
④ 《lgmi：盘点2017年钢铁行业·国际环境篇》，兰格钢铁网，2018年1月2日。
⑤ 《五张图告诉你，2017年哪些外贸行业在贸易摩擦中最“受伤”?》，搜狐财经，2018年1月29日。
⑥ 《欧盟启用新方法曲线应对中国市场经济地位之争》，搜狐网，2017年12月22日。
⑦ 《巩固供给侧改革成果 钢材供需寻求新平衡》，新浪财经，2018年1月24日。

入“逆来顺受”的境地。2010年开始，铁矿石长协矿改用以普氏指数为依据的指数定价模式。但由于普氏指数样本量小、易被人为操控，铁矿石定价权实际上仍长期掌握在国际矿山和国外大贸易商手中。2017年，我国铁矿石进口量同比增加5%的同时，进口平均价格同比大幅上涨25.5%。

在铁矿石价格话语权艰难提升的同时，随着供给侧结构性改革的推进，国内煤炭供应趋紧，钢铁行业对进口炼焦煤的需求凸增。2017年，我国进口炼焦煤6 923.7万吨，同比增加16.9%，进口价格上涨69.8%。铁矿石进口居高不下，焦煤进口与日俱增，对我国钢铁产业发展至关重要的资源“命门”仍受制于人，严重制约着行业的提质增效。

六、改革攻坚“除疴祛病”

面对我国钢铁行业一系列的“沉疴”和“新弊”，供给侧结构性改革成为行业“痊愈复原”的良方。2017年，改革进入攻坚期，取缔“地条钢”、严格准入、环保督查等措施持续推进，市场供需明显好转，我国钢铁行业一些积极变化已开始不断显现。一方面，去产能效果显著，行业集中度明显提升。截至2017年底，钢铁行业规模以上企业8 545家，比2016年减少679家①。另一方面，随着主要产品价格回归理性，行业效益大幅回升。2017年，我国钢铁行业实现利润总额达3 420亿元，同比增长178%②。此外，随着行业经营状态好转以及下游需求新生动力增强，钢铁企业纷纷加强技术研发，首钢研制的高强度易焊接特厚钢板、宝钢等研制的大型轻量化液压支架、马钢和太钢研发的时速350千米高速动车组轮、轴材料等一批高端产品面世，在部分领域打破了国外长期垄断局面，国产加速替代进口。

不过，应清醒认识到的是，虽然供给侧结构性改革正逐步推动钢铁行业走出低谷，但我国钢铁产业大而不强的问题本质上仍未改变。宝钢与武钢合并、中信泰富与青岛特钢重组等提升了龙头企业的控制力，但行业整体集中度仍然偏低。2017年，我国前十大钢铁企业粗钢产量合计占全国总产量的36.9%③，与《钢铁工业调整升级规划（2016—2020年）》中提出的2020年达到60%的目标仍存在较大差距。国内产量排名第一的宝武集团占全国粗钢产量比例仅7.9%④，远不及日韩等国的钢铁龙头企业。同时，我国钢铁高端产品无论是在产量规模上，还是在技术标准和质量稳定性上，与国外先进产品仍存在一定差距。如在海洋装备用钢领域，占规格牌号数量70%的高端品种要么尚属空白，要么严重依赖进口⑤。2017年，我国钢铁行业销售利润率为4.9%⑥，与安赛乐米塔尔等国外巨头相比仍相差甚远，钢铁企业盈利能力有待提高。

---

① 《钢铁行业市场行情回暖》，中商情报网，2018年1月31日。
② 《钢铁行业市场行情回暖》，中商情报网，2018年1月31日。
③ 《工业主要产品产量-粗钢》，国家统计局，2018年2月2日。
④ 《2017年全国钢厂粗钢产量排名》，生意社，2018年1月29日。
⑤ 《国内和国外高端钢材产品的差距有多大》，搜狐财经，2018年5月17日。
⑥ 《钢铁行业市场行情回暖》，中商情报网，2018年1月31日。

表 1　2017 年全球黑色金属冶炼业及压延加工主要出口国家（地区）贸易竞争力对比

排名	国家（地区）	市场占有率（%）	显示性指数	贸易竞争指数	出口增长率优势指数	出口比重（%）	竞争力综合评价
1	乌克兰	2.43	9.95	0.76	-1.20	20.93	104.03
2	委内瑞拉	0.06	8.12	-0.11	-10.95	17.09	102.08
3	卢森堡	0.56	6.25	0.46	-10.23	13.16	102.05
4	中国	13.38	1.04	0.40	-22.15	2.19	101.83
5	日本	7.58	1.92	0.60	-9.01	4.05	101.59
6	俄罗斯	5.26	2.61	0.55	18.55	5.48	101.49
7	南非	1.70	3.38	0.69	-3.03	7.12	101.43
8	巴西	3.00	2.44	0.68	16.52	5.14	101.27
9	哈萨克斯坦	0.79	3.22	0.69	18.83	6.78	101.27
10	马耳他	0.01	0.56	-0.13	6 145.29	1.17	101.13

供给侧结构性改革为处于“寒冬期”的我国钢铁行业带来一阵“春风”，但行业长期存在的企业集中度低、产品结构性过剩等深层次矛盾仍然存在，加上海外市场竞争加剧、贸易摩擦层出不穷，导致 2017 年我国黑色金属冶炼业及压延加工业国际竞争力不进反退。客观而言，面对复杂的国外贸易环境，适当“收缩战线”“转移战场”不失为一种应对良策。但要从根本上提升我国钢铁行业的核心竞争力，仍需进一步澄沙汰砾、去芜存菁，同时加大在重大基础研究、前沿技术开发等方面的投入，改变过去主要依赖数量和价格的竞争模式，为中国工业化发展和制造业升级打造一副真正的“钢筋铁骨”。

2017 年我国交通运输设备制造业“负重前行”

交通运输设备制造业的发展水平是一个国家综合国力的重要体现。虽然起步较晚，但在国家大力扶持下，我国交通运输设备制造业持续高速发展。2017 年我国交通运输设备制造业实现外贸出口 1 059.9 亿美元，同比增长 8.6%，仅次于 2015 年 1 074.6 亿美元的出口值，为历史次高纪录。行业外贸竞争力综合评价得分为 100.03，略高于 2016 年的 100.02，低于 2015 年的 100.05，连续第 3 年处于 100 以上，在 GTA 有出口实绩的 70 个国家和地区中排名第 29 位，较 2016 年上升 1 位，与 2015 年持平。在我国国民经济行业的 45 个二级行业中排在第 30 位，在各个行业中竞争力处于中等。

一、竞争力指标：低位回升仍偏弱

2017 年，我国交通运输设备制造业出口在全球市场的占有率为 5.26%，较 2016 年提高了 0.09 个百分点，但较 2015 年下滑了 0.51 个百分点；墨西哥所占市场份额为 5.37%，较 2016 年提升了 0.29 个百分点，一跃超过韩国和我国成为全球第 5 大出口国，我国在全球的排名下滑了 1 位至第 7 位。在衡量行业在国际竞争中地位的显示性指数方面，我国交通运输设备制造业仅为 0.41，而其他前 10 大出口国均在 1.5 以上，说明我国交通运输设备制造业在国际市场上的比较优势相对较弱。在衡量行业内部结构性国际竞争力的贸易竞争指数方面，我国交通运输设备制造业为-0.06，低于 2015 年的-0.01 和 2016 年的-0.04，全球排名第 25 位。从在国内各出口行业中的地位来看，2017 年交通运输设备制造业占国内出口总值的 4.65%，比重较 2016 年提高了 0.04 个百分点，较 2015 年下滑 0.07 个百分点，表明交通运输设备制造业在外贸出口中的地位有所回升，但仍处于低位。2017 年我国交通运输设备制造业出口的相对优势明显回升，出口增长率优势指数由 2016 年的-10.35 转为 2.04，全球排名由第 50 位回升至第 37 位，但仍远低于 2015 年位列第 10 的 8.14。

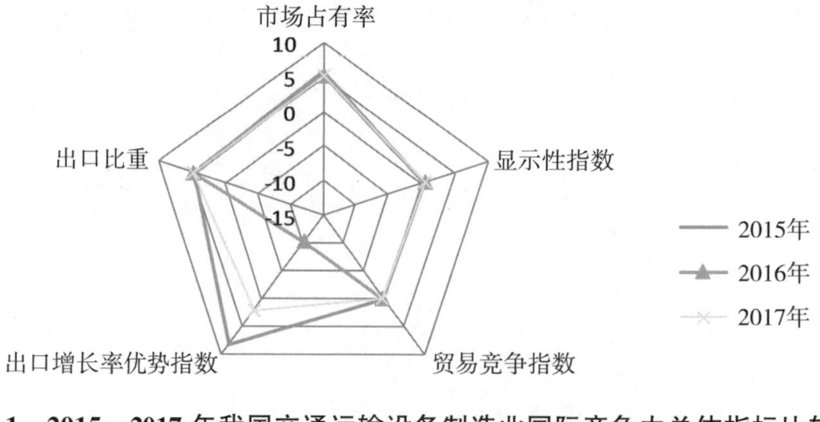

图 1　2015—2017 年我国交通运输设备制造业国际竞争力总体指标比较

二、汽车产业：弯道超车犹未尽

改革开放初，我国汽车产业基础薄弱，产业结构不合理，自主开发、技术创新能力较弱，出口能力有限。在国家批复同意汽车“中外合资”后，闭门造车多年的中国汽车业纷纷抱着“以市场换技术”的期盼走向合资合作。到目前为止，几乎所有跨国企业都参与到中国这个大市场的争夺战，一批自主品牌企业也在市场磨砺中发展壮大。中汽协数据显示，2017 年，我国汽车产、销 2 901. 5 万辆和 2 887. 9 万辆，同比分别增长 3. 2%和 3%，销量再创历史新高，连续 9 年蝉联全球第一①；出口 103. 8 万辆，价值 132. 7 亿美元，占全球汽车出口市场的份额由 2002 年的 0. 06%提升至 2017 年的 1. 5%②。虽然身为汽车产销大国，但以 103. 8 万辆的出口规模计算，2017 年我国汽车出口量占同期汽车生产总量比重偏低，仅为 3. 6%，而发达国家这一比例最少是 30%~50%，个别甚至超过 70%。例如，德国汽车出口量占其总产量的 75. 9%，日本占 50. 3%，韩国占 64. 9%③，我国汽车出口比重有待进一步提高。

2017 年，我国汽车出口的国家（地区）已经增加到 196 个，但主要出口市场仍然集中在非洲、东南亚和中东等传统市场。上述地区和国家经济较为单一脆弱、政治较为动荡，极易为保护本土企业实行贸易壁垒，出口环境骤变的风险较大。阿尔及利亚曾一度是我国汽车最大的出口市场，2016 年突然实施配额许可证管理制度，进口配额仅为 15. 2 万辆，远低于 2015 年 26. 6 万辆的汽车进口量，并实行外汇管制，汽车进口商因无法开具信用证导致进口受限④。受其影响，2017 年我国对阿尔及利亚汽车出口量由 2012 年的 14. 9 万辆锐减至 716 辆，退出我国出口前 10 大市场。

长期以来，国内车企注重引进产品，但对核心技术的消化吸收重视不足，研发投入（R&D）更是远低于国际水平。据欧盟委员会（EU）公布的 2017 年工业研发投入（R&D）排行榜，大众汽车研发投入高达 137 亿欧元，位居全球首位，研发占比为 6. 3%，美国通用、福特汽车研发分别投入 76. 8 亿欧元和 69. 3 亿欧元，研发占比分别为 4. 9%和 4. 8%，日本丰田和本田汽车研发投入也分别达到 75 亿欧元和 53. 6 亿欧元，研发占比分别为 3. 3%和 4. 7%⑤。据普华永道旗下管理咨询机构思略特发布《2017 年全球创新 1 000 强企业研究报告》统计，我国汽车制造业投入最高的上汽集团位列全球第 112 位，研发投入为 14 亿美元，研发占比仅为 1. 3%⑥。据统计，2017 年，国内主要汽车企业的专利数虽然与国外主要企业在华专利布局数基本持平，但中国企业发明占比均不足 60%，国外企业则超过 80%。其中车身附件、整车制造等结构件及工装件的改进在国内企业专利中仍占较大比重；而在汽车电子和发动机零部件等高技术含量领域，外资企业控制的市场份额高达 90%。此外，

① 《2017 年 12 月汽车工业产销情况简析》，中国汽车工业协会，2018 年 1 月 11 日。

② 数据来源自 ITC Trademap 数据库，由于部分小市场数据缺失，该份额为近似值。

③ 《中国汽车工业协会许海东：中国汽车助力“一带一路”发展》，新浪网，2017 年 12 月 1 日。

④ 《2015 年阿尔及利亚汽车进口额下降 44. 91%》，环球网，2016 年 1 月 21 日。

⑤ 《2017 年度全球研发投 100 强企业排名》，全球企业动态，2017 年 12 月 17 日。

⑥ 《2017 年度中国研发投入最多的 25 大上市公司》，阿里巴巴，2017 年 11 月 12 日。

在作为未来主要发展方向的新能源汽车方面，我国的“三电”（电机、电池和电控系统）关键技术与国外存在较大差距，如电池关键原材料之一的隔膜60%仍依赖进口[①]。

三、船舶工业：竞争加剧盈利难

2017年是国际船舶市场经过长时间调整后的回升之年。我国船舶工业紧密围绕产业政策，抓住市场回暖的有利时机，取得了三大造船指标继续领先、产品结构不断优化、产业结构更加合理、产融结合更加深入、船配产业质量升级、国际地位不断提升的良好业绩。据中国船舶行业协会统计，2017年全国造船完工4 268万载重吨，同比增长20.9%；承接新船订单3 373万载重吨，同比增长60.1%；12月底，手持船舶订单8 723万载重吨，同比下降12.4%[②]。全年造船完工量、新船订单量和手持订单量在全球市场所占份额分别为41.9%、45.5%和44.6%，三大造船指标国际市场份额均位居世界第一。船舶行业产业集中度进一步提高，全国前10家企业造船完工量占全国58.3%，比2016年提高1.4个百分点。新接订单向优势企业集中趋势明显，前10家企业新接订单量占全国73.4%；我国骨干船企优势明显，产业核心竞争力不断提升，有5家企业进入全球完工量前10强，有4家企业进入全球新接订单量前10强。

出口方面，2017年，全国完工出口船3 944万载重吨，同比增长17.9%；承接出口船订单2 813万载重吨，增长72.9%；12月底，手持出口船订单7 868万载重吨，同比下降14.7%。出口船舶分别占全国造船完工量、新接订单量、手持订单量的92.4%、83.4%和90.2%。同期，我国船舶出口金额为206.9亿美元，同比增长2.3%。出口船舶产品中，散货船、液货船和集装箱船仍占主导地位，出口额合计166.7亿美元，占出口总额的80.5%。

但受国际船舶市场深度调整的影响，“融资难”“交付难”“盈利难”等深层次问题依然存在，船舶工业面临的形势仍然严峻。近年来，各主要造船国都在努力化解过剩产能，但与新船需求的大幅收缩相比，船企新接订单难以满足正常生产需求。我国手持船舶订单已连续4年下降，大部分船企只能维持1年左右的工活量，在保证连续生产能力方面面临严峻挑战。受手持船舶订单下降、开工船缺口增大的影响，新船市场竞争异常激烈，新船价格与成本倒挂矛盾凸显。一方面，船舶市场需求价低量少、船企开工不足、交付困难、两头受压；另一方面，2016年年末以来，以船板为主的原材料价格持续高涨，平均涨幅同比超过40%，企业财务费用增多，劳动力不足导致用工成本刚性上涨，企业改单延期交付现象增多，管理费用持续增长。综合成本的快速上升大幅挤压了船企的利润空间，行业盈利水平大幅下降，可持续发展受到冲击。2017年，全国规模以上船舶工业企业1 410家，实现主营业务收入6 194.5亿元，同比下降7.7%。其中，船舶制造业2 857.9亿元，同比下降6.0%；船舶配套业835.1亿元，同比下降5.5%；船舶修理业219.3亿元，同比增长19%；海洋工程专用设备制造业430.8亿元，同比下降19.6%。规模以上船舶工业企业实现利润总额146.6亿元，同比下降7.3%。其中，船舶制造业71.5亿元，同比下降39.9%；

---

① 《我国汽车零部件出口产业仍存五大成长“烦恼”》，中国汽车工业协会，2018年3月8日。

② 《2017年船舶工业经济运行分析》，中国船舶行业协会，2018年1月24日。

船舶配套业54.2亿元，同比下降3.6%[①]。同时，由于外部环境持续恶化，船企在手项目风险加大。2017年，国际知名海工运营商哈菲拉航运、潮水公司、法斯塔德航运等申请破产或筹划债务重组对海工装备建造市场打击巨大，船企手持海工平台项目延期交付和弃船现象愈演愈烈，市场环境持续恶化。据统计，2017年我国船企手持各类海工平台涉及合同终止和弃船项目明显增多，这些项目被船东反复要求延期交付，最终还是被弃船，对船厂生产经营造成极大影响。海洋工程装备产品定制化的特点，使之转手出售的难度极大，当前海工产业技术日新月异，船企在手海工项目的弃船风险不断集聚，交付形势尤为严峻。

四、轨道交通：远行开拓遇强敌

作为“中国制造”的代表，我国轨道交通装备在国际市场不断取得突破，完成了由配件出口到整车出口、由中低端产品到高端产品、由欠发达市场到发达市场的转变。2016年1月开工的印度尼西亚雅加达至万隆高铁项目是中国“一带一路”倡议和印尼海洋支点战略对接的重大项目，也是中国高铁全方位整体走出去第一单。雅万高铁项目全长142公里，最高设计时速350公里，采用安全可靠、技术先进、运营成熟的中国铁路技术标准，并按照印尼当地的气候、线路条件及沿线群众文化传统和生活习惯量身打造。至2018年6月，该项目22处控制性工程取得突破，这标志着雅万高铁项目建设进入全面实施推进新阶段。2017年10月16日，中车长春轨道客车股份有限公司研制的首批美国波士顿橙线地铁车在长春下线，并于当年12月份运抵美国，成为首次登陆美国市场的国产轨道交通装备[②]。2018年6月中车株洲电力机车有限公司与德国铁路股份公司签订了20台新型混合动力“火车头”框架协议及首批4台机车订单，这是中国“火车头”首次出口德国，也标志着中国轨道交通装备整车产品获得世界高端市场认可[③]。

随着我国轨道交通设备作为中国名片走向世界，全球轨道交通装备市场竞争也日趋激烈，中国企业同时面临来自欧洲和日本企业的竞争压力。2017年9月，全球第二、第三大轨道交通装备企业德国西门子和法国阿尔斯通宣布合并其铁路业务，希望借整合更好地应对挑战[④]。在亚洲市场，中日高铁企业多次正面交锋，日本企业于2015年和2016年分别获得印度和泰国高铁承建合同。受竞争加剧影响，2017年我国轨道交通装备企业海外市场业绩明显低于预期。中国中车在2018年度国际业务工作会议上透露，2017年中车出口签约额为57亿美元，仅完成了全年出口签约额指标任务的63%[⑤]，为此中车下调2018年度海外业务签约额任务目标至70亿美元，同比下降22.22%[⑥]。据统计，2017年我国出口轨道交通装备29.9亿美元，同比下降5.7%，较2015年大幅下降46%。

① 《2017年船舶工业经济运行分析》，中国船舶行业协会，2018年1月24日。
② 《我国轨道交通装备将首次出口美国》，新华社，2017年10月16日。
③ 《中国轨道交通装备整车产品首次出口德国》，中国产业经济信息网，2018年6月28日。
④ 《西门子与阿尔斯通将合并铁路业务 分析：抗衡中国中车》，中国网，2017年9月28日。
⑤ 《中车2017年海外签约额仅完成六成任务》，中国经营报，2018年4月2日。
⑥ 《中国中车减压海外业务：2018年计划签约额同比降2成》，中国经营报，2018年4月9日。

五、飞机工业：中国制造走出去

我国航空制造业只有几十年历史，虽然底子薄弱，但是已经摆脱了过去的引进仿制模式，迈入了自主研发环节，如今更是开启了“走出去”的大门。1994 年，由我国和巴基斯坦共同研发的 K8 型高级基础教练机首次飞出国门，截至目前一共出口了 14 个国家共计 304 架，并在巴基斯坦、埃及和缅甸建立了 3 条合作生产线，在巴基斯坦、埃及和苏丹建立了 3 条大修线①。K8 教练机不仅开创了我国航空工业成套技术出口的先河，且近 10 年来 K8 教练机及其延伸系列产品的出口交付量占到全世界同类教练机出口贸易总量的 70%。此外，我国的运-12 和初教-6 两款飞机还成功出口至美国，并受到了广泛好评。

在民航飞机方面，我国也取得了很大的进展。2018 年 3 月 20 日成都航空的国产 ARJ21 喷气支线客机开通新航线，执飞内蒙古呼和浩特—乌兰浩特往返航班②。ARJ21 客机有国内外客户 21 家，订单 453 架，目前飞机已交付 4 架，安全载客人数超过 5 万人③。同时，继 2017 年 5 月 5 日成功首飞后，2018 年 3 月 24 日至 4 月初，国产大型客机 C919 第二架机进行飞机改装之后的检查试飞④。C919 大型客机接下来还有 4 架进行试飞，到 2021 年将首批国产大飞机交付东航⑤。

表 1　2017 年全球交通运输设备制造业主要出口国家（地区）贸易竞争力对比表

排名	国家（地区）	市场占有率（%）	显示性指数	贸易竞争指数	出口增长率优势指数	出口比重（%）	竞争力综合评价
1	德国	15. 97	1. 95	0. 35	-1. 68	22. 22	102. 65
2	日本	8. 45	2. 15	0. 66	-3. 45	24. 40	102. 44
3	墨西哥	5. 37	2. 32	0. 35	6. 31	26. 43	102. 11
4	斯洛伐克	1. 15	2. 41	0. 27	-3. 74	27. 43	101. 76
5	韩国	5. 30	1. 64	0. 67	1. 91	18. 61	101. 68
6	美国	13. 60	1. 56	-0. 12	-4. 69	17. 73	101. 66
7	法国	5. 78	1. 91	0. 04	-2. 89	21. 77	101. 48
8	捷克共和国	2. 00	1. 96	0. 33	6. 50	22. 34	101. 47
9	塞浦路斯	0. 05	2. 75	-0. 47	-14. 32	31. 27	101. 40
10	英国	4. 87	1. 96	-0. 05	-0. 59	22. 24	101. 38
……							
28	芬兰	0. 31	0. 82	-0. 11	67. 38	9. 34	100. 07

① 《出口了 14 个国家总计 304 架的飞机》，中国航空新闻网，2017 年 11 月 2 日。
② 《国产 ARJ21 客机航线展示运营》，中国新闻网，2018 年 3 月 20 日。
③ 《ARJ21 首次在内蒙古开展商业运营 飞机已交付 4 架》，东广新闻台，2018 年 3 月 21 日。
④ 《C919 第二架机密集试飞》，新京报网，2018 年 3 月 28 日。
⑤ 《国产大飞机总设计师：C919 预计 2021 年交付东航》，民航资源网，2018 年 3 月 9 日。

表1 续

排名	国家（地区）	市场占有率（%）	显示性指数	贸易竞争指数	出口增长率优势指数	出口比重（%）	竞争力综合评价
29	中国	5.26	0.41	-0.06	2.04	4.65	100.03
30	塞尔维亚	0.08	0.79	-0.03	-13.17	8.99	99.98

为支撑国土面积第三大、人口第三大、经济第二大国的正常高效运转，我国交通运输设备制造业一直重任在肩。经过多年的高速发展，我国早已是交通运输设备的制造大国，但是自主创新能力不足、产业结构不合理、国际竞争力较弱等“大而不强”的问题日益凸显。对此，唯有坚持“创新驱动、质量为先、绿色发展、结构优化、人才为本”的基本方针，坚持“市场主导、政府引导；立足当前、着眼长远；整体推进、重点突破；自主发展、开放合作”的基本原则，我国才有望由交通运输设备制造大国迈入制造强国行列，在激烈的国际竞争中脱颖而出。

2017 年我国通信设备、计算机及其他电子设备制造业“突围”之路

随着以智能终端、消费电子等为代表的电子产品的爆发式发展，通信设备、计算机及其他电子设备制造业（以下简称“电子通信制造业”）对社会变化的影响力与日俱增，被全球各主要国家作为战略性发展产业，连续保持快速发展。2017 年我国宏观环境持续好转，外需逐步复苏，内需企稳回暖，行业结构调整、转型升级步伐加快，企业生产经营环境得到改善。电子通信制造业生产与投资增速在工业各行业中保持领先水平，出口形势有所好转，效益质量持续提升，2017 年出口值 5 978. 29 亿美元，同比增长 8. 85%，仍居世界首位。但近几年，发达国家积极倡导“再工业化”战略，竞争逐渐白热化；新兴市场凭借优势资源和政策红利，在市场份额争夺战中长驱直入。在全球终端应用市场增长乏力的大环境下，我国出口突围形势日益严峻。2017 年，在 GTA 有进出口实绩的 70 个国家和地区中，全球主要出口国均实现了不同程度的增长，其中韩国、荷兰增幅甚至超过 20%。与此同时，我国人口红利逐渐消退，无论是劳动力成本还是生产资料成本不断上升，电子通信制造业的持续平稳增长和高质量发展面临更大的困难。

一、竞争力指标此消彼长

2017 年电子通信制造业外贸竞争力综合得分 102. 82，较 2016 年提升 0. 05，在 GTA 有出口实绩的 70 个国家和地区中位列第 3 名，已经连续 3 年保持该位次。从分项指标来看，国际市场占有率、显示性指数、贸易竞争指数、出口增长率优势指数和出口比重等 5 项指标此起彼伏：2017 年，我国电子通信制造业发展如火如荼，在全球的市场份额仍居首位，但份额从 2016 年的 29. 19%回落至 28. 78%；即使考虑香港转口部分，将香港地区与内地出口的全球市场份额加总，也改变不了份额下滑的结果，合计值在 2016 年下滑基础上再次下滑 0. 54 个百分点降至 42. 72%。同时，显示性指数增长 0. 06，总体增至 2. 24；出口增长率优势指数较 2016 年有所提升，但仍低于全球平均水平，为-1. 43；出口比重为 26. 23%，继续保持各行业首位，较 2016 年提升 0. 51 个百分点。相较于显示性指数、出口增长率优势和出口比重等指标得分均有不同程度的增长，贸易竞争指数连续 3 年小幅回落，电子通信制造业出口所受威胁已经悄然凸显。

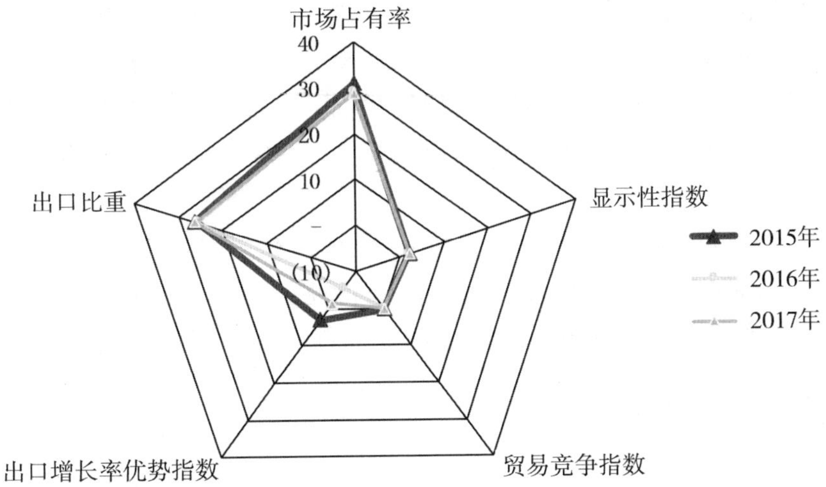

2015—2017 年我国通信设备、计算机及其他电子设备制造业国际竞争力总体指标比较

二、出口龙头地位得保

近些年，从中央到地方出台了多项产业扶持政策，通过一系列政策组合拳，一方面扩大产业布局范围，另一方面提升企业主体的创新能力。在此推动下，2017 年电子通信制造业生产保持较快增长，规模以上增加值同比增长 13. 8%，比 2016 年加快 3. 8 个百分点，快于规模以上工业总体增速 7. 2 个百分点；出口产品结构重心逐渐向高附加值产品转变，产业结构进一步趋于合理，手机、集成电路和便携式电脑等产品出口增速分别达到 9. 1%、9. 8%和 18%，带动整体行业出口增长率优势指数回升 4. 09 个百分点，在我国全行业出口中的比重也反弹至 26. 23%，稳居我国出口行业龙头地位。

三、发达国家抢占高端领域

近些年，为提振本国经济，美日欧等发达国家和地区启动一系列“再工业化”战略来推动制造业回流，各跨国企业纷纷调整产业布局。

美国方面，特朗普提出“美国优先”的经济政策，设立“美国制造周”，承诺要通过征收高额税费等手段，将就业机会留在美国，促进美国制造业发展。富士康、和硕等苹果供应商将工厂回迁；三星、LG 也在美投资建厂以换取政治保护。根据美国劳工统计局的数据，截至 2018 年 4 月，美国制造业共有 1 240 万名工人，同 2010 年年初相比增加了 100 万个就业机会。2017 年，美国电子通信制造业出口增速由 2016 年的下降 0. 77% 转为增长 4. 31%，外贸出口综合得分提升至 100. 32。韩国方面，推行“制造业革新 3. 0”政策，发展以增加就业为中心的“创造型经济”。三星电子在深圳的公司被撤裁，同时计划斥资 54 亿美元在韩国引进新设备，以加强半导体代工竞争力和扩大面板领域的产能。今后的投资布局将逐步缩减末端产能，更侧重向产业上游延伸，抢占利润最丰厚的产业链顶端[①]。韩国方面，2017 年，韩国电子通信制造业出口增幅高达 28. 53%，市场占有率更是提升 0. 97 个

① 《东山再起 困难重重 三星家电怎么了?》，中国电子报，2018 年 7 月 13 日。

百分点，位次提升至榜首，国际竞争力综合得分增长 0.48，总分升至 102.01。德国方面，正式发布《德国 2020 高技术战略》、实施“工业 4.0”以来，依托强大的设备、车间制造工业、专业的信息技术水平和完善的民主法治和知识产权保护等基础，促使德国制造业健康发展。2017 年，德国电子通信制造业出口增长 11.29%，国际竞争力综合得分增长 0.11 达到 100.21。

大部分发达国家依托新的工业化政策得以稳健发展，牢牢掌控电子通信制造业中的核心领域，占据着“微笑曲线”的高点；而我国该行业的绝大部分产品处于中低端，在集成电路方面又严重依赖进口，我国电子通信制造业通往高质量发展的道路攀藤附葛。

四、周边工厂发展快马加鞭

近年来，受东南亚经济增长的良好表现、低廉的劳动力成本和政策环境吸引，多家跨国企业进行了声势浩大的产业转移，在该地区投资建厂，东南亚国家在电子通信制造业的中低端市场与中国竞争激烈。

例如，菲律宾有着良好的宏观经济基本面和增长前景，已经成为东南亚地区最重要的外商投资目的地之一。2017 年，菲律宾的外国直接投资净流入总额为 100.5 亿美元，比 2016 年增长了 21%，再创历史新高，其中大多数投资来自美国、新加坡、荷兰、日本和德国等[①]。在开展“菲律宾雄心 2040 战略”“大建特建”“投资有限计划（IPP）”项目后，该国国内工业经济保持良好发展态势。2017 年，该国电子通信制造业国际竞争力居全球第四，其显示性指数和贸易竞争指数指标得分均高于我国。为更好地实施国家发展 4.0 战略、打造“数字泰国”，泰当局放宽东部经济走廊计划（EEC）投资限制，大规模吸引外资。2017 年泰国获得总投资额同比增长 22%，日本以 47%的投资占比居首；泰国电子通信制造业国际竞争力跃入全球前十，行业出口同比增长 12.94%，其出口增长率优势指数高出我国 4.1 个百分点。马来西亚以其优越的营商环境和稳健的经济增长成为 2017 年全球最具吸引力的投资地点，其制造业领域同年吸引外资同比增长 8.9%，行业出口同比增长达 15.9%，市场占有率同比提升了 0.16 个百分点。此外，印度和越南廉价劳动力充足，确保了厂商的低生产成本和竞争力，对我国行业出口产生了不小的威胁。富士康计划于 2020 年前在印度新建 12 座工厂，未来五年将在当地投资 50 亿美元建设电子设备制造厂。三星此前关闭了在中国的工厂，并在印度建成了迄今为止全球最大的手机厂，将实现每年最高 1.2 亿台手机的产量；三星越南公司自 2017 年起生产和中国公司相同的设备。据越南统计总局的数据显示，2017 年越南出口手机及其零部件达 451 亿美元，创历史新高，同比增长 31.6%，已经相当于中国手机出口额的 37.5%。

我国台湾地区作为老牌电子生产基地，保持了较快的出口增长速度，由上年度 6.88%的增幅跨步到了 15.28%，国际竞争力综合得分提升了 0.08 个百分点，总分升至 102.95，位居国际竞争力综合得分第 2 位，仅次于我国香港地区，市场占有率提升了 0.26 个百分点。据统计，2017 年台积电晶圆代工市场占有率高达 51.6%，年营收增长 9%，牢牢占据

① 《菲律宾外国直接投资创新高但问题仍存在》，商务部网站，2018 年 4 月 20 日。

全球市场的领先地位①。

五、自给自足能力亟待提升

我国电子通信制造业是典型的外商主导型、加工贸易为主的出口模式，除了华为、联想等少部分企业外，绝大部分厂商研发力量薄弱，核心技术受限于他人。以占半导体产业80%以上市场份额的集成电路为例，2016 年中国集成电路市场逆差达 1 657 亿美元，自给率仅 36%；2017 年中国集成电路产业销售额增长 24.8%，中国在半导体芯片进口上的花费已经接近原油的 2 倍；预测显示，2019 年中国集成电路供需缺口可达 880 亿美元②。

高端芯片、存储器、硬盘、屏幕等核心、高端产品及配件严重依赖进口，核心环节把控能力的欠缺，使得我国电子通信制造业发展易受制于人，行业安全难言乐观，2018 年“中兴事件”令我国的电子通信制造业真切地感受到“芯痛”，为我国的自给自足发展敲响警钟。

表 1　2017 年全球通信设备、计算机及其他电子设备制造业主要出口国家（地区）贸易竞争力对比

排名	国家（地区）	市场占有率（%）	显示性指数	贸易竞争指数	出口增长率优势指数	出口比重（%）	竞争力综合评价
1	中国香港	13.94	4.49	−0.03	−0.93	52.61	103.34
2	中国台湾	6.27	3.81	0.33	5.00	44.60	102.95
3	中国	28.78	2.24	0.16	−1.43	26.23	102.82
4	菲律宾	1.13	3.17	0.28	−13.92	37.11	102.03
5	韩国	6.88	2.13	0.32	18.25	24.92	102.01
6	新加坡	5.91	2.81	0.14	−2.65	32.91	102.00
7	马来西亚	3.33	2.71	0.16	5.62	31.74	101.91
8	马耳他	0.03	1.84	0.17	−8.57	21.52	101.10
9	荷兰	5.00	1.36	0.02	12.87	15.91	101.09
10	泰国	1.75	1.32	0.03	2.67	15.41	100.84

面对新一轮科技和产业革命的机遇期，以及国外针对中国的规则“围剿”、技术“压制”，我们更应冷静思考。通过鼓励企业成为创新主体，强化重点领域、关键环节的重大技术研发，促进产业链向中高端延伸；通过将低端产能“内移”“外迁”，实现低端制造的巩固夯实；双管齐下，奋起直追，我国电子通信制造业才有望打破目前的围困局面，迈向“中国智造”时代。

① 《台湾集成电路出口屡创新高 平均年增 8.9%》，电子工程世界，2018 年 6 月 5 日。

② 《半导体第三次产业转移：中国崛起正当时》，光大证券，2018 年 1 月 13 日。

APPENDIX 附录

表 1 对外贸易进出口总额
Total value of imports and exports

金额单位：亿美元
Unit：USD 100 million

年份 Year	进出口总额 Total	出口总额 Exports	进口总额 Inports
经济恢复时期 Eco-Recov. Period	50. 31	21. 32	28. 99
1950	11. 35	5. 52	5. 83
1951	19. 55	7. 57	11. 98
1952	19. 41	8. 23	11. 18
“一五” 时期“1st Fyp” Period	142. 57	68. 22	74. 35
1953	23. 68	10. 22	13. 46
1954	24. 33	11. 46	12. 87
1955	31. 45	14. 12	17. 33
1956	32. 08	16. 45	15. 63
1957	31. 03	15. 97	15. 06
“二五” 时期 “2nd Fyp” Period	176. 60	90. 79	85. 81
1958	38. 71	19. 81	18. 90
1959	43. 81	22. 61	21. 20
1960	38. 09	18. 56	19. 53
1961	29. 36	14. 91	14. 45
1962	26. 63	14. 90	11. 73
经济调整时期 Eco-Adjust Period	106. 23	57. 93	48. 30
1963	29. 15	16. 49	12. 66
1964	34. 63	19. 16	15. 47
1965	42. 45	22. 28	20. 17
“三五” 时期 “3rd Fyp” Period	214. 32	110. 68	103. 64
1966	46. 14	23. 66	22. 48
1967	41. 55	21. 35	20. 20
1968	40. 48	21. 03	19. 45
1969	40. 29	22. 04	18. 25
1970	45. 86	22. 60	23. 26
“四五” 时期 “4th Fyp” Period	514. 37	261. 11	253. 26
1971	48. 41	26. 36	22. 05
1972	63. 01	34. 43	28. 58
1973	109. 76	58. 19	51. 57
1974	145. 68	69. 49	76. 19

表1　续1

年份 Year	进出口总额 Total	出口总额 Exports	进口总额 Inports
1975	147. 51	72. 64	74. 87
“五五”时期“5th Fyp” Period	1 163. 48	559. 68	603. 80
1976	134. 33	68. 55	65. 78
1977	148. 04	75. 90	72. 14
1978	206. 38	97. 45	108. 93
1979	293. 33	136. 58	156. 75
1980	381. 40	181. 20	200. 20
“六五”时期“6th Fyp” Period	2 523. 95	1 200. 43	1 323. 52
1981	440. 22	220. 07	220. 15
1982	416. 06	223. 21	192. 85
1983	436. 16	222. 26	213. 90
1984	535. 49	261. 39	274. 10
1985	696. 02	273. 50	422. 52
“七五”时期“7th Fyp” Period	4 863. 97	2 325. 24	2 538. 73
1986	738. 46	309. 42	429. 04
1987	826. 53	394. 37	432. 16
1988	1 027. 84	475. 16	552. 68
1989	1 116. 78	525. 38	591. 40
1990	1 154. 36	620. 91	533. 45
“八五”时期“8th Fyp” Period	10 143. 47	5 183. 13	4 960. 34
1991	1 356. 34	718. 43	637. 91
1992	1 655. 25	849. 40	805. 85
1993	1 957. 03	917. 44	1 039. 59
1994	2 366. 21	1 210. 06	1 156. 15
1995	2 808. 64	1 487. 80	1 320. 84
“九五”时期“9th Fyp” Period	17 739. 19	9 616. 86	8 122. 33
1996	2 898. 81	1 510. 48	1 388. 33
1997	3 251. 62	1 827. 92	1 423. 70
1998	3 239. 49	1 837. 12	1 402. 37
1999	3 606. 30	1 949. 31	1 656. 99
2000	4 742. 97	2 492. 03	2 250. 94
“十五”时期“10th Fyp” Period	45 578. 65	23 852. 01	21 726. 65
2001	5 096. 51	2 660. 98	2 435. 53
2002	6 207. 66	3 255. 96	2 951. 70

表1　续2

年份 Year	进出口总额 Total	出口总额 Exports	进口总额 Inports
2003	8 509. 88	4 382. 28	4 127. 60
2004	11 545. 54	5 933. 26	5 612. 29
2005	14 219. 06	7 619. 53	6 599. 53
“十一五”时期“11th Fyp”Period	116 814. 04	63 990. 97	52 823. 08
2006	17 604. 39	9 689. 78	7 914. 61
2007	21 761. 75	12 200. 60	9 561. 15
2008	25 632. 55	14 306. 93	11 325. 62
2009	22 075. 35	12 016. 12	10 059. 23
2010	29 740. 01	15 777. 54	13 962. 47
“十二五”时期“12th Fyp”Period	199 225. 37	107 718. 60	91 506. 78
2011	36 418. 65	18 983. 81	17 434. 84
2012	38 671. 19	20 487. 14	18 184. 05
2013	41 589. 93	22 090. 04	19 499. 89
2014	43 015. 27	23 422. 93	19 592. 35
2015	39 530. 33	22 734. 68	16 795. 64
“十三五”时期“13th Fyp”Period	124 157. 33	68 483. 77	55 673. 56
2016	36 855. 57	20 976. 31	15 879. 26
2017	41 071. 38	22 633. 45	18 437. 93
2018	46 230. 38	24 874. 01	21 356. 37

表 2 对外贸易进出口增长速度
Growth rate of imports and exports

（按美元计算，上年=100）
（Based on USD，proceeding year=100）

年份 Year	进出口总额 Total	出口总额 Exports	进口总额 Inports
经济恢复时期 Eco-Recov. Period			
1950			
1951	72. 2	37. 1	105. 5
1952	-0. 7	8. 7	-6. 7
“一五” 时期 “1st Fyp” Period	9. 8	14. 2	6. 1
1953	22. 0	24. 2	20. 4
1954	2. 7	12. 3	-4. 4
1955	29. 3	23. 2	34. 7
1956	2. 0	16. 5	-10. 2
1957	-3. 3	-3. 1	-3. 6
“二五” 时期 “2nd Fyp” Period	-3. 0	-1. 4	-4. 9
1958	24. 8	24. 0	25. 5
1959	13. 2	14. 1	12. 2
1960	-13. 1	-17. 9	-7. 9
1961	-22. 9	-19. 7	-26. 0
1962	-9. 3	0. 0	-18. 8
经济调整时期 Eco-Adjust Period	16. 8	14. 4	19. 8
1963	9. 5	10. 7	7. 9
1964	18. 8	16. 2	22. 2
1965	22. 6	16. 3	30. 4
“三五” 时期 “3rd Fyp” Period	1. 6	0. 3	2. 9
1966	8. 7	6. 2	11. 5
1967	-9. 9	-9. 8	-10. 1
1968	-2. 6	-1. 5	-3. 7
1969	-1. 2	4. 8	-6. 2
1970	13. 8	2. 5	27. 5
“四五” 时期 “4th Fyp” Period	26. 3	26. 3	26. 3
1971	5. 6	16. 6	-5. 2
1972	30. 2	30. 6	29. 6
1973	74. 2	69. 0	80. 4
1974	32. 7	19. 4	47. 7

表2 续1

年份 Year	进出口总额 Total	出口总额 Exports	进口总额 Inports
1975	1.3	4.5	-1.7
“五五” 时期 “5th Fyp” Period	20.9	20.1	21.7
1976	-8.9	-5.6	-12.1
1977	10.2	10.7	9.7
1978	39.4	28.4	51.0
1979	42.1	40.2	43.9
1980	30.0	32.7	27.7
“六五” 时期 “6th Fyp” Period	12.8	8.6	16.1
1981	15.4	21.5	10.0
1982	-5.5	1.4	-12.4
1983	4.8	-0.4	10.9
1984	22.8	17.6	28.1
1985	30.0	4.6	54.1
“七五” 时期 “7th Fyp” Period	10.6	17.8	4.8
1986	6.1	13.1	1.5
1987	11.9	27.5	0.7
1988	24.4	20.5	27.9
1989	8.7	10.6	7.0
1990	3.4	18.2	-9.8
“八五” 时期 “8th Fyp” Period	19.5	19.1	19.9
1991	17.6	15.7	19.6
1992	22.0	18.2	26.3
1993	18.2	8.0	29.0
1994	20.9	31.9	11.2
1995	18.7	23.0	14.2
“九五” 时期 “9th Fyp” Period	11.0	10.9	11.3
1996	3.2	1.5	5.1
1997	12.2	21.0	2.5
1998	-0.4	0.5	-1.5
1999	11.3	6.1	18.2
2000	31.5	27.8	35.8
“十五” 时期 “10th Fyp” Period	24.6	25.0	24.0
2001	7.5	6.8	8.2
2002	21.8	22.4	21.2

表2　续2

年份 Year	进出口总额 Total	出口总额 Exports	进口总额 Inports
2003	37. 1	34. 6	39. 8
2004	35. 7	35. 4	36. 0
2005	23. 2	28. 4	17. 6
“十一五” 时期 “11th Fyp” Period	15. 9	15. 7	16. 2
2006	23. 8	27. 2	19. 9
2007	23. 6	25. 9	20. 8
2008	17. 8	17. 3	18. 5
2009	-13. 9	-16. 0	-11. 2
2010	34. 7	31. 3	38. 8
“十二五” 时期 “12th Fyp” Period	5. 9	7. 6	3. 8
2011	22. 5	20. 3	24. 9
2012	6. 2	7. 9	4. 3
2013	7. 5	7. 8	7. 2
2014	3. 4	6. 0	0. 4
2015	-8. 1	-2. 9	-14. 1
“十三五” 时期 “13th Fyp” Period			
2016	-6. 8	-7. 7	-5. 5
2017	11. 4	7. 9	16. 1
2018	12. 6	9. 9	15. 8

表 3 中国进出口在世界贸易中的比重和位次
Share and place of China's imports and exports in world total

金额单位：亿美元
Unit：USD 100 million

年份 Year	世界进出口总额 World total value of imports and exports	中国进出口总额 China's total value of imports and exports	中国进出口总额占世界进出口总额比重（%） Share of China's imports and exports in world total（%）	位次 Place
1950	1 258. 50	11. 35	0. 90	28
1951	1 720. 70	19. 55	1. 14	21
1952	1 697. 20	19. 41	1. 14	19
1953	1 688. 80	23. 68	1. 40	16
1954	1 755. 00	24. 33	1. 39	16
1955	1 936. 10	31. 45	1. 62	13
1956	2 143. 60	32. 08	1. 50	14
1957	2 349. 50	31. 03	1. 32	18
1958	2 250. 50	38. 71	1. 72	13
1959	2 415. 00	43. 81	1. 81	12
1960	2 675. 90	38. 09	1. 42	15
1961	2 789. 10	29. 36	1. 05	21
1962	2 939. 00	26. 63	0. 91	23
1963	3 207. 70	29. 15	0. 91	22
1964	3 590. 30	34. 63	0. 96	21
1965	3 889. 10	42. 45	1. 09	20
1966	4 253. 10	46. 14	1. 08	21
1967	4 463. 90	41. 55	0. 93	23
1968	4 947. 50	40. 48	0. 82	24
1969	5 634. 30	40. 29	0. 72	26
1970	6 463. 10	45. 86	0. 71	27
1971	7 202. 40	48. 41	0. 67	29
1972	8 518. 70	63. 01	0. 74	26
1973	11 750. 30	109. 76	0. 93	23
1974	17 016. 10	145. 68	0. 86	25
1975	17 888. 50	147. 51	0. 82	26
1976	20 178. 70	134. 33	0. 67	33
1977	22 989. 00	148. 04	0. 64	35
1978	26 653. 40	206. 38	0. 77	30
1979	33 530. 10	293. 33	0. 87	25
1980	41 133. 20	381. 40	0. 93	26
1981	40 848. 70	440. 22	1. 08	21
1982	38 296. 80	416. 06	1. 09	21

表3　续

年份 Year	世界进出口总额 World total value of imports and exports	中国进出口总额 China's total value of imports and exports	中国进出口总额占世界进出口总额比重（%） Share of China's imports and exports in world total（%）	位次 Place
1983	37 375. 40	436. 16	1. 17	20
1984	39 713. 70	535. 49	1. 35	16
1985	39 684. 10	696. 02	1. 75	11
1986	43 461. 10	738. 46	1. 70	12
1987	50 992. 20	826. 53	1. 62	17
1988	58 341. 90	1 027. 84	1. 76	15
1989	63 043. 80	1 116. 78	1. 77	15
1990	70 897. 10	1 154. 36	1. 63	16
1991	71 398. 10	1 356. 34	1. 90	14
1992	76 796. 90	1 655. 25	2. 16	11
1993	76 891. 20	1 957. 03	2. 55	11
1994	87 568. 40	2 366. 21	2. 70	11
1995	104 528. 90	2 808. 64	2. 69	11
1996	109 533. 20	2 898. 81	2. 65	11
1997	113 309. 80	3 251. 62	2. 87	11
1998	111 857. 20	3 239. 49	2. 90	11
1999	116 456. 60	3 606. 30	3. 10	9
2000	131 793. 00	4 742. 97	3. 60	8
2001	126 752. 30	5 096. 51	4. 02	6
2002	132 390. 10	6 207. 66	4. 69	6
2003	154 544. 40	8 509. 88	5. 51	4
2004	187 989. 10	11 545. 54	6. 14	3
2005	213 805. 10	14 219. 06	6. 65	3
2006	245 925. 90	17 604. 39	7. 16	3
2007	283 567. 80	21 761. 75	7. 67	3
2008	327 376. 10	25 632. 55	7. 83	3
2009	253 422. 50	22 075. 35	8. 71	2
2010	308 117. 40	29 740. 01	9. 65	2
2011	368 411. 10	36 418. 65	9. 89	2
2012	372 040. 20	38 671. 19	10. 39	2
2013	379 676. 40	41 589. 93	10. 95	1
2014	380 873. 50	43 015. 27	11. 29	1
2015	333 175. 94	39 530. 33	11. 86	1
2016	323 154. 61	36 855. 57	11. 40	2
2017	357 751. 51	41 071. 38	11. 48	1
2018	393 418. 50	46 230. 38	11. 75	1

表 4 中国出口在世界出口中的比重和位次
Share and place of China's exports in world total exports

金额单位：亿美元
Unit：USD 100 million

年份 Year	世界出口总额 World total value of exports	中国出口总额 China's total value of exports	中国出口总额占世界出口总额比重（%） Share of China's exports in world total（%）	位次 Place
1950	620. 4	5. 52	0. 89	29
1951	837. 2	7. 57	0. 90	29
1952	818. 2	8. 23	1. 01	23
1953	838. 2	10. 22	1. 22	19
1954	867. 5	11. 46	1. 32	19
1955	945. 2	14. 12	1. 49	16
1956	1 052. 5	16. 45	1. 56	15
1957	1 141. 0	15. 97	1. 40	16
1958	1 102. 1	19. 81	1. 80	13
1959	1 184. 2	22. 61	1. 91	11
1960	1 304. 6	18. 56	1. 42	18
1961	1 363. 0	14. 91	1. 09	20
1962	1 432. 8	14. 90	1. 04	20
1963	1 569. 7	16. 49	1. 05	20
1964	1 755. 5	19. 16	1. 09	20
1965	1 900. 6	22. 28	1. 17	19
1966	2 075. 3	23. 66	1. 14	19
1967	2 183. 0	21. 35	0. 98	20
1968	2 422. 5	21. 03	0. 87	20
1969	2 766. 1	22. 04	0. 80	22
1970	3 169. 2	22. 60	0. 71	30
1971	3 541. 0	26. 36	0. 74	27
1972	4 190. 0	34. 43	0. 82	23
1973	5 800. 6	58. 19	1. 00	21
1974	8 404. 3	69. 49	0. 83	29
1975	8 769. 0	72. 64	0. 83	28
1976	9 921. 2	68. 55	0. 69	35
1977	11 283. 9	75. 90	0. 67	37
1978	13 069. 1	97. 45	0. 75	33
1979	16 593. 3	136. 58	0. 82	32
1980	20 361. 4	181. 20	0. 89	30
1981	20 143. 9	220. 07	1. 09	19
1982	18 858. 1	223. 21	1. 18	16

表4　续

年份 Year	世界出口总额 World total value of exports	中国出口总额 China's total value of exports	中国出口总额占 世界出口总额比重（%） Share of China's exports in world total（%）	位次 Place
1983	18 459. 8	222. 26	1. 20	19
1984	19 557. 1	261. 39	1. 34	18
1985	19 528. 9	273. 50	1. 40	17
1986	21 385. 1	309. 42	1. 45	16
1987	25 155. 0	394. 37	1. 57	16
1988	28 689. 2	475. 16	1. 66	16
1989	30 989. 2	525. 38	1. 70	14
1990	34 897. 4	620. 91	1. 78	15
1991	35 113. 6	718. 43	2. 05	13
1992	37 791. 7	849. 40	2. 25	11
1993	37 946. 9	917. 44	2. 42	11
1994	43 282. 6	1 210. 06	2. 80	11
1995	51 676. 2	1 487. 80	2. 88	11
1996	54 060. 5	1 510. 48	2. 79	11
1997	55 923. 2	1 827. 92	3. 27	10
1998	55 031. 3	1 837. 12	3. 34	9
1999	57 193. 8	1 949. 31	3. 41	9
2000	64 561. 7	2 492. 03	3. 86	7
2001	61 933. 1	2 660. 98	4. 30	6
2002	64 979. 0	3 255. 96	5. 01	5
2003	75 878. 4	4 382. 28	5. 78	4
2004	92 243. 9	5 933. 26	6. 43	3
2005	105 101. 4	7 619. 53	7. 25	3
2006	121 311. 8	9 689. 78	7. 99	3
2007	140 262. 7	12 200. 60	8. 70	2
2008	161 653. 1	14 306. 93	8. 85	2
2009	125 606. 3	12 016. 12	9. 57	1
2010	153 010. 8	15 777. 54	10. 31	1
2011	183 379. 8	18 983. 81	10. 35	1
2012	184 959. 8	20 487. 14	11. 08	1
2013	189 527. 5	22 090. 04	11. 66	1
2014	189 677. 0	23 422. 93	12. 35	1
2015	165 305. 7	22 734. 68	13. 75	1
2016	160 305. 4	20 976. 31	13. 09	1
2017	177 318. 6	22 633. 45	12. 76	1
2018	194 753. 6	24 874. 01	12. 77	1

表 5 对外贸易出口商品构成（按《国际贸易标准分类》划分）
Structure of export connodities（classified according to SITC）

金额单位：亿美元
Unit：USD 100 million

项目 Item	1980		1981		1982	
	金额 Value	比重（%） Share（%）	金额 Value	比重（%） Share（%）	金额 Value	比重（%） Share（%）
出口总额 Exports Total	181. 20	100. 0	220. 07	100. 0	223. 21	100. 0
一、初级产品 Primary Products	91. 14	50. 3	102. 43	46. 5	100. 50	45. 0
1. 食品及活动物 Food and Live Animal for Food	29. 85	16. 5	29. 24	13. 3	29. 08	13. 0
2. 饮料及烟类 Beverages and Tobacco	0. 78	0. 5	0. 60	0. 3	0. 97	0. 4
3. 非食用原料（燃料除外） Non-Edible Raw Materials（feuls excl.）	17. 11	9. 4	19. 48	8. 9	16. 53	7. 4
4. 矿产燃料、润滑油及有关原料 Mineral Fuels，Lubricants and Related Materials	42. 80	23. 6	52. 23	23. 7	53. 14	23. 8
5. 动植物油、脂及蜡 Animal and Vegetable Oils，Fats and Wax	0. 60	0. 3	0. 88	0. 4	0. 78	0. 3
二、工业制成品 Manufactured Goods	90. 06	49. 7	117. 62	53. 4	122. 70	55. 0
1. 化学成品及有关产品 Chemicals and Related Products	11. 20	6. 2	13. 42	6. 1	11. 96	5. 4
2. 按原料分类的制成品 Products Classified by Materials	39. 99	22. 1	47. 06	21. 4	43. 02	19. 3
3. 机械及运输设备 Machinery and Transport Equipment	8. 43	4. 6	10. 87	4. 9	12. 63	5. 7
4. 杂项制品 Miscellaneous Products	28. 36	15. 7	37. 25	16. 9	37. 05	16. 6
5. 未分类商品 Products Not Otherwise Classified	2. 08	1. 1	9. 02	4. 1	18. 04	8. 1

表 5　续 1

项目 Item	1983		1984		1985	
	金额 Value	比重（%） Share（%）	金额 Value	比重（%） Share（%）	金额 Value	比重（%） Share（%）
出口总额 Exports Total	222. 26	100. 0	261. 39	100. 0	273. 50	100. 0
一、初级产品 Primary Products	96. 20	43. 3	119. 34	45. 7	138. 28	50. 6
1. 食品及活动物 Food and Live Animal for Food	28. 53	12. 8	32. 32	12. 4	38. 03	13. 9
2. 饮料及烟类 Beverages and Tobacco	1. 04	0. 5	1. 10	0. 4	1. 05	0. 4
3. 非食用原料（燃料除外） Non-Edible Raw Materials（feuls excl.）	18. 92	8. 5	24. 21	9. 3	26. 53	9. 7
4. 矿产燃料、润滑油及有关原料 Mineral Fuels，Lubricants and Related Materials	46. 66	21. 0	60. 27	23. 1	71. 32	26. 10
5. 动植物油、脂及蜡 Animal and Vegetable Oils，Fats and Wax	1. 05	0. 5	1. 44	0. 6	1. 35	0. 5
二、工业制成品 Manufactured Goods	126. 10	56. 7	142. 06	54. 3	135. 22	49. 4
1. 化学成品及有关产品 Chemicals and Related Products	12. 51	5. 6	13. 64	5. 2	13. 58	5. 0
2. 按原料分类的制成品 Products Classified by Materials	43. 65	19. 6	50. 53	19. 3	44. 93	16. 4
3. 机械及运输设备 Machinery and Transport Equipment	12. 21	5. 5	14. 93	5. 7	7. 72	2. 8
4. 杂项制品 Miscellaneous Products	38. 04	17. 1	46. 97	18. 0	34. 86	12. 7
5. 未分类商品 Products Not Otherwise Classified	19. 69	8. 9	15. 99	6. 1	34. 13	12. 5

表5 续2

项目 Item	1986		1987		1988	
	金额 Value	比重（%） Share（%）	金额 Value	比重（%） Share（%）	金额 Value	比重（%） Share（%）
出口总额 Exports Total	309. 42	100. 0	394. 37	100. 0	475. 16	100. 0
一、初级产品 Primary Products	112. 72	36. 4	132. 31	33. 5	144. 06	30. 3
1. 食品及活动物 Food and Live Animal for Food	44. 48	14. 4	47. 81	12. 1	58. 90	12. 4
2. 饮料及烟类 Beverages and Tobacco	1. 19	0. 4	1. 75	0. 4	2. 35	0. 5
3. 非食用原料（燃料除外） Non-Edible Raw Materials（feuls excl.）	29. 08	9. 4	36. 50	9. 3	42. 57	9. 0
4. 矿产燃料、润滑油及有关原料 Mineral Fuels，Lubricants and Related Materials	36. 83	11. 9	45. 44	11. 5	39. 50	8. 3
5. 动植物油、脂及蜡 Animal and Vegetable Oils，Fats and Wax	1. 14	0. 4	0. 81	0. 2	0. 74	0. 2
二、工业制成品 Manufactured Goods	196. 68	63. 6	262. 09	66. 5	331. 10	69. 7
1. 化学成品及有关产品 Chemicals and Related Products	17. 33	5. 6	22. 35	5. 7	28. 97	6. 1
2. 按原料分类的制成品 Products Classified by Materials	58. 86	19. 0	85. 70	21. 7	104. 89	22. 1
3. 机械及运输设备 Machinery and Transport Equipment	10. 94	3. 5	17. 41	4. 4	27. 69	5. 8
4. 杂项制品 Miscellaneous Products	49. 48	16. 0	62. 73	15. 9	82. 68	17. 4
5. 未分类商品 Products Not Otherwise Classified	60. 07	19. 4	73. 90	18. 7	86. 87	18. 3

表5　续3

项目 Item	1989		1990		1991	
	金额 Value	比重（%） Share（%）	金额 Value	比重（%） Share（%）	金额 Value	比重（%） Share（%）
出口总额 Exports Total	525. 38	100. 0	620. 91	100. 0	718. 43	100. 0
一、初级产品 Primary Products	150. 78	28. 7	158. 86	25. 6	161. 45	22. 5
1. 食品及活动物 Food and Live Animal for Food	61. 45	11. 7	66. 09	10. 6	72. 26	10. 1
2. 饮料及烟类 Beverages and Tobacco	3. 14	0. 6	3. 42	0. 6	5. 29	0. 7
3. 非食用原料（燃料除外） Non-Edible Raw Materials（feuls excl.）	42. 12	8. 0	35. 37	5. 7	34. 86	4. 9
4. 矿产燃料、润滑油及有关原料 Mineral Fuels，Lubricants and Related Materials	43. 21	8. 2	52. 37	8. 4	47. 54	6. 6
5. 动植物油、脂及蜡 Animal and Vegetable Oils，Fats and Wax	0. 86	0. 2	1. 61	0. 3	1. 50	0. 2
二、工业制成品 Manufactured Goods	374. 62	71. 3	462. 04	74. 4	556. 98	77. 5
1. 化学成品及有关产品 Chemicals and Related Products	32. 01	6. 1	37. 30	6. 0	38. 18	5. 3
2. 按原料分类的制成品 Products Classified by Materials	108. 97	20. 7	125. 76	20. 3	144. 56	20. 1
3. 机械及运输设备 Machinery and Transport Equipment	38. 74	7. 4	55. 88	9. 0	71. 49	10. 0
4. 杂项制品 Miscellaneous Products	107. 55	20. 5	126. 86	20. 4	166. 20	23. 1
5. 未分类商品 Products Not Otherwise Classified	87. 35	16. 6	116. 24	18. 7	136. 55	19. 0

表5 续4

项目 Item	1992		1993		1994	
	金额 Value	比重（%） Share（%）	金额 Value	比重（%） Share（%）	金额 Value	比重（%） Share（%）
出口总额 Exports Total	849. 40	100. 0	917. 44	100. 0	1 210. 06	100. 0
一、初级产品 Primary Products	170. 04	20. 0	166. 66	18. 2	197. 08	16. 3
1. 食品及活动物 Food and Live Animal for Food	83. 09	9. 8	83. 99	9. 2	100. 15	8. 3
2. 饮料及烟类 Beverages and Tobacco	7. 20	0. 8	9. 01	1. 0	10. 02	0. 8
3. 非食用原料（燃料除外） Non-Edible Raw Materials（feuls excl.）	31. 43	3. 7	30. 52	3. 3	41. 27	3. 4
4. 矿产燃料、润滑油及有关原料 Mineral Fuels, Lubricants and Related Materials	46. 93	5. 5	41. 09	4. 5	40. 69	3. 4
5. 动植物油、脂及蜡 Animal and Vegetable Oils, Fats and Wax	1. 39	0. 2	2. 05	0. 2	4. 95	0. 4
二、工业制成品 Manufactured Goods	679. 36	80. 0	750. 78	81. 8	1 012. 98	83. 7
1. 化学成品及有关产品 Chemicals and Related Products	43. 48	5. 1	46. 23	5. 0	62. 36	5. 2
2. 按原料分类的制成品 Products Classified by Materials	161. 35	19. 0	163. 92	17. 9	232. 18	19. 2
3. 机械及运输设备 Machinery and Transport Equipment	132. 19	15. 6	152. 81	16. 7	218. 95	18. 1
4. 杂项制品 Miscellaneous Products	342. 34	40. 3	387. 81	42. 3	499. 37	41. 3
5. 未分类商品 Products Not Otherwise Classified	—	—	—	—	0. 12	0. 0

表 5 续 5

项目 Item	1995		1995		1997	
	金额 Value	比重（%） Share（%）	金额 Value	比重（%） Share（%）	金额 Value	比重（%） Share（%）
出口总额 Exports Total	1 487.80	100.0	1 510.48	100.0	1 827.92	100.0
一、初级产品 Primary Products	214.85	14.4	219.25	14.5	239.53	13.1
1. 食品及活动物 Food and Live Animal for Food	99.54	6.7	102.31	6.8	110.75	6.1
2. 饮料及烟类 Beverages and Tobacco	13.70	0.9	13.42	0.9	10.49	0.6
3. 非食用原料（燃料除外） Non-Edible Raw Materials（feuls excl.）	43.75	2.9	40.45	2.7	41.95	2.3
4. 矿产燃料、润滑油及有关原料 Mineral Fuels, Lubricants and Related Materials	53.32	3.6	59.31	3.9	69.87	3.8
5. 动植物油、脂及蜡 Animal and Vegetable Oils, Fats and Wax	4.54	0.3	3.76	0.2	6.47	0.4
二、工业制成品 Manufactured Goods	1 272.95	85.6	1 291.23	85.5	1 588.37	86.9
1. 化学成品及有关产品 Chemicals and Related Products	90.94	6.1	88.77	5.9	102.27	5.6
2. 按原料分类的制成品 Products Classified by Materials	322.40	21.7	284.98	18.9	344.32	18.8
3. 机械及运输设备 Machinery and Transport Equipment	314.07	21.1	353.12	23.4	437.09	23.9
4. 杂项制品 Miscellaneous Products	545.48	36.7	564.24	37.4	704.65	38.5
5. 未分类商品 Products Not Otherwise Classified	0.06	—	0.12	0.0	0.04	0.0

表5 续6

项目 Item	1998		1999		2000	
	金额 Value	比重（%） Share（%）	金额 Value	比重（%） Share（%）	金额 Value	比重（%） Share（%）
出口总额 Exports Total	1 837. 10	100. 0	1 949. 31	100. 0	2 492. 03	100. 0
一、初级产品 Primary Products	205. 49	11. 2	199. 40	10. 2	254. 60	10. 2
1. 食品及活动物 Food and Live Animal for Food	106. 13	5. 8	104. 57	5. 4	122. 80	4. 9
2. 饮料及烟类 Beverages and Tobacco	9. 75	0. 5	7. 71	0. 4	7. 40	0. 3
3. 非食用原料（燃料除外） Non-Edible Raw Materials（feuls excl.）	35. 19	1. 9	39. 21	2. 0	44. 60	1. 8
4. 矿产燃料、润滑油及有关原料 Mineral Fuels, Lubricants and Related Materials	51. 35	2. 8	46. 59	2. 4	78. 50	3. 2
5. 动植物油、脂及蜡 Animal and Vegetable Oils, Fats and Wax	3. 07	0. 2	1. 32	0. 1	1. 20	0. 0
二、工业制成品 Manufactured Goods	1 631. 61	88. 8	1 749. 90	89. 8	2 237. 50	89. 8
1. 化学成品及有关产品 Chemicals and Related Products	103. 21	5. 6	103. 73	5. 3	121. 05	4. 9
2. 按原料分类的制成品 Products Classified by Materials	323. 80	17. 6	332. 62	17. 1	425. 50	17. 1
3. 机械及运输设备 Machinery and Transport Equipment	502. 30	27. 3	588. 36	30. 2	826. 00	33. 1
4. 杂项制品 Miscellaneous Products	702. 25	38. 2	725. 10	37. 2	862. 80	34. 6
5. 未分类商品 Products Not Otherwise Classified	0. 05	0. 0	0. 09	0. 0	2. 20	0. 1

表5　续7

项目 Item	2001		2002		2003	
	金额 Value	比重（%） Share（%）	金额 Value	比重（%） Share（%）	金额 Value	比重（%） Share（%）
出口总额 Exports Total	2 660. 98	100. 0	3 255. 96	100. 0	4 382. 28	100. 0
一、初级产品 Primary Products	263. 36	9. 9	285. 40	8. 8	348. 12	7. 9
1. 食品及活动物 Food and Live Animal for Food	127. 78	4. 8	146. 23	4. 5	175. 33	4. 0
2. 饮料及烟类 Beverages and Tobacco	8. 74	0. 3	9. 84	0. 3	10. 19	0. 2
3. 非食用原料（燃料除外） Non-Edible Raw Materials（feuls excl.）	41. 69	1. 6	44. 04	1. 4	50. 33	1. 1
4. 矿产燃料、润滑油及有关原料 Mineral Fuels, Lubricants and Related Materials	84. 05	3. 2	84. 35	2. 6	111. 10	2. 5
5. 动植物油、脂及蜡 Animal and Vegetable Oils, Fats and Wax	1. 11	0. 0	0. 98	0. 0	1. 15	0. 0
二、工业制成品 Manufactured Goods	2 397. 62	90. 1	2 970. 56	91. 2	4 034. 16	92. 1
1. 化学成品及有关产品 Chemicals and Related Products	133. 54	5. 0	153. 25	4. 7	195. 81	4. 5
2. 按原料分类的制成品 Products Classified by Materials	438. 14	16. 5	529. 55	16. 3	690. 18	15. 7
3. 机械及运输设备 Machinery and Transport Equipment	949. 01	35. 7	1 269. 76	39. 0	1 877. 73	42. 8
4. 杂项制品 Miscellaneous Products	871. 62	32. 8	1 012. 23	31. 1	1 261. 90	28. 8
5. 未分类商品 Products Not Otherwise Classified	5. 33	0. 2	5. 78	0. 2	8. 54	0. 2

表5 续8

项目 Item	2004		2005		2006	
	金额 Value	比重（%） Share（%）	金额 Value	比重（%） Share（%）	金额 Value	比重（%） Share（%）
出口总额 Exports Total	5 933. 26	100. 0	7 619. 53	100. 0	9 689. 78	100. 0
一、初级产品 Primary Products	405. 49	6. 8	490. 31	6. 4	529. 25	5. 5
1. 食品及活动物 Food and Live Animal for Food	188. 64	3. 2	224. 81	3. 0	257. 22	2. 7
2. 饮料及烟类 Beverages and Tobacco	12. 14	0. 2	11. 83	0. 2	11. 93	0. 1
3. 非食用原料（燃料除外） Non-Edible Raw Materials（feuls excl.）	58. 43	1. 0	74. 78	1. 0	78. 62	0. 8
4. 矿产燃料、润滑油及有关原料 Mineral Fuels，Lubricants and Related Materials	144. 80	2. 4	176. 21	2. 3	177. 76	1. 8
5. 动植物油、脂及蜡 Animal and Vegetable Oils，Fats and Wax	1. 48	0. 0	2. 68	0. 0	3. 73	0. 0
二、工业制成品 Manufactured Goods	5 527. 77	93. 2	7 129. 22	93. 6	9 161. 47	94. 5
1. 化学成品及有关产品 Chemicals and Related Products	263. 60	4. 4	357. 72	4. 7	445. 31	4. 6
2. 按原料分类的制成品 Products Classified by Materials	1 006. 46	17. 0	1 291. 21	16. 9	1 748. 36	18. 0
3. 机械及运输设备 Machinery and Transport Equipment	2 682. 60	45. 2	3 522. 34	46. 2	4 563. 64	47. 1
4. 杂项制品 Miscellaneous Products	1 563. 98	26. 4	1 941. 83	25. 5	2 380. 29	24. 6
5. 未分类商品 Products Not Otherwise Classified	11. 12	0. 2	16. 12	0. 2	23. 88	0. 2

表 5 续 9

项目 Item	2007		2008		2009	
	金额 Value	比重（%） Share（%）	金额 Value	比重（%） Share（%）	金额 Value	比重（%） Share（%）
出口总额 Exports Total	12 200. 60	100. 0	14 306. 93	100. 0	12 016. 12	100. 0
一、初级产品 Primary Products	621. 90	5. 1	779. 57	5. 4	631. 12	5. 3
1. 食品及活动物 Food and Live Animal for Food	307. 51	2. 5	327. 62	2. 3	326. 28	2. 7
2. 饮料及烟类 Beverages and Tobacco	13. 96	0. 1	15. 29	0. 1	16. 41	0. 1
3. 非食用原料（燃料除外） Non-Edible Raw Materials（feuls excl.）	88. 90	0. 7	113. 19	0. 8	81. 53	0. 7
4. 矿产燃料、润滑油及有关原料 Mineral Fuels，Lubricants and Related Materials	208. 60	1. 7	317. 73	2. 2	203. 74	1. 7
5. 动植物油、脂及蜡 Animal and Vegetable Oils，Fats and Wax	3. 01	0. 0	5. 74	0. 0	3. 16	0. 0
二、工业制成品 Manufactured Goods	11 566. 47	94. 8	13 527. 36	94. 6	11 385. 00	94. 7
1. 化学成品及有关产品 Chemicals and Related Products	603. 34	4. 9	793. 46	5. 5	620. 17	5. 2
2. 按原料分类的制成品 Products Classified by Materials	2 200. 49	18. 0	2 623. 91	18. 3	1 848. 16	15. 4
3. 机械及运输设备 Machinery and Transport Equipment	5 770. 72	47. 3	6 733. 29	47. 1	5 902. 74	49. 1
4. 杂项制品 Miscellaneous Products	2 970. 17	24. 3	3 359. 59	23. 5	2 997. 47	24. 9
5. 未分类商品 Products Not Otherwise Classified	21. 76	0. 2	17. 10	0. 1	16. 46	0. 1

表5 续10

项目 Item	2010		2011		2012	
	金额 Value	比重（%） Share（%）	金额 Value	比重（%） Share（%）	金额 Value	比重（%） Share（%）
出口总额 Exports Total	15 777. 54	100. 0	18 983. 81	100. 0	20 487. 14	100. 0
一、初级产品 Primary Products	815. 25	5. 2	1 003. 34	5. 3	1 005. 58	4. 9
1. 食品及活动物 Food and Live Animal for Food	411. 53	2. 6	504. 93	2. 7	520. 76	2. 5
2. 饮料及烟类 Beverages and Tobacco	19. 06	0. 1	22. 76	0. 1	25. 90	0. 1
3. 非食用原料（燃料除外） Non-Edible Raw Materials（feuls excl.）	114. 43	0. 7	147. 66	0. 8	143. 41	0. 7
4. 矿产燃料、润滑油及有关原料 Mineral Fuels，Lubricants and Related Materials	267. 00	1. 7	322. 74	1. 7	310. 14	1. 5
5. 动植物油、脂及蜡 Animal and Vegetable Oils，Fats and Wax	3. 56	0. 0	5. 26	0. 0	5. 44	0. 0
二、工业制成品 Manufactured Goods	14 957. 56	94. 8	17 974. 48	94. 7	19 481. 81	95. 1
1. 化学成品及有关产品 Chemicals and Related Products	875. 72	5. 6	1 147. 88	6. 0	1 135. 72	5. 5
2. 按原料分类的制成品 Products Classified by Materials	2 491. 08	15. 8	3 195. 60	16. 8	3 331. 60	16. 3
3. 机械及运输设备 Machinery and Transport Equipment	7 802. 69	49. 5	9 017. 74	47. 5	9 643. 70	47. 1
4. 杂项制品 Miscellaneous Products	3 773. 39	23. 9	4 589. 82	24. 2	5 356. 75	26. 1
5. 未分类商品 Products Not Otherwise Classified	14. 68	0. 1	23. 43	0. 1	14. 26	0. 1

表 5　续 11

项目 Item	2013		2014		2015	
	金额 Value	比重（%） Share（%）	金额 Value	比重（%） Share（%）	金额 Value	比重（%） Share（%）
出口总额 Exports Total	22 090. 04	100. 0	23 422. 93	100. 0	22 734. 68	100. 0
一、初级产品 Primary Products	1 072. 83	4. 9	1 126. 83	4. 8	1 038. 86	4. 6
1. 食品及活动物 Food and Live Animal for Food	557. 29	2. 5	589. 07	2. 5	581. 58	2. 6
2. 饮料及烟类 Beverages and Tobacco	26. 08	0. 12	28. 83	0. 1	33. 09	0. 1
3. 非食用原料（燃料除外） Non-Edible Raw Materials（feuls excl.）	145. 70	0. 66	158. 25	0. 7	138. 69	0. 6
4. 矿产燃料、润滑油及有关原料 Mineral Fuels，Lubricants and Related Materials	337. 92	1. 5	344. 46	1. 5	279. 10	1. 2
5. 动植物油、脂及蜡 Animal and Vegetable Oils，Fats and Wax	5. 84	0. 03	6. 23	0. 0	6. 45	0. 0
二、工业制成品 Manufactured Goods	21 017. 21	95. 1	22 296. 09	95. 2	21 695. 93	95. 4
1. 化学成品及有关产品 Chemicals and Related Products	1 196. 59	5. 4	1 345. 67	5. 7	1 295. 80	5. 7
2. 按原料分类的制成品 Products Classified by Materials	3 606. 65	16. 3	4 002. 97	17. 1	3 910. 21	17. 2
3. 机械及运输设备 Machinery and Transport Equipment	10 392. 56	47. 0	10 704. 25	45. 7	10 591. 19	46. 6
4. 杂项制品 Miscellaneous Products	5 814. 48	26. 3	6 220. 54	26. 6	5 874. 44	25. 8
5. 未分类商品 Products Not Otherwise Classified	6. 91	0. 08	22. 67	0. 1	24. 29	0. 1

表5 续12

项目 Item	2016		2017		2018	
	金额 Value	比重（%） Share（%）	金额 Value	比重（%） Share（%）	金额 Value	比重（%） Share（%）
出口总额 Exports Total	20 976. 31	100. 0	22 633. 45	100. 0	24 874. 01	100. 0
一、初级产品 Primary Products	1 051. 87	5. 0	1 177. 33	5. 2	1 350. 86	5. 4
1. 食品及活动物 Food and Live Animal for Food	610. 98	2. 9	626. 26	2. 8	654. 73	2. 6
2. 饮料及烟类 Beverages and Tobacco	35. 39	0. 2	34. 68	0. 2	37. 12	0. 1
3. 非食用原料（燃料除外） Non-Edible Raw Materials（feuls excl.）	131. 02	0. 6	154. 40	0. 7	180. 22	0. 7
4. 矿产燃料、润滑油及有关原料 Mineral Fuels，Lubricants and Related Materials	268. 73	1. 3	353. 89	1. 6	468. 14	1. 9
5. 动植物油、脂及蜡 Animal and Vegetable Oils，Fats and Wax	5. 75	0. 0	8. 10	0. 0	10. 65	0. 0
二、工业制成品 Manufactured Goods	19 924. 45	95. 0	21 456. 38	94. 8	23 520. 21	94. 6
1. 化学成品及有关产品 Chemicals and Related Products	1 219. 27	5. 8	1 412. 93	6. 2	1 675. 25	6. 7
2. 按原料分类的制成品 Products Classified by Materials	3 512. 45	16. 7	3 685. 64	16. 3	4 047. 53	16. 3
3. 机械及运输设备 Machinery and Transport Equipment	9 842. 09	46. 9	10 823. 29	47. 8	12 080. 55	48. 6
4. 杂项制品 Miscellaneous Products	5 294. 94	25. 2	5 476. 92	24. 2	5 658. 14	22. 7
5. 未分类商品 Products Not Otherwise Classified	55. 70	0. 3	57. 60	0. 3	58. 73	0. 2

表 6　对外贸易进口商品构成（按《国际贸易标准分类》划分）
Structure of import connodities（classified according to SITC）

金额单位：亿美元
Unit：USD 100 million

项目 Item	1980		1981		1982	
	金额 Value	比重（%） Share（%）	金额 Value	比重（%） Share（%）	金额 Value	比重（%） Share（%）
进口总额 Imports Total	200. 20	100. 0	220. 15	100. 0	192. 85	100. 0
一、初级产品 Primary Products	69. 60	34. 8	80. 44	36. 5	76. 34	39. 6
1. 食品及活动物 Food and Live Animal for Food	29. 27	14. 6	36. 22	16. 5	42. 01	21. 8
2. 饮料及烟类 Beverages and Tobacco	0. 36	0. 2	2. 13	1. 0	1. 30	0. 7
3. 非食用原料（燃料除外） Non-Edible Raw Materials（feuls excl.）	35. 54	17. 8	40. 27	18. 3	30. 12	15. 6
4. 矿产燃料、润滑油及有关原料 Mineral Fuels，Lubricants and Related Materials	2. 04	1. 0	0. 83	0. 4	1. 83	0. 9
5. 动植物油、脂及蜡 Animal and Vegetable Oils，Fats and Wax	2. 39	1. 2	0. 99	0. 4	1. 08	0. 6
二、工业制成品 Manufactured Goods	130. 60	65. 2	139. 66	63. 4	116. 50	60. 4
1. 化学成品及有关产品 Chemicals and Related Products	29. 10	14. 5	26. 06	11. 8	29. 36	15. 2
2. 按原料分类的制成品 Products Classified by Materials	41. 54	20. 7	40. 35	18. 3	39. 06	20. 3
3. 机械及运输设备 Machinery and Transport Equipment	51. 20	25. 6	58. 66	26. 6	32. 04	16. 6
4. 杂项制品 Miscellaneous Products	5. 42	2. 7	5. 56	2. 5	4. 86	2. 5
5. 未分类商品 Products Not Otherwise Classified	3. 34	1. 7	9. 03	4. 1	11. 20	5. 8

表6 续1

项目 Item	1983		1984		1985	
	金额 Value	比重（%） Share（%）	金额 Value	比重（%） Share（%）	金额 Value	比重（%） Share（%）
一、初级产品 Primary Products	58. 08	27. 2	52. 08	19. 0	52. 89	12. 5
1. 食品及活动物 Food and Live Animal for Food	31. 22	14. 6	23. 31	8. 5	15. 53	3. 7
2. 饮料及烟类 Beverages and Tobacco	0. 46	0. 2	1. 16	0. 4	2. 06	0. 5
3. 非食用原料（燃料除外） Non-Edible Raw Materials（feuls excl.）	24. 59	11. 5	25. 42	9. 3	32. 36	7. 7
4. 矿产燃料、润滑油及有关原料 Mineral Fuels, Lubricants and Related Materials	1. 11	0. 5	1. 39	0. 50	1. 72	0. 4
5. 动植物油、脂及蜡 Animal and Vegetable Oils, Fats and Wax	0. 70	0. 4	0. 80	0. 3	1. 22	0. 3
二、工业制成品 Manufactured Goods	155. 82	72. 8	222. 02	81. 0	369. 61	87. 5
1. 化学成品及有关产品 Chemicals and Related Products	31. 83	14. 9	42. 37	15. 5	44. 69	10. 6
2. 按原料分类的制成品 Products Classified by Materials	62. 89	29. 4	73. 18	26. 7	118. 98	28. 2
3. 机械及运输设备 Machinery and Transport Equipment	39. 88	18. 6	72. 45	26. 4	162. 39	38. 4
4. 杂项制品 Miscellaneous Products	7. 82	3. 7	11. 82	4. 3	19. 02	4. 5
5. 未分类商品 Products Not Otherwise Classified	13. 40	6. 2	22. 20	8. 1	24. 53	5. 8

表6 续2

项目 Item	1986		1987		1988	
	金额 Value	比重（%） Share（%）	金额 Value	比重（%） Share（%）	金额 Value	比重（%） Share（%）
进口总额 Imports Total	429. 04	100. 0	432. 16	100. 0	552. 75	100. 0
一、初级产品 Primary Products	56. 49	13. 2	69. 09	16. 0	100. 68	18. 2
1. 食品及活动物 Food and Live Animal for Food	16. 25	3. 8	24. 40	5. 6	34. 76	6. 3
2. 饮料及烟类 Beverages and Tobacco	1. 72	0. 4	2. 63	0. 6	3. 46	0. 6
3. 非食用原料（燃料除外） Non-Edible Raw Materials（feuls excl.）	31. 43	7. 3	33. 21	7. 7	50. 90	9. 2
4. 矿产燃料、润滑油及有关原料 Mineral Fuels，Lubricants and Related Materials	5. 04	1. 2	5. 36	1. 2	7. 88	1. 4
5. 动植物油、脂及蜡 Animal and Vegetable Oils，Fats and Wax	2. 05	0. 5	3. 49	0. 8	3. 69	0. 7
二、工业制成品 Manufactured Goods	372. 51	86. 8	363. 01	84. 0	452. 07	81. 8
1. 化学成品及有关产品 Chemicals and Related Products	37. 70	8. 8	50. 08	11. 6	91. 39	16. 5
2. 按原料分类的制成品 Products Classified by Materials	111. 91	26. 1	97. 30	22. 5	104. 10	18. 8
3. 机械及运输设备 Machinery and Transport Equipment	167. 80	39. 1	146. 07	33. 8	166. 97	30. 2
4. 杂项制品 Miscellaneous Products	18. 77	4. 4	18. 78	4. 3	19. 82	3. 6
5. 未分类商品 Products Not Otherwise Classified	36. 33	8. 5	50. 78	11. 8	69. 79	12. 6

表6 续3

项目 Item	1989		1990		1991	
	金额 Value	比重（%） Share（%）	金额 Value	比重（%） Share（%）	金额 Value	比重（%） Share（%）
进口总额 Imports Total	591. 40	100. 0	533. 45	100. 0	637. 91	100. 0
一、初级产品 Primary Products	117. 54	19. 9	98. 58	18. 5	108. 34	17. 0
1. 食品及活动物 Food and Live Animal for Food	41. 92	7. 1	33. 40	6. 3	27. 99	4. 4
2. 饮料及烟类 Beverages and Tobacco	2. 02	0. 3	1. 57	0. 3	2. 00	0. 3
3. 非食用原料（燃料除外） Non-Edible Raw Materials（feuls excl.）	48. 35	8. 2	41. 07	7. 7	50. 03	7. 8
4. 矿产燃料、润滑油及有关原料 Mineral Fuels，Lubricants and Related Materials	16. 50	2. 8	12. 72	2. 4	21. 13	3. 3
5. 动植物油、脂及蜡 Animal and Vegetable Oils，Fats and Wax	8. 75	1. 5	9. 82	1. 8	7. 19	1. 1
二、工业制成品 Manufactured Goods	473. 86	80. 1	434. 92	81. 5	529. 56	83. 0
1. 化学成品及有关产品 Chemicals and Related Products	75. 56	12. 8	66. 48	12. 5	92. 77	14. 5
2. 按原料分类的制成品 Products Classified by Materials	123. 35	20. 9	89. 06	16. 7	104. 93	16. 4
3. 机械及运输设备 Machinery and Transport Equipment	182. 07	30. 8	168. 45	31. 6	196. 01	30. 7
4. 杂项制品 Miscellaneous Products	20. 73	3. 5	21. 03	3. 9	24. 39	3. 8
5. 未分类商品 Products Not Otherwise Classified	72. 15	12. 1	89. 90	16. 9	111. 46	17. 5

表6　续4

项目 Item	1992		1993		1994	
	金额 Value	比重（%） Share（%）	金额 Value	比重（%） Share（%）	金额 Value	比重（%） Share（%）
进口总额 Imports Total	805. 85	100. 0	1 039. 59	100. 0	1 156. 14	100. 0
一、初级产品 Primary Products	132. 60	16. 5	142. 10	13. 7	164. 85	14. 3
1. 食品及活动物 Food and Live Animal for Food	31. 50	3. 9	22. 06	2. 1	31. 37	2. 7
2. 饮料及烟类 Beverages and Tobacco	2. 40	0. 3	2. 45	0. 2	0. 68	0. 1
3. 非食用原料（燃料除外） Non-Edible Raw Materials（feuls excl.）	57. 75	7. 2	54. 38	5. 2	74. 37	6. 4
4. 矿产燃料、润滑油及有关原料 Mineral Fuels，Lubricants and Related Materials	35. 70	4. 4	58. 19	5. 6	40. 34	3. 5
5. 动植物油、脂及蜡 Animal and Vegetable Oils，Fats and Wax	5. 25	0. 7	5. 02	0. 5	18. 09	1. 6
二、工业制成品 Manufactured Goods	673. 30	83. 6	897. 49	86. 3	991. 28	85. 7
1. 化学成品及有关产品 Chemicals and Related Products	111. 57	13. 8	97. 04	9. 3	121. 30	10. 5
2. 按原料分类的制成品 Products Classified by Materials	192. 73	23. 9	285. 26	27. 4	280. 84	24. 3
3. 机械及运输设备 Machinery and Transport Equipment	313. 12	38. 9	450. 23	43. 3	514. 67	44. 5
4. 杂项制品 Miscellaneous Products	55. 88	6. 9	64. 95	6. 2	67. 68	5. 9
5. 未分类商品 Products Not Otherwise Classified	—	—	—	—	6. 79	0. 6

表6 续5

项目 Item	1995		1996		1997	
	金额 Value	比重（%） Share（%）	金额 Value	比重（%） Share（%）	金额 Value	比重（%） Share（%）
进口总额 Imports Total	1 320. 84	100. 0	1 388. 33	100. 0	1 423. 70	100. 0
一、初级产品 Primary Products	244. 16	18. 5	254. 41	18. 3	286. 20	20. 1
1. 食品及活动物 Food and Live Animal for Food	61. 32	4. 6	56. 71	4. 1	43. 04	3. 0
2. 饮料及烟类 Beverages and Tobacco	3. 93	0. 3	4. 97	0. 4	3. 20	0. 2
3. 非食用原料（燃料除外） Non-Edible Raw Materials（feuls excl. ）	101. 59	7. 7	106. 98	7. 7	120. 06	8. 4
4. 矿产燃料、润滑油及有关原料 Mineral Fuels，Lubricants and Related Materials	51. 27	3. 9	68. 78	5. 0	103. 06	7. 2
5. 动植物油、脂及蜡 Animal and Vegetable Oils，Fats and Wax	26. 05	2. 0	16. 97	1. 2	16. 84	1. 2
二、工业制成品 Manufactured Goods	1 076. 67	81. 5	1 133. 92	81. 7	1 137. 50	79. 9
1. 化学成品及有关产品 Chemicals and Related Products	172. 99	13. 1	181. 06	13. 0	192. 97	13. 6
2. 按原料分类的制成品 Products Classified by Materials	287. 71	21. 8	313. 91	22. 6	322. 20	22. 6
3. 机械及运输设备 Machinery and Transport Equipment	526. 42	39. 9	547. 64	39. 4	527. 74	37. 1
4. 杂项制品 Miscellaneous Products	82. 61	6. 3	84. 86	6. 1	85. 50	6. 0
5. 未分类商品 Products Not Otherwise Classified	6. 93	0. 5	6. 46	0. 5	9. 09	0. 6

表6　续6

项目 Item	1998		1999		2000	
	金额 Value	比重（%） Share（%）	金额 Value	比重（%） Share（%）	金额 Value	比重（%） Share（%）
进口总额 Imports Total	1 402. 37	100. 0	1 656. 99	100. 0	2 250. 94	100. 0
一、初级产品 Primary Products	229. 48	16. 4	268. 46	16. 2	467. 40	20. 8
1. 食品及活动物 Food and Live Animal for Food	37. 88	2. 7	36. 19	2. 2	47. 60	2. 1
2. 饮料及烟类 Beverages and Tobacco	1. 78	0. 1	2. 08	0. 1	3. 60	0. 2
3. 非食用原料（燃料除外） Non-Edible Raw Materials（feuls excl.）	107. 15	7. 6	127. 40	7. 7	200. 00	8. 9
4. 矿产燃料、润滑油及有关原料 Mineral Fuels，Lubricants and Related Materials	67. 76	4. 8	89. 12	5. 4	206. 40	9. 2
5. 动植物油、脂及蜡 Animal and Vegetable Oils，Fats and Wax	14. 91	1. 1	13. 67	0. 8	9. 80	0. 4
二、工业制成品 Manufactured Goods	1 172. 92	83. 6	1 388. 53	83. 8	1 783. 60	79. 2
1. 化学成品及有关产品 Chemicals and Related Products	201. 58	14. 4	240. 30	14. 5	302. 10	13. 4
2. 按原料分类的制成品 Products Classified by Materials	310. 75	22. 2	343. 17	20. 7	418. 10	18. 6
3. 机械及运输设备 Machinery and Transport Equipment	568. 49	40. 5	694. 73	41. 9	919. 30	40. 8
4. 杂项制品 Miscellaneous Products	84. 56	6. 0	97. 01	5. 9	127. 50	5. 7
5. 未分类商品 Products Not Otherwise Classified	7. 54	0. 5	13. 32	0. 8	16. 50	0. 7

表6 续7

项目 Item	2001		2002		2003	
	金额 Value	比重（%） Share（%）	金额 Value	比重（%） Share（%）	金额 Value	比重（%） Share（%）
进口总额 Imports Total	2 435. 53	100. 0	2 951. 70	100. 0	4 127. 60	100. 0
一、初级产品 Primary Products	457. 74	18. 8	492. 72	16. 7	727. 83	17. 6
1. 食品及活动物 Food and Live Animal for Food	49. 76	2. 0	52. 37	1. 8	59. 59	1. 4
2. 饮料及烟类 Beverages and Tobacco	4. 12	0. 2	3. 87	0. 1	4. 91	0. 1
3. 非食用原料（燃料除外） Non-Edible Raw Materials（feuls excl. ）	221. 28	9. 1	227. 37	7. 7	341. 19	8. 3
4. 矿产燃料、润滑油及有关原料 Mineral Fuels，Lubricants and Related Materials	174. 95	7. 2	192. 85	6. 5	292. 14	7. 1
5. 动植物油、脂及蜡 Animal and Vegetable Oils，Fats and Wax	7. 63	0. 3	16. 25	0. 6	30. 01	0. 7
二、工业制成品 Manufactured Goods	1 978. 40	81. 2	2 459. 31	83. 3	3 400. 53	82. 4
1. 化学成品及有关产品 Chemicals and Related Products	321. 06	13. 2	390. 40	13. 2	489. 80	11. 9
2. 按原料分类的制成品 Products Classified by Materials	419. 39	17. 2	484. 92	16. 4	639. 05	15. 5
3. 机械及运输设备 Machinery and Transport Equipment	1 070. 42	44. 0	1 370. 34	46. 4	1 928. 69	46. 7
4. 杂项制品 Miscellaneous Products	150. 76	6. 2	198. 01	6. 7	330. 17	8. 0
5. 未分类商品 Products Not Otherwise Classified	16. 77	0. 7	15. 64	0. 5	12. 82	0. 3

表6　续8

项目 Item	2004		2005		2006	
	金额 Value	比重（%） Share（%）	金额 Value	比重（%） Share（%）	金额 Value	比重（%） Share（%）
进口总额 Imports Total	5 612. 29	100. 0	6 599. 53	100. 0	7 914. 61	100. 0
一、初级产品 Primary Products	1 173. 00	20. 9	1 477. 10	22. 4	1 871. 41	23. 6
1. 食品及活动物 Food and Live Animal for Food	91. 56	1. 6	93. 88	1. 4	99. 97	1. 3
2. 饮料及烟类 Beverages and Tobacco	5. 48	0. 1	7. 82	0. 1	10. 41	0. 1
3. 非食用原料（燃料除外） Non-Edible Raw Materials（feuls excl.）	553. 78	9. 9	702. 12	10. 6	831. 64	10. 5
4. 矿产燃料、润滑油及有关原料 Mineral Fuels，Lubricants and Related Materials	480. 03	8. 6	639. 57	9. 7	890. 02	11. 2
5. 动植物油、脂及蜡 Animal and Vegetable Oils，Fats and Wax	42. 14	0. 8	33. 70	0. 5	39. 38	0. 5
二、工业制成品 Manufactured Goods	4 441. 23	79. 1	5 124. 09	77. 6	6 044. 72	76. 4
1. 化学成品及有关产品 Chemicals and Related Products	657. 44	11. 7	777. 42	11. 8	870. 79	11. 0
2. 按原料分类的制成品 Products Classified by Materials	740. 72	13. 2	811. 59	12. 3	869. 60	11. 0
3. 机械及运输设备 Machinery and Transport Equipment	2 526. 24	45. 0	2 906. 28	44. 0	3 571. 07	45. 1
4. 杂项制品 Miscellaneous Products	501. 55	8. 9	608. 72	9. 2	712. 95	9. 0
5. 未分类商品 Products Not Otherwise Classified	15. 29	0. 3	20. 08	0. 3	20. 30	0. 3

表6 续9

项目 Item	2007		2008		2009	
	金额 Value	比重（%） Share（%）	金额 Value	比重（%） Share（%）	金额 Value	比重（%） Share（%）
进口总额 Imports Total	9 561. 15	100. 0	11 325. 62	100. 0	10 059. 23	100. 0
一、初级产品 Primary Products	2 429. 77	25. 4	3 623. 95	32. 0	2 898. 05	28. 8
1. 食品及活动物 Food and Live Animal for Food	114. 97	1. 2	140. 51	1. 2	148. 27	1. 5
2. 饮料及烟类 Beverages and Tobacco	14. 01	0. 1	19. 20	0. 2	19. 54	0. 2
3. 非食用原料（燃料除外） Non-Edible Raw Materials（feuls excl.）	1 179. 09	12. 3	1 666. 95	14. 7	1 413. 47	14. 1
4. 矿产燃料、润滑油及有关原料 Mineral Fuels, Lubricants and Related Materials	1 048. 26	11. 0	1 692. 42	14. 9	1 240. 38	12. 3
5. 动植物油、脂及蜡 Animal and Vegetable Oils, Fats and Wax	73. 44	0. 8	104. 86	0. 9	76. 39	0. 8
二、工业制成品 Manufactured Goods	7 128. 41	74. 6	7 701. 71	68. 0	7 161. 22	71. 2
1. 化学成品及有关产品 Chemicals and Related Products	1 074. 99	11. 2	1 191. 88	10. 5	1 120. 90	11. 1
2. 按原料分类的制成品 Products Classified by Materials	1 028. 66	10. 8	1 071. 58	9. 5	1 077. 42	10. 7
3. 机械及运输设备 Machinery and Transport Equipment	4 125. 08	43. 1	4 417. 65	39. 0	4 077. 97	40. 5
4. 杂项制品 Miscellaneous Products	875. 04	9. 2	976. 41	8. 6	851. 86	8. 5
5. 未分类商品 Products Not Otherwise Classified	24. 64	0. 3	44. 20	0. 4	33. 07	0. 3

表6　续10

项目 Item	2010		2011		2012	
	金额 Value	比重（%） Share（%）	金额 Value	比重（%） Share（%）	金额 Value	比重（%） Share（%）
进口总额 Imports Total	13 962. 47	100. 0	17 434. 84	100. 0	18 184. 05	100. 0
一、初级产品 Primary Products	4 325. 56	31. 0	6 042. 69	34. 7	6 347. 03	34. 9
1. 食品及活动物 Food and Live Animal for Food	215. 66	1. 5	287. 74	1. 7	352. 61	1. 9
2. 饮料及烟类 Beverages and Tobacco	24. 29	0. 2	36. 85	0. 2	44. 03	0. 2
3. 非食用原料（燃料除外） Non-Edible Raw Materials（feuls excl.）	2 111. 18	15. 1	2 849. 23	16. 3	2 695. 61	14. 8
4. 矿产燃料、润滑油及有关原料 Mineral Fuels，Lubricants and Related Materials	1 887. 04	13. 5	2 757. 76	15. 8	3 129. 51	17. 2
5. 动植物油、脂及蜡 Animal and Vegetable Oils，Fats and Wax	87. 40	0. 6	111. 12	0. 6	125. 27	0. 7
二、工业制成品 Manufactured Goods	9 622. 72	68. 9	11 392. 15	65. 3	11 833. 65	65. 1
1. 化学成品及有关产品 Chemicals and Related Products	1 496. 36	10. 7	1 811. 06	10. 4	1 792. 84	9. 9
2. 按原料分类的制成品 Products Classified by Materials	1 311. 13	9. 4	1 503. 04	8. 6	1 459. 21	8. 0
3. 机械及运输设备 Machinery and Transport Equipment	5 495. 61	39. 4	6 305. 70	36. 2	6 528. 34	35. 9
4. 杂项制品 Miscellaneous Products	1 135. 26	8. 1	1 277. 22	7. 3	1 365. 53	7. 5
5. 未分类商品 Products Not Otherwise Classified	184. 37	1. 3	495. 1	2. 8	687. 73	3. 8

表6 续11

项目 Item	2013		2014		2015	
	金额 Value	比重（%） Share（%）	金额 Value	比重（%） Share（%）	金额 Value	比重（%） Share（%）
进口总额 Imports Total	19 499.89	100.0	19 592.35	100.0	16 795.64	100.0
一、初级产品 Primary Products	6 576.01	33.7	6 470.92	33.0	4 718.53	28.1
1. 食品及活动物 Food and Live Animal for Food	416.99	2.1	467.98	2.4	505.00	3.0
2. 饮料及烟类 Beverages and Tobacco	45.10	0.2	52.15	0.3	57.74	0.3
3. 非食用原料（燃料除外） Non-Edible Raw Materials（feuls excl.）	2 861.43	14.7	2 699.66	13.8	2 095.38	12.5
4. 矿产燃料、润滑油及有关原料 Mineral Fuels, Lubricants and Related Materials	3 149.06	16.1	3 166.24	16.2	1 985.95	11.8
5. 动植物油、脂及蜡 Animal and Vegetable Oils, Fats and Wax	103.43	0.5	84.89	0.4	74.51	0.4
二、工业制成品 Manufactured Goods	12 923.88	66.3	13 121.43	67.0	12 078.71	71.9
1. 化学成品及有关产品 Chemicals and Related Products	1 902.98	9.8	1 932.70	9.9	1 712.65	10.2
2. 按原料分类的制成品 Products Classified by Materials	1 482.92	7.6	1 723.25	8.8	1 330.34	7.9
3. 机械及运输设备 Machinery and Transport Equipment	7 103.50	36.4	7 240.61	37.0	6 824.56	40.6
4. 杂项制品 Miscellaneous Products	1 390.11	7.1	1 397.68	7.1	1 346.90	8.0
5. 未分类商品 Products Not Otherwise Classified	1 044.37	5.4	827.20	4.2	864.25	5.1

表6　续12

项目 Item	2016		2017		2018	
	金额 Value	比重（%） Share（%）	金额 Value	比重（%） Share（%）	金额 Value	比重（%） Share（%）
进口总额 Imports Total	15 879. 26	100. 0	18 437. 93	100. 0	21 356. 37	100. 0
一、初级产品 Primary Products	4 409. 04	27. 8	5 796. 03	31. 4	7 016. 13	32. 9
1. 食品及活动物 Food and Live Animal for Food	491. 56	3. 1	543. 14	2. 9	648. 01	3. 0
2. 饮料及烟类 Beverages and Tobacco	60. 96	0. 4	70. 28	0. 4	76. 67	0. 4
3. 非食用原料（燃料除外） Non-Edible Raw Materials（feuls excl.）	2 025. 43	12. 8	2 610. 00	14. 2	2 722. 09	12. 7
4. 矿产燃料、润滑油及有关原料 Mineral Fuels，Lubricants and Related Materials	1 765. 22	11. 1	2 496. 17	13. 5	3 491. 57	16. 3
5. 动植物油、脂及蜡 Animal and Vegetable Oils，Fats and Wax	65. 89	0. 4	76. 43	0. 4	77. 79	0. 4
二、工业制成品 Manufactured Goods	11 468. 71	72. 2	12 641. 55	68. 6	14 340. 25	67. 1
1. 化学成品及有关产品 Chemicals and Related Products	1 641. 17	10. 3	1 937. 31	10. 5	2 236. 83	10. 5
2. 按原料分类的制成品 Products Classified by Materials	1 219. 20	7. 7	1 351. 47	7. 3	1 514. 52	7. 1
3. 机械及运输设备 Machinery and Transport Equipment	6 578. 24	41. 4	7 348. 65	39. 9	8 395. 24	39. 3
4. 杂项制品 Miscellaneous Products	1 261. 43	7. 9	1 343. 32	7. 3	1 437. 59	6. 7
5. 未分类商品 Products Not Otherwise Classified	768. 68	4. 8	660. 79	3. 58	756. 07	3. 5

表 7 对外贸易出口（分贸易方式）
Exports by forms of foreign trade

金额单位：亿美元
Unit：USD 100 million

年份 Year	合计 Total	一般贸易 General trade	加工贸易 Processing trade	其他 Others
1981	220. 07	208. 00	11. 31	0. 76
1982	223. 21	206. 69	15. 16	1. 37
1983	222. 26	201. 60	19. 44	1. 22
1984	261. 39	231. 62	29. 29	0. 48
1985	273. 50	237. 30	33. 16	3. 04
1986	309. 42	250. 95	56. 20	2. 27
1987	394. 37	296. 43	89. 94	8. 00
1988	475. 16	326. 22	140. 60	8. 34
1989	525. 38	315. 52	197. 85	12. 01
1990	620. 91	354. 60	254. 20	12. 11
1991	718. 43	381. 20	324. 30	12. 93
1992	849. 40	436. 80	396. 20	16. 40
1993	917. 44	432. 00	442. 50	42. 94
1994	1 210. 06	615. 60	569. 80	24. 66
1995	1 487. 80	713. 70	737. 00	37. 10
1996	1 510. 48	628. 40	843. 30	38. 78
1997	1 827. 92	779. 74	996. 02	52. 16
1998	1 837. 12	742. 22	1 044. 71	50. 19
1999	1 949. 31	791. 13	1 108. 70	49. 48
2000	2 492. 03	1 051. 90	1 376. 60	63. 53
2001	2 660. 98	1 119. 16	1 474. 54	67. 28
2002	3 255. 96	1 362. 04	1 799. 37	94. 55
2003	4 382. 28	1 820. 34	2 418. 49	143. 45
2004	5 933. 26	2 436. 35	3 279. 88	217. 03
2005	7 619. 53	3 150. 91	4 164. 81	303. 81
2006	9 689. 78	4 163. 21	5 103. 79	422. 78
2007	12 200. 60	5 385. 76	6 176. 56	638. 28
2008	14 306. 93	6 628. 62	6 751. 14	927. 17
2009	12 016. 12	5 298. 12	5 868. 62	849. 38
2010	15 777. 54	7 207. 33	7 403. 34	1 166. 87
2011	18 983. 81	9 171. 24	8 354. 16	1 458. 41
2012	20 487. 14	9 880. 07	8 627. 79	1 979. 28
2013	22 090. 04	10 875. 53	8 608. 16	2 606. 34
2014	23 422. 93	12 036. 80	8 843. 60	2 542. 52
2015	22 734. 68	12 148. 00	7 975. 25	2 611. 43
2016	20 976. 31	11 313. 67	7 153. 28	2 509. 36
2017	22 633. 45	12 299. 94	7 587. 68	2 745. 83
2018	24 874. 01	14 009. 92	7 971. 69	2 892. 40

表 8　对外贸易进口（分贸易方式）
Imports by forms of foreign trade

金额单位：亿美元
Unit：USD 100 million

年份 Year	合计 Total	一般贸易 General trade	加工贸易 Processing trade	其他 Others
1981	220. 15	203. 66	15. 04	1. 45
1982	192. 85	170. 17	20. 07	2. 61
1983	213. 90	187. 68	22. 72	3. 50
1984	274. 10	238. 49	31. 47	4. 14
1985	422. 52	372. 72	42. 74	7. 06
1986	429. 04	352. 07	67. 03	9. 94
1987	432. 16	287. 72	101. 91	42. 53
1988	552. 68	352. 04	151. 05	49. 59
1989	591. 40	356. 14	171. 64	63. 62
1990	533. 45	262. 00	187. 60	83. 85
1991	637. 91	295. 40	250. 30	92. 21
1992	805. 85	336. 20	315. 40	154. 25
1993	1 039. 59	380. 50	363. 70	295. 39
1994	1 156. 15	355. 20	475. 70	325. 25
1995	1 320. 84	433. 70	583. 70	303. 44
1996	1 388. 33	393. 60	622. 70	372. 03
1997	1 423. 70	390. 30	702. 06	331. 34
1998	1 402. 37	436. 35	685. 72	280. 30
1999	1 656. 99	670. 41	735. 87	250. 71
2000	2 250. 94	1 000. 80	925. 60	324. 54
2001	2 435. 53	1 134. 70	939. 83	361. 00
2002	2 951. 70	1 291. 22	1 222. 16	438. 32
2003	4 127. 60	1 877. 00	1 629. 35	621. 25
2004	5 612. 29	2 482. 27	2 217. 41	912. 61
2005	6 599. 53	2 797. 19	2 740. 26	1 062. 08
2006	7 914. 61	3 331. 81	3 214. 97	1 367. 83
2007	9 561. 15	4 286. 48	3 683. 93	1 590. 73
2008	11 325. 62	5 720. 93	3 783. 88	1 820. 81
2009	10 059. 23	5 344. 73	3 222. 91	1 491. 59
2010	13 962. 47	7 679. 78	4 174. 29	2 108. 40
2011	17 434. 84	10 074. 64	4 697. 96	2 662. 24
2012	18 184. 05	10 218. 19	4 811. 69	3 154. 17
2013	19 499. 89	11 097. 18	4 969. 90	3 432. 81
2014	19 592. 35	11 095. 13	5 243. 81	3 253. 40
2015	16 795. 64	9 225. 50	4 466. 38	3 103. 77
2016	15 879. 26	9 006. 33	3 964. 40	2 908. 53
2017	18 437. 93	10 853. 65	4 312. 77	3 271. 50
2018	21 356. 37	12 739. 25	4 703. 83	3 913. 29

表 9 对外贸易出口（分企业性质）
Exports by type of enterprises

金额单位：亿美元
Unit：USD 100 million

年份 Year	合计 Total	国有企业 State-Owned enterprises	外商投资企业 Foreign-invested enterprises	其他企业 Others
1981	220. 07	219. 55	0. 32	0. 20
1982	223. 21	222. 45	0. 53	0. 23
1983	222. 26	218. 45	0. 90	2. 91
1984	261. 39	259. 47	1. 80	0. 12
1985	273. 50	270. 37	2. 96	0. 17
1986	309. 42	292. 64	5. 90	10. 88
1987	394. 37	380. 01	12. 20	2. 16
1988	475. 16	449. 04	24. 61	1. 51
1989	525. 38	475. 06	49. 19	1. 13
1990	620. 91	541. 40	78. 13	1. 38
1991	718. 43	597. 00	120. 50	0. 93
1992	849. 40	674. 50	173. 50	1. 40
1993	917. 44	652. 60	252. 19	12. 65
1994	1 210. 06	847. 60	347. 09	15. 37
1995	1 487. 80	992. 60	468. 91	26. 29
1996	1 510. 48	860. 60	615. 06	34. 82
1997	1 827. 92	1 026. 89	749. 40	51. 63
1998	1 837. 12	967. 85	809. 47	59. 80
1999	1 949. 31	984. 86	886. 34	78. 11
2000	2 492. 03	1 164. 50	1 191. 43	136. 10
2001	2 660. 98	1 132. 34	1 332. 18	196. 46
2002	3 255. 96	1 228. 58	1 699. 85	327. 53
2003	4 382. 28	1 380. 33	2 403. 06	598. 89
2004	5 933. 26	1 535. 94	3 385. 92	1 011. 40
2005	7 619. 53	1 688. 13	4 441. 83	1 489. 57
2006	9 689. 78	1 913. 32	5 637. 79	2 138. 67
2007	12 200. 60	2 256. 55	6 957. 49	2 986. 56
2008	14 306. 93	2 574. 79	7 904. 93	3 827. 21
2009	12 016. 12	1 909. 97	6 720. 74	3 385. 41
2010	15 777. 54	2 343. 60	8 623. 06	4 810. 88
2011	18 983. 81	2 672. 22	9 953. 30	6 358. 29
2012	20 487. 14	2 562. 83	10 227. 48	7 696. 83
2013	22 090. 04	2 489. 86	10 442. 73	9 157. 46
2014	23 422. 93	2 564. 94	10 747. 35	10 110. 64
2015	22 734. 68	2 423. 48	10 045. 82	10 265. 39
2016	20 976. 31	2 154. 78	9 167. 62	9 653. 91
2017	22 633. 45	2 316. 07	9 773. 02	10 544. 36
2018	24 874. 01	2 572. 58	10 360. 16	11 941. 27

表 10　对外贸易进口（分企业性质）
Imports by type of enterprises

金额单位：亿美元
Unit：USD 100 million

年份 Year	合计 Total	国有企业 State-Owned enterprises	外商投资企业 Foreign-invested enterprises	其他企业 Others
1981	220. 15	218. 32	1. 01	0. 82
1982	192. 85	188. 89	2. 76	1. 20
1983	213. 90	207. 73	3. 90	2. 27
1984	274. 10	262. 24	9. 00	2. 86
1985	422. 52	399. 33	20. 64	2. 55
1986	429. 04	402. 56	24. 20	2. 28
1987	432. 16	391. 02	34. 30	6. 84
1988	552. 68	485. 48	58. 80	8. 40
1989	591. 40	495. 34	90. 00	6. 06
1990	533. 45	404. 68	123. 00	5. 77
1991	637. 91	462. 10	169. 10	6. 71
1992	805. 85	526. 10	240. 90	38. 85
1993	1 039. 59	597. 10	386. 41	56. 08
1994	1 156. 15	602. 90	501. 10	52. 15
1995	1 320. 84	653. 92	629. 43	37. 49
1996	1 388. 33	591. 63	755. 99	40. 71
1997	1 423. 70	609. 74	777. 27	36. 69
1998	1 402. 37	599. 30	767. 59	35. 48
1999	1 656. 99	741. 81	858. 72	56. 46
2000	2 250. 94	989. 20	1 171. 47	90. 27
2001	2 435. 53	1 035. 49	1 258. 43	141. 61
2002	2 951. 70	1 144. 88	1 602. 54	204. 28
2003	4 127. 60	1 424. 79	2 318. 64	384. 17
2004	5 612. 29	1 764. 53	3 243. 36	604. 40
2005	6 599. 53	1 972. 03	3 874. 56	752. 94
2006	7 914. 61	2 252. 17	4 724. 90	937. 54
2007	9 561. 15	2 702. 56	5 600. 85	1 257. 75
2008	11 325. 62	3 537. 71	6 194. 28	1 593. 62
2009	10 059. 23	2 885. 55	5 454. 05	1 719. 63
2010	13 962. 47	3 875. 53	7 380. 00	2 706. 94
2011	17 434. 84	4 934. 03	8 648. 26	3 852. 55
2012	18 184. 05	4 954. 23	8 712. 49	4 517. 33
2013	19 499. 89	4 989. 86	8 748. 20	5 761. 83
2014	19 592. 35	4 910. 54	9 093. 11	5 588. 70
2015	16 795. 64	4 071. 45	8 288. 96	4 435. 24
2016	15 879. 26	3 611. 92	7 707. 69	4 559. 65
2017	18 437. 93	4 382. 44	8 619. 88	5 435. 61
2018	21 356. 37	5 473. 50	9 320. 55	6 562. 32

表 11　对外贸易依存度
Dependent ratios of foreign trade

单位:%
Unit:%

年份 Year	外贸依存度 Dependent ratios of foreign trade	出口依存度 Dependent ratios of exports	进口依存度 Dependent ratios of imports
1985	22. 7	8. 9	13. 8
1986	24. 9	10. 4	14. 4
1987	25. 3	12. 1	13. 3
1988	25. 2	11. 6	13. 5
1989	24. 2	11. 4	12. 8
1990	29. 5	15. 8	13. 6
1991	32. 8	17. 4	15. 4
1992	33. 5	17. 2	16. 3
1993	31. 6	14. 8	16. 8
1994	41. 9	21. 4	20. 5
1995	38. 3	20. 3	18. 0
1996	33. 6	17. 5	16. 1
1997	33. 8	19. 0	14. 8
1998	31. 5	17. 9	13. 6
1999	33. 0	17. 8	15. 2
2000	39. 2	20. 6	18. 6
2001	38. 1	19. 9	18. 2
2002	42. 2	22. 1	20. 1
2003	51. 3	26. 4	24. 9
2004	59. 0	30. 3	28. 7
2005	62. 4	33. 4	29. 0
2006	64. 2	35. 4	28. 9
2007	61. 8	34. 6	27. 1
2008	56. 3	31. 4	24. 9
2009	43. 2	23. 5	19. 7
2010	48. 8	25. 9	22. 9
2011	48. 3	25. 2	23. 1
2012	45. 2	23. 9	21. 2
2013	43. 4	23. 0	20. 3
2014	41. 0	22. 3	18. 7
2015	35. 6	20. 5	15. 1
2016	32. 7	18. 6	14. 1
2017	33. 9	18. 7	15. 2
2018	33. 9	18. 2	15. 7

表 12　对外贸易进出口主要国家（地区）
Imports and exports of major countries（areas）

金额单位：亿美元
Unit：USD100 million

年份 Year	进出口额 Total			亚洲 Asia			香港 Hong Kong		
	合计 Total	出口 Exports	进口 Imports	合计 Total	出口 Exports	进口 Imports	合计 Total	出口 Exports	进口 Imports
1950	11.35	5.52	5.83	3.48	1.85	1.63	1.51	1.43	0.08
1951	19.55	7.57	11.98	8.07	2.51	5.56	6.12	1.82	4.30
1952	19.41	8.23	11.18	4.88	2.32	2.56	2.98	1.63	1.35
1953	23.68	10.22	13.46	4.77	2.77	2.00	2.77	1.63	1.14
1954	24.33	11.46	12.87	4.79	2.90	1.89	2.14	1.26	0.88
1955	31.45	14.12	17.33	5.58	3.94	1.64	1.90	1.55	0.35
1956	32.08	16.45	15.63	7.43	4.90	2.53	2.00	1.72	0.28
1957	31.03	15.97	15.06	7.06	4.61	2.45	2.00	1.75	0.25
1958	38.71	19.81	18.90	8.25	5.50	2.75	2.32	2.07	0.25
1959	43.81	22.61	21.20	7.61	5.19	2.42	2.05	1.85	0.20
1960	38.09	18.56	19.53	7.43	5.06	2.37	2.09	1.92	0.17
1961	29.36	14.91	14.45	7.60	5.33	2.27	1.93	1.81	0.12
1962	26.63	14.90	11.73	8.04	5.66	2.38	2.27	2.17	0.10
1963	29.15	16.49	12.66	10.02	7.22	2.80	2.98	2.90	0.08
1964	34.63	19.16	15.47	14.05	9.50	4.55	4.07	3.91	0.16
1965	42.45	22.28	20.17	17.60	11.72	5.88	4.64	4.46	0.18
1966	46.14	23.66	22.48	20.12	13.76	6.36	5.78	5.62	0.16
1967	41.55	21.35	20.20	18.34	12.78	5.56	4.90	4.78	0.12
1968	40.48	21.03	19.45	17.82	12.51	5.31	5.22	5.11	0.11
1969	40.29	22.04	18.25	19.02	12.79	6.23	5.64	5.51	0.13
1970	45.86	22.60	23.26	21.44	13.22	8.22	5.93	5.79	0.14
1971	48.41	26.36	22.05	24.24	15.79	8.45	6.42	6.30	0.12
1972	63.01	34.43	28.58	30.16	20.39	9.77	8.71	8.51	0.20
1973	109.76	58.19	51.57	53.10	36.07	17.03	16.42	15.05	1.37
1974	145.68	69.49	76.19	69.56	42.42	27.14	16.38	15.29	1.09
1975	147.51	72.64	74.87	77.36	46.64	30.72	16.84	16.49	0.35
1976	134.33	68.55	65.78	69.39	43.72	25.67	17.66	17.37	0.29
1977	148.04	75.90	72.14	76.76	47.31	29.45	20.49	19.13	1.36
1978	206.38	97.45	108.93	101.44	59.96	41.48	26.07	25.32	0.75
1979	293.33	136.58	156.75	137.63	84.63	53.00	35.42	33.28	2.14
1980	381.40	181.20	200.20	188.99	114.78	74.21	49.23	43.53	5.70
1981	440.22	220.07	220.15	237.41	146.62	90.79	66.52	53.84	12.68
1982	416.06	223.21	192.85	220.50	149.43	71.07	66.26	52.87	13.39

表12 续1

年份 Year	进出口额 Total			亚洲 Asia			香港 Hong Kong		
	合计 Total	出口 Exports	进口 Imports	合计 Total	出口 Exports	进口 Imports	合计 Total	出口 Exports	进口 Imports
1983	436. 16	222. 26	213. 90	237. 28	150. 28	87. 00	75. 54	58. 33	17. 21
1984	535. 49	261. 39	274. 10	309. 71	178. 23	131. 48	98. 64	69. 12	29. 52
1985	696. 02	273. 50	422. 52	414. 21	188. 43	225. 78	120. 01	72. 04	47. 97
1986	738. 46	309. 42	429. 04	406. 48	196. 18	210. 30	153. 95	97. 85	56. 10
1987	826. 53	394. 37	432. 16	479. 81	264. 08	215. 73	222. 15	137. 78	84. 37
1988	1 027. 84	475. 16	552. 68	602. 84	326. 08	276. 76	302. 42	182. 69	119. 73
1989	1 116. 78	525. 38	591. 40	678. 35	371. 44	306. 91	344. 58	219. 16	125. 42
1990	1 154. 36	620. 91	533. 45	735. 47	445. 41	290. 06	409. 11	266. 50	142. 61
1991	1 356. 34	718. 43	637. 91	909. 06	533. 12	375. 94	496. 00	321. 37	174. 63
1992	1 655. 25	849. 40	805. 85	1 101. 62	611. 25	490. 37	580. 50	375. 12	205. 38
1993	1 957. 03	917. 44	1 039. 59	1 152. 11	526. 35	625. 76	325. 37	220. 64	104. 73
1994	2 366. 21	1 210. 06	1 156. 15	1 422. 15	734. 47	687. 68	418. 03	323. 61	94. 42
1995	2 808. 64	1 487. 80	1 320. 84	1 700. 56	920. 02	780. 54	445. 74	359. 83	85. 91
1996	2 898. 81	1 510. 48	1 388. 33	1 746. 90	912. 50	834. 40	407. 30	329. 10	78. 20
1997	3 251. 62	1 827. 92	1 423. 70	1 973. 20	1 089. 20	884. 00	507. 70	437. 80	69. 90
1998	3 239. 49	1 837. 12	1 402. 37	1 852. 40	981. 80	870. 50	454. 10	387. 50	66. 60
1999	3 606. 30	1 949. 31	1 656. 99	2 042. 70	1 025. 80	1 016. 90	437. 80	368. 90	68. 90
2000	4 742. 97	2 492. 03	2 250. 94	2 736. 60	1 323. 10	1 413. 40	539. 50	445. 20	94. 30
2001	5 096. 51	2 660. 98	2 435. 53	2 881. 39	1 409. 57	1 471. 82	559. 70	465. 47	94. 23
2002	6 207. 66	3 255. 96	2 951. 70	3 606. 25	1 703. 15	1 903. 09	692. 06	584. 65	107. 41
2003	8 509. 88	4 382. 28	4 127. 60	4 955. 40	2 226. 06	2 729. 34	874. 08	762. 89	111. 19
2004	11 545. 54	5 933. 26	5 612. 29	6 650. 27	2 955. 00	3 695. 27	1 126. 78	1 008. 78	118. 00
2005	14 219. 06	7 619. 53	6 599. 53	8 079. 71	3 664. 31	4 415. 40	1 367. 08	1 244. 81	122. 27
2006	17 604. 39	9 689. 78	7 914. 61	9 811. 27	4 557. 60	5 253. 67	1 660. 89	1 553. 09	107. 80
2007	21 761. 75	12 200. 60	9 561. 15	11 881. 16	5 681. 89	6 199. 27	1 972. 40	1 844. 36	128. 04
2008	25 632. 55	14 306. 93	11 325. 62	13 659. 52	6 632. 95	7 026. 57	2 036. 66	1 907. 43	129. 23
2009	22 075. 35	12 016. 12	10 059. 23	11 720. 49	5 685. 97	6 034. 52	1 749. 45	1 662. 33	87. 12
2010	29 740. 01	15 777. 54	13 962. 47	15 666. 75	7 320. 66	8 346. 09	2 305. 75	2 183. 17	122. 58
2011	36 418. 65	18 983. 81	17 434. 84	19 030. 29	8 991. 42	10 038. 88	2 835. 24	2 680. 25	154. 99
2012	38 671. 19	20 487. 14	18 184. 05	20 449. 30	10 069. 63	10 379. 67	3 414. 87	3 235. 27	179. 60
2013	41 589. 93	22 090. 04	19 499. 89	22 248. 76	11 347. 06	10 901. 70	4 010. 07	3 847. 92	162. 15
2014	43 015. 27	23 422. 93	19 592. 35	22 742. 11	11 886. 36	10 855. 75	3 760. 94	3 631. 91	129. 03
2015	39 530. 33	22 734. 68	16 795. 64	20 956. 31	11 408. 50	9 547. 81	3 436. 03	3 308. 36	127. 67
2016	36 855. 57	20 976. 31	15 879. 26	19 481. 16	10 422. 76	9 058. 39	3 045. 68	2 877. 23	168. 45
2017	41 071. 38	22 633. 45	18 437. 93	21 265. 14	10 963. 30	10 301. 84	2 865. 29	2 792. 11	73. 17
2018	46 230. 38	24 874. 01	21 356. 37	23 810. 96	11 881. 06	11 929. 90	3 105. 59	3 020. 68	84. 91

表 12　续 2

年份 Year	中国澳门 Macao			中国台湾 Taiwan Prov.			日本 Japan		
	合计 Total	出口 Exports	进口 Imports	合计 Total	出口 Exports	进口 Imports	合计 Total	出口 Exports	进口 Imports
1950	0. 12	0. 12	—	—	—	—	0. 47	0. 21	0. 26
1951	0. 12	0. 12	—	—	—	—	0. 13	0. 01	0. 12
1952	0. 01	0. 01	—	—	—	—	0. 04	0. 03	0. 01
1953	0. 12	0. 05	0. 07	—	—	—	0. 10	0. 07	0. 03
1954	0. 04	0. 04	—	—	—	—	0. 35	0. 20	0. 15
1955	—	—	—	—	—	—	0. 83	0. 58	0. 25
1956	—	—	—	—	—	—	1. 29	0. 65	0. 64
1957	—	—	—	—	—	—	1. 15	0. 60	0. 55
1958	0. 07	0. 07	—	—	—	—	0. 81	0. 33	0. 48
1959	0. 06	0. 06	—	—	—	—	—	—	—
1960	0. 07	0. 07	—	—	—	—	—	—	—
1961	0. 08	0. 08	—	—	—	—	0. 36	0. 22	0. 14
1962	0. 11	0. 11	—	—	—	—	0. 74	0. 32	0. 42
1963	0. 11	0. 11	—	—	—	—	1. 29	0. 65	0. 64
1964	0. 13	0. 13	—	—	—	—	3. 02	1. 41	1. 21
1965	0. 16	0. 16	—	—	—	—	4. 54	1. 92	2. 62
1966	0. 19	0. 19	—	—	—	—	6. 03	2. 69	3. 34
1967	0. 19	0. 19	—	—	—	—	5. 38	2. 34	3. 04
1968	0. 21	0. 21	—	—	—	—	5. 40	2. 05	3. 35
1969	0. 23	0. 23	—	—	—	—	5. 83	2. 01	3. 82
1970	0. 25	0. 25	—	—	—	—	8. 07	2. 24	5. 83
1971	0. 29	0. 29	—	—	—	—	8. 75	2. 81	5. 94
1972	0. 41	0. 41	—	—	—	—	10. 39	4. 12	6. 27
1973	0. 74	0. 74	—	—	—	—	19. 48	8. 41	11. 07
1974	0. 74	0. 74	—	—	—	—	31. 25	11. 42	19. 83
1975	0. 71	0. 71	—	—	—	—	37. 95	14. 03	23. 92
1976	0. 80	0. 80	—	—	—	—	30. 40	12. 23	18. 17
1977	0. 99	0. 99	—	—	—	—	34. 65	13. 57	21. 08
1978	1. 35	1. 35	—	—	—	—	48. 24	17. 19	31. 05
1979	2. 20	2. 20	—	0. 77	0. 56	0. 21	67. 08	27. 64	39. 44
1980	2. 51	2. 51	—	3. 11	0. 76	2. 35	92. 01	40. 32	51. 69
1981	3. 03	2. 94	0. 09	4. 59	0. 75	3. 84	111. 53	48. 68	62. 85
1982	2. 76	2. 65	0. 11	2. 78	0. 84	1. 94	88. 94	49. 10	39. 84
1983	2. 86	2. 70	0. 16	2. 48	0. 97	1. 58	100. 74	45. 44	55. 30
1984	3. 55	3. 20	0. 35	5. 53	1. 28	4. 25	139. 22	54. 18	85. 04

表 12 续 3

年份 Year	中国澳门 Macao			中国台湾 Taiwan Prov.			日本 Japan		
	合计 Total	出口 Exports	进口 Imports	合计 Total	出口 Exports	进口 Imports	合计 Total	出口 Exports	进口 Imports
1985	3. 03	2. 49	0. 54	8. 54	0. 10	8. 43	211. 45	61. 10	150. 35
1986	3. 96	3. 16	0. 80	6. 13	0. 05	6. 08	172. 18	47. 80	124. 38
1987	5. 36	4. 27	1. 09	5. 58	0. 09	5. 48	164. 72	63. 98	100. 74
1988	5. 89	4. 42	1. 47	12. 78	0. 27	12. 51	189. 79	79. 22	110. 57
1989	6. 15	4. 69	1. 46	19. 41	0. 93	18. 48	188. 97	83. 62	105. 35
1990	6. 67	5. 06	1. 61	25. 67	3. 20	22. 47	165. 87	89. 99	75. 88
1991	6. 97	5. 26	1. 71	42. 08	5. 95	36. 13	202. 83	102. 52	100. 31
1992	6. 94	5. 29	1. 65	64. 59	6. 93	57. 66	253. 80	116. 99	136. 81
1993	6. 78	5. 24	1. 54	142. 98	14. 58	128. 41	390. 32	157. 79	232. 53
1994	7. 98	6. 66	1. 32	162. 26	22. 42	139. 84	479. 06	215. 79	263. 27
1995	9. 22	7. 93	1. 29	178. 82	30. 98	147. 84	574. 72	284. 67	290. 05
1996	6. 90	5. 70	1. 20	189. 82	28. 02	161. 80	600. 60	308. 80	291. 80
1997	7. 60	6. 40	1. 20	198. 39	33. 98	164. 41	608. 10	318. 20	289. 90
1998	8. 70	7. 50	1. 20	205. 00	38. 69	166. 31	579. 00	296. 90	282. 10
1999	7. 40	6. 40	1. 00	234. 77	39. 50	195. 27	661. 70	324. 00	337. 70
2000	8. 06	7. 10	0. 96	304. 82	50. 27	254. 55	831. 70	416. 50	415. 20
2001	8. 62	7. 43	1. 19	323. 38	50. 00	273. 39	877. 54	449. 57	427. 97
2002	10. 18	8. 76	1. 42	446. 47	65. 86	380. 61	1 019. 05	484. 37	534. 68
2003	14. 67	12. 81	1. 86	583. 64	90. 04	493. 60	1 335. 57	594. 09	741. 48
2004	18. 28	16. 12	2. 16	783. 04	135. 44	647. 59	1 678. 86	735. 14	943. 72
2005	18. 70	16. 05	2. 65	912. 30	165. 50	746. 80	1 844. 44	839. 92	1 004. 52
2006	24. 42	21. 85	2. 57	1 078. 32	207. 33	870. 99	2 072. 95	916. 23	1 156. 73
2007	29. 21	26. 41	2. 80	1 244. 87	234. 60	1 010. 27	2 359. 84	1 020. 41	1 339. 43
2008	29. 08	26. 02	3. 06	1 292. 17	258. 78	1 033. 40	2 667. 85	1 161. 34	1 506. 51
2009	20. 98	18. 52	2. 46	1 062. 28	205. 05	857. 23	2 288. 48	979. 11	1 309. 38
2010	22. 64	21. 41	1. 24	1 453. 70	296. 77	1 156. 94	2 977. 68	1 210. 61	1 767. 07
2011	25. 18	23. 56	1. 62	1 600. 32	351. 12	1 249. 20	3 428. 89	1 482. 98	1 945. 91
2012	29. 86	27. 07	2. 79	1 689. 63	367. 79	1 321. 84	3 294. 51	1 516. 43	1 778. 09
2013	35. 66	31. 79	3. 87	1 972. 81	406. 44	1 566. 37	3 125. 53	1 502. 75	1 622. 78
2014	38. 19	36. 06	2. 12	1 983. 14	462. 85	1 520. 30	3 124. 38	1 494. 42	1 629. 97
2015	47. 78	45. 93	1. 85	1 882. 05	448. 99	1 433. 07	2 786. 58	1 356. 71	1 429. 87
2016	32. 81	31. 41	1. 40	1 795. 91	403. 74	1 392. 17	2 747. 87	1 292. 61	1 455. 25
2017	32. 73	31. 69	1. 04	1 999. 39	439. 79	1 559. 61	3 030. 53	1 372. 59	1 657. 94
2018	31. 55	30. 91	0. 64	2 262. 44	486. 47	1 775. 98	3 276. 63	1 470. 83	1 805. 80

表 12　续 4

年份 Year	新加坡 Singapore			马来西亚 Malaysia			印度尼西亚 Indonesia		
	合计 Total	出口 Exports	进口 Imports	合计 Total	出口 Exports	进口 Imports	合计 Total	出口 Exports	进口 Imports
1950	—	—	—	0. 63	0. 02	0. 61	0. 04	—	0. 04
1951	—	—	—	0. 37	0. 04	0. 33	—	—	—
1952	—	—	—	0. 04	0. 04	—	—	—	—
1953	—	—	—	0. 06	0. 05	0. 01	—	—	—
1954	—	—	—	0. 13	0. 07	0. 06	0. 07	0. 03	0. 04
1955	—	—	—	0. 20	0. 16	0. 04	0. 22	0. 09	0. 13
1956	—	—	—	0. 34	0. 24	0. 10	0. 55	0. 29	0. 26
1957	—	—	—	0. 60	0. 29	0. 31	0. 49	0. 21	0. 28
1958	0. 71	0. 28	0. 43	0. 18	0. 14	0. 04	0. 91	0. 52	0. 39
1959	0. 70	0. 28	0. 42	0. 07	0. 06	0. 01	1. 29	0. 69	0. 60
1960	0. 51	0. 26	0. 25	0. 08	0. 07	0. 01	0. 74	0. 34	0. 40
1961	0. 34	0. 30	0. 04	0. 09	0. 08	0. 01	0. 83	0. 47	0. 36
1962	0. 39	0. 39	—	0. 05	0. 05	—	0. 69	0. 29	0. 40
1963	0. 57	0. 51	0. 06	0. 13	0. 13	—	0. 91	0. 49	0. 42
1964	0. 52	0. 52	—	0. 19	0. 19	—	1. 09	0. 47	0. 62
1965	0. 66	0. 62	0. 04	0. 22	0. 22	—	1. 09	0. 65	0. 44
1966	1. 16	0. 75	0. 41	0. 23	0. 23	—	0. 16	—	0. 16
1967	1. 44	1. 06	0. 38	0. 28	0. 28	—	—	—	—
1968	1. 60	1. 13	0. 47	0. 31	0. 30	0. 01	—	—	—
1969	1. 96	1. 05	0. 91	0. 33	0. 32	0. 01	—	—	—
1970	1. 46	1. 01	0. 45	0. 33	0. 33	—	—	—	—
1971	1. 46	1. 12	0. 34	0. 28	0. 27	0. 01	—	—	—
1972	1. 66	1. 18	0. 48	0. 45	0. 41	0. 04	—	—	—
1973	3. 32	1. 96	1. 36	1. 26	1. 25	0. 01	—	—	—
1974	3. 42	2. 01	1. 41	1. 59	1. 55	0. 04	—	—	—
1975	2. 73	2. 38	0. 35	1. 60	1. 09	0. 51	—	—	—
1976	2. 54	1. 99	0. 55	1. 36	0. 87	0. 49	—	—	—
1977	2. 78	2. 02	0. 76	1. 99	0. 94	1. 05	—	—	—
1978	2. 94	2. 48	0. 46	2. 74	1. 63	1. 11	—	—	—
1979	4. 01	2. 96	1. 05	3. 60	1. 71	1. 89	—	—	—
1980	6. 11	4. 21	1. 90	4. 24	1. 84	2. 40	0. 35	0. 21	0. 14
1981	7. 93	6. 77	1. 16	3. 18	1. 96	1. 22	1. 19	0. 55	0. 64
1982	7. 51	6. 45	1. 06	3. 45	1. 85	1. 60	2. 00	0. 47	1. 53
1983	6. 84	5. 70	1. 14	4. 03	1. 87	2. 16	1. 99	0. 49	1. 50
1984	14. 47	12. 87	1. 60	4. 12	2. 06	2. 06	3. 04	0. 74	2. 30

表 12 续 5

年份 Year	新加坡 Singapore			马来西亚 Malaysia			印度尼西亚 Indonesia		
	合计 Total	出口 Exports	进口 Imports	合计 Total	出口 Exports	进口 Imports	合计 Total	出口 Exports	进口 Imports
1985	23. 22	20. 80	2. 42	3. 88	1. 88	2. 00	4. 57	1. 25	3. 32
1986	17. 59	12. 06	5. 53	3. 83	2. 03	1. 80	4. 66	1. 42	3. 24
1987	19. 45	13. 27	6. 18	5. 56	2. 54	3. 02	7. 79	1. 88	5. 91
1988	25. 03	14. 85	10. 18	8. 77	3. 08	5. 69	9. 18	2. 36	6. 82
1989	31. 92	16. 93	14. 99	10. 44	3. 52	6. 92	8. 05	2. 23	5. 82
1990	28. 33	19. 75	8. 58	11. 76	3. 41	8. 35	11. 82	3. 79	8. 03
1991	30. 77	20. 14	10. 63	13. 32	5. 28	8. 04	18. 84	4. 81	14. 03
1992	32. 67	20. 31	12. 36	14. 75	6. 45	8. 30	20. 25	4. 71	15. 54
1993	48. 91	22. 45	26. 46	17. 88	7. 04	10. 84	21. 43	6. 92	14. 51
1994	50. 50	25. 58	24. 92	27. 40	11. 18	16. 22	26. 41	10. 52	15. 89
1995	68. 99	35. 01	33. 98	33. 52	12. 81	20. 71	34. 90	14. 38	20. 52
1996	73. 50	37. 50	36. 00	36. 10	13. 70	22. 40	37. 10	14. 30	22. 80
1997	87. 80	43. 50	44. 30	44. 20	19. 20	25. 00	45. 10	18. 40	26. 70
1998	81. 54	39. 34	42. 20	42. 70	16. 00	26. 70	36. 30	11. 70	24. 60
1999	85. 60	45. 00	40. 60	52. 80	16. 70	36. 10	48. 30	17. 80	30. 50
2000	108. 20	57. 60	50. 60	80. 50	25. 70	54. 80	74. 60	30. 60	44. 00
2001	109. 34	57. 92	51. 42	94. 25	32. 20	62. 05	67. 25	28. 37	38. 88
2002	140. 18	69. 66	70. 52	142. 71	49. 75	92. 96	79. 28	34. 27	45. 01
2003	193. 52	88. 69	104. 83	201. 28	61. 41	139. 87	102. 29	44. 81	57. 48
2004	266. 84	126. 87	139. 97	262. 61	80. 87	181. 74	134. 81	62. 57	72. 24
2005	331. 49	166. 33	165. 16	307. 03	106. 07	200. 96	167. 89	83. 51	84. 38
2006	408. 58	231. 85	176. 73	371. 10	135. 37	235. 72	190. 89	94. 83	96. 06
2007	473. 18	297. 94	175. 24	463. 96	176. 99	286. 97	250. 69	126. 74	123. 95
2008	524. 36	323. 00	201. 35	534. 69	213. 75	320. 94	315. 21	171. 92	143. 30
2009	478. 63	300. 66	177. 97	519. 63	196. 32	323. 31	283. 84	147. 21	136. 64
2010	570. 58	323. 48	247. 10	742. 15	238. 06	504. 10	427. 50	219. 73	207. 77
2011	634. 82	355. 70	279. 12	900. 35	278. 90	621. 45	605. 22	292. 22	313. 00
2012	692. 76	407. 52	285. 24	948. 13	365. 18	582. 95	662. 19	342. 89	319. 30
2013	759. 14	458. 64	300. 50	1 060. 75	459. 33	601. 43	683. 55	369. 32	314. 22
2014	797. 41	489. 15	308. 26	1 020. 20	463. 59	556. 61	635. 81	390. 59	245. 21
2015	795. 65	520. 08	275. 56	972. 91	439. 90	533. 00	542. 30	343. 42	198. 88
2016	704. 24	444. 76	259. 48	868. 76	376. 63	492. 13	535. 08	321. 15	213. 93
2017	792. 69	450. 19	342. 50	961. 36	417. 10	544. 26	633. 31	347. 57	285. 74
2018	828. 80	491. 65	337. 15	1 086. 25	454. 03	632. 22	773. 71	432. 09	341. 62

表 12　续 6

年份 Year	泰国 Thailand			菲律宾 Philippines			越南 Viet Nam		
	合计 Total	出口 Exports	进口 Imports	合计 Total	出口 Exports	进口 Imports	合计 Total	出口 Exports	进口 Imports
1950	0. 05	—	0. 05	—	—	—	—	—	—
1951	—	—	—	—	—	—	0. 01	0. 01	—
1952	—	—	—	—	—	—	0. 01	0. 01	—
1953	0. 01	0. 01	—	—	—	—	0. 03	0. 02	0. 01
1954	0. 01	0. 01	—	—	—	—	0. 17	0. 15	0. 02
1955	0. 01	0. 01	—	—	—	—	0. 46	0. 43	0. 03
1956	0. 04	0. 03	0. 01	—	—	—	0. 48	0. 40	0. 08
1957	0. 07	0. 04	0. 03	—	—	—	0. 70	0. 63	0. 07
1958	0. 10	0. 07	0. 03	—	—	—	0. 56	0. 41	0. 15
1959	—	—	—	—	—	—	0. 61	0. 44	0. 17
1960	—	—	—	—	—	—	0. 83	0. 64	0. 19
1961	—	—	—	—	—	—	0. 77	0. 60	0. 17
1962	—	—	—	—	—	—	0. 59	0. 44	0. 15
1963	—	—	—	—	—	—	0. 56	0. 41	0. 15
1964	—	—	—	—	—	—	0. 75	0. 55	0. 20
1965	—	—	—	—	—	—	1. 50	1. 25	0. 25
1966	—	—	—	—	—	—	1. 51	1. 40	0. 11
1967	—	—	—	—	—	—	1. 35	1. 30	0. 05
1968	—	—	—	—	—	—	1. 58	1. 53	0. 05
1969	—	—	—	—	—	—	1. 53	1. 50	0. 03
1970	—	—	—	—	—	—	1. 35	1. 29	0. 06
1971	—	—	—	0. 02	0. 02	—	2. 31	2. 24	0. 07
1972	—	—	—	0. 05	0. 04	0. 01	2. 13	2. 10	0. 03
1973	—	—	—	0. 53	0. 46	0. 07	2. 64	2. 58	0. 06
1974	0. 03	0. 03	—	0. 49	0. 32	0. 17	3. 04	2. 96	0. 08
1975	0. 25	0. 11	0. 14	0. 65	0. 44	0. 21	2. 42	2. 26	0. 16
1976	1. 06	0. 48	0. 58	0. 80	0. 37	0. 43	1. 41	1. 15	0. 26
1977	0. 62	0. 43	0. 19	0. 94	0. 61	0. 33	0. 79	0. 52	0. 27
1978	1. 44	0. 70	0. 74	1. 43	0. 86	0. 57	0. 57	0. 16	0. 41
1979	2. 95	2. 12	0. 83	1. 82	1. 35	0. 47	—	—	—
1980	4. 52	3. 12	1. 40	3. 28	2. 58	0. 70	—	—	—
1981	3. 90	2. 34	1. 56	3. 76	2. 59	1. 17	—	—	—
1982	5. 21	1. 69	3. 52	3. 80	2. 40	1. 40	0. 01	—	0. 01
1983	3. 32	1. 96	1. 36	1. 89	1. 44	0. 45	—	—	—
1984	4. 50	2. 66	1. 84	3. 31	2. 45	0. 86	—	—	—

表 12 续 7

年份 Year	泰国 Thailand			菲律宾 Philippines			越南 Viet Nam		
	合计 Total	出口 Exports	进口 Imports	合计 Total	出口 Exports	进口 Imports	合计 Total	出口 Exports	进口 Imports
1985	3. 78	1. 17	2. 61	4. 14	3. 16	0. 98	—	—	—
1986	4. 45	1. 59	2. 86	2. 92	1. 56	1. 36	—	—	—
1987	7. 10	3. 05	4. 05	3. 86	2. 46	1. 40	—	—	—
1988	11. 42	5. 10	6. 32	4. 05	2. 70	1. 35	0. 01	—	0. 01
1989	12. 56	5. 00	7. 56	3. 40	2. 57	0. 83	0. 08	0. 02	0. 06
1990	11. 93	8. 23	3. 70	2. 95	2. 10	0. 85	0. 07	0. 04	0. 03
1991	12. 69	8. 48	4. 21	3. 84	2. 54	1. 30	0. 32	0. 21	0. 11
1992	13. 19	8. 95	4. 24	3. 65	2. 10	1. 55	1. 79	1. 06	0. 73
1993	13. 51	7. 50	6. 01	4. 94	2. 81	2. 13	3. 99	2. 76	1. 23
1994	20. 24	11. 59	8. 65	7. 48	4. 76	2. 72	5. 33	3. 42	1. 91
1995	33. 63	17. 52	16. 11	13. 06	10. 30	2. 76	10. 52	7. 20	3. 32
1996	31. 50	12. 60	18. 90	13. 90	10. 10	3. 80	11. 50	8. 40	3. 10
1997	35. 10	15. 05	20. 10	16. 70	13. 40	3. 30	14. 40	10. 80	3. 60
1998	36. 72	12. 58	24. 14	20. 10	15. 00	5. 10	12. 50	10. 30	2. 20
1999	42. 20	14. 40	27. 80	22. 90	13. 80	9. 10	13. 20	9. 60	3. 60
2000	66. 20	22. 40	43. 80	31. 40	14. 60	16. 80	24. 70	15. 40	9. 30
2001	70. 50	23. 37	47. 13	35. 65	16. 20	19. 45	28. 15	18. 04	10. 11
2002	85. 60	29. 58	56. 02	52. 59	20. 42	32. 17	32. 64	21. 49	11. 15
2003	126. 55	38. 28	88. 27	94. 00	30. 94	63. 06	46. 34	31. 78	14. 56
2004	173. 43	58. 01	115. 42	133. 28	42. 69	90. 59	67. 43	42. 61	24. 82
2005	218. 12	78. 20	139. 92	175. 58	46. 88	128. 70	81. 96	56. 44	25. 52
2006	277. 26	97. 64	179. 62	234. 13	57. 38	176. 75	99. 49	74. 63	24. 86
2007	346. 38	119. 73	226. 65	306. 16	74. 98	231. 18	151. 18	118. 91	32. 26
2008	412. 53	156. 05	256. 47	285. 80	90. 78	195. 02	194. 64	151. 22	43. 43
2009	382. 04	133. 07	248. 97	205. 31	85. 85	119. 47	210. 48	163. 01	47. 47
2010	529. 47	197. 47	332. 00	277. 46	115. 41	162. 05	300. 94	231. 14	69. 80
2011	647. 37	256. 97	390. 40	322. 54	142. 54	180. 00	402. 07	290. 92	111. 16
2012	697. 45	312. 00	385. 45	363. 70	167. 32	196. 38	504. 40	342. 10	162. 29
2013	712. 61	327. 38	385. 23	380. 66	198. 35	182. 30	654. 82	485. 93	168. 90
2014	726. 73	342. 96	383. 77	444. 57	234. 74	209. 82	836. 40	637. 36	199. 03
2015	754. 63	382. 93	371. 70	456. 50	266. 73	189. 76	959. 66	661. 24	298. 42
2016	758. 65	371. 87	386. 79	472. 08	298. 33	173. 75	982. 26	611. 00	371. 26
2017	801. 37	385. 41	415. 96	513. 05	320. 66	192. 39	1 219. 91	716. 16	503. 75
2018	875. 25	428. 93	446. 32	556. 68	350. 62	206. 07	1 478. 58	839. 00	639. 59

表 12　续 8

年份 Year	缅甸 Myanmar			韩国 Korea Rep.			印度 India		
	合计 Total	出口 Exports	进口 Imports	合计 Total	出口 Exports	进口 Imports	合计 Total	出口 Exports	进口 Imports
1950	0. 03	0. 01	0. 02	—	—	—	0. 29	—	0. 29
1951	0. 09	0. 02	0. 07	—	—	—	0. 72	0. 30	0. 42
1952	0. 01	—	0. 01	—	—	—	0. 35	0. 24	0. 11
1953	0. 04	0. 01	0. 03	—	—	—	0. 01	—	0. 01
1954	0. 01	—	0. 01	—	—	—	0. 05	0. 02	0. 03
1955	0. 28	0. 11	0. 17	—	—	—	0. 20	0. 06	0. 14
1956	0. 40	0. 22	0. 18	—	—	—	0. 26	0. 17	0. 09
1957	0. 20	0. 11	0. 09	—	—	—	0. 14	0. 06	0. 08
1958	0. 15	0. 12	0. 03	—	—	—	0. 15	0. 08	0. 07
1959	0. 11	0. 11	—	—	—	—	0. 22	0. 06	0. 16
1960	0. 25	0. 18	0. 07	—	—	—	0. 14	0. 04	0. 10
1961	0. 61	0. 21	0. 40	—	—	—	0. 03	0. 02	0. 01
1962	0. 46	0. 26	0. 20	—	—	—	0. 02	0. 01	0. 01
1963	0. 39	0. 25	0. 14	—	—	—	—	—	—
1964	0. 47	0. 29	0. 18	—	—	—	—	—	—
1965	0. 42	0. 26	0. 16	—	—	—	—	—	—
1966	0. 24	0. 08	0. 16	—	—	—	—	—	—
1967	0. 21	0. 13	0. 08	—	—	—	—	—	—
1968	0. 01	0. 01	—	—	—	—	—	—	—
1969	—	—	—	—	—	—	—	—	—
1970	0. 04	0. 04	—	—	—	—	—	—	—
1971	0. 18	0. 09	0. 09	—	—	—	—	—	—
1972	0. 25	0. 11	0. 14	—	—	—	—	—	—
1973	0. 23	0. 17	0. 06	—	—	—	—	—	—
1974	0. 55	0. 17	0. 38	—	—	—	—	—	—
1975	0. 31	0. 14	0. 17	—	—	—	—	—	—
1976	0. 27	0. 07	0. 20	—	—	—	—	—	—
1977	0. 29	0. 09	0. 20	—	—	—	0. 02	0. 01	0. 01
1978	0. 42	0. 13	0. 29	—	—	—	0. 24	0. 04	0. 20
1979	0. 31	0. 13	0. 18	—	—	—	0. 75	0. 18	0. 57
1980	0. 51	0. 17	0. 34	—	—	—	0. 93	0. 38	0. 55
1981	0. 53	0. 36	0. 17	—	—	—	1. 69	0. 83	0. 86
1982	0. 47	0. 32	0. 15	—	—	—	1. 78	1. 03	0. 75
1983	0. 48	0. 32	0. 16	—	—	—	0. 74	0. 59	0. 15
1984	0. 48	0. 32	0. 16	—	—	—	0. 64	0. 38	0. 26

表 12 续 9

年份 Year	缅甸 Myanmar			韩国 Korea Rep.			印度 India		
	合计 Total	出口 Exports	进口 Imports	合计 Total	出口 Exports	进口 Imports	合计 Total	出口 Exports	进口 Imports
1985	0. 82	0. 36	0. 46	0. 18	0. 00	0. 18	1. 24	0. 85	0. 39
1986	0. 96	0. 38	0. 58	0. 07	0. 00	0. 07	1. 28	0. 89	0. 39
1987	1. 64	0. 69	0. 95	0. 12	0. 03	0. 09	1. 18	0. 88	0. 30
1988	2. 71	1. 34	1. 37	2. 85	0. 88	1. 97	2. 46	1. 48	0. 98
1989	3. 14	1. 88	1. 26	8. 96	4. 72	4. 24	2. 71	1. 69	1. 02
1990	3. 28	2. 23	1. 05	19. 43	12. 60	6. 83	2. 64	1. 67	0. 97
1991	3. 92	2. 86	1. 06	32. 45	21. 79	10. 66	2. 64	1. 44	1. 20
1992	3. 90	2. 59	1. 31	50. 28	24. 05	26. 23	3. 39	1. 58	1. 81
1993	4. 90	3. 25	1. 65	82. 20	28. 60	53. 60	6. 76	2. 59	4. 17
1994	5. 12	3. 69	1. 43	117. 21	44. 02	73. 19	8. 95	5. 73	3. 22
1995	7. 68	6. 18	1. 50	169. 81	66. 88	102. 93	11. 63	7. 65	3. 98
1996	6. 60	5. 20	1. 40	199. 90	75. 10	124. 80	14. 10	6. 90	7. 20
1997	6. 43	5. 70	0. 73	240. 50	91. 20	149. 30	18. 30	9. 33	8. 97
1998	5. 80	5. 18	0. 62	212. 70	62. 70	150. 00	19. 23	10. 17	9. 06
1999	5. 10	4. 10	1. 00	250. 40	78. 10	172. 30	19. 90	11. 60	8. 30
2000	6. 20	5. 00	1. 20	345. 00	112. 90	232. 10	29. 10	15. 60	13. 50
2001	6. 31	4. 97	1. 34	359. 10	125. 21	233. 89	35. 96	18. 96	17. 00
2002	8. 62	7. 25	1. 37	440. 71	154. 97	285. 74	49. 46	26. 72	22. 74
2003	10. 77	9. 08	1. 69	632. 31	200. 96	431. 35	75. 95	34. 44	42. 51
2004	11. 45	9. 38	2. 07	900. 68	278. 18	622. 50	136. 04	59. 27	76. 77
2005	12. 09	9. 35	2. 74	1 119. 31	351. 09	768. 22	187. 03	89. 35	97. 68
2006	14. 60	12. 07	2. 53	1 342. 46	445. 22	897. 24	248. 59	145. 81	102. 77
2007	20. 78	17. 00	3. 78	1 598. 76	561. 25	1 037. 52	386. 29	240. 11	146. 17
2008	26. 26	19. 78	6. 48	1 861. 13	739. 51	1 121. 62	517. 80	315. 00	202. 81
2009	29. 07	22. 61	6. 46	1 562. 32	536. 80	1 025. 52	433. 81	296. 67	137. 14
2010	44. 44	34. 80	9. 64	2 071. 71	687. 71	1 383. 99	617. 60	409. 19	208. 41
2011	65. 00	48. 22	16. 78	2 456. 33	829. 24	1 627. 09	739. 18	505. 43	233. 75
2012	69. 72	56. 73	12. 98	2 563. 29	876. 81	1 686. 48	664. 72	476. 73	187. 99
2013	101. 50	73. 40	28. 10	2 742. 48	911. 76	1 830. 73	654. 71	484. 43	170. 28
2014	249. 72	93. 69	156. 03	2 904. 92	1 003. 40	1 901. 52	705. 94	542. 22	163. 71
2015	152. 79	96. 55	56. 25	2 758. 15	1 012. 96	1 745. 18	716. 23	582. 40	133. 83
2016	122. 84	81. 89	40. 96	2 525. 76	937. 08	1 588. 68	701. 48	583. 90	117. 57
2017	134. 75	89. 48	45. 26	2 802. 57	1 027. 04	1 775. 53	843. 86	680. 40	163. 45
2018	152. 40	105. 53	46. 87	3 134. 28	1 087. 89	2 046. 39	955. 43	767. 05	188. 38

表 12　续 10

年份 Year	沙特阿拉伯 Saudi Arabia			阿联酋 United Arab Emirates			伊朗 Iran		
	合计 Total	出口 Exports	进口 Imports	合计 Total	出口 Exports	进口 Imports	合计 Total	出口 Exports	进口 Imports
1950	—	—	—	—	—	—	—	—	—
1951	—	—	—	—	—	—	—	—	—
1952	—	—	—	—	—	—	—	—	—
1953	—	—	—	—	—	—	—	—	—
1954	—	—	—	—	—	—	—	—	—
1955	—	—	—	—	—	—	—	—	—
1956	—	—	—	—	—	—	—	—	—
1957	—	—	—	—	—	—	—	—	—
1958	—	—	—	—	—	—	—	—	—
1959	—	—	—	—	—	—	0. 01	0. 01	—
1960	0. 01	0. 01	—	—	—	—	0. 01	0. 01	—
1961	—	—	—	—	—	—	—	—	—
1962	—	—	—	—	—	—	0. 02	0. 02	—
1963	0. 01	0. 01	—	—	—	—	0. 03	0. 03	—
1964	0. 03	0. 03	—	0. 01	0. 01	—	0. 05	0. 05	—
1965	0. 04	0. 04	—	0. 01	0. 01	—	0. 10	0. 08	0. 02
1966	0. 08	0. 08	—	0. 01	0. 01	—	0. 11	0. 10	0. 01
1967	0. 09	0. 09	—	0. 02	0. 02	—	0. 07	0. 04	0. 03
1968	0. 04	0. 04	—	0. 03	0. 03	—	0. 03	0. 02	0. 01
1969	0. 01	0. 01	—	0. 04	0. 04	—	0. 03	0. 02	0. 01
1970	0. 01	0. 01	—	0. 04	0. 04	—	0. 07	0. 02	0. 05
1971	0. 02	0. 02	—	0. 05	0. 05	—	0. 06	0. 03	0. 03
1972	0. 01	0. 01	—	0. 09	0. 09	—	0. 35	0. 14	0. 21
1973	0. 02	0. 02	—	0. 20	0. 20	—	0. 62	0. 22	0. 40
1974	0. 03	0. 03	—	0. 35	0. 35	—	0. 51	0. 47	0. 04
1975	0. 04	0. 04	—	0. 43	0. 43	—	0. 86	0. 53	0. 33
1976	0. 07	0. 07	—	0. 49	0. 49	—	0. 93	0. 53	0. 40
1977	0. 15	0. 15	—	0. 47	0. 47	—	1. 01	0. 53	0. 48
1978	0. 37	0. 37	—	0. 59	0. 59	—	1. 18	0. 65	0. 53
1979	0. 76	0. 68	0. 08	0. 81	0. 81	—	0. 68	0. 37	0. 31
1980	1. 51	1. 36	0. 15	0. 92	0. 92	—	1. 80	1. 21	0. 59
1981	2. 38	2. 25	0. 13	1. 04	1. 04	—	1. 67	1. 65	0. 02
1982	1. 96	1. 86	0. 10	0. 81	0. 81	—	1. 30	0. 43	0. 87
1983	1. 69	1. 50	0. 19	0. 69	0. 69	—	2. 69	2. 69	—
1984	1. 70	1. 40	0. 30	0. 80	0. 66	0. 14	1. 62	1. 62	—

表 12　续 11

年份 Year	沙特阿拉伯 Saudi Arabia			阿联酋 United Arab Emirates			伊朗 Iran		
	合计 Total	出口 Exports	进口 Imports	合计 Total	出口 Exports	进口 Imports	合计 Total	出口 Exports	进口 Imports
1985	1. 57	1. 34	0. 23	0. 87	0. 64	0. 23	1. 64	0. 84	0. 80
1986	1. 85	1. 33	0. 52	1. 00	0. 90	0. 10	0. 50	0. 50	—
1987	3. 54	2. 47	1. 07	1. 52	1. 23	0. 29	0. 94	0. 94	—
1988	4. 25	2. 30	1. 95	2. 55	1. 84	0. 71	2. 40	2. 23	0. 17
1989	3. 19	2. 49	0. 70	3. 04	2. 44	0. 60	1. 79	1. 32	0. 47
1990	4. 18	3. 37	0. 81	3. 10	2. 72	0. 38	3. 62	3. 18	0. 44
1991	5. 25	3. 87	1. 38	4. 77	4. 08	0. 69	3. 14	2. 93	0. 21
1992	5. 71	4. 44	1. 27	6. 08	5. 42	0. 66	4. 37	3. 36	1. 01
1993	6. 97	5. 78	1. 19	8. 17	7. 11	1. 06	7. 13	4. 03	3. 10
1994	8. 74	6. 25	2. 49	9. 02	8. 65	0. 37	4. 47	2. 66	1. 81
1995	12. 85	7. 34	5. 51	12. 21	11. 01	1. 20	5. 05	2. 78	2. 27
1996	15. 80	7. 50	8. 30	11. 40	10. 70	0. 70	7. 80	3. 90	3. 90
1997	16. 80	8. 54	8. 26	13. 84	13. 00	0. 84	10. 32	4. 96	5. 36
1998	17. 00	8. 96	8. 04	14. 53	12. 91	1. 62	12. 15	6. 57	5. 58
1999	18. 60	9. 50	9. 10	16. 30	14. 40	1. 90	13. 50	6. 70	6. 80
2000	31. 00	11. 40	19. 60	24. 90	20. 80	4. 10	24. 90	7. 10	17. 80
2001	40. 75	13. 54	27. 21	28. 25	23. 77	4. 48	33. 13	8. 89	24. 24
2002	51. 07	16. 72	34. 35	38. 95	34. 50	4. 45	37. 42	13. 96	23. 46
2003	73. 42	21. 47	51. 95	58. 11	50. 37	7. 74	56. 23	23. 15	33. 08
2004	103. 00	27. 76	75. 24	81. 46	68. 42	13. 04	70. 46	25. 55	44. 91
2005	160. 70	38. 25	122. 25	107. 76	87. 30	20. 46	100. 84	32. 97	67. 87
2006	201. 40	50. 56	150. 85	142. 02	114. 05	27. 97	144. 47	44. 89	99. 58
2007	253. 67	78. 07	175. 60	200. 36	170. 24	30. 12	205. 90	72. 84	133. 06
2008	417. 87	107. 74	310. 13	281. 55	235. 50	46. 05	276. 43	80. 43	195. 99
2009	325. 98	89. 78	236. 20	212. 28	186. 32	25. 95	212. 05	79. 19	132. 87
2010	431. 80	103. 67	328. 14	256. 90	212. 37	44. 54	293. 82	110. 96	182. 86
2011	643. 24	148. 51	494. 74	351. 07	268. 15	82. 92	451. 07	147. 62	303. 45
2012	732. 78	184. 53	548. 25	404. 19	295. 68	108. 51	364. 67	116. 03	248. 64
2013	722. 04	187. 42	534. 61	462. 30	334. 09	128. 21	395. 42	141. 48	253. 94
2014	691. 07	205. 82	485. 24	548. 06	390. 41	157. 66	518. 51	243. 45	275. 07
2015	516. 58	216. 23	300. 35	485. 50	370. 30	115. 20	338. 41	177. 91	160. 51
2016	422. 64	186. 49	236. 15	400. 57	300. 67	99. 90	312. 34	164. 16	148. 17
2017	501. 36	183. 74	317. 62	410. 34	287. 23	123. 11	371. 38	185. 85	185. 54
2018	633. 35	174. 44	458. 91	459. 18	296. 60	162. 58	351. 35	140. 31	211. 04

表 12　续 12

年份 Year	巴基斯坦 Pakistan			孟加拉国 Bangladesh			土耳其 Turkey		
	合计 Total	出口 Exports	进口 Imports	合计 Total	出口 Exports	进口 Imports	合计 Total	出口 Exports	进口 Imports
1950	0. 16	—	0. 16	—	—	—	—	—	—
1951	0. 23	—	0. 23	—	—	—	—	—	—
1952	0. 81	0. 01	0. 80	—	—	—	—	—	—
1953	0. 08	0. 01	0. 07	—	—	—	—	—	—
1954	0. 22	0. 01	0. 21	—	—	—	—	—	—
1955	0. 31	—	0. 31	—	—	—	—	—	—
1956	0. 23	0. 09	0. 14	—	—	—	—	—	—
1957	0. 13	0. 03	0. 10	—	—	—	—	—	—
1958	0. 26	0. 09	0. 17	—	—	—	—	—	—
1959	0. 08	0. 07	0. 01	—	—	—	—	—	—
1960	0. 17	0. 02	0. 15	—	—	—	—	—	—
1961	0. 12	0. 03	0. 09	—	—	—	0. 01	—	0. 01
1962	0. 05	0. 03	0. 02	—	—	—	—	—	—
1963	0. 17	0. 05	0. 12	—	—	—	—	—	—
1964	0. 60	0. 13	0. 47	—	—	—	—	—	—
1965	0. 60	0. 16	0. 44	—	—	—	0. 07	—	0. 07
1966	0. 68	0. 36	0. 32	—	—	—	0. 02	—	0. 02
1967	0. 82	0. 50	0. 32	—	—	—	0. 02	—	0. 02
1968	0. 40	0. 16	0. 24	—	—	—	0. 01	—	0. 01
1969	0. 42	0. 21	0. 21	—	—	—	0. 01	—	0. 01
1970	0. 70	0. 29	0. 41	—	—	—	0. 02	0. 01	0. 01
1971	0. 60	0. 29	0. 31	—	—	—	0. 05	—	0. 05
1972	0. 40	0. 22	0. 18	—	—	—	0. 17	0. 01	0. 16
1973	0. 65	0. 48	0. 17	—	—	—	0. 50	0. 08	0. 42
1974	0. 68	0. 59	0. 09	—	—	—	0. 43	0. 15	0. 28
1975	0. 86	0. 71	0. 15	0. 03	0. 03	—	0. 16	0. 15	0. 01
1976	0. 77	0. 60	0. 17	0. 15	0. 10	0. 05	0. 09	0. 02	0. 07
1977	0. 72	0. 64	0. 08	0. 31	0. 16	0. 15	0. 07	0. 01	0. 06
1978	1. 32	0. 89	0. 43	0. 65	0. 39	0. 26	0. 20	—	0. 20
1979	1. 52	1. 22	0. 30	0. 76	0. 55	0. 21	0. 11	—	0. 11
1980	3. 15	1. 40	1. 75	1. 05	0. 68	0. 37	0. 07	0. 01	0. 06
1981	5. 48	2. 16	3. 32	3. 24	1. 06	2. 18	0. 46	0. 01	0. 45
1982	3. 51	2. 06	1. 45	1. 19	0. 90	0. 29	0. 44	0. 02	0. 42
1983	3. 85	2. 25	1. 60	0. 90	0. 66	0. 24	0. 30	0. 04	0. 26
1984	3. 23	2. 72	0. 51	1. 20	1. 11	0. 09	0. 44	0. 03	0. 41

表 12 续 13

年份 Year	巴基斯坦 Pakistan			孟加拉国 Bangladesh			土耳其 Turkey		
	合计 Total	出口 Exports	进口 Imports	合计 Total	出口 Exports	进口 Imports	合计 Total	出口 Exports	进口 Imports
1985	2. 46	1. 87	0. 59	0. 88	0. 77	0. 11	1. 11	0. 71	0. 40
1986	2. 32	2. 07	0. 25	1. 33	1. 04	0. 29	1. 93	0. 74	1. 19
1987	3. 38	3. 00	0. 38	0. 98	0. 81	0. 17	2. 08	0. 88	1. 20
1988	3. 85	3. 30	0. 55	1. 29	0. 99	0. 30	2. 89	0. 90	1. 99
1989	5. 92	3. 68	2. 24	2. 27	1. 92	0. 35	2. 56	0. 57	1. 99
1990	5. 85	4. 95	0. 90	1. 71	1. 53	0. 18	0. 90	0. 49	0. 41
1991	6. 87	5. 98	0. 89	2. 13	2. 04	0. 09	1. 04	0. 55	0. 49
1992	6. 43	5. 51	0. 92	2. 21	2. 15	0. 06	1. 77	0. 69	1. 08
1993	8. 48	7. 52	0. 96	2. 12	2. 03	0. 09	6. 63	1. 65	4. 98
1994	7. 68	6. 06	1. 62	3. 87	3. 70	0. 17	6. 49	1. 85	4. 64
1995	10. 12	7. 89	2. 23	6. 78	6. 33	0. 45	5. 76	4. 32	1. 44
1996	9. 60	6. 20	3. 40	6. 90	6. 60	0. 30	5. 00	4. 10	0. 90
1997	10. 68	6. 89	3. 79	7. 50	6. 96	0. 54	6. 22	5. 57	0. 65
1998	9. 13	5. 24	3. 89	6. 87	6. 61	0. 26	7. 02	6. 59	0. 43
1999	9. 70	5. 80	3. 90	7. 10	7. 00	0. 10	6. 80	6. 40	0. 40
2000	11. 60	6. 70	4. 90	9. 20	9. 00	0. 20	12. 00	10. 80	1. 20
2001	13. 97	8. 15	5. 82	9. 72	9. 55	0. 17	9. 05	6. 74	2. 31
2002	18. 00	12. 42	5. 58	10. 98	10. 66	0. 32	13. 78	10. 89	2. 89
2003	24. 30	18. 55	5. 75	13. 68	13. 35	0. 33	25. 98	20. 65	5. 33
2004	30. 61	24. 66	5. 95	19. 63	19. 06	0. 57	34. 13	28. 22	5. 91
2005	42. 61	34. 28	8. 33	24. 81	24. 03	0. 78	48. 74	42. 52	6. 22
2006	52. 47	42. 39	10. 07	31. 89	30. 90	0. 99	80. 69	73. 03	7. 66
2007	68. 93	57. 89	11. 04	34. 59	33. 45	1. 14	117. 68	104. 76	12. 92
2008	69. 81	59. 75	10. 06	46. 80	45. 48	1. 32	125. 68	105. 93	19. 75
2009	67. 75	55. 15	12. 60	45. 82	44. 41	1. 41	100. 79	83. 34	17. 45
2010	86. 67	69. 38	17. 29	70. 59	67. 91	2. 68	151. 00	119. 43	31. 57
2011	105. 64	84. 40	21. 24	82. 60	78. 11	4. 49	187. 41	156. 15	31. 25
2012	124. 17	92. 76	31. 40	84. 51	79. 71	4. 80	190. 95	155. 86	35. 09
2013	142. 19	110. 19	32. 00	103. 08	97. 06	6. 02	222. 12	177. 53	44. 59
2014	160. 03	132. 47	27. 56	125. 46	117. 84	7. 62	230. 16	193. 07	37. 09
2015	189. 27	164. 50	24. 77	147. 08	139. 01	8. 06	215. 65	186. 17	29. 48
2016	191. 35	172. 28	19. 07	151. 68	142. 99	8. 69	194. 69	166. 84	27. 85
2017	200. 84	182. 51	18. 33	160. 44	151. 69	8. 75	219. 04	181. 21	37. 83
2018	190. 83	169. 08	21. 75	187. 37	177. 52	9. 84	215. 52	177. 92	37. 59

表 12　续 14

年份 Year	也门共和国 Arab Republic of Yemen			以色列 Israel			阿曼 Oman		
	合计 Total	出口 Exports	进口 Imports	合计 Total	出口 Exports	进口 Imports	合计 Total	出口 Exports	进口 Imports
1950	—	—	—	—	—	—	—	—	—
1951	—	—	—	—	—	—	—	—	—
1952	—	—	—	—	—	—	—	—	—
1953	—	—	—	—	—	—	—	—	—
1954	—	—	—	—	—	—	—	—	—
1955	—	—	—	—	—	—	—	—	—
1956	—	—	—	—	—	—	—	—	—
1957	—	—	—	—	—	—	—	—	—
1958	—	—	—	—	—	—	—	—	—
1959	—	—	—	—	—	—	—	—	—
1960	—	—	—	—	—	—	—	—	—
1961	—	—	—	—	—	—	—	—	—
1962	—	—	—	—	—	—	—	—	—
1963	—	—	—	—	—	—	—	—	—
1964	—	—	—	—	—	—	—	—	—
1965	—	—	—	—	—	—	—	—	—
1966	—	—	—	—	—	—	0.01	0.01	—
1967	0.03	0.03	—	—	—	—	0.01	0.01	—
1968	0.03	0.03	—	—	—	—	0.03	0.03	—
1969	0.06	0.06	—	—	—	—	0.02	0.02	—
1970	0.05	0.05	—	—	—	—	0.03	0.03	—
1971	0.12	0.10	0.02	—	—	—	0.02	0.02	—
1972	0.23	0.18	0.05	—	—	—	0.03	0.03	—
1973	0.42	0.35	0.07	—	—	—	0.04	0.04	—
1974	0.47	0.43	0.04	—	—	—	0.05	0.05	—
1975	0.45	0.41	0.04	—	—	—	0.06	0.06	—
1976	0.59	0.52	0.07	—	—	—	0.06	0.06	—
1977	0.63	0.56	0.07	—	—	—	0.05	0.05	—
1978	0.70	0.65	0.05	—	—	—	0.07	0.07	—
1979	0.90	0.87	0.03	—	—	—	0.10	0.10	—
1980	1.02	1.02	—	—	—	—	0.13	0.13	—
1981	4.39	4.33	0.06	—	—	—	0.15	0.15	—
1982	3.32	3.30	0.02	—	—	—	0.11	0.11	—
1983	1.33	1.33	—	—	—	—	0.10	0.10	—
1984	1.00	1.00	—	—	—	—	0.14	0.12	0.02

表 12 续 15

年份 Year	也门共和国 Arab Republic of Yemen			以色列 Israel			阿曼 Oman		
	合计 Total	出口 Exports	进口 Imports	合计 Total	出口 Exports	进口 Imports	合计 Total	出口 Exports	进口 Imports
1985	0. 67	0. 67	—	—	—	—	0. 09	0. 09	—
1986	0. 46	0. 46	—	—	—	—	0. 10	0. 10	—
1987	0. 42	0. 42	—	—	—	—	0. 08	0. 08	—
1988	0. 65	0. 65	—	—	—	—	0. 74	0. 07	0. 67
1989	0. 62	0. 61	0. 01	—	—	—	1. 51	0. 07	1. 44
1990	0. 74	0. 72	0. 02	—	—	—	1. 33	0. 08	1. 25
1991	0. 71	0. 71	—	—	—	—	4. 10	0. 10	4. 00
1992	1. 48	0. 74	0. 74	0. 51	0. 12	0. 39	4. 55	0. 08	4. 47
1993	3. 67	1. 12	2. 55	1. 52	0. 76	0. 76	5. 72	0. 11	5. 61
1994	2. 34	0. 85	1. 49	2. 49	1. 42	1. 07	4. 31	0. 18	4. 13
1995	4. 52	1. 08	3. 44	3. 06	1. 86	1. 20	4. 97	0. 15	4. 82
1996	6. 80	1. 10	5. 70	2. 90	1. 89	1. 01	8. 20	0. 10	8. 10
1997	7. 51	1. 00	6. 51	3. 56	2. 56	1. 00	13. 62	0. 17	13. 45
1998	6. 30	1. 07	5. 23	5. 24	3. 53	1. 71	7. 45	0. 39	7. 06
1999	6. 80	1. 30	5. 50	6. 80	4. 90	1. 90	6. 60	0. 30	6. 30
2000	9. 10	1. 80	7. 30	10. 50	7. 20	3. 30	33. 17	0. 74	32. 43
2001	6. 61	2. 10	4. 51	13. 16	8. 33	4. 83	16. 76	0. 67	16. 09
2002	7. 31	3. 05	4. 26	14. 18	9. 00	5. 18	15. 07	0. 60	14. 47
2003	19. 00	3. 54	15. 46	18. 31	11. 41	6. 90	20. 68	0. 82	19. 86
2004	19. 16	4. 58	14. 58	24. 85	15. 42	9. 43	43. 89	1. 11	42. 78
2005	32. 15	5. 47	26. 68	30. 27	19. 54	10. 73	43. 30	1. 91	41. 39
2006	30. 35	8. 02	22. 33	38. 76	25. 61	13. 14	64. 69	3. 40	61. 29
2007	27. 08	9. 63	17. 45	53. 10	36. 56	16. 54	72. 70	5. 48	67. 23
2008	43. 71	11. 62	32. 09	60. 22	42. 29	17. 93	124. 16	7. 92	116. 24
2009	24. 06	11. 68	12. 38	51. 77	36. 53	15. 24	61. 57	7. 47	54. 10
2010	40. 03	12. 24	27. 79	76. 45	50. 38	26. 07	107. 17	9. 44	97. 72
2011	42. 40	11. 04	31. 36	97. 79	67. 42	30. 38	158. 75	9. 98	148. 77
2012	55. 56	19. 55	36. 01	99. 10	69. 89	29. 21	187. 85	18. 12	169. 74
2013	52. 00	21. 39	30. 61	108. 27	76. 45	31. 83	229. 21	19. 00	210. 20
2014	51. 38	22. 01	29. 37	108. 80	77. 39	31. 41	258. 58	20. 65	237. 93
2015	23. 30	14. 32	8. 98	114. 19	86. 17	28. 02	171. 89	21. 17	150. 72
2016	18. 58	16. 92	1. 66	113. 53	81. 74	31. 79	141. 70	21. 48	120. 22
2017	23. 03	16. 43	6. 60	131. 24	89. 18	42. 06	157. 00	23. 16	133. 83
2018	25. 92	18. 75	7. 18	139. 18	92. 77	46. 41	217. 39	28. 77	188. 62

表 12　续 16

年份 Year	哈萨克斯坦 Kazakhstan			非洲 Africa			南非 S. Africa		
	合计 Total	出口 Exports	进口 Imports	合计 Total	出口 Exports	进口 Imports	合计 Total	出口 Exports	进口 Imports
1950	—	—	—	0. 12	0. 09	0. 03	—	—	—
1951	—	—	—	0. 07	0. 06	0. 01	—	—	—
1952	—	—	—	0. 10	0. 01	0. 09	—	—	—
1953	—	—	—	0. 12	0. 02	0. 10	—	—	—
1954	—	—	—	0. 18	0. 07	0. 11	—	—	—
1955	—	—	—	0. 35	0. 07	0. 28	—	—	—
1956	—	—	—	0. 49	0. 20	0. 29	—	—	—
1957	—	—	—	0. 61	0. 29	0. 32	—	—	—
1958	—	—	—	0. 85	0. 38	0. 47	—	—	—
1959	—	—	—	0. 91	0. 32	0. 59	—	—	—
1960	—	—	—	1. 11	0. 34	0. 77	—	—	—
1961	—	—	—	0. 74	0. 37	0. 37	—	—	—
1962	—	—	—	0. 76	0. 38	0. 38	—	—	—
1963	—	—	—	1. 27	0. 49	0. 78	—	—	—
1964	—	—	—	1. 40	0. 69	0. 71	—	—	—
1965	—	—	—	2. 46	1. 24	1. 22	—	—	—
1966	—	—	—	2. 18	1. 17	1. 01	—	—	—
1967	—	—	—	1. 88	1. 13	0. 75	—	—	—
1968	—	—	—	1. 87	1. 03	0. 84	—	—	—
1969	—	—	—	1. 82	1. 10	0. 72	—	—	—
1970	—	—	—	1. 77	1. 12	0. 65	—	—	—
1971	—	—	—	2. 64	1. 45	1. 19	—	—	—
1972	—	—	—	3. 65	1. 90	1. 75	—	—	—
1973	—	—	—	6. 02	3. 82	2. 20	—	—	—
1974	—	—	—	7. 70	4. 83	2. 87	—	—	—
1975	—	—	—	6. 71	4. 47	2. 24	—	—	—
1976	—	—	—	5. 58	3. 65	1. 93	—	—	—
1977	—	—	—	7. 28	4. 46	2. 82	—	—	—
1978	—	—	—	7. 65	4. 73	2. 92	—	—	—
1979	—	—	—	8. 17	4. 93	3. 24	—	—	—
1980	—	—	—	11. 31	7. 47	3. 84	—	—	—
1981	—	—	—	13. 81	10. 19	3. 62	—	—	—
1982	—	—	—	15. 56	11. 99	3. 57	—	—	—
1983	—	—	—	12. 04	7. 89	4. 15	—	—	—
1984	—	—	—	12. 34	8. 18	4. 16	—	—	—

表 12　续 17

年份 Year	哈萨克斯坦 Kazakhstan			非洲 Africa			南非 S. Africa		
	合计 Total	出口 Exports	进口 Imports	合计 Total	出口 Exports	进口 Imports	合计 Total	出口 Exports	进口 Imports
1985	—	—	—	8. 81	5. 60	3. 21	—	—	—
1986	—	—	—	10. 09	7. 53	2. 56	—	—	—
1987	—	—	—	16. 21	14. 45	1. 76	—	—	—
1988	—	—	—	21. 73	18. 84	2. 89	—	—	—
1989	—	—	—	11. 64	7. 39	4. 25	—	—	—
1990	—	—	—	16. 65	12. 97	3. 68	—	—	—
1991	—	—	—	14. 26	10. 00	4. 26	—	—	—
1992	3. 69	2. 28	1. 41	18. 06	13. 02	5. 04	—	—	—
1993	4. 35	1. 72	2. 63	25. 30	15. 27	10. 03	6. 58	2. 46	4. 12
1994	3. 04	1. 07	1. 97	26. 43	17. 49	8. 94	8. 98	3. 61	5. 37
1995	3. 91	0. 75	3. 16	39. 21	24. 94	14. 27	13. 21	6. 33	6. 88
1996	4. 60	0. 95	3. 65	40. 30	25. 70	14. 60	13. 50	6. 80	6. 70
1997	5. 28	0. 95	4. 33	56. 70	32. 10	24. 60	15. 70	7. 80	7. 90
1998	6. 36	2. 05	4. 31	55. 40	40. 60	14. 80	15. 60	8. 70	6. 90
1999	11. 40	4. 90	6. 50	64. 80	41. 10	23. 70	17. 20	8. 60	8. 60
2000	15. 60	6. 00	9. 60	106. 00	50. 40	55. 60	20. 50	10. 10	10. 40
2001	12. 88	3. 28	9. 60	108. 00	60. 07	47. 93	22. 22	10. 49	11. 73
2002	19. 55	6. 00	13. 55	123. 89	69. 62	54. 27	25. 80	13. 11	12. 69
2003	32. 86	15. 65	17. 21	185. 45	101. 84	83. 61	38. 71	20. 30	18. 41
2004	44. 98	22. 12	22. 86	294. 62	138. 16	156. 46	59. 12	29. 52	29. 60
2005	68. 10	39. 01	29. 09	397. 47	186. 84	210. 63	72. 71	38. 26	34. 44
2006	83. 58	47. 50	36. 07	554. 60	266. 88	287. 72	98. 53	57. 68	40. 85
2007	138. 78	74. 46	64. 32	736. 57	372. 98	363. 59	140. 46	74. 28	66. 18
2008	175. 50	98. 19	77. 31	1 068. 42	508. 40	560. 02	178. 24	85. 93	92. 31
2009	140. 04	77. 48	62. 56	910. 66	477. 36	433. 30	160. 59	73. 66	86. 93
2010	204. 10	93. 21	110. 89	1 269. 11	599. 58	669. 52	256. 48	108. 03	148. 46
2011	249. 52	95. 66	153. 86	1 663. 19	730. 99	932. 21	454. 28	133. 63	320. 65
2012	256. 77	110. 02	146. 75	1 984. 90	853. 19	1 131. 71	599. 46	153. 27	446. 19
2013	285. 94	125. 46	160. 48	2 102. 39	928. 09	1 174. 29	651. 50	168. 31	483. 19
2014	224. 39	127. 12	97. 26	2 218. 83	1 061. 47	1 157. 37	602. 92	157. 01	445. 91
2015	142. 97	84. 42	58. 55	1 790. 33	1 086. 67	703. 66	460. 43	158. 61	301. 82
2016	130. 93	82. 89	48. 04	1 491. 15	922. 16	569. 00	353. 39	128. 48	224. 91
2017	179. 43	115. 64	63. 79	1 706. 42	947. 15	759. 27	391. 95	148. 07	243. 89
2018	198. 86	113. 50	85. 35	2 041. 93	1 049. 11	992. 82	435. 50	162. 51	272. 99

表 12　续 18

年份 Year	埃及 Egypt			尼日利亚 Nigeria			欧洲 Europe		
	合计 Total	出口 Exports	进口 Imports	合计 Total	出口 Exports	进口 Imports	合计 Total	出口 Exports	进口 Imports
1950	0. 03	0. 01	0. 02	—	—	—	5. 22	2. 56	2. 66
1951	0. 01	0. 01	—	—	—	—	11. 21	4. 98	6. 23
1952	0. 09	—	0. 09	—	—	—	14. 42	5. 88	8. 54
1953	0. 10	0. 01	0. 09	—	—	—	28. 76	7. 43	21. 33
1954	0. 11	0. 01	0. 10	—	—	—	19. 29	8. 46	10. 83
1955	0. 27	0. 02	0. 25	—	—	—	25. 33	10. 06	15. 27
1956	0. 38	0. 13	0. 25	—	—	—	23. 97	11. 30	12. 67
1957	0. 49	0. 19	0. 30	—	—	—	23. 03	11. 02	12. 01
1958	0. 56	0. 21	0. 35	0. 01	0. 01	—	29. 12	13. 84	15. 28
1959	0. 58	0. 21	0. 37	0. 01	0. 01	—	34. 72	17. 01	17. 71
1960	0. 60	0. 16	0. 44	0. 01	—	0. 01	28. 73	12. 97	15. 76
1961	0. 27	0. 14	0. 13	0. 03	0. 01	0. 02	25. 06	8. 06	17. 00
1962	0. 33	0. 17	0. 16	0. 01	0. 01	—	22. 76	7. 93	14. 83
1963	0. 34	0. 16	0. 18	0. 03	0. 02	0. 01	12. 36	7. 70	4. 66
1964	0. 29	0. 12	0. 17	0. 05	0. 04	0. 01	12. 11	7. 58	4. 53
1965	0. 77	0. 36	0. 41	0. 07	0. 06	0. 01	15. 08	7. 76	7. 32
1966	0. 63	0. 29	0. 34	0. 06	0. 05	0. 01	16. 92	7. 33	9. 59
1967	0. 52	0. 26	0. 26	0. 08	0. 06	0. 02	15. 74	6. 12	9. 62
1968	0. 32	0. 12	0. 20	0. 04	0. 04	—	15. 92	6. 29	9. 63
1969	0. 26	0. 15	0. 11	0. 02	0. 02	—	15. 20	6. 71	8. 49
1970	0. 33	0. 15	0. 18	0. 04	0. 03	0. 01	17. 91	6. 94	10. 97
1971	0. 42	0. 21	0. 21	0. 05	0. 05	—	16. 91	7. 72	9. 19
1972	0. 59	0. 26	0. 33	0. 11	0. 09	0. 02	21. 83	10. 02	11. 81
1973	0. 69	0. 43	0. 26	0. 20	0. 15	0. 05	36. 54	14. 85	21. 69
1974	0. 88	0. 38	0. 50	0. 27	0. 21	0. 06	45. 21	17. 30	27. 91
1975	1. 12	0. 59	0. 53	0. 52	0. 50	0. 02	43. 40	17. 35	26. 05
1976	1. 10	0. 58	0. 52	0. 28	0. 22	0. 06	44. 72	16. 76	27. 96
1977	0. 92	0. 55	0. 37	0. 45	0. 33	0. 12	43. 83	19. 25	24. 58
1978	1. 17	0. 54	0. 63	0. 40	0. 40	—	63. 60	25. 97	37. 63
1979	1. 26	0. 69	0. 57	0. 33	0. 25	0. 08	89. 44	34. 40	55. 04
1980	3. 12	2. 15	0. 97	0. 57	0. 52	0. 05	90. 44	40. 53	49. 91
1981	3. 08	1. 77	1. 31	0. 71	0. 69	0. 02	79. 40	36. 81	42. 59
1982	3. 05	2. 41	0. 64	0. 44	0. 40	0. 04	71. 52	32. 74	38. 78
1983	2. 74	2. 06	0. 68	0. 25	0. 17	0. 08	90. 92	37. 20	53. 72
1984	2. 29	1. 76	0. 53	0. 18	0. 14	0. 04	99. 36	39. 35	60. 01

表 12 续 19

年份 Year	埃及 Egypt			尼日利亚 Nigeria			欧洲 Europe		
	合计 Total	出口 Exports	进口 Imports	合计 Total	出口 Exports	进口 Imports	合计 Total	出口 Exports	进口 Imports
1985	1. 05	0. 99	0. 06	0. 07	0. 04	0. 03	142. 63	45. 09	97. 54
1986	1. 30	1. 30	—	0. 06	0. 06	—	194. 60	69. 16	125. 44
1987	1. 35	1. 25	0. 10	0. 25	0. 22	0. 03	190. 70	72. 68	118. 02
1988	1. 75	1. 66	0. 09	0. 37	0. 29	0. 08	218. 39	83. 49	134. 90
1989	0. 76	0. 70	0. 06	0. 35	0. 23	0. 12	235. 08	87. 59	147. 49
1990	0. 91	0. 85	0. 06	0. 41	0. 34	0. 07	221. 60	93. 18	128. 42
1991	1. 30	1. 26	0. 04	0. 55	0. 49	0. 06	221. 04	94. 00	127. 04
1992	1. 76	1. 75	0. 01	0. 97	0. 91	0. 06	274. 60	113. 64	160. 96
1993	2. 24	2. 00	0. 24	1. 21	1. 21	—	404. 14	164. 28	239. 86
1994	2. 95	2. 80	0. 15	0. 91	0. 90	0. 01	437. 88	187. 71	250. 17
1995	4. 53	4. 40	0. 13	2. 13	1. 53	0. 60	507. 96	229. 88	278. 08
1996	4. 07	4. 04	0. 03	1. 78	1. 71	0. 07	515. 20	238. 70	276. 50
1997	5. 20	4. 60	0. 60	3. 27	3. 16	0. 11	547. 10	289. 60	257. 50
1998	6. 00	5. 70	0. 30	3. 84	3. 57	0. 27	597. 40	334. 30	263. 10
1999	7. 50	7. 20	0. 30	5. 80	4. 00	1. 80	681. 30	354. 70	326. 60
2000	9. 10	8. 10	1. 00	8. 60	5. 50	3. 10	862. 70	454. 80	407. 90
2001	9. 53	8. 73	0. 80	11. 44	9. 17	2. 27	976. 41	492. 39	484. 02
2002	9. 45	8. 53	0. 92	11. 68	10. 47	1. 21	1 126. 52	592. 26	534. 26
2003	10. 90	9. 37	1. 53	18. 59	17. 87	0. 72	1 580. 17	882. 73	697. 44
2004	15. 77	13. 89	1. 88	21. 83	17. 20	4. 63	2 114. 43	1 224. 02	890. 41
2005	21. 45	19. 34	2. 11	28. 30	23. 03	5. 27	2 620. 84	1 656. 37	964. 47
2006	31. 92	29. 76	2. 17	31. 30	28. 52	2. 78	3 302. 22	2 153. 70	1 148. 52
2007	46. 73	44. 33	2. 40	43. 33	37. 96	5. 37	4 275. 14	2 878. 48	1 396. 66
2008	62. 39	58. 11	4. 28	72. 66	67. 57	5. 09	5 109. 87	3 428. 90	1 680. 96
2009	58. 60	51. 07	7. 53	63. 72	54. 76	8. 97	4 269. 01	2 647. 34	1 621. 67
2010	69. 60	60. 42	9. 18	77. 67	66. 96	10. 70	5 730. 98	3 552. 04	2 178. 94
2011	88. 02	72. 83	15. 18	107. 88	92. 07	15. 81	7 008. 08	4 136. 16	2 871. 93
2012	95. 45	82. 24	13. 21	105. 65	92. 97	12. 68	6 830. 60	3 964. 24	2 866. 36
2013	102. 13	83. 62	18. 51	135. 88	120. 44	15. 44	7 299. 89	4 057. 98	3 241. 91
2014	116. 20	104. 60	11. 59	181. 01	154. 41	26. 60	7 751. 60	4 388. 69	3 362. 91
2015	128. 78	119. 60	9. 17	149. 45	137. 04	12. 41	6 965. 47	4 033. 38	2 932. 09
2016	109. 87	104. 34	5. 53	106. 20	97. 14	9. 06	6 773. 64	3 896. 66	2 876. 98
2017	108. 28	94. 86	13. 42	137. 77	121. 53	16. 24	7 561. 02	4 289. 71	3 271. 31
2018	138. 26	119. 90	18. 35	152. 71	134. 09	18. 62	8 541. 75	4 747. 36	3 794. 39

表 12　续 20

年份 Year	德国 Germany			英国 United Kingdom			法国 France		
	合计 Total	出口 Exports	进口 Imports	合计 Total	出口 Exports	进口 Imports	合计 Total	出口 Exports	进口 Imports
1950	0. 22	0. 11	0. 11	0. 74	0. 33	0. 41	0. 06	0. 02	0. 04
1951	0. 76	0. 57	0. 19	0. 35	0. 15	0. 20	0. 04	—	0. 04
1952	1. 14	0. 44	0. 70	0. 26	0. 12	0. 14	0. 02	0. 01	0. 01
1953	1. 43	0. 68	0. 75	0. 97	0. 30	0. 67	0. 24	0. 06	0. 18
1954	2. 01	0. 83	1. 18	0. 70	0. 24	0. 46	0. 15	0. 05	0. 10
1955	2. 06	1. 01	1. 05	1. 05	0. 40	0. 65	0. 24	0. 10	0. 14
1956	2. 28	1. 02	1. 26	1. 12	0. 49	0. 63	0. 38	0. 18	0. 20
1957	2. 49	1. 02	1. 47	1. 02	0. 44	0. 58	0. 37	0. 11	0. 26
1958	3. 48	1. 40	2. 08	2. 04	0. 76	1. 28	0. 34	0. 15	0. 19
1959	3. 88	1. 51	2. 37	1. 97	0. 91	1. 06	0. 44	0. 18	0. 26
1960	3. 02	1. 13	1. 89	1. 86	0. 82	1. 04	0. 59	0. 18	0. 41
1961	1. 42	0. 45	0. 97	1. 04	0. 58	0. 46	0. 49	0. 15	0. 34
1962	1. 15	0. 51	0. 64	0. 92	0. 60	0. 32	0. 70	0. 16	0. 54
1963	0. 82	0. 58	0. 24	1. 16	0. 73	0. 43	0. 93	0. 19	0. 74
1964	0. 99	0. 61	0. 38	1. 71	1. 01	0. 70	1. 02	0. 37	0. 65
1965	1. 78	0. 84	0. 94	2. 59	1. 36	1. 23	1. 21	0. 49	0. 72
1966	2. 53	0. 98	1. 55	3. 43	1. 39	2. 04	1. 79	0. 60	1. 19
1967	3. 39	0. 96	2. 43	3. 49	1. 30	2. 19	1. 45	0. 57	0. 88
1968	3. 39	0. 94	2. 45	2. 95	1. 19	1. 76	1. 82	0. 67	1. 15
1969	3. 17	1. 12	2. 05	4. 03	1. 20	2. 83	1. 29	0. 72	0. 57
1970	3. 47	1. 13	2. 34	4. 89	1. 04	3. 85	1. 73	0. 63	1. 10
1971	3. 09	1. 08	2. 01	2. 90	1. 24	1. 66	1. 77	0. 64	1. 13
1972	3. 80	1. 36	2. 44	3. 20	1. 34	1. 86	2. 18	0. 86	1. 32
1973	6. 30	1. 20	5. 10	6. 32	2. 08	4. 24	6. 48	1. 67	4. 81
1974	8. 51	2. 81	5. 70	7. 26	2. 82	4. 44	9. 14	1. 80	7. 34
1975	10. 42	3. 25	7. 17	4. 86	2. 42	2. 44	5. 04	1. 48	3. 56
1976	11. 20	3. 10	8. 10	4. 37	2. 67	1. 70	6. 06	1. 29	4. 77
1977	10. 43	3. 82	6. 61	5. 30	2. 51	2. 79	4. 21	1. 42	2. 79
1978	16. 74	4. 91	11. 83	6. 66	3. 70	2. 96	4. 25	1. 78	2. 47
1979	25. 94	6. 57	19. 37	9. 80	4. 79	5. 01	6. 40	2. 34	4. 06
1980	24. 97	9. 60	15. 37	11. 04	5. 64	5. 40	6. 56	3. 41	3. 15
1981	24. 45	9. 55	14. 90	6. 60	4. 22	2. 38	6. 97	2. 93	4. 04
1982	19. 84	8. 60	11. 24	5. 78	3. 14	2. 64	5. 24	2. 86	2. 38
1983	23. 27	9. 24	14. 04	11. 68	6. 05	5. 63	8. 72	2. 32	6. 40
1984	23. 87	9. 09	14. 79	8. 82	3. 49	5. 53	6. 22	2. 44	3. 78

表12 续21

年份 Year	德国 Germany			英国 United Kingdom			法国 France		
	合计 Total	出口 Exports	进口 Imports	合计 Total	出口 Exports	进口 Imports	合计 Total	出口 Exports	进口 Imports
1985	35. 36	8. 48	26. 88	81. 00	3. 54	77. 46	9. 37	2. 24	7. 13
1986	50. 69	12. 27	38. 42	24. 44	14. 33	10. 11	10. 53	3. 21	7. 32
1987	49. 02	14. 78	34. 23	14. 32	5. 32	9. 00	13. 36	4. 36	9. 00
1988	56. 16	17. 94	38. 21	15. 57	6. 59	8. 98	15. 02	5. 15	9. 87
1989	56. 58	19. 40	37. 18	17. 19	6. 35	10. 84	19. 47	5. 27	14. 20
1990	49. 71	20. 34	29. 37	20. 27	6. 43	13. 84	23. 08	6. 45	16. 63
1991	54. 04	23. 56	30. 49	16. 69	7. 27	9. 42	23. 05	7. 33	15. 72
1992	64. 63	24. 48	40. 15	19. 36	9. 22	10. 14	22. 60	7. 64	14. 96
1993	100. 08	39. 68	60. 40	35. 92	19. 28	16. 64	29. 36	12. 91	16. 45
1994	118. 98	47. 61	71. 37	41. 84	24. 14	17. 70	33. 63	14. 24	19. 39
1995	137. 09	56. 71	80. 38	47. 70	27. 98	19. 72	44. 90	18. 42	26. 48
1996	131. 70	58. 40	73. 30	50. 80	32. 00	18. 80	41. 50	19. 10	22. 40
1997	126. 70	64. 90	61. 80	57. 90	38. 10	19. 80	55. 70	23. 30	32. 40
1998	143. 50	73. 50	70. 00	65. 80	46. 30	19. 50	60. 30	28. 20	32. 10
1999	161. 10	77. 70	83. 40	78. 70	48. 80	29. 90	67. 10	29. 20	37. 90
2000	196. 90	92. 80	104. 10	99. 00	63. 10	35. 90	76. 60	37. 10	39. 50
2001	235. 26	97. 54	137. 72	103. 07	67. 80	35. 27	77. 90	36. 85	41. 05
2002	278. 00	113. 72	164. 28	113. 96	80. 60	33. 36	83. 26	40. 72	42. 54
2003	418. 76	175. 36	243. 40	143. 94	108. 24	35. 70	133. 91	72. 94	60. 97
2004	541. 24	237. 56	303. 68	197. 29	149. 68	47. 61	175. 85	99. 22	76. 63
2005	632. 52	325. 28	307. 24	245. 03	189. 77	55. 26	206. 49	116. 40	90. 09
2006	781. 94	403. 15	378. 79	306. 70	241. 63	65. 06	251. 90	139. 11	112. 79
2007	940. 98	487. 14	453. 83	394. 32	316. 56	77. 76	336. 68	203. 27	133. 41
2008	1 150. 09	591. 74	558. 35	456. 24	360. 69	95. 55	389. 44	233. 04	156. 40
2009	1 056. 84	499. 20	557. 64	391. 55	312. 77	78. 77	344. 80	214. 60	130. 20
2010	1 423. 89	680. 47	743. 42	500. 75	387. 71	113. 04	447. 98	276. 54	171. 44
2011	1 691. 51	764. 35	927. 16	586. 85	441. 25	145. 60	520. 76	299. 97	220. 80
2012	1 611. 30	692. 18	919. 12	631. 05	462. 99	168. 06	510. 22	269. 00	241. 22
2013	1 615. 62	673. 58	942. 04	700. 40	509. 49	190. 91	498. 32	267. 19	231. 13
2014	1 777. 53	727. 12	1 050. 40	808. 72	571. 43	237. 29	557. 97	287. 08	270. 89
2015	1 567. 84	691. 61	876. 23	785. 18	595. 82	189. 37	514. 10	267. 53	246. 57
2016	1 512. 87	652. 14	860. 73	743. 42	556. 89	186. 53	471. 35	246. 57	224. 78
2017	1 680. 74	711. 34	969. 40	790. 42	567. 13	223. 29	544. 62	276. 65	267. 97
2018	1 838. 81	775. 47	1 063. 34	804. 38	565. 59	238. 79	628. 99	306. 78	322. 20

表 12　续 22

年份 Year	荷兰 Netherlands			意大利 Italy			瑞典 Sweden		
	合计 Total	出口 Exports	进口 Imports	合计 Total	出口 Exports	进口 Imports	合计 Total	出口 Exports	进口 Imports
1950	0. 22	0. 20	0. 02	0. 10	0. 09	0. 01	0. 03	0. 01	0. 02
1951	0. 05	0. 04	0. 01	0. 03	0. 03	—	0. 02	0. 01	0. 01
1952	0. 02	0. 02	—	0. 03	0. 02	0. 01	—	—	—
1953	0. 10	0. 04	0. 06	0. 10	0. 05	0. 05	0. 02	—	0. 02
1954	0. 04	0. 02	0. 02	0. 08	0. 03	0. 05	0. 01	—	0. 01
1955	0. 17	0. 04	0. 13	0. 10	0. 04	0. 06	0. 03	0. 01	0. 02
1956	0. 16	0. 04	0. 12	0. 19	0. 10	0. 09	0. 07	0. 02	0. 05
1957	0. 09	0. 04	0. 05	0. 15	0. 05	0. 10	0. 32	0. 01	0. 31
1958	0. 22	0. 08	0. 14	0. 39	0. 08	0. 31	0. 28	0. 03	0. 25
1959	0. 17	0. 06	0. 11	0. 45	0. 06	0. 39	0. 20	0. 04	0. 16
1960	0. 19	0. 06	0. 13	0. 45	0. 08	0. 37	0. 16	0. 03	0. 13
1961	0. 10	0. 05	0. 05	0. 41	0. 06	0. 35	0. 12	0. 02	0. 10
1962	0. 14	0. 12	0. 02	0. 33	0. 09	0. 24	0. 09	0. 03	0. 06
1963	0. 37	0. 22	0. 15	0. 40	0. 15	0. 25	0. 12	0. 07	0. 05
1964	0. 37	0. 29	0. 08	0. 34	0. 17	0. 17	0. 24	0. 10	0. 14
1965	0. 55	0. 30	0. 25	0. 86	0. 26	0. 60	0. 23	0. 10	0. 13
1966	0. 43	0. 27	0. 16	1. 06	0. 37	0. 69	0. 41	0. 11	0. 30
1967	0. 35	0. 21	0. 14	1. 14	0. 37	0. 77	0. 72	0. 14	0. 58
1968	0. 64	0. 24	0. 40	1. 11	0. 29	0. 82	0. 43	0. 15	0. 28
1969	0. 59	0. 25	0. 34	1. 10	0. 44	0. 66	0. 32	0. 16	0. 16
1970	0. 49	0. 27	0. 22	1. 02	0. 47	0. 55	0. 36	0. 13	0. 23
1971	0. 49	0. 39	0. 10	1. 05	0. 51	0. 54	0. 43	0. 14	0. 29
1972	0. 68	0. 56	0. 12	1. 63	0. 84	0. 79	0. 58	0. 16	0. 42
1973	1. 04	0. 55	0. 49	1. 93	1. 15	0. 78	0. 91	0. 29	0. 62
1974	1. 57	0. 74	0. 83	2. 05	0. 91	1. 14	0. 96	0. 35	0. 61
1975	2. 46	0. 58	1. 88	2. 49	1. 01	1. 48	0. 92	0. 36	0. 56
1976	1. 43	0. 59	0. 84	2. 87	1. 20	1. 67	0. 71	0. 46	0. 25
1977	1. 06	0. 67	0. 39	2. 07	1. 12	0. 95	0. 86	0. 48	0. 38
1978	2. 18	0. 92	1. 26	3. 56	1. 65	1. 91	1. 21	0. 47	0. 74
1979	3. 37	1. 37	2. 00	6. 12	3. 03	3. 09	1. 88	0. 75	1. 13
1980	3. 54	1. 97	1. 57	6. 00	3. 51	2. 49	1. 85	0. 86	0. 99
1981	5. 86	4. 66	1. 20	6. 15	2. 64	3. 51	1. 84	0. 77	1. 07
1982	3. 88	2. 99	0. 89	5. 63	2. 40	3. 23	1. 37	0. 64	0. 73
1983	4. 39	3. 28	1. 11	5. 44	2. 34	3. 10	1. 99	0. 54	1. 45
1984	5. 08	3. 33	1. 75	7. 84	3. 20	4. 64	2. 33	0. 64	1. 69

表 12　续 23

年份 Year	荷兰 Netherlands			意大利 Italy			瑞典 Sweden		
	合计 Total	出口 Exports	进口 Imports	合计 Total	出口 Exports	进口 Imports	合计 Total	出口 Exports	进口 Imports
1985	5. 99	3. 26	2. 73	12. 03	2. 93	9. 10	3. 27	0. 61	2. 66
1986	7. 44	4. 64	2. 80	15. 01	3. 63	11. 38	3. 73	0. 75	2. 98
1987	8. 39	6. 08	2. 31	17. 94	5. 56	12. 38	3. 92	0. 98	2. 94
1988	11. 16	7. 49	3. 67	22. 95	7. 46	15. 49	4. 20	1. 20	3. 00
1989	12. 09	7. 59	4. 50	25. 50	7. 15	18. 35	4. 23	1. 39	2. 84
1990	13. 07	9. 08	3. 99	19. 05	8. 35	10. 70	4. 07	1. 41	2. 66
1991	14. 92	10. 63	4. 29	23. 90	9. 32	14. 58	5. 13	1. 73	3. 40
1992	17. 08	12. 00	5. 08	28. 43	10. 95	17. 48	6. 91	1. 15	5. 76
1993	23. 23	16. 09	7. 14	40. 42	13. 05	27. 37	9. 93	3. 22	6. 71
1994	29. 75	22. 67	7. 08	46. 59	15. 91	30. 68	13. 27	5. 00	8. 27
1995	40. 50	32. 32	8. 18	51. 82	20. 67	31. 15	13. 96	3. 96	10. 00
1996	44. 60	35. 40	9. 20	50. 80	18. 40	32. 40	17. 70	3. 90	13. 80
1997	54. 80	44. 10	10. 70	46. 90	22. 40	24. 50	18. 20	5. 30	12. 90
1998	60. 00	51. 60	8. 40	48. 50	25. 80	22. 70	26. 70	6. 30	20. 40
1999	64. 20	54. 10	10. 10	56. 20	29. 30	26. 90	27. 60	6. 10	21. 50
2000	79. 20	66. 90	12. 30	68. 80	38. 00	30. 80	35. 00	8. 30	26. 70
2001	87. 39	72. 82	14. 57	77. 82	39. 93	37. 89	31. 05	9. 32	21. 73
2002	106. 80	91. 08	15. 72	91. 48	48. 28	43. 20	27. 01	9. 10	17. 91
2003	154. 39	135. 05	19. 34	117. 33	66. 53	50. 80	41. 69	14. 53	27. 16
2004	214. 88	185. 19	29. 69	156. 76	92. 25	64. 51	51. 99	18. 60	33. 39
2005	288. 03	258. 77	29. 26	186. 17	116. 91	69. 26	56. 99	25. 77	31. 22
2006	345. 11	308. 61	36. 50	245. 72	159. 72	86. 00	67. 26	32. 78	34. 49
2007	463. 42	414. 18	49. 25	313. 80	211. 70	102. 11	86. 91	45. 49	41. 42
2008	512. 11	459. 10	53. 01	382. 56	266. 08	116. 47	101. 54	51. 15	50. 40
2009	418. 04	366. 82	51. 22	312. 64	202. 44	110. 20	96. 10	41. 56	54. 54
2010	561. 83	497. 06	64. 77	451. 51	311. 41	140. 11	116. 11	57. 10	59. 02
2011	681. 53	595. 00	86. 53	512. 84	336. 98	175. 86	137. 02	65. 67	71. 35
2012	676. 09	589. 04	87. 05	417. 25	256. 57	160. 68	133. 36	64. 16	69. 19
2013	701. 47	603. 17	98. 31	433. 34	257. 56	175. 78	137. 83	67. 99	69. 84
2014	742. 83	649. 31	93. 51	480. 45	287. 58	192. 86	139. 62	71. 68	67. 94
2015	682. 55	594. 63	87. 92	446. 92	278. 37	168. 55	135. 20	70. 99	64. 21
2016	672. 40	574. 50	97. 90	430. 65	263. 61	167. 04	124. 56	63. 11	61. 45
2017	784. 02	671. 30	112. 72	496. 98	292. 00	204. 98	149. 10	70. 26	78. 84
2018	851. 80	728. 50	123. 30	542. 35	331. 73	210. 63	171. 52	82. 01	89. 51

表 12　续 24

年份 Year	比利时 Belgium			西班牙 Spain			芬兰 Finland		
	合计 Total	出口 Exports	进口 Imports	合计 Total	出口 Exports	进口 Imports	合计 Total	出口 Exports	进口 Imports
1950	0. 12	0. 05	0. 07	—	—	—	0. 01	—	0. 01
1951	0. 21	—	0. 21	—	—	—	—	—	—
1952	0. 09	—	0. 09	—	—	—	0. 03	—	0. 03
1953	0. 25	0. 01	0. 24	—	—	—	0. 26	0. 09	0. 17
1954	0. 05	—	0. 05	—	—	—	0. 16	0. 12	0. 04
1955	0. 10	0. 01	0. 09	—	—	—	0. 17	0. 06	0. 11
1956	0. 18	0. 02	0. 16	—	—	—	0. 19	0. 10	0. 09
1957	0. 33	0. 01	0. 32	—	—	—	0. 20	0. 10	0. 10
1958	0. 56	0. 02	0. 54	—	—	—	0. 16	0. 08	0. 08
1959	0. 48	0. 03	0. 45	—	—	—	0. 30	0. 12	0. 18
1960	0. 62	0. 04	0. 58	—	—	—	0. 13	0. 07	0. 06
1961	0. 16	0. 01	0. 15	—	—	—	0. 12	0. 04	0. 08
1962	0. 11	0. 01	0. 10	—	—	—	0. 09	0. 04	0. 05
1963	0. 17	0. 03	0. 14	—	—	—	0. 13	0. 07	0. 06
1964	0. 13	0. 05	0. 08	—	—	—	0. 14	0. 06	0. 08
1965	0. 23	0. 06	0. 17	—	—	—	0. 17	0. 07	0. 10
1966	0. 27	0. 08	0. 19	—	—	—	0. 19	0. 08	0. 11
1967	0. 34	0. 07	0. 27	—	—	—	0. 20	0. 08	0. 12
1968	0. 27	0. 07	0. 20	—	—	—	0. 27	0. 13	0. 14
1969	0. 19	0. 06	0. 13	—	—	—	0. 14	0. 09	0. 05
1970	0. 37	0. 05	0. 32	—	—	—	0. 23	0. 10	0. 13
1971	0. 22	0. 07	0. 15	—	—	—	0. 21	0. 11	0. 10
1972	0. 30	0. 10	0. 20	0. 03	0. 03	—	0. 37	0. 15	0. 22
1973	0. 44	0. 21	0. 23	0. 12	0. 11	0. 01	0. 33	0. 21	0. 12
1974	0. 67	0. 32	0. 35	0. 20	0. 12	0. 08	0. 49	0. 28	0. 21
1975	0. 62	0. 25	0. 37	0. 42	0. 22	0. 20	0. 37	0. 21	0. 16
1976	0. 60	0. 31	0. 29	0. 40	0. 20	0. 20	0. 45	0. 11	0. 34
1977	0. 65	0. 28	0. 37	0. 37	0. 19	0. 18	0. 39	0. 14	0. 25
1978	1. 17	0. 37	0. 80	0. 72	0. 22	0. 50	0. 52	0. 20	0. 32
1979	1. 73	0. 66	1. 07	1. 48	0. 56	0. 92	0. 80	0. 30	0. 50
1980	1. 56	0. 90	0. 66	1. 20	0. 50	0. 70	0. 95	0. 26	0. 69
1981	2. 51	1. 17	1. 34	1. 28	0. 52	0. 76	1. 06	0. 26	0. 80
1982	3. 13	1. 43	1. 70	1. 47	0. 54	0. 93	0. 73	0. 30	0. 43
1983	3. 62	1. 37	2. 25	2. 00	0. 43	1. 57	0. 82	0. 27	0. 55
1984	3. 64	1. 42	2. 22	2. 90	0. 71	2. 19	1. 20	0. 21	0. 99

表 12 续 25

年份 Year	比利时 Belgium			西班牙 Spain			芬兰 Finland		
	合计 Total	出口 Exports	进口 Imports	合计 Total	出口 Exports	进口 Imports	合计 Total	出口 Exports	进口 Imports
1985	4. 35	1. 61	2. 74	6. 05	0. 54	5. 51	1. 50	0. 23	1. 27
1986	5. 51	2. 11	3. 40	4. 50	0. 62	3. 88	1. 46	0. 33	1. 13
1987	5. 29	2. 52	2. 77	4. 39	1. 03	3. 36	2. 24	0. 59	1. 65
1988	6. 16	2. 50	3. 66	4. 25	1. 15	3. 10	2. 14	0. 74	1. 40
1989	6. 25	2. 50	3. 75	4. 98	1. 58	3. 40	1. 87	0. 68	1. 19
1990	6. 58	3. 27	3. 31	5. 07	1. 87	3. 20	2. 30	0. 71	1. 59
1991	8. 32	4. 17	4. 15	6. 10	2. 37	3. 73	2. 73	0. 77	1. 96
1992	9. 98	5. 39	4. 59	6. 84	3. 29	3. 55	3. 45	0. 93	2. 52
1993	13. 92	6. 06	7. 86	10. 07	5. 34	4. 73	4. 26	1. 04	3. 22
1994	18. 54	8. 13	10. 41	16. 50	7. 49	9. 01	6. 03	1. 56	4. 47
1995	21. 30	10. 33	10. 97	18. 91	9. 85	9. 06	7. 98	1. 76	6. 22
1996	20. 70	10. 40	10. 30	14. 90	9. 70	5. 20	7. 50	2. 00	5. 50
1997	22. 80	13. 60	9. 20	18. 00	12. 40	5. 60	9. 60	2. 70	6. 90
1998	25. 20	16. 40	8. 80	20. 00	15. 20	4. 80	15. 80	3. 20	12. 60
1999	27. 90	18. 20	9. 70	23. 40	17. 90	5. 50	22. 00	3. 60	18. 40
2000	36. 90	23. 00	13. 90	27. 50	21. 30	6. 20	31. 90	8. 40	23. 50
2001	42. 51	25. 30	17. 21	29. 76	22. 62	7. 14	32. 86	9. 10	23. 76
2002	48. 98	28. 76	20. 22	34. 79	25. 79	9. 00	26. 67	11. 54	15. 13
2003	67. 02	39. 34	27. 68	52. 52	38. 91	13. 61	34. 62	16. 74	17. 88
2004	93. 80	58. 60	35. 20	72. 23	54. 77	17. 46	55. 16	24. 95	30. 21
2005	117. 45	77. 40	40. 05	105. 24	84. 39	20. 85	62. 54	36. 26	26. 28
2006	142. 10	99. 06	43. 04	144. 92	114. 89	30. 03	80. 84	49. 58	31. 26
2007	176. 53	126. 79	49. 73	209. 58	165. 28	44. 30	103. 59	65. 64	37. 94
2008	201. 97	148. 58	53. 38	261. 66	207. 42	54. 24	108. 61	73. 31	35. 30
2009	167. 22	108. 73	58. 49	183. 64	140. 72	42. 92	77. 98	45. 26	32. 72
2010	221. 41	143. 04	78. 37	244. 06	181. 75	62. 31	95. 32	55. 00	40. 32
2011	291. 12	189. 74	101. 38	272. 78	197. 22	75. 56	111. 81	66. 40	45. 41
2012	263. 41	163. 77	99. 64	245. 69	182. 38	63. 31	112. 76	74. 41	38. 34
2013	254. 31	155. 64	98. 67	249. 25	189. 42	59. 84	97. 41	58. 32	39. 09
2014	272. 77	172. 18	100. 60	277. 14	215. 08	62. 06	91. 54	50. 99	40. 55
2015	232. 19	162. 13	70. 06	274. 61	218. 60	56. 00	70. 26	35. 41	34. 85
2016	216. 14	147. 33	68. 81	274. 44	213. 12	61. 32	63. 28	28. 75	34. 52
2017	232. 88	157. 38	75. 50	309. 43	229. 15	80. 28	71. 05	28. 46	42. 59
2018	240. 30	170. 61	69. 69	337. 18	249. 54	87. 64	78. 68	30. 85	47. 82

表 12　续 26

年份 Year	丹麦 Denmark			奥地利 Austria			俄罗斯 Russia		
	合计 Total	出口 Exports	进口 Imports	合计 Total	出口 Exports	进口 Imports	合计 Total	出口 Exports	进口 Imports
1950	0. 03	0. 03	—	—	—	—	3. 38	1. 53	1. 85
1951	0. 04	0. 04	—	—	—	—	8. 08	3. 11	4. 97
1952	—	—	—	—	—	—	10. 64	4. 12	6. 52
1953	0. 06	0. 02	0. 04	0. 01	—	0. 01	12. 59	4. 81	7. 78
1954	0. 01	—	0. 01	0. 02	—	0. 02	12. 92	5. 87	7. 05
1955	0. 02	0. 01	0. 01	0. 01	—	0. 01	17. 90	6. 70	11. 20
1956	0. 06	0. 03	0. 03	0. 07	—	0. 07	15. 24	7. 62	7. 62
1957	0. 05	0. 01	0. 04	0. 11	—	0. 11	13. 65	7. 47	6. 18
1958	0. 11	0. 06	0. 05	0. 17	0. 01	0. 16	15. 40	9. 00	6. 40
1959	0. 15	0. 08	0. 07	0. 19	0. 01	0. 18	20. 97	11. 18	9. 79
1960	0. 11	0. 07	0. 04	0. 13	0. 01	0. 12	16. 64	8. 19	8. 45
1961	0. 11	0. 07	0. 04	0. 05	—	0. 05	8. 28	5. 36	2. 92
1962	0. 07	0. 04	0. 03	0. 01	—	0. 01	7. 02	4. 91	2. 11
1963	0. 05	0. 04	0. 01	0. 01	0. 01	—	6. 01	4. 07	1. 94
1964	0. 10	0. 09	0. 01	0. 02	0. 01	0. 01	4. 45	3. 12	1. 33
1965	0. 11	0. 08	0. 03	0. 06	0. 03	0. 03	4. 08	2. 22	1. 86
1966	0. 13	0. 10	0. 03	0. 11	0. 06	0. 05	3. 05	1. 40	1. 65
1967	0. 15	0. 09	0. 06	0. 26	0. 06	0. 20	1. 11	0. 55	0. 56
1968	0. 11	0. 08	0. 03	0. 19	0. 06	0. 13	0. 92	0. 33	0. 59
1969	0. 08	0. 06	0. 02	0. 17	0. 08	0. 09	0. 54	0. 27	0. 27
1970	0. 11	0. 07	0. 04	0. 23	0. 12	0. 11	0. 47	0. 23	0. 24
1971	0. 13	0. 10	0. 03	0. 18	0. 09	0. 09	1. 49	0. 81	0. 68
1972	0. 19	0. 12	0. 07	0. 15	0. 03	0. 12	2. 50	1. 33	1. 17
1973	0. 24	0. 19	0. 05	0. 28	0. 08	0. 20	2. 61	1. 33	1. 28
1974	0. 42	0. 21	0. 21	0. 23	0. 12	0. 11	3. 00	1. 55	1. 45
1975	0. 34	0. 14	0. 20	0. 27	0. 07	0. 20	2. 97	1. 51	1. 46
1976	0. 27	0. 17	0. 10	0. 24	0. 09	0. 15	4. 14	1. 68	2. 46
1977	0. 22	0. 18	0. 04	0. 34	0. 08	0. 26	3. 29	1. 76	1. 53
1978	0. 44	0. 20	0. 24	0. 78	0. 09	0. 69	4. 37	2. 30	2. 07
1979	0. 57	0. 35	0. 22	1. 10	0. 10	1. 00	4. 92	2. 42	2. 50
1980	0. 93	0. 41	0. 52	1. 06	0. 15	0. 91	5. 09	2. 21	2. 87
1981	0. 94	0. 39	0. 55	0. 73	0. 18	0. 55	2. 81	1. 25	1. 56
1982	0. 83	0. 38	0. 45	0. 58	0. 09	0. 49	3. 97	1. 47	2. 49
1983	1. 91	0. 41	1. 50	0. 80	0. 14	0. 66	7. 64	3. 21	4. 43
1984	1. 51	0. 56	0. 95	1. 66	0. 18	1. 48	13. 27	6. 16	7. 11

表 12 续 27

年份 Year	丹麦 Denmark			奥地利 Austria			俄罗斯 Russia		
	合计 Total	出口 Exports	进口 Imports	合计 Total	出口 Exports	进口 Imports	合计 Total	出口 Exports	进口 Imports
1985	1. 78	0. 72	1. 06	1. 74	0. 17	1. 57	19. 78	9. 96	9. 82
1986	2. 38	0. 91	1. 47	3. 13	0. 16	2. 97	26. 40	12. 00	14. 40
1987	2. 90	1. 11	1. 79	2. 95	0. 29	2. 66	25. 19	12. 47	12. 72
1988	2. 55	1. 13	1. 42	2. 73	0. 36	2. 37	32. 58	14. 76	17. 82
1989	2. 38	1. 01	1. 37	2. 81	0. 28	2. 53	39. 96	18. 49	21. 47
1990	2. 63	1. 27	1. 36	3. 34	0. 46	2. 88	43. 79	22. 39	21. 40
1991	2. 50	1. 52	0. 98	4. 19	0. 60	3. 59	39. 04	18. 23	20. 81
1992	2. 91	1. 52	1. 39	3. 91	0. 70	3. 21	58. 62	23. 36	35. 26
1993	4. 24	1. 99	2. 25	4. 33	1. 17	3. 16	76. 79	26. 92	49. 87
1994	5. 37	2. 60	2. 77	5. 16	1. 51	3. 65	50. 77	15. 81	34. 96
1995	6. 27	3. 09	3. 18	7. 33	1. 70	5. 63	54. 64	16. 65	37. 99
1996	6. 10	2. 90	3. 20	4. 69	1. 68	3. 01	68. 50	16. 90	51. 60
1997	7. 20	3. 70	3. 50	4. 55	2. 00	2. 55	61. 20	20. 30	40. 90
1998	7. 80	4. 60	3. 20	4. 83	2. 11	2. 72	54. 80	18. 40	36. 40
1999	10. 20	6. 20	4. 00	6. 90	2. 50	4. 40	57. 20	15. 00	42. 20
2000	13. 30	7. 80	5. 50	7. 80	3. 10	4. 70	80. 00	22. 30	57. 70
2001	15. 24	8. 98	6. 26	10. 16	3. 54	6. 62	106. 70	27. 11	79. 59
2002	15. 54	9. 17	6. 37	13. 74	4. 81	8. 93	119. 28	35. 21	84. 07
2003	24. 58	14. 94	9. 64	17. 79	6. 74	11. 05	157. 61	60. 35	97. 26
2004	31. 52	19. 46	12. 06	22. 92	7. 81	15. 11	212. 32	91. 02	121. 30
2005	39. 85	27. 89	11. 96	24. 92	8. 83	16. 09	291. 03	132. 12	158. 91
2006	49. 55	36. 46	13. 09	31. 06	10. 49	20. 57	333. 87	158. 32	175. 54
2007	64. 13	45. 90	18. 23	40. 04	15. 52	24. 52	481. 55	284. 66	196. 89
2008	81. 66	55. 69	25. 97	48. 85	17. 71	31. 13	568. 31	330. 05	238. 25
2009	65. 17	42. 26	22. 91	48. 34	14. 28	34. 06	387. 97	175. 14	212. 83
2010	78. 31	51. 85	26. 46	60. 88	18. 54	42. 33	554. 49	296. 13	258. 36
2011	92. 61	64. 47	28. 13	69. 87	22. 26	47. 62	792. 49	389. 04	403. 45
2012	94. 45	65. 42	29. 03	67. 60	20. 40	47. 20	881. 58	440. 58	441. 01
2013	90. 88	57. 12	33. 76	70. 68	20. 38	50. 30	892. 13	495. 95	396. 18
2014	106. 05	65. 49	40. 56	82. 52	23. 97	58. 55	952. 85	536. 78	416. 07
2015	102. 48	61. 53	40. 95	74. 65	24. 97	49. 68	680. 61	347. 84	332. 76
2016	96. 38	54. 03	42. 35	72. 57	22. 40	50. 17	695. 63	373. 34	322. 29
2017	107. 23	65. 11	42. 12	83. 93	25. 27	58. 66	842. 20	428. 30	413. 90
2018	116. 82	72. 92	43. 90	97. 51	28. 28	69. 23	1 070. 57	479. 75	590. 82

表 12　续 28

年份 Year	瑞士 Switzerland			波兰 Poland			挪威 Norway		
	合计 Total	出口 Exports	进口 Imports	合计 Total	出口 Exports	进口 Imports	合计 Total	出口 Exports	进口 Imports
1950	0. 06	0. 02	0. 04	0. 07	0. 04	0. 03	0. 04	0. 01	0. 03
1951	0. 10	0. 02	0. 08	0. 50	0. 29	0. 21	—	—	—
1952	0. 13	0. 07	0. 06	0. 48	0. 26	0. 22	0. 01	0. 01	—
1953	0. 32	0. 13	0. 19	0. 54	0. 29	0. 25	—	—	—
1954	0. 20	0. 06	0. 14	0. 67	0. 28	0. 39	—	—	—
1955	0. 26	0. 13	0. 13	0. 70	0. 41	0. 29	—	—	—
1956	0. 39	0. 14	0. 25	0. 74	0. 32	0. 42	0. 01	—	0. 01
1957	0. 41	0. 07	0. 34	0. 83	0. 36	0. 47	0. 02	—	0. 02
1958	0. 31	0. 13	0. 18	0. 99	0. 42	0. 57	0. 04	0. 02	0. 02
1959	0. 44	0. 24	0. 20	1. 03	0. 56	0. 47	0. 09	0. 01	0. 08
1960	0. 47	0. 27	0. 20	0. 89	0. 42	0. 47	0. 04	0. 01	0. 03
1961	0. 35	0. 23	0. 12	0. 45	0. 18	0. 27	0. 04	—	0. 04
1962	0. 24	0. 16	0. 08	0. 43	0. 28	0. 15	—	—	—
1963	0. 23	0. 19	0. 04	0. 27	0. 21	0. 06	0. 04	0. 01	0. 03
1964	0. 42	0. 29	0. 13	0. 42	0. 26	0. 16	0. 06	0. 01	0. 05
1965	0. 64	0. 42	0. 22	0. 40	0. 25	0. 15	0. 06	0. 02	0. 04
1966	0. 75	0. 49	0. 26	0. 49	0. 20	0. 29	0. 09	0. 02	0. 07
1967	0. 70	0. 42	0. 28	0. 44	0. 22	0. 22	0. 08	0. 02	0. 06
1968	0. 75	0. 44	0. 31	0. 59	0. 31	0. 28	0. 12	0. 03	0. 09
1969	0. 66	0. 44	0. 22	0. 37	0. 22	0. 15	0. 09	0. 03	0. 06
1970	0. 69	0. 45	0. 24	0. 47	0. 26	0. 21	0. 16	0. 03	0. 13
1971	0. 51	0. 30	0. 21	0. 52	0. 23	0. 29	0. 08	0. 03	0. 05
1972	0. 89	0. 53	0. 36	0. 55	0. 30	0. 25	0. 22	0. 03	0. 19
1973	2. 39	1. 21	1. 18	0. 62	0. 34	0. 28	0. 13	0. 05	0. 08
1974	2. 18	1. 11	1. 07	0. 93	0. 49	0. 44	0. 29	0. 05	0. 24
1975	2. 18	1. 12	1. 06	1. 13	0. 45	0. 68	0. 18	0. 05	0. 13
1976	1. 87	0. 94	0. 93	1. 21	0. 41	0. 80	0. 26	0. 05	0. 21
1977	2. 56	0. 85	1. 71	1. 42	0. 62	0. 80	0. 36	0. 06	0. 30
1978	4. 02	1. 03	2. 99	1. 71	1. 05	0. 66	0. 86	0. 07	0. 79
1979	3. 77	1. 69	2. 08	3. 10	1. 43	1. 67	0. 35	0. 10	0. 25
1980	4. 40	2. 05	2. 35	3. 30	1. 41	1. 89	0. 42	0. 15	0. 27
1981	3. 02	1. 21	1. 81	1. 51	0. 85	0. 66	0. 45	0. 20	0. 25
1982	2. 84	1. 12	1. 72	2. 61	1. 93	0. 68	0. 61	0. 21	0. 40
1983	3. 11	0. 82	2. 29	2. 65	1. 65	1. 00	0. 66	0. 18	0. 48
1984	2. 92	1. 10	1. 82	2. 79	1. 29	1. 50	1. 06	0. 19	0. 87

表12 续29

年份 Year	瑞士 Switzerland			波兰 Poland			挪威 Norway		
	合计 Total	出口 Exports	进口 Imports	合计 Total	出口 Exports	进口 Imports	合计 Total	出口 Exports	进口 Imports
1985	4. 20	1. 50	2. 70	4. 90	2. 56	2. 34	1. 34	0. 20	1. 14
1986	7. 06	1. 80	5. 26	9. 81	4. 41	5. 40	1. 29	0. 29	1. 00
1987	6. 93	1. 89	5. 04	8. 62	4. 03	4. 59	2. 27	1. 24	1. 03
1988	6. 93	2. 02	4. 91	7. 04	3. 71	3. 33	1. 96	0. 52	1. 44
1989	7. 05	1. 79	5. 26	7. 48	3. 83	3. 65	2. 49	0. 46	2. 03
1990	5. 71	1. 60	4. 11	3. 22	0. 74	2. 48	2. 27	0. 47	1. 80
1991	6. 08	1. 69	4. 39	1. 44	0. 56	0. 88	3. 31	0. 89	2. 42
1992	6. 83	1. 60	5. 23	2. 09	1. 19	0. 90	3. 08	1. 43	1. 65
1993	12. 81	2. 79	10. 02	4. 72	2. 48	2. 24	2. 53	1. 21	1. 32
1994	13. 43	3. 57	9. 86	3. 99	2. 94	1. 05	3. 07	1. 57	1. 50
1995	13. 51	4. 13	9. 38	5. 56	4. 72	0. 84	4. 48	2. 23	2. 25
1996	13. 90	4. 60	9. 30	6. 20	5. 70	0. 50	5. 50	3. 40	2. 10
1997	14. 85	6. 13	8. 72	7. 05	6. 73	0. 32	9. 47	5. 68	3. 79
1998	14. 30	6. 34	7. 96	8. 15	7. 59	0. 56	6. 35	3. 30	3. 05
1999	16. 90	6. 80	10. 10	8. 60	7. 00	1. 60	8. 30	3. 50	4. 80
2000	22. 10	7. 50	14. 60	9. 60	8. 60	1. 00	11. 00	4. 90	6. 10
2001	23. 82	6. 52	17. 30	12. 42	10. 16	2. 26	9. 82	4. 11	5. 71
2002	26. 75	6. 38	20. 37	13. 84	11. 65	2. 19	14. 50	5. 27	9. 23
2003	35. 23	8. 40	26. 83	19. 79	16. 20	3. 59	17. 65	8. 99	8. 66
2004	51. 27	15. 06	36. 21	23. 31	18. 44	4. 87	24. 26	10. 28	13. 98
2005	58. 27	19. 47	38. 80	31. 53	25. 95	5. 58	24. 66	13. 22	11. 44
2006	67. 64	25. 09	42. 54	46. 73	40. 06	6. 67	29. 51	17. 01	12. 50
2007	94. 44	36. 00	58. 44	76. 65	65. 53	11. 12	38. 15	22. 00	16. 15
2008	112. 53	39. 04	73. 48	104. 29	90. 37	13. 93	46. 98	25. 60	21. 38
2009	95. 57	26. 58	68. 98	90. 67	75. 62	15. 05	57. 35	26. 75	30. 59
2010	200. 70	30. 31	170. 39	111. 35	94. 39	16. 96	60. 67	28. 37	32. 30
2011	309. 12	37. 00	272. 11	129. 89	109. 41	20. 49	74. 07	37. 86	36. 21
2012	263. 07	34. 92	228. 15	143. 84	123. 87	19. 97	60. 88	30. 20	30. 68
2013	595. 29	35. 12	560. 17	148. 12	125. 76	22. 37	62. 11	27. 39	34. 73
2014	435. 79	30. 88	404. 91	171. 94	142. 57	29. 37	71. 99	27. 32	44. 67
2015	442. 66	31. 67	410. 98	170. 90	143. 46	27. 44	70. 03	28. 57	41. 46
2016	430. 51	31. 61	398. 90	176. 26	150. 92	25. 34	58. 29	26. 00	32. 30
2017	360. 53	31. 60	328. 92	212. 26	178. 73	33. 54	56. 18	24. 89	31. 29
2018	425. 40	40. 16	385. 24	245. 24	208. 79	36. 45	60. 72	26. 51	34. 21

表 12　续 30

年份 Year	匈牙利 Hungary			拉丁美洲 Latin America			巴西 Brazil		
	合计 Total	出口 Exports	进口 Imports	合计 Total	出口 Exports	进口 Imports	合计 Total	出口 Exports	进口 Imports
1950	0. 03	0. 03	—	0. 02	—	0. 02	—	—	—
1951	0. 28	0. 22	0. 06	0. 09	—	0. 09	0. 03	—	0. 03
1952	0. 52	0. 27	0. 25	—	—	—	—	—	—
1953	0. 62	0. 30	0. 32	—	—	—	—	—	—
1954	0. 62	0. 30	0. 32	0. 02	—	0. 02	—	—	—
1955	0. 61	0. 29	0. 32	0. 07	—	0. 07	0. 05	—	0. 05
1956	0. 68	0. 30	0. 38	0. 03	—	0. 03	0. 01	—	0. 01
1957	0. 52	0. 26	0. 26	0. 05	—	0. 05	—	—	—
1958	0. 84	0. 33	0. 51	0. 03	—	0. 03	—	—	—
1959	0. 82	0. 41	0. 41	0. 07	—	0. 07	—	—	—
1960	0. 67	0. 29	0. 38	0. 31	0. 10	0. 21	0. 01	—	0. 01
1961	0. 40	0. 12	0. 28	2. 30	1. 08	1. 22	—	—	—
1962	0. 29	0. 14	0. 15	2. 30	0. 82	1. 48	—	—	—
1963	0. 21	0. 17	0. 04	1. 72	0. 91	0. 81	0. 01	0. 01	—
1964	0. 15	0. 13	0. 02	3. 26	1. 08	2. 18	0. 01	—	0. 01
1965	0. 21	0. 13	0. 08	3. 43	1. 15	2. 28	—	—	—
1966	0. 32	0. 12	0. 20	3. 00	0. 91	2. 09	0. 02	—	0. 02
1967	0. 17	0. 07	0. 10	1. 52	0. 81	0. 71	—	—	—
1968	0. 18	0. 08	0. 10	1. 36	0. 64	0. 72	—	—	—
1969	0. 19	0. 11	0. 08	1. 30	0. 78	0. 52	—	—	—
1970	0. 21	0. 12	0. 09	1. 46	0. 75	0. 71	—	—	—
1971	0. 30	0. 14	0. 16	1. 72	0. 71	1. 01	—	—	—
1972	0. 40	0. 17	0. 23	2. 73	0. 95	1. 78	—	—	—
1973	0. 42	0. 22	0. 20	4. 57	1. 31	3. 26	0. 28	—	0. 28
1974	0. 38	0. 21	0. 17	6. 61	1. 69	4. 92	0. 17	0. 01	0. 16
1975	0. 76	0. 35	0. 41	4. 76	1. 20	3. 56	0. 68	—	0. 68
1976	0. 67	0. 25	0. 42	3. 12	0. 86	2. 26	0. 12	—	0. 12
1977	0. 68	0. 35	0. 33	4. 82	0. 90	3. 92	0. 19	—	0. 19
1978	1. 06	0. 57	0. 49	7. 36	1. 33	6. 03	0. 82	0. 08	0. 74
1979	1. 42	0. 62	0. 80	12. 61	2. 80	9. 81	2. 15	0. 93	1. 22
1980	1. 34	0. 50	0. 84	13. 31	4. 88	8. 43	3. 10	2. 47	0. 63
1981	0. 85	0. 41	0. 44	15. 50	6. 30	9. 20	4. 72	3. 51	1. 21
1982	0. 77	0. 27	0. 50	15. 41	6. 60	8. 81	5. 20	3. 86	1. 34
1983	0. 66	0. 28	0. 38	20. 33	5. 33	15. 00	6. 36	3. 63	2. 73
1984	1. 04	0. 40	0. 64	16. 54	5. 76	10. 78	8. 39	4. 00	4. 39

表 12　续 31

年份 Year	匈牙利 Hungary			拉丁美洲 Latin America			巴西 Brazil		
	合计 Total	出口 Exports	进口 Imports	合计 Total	出口 Exports	进口 Imports	合计 Total	出口 Exports	进口 Imports
1985	1. 86	0. 79	1. 07	25. 69	6. 22	19. 47	14. 11	4. 28	9. 83
1986	3. 33	1. 35	1. 98	20. 87	4. 55	16. 32	9. 64	2. 55	7. 09
1987	3. 32	1. 93	1. 39	17. 33	4. 92	12. 41	6. 95	2. 43	4. 52
1988	3. 70	1. 36	2. 34	25. 76	3. 88	21. 88	8. 70	0. 72	7. 98
1989	2. 27	0. 84	1. 43	29. 69	5. 51	24. 18	10. 24	0. 84	9. 40
1990	1. 44	0. 24	1. 20	22. 91	7. 81	15. 10	6. 29	1. 06	5. 23
1991	0. 55	0. 20	0. 35	23. 58	7. 95	15. 63	4. 14	0. 68	3. 46
1992	0. 64	0. 45	0. 19	29. 76	10. 76	19. 00	5. 84	0. 65	5. 19
1993	2. 27	1. 65	0. 62	37. 07	17. 76	19. 31	10. 55	1. 92	8. 63
1994	4. 09	3. 90	0. 19	47. 02	24. 55	22. 47	14. 21	3. 62	10. 59
1995	3. 56	3. 25	0. 31	61. 14	31. 47	29. 67	19. 90	7. 59	12. 31
1996	2. 59	2. 19	0. 40	67. 30	31. 20	36. 10	22. 50	7. 70	14. 80
1997	3. 22	2. 96	0. 26	83. 80	46. 10	37. 70	25. 30	10. 40	14. 90
1998	4. 10	3. 97	0. 13	83. 10	53. 20	29. 90	22. 20	10. 90	11. 30
1999	6. 20	5. 50	0. 70	82. 60	52. 70	29. 90	18. 40	8. 70	9. 70
2000	10. 00	9. 00	1. 00	126. 00	71. 90	54. 10	28. 50	12. 20	16. 30
2001	11. 61	10. 31	1. 30	149. 39	82. 37	67. 02	36. 98	13. 51	23. 47
2002	16. 17	14. 48	1. 69	178. 26	94. 90	83. 36	44. 69	14. 66	30. 03
2003	25. 88	22. 86	3. 02	268. 06	118. 79	149. 27	79. 89	21. 45	58. 44
2004	31. 27	26. 52	4. 75	400. 27	182. 42	217. 85	123. 59	36. 75	86. 84
2005	28. 59	24. 94	3. 65	504. 57	236. 82	267. 75	148. 17	48. 27	99. 90
2006	39. 87	32. 87	6. 99	702. 03	360. 28	341. 75	202. 90	73. 80	129. 10
2007	62. 25	50. 15	12. 10	1 026. 50	515. 39	511. 11	297. 14	113. 72	183. 42
2008	74. 77	60. 95	13. 82	1 433. 87	714. 77	719. 09	484. 97	187. 50	297. 47
2009	68. 10	53. 44	14. 66	1 215. 40	570. 96	644. 44	424. 00	141. 19	282. 81
2010	87. 16	65. 19	21. 98	1 830. 67	918. 21	912. 47	625. 50	244. 63	380. 87
2011	92. 59	68. 07	24. 52	2 414. 85	1 217. 31	1 197. 54	842. 02	318. 43	523. 59
2012	80. 61	57. 38	23. 23	2 612. 43	1 352. 17	1 260. 26	857. 16	334. 15	523. 01
2013	84. 08	56. 93	27. 15	2 615. 71	1 342. 71	1 273. 00	902. 79	361. 92	540. 86
2014	90. 24	57. 65	32. 60	2 634. 61	1 362. 35	1 272. 27	865. 79	348. 94	516. 86
2015	80. 69	51. 98	28. 71	2 365. 45	1 322. 16	1 043. 29	715. 84	274. 17	441. 67
2016	88. 85	54. 23	34. 62	2 169. 73	1 139. 01	1 030. 72	677. 13	219. 75	457. 38
2017	101. 27	60. 49	40. 77	2 585. 89	1 308. 16	1 277. 74	878. 08	289. 51	588. 57
2018	108. 83	65. 42	43. 42	3 074. 03	1 487. 91	1 586. 12	1 111. 81	336. 69	775. 12

表 12　续 32

年份 Year	智利 Chile			阿根廷 Argentina			巴拿马 Panama		
	合计 Total	出口 Exports	进口 Imports	合计 Total	出口 Exports	进口 Imports	合计 Total	出口 Exports	进口 Imports
1950	—	—	—	0. 02	—	0. 02	—	—	—
1951	—	—	—	0. 01	—	0. 01	—	—	—
1952	—	—	—	—	—	—	—	—	—
1953	—	—	—	—	—	—	—	—	—
1954	—	—	—	0. 02	—	0. 02	—	—	—
1955	—	—	—	0. 03	—	0. 03	—	—	—
1956	—	—	—	0. 01	—	0. 01	—	—	—
1957	—	—	—	—	—	—	—	—	—
1958	—	—	—	—	—	—	—	—	—
1959	0. 01	—	0. 01	—	—	—	—	—	—
1960	—	—	—	0. 01	—	0. 01	—	—	—
1961	—	—	—	0. 05	—	0. 05	—	—	—
1962	—	—	—	0. 40	—	0. 40	—	—	—
1963	—	—	—	0. 01	—	0. 01	—	—	—
1964	0. 01	—	0. 01	0. 92	—	0. 92	—	—	—
1965	0. 14	—	0. 14	0. 99	—	0. 99	—	—	—
1966	0. 18	—	0. 18	1. 08	—	1. 08	—	—	—
1967	0. 04	—	0. 04	0. 07	—	0. 07	—	—	—
1968	0. 02	0. 01	0. 01	—	—	—	—	—	—
1969	—	—	—	0. 01	0. 01	—	—	—	—
1970	0. 01	—	0. 01	0. 01	0. 01	—	0. 01	0. 01	—
1971	0. 15	0. 02	0. 13	—	—	—	0. 01	—	0. 01
1972	0. 76	0. 13	0. 63	—	—	—	0. 02	0. 01	0. 01
1973	1. 15	0. 13	1. 02	0. 04	—	0. 04	0. 01	0. 01	—
1974	1. 11	0. 01	1. 10	0. 91	—	0. 91	0. 02	0. 01	0. 01
1975	0. 33	0. 03	0. 30	0. 42	—	0. 42	0. 04	0. 02	0. 02
1976	0. 33	0. 01	0. 32	0. 01	—	0. 01	0. 04	0. 04	—
1977	0. 18	0. 03	0. 15	1. 18	0. 01	1. 17	0. 04	0. 04	—
1978	0. 45	0. 06	0. 39	0. 92	0. 02	0. 90	0. 10	0. 08	0. 02
1979	0. 97	0. 11	0. 86	2. 87	0. 16	2. 71	0. 14	0. 12	0. 02
1980	1. 41	0. 20	1. 21	1. 90	0. 30	1. 60	0. 17	0. 16	0. 01
1981	1. 02	0. 39	0. 63	1. 43	0. 25	1. 18	0. 33	0. 26	0. 07
1982	0. 92	0. 13	0. 79	1. 59	0. 06	1. 53	0. 58	0. 57	0. 01
1983	1. 84	0. 09	1. 75	6. 57	0. 04	6. 53	0. 21	0. 18	0. 03
1984	2. 18	0. 12	2. 06	0. 98	0. 04	0. 94	0. 10	0. 10	—

表 12　续 33

年份 Year	智利 Chile			阿根廷 Argentina			巴拿马 Panama		
	合计 Total	出口 Exports	进口 Imports	合计 Total	出口 Exports	进口 Imports	合计 Total	出口 Exports	进口 Imports
1985	1. 95	0. 09	1. 86	3. 36	0. 03	3. 33	0. 10	0. 08	0. 02
1986	1. 96	0. 14	1. 82	3. 58	0. 10	3. 48	0. 14	0. 13	0. 01
1987	1. 37	0. 25	1. 12	3. 42	0. 10	3. 32	0. 24	0. 24	—
1988	1. 55	0. 35	1. 20	4. 20	0. 06	4. 14	0. 32	0. 31	0. 01
1989	2. 40	0. 61	1. 79	5. 76	0. 09	5. 67	0. 39	0. 39	—
1990	1. 01	0. 67	0. 34	3. 30	0. 12	3. 18	0. 95	0. 95	—
1991	2. 01	0. 94	1. 07	3. 57	0. 52	3. 05	0. 88	0. 87	0. 01
1992	5. 38	1. 28	4. 10	3. 24	1. 24	2. 00	1. 35	1. 32	0. 03
1993	4. 86	2. 04	2. 82	4. 68	2. 48	2. 20	3. 60	3. 50	0. 10
1994	4. 68	2. 85	1. 83	5. 60	2. 91	2. 69	5. 73	5. 69	0. 04
1995	6. 40	4. 10	2. 30	6. 44	2. 74	3. 70	6. 03	5. 95	0. 08
1996	9. 20	4. 60	4. 60	8. 50	3. 40	5. 10	4. 90	4. 88	0. 02
1997	9. 80	5. 60	4. 20	11. 90	4. 70	7. 20	10. 12	10. 10	0. 02
1998	10. 40	6. 20	4. 20	12. 70	5. 50	7. 20	10. 49	10. 48	0. 01
1999	12. 70	6. 10	6. 60	10. 90	5. 00	5. 90	10. 40	10. 40	—
2000	21. 20	7. 80	13. 40	15. 99	6. 69	9. 30	12. 90	12. 90	—
2001	21. 18	8. 15	13. 03	18. 55	5. 74	12. 81	12. 42	12. 40	0. 02
2002	25. 65	9. 98	15. 67	14. 25	1. 85	12. 40	12. 77	12. 73	0. 04
2003	35. 28	12. 84	22. 44	31. 76	4. 47	27. 29	15. 09	14. 80	0. 29
2004	53. 65	16. 89	36. 76	41. 07	8. 52	32. 55	22. 02	21. 87	0. 15
2005	71. 34	21. 50	49. 84	51. 25	13. 25	38. 00	31. 73	31. 51	0. 22
2006	88. 45	31. 09	57. 36	57. 04	20. 04	37. 00	38. 81	38. 67	0. 14
2007	146. 96	44. 16	102. 81	99. 01	35. 66	63. 35	55. 88	55. 80	0. 08
2008	175. 30	61. 50	113. 80	143. 96	50. 38	93. 58	78. 96	78. 47	0. 50
2009	177. 19	49. 28	127. 91	77. 89	34. 83	43. 06	65. 51	65. 22	0. 29
2010	258. 30	80. 26	178. 03	129. 18	61. 16	68. 02	119. 97	119. 71	0. 25
2011	314. 56	108. 17	206. 39	147. 95	85. 04	62. 91	145. 98	145. 55	0. 43
2012	332. 38	126. 01	206. 37	144. 25	78. 70	65. 55	153. 59	153. 06	0. 53
2013	338. 06	131. 13	206. 93	148. 39	87. 50	60. 89	110. 37	109. 93	0. 44
2014	340. 64	130. 20	210. 44	129. 31	76. 83	52. 47	94. 35	93. 07	1. 27
2015	318. 85	132. 91	185. 94	145. 29	88. 13	57. 16	88. 37	85. 22	3. 15
2016	312. 89	128. 02	184. 87	123. 20	72. 01	51. 19	63. 80	63. 42	0. 38
2017	355. 85	144. 10	211. 76	138. 21	90. 67	47. 54	66. 89	66. 27	0. 62
2018	427. 50	158. 76	268. 74	119. 39	84. 18	35. 21	70. 21	69. 39	0. 82

表 12 续 34

年份 Year	墨西哥 Mexico			北美洲 North America			美国 United States		
	合计 Total	出口 Exports	进口 Imports	合计 Total	出口 Exports	进口 Imports	合计 Total	出口 Exports	进口 Imports
1950	—	—	—	2. 44	0. 99	1. 45	2. 38	0. 95	1. 43
1951	—	—	—	0. 08	—	0. 08	0. 08	—	0. 08
1952	—	—	—	0. 01	0. 01	—	—	—	—
1953	—	—	—	0. 01	0. 01	—	—	—	—
1954	—	—	—	0. 01	0. 01	—	—	—	—
1955	—	—	—	0. 03	0. 02	0. 01	—	—	—
1956	—	—	—	0. 05	0. 03	0. 02	—	—	—
1957	—	—	—	0. 06	0. 03	0. 03	—	—	—
1958	—	—	—	0. 11	0. 04	0. 07	—	—	—
1959	—	—	—	0. 06	0. 04	0. 02	—	—	—
1960	—	—	—	0. 18	0. 04	0. 14	—	—	—
1961	—	—	—	1. 70	0. 02	1. 68	—	—	—
1962	—	—	—	1. 60	0. 03	1. 57	—	—	—
1963	—	—	—	1. 16	0. 05	1. 11	—	—	—
1964	0. 34	—	0. 34	1. 72	0. 10	1. 62	—	—	—
1965	0. 10	—	0. 10	1. 42	0. 16	1. 26	—	—	—
1966	—	—	—	2. 53	0. 23	2. 30	—	—	—
1967	—	—	—	1. 24	0. 22	1. 02	—	—	—
1968	—	—	—	1. 91	0. 23	1. 68	—	—	—
1969	—	—	—	1. 29	0. 25	1. 04	—	—	—
1970	—	—	—	1. 56	0. 20	1. 36	—	—	—
1971	0. 02	—	0. 02	2. 23	0. 25	1. 98	—	—	—
1972	0. 13	0. 01	0. 12	3. 66	0. 62	3. 04	0. 13	0. 10	0. 03
1973	0. 39	0. 12	0. 27	7. 07	1. 09	5. 98	2. 61	0. 40	2. 21
1974	0. 56	0. 33	0. 23	11. 21	1. 81	9. 40	4. 76	1. 03	3. 73
1975	0. 35	0. 02	0. 33	10. 13	2. 10	8. 03	4. 71	1. 29	3. 42
1976	0. 13	0. 02	0. 11	6. 61	2. 45	4. 16	3. 17	1. 56	1. 61
1977	0. 52	0. 01	0. 51	8. 35	2. 60	5. 75	2. 95	1. 80	1. 15
1978	1. 09	0. 06	1. 03	16. 61	3. 66	12. 95	9. 92	2. 71	7. 21
1979	1. 12	0. 09	1. 03	32. 19	7. 40	24. 79	24. 52	5. 95	18. 57
1980	1. 03	0. 23	0. 80	57. 67	11. 20	46. 47	48. 13	9. 83	38. 30
1981	1. 77	0. 36	1. 41	76. 89	17. 29	59. 60	63. 06	15. 42	47. 64
1982	0. 69	0. 14	0. 55	76. 17	19. 73	56. 44	61. 73	17. 99	43. 74
1983	0. 44	0. 06	0. 38	62. 99	19. 32	43. 67	44. 93	17. 23	27. 70
1984	0. 84	0. 10	0. 74	78. 66	27. 02	51. 64	64. 70	24. 33	40. 37

表 12 续 35

年份 Year	墨西哥 Mexico			北美洲 North America			美国 United States		
	合计 Total	出口 Exports	进口 Imports	合计 Total	出口 Exports	进口 Imports	合计 Total	出口 Exports	进口 Imports
1985	0. 97	0. 22	0. 75	88. 23	25. 74	62. 49	74. 30	23. 40	50. 90
1986	1. 09	0. 10	0. 99	86. 65	29. 38	57. 27	73. 49	26. 32	47. 17
1987	0. 83	0. 09	0. 74	96. 75	34. 46	62. 29	78. 68	30. 37	48. 31
1988	1. 77	0. 14	1. 63	122. 58	37. 71	84. 87	100. 11	33. 80	66. 31
1989	1. 92	0. 43	1. 49	137. 44	48. 03	89. 41	122. 54	43. 91	78. 63
1990	2. 11	1. 11	1. 00	136. 77	56. 10	80. 67	117. 68	51. 80	65. 88
1991	2. 35	0. 86	1. 49	164. 04	67. 49	96. 55	142. 02	61. 94	80. 08
1992	2. 72	1. 58	1. 14	200. 74	92. 47	108. 27	169. 92	85. 94	83. 99
1993	2. 81	1. 56	1. 25	302. 34	181. 63	120. 71	272. 34	169. 64	102. 69
1994	2. 95	2. 01	0. 94	386. 02	228. 60	157. 42	348. 29	214. 61	133. 68
1995	3. 89	1. 95	1. 94	450. 47	262. 47	188. 00	408. 32	247. 13	161. 18
1996	5. 20	2. 20	3. 00	470. 30	283. 00	187. 30	428. 38	266. 83	161. 55
1997	6. 00	4. 10	1. 90	529. 10	346. 00	183. 10	490. 16	327. 15	163. 01
1998	8. 40	6. 90	1. 50	593. 00	401. 00	192. 00	548. 31	379. 48	168. 83
1999	9. 50	7. 90	1. 60	662. 00	443. 80	218. 20	614. 25	419. 47	194. 78
2000	18. 20	13. 40	4. 80	814. 00	552. 80	261. 20	742. 21	519. 90	222. 31
2001	25. 51	17. 90	7. 61	878. 82	576. 41	302. 41	804. 79	542. 80	262. 00
2002	39. 79	28. 64	11. 15	1 051. 44	742. 75	308. 69	971. 83	699. 46	272. 38
2003	49. 44	32. 67	16. 77	1 363. 97	981. 39	382. 58	1 263. 33	924. 67	338. 66
2004	71. 13	49. 73	21. 40	1 852. 90	1 332. 37	520. 53	1 695. 99	1 249. 42	446. 57
2005	77. 64	55. 38	22. 26	2 309. 44	1 746. 77	562. 67	2 115. 13	1 628. 91	486. 22
2006	114. 31	88. 24	26. 07	2 860. 36	2 191. 14	669. 22	2 626. 59	2 034. 48	592. 11
2007	149. 69	117. 06	32. 63	3 325. 53	2 521. 45	804. 08	3 020. 97	2 327. 06	693. 91
2008	175. 59	138. 51	37. 08	3 683. 88	2 741. 79	942. 08	3 337. 38	2 522. 97	814. 40
2009	161. 81	122. 99	38. 82	3 280. 81	2 385. 68	895. 14	2 982. 59	2 208. 16	774. 43
2010	246. 90	178. 73	68. 17	4 228. 40	3 058. 61	1 169. 79	3 853. 41	2 833. 04	1 020. 38
2011	333. 59	239. 78	93. 81	4 944. 99	3 501. 16	1 443. 83	4 466. 47	3 244. 93	1 221. 54
2012	366. 76	275. 18	91. 58	5 363. 20	3 801. 30	1 561. 90	4 846. 83	3 517. 96	1 328. 86
2013	392. 17	289. 68	102. 49	5 757. 04	3 978. 38	1 778. 66	5 210. 02	3 684. 27	1 525. 75
2014	434. 49	322. 56	111. 93	6 105. 92	4 262. 78	1 843. 14	5 551. 18	3 960. 82	1 590. 36
2015	438. 50	337. 95	100. 55	6 144. 14	4 393. 35	1 750. 79	5 582. 75	4 095. 38	1 487. 37
2016	426. 59	323. 55	103. 04	5 654. 36	4 126. 26	1 528. 11	5 194. 87	3 850. 85	1 344. 02
2017	477. 08	359. 05	118. 03	6 357. 35	4 612. 33	1 745. 02	5 836. 68	4 297. 23	1 539. 46
2018	580. 57	440. 15	140. 43	6 974. 67	5 137. 57	1 837. 10	6 335. 19	4 784. 23	1 550. 96

表 12　续 36

年份 Year	加拿大 Canada			大洋洲 Oceanic and Pzcific Islands			澳大利亚 Australia		
	合计 Total	出口 Exports	进口 Imports	合计 Total	出口 Exports	进口 Imports	合计 Total	出口 Exports	进口 Imports
1950	0.07	0.04	0.03	0.04	0.01	0.03	0.04	0.01	0.03
1951	0.01	0.01	—	0.03	0.01	0.02	0.03	0.01	0.02
1952	0.01	0.01	—	0.01	—	0.01	0.01	—	0.01
1953	0.01	0.01	—	0.03	0.01	0.02	0.03	0.01	0.02
1954	0.01	0.01	—	0.04	0.01	0.03	0.04	0.01	0.03
1955	0.03	0.02	0.01	0.08	0.02	0.06	0.07	0.01	0.06
1956	0.05	0.03	0.02	0.12	0.02	0.10	0.11	0.02	0.09
1957	0.06	0.03	0.03	0.22	0.03	0.19	0.22	0.03	0.19
1958	0.11	0.04	0.07	0.36	0.05	0.31	0.36	0.05	0.31
1959	0.06	0.04	0.02	0.44	0.06	0.38	0.36	0.05	0.31
1960	0.18	0.04	0.14	0.34	0.06	0.28	0.27	0.05	0.22
1961	1.70	0.02	1.68	1.95	0.04	1.91	1.92	0.04	1.88
1962	1.60	0.03	1.57	1.16	0.07	1.09	1.13	0.07	1.06
1963	1.16	0.05	1.11	2.63	0.12	2.51	2.56	0.10	2.46
1964	1.72	0.10	1.62	2.08	0.20	1.88	2.02	0.18	1.84
1965	1.42	0.16	1.26	2.46	0.24	2.22	2.36	0.21	2.15
1966	2.53	0.23	2.30	1.39	0.26	1.13	1.26	0.22	1.04
1967	1.24	0.22	1.02	2.83	0.29	2.54	2.67	0.24	2.43
1968	1.91	0.23	1.68	1.59	0.31	1.28	1.47	0.26	1.21
1969	1.29	0.25	1.04	1.62	0.37	1.25	1.51	0.30	1.21
1970	1.56	0.20	1.36	1.72	0.37	1.35	1.62	0.32	1.30
1971	2.23	0.25	1.98	0.67	0.43	0.24	0.58	0.36	0.22
1972	3.53	0.52	3.01	0.98	0.55	0.43	0.86	0.47	0.39
1973	4.47	0.70	3.77	2.39	0.97	1.42	2.17	0.82	1.35
1974	6.45	0.78	5.67	5.38	1.43	3.95	4.75	1.12	3.63
1975	5.42	0.82	4.60	5.13	0.86	4.27	4.73	0.70	4.03
1976	3.45	0.89	2.56	4.84	1.05	3.79	4.31	0.89	3.42
1977	5.41	0.80	4.61	6.87	1.25	5.62	6.19	1.01	5.18
1978	6.69	0.95	5.74	9.36	1.43	7.93	8.33	1.18	7.15
1979	7.67	1.45	6.22	12.85	1.98	10.87	11.41	1.56	9.85
1980	9.54	1.37	8.17	15.13	2.65	12.48	12.86	2.23	10.63
1981	13.82	1.86	11.96	12.18	2.83	9.35	9.91	2.40	7.51
1982	14.45	1.74	12.71	13.62	2.72	10.90	11.58	2.27	9.31
1983	18.06	2.09	15.97	10.31	2.20	8.11	7.99	1.82	6.17
1984	13.97	2.70	11.27	14.00	2.77	11.23	11.80	2.30	9.50

表 12 续 37

年份 Year	加拿大 Canada			大洋洲 Oceanic and Pzcific Islands			澳大利亚 Australia		
	合计 Total	出口 Exports	进口 Imports	合计 Total	出口 Exports	进口 Imports	合计 Total	出口 Exports	进口 Imports
1985	13. 93	2. 34	11. 59	15. 52	2. 33	13. 19	13. 21	1. 87	11. 34
1986	13. 17	3. 07	10. 10	19. 02	2. 51	16. 51	16. 13	2. 10	14. 03
1987	18. 07	4. 09	13. 98	19. 39	3. 60	15. 79	16. 20	2. 98	13. 22
1988	22. 46	3. 90	18. 56	19. 64	4. 26	15. 38	14. 69	3. 61	11. 08
1989	14. 90	4. 11	10. 79	22. 85	4. 91	17. 94	18. 95	4. 23	14. 72
1990	19. 08	4. 30	14. 78	20. 17	5. 32	14. 85	18. 09	4. 55	13. 54
1991	22. 01	5. 55	16. 46	23. 89	5. 46	18. 43	21. 10	5. 54	15. 56
1992	25. 80	6. 53	19. 27	28. 54	7. 95	20. 59	23. 32	6. 61	16. 71
1993	25. 73	11. 98	13. 75	35. 93	12. 32	23. 61	30. 10	10. 61	19. 49
1994	32. 46	13. 97	18. 49	46. 39	17. 24	29. 15	39. 40	14. 88	24. 52
1995	42. 14	15. 33	26. 81	49. 24	19. 02	30. 22	42. 11	16. 26	25. 85
1996	41. 90	16. 20	25. 70	59. 00	19. 60	39. 40	51. 10	16. 70	34. 40
1997	39. 10	19. 10	20. 00	60. 70	24. 00	36. 70	53. 00	20. 50	32. 50
1998	43. 60	21. 30	22. 30	58. 00	26. 60	31. 40	50. 30	23. 40	26. 90
1999	47. 70	24. 30	23. 40	73. 00	31. 10	41. 90	63. 10	27. 00	36. 10
2000	69. 10	31. 60	37. 50	97. 90	39. 10	58. 80	84. 50	34. 30	50. 20
2001	73. 74	33. 46	40. 28	103. 67	40. 74	62. 93	89. 96	35. 70	54. 26
2002	79. 32	43. 05	36. 27	121. 23	52. 90	68. 33	104. 36	45. 86	58. 50
2003	100. 08	56. 33	43. 75	158. 90	72. 89	86. 01	135. 63	62. 63	73. 00
2004	155. 16	81. 62	73. 64	235. 04	101. 70	133. 34	203. 91	88. 38	115. 53
2005	191. 65	116. 54	75. 11	308. 94	128. 87	180. 07	272. 48	110. 62	161. 86
2006	231. 79	155. 17	76. 62	373. 33	160. 09	213. 24	329. 48	136. 25	193. 23
2007	303. 35	193. 56	109. 79	495. 15	211. 01	284. 14	438. 30	179. 90	258. 40
2008	345. 21	217. 89	127. 32	660. 24	258. 63	401. 61	596. 57	222. 38	374. 19
2009	297. 01	176. 75	120. 26	675. 44	249. 32	426. 12	600. 84	206. 46	394. 39
2010	371. 04	222. 17	148. 87	987. 81	330. 22	657. 59	880. 92	272. 26	608. 66
2011	474. 49	252. 68	221. 81	1 298. 74	408. 95	889. 79	1 166. 33	339. 10	827. 23
2012	513. 72	281. 26	232. 46	1 364. 87	448. 80	916. 07	1 223. 01	377. 40	845. 61
2013	544. 38	292. 19	252. 19	1 531. 81	446. 20	1 085. 61	1 363. 77	375. 60	988. 18
2014	552. 19	300. 06	252. 14	1 561. 83	465. 82	1 096. 00	1 369. 05	391. 54	977. 51
2015	556. 78	294. 26	262. 52	1 335. 77	505. 43	830. 34	1 139. 65	403. 22	736. 43
2016	456. 17	273. 10	183. 07	1 278. 88	475. 06	803. 82	1 079. 53	372. 87	706. 66
2017	517. 98	313. 75	204. 23	1 591. 59	512. 64	1 078. 95	1 364. 47	414. 38	950. 09
2018	635. 42	351. 60	283. 82	1 783. 10	570. 99	1 212. 11	1 527. 90	473. 38	1 054. 52

表 12　续 38

年份 Year	新西兰 New Zealand		
	合计 Total	出口 Exports	进口 Imports
1950	—	—	—
1951	—	—	—
1952	—	—	—
1953	—	—	—
1954	—	—	—
1955	—	—	—
1956	—	—	—
1957	—	—	—
1958	—	—	—
1959	0. 07	—	0. 07
1960	0. 07	0. 01	0. 06
1961	0. 04	—	0. 04
1962	0. 03	—	0. 03
1963	0. 07	0. 01	0. 06
1964	0. 06	0. 01	0. 05
1965	0. 09	0. 02	0. 07
1966	0. 12	0. 03	0. 09
1967	0. 14	0. 03	0. 11
1968	0. 10	0. 03	0. 07
1969	0. 09	0. 04	0. 05
1970	0. 08	0. 04	0. 04
1971	0. 06	0. 05	0. 01
1972	0. 09	0. 06	0. 03
1973	0. 19	0. 11	0. 08
1974	0. 54	0. 22	0. 32
1975	0. 30	0. 09	0. 21
1976	0. 42	0. 11	0. 31
1977	0. 56	0. 17	0. 39
1978	0. 81	0. 16	0. 65
1979	1. 15	0. 30	0. 85
1980	1. 87	0. 30	1. 57
1981	2. 04	0. 29	1. 75
1982	1. 63	0. 32	1. 31
1983	1. 72	0. 25	1. 47
1984	1. 82	0. 32	1. 50

表 12 续 39

年份 Year	新西兰 New Zealand		
	合计 Total	出口 Exports	进口 Imports
1985	1. 94	0. 32	1. 62
1986	2. 43	0. 28	2. 15
1987	2. 60	0. 44	2. 16
1988	4. 46	0. 39	4. 07
1989	3. 44	0. 40	3. 04
1990	1. 76	0. 50	1. 26
1991	2. 35	0. 66	1. 69
1992	3. 66	0. 87	2. 79
1993	3. 96	1. 31	2. 65
1994	5. 04	1. 88	3. 16
1995	5. 78	2. 32	3. 46
1996	6. 30	2. 30	4. 00
1997	6. 30	2. 80	3. 50
1998	6. 80	2. 80	4. 00
1999	8. 20	3. 40	4. 80
2000	10. 50	4. 15	6. 35
2001	11. 72	4. 35	7. 37
2002	13. 99	5. 96	8. 03
2003	18. 26	8. 02	10. 24
2004	24. 91	10. 77	14. 13
2005	26. 80	13. 53	13. 27
2006	29. 34	16. 20	13. 14
2007	36. 98	21. 60	15. 38
2008	43. 96	25. 05	18. 92
2009	45. 62	20. 85	24. 77
2010	65. 24	27. 65	37. 60
2011	87. 24	37. 37	49. 87
2012	96. 75	38. 65	58. 09
2013	123. 85	41. 32	82. 53
2014	142. 47	47. 41	95. 07
2015	115. 05	49. 21	65. 84
2016	119. 03	47. 64	71. 40
2017	144. 91	51. 00	93. 91
2018	168. 58	57. 76	110. 82

表 13　各省市出口总额
Total export value of provinces and municipalities

金额单位：亿美元
Unit：USD100 million

年份 Year / 地区 Region	1988	1989	1990	1991	1992
北京 Beijing	9. 77	10. 22	11. 21	13. 08	15. 25
天津 Tianjin	17. 09	16. 92	17. 78	17. 49	18. 40
河北 Hebei	17. 05	18. 00	19. 01	20. 19	19. 48
山西 Shanxi	2. 18	2. 44	2. 63	3. 22	3. 72
内蒙古自治区 Inner Mongolia	2. 95	3. 35	2. 92	3. 98	5. 67
辽宁 Liaoning	40. 00	43. 16	52. 49	56. 25	58. 41
大连 Dalian	4. 48	5. 68	7. 12	10. 61	13. 70
吉林 Jilin	5. 63	7. 57	7. 91	10. 03	11. 52
黑龙江 Heilongjiang	10. 04	11. 05	10. 69	13. 31	19. 03
上海 Shanghai	48. 80	50. 15	54. 83	60. 93	64. 86
江苏 Jiangsu	24. 16	25. 36	29. 43	34. 24	40. 02
浙江 Zhejiang	14. 97	18. 72	21. 89	29. 06	35. 73
宁波 Ningbo	1. 07	1. 65	2. 60	4. 32	6. 41
安徽 Anhui	4. 83	5. 24	5. 70	5. 97	6. 70
福建 Fujian	14. 14	18. 28	24. 49	31. 47	43. 87
厦门 Xiamen	5. 16	7. 05	9. 20	12. 71	18. 77
江西 Jiangxi	4. 34	4. 70	5. 36	5. 08	6. 48
山东 Shandong	29. 11	30. 26	34. 16	37. 51	40. 26
青岛 Qingdao	2. 09	2. 84	3. 68	4. 82	6. 46
河南 Henan	7. 10	7. 56	7. 86	8. 66	8. 16
湖北 Hubei	9. 78	9. 63	9. 45	11. 30	11. 58
湖南 Hunan	6. 29	6. 76	8. 00	9. 36	11. 37
广东 Guangdong	147. 74	180. 62	221. 26	269. 44	333. 37
深圳 Shenzhen	36. 64	44. 96	52. 16	57. 88	65. 95
广西壮族自治区 Guangxi	5. 53	6. 33	8. 06	7. 73	8. 84
海南 Hainan	2. 62	3. 27	5. 37	6. 25	8. 98
四川 Sichuan	4. 73	3. 27	6. 61	7. 89	8. 14
重庆 Chongqing	2. 22	2. 91	3. 27	3. 92	4. 09
贵州 Guizhou	1. 12	1. 28	1. 41	1. 67	2. 07
云南 Yunnan	3. 72	4. 54	4. 53	4. 78	6. 13
西藏自治区 Tibet	0. 11	0. 16	0. 24	0. 39	0. 94
陕西 Shaanxi	2. 68	3. 29	4. 07	5. 28	6. 23
甘肃 Gansu	1. 39	1. 41	1. 56	2. 12	2. 65
青海 Qinghai	0. 62	0. 60	0. 71	0. 67	0. 85
宁夏回族自治区 Ningxia	0. 54	0. 41	0. 65	0. 51	0. 65
新疆维吾尔自治区 Xinjiang	2. 95	3. 45	3. 04	3. 39	4. 33

表 13 续 1

地区 Region \ 年份 Year	1993	1994	1995	1996	1997
北京 Beijing	11. 41	83. 44	102. 50	81. 31	96. 01
天津 Tianjin	20. 57	26. 93	40. 64	46. 52	52. 48
河北 Hebei	16. 79	23. 03	28. 66	30. 83	32. 38
山西 Shanxi	4. 07	6. 54	11. 43	9. 36	11. 28
内蒙古自治区 Inner Mongolia	4. 85	4. 74	5. 00	5. 22	6. 55
辽宁 Liaoning	51. 69	60. 46	82. 30	86. 25	91. 59
大连 Dalian	42. 86	47. 73	58. 93	61. 34	64. 03
吉林 Jilin	12. 05	13. 66	10. 97	9. 72	9. 32
黑龙江 Heilongjiang	16. 87	12. 43	11. 66	10. 81	13. 08
上海 Shanghai	65. 66	91. 57	129. 64	130. 28	150. 69
江苏 Jiangsu	46. 51	66. 85	97. 89	116. 00	140. 95
浙江 Zhejiang	43. 23	60. 85	76. 93	80. 41	100. 87
宁波 Ningbo	9. 81	15. 36	20. 06	19. 28	24. 41
安徽 Anhui	7. 85	10. 46	13. 93	13. 14	15. 48
福建 Fujian	51. 59	64. 30	79. 08	83. 83	102. 65
厦门 Xiamen	23. 80	31. 23	35. 48	36. 71	45. 52
江西 Jiangxi	6. 14	8. 05	10. 42	8. 51	11. 14
山东 Shandong	42. 01	58. 65	81. 60	91. 82	108. 76
青岛 Qingdao	9. 57	40. 94	49. 30	44. 76	48. 21
河南 Henan	7. 51	10. 24	13. 58	12. 40	12. 80
湖北 Hubei	12. 27	17. 16	19. 80	15. 26	19. 21
湖南 Hunan	11. 38	15. 43	14. 70	13. 54	14. 48
广东 Guangdong	373. 97	502. 02	565. 73	593. 41	745. 41
深圳 Shenzhen	141. 58	183. 56	205. 41	212. 07	256. 20
广西壮族自治区 Guangxi	8. 93	12. 90	17. 02	12. 69	22. 79
海南 Hainan	9. 20	9. 53	9. 23	6. 59	7. 99
四川 Sichuan	7. 48	10. 97	22. 70	11. 82	12. 75
重庆 Chongqing	4. 08	7. 07	8. 27	5. 75	7. 54
贵州 Guizhou	2. 01	3. 04	4. 43	3. 56	4. 44
云南 Yunnan	7. 97	9. 65	12. 58	10. 44	11. 36
西藏自治区 Tibet	1. 04	0. 45	0. 09	0. 21	0. 37
陕西 Shaanxi	7. 35	9. 58	12. 70	10. 86	12. 28
甘肃 Gansu	2. 19	3. 47	3. 60	2. 73	3. 59
青海 Qinghai	0. 76	1. 26	1. 30	1. 14	1. 17
宁夏回族自治区 Ningxia	0. 63	1. 09	1. 68	1. 55	1. 86
新疆维吾尔自治区 Xinjiang	3. 75	4. 54	5. 92	4. 72	5. 70

表 13 续 2

年份 Year 地区 Region	1998	1999	2000	2001	2002
北京 Beijing	105.13	99.04	119.68	117.87	126.15
天津 Tianjin	54.99	63.31	86.26	94.92	115.73
河北 Hebei	31.16	31.19	37.10	39.56	45.95
山西 Shanxi	8.93	8.40	12.37	14.68	16.62
内蒙古自治区 Inner Mongolia	5.26	5.35	9.70	6.27	8.07
辽宁 Liaoning	80.54	82.00	108.57	110.08	123.65
大连 Dalian	57.37	57.16	73.00	74.16	83.79
吉林 Jilin	7.48	10.19	12.57	14.62	17.68
黑龙江 Heilongjiang	9.09	9.58	14.51	16.12	19.87
上海 Shanghai	159.47	188.00	253.52	276.24	320.46
江苏 Jiangsu	156.20	183.06	257.67	288.74	384.71
浙江 Zhejiang	108.63	128.71	194.43	229.76	294.16
宁波 Ningbo	29.64	34.77	51.68	62.44	81.56
安徽 Anhui	15.12	16.76	21.72	22.82	24.53
福建 Fujian	99.58	103.52	129.06	139.26	173.72
厦门 Xiamen	42.89	44.36	58.79	65.04	87.93
江西 Jiangxi	10.17	9.06	11.97	10.39	10.52
山东 Shandong	104.44	115.76	155.29	181.20	211.09
青岛 Qingdao	48.02	52.67	68.48	77.25	85.87
河南 Henan	11.87	11.27	14.96	17.05	21.19
湖北 Hubei	17.08	15.12	19.36	17.97	20.98
湖南 Hunan	12.83	12.82	16.53	17.53	17.95
广东 Guangdong	756.18	776.87	919.17	954.26	1 184.65
深圳 Shenzhen	263.98	282.11	345.64	374.77	465.43
广西壮族自治区 Guangxi	18.04	12.47	14.89	12.35	15.07
海南 Hainan	7.65	7.47	8.03	7.98	8.19
四川 Sichuan	11.71	11.39	13.94	15.83	27.11
重庆 Chongqing	5.14	4.90	9.96	11.03	10.91
贵州 Guizhou	3.88	3.58	4.21	4.22	4.42
云南 Yunnan	11.22	10.35	11.75	7.80	14.30
西藏自治区 Tibet	0.48	0.86	1.13	0.82	0.81
陕西 Shaanxi	11.76	11.51	13.10	11.08	13.77
甘肃 Gansu	3.45	3.17	4.15	4.76	5.49
青海 Qinghai	1.04	0.87	1.12	1.49	1.51
宁夏回族自治区 Ningxia	2.10	2.48	3.27	3.52	3.28
新疆维吾尔自治区 Xinjiang	7.48	10.27	12.04	6.68	13.08

表 13　续 3

地区 Region \ 年份 Year	2003	2004	2005	2006	2007
北京 Beijing	168.52	205.69	308.66	379.54	490.43
天津 Tianjin	143.65	208.52	273.81	335.24	388.74
河北 Hebei	59.28	93.39	109.24	128.34	169.99
山西 Shanxi	22.66	40.34	35.28	41.40	65.40
内蒙古自治区 Inner Mongolia	11.56	13.54	17.74	21.41	29.54
辽宁 Liaoning	146.31	189.14	234.38	283.19	353.30
大连 Dalian	93.73	106.52	138.16	174.62	216.29
吉林 Jilin	21.62	17.15	24.66	29.97	38.57
黑龙江 Heilongjiang	28.74	36.81	60.69	84.36	123.28
上海 Shanghai	484.58	735.05	907.18	1 135.89	1 438.47
江苏 Jiangsu	591.19	874.94	1 229.67	1 604.10	2 036.19
浙江 Zhejiang	416.02	581.39	768.02	1 008.91	1 283.13
宁波 Ningbo	120.61	166.48	222.17	287.69	382.51
安徽 Anhui	30.64	39.37	51.89	68.38	88.14
福建 Fujian	211.40	293.95	348.42	412.62	499.38
厦门 Xiamen	105.53	139.40	172.66	205.07	255.53
江西 Jiangxi	15.05	19.95	24.39	37.53	54.68
山东 Shandong	265.59	358.45	461.23	585.98	751.26
青岛 Qingdao	123.89	157.66	193.65	234.42	282.57
河南 Henan	29.80	41.75	50.88	66.34	83.77
湖北 Hubei	26.56	33.82	44.29	62.61	82.01
湖南 Hunan	21.46	31.06	37.47	50.92	65.17
广东 Guangdong	1 529.44	1 915.71	2 381.59	3 019.46	3 696.29
深圳 Shenzhen	629.75	778.43	1 015.22	1 359.59	1 688.20
广西壮族自治区 Guangxi	19.70	23.86	28.77	35.93	51.12
海南 Hainan	8.69	10.93	10.23	13.76	13.68
四川 Sichuan	32.13	39.80	47.02	66.24	86.05
重庆 Chongqing	15.85	20.91	25.21	33.51	45.07
贵州 Guizhou	5.88	8.67	8.59	10.38	14.65
云南 Yunnan	16.77	22.39	26.42	33.91	47.68
西藏自治区 Tibet	1.22	1.30	1.65	2.22	3.26
陕西 Shaanxi	17.35	23.97	30.77	36.30	46.75
甘肃 Gansu	8.77	9.96	10.91	15.10	16.58
青海 Qinghai	2.74	4.55	3.23	5.34	3.86
宁夏回族自治区 Ningxia	5.12	6.46	6.87	9.43	10.86
新疆维吾尔自治区 Xinjiang	25.42	30.46	50.39	71.39	115.03

表 13　续 4

地区 Region ＼ 年份 Year	2008	2009	2010	2011	2012
北京 Beijing	575.00	483.79	554.36	589.98	596.50
天津 Tianjin	421.03	298.93	374.85	444.82	483.13
河北 Hebei	240.04	156.89	225.56	285.70	296.04
山西 Shanxi	92.53	28.37	47.03	54.25	70.17
内蒙古自治区 Inner Mongolia	35.92	23.15	33.34	46.87	39.71
辽宁 Liaoning	420.70	334.15	430.99	510.42	579.50
大连 Dalian	249.40	216.78	264.21	297.71	324.64
吉林 Jilin	47.72	31.25	44.76	49.98	59.83
黑龙江 Heilongjiang	168.06	100.82	162.81	176.73	144.36
上海 Shanghai	1 691.45	1 417.96	1 807.14	2 096.74	2 067.44
江苏 Jiangsu	2 380.29	1 991.99	2 705.39	3 125.90	3 285.43
浙江 Zhejiang	1 542.96	1 330.13	1 804.65	2 163.49	2 245.51
宁波 Ningbo	463.27	386.50	519.65	608.25	614.39
安徽 Anhui	113.64	88.86	124.13	170.83	267.52
福建 Fujian	569.92	533.19	714.93	928.38	978.33
厦门 Xiamen	293.99	276.58	353.24	426.45	454.00
江西 Jiangxi	77.27	73.68	134.16	218.76	251.11
山东 Shandong	931.95	794.91	1 042.26	1 257.13	1 287.27
青岛 Qingdao	327.06	272.56	338.75	405.74	407.89
河南 Henan	107.19	73.45	105.29	192.40	296.78
湖北 Hubei	117.09	99.79	144.42	195.35	194.01
湖南 Hunan	84.13	54.92	79.56	99.04	126.00
广东 Guangdong	4 056.64	3 589.55	4 531.91	5 319.27	5 740.52
深圳 Shenzhen	1 811.81	1 619.78	2 041.80	2 455.18	2 713.62
广西壮族自治区 Guangxi	73.47	83.75	96.03	124.58	154.68
海南 Hainan	15.87	13.09	23.20	25.42	31.43
四川 Sichuan	131.32	141.69	188.41	290.27	384.70
重庆 Chongqing	57.22	42.80	74.89	198.32	385.69
贵州 Guizhou	19.01	13.57	19.20	29.85	49.52
云南 Yunnan	49.84	45.13	76.06	94.72	100.18
西藏自治区 Tibet	7.08	3.75	7.71	11.83	33.55
陕西 Shaanxi	53.81	39.88	62.08	70.35	86.53
甘肃 Gansu	16.01	7.36	16.38	21.59	35.74
青海 Qinghai	4.19	2.52	4.66	6.62	7.29
宁夏回族自治区 Ningxia	12.58	7.43	11.70	15.99	16.41
新疆维吾尔自治区 Xinjiang	192.99	109.35	129.69	168.26	193.47

表13 续5

年份 Year / 地区 Region	2013	2014	2015	2016	2017	2018
北京 Beijing	632. 46	623. 48	546. 73	518. 45	585. 66	741. 70
天津 Tianjin	490. 25	525. 97	511. 83	442. 86	435. 61	488. 15
河北 Hebei	309. 63	357. 13	329. 39	305. 77	313. 57	339. 88
山西 Shanxi	79. 96	89. 42	84. 21	99. 32	101. 96	122. 70
内蒙古 Inner Mongolia	40. 95	63. 94	56. 54	43. 74	48. 78	57. 52
辽宁 Liaoning	645. 41	587. 59	507. 14	430. 65	448. 66	487. 97
大连 Dalian	374. 37	302. 25	263. 48	248. 58	261. 60	290. 65
吉林 Jilin	67. 57	57. 78	46. 54	42. 06	44. 19	49. 44
黑龙江 Heilongjiang	162. 32	173. 40	80. 31	50. 44	52. 09	44. 50
上海 Shanghai	2 041. 97	2 101. 63	1 959. 41	1 834. 73	1 936. 43	2 071. 70
江苏 Jiangsu	3 288. 57	3 418. 68	3 386. 67	3 192. 68	3 630. 26	4 040. 44
浙江 Zhejiang	2 488. 04	2 733. 54	2 765. 95	2 678. 64	2 867. 93	3 211. 55
宁波 Ningbo	657. 10	731. 09	714. 07	660. 87	735. 34	841. 68
安徽 Anhui	282. 56	314. 93	322. 75	284. 45	305. 96	362. 09
福建 Fujian	1 065. 04	1 134. 57	1 130. 16	1 036. 76	1 049. 17	1 155. 63
厦门 Xiamen	523. 54	531. 65	534. 97	469. 42	480. 08	505. 83
江西 Jiangxi	281. 70	320. 38	331. 27	298. 14	324. 88	339. 60
山东 Shandong	1 345. 10	1 447. 45	1 440. 60	1 371. 56	1 470. 15	1 601. 40
青岛 Qingdao	419. 60	457. 77	453. 27	424. 67	445. 93	479. 55
河南 Henan	359. 92	393. 84	430. 66	427. 93	470. 27	537. 79
湖北 Hubei	228. 38	266. 46	292. 14	260. 25	304. 86	340. 89
湖南 Hunan	148. 21	200. 23	191. 40	176. 69	231. 71	305. 74
广东 Guangdong	6 364. 04	6 462. 22	6 435. 12	5 988. 62	6 228. 68	6 466. 76
深圳 Shenzhen	3 057. 18	2 844. 03	2 640. 52	2 374. 36	2 443. 57	2 459. 76
广西 Guangxi	186. 95	243. 30	280. 26	229. 57	280. 91	327. 99
海南 Hainan	37. 06	44. 17	37. 42	21. 23	43. 66	44. 87
四川 Sichuan	419. 52	448. 50	332. 29	279. 33	375. 53	503. 99
重庆 Chongqing	467. 97	634. 09	551. 90	406. 94	425. 95	513. 77
贵州 Guizhou	68. 86	93. 97	99. 49	47. 36	57. 94	51. 21
云南 Yunnan	159. 59	188. 02	166. 19	114. 83	114. 67	128. 12
西藏 Tibet	32. 69	21. 01	5. 87	4. 72	4. 33	4. 28
陕西 Shaanxi	102. 24	139. 29	147. 88	158. 25	245. 44	315. 95
甘肃 Gansu	46. 79	53. 31	58. 13	40. 88	17. 10	22. 11
青海 Qinghai	8. 47	11. 28	16. 42	13. 66	4. 24	4. 70
宁夏 Ningxia	25. 52	43. 03	29. 76	24. 97	36. 51	27. 39
新疆 Xinjiang	222. 70	234. 83	175. 06	156. 07	176. 33	164. 19

表 14　中国出口主要商品
Major export commodities of China

年份 Year	谷物（万吨） Cereals and Cereals Flour（10 000 tons）			黄大豆（万吨） Soybean （10 000 tons）	食用植物油（万吨） Edible Vegetable Oil （10 000 tons）	猪肉（万吨） Pork （10 000 tons）
	合计 Total	其中：大米 Rice	玉米 Maize			
1950	29. 0	5. 0	—	91. 0	—	0. 8
1951	94. 0	13. 0	—	101. 0	—	0. 6
1952	61. 0	33. 0	1. 0	86. 0	—	2. 9
1953	82. 0	56. 0	7. 0	92. 0	16. 5	7. 1
1954	73. 0	54. 0	—	91. 0	9. 0	13. 8
1955	103. 0	70. 0	—	106. 0	11. 3	13. 5
1956	141. 0	108. 0	2. 0	112. 0	12. 4	12. 2
1957	85. 0	53. 0	2. 0	114. 0	10. 2	5. 4
1958	152. 0	140. 0	1. 0	122. 0	13. 0	11. 8
1959	231. 0	177. 0	14. 0	173. 0	15. 7	11. 0
1960	149. 0	107. 0	10. 0	111. 0	8. 5	7. 4
1961	91. 0	43. 0	—	41. 0	1. 0	0. 9
1962	74. 0	46. 0	—	26. 0	1. 1	0. 3
1963	102. 0	68. 0	10. 0	41. 0	1. 1	1. 5
1964	116. 0	76. 0	15. 0	59. 0	1. 6	6. 2
1965	166. 0	98. 0	33. 0	65. 0	9. 7	14. 3
1966	208. 0	149. 0	17. 0	65. 0	11. 7	15. 0
1967	220. 0	158. 0	15. 0	67. 0	8. 2	8. 9
1968	180. 0	130. 0	25. 0	69. 0	8. 3	9. 2
1969	151. 0	118. 0	24. 0	59. 0	5. 0	6. 1
1970	155. 0	128. 0	16. 0	47. 0	3. 7	8. 1
1971	189. 0	129. 0	35. 0	59. 0	3. 4	11. 8
1972	235. 0	143. 0	31. 0	41. 0	5. 3	14. 0
1973	339. 0	263. 0	11. 0	40. 0	4. 7	12. 1
1974	317. 0	206. 0	21. 0	47. 0	5. 6	5. 3
1975	234. 0	163. 0	25. 0	40. 0	5. 0	6. 1
1976	148. 0	88. 0	22. 0	20. 0	3. 6	3. 8
1977	147. 0	103. 0	7. 0	13. 0	1. 2	2. 6
1978	172. 0	144. 0	3. 0	11. 0	2. 7	4. 3
1979	128. 0	105. 0	4. 0	36. 0	3. 5	4. 5
1980	145. 0	112. 0	8. 0	11. 0	3. 5	6. 4
1981	84. 0	58. 0	14. 0	14. 0	6. 3	7. 1
1982	63. 0	47. 0	7. 0	15. 0	10. 2	10. 1
1983	75. 0	58. 0	6. 0	35. 0	15. 6	9. 8

表14　续1

年份 Year	谷物（万吨） Cereals and Cereals Flour（10 000 tons）			黄大豆（万吨） Soybean （10 000 tons）	食用植物油（万吨） Edible Vegetable Oil （10 000 tons）	猪肉（万吨） Pork （10 000 tons）
	合计 Total	其中：大米 Rice	玉米 Maize			
1984	229. 0	116. 0	95. 0	84. 0	13. 7	10. 0
1985	804. 0	101. 0	634. 0	114. 0	16. 2	11. 1
1986	751. 0	95. 0	564. 0	137. 0	18. 9	10. 5
1987	568. 0	102. 0	392. 0	171. 0	5. 6	10. 0
1988	570. 0	70. 0	392. 0	148. 0	2. 6	6. 4
1989	484. 0	32. 0	350. 0	125. 0	6. 2	8. 8
1990	413. 0	33. 0	340. 0	94. 0	14. 0	12. 4
1991	895. 0	69. 0	778. 0	111. 0	10. 0	11. 7
1992	1 202. 0	95. 0	1 031. 0	66. 0	6. 8	5. 0
1993	1 327. 0	143. 0	1 110. 0	37. 0	13. 6	6. 0
1994	1 104. 0	152. 0	874. 0	83. 0	27. 0	10. 0
1995	64. 0	5. 0	11. 0	38. 0	51. 7	15. 4
1996	124. 0	26. 0	16. 0	19. 0	47. 4	12. 9
1997	833. 0	94. 0	661. 0	19. 0	82. 3	10. 3
1998	889. 0	375. 0	469. 0	16. 0	30. 9	10. 5
1999	738. 0	270. 0	431. 0	18. 7	9. 7	5. 4
2000	1 378. 0	295. 0	1 047. 0	20. 1	11. 2	5. 3
2001	876. 0	186. 0	600. 0	23. 8	13. 4	10. 0
2002	1 482. 0	199. 0	1 167. 0	26. 1	9. 7	16. 0
2003	2 194. 0	262. 0	1 639. 0	24. 7	6. 0	21. 0
2004	473. 0	91. 0	232. 0	30. 8	6. 5	29. 0
2005	1 014. 0	69. 0	864. 0	36. 6	22. 5	25. 0
2006	605. 2	123. 7	309. 9	35. 9	39. 9	26. 9
2007	986. 8	131. 0	492. 1	43. 4	16. 6	13. 4
2008	181. 0	97. 0	27. 0	45. 4	24. 8	8. 2
2009	132. 0	78. 6	13. 0	33. 6	11. 4	8. 7
2010	120. 0	62. 2	12. 7	15. 3	9. 2	11. 0
2011	116. 4	51. 6	13. 6	19. 9	12. 2	8. 1
2012	96. 0	27. 9	25. 7	30. 7	10. 0	6. 6
2013	95. 0	47. 8	7. 8	19. 9	11. 5	7. 3
2014	70. 9	41. 9	2. 0	19. 7	13. 4	9. 2
2015	47. 8	28. 7	1. 1	12. 2	13. 5	7. 1
2016	58. 0	39. 5	0. 4	11. 5	11. 4	4. 9
2017	156. 0	119. 7	8. 6	10. 3	20. 0	5. 1
2018	249. 0	208. 9	1. 2	12. 7	29. 5	4. 2

表 14　续 2

年份 Year	冻鸡（万吨） Frozen Chicken (10 000 tons)	水产品（万吨） Aquatic Products (10 000 tons)	茶叶（万吨） Tea (10 000 tons)	松香（万吨） Resin and Resin Acids (10 000 tons)	鞭炮烟花（亿美元） Fireworks and Firecrackers (USD 100 million)
1950	—	1. 0	1. 9	0. 3	—
1951	—	1. 7	2. 7	0. 8	—
1952	—	2. 3	2. 9	1. 4	—
1953	0. 1	2. 4	2. 2	1. 6	—
1954	0. 1	2. 5	2. 6	1. 5	—
1955	0. 1	3. 9	3. 1	1. 6	—
1956	0. 4	4. 5	4. 1	6. 7	—
1957	0. 1	5. 8	4. 1	6. 1	—
1958	0. 3	8. 9	5. 7	8. 4	—
1959	0. 1	8. 6	5. 1	3. 1	—
1960	0. 1	9. 5	4. 3	1. 6	0. 0
1961	—	4. 2	3. 5	1. 1	0. 0
1962	—	4. 6	3. 0	1. 4	0. 0
1963	—	5. 9	3. 1	1. 7	0. 0
1964	—	9. 3	3. 2	2. 8	0. 0
1965	—	12. 0	3. 8	6. 2	0. 0
1966	—	14. 5	3. 5	6. 9	0. 0
1967	—	11. 2	3. 3	6. 1	0. 0
1968	—	10. 8	3. 7	8. 4	0. 0
1969	—	9. 0	3. 5	12. 0	0. 0
1970	—	9. 3	4. 1	11. 7	0. 0
1971	1. 3	9. 2	5. 3	12. 3	0. 1
1972	2. 0	9. 6	4. 8	11. 6	0. 0
1973	2. 5	10. 2	5. 0	17. 1	0. 1
1974	2. 1	10. 7	6. 4	19. 0	0. 1
1975	3. 1	10. 1	6. 1	11. 2	0. 2
1976	2. 9	9. 3	6. 1	16. 1	0. 2
1977	2. 1	8. 8	8. 2	12. 7	0. 3
1978	3. 1	9. 2	8. 7	14. 2	0. 3
1979	3. 9	9. 8	10. 7	18. 4	0. 4
1980	3. 9	10. 6	10. 8	13. 7	0. 6
1981	3. 6	11. 5	9. 0	11. 6	0. 6
1982	3. 9	11. 2	10. 6	10. 0	0. 6
1983	3. 5	10. 7	12. 5	19. 1	0. 6
1984	2. 7	12. 6	14. 5	14. 5	0. 8
1985	1. 3	11. 4	13. 7	15. 7	1. 0

表14 续3

年份 Year	冻鸡（万吨） Frozen Chicken (10 000 tons)	水产品（万吨） Aquatic Products (10 000 tons)	茶叶（万吨） Tea (10 000 tons)	松香（万吨） Resin and Resin Acids (10 000 tons)	鞭炮烟花（亿美元） Fireworks and Firecrackers (USD 100 million)
1986	2. 8	16. 8	17. 2	16. 4	1. 0
1987	1. 7	21. 8	17. 4	20. 5	1. 1
1988	2. 6	26. 4	19. 8	21. 6	1. 1
1989	3. 2	29. 4	19. 8	19. 3	1. 3
1990	3. 8	35. 8	19. 6	18. 9	1. 3
1991	4. 5	36. 0	18. 5	22. 8	1. 4
1992	0. 1	44. 0	17. 6	26. 2	1. 4
1993	9. 5	46. 0	20. 1	22. 7	1. 3
1994	16. 4	57. 0	18. 0	29. 0	1. 4
1995	1. 0	62. 9	16. 7	22. 0	1. 7
1996	29. 9	122. 3	17. 0	17. 6	2. 0
1997	29. 6	71. 9	20. 3	20. 5	2. 0
1998	27. 4	79. 5	21. 7	25. 4	2. 2
1999	30. 2	109. 1	20. 0	26. 1	3. 1
2000	35. 7	119. 6	22. 8	28. 1	2. 5
2001	35. 1	154. 0	25. 0	30. 2	2. 5
2002	28. 2	163. 0	25. 2	35. 6	2. 8
2003	22. 7	158. 0	26. 0	30. 1	3. 2
2004	7. 3	177. 0	28. 0	34. 3	3. 5
2005	9. 0	176. 0	28. 7	34. 7	4. 0
2006	5. 3	193. 6	28. 7	36. 7	4. 6
2007	7. 6	182. 7	29. 0	32. 9	4. 9
2008	7. 3	175. 0	29. 7	27. 7	4. 9
2009	7. 1	209. 0	30. 3	19. 4	5. 6
2010	10. 4	243. 0	30. 3	25. 0	5. 5
2011	10. 9	288. 3	32. 3	23. 1	6. 6
2012	9. 0	368. 4	31. 3	16. 8	7. 2
2013	10. 0	384. 0	32. 6	13. 3	7. 7
2014	11. 7	402. 6	30. 1	12. 2	8. 5
2015	13. 1	390. 6	32. 5	8. 6	8. 5
2016	11. 5	409. 0	32. 9	6. 0	7. 3
2017	12. 9	421. 0	35. 5	5. 7	7. 2
2018	10. 9	425. 0	36. 5	4. 7	8. 7

表 14　续 4

年份 Year	肠衣（亿美元）Casings（USD 100 million）	鹅鸭绒毛（万吨）Goose and Duck Velvet（10 000 tons）	棉花（万吨）Cotton（10 000 tons）	山羊绒（万吨）Cashmere（10 000 tons）	服装（亿美元）Garments（USD 100 million）
1950	1. 2	0. 4	—	0. 2	—
1951	1. 4	0. 2	0. 6	0. 1	—
1952	1. 7	0. 2	0. 6	0. 1	—
1953	2. 3	0. 4	1. 7	0. 2	0. 0
1954	2. 6	0. 7	1. 5	0. 2	0. 0
1955	2. 9	0. 4	1. 8	0. 3	0. 0
1956	3. 0	0. 2	2. 0	0. 2	0. 0
1957	3. 3	0. 4	3. 4	0. 2	0. 1
1958	4. 4	0. 7	2. 8	0. 2	1. 0
1959	2. 9	0. 5	12. 0	0. 2	0. 9
1960	1. 6	0. 3	8. 1	0. 1	0. 9
1961	0. 7	0. 2	4. 2	0. 2	1. 0
1962	0. 7	0. 4	2. 7	0. 2	1. 1
1963	1. 5	0. 5	2. 2	0. 2	0. 9
1964	3. 5	0. 7	2. 9	0. 2	0. 7
1965	4. 8	0. 7	3. 5	0. 2	0. 4
1966	4. 3	0. 6	3. 0	0. 1	0. 4
1967	4. 1	0. 5	3. 2	0. 2	0. 4
1968	5. 3	0. 5	3. 9	0. 1	0. 4
1969	5. 3	0. 5	4. 0	0. 3	0. 4
1970	5. 5	0. 5	5. 3	0. 1	0. 4
1971	0. 3	0. 6	5. 1	0. 1	0. 6
1972	0. 3	0. 6	5. 6	0. 2	0. 9
1973	0. 4	0. 9	5. 2	0. 3	1. 5
1974	0. 4	0. 7	5. 7	0. 1	1. 8
1975	0. 5	0. 9	10. 6	0. 0	1. 5
1976	0. 5	1. 1	8. 8	0. 2	1. 9
1977	0. 6	0. 7	4. 1	0. 3	2. 6
1978	0. 6	0. 5	3. 4	0. 2	3. 1
1979	0. 6	0. 7	3. 7	0. 2	4. 8
1980	0. 7	1. 1	1. 0	0. 2	6. 7
1981	0. 6	0. 8	0. 1	0. 2	18. 2
1982	0. 6	0. 5	3. 5	0. 2	19. 1
1983	0. 7	0. 7	5. 8	0. 1	20. 6
1984	0. 6	0. 7	18. 9	0. 2	26. 5
1985	0. 6	0. 8	34. 7	0. 2	20. 5

表 14 续 5

年份 Year	肠衣（亿美元） Casings (USD 100 million)	鹅鸭绒毛（万吨） Goose and Duck Velvet (10 000 tons)	棉花（万吨） Cotton (10 000 tons)	山羊绒（万吨） Cashmere (10 000 tons)	服装（亿美元） Garments (USD 100 million)
1986	0. 8	1. 0	55. 8	0. 2	29. 1
1987	0. 9	2. 0	75. 5	0. 3	37. 5
1988	1. 2	1. 4	46. 8	0. 3	78. 7
1989	1. 1	2. 2	27. 3	0. 2	72. 2
1990	1. 1	2. 2	16. 7	0. 1	87. 2
1991	1. 0	2. 7	20. 0	0. 2	90. 0
1992	1. 6	1. 7	14. 5	0. 3	166. 9
1993	1. 7	1. 9	15. 0	0. 4	184. 3
1994	1. 9	2. 4	10. 8	0. 5	237. 2
1995	2. 8	2. 3	2. 2	0. 2	240. 1
1996	3. 4	2. 1	0. 5	0. 3	249. 8
1997	3. 7	2. 1	0. 2	0. 2	317. 5
1998	3. 4	3. 0	4. 5	0. 2	300. 6
1999	3. 3	3. 2	23. 8	0. 5	300. 6
2000	3. 2	3. 7	29. 3	0. 3	360. 2
2001	2. 8	3. 6	5. 2	0. 2	365. 6
2002	2. 9	4. 2	15. 0	0. 4	411. 9
2003	4. 0	3. 7	11. 2	0. 5	519. 2
2004	5. 0	3. 8	0. 9	0. 4	616. 2
2005	5. 1	3. 6	0. 5	0. 4	738. 8
2006	5. 4	3. 1	1. 3	0. 3	951. 9
2007	5. 7	3. 1	2. 1	0. 3	1 150. 6
2008	8. 4	3. 0	1. 6	0. 2	1 197. 9
2009	7. 9	2. 7	0. 8	0. 2	1 070. 5
2010	8. 3	3. 2	0. 6	0. 3	1 294. 8
2011	11. 0	3. 3	2. 6	0. 2	1 532. 1
2012	11. 0	3. 6	1. 8	0. 2	1 591. 4
2013	9. 6	3. 9	0. 7	0. 3	1 770. 5
2014	10. 3	4. 1	1. 3	0. 2	1 862. 8
2015	10. 1	3. 9	2. 9	0. 3	1 742. 8
2016	10. 7	4. 4	0. 8	0. 3	1 578. 2
2017	13. 5	5. 3	1. 7	0. 3	1 572. 0
2018	13. 6	4. 9	4. 7	0. 3	1 576. 3

表 14　续 6

年份 Year	地毯（亿美元） Carpets (USD 100 million)	鞋类（亿美元） Shoes (USD 100 million)	帽类（亿美元） Headgear (USD 100 million)	玩具（亿美元） Toys (USD 100 million)	纸及纸板（万吨） Paper and Paperboard in Rolls (10 000 tons)
1950	—	—	—	—	1. 0
1951	—	—	—	—	0. 3
1952	—	—	—	—	0. 1
1953	0. 0	—	—	—	0. 0
1954	0. 0	—	—	—	1. 4
1955	0. 0	—	—	—	4. 7
1956	0. 0	—	—	—	5. 5
1957	0. 0	0. 1	0. 0	—	4. 7
1958	0. 0	0. 6	0. 0	0. 0	7. 2
1959	0. 1	0. 6	0. 1	0. 0	7. 6
1960	0. 1	0. 7	0. 1	0. 0	7. 8
1961	0. 1	0. 3	0. 0	0. 0	9. 4
1962	0. 1	0. 7	0. 1	0. 0	8. 3
1963	0. 1	0. 3	0. 0	0. 0	10. 4
1964	0. 0	0. 3	0. 0	0. 0	10. 8
1965	0. 1	0. 1	0. 1	0. 1	13. 1
1966	0. 1	0. 1	—	0. 1	15. 2
1967	0. 1	0. 1	—	0. 1	13. 7
1968	0. 1	0. 1	—	0. 1	10. 7
1969	0. 1	0. 1	—	0. 1	9. 8
1970	0. 1	0. 1	—	0. 1	10. 3
1971	0. 1	0. 2	—	0. 1	11. 5
1972	0. 1	0. 2	—	0. 1	12. 4
1973	0. 2	0. 4	—	0. 1	16. 9
1974	0. 3	0. 5	0. 1	0. 2	11. 9
1975	0. 4	0. 6	0. 2	0. 2	10. 5
1976	0. 4	0. 7	0. 2	0. 2	13. 2
1977	0. 6	0. 7	0. 1	0. 2	10. 4
1978	0. 9	0. 9	0. 2	0. 3	13. 4
1979	1. 3	1. 6	0. 1	0. 4	16. 1
1980	1. 5	1. 8	0. 2	0. 4	17. 4
1981	2. 0	2. 3	0. 4	0. 9	22. 0
1982	1. 7	2. 3	0. 4	1. 1	17. 8
1983	1. 9	2. 2	0. 4	1. 0	26. 7
1984	1. 6	2. 5	0. 5	2. 3	21. 3
1985	2. 0	2. 6	0. 6	0. 8	18. 6

表 14 续 7

年份 Year	地毯（亿美元） Carpets （USD 100 million）	鞋类（亿美元） Shoes （USD 100 million）	帽类（亿美元） Headgear （USD 100 million）	玩具（亿美元） Toys （USD 100 million）	纸及纸板（万吨） Paper and Paperboard in Rolls （10 000 tons）
1986	2. 3	3. 3	0. 5	1. 5	26. 3
1987	2. 9	4. 9	0. 8	3. 1	32. 1
1988	3. 9	8. 1	1. 0	11. 4	26. 0
1989	4. 3	12. 8	1. 3	14. 3	22. 0
1990	3. 9	26. 9	1. 2	16. 5	24. 8
1991	4. 3	28. 7	1. 4	20. 1	23. 3
1992	5. 2	42. 4	2. 1	23. 7	18. 0
1993	5. 2	52. 8	2. 4	26. 3	17. 0
1994	6. 2	60. 4	3. 0	30. 6	24. 0
1995	5. 5	66. 6	3. 5	34. 3	49. 1
1996	4. 2	71. 0	3. 9	39. 3	17. 1
1997	4. 6	85. 4	4. 2	50. 4	21. 5
1998	4. 4	83. 9	4. 6	51. 4	24. 1
1999	4. 2	86. 7	4. 8	51. 1	20. 3
2000	4. 7	98. 5	5. 9	55. 8	63. 7
2001	4. 9	101. 0	5. 9	51. 7	68. 0
2002	5. 6	110. 9	7. 2	55. 8	74. 0
2003	6. 4	129. 6	9. 1	59. 8	114. 0
2004	7. 7	152. 0	11. 4	63. 8	101. 0
2005	9. 3	190. 5	14. 0	65. 6	167. 0
2006	10. 7	218. 1	17. 1	70. 5	304. 5
2007	13. 2	253. 1	19. 2	84. 9	421. 6
2008	16. 1	296. 6	22. 9	86. 3	361. 0
2009	14. 9	280. 2	21. 6	77. 8	362. 0
2010	19. 6	356. 3	27. 2	100. 8	380. 0
2011	23. 2	417. 2	33. 8	108. 3	450. 3
2012	24. 0	468. 1	36. 0	114. 5	471. 2
2013	25. 1	507. 6	40. 7	123. 8	565. 0
2014	26. 8	562. 5	44. 2	141. 4	630. 3
2015	26. 3	535. 3	46. 4	156. 6	593. 4
2016	25. 2	471. 9	42. 7	183. 9	683. 0
2017	27. 0	481. 6	42. 5	239. 4	652. 0
2018	29. 7	469. 0	45. 8	250. 8	565. 0

表 14　续 8

年份 Year	家具类（亿美元） Furniture (USD 100 million)	钢材（万吨） Rolled Steel (10 000 tons)	生铁及镜铁（万吨） Pig Iron and Splegeleise (10 000 tons)	锡（万吨） Tin (10 000 tons)	水泥（万吨） Cement (10 000 tons)
1950	—	—	12. 6	0. 5	9. 2
1951	—	0. 1	33. 3	0. 7	20. 4
1952	—	—	18. 0	0. 8	21. 1
1953	—	0. 1	12. 8	1. 7	32. 9
1954	—	0. 6	25. 3	1. 7	32. 8
1955	—	6. 1	64. 2	2. 0	40. 8
1956	—	19. 9	59. 2	1. 8	91. 5
1957	—	9. 6	19. 8	2. 6	154. 5
1958	—	19. 7	18. 9	2. 8	125. 2
1959	—	10. 4	15. 6	3. 0	80. 8
1960	—	8. 5	24. 1	2. 6	88. 6
1961	—	18. 7	21. 9	2. 1	98. 5
1962	—	32. 5	18. 1	2. 0	124. 9
1963	—	36. 3	35. 9	1. 7	112. 1
1964	0. 0	40. 0	123. 3	1. 2	99. 8
1965	0. 0	47. 2	51. 8	1. 0	102. 2
1966	0. 0	48. 8	57. 2	0. 7	92. 9
1967	0. 0	30. 7	20. 6	0. 6	81. 4
1968	0. 0	30. 2	5. 2	0. 5	51. 5
1969	0. 0	24. 8	2. 1	0. 6	56. 2
1970	0. 1	21. 5	1. 1	0. 8	42. 8
1971	0. 1	31. 8	1. 5	1. 1	53. 6
1972	0. 1	51. 3	2. 8	1. 2	68. 8
1973	0. 1	56. 3	2. 7	1. 2	92. 6
1974	0. 2	45. 1	2. 7	1. 1	70. 0
1975	0. 2	41. 0	2. 4	1. 5	74. 2
1976	0. 2	33. 9	1. 4	0. 8	59. 0
1977	0. 2	22. 2	0. 9	0. 6	49. 0
1978	0. 3	33. 2	3. 1	0. 6	85. 0
1979	0. 3	36. 8	3. 7	0. 5	84. 1
1980	0. 4	40. 0	27. 2	0. 4	95. 7
1981	0. 5	98. 3	115. 0	0. 6	81. 7
1982	0. 6	102. 4	128. 0	0. 3	70. 0
1983	1. 2	65. 6	9. 7	0. 4	38. 0
1984	1. 3	34. 5	0. 6	0. 3	17. 4
1985	0. 9	25. 8	0. 4	0. 7	14. 2

表 14　续 9

年份 Year	家具类（亿美元） Furniture (USD 100 million)	钢材（万吨） Rolled Steel (10 000 tons)	生铁及镜铁（万吨） Pig Iron and Splegeleise (10 000 tons)	锡（万吨） Tin (10 000 tons)	水泥（万吨） Cement (10 000 tons)
1986	1.1	33.6	0.3	1.0	19.2
1987	1.0	37.9	82.7	2.2	16.8
1988	1.3	80.8	233.0	1.1	15.2
1989	1.5	88.0	53.0	1.0	43.7
1990	1.7	199.0	38.0	1.0	683.0
1991	2.4	260.0	62.0	1.6	1 074.0
1992	4.9	212.0	62.0	3.0	645.0
1993	6.0	112.0	34.0	4.1	245.0
1994	8.4	174.0	154.0	4.4	452.0
1995	11.1	592.8	543.0	4.3	819.0
1996	13.0	421.7	363.0	3.6	1 179.7
1997	18.2	461.9	555.0	4.1	1 168.5
1998	21.9	356.6	244.0	5.4	820.0
1999	27.1	370.0	164.0	6.5	635.7
2000	35.7	620.6	336.0	7.8	605.9
2001	39.6	474.0	68.0	5.7	621.0
2002	53.6	545.0	40.0	4.3	518.0
2003	73.0	696.0	71.0	4.1	533.0
2004	101.7	1 423.0	129.0	3.9	704.0
2005	135.0	2 052.0	223.0	2.7	2 216.0
2006	171.3	4 298.0	86.7	2.2	3 613.0
2007	221.5	6 264.7	69.3	2.4	3 300.9
2008	269.1	5 923.0	25.0	0.1	2 604.0
2009	253.3	2 460.0	24.0	0.1	1 561.0
2010	329.9	4 256.0	71.0	0.1	1 616.0
2011	379.3	4 887.9	87.2	0.1	1 061.0
2012	488.2	5 573.2	30.2	0.2	1 199.7
2013	518.3	6 234.0	26.0	0.3	1 454.0
2014	520.2	9 378.2	24.2	0.1	1 390.8
2015	528.0	11 239.6	16.9	0.1	1 575.3
2016	477.8	10 849.0	13.0	0.1	1 778.0
2017	499.2	7 541.0	9.0	0.2	1 286.0
2018	536.9	6 934.0	0.1	0.6	904.0

表 14　续 10

年份 Year	焦炭及半焦炭（万吨） Coke and Semi-coke （10 000 tons）	原油（万吨） Crude Oil （10 000 tons）	成品油（万吨） Petroleum Products Refined （10 000 tons）	各种染料（万吨） Dyestuff （10 000 tons）	轮胎（万条） Rubber Tyres （10 000 items）
1950	0. 3	—	—	—	—
1951	0. 1	—	—	—	—
1952	0. 4	—	—	—	—
1953	0. 4	—	—	—	—
1954	3. 6	—	—	—	—
1955	0. 0	—	—	—	—
1956	11. 3	—	—	0. 0	—
1957	15. 6	—	—	0. 0	2. 4
1958	3. 5	—	—	0. 0	22. 6
1959	5. 3	—	—	0. 0	24. 1
1960	4. 6	—	—	0. 0	18. 1
1961	3. 8	—	0. 1	0. 0	18. 1
1962	5. 4	6. 3	2. 7	0. 0	21. 7
1963	8. 8	7. 5	0. 7	0. 0	21. 6
1964	12. 4	9. 2	3. 5	0. 4	17. 8
1965	12. 4	19. 6	10. 2	0. 5	22. 4
1966	11. 2	19. 9	19. 7	0. 4	20. 4
1967	7. 2	16. 1	13. 8	0. 3	24. 2
1968	6. 7	13. 1	10. 6	0. 4	18. 2
1969	6. 1	10. 7	14. 2	0. 3	18. 2
1970	26. 8	19. 2	19. 3	0. 3	13. 1
1971	39. 0	26. 3	37. 4	—	17. 4
1972	35. 6	63. 6	89. 0	—	20. 6
1973	45. 0	183. 4	116. 2	—	20. 0
1974	45. 7	506. 9	147. 8	0. 7	31. 0
1975	42. 8	987. 8	210. 1	0. 5	33. 8
1976	24. 5	849. 6	194. 6	0. 7	30. 0
1977	20. 3	910. 7	196. 5	0. 9	27. 0
1978	29. 8	1 131. 3	217. 4	0. 5	28. 9
1979	29. 8	1 343. 2	303. 4	1. 0	41. 5
1980	27. 1	1 330. 9	420. 3	1. 2	54. 3
1981	26. 3	1 387. 4	467. 5	0. 3	45. 2
1982	46. 8	1 468. 3	490. 6	1. 0	39. 0
1983	33. 2	1 482. 6	490. 5	1. 2	40. 1
1984	34. 9	2 201. 3	570. 1	1. 2	28. 7
1985	36. 9	3 003. 4	621. 1	1. 1	30. 7

表 14 续 11

年份 Year	焦炭及半焦炭（万吨） Coke and Semi-coke (10 000 tons)	原油（万吨） Crude Oil (10 000 tons)	成品油（万吨） Petroleum Products Refined (10 000 tons)	各种染料（万吨） Dyestuff (10 000 tons)	轮胎（万条） Rubber Tyres (10 000 items)
1986	46. 0	2 849. 8	545. 6	2. 1	51. 0
1987	61. 0	2 723. 0	494. 0	2. 8	102. 0
1988	103. 0	2 605. 0	479. 0	2. 8	124. 0
1989	166. 0	2 439. 0	474. 0	4. 0	120. 0
1990	130. 0	2 398. 0	526. 0	4. 6	166. 0
1991	108. 0	2 260. 0	481. 0	5. 0	201. 0
1992	135. 0	2 151. 0	539. 0	5. 9	920. 0
1993	261. 0	1 943. 0	372. 0	5. 9	1 270. 0
1994	404. 0	1 849. 0	379. 0	7. 6	2 059. 0
1995	886. 0	1 845. 0	415. 0	9. 2	5 503. 0
1996	779. 0	2 033. 0	417. 0	9. 5	5 744. 0
1997	1 058. 0	1 983. 0	559. 0	12. 7	7 497. 0
1998	1 146. 0	1 560. 0	436. 0	13. 2	7 397. 0
1999	997. 0	717. 0	645. 0	15. 6	8 467. 0
2000	1 520. 0	1 031. 0	827. 0	18. 0	10 906. 0
2001	1 387. 0	755. 0	922. 0	17. 7	11 073. 0
2002	1 357. 0	721. 0	1 068. 0	20. 3	13 391. 0
2003	1 472. 0	813. 0	1 382. 0	19. 9	15 779. 0
2004	1 501. 0	549. 0	1 146. 0	22. 7	19 969. 0
2005	1 276. 0	807. 0	1 401. 0	23. 1	22 522. 0
2006	1 446. 7	642. 0	1 235. 0	25. 2	26 618. 7
2007	1 529. 9	389. 0	1 551. 0	28. 4	32 578. 3
2008	1 213. 0	416. 0	1 703. 0	23. 6	31 227. 0
2009	54. 0	507. 0	2 504. 0	23. 8	30 214. 0
2010	335. 0	303. 0	2 688. 0	27. 3	36 962. 0
2011	329. 7	251. 4	2 570. 0	24. 4	39 731. 1
2012	102. 0	243. 2	2 427. 2	27. 0	41 350. 4
2013	467. 0	162. 0	2 851. 0	29. 0	44 013. 0
2014	850. 7	60. 0	2 967. 4	27. 1	47 584. 1
2015	985. 4	286. 6	3 615. 5	25. 3	44 451. 4
2016	1 012. 0	294. 0	4 831. 0	25. 9	46 848. 0
2017	809. 0	486. 0	5 216. 0	25. 7	48 351. 0
2018	975. 0	263. 0	5 864. 0	22. 1	48 622. 0

表 15　中国进口主要商品

Major import commodities of China

年份 Year	谷物及谷物粉（万吨） Cereals and Cereals Flour（10 000 tons）			黄大豆（万吨） Soybean（10 000 tons）	食用植物油（万吨） Edible Vegetable Oil（10 000 tons）	豆粕（万吨） Bean Dregs（10 000 tons）
	合计 Total	其中：小麦 Wheat	大麦 Barley			
1950	7.0	—	—	—	0.3	—
1951	—	—	—	—	0.1	—
1952	—	—	—	—	0.1	—
1953	1.0	1.0	—	—	1.0	—
1954	3.0	3.0	—	—	3.3	—
1955	18.0	2.0	—	—	1.9	—
1956	15.0	2.0	—	—	1.1	—
1957	17.0	5.0	—	—	2.4	—
1958	22.0	15.0	—	—	1.7	—
1959	—	—	—	—	1.4	—
1960	7.0	4.0	—	—	0.7	—
1961	581.0	388.0	117.0	—	1.6	—
1962	492.0	354.0	36.0	—	2.1	—
1963	595.0	559.0	3.0	—	3.1	—
1964	651.0	537.0	54.0	—	4.0	—
1965	636.0	607.0	2.0	—	4.7	—
1966	644.0	621.0	—	—	1.5	—
1967	468.0	439.0	—	—	2.7	—
1968	460.0	445.0	—	—	1.1	—
1969	379.0	374.0	—	—	1.8	—
1970	536.0	530.0	—	—	1.7	—
1971	317.0	302.0	—	—	4.3	—
1972	476.0	433.0	—	—	4.4	—
1973	800.0	630.0	—	13.0	4.0	—
1974	741.0	538.0	—	71.0	3.9	—
1975	370.0	349.0	—	4.0	5.9	—
1976	234.0	202.0	—	3.0	3.4	—
1977	701.0	688.0	—	33.0	5.8	—
1978	863.0	767.0	—	19.0	5.9	—
1979	1 176.0	871.0	11.0	58.0	7.0	—
1980	1 391.0	1 097.0	2.0	53.0	21.7	—
1981	1 387.0	1 305.0	5.0	57.0	7.5	0.1
1982	1 572.0	1 380.0	8.0	36.0	5.7	1.0
1983	1 349.0	1 111.0	7.0	—	3.5	0.6

表 15 续 1

年份 Year	谷物及谷物粉（万吨） Cereals and Cereals Flour（10 000 tons）			黄大豆（万吨） Soybean （10 000 tons）	食用植物油（万吨） Edible Vegetable Oil （10 000 tons）	豆粕（万吨） Bean Dregs （10 000 tons）
	合计 Total	其中：小麦 Wheat	大麦 Barley			
1984	1 037. 0	987. 0	5. 0	—	1. 4	—
1985	596. 0	541. 0	3. 0	—	67. 6	1. 5
1986	740. 0	611. 0	20. 0	29. 0	45. 6	2. 5
1987	1 597. 0	1 320. 0	—	31. 0	51. 0	0. 5
1988	1 519. 0	1 455. 0	8. 0	15. 0	21. 0	0. 1
1989	1 654. 0	1 488. 0	25. 0	—	106. 0	2. 6
1990	1 369. 0	1 253. 0	6. 0	—	112. 0	0. 1
1991	1 343. 0	1 237. 0	75. 0	—	61. 0	0. 1
1992	1 162. 0	1 058. 0	83. 0	12. 0	42. 0	3. 7
1993	732. 0	642. 0	77. 0	10. 0	24. 0	5. 5
1994	904. 0	718. 0	132. 0	5. 0	163. 0	0. 1
1995	2 040. 0	1 159. 0	127. 0	29. 0	353. 0	0. 1
1996	1 083. 0	825. 0	131. 0	111. 0	264. 0	188. 0
1997	417. 0	186. 0	187. 0	288. 0	275. 0	347. 0
1998	388. 0	149. 0	152. 0	234. 0	206. 0	373. 0
1999	339. 0	45. 0	227. 0	377. 9	208. 0	57. 0
2000	315. 0	88. 0	197. 0	975. 4	179. 0	51. 0
2001	344. 0	69. 0	237. 0	1 357. 4	165. 0	5. 4
2002	285. 0	60. 0	191. 0	1 131. 4	319. 0	0. 1
2003	208. 0	43. 0	136. 0	2 074. 1	541. 0	0. 2
2004	975. 0	723. 0	171. 0	2 023. 0	676. 0	5. 5
2005	627. 0	351. 0	218. 0	2 659. 0	621. 0	20. 3
2006	358. 2	61. 3	213. 1	2 823. 7	669. 5	67. 4
2007	155. 5	10. 1	91. 3	3 081. 7	838. 3	10. 5
2008	154. 0	4. 3	107. 6	3 743. 6	816. 0	22. 0
2009	315. 0	90. 4	173. 8	4 255. 1	816. 0	13. 3
2010	571. 0	123. 1	236. 7	5 479. 7	687. 0	18. 8
2011	544. 6	125. 8	177. 6	5 249. 6	656. 7	22. 4
2012	1 398. 1	370. 1	252. 8	5 838. 3	845. 1	4. 5
2013	1 458. 0	553. 5	233. 5	6 337. 8	810. 0	1. 7
2014	1 951. 0	300. 0	541. 0	7 140. 2	650. 0	2. 3
2015	3 270. 4	300. 6	1 073. 2	8 168. 9	676. 5	6. 0
2016	2 199. 0	341. 0	500. 0	8 391. 2	553. 0	1. 8
2017	2 559. 0	442. 0	886. 0	9 552. 9	577. 0	6. 1
2018	2 047. 0	310. 0	682. 0	8 803. 5	629. 0	2. 3

表15 续2

年份 Year	原木（万立方米）Logs（10 000 cu. m）	锯木（万立方米）Wood Sawm（10 000 cu. m）	胶合板（万立方米）Plywood（10 000 cu. m）	棉花（万吨）Cotton（10 000 tons）	羊毛（万吨）Wool（10 000 tons）	纸浆（万吨）Paper Pulp（10 000 tons）
1950	1. 0	—	—	13. 4	0. 1	1. 6
1951	0. 9	—	—	6. 1	0. 1	1. 6
1952	1. 2	—	—	7. 7	0. 2	3. 8
1953	2. 2	—	—	2. 0	0. 6	5. 1
1954	1. 9	—	—	5. 4	0. 5	0. 3
1955	2. 7	—	—	9. 2	0. 9	0. 3
1956	2. 7	—	—	4. 8	1. 2	0. 8
1957	2. 8	—	—	4. 8	1. 4	1. 2
1958	5. 4	—	—	7. 9	2. 1	2. 0
1959	11. 8	—	—	4. 5	2. 8	1. 2
1960	11. 2	—	—	9. 4	2. 1	4. 3
1961	20. 3	—	—	5. 3	2. 2	6. 5
1962	29. 6	—	0. 1	3. 7	1. 4	4. 7
1963	54. 4	—	0. 2	11. 4	1. 9	5. 3
1964	56. 0	—	0. 4	16. 5	1. 3	8. 9
1965	156. 8	1. 7	0. 9	19. 9	0. 9	8. 1
1966	154. 0	0. 1	—	12. 0	0. 8	9. 2
1967	12. 0	—	—	10. 8	1. 1	16. 8
1968	11. 1	—	0. 2	7. 6	0. 8	13. 5
1969	5. 4	—	0. 3	8. 0	0. 7	6. 7
1970	8. 1	—	—	8. 1	0. 5	4. 7
1971	7. 2	—	—	12. 1	0. 4	12. 8
1972	22. 5	—	10. 6	19. 6	0. 9	18. 3
1973	65. 3	—	0. 6	47. 7	7. 1	22. 2
1974	92. 5	—	0. 4	37. 3	1. 2	9. 6
1975	28. 1	—	—	17. 7	0. 4	13. 3
1976	73. 8	—	—	18. 8	0. 7	17. 2
1977	53. 9	—	0. 3	18. 1	1. 0	21. 6
1978	53. 5	—	0. 2	51. 0	1. 0	22. 1
1979	57. 4	—	0. 2	54. 9	1. 7	23. 9
1980	180. 4	0. 8	—	89. 8	3. 7	42. 0
1981	194. 0	1. 4	25. 9	80. 1	5. 9	68. 2
1982	474. 8	1. 0	51. 3	47. 3	8. 7	56. 4
1983	627. 0	19. 0	30. 4	23. 0	8. 8	73. 1
1984	851. 3	7. 0	57. 3	39. 8	5. 6	79. 9
1985	983. 0	26. 0	82. 3	—	11. 3	69. 6

表15 续3

年份 Year	原木 （万立方米） Logs （10 000 cu. m）	锯木 （万立方米） Wood Sawn （10 000 cu. m）	胶合板 （万立方米） Plywood （10 000 cu. m）	棉花（万吨） Cotton （10 000 tons）	羊毛（万吨） Wool （10 000 tons）	纸浆（万吨） Paper Pulp （10 000 tons）
1986	728. 0	33. 0	62. 2	—	15. 2	73. 7
1987	609. 0	11. 3	140. 5	0. 6	15. 3	68. 3
1988	932. 0	—	135. 1	3. 5	18. 7	79. 5
1989	597. 0	—	107. 2	51. 9	10. 4	47. 6
1990	415. 0	67. 4	136. 9	42. 0	3. 3	34. 0
1991	397. 0	34. 7	146. 2	37. 0	10. 6	67. 0
1992	467. 0	92. 5	243. 1	28. 0	20. 9	60. 0
1993	346. 0	120. 8	232. 3	1. 0	23. 8	52. 0
1994	333. 0	93. 5	247. 7	50. 0	31. 9	81. 0
1995	258. 0	85. 0	208. 2	76. 1	28. 1	82. 4
1996	319. 0	93. 0	177. 7	68. 4	22. 6	146. 8
1997	447. 0	132. 0	148. 9	78. 3	20. 7	154. 2
1998	482. 0	168. 0	169. 1	20. 9	16. 9	219. 9
1999	1 014. 0	272. 0	104. 2	5. 2	19. 9	309. 8
2000	1 361. 0	358. 0	100. 2	5. 2	30. 1	334. 5
2001	1 686. 0	401. 6	65. 0	6. 0	30. 9	490. 0
2002	2 433. 0	539. 6	64. 0	18. 0	23. 7	526. 0
2003	2 546. 0	551. 2	80. 0	87. 0	19. 4	603. 0
2004	2 631. 0	600. 7	80. 0	191. 0	24. 7	732. 0
2005	2 937. 0	597. 0	59. 0	257. 0	27. 0	759. 0
2006	3 215. 2	606. 7	41. 3	364. 2	30. 0	795. 8
2007	3 713. 3	650. 3	30. 4	245. 9	31. 1	847. 1
2008	2 957. 0	709. 0	29. 0	211. 0	28. 5	952. 0
2009	2 806. 0	988. 0	18. 0	153. 0	30. 8	1 368. 0
2010	3 435. 0	1 476. 0	21. 0	284. 0	31. 8	1 137. 0
2011	4 232. 1	2 155. 4	18. 8	336. 4	32. 2	1 444. 6
2012	3 789. 3	2 063. 1	17. 9	513. 5	31. 0	1 646. 4
2013	4 516. 0	2 402. 0	15. 0	415. 0	35. 0	1 685. 0
2014	5 119. 0	2 565. 0	18. 0	244. 0	33. 2	1 796. 0
2015	4 456. 9	2 657. 7	16. 6	147. 5	35. 3	1 984. 0
2016	4 872. 0	3 151. 0	20. 0	90. 0	31. 9	2 106. 0
2017	5 540. 0	3 739. 0	19. 0	116. 0	34. 6	2 372. 0
2018	5 969. 0	3 674. 0	16. 0	157. 0	37. 0	2 479. 0

表 15　续 4

年份 Year	钢材（万吨） Rolled Steel (10 000 tons)	废钢（万吨） Steel Scraps (10 000 tons)	铁矿砂（万吨） Iron Ore (10 000 tons)	铜矿砂（万吨） Copper Ores (10 000 tons)	铜材（万吨） Rolled Copper (10 000 tons)	氧化铝（万吨） Aluminium Oxide (10 000 tons)
1950	41. 0	—	—	—	—	—
1951	63. 0	—	—	—	—	—
1952	46. 0	—	—	—	—	—
1953	104. 0	—	—	—	1. 0	—
1954	82. 0	—	—	—	0. 6	—
1955	83. 0	—	—	—	1. 2	—
1956	72. 0	1. 2	—	—	3. 2	—
1957	70. 0	2. 1	23. 0	—	1. 7	—
1958	164. 0	0. 8	41. 0	—	0. 2	—
1959	84. 0	0. 4	45. 0	—	0. 2	—
1960	87. 0	0. 1	62. 0	—	0. 2	—
1961	27. 0	0. 3	65. 0	0. 2	0. 1	—
1962	23. 0	0. 2	70. 0	0. 3	0. 1	—
1963	25. 0	—	94. 0	0. 4	0. 1	—
1964	41. 0	—	84. 0	0. 4	0. 1	—
1965	76. 0	0. 2	103. 0	0. 4	0. 1	—
1966	141. 0	1. 8	93. 0	0. 4	—	—
1967	174. 0	37. 3	77. 0	0. 5	—	—
1968	202. 0	21. 0	57. 0	0. 2	—	—
1969	193. 0	29. 4	37. 0	0. 6	0. 3	—
1970	267. 0	25. 2	68. 0	—	—	—
1971	234. 0	47. 3	78. 0	—	—	—
1972	236. 0	57. 2	95. 0	—	0. 1	3. 3
1973	409. 0	74. 6	83. 0	0. 2	0. 2	1. 9
1974	374. 0	33. 3	290. 0	0. 3	0. 1	4. 3
1975	401. 0	32. 0	274. 0	3. 8	—	3. 3
1976	493. 0	7. 5	236. 0	5. 3	0. 2	—
1977	526. 0	1. 2	257. 0	7. 7	—	—
1978	864. 0	0. 4	802. 0	2. 0	—	—
1979	847. 0	0. 6	716. 0	4. 0	—	—
1980	501. 0	0. 5	725. 0	8. 5	—	—
1981	357. 0	—	342. 0	6. 3	0. 4	—
1982	385. 0	—	371. 0	10. 2	2. 6	3. 1
1983	946. 0	0. 2	392. 0	10. 2	1. 3	5. 9
1984	1 297. 0	14. 2	596. 0	14. 4	2. 7	6. 5
1985	2 004. 0	62. 8	1 006. 0	28. 3	3. 8	14. 4

表 15 续 5

年份 Year	钢材（万吨）Rolled Steel (10 000 tons)	废钢（万吨）Steel Scraps (10 000 tons)	铁矿砂（万吨）Iron Ore (10 000 tons)	铜矿砂（万吨）Copper Ores (10 000 tons)	铜材（万吨）Rolled Copper (10 000 tons)	氧化铝（万吨）Aluminium Oxide (10 000 tons)
1986	2 015.0	70.4	1 372.0	28.7	6.3	28.6
1987	1 241.0	36.0	1 090.0	20.0	4.0	32.2
1988	912.0	15.0	1 054.0	17.0	2.5	16.0
1989	948.0	12.0	1 259.0	18.0	3.9	29.8
1990	419.0	18.0	1 434.0	24.0	3.8	58.0
1991	356.0	24.0	1 855.0	31.0	5.2	69.0
1992	719.0	87.0	2 522.0	34.0	15.9	80.0
1993	3 016.0	298.0	3 305.0	24.0	20.8	97.0
1994	2 283.0	212.0	3 734.0	25.0	28.3	191.0
1995	1 397.0	133.0	4 115.0	48.0	35.0	119.2
1996	1 599.0	128.0	4 387.0	82.0	42.3	115.5
1997	1 323.0	183.0	5 511.0	94.0	48.5	109.4
1998	1 242.0	202.0	5 177.0	118.0	54.7	157.5
1999	1 486.0	334.0	5 527.0	125.0	63.2	162.3
2000	1 596.0	510.0	6 997.0	181.0	74.0	188.2
2001	1 722.0	979.0	9 231.0	226.0	74.1	335.0
2002	2 449.0	785.0	11 150.0	207.0	91.8	457.0
2003	3 717.0	929.0	14 813.0	267.0	105.6	561.0
2004	2 930.0	1 023.0	20 809.0	288.0	119.5	587.0
2005	2 582.0	1 014.0	27 526.0	406.0	111.9	702.0
2006	1 850.4	538.3	32 628.9	361.2	109.2	691.1
2007	1 687.1	339.4	38 278.2	452.5	105.4	512.4
2008	1 543.0	359.0	44 356.0	519.0	93.5	459.0
2009	1 763.0	1 369.0	62 778.0	613.0	82.4	514.0
2010	1 643.0	585.0	61 863.0	647.0	91.1	431.0
2011	1 558.0	676.6	68 574.7	638.2	78.1	189.3
2012	1 365.9	497.4	74 341.1	782.7	66.9	501.9
2013	1 408.0	446.0	81 941.0	1 007.0	65.0	383.0
2014	1 443.0	256.0	93 251.0	1 181.0	60.3	528.0
2015	1 278.2	232.8	95 272.3	1 328.9	56.3	465.4
2016	1 321.0	216.0	102 412.0	1 696.0	56.2	303.0
2017	1 330.0	232.0	107 474.0	1 735.0	58.2	287.0
2018	1 317.0	134.0	106 447.0	1 972.0	55.1	51.0

表 15　续 6

年份 Year	铝材（万吨）Rolled Aluminium（10 000 tons）	原油（万吨）Crude Oil（10 000 tons）	成品油（万吨）Petroleum Products Refined（10 000 tons）	液化石油气（万吨）Liquefied petroleum（10 000 tons）	乙二醇（万吨）Ethylene Glycol（10 000 tons）	对苯二甲酸（万吨）Telephthalic Acid（10 000 tons）
1950	—	4. 0	29. 0	—	—	—
1951	—	6. 0	44. 0	—	—	—
1952	—	10. 0	33. 0	—	—	—
1953	0. 4	11. 0	75. 0	—	—	—
1954	—	15. 0	81. 0	—	—	—
1955	0. 1	38. 0	129. 0	—	—	—
1956	0. 2	40. 0	156. 0	—	—	—
1957	—	38. 0	151. 0	—	—	—
1958	0. 2	66. 0	201. 0	—	—	—
1959	0. 2	65. 0	268. 0	—	—	—
1960	0. 2	59. 0	267. 0	—	—	—
1961	0. 1	6. 0	309. 0	—	—	—
1962	0. 1	10. 0	183. 0	—	—	—
1963	—	12. 0	156. 0	—	—	—
1964	—	12. 0	66. 0	—	—	—
1965	—	13. 0	12. 0	—	—	—
1966	—	17. 0	13. 0	—	—	—
1967	—	6. 0	5. 0	—	—	—
1968	—	9. 0	21. 0	—	—	—
1969	0. 2	20. 0	20. 0	—	—	—
1970	—	47. 0	6. 0	—	—	—
1971	—	7. 0	21. 0	—	—	—
1972	—	17. 0	6. 0	—	—	—
1973	0. 1	18. 0	5. 0	—	—	—
1974	0. 1	90. 0	1. 0	—	0. 2	—
1975	—	176. 0	1. 0	—	0. 9	—
1976	0. 2	80. 0	—	—	0. 7	—
1977	—	48. 0	1. 0	—	0. 7	—
1978	—	69. 0	—	—	—	—
1979	—	26. 0	—	—	0. 1	—
1980	—	37. 0	—	—	—	0. 6
1981	2. 2	—	3. 0	—	—	—
1982	1. 4	30. 0	5. 0	—	0. 3	—
1983	0. 9	—	8. 0	—	0. 2	—
1984	1. 5	—	10. 0	—	5. 7	—
1985	13. 0	—	7. 0	—	7. 6	—

表 15 续 7

年份 Year	铝材（万吨）Rolled Aluminium (10 000 tons)	原油（万吨）Crude Oil (10 000 tons)	成品油（万吨）Petroleum Products Refined (10 000 tons)	液化石油气（万吨）Liquefied petroleum (10 000 tons)	乙二醇（万吨）Ethylene Glycol (10 000 tons)	对苯二甲酸（万吨）Telephthalic Acid (10 000 tons)
1986	4. 4	46. 0	197. 0	—	15. 8	—
1987	5. 6	—	198. 0	—	12. 6	—
1988	5. 6	85. 0	307. 0	—	8. 7	24. 8
1989	7. 1	326. 0	534. 0	—	10. 5	31. 9
1990	4. 4	292. 0	316. 0	—	7. 9	32. 6
1991	6. 5	597. 0	461. 0	—	17. 1	34. 3
1992	11. 4	1 136. 0	768. 0	—	11. 4	27. 3
1993	12. 5	1 567. 0	1 729. 0	—	12. 8	25. 6
1994	17. 7	1 235. 0	1 289. 0	—	12. 9	23. 9
1995	22. 8	1 709. 0	1 439. 0	233. 0	20. 5	40. 1
1996	26. 8	2 262. 0	1 583. 0	357. 0	23. 1	44. 8
1997	31. 2	3 547. 0	2 379. 0	359. 0	19. 9	47. 9
1998	34. 1	2 732. 0	2 174. 0	478. 0	30. 8	72. 9
1999	42. 7	3 661. 0	2 082. 0	554. 0	56. 7	154. 2
2000	45. 7	7 027. 0	1 805. 0	482. 0	105. 0	250. 6
2001	40. 4	6 026. 0	2 145. 0	489. 0	159. 7	311. 7
2002	47. 6	6 941. 0	2 034. 0	626. 0	214. 6	429. 7
2003	53. 1	9 112. 0	2 824. 0	638. 0	251. 9	454. 2
2004	61. 1	12 272. 0	3 788. 0	641. 0	340. 2	572. 5
2005	64. 8	12 682. 0	3 143. 0	617. 0	400. 0	649. 7
2006	68. 6	14 517. 5	3 636. 9	605. 7	406. 4	700. 4
2007	69. 0	16 316. 0	3 378. 5	697. 8	480. 0	698. 8
2008	61. 9	17 888. 0	3 885. 0	594. 0	521. 6	594. 2
2009	58. 1	20 379. 0	3 696. 0	969. 0	582. 8	625. 7
2010	59. 1	23 931. 0	3 688. 0	1 263. 0	664. 0	664. 2
2011	57. 7	25 377. 9	4 059. 9	1 570. 3	726. 9	652. 6
2012	53. 1	27 097. 6	3 981. 7	1 826. 1	793. 7	536. 5
2013	48. 2	28 195. 0	3 959. 0	2 252. 0	823. 8	274. 3
2014	50. 0	30 837. 7	2 999. 7	2 726. 3	839. 6	116. 4
2015	47. 2	33 550. 0	2 989. 8	3 206. 7	871. 8	75. 2
2016	39. 0	38 101. 0	2 784. 0	4 284. 4	753. 0	50. 0
2017	39. 7	41 957. 0	2 964. 0	5 731. 2	872. 0	54. 0
2018	39. 7	46 190. 0	3 348. 0	7 337. 6	980. 0	78. 0

表 15　续 8

年份 Year	苯乙烯（万吨） Styrene (10 000 tons)	己内酰胺（万吨） Caprolactam (10 000 tons)	甲苯（万吨） Toluene (10 000 tons)	化肥（万吨） Chemical Fertilizers (10 000 tons)		合成有机染料（亿美元） Synthetic Organic Dyestuffs (USD 100 million)
				合计 Total	其中：氯化钾 Potassium Chloride	
1950	—	—	—	—	—	0.2
1951	—	—	—	—	—	0.4
1952	—	—	—	—	—	0.3
1953	—	—	—	36.0	—	0.1
1954	—	—	—	65.0	—	0.3
1955	—	—	—	80.0	—	0.4
1956	—	—	—	133.0	—	0.1
1957	—	—	—	70.0	—	0.1
1958	—	—	—	187.0	—	0.1
1959	—	—	—	140.0	—	0.2
1960	—	—	—	121.0	—	0.1
1961	—	—	—	60.0	—	0.1
1962	—	0.0	—	108.0	—	0.1
1963	—	0.0	—	200.0	—	0.1
1964	—	0.1	0.3	140.0	—	0.1
1965	—	0.0	0.1	199.0	—	0.2
1966	—	0.0	—	250.0	—	0.1
1967	—	0.1	—	400.0	—	0.1
1968	—	0.3	—	399.0	—	0.2
1969	—	0.7	1.1	391.0	—	0.2
1970	—	0.8	—	435.0	—	0.2
1971	—	1.2	—	416.0	—	0.2
1972	—	1.3	—	423.0	1.0	0.2
1973	—	1.0	—	398.0	4.0	0.4
1974	—	1.3	—	330.0	21.0	0.4
1975	—	2.3	—	300.0	15.0	0.4
1976	—	2.6	—	273.0	2.0	0.9
1977	—	2.3	—	380.0	9.0	0.7
1978	—	2.7	—	398.0	10.0	1.0
1979	—	1.5	—	467.0	35.0	1.1
1980	—	3.8	—	567.0	43.0	1.0
1981	0.2	3.2	1.0	555.0	82.0	0.8
1982	0.5	1.7	0.0	606.0	70.0	0.9
1983	0.3	2.0	0.2	800.0	84.0	0.3
1984	0.1	3.3	1.2	923.0	90.0	0.5

表15 续9

年份 Year	苯乙烯（万吨）Styrene（10 000 tons）	己内酰胺（万吨）Caprolactam（10 000 tons）	甲苯（万吨）Toluene（10 000 tons）	化肥（万吨）Chemical Fertilizers（10 000 tons）		合成有机染料（亿美元）Synthetic Organic Dyestuffs（USD 100 million）
				合计 Total	其中：氯化钾 Potassium Chloride	
1985	0.7	4.6	0.4	761.0	39.0	0.8
1986	1.1	5.0	1.1	510.0	51.0	0.6
1987	0.3	4.9	2.9	1 090.0	167.0	0.8
1988	0.6	9.8	5.0	1 471.0	199.0	1.2
1989	0.2	4.1	1.4	1 393.0	112.0	0.8
1990	0.0	6.5	1.6	1 626.0	207.0	0.7
1991	3.6	12.2	7.1	1 818.0	243.0	1.0
1992	7.9	12.8	14.2	1 859.0	244.0	1.4
1993	16.7	9.5	17.0	1 021.0	173.0	1.3
1994	25.8	11.5	25.0	1 266.0	285.0	1.2
1995	30.6	12.4	41.4	1 991.0	386.0	1.2
1996	39.1	15.5	37.4	1 857.0	344.0	1.3
1997	44.0	13.9	40.2	1 649.0	463.0	1.5
1998	58.3	17.6	36.9	1 387.0	512.0	1.5
1999	102.7	22.1	49.5	1 335.0	520.0	1.7
2000	115.8	24.5	57.3	1 189.0	599.0	2.0
2001	160.8	30.6	72.9	1 092.0	517.0	2.2
2002	179.9	32.1	86.3	1 682.0	665.0	2.6
2003	266.1	37.7	98.1	1 213.0	623.0	2.9
2004	289.5	45.0	81.8	1 240.0	718.0	3.2
2005	281.3	49.3	80.6	1 397.0	883.0	3.6
2006	234.3	44.5	56.7	1 114.2	705.3	4.0
2007	309.8	47.2	44.5	1 167.4	941.3	4.4
2008	281.1	45.0	27.4	619.0	514.0	4.8
2009	364.4	60.1	79.1	404.0	198.0	3.7
2010	368.6	63.1	82.9	708.0	524.0	4.3
2011	360.8	63.3	65.5	787.3	640.1	4.2
2012	333.7	70.7	66.0	839.3	634.2	3.7
2013	367.5	45.3	81.2	789.0	603.0	3.5
2 014	373.1	22.3	93.3	955.2	803.1	3.5
2015	374.2	22.3	75.0	1 114.2	942.4	3.4
2016	350.0	22.1	76.4	832.0	682.0	3.3
2017	321.0	23.7	50.9	917.0	753.0	3.5
2018	291.0	17.4	32.7	950.0	746.0	4.7

表 15　续 10

年份 Year	农药（万吨） Pesticides (10 000 tons)	天然橡胶（万吨） Natural Rubber (10 000 tons)	合成橡胶 （万吨） Synthetic Rubber (10 000 tons)	医疗器械 （亿美元） Medical Instruments and Appliances (USD 100 million)	飞机（架） Aircraft (unit)	汽车零件 （亿美元） Parts of Motor vehicles (USD 100 million)
1950	0. 1	6. 4	—	—	—	—
1951	0. 2	7. 0	—	—	5	—
1952	0. 5	2. 5	0. 1	—	5	—
1953	0. 1	7. 5	—	0. 0	—	0. 1
1954	0. 1	6. 7	0. 1	0. 0	—	0. 1
1955	0. 3	5. 0	0. 1	0. 0	7	0. 1
1956	2. 0	11. 7	—	0. 0	2	0. 1
1957	2. 4	12. 6	—	0. 0	—	0. 1
1958	1. 5	16. 8	0. 2	0. 1	—	0. 2
1959	1. 7	17. 9	0. 7	0. 1	—	0. 2
1960	2. 3	10. 7	2. 4	0. 0	—	0. 2
1961	1. 2	8. 8	1. 3	0. 0	—	0. 1
1962	0. 7	10. 0	0. 1	—	—	0. 1
1963	0. 5	11. 4	—	0. 0	4	0. 1
1964	1. 0	14. 8	0. 1	0. 0	2	0. 1
1965	3. 6	13. 6	0. 1	0. 1	3	0. 1
1966	6. 5	18. 3	0. 7	0. 1	7	0. 2
1967	7. 0	15. 8	1. 2	0. 0	5	0. 1
1968	7. 2	20. 6	1. 2	0. 0	15	0. 2
1969	6. 5	28. 6	1. 0	0. 0	2	0. 2
1970	4. 7	17. 8	2. 1	0. 0	7	—
1971	5. 4	17. 9	2. 7	0. 0	11	0. 4
1972	4. 7	20. 4	1. 7	0. 0	21	0. 3
1973	3. 2	25. 8	1. 0	0. 1	28	0. 3
1974	2. 9	21. 8	1. 3	0. 1	53	0. 4
1975	2. 9	24. 9	1. 5	0. 1	30	0. 6
1976	4. 5	19. 0	1. 0	0. 2	38	0. 5
1977	7. 2	25. 7	1. 1	0. 2	18	0. 5
1978	8. 2	22. 7	1. 2	0. 3	13	0. 7
1979	8. 2	24. 6	1. 7	0. 5	14	0. 9
1980	5. 0	26. 3	1. 8	0. 6	28	0. 6
1981	1. 7	15. 1	2. 7	—	4	0. 4
1982	1. 6	15. 4	3. 6	0. 4	16	0. 8
1983	6. 1	24. 0	1. 6	1. 3	10	1. 7
1984	5. 9	21. 8	4. 1	2. 1	34	2. 1

表 15 续 11

年份 Year	农药（万吨） Pesticides (10 000 tons)	天然橡胶（万吨） Natural Rubber (10 000 tons)	合成橡胶 （万吨） Synthetic Rubber (10 000 tons)	医疗器械 （亿美元） Medical Instruments and Appliances (USD 100 million)	飞机（架） Aircraft (unit)	汽车零件 （亿美元） Parts of Motor vehicles (USD 100 million)
1985	1. 6	16. 7	8. 3	2. 4	78	2. 9
1986	0. 8	22. 3	9. 1	2. 7	52	2. 7
1987	1. 0	35. 0	4. 7	1. 4	18	2. 6
1988	3. 4	36. 2	4. 1	1. 2	31	3. 4
1989	3. 7	38. 1	4. 0	1. 9	30	3. 5
1990	2. 9	34. 0	4. 5	2. 1	24	4. 4
1991	3. 2	31. 0	8. 4	2. 7	33	5. 8
1992	3. 9	27. 0	14. 8	3. 4	72	8. 7
1993	2. 4	27. 0	16. 9	3. 3	129	9. 7
1994	3. 2	34. 0	25. 1	3. 1	121	6. 9
1995	3. 5	32. 0	31. 1	3. 0	31	8. 6
1996	3. 2	55. 0	36. 8	3. 9	77	10. 8
1997	4. 9	43. 0	45. 3	3. 3	73	9. 3
1998	4. 4	43. 0	51. 4	4. 0	81	9. 4
1999	4. 8	43. 0	65. 2	6. 7	63	12. 5
2000	4. 1	85. 0	71. 1	9. 1	85	21. 1
2001	3. 4	98. 0	75. 3	13. 5	233	25. 3
2002	2. 7	96. 0	91. 5	12. 1	170	30. 0
2003	2. 8	120. 0	100. 6	16. 5	167	62. 6
2004	2. 8	128. 0	109. 5	19. 5	146	73. 3
2005	3. 7	141. 0	109. 0	22. 2	214	67. 3
2006	4. 3	161. 2	129. 9	20. 7	295	90. 3
2007	4. 1	164. 8	141. 4	24. 3	314	106. 5
2008	4. 4	168. 0	120. 2	28. 8	308	110. 9
2009	4. 4	171. 0	147. 2	35. 9	323	128. 2
2010	5. 1	186. 0	156. 5	46. 4	344	186. 4
2011	5. 3	210. 1	144. 5	59. 7	421	220. 9
2012	6. 9	217. 7	143. 9	70. 9	523	229. 7
2013	7. 7	247. 0	152. 7	78. 9	743	253. 7
2014	9. 3	261. 0	148. 3	83. 0	10 773. 0	321. 5
2015	9. 0	273. 6	198. 3	81. 7	68 274. 0	274. 8
2016	8. 5	250. 0	331. 0	89. 6	7 385. 0	299. 4
2017	8. 4	279. 0	436. 0	97. 0	14 266. 0	319. 1
2018	7. 9	260. 0	441. 0	112. 5	468. 0	351. 0

表 15　续 12

年份 Year	显像管（万只）Cathode-ray TV Picture Tube（10 000 items）	集成电路（亿美元）Integrated Circuits（USD 100 million）	电线电缆（万吨）Insulated Wire or Cable（10 000 tons）	金属加工机床（万台）Machine Tools（10 000 items）	橡胶及塑料加工机械（亿美元）Rubber Plastic processing Machinery（USD 100 million）	计算机（亿美元）Computers（USD 100 million）
1950	—	—	—	0.3	—	—
1951	—	—	—	0.3	—	—
1952	—	—	—	0.4	—	—
1953	—	—	—	0.5	—	—
1954	—	—	—	0.5	—	—
1955	—	—	—	0.1	—	—
1956	—	—	—	0.1	—	—
1957	—	—	—	0.2	—	—
1958	—	—	—	0.6	—	—
1959	—	—	—	0.3	—	—
1960	—	—	—	0.2	—	—
1961	—	—	0.0	0.1	—	—
1962	—	—	—	0.0	—	—
1963	—	—	—	0.1	—	—
1964	—	—	—	0.1	—	—
1965	—	—	—	0.3	—	—
1966	—	—	—	0.5	—	—
1967	—	—	—	0.4	—	—
1968	—	—	—	0.3	—	—
1969	—	—	—	0.4	—	—
1970	—	—	—	0.5	—	—
1971	—	—	0.2	0.5	—	—
1972	—	—	0.9	0.5	—	—
1973	—	—	0.6	0.3	0.0	—
1974	—	—	0.7	0.5	0.1	—
1975	—	—	0.8	0.4	0.0	—
1976	—	—	1.2	0.3	—	—
1977	9.0	—	0.5	0.3	—	—
1978	68.0	—	0.7	0.2	—	—
1979	71.0	—	0.2	0.3	0.0	—
1980	108.0	—	0.7	0.2	0.0	—
1981	471.0	—	0.0	0.4	0.3	0.2
1982	193.0	0.3	—	0.4	0.3	0.0
1983	185.0	0.4	0.1	0.6	0.9	0.2

表 15 续 13

年份 Year	显像管（万只）Cathode-ray TV Picture Tube (10 000 items)	集成电路（亿美元）Integrated Circuits (USD 100 million)	电线电缆（万吨）Insulated Wire or Cable (10 000 tons)	金属加工机床（万台）Machine Tools (10 000 items)	橡胶及塑料加工机械（亿美元）Rubber Plastic processing Machinery (USD 100 million)	计算机（亿美元）Computers (USD 100 million)
1984	518. 0	1. 7	0. 2	1. 3	1. 4	0. 4
1985	750. 0	2. 8	0. 6	1. 6	3. 5	0. 6
1986	245. 0	1. 6	0. 8	1. 6	4. 7	0. 1
1987	462. 0	2. 5	—	2. 6	3. 8	0. 0
1988	1 104. 0	1. 1	1. 2	4. 5	4. 6	0. 1
1989	1 087. 0	3. 1	1. 8	4. 2	5. 4	0. 0
1990	779. 0	2. 1	1. 9	4. 2	5. 2	0. 8
1991	658. 0	2. 9	2. 1	6. 0	5. 7	0. 0
1992	813. 0	8. 6	11. 8	10. 7	9. 6	0. 0
1993	683. 0	11. 2	17. 6	13. 0	15. 8	0. 3
1994	879. 0	15. 4	19. 6	18. 8	15. 1	0. 3
1995	1 085. 0	23. 7	20. 9	13. 4	13. 5	10. 5
1996	753. 0	27. 2	20. 8	12. 5	19. 3	9. 7
1997	581. 0	36. 4	23. 2	10. 5	13. 0	11. 4
1998	596. 0	47. 8	24. 7	7. 9	9. 3	18. 1
1999	949. 0	79. 2	28. 2	8. 9	10. 4	32. 5
2000	954. 0	138. 0	31. 9	10. 5	13. 2	45. 2
2001	805. 0	165. 9	28. 3	10. 1	15. 5	49. 8
2002	1 349. 0	256. 5	31. 7	12. 4	20. 5	67. 3
2003	2 415. 0	411. 1	31. 3	12. 6	25. 5	114. 2
2004	2 636. 0	608. 0	35. 5	12. 8	31. 9	144. 7
2005	2 102. 0	815. 5	35. 4	11. 7	24. 6	180. 2
2006	2 184. 8	1 063. 2	36. 1	10. 8	24. 5	199. 2
2007	920. 9	1 277. 3	35. 5	10. 7	25. 6	223. 9
2008	628. 0	1 292. 6	33. 8	8. 9	28. 6	254. 0
2009	326. 0	1 199. 0	28. 2	6. 7	20. 2	237. 7
2010	390. 0	1 569. 9	32. 2	11. 4	30. 4	292. 8
2011	265. 1	1 702. 1	31. 7	11. 4	37. 0	316. 6
2012	118. 0	1 920. 9	29. 4	11. 0	34. 7	369. 3
2013	41. 0	2 313. 4	29. 2	7. 6	33. 7	308. 3
2014	21. 2	2 176. 2	28. 1	10. 6	37. 0	305. 4
2015	0. 1	2 299. 3	26. 3	9. 1	25. 0	276. 6
2016	—	2 270. 3	24. 1	7. 2	22. 8	273. 8
2017	—	2 601. 2	24. 6	8. 9	29. 6	275. 8
2018	—	3 120. 6	24. 7	8. 8	33. 9	328. 9

表 16　世界商品贸易额及增长速度
Value of world trade in goods and rate of increase

年份 Year	贸易额（亿美元） Trade Value（USD 100 million）			增减（%） Percentage Change（%）		
	总额 Total	出口 Exports	进口 Imports	总额 Total	出口 Exports	进口 Exports
1950	1 258. 5	620. 4	638. 1	—	—	—
1955	1 936. 1	945. 2	990. 9	10. 3	9. 0	11. 7
1960	2 675. 9	1 304. 6	1 371. 3	10. 8	10. 2	11. 4
1961	2 789. 1	1 363. 0	1 426. 1	4. 2	4. 5	4. 0
1962	2 939. 0	1 432. 8	1 506. 2	5. 4	5. 1	5. 6
1963	3 207. 7	1 569. 7	1 638. 0	9. 1	9. 6	8. 8
1964	3 590. 3	1 755. 5	1 834. 8	11. 9	11. 8	12. 0
1965	3 889. 1	1 900. 6	1 988. 5	8. 3	8. 3	8. 4
1966	4 253. 1	2 075. 3	2 177. 8	9. 4	9. 2	9. 5
1967	4 463. 9	2 183. 0	2 280. 9	5. 0	5. 2	4. 7
1968	4 947. 5	2 422. 5	2 525. 0	10. 8	11. 0	10. 7
1969	5 634. 3	2 766. 1	2 868. 2	13. 9	14. 2	13. 6
1970	6 463. 1	3 169. 2	3 293. 9	14. 7	14. 6	14. 8
1971	7 202. 4	3 541. 0	3 661. 4	11. 4	11. 7	11. 2
1972	8 518. 7	4 190. 0	4 328. 7	18. 3	18. 3	18. 2
1973	11 750. 3	5 800. 6	5 949. 7	37. 9	38. 4	37. 4
1974	17 016. 1	8 404. 3	8 611. 8	44. 8	44. 9	44. 7
1975	17 888. 5	8 769. 0	9 119. 5	5. 1	4. 3	5. 9
1976	20 178. 7	9 921. 2	10 257. 5	12. 8	13. 1	12. 5
1977	22 989. 0	11 283. 9	11 705. 1	13. 9	13. 7	14. 1
1978	26 653. 4	13 069. 1	13 584. 3	15. 9	15. 8	16. 1
1979	33 530. 1	16 593. 3	16 936. 8	25. 8	27. 0	24. 7
1980	41 133. 2	20 361. 4	20 771. 9	22. 7	22. 7	22. 6
1981	40 848. 7	20 143. 9	20 704. 9	-0. 7	-1. 1	-0. 3
1982	38 296. 8	18 858. 1	19 438. 7	-6. 2	-6. 4	-6. 1
1983	37 375. 4	18 459. 8	18 915. 6	-2. 4	-2. 1	-2. 7
1984	39 713. 7	19 557. 1	20 156. 5	6. 3	5. 9	6. 6
1985	39 684. 1	19 528. 9	20 155. 2	-0. 1	-0. 1	0. 0
1986	43 461. 1	21 385. 1	22 076. 1	9. 5	9. 5	9. 5
1987	50 992. 2	25 155. 0	25 837. 2	17. 3	17. 6	17. 0

表16 续

年份 Year	贸易额（亿美元） Trade Value（USD 100 million）			增减（%） Percentage Change（%）		
	总额 Total	出口 Exports	进口 Imports	总额 Total	出口 Exports	进口 Exports
1988	58 341. 9	28 689. 2	29 652. 7	14. 4	14. 0	14. 8
1989	63 043. 8	30 989. 2	32 054. 6	8. 1	8. 0	8. 1
1990	70 897. 1	34 897. 4	35 999. 7	12. 5	12. 6	12. 3
1991	71 398. 1	35 113. 6	36 284. 5	0. 7	0. 6	0. 8
1992	76 796. 9	37 791. 7	39 005. 2	7. 6	7. 6	7. 5
1993	76 891. 2	37 946. 9	38 944. 3	0. 1	0. 4	-0. 2
1994	87 568. 4	43 282. 6	44 285. 7	13. 9	14. 1	13. 7
1995	104 528. 9	51 676. 2	52 852. 7	19. 4	19. 4	19. 3
1996	109 533. 2	54 060. 5	55 472. 7	4. 8	4. 6	5. 0
1997	113 309. 8	55 923. 2	57 386. 6	3. 4	3. 4	3. 5
1998	111 857. 2	55 031. 3	56 825. 8	-1. 3	-1. 6	-1. 0
1999	116 456. 6	57 193. 8	59 262. 8	4. 1	3. 9	4. 3
2000	131 793. 0	64 561. 7	67 231. 3	13. 2	12. 9	13. 4
2001	126 752. 3	61 933. 1	64 819. 2	-3. 8	-4. 1	-3. 6
2002	132 390. 1	64 979. 0	67 411. 1	4. 4	4. 9	4. 0
2003	154 544. 4	75 878. 4	78 666. 0	16. 7	16. 8	16. 7
2004	187 989. 1	92 243. 9	95 745. 2	21. 6	21. 6	21. 7
2005	213 805. 1	105 101. 4	108 703. 7	13. 7	13. 9	13. 5
2006	245 925. 9	121 311. 8	124 614. 1	15. 0	15. 4	14. 6
2007	283 567. 8	140 262. 7	143 305. 1	15. 3	15. 6	15. 0
2008	327 376. 1	161 653. 1	165 723. 0	15. 4	15. 3	15. 6
2009	253 422. 5	125 606. 3	127 816. 1	-22. 6	-22. 3	-22. 9
2010	308 117. 4	153 010. 8	155 106. 7	21. 6	21. 8	21. 4
2011	368 411. 1	183 379. 8	185 031. 3	19. 6	19. 8	19. 3
2012	372 040. 2	184 959. 8	187 080. 4	1. 0	0. 9	1. 1
2013	379 676. 4	189 527. 5	190 148. 9	2. 1	2. 5	1. 6
2014	380 873. 5	189 677. 0	191 196. 6	0. 3	0. 1	0. 6
2015	333 175. 9	165 305. 7	167 870. 3	-12. 5	-12. 8	-12. 2
2016	323 154. 6	160 305. 4	162 849. 2	-3. 0	-3. 0	-3. 0
2017	357 751. 5	177 318. 6	180 432. 9	10. 7	10. 6	10. 8
2018	393 418. 5	194 753. 6	198 664. 9	10. 0	9. 8	10. 1

表 17　世界部分国家（地区）商品贸易额
Value of trade in goods by selected countries（areas）

金额单位：亿美元
Unit：USD 100 million

年份 Year / 国家（地区）Country（area）	2002 年			2003 年		
	总额 Total	出口 Exports	进口 Imports	总额 Total	出口 Exports	进口 Imports
世界总额 World Total	132 390. 11	64 979. 02	67 411. 09	154 544. 43	75 878. 40	78 666. 03
美国 United States	18 933. 33	6 931. 03	12 002. 30	20 278. 21	7 247. 71	13 030. 50
中国 China	6 207. 66	3 255. 96	2 951. 70	8 509. 88	4 382. 28	4 127. 60
德国 Germany	11 061. 13	6 158. 31	4 902. 83	13 561. 72	7 515. 60	6 046. 12
日本 Japan	7 539. 20	4 167. 26	3 371. 94	8 547. 47	4 718. 17	3 829. 30
英国 United Kingdom	6 442. 70	2 801. 95	3 640. 75	7 050. 28	3 056. 27	3 994. 01
法国 France	6 609. 81	3 317. 19	3 292. 62	7 908. 80	3 920. 39	3 988. 40
中国香港 Hong Kong China	4 098. 97	2 019. 28	2 079. 69	4 619. 57	2 287. 08	2 332. 49
荷兰 Netherlands	4 633. 23	2 440. 58	2 192. 65	5 607. 17	2 960. 12	2 647. 04
韩国 Korea Rep.	3 145. 97	1 624. 71	1 521. 26	3 726. 44	1 938. 17	1 788. 27
加拿大 Canada	4 798. 93	2 523. 94	2 274. 99	5 177. 60	2 727. 39	2 450. 21
意大利 Italy	5 014. 42	2 544. 27	2 470. 15	5 968. 52	2 993. 33	2 975. 19
印度 India	1 057. 67	492. 50	565. 17	1 315. 21	589. 63	725. 58
比利时 Belgium	4 144. 39	2 161. 27	1 983. 11	4 905. 62	2 556. 17	2 349. 45
墨西哥 Mexico	3 337. 69	1 606. 82	1 730. 87	3 404. 35	1 653. 96	1 750. 39
新加坡 Singapore	2 416. 18	1 251. 77	1 164. 41	2 961. 20	1 599. 02	1 362. 18
西班牙 Spain	2 907. 92	1 256. 87	1 651. 05	3 647. 49	1 561. 47	2 086. 02
俄罗斯 Russia	1 682. 67	1 073. 01	609. 66	2 119. 99	1 359. 29	760. 70
瑞士 Switzerland	1 788. 88	916. 99	871. 89	2 050. 61	1 048. 22	1 002. 39
中国台湾 Taiwan China	2 484. 11	1 350. 80	1 133. 31	2 784. 28	1 502. 98	1 281. 30
阿拉伯联合酋长国 United Arab Emirates	948. 15	521. 63	426. 52	1 192. 09	671. 35	520. 74
土耳其 Turkey	876. 13	360. 59	515. 54	1 165. 93	472. 53	693. 40
巴西 Brazil	1 101. 61	604. 39	497. 23	1 240. 84	732. 03	508. 81
澳大利亚 Australia	1 377. 23	650. 33	726. 90	1 594. 61	703. 77	890. 84
泰国 Thailand	1 327. 53	681. 08	646. 45	1 561. 48	803. 24	758. 24
波兰 Poland	964. 32	411. 33	552. 99	1 220. 34	537. 62	682. 72
马来西亚 Malaysia	1 738. 21	940. 61	797. 61	1 880. 06	1 047. 06	832. 99
奥地利 Austria	1 569. 72	786. 73	782. 99	1 966. 78	971. 46	995. 32
印度尼西亚 Indonesia	975. 06	591. 66	383. 40	1 063. 04	641. 08	421. 96
沙特阿拉伯 Saudi Arabia	1 047. 47	724. 53	322. 93	1 349. 50	932. 45	417. 04
瑞典 Sweden	1 484. 54	814. 99	669. 55	1 856. 45	1 021. 04	835. 40
捷克 Czech	791. 48	384. 92	406. 56	1 004. 29	487. 02	517. 28
越南 Viet Nam	364. 52	167. 06	197. 46	454. 05	201. 49	252. 56
南非 S. Africa	589. 90	297. 23	292. 67	762. 30	364. 82	397. 48

表 17 续 1

年份 Year 国家（地区） Country（area）	2002 年			2003 年		
	总额 Total	出口 Exports	进口 Imports	总额 Total	出口 Exports	进口 Imports
匈牙利 Hungary	722. 72	345. 17	377. 55	909. 02	430. 94	478. 08
丹麦 Denmark	1 078. 15	574. 95	503. 20	1 239. 41	665. 12	574. 29
挪威 Norway	945. 35	596. 62	348. 73	1 083. 76	683. 21	400. 55
斯洛伐克 Slovak Republic	309. 69	144. 05	165. 64	443. 60	218. 37	225. 23
葡萄牙 Portugal	660. 64	259. 08	401. 56	789. 57	317. 57	472. 00
罗马尼亚 Romania	317. 30	138. 77	178. 54	416. 45	176. 62	239. 83
芬兰 Finland	793. 63	451. 45	342. 18	956. 84	531. 71	425. 13
以色列 Israel	648. 64	293. 47	355. 17	680. 87	317. 84	363. 03
智利 Chile	352. 71	181. 80	170. 91	409. 86	216. 64	193. 22
爱尔兰 Ireland	1 406. 64	882. 65	523. 99	1 466. 41	927. 55	538. 86
菲律宾 Philippines	763. 00	352. 08	410. 92	788. 07	362. 31	425. 76
埃及 Egypt	183. 16	55. 46	127. 70	203. 58	74. 08	129. 50
阿根廷 Argentina	346. 40	256. 50	89. 90	434. 00	295. 66	138. 34
哥伦比亚 Colombia	246. 22	119. 11	127. 11	269. 68	130. 80	138. 89
希腊 Greece	419. 84	104. 14	315. 70	582. 34	133. 82	448. 52
尼日利亚 Nigeria	255. 22	179. 75	75. 47	348. 84	240. 31	108. 53
伊拉克 Iraq	220. 36	122. 19	98. 17	196. 45	97. 11	99. 34
阿尔及利亚 Algeria	307. 68	187. 99	119. 69	355. 43	231. 63	123. 80
乌克兰 Ukraine	349. 34	179. 57	169. 77	460. 87	230. 67	230. 20
伊朗 Iran	488. 54	282. 37	206. 17	585. 48	337. 50	247. 98
巴基斯坦 Pakistan	211. 46	99. 13	112. 33	249. 68	119. 30	130. 38
摩洛哥 Morocco	197. 13	78. 49	118. 64	230. 29	87. 78	142. 50
委内瑞拉 Venezuela	397. 44	267. 81	129. 63	364. 86	272. 30	92. 56
新西兰 New Zealand	294. 30	143. 83	150. 47	350. 86	165. 27	185. 59
秘鲁 Peru	152. 07	77. 14	74. 93	175. 05	90. 91	84. 14
孟加拉国 Bangladesh	147. 41	61. 49	85. 92	174. 24	69. 90	104. 34
哈萨克斯坦 Kazakhstan	162. 54	96. 70	65. 84	213. 35	129. 27	84. 09
白俄罗斯 Belarus	171. 13	80. 21	90. 92	215. 04	99. 46	115. 58
立陶宛 Lithuania	131. 84	54. 75	77. 09	169. 65	71. 62	98. 03
保加利亚 Bulgaria	136. 87	57. 33	79. 54	184. 15	75. 43	108. 71
卡塔尔 Qatar	150. 30	109. 78	40. 52	182. 79	133. 82	48. 97
斯洛文尼亚 Slovenia	213. 10	103. 66	109. 44	266. 10	127. 66	138. 45
科威特 Kuwait	243. 70	153. 69	90. 01	316. 65	206. 78	109. 87
阿曼 Oman	174. 68	111. 72	62. 96	184. 70	116. 69	68. 01
安哥拉 Angola	120. 88	83. 28	37. 60	149. 88	95. 08	54. 80
利比亚 Libya	141. 99	98. 03	43. 96	189. 77	146. 47	43. 30

表 17　续 2

年份 Year / 国家（地区）Country（area）	2004 年			2005 年		
	总额 Total	出口 Exports	进口 Imports	总额 Total	出口 Exports	进口 Imports
世界总额 World Total	187 989. 14	92 243. 93	95 745. 21	213 805. 14	105 101. 44	108 703. 70
美国 United States	23 405. 55	8 148. 75	15 256. 80	26 337. 88	9 010. 82	17 327. 06
中国 China	11 545. 55	5 933. 26	5 612. 29	14 219. 06	7 619. 53	6 599. 53
德国 Germany	16 256. 28	9 098. 87	7 157. 42	17 479. 87	9 709. 14	7 770. 73
日本 Japan	10 202. 17	5 656. 75	4 545. 42	11 108. 07	5 949. 41	5 158. 66
英国 United Kingdom	8 181. 26	3 474. 93	4 706. 33	9 101. 33	3 908. 60	5 192. 73
法国 France	9 230. 50	4 521. 06	4 709. 45	9 675. 52	4 634. 28	5 041. 24
中国香港 Hong Kong China	5 384. 36	2 655. 43	2 728. 93	5 922. 79	2 921. 19	3 001. 60
荷兰 Netherlands	6 770. 86	3 574. 17	3 196. 69	7 701. 95	4 063. 72	3 638. 22
韩国 Korea Rep.	4 783. 08	2 538. 45	2 244. 63	5 456. 57	2 844. 19	2 612. 38
加拿大 Canada	5 966. 93	3 167. 62	2 799. 31	6 828. 86	3 604. 75	3 224. 11
意大利 Italy	7 090. 82	3 537. 82	3 553. 01	7 579. 25	3 731. 35	3 847. 90
印度 India	1 764. 24	766. 49	997. 75	2 424. 86	996. 16	1 428. 70
比利时 Belgium	5 924. 87	3 068. 66	2 856. 21	6 531. 00	3 344. 00	3 187. 00
墨西哥 Mexico	3 902. 40	1 879. 80	2 022. 60	4 424. 47	2 142. 07	2 282. 40
新加坡 Singapore	3 722. 36	1 986. 37	1 735. 99	4 296. 96	2 296. 49	2 000. 47
西班牙 Spain	4 409. 54	1 826. 23	2 583. 31	4 814. 30	1 926. 44	2 887. 86
俄罗斯 Russia	2 805. 89	1 832. 07	973. 82	3 692. 32	2 437. 98	1 254. 34
瑞士 Switzerland	2 386. 43	1 228. 44	1 157. 99	2 575. 03	1 309. 30	1 265. 74
中国台湾 Taiwan China	3 516. 82	1 824. 32	1 692. 50	3 810. 46	1 984. 32	1 826. 14
阿拉伯联合酋长国 United Arab Emirates	1 630. 79	909. 97	720. 82	2 019. 41	1 172. 87	846. 54
土耳其 Turkey	1 607. 07	631. 67	975. 40	1 902. 50	734. 76	1 167. 74
巴西 Brazil	1 631. 11	966. 78	664. 33	1 961. 57	1 185. 29	776. 28
澳大利亚 Australia	1 959. 49	865. 65	1 093. 84	2 313. 78	1 060. 97	1 252. 81
泰国 Thailand	1 906. 58	962. 48	944. 10	2 291. 14	1 109. 36	1 181. 78
波兰 Poland	1 647. 43	750. 47	896. 96	1 910. 76	894. 37	1 016. 39
马来西亚 Malaysia	2 318. 12	1 266. 46	1 051. 66	2 559. 50	1 416. 26	1 143. 24
奥地利 Austria	2 382. 81	1 183. 76	1 199. 05	2 525. 09	1 251. 82	1 273. 27
印度尼西亚 Indonesia	1 256. 43	707. 67	548. 77	1 627. 21	869. 96	757. 25
沙特阿拉伯 Saudi Arabia	1 733. 73	1 259. 97	473. 76	2 401. 70	1 807. 11	594. 59
瑞典 Sweden	2 237. 00	1 232. 67	1 004. 33	2 426. 59	1 309. 62	1 116. 97
捷克 Czech	1 389. 54	689. 86	699. 67	1 546. 22	781. 10	765. 12
越南 Viet Nam	584. 54	264. 85	319. 69	692. 03	324. 42	367. 61
南非 S. Africa	996. 12	461. 46	534. 66	1 139. 30	516. 26	623. 04
匈牙利 Hungary	1 161. 05	555. 67	605. 38	1 294. 89	629. 36	665. 52

表17 续3

国家（地区）Country（area） / 年份 Year	2004年			2005年		
	总额 Total	出口 Exports	进口 Imports	总额 Total	出口 Exports	进口 Imports
丹麦 Denmark	1 452.36	770.79	681.57	1 607.02	851.21	755.81
挪威 Norway	1 310.61	825.27	485.34	1 592.47	1 037.59	554.88
斯洛伐克 Slovak Republic	576.06	277.45	298.62	665.39	318.89	346.49
葡萄牙 Portugal	907.35	357.87	549.48	1 026.59	387.38	639.21
罗马尼亚 Romania	562.44	235.53	326.91	682.06	276.88	405.18
芬兰 Finland	1 129.63	615.20	514.43	1 242.63	654.98	587.66
以色列 Israel	814.82	386.18	428.64	899.12	427.70	471.42
智利 Chile	573.14	325.20	247.94	740.02	412.67	327.35
爱尔兰 Ireland	1 666.02	1 047.88	618.14	1 782.23	1 096.57	685.65
菲律宾 Philippines	857.83	396.81	461.02	907.42	412.55	494.87
埃及 Egypt	256.11	96.61	159.50	353.61	129.12	224.49
阿根廷 Argentina	570.21	345.76	224.45	690.40	403.51	286.89
哥伦比亚 Colombia	329.69	162.24	167.46	423.94	211.90	212.04
希腊 Greece	680.67	153.08	527.60	717.14	172.78	544.36
尼日利亚 Nigeria	527.95	386.31	141.64	712.21	504.67	207.54
伊拉克 Iraq	391.12	178.10	213.02	472.29	236.97	235.32
阿尔及利亚 Algeria	494.73	313.04	181.69	663.59	460.02	203.57
乌克兰 Ukraine	616.63	326.66	289.97	703.65	342.28	361.36
伊朗 Iran	736.73	416.97	319.76	962.93	562.52	400.41
巴基斯坦 Pakistan	313.28	133.79	179.49	414.08	160.51	253.57
摩洛哥 Morocco	277.47	99.25	178.22	319.80	111.90	207.90
委内瑞拉 Venezuela	563.47	396.68	166.79	797.43	557.16	240.27
新西兰 New Zealand	435.39	203.44	231.95	479.49	217.30	262.19
秘鲁 Peru	229.10	128.09	101.01	298.70	173.68	125.02
孟加拉国 Bangladesh	203.41	83.05	120.36	231.86	92.97	138.89
哈萨克斯坦 Kazakhstan	328.74	200.93	127.81	452.02	278.49	173.53
白俄罗斯 Belarus	302.65	137.74	164.91	326.87	159.79	167.08
立陶宛 Lithuania	216.89	93.02	123.87	273.55	118.07	155.48
保加利亚 Bulgaria	243.86	99.32	144.53	299.02	117.39	181.63
卡塔尔 Qatar	246.89	186.84	60.05	358.23	257.62	100.61
斯洛文尼亚 Slovenia	341.20	163.61	177.59	395.84	192.48	203.37
科威特 Kuwait	412.30	285.99	126.31	606.70	448.69	158.01
阿曼 Oman	221.37	133.42	87.96	276.63	186.92	89.71
安哥拉 Angola	193.07	134.75	58.32	324.62	241.09	83.53
利比亚 Libya	267.36	204.10	63.26	374.37	313.58	60.79

表 17　续 4

国家（地区）Country（area） \ 年份 Year	2006 年 总额 Total	2006 年 出口 Exports	2006 年 进口 Imports	2007 年 总额 Total	2007 年 出口 Exports	2007 年 进口 Imports
世界总额 World Total	245 925. 87	121 311. 77	124 614. 10	283 567. 84	140 262. 73	143 305. 11
美国 United States	29 440. 44	10 259. 67	19 180. 77	31 686. 02	11 481. 99	20 204. 03
中国 China	17 604. 39	9 689. 78	7 914. 61	21 761. 75	12 200. 60	9 561. 15
德国 Germany	20 147. 91	11 081. 07	9 066. 84	23 761. 97	13 212. 14	10 549. 83
日本 Japan	12 257. 89	6 467. 25	5 790. 64	13 365. 70	7 143. 27	6 222. 43
英国 United Kingdom	10 635. 78	4 509. 07	6 126. 71	10 800. 93	4 418. 31	6 382. 63
法国 France	10 377. 87	4 958. 68	5 419. 19	11 904. 73	5 596. 12	6 308. 61
中国香港 Hong Kong China	6 584. 23	3 226. 69	3 357. 54	7 195. 18	3 493. 86	3 701. 32
荷兰 Netherlands	8 804. 62	4 636. 29	4 168. 32	10 433. 71	5 507. 55	4 926. 16
韩国 Korea Rep.	6 348. 48	3 254. 65	3 093. 83	7 283. 35	3 714. 89	3 568. 46
加拿大 Canada	7 471. 77	3 881. 78	3 590. 00	8 108. 82	4 206. 93	3 901. 88
意大利 Italy	8 594. 30	4 168. 75	4 425. 55	10 115. 44	4 998. 82	5 116. 62
印度 India	3 002. 18	1 218. 08	1 784. 10	3 795. 29	1 501. 59	2 293. 70
比利时 Belgium	7 183. 80	3 667. 45	3 516. 35	8 425. 10	4 309. 52	4 115. 58
墨西哥 Mexico	5 134. 37	2 499. 61	2 634. 76	5 620. 67	2 718. 21	2 902. 46
新加坡 Singapore	5 105. 17	2 718. 07	2 387. 10	5 624. 63	2 993. 08	2 631. 55
西班牙 Spain	5 424. 13	2 137. 17	3 286. 96	6 425. 99	2 532. 97	3 893. 01
俄罗斯 Russia	4 678. 32	3 035. 51	1 642. 81	5 778. 89	3 544. 03	2 234. 86
瑞士 Switzerland	2 892. 56	1 478. 56	1 414. 00	3 332. 58	1 720. 78	1 611. 80
中国台湾 Taiwan China	4 267. 15	2 240. 17	2 026. 98	4 659. 29	2 466. 77	2 192. 52
阿拉伯联合酋长国 United Arab Emirates	2 456. 45	1 455. 87	1 000. 57	3 111. 30	1 786. 30	1 325. 00
土耳其 Turkey	2 251. 11	855. 35	1 395. 76	2 773. 34	1 072. 72	1 700. 63
巴西 Brazil	2 336. 45	1 378. 07	958. 38	2 872. 94	1 606. 49	1 266. 45
澳大利亚 Australia	2 626. 90	1 234. 37	1 392. 53	3 066. 94	1 413. 58	1 653. 36
泰国 Thailand	2 584. 95	1 297. 22	1 287. 73	2 938. 33	1 538. 67	1 399. 66
波兰 Poland	2 377. 70	1 107. 80	1 269. 89	3 058. 56	1 401. 46	1 657. 10
马来西亚 Malaysia	2 911. 90	1 607. 49	1 304. 41	3 221. 36	1 759. 66	1 461. 70
奥地利 Austria	2 739. 63	1 367. 51	1 372. 12	3 266. 58	1 636. 20	1 630. 37
印度尼西亚 Indonesia	1 841. 77	1 035. 27	806. 50	2 111. 14	1 180. 13	931. 01
沙特阿拉伯 Saudi Arabia	2 811. 05	2 113. 05	698. 00	3 235. 43	2 333. 29	902. 14
瑞典 Sweden	2 753. 40	1 477. 93	1 275. 47	3 220. 43	1 688. 17	1 532. 26
捷克 Czech	1 881. 19	949. 29	931. 91	2 406. 68	1 224. 98	1 181. 69
越南 Viet Nam	848. 41	398. 26	450. 15	1 112. 43	485. 61	626. 82
南非 S. Africa	1 368. 90	581. 75	787. 15	1 582. 34	697. 84	884. 50
匈牙利 Hungary	1 535. 18	752. 55	782. 62	1 909. 65	954. 00	955. 65

表 17 续 5

国家（地区）Country (area) \ 年份 Year	2006 年			2007 年		
	总额 Total	出口 Exports	进口 Imports	总额 Total	出口 Exports	进口 Imports
丹麦 Denmark	1 780. 65	925. 58	855. 07	2 011. 98	1 031. 71	980. 27
挪威 Norway	1 864. 69	1 222. 08	642. 61	2 166. 52	1 363. 54	802. 97
斯洛伐克 Slovak Republic	868. 47	418. 62	449. 86	1 191. 32	585. 16	606. 16
葡萄牙 Portugal	1 154. 34	447. 50	706. 84	1 346. 11	524. 82	821. 29
罗马尼亚 Romania	836. 18	324. 58	511. 60	1 108. 02	404. 88	703. 14
芬兰 Finland	1 465. 81	772. 06	693. 75	1 717. 29	900. 25	817. 04
以色列 Israel	971. 23	467. 89	503. 34	1 131. 30	540. 91	590. 39
智利 Chile	970. 86	586. 80	384. 06	1 151. 35	679. 72	471. 64
爱尔兰 Ireland	1 818. 43	1 087. 26	731. 18	2 053. 65	1 215. 43	838. 22
菲律宾 Philippines	1 014. 88	474. 10	540. 78	1 084. 61	504. 66	579. 96
埃及 Egypt	440. 28	167. 28	273. 00	563. 24	192. 24	371. 00
阿根廷 Argentina	806. 98	465. 46	341. 52	1 004. 85	557. 79	447. 06
哥伦比亚 Colombia	505. 53	243. 91	261. 62	628. 88	299. 91	328. 97
希腊 Greece	843. 68	207. 49	636. 19	1 021. 10	235. 78	785. 32
尼日利亚 Nigeria	852. 49	587. 26	265. 23	1 014. 36	666. 06	348. 30
伊拉克 Iraq	502. 53	293. 61	208. 92	627. 84	412. 68	215. 16
阿尔及利亚 Algeria	760. 69	546. 13	214. 56	877. 94	601. 63	276. 31
乌克兰 Ukraine	834. 07	383. 68	450. 39	1 099. 14	492. 96	606. 18
伊朗 Iran	1 177. 84	770. 12	407. 72	1 336. 75	887. 33	449. 42
巴基斯坦 Pakistan	467. 55	169. 30	298. 25	504. 28	178. 38	325. 90
摩洛哥 Morocco	367. 24	127. 44	239. 80	473. 50	153. 40	320. 10
委内瑞拉 Venezuela	991. 94	655. 78	336. 16	1 160. 77	699. 80	460. 97
新西兰 New Zealand	488. 33	224. 09	264. 24	578. 25	269. 43	308. 82
秘鲁 Peru	391. 42	238. 30	153. 12	484. 62	280. 94	203. 68
孟加拉国 Bangladesh	278. 36	118. 02	160. 34	310. 49	124. 53	185. 96
哈萨克斯坦 Kazakhstan	619. 27	382. 50	236. 77	805. 11	477. 55	327. 56
白俄罗斯 Belarus	420. 85	197. 34	223. 51	529. 68	242. 75	286. 93
立陶宛 Lithuania	335. 15	141. 42	193. 73	415. 56	171. 44	244. 12
保加利亚 Bulgaria	383. 34	150. 64	232. 70	484. 80	185. 18	299. 61
卡塔尔 Qatar	504. 91	340. 51	164. 40	654. 49	420. 20	234. 29
斯洛文尼亚 Slovenia	473. 71	232. 30	241. 41	616. 61	301. 02	315. 59
科威特 Kuwait	732. 59	560. 16	172. 43	840. 54	626. 91	213. 62
阿曼 Oman	326. 24	215. 85	110. 39	407. 17	246. 92	160. 25
安哥拉 Angola	406. 40	318. 62	87. 78	580. 57	443. 96	136. 61
利比亚 Libya	463. 01	402. 60	60. 41	537. 03	469. 70	67. 33

表 17　续 6

国家（地区）Country（area） \ 年份 Year	2008 年			2009 年		
	总额 Total	出口 Exports	进口 Imports	总额 Total	出口 Exports	进口 Imports
世界总额 World Total	327 376. 11	161 653. 11	165 722. 99	253 422. 47	125 606. 35	127 816. 13
美国 United States	34 569. 29	12 874. 42	21 694. 87	26 613. 39	10 560. 43	16 052. 96
中国 China	25 632. 55	14 306. 93	11 325. 62	22 075. 35	12 016. 12	10 059. 23
德国 Germany	26 312. 38	14 461. 71	11 850. 67	20 463. 88	11 200. 41	9 263. 47
日本 Japan	15 439. 46	7 814. 12	7 625. 34	11 326. 99	5 807. 19	5 519. 81
英国 United Kingdom	11 299. 50	4 721. 68	6 577. 83	8 739. 71	3 548. 93	5 190. 78
法国 France	13 330. 35	6 162. 40	7 167. 95	10 456. 54	4 847. 81	5 608. 73
中国香港 Hong Kong China	7 632. 04	3 702. 42	3 929. 62	6 816. 63	3 294. 22	3 522. 41
荷兰 Netherlands	12 188. 55	6 379. 18	5 809. 37	9 410. 44	4 978. 91	4 431. 53
韩国 Korea Rep.	8 572. 82	4 220. 07	4 352. 75	6 866. 18	3 635. 34	3 230. 85
加拿大 Canada	8 754. 82	4 564. 71	4 190. 11	6 460. 01	3 160. 94	3 299. 07
意大利 Italy	11 046. 67	5 427. 48	5 619. 19	8 220. 14	4 069. 09	4 151. 05
印度 India	5 158. 60	1 948. 28	3 210. 32	4 221. 11	1 649. 09	2 572. 02
比利时 Belgium	9 381. 48	4 718. 40	4 663. 07	7 234. 89	3 701. 25	3 533. 64
墨西哥 Mexico	6 095. 69	2 912. 65	3 183. 04	4 712. 27	2 297. 12	2 415. 15
新加坡 Singapore	6 579. 56	3 381. 76	3 197. 80	5 156. 17	2 698. 32	2 457. 85
西班牙 Spain	7 022. 96	2 814. 93	4 208. 03	5 205. 56	2 273. 38	2 932. 18
俄罗斯 Russia	7 634. 67	4 716. 06	2 918. 61	4 951. 91	3 033. 88	1 918. 03
瑞士 Switzerland	3 843. 33	2 007. 59	1 835. 74	3 278. 52	1 724. 74	1 553. 78
中国台湾 Taiwan China	4 960. 77	2 556. 29	2 404. 48	3 780. 45	2 036. 75	1 743. 71
阿拉伯联合酋长国 United Arab Emirates	4 162. 13	2 392. 13	1 770. 00	3 420. 00	1 920. 00	1 500. 00
土耳其 Turkey	3 339. 91	1 320. 27	2 019. 64	2 430. 71	1 021. 43	1 409. 28
巴西 Brazil	3 803. 19	1 979. 42	1 823. 77	2 866. 72	1 529. 95	1 336. 77
澳大利亚 Australia	3 875. 30	1 872. 57	2 002. 73	3 198. 02	1 543. 31	1 654. 71
泰国 Thailand	3 570. 02	1 777. 78	1 792. 25	2 861. 31	1 524. 22	1 337. 09
波兰 Poland	3 792. 62	1 704. 58	2 088. 04	2 859. 62	1 365. 03	1 494. 59
马来西亚 Malaysia	3 557. 63	1 994. 14	1 563. 48	2 810. 01	1 572. 44	1 237. 57
奥地利 Austria	3 655. 82	1 812. 89	1 842. 93	2 800. 52	1 369. 89	1 430. 63
印度尼西亚 Indonesia	2 671. 44	1 396. 06	1 275. 38	2 134. 32	1 196. 46	937. 86
沙特阿拉伯 Saudi Arabia	4 285. 96	3 134. 62	1 151. 34	2 878. 66	1 923. 14	955. 52
瑞典 Sweden	3 518. 30	1 833. 27	1 685. 03	2 506. 57	1 307. 81	1 198. 76
捷克 Czech	2 888. 37	1 467. 99	1 420. 38	2 180. 03	1 129. 55	1 050. 48
越南 Viet Nam	1 433. 99	626. 85	807. 14	1 270. 45	570. 96	699. 49
南非 S. Africa	1 824. 22	807. 82	1 016. 40	1 357. 30	616. 77	740. 54
匈牙利 Hungary	2 174. 44	1 085. 04	1 089. 40	1 607. 69	830. 08	777. 61

表 17 续 7

国家（地区）Country (area) \ 年份 Year	2008 年			2009 年		
	总额 Total	出口 Exports	进口 Imports	总额 Total	出口 Exports	进口 Imports
丹麦 Denmark	2 262.85	1 169.23	1 093.62	1 771.17	939.84	831.33
挪威 Norway	2 620.58	1 717.64	902.93	1 857.48	1 167.78	689.70
斯洛伐克 Slovak Republic	1 450.54	711.42	739.12	1 117.31	560.82	556.50
葡萄牙 Portugal	1 515.53	571.37	944.16	1 158.73	442.11	716.63
罗马尼亚 Romania	1 335.88	495.35	840.53	948.91	405.67	543.24
芬兰 Finland	1 882.37	964.55	917.81	1 237.44	628.54	608.89
以色列 Israel	1 289.93	613.37	676.56	972.13	479.35	492.78
智利 Chile	1 272.98	645.10	627.87	982.68	554.63	428.06
爱尔兰 Ireland	2 096.84	1 257.19	839.65	1 786.32	1 159.28	627.04
菲律宾 Philippines	1 094.97	490.78	604.20	843.14	384.36	458.78
埃及 Egypt	746.05	262.24	483.82	680.07	230.62	449.46
阿根廷 Argentina	1 274.80	700.18	574.62	944.58	556.72	387.86
哥伦比亚 Colombia	772.95	376.26	396.69	657.51	328.53	328.98
希腊 Greece	1 189.61	263.82	925.80	899.17	204.69	694.48
尼日利亚 Nigeria	1 362.24	862.74	499.51	906.48	567.42	339.06
伊拉克 Iraq	942.73	612.73	330.00	803.66	419.29	384.37
阿尔及利亚 Algeria	1 187.77	792.98	394.79	844.68	451.74	392.94
乌克兰 Ukraine	1 524.90	669.54	855.35	852.69	397.82	454.87
伊朗 Iran	1 710.69	1 136.68	574.01	1 295.98	788.30	507.68
巴基斯坦 Pakistan	626.52	203.23	423.29	491.91	175.23	316.68
摩洛哥 Morocco	627.11	203.45	423.66	469.35	140.54	328.81
委内瑞拉 Venezuela	1 454.71	950.21	504.50	991.43	576.03	415.40
新西兰 New Zealand	649.49	305.80	343.69	505.06	249.33	255.74
秘鲁 Peru	609.71	310.19	299.53	487.75	269.62	218.14
孟加拉国 Bangladesh	392.30	153.70	238.60	369.16	150.83	218.33
哈萨克斯坦 Kazakhstan	1 090.61	711.72	378.89	716.04	431.96	284.09
白俄罗斯 Belarus	719.52	325.71	393.81	498.73	213.04	285.69
立陶宛 Lithuania	547.45	236.46	310.99	347.58	164.54	183.04
保加利亚 Bulgaria	592.70	223.62	369.08	398.57	163.18	235.39
卡塔尔 Qatar	952.07	673.07	279.00	729.29	480.07	249.22
斯洛文尼亚 Slovenia	711.62	341.28	370.34	526.84	261.77	265.07
科威特 Kuwait	1 122.97	874.57	248.40	739.00	540.08	198.92
阿曼 Oman	608.56	377.19	231.37	455.88	276.51	179.36
安哥拉 Angola	848.96	639.14	209.82	634.88	408.28	226.60
利比亚 Libya	712.50	621.00	91.50	498.10	369.51	128.59

表 17 续 8

国家（地区）Country (area) \ 年份 Year	2010 年 总额 Total	2010 年 出口 Exports	2010 年 进口 Imports	2011 年 总额 Total	2011 年 出口 Exports	2011 年 进口 Imports
世界总额 World Total	308 117. 40	153 010. 80	155 106. 70	368 411. 10	183 379. 80	185 031. 30
美国 United States	32 476. 80	12 785. 00	19 691. 80	37 485. 30	14 825. 10	22 660. 20
中国 China	29 740. 01	15 777. 54	13 962. 47	36 418. 65	18 983. 81	17 434. 84
德国 Germany	23 137. 40	12 589. 20	10 548. 10	27 288. 50	14 739. 80	12 548. 70
日本 Japan	14 638. 30	7 697. 74	6 940. 59	16 785. 60	8 231. 84	8 553. 80
英国 United Kingdom	10 070. 50	4 159. 59	5 910. 95	11 834. 70	5 065. 70	6 768. 96
法国 France	11 348. 40	5 237. 67	6 110. 70	13 165. 00	5 964. 73	7 200. 28
中国香港 Hong Kong China	8 420. 61	4 006. 92	4 413. 69	9 664. 28	4 555. 73	5 108. 55
荷兰 Netherlands	10 906. 60	5 742. 51	5 164. 09	12 614. 70	6 671. 01	5 943. 66
韩国 Korea Rep.	8 915. 96	4 663. 84	4 252. 12	10 796. 30	5 552. 14	5 244. 13
加拿大 Canada	7 901. 71	3 874. 81	4 026. 90	9 149. 75	4 513. 35	4 636. 40
意大利 Italy	9 343. 50	4 473. 01	4 870. 49	10 820. 50	5 232. 58	5 587. 87
印度 India	5 765. 84	2 263. 51	3 502. 33	7 673. 67	3 029. 05	4 644. 62
比利时 Belgium	7 988. 69	4 076. 92	3 911. 77	9 426. 15	4 756. 72	4 669. 43
墨西哥 Mexico	6 085. 10	2 983. 05	3 102. 05	7 106. 37	3 495. 69	3 610. 68
新加坡 Singapore	6 626. 58	3 518. 67	3 107. 91	7 752. 73	4 095. 03	3 657. 70
西班牙 Spain	5 814. 33	2 544. 18	3 270. 16	6 831. 57	3 065. 51	3 766. 06
俄罗斯 Russia	6 492. 64	4 006. 30	2 486. 34	8 458. 42	5 220. 11	3 238. 31
瑞士 Switzerland	3 718. 90	1 956. 09	1 762. 81	4 430. 39	2 348. 19	2 082. 20
中国台湾 Taiwan China	5 258. 37	2 746. 01	2 512. 36	5 896. 95	3 082. 57	2 814. 38
阿拉伯联合酋长国 United Arab Emirates	3 790. 00	2 140. 00	1 650. 00	5 050. 00	3 020. 00	2 030. 00
土耳其 Turkey	2 994. 28	1 138. 83	1 855. 44	3 757. 49	1 349. 07	2 408. 42
巴西 Brazil	3 934. 52	2 019. 15	1 915. 37	4 930. 04	2 560. 40	2 369. 64
澳大利亚 Australia	4 142. 73	2 126. 34	2 016. 39	5 154. 34	2 717. 33	2 437. 01
泰国 Thailand	3 762. 27	1 933. 06	1 829. 21	4 513. 62	2 225. 76	2 287. 87
波兰 Poland	3 377. 73	1 597. 24	1 780. 49	3 992. 94	1 886. 96	2 105. 97
马来西亚 Malaysia	3 632. 34	1 986. 12	1 646. 22	4 155. 59	2 280. 86	1 874. 73
奥地利 Austria	3 115. 69	1 525. 60	1 590. 09	3 688. 45	1 774. 28	1 914. 17
印度尼西亚 Indonesia	2 934. 42	1 577. 79	1 356. 63	3 809. 32	2 034. 97	1 774. 36
沙特阿拉伯 Saudi Arabia	3 580. 06	2 511. 43	1 068. 63	4 962. 85	3 646. 99	1 315. 86
瑞典 Sweden	3 074. 95	1 585. 49	1 489. 46	3 639. 89	1 869. 63	1 770. 26
捷克 Czech	2 596. 34	1 329. 82	1 266. 52	3 150. 64	1 629. 39	1 521. 25
越南 Viet Nam	1 570. 75	722. 37	848. 39	2 036. 56	969. 06	1 067. 50
南非 S. Africa	1 881. 83	913. 47	968. 35	2 332. 45	1 088. 15	1 244. 30
匈牙利 Hungary	1 836. 60	954. 83	881. 78	2 147. 51	1 123. 12	1 024. 40

表 17 续 9

年份 Year 国家（地区） Country（area）	2010 年			2011 年		
	总额 Total	出口 Exports	进口 Imports	总额 Total	出口 Exports	进口 Imports
丹麦 Denmark	1 794. 92	964. 40	830. 52	2 075. 27	1 118. 64	956. 63
挪威 Norway	2 079. 87	1 306. 57	773. 30	2 511. 93	1 604. 10	907. 84
斯洛伐克 Slovak Republic	1 296. 90	646. 64	650. 26	1 596. 73	798. 30	798. 42
葡萄牙 Portugal	1 271. 55	494. 06	777. 49	1 425. 12	596. 17	828. 96
罗马尼亚 Romania	1 116. 88	495. 79	621. 09	1 395. 16	630. 35	764. 80
芬兰 Finland	1 383. 21	695. 18	688. 03	1 634. 07	791. 42	842. 64
以色列 Israel	1 196. 22	584. 13	612. 09	1 436. 26	677. 96	758. 30
智利 Chile	1 303. 16	711. 09	592. 07	1 561. 33	814. 38	746. 95
爱尔兰 Ireland	1 767. 73	1 164. 97	602. 76	1 923. 46	1 257. 40	666. 06
菲律宾 Philippines	1 099. 64	514. 96	584. 68	1 119. 98	483. 05	636. 93
埃及 Egypt	793. 61	264. 38	529. 23	894. 31	305. 28	589. 03
阿根廷 Argentina	1 249. 80	681. 87	567. 93	1 583. 70	840. 51	743. 19
哥伦比亚 Colombia	801. 99	397. 13	404. 86	1 111. 48	569. 15	542. 33
希腊 Greece	948. 63	279. 50	669. 13	1 012. 94	338. 19	674. 75
尼日利亚 Nigeria	1 282. 35	840. 00	442. 35	1 720. 00	1 160. 00	560. 00
伊拉克 Iraq	963. 98	524. 83	439. 15	1 310. 29	832. 26	478. 03
阿尔及利亚 Algeria	975. 26	570. 53	404. 73	1 207. 36	734. 89	472. 47
乌克兰 Ukraine	1 123. 89	514. 78	609. 11	1 510. 54	684. 60	825. 94
伊朗 Iran	1 667. 20	1 013. 16	654. 04	1 937. 60	1 320. 00	617. 60
巴基斯坦 Pakistan	592. 16	214. 10	378. 07	693. 94	253. 83	440. 12
摩洛哥 Morocco	531. 52	177. 71	353. 81	659. 26	216. 54	442. 72
委内瑞拉 Venezuela	1 047. 45	657. 45	390. 00	1 408. 11	928. 11	480. 00
新西兰 New Zealand	620. 13	313. 96	306. 17	747. 73	376. 69	371. 05
秘鲁 Peru	658. 34	358. 03	300. 30	841. 23	463. 76	377. 47
孟加拉国 Bangladesh	470. 16	191. 94	278. 21	606. 53	244. 39	362. 14
哈萨克斯坦 Kazakhstan	910. 78	599. 71	311. 07	1 212. 42	843. 36	369. 06
白俄罗斯 Belarus	601. 68	252. 84	348. 84	871. 78	414. 19	457. 59
立陶宛 Lithuania	441. 51	207. 48	234. 03	598. 23	280. 50	317. 73
保加利亚 Bulgaria	461. 43	206. 30	255. 13	607. 90	282. 08	325. 82
卡塔尔 Qatar	982. 04	749. 64	232. 40	1 443. 36	1 144. 48	298. 88
斯洛文尼亚 Slovenia	592. 94	292. 00	300. 94	702. 13	346. 82	355. 31
科威特 Kuwait	926. 53	699. 78	226. 75	1 271. 93	1 021. 03	250. 90
阿曼 Oman	565. 74	366. 01	199. 73	711. 11	470. 92	240. 19
安哥拉 Angola	672. 62	505. 95	166. 67	875. 39	673. 10	202. 28
利比亚 Libya	663. 47	486. 73	176. 74	269. 96	189. 96	80. 00

表 17　续 10

年份 Year 国家（地区） Country（area）	2012 年			2013 年		
	总额 Total	出口 Exports	进口 Imports	总额 Total	出口 Exports	进口 Imports
世界总额 World Total	372 040. 20	184 959. 80	187 080. 40	379 676. 40	189 527. 50	190 148. 90
美国 United States	38 822. 30	15 457. 00	23 365. 20	39 086. 50	15 795. 90	23 290. 60
中国 China	38 671. 19	20 487. 14	18 184. 05	41 589. 93	22 090. 04	19 499. 89
德国 Germany	25 559. 60	14 011. 10	11 548. 50	26 263. 00	14 450. 70	11 812. 30
日本 Japan	16 844. 10	7 985. 68	8 858. 43	15 482. 60	7 150. 97	8 331. 66
英国 United Kingdom	11 680. 10	4 727. 92	6 952. 20	12 006. 50	5 406. 16	6 600. 34
法国 France	12 431. 20	5 687. 08	6 744. 15	12 624. 30	5 809. 63	6 814. 67
中国香港 Hong Kong China	10 463. 90	4 929. 07	5 534. 86	11 578. 20	5 355. 46	6 222. 77
荷兰 Netherlands	12 423. 00	6 553. 74	5 869. 27	12 612. 50	6 715. 56	5 896. 97
韩国 Korea Rep.	10 674. 60	5 478. 70	5 195. 85	10 752. 20	5 596. 32	5 155. 84
加拿大 Canada	9 318. 88	4 555. 92	4 762. 96	9 340. 95	4 583. 18	4 757. 77
意大利 Italy	9 899. 06	5 013. 06	4 886. 00	9 977. 15	5 182. 68	4 794. 47
印度 India	7 865. 22	2 968. 28	4 896. 94	7 802. 45	3 148. 48	4 653. 97
比利时 Belgium	8 850. 68	4 459. 39	4 391. 28	9 204. 38	4 687. 60	4 516. 77
墨西哥 Mexico	7 512. 47	3 707. 70	3 804. 77	7 709. 80	3 800. 15	3 909. 65
新加坡 Singapore	7 881. 16	4 083. 93	3 797. 23	7 832. 66	4 102. 50	3 730. 16
西班牙 Spain	6 325. 89	2 952. 50	3 373. 38	6 584. 31	3 178. 33	3 405. 98
俄罗斯 Russia	8 647. 02	5 292. 56	3 354. 46	8 631. 05	5 218. 36	3 412. 69
瑞士 Switzerland	6 084. 25	3 124. 64	2 959. 61	6 793. 60	3 578. 52	3 215. 09
中国台湾 Taiwan China	5 837. 33	3 064. 09	2 773. 24	5 894. 38	3 114. 28	2 780. 10
阿拉伯联合酋长国 United Arab Emirates	5 750. 00	3 490. 00	2 260. 00	6 180. 00	3 790. 00	2 390. 00
土耳其 Turkey	3 890. 07	1 524. 62	2 365. 45	4 034. 64	1 518. 03	2 516. 61
巴西 Brazil	4 759. 76	2 425. 78	2 333. 98	4 925. 89	2 420. 34	2 505. 56
澳大利亚 Australia	5 176. 15	2 566. 75	2 609. 40	4 951. 21	2 529. 81	2 421. 40
泰国 Thailand	4 782. 21	2 291. 06	2 491. 15	4 789. 12	2 285. 05	2 504. 07
波兰 Poland	3 844. 34	1 853. 74	1 990. 60	4 125. 91	2 049. 84	2 076. 07
马来西亚 Malaysia	4 239. 30	2 275. 38	1 963. 93	4 342. 28	2 283. 31	2 058. 97
奥地利 Austria	3 451. 24	1 666. 11	1 785. 13	3 584. 33	1 751. 56	1 832. 77
印度尼西亚 Indonesia	3 817. 23	1 900. 32	1 916. 91	3 691. 80	1 825. 52	1 866. 29
沙特阿拉伯 Saudi Arabia	5 439. 94	3 884. 01	1 555. 93	5 440. 27	3 758. 72	1 681. 55
瑞典 Sweden	3 367. 80	1 723. 45	1 644. 36	3 281. 58	1 675. 50	1 606. 09
捷克 Czech	2 984. 53	1 570. 41	1 414. 12	3 065. 33	1 622. 74	1 442. 59
越南 Viet Nam	2 283. 10	1 145. 29	1 137. 80	2 640. 65	1 320. 33	1 320. 33
南非 S. Africa	2 267. 60	996. 06	1 271. 54	2 224. 83	961. 53	1 263. 30
匈牙利 Hungary	1 987. 46	1 035. 70	951. 76	2 076. 15	1 075. 03	1 001. 11

表 17 续 11

年份 Year 国家（地区） Country（area）	2012 年			2013 年		
	总额 Total	出口 Exports	进口 Imports	总额 Total	出口 Exports	进口 Imports
丹麦 Denmark	1 973. 94	1 054. 69	919. 25	2 082. 97	1 109. 49	973. 48
挪威 Norway	2 482. 61	1 609. 53	873. 08	2 458. 30	1 560. 22	898. 08
斯洛伐克 Slovak Republic	1 580. 10	806. 12	773. 98	1 674. 84	857. 50	817. 35
葡萄牙 Portugal	1 305. 19	580. 90	724. 29	1 385. 42	628. 23	757. 19
罗马尼亚 Romania	1 280. 48	578. 41	702. 07	1 393. 16	658. 35	734. 81
芬兰 Finland	1 495. 45	730. 77	764. 68	1 520. 06	744. 37	775. 70
以色列 Israel	1 385. 33	631. 41	753. 92	1 414. 69	666. 07	748. 61
智利 Chile	1 578. 64	777. 91	800. 73	1 561. 23	767. 70	793. 53
爱尔兰 Ireland	1 795. 43	1 167. 73	627. 69	1 887. 71	1 166. 37	721. 34
菲律宾 Philippines	1 174. 49	520. 99	653. 50	1 224. 03	566. 98	657. 05
埃及 Egypt	986. 09	294. 09	692. 00	951. 97	290. 18	661. 80
阿根廷 Argentina	1 479. 57	799. 82	679. 74	1 504. 05	759. 63	744. 42
哥伦比亚 Colombia	1 191. 73	601. 25	590. 48	1 182. 21	588. 24	593. 97
希腊 Greece	987. 71	354. 41	633. 29	986. 68	362. 51	624. 17
尼日利亚 Nigeria	1 657. 00	1 147. 00	510. 00	1 584. 00	1 024. 00	560. 00
伊拉克 Iraq	1 506. 25	943. 92	562. 34	1 490. 91	897. 42	593. 49
阿尔及利亚 Algeria	1 222. 44	718. 66	503. 78	1 200. 02	649. 74	550. 28
乌克兰 Ukraine	1 531. 69	685. 30	846. 39	1 411. 25	643. 38	767. 87
伊朗 Iran	1 610. 92	1 040. 00	570. 92	1 317. 00	825. 00	492. 00
巴基斯坦 Pakistan	686. 72	245. 67	441. 05	697. 68	251. 21	446. 47
摩洛哥 Morocco	663. 18	214. 46	448. 72	671. 62	219. 72	451. 90
委内瑞拉 Venezuela	1 486. 71	973. 40	513. 31	1 375. 26	887. 53	487. 73
新西兰 New Zealand	755. 59	373. 05	382. 54	790. 86	394. 45	396. 41
秘鲁 Peru	899. 56	474. 11	425. 45	865. 31	428. 61	436. 70
孟加拉国 Bangladesh	593. 00	251. 27	341. 73	661. 99	291. 14	370. 85
哈萨克斯坦 Kazakhstan	1 328. 07	864. 49	463. 58	1 335. 06	847. 00	488. 06
白俄罗斯 Belarus	924. 64	460. 60	464. 04	802. 26	372. 03	430. 23
立陶宛 Lithuania	615. 76	296. 11	319. 65	674. 04	325. 98	348. 06
保加利亚 Bulgaria	593. 96	266. 86	327. 10	638. 82	295. 79	343. 03
卡塔尔 Qatar	1 671. 62	1 329. 62	342. 00	1 638. 93	1 368. 55	270. 38
斯洛文尼亚 Slovenia	641. 97	321. 63	320. 35	673. 92	340. 19	333. 73
科威特 Kuwait	1 461. 71	1 189. 12	272. 59	1 444. 02	1 151. 04	292. 99
阿曼 Oman	807. 74	521. 38	286. 36	898. 28	554. 97	343. 31
安哥拉 Angola	948. 10	710. 93	237. 17	945. 78	682. 47	263. 31
利比亚 Libya	829. 46	609. 46	220. 00	705. 00	435. 00	270. 00

表 17　续 12

国家（地区） Country（area） \ 年份 Year	2014 年			2015 年		
	总额 Total	出口 Exports	进口 Imports	总额 Total	出口 Exports	进口 Imports
世界总额 World Total	380 873. 50	189 677. 00	191 196. 60	333 175. 94	165 305. 68	167 870. 26
美国 United States	40 330. 80	16 205. 30	24 125. 50	38 178. 70	15 025. 70	23 153. 00
中国 China	43 015. 27	23 422. 93	19 592. 35	39 530. 33	22 734. 68	16 795. 64
德国 Germany	27 016. 50	14 946. 10	12 070. 40	23 781. 60	13 267. 60	10 513. 90
日本 Japan	15 024. 10	6 902. 03	8 122. 08	12 727. 70	6 247. 87	6 479. 82
英国 United Kingdom	11 956. 70	5 052. 05	6 904. 66	10 865. 20	4 601. 53	6 263. 69
法国 France	12 597. 20	5 810. 55	6 786. 66	10 797. 00	5 063. 42	5 733. 53
中国香港 Hong Kong China	11 249. 00	5 241. 30	6 007. 65	10 700. 20	5 105. 96	5 594. 27
荷兰 Netherlands	12 621. 10	6 726. 71	5 894. 40	10 829. 90	5 706. 26	5 123. 64
韩国 Korea Rep.	10 981. 80	5 726. 64	5 255. 14	9 632. 55	5 267. 56	4 364. 99
加拿大 Canada	9 506. 32	4 763. 00	4 743. 32	8 389. 45	4 099. 65	4 289. 79
意大利 Italy	10 040. 90	5 298. 99	4 741. 93	8 684. 90	4 574. 37	4 110. 52
印度 India	7 856. 03	3 226. 94	4 629. 10	6 603. 10	2 674. 44	3 928. 66
比利时 Belgium	9 269. 51	4 723. 19	4 546. 32	7 720. 59	3 969. 09	3 751. 49
墨西哥 Mexico	8 084. 93	3 969. 12	4 115. 81	7 858. 30	3 805. 50	4 052. 81
新加坡 Singapore	7 755. 51	4 093. 04	3 662. 47	6 433. 83	3 466. 38	2 967. 45
西班牙 Spain	6 834. 60	3 245. 36	3 589. 24	5 944. 94	2 824. 78	3 120. 16
俄罗斯 Russia	8 046. 84	4 968. 07	3 078. 77	5 344. 38	3 414. 19	1 930. 19
瑞士 Switzerland	5 869. 44	3 112. 04	2 757. 41	5 429. 30	2 898. 19	2 531. 10
中国台湾 Taiwan China	6 019. 42	3 200. 92	2 818. 50	5 225. 63	2 853. 44	2 372. 19
阿拉伯联合酋长国 United Arab Emirates	6 190. 00	3 430. 00	2 760. 00	5 635. 00	3 005. 00	2 630. 00
土耳其 Turkey	3 997. 87	1 576. 10	2 421. 77	3 510. 73	1 438. 39	2 072. 34
巴西 Brazil	4 642. 57	2 251. 01	2 391. 56	3 699. 67	1 911. 34	1 788. 32
澳大利亚 Australia	4 767. 29	2 399. 75	2 367. 54	3 964. 94	1 877. 42	2 087. 52
泰国 Thailand	4 552. 10	2 274. 62	2 277. 48	4 169. 63	2 143. 10	2 026. 53
波兰 Poland	4 438. 27	2 201. 52	2 236. 74	3 957. 75	1 991. 92	1 965. 84
马来西亚 Malaysia	4 427. 78	2 339. 27	2 088. 51	3 751. 69	1 991. 58	1 760. 11
奥地利 Austria	3 602. 55	1 782. 48	1 820. 06	3 089. 47	1 528. 41	1 561. 06
印度尼西亚 Indonesia	3 544. 72	1 762. 93	1 781. 79	2 930. 61	1 503. 66	1 426. 95
沙特阿拉伯 Saudi Arabia	5 162. 66	3 424. 33	1 738. 34	3 782. 26	2 035. 50	1 746. 75
瑞典 Sweden	3 268. 82	1 646. 29	1 622. 53	2 785. 57	1 400. 83	1 384. 73
捷克 Czech	3 294. 70	1 750. 95	1 543. 75	2 993. 93	1 579. 53	1 414. 41
越南 Viet Nam	2 980. 66	1 502. 17	1 478. 49	3 276. 74	1 620. 65	1 656. 10
南非 S. Africa	2 141. 33	921. 83	1 219. 50	1 860. 81	814. 32	1 046. 49
匈牙利 Hungary	2 155. 41	1 106. 19	1 049. 23	1 906. 05	985. 75	920. 30

表 17 续 13

国家（地区）Country（area） / 年份 Year	2014 年			2015 年		
	总额 Total	出口 Exports	进口 Imports	总额 Total	出口 Exports	进口 Imports
丹麦 Denmark	2 110. 75	1 114. 77	995. 99	1 811. 08	954. 84	856. 24
挪威 Norway	2 341. 37	1 446. 77	894. 60	1 801. 96	1 038. 09	763. 87
斯洛伐克 Slovak Republic	1 684. 13	864. 60	819. 53	1 486. 87	752. 74	734. 12
葡萄牙 Portugal	1 422. 63	638. 39	784. 24	1 220. 21	550. 69	669. 52
罗马尼亚 Romania	1 475. 38	697. 47	777. 91	1 304. 76	606. 01	698. 75
芬兰 Finland	1 511. 07	743. 61	767. 47	1 203. 13	598. 59	604. 54
以色列 Israel	1 439. 90	685. 07	754. 83	1 286. 91	637. 01	649. 90
智利 Chile	1 479. 74	751. 22	728. 52	1 246. 80	621. 83	624. 97
爱尔兰 Ireland	2 033. 26	1 211. 82	821. 44	2 004. 98	1 234. 42	770. 56
菲律宾 Philippines	1 308. 05	621. 00	687. 05	1 335. 78	588. 27	747. 51
埃及 Egypt	936. 37	268. 52	667. 85	849. 23	213. 49	635. 74
阿根廷 Argentina	1 341. 40	684. 05	657. 35	1 169. 89	567. 84	602. 05
哥伦比亚 Colombia	1 188. 86	548. 57	640. 29	900. 66	360. 09	540. 58
希腊 Greece	1 002. 32	360. 30	642. 02	770. 83	287. 31	483. 52
尼日利亚 Nigeria	1 542. 00	942. 00	600. 00	994. 00	514. 00	480. 00
伊拉克 Iraq	1 376. 83	845. 06	531. 77	884. 48	494. 03	390. 45
阿尔及利亚 Algeria	1 186. 41	600. 61	585. 80	863. 70	346. 68	517. 02
乌克兰 Ukraine	1 085. 29	541. 99	543. 30	741. 76	378. 59	363. 17
伊朗 Iran	1 398. 00	888. 00	510. 00	1 049. 00	631. 00	418. 00
巴基斯坦 Pakistan	721. 40	247. 06	474. 34	658. 84	220. 89	437. 95
摩洛哥 Morocco	702. 02	239. 20	462. 83	604. 35	223. 34	381. 00
委内瑞拉 Venezuela	1 178. 83	747. 14	431. 69	706. 39	373. 09	333. 30
新西兰 New Zealand	841. 41	416. 22	425. 18	709. 04	343. 54	365. 50
秘鲁 Peru	818. 79	395. 33	423. 46	723. 39	344. 14	379. 25
孟加拉国 Bangladesh	715. 24	304. 05	411. 19	744. 26	323. 79	420. 47
哈萨克斯坦 Kazakhstan	1 207. 55	794. 60	412. 96	765. 24	459. 56	305. 68
白俄罗斯 Belarus	767. 40	361. 27	406. 14	569. 52	266. 60	302. 92
立陶宛 Lithuania	667. 58	323. 64	343. 94	535. 93	254. 12	281. 81
保加利亚 Bulgaria	639. 83	292. 85	346. 98	546. 14	253. 83	292. 32
卡塔尔 Qatar	1 620. 40	1 315. 92	304. 48	1 105. 81	779. 71	326. 10
斯洛文尼亚 Slovenia	699. 14	359. 69	339. 45	617. 77	319. 45	298. 32
科威特 Kuwait	1 331. 32	1 021. 11	310. 21	850. 86	541. 22	309. 63
阿曼 Oman	800. 21	507. 18	293. 03	609. 34	319. 27	290. 07
安哥拉 Angola	877. 50	591. 70	285. 80	538. 74	331. 81	206. 93
利比亚 Libya	400. 00	210. 00	190. 00	232. 00	102. 00	130. 00

表 17　续 14

国家（地区） Country（area） \ 年份 Year	2016 年			2017 年		
	总额 Total	出口 Exports	进口 Imports	总额 Total	出口 Exports	进口 Imports
世界总额 World Total	323 154. 61	160 305. 40	162 849. 21	357 751. 51	177 318. 64	180 432. 87
美国 United States	37 011. 60	14 510. 10	22 501. 50	39 562. 20	15 467. 20	24 095. 00
中国 China	36 855. 57	20 976. 31	15 879. 26	41 071. 38	22 633. 45	18 437. 93
德国 Germany	23 900. 70	13 343. 60	10 557. 20	26 153. 40	14 483. 00	11 670. 30
日本 Japan	12 525. 00	6 449. 00	6 076. 02	13 700. 50	6 981. 31	6 719. 21
英国 United Kingdom	10 459. 40	4 095. 78	6 363. 66	10 890. 40	4 449. 82	6 440. 55
法国 France	10 740. 00	5 017. 65	5 722. 33	11 599. 00	5 351. 86	6 247. 16
中国香港 Hong Kong China	10 640. 70	5 167. 34	5 473. 36	11 401. 80	5 502. 72	5 899. 08
荷兰 Netherlands	10 765. 00	5 714. 36	5 050. 67	12 263. 10	6 520. 00	5 743. 08
韩国 Korea Rep.	9 016. 18	4 954. 26	4 061. 92	10 521. 70	5 736. 94	4 784. 78
加拿大 Canada	8 032. 70	3 903. 07	4 129. 63	8 625. 90	4 208. 61	4 417. 29
意大利 Italy	8 688. 00	4 618. 75	4 069. 25	9 588. 50	5 062. 26	4 526. 24
印度 India	6 253. 52	2 641. 44	3 612. 08	7 456. 17	2 983. 76	4 472. 41
比利时 Belgium	7 706. 71	3 980. 33	3 726. 37	8 326. 27	4 295. 28	4 030. 99
墨西哥 Mexico	7 714. 55	3 739. 39	3 975. 16	8 416. 47	4 094. 94	4 321. 53
新加坡 Singapore	6 299. 90	3 380. 82	2 919. 08	7 009. 26	3 732. 37	3 276. 89
西班牙 Spain	6 011. 55	2 900. 54	3 111. 02	6 711. 51	3 205. 15	3 506. 36
俄罗斯 Russia	4 734. 39	2 818. 51	1 915. 88	5 909. 04	3 531. 16	2 377. 88
瑞士 Switzerland	5 730. 15	3 029. 02	2 701. 13	5 684. 46	2 996. 05	2 688. 42
中国台湾 Taiwan China	5 108. 89	2 803. 21	2 305. 68	5 768. 80	3 173. 81	2 594. 99
阿拉伯联合酋长国 United Arab Emirates	5 700. 00	2 990. 00	2 710. 00	6 280. 00	3 600. 00	2 680. 00
土耳其 Turkey	3 411. 48	1 425. 30	1 986. 18	3 908. 19	1 570. 20	2 338. 00
巴西 Brazil	3 287. 78	1 852. 86	1 434. 92	3 752. 45	2 177. 69	1 574. 76
澳大利亚 Australia	3 884. 70	1 924. 89	1 959. 81	4 594. 09	2 308. 29	2 285. 80
泰国 Thailand	4 095. 86	2 153. 88	1 941. 98	4 594. 58	2 366. 94	2 227. 63
波兰 Poland	3 998. 26	2 025. 27	1 973. 00	4 613. 69	2 309. 33	2 304. 36
马来西亚 Malaysia	3 580. 89	1 896. 59	1 684. 30	4 129. 88	2 178. 39	1 951. 49
奥地利 Austria	3 098. 45	1 520. 99	1 577. 46	3 438. 57	1 680. 20	1 758. 36
印度尼西亚 Indonesia	2 803. 96	1 447. 43	1 356. 53	3 254. 98	1 685. 73	1 569. 25
沙特阿拉伯 Saudi Arabia	3 237. 49	1 835. 79	1 401. 70	3 489. 99	2 181. 74	1 308. 25
瑞典 Sweden	2 803. 09	1 394. 87	1 408. 22	3 070. 18	1 531. 40	1 538. 78
捷克 Czech	3 058. 01	1 627. 14	1 430. 87	3 420. 89	1 801. 26	1 619. 63
越南 Viet Nam	3 513. 85	1 765. 81	1 748. 04	4 258. 41	2 143. 23	2 115. 18
南非 S. Africa	1 667. 99	752. 07	915. 92	1 903. 80	890. 42	1 013. 39
匈牙利 Hungary	1 958. 13	1 019. 16	938. 97	2 209. 16	1 136. 02	1 073. 14

表 17 续 15

国家（地区）Country (area) \ 年份 Year	2016 年			2017 年		
	总额 Total	出口 Exports	进口 Imports	总额 Total	出口 Exports	进口 Imports
丹麦 Denmark	1 808. 99	953. 45	855. 55	1 954. 45	1 025. 32	929. 13
挪威 Norway	1 621. 52	894. 83	726. 69	1 847. 29	1 019. 76	827. 53
斯洛伐克 Slovak Republic	1 530. 68	775. 60	755. 09	1 678. 16	845. 78	832. 38
葡萄牙 Portugal	1 231. 60	553. 70	677. 90	1 400. 90	622. 11	778. 80
罗马尼亚 Romania	1 380. 92	635. 28	745. 64	1 560. 95	707. 34	853. 61
芬兰 Finland	1 184. 91	576. 18	608. 73	1 379. 66	678. 76	700. 89
以色列 Israel	1 292. 80	604. 01	688. 79	1 329. 99	610. 92	719. 08
智利 Chile	1 194. 27	605. 97	588. 29	1 334. 68	683. 06	651. 62
爱尔兰 Ireland	2 119. 75	1 308. 69	811. 06	2 234. 47	1 367. 61	866. 86
菲律宾 Philippines	1 468. 41	574. 06	894. 35	1 617. 30	632. 33	984. 96
埃及 Egypt	812. 57	254. 68	557. 89	872. 31	256. 04	616. 27
阿根廷 Argentina	1 137. 90	578. 79	559. 11	1 253. 26	584. 27	668. 99
哥伦比亚 Colombia	766. 47	317. 57	448. 90	838. 76	378. 00	460. 76
希腊 Greece	770. 08	281. 65	488. 43	894. 46	325. 97	568. 48
尼日利亚 Nigeria	740. 00	350. 00	390. 00	919. 00	469. 00	450. 00
伊拉克 Iraq	826. 03	438. 90	387. 13	867. 47	455. 25	412. 22
阿尔及利亚 Algeria	771. 15	300. 26	470. 89	810. 54	349. 25	461. 29
乌克兰 Ukraine	755. 15	363. 64	391. 51	926. 20	431. 99	494. 21
伊朗 Iran	1 130. 00	730. 00	400. 00	1 390. 00	920. 00	470. 00
巴基斯坦 Pakistan	672. 22	203. 75	468. 47	793. 15	215. 69	577. 46
摩洛哥 Morocco	645. 12	228. 39	416. 73	702. 57	253. 32	449. 24
委内瑞拉 Venezuela	422. 50	267. 00	155. 50	421. 00	316. 00	105. 00
新西兰 New Zealand	698. 03	337. 40	360. 63	781. 58	380. 44	401. 15
秘鲁 Peru	732. 85	370. 20	362. 65	847. 74	449. 18	398. 56
孟加拉国 Bangladesh	797. 27	348. 94	448. 32	888. 01	359. 65	528. 36
哈萨克斯坦 Kazakhstan	621. 14	367. 37	253. 77	776. 47	483. 42	293. 05
白俄罗斯 Belarus	511. 47	235. 37	276. 10	634. 40	292. 22	342. 18
立陶宛 Lithuania	523. 63	250. 24	273. 40	623. 50	298. 57	324. 93
保加利亚 Bulgaria	555. 45	265. 90	289. 55	641. 10	300. 24	340. 86
卡塔尔 Qatar	893. 11	572. 54	320. 58	969. 22	672. 81	296. 41
斯洛文尼亚 Slovenia	634. 69	329. 22	305. 48	743. 60	383. 93	359. 67
科威特 Kuwait	770. 25	462. 34	307. 90	892. 63	558. 32	334. 32
阿曼 Oman	477. 15	244. 55	232. 60	565. 98	294. 41	271. 57
安哥拉 Angola	398. 44	273. 06	125. 38	526. 24	331. 29	194. 95
利比亚 Libya	167. 00	60. 00	107. 00	273. 00	156. 00	117. 00

表 17　续 16

年份 Year 国家（地区） Country（area）	2018 年		
	总额 Total	出口 Exports	进口 Imports
世界总额 World Total	393 418. 50	194 753. 61	198 664. 89
美国 United States	42 784. 12	16 640. 85	26 143. 27
中国 China	46 229. 50	24 870. 45	21 359. 05
德国 Germany	28 464. 59	15 608. 15	12 856. 44
日本 Japan	14 871. 38	7 384. 03	7 487. 35
英国 United Kingdom	11 592. 60	4 857. 11	6 735. 49
法国 France	12 544. 09	5 818. 16	6 725. 93
中国香港 Hong Kong China	11 967. 58	5 692. 41	6 275. 17
荷兰 Netherlands	13 686. 97	7 226. 68	6 460. 29
韩国 Korea Rep.	11 400. 62	6 048. 60	5 352. 02
加拿大 Canada	9 188. 45	4 498. 45	4 690. 00
意大利 Italy	10 474. 38	5 466. 43	5 007. 95
印度 India	8 362. 27	3 255. 62	5 106. 65
比利时 Belgium	9 168. 40	4 667. 24	4 501. 16
墨西哥 Mexico	9 271. 41	4 505. 72	4 765. 69
新加坡 Singapore	7 832. 64	4 126. 29	3 706. 35
西班牙 Spain	7 332. 10	3 451. 66	3 880. 44
俄罗斯 Russia	6 930. 63	4 440. 08	2 490. 55
瑞士 Switzerland	5 900. 97	3 108. 09	2 792. 88
中国台湾 Taiwan China	6 222. 42	3 359. 09	2 863. 33
阿拉伯联合酋长国 United Arab Emirates	5 985. 00	3 455. 00	2 530. 00
土耳其 Turkey	3 910. 13	1 679. 67	2 230. 46
巴西 Brazil	4 283. 99	2 396. 81	1 887. 18
澳大利亚 Australia	4 925. 71	2 568. 80	2 356. 91
泰国 Thailand	5 017. 66	2 521. 06	2 496. 60
波兰 Poland	5 271. 12	2 606. 07	2 665. 05
马来西亚 Malaysia	4 648. 36	2 473. 65	2 174. 71
奥地利 Austria	3 780. 45	1 847. 22	1 933. 23
印度尼西亚 Indonesia	3 689. 27	1 802. 15	1 887. 12
沙特阿拉伯 Saudi Arabia	4 341. 16	2 991. 00	1 350. 16
瑞典 Sweden	3 360. 86	1 659. 71	1 701. 15
捷克 Czech	3 859. 94	2 021. 97	1 837. 97
越南 Viet Nam	4 898. 30	2 456. 35	2 441. 95
南非 S. Africa	2 079. 22	939. 82	1 139. 40
匈牙利 Hungary	2 471. 36	1 258. 64	1 212. 72

表 17　续 17

年份 Year / 国家（地区）Country（area）	2018 年		
	总额 Total	出口 Exports	进口 Imports
丹麦 Denmark	2 111.83	1 089.72	1 022.11
挪威 Norway	2 105.98	1 229.72	876.26
斯洛伐克 Slovak Republic	1 882.52	942.17	940.35
葡萄牙 Portugal	1 570.67	684.51	886.16
罗马尼亚 Romania	1 774.48	796.71	977.77
芬兰 Finland	1 545.55	760.67	784.88
以色列 Israel	1 451.93	573.93	878.00
智利 Chile	1 496.71	754.82	741.89
爱尔兰 Ireland	2 704.32	1 646.43	1 057.89
菲律宾 Philippines	1 822.26	674.88	1 147.38
埃及 Egypt	996.24	276.24	720.00
阿根廷 Argentina	1 270.63	616.20	654.43
哥伦比亚 Colombia	930.64	418.31	512.33
希腊 Greece	1 046.15	394.74	651.41
尼日利亚 Nigeria	1 025.48	606.65	418.83
伊拉克 Iraq	1 372.05	893.55	478.50
阿尔及利亚 Algeria	878.85	408.83	470.02
乌克兰 Ukraine	1 043.94	473.48	570.46
伊朗 Iran	1 572.54	1 079.00	493.54
巴基斯坦 Pakistan	839.57	234.85	604.72
摩洛哥 Morocco	800.89	290.74	510.15
委内瑞拉 Venezuela	445.70	336.60	109.10
新西兰 New Zealand	835.06	397.13	437.93
秘鲁 Peru	921.91	489.42	432.49
孟加拉国 Bangladesh	1 007.52	392.52	615.00
哈萨克斯坦 Kazakhstan	934.90	609.56	325.34
白俄罗斯 Belarus	721.07	337.16	383.91
立陶宛 Lithuania	699.22	334.07	365.15
保加利亚 Bulgaria	710.52	331.51	379.01
卡塔尔 Qatar	1 207.67	864.69	342.98
斯洛文尼亚 Slovenia	864.43	442.10	422.33
科威特 Kuwait	1 081.90	715.66	366.24
阿曼 Oman	720.49	466.37	254.12
安哥拉 Angola	575.66	421.24	154.42
利比亚 Libya	337.46	212.53	124.93

表 18 世界部分国家（地区）出口额占世界出口额比重和位次

Share and place of exports of selected countries（areas）in the world total

金额单位：亿美元

Unit：USD million

年份 Year / 国家（地区）Country（area）	2002 年			2003 年		
	出口额 Exports	比重（%）Share（%）	位次 Place	出口额 Exports	比重（%）Share（%）	位次 Place
中国 China	3 256	5. 01	5	4 382	5. 78	4
美国 United States	6 931	10. 67	1	7 248	9. 55	2
德国 Germany	6 158	9. 48	2	7 516	9. 90	1
日本 Japan	4 167	6. 41	3	4 718	6. 22	3
荷兰 Netherlands	2 441	3. 76	9	2 960	3. 90	8
韩国 Korea Rep.	1 625	2. 50	12	1 938	2. 55	12
中国香港 Hong Kong China	2 019	3. 11	11	2 287	3. 01	11
法国 France	3 317	5. 11	4	3 920	5. 17	5
英国 United kingdom	2 802	4. 31	6	3 056	4. 03	6
意大利 Italy	2 544	3. 92	7	2 993	3. 94	7
加拿大 Canada	2 524	3. 88	8	2 727	3. 59	9
比利时 Belgium	2 161	3. 33	10	2 556	3. 37	10
墨西哥 Mexico	1 607	2. 47	13	1 654	2. 18	13
新加坡 Singapore	1 252	1. 93	16	1 599	2. 11	14
俄罗斯 Russia	1 073	1. 65	17	1 359	1. 79	17
瑞士 Switzerland	917	1. 41	19	1 048	1. 38	18
中国台湾 Taiwan China	1 351	2. 08	14	1 503	1. 98	16
西班牙 Spain	1 257	1. 93	15	1 561	2. 06	15
印度 India	493	0. 76	31	590	0. 78	31
阿拉伯联合酋长国 United Arab Emirates	522	0. 80	30	671	0. 88	28
泰国 Thailand	681	1. 05	24	803	1. 06	24
沙特阿拉伯 Saudi Arabia	725	1. 12	23	932	1. 23	22
马来西亚 Malaysia	941	1. 45	18	1 047	1. 38	19
波兰 Poland	411	0. 63	33	538	0. 71	32
巴西 Brazil	604	0. 93	26	732	0. 96	25
澳大利亚 Australia	650	1. 00	25	704	0. 93	26
越南 Viet Nam	167	0. 26	48	201	0. 27	50
捷克 Czech	385	0. 59	34	487	0. 64	34
奥地利 Austria	787	1. 21	22	971	1. 28	21
印度尼西亚 Indonesia	592	0. 91	28	641	0. 84	30
土耳其 Turkey	361	0. 55	35	473	0. 62	35
瑞典 Sweden	815	1. 25	21	1 021	1. 35	20
爱尔兰 Ireland	883	1. 36	20	928	1. 22	23

表 18 续 1

年份 Year 国家（地区）Country（area）	2002 年			2003 年		
	出口额 Exports	比重（%）Share（%）	位次 Place	出口额 Exports	比重（%）Share（%）	位次 Place
挪威 Norway	597	0.92	27	683	0.90	27
匈牙利 Hungary	345	0.53	37	431	0.57	36
丹麦 Denmark	575	0.88	29	665	0.88	29
南非 S. Africa	297	0.46	38	365	0.48	37
卡塔尔 Qatar	110	0.17	56	134	0.18	54
斯洛伐克 Slovak Republic	144	0.22	50	218	0.29	47
以色列 Israel	293	0.45	39	318	0.42	40
智利 Chile	182	0.28	45	217	0.29	48
伊朗 Iran	282	0.43	40	338	0.44	39
罗马尼亚 Romania	139	0.21	52	177	0.23	51
芬兰 Finland	451	0.70	32	532	0.70	33
菲律宾 Philippines	352	0.54	36	362	0.48	38
阿根廷 Argentina	257	0.39	43	296	0.39	42
葡萄牙 Portugal	259	0.40	42	318	0.42	41
科威特 Kuwait	154	0.24	49	207	0.27	49
伊拉克 Iraq	122	0.19	53	97	0.13	63
尼日利亚 Nigeria	180	0.28	46	240	0.32	44
哈萨克斯坦 Kazakhstan	97	0.15	62	129	0.17	58
阿曼 Oman	112	0.17	55	117	0.15	61
乌克兰 Ukraine	180	0.28	47	231	0.30	46
阿尔及利亚 Algeria	188	0.29	44	232	0.31	45
委内瑞拉 Venezuela	268	0.41	41	272	0.36	43
哥伦比亚 Colombia	119	0.18	54	131	0.17	57
新西兰 New Zealand	144	0.22	51	165	0.22	52
秘鲁 Peru	77	0.12	66	91	0.12	65
安哥拉 Angola	83	0.13	63	95	0.13	64
孟加拉国 Bangladesh	61	0.09	69	70	0.09	71
斯洛文尼亚 Slovenia	104	0.16	58	128	0.17	59
希腊 Greece	104	0.16	57	134	0.18	55
白俄罗斯 Belarus	80	0.12	64	99	0.13	62
保加利亚 Bulgaria	57	0.09	71	75	0.10	68
立陶宛 Lithuania	55	0.08	73	72	0.09	70
巴基斯坦 Pakistan	99	0.15	60	119	0.16	60
摩洛哥 Morocco	78	0.12	65	88	0.12	66
埃及 Egypt	55	0.09	72	74	0.10	69
厄瓜多尔 Ecuador	50	0.08	77	62	0.08	73

表 18　续 2

年份 Year 国家（地区） Country (area)	2004 年			2005 年		
	出口额 Exports	比重（%） Share（%）	位次 Place	出口额 Exports	比重（%） Share（%）	位次 Place
中国 China	5 933	6. 43	3	7 620	7. 25	3
美国 United States	8 149	8. 83	2	9 011	8. 57	2
德国 Germany	9 099	9. 86	1	9 709	9. 24	1
日本 Japan	5 657	6. 13	4	5 949	5. 66	4
荷兰 Netherlands	3 574	3. 87	6	4 064	3. 87	6
韩国 Korea Rep.	2 538	2. 75	12	2 844	2. 71	12
中国香港 Hong Kong China	2 655	2. 88	11	2 921	2. 78	11
法国 France	4 521	4. 90	5	4 634	4. 41	5
英国 United kingdom	3 475	3. 77	8	3 909	3. 72	7
意大利 Italy	3 538	3. 84	7	3 731	3. 55	8
加拿大 Canada	3 168	3. 43	9	3 605	3. 43	9
比利时 Belgium	3 069	3. 33	10	3 344	3. 18	10
墨西哥 Mexico	1 880	2. 04	14	2 142	2. 04	15
新加坡 Singapore	1 986	2. 15	13	2 296	2. 19	14
俄罗斯 Russia	1 832	1. 99	15	2 438	2. 32	13
瑞士 Switzerland	1 228	1. 33	21	1 309	1. 25	21
中国台湾 Taiwan China	1 824	1. 98	17	1 984	1. 89	16
西班牙 Spain	1 826	1. 98	16	1 926	1. 83	17
印度 India	766	0. 83	30	996	0. 95	29
阿拉伯联合酋长国 United Arab Emirates	910	0. 99	26	1 173	1. 12	24
泰国 Thailand	962	1. 04	25	1 109	1. 06	25
沙特阿拉伯 Saudi Arabia	1 260	1. 37	19	1 807	1. 72	18
马来西亚 Malaysia	1 266	1. 37	18	1 416	1. 35	19
波兰 Poland	750	0. 81	31	894	0. 85	30
巴西 Brazil	967	1. 05	24	1 185	1. 13	23
澳大利亚 Australia	866	0. 94	27	1 061	1. 01	27
越南 Viet Nam	265	0. 29	50	324	0. 31	49
捷克 Czech	690	0. 75	33	781	0. 74	33
奥地利 Austria	1 184	1. 28	22	1 252	1. 19	22
印度尼西亚 Indonesia	708	0. 77	32	870	0. 83	31
土耳其 Turkey	632	0. 68	34	735	0. 70	34
瑞典 Sweden	1 233	1. 34	20	1 310	1. 25	20
爱尔兰 Ireland	1 048	1. 14	23	1 097	1. 04	26
挪威 Norway	825	0. 89	28	1 038	0. 99	28
匈牙利 Hungary	556	0. 60	36	629	0. 60	36

表 18 续 3

国家（地区）Country（area） \ 年份 Year	2004 年			2005 年		
	出口额 Exports	比重（%）Share（%）	位次 Place	出口额 Exports	比重（%）Share（%）	位次 Place
丹麦 Denmark	771	0. 84	29	851	0. 81	32
南非 S. Africa	461	0. 50	37	516	0. 49	39
卡塔尔 Qatar	187	0. 20	55	258	0. 25	54
斯洛伐克 Slovak Republic	277	0. 30	49	319	0. 30	50
以色列 Israel	386	0. 42	42	428	0. 41	43
智利 Chile	325	0. 35	46	413	0. 39	44
伊朗 Iran	417	0. 45	38	563	0. 54	37
罗马尼亚 Romania	236	0. 26	51	277	0. 26	53
芬兰 Finland	615	0. 67	35	655	0. 62	35
菲律宾 Philippines	397	0. 43	39	413	0. 39	45
阿根廷 Argentina	346	0. 37	44	404	0. 38	46
葡萄牙 Portugal	358	0. 39	43	387	0. 37	47
科威特 Kuwait	286	0. 31	48	449	0. 43	42
伊拉克 Iraq	178	0. 19	56	237	0. 23	56
尼日利亚 Nigeria	386	0. 42	41	505	0. 48	40
哈萨克斯坦 Kazakhstan	201	0. 22	54	278	0. 26	52
阿曼 Oman	133	0. 14	64	187	0. 18	61
乌克兰 Ukraine	327	0. 35	45	342	0. 33	48
阿尔及利亚 Algeria	313	0. 34	47	460	0. 44	41
委内瑞拉 Venezuela	397	0. 43	40	557	0. 53	38
哥伦比亚 Colombia	162	0. 18	59	212	0. 20	58
新西兰 New Zealand	203	0. 22	53	217	0. 21	57
秘鲁 Peru	128	0. 14	65	174	0. 17	62
安哥拉 Angola	135	0. 15	62	241	0. 23	55
孟加拉国 Bangladesh	83	0. 09	71	93	0. 09	74
斯洛文尼亚 Slovenia	164	0. 18	57	192	0. 18	59
希腊 Greece	153	0. 17	60	173	0. 16	63
白俄罗斯 Belarus	138	0. 15	61	160	0. 15	65
保加利亚 Bulgaria	99	0. 11	66	117	0. 11	68
立陶宛 Lithuania	93	0. 10	70	118	0. 11	67
巴基斯坦 Pakistan	134	0. 15	63	161	0. 15	64
摩洛哥 Morocco	99	0. 11	67	112	0. 11	69
埃及 Egypt	97	0. 10	69	129	0. 12	66
厄瓜多尔 Ecuador	78	0. 08	73	101	0. 10	72

表 18　续 4

年份 Year / 国家（地区）Country (area)	2006 年 出口额 Exports	2006 年 比重（%）Share（%）	2006 年 位次 Place	2007 年 出口额 Exports	2007 年 比重（%）Share（%）	2007 年 位次 Place
中国 China	9 690	7. 99	3	12 201	8. 70	2
美国 United States	10 260	8. 46	2	11 482	8. 19	3
德国 Germany	11 081	9. 13	1	13 212	9. 42	1
日本 Japan	6 467	5. 33	4	7 143	5. 09	4
荷兰 Netherlands	4 636	3. 82	6	5 508	3. 93	6
韩国 Korea Rep.	3 255	2. 68	11	3 715	2. 65	11
中国香港 Hong Kong China	3 227	2. 66	12	3 494	2. 49	13
法国 France	4 959	4. 09	5	5 596	3. 99	5
英国 United kingdom	4 509	3. 72	7	4 418	3. 15	8
意大利 Italy	4 169	3. 44	8	4 999	3. 56	7
加拿大 Canada	3 882	3. 20	9	4 207	3. 00	10
比利时 Belgium	3 667	3. 02	10	4 310	3. 07	9
墨西哥 Mexico	2 500	2. 06	15	2 718	1. 94	15
新加坡 Singapore	2 718	2. 24	14	2 993	2. 13	14
俄罗斯 Russia	3 036	2. 50	13	3 544	2. 53	12
瑞士 Switzerland	1 479	1. 22	20	1 721	1. 23	21
中国台湾 Taiwan China	2 240	1. 85	16	2 467	1. 76	17
西班牙 Spain	2 137	1. 76	17	2 533	1. 81	16
印度 India	1 218	1. 00	28	1 502	1. 07	26
阿拉伯联合酋长国 United Arab Emirates	1 456	1. 20	22	1 786	1. 27	19
泰国 Thailand	1 297	1. 07	25	1 539	1. 10	25
沙特阿拉伯 Saudi Arabia	2 113	1. 74	18	2 333	1. 66	18
马来西亚 Malaysia	1 607	1. 33	19	1 760	1. 25	20
波兰 Poland	1 108	0. 91	29	1 401	1. 00	28
巴西 Brazil	1 378	1. 14	23	1 606	1. 15	24
澳大利亚 Australia	1 234	1. 02	26	1 414	1. 01	27
越南 Viet Nam	398	0. 33	50	486	0. 35	50
捷克 Czech	949	0. 78	32	1 225	0. 87	30
奥地利 Austria	1 368	1. 13	24	1 636	1. 17	23
印度尼西亚 Indonesia	1 035	0. 85	31	1 180	0. 84	32
土耳其 Turkey	855	0. 71	34	1 073	0. 76	33
瑞典 Sweden	1 478	1. 22	21	1 688	1. 20	22
爱尔兰 Ireland	1 087	0. 90	30	1 215	0. 87	31
挪威 Norway	1 222	1. 01	27	1 364	0. 97	29
匈牙利 Hungary	753	0. 62	37	954	0. 68	35

表 18 续 5

国家（地区）Country (area) \ 年份 Year	2006 年			2007 年		
	出口额 Exports	比重（%）Share（%）	位次 Place	出口额 Exports	比重（%）Share（%）	位次 Place
丹麦 Denmark	926	0. 76	33	1 032	0. 74	34
南非 S. Africa	582	0. 48	41	698	0. 50	39
卡塔尔 Qatar	341	0. 28	53	420	0. 30	54
斯洛伐克 Slovak Republic	419	0. 35	48	585	0. 42	44
以色列 Israel	468	0. 39	45	541	0. 39	46
智利 Chile	587	0. 48	40	680	0. 48	40
伊朗 Iran	770	0. 63	36	887	0. 63	37
罗马尼亚 Romania	325	0. 27	54	405	0. 29	56
芬兰 Finland	772	0. 64	35	900	0. 64	36
菲律宾 Philippines	474	0. 39	44	505	0. 36	48
阿根廷 Argentina	465	0. 38	46	558	0. 40	45
葡萄牙 Portugal	448	0. 37	47	525	0. 37	47
科威特 Kuwait	560	0. 46	42	627	0. 45	42
伊拉克 Iraq	294	0. 24	56	413	0. 29	55
尼日利亚 Nigeria	587	0. 48	39	666	0. 47	41
哈萨克斯坦 Kazakhstan	383	0. 32	52	478	0. 34	51
阿曼 Oman	216	0. 18	62	247	0. 18	61
乌克兰 Ukraine	384	0. 32	51	493	0. 35	49
阿尔及利亚 Algeria	546	0. 45	43	602	0. 43	43
委内瑞拉 Venezuela	656	0. 54	38	700	0. 50	38
哥伦比亚 Colombia	244	0. 20	57	300	0. 21	58
新西兰 New Zealand	224	0. 18	61	269	0. 19	60
秘鲁 Peru	238	0. 20	58	281	0. 20	59
安哥拉 Angola	319	0. 26	55	444	0. 32	53
孟加拉国 Bangladesh	118	0. 10	74	125	0. 09	75
斯洛文尼亚 Slovenia	232	0. 19	59	301	0. 21	57
希腊 Greece	207	0. 17	63	236	0. 17	63
白俄罗斯 Belarus	197	0. 16	64	243	0. 17	62
保加利亚 Bulgaria	151	0. 12	67	185	0. 13	67
立陶宛 Lithuania	141	0. 12	69	171	0. 12	69
巴基斯坦 Pakistan	169	0. 14	65	178	0. 13	68
摩洛哥 Morocco	127	0. 11	71	153	0. 11	70
埃及 Egypt	167	0. 14	66	192	0. 14	66
厄瓜多尔 Ecuador	127	0. 10	72	143	0. 10	72

表 18　续 6

年份 Year 国家（地区） Country（area）	2008 年			2009 年		
	出口额 Exports	比重（%） Share（%）	位次 Place	出口额 Exports	比重（%） Share（%）	位次 Place
中国 China	14 307	8.85	2	12 016	9.57	1
美国 United States	12 874	7.96	3	10 560	8.41	3
德国 Germany	14 462	8.95	1	11 200	8.92	2
日本 Japan	7 814	4.83	4	5 807	4.63	4
荷兰 Netherlands	6 379	3.95	5	4 979	3.96	5
韩国 Korea Rep.	4 220	2.61	12	3 635	2.89	9
中国香港 Hong Kong China	3 702	2.29	13	3 294	2.62	11
法国 France	6 162	3.81	6	4 848	3.86	6
英国 United kingdom	4 722	2.92	8	3 549	2.83	10
意大利 Italy	5 427	3.36	7	4 069	3.24	7
加拿大 Canada	4 565	2.82	11	3 161	2.52	12
比利时 Belgium	4 718	2.92	9	3 701	2.95	8
墨西哥 Mexico	2 913	1.80	16	2 297	1.83	15
新加坡 Singapore	3 382	2.09	14	2 698	2.15	14
俄罗斯 Russia	4 716	2.92	10	3 034	2.42	13
瑞士 Switzerland	2 008	1.24	20	1 725	1.37	20
中国台湾 Taiwan China	2 556	1.58	18	2 037	1.62	17
西班牙 Spain	2 815	1.74	17	2 273	1.81	16
印度 India	1 948	1.21	23	1 649	1.31	21
阿拉伯联合酋长国 United Arab Emirates	2 392	1.48	19	1 920	1.53	19
泰国 Thailand	1 778	1.10	27	1 524	1.21	25
沙特阿拉伯 Saudi Arabia	3 135	1.94	15	1 923	1.53	18
马来西亚 Malaysia	1 994	1.23	21	1 572	1.25	22
波兰 Poland	1 705	1.05	29	1 365	1.09	27
巴西 Brazil	1 979	1.22	22	1 530	1.22	24
澳大利亚 Australia	1 873	1.16	24	1 543	1.23	23
越南 Viet Nam	627	0.39	50	571	0.45	40
捷克 Czech	1 468	0.91	30	1 130	0.90	32
奥地利 Austria	1 813	1.12	26	1 370	1.09	26
印度尼西亚 Indonesia	1 396	0.86	31	1 196	0.95	29
土耳其 Turkey	1 320	0.82	32	1 021	0.81	33
瑞典 Sweden	1 833	1.13	25	1 308	1.04	28
爱尔兰 Ireland	1 257	0.78	33	1 159	0.92	31
挪威 Norway	1 718	1.06	28	1 168	0.93	30
匈牙利 Hungary	1 085	0.67	36	830	0.66	35

表 18 续 7

年份 Year 国家（地区） Country（area）	2008 年			2009 年		
	出口额 Exports	比重（%） Share（%）	位次 Place	出口额 Exports	比重（%） Share（%）	位次 Place
丹麦 Denmark	1 169	0. 72	34	940	0. 75	34
南非 S. Africa	808	0. 50	41	617	0. 49	38
卡塔尔 Qatar	673	0. 42	46	480	0. 38	46
斯洛伐克 Slovak Republic	711	0. 44	44	561	0. 45	42
以色列 Israel	613	0. 38	52	479	0. 38	47
智利 Chile	645	0. 40	48	555	0. 44	44
伊朗 Iran	1 137	0. 70	35	788	0. 63	36
罗马尼亚 Romania	495	0. 31	55	406	0. 32	53
芬兰 Finland	965	0. 60	37	629	0. 50	37
菲律宾 Philippines	491	0. 30	56	384	0. 31	55
阿根廷 Argentina	700	0. 43	45	557	0. 44	43
葡萄牙 Portugal	571	0. 35	54	442	0. 35	49
科威特 Kuwait	875	0. 54	39	540	0. 43	45
伊拉克 Iraq	613	0. 38	53	419	0. 33	51
尼日利亚 Nigeria	863	0. 53	40	567	0. 45	41
哈萨克斯坦 Kazakhstan	712	0. 44	43	432	0. 34	50
阿曼 Oman	377	0. 23	57	277	0. 22	58
乌克兰 Ukraine	670	0. 41	47	398	0. 32	54
阿尔及利亚 Algeria	793	0. 49	42	452	0. 36	48
委内瑞拉 Venezuela	950	0. 59	38	576	0. 46	39
哥伦比亚 Colombia	376	0. 23	58	329	0. 26	57
新西兰 New Zealand	306	0. 19	63	249	0. 20	61
秘鲁 Peru	310	0. 19	61	270	0. 21	59
安哥拉 Angola	639	0. 40	49	408	0. 33	52
孟加拉国 Bangladesh	154	0. 10	76	151	0. 12	70
斯洛文尼亚 Slovenia	341	0. 21	59	262	0. 21	60
希腊 Greece	264	0. 16	64	205	0. 16	66
白俄罗斯 Belarus	326	0. 20	60	213	0. 17	64
保加利亚 Bulgaria	224	0. 14	68	163	0. 13	69
立陶宛 Lithuania	236	0. 15	67	165	0. 13	68
巴基斯坦 Pakistan	203	0. 13	70	175	0. 14	67
摩洛哥 Morocco	203	0. 13	69	141	0. 11	72
埃及 Egypt	262	0. 16	65	231	0. 18	62
厄瓜多尔 Ecuador	188	0. 12	72	139	0. 11	73

表 18　续 8

年份 Year 国家（地区） Country（area）	2010 年			2011 年		
	出口额 Exports	比重（%） Share（%）	位次 Place	出口额 Exports	比重（%） Share（%）	位次 Place
中国 China	15 778	10. 31	1	18 984	10. 35	1
美国 United States	12 785	8. 36	2	14 825	8. 08	2
德国 Germany	12 589	8. 23	3	14 740	8. 04	3
日本 Japan	7 698	5. 03	4	8 232	4. 49	4
荷兰 Netherlands	5 743	3. 75	5	6 671	3. 64	5
韩国 Korea Rep.	4 664	3. 05	7	5 552	3. 03	7
中国香港 Hong Kong China	4 007	2. 62	11	4 556	2. 48	12
法国 France	5 238	3. 42	6	5 965	3. 25	6
英国 United kingdom	4 160	2. 72	9	5 066	2. 76	10
意大利 Italy	4 473	2. 92	8	5 233	2. 85	8
加拿大 Canada	3 875	2. 53	13	4 513	2. 46	13
比利时 Belgium	4 077	2. 66	10	4 757	2. 59	11
墨西哥 Mexico	2 983	1. 95	15	3 496	1. 91	16
新加坡 Singapore	3 519	2. 30	14	4 095	2. 23	14
俄罗斯 Russia	4 006	2. 62	12	5 220	2. 85	9
瑞士 Switzerland	1 956	1. 28	24	2 348	1. 28	23
中国台湾 Taiwan China	2 746	1. 79	16	3 083	1. 68	17
西班牙 Spain	2 544	1. 66	17	3 066	1. 67	18
印度 India	2 264	1. 48	19	3 029	1. 65	19
阿拉伯联合酋长国 United Arab Emirates	2 140	1. 40	20	3 020	1. 65	20
泰国 Thailand	1 933	1. 26	25	2 226	1. 21	25
沙特阿拉伯 Saudi Arabia	2 511	1. 64	18	3 647	1. 99	15
马来西亚 Malaysia	1 986	1. 30	23	2 281	1. 24	24
波兰 Poland	1 597	1. 04	26	1 887	1. 03	27
巴西 Brazil	2 019	1. 32	22	2 560	1. 40	22
澳大利亚 Australia	2 126	1. 39	21	2 717	1. 48	21
越南 Viet Nam	722	0. 47	40	969	0. 53	41
捷克 Czech	1 330	0. 87	30	1 629	0. 89	30
奥地利 Austria	1 526	1. 00	29	1 774	0. 97	29
印度尼西亚 Indonesia	1 578	1. 03	28	2 035	1. 11	26
土耳其 Turkey	1 139	0. 74	33	1 349	0. 74	32
瑞典 Sweden	1 585	1. 04	27	1 870	1. 02	28
爱尔兰 Ireland	1 165	0. 76	32	1 257	0. 69	34
挪威 Norway	1 307	0. 85	31	1 604	0. 87	31
匈牙利 Hungary	955	0. 62	36	1 123	0. 61	37

表 18　续 9

年份 Year / 国家（地区）Country（area）	2010 年			2011 年		
	出口额 Exports	比重（%）Share（%）	位次 Place	出口额 Exports	比重（%）Share（%）	位次 Place
丹麦 Denmark	964	0. 63	35	1 119	0. 61	38
南非 S. Africa	913	0. 60	37	1 088	0. 59	39
卡塔尔 Qatar	750	0. 49	39	1 144	0. 62	36
斯洛伐克 Slovak Republic	647	0. 42	46	798	0. 44	47
以色列 Israel	584	0. 38	48	678	0. 37	51
智利 Chile	711	0. 47	41	814	0. 44	46
伊朗 Iran	1 013	0. 66	34	1 320	0. 72	33
罗马尼亚 Romania	496	0. 32	54	630	0. 34	53
芬兰 Finland	695	0. 45	43	791	0. 43	48
菲律宾 Philippines	515	0. 34	51	483	0. 26	56
阿根廷 Argentina	682	0. 45	44	841	0. 46	44
葡萄牙 Portugal	494	0. 32	55	596	0. 33	54
科威特 Kuwait	700	0. 46	42	1 021	0. 56	40
伊拉克 Iraq	525	0. 34	50	832	0. 45	45
尼日利亚 Nigeria	840	0. 55	38	1 160	0. 63	35
哈萨克斯坦 Kazakhstan	600	0. 39	47	843	0. 46	43
阿曼 Oman	366	0. 24	58	471	0. 26	57
乌克兰 Ukraine	515	0. 34	52	685	0. 37	50
阿尔及利亚 Algeria	571	0. 37	49	735	0. 40	49
委内瑞拉 Venezuela	657	0. 43	45	928	0. 51	42
哥伦比亚 Colombia	397	0. 26	57	569	0. 31	55
新西兰 New Zealand	314	0. 21	60	377	0. 21	60
秘鲁 Peru	358	0. 23	59	464	0. 25	58
安哥拉 Angola	506	0. 33	53	673	0. 37	52
孟加拉国 Bangladesh	192	0. 13	70	244	0. 13	68
斯洛文尼亚 Slovenia	292	0. 19	61	347	0. 19	61
希腊 Greece	280	0. 18	62	338	0. 18	63
白俄罗斯 Belarus	253	0. 17	65	414	0. 23	59
保加利亚 Bulgaria	206	0. 13	68	282	0. 15	65
立陶宛 Lithuania	207	0. 14	67	281	0. 15	66
巴基斯坦 Pakistan	214	0. 14	66	254	0. 14	67
摩洛哥 Morocco	178	0. 12	71	217	0. 12	70
埃及 Egypt	264	0. 17	64	305	0. 17	64
厄瓜多尔 Ecuador	175	0. 11	72	223	0. 12	69

表 18　续 10

年份 Year / 国家（地区）Country（area）	2012 年 出口额 Exports	2012 年 比重（%）Share（%）	2012 年 位次 Place	2013 年 出口额 Exports	2013 年 比重（%）Share（%）	2013 年 位次 Place
中国 China	20 487	11. 08	1	22 090	11. 66	1
美国 United States	15 457	8. 36	2	15 796	8. 33	2
德国 Germany	14 011	7. 58	3	14 451	7. 62	3
日本 Japan	7 986	4. 32	4	7 151	3. 77	4
荷兰 Netherlands	6 554	3. 54	5	6 716	3. 54	5
韩国 Korea Rep.	5 479	2. 96	7	5 596	2. 95	7
中国香港 Hong Kong China	4 929	2. 66	10	5 355	2. 83	9
法国 France	5 687	3. 07	6	5 810	3. 07	6
英国 United kingdom	4 728	2. 56	11	5 406	2. 85	8
意大利 Italy	5 013	2. 71	9	5 183	2. 73	11
加拿大 Canada	4 556	2. 46	12	4 583	2. 42	13
比利时 Belgium	4 459	2. 41	13	4 688	2. 47	12
墨西哥 Mexico	3 708	2. 00	16	3 800	2. 01	15
新加坡 Singapore	4 084	2. 21	14	4 103	2. 16	14
俄罗斯 Russia	5 293	2. 86	8	5 218	2. 75	10
瑞士 Switzerland	3 125	1. 69	18	3 579	1. 89	18
中国台湾 Taiwan China	3 064	1. 66	19	3 114	1. 64	21
西班牙 Spain	2 953	1. 60	21	3 178	1. 68	19
印度 India	2 968	1. 60	20	3 148	1. 66	20
阿拉伯联合酋长国 United Arab Emirates	3 490	1. 89	17	3 790	2. 00	16
泰国 Thailand	2 291	1. 24	24	2 285	1. 21	24
沙特阿拉伯 Saudi Arabia	3 884	2. 10	15	3 759	1. 98	17
马来西亚 Malaysia	2 275	1. 23	25	2 283	1. 20	25
波兰 Poland	1 854	1. 00	27	2 050	1. 08	26
巴西 Brazil	2 426	1. 31	23	2 420	1. 28	23
澳大利亚 Australia	2 567	1. 39	22	2 530	1. 33	22
越南 Viet Nam	1 145	0. 62	37	1 320	0. 70	34
捷克 Czech	1 570	0. 85	31	1 623	0. 86	30
奥地利 Austria	1 666	0. 90	29	1 752	0. 92	28
印度尼西亚 Indonesia	1 900	1. 03	26	1 826	0. 96	27
土耳其 Turkey	1 525	0. 82	32	1 518	0. 80	32
瑞典 Sweden	1 723	0. 93	28	1 676	0. 88	29
爱尔兰 Ireland	1 168	0. 63	35	1 166	0. 62	35
挪威 Norway	1 610	0. 87	30	1 560	0. 82	31
匈牙利 Hungary	1 036	0. 56	40	1 075	0. 57	38

表 18　续 11

年份 Year 国家（地区）Country（area）	2012 年			2013 年		
	出口额 Exports	比重（%）Share（%）	位次 Place	出口额 Exports	比重（%）Share（%）	位次 Place
丹麦 Denmark	1 055	0. 57	38	1 109	0. 59	37
南非 S. Africa	996	0. 54	41	962	0. 51	40
卡塔尔 Qatar	1 330	0. 72	33	1 369	0. 72	33
斯洛伐克 Slovak Republic	806	0. 44	45	858	0. 45	43
以色列 Israel	631	0. 34	52	666	0. 35	50
智利 Chile	778	0. 42	47	768	0. 41	46
伊朗 Iran	1 040	0. 56	39	825	0. 44	45
罗马尼亚 Romania	578	0. 31	56	658	0. 35	51
芬兰 Finland	731	0. 40	48	744	0. 39	48
菲律宾 Philippines	521	0. 28	58	567	0. 30	56
阿根廷 Argentina	800	0. 43	46	760	0. 40	47
葡萄牙 Portugal	581	0. 31	55	628	0. 33	54
科威特 Kuwait	1 189	0. 64	34	1 151	0. 61	36
伊拉克 Iraq	944	0. 51	43	897	0. 47	41
尼日利亚 Nigeria	1 147	0. 62	36	1 024	0. 54	39
哈萨克斯坦 Kazakhstan	864	0. 47	44	847	0. 45	44
阿曼 Oman	521	0. 28	57	555	0. 29	57
乌克兰 Ukraine	685	0. 37	51	643	0. 34	53
阿尔及利亚 Algeria	719	0. 39	49	650	0. 34	52
委内瑞拉 Venezuela	973	0. 53	42	888	0. 47	42
哥伦比亚 Colombia	601	0. 33	54	588	0. 31	55
新西兰 New Zealand	373	0. 20	61	394	0. 21	60
秘鲁 Peru	474	0. 26	59	429	0. 23	59
安哥拉 Angola	711	0. 38	50	682	0. 36	49
孟加拉国 Bangladesh	251	0. 14	68	291	0. 15	67
斯洛文尼亚 Slovenia	322	0. 17	64	340	0. 18	63
希腊 Greece	354	0. 19	62	363	0. 19	62
白俄罗斯 Belarus	461	0. 25	60	372	0. 20	61
保加利亚 Bulgaria	267	0. 14	67	296	0. 16	66
立陶宛 Lithuania	296	0. 16	65	326	0. 17	64
巴基斯坦 Pakistan	246	0. 13	69	251	0. 13	69
摩洛哥 Morocco	214	0. 12	71	220	0. 12	71
埃及 Egypt	294	0. 16	66	290	0. 15	68
厄瓜多尔 Ecuador	238	0. 13	70	248	0. 13	70

表 18　续 12

国家（地区）Country（area） / 年份 Year	2014 年 出口额 Exports	2014 年 比重（%）Share（%）	2014 年 位次 Place	2015 年 出口额 Exports	2015 年 比重（%）Share（%）	2015 年 位次 Place
中国 China	23 423	12. 35	1	22 735	13. 76	1
美国 United States	16 205	8. 54	2	15 026	9. 10	2
德国 Germany	14 946	7. 88	3	13 268	8. 03	3
日本 Japan	6 902	3. 64	4	6 248	3. 78	4
荷兰 Netherlands	6 727	3. 55	5	5 706	3. 45	5
韩国 Korea Rep.	5 727	3. 02	7	5 268	3. 19	6
中国香港 Hong Kong China	5 241	2. 76	9	5 106	3. 09	7
法国 France	5 811	3. 06	6	5 063	3. 07	8
英国 United kingdom	5 052	2. 66	10	4 602	2. 79	9
意大利 Italy	5 299	2. 79	8	4 574	2. 77	10
加拿大 Canada	4 763	2. 51	12	4 100	2. 49	11
比利时 Belgium	4 723	2. 49	13	3 969	2. 41	12
墨西哥 Mexico	3 969	2. 09	15	3 805	2. 31	13
新加坡 Singapore	4 093	2. 16	14	3 466	2. 10	14
俄罗斯 Russia	4 968	2. 62	11	3 414	2. 07	15
瑞士 Switzerland	3 112	1. 64	21	2 898	1. 75	17
中国台湾 Taiwan China	3 201	1. 69	20	2 853	1. 73	18
西班牙 Spain	3 245	1. 71	18	2 825	1. 71	19
印度 India	3 227	1. 70	19	2 674	1. 62	20
阿拉伯联合酋长国 United Arab Emirates	3 430	1. 81	16	3 005	1. 82	16
泰国 Thailand	2 275	1. 20	24	2 143	1. 30	21
沙特阿拉伯 Saudi Arabia	3 424	1. 81	17	2 036	1. 23	22
马来西亚 Malaysia	2 339	1. 23	23	1 992	1. 21	24
波兰 Poland	2 202	1. 16	26	1 992	1. 21	23
巴西 Brazil	2 251	1. 19	25	1 911	1. 16	25
澳大利亚 Australia	2 400	1. 27	22	1 877	1. 14	26
越南 Viet Nam	1 502	0. 79	32	1 621	0. 98	27
捷克 Czech	1 751	0. 92	29	1 580	0. 96	28
奥地利 Austria	1 782	0. 94	27	1 528	0. 93	29
印度尼西亚 Indonesia	1 763	0. 93	28	1 504	0. 91	30
土耳其 Turkey	1 576	0. 83	31	1 438	0. 87	31
瑞典 Sweden	1 646	0. 87	30	1 401	0. 85	32
爱尔兰 Ireland	1 212	0. 64	35	1 234	0. 75	33
挪威 Norway	1 447	0. 76	33	1 038	0. 63	34
匈牙利 Hungary	1 106	0. 58	37	986	0. 60	35

表 18　续 13

国家（地区）Country（area） / 年份 Year	2014 年			2015 年		
	出口额 Exports	比重（%）Share（%）	位次 Place	出口额 Exports	比重（%）Share（%）	位次 Place
丹麦 Denmark	1 115	0. 59	36	955	0. 58	36
南非 S. Africa	922	0. 49	40	814	0. 49	37
卡塔尔 Qatar	1 316	0. 69	34	780	0. 47	38
斯洛伐克 Slovak Republic	865	0. 46	42	753	0. 46	39
以色列 Israel	685	0. 36	49	637	0. 39	40
智利 Chile	751	0. 40	45	622	0. 38	42
伊朗 Iran	888	0. 47	41	631	0. 38	41
罗马尼亚 Romania	697	0. 37	48	606	0. 37	43
芬兰 Finland	744	0. 39	47	599	0. 36	44
菲律宾 Philippines	621	0. 33	52	588	0. 36	45
阿根廷 Argentina	684	0. 36	50	568	0. 34	46
葡萄牙 Portugal	638	0. 34	51	551	0. 33	47
科威特 Kuwait	1 021	0. 54	38	541	0. 33	48
伊拉克 Iraq	845	0. 45	43	494	0. 30	50
尼日利亚 Nigeria	942	0. 50	39	514	0. 31	49
哈萨克斯坦 Kazakhstan	795	0. 42	44	460	0. 28	51
阿曼 Oman	507	0. 27	57	319	0. 19	61
乌克兰 Ukraine	542	0. 29	56	379	0. 23	52
阿尔及利亚 Algeria	601	0. 32	53	347	0. 21	55
委内瑞拉 Venezuela	747	0. 39	46	373	0. 23	53
哥伦比亚 Colombia	549	0. 29	55	360	0. 22	54
新西兰 New Zealand	416	0. 22	58	344	0. 21	57
秘鲁 Peru	395	0. 21	59	344	0. 21	56
安哥拉 Angola	592	0. 31	54	332	0. 20	58
孟加拉国 Bangladesh	304	0. 16	64	324	0. 20	59
斯洛文尼亚 Slovenia	360	0. 19	62	319	0. 19	60
希腊 Greece	360	0. 19	61	287	0. 17	62
白俄罗斯 Belarus	361	0. 19	60	267	0. 16	63
保加利亚 Bulgaria	293	0. 15	66	254	0. 15	65
立陶宛 Lithuania	324	0. 17	63	254	0. 15	64
巴基斯坦 Pakistan	247	0. 13	69	221	0. 13	67
摩洛哥 Morocco	239	0. 13	70	223	0. 14	66
埃及 Egypt	269	0. 14	67	213	0. 13	68
厄瓜多尔 Ecuador	257	0. 14	68	183	0. 11	69

表 18 续 14

国家（地区） Country（area） \ 年份 Year	2016 年			2017 年		
	出口额 Exports	比重（%） Share（%）	位次 Place	出口额 Exports	比重（%） Share（%）	位次 Place
中国 China	20 976	13. 09	1	22 633	12. 76	1
美国 United States	14 510	9. 05	2	15 467	8. 72	2
德国 Germany	13 344	8. 32	3	14 483	8. 17	3
日本 Japan	6 449	4. 02	4	6 981	3. 94	4
荷兰 Netherlands	5 714	3. 57	5	6 520	3. 68	5
韩国 Korea Rep.	4 954	3. 09	8	5 737	3. 24	6
中国香港 Hong Kong China	5 167	3. 22	6	5 503	3. 10	7
法国 France	5 018	3. 13	7	5 352	3. 02	8
英国 United kingdom	4 096	2. 56	10	4 450	2. 51	10
意大利 Italy	4 619	2. 89	9	5 062	2. 86	9
加拿大 Canada	3 903	2. 44	12	4 209	2. 37	12
比利时 Belgium	3 980	2. 48	11	4 295	2. 42	11
墨西哥 Mexico	3 739	2. 33	13	4 095	2. 31	13
新加坡 Singapore	3 381	2. 11	14	3 732	2. 11	14
俄罗斯 Russia	2 819	1. 76	18	3 531	1. 99	16
瑞士 Switzerland	3 029	1. 89	15	2 996	1. 69	19
中国台湾 Taiwan China	2 803	1. 75	19	3 174	1. 79	18
西班牙 Spain	2 901	1. 81	17	3 205	1. 81	17
印度 India	2 641	1. 65	20	2 984	1. 68	20
阿拉伯联合酋长国 United Arab Emirates	2 990	1. 87	16	3 600	2. 04	15
泰国 Thailand	2 154	1. 34	21	2 367	1. 33	21
沙特阿拉伯 Saudi Arabia	1 836	1. 15	26	2 182	1. 23	24
马来西亚 Malaysia	1 897	1. 18	24	2 178	1. 23	25
波兰 Poland	2 025	1. 26	22	2 309	1. 30	22
巴西 Brazil	1 853	1. 16	25	2 178	1. 23	26
澳大利亚 Australia	1 925	1. 20	23	2 308	1. 30	23
越南 Viet Nam	1 766	1. 10	27	2 143	1. 21	27
捷克 Czech	1 627	1. 02	28	1 801	1. 02	28
奥地利 Austria	1 521	0. 95	29	1 680	0. 95	30
印度尼西亚 Indonesia	1 447	0. 90	30	1 686	0. 95	29
土耳其 Turkey	1 425	0. 89	31	1 570	0. 89	31
瑞典 Sweden	1 395	0. 87	32	1 531	0. 86	32
爱尔兰 Ireland	1 309	0. 82	33	1 368	0. 77	33
挪威 Norway	895	0. 56	36	1 020	0. 58	36
匈牙利 Hungary	1 019	0. 64	34	1 136	0. 64	34

表 18 续 15

年份 Year 国家（地区） Country（area）	2016 年			2017 年		
	出口额 Exports	比重（%） Share（%）	位次 Place	出口额 Exports	比重（%） Share（%）	位次 Place
丹麦 Denmark	953	0. 59	35	1 025	0. 58	35
南非 S. Africa	752	0. 47	38	890	0. 50	38
卡塔尔 Qatar	573	0. 36	46	673	0. 38	43
斯洛伐克 Slovak Republic	776	0. 48	37	846	0. 48	39
以色列 Israel	604	0. 38	42	611	0. 34	46
智利 Chile	606	0. 38	41	683	0. 39	41
伊朗 Iran	730	0. 46	39	920	0. 58	37
罗马尼亚 Romania	635	0. 40	40	707	0. 40	40
芬兰 Finland	576	0. 36	44	679	0. 38	42
菲律宾 Philippines	574	0. 36	45	632	0. 36	44
阿根廷 Argentina	579	0. 36	43	584	0. 33	47
葡萄牙 Portugal	554	0. 35	47	622	0. 35	45
科威特 Kuwait	462	0. 29	48	558	0. 31	48
伊拉克 Iraq	439	0. 27	49	455	0. 26	51
尼日利亚 Nigeria	350	0. 21	53	469	0. 26	50
哈萨克斯坦 Kazakhstan	367	0. 23	51	483	0. 27	49
阿曼 Oman	245	0. 15	65	294	0. 17	64
乌克兰 Ukraine	364	0. 23	52	432	0. 24	53
阿尔及利亚 Algeria	300	0. 19	58	349	0. 20	58
委内瑞拉 Venezuela	267	0. 17	61	316	0. 18	61
哥伦比亚 Colombia	318	0. 20	57	378	0. 21	56
新西兰 New Zealand	337	0. 21	55	380	0. 21	55
秘鲁 Peru	370	0. 23	50	449	0. 25	52
安哥拉 Angola	273	0. 17	60	331	0. 19	59
孟加拉国 Bangladesh	349	0. 22	54	360	0. 20	57
斯洛文尼亚 Slovenia	329	0. 21	56	384	0. 22	54
希腊 Greece	282	0. 18	59	326	0. 18	60
白俄罗斯 Belarus	235	0. 15	66	292	0. 16	65
保加利亚 Bulgaria	266	0. 17	62	300	0. 17	62
立陶宛 Lithuania	250	0. 16	64	299	0. 17	63
巴基斯坦 Pakistan	204	0. 13	68	216	0. 12	68
摩洛哥 Morocco	228	0. 14	67	253	0. 14	67
埃及 Egypt	255	0. 16	63	256	0. 14	66
厄瓜多尔 Ecuador	168	0. 10	69	191	0. 11	69

表 18　续 16

年份 Year 国家（地区） Country（area）	2018 年		
	出口额 Exports	比重（%） Share（%）	位次 Place
中国 China	24 870	12. 77	1
美国 United States	16 641	8. 54	2
德国 Germany	15 608	8. 01	3
日本 Japan	7 384	3. 79	4
荷兰 Netherlands	7 227	3. 71	5
韩国 Korea Rep.	6 049	3. 11	6
中国香港 Hong Kong China	5 692	2. 92	8
法国 France	5 818	2. 99	7
英国 United kingdom	4 857	2. 49	10
意大利 Italy	5 466	2. 81	9
加拿大 Canada	4 498	2. 31	13
比利时 Belgium	4 667	2. 40	11
墨西哥 Mexico	4 506	2. 31	12
新加坡 Singapore	4 126	2. 12	15
俄罗斯 Russia	4 440	2. 28	14
瑞士 Switzerland	3 108	1. 60	20
中国台湾 Taiwan China	3 359	1. 72	18
西班牙 Spain	3 452	1. 77	17
印度 India	3 256	1. 67	19
阿拉伯联合酋长国 United Arab Emirates	3 455	1. 77	16
泰国 Thailand	2 521	1. 29	24
沙特阿拉伯 Saudi Arabia	2 991	1. 54	21
马来西亚 Malaysia	2 474	1. 27	25
波兰 Poland	2 606	1. 34	22
巴西 Brazil	2 397	1. 23	27
澳大利亚 Australia	2 569	1. 32	23
越南 Viet Nam	2 456	1. 26	26
捷克 Czech	2 022	1. 04	28
奥地利 Austria	1 847	0. 95	29
印度尼西亚 Indonesia	1 802	0. 93	30
土耳其 Turkey	1 680	0. 86	31
瑞典 Sweden	1 660	0. 85	32
爱尔兰 Ireland	1 646	0. 85	33
挪威 Norway	1 230	0. 63	35
匈牙利 Hungary	1 259	0. 65	34

表 18 续 17

年份 Year / 国家（地区）Country（area）	2018 年		
	出口额 Exports	比重（%）Share（%）	位次 Place
丹麦 Denmark	1 090	0. 56	36
南非 S. Africa	940	0. 48	39
卡塔尔 Qatar	865	0. 44	41
斯洛伐克 Slovak Republic	942	0. 48	38
以色列 Israel	574	0. 29	51
智利 Chile	755	0. 39	44
伊朗 Iran	1 079	0. 55	37
罗马尼亚 Romania	797	0. 41	42
芬兰 Finland	761	0. 39	43
菲律宾 Philippines	675	0. 35	47
阿根廷 Argentina	616	0. 32	48
葡萄牙 Portugal	685	0. 35	46
科威特 Kuwait	716	0. 37	45
伊拉克 Iraq	894	0. 46	40
尼日利亚 Nigeria	607	0. 31	50
哈萨克斯坦 Kazakhstan	610	0. 31	49
阿曼 Oman	466	0. 24	54
乌克兰 Ukraine	473	0. 24	53
阿尔及利亚 Algeria	409	0. 21	58
委内瑞拉 Venezuela	337	0. 17	63
哥伦比亚 Colombia	418	0. 21	57
新西兰 New Zealand	397	0. 20	59
秘鲁 Peru	489	0. 25	52
安哥拉 Angola	421	0. 22	56
孟加拉国 Bangladesh	393	0. 20	61
斯洛文尼亚 Slovenia	442	0. 23	55
希腊 Greece	395	0. 20	60
白俄罗斯 Belarus	337	0. 17	62
保加利亚 Bulgaria	332	0. 17	65
立陶宛 Lithuania	334	0. 17	64
巴基斯坦 Pakistan	235	0. 12	68
摩洛哥 Morocco	291	0. 15	66
埃及 Egypt	276	0. 14	67
厄瓜多尔 Ecuador	216	0. 11	69